Steven Pinker

Aufklärung jetzt

Für Vernunft, Wissenschaft, Humanismus und Fortschritt
Eine Verteidigung

Aus dem Englischen
von Martina Wiese

Büchergilde Gutenberg

Lizenzausgabe für die
Büchergilde Gutenberg Verlagsges. mbH,
Frankfurt am Main, Zürich, Wien
www.buechergilde.de
Mit freundlicher Genehmigung
des S. Fischer Verlags, Frankfurt am Main

Die Originalausgabe erschien unter dem Titel
»Enlightenment now. The Case for Reason, Science, Humanism,
and Progress« 2018 im Verlag Viking, New York

Satz: Dörlemann Satz, Lemförde
Druck und Bindung: CPI books GmbH, Leck
Printed in Germany
ISBN 978-3-7632-7072-9

Für Harry Pinker (1928–2015)
Optimist

Solomon Lopez (2017–)
und das 22. Jahrhundert

Jeder, der von der Vernunft geleitet wird,
[begehrt] das Gut, das er für sich erstrebt,
auch anderen zuteilwerden zu lassen.

Baruch de Spinoza

Alles, was die Naturgesetze nicht verbieten,
lässt sich mit dem entsprechenden Wissen
verwirklichen.

David Deutsch

Inhalt

Vorwort

Die zweite Hälfte des zweiten Jahrzehnts des dritten Jahrtausends scheint nicht gerade ein vielversprechender Zeitpunkt für die Veröffentlichung eines Buches zu sein, das in einem weiten historischen Bogen den Fortschritt und seine Ursachen beschreibt. Während dieses Buch entsteht, wird mein Land von Leuten geführt, die die Gegenwart in düsteren Farben schildern: »Mütter und Kinder, die ... in Armut gefangen sind ... ein Bildungssystem, das unsere jungen und schönen Schüler jeglichen Wissens beraubt; und das Verbrechen und die Banden und die Drogen, die zu viele Leben gestohlen ... haben.« Wir befinden uns in einem »regelrechten Krieg«, der »sich ausbreitet und metastasiert«. Urheber dieses Albtraums ist womöglich eine »weltumspannende Machtstruktur«, die »die elementaren spirituellen und moralischen Grundfesten des Christentums« untergraben hat.[1]

Auf den folgenden Seiten werde ich zeigen, dass diese düstere Zustandsbeschreibung der Welt falsch ist. Und nicht nur ein bisschen falsch – sie ist grundfalsch, falsch wie Galgenholz, könnte gar nicht falscher sein. Doch dieses Buch handelt nicht vom 45. Präsidenten der Vereinigten Staaten und seinen Beratern. Der Entwurf dazu entstand bereits einige Jahre bevor Donald Trump seine Kandidatur verkündete, und ich hoffe, dass es seine Amtszeit um viele weitere Jahre überdauern wird. Die Gedanken, die den Boden für Trumps Wahl bereiteten, finden in der Tat weiten Zuspruch unter Intellektuellen und Laien des linken wie auch rechten Lagers. Sie offenbaren Pessimismus hinsichtlich der weiteren Entwicklung der Welt, Zynismus gegenüber den Institutionen der Moderne sowie die Unfähigkeit, sich ein höheres Ziel außerhalb von Religion vorstellen zu können. Ich werde ein anderes Verständnis der Welt präsentieren, das auf Fakten beruht und von den Idealen der Aufklärung inspiriert wurde – von Vernunft, Wissenschaft, Humanismus und Fortschritt. Wie ich hoffentlich aufzeigen kann, sind die Ideale der Aufklärung zeitlos, waren jedoch noch nie von so großer Bedeutung wie gerade heute.

Teil I:

Aufklärung

Der gesunde Menschenverstand des achtzehnten Jahrhunderts, sein Aufgreifen der offenkundigen Tatsachen des menschlichen Leidens und der offenkundigen Bedürfnisse der menschlichen Natur wirkte auf die Welt wie ein moralisches Reinigungsbad.

Alfred North Whitehead

Im Verlauf der Jahrzehnte, in denen ich öffentliche Vorlesungen über Sprache, den menschlichen Geist und die Natur des Menschen gehalten habe, sind mir einige höchst merkwürdige Fragen gestellt worden. Was ist die beste Sprache? Haben Muscheln und Austern ein Bewusstsein? Wann werde ich meinen Geist ins Internet hochladen können? Ist Fettleibigkeit eine Form von Gewalt?

Doch die faszinierendste Frage, mit der ich mich jemals auseinandersetzen musste, wurde mir im Anschluss an einen Vortrag gestellt, in dem ich den unter Wissenschaftlern bekannten Gemeinplatz erläutert hatte, das geistige Leben bestehe aus Aktivitätsmustern im Hirngewebe. Eine Studentin im Auditorium meldete sich und fragte:

»Warum soll ich überhaupt leben?«

Ihr unbefangener Tonfall offenbarte, dass sie weder Selbstmordgedanken hegte noch sarkastisch war, sondern ernsthaft daran interessiert, herauszufinden, worin Sinn und Zweck des Lebens bestehen, wenn traditionelle religiöse Glaubensinhalte durch bestens fundierte wissenschaftliche Erkenntnisse in Frage gestellt werden. Mein Motto lautet, dass es keine dummen Fragen gibt, und zur Verblüffung von Studentin, Zuhörerschaft und vor allem mir selbst brachte ich eine halbwegs achtbare Antwort zustande. Soweit ich mich noch erinnern kann – sicherlich verbrämt durch die Verzerrungen der Erinnerung und die Neigung, Dinge im Nachhinein etwas aufzuhübschen, lautete sie etwa folgendermaßen:

> Allein schon Ihre Frage zeigt, dass Sie nach *Vernunftgründen* für Ihre Überzeugungen suchen, was bedeutet, dass die Vernunft Ihr Mittel der Wahl ist, um herauszufinden und zu rechtfertigen, was Ihnen wichtig ist. Und es gibt wahrhaft viele Vernunftgründe, um zu leben!
> Als ein empfindungsfähiges Wesen besitzen Sie das Potential, *sich weiterzuentwickeln und zu entfalten*. Sie können Ihren Verstand selbst durch Lernen und

> Diskutieren schärfen. Die Naturwissenschaften bieten Ihnen Erklärungen der natürlichen Welt und die Geistes- und Humanwissenschaften Erkenntnisse über die menschliche Existenz. Sie können Ihre Fähigkeit, Genuss und Zufriedenheit zu empfinden, voll ausschöpfen; diese Fähigkeit hat auch schon Ihren Vorfahren ermöglicht, das Beste aus ihrem Leben zu machen, und letztlich auch Ihnen das Leben geschenkt. Sie können Schönheit und Reichtum der natürlichen und kulturellen Welt wertschätzen. Als Erbe der Milliarden Jahre, in denen sich das Leben ständig selbst erneuert hat, können auch Sie Ihrerseits den Fortbestand des Lebens sichern. Sie verfügen über *Mitgefühl* –, die Fähigkeit zu mögen, zu lieben, zu respektieren, zu helfen und freundlich zu sein – und Sie können im Austausch mit Freunden, Verwandten und Kollegen die Gabe der Mitmenschlichkeit genießen.
>
> Und weil die Vernunft Ihnen sagt, dass nichts davon ausschließlich *Ihnen* zuteilwird, haben Sie die Verantwortung, anderen das zu geben, was Sie auch für sich selbst erwarten. Sie können das Wohlergehen anderer empfindungsfähiger Wesen befördern, indem Sie für ein Mehr an Leben, Gesundheit, Wissen, Freiheit, Wohlstand, Sicherheit, Schönheit und Frieden sorgen. Die Geschichte zeigt: Dadurch, dass wir uns in andere hineinversetzen und unseren Verstand nutzen, um die menschliche Existenz zu verbessern, können wir Fortschritt bewirken, und Sie können dazu beitragen, dass dieser Fortschritt anhält.

Normalerweise verlangt man von einem Professor der Kognitionswissenschaften beim Bewerbungsgespräch nicht, dass er den Sinn des Lebens erklären kann, und ich wäre nicht so unverfroren gewesen, die Frage der Studentin zu beantworten, wenn ich mich dabei nur auf mein obskures Expertenwissen oder meine zweifelhafte persönliche Weisheit hätte verlassen müssen. Aber ich wusste, dass ich mich auf einen Fundus an Überzeugungen und Werten berufen konnte, die bereits über zweihundert Jahre vor meiner Zeit Gestalt angenommen hatten und heute bedeutsamer sind als je zuvor – die Ideale der Aufklärung.

Das Prinzip der Aufklärung, dass wir mit Vernunft und Mitgefühl das Wohlergehen der Menschheit befördern können, mag offenkundig, abgedroschen, altmodisch erscheinen. Dieses Buch ist entstanden, weil ich begriffen habe, dass es nicht so ist. Mehr denn je gilt es, die Ideale der Wissenschaft, der Vernunft, des Humanismus und des Fortschritts von ganzem Herzen zu verteidigen. Was sie uns bescheren, nehmen wir als gegeben hin: Neugeborene, die eine Lebensspanne von über achtzig Jahren vor sich haben, üppig gefüllte Lebensmittelmärkte, sauberes Wasser, das mit einer kleinen Handbewegung zur Verfügung steht, und Müll, der genauso schnell verschwindet, Tabletten, die schmerzhafte Entzündungen beseitigen, Söhne, die nicht in den Krieg ziehen müssen, Töchter, die ohne Angst über die Straße gehen können, Kritiker der Mächtigen, die dafür nicht ins Gefängnis wandern oder erschossen werden, das Wissen und die Kultur der Welt verstaut in einer Hemdtasche. Dies alles aber sind menschliche Errungenschaften, keine kosmischen Geburtsrechte. Viele derjenigen, die dieses Buch lesen, werden sich noch daran erinnern – und Menschen in weniger begünstigten Teilen der Welt erfahren es –, dass Krieg, Mangel, Krankheit, Ignoranz und tödliche Gefahren ein natürlicher Bestandteil des Lebens sind. Wir wissen, dass Staaten in diese primitiven Bedingungen zurückfallen können, und das bedeutet, dass wir die Errungenschaften der Aufklärung auf eigene Gefahr hin missachten.

In den Jahren nachdem ich mich auf die Frage jener jungen Frau eingelassen hatte, ist mir oft bewusstgeworden, wie wichtig es ist, die Ideale der Aufklärung (man könnte auch sagen, den Humanismus, die offene Gesellschaft und den kosmopolitischen oder klassischen Liberalismus) neu zu formulieren. Es ist nicht gerade so, dass Fragen wie ihre häufig in meinem Posteingang landen. (»Sehr geehrter Herr Professor Pinker, welchen Rat haben Sie für jemanden, der sich die Gedanken aus Ihren Büchern und Ihrer Forschung zu Herzen genommen hat und sich als eine Ansammlung von Atomen betrachtet? Als Maschine mit begrenzter Intelligenz, entsprungen aus egoistischen Genen, die nun in der Raumzeit existiert?«) Zudem kann Blindheit für die Tragweite des menschlichen Fortschritts zu Symptomen führen, die noch schlimmer als Existenzangst sind. Sie kann in Menschen Zynismus gegenüber den von der Aufklärung inspirierten Institutionen hervorrufen, die diesen Fortschritt gewährleisten, wie liberale Demokratie und international kooperierende Organisationen, und die Hinwendung zu atavistischen Alternativen bewirken.

Die Ideale der Aufklärung sind Produkte der menschlichen Vernunft, doch liegen sie zugleich in stetem Widerstreit mit anderen Wesenszügen des Menschen: Loyalität gegenüber der eigenen Sippe, Achtung vor Autoritäten, magischem Denken, bei Ungemach Suche nach Übeltätern, denen man die Schuld zuweisen kann. Das zweite Jahrzehnt des 21. Jahrhunderts hat den Aufstieg politischer Bewegungen erlebt, die Visionen heraufbeschwören, wonach ihre Länder durch böswillige Interessengruppen in eine höllische Dystopie gestürzt werden; dem Unheil entreißen kann das Land nur ein starker Führer, der ihm die Umkehr in die Vergangenheit weist, um es »wieder groß« zu machen. Vorschub geleistet hat diesen Bewegungen ein Narrativ, das viele ihrer erbittertsten Gegner teilen und das besagt, dass die Institutionen der Moderne gescheitert sind und jeder Aspekt des Lebens sich immer weiter in die Krise manövriert – zwei Seiten einer makabren Übereinkunft, nach der die Zerstörung jener Institutionen die Welt besser machen wird. Schwerer auszumachen ist eine positive Vision, die die Probleme der Welt vor dem Hintergrund des Fortschritts sieht, auf den es zu bauen gilt, um diese Probleme zu lösen.

Falls Sie immer noch unsicher sind, ob die humanistischen Ideale der Aufklärung einer vehementen Verteidigung bedürfen, denken Sie über die Diagnose nach, die Shiraz Maher, ein Analytiker radikaler islamistischer Bewegungen, gestellt hat. »Der westlichen Welt sind ihre Werte peinlich – sie tritt nicht für den klassischen Liberalismus ein«, sagt er. »Wir sind uns ihrer nicht sicher. Sie flößen uns Unbehagen ein.« Ganz anders dagegen der Islamische Staat, der »genau weiß, wofür er steht«, eine Gewissheit, die »unglaublich verführerisch« sei – und Maher weiß, wovon er spricht, denn er ist selbst einmal regionaler Anführer der dschihadistischen Gruppe Hizb ut-Tahrir gewesen.[1]

Als der Ökonom Friedrich Hayek 1960 über die liberalen Ideale nachdachte, die erst kurz zuvor ihre härteste Probe bestanden hatten, bemerkte er: »Wenn alte Wahrheiten ihren Einfluß auf das Denken der Menschen behalten sollten, müssen sie von Zeit zu Zeit in der Sprache und den Begriffen der nachfolgenden Generationen neu formuliert werden. Ständiger Gebrauch beraubt selbst die Ausdrücke, die sich einst als die wirkungsvollsten erwiesen haben, immer mehr ihrer Bedeutung, bis sie schließlich kaum mehr Überzeugungskraft haben. Selbst wo die überkommenen Formeln sich auf Probleme beziehen, die auch noch die unseren sind, behandeln sie sie doch nicht in unserer Sprache.«[2]

Das vorliegende Buch ist mein Versuch, die Ideale der Aufklärung in der Sprache und gemäß den Konzepten des 21. Jahrhunderts neu zu formulieren. Zunächst entwerfe ich einen Rahmen zum besseren Verständnis der menschlichen Existenz aufgrund der Erkenntnisse der modernen Naturwissenschaft – wer wir sind, woher wir kommen, mit welchen Herausforderungen wir konfrontiert werden und wie wir ihnen begegnen können. Der größte Teil des Buches widmet sich der Verteidigung jener Ideale auf eine für das 21. Jahrhundert typische Art: mit Daten. Diese evidenzbasierte

Herangehensweise an das Aufklärungsprojekt zeigt, dass es keine naive Hoffnung war. Die Aufklärung hat *funktioniert* – möglicherweise handelt es sich um die größte kaum erzählte Geschichte aller Zeiten. Und weil dieser Triumph so selten besungen wird, erfahren auch die ihr zugrundeliegenden Ideale der Vernunft, der Wissenschaft und des Humanismus kaum Beachtung. Weit davon entfernt, ein fader Konsens zu sein, werden diese Ideale von den Intellektuellen heutiger Tage mit Gleichgültigkeit, Skepsis und zuweilen auch Verachtung gestraft. Doch wenn man sie angemessen wertschätzt – so möchte ich darlegen –, sind die Ideale der Aufklärung in Wahrheit mitreißend, inspirierend, edel – ein Grund zu leben.

Kapitel 1

Wage zu verstehen!

Was ist Aufklärung? In einem Essay von 1784 mit dieser Frage im Titel lautete Immanuel Kants Antwort, sie sei »der Ausgang des Menschen aus seiner selbst verschuldeten Unmündigkeit«, der aufgrund von »Faulheit und Feigheit« erfolgten Unterwerfung unter die »Satzungen und Formeln« religiöser oder politischer Autoritäten.[1] Wie er verkündete, gilt als Wahlspruch der Aufklärung: »Habe Mut, dich deines eigenen Verstandes zu bedienen!«, und seine grundlegende Forderung ist die nach der Freiheit im Denken und Reden. »Ein Zeitalter kann sich nicht verbünden und darauf verschwören, das folgende in einen Zustand zu setzen, darin es ihm unmöglich werden muß, seine ... Erkenntnisse zu erweitern, von Irrtümern zu reinigen, und überhaupt in der Aufklärung weiter zu schreiten. Das wäre ein Verbrechen wider die menschliche Natur, deren ursprüngliche Bestimmung gerade in diesem Fortschreiten besteht.«[2]

Eine aus dem 21. Jahrhundert stammende Formulierung der gleichen Idee findet sich in *The Beginning of Infinity*, einer Rechtfertigung der Aufklärung durch den Physiker David Deutsch. Wenn wir wagen zu verstehen, so Deutsch, ermöglicht dies Fortschritt in allen Bereichen, gleich ob wissenschaftlicher, politischer oder ethischer Natur:

> Optimismus (in dem von mir vertretenen Sinn) ist die Theorie, dass jegliches Versagen – jegliches Übel – auf unzureichendem Wissen beruht. ... Probleme sind unausweichlich, weil unser Wissen nie auch nur im Entferntesten vollständig sein wird. Manche Probleme sind gewaltig, aber man sollte keineswegs gewaltige Probleme mit Problemen verwechseln, die wahrscheinlich unlösbar sind. Probleme lassen sich lösen, und jedes einzelne Übel ist ein lösbares Problem. Eine optimistische Zivilisation ist offen und ohne Angst vor Erneuerung, und sie gründet sich auf überlieferte Kritik. Ihre Institutionen verbessern sich fortlaufend, und das wichtigste ihnen innewohnende Wissen ist die Kenntnis, wie sich Irrtümer aufspüren und beseitigen lassen.[3]

Was ist *die* Aufklärung?[4] Darauf gibt es keine offizielle Antwort, weil die Epoche, der Kants Essay ihren Namen gab, nie durch eine Eröffnungszeremonie oder Abschlussfeier wie die Olympischen Spiele eingeläutet oder beendet wurde; ebenso wenig wurden ihre Grundsätze in einem Schwur oder Glaubensbekenntnis festgelegt. Die Aufklärung verortet man gemeinhin in den beiden letzten Dritteln des 18. Jahrhunderts, obwohl sie in der wissenschaftlichen Revolution und dem Zeitalter der Vernunft im 17. Jahrhundert ihren Ursprung hatte und schließlich in die Blütezeit des klassischen Liberalismus in der ersten Hälfte des 19. Jahrhunderts mündete. Ermutigt durch Naturwissenschaftler und Entdecker, die gängige Meinungen in Frage stellten, im Bewusstsein blutiger Religionskriege aus der jüngeren Vergangenheit und angestachelt durch Wandelbarkeit und Wankelmut von Ideen und Menschen suchten die Denker der Aufklärung nach einem neuen Verständnis der menschlichen Existenz. Die Epoche war ein Füllhorn an – zum Teil widersprüchlichen – Ideen, aber vier Themen einten sie: Vernunft, Wissenschaft, Humanismus und Fortschritt.

An erster Stelle steht die Vernunft. Vernunft ist nicht verhandelbar. Sobald wir erörtern, welchen Sinn das Leben hat (oder jede andere Frage), solange wir darauf bestehen, dass unsere wie auch immer gearteten Antworten vernünftig oder fundiert oder wahr sind und dass andere Menschen sie daher ebenfalls für bare Münze nehmen sollten, haben wir uns der Vernunft verpflichtet und der Annahme, dass unsere Überzeugungen objektiven Maßstäben standhalten.[5] Wenn es etwas gibt, das die Denker der Aufklärung gemeinsam hatten, dann war es das Beharren darauf, dass wir den Maßstab der Vernunft mit Nachdruck an unser Verständnis der Welt anlegen und nicht wieder der Heraufbeschwörung von Trugbildern erliegen – sei es durch Glaube, Dogma, Offenbarung, Autorität, Charisma, Mystizismus, Weissagung, Visionen, Bauchgefühl oder die hermeneutische Analyse sakraler Texte.

Es war die Vernunft, die die meisten Denker der Aufklärung veranlasste, sich von dem Glauben an einen anthropomorphen Gott, der sich für die Geschicke der Menschen interessiert, zu distanzieren.[6] Die Vernunft offenbarte, dass Berichte von Wundern zweifelhaft waren und die Verfasser heiliger Bücher nur allzu menschlich, dass Naturereignisse ganz unabhängig vom Wohlergehen der Menschen auftraten und verschiedene Kulturen an miteinander unvereinbare Gottheiten glaubten, die allesamt mit gleicher

Wahrscheinlichkeit Phantasieprodukte waren. (So schrieb Montesquieu: »Wenn Dreiecke einen Gott hätten, würden sie ihn mit drei Ecken ausstatten.«) Trotz alledem waren nicht alle Denker der Aufklärung Atheisten. Einige waren Deisten (im Unterschied zu Theisten): Sie glaubten, dass Gott das Universum in Gang gesetzt und sich dann zurückgezogen habe, um es sich gemäß den Naturgesetzen entfalten zu lassen. Andere waren Pantheisten, für die »Gott« synonym mit den Naturgesetzen war. Doch nur wenige riefen den Gebote verkündenden, Wunder wirkenden, Sohn zeugenden Gott der Schrift an.

Viele Autoren der heutigen Zeit verwechseln die für die Aufklärung typische Verfechtung der Vernunft mit der unglaubwürdigen Behauptung, Menschen seien durch und durch rationale Akteure. Nichts könnte von den historischen Tatsachen weiter entfernt sein. Denker wie Kant, Baruch de Spinoza, Thomas Hobbes, David Hume und Adam Smith waren wissbegierige Psychologen und sich unserer irrationalen Leidenschaften und Schwächen nur allzu sehr bewusst. Sie unterstrichen, dass unsere Torheiten allein durch die Offenlegung ihrer allgemein verbreiteten Ursachen zu überwinden seien. Die bewusste Nutzung der Vernunft war gerade deshalb unumgänglich, weil unsere üblichen Denkschemata nicht gerade rational sind.

Das führt uns zum zweiten Ideal, der Wissenschaft – der Weiterentwicklung der Vernunft, um die Welt zu verstehen. Die wissenschaftliche Revolution war auf eine Weise revolutionär, die für uns heutzutage schwer nachzuvollziehen ist, da die meisten Menschen ihre Entdeckungen mittlerweile als gegeben hinnehmen. Der Historiker David Wootton führt uns die Weltsicht eines gebildeten Engländers am Vorabend der Revolution im Jahr 1600 vor Augen:

> Er glaubt, dass Hexen Stürme heraufbeschwören können, die Schiffe untergehen lassen. ... Er glaubt an Werwölfe, obwohl es in England keinen einzigen gibt – er weiß, dass sie in Belgien ihr Unwesen treiben. ... Er glaubt, dass Circe Odysseus' Mannschaft wirklich in Schweine verwandelt hat. Er glaubt, dass Mäuse spontan in Strohhaufen erzeugt werden. Er glaubt an zeitgenössische Zauberer. ... Er hat das Horn eines Einhorns gesehen, aber kein Einhorn.
>
> Er glaubt, dass ein Mordopfer in der Gegenwart des Mörders zu bluten beginnt. Er glaubt, dass eine durch einen Dolch verursachte Wunde heilt, wenn man den Dolch mit einer bestimmten Salbe bestreicht. Er glaubt, dass Form, Farbe und Beschaffenheit einer Pflanze einen Hinweis auf ihre Heilkraft geben kön-

> nen, weil Gott die Natur so geschaffen hat, dass der Mensch sie richtig deuten kann. Er glaubt, dass sich unedles Metall in Gold verwandeln lässt, auch wenn er bezweifelt, dass irgendwer weiß, wie das geht. Er glaubt, dass die Natur eine Abneigung gegen die Leere hat. Er glaubt, dass der Regenbogen ein Zeichen von Gott ist und Kometen ein Unheil ankündigen. Er glaubt, dass Träume die Zukunft weissagen, wenn wir nur wissen, was sie uns sagen sollen. Und natürlich glaubt er, dass die Erde stillsteht und sich Sonne und Sterne alle 24 Stunden einmal um die Erde drehen.[7]

Rund 130 Jahre später glaubte ein gebildeter Nachkomme dieses Engländers keines dieser Dinge mehr. Es war ein Entrinnen nicht nur aus der Ignoranz, sondern auch vor Angst und Schrecken. Im Mittelalter, so der Soziologe Robert Scott, »sorgte der Glaube, dass eine äußere Macht das tägliche Leben bestimmte, für eine Art kollektiver Paranoia«:

> Regenschauer, Donner, Blitz, Windböen, Sonnen- oder Mondfinsternisse, Kälteeinbrüche, Hitzewellen, Dürreperioden und Erdbeben galten allesamt als Zeichen und Signale für Gottes Missfallen. Demzufolge bevölkerten »Schreckgespenster« jeden erdenklichen Bereich des Lebens. Das Meer wurde zum Reich Satans, und Wälder wimmelten von Raubtieren, Monstern, Hexen, Dämonen und sehr realen Dieben und Halsabschneidern. … Nach Einbruch der Dunkelheit war die Welt überdies erfüllt von Omen, die Gefahren aller Art voraussagten – Kometen, Meteoren, Sternschnuppen, Mondfinsternissen und dem Heulen wilder Tiere.[8]

Für die Denker der Aufklärung zeigte das Entrinnen aus Ignoranz und Aberglauben, wie fehlgeleitet unsere gängigen Meinungen sein können und dass die Verfahren der Wissenschaft – Skeptizismus, Fallibilismus, offene Diskussion und empirisches Testen – ein Paradigma zum Erlangen verlässlichen Wissens sind.

Dieses Wissen beinhaltet auch, dass wir uns selbst verstehen. Das Bedürfnis nach einer »Wissenschaft vom Menschen« war ein Thema, das Denker der Aufklärung verband, die sich ansonsten in vielem uneins waren, darunter Montesquieu, Hume, Smith, Kant, Nicolas de Condorcet, Denis Diderot, Jean-Baptiste d'Alembert, Jean-Jacques Rousseau und Giambattista Vico. Ihre Überzeugung, dass es so etwas wie eine universelle menschliche Natur gebe, die sich wissenschaftlich untersuchen lasse, machte sie vorzeitig zu Fachleuten von Wissenschaften, die erst Jahrhunderte später einen

Namen erhalten sollten.[9] Sie waren kognitive Neurowissenschaftler, die versuchten, Denken, Emotionen und Psychopathologie mit physikalischen Mechanismen des Gehirns zu erklären. Sie waren Evolutionspsychologen, die danach strebten, Leben im Naturzustand zu beschreiben und die animalischen Instinkte zu bestimmen, die wir »in unserem Herzen tragen«. Sie waren Sozialpsychologen, die über die moralischen Empfindungen schrieben, die uns einen, über die eigensüchtigen Leidenschaften, die uns trennen, und die Schwächen der Kurzsichtigkeit, die unsere besten Pläne zunichtemachen. Und sie waren Kulturanthropologen, die die Berichte von Reisenden und Entdeckern nach Daten über menschliche Universalien und die Vielfalt der Sitten und Gebräuche in den Kulturen der Welt durchforsteten.

Die Vorstellung von einer universellen menschlichen Natur bringt uns zum dritten Thema, dem Humanismus. Für die Denker des Zeitalters der Vernunft und der Aufklärung war es unabdingbar, die Ethik auf ein weltliches Fundament zu gründen, weil sie die Erinnerung an Jahrhunderte religiös legitimierten Blutvergießens verfolgte – mit Kreuzzügen, Inquisition, Hexenjagd und den Religionskriegen in Europa. Als Fundament diente, was wir heute als Humanismus bezeichnen: Das Wohlergehen individueller Männer, Frauen und Kinder erhält den Vorrang vor dem Ruhm des Stammes, der Rasse, der Nation oder der Religion. Es sind Individuen, nicht Gruppen, die *empfindungsfähig* sind, die Freude und Schmerz fühlen, Erfüllung und Qual. Ob man dies nun als das Ziel formuliert, das größte Glück der größten Zahl zu bewirken, oder als kategorischen Imperativ, Menschen als Selbstzweck und nicht als Mittel zum Zweck zu sehen – in ihrer Sicht war es die universelle Fähigkeit einer Person, zu leiden und sich zu entfalten, die an unser moralisches Empfinden appellierte.

Glücklicherweise bereitet uns unsere menschliche Natur darauf vor, auf diesen Appell zu reagieren. Wir verfügen nämlich über die Empfindung des *Mitgefühls*, welches sie auch als Güte, Mitleid oder Anteilnahme bezeichneten. Angesichts der Tatsache, dass wir mit der Fähigkeit ausgestattet sind, mit anderen mitzufühlen, lässt sich das umspannende Band des Mitgefühls mühelos von Familie und Volksstamm auf die gesamte Menschheit ausdehnen. Dies gilt umso mehr, als uns die Vernunft zu der Erkenntnis drängt, dass an uns selbst oder irgendeiner der Gruppen, zu denen wir gehören, nichts sein kann, das uns über alle anderen erhöht.[10] Wir werden zum Kosmopolitismus gezwungen – wir sind Weltbürger.[11]

Humanistisches Empfinden drängte die Denker der Aufklärung nicht nur zur Verdammung religiöser Gewalt, sondern auch der weltlichen Grausamkeiten ihrer Zeit, darunter Sklaverei, Tyrannei, Hinrichtungen für geringfügige Vergehen wie Ladendiebstahl und Wilderei oder sadistischer Bestrafungen wie Auspeitschen, Amputieren, Pfählen, Ausweiden, Rädern und Verbrennen auf dem Scheiterhaufen. Zuweilen bezeichnet man die Aufklärung als humanitäre Revolution, weil sie zur Abschaffung barbarischer Praktiken führte, die jahrtausendelang zum Alltag der Zivilisationen gehört hatten.[12]

Wenn die Abschaffung von Sklaverei und grausamen Strafen kein Fortschritt ist, was dann? Das bringt uns zum vierten Ideal der Aufklärung. Als sich unser Verständnis der Welt durch die Wissenschaft vertiefte und sich unser Band des Mitgefühls durch Vernunft und Kosmopolitismus ausdehnte, konnte sich die Menschheit intellektuell und moralisch weiterentwickeln. Sie musste sich nicht mehr in das Elend und die Irrationalität der Gegenwart schicken oder versuchen, die Uhr zu einem verlorenen Goldenen Zeitalter zurückzudrehen.

Der in der Aufklärung herrschende Fortschrittsglaube ist nicht zu verwechseln mit dem im 19. Jahrhundert aufgekommenen romantischen Glauben an mystische Kräfte, Gesetze, Dialektik, Kämpfe, Entfaltungen, Schicksale, Zeitalter des Menschen oder evolutionäre Kräfte, die die Menschheit unaufhaltsam aufwärts gen Utopia treiben.[13] Wie Kants Bemerkung über das »Erweitern der Erkenntnisse« und das »Reinigen von Irrtümern« zeigt, war jener Glaube eher prosaisch, eine Kombination aus Vernunft und Humanismus. Wenn wir verfolgen, wie gut unsere Gesetze und Verhaltensweisen funktionieren, überlegen, wie man sie optimieren könnte, und diejenigen bewahren, die dem Wohlergehen der Menschen dienen, können wir die Welt Stück für Stück verbessern. Die Wissenschaft selbst bahnt sich ihren Weg durch diesen Zyklus aus Theorie und Experiment, und ihr unablässiges Voranschreiten trotz gelegentlicher Rückschläge und Korrekturen demonstriert, dass Fortschritt möglich ist.

Ebenso wenig sollte man das Fortschrittsideal mit der Bewegung des 20. Jahrhunderts verwechseln, die bestrebt war, die Gesellschaft zugunsten von Technokraten und Planern umzustrukturieren; der Politologe James Scott spricht in diesem Zusammenhang von »Autoritärem Hochmodernismus«.[14] Die Bewegung verleugnete die Existenz der menschlichen Natur mit ihrem vertrackten Bedürfnis nach Schönheit, Natur, Tradition und sozialer

Nähe.[15] Die Modernisten machten zunächst »reinen Tisch« und entwickelten Stadterneuerungsprojekte, die lebendige Viertel durch Schnellstraßen, Hochhäuser, gähnend leere Plätze und brutalistische Architektur ersetzten. »Die Menschheit wird wiedergeboren«, so theoretisierten sie, und »in einem geordneten Verhältnis zum Ganzen leben«.[16] Dass im Zusammenhang mit diesen Entwicklungen manchmal der Begriff »Fortschritt« fiel, war pure Ironie – »Fortschritt«, der nicht von Humanismus geprägt wird, ist kein Fortschritt.

Statt zu versuchen, die Natur des Menschen umzuformen, galt die Hoffnung der Aufklärung auf Fortschritt den von Menschen geschaffenen Institutionen. Systeme wie Regierungen, Gesetze, Märkte und internationale Körperschaften bieten sich natürlicherweise für den Einsatz der Vernunft an, um die menschliche Existenz zu verbessern.

Nach dieser Denkweise ist Regierung keine göttliche Ermächtigung zu herrschen, kein Synonym für »Gesellschaft« oder ein Avatar der nationalen, religiösen oder ethnischen Seele. Sie ist eine menschliche Erfindung, auf die man sich in einem Gesellschaftsvertrag stillschweigend geeinigt hat und die das Wohl der Bürger mehren soll, indem sie ihr Verhalten koordiniert und egoistische Handlungen zu verhindern sucht, die für jedes Individuum möglicherweise verlockend sind, aber letztlich allen schaden. Gemäß dem Wortlaut der berühmtesten Errungenschaft der Aufklärung, der amerikanischen Unabhängigkeitserklärung, werden, um das Recht auf Leben, Freiheit und das Streben nach Glück zu sichern, Regierungen unter den Menschen eingeführt, welche ihre gerechte Gewalt von der Einwilligung der Regierten herleiten.

Zu den Befugnissen der Regierung gehören Bestrafungen, und Autoren wie Montesquieu, Cesare Beccaria und die amerikanischen Gründerväter dachten erneut über den Freibrief einer Regierung nach, ihren Bürgern Schaden zuzufügen.[17] Das Ahnden von Verbrechen, so argumentierten sie, sei nicht die Vollmacht, kosmische Gerechtigkeit zu üben, sondern Bestandteil einer Anreizstruktur, die Menschen von unsozialem Handeln abhalte, ohne mehr Leid zu verursachen, als sie verhindere. So solle die Strafe dem Verbrechen nicht etwa deshalb angemessen sein, um damit eine mystische Waage der Justitia im Gleichgewicht zu halten, sondern um zu erreichen, dass es ein Übeltäter bei einem geringfügigen Verbrechen bewenden lasse, statt ein noch schlimmeres zu begehen. Grausame Strafen, ob sie in einem gewissen Sinne »verdient« seien oder nicht, eigneten sich nicht besser zur Abschreckung als gemäßigte, aber sicherere Strafen; zudem ließen sie die Zuschauer abstumpfen und die Gesellschaft, die sie anwende, verrohen.

Überdies erlebte die Aufklärung die erste rationale Analyse des Wohlstands. Ausgangspunkt war nicht die Verteilung des Reichtums, sondern die Frage, wie dieser überhaupt erst entsteht.[18] Adam Smith, der sich auf französische, holländische und schottische Einflüsse stützte, verwies darauf, dass eine große Menge nützlicher Dinge nicht von einem Bauern oder Handwerker allein hervorgebracht werden könne. Dazu brauche es ein Netzwerk von Spezialisten, die jeweils lernen müssten, etwas möglichst effizient herzustellen, um dann die Früchte ihres Talents, ihrer Fähigkeiten und ihrer Arbeit zu vereinen und auszutauschen. In einem berühmten Beispiel rechnete Smith vor, dass ein allein arbeitender Stecknadelmacher höchstens eine Stecknadel pro Tag herstellen könne, während in einem Betrieb, in dem ein Arbeiter den Draht ziehe, ein anderer ihn strecke, ein dritter ihn schneide, ein vierter ihn zuspitze und ein fünfter das obere Ende schleife, damit der Kopf aufgesetzt werden kann, und so weiter, jeder Arbeiter fast 5000 Nadeln herstellen könne.

Spezialisierung funktioniert nur in einem Markt, der den Spezialisten ermöglicht, ihre Waren und Dienstleistungen auszutauschen; wie Smith erläuterte, sei ökonomische Aktivität eine Form wechselseitig nutzbringender Kooperation (in heutigem Jargon eine Win-win-Situation): Jeder bekomme etwas zurück, das für ihn wertvoller sei als das, was er aufgegeben habe. Durch freiwilligen Austausch verschafften Menschen anderen einen Nutzen, indem sie selbst profitierten. Er schrieb: »Nicht vom Wohlwollen des Metzgers, Brauers und Bäckers erwarten wir das, was wir zum Essen brauchen, sondern davon, daß sie ihre eigenen Interessen wahrnehmen. Wir wenden uns nicht an ihre Menschen- sondern an ihre Eigenliebe.« Damit sagte Smith nicht, dass Menschen rücksichtslos egoistisch seien oder sein sollten – kaum einer setzte sich so eingehend mit menschlichem Mitgefühl auseinander wie er. Er meinte lediglich, jegliche Neigung eines Menschen, für seine Familie und sich selbst zu sorgen, könne sich in einem Markt zum Nutzen aller auswirken.

Austausch kann eine ganze Gesellschaft nicht nur reicher, sondern auch freundlicher machen, denn in einem effektiven Markt ist es kostengünstiger, Dinge zu kaufen, als zu stehlen, und andere Menschen sind lebendig für uns wertvoller als tot. (Der Ökonom Ludwig von Mises drückte es Jahrhunderte später folgendermaßen aus: »Wenn der Schneider gegen den Bäcker kämpfen will, muss er trachten, sein Brot selbst zu erzeugen.«) Viele Denker der Aufklärung, darunter Montesquieu, Kant, Voltaire, Diderot und Abbé de Saint-Pierre, verschrieben sich dem Ideal des *doux commerce*, des »sanften Handels«.[19] Die amerikanischen Gründerväter – George Washington, James Madison und insbesondere Alexander Hamilton – entwarfen die Institutionen der jungen Nation, um diese damit voranzubringen.

Das bringt uns zu einem weiteren Ideal der Aufklärung: Frieden. In der gesamten Geschichte war Krieg so alltäglich, dass man ihn ganz selbstverständlich als dauerhaften Bestandteil der menschlichen Existenz betrachtete und sich Frieden nur in einem messianischen Zeitalter vorstellen konnte. Doch nun hielt man Krieg nicht länger für eine Strafe Gottes, die zu erleiden und zu beklagen war, oder für einen ruhmreichen Wettstreit, den es zu gewinnen und zu feiern galt, sondern für ein praktisches Problem, das man eindämmen und eines Tages lösen musste. In seiner Schrift *Zum ewigen Frieden* legte Kant Maßnahmen dar, die Herrscher davon abhalten sollten, ihr Land in einen Krieg zu treiben.[20] Abgesehen von internationalem Handel, empfahl er repräsentative Republiken (was wir als Demokratien bezeichnen würden), wechselseitige Transparenz, Normen gegen Eroberung und innere Einmischung, Reise- und Einreisefreiheit sowie einen Bund von Staaten, der Streitigkeiten zwischen ihnen rechtlich regelt.

Trotz aller Weitsicht der Gründer, Verfasser und *philosophes* soll die Aufklärung in diesem Buch durchaus nicht verherrlicht werden. Die Denker der Aufklärung waren Männer und Frauen ihrer Epoche, des 18. Jahrhunderts. Einige von ihnen waren Rassisten, Sexisten, Antisemiten, Sklavenhalter oder Duellanten. Manche Fragen, über die sie sich die Köpfe zerbrachen, sind für uns kaum nachvollziehbar, und sie produzierten nicht nur brillante, sondern auch abwegige Ideen. Genauer gesagt: Sie wurden zu früh geboren, um einige Eckpfeiler unseres modernen Verständnisses der Wirklichkeit würdigen zu können.

Freilich wären sie die Ersten gewesen, die das eingeräumt hätten. Wenn man die Vernunft preist, ist das Entscheidende die Schlüssigkeit der Gedanken, nicht die Persönlichkeit der Denkenden. Und wer sich dem Fortschritt verschreibt, kann nicht gut behaupten, er hätte alles schon längst gewusst. Es schmälert die Verdienste der Denker der Aufklärung keineswegs, wenn wir einige entscheidende Aspekte der menschlichen Existenz und der Natur des Fortschritts kennen, die ihnen verborgen geblieben sind. Diese Aspekte, so möchte ich sagen, sind Entropie, Evolution und Information.

Kapitel 2

Entro, Evo, Info

Der erste Eckpfeiler zum Verständnis der menschlichen Existenz ist der Begriff der Entropie oder Unordnung, der aus der Physik des 19. Jahrhunderts hervorging und in seiner jetzigen Form von dem Physiker Ludwig Boltzmann definiert wurde.[1] Der Zweite Hauptsatz der Thermodynamik besagt, dass die Entropie in einem abgeschlossenen System (das nicht mit seiner Umgebung interagiert) nie abnimmt. (Der Erste Hauptsatz besagt, dass Energie erhalten wird, der Dritte, dass es unmöglich ist, den absoluten Nullpunkt der Temperatur zu erreichen.) Abgeschlossene Systeme werden unaufhaltsam weniger strukturiert, weniger organisiert, unfähiger, interessante und nützliche Ergebnisse hervorzubringen, bis sie in ein Gleichgewicht grauer, lauwarmer, homogener Monotonie abgleiten und dort verharren.

In seiner ursprünglichen Formulierung bezog sich der Zweite Hauptsatz auf den Prozess, bei dem sich nutzbare Energie in Form eines Temperaturunterschiedes zwischen zwei Körpern unweigerlich auflöst, weil Wärme vom wärmeren zum kälteren Körper fließt. (Oder, in den Worten des Musikerduos Flanders & Swann: »*You can't pass heat from the cooler to the hotter; Try it if you like but you far better notter.*«) Eine Tasse Kaffee, die nicht auf einer eingeschalteten Warmhalteplatte steht, wird abkühlen. Wenn die Kohle, die eine Dampfmaschine mit Energie versorgt, aufgebraucht ist, kann der abgekühlte Dampf auf der einen Seite des Kolbens ihn nicht mehr bewegen, weil der erwärmte Dampf und die Luft auf der anderen Seite genau den gleichen Druck ausüben.

Als man erst einmal begriffen hatte, dass Wärme keine unsichtbare Flüssigkeit ist, sondern die in sich bewegenden Molekülen gespeicherte Energie und dass ein Temperaturunterschied zwischen zwei Körpern der Differenz zwischen den Durchschnittsgeschwindigkeiten dieser Moleküle entspricht, nahm eine allgemeinere, statistische Version des Entropiebegriffs und des Zweiten Hauptsatzes Gestalt an. Nun ließ sich Ordnung definieren als die

Menge aller mikroskopisch verschiedenen Zustände eines Systems (im ursprünglichen Beispiel betraf dies Wärme, die möglichen Geschwindigkeiten und Positionen aller Moleküle in den beiden Körpern). Diejenigen all dieser Zustände, die wir von außen betrachtet als sinnvoll empfinden (wie etwa einen Körper, der wärmer als ein anderer ist, was bedeutet, dass die Durchschnittsgeschwindigkeit der Moleküle in dem einen Körper höher ist als die in dem anderen), machen nur einen winzigen Bruchteil der Möglichkeiten aus, während all die ungeordneten oder nutzlosen Zustände (diejenigen ohne einen Temperaturunterschied, bei denen die Moleküle beider Körper die gleiche Durchschnittsgeschwindigkeit aufweisen) die weit überwiegende Mehrheit bilden. Daraus folgt, dass jede Störung des Systems, sei es ein zufälliges leichtes Rütteln seiner Teile oder ein Schlag von außen, das System gemäß den Gesetzen der Wahrscheinlichkeit Richtung Unordnung oder Nutzlosigkeit stupsen wird – nicht weil die Natur nach Unordnung strebt, sondern weil es sehr viel mehr Möglichkeiten gibt, ungeordnet zu sein als geordnet. Verlässt man eine Sandburg, wird sie am nächsten Tag nicht mehr da sein, weil der Wind, Wellen, Möwen und kleine Kinder, die die Sandkörner durcheinanderwerfen, diese mit größerer Wahrscheinlichkeit zu einer der unzähligen Konfigurationen anordnen, die nicht wie eine Burg aussehen, als zu den ganz, ganz wenigen, die so aussehen. Wenn ich im weiteren Verlauf dieses Buches auf die statistische Version des Zweiten Hauptsatzes Bezug nehme, die nicht nur sich angleichende Temperaturunterschiede betrifft, sondern allgemein schwindende Ordnung, werde ich häufig vom Gesetz der Entropie sprechen.

Inwiefern ist Entropie für menschliche Belange relevant? Leben und Glück sind abhängig von einem winzigen Fitzelchen geordneter Ansammlungen von Materie unter der astronomischen Zahl aller Möglichkeiten. Unser Körper ist eine unwahrscheinliche Anordnung von Molekülen, und er bewahrt diese Ordnung mit Hilfe anderer Unwahrscheinlichkeiten: der wenigen Substanzen, die uns ernähren, der wenigen Materialien in den wenigen Formen, die uns bekleiden, schützen und Dinge nach unseren Wünschen transportieren können. Weitaus mehr Anordnungen von Materie, die sich auf der Erde finden, sind für uns von keinerlei weltlichem Nutzen. Und das bedeutet: Wenn sich Dinge ohne willentliches Zutun eines menschlichen Akteurs verändern, so ist dies wahrscheinlich eine Wendung zum Schlechteren. Im täglichen Leben scheint das Gesetz der Entropie häufig in literarischen und umgangssprachlichen Wendungen auf, wie »Das Alte stürzt«, »der Zahn der

Zeit«, »Wer rastet, der rostet«, »Shit happens«, »Alles, was schiefgehen kann, wird auch schiefgehen« und (aus dem Mund des texanischen Abgeordneten Sam Rayburn) »Jeder Trottel kann eine Scheune zum Einsturz bringen, aber um eine zu bauen, braucht man einen Zimmermann«.

Wissenschaftler sind sich darin einig, dass der Zweite Hauptsatz weit mehr ist als eine Erklärung für alltägliche Ärgernisse. Er ist eine Grundvoraussetzung dafür, dass wir das Universum und unseren Platz darin verstehen. Im Jahr 1928 schrieb der Physiker Arthur Eddington:

> Ich glaube, daß dem Gesetz von dem ständigen Wachsen der Entropie – dem zweiten Hauptsatz der Thermodynamik – die erste Stelle unter den Naturgesetzen gebührt. Wenn jemand Sie darauf hinweist, daß die von Ihnen bevorzugte Theorie des Universums den Maxwellschen Gleichungen widerspricht, – nun, können Sie sagen, um so schlimmer für die Maxwellschen Gleichungen. Wenn es sich herausstellt, daß sie mit der Beobachtung unvereinbar ist, – gut, auch Experimentalphysiker pfuschen manchmal. Aber wenn Ihre Theorie gegen den zweiten Hauptsatz verstößt, dann ist alle Hoffnung vergebens. Dann bleibt ihr nichts mehr übrig, als in tiefster Demut in der Versenkung zu verschwinden.[2]

In seinen berühmten Rede Lectures von 1959, die als *The Two Cultures and the Scientific Revolution* veröffentlicht wurden, kommentierte der Naturwissenschaftler und Romancier C. P. Snow die unter gebildeten Briten seiner Tage vorherrschende Verachtung für Naturwissenschaft:

> Wie oft bin ich in größerem Kreise mit Leuten zusammengewesen, die, an den Maßstäben der überkommenen Kultur gemessen, als hochgebildet gelten, und die mit beträchtlichem Genuß ihrem ungläubigen Staunen über die Unbildung der Naturwissenschaftler Ausdruck gaben. Ein- oder zweimal habe ich mich provozieren lassen und die Anwesenden gefragt, wie viele von ihnen mir das zweite Gesetz der Thermodynamik angeben können. Man reagierte kühl – man reagierte aber auch negativ. Und doch bedeutete meine Frage auf naturwissenschaftlichem Gebiet etwa dasselbe wie: »Haben Sie etwas von Shakespeare gelesen?«[3]

Mit dem Titel seines Buches *Four Laws That Drive the Universe* (»Vier Gesetze, die das Universum in Gang halten«) spielt der Chemiker Peter Atkins auf den Zweiten Hauptsatz an. Und noch direkter überschrieben die Evolutionspsychologen John Tooby, Leda Cosmides und Clark Barrett einen neueren Artikel über die Grundlagen der Kognitionsforschung mit »The Second Law of Thermodynamics Is the First Law of Psychology« (»Der Zweite Hauptsatz der Thermodynamik ist das erste Gesetz der Psychologie«).[4]

Warum wird dem Zweiten Hauptsatz solche Ehre zuteil? Von oberster Warte aus betrachtet, definiert er das Schicksal des Universums und den letztendlichen Sinn des Lebens, des Geistes und allen menschlichen Strebens: Energie und Wissen zu nutzen, um der Flutwelle der Entropie Einhalt zu gebieten und Refugien wohltuender Ordnung zu schaffen. Aus der irdischen Perspektive können wir noch konkreter werden, aber bevor wir wieder vertrauten Boden betreten, muss ich zunächst die beiden anderen grundlegenden Ideen erläutern.

Auf den ersten Blick scheint es, als schaffe das Gesetz der Entropie nichts anderes als eine entmutigende Vergangenheit und eine deprimierende Zukunft. Zu Beginn befand sich das Universum in einem Zustand niedriger Entropie – die Energiedichte beim Urknall war unvorstellbar hoch. Von da an ging's bergab: Das Universum dehnte sich – in einem immer noch andauernden Prozess – zu einer dünnen Brühe aus Partikeln aus, die gleichmäßig und mit großen Abständen im Weltall verteilt sind. In Wirklichkeit ist das Universum, wie wir es kennen, natürlich keine strukturlose Brühe. Es ist bevölkert von Galaxien, Planeten, Bergen, Wolken, Schneeflocken und einem bunten Strauß an Flora und Fauna, uns eingeschlossen.

Dass der Kosmos von so viel interessantem Zeug wimmelt, liegt unter anderem an einer Menge von Prozessen namens Selbstorganisation, die die Entwicklung klar umgrenzter Bereiche der Ordnung ermöglichte.[5] Wenn Energie in ein System geschüttet wird und das System diese Energie beim Hinabgleiten in die Entropie verteilt, kann es einen Gleichgewichtszustand erreichen, in dem es eine geordnete, ja schöne Konfiguration bildet – eine Kugel, eine Spirale, einen Strahlenkranz, einen Strudel, eine Welle, ein Kristall oder ein Fraktal. Dass wir diese Konfigurationen als schön empfinden, lässt übrigens vermuten, dass Schönheit nicht einfach im Auge des Betrachters liegt. Die ästhetische Reaktion des Gehirns offenbart möglicherweise eine Empfänglichkeit für die nichtentropischen Muster, die der Natur entspringen können.

Die Natur birgt jedoch noch eine weitere Art von Ordnung, die nach einer Erklärung verlangt – nicht die eleganten Symmetrien und Rhythmen der physikalischen Welt, sondern der funktionelle Aufbau, den wir in der belebten Welt vorfinden. Lebewesen bestehen aus Organen mit heterogenen

Teilen, die auf gespenstische Weise so geformt und angeordnet sind, dass sie Dinge tun können, die den Organismus am Leben erhalten (oder anders gesagt, die weiterhin Energie absorbieren, um der Entropie zu trotzen).[6]

Das beliebteste Beispiel für biologisches Design ist das Auge, aber um den soeben erwähnten Punkt zu illustrieren, greife ich auf mein zweitliebstes Sinnesorgan zurück: Das menschliche Ohr enthält ein elastisches Trommelfell, das in Reaktion auf den leichtesten Luftzug vibriert, einen knöchernen Hebel, der die Stärke der Vibration vervielfacht, einen Kolben, der die Vibration in die Flüssigkeit in einem langen Tunnel presst (dessen gewundene Form praktischerweise genau in die Schädelwand eingepasst ist), eine sich verengende Membran, die längs durch den Tunnel verläuft und die Schallwelle durch die räumliche Anordnung in ihre Obertöne aufteilt, sowie eine Anordnung von Zellen mit winzigen Haaren, die sich durch die vibrierende Membran vor- und zurückbewegen und dabei eine Folge elektrischer Impulse zum Gehirn senden. Wenn man erklären will, warum diese Membranen und Knochen und Flüssigkeiten und Haare auf diese unwahrscheinliche Weise angeordnet sind, stößt man unweigerlich auf die Tatsache, dass diese Konfiguration dem Gehirn ermöglicht, strukturierten Schall zu registrieren. Selbst die fleischige Ohrmuschel – asymmetrisch in der Horizontalen wie auch in der Vertikalen und durch Bergkämme und -täler zerknittert – ist so geformt, dass der einfallende Schall dem Gehirn übermittelt, ob sich die Geräuschquelle oben oder unten, vorne oder hinten befindet.

Organismen sind reichlich ausgestattet mit unwahrscheinlichen Konfigurationen des Fleisches, wie Augen, Ohren, Herzen und Mägen, die nach einer Erklärung verlangen. Bevor Charles Darwin und Alfred Russel Wallace 1859 eine lieferten, erschien es plausibel, dass sie das Werk eines göttlichen Designers seien – was, wie ich vermute, einer der Gründe dafür ist, dass so viele Denker der Aufklärung keine hundertprozentigen Atheisten, sondern Deisten waren. Darwin und Wallace machten den Designer überflüssig. Sobald selbstorganisierende physikalische und chemische Prozesse eine Konfiguration von Materie entstehen lassen, die sich reproduzieren kann, stellen die Kopien in einer exponentiellen Explosion ihrerseits Kopien von sich her, die wieder Kopien erzeugen, und immer so weiter. Die Reproduktionssysteme konkurrieren um das Material für ihre Kopien und die Energie, um die Reproduktion anzutreiben. Da kein Kopiervorgang perfekt ist – dafür sorgt das Gesetz der Entropie –, schleichen sich Fehler ein, und obgleich die meisten dieser Mutationen die Qualität des Reproduzierers vermindern (wieder

Entropie), sorgen gelegentliche Glücksfälle für eine Kopie, die sich noch effektiver reproduziert, und demzufolge werden deren Nachkommen die Konkurrenz überrennen. Da sich Kopierfehler, die zu mehr Stabilität und erfolgreicherer Reproduktion führen, im Laufe der Generationen anhäufen, sieht es so aus, als sei das sich reproduzierende System – das wir Organismus nennen – auf Überleben und künftige Reproduktion hin entwickelt worden, doch in Wahrheit hat es lediglich die Kopierfehler konserviert, die in der Vergangenheit zu Überleben und Reproduktion geführt haben.

Kreationisten deuten den Zweiten Hauptsatz der Thermodynamik gemeinhin so um, dass eine biologische Evolution, also eine Zunahme an Ordnung im Laufe der Zeit, physikalisch unmöglich sei. Der Teil des Gesetzes, den sie dabei unterschlagen, ist »in einem geschlossenen System«. Organismen sind offene Systeme: Sie schöpfen Energie aus der Sonne, aus Nahrung oder aus Tiefseeschloten, um vorübergehend Inseln der Ordnung in ihren Körpern und Nestern zu formen, während sie Wärme und Abfälle in die Umgebung entsorgen, womit sie die Unordnung in der Welt insgesamt vergrößern. Dass Organismen Energie nutzen, um ihre Unversehrtheit gegen den Druck der Entropie zu bewahren, ist eine moderne Erklärung für das Prinzip des Conatus (Anstrengung oder Streben), das Spinoza definierte als das Streben jedes Dinges, »in seinem Sein zu beharren«, und das die Grundlage mehrerer Theorien der Aufklärung über Leben und Geist bildete.[7]

Die in Stein gemeißelte Bedingung, Energie aus der Umwelt zu saugen, gebiert eine der Tragödien, mit denen Lebewesen zu kämpfen haben. Während sich Pflanzen in Sonnenenergie aalen und einige Kreaturen der Tiefsee die chemische Brühe aufsaugen, die Risse im Meeresboden ausspeien, sind Tiere die geborenen Ausbeuter: Sie zehren von der schwer erkämpften Energie, die in den Körpern von Pflanzen und anderen Tieren gespeichert ist, indem sie diese fressen. Ihnen gleich tun es die Viren, Bakterien und andere Pathogene und Parasiten, die von innen an Körpern nagen. Abgesehen von Früchten, ist alles, was wir als »Nahrung« bezeichnen, ein Körperteil oder Energiespeicher eines anderen Organismus, der nichts lieber täte, als diesen Schatz für sich zu behalten. Natur ist Krieg, und vieles von dem, was in der natürlichen Welt unser Interesse weckt, ist nichts anderes als ein Wettrüsten. Beutetiere schützen sich mit Schalen, Stacheln, Klauen, Hörnern, Gift, Tarnung, Flucht oder Selbstverteidigung; Pflanzen besitzen Dornen, Schalen, Rinden sowie Reizstoffe und Gifte, mit denen ihr Gewebe durchtränkt ist. Tiere entwickeln Waffen, um diese Abwehr zu durchdringen: Fleischfresser verfügen über Schnelligkeit, Klauen und Adleraugen, während Pflanzenfresser mahlende Zähne besitzen sowie eine Leber, die natürliche Giftstoffe entgiften kann.

Und nun kommen wir zum dritten Eckpfeiler, der Information.[8] Information kann man sich als eine Verringerung der Entropie vorstellen – als Zutat, die ein geordnetes, strukturiertes System von der riesigen Menge zufälliger, nutzloser Systeme unterscheidet.[9] Denken wir an Seiten voll willkürlicher Schriftzeichen, die ein Affe auf einer Schreibmaschine getippt hat, oder an weißes Rauschen aus einem Radio, das auf eine Frequenz zwischen zwei Kanälen eingestellt ist, oder an einen Bildschirm voller Konfetti wegen einer defekten Computerdatei. Jedes dieser Objekte kann zigtausend verschiedene Formen annehmen, die alle gleich langweilig sind. Doch nun stellen wir uns vor, dass die Geräte durch ein Signal gesteuert werden, das die Schriftzeichen oder Schallwellen oder Pixel zu einem Muster anordnet, dem etwas in der Welt entspricht – die Unabhängigkeitserklärung, die ersten Takte von *Hey Jude*, eine Katze mit Sonnenbrille. Dann sagen wir, dass das Signal *Information* über die Erklärung oder das Lied oder die Katze übermittelt.[10]

Die in einem Muster enthaltene Information hängt davon ab, wie grob- oder feingekörnt unsere Sicht auf die Welt ist. Falls wir uns für die *exakte* Sequenz der Schriftzeichen im Output des Affen interessieren oder die genaue Differenz zwischen zwei Schallereignissen oder die ganz bestimmte Anordnung von Pixeln in genau einer der zufälligen Präsentationen, dann müssten wir sagen, dass jedes einzelne Muster von Schriftzeichen, Schallereignissen oder Pixeln jeweils die gleiche Menge an Informationen trägt wie die entsprechenden anderen. Tatsächlich würden die interessanten Muster *weniger* Informationen beinhalten, denn wenn man sich einen ihrer Bestandteile anschaut (zum Beispiel den Buchstaben *q*), kann man auf andere schließen (zum Beispiel auf den nachfolgenden Buchstaben, *u*), ohne das Signal zu benötigen. Doch meist stecken wir die riesige Mehrheit willkürlich aussehender Konfigurationen als gleichermaßen langweilig in einen Sack und unterscheiden sie allesamt von den verschwindend geringen, die mit etwas anderem korrelieren. Aus diesem Blickwinkel enthält das Katzenfoto mehr Informationen als das Pixelkonfetti, weil es mit einer vielsagenden Botschaft auf eine seltene geordnete Konfiguration aus der ungeheuren Menge gleichermaßen ungeordneter Konfigurationen verweist. Wenn man sagt, dass das Universum keinen zufälligen, sondern einen geordneten Charakter hat, dann bedeutet das, dass es Informationen in diesem Sinne enthält. Einige Physiker verehren Information als eine der grundlegenden Komponenten des Universums, zusammen mit Materie und Energie.[11]

Information reichert sich im Laufe der Evolution in einem Genom an. Die Basensequenz in einem DNA-Molekül korreliert mit der Sequenz von Aminosäuren in den Proteinen, die den Körper des Organismus bilden; und diese Sequenz konnte entstehen, weil die Vorfahren des Organismus – durch Reduzierung ihrer Entropie – zu den unwahrscheinlichen Konfigurationen strukturiert wurden, die ihnen erlaubte, Energie aufzunehmen, zu wachsen und sich zu reproduzieren.

Auch das Nervensystem eines Tieres sammelt sein Leben lang Informationen. Die beiden physikalischen Prozesse bei der Überführung von Schall in das Feuern von Neuronen – vibrierende Luft und die Diffusion von Ionen – könnten nicht unterschiedlicher sein. Dank der Korrelation zwischen ihnen trägt das Muster der neuronalen Aktivität im Gehirn des Tieres Informationen über den Schall in der Welt. Von dort kann die Information zwischen elektrisch und chemisch hin- und herwechseln, wenn sie die Synapsen, die die Neuronen miteinander verbinden, überquert. Während all dieser physikalischen Transformationen bleibt die Information erhalten.

Eine bahnbrechende Entdeckung der theoretischen Neurowissenschaft im 20. Jahrhundert war, dass neuronale Netze Information nicht nur konservieren, sondern auch so umwandeln können, dass wir in der Lage sind zu erklären, inwiefern Gehirne intelligent sein können. Zwei Input-Neuronen können mit einem Output-Neuron auf eine Weise verbunden sein, dass ihre Feuerungsmuster logischen Relationen wie UND, ODER und NICHT entsprechen oder einer statistischen Entscheidung, die von der Gewichtung der eintreffenden Evidenz abhängt. Damit sind neuronale Netze zu Informationsverarbeitung oder Berechnungen in der Lage. Verfügt das Gehirn über ein ausreichend großes Netz aus diesen logischen und statistischen Schaltkreisen (und mit seinen Milliarden Neuronen gibt es da eine Menge Möglichkeiten), kann es komplexe Funktionen berechnen – das ist die Grundvoraussetzung für Intelligenz. Es kann die Informationen über die Welt, die ihm die Sinnesorgane liefern, so umwandeln, dass sie die Gesetze widerspiegeln, denen die Welt unterliegt, und das wiederum ermöglicht ihm nützliche Schlussfolgerungen und Vorhersagen.[12] Innere Repräsentationen, die verlässlich mit Zuständen der Welt korrelieren und in Schlussfolgerungen eingehen, die in der Regel aus wahren Prämissen wahre Implikationen ableiten, kann man als Wissen bezeichnen.[13] Wir sagen, dass jemand weiß, was ein Rotkehlchen ist, wenn er den Gedanken »Rotkehlchen« hat, wann immer er eines sieht, und wenn er folgern kann, dass es sich um eine Vogelart handelt, die im Frühjahr Würmer aus dem Boden pickt.

Um wieder auf die Evolution zurückzukommen: Ein Gehirn, das dank Informationen im Genom so verdrahtet ist, dass es über Informationen, die ihm die Sinnesorgane liefern, Berechnungen anstellen kann, könnte das Verhalten des betreffenden Tieres so strukturieren, dass es in der Lage ist, Energie aufzunehmen und der Entropie zu trotzen. Es könnte beispielsweise die Regel verinnerlichen: »Wenn es quiekt, jage es; wenn es bellt, ergreife die Flucht.«

Jagen und Fliehen sind allerdings nicht nur Abfolgen von Muskelkontraktionen – sie sind *zielgerichtet*. Jagen beinhaltet je nach den Umständen Rennen oder Klettern oder Springen oder Anschleichen, solange es die Chancen erhöht, die Beute zu schnappen; Fliehen beinhaltet Verstecken oder Totstellen oder Hakenschlagen. Und das führt zu einer weiteren bahnbrechenden Idee des 20. Jahrhunderts, die man zuweilen als Kybernetik, Feedback oder Steuerung bezeichnet. Die Theorie erklärt, inwiefern ein physikalisches System teleologisch erscheinen kann, also auf einen Zweck oder ein Ziel ausgerichtet. Alles, was es braucht, sind die Möglichkeit, den eigenen Zustand und den der Umwelt wahrzunehmen, die Repräsentation eines Zielzustands (was es »will«, was es »versucht«), die Fähigkeit, die Differenz zwischen dem gegenwärtigen Zustand und dem Zielzustand zu berechnen, und ein Repertoire an Handlungen, die mit ihren typischen Auswirkungen gekennzeichnet sind. Ist das System so verdrahtet, dass es Handlungen auslöst, die typischerweise die Differenz zwischen gegenwärtigem Zustand und Zielzustand verringern, kann man davon sprechen, dass es Ziele verfolgt (und wenn die Welt ausreichend vorhersagbar ist, wird es sie auch erreichen). Die natürliche Selektion entdeckte dieses Prinzip in Gestalt der Homöostase, etwa wenn unser Körper seine Temperatur durch Zittern und Schwitzen reguliert. Als auch der Mensch es entdeckte, wurde es in analoge Systeme wie Thermostate und Tempomaten eingebaut und dann in digitale Systeme wie Schachprogramme und autonome Roboter.

Die Prinzipien der Information, Berechnung und Steuerung überbrücken die Kluft zwischen der physikalischen Welt von Ursache und Wirkung und der geistigen Welt von Wissen, Intelligenz und Absicht. Wenn man sagt, dass

Ideen die Welt verändern können, ist das nicht nur phrasenhaftes Wunschdenken – es ist eine reale Eigenschaft der physikalischen Beschaffenheit von Gehirnen. Den Denkern der Aufklärung schwante bereits, dass Denken aus Mustern in Materie bestehen könne – sie verglichen Ideen mit Abdrücken in Wachs, Vibrationen einer Saite oder von einem Boot verursachten Wellen. Und einige Denker, zum Beispiel Hobbes, meinten, dass »Schlussfolgern nichts anderes als Rechnen« sei. Doch bevor die Begriffe der Information und Berechnung geklärt wurden, erschien es plausibel, dualistisch zu denken, also Geist und Körper als getrennt voneinander zu betrachten und das geistige Leben einer immateriellen Seele zuzuschreiben. (Entsprechend war es vor Aufdeckung des Konzepts der Evolution plausibel, ein Kreationist zu sein und die Gestaltung der Natur einem kosmischen Designer zuzuschreiben.) Ich nehme an, dies ist ein weiterer Grund dafür, dass so viele Denker der Aufklärung Deisten waren.

Zweifellos wirkt die Vorstellung befremdlich, dass unser Handy wirklich unsere Lieblingsnummer »kennt«, unser Navi tatsächlich die beste Route nach Hause »herausfindet« und unser Mähroboter sich ernsthaft »bemüht«, den Rasen perfekt zu pflegen. Doch mit zunehmender Raffinesse von informationsverarbeitenden Systemen – weil ihre Ziele in Hierarchien von Teilzielen innerhalb von Teilzielen angeordnet sind, ihre Repräsentationen der Welt immer reichhaltiger werden und ihre Handlungen zum Erreichen der Ziele immer vielfältiger und weniger vorhersagbar – riecht es zunehmend nach hominidem Chauvinismus, darauf zu beharren, dass es nicht so ist. (Ob Information und Berechnung abgesehen von Wissen, Intelligenz und Absicht auch *Bewusstsein* erklären, ist eine Frage, der ich mich im letzten Kapitel zuwende.)

Die menschliche Intelligenz bleibt der Maßstab für künstliche Intelligenz. *Homo sapiens* ist eine ungewöhnliche Spezies, weil unsere Vorfahren in größere Gehirne investierten, die mehr Informationen über die Welt sammelten, auf komplexere Weise darüber nachdachten und ihre Ziele mit einer größeren Vielfalt von Handlungen verfolgten. Sie spezialisierten sich in der kognitiven Nische, die man auch die kulturelle Nische und Nische der Jäger und Sammler nennt.[14] Das beinhaltete eine Reihe neuer Anpassungen, darunter die Fähigkeit, mentale Modelle der Welt zu manipulieren und vorherzusagen, was passiert, wenn man etwas Neues ausprobiert; die Fähigkeit, mit anderen zu kooperieren, wodurch Gruppen von Menschen Dinge gelangen, an denen der Einzelne scheiterte; und Sprache, die ihnen ermöglichte, ihr Handeln zu koordinieren sowie die Früchte ihrer Erfahrungen in den Ansammlungen von Fertigkeiten und Normen zu bündeln, die wir Kulturen nennen.[15] Dank dieser Investitionen gelang es frühen Hominiden, die Abwehrmechanismen zahlreicher Pflanzen und Tiere zu durchbrechen und reiche Beute an Energie zu machen, die ihre größer werdenden Gehirne befeuerte, ihnen weiteres Know-how verschaffte und Zugang zu noch mehr Energie. Die Hadza in Tansania, ein gut erforschter Stamm von Jägern und Sammlern, die heute noch in dem Ökosystem leben, in dem sich der moderne Mensch entwickelte, und seinen Lebensstil vermutlich großenteils bewahrt haben, gewinnen pro Person täglich 3000 Kalorien aus über 880 Arten.[16] Diese Speisekarte verdanken sie genialen und spezifisch menschlichen Methoden der Nahrungsbeschaffung; so erlegen sie große Tiere mit vergifteten Pfeilspitzen, räuchern Bienen in ihren Stöcken aus, um ihnen den Honig zu stehlen, und vergrößern den Nährwert von Fleisch und Knollen durch Kochen.

Mittels Wissen kanalisierte Energie ist das Elixier, mit dem wir die Entropie in Schach halten, und Fortschritte bei der Nutzbarmachung von Energie sind Fortschritte des menschlichen Geschicks. Die Erfindung der Landwirtschaft vor rund zehntausend Jahren vervielfachte die Verfügbarkeit von Kalorien aus kultivierten Pflanzen und domestizierten Tieren, befreite einen Teil der Bevölkerung von den Zwängen des Jagens und Sammelns und bescherte ihnen schließlich den Luxus, ihre Gedanken aufschreiben, nachvollziehen und bündeln zu können. Um 500 v.u.Z., während der Achsenzeit, wie der Philosoph Karl Jaspers sie nannte, wandelten sich mehrere weit voneinander entfernte Kulturen von Systemen mit Ritualen und Opfern, die lediglich Unheil abwenden sollten, zu Systemen mit philosophischen und religiösen Überzeugungen, die Selbstlosigkeit förderten und spirituelle Transzendenz versprachen.[17] Taoismus und Konfuzianismus in China, Hinduismus, Buddhismus und Jainismus in Indien, der Zoroastrismus in Persien, der Judaismus des zweiten Tempels in Judäa sowie klassische griechische Philosophie und Dramen entstanden allesamt innerhalb weniger Jahrhunderte. (Konfuzius, Buddha, Pythagoras, Aischylos und der letzte der hebräischen Propheten wandelten zur selben Zeit auf Erden.) Vor kurzem entdeckte ein interdisziplinäres Gelehrtenteam eine gemeinsame Ursache dieser Entwicklungen.[18] Es war keine Aura der Spiritualität, die auf den Planeten herabschwebte, sondern etwas viel Prosaischeres – das Aufnehmen von Energie. In der Achsenzeit sorgten landwirtschaftliche und ökonomische Fortschritte für einen Energieschub: über 20000 Kalorien pro Person und Tag in Nahrung, Futter, Brennstoff und Rohmaterialien. Mit diesem Aufschwung konnten sich die Zivilisationen größere Städte leisten, eine Gelehrten- und Priesterklasse sowie eine Neuausrichtung der Prioritäten von kurzfristigem Überleben zu langfristiger Harmonie. Wie Bertolt Brecht es mehrere tausend Jahre später ausdrückte: »Erst kommt das Fressen, dann kommt die Moral.«[19]

Als die industrielle Revolution eine Fontäne nutzbarer Energie aus Kohle, Öl und fallendem Wasser freisetzte, bedeutete dies einen »großen Ausbruch« aus Armut, Krankheit, Hunger, Analphabetentum und vorzeitigem Tod – zuerst im Westen und dann zunehmend auch im Rest der Welt (wie wir in den Kapiteln 5 bis 8 sehen werden). Und der nächste Sprung der menschlichen Wohlfahrt – das Ende extremer Armut und die Ausbreitung des Überflusses, mit all ihren moralischen Vorzügen – wird von technischen Fortschritten abhängen, die zu akzeptablen Kosten für Wirtschaft und Umwelt der gesamten Welt Energie liefern (Kapitel 10).

Entro, Evo, Info. Diese Begriffe definieren das Narrativ des menschlichen Fortschritts – die Tragödie, in die wir hineingeboren wurden, und unsere Mittel und Wege, um uns eine bessere Existenz zu erkämpfen.

Die erste Weisheit, die sie anzubieten haben, lautet: *Es muss niemand schuld an unserem Unglück sein.* Ein bedeutender Durchbruch der wissenschaftlichen Revolution – vielleicht sogar ihr bedeutendster – war die Widerlegung der Intuition, dass in jeder Ecke des Universums eine Absicht lauert. Nach dieser primitiven, aber allgegenwärtigen Vorstellung geschieht nichts ohne Grund, und das bedeutet: Wenn uns etwas Schlimmes zustößt wie Unfälle, Krankheit, Hunger, Armut, muss irgendein Akteur *gewollt* haben, dass das passiert. Sobald das Unglück einer Person anzukreiden ist, kann man sie bestrafen oder Schadenersatz von ihr fordern. Lässt sich keine Einzelperson ausmachen, beschuldigt man vielleicht die sich am ehesten anbietende ethnische oder religiöse Minderheit, die man dann in einem Pogrom lynchen oder massakrieren kann. Gibt es keinen plausiblen Hinweis auf menschliche Schuldige, kann man nach Hexen Ausschau halten, die man dann verbrennt oder ertränkt. Scheidet auch diese Möglichkeit aus, verweist man auf sadistische Götter, die sich zwar nicht bestrafen, aber mit Gebeten und Opfern besänftigen lassen. Und dann gibt es noch körperlose Kräfte wie Karma, Schicksal, spirituelle Botschaften, kosmische

Gerechtigkeit und andere Garanten der Intuition, dass »nichts ohne Grund geschieht«.

An die Stelle dieses kosmischen Moralitätenspiels haben Galileo, Newton und Laplace ein Uhrwerk-Universum gesetzt, in dem Ereignisse durch gegenwärtige Bedingungen und nicht durch zukünftige Ziele verursacht werden.[20] *Menschen* haben selbstverständlich Ziele, aber den Mechanismen der Natur Ziele zuzuschreiben ist eine Illusion. Dinge können geschehen, ohne dass sich irgendwer Gedanken über ihre Auswirkungen auf menschliches Glück macht.

Diese durch wissenschaftliche Revolution und Aufklärung gewonnene Einsicht wurde durch die Entdeckung der Entropie noch vertieft. Das Universum schert sich nicht nur keinen Deut um unsere Wünsche – im natürlichen Fortgang der Ereignisse wird es sie sogar meist durchkreuzen, weil es so viel mehr Möglichkeiten gibt, dass etwas schiefgeht, als Möglichkeiten, dass es gelingt. Häuser brennen nieder, Schiffe sinken, und Schlachten werden verloren, weil ein Hufnagel fehlt.

Die Erkenntnis von der Gleichgültigkeit des Universums verstärkte sich noch, als man die Gesetze der Evolution durchschaute. Beutegreifer, Parasiten und Krankheitserreger versuchen fortwährend, uns aufzufressen, und Schädlinge und Zerfall bewirkende Organismen tun sich gütlich an unseren Habseligkeiten. Das mag uns unglücklich machen, aber das ist nicht ihr Problem.

Auch Armut braucht keine Erklärung. In einer von Entropie und Evolution regierten Welt ist sie der Grundzustand der Menschheit. Materie ordnet sich nicht von selbst zu einem Unterschlupf oder Kleidung an, und Lebewesen tun alles, um nicht von uns verspeist zu werden. Was hingegen, laut Adam Smith, nach einer Erklärung verlangt, ist Wohlstand. Doch selbst heute, da nur noch wenige Menschen glauben, dass Unfälle oder Krankheiten von Übeltätern herbeigeführt werden, geht es in Diskussionen über Armut großenteils darum, wem man die Schuld daran geben kann.

Damit will ich keineswegs sagen, dass die natürliche Welt frei von Bosheit ist. Ganz im Gegenteil – die Evolution sorgt schon dafür, dass es jede Menge davon gibt. Die natürliche Selektion ist geprägt durch den Wettstreit zwischen Genen, die auch in der folgenden Generation repräsentiert sein wollen, und die heute existierenden Organismen sind Nachkommen derjenigen, die ihre Konkurrenten im Kampf um Partner, Nahrung und Dominanz verdrängt haben. Das heißt nicht, dass alle Lebewesen stets habgierig sind; die moderne Evolutionstheorie legt dar, dass aus egoistischen Genen durchaus selbstlose Organismen entstehen können. Diese Großzügigkeit ist jedoch eng bemessen. Anders als die Zellen in einem Körper oder die Individuen in einem staatenbildenden Organismus sind Menschen genetisch einzigartig, und jeder Einzelne hat eine andere Menge von Mutationen angehäuft und neu kombiniert, die eine für Entropie anfällige Reproduktion im Laufe von Generationen in seiner Abstammungslinie hervorgebracht hat. Genetische Individualität verleiht uns unsere verschiedenen Vorlieben und Bedürfnisse und bereitet zugleich die Bühne für Rivalitäten. Familien, Paare, Freunde, Verbündete und Gesellschaften strotzen vor parteiischen Interessenkonflikten, die sich in Spannungen, Meinungsverschiedenheiten und gelegentlich auch Gewalt äußern. Zudem hat das Gesetz der Entropie zur Folge, dass sich ein komplexes System wie ein Organismus leicht außer Gefecht setzen lässt, weil seine Funktionsweise von so vielen unwahrscheinlichen Bedingungen abhängig ist, die alle gleichzeitig erfüllt sein müssen. Ein Stein gegen den Kopf, eine Hand um den Hals, ein gut gezielter vergifteter Pfeil, und schon ist der Wettstreit entschieden. Noch verlockender für einen der Sprache mächtigen Organismus ist das *Androhen* von Gewalt, um einen Rivalen in Schach zu halten, was Unterdrückung und Ausbeutung Tür und Tor öffnet.

Die Evolution hat uns noch eine weitere Bürde hinterlassen: Unsere kognitiven, emotionalen und ethischen Fähigkeiten sind an das Überleben und die Fortpflanzung von Individuen in einer archaischen Umwelt angepasst und nicht an universelles Gedeihen in einer modernen Umgebung. Um die Tragweite dieser Bürde zu erfassen, muss man nicht davon ausgehen, dass wir aus der Zeit gefallene Höhlenmenschen sind, sondern lediglich, dass die Evolution, die Zeit nach Generationen bemisst, unsere Gehirne unmöglich schon an moderne Technologie und Institutionen angepasst haben kann. Die Menschen von heute stützen sich auf kognitive Fähigkeiten, mit denen man in traditionellen Gesellschaften gut zurechtkam, die aber nun mottenzerfressen sind.

Menschen können von Natur aus nicht lesen, schreiben und rechnen; sie beschreiben Mengen in der Welt mit »eins, zwei, viele« und anhand grober Schätzungen.[21] Physikalischen Dingen schreiben sie verborgene Essenzen zu, die nicht den Gesetzen von Physik und Biologie gehorchen, sondern denjenigen von Sympathiezauber und Voodoo: danach können Objekte über Raum- und Zeitgrenzen hinweg Dinge beeinflussen, die ihnen ähneln oder in der Vergangenheit mit ihnen Kontakt hatten (denken Sie an die Überzeugungen von Engländern vor der wissenschaftlichen Revolution).[22] Sie glauben, dass Wörter und Gedanken in Gestalt von Gebeten und Flüchen Auswirkungen auf die physikalische Welt haben. Sie unterschätzen die Macht des Zufalls.[23] Sie treffen Verallgemeinerungen aufgrund von dürftigen Beispielen, genauer: ihrer eigenen Erfahrung, und ziehen Schlussfolgerungen aus Stereotypen, indem sie die typischen Merkmale einer Gruppe auf jedes ihr angehörige Individuum projizieren. Von Korrelationen schließen sie auf Kausalzusammenhänge. Sie denken holistisch, schwarzweiß und physikalisch, indem sie abstrakte Netze wie konkrete Materie behandeln. Sie sind weniger intuitive Wissenschaftler als intuitive Anwälte und Politiker, die Beweise anführen, welche ihre eigenen Überzeugungen bestätigen, und zugleich diejenigen unter den Tisch fallen lassen, die ihnen widersprechen.[24] Sie überschätzen ihr eigenes Wissen und Verstehen, ihre Rechtschaffenheit, ihre Kompetenz und ihr Glück.[25]

Das moralische Empfinden des Menschen kann unserem Wohlergehen ebenfalls zuwiderlaufen.[26] Menschen dämonisieren Personen, die nicht ihrer Meinung sind, und führen andere Auffassungen auf Dummheit und Unehrlichkeit zurück. Für jedes Unglück suchen sie nach einem Sündenbock. Sie benutzen Moral als Rechtfertigung dafür, ihre Konkurrenten zu verdammen und zu öffentlicher Entrüstung gegen sie aufzurufen.[27] Die Verurteilung lässt sich manchmal damit begründen, dass die Angeklagten anderen Schaden zugefügt haben, aber vielleicht haben sie auch nur gegen Sitten und Gebräuche verstoßen, Autoritäten in Frage gestellt, die Solidarität gegenüber der eigenen Sippe untergraben oder unreine sexuelle Praktiken oder Ernährungsgewohnheiten gepflegt. Menschen betrachten Gewalt als moralisch, nicht als unmoralisch: Auf der ganzen Welt und in der gesamten Geschichte sind mehr Menschen ermordet worden, um der Gerechtigkeit Genüge zu tun, als aus Habgier.[28]

Doch wir sind nicht nur schlecht. Die menschliche Kognition verfügt über zwei Merkmale, die ihr erlauben, ihre Grenzen zu überwinden.[29] Das erste Merkmal ist Abstraktion. Wir können unser Konzept von einem Objekt, das sich an einem Ort befindet, zweckentfremden und damit eine Entität, die sich in einem Zustand befindet, konzeptualisieren. So lässt sich das Denkmuster in *Das Mädchen versank in dem kalten Wasser* anwenden auf *Das Mädchen versank in Depressionen*. Wir können das Konzept eines Akteurs, der körperliche Kraft anwendet, zweckentfremden und es auf andere Arten der Verursachung übertragen, so wie wir die Vorstellung in *Sie stemmte sich gegen die Tür* ausdehnen auf *Sie stemmte sich gegen den Diktator* oder *Sie stemmte sich gegen die Niederlage*. Diese Formeln ermöglichen uns, über eine Variable mit einem Wert nachzudenken oder über Ursache und Wirkung – genau der richtige konzeptuelle Apparat, um Theorien und Gesetze zu formulieren. Das gelingt uns nicht nur mit einzelnen Elementen des Denkens, sondern auch mit komplexeren Anordnungen, so dass wir in Metaphern und Analogien denken können: Wärme ist eine Flüssigkeit, eine Botschaft ist ein Behälter, eine Gesellschaft ist eine Familie, Verpflichtungen sind Bande.

Der zweite Trittstein der Kognition ist ihre kombinatorische, rekursive Kraft. Der menschliche Geist kann mit einer schwindelerregenden Vielfalt an Ideen jonglieren, indem er grundlegende Konzepte wie Ding, Ort, Pfad, Akteur, Ursache und Ziel zu Aussagen anordnet. Und er kann nicht nur Aussagen treffen, sondern Aussagen über die Aussagen und Aussagen über die Aussagen über die Aussagen. Körper können Säfte enthalten; Krankheit ist ein Ungleichgewicht der Säfte, die in Körpern enthalten sind; ich glaube nicht mehr, dass Krankheit ein Ungleichgewicht der Säfte ist, die in Körpern enthalten sind.

Dank unseres Sprachvermögens werden Ideen nicht nur im Kopf eines einzelnen Denkers isoliert und kombiniert, sondern lassen sich zum Nutzen einer ganzen Gemeinschaft von Denkern zusammentragen. Thomas Jefferson erläuterte die Kraft der Sprache mit Hilfe einer Analogie: »Wer eine Idee von mir empfängt, mehrt dadurch sein Wissen, ohne meines zu mindern, ebenso wie derjenige, der seine Kerze an meiner entzündet, dadurch Licht empfängt, ohne mich der Dunkelheit auszusetzen.«[30] Die Macht der Sprache als erster Sharing-App wurde durch die Erfindung der Schrift noch vervielfacht (und erneut in späteren Epochen durch den Buchdruck, die Ausbreitung der Alphabetisierung und die elektronischen Medien). Die Netzwerke miteinander kommunizierender Denker wurden mit der Zeit größer, als Populationen wuchsen, sich vermischten und in Großstädten konzentrierten. Und die Verfügbarkeit von Energie, die über das zum Überleben nötige Minimum hinausging, ermöglichte noch mehr Individuen den Luxus, zu denken und miteinander zu reden.

Wenn sich große und vernetzte Gemeinschaften bilden, finden sie oft Wege, um ihre Angelegenheiten zu organisieren, von denen alle Mitglieder profitieren. Auch wenn jeder recht haben möchte, wird mit der Verkündung und Verbreitung unvereinbarer Sichtweisen doch ziemlich schnell klar, dass nicht jeder mit allem recht haben kann. Überdies kollidiert der Wunsch, recht zu haben, möglicherweise mit einem zweiten Wunsch – dem Bedürfnis nach Wahrheit, das etwa bei unparteiischen Zeugen einer Auseinandersetzung oberste Priorität hat. Demzufolge können Gemeinschaften Regeln aufstellen, die bewirken, dass sich aus dem wirren Geplänkel von Meinungsverschiedenheiten wahre Überzeugungen herauskristallisieren; zu diesen Regeln gehört beispielsweise, dass man seine Überzeugungen begründen muss, dass man auf Schwachpunkte in den Überzeugungen anderer hinweisen darf oder dass es nicht erlaubt ist, Andersdenkende mit Gewalt zum Schweigen zu bringen. Fügt man dann noch die Regel hinzu, dass man der Welt erlauben sollte aufzuzeigen, ob die eigenen Überzeugungen richtig oder falsch sind, kann man die Regeln Wissenschaft nennen. Mit geeigneten Regeln ist eine Gemeinschaft nur begrenzt rationaler Denker in der Lage, rationale Gedanken zu entwickeln.[31]

Die Weisheit der vielen kann auch unser moralisches Empfinden auf ein höheres Niveau heben. Berät sich ein ausreichend großer Kreis von Personen über den optimalen Umgang miteinander, bewegt sich die Unterhaltung meist in ganz bestimmte Richtungen. Beginne ich mit dem Vorschlag »Ich darf dich und deinesgleichen ausrauben, schlagen, versklaven und töten, aber du darfst mich und meinesgleichen nicht ausrauben, schlagen, versklaven und töten«, kann ich nicht erwarten, dass du auf den Deal eingehst oder Dritte ihn billigen, weil es keinen guten Grund dafür gibt, dass ich nur deshalb Privilegien genießen soll, weil ich ich bin, und du nicht.[32] Ebenso wenig werden wir wohl – ungeachtet seiner Symmetrie – dem Deal zustimmen »Ich darf dich und deinesgleichen ausrauben, schlagen, versklaven und töten, und du darfst mich und meinesgleichen ausrauben, schlagen, versklaven und töten«, weil die potentiellen Vorteile, die uns jeweils winken, wenn wir dem anderen an den Kragen gehen, bei weitem geringer wären als die Nachteile, die uns drohen, wenn wir selber zur Zielscheibe werden. (Hier haben wir es mit einer weiteren Auswirkung des Gesetzes der Entropie zu tun: Schaden lässt sich leichter zufügen und hat gravierendere Folgen als Nutzen.) Wir wären besser beraten, wenn wir uns auf einen Gesellschaftsvertrag verständigen könnten, der uns eine Win-win-Situation beschert: Keiner darf dem anderen schaden, und für beide gibt es Anreize, dem anderen zu helfen.

Demnach birgt die Natur des Menschen trotz all ihrer Schwächen die Saat für ihre eigene Vervollkommnung, solange sie Normen und Institutionen hervorbringt, die engstirnige Interessenrinnsale zu einem Strom des universellen Nutzens kanalisieren. Zu diesen Normen gehören freie Rede, Gewaltlosigkeit, Kooperation, Kosmopolitismus, Menschenrechte sowie das Eingestehen menschlicher Fehlbarkeit, und zu den Institutionen gehören Wissenschaft, Bildung, Medien, demokratische Regierungen, internationale Organisationen und Märkte. Nicht zufällig waren dies die wichtigsten Errungenschaften der Aufklärung.

Kapitel 3

Gegenaufklärungen

Wer könnte gegen Vernunft, Wissenschaft, Humanismus oder Fortschritt sein? Die Worte klingen zuckersüß, gegen die Ideale ist scheinbar nichts einzuwenden. Sie definieren die Mission sämtlicher Institutionen der modernen Welt – von Schulen, Krankenhäusern, Wohlfahrtsverbänden, Nachrichtenagenturen, demokratischen Regierungen, internationalen Organisationen. Müssen diese Ideale wirklich noch verteidigt werden?

Ja, absolut! Seit den 1960er Jahren ist das Vertrauen in die modernen Institutionen geschwunden, und das zweite Jahrzehnt des 21. Jahrhunderts hat populistische Bewegungen erstarken sehen, die die Ideale der Aufklärung unverhohlen ablehnen.[1] Sie sind nicht kosmopolitisch, sondern tribalistisch eingestellt, nicht demokratisch, sondern autoritär, verachten Experten, statt vor Wissen Respekt zu haben, und schwelgen in nostalgischen Erinnerungen an eine idyllische Vergangenheit, statt auf eine bessere Zukunft zu hoffen. Diese Reaktionen sind jedoch keineswegs auf den politischen Populismus des 21. Jahrhunderts beschränkt (diese Bewegung werden wir in Kapitel 20 und 23 unter die Lupe nehmen). Weit davon entfernt, der Basis der Bevölkerung zu entsprießen oder die Wut der Unwissenden zu kanalisieren, kann die Verachtung für Vernunft, Wissenschaft, Humanismus und Fortschritt in der Kultur der intellektuellen und künstlerischen Elite auf eine lange Tradition zurückblicken.

Tatsächlich weist eine verbreitete Kritik am Projekt der Aufklärung – sie sei eine westliche Erfindung und daher kein Modell für die Welt in all ihrer Vielfalt – einen doppelten Denkfehler auf. Zum einen müssen alle Ideen irgendwoher kommen, und ihr Ursprungsort sagt nichts über ihre Verdienste aus. Auch wenn viele Ideen der Aufklärung in ihrer eindeutigsten und einflussreichsten Form im Europa und Amerika des 18. Jahrhunderts formuliert wurden, haben sie ihre Wurzeln in der Vernunft und der menschlichen Natur, so dass sich jeder logisch denkende Mensch mit ihnen auseinandersetzen kann. Aus diesem Grunde wurden Ideale der Aufklärung viele Male in der Geschichte auch in nichtwestlichen Zivilisationen artikuliert.[2]

Was mir aber als Allererstes in den Sinn kommt, wenn jemand behauptet, die Aufklärung sei das führende Ideal des Westens, ist: Schön wär's! Der Aufklärung folgte eine Gegenaufklärung auf dem Fuße, und seitdem ist der Westen gespalten.[3] Kaum waren Menschen ins helle Licht getreten, als man ihnen auch schon vorhielt, dass die Dunkelheit doch gar nicht so übel sei, dass sie nicht wagen sollten, sich so viel Wissen anzueignen, dass Dogmen und Formeln eine zweite Chance verdienten und dass das Schicksal des Menschen nicht Fortschritt, sondern Niedergang sei.

Insbesondere die Bewegung der Romantik lief Sturm gegen die Ideale der Aufklärung. Rousseau, Johann Herder, Friedrich Schelling und andere bestritten, dass Vernunft und Emotion voneinander trennbar seien, dass sich Individuen losgelöst von ihrer Kultur betrachten ließen, dass Menschen ihr Handeln begründen sollten, dass Werte unabhängig von Zeit und Ort zu gelten hätten und dass Frieden und Wohlstand erstrebenswerte Ziele seien. Vielmehr sei eine Person Teil eines organischen Ganzen – einer Kultur, Rasse, Nation, Religion, Geisteshaltung oder historischen Macht – und Menschen sollten die transzendente Einheit, der sie angehörten, kreativ lenken. Heroischer Kampf, nicht das Lösen von Problemen, sei das größte Gut, und Gewalt sei der Natur immanent und könne nicht erstickt werden, ohne das Leben seiner vitalen Kraft zu berauben. »Es gibt nur drei Kategorien achtbarer Wesen«, schrieb Charles Baudelaire, »der Priester, der Krieger, der Dichter. Wissen, töten und schaffen.«

Es klingt verrückt, aber im 21. Jahrhundert findet man diese Ideale der Gegenaufklärung weiterhin in einer verblüffenden Vielzahl von Bewegungen der kulturellen und intellektuellen Elite. Die Vorstellung, dass wir unsere kollektive Vernunft einsetzen sollten, um das Wohlergehen zu fördern und Leid zu lindern, wird als strohdumm, naiv, schwächlich, spießig abgetan. Ich möchte Ihnen einige populäre Alternativen zu Vernunft, Wissenschaft, Humanismus und Fortschritt vorstellen; sie tauchen in weiteren Kapiteln wieder auf, und in Teil III des Buches werde ich sie frontal angehen.

Die offensichtlichste ist der religiöse Glaube. Etwas glauben bedeutet, es als gegeben hinzunehmen, ohne es zu hinterfragen. Der Glaube an die Existenz übernatürlicher Wesen kollidiert also per definitionem mit kritischem Denken. Religionen kollidieren auch häufig mit Humanismus, sobald sie ein moralisches Gut über das Wohlergehen von Menschen stellen, etwa wenn es darum geht, einen göttlichen Retter anzuerkennen, eine sakrale Geschichte hinzunehmen, Rituale und Tabus zu erzwingen, andere Menschen dazu zu missionieren, das Gleiche zu tun, und jene, die das nicht tun, zu bestrafen oder zu dämonisieren. Zudem können Religionen mit Humanismus kollidieren, wenn sie *Seelen* für höher erachten als *Leben*, was nicht so erhebend ist, wie es klingt. Der Glaube an ein Leben nach dem Tod impliziert, dass Gesundheit und Glück nicht so besonders wichtig sind, weil das irdische Leben nur einen winzigen Bruchteil der eigenen Existenz ausmacht, dass man Menschen einen Gefallen tut, wenn man sie dazu nötigt, die Seelenrettung für bare Münze zu nehmen, und dass Märtyrertum womöglich das Beste ist, was einem passieren kann. Konflikte zwischen Religion und Naturwissenschaft liefern den Stoff historischer und aktueller Ereignisse – von Galileo und dem Scopes-Prozess von 1925, bei dem ein Lehrer für die Vermittlung der Evolutionstheorie verurteilt wurde, bis zur Stammzellforschung und dem Klimawandel.

Eine zweite von der Gegenaufklärung vorgebrachte Idee lautet, Menschen seien die entbehrlichen Zellen eines Superorganismus – eines Clans oder Stammes, einer Ethnie, Religion, Rasse, Schicht oder Nation –, und das höchste Gut sei der Ruhm dieses Kollektivs und nicht etwa das Wohl der Menschen, die es bildeten. Ein naheliegendes Beispiel ist der Nationalismus, wobei der Superorganismus der Nationalstaat ist, oder anders gesagt, eine ethnische Gruppe mit einer Regierung. Die Kollision zwischen Nationalismus und Humanismus offenbart sich in makabren patriotischen Slogans wie *»Dulce et decorum est pro patria mori«* (»Süß und ehrenvoll ist es, fürs Vaterland zu sterben«) oder *»Happy those who with a glowing faith in one embrace clasped death and victory«* (»Glücklich, wer in beseligendem Glauben mit einer Umarmung Tod und Sieg umfängt«).[4] Selbst John F. Kennedys weniger gruselige Aufforderung »Frage nicht, was dein Land für dich tun kann; frage, was du für dein Land tun kannst« verdeutlicht die Konfrontation.

Nationalismus ist nicht zu verwechseln mit bürgerlichen Werten, Bürgersinn, sozialer Verantwortung oder Stolz auf eine Kultur. Menschen sind eine soziale Spezies, und das Wohl jedes Individuums ist abhängig von Mustern der Kooperation und Harmonie, die eine Gemeinschaft überspannen. Versteht man eine »Nation« als stillschweigenden Gesellschaftsvertrag zwischen Personen, die sich ein Territorium teilen, so wie eine Gemeinschaft von Wohnungseigentümern, so ist sie ein wesentliches Mittel zur Förderung des Wohlergehens ihrer Mitglieder. Und selbstverständlich ist es wahrhaft bewundernswert, wenn eine Person ihre Interessen zugunsten vieler Personen opfert. Ganz anders aber liegt der Fall, wenn jemand gezwungen wird, das höchste Opfer zum Nutzen eines charismatischen Führers zu bringen, für ein rechteckiges Stück Stoff oder Farben auf einer Landkarte. Ebenso wenig ist es süß und ehrenvoll, den Tod zu umarmen, um eine Provinz an ihrer Abspaltung zu hindern, einen Einflussbereich zu vergrößern oder einen Kreuzzug zwecks Annexion ans »Mutterland« zu führen.

Religion und Nationalismus gehen typischerweise mit politischem Konservatismus einher und prägen weiterhin das Schicksal von Milliarden Menschen in Ländern, die unter ihrem Einfluss stehen. Viele linksgerichtete Kollegen stachelten mich an, als sie erfuhren, dass ich ein Buch über Vernunft und Humanismus schreibe, weil sie begeistert davon waren, bald über ein Arsenal an Argumenten gegen die Rechten zu verfügen. Es ist aber noch gar nicht so lange her, dass die Linke mit dem Nationalismus liebäugelte, als dieser mit marxistischen Befreiungsbewegungen verquickt wurde. Und viele Linke unterstützen Identitätspolitiker und Soziale-Gerechtigkeits-Krieger (*social justice warriors*), die Rechte von Individuen zugunsten der Gleichberechtigung von Rassen, Schichten und Geschlechtern herunterspielen, welche sie als Gegner in einem Nullsummenspiel betrachten.

Auch die Religion hat auf beiden Seiten des politischen Spektrums ihre Befürworter. Selbst Autoren, die sich sträuben, religiöse Überzeugungen in ihrem Wortlaut zu verteidigen, können als wütende Verfechter der Religion auftreten und dem Mitspracherecht von Wissenschaft und Vernunft, wenn es um Fragen der Moral geht, feindlich gegenüberstehen (den meisten von ihnen scheint die Existenz des Humanismus kaum bewusst zu sein).[5] Die Verteidiger des Glaubens beharren darauf, dass allein die Religion befugt ist, die wirklich wichtigen Fragen des Daseins zu beantworten. Oder dass wir Gebildeten vielleicht nicht der Religion bedürfen, um moralisch zu handeln, das wimmelnde Fußvolk aber sehr wohl. Oder dass, selbst wenn es ohne religiösen Glauben allen besserginge, es sinnlos ist, über den Platz der Religion in der Welt zu sprechen, weil Religion ein Teil der menschlichen Natur ist und darum, den Hoffnungen der Aufklärung zum Trotz, hartnäckiger denn je. In Kapitel 23 werde ich all diese Behauptungen unter die Lupe nehmen.

Die Linke neigt zudem dazu, mit einer weiteren Bewegung zu sympathisieren, die menschliche Interessen einer transzendenten Größe unterordnet – dem Ökosystem. Die romantische grüne Bewegung betrachtet die

Nutzbarmachung von Energie durch den Menschen nicht als Weg, der Entropie zu trotzen und menschliches Wohlergehen zu fördern, sondern als schreckliches Verbrechen wider die Natur, die grausame Vergeltung üben wird in Gestalt von Ressourcenkriegen, vergifteter Luft und Wasser sowie dem Klimawandel, der das Ende der Zivilisation bedeutet. Unsere einzige Rettung besteht darin, Buße zu tun, sich von Technologie und wirtschaftlichem Wachstum zu distanzieren und zu einer einfacheren und natürlicheren Lebensweise zurückzukehren. Natürlich kann kein gut informierter Mensch abstreiten, dass Systeme der Natur durch Aktivitäten des Menschen Schaden genommen haben und dieser Schaden katastrophale Ausmaße annehmen könnte, wenn wir nichts dagegen tun. Die Frage lautet, ob eine komplexe, technisch fortgeschrittene Gesellschaft tatsächlich zu hilfloser Untätigkeit verdammt ist. In Kapitel 10 werden wir ein humanistisches Umweltbewusstsein kennenlernen, das eher im Zeichen der Aufklärung als der Romantik steht und zuweilen als Ökomodernismus oder Ökopragmatismus bezeichnet wird.[6]

Links- und rechtsgerichtete politische Ideologien sind ihrerseits zu weltlichen Religionen geworden; sie bieten Menschen eine Gemeinschaft mit gleichgesinnten Glaubensbrüdern und -schwestern, einen Katechismus voll heiliger Glaubenssätze, eine reichbestückte Dämonologie sowie ein seligmachendes Vertrauen in die Rechtmäßigkeit ihrer Sache. In Kapitel 21 werden wir sehen, wie politische Ideologie Vernunft und Wissenschaft untergräbt.[7] Sie verwirrt das Urteilsvermögen, entfacht primitives Stammesdenken und lenkt von fundierteren Ansätzen zur Verbesserung der Welt ab. Unsere größten Feinde sind letztlich nicht unsere politischen Gegner, sondern Entropie, Evolution (in Form von Seuchen und den Schwachstellen der menschlichen Natur) und in allererster Linie Ignoranz – ein unzureichendes Wissen darüber, wie unsere Probleme am besten zu lösen sind.

Die beiden letzten Bewegungen der Gegenaufklärung verliefen quer über die Links-rechts-Spaltung. Seit fast zwei Jahrhunderten behauptet eine bunte Mischung an Autoren, dass sich die moderne Zivilisation, weit entfernt vom Schwelgen im Fortschritt, im stetigen Niedergang und am Rande des Zusammenbruchs befindet. In *Propheten des Niedergangs* listet der Historiker Arthur Herman Schwarzmaler der letzten zweihundert Jahre auf, die aufgrund der Degeneration von Rasse, Kultur, Politik oder Ökologie Alarm geschlagen haben. Offensichtlich steht das Ende der Welt schon recht lange unmittelbar bevor.[8]

Eine Form des Untergangsprophetismus beklagt unsere prometheische Herumpfuscherei mit der Technologie.[9] Den Göttern das Feuer zu entreißen habe unserer Spezies lediglich ein Mittel an die Hand gegeben, sich selbst zu vernichten – wenn nicht durch Vergiften unserer Umwelt, dann durch Entfesseln von Nuklearwaffen, Nanotechnologie, Cyberterror, Bioterror, Künstlicher Intelligenz und anderer existentieller Bedrohungen für die Welt (Kapitel 19). Und selbst wenn es unserer von Technik geprägten Zivilisation gelingen sollte, der vollständigen Vernichtung zu entrinnen, trudele sie einer Dystopie der Gewalt und des Unrechts entgegen – einer schönen neuen Welt voller Terror, Drohnen, Ausbeuterbetriebe, Banden, Schwarzhandel, Flüchtlinge, Ungleichheit, Cybermobbing, sexueller Gewalt und Hassverbrechen.

Eine weitere Abart des Untergangsprophetismus zermartert sich den Kopf über das entgegengesetzte Problem – die modernen Zeiten hätten das Leben nicht zu hart und gefährlich gemacht, sondern vielmehr zu angenehm und sicher. Laut diesen Kritikern sind Gesundheit, Frieden und Wohlstand spießbürgerliche Ablenkungen von den wirklich wichtigen Dingen des Lebens. Durch das Auffahren dieser philisterhaften Freuden hat der Technologiekapitalismus die Menschen nur zu einem Dasein in einer atomisierten, konformistischen, konsumorientierten, materialistischen, fremdbestimmten, entwurzelten, in Routinen erstarrten, seelentötenden Wildnis verdammt. In dieser absurden Existenz leiden die Menschen an Entfremdung, Angst, Anomie, Apathie, Misstrauen, Langeweile, Unwohlsein und Übelkeit; sie sind *»hollow men eating their naked lunches in the wasteland while waiting for Godot«*.[10] (Diese Behauptungen erörtere ich in Kapitel 17 und 18.) Im Zwielicht einer dekadenten, degenerierten Zivilisation findet sich wahre Befreiung nicht in steriler Rationalität oder verweichlichtem Humanismus, sondern in einem authentischen, heroischen, holistischen, organischen, heiligen, vitalen Fürsichsein und Willen zur Macht. Falls Sie sich fragen, woraus dieser heilige Heroismus besteht, empfiehlt Friedrich Nietzsche, der den Ausdruck *Wille zur Macht* geprägt hat, die adelige Gewalttätigkeit der »blonden germanischen Bestien« sowie der Samurai, Wikinger und homerischen Helden: »hart, kalt, grausam, gefühl- und gewissenlos, Alles zermalmend und mit Blut übertünchend«.[11] (Mit dieser Art von Moral werden wir uns im letzten Kapitel eingehender beschäftigen.)

Herman bemerkt, dass die Intellektuellen und Künstler, die den Kollaps der Zivilisation vorhersehen, auf zwei verschiedene Weisen auf ihre eigenen Prophezeiungen reagieren. Die Geschichtspessimisten fürchten sich vor dem Niedergang, aber beklagen unsere Unfähigkeit, ihn aufzuhalten. Die Kulturpessimisten heißen ihn mit »makabrer Schadenfreude« willkommen. Die moderne Welt, so sagen sie, ist dermaßen zugrunde gerichtet, dass sie nicht mehr auszubessern ist, sondern nur noch überwunden werden kann. Aus dem Schutt ihres Zusammenbruchs wird eine neue Ordnung erstehen, die ihr zwingend überlegen ist.

Eine letzte Alternative zum Humanismus der Aufklärung verteufelt seine Verbrüderung mit der Naturwissenschaft. Nach C. P. Snow können wir diese alternative Sichtweise als die Zweite Kultur bezeichnen, die Weltanschauung von vielen literarischen Intellektuellen und Kulturkritikern, die sich von der Ersten Kultur der Naturwissenschaft abhebt.[12] Snow verurteilte den eisernen Vorhang zwischen den beiden Kulturen und forderte eine stärkere Eingliederung der Naturwissenschaft in das intellektuelle Leben. Nicht nur sei »das wissenschaftliche Gebäude der physikalischen Welt in seiner geistigen Tiefe, Komplexität und Gliederung die schönste und wunderbarste Gemeinschaftsleistung des menschlichen Geistes«.[13] Die Kenntnis der Naturwissenschaft, so argumentierte er, war ein moralisches Muss, weil sie Leid weltweit lindern konnte – sie heilte Krankheiten, ernährte die Hungrigen, rettete das Leben von Säuglingen und Müttern und ermöglichte Frauen, ihre Fruchtbarkeit zu steuern.

Snows Argumentation erscheint uns heute weitsichtig; dennoch verfasste der Literaturkritiker F. R. Leavis 1962 eine berühmte Gegenrede, die so scharfzüngig war, dass der *Spectator* Snow bitten musste, nicht schon vor der Veröffentlichung eine Verleumdungsklage einzureichen.[14] Nachdem er Snows »völligen Mangel an intellektuellem Ansehen und … beschämende Vulgarität des Stils« angemerkt hatte, spottete Leavis über ein Wertesystem, in dem »›Lebensstandard‹ das höchste Kriterium ist und seine Verbesserung das höchste Ziel«.[15] Als Alternative regte er an, dass »wir im Einklang mit der großen Literatur entdecken, was wir im Grunde eigentlich glauben. Wofür – wofür letztendlich? Wodurch leben wir? – diese Fragen zeigen wahre Wirkung und verraten, was ich nur als religiöse Tiefe im Denken und Fühlen bezeichnen kann.« (Jeder, dessen »Tiefe im Denken und Fühlen« sich bis zu einer Frau in einem armen Land erstreckt, die die Geburt ihres Kindes überleben durfte und es im Arm halten kann, weil sich ihr Lebensstandard verbessert hat, und dieses Mitgefühl dann um einige hundert Millionen vervielfacht, könnte sich fragen, warum der »Einklang mit der großen Literatur«

ethisch höher anzusiedeln sein sollte als eine »Verbesserung des Lebensstandards« und wieso dies ein Kriterium für das, »was wir im Grunde eigentlich glauben«, sei – oder warum das überhaupt Alternativen sein müssen.)

Wie wir in Kapitel 22 sehen werden, ist Leavis' Perspektive in der Zweiten Kultur heute weit verbreitet. Viele Intellektuelle und Kritiker äußern ihre Verachtung für die Naturwissenschaften, weil sie in ihnen nichts als ein Heilmittel für profane Probleme sehen. Ihre Schriften klingen, als sei der Genuss elitärer Kunst das höchste moralische Gut. Ihre Verfahren zum Aufspüren der Wahrheit sind nicht das Formulieren von Hypothesen und das Anführen von Belegen, sondern das Abgeben von Erklärungen, die von der Fülle ihrer Gelehrsamkeit und lebenslanger Belesenheit zehren. Intellektuelle Zeitschriften verurteilen regelmäßig den »Szientismus«, das Eindringen der Naturwissenschaft in das Territorium der Humanwissenschaften wie Politologie und Geisteswissenschaften. An vielen Colleges und Universitäten wird die Naturwissenschaft nicht als Suche nach wahren Erklärungen behandelt, sondern lediglich als eine weitere Erzählung oder ein Mythos. Verbreitet gibt man der Naturwissenschaft die Schuld an Rassismus, Imperialismus, Weltkriegen und dem Holocaust. Und man wirft ihr vor, dem Leben seinen Zauber zu nehmen und Menschen ihrer Freiheit und Würde zu berauben.

Demnach ist der Humanismus der Aufklärung alles andere als ein Publikumsliebling. Die Idee, das höchste Gut sei die Nutzung von Wissen, um das Wohlergehen der Menschen zu mehren, lässt die Leute kalt. Tiefgreifende Erklärungen für das Universum, unseren Planeten, das Leben, das Gehirn? Wenn sie Magie außen vor lassen, wollen wir sie nicht! Das Leben von Milliarden Menschen retten, Krankheiten ausmerzen, die Hungrigen ernähren? *Lang*-weilig! Mitgefühl, das die gesamte Menschheit umspannt? Nicht gut genug – wir wollen, dass sich *die Gesetze des Universums* für unsere Belange interessieren! Langlebigkeit, Gesundheit, Verständnis, Schönheit, Freiheit, Liebe? Das Leben muss doch noch mehr zu bieten haben!

Was den Leuten aber am meisten gegen den Strich geht, ist die Idee des Fortschritts. Sogar Personen, die es theoretisch für eine gute Idee halten, Wissen zum Wohle aller einzusetzen, sind fest davon überzeugt, dass das in der Praxis niemals funktionieren wird. Und die täglichen Nachrichten sind Wasser auf die Mühlen ihres Zynismus: Die Welt wird dargestellt als ein Tal der Tränen, als Jammertal, als Pfuhl der Verzweiflung. Da jedwede Verteidigung von Vernunft, Wissenschaft und Humanismus nichts wert wäre, wenn es uns heute, 250 Jahre nach der Aufklärung, keinen Deut besserginge als unseren Urahnen im finsteren Mittelalter, müssen wir zu Beginn unseres Plädoyers zunächst das Loblied auf den menschlichen Fortschritt anstimmen.

Teil II:

Fortschritt

Müssten wir einen Moment in der Geschichte wählen, um geboren zu werden, und wir wüssten vorher nicht, wer wir sein würden – wir wüssten nicht, ob wir zu einer reichen Familie gehören würden oder zu einer armen, in welchem Land wir geboren würden, ob wir als Mann oder als Frau geboren würden – wenn wir blind wählen müssten, zu welchem Zeitpunkt wir geboren werden wollen, dann wäre es der jetzige.

Barack Obama, 2016

Kapitel 4

Furcht vor dem Fortschritt

Intellektuelle hassen Fortschritt. Intellektuelle, die sich selbst als »progressiv« bezeichnen, hassen Fortschritt erst recht. Das heißt beileibe nicht, dass sie die *Früchte* des Fortschritts hassen: Die meisten Kritiker, Koryphäen und ihre konformistischen Leser benutzen Computer statt Federkiel und Tintenfass, und sie lassen sich lieber unter Narkose operieren als ohne. Es ist die *Idee* des Fortschritts, die liberale Intellektuelle wurmt – die Überzeugung der Aufklärung, dass wir die menschliche Existenz verbessern können, wenn wir die Welt besser verstehen.

Um ihrer Empörung Ausdruck zu verleihen, haben sie mittlerweile ein ganzes Arsenal an einschlägigen Beschimpfungen angehäuft. Falls man der Meinung ist, dass Wissen bei der Lösung von Problemen hilfreich sein kann, hegt man »blindes Vertrauen« und »fast religiösen Eifer« für den »überholten Aberglauben« und die »falschen Versprechungen« des »Mythos« vom »Vorwärtspreschen« des »unaufhaltsamen Fortschritts«. In den USA ist man ein »Cheerleader« des »abgeschmackten amerikanischen Can-doismus« mit der »Hipphipphurra-Stimmung« der »Vorstandsetagen-Ideologie«, von »Silicon Valley« und der »Handelskammer«. Man wird zum fortschrittsgläubigen Anhänger der *»Whig history«* der liberalen Whig-Partei, eine *»Pollyanna«*, also ein »naiver, unverbesserlicher Optimist«, und natürlich ein »Pangloss«, eine moderne Version des Philosophen in Voltaires *Candide*, der erklärt, dass alles »in dieser besten aller möglichen Welten ... zu einem besten Zwecke« erschaffen worden ist.

Pangloss ist ein Pessimist, wie wir heute sagen würden. Ein moderner Optimist glaubt, dass die Welt *viel, viel* besser sein kann, als sie heute ist. Voltaire verspottete nicht die Hoffnung der Aufklärung auf Fortschritt, sondern ihr Gegenteil, die religiöse Rationalisierung des Leidens, die sogenannte Theodizee, nach der Gott keine andere Wahl hatte, als Epidemien und Massaker zuzulassen, weil eine Welt ohne sie metaphysisch unmöglich ist.

Abgesehen von den Beschimpfungen, kam die Idee, dass die Welt besser ist, als sie war, und immer noch besser werden kann, unter der intellektuellen Elite schon vor langer Zeit aus der Mode. In *Propheten des Niedergangs* zeigt Arthur Herman auf, dass Schwarzmaler die Crème de la Crème der Geisteswissenschaften bilden, darunter Nietzsche, Arthur Schopenhauer, Martin Heidegger, Theodor W. Adorno, Walter Benjamin, Herbert Marcuse, Jean-Paul Sartre, Frantz Fanon, Michel Foucault, Edward Said, Cornel West und ein ganzer Chor von Ökopessimisten.[1] In einem Überblick über die intellektuelle Landschaft gegen Ende des 20. Jahrhunderts beklagt Herman ein »großes Finale, in dem die aufgeklärten Verfechter« des Humanismus der Aufklärung »einer nach dem anderen die Bühne verlassen« – also diejenigen, die daran glaubten, dass »die Menschen, da auf sie die Konflikte und Probleme der Gesellschaft zurückgehen, auch in der Lage [sind], sie zu lösen«. Dem stimmte der Soziologe Robert Nisbet in *History of the Idea of Progress* zu: »Die Skepsis gegenüber dem Fortschritt in der westlichen Welt, die sich früher auf nur sehr wenige Intellektuelle des 19. Jahrhunderts beschränkte, ist gewachsen und wurde im letzten Viertel des 20. Jahrhunderts nicht nur von der großen Mehrheit der Intellektuellen übernommen, sondern auch von vielen Millionen anderer Menschen im Westen.«[2]

In der Tat sind es nicht nur die professionellen Intellektualisierer, die glauben, dass die Welt den Bach runtergeht. So denken auch ganz normale Leute, wenn sie in den Intellektuellenmodus wechseln. Psychologen wissen schon lange, dass Menschen dazu neigen, ihr eigenes Leben durch eine rosarote Brille zu betrachten: Sie meinen, dass sie mit geringerer Wahrscheinlichkeit als der Durchschnittsbürger ein Opfer von Scheidung, Entlassung, Unfall, Krankheit oder Verbrechen werden. Doch sobald die Frage nicht ihr *Privatleben*, sondern ihre *Gesellschaft* betrifft, mutieren sie von SpongeBob zu Thaddäus.

Meinungsforscher sprechen von der Optimismuslücke.[3] Als man Europäer in einem Zeitraum von über zwei Jahrzehnten, in guten wie auch schlechten Zeiten, befragte, ob sich ihre *eigene* wirtschaftliche Situation im kommenden Jahr verbessern oder verschlechtern werde, sagte die Mehrheit, sie werde sich verbessern. Befragte man sie jedoch zur wirtschaftlichen Situation ihres *Landes*, so meinte die Mehrheit von ihnen, sie werde schlechter werden.[4] Die große Mehrheit der Briten sind der Meinung, dass Immigration, Teenagerschwangerschaften, Müll, Arbeitslosigkeit, Verbrechen, Vandalismus und Drogen in Großbritannien insgesamt ein Problem darstellen, doch nur wenige finden, dass das auf ihre eigene Wohnumgebung zutrifft.[5] Auch der Zustand der Umwelt wird in den meisten Ländern für das gesamte Land schlechter eingeschätzt als für die eigene Gemeinde sowie schlechter für die Welt als für das eigene Land.[6] In fast jedem Jahr von 1992 bis 2015, einer Zeitspanne, in der die Zahl der Gewaltverbrechen abnahm, behauptete die Mehrheit der US-Amerikaner in Umfragen, die Verbrechensrate nehme zu.[7] Ende 2015 sagte die überwiegende Mehrheit in elf Industriestaaten, der Zustand der Welt verschlechtere sich, und in den letzten 40 Jahren erklärte eine solide Mehrheit der US-Amerikaner fast immer, das Land habe »die falsche Richtung eingeschlagen«.[8]

Haben sie recht? Ist Pessimismus angebracht? Ist es möglich, dass der Zustand der Welt immer weiter abwärts strebt, so wie die diagonalen Streifen auf einer sich drehenden senkrechten Walze? Warum Menschen so denken, ist leicht nachzuvollziehen – Tag für Tag sind die Nachrichten voll von Berichten über Krieg, Terror, Kriminalität, Umweltverschmutzung, Ungerechtigkeit, Drogenmissbrauch und Unterdrückung. Und das gilt nicht nur für die Schlagzeilen, sondern auch für Kommentare und lange Reportagen. Die Titelseiten von Zeitschriften warnen uns vor drohender Anarchie, vor Seuchen, Krankheitswellen, Zusammenbrüchen und so vielen »Krisen« (im Hinblick auf Landwirtschaft, Gesundheit, Rente, Wohlfahrt, Energie, Finanzen), dass die Verfasser mittlerweile auf die redundante Steigerungsform der »ernsten Krise« zurückgreifen müssen.

Ob es mit der Welt nun wirklich bergab geht oder nicht – es liegt in der Natur von Nachrichten, so auf unsere Wahrnehmung einzuwirken, dass wir zwangsläufig davon ausgehen. Nachrichten behandeln Dinge, die geschehen, und nicht die Dinge, die nicht geschehen. Noch nie hat eine Reporterin in die Kamera gesagt: »Ich berichte live aus einem Land, in dem kein Krieg ausgebrochen ist« – oder aus einer Stadt, in der kein Sprengsatz gezündet wurde, oder aus einer Schule, in der es keinen Amoklauf gab. Solange schlimme Ereignisse nicht vom Antlitz der Erde verschwunden sind, wird es immer genug Stoff für Nachrichten geben, insbesondere wenn Milliarden Smartphones den größten Teil der Weltbevölkerung zu Kriminalreportern und Kriegsberichterstattern machen.

Und was die Dinge betrifft, die geschehen, ereignen sich die positiven und negativen auf verschiedenen Zeitachsen. Nachrichten, weit davon entfernt, ein »erster Entwurf der Geschichtsschreibung« zu sein, entsprechen eher dem Livekommentar einer Sportveranstaltung. Sie konzentrieren sich auf einzelne Ereignisse, und zwar meistens auf diejenigen, die seit der letzten Ausgabe geschehen sind (in früheren Zeiten auf die vom Tag zuvor; heute auf die aus den letzten Sekunden).[9] Schlimme Dinge können schnell passieren, aber gute entstehen nicht an einem Tag, und während sie sich entwickeln, ist ihnen der Nachrichtenzyklus immer ein paar Schritte voraus. Der Friedensforscher John Galtung hat gesagt, wenn eine Zeitung einmal in 50 Jahren erschiene, würde sie nicht vom Promiklatsch und den Politskandalen eines halben Jahrhunderts berichten. Ihre Themen wären bahnbrechende globale Veränderungen wie der Anstieg der Lebenserwartung.[10]

Der Charakter der Nachrichten verzerrt häufig die Weltsicht der Menschen; das liegt an einem Denkfehler, den die Psychologen Amos Tversky und Daniel Kahneman als Verfügbarkeitsheuristik bezeichnet haben: Menschen schätzen die Wahrscheinlichkeit eines Ereignisses oder die Häufigkeit eines Phänomens danach ein, wie leicht sie sich Beispiele dafür ins Gedächtnis rufen können.[11] In vielen Lebenslagen ist dies eine brauchbare Faustregel. Häufige Ereignisse hinterlassen stärkere Gedächtnisspuren, und darum verweisen intensivere Erinnerungen gemeinhin auf häufiger vorkommende Ereignisse: Es ist durchaus stichhaltig anzunehmen, dass Tauben in Großstädten häufiger anzutreffen sind als Pirole, auch wenn man sich dabei auf das eigene Erinnerungsvermögen stützt statt auf die Ergebnisse einer Vogelzählung. Doch sobald eine Erinnerung nicht wegen Häufigkeit, sondern aus anderen Gründen weit oben im Ranking der Suchmaschine des Gehirns auftaucht – weil sie beispielsweise noch frisch ist, lebhaft, blutrünstig, markant oder aufwühlend –, überschätzt man im Allgemeinen die Wahrscheinlichkeit, mit der das betreffende Ereignis in der Welt vorkommt. Was ist im Englischen häufiger – Wörter, die mit *k* beginnen, oder Wörter mit *k* als drittem Buchstaben? Die meisten Leute sagen: Ersteres. In Wirklichkeit gibt es dreimal so viele Wörter mit *k* an dritter Stelle (*ankle, ask, awkward, bake, cake, make, take* ...), aber weil wir uns Wörter über ihre ersten Laute merken, fallen uns auf Nachfrage eher *keep, kind, kill, kid* und *king* ein.

Verfügbarkeitsfehler sind sehr oft schuld an verquerem logischen Denken. Medizinstudierende im ersten Semester interpretieren jeden Ausschlag gleich als Symptom einer exotischen Krankheit, und Urlauber trauen sich nicht ins Wasser, nachdem sie von einem Haiangriff gelesen oder auch nur *Der weiße Hai* gesehen haben.[12] Abgestürzte Flugzeuge landen immer in den Schlagzeilen, aber Autounfälle, bei denen viel mehr Menschen sterben, fast nie. Kaum verwunderlich, dass viele Leute Flugangst haben, jedoch praktisch niemand Fahrangst. Tornados (bei denen pro Jahr etwa 50 US-Amerikaner umkommen) sind laut allgemeiner Einschätzung eine häufigere Todesursache als Asthma (das in den USA im Jahr über 4000 Todesopfer fordert), vermutlich weil sich Tornados im Fernsehen sehr viel besser machen.

Es überrascht nicht, dass die Verfügbarkeitsheuristik, geschürt durch die Nachrichtenpolitik »Blut kommt gut«, eine gewisse düstere Stimmung hervorgerufen hat, was den Zustand der Welt angeht. Medienwissenschaftler, die vermerken, welcher Art veröffentlichte Reportagen sind, oder Redakteuren eine Auswahl möglicher Berichte vorlegen, um zu sehen, für welche sie sich entscheiden und wie sie sie präsentieren, haben bestätigt, dass die Gatekeeper Reportagen über ein und dieselben Ereignisse eher bringen, wenn sie negativ formuliert sind, als wenn man sie positiv formuliert.[13] Das wiederum bietet den Pessimisten eine einfache Formel für die Kommentarseite: Erstelle eine Liste der schlimmsten Dinge, die irgendwo auf der Erde in der letzten Woche passiert sind, und du kannst auf eindrucksvolle Weise begründen, dass die Zivilisation nie in größerer Gefahr geschwebt hat.

Die Auswirkungen schlimmer Nachrichten sind ihrerseits negativ. Wer ständig die Nachrichten verfolgt, ist keineswegs besser informiert, sondern kann das Augenmaß verlieren. Man hat mehr Angst vor Verbrechern, selbst wenn die Kriminalitätsrate sinkt, und manchmal droht sogar ein regelrechter Realitätsverlust: Laut einer Umfrage von 2016 verfolgt die große Mehrheit der US-Amerikaner die Berichterstattung über den IS aufmerksam; 77 Prozent waren sich darin einig, dass »in Syrien und im Irak agierende islamische Kämpfer die Existenz oder das Überleben der Vereinigten Staaten ernsthaft bedrohen« – eine Überzeugung, die man nur wahnhaft nennen kann.[14] Häufig konsumierte negative Schlagzeilen drücken auf die Stimmung, was nicht überrascht: Ein kürzlich veröffentlichter Forschungsüberblick nannte Symptome wie »Fehleinschätzung von Risiken, Ängstlichkeit, Niedergeschlagenheit, erlernte Hilflosigkeit, Verachtung und Feindseligkeit anderen gegenüber, Abstumpfung sowie in einigen Fällen ... völliges Vermeiden von Nachrichten«.[15] Zudem werden die Konsumenten fatalistisch und sagen Dinge wie »Warum soll ich wählen gehen? Es nützt ja doch nichts« oder »Ich könnte ja Geld spenden, aber dann wird nächste Woche eben wieder ein anderes Kind sterben«.[16]

Wie können wir angesichts der Tatsache, dass journalistische Gepflogenheiten und kognitive Tendenzen das Schlimmste in uns zum Vorschein bringen, den Zustand der Welt verlässlich einschätzen? Die Antwort lautet:

durch *Zählen*. Wie viele Personen werden in Relation zur Anzahl lebender Menschen Opfer von Gewalt? Wie viele sind krank, hungrig, arm, unterdrückt, unglücklich oder Analphabeten? Und werden diese Zahlen größer oder kleiner? Quantitativ zu denken ist ungeachtet seines streberhaften Anstrichs in Wahrheit moralisch aufgeklärt, weil es jedem Menschenleben den gleichen Wert beimisst, statt diejenigen Personen zu bevorzugen, die uns am nächsten stehen oder am fotogensten sind. Und es birgt die Hoffnung, dass wir die Ursachen des Leids vielleicht benennen können und demzufolge wissen, mit welchen Maßnahmen es sich am wahrscheinlichsten verringern lässt.

Dieses Ziel habe ich mit meinem Buch *Gewalt – Eine neue Geschichte der Menschheit* von 2011 verfolgt, das hundert Diagramme und Karten enthält, auf denen zu sehen ist, wie Gewalt und die Bedingungen, die sie fördern, im Laufe der Geschichte abgenommen haben. Um hervorzuheben, dass diese Rückgänge zu verschiedenen Zeiten stattfanden und unterschiedliche Gründe hatten, habe ich ihnen Namen gegeben. Der Befriedungsprozess bewirkte eine fünfmal geringere Todesrate durch Stammesfehden und -überfälle; er kam zustande durch effektive Staaten, die Kontrolle über ein Territorium ausübten. Der Prozess der Zivilisation bewirkte eine vierzigfache Verringerung von Mord und anderen Gewaltverbrechen, die eine Folge der Verankerung der Rechtsstaatlichkeit und von Normen der Selbstkontrolle im Europa der frühen Neuzeit war. Die Humanitäre Revolution ist eine andere Bezeichnung für die Abschaffung von Sklaverei, religiös motivierter Verfolgung und grausamer Bestrafungen zu Zeiten der Aufklärung. Der lange Frieden ist der von Historikern gewählte Ausdruck für den Rückgang von Kriegen zwischen Großmächten und Staaten nach dem Zweiten Weltkrieg. Seit dem Ende des Kalten Krieges erfreut sich die Welt eines neuen Friedens mit weniger Bürgerkriegen, Völkermorden und Autokratien. Und seit den 1950er Jahren hat es eine wahre Welle von Revolutionen der Rechte gegeben – Bürgerrechte, Frauenrechte, Schwulenrechte, Kinderrechte und Tierrechte.

Unter Fachleuten, die sich mit den Zahlen auskennen, sind nur wenige dieser Rückgänge umstritten. So sind auch historische Kriminologen der Meinung, dass die Mordrate nach dem Mittelalter stark zurückgegangen ist, und bei Experten für internationale Beziehungen ist es eine Binsenwahrheit, dass die Zahl großer Kriege nach 1945 abgenommen hat. Für die meisten anderen Leute ist dies hingegen eine Überraschung.[17]

Ich hatte angenommen, ein Aufmarsch von Diagrammen mit einer horizontalen Zeitachse, Leichenzahlen oder anderen Maßen der Gewalt als senkrechter Achse und einer von links oben nach rechts unten mäandernden Kurve werde auf Fans der Verfügbarkeitsverzerrung heilsam wirken und sie davon überzeugen, dass die Welt zumindest in diesem Bereich des Wohlergehens Fortschritte gemacht habe. Doch ihre Fragen und Einwände verrieten mir, dass der Widerstand gegen die Idee des Fortschritts tiefere Ursachen hat als statistische Irrtümer. Natürlich ist jede Datenmenge nur eine unvollkommene Abbildung der Wirklichkeit, so dass es legitim ist nachzufragen, wie korrekt und repräsentativ die Zahlen wirklich sind. Die Einwände offenbarten jedoch nicht nur Skepsis gegenüber den Daten, sondern auch Überraschung über die *Möglichkeit*, dass sich die menschliche Existenz zum Besseren gewandelt hat. Vielen Leuten fehlen die begrifflichen Instrumente zur Überprüfung, ob ein Fortschritt stattgefunden hat oder nicht; allein die Vorstellung, dass die Dinge besser werden, kommt ihnen einfach nicht in den Sinn. Es folgen einige exemplarische Versionen von Dialogen, die ich häufig mit Fragestellern geführt habe.

Gewalt hat im Laufe der Geschichte also linear abgenommen! Toll!
Nein, nicht »linear« – es wäre verwunderlich, wenn irgendein Maß für menschliches Verhalten mit all seiner Sprunghaftigkeit Jahrzehnt auf Jahrzehnt und Jahrhundert auf Jahrhundert um eine konstante Menge pro Zeiteinheit abnehmen würde. Und auch nicht monoton (was die Fragesteller vermutlich meinten) – denn das würde heißen, dass der Wert immer geringer geworden oder gleichgeblieben wäre, aber nie zugenommen hätte. Echte historische Kurven vollziehen Wellen, leichte Ausschläge, Zacken und zuweilen übelkeiterregende Schlingerbewegungen. Beispiele dafür sind die beiden Weltkriege, ein Kriminalitätsboom von Mitte der 1960er bis Anfang der 1990er Jahre und eine Zunahme an Bürgerkriegen in den Entwicklungsländern infolge der Dekolonialisierung in den 1960er und 1970er Jahren. Fortschritt besteht aus Gewalttrends, die von diesen Fluktuationen überlagert werden – einem Sturzflug oder Abdriften, der Rückkehr von einem vorübergehenden Anstieg zu einer niedrigeren Grundlinie. Fortschritt kann nicht immer monoton sein, weil Lösungen für Probleme neue Probleme schaffen.[18] Er kann jedoch wieder Fahrt aufnehmen, sobald die neuen Probleme ihrerseits gelöst wurden.

Übrigens liefert die Nichtmonotonie sozialer Daten den Nachrichtenmedien eine einfache Formel, um das Negative hervorzuheben. Ignoriert man alle Jahre, in denen ein Indikator für irgendein Problem zurückgeht, und berichtet stattdessen über jeden Ausschlag nach oben (denn immerhin sind das die echten »Nachrichten«), entsteht bei den Lesern der Eindruck, dass das Leben immer weiter den Bach runtergeht, obwohl es immer besser wird. Im ersten Halbjahr 2016 wandte die *New York Times* dreimal diesen Trick an, als es um Zahlen für Selbstmord, Langlebigkeit und tödliche Autounfälle ging.

Also, wenn das Ausmaß der Gewalt nicht immer weiter abnimmt, heißt das, dass es zyklisch ist, und das bedeutet, selbst wenn es jetzt mal niedrig ist, ist es nur eine Frage der Zeit, bis es wieder ansteigt.
Nein, Veränderungen im Laufe der Zeit können *statistischer* Art sein, also unvorhersagbare Schwankungen aufweisen, ohne *zyklisch* zu sein, was hieße, dass sie wie ein Pendel zwischen zwei Extremen hin- und herschwingen. Anders gesagt: Selbst wenn jederzeit eine Umkehrung der Entwicklung möglich ist, bedeutet das nicht, dass sie mit der Zeit immer wahrscheinlicher wird. (Viele Investoren haben ihr letztes Hemd verloren, weil sie auf einen angeblichen »Konjunkturzyklus« gesetzt haben, der in Wirklichkeit aus unvorhersehbaren Schwenks besteht.) Fortschritt kann erfolgen, wenn die Umkehrbewegungen in einem positiven Trend seltener oder schwächer werden oder wenn sie, in einigen Fällen, ganz aufhören.

Wie können Sie behaupten, dass die Gewalt abgenommen hat? Haben Sie nicht heute Morgen in den Nachrichten von dem Amoklauf an der Schule gehört (oder von dem Bombenanschlag oder dem Artilleriebeschuss oder der Randale beim Fußball oder der Messerstecherei in der Bar)?
Rückgang bedeutet nicht Verschwinden. (Die Aussage »x > y« ist etwas anderes als die Aussage »y = 0«.) Etwas kann stark schrumpfen, ohne sich in Luft aufzulösen. Das heißt, dass das Ausmaß der Gewalt am heutigen Tag *völlig irrelevant* für die Frage ist, ob sich die Gewalt im Laufe der Geschichte verringert hat. Diese Frage lässt sich nur beantworten, indem man das heutige Ausmaß der Gewalt mit dem Ausmaß der Gewalt in der Vergangenheit vergleicht. Und wann immer man das Ausmaß von Gewalt in der Vergangenheit betrachtet, wird man feststellen, dass es sehr groß war, auch wenn man sich nicht so gut daran erinnern kann wie an die Schlagzeilen in der Morgenzeitung.

All Ihre hübschen Statistiken über die Abnahme der Gewalt besagen überhaupt nichts, wenn man zu den Opfern gehört.
Das stimmt, aber sie besagen durchaus, dass die Wahrscheinlichkeit geringer ist, selbst ein Opfer zu *werden*. Und darum bedeuten sie unendlich viel für die Millionen Menschen, die keine Opfer sind, aber eines geworden wären, wenn sich das Ausmaß der Gewalt nicht verringert hätte.

Also behaupten Sie, wir könnten uns alle gemütlich zurücklehnen, weil sich die Gewalt schon selber in Schach halten wird.
Absolut unlogisch, Captain. Wenn wir sehen, dass ein Stapel schmutziger Wäsche kleiner geworden ist, heißt das nicht, dass sich die Kleider selbst gewaschen haben; es heißt, dass irgendjemand die Wäsche gewaschen hat. Wenn eine bestimmte Art von Gewalt zurückgegangen ist, dann hat irgendeine Veränderung im sozialen, kulturellen oder materiellen Milieu das bewirkt. Falls diese Bedingungen andauern, könnte das Ausmaß der Gewalt niedrig bleiben oder noch weiter schrumpfen; falls nicht, steigt es wieder an. Daher ist es wichtig, die Ursachen herauszufinden, damit wir versuchen können, sie zu verstärken und ihren Wirkungsbereich zu vergrößern, so dass der Rückgang der Gewalt anhält.

Die Behauptung, die Gewalt sei zurückgegangen, ist naiv, sentimental, idealistisch, romantisch, blauäugig, übertrieben optimistisch, utopisch, einfältig, weltfremd.
Nein, Daten anzusehen, die zeigen, dass die Gewalt zurückgegangen ist, und dann zu sagen: »Die Gewalt ist zurückgegangen«, ist die Feststellung einer Tatsache. Daten anzusehen, die zeigen, dass die Gewalt zurückgegangen ist, und dann zu sagen: »Die Gewalt hat zugenommen«, ist wahnhaft. Daten über Gewalt zu ignorieren und zu sagen: »Die Gewalt hat zugenommen«, zeigt, dass man von Tuten und Blasen keine Ahnung hat.

Dem Vorwurf der romantischen Verklärung kann ich mit einigem Selbstvertrauen begegnen. Ich bin auch der Autor des stramm unromantischen, antiutopischen Buches *Das unbeschriebene Blatt – Die moderne Leugnung der menschlichen Natur*, in dem ich dargelegt habe, dass uns die Evolution mit einer Reihe destruktiver Motive wie Habgier, Wollust, Dominanzstreben, Rachedurst und Hang zum Selbstbetrug ausgestattet hat. Ich glaube jedoch, dass dem Menschen auch Mitgefühl, das Talent, über seine missliche Lage nachzudenken, und die Fähigkeit, neue Ideen zu entwickeln und mit anderen zu teilen, in die Wiege gelegt wurden – die besseren Engel unserer Natur, wie Abraham Lincoln sie genannt hat. Nur wenn wir uns die Tatsachen anschauen, können wir sagen, inwieweit unsere besseren Engel zu einer bestimmten Zeit an einem bestimmten Ort über unsere inneren Dämonen gesiegt haben.

Wie können Sie vorhersagen, dass die Gewalt weiter abnehmen wird? Schon morgen könnte der Ausbruch eines Krieges Ihre Theorie widerlegen.
Die Aussage, dass Gewalt in gewisser Weise abgenommen hat, ist keine »Theorie«, sondern das Registrieren einer Tatsache. Und ja, die Tatsache, dass eine solche Veränderung im Laufe der Zeit erfolgt ist, ist keine Vorhersage, dass diese Veränderung für alle Zeiten genauso fortschreiten wird. Aus diesem Grunde sind Anlageberater stets angehalten, darauf hinzuweisen, dass die in der Vergangenheit erzielten Erträge keine Garantie für die zukünftige Entwicklung sind.

Wofür sind dann all diese Diagramme und Analysen nütze? Soll eine wissenschaftliche Theorie nicht überprüfbare Vorhersagen machen?
Eine wissenschaftliche Theorie macht Vorhersagen in *Experimenten*, in denen man die kausalen Einflüsse kontrolliert. Keine Theorie kann Vorhersagen über die Welt im Allgemeinen treffen, mit ihren siebeneinhalb Milliarden Menschen, die in globalen Netzwerken virale Ideen verbreiten und in Wechselwirkung mit chaotischen Zyklen von Wetter und Ressourcen stehen. Zu verkünden, was die Zukunft in einer unkontrollierbaren Welt bereithält, ohne eine Erklärung für den Lauf der Dinge zu geben, ist keine Vorhersage, sondern eine *Prophezeiung*. Dazu hat David Deutsch bemerkt: »Die wichtigste aller Beschränkungen für die Generierung von Wissen lautet, dass wir nicht wahrsagen können: Wir sind nicht in der Lage, den Gehalt künftiger Ideen oder ihre Auswirkungen vorherzusehen. Diese Beschränkung geht mit dem unbegrenzten Wachstum an Wissen nicht nur konform – sie ist seine logische Folge.«[19]

Unsere Unfähigkeit zur Wahrsagerei ist natürlich keine Lizenz zum Ignorieren der Fakten. Eine in gewisser Hinsicht erfolgte Verbesserung des menschlichen Wohlergehens spricht insgesamt dafür, dass sich mehr Dinge in die richtige als in die falsche Richtung entwickelt haben. Ob wir erwarten dürfen, dass dieser Fortschritt anhält, ist davon abhängig, ob wir wissen, welche Kräfte ihn bewirkt haben und wie lange sie diese Wirkung weiter entfalten. Das ist von Trend zu Trend verschieden. Einige entpuppen sich gewissermaßen als Bestätigung des Moore'schen Gesetzes (die Zahl der Transistoren pro Computerchip verdoppelt sich etwa alle zwei Jahre) und geben Anlass zur Zuversicht (wenn auch nicht Gewissheit), dass sich die Früchte des menschlichen Einfallsreichtums weiter vermehren und der Fortschritt anhält. Andere ähneln dem Aktienmarkt und lassen kurzfristige Schwankungen, aber langfristige Erträge vermuten. Wieder andere taumeln in einer statistischen Verteilung mit einem »dicken Schweif« hin und her, wobei sich extreme Ereignisse, auch wenn sie weniger wahrscheinlich sind, nicht ganz ausschließen lassen.[20] Und noch andere können zyklisch oder chaotisch sein. In Kapitel 19 und 21 werden wir rationale Vorhersagen in einer unsicheren Welt untersuchen. Für den Moment sollten wir uns merken: Ein positiver Trend legt nahe (aber beweist nicht), dass wir etwas richtig gemacht haben und herausfinden sollten, was das ist, und mehr davon tun.

Sind all diese Einwände entkräftet, erlebe ich häufig, dass sich die Leute verzweifelt bemühen, doch noch *irgendein* Haar in der Suppe zu finden, das belegt, dass die Nachricht nicht so gut ist, wie die Daten vermuten lassen. In ihrer Not suchen sie Zuflucht in der Semantik.

Ist Trollen im Internet nicht eine Form von Gewalt? Ist Ausbeutung im Tagebau nicht eine Form von Gewalt? Ist Ungleichheit nicht eine Form von Gewalt? Ist Umweltverschmutzung nicht eine Form von Gewalt? Ist Armut nicht eine Form von Gewalt? Ist Konsumdenken nicht eine Form von Gewalt? Ist Scheidung nicht eine Form von Gewalt? Ist Werbung nicht eine Form von Gewalt? Ist das Führen einer Statistik über Gewalt nicht eine Form von Gewalt?

So wunderbar die Metaphorik als rhetorisches Stilmittel auch ist, so schlecht eignet sie sich, um den Zustand der Menschheit einzuschätzen. Eine moralische Argumentation verlangt nach Verhältnismäßigkeit. Es mag uns ja wütend machen, wenn jemand etwas Gemeines auf Twitter sagt, aber das ist nicht dasselbe wie der Sklavenhandel oder der Holocaust. Zudem erfordert sie, dass man Rhetorik von Realität unterscheiden kann. Wenn jemand in ein Frauenhaus stürmt und zu wissen verlangt, was man dort gegen die Vergewaltigung der Umwelt unternimmt, hilft das weder Vergewaltigungsopfern noch der Umwelt. Und schließlich braucht es ein Verständnis von Ursache und Wirkung, wenn wir die Welt besser machen wollen. Primitive moralische Intuitionen neigen zwar dazu, alle möglichen schlimmen Dinge in einen Sack zu stecken und Ausschau nach einem Bösewicht zu halten, den man dafür verantwortlich machen kann, doch es gibt kein einheitliches Phänomen der »schlimmen Dinge«, das wir erforschen und ausmerzen können. (Entropie und Evolution werden in Hülle und Fülle immer wieder neue hervorbringen.) Krieg, Verbrechen, Umweltverschmutzung, Armut, Krankheit und Grobheit sind Übel, die vielleicht nur wenig gemeinsam haben, und wenn wir sie eindämmen wollen, dürfen wir keine Wortspielchen spielen, die uns daran hindern, sie individuell auch nur zu erörtern.

Ich habe all diese Einwände erörtert, um meiner Präsentation anderer Maße für Fortschritt den Weg zu bereiten. Die ungläubige Reaktion auf *Gewalt – Eine neue Geschichte der Menschheit* hat mich davon überzeugt, dass Menschen nicht nur wegen der Verfügbarkeitsheuristik eine fatalistische Einstellung gegenüber dem Fortschritt hegen. Ebenso wenig kann man einer zynischen Jagd nach Sensationen und Klicks die alleinige Schuld an der Vorliebe der Medien für schlechte Nachrichten geben. Nein, die psychologischen Wurzeln der Furcht vor dem Fortschritt liegen tiefer.

Die tiefste ist eine Tendenz, die in dem Schlagwort »Schlecht ist stärker als gut« zusammengefasst wird.[21] Die Idee dahinter verdeutlicht eine Reihe von Gedankenexperimenten, die Tversky vorgeschlagen hat.[22] Wie viel besser könntest du dich theoretisch in diesem Moment fühlen? Wie viel *schlechter* könntest du dich theoretisch fühlen? Im ersten Fall können wir uns alle vorstellen, die Dinge mit ein wenig mehr Elan oder vielleicht auch einem Augenzwinkern anzugehen, aber die Antwort auf die zweite Frage lautet: unermesslich. Diese Asymmetrie der Stimmung lässt sich mit einer Asymmetrie des Lebens erklären (eine logische Folge des Gesetzes der Entropie). Wie viele Dinge könnten dir heute passieren, die deine Laune erheblich verbessern würden? Wie viele Dinge könnten passieren, die deine Laune erheblich verschlechtern würden? Als Antwort auf die erste Frage fällt uns allen wieder ein unverhoffter Glücksfall ein, doch im zweiten Fall lautet die Antwort: unendlich viele. Wir brauchen aber gar nicht unsere Phantasie zu bemühen. Die psychologische Literatur bestätigt, dass wir einen Verlust mehr fürchten, als uns auf einen Gewinn zu freuen, dass wir intensiver über Rückschläge nachgrübeln als einen Glücksfall auskosten und dass uns Kritik härter trifft, als uns ein Lob aufmuntert. (Als Linguist muss ich einfach noch hinzufügen, dass die englische Sprache viel mehr Wörter für negative Emotionen als für positive aufweist.)[23]

Eine Ausnahme für die Negativitätsverzerrung liefert das autobiographische Gedächtnis. Wir erinnern uns an schlimme Ereignisse zwar genauso gut wie an schöne, doch die negative Färbung eines Unglücks verblasst mit der Zeit, insbesondere wenn wir selbst davon betroffen waren.[24] Wir sind empfänglich für Nostalgie – im menschlichen Gedächtnis heilt die Zeit die meisten Wunden. Zwei weitere Illusionen lassen uns fälschlicherweise glauben, dass früher einfach alles besser war: Wir halten die zunehmenden Bürden des Erwachsenwerdens und der Elternschaft für einen Verlust von Unschuld, und unsere nachlassenden Fähigkeiten verwechseln wir mit einem Niedergang der äußeren Umstände.[25] So bemerkte der Kolumnist Franklin Pierce Adams: »Nichts trägt mehr zu den guten alten Zeiten bei als ein schlechtes Gedächtnis.«

Die Geisteskultur sollte alles dafür tun, unsere kognitiven Verzerrungen zu bekämpfen, aber allzu oft verstärkt sie sie noch. Das Heilmittel gegen die Verfügbarkeitsverzerrung ist quantitatives Denken, doch der Literaturwissenschaftler Steven Connor hat darauf hingewiesen, dass »in den Geistes- und Humanwissenschaften ein ausnahmsloser Konsens über den sich unkontrolliert ausbreitenden Schrecken der Herrschaft der Zahl besteht«.[26] Diese »eher ideologische als zufällige Zahlenblindheit« veranlasst Autoren zu der Feststellung, dass Kriege heute stattfinden und früher stattgefunden haben und demzufolge »alles beim Alten geblieben« ist. Damit übersehen sie den Unterschied zwischen einer Epoche mit einer Handvoll Kriege, in denen insgesamt Tausende Menschen umkommen, und einer Epoche mit Dutzenden Kriegen, in denen insgesamt Millionen Menschen umgekommen sind. Und sie missachten dabei systembedingte Prozesse, durch die langfristig kleinschrittige Verbesserungen errungen werden.

Zudem ist die Geisteskultur nicht dafür gerüstet, der Negativitätsverzerrung entgegenzuwirken. Tatsächlich eröffnen unsere empfindlichen Antennen für schlimme Dinge um uns herum eine Arena für professionelle Grantler, die uns mit der Nase auf Missstände stoßen, die uns möglicherweise entgangen sind. Experimente haben erbracht, dass Rezensenten, die ein Buch verreißen, für kompetenter gehalten werden als Rezensenten, die es loben, und für Gesellschaftskritiker gilt wohl das Gleiche.[27] Von dem Musiker und Satiriker Tom Lehrer stammt der Rat: »Sag stets das Schlimmste voraus, und man wird dich freudig als Propheten willkommen heißen.« Spätestens seit der Zeit der hebräischen Propheten, die ihre Gesellschaftskritik mit Warnungen vor drohenden Katastrophen verbanden, hat man Pessimismus mit moralischer Ernsthaftigkeit gleichgesetzt. Wenn Reporter das Negative herausstreichen – so glauben sie –, erfüllen sie ihre Pflicht als Wachhunde, Enthüllungsjournalisten, Whistleblower und Aufrüttler aus der Bequemlichkeit. Und Intellektuelle wissen, dass sie sogleich an Bedeutung gewinnen, wenn sie auf ein ungelöstes Problem verweisen und die Theorie äußern, dies sei das Symptom einer kranken Gesellschaft.

Der umgekehrte Fall kommt ebenfalls vor. Wie der Finanzjournalist Morgan Housel festgestellt hat, klingen Pessimisten so, als wollten sie uns helfen, wohingegen Optimisten klingen, als wollten sie uns etwas verkaufen.[28] Sobald jemand die Lösung für ein Problem anbietet, weisen Kritiker schleunigst darauf hin, dass es sich dabei keineswegs um den Königsweg, ein Wundermittel, ein Patentrezept oder eine Allzweckwaffe handle; es sei vielmehr nur eine Notlösung oder eine kosmetische Reparatur, die das Problem nicht an der Wurzel packe und ihrerseits Nebenwirkungen und unbeabsichtigte Folgen habe. Da nichts ein Wundermittel ist und alles Nebenwirkungen hat (man kann einfach nicht nur eine einzige, isolierte Sache tun), sind diese verbreiteten Phrasen kaum mehr als die Weigerung, die Möglichkeit in Betracht zu ziehen, dass sich irgendetwas überhaupt jemals verbessern lassen kann.[29]

Der Pessimismus der Gebildeten kann auch eine Form von Konkurrenzkampf sein. Eine moderne Gesellschaft ist eine Liga politischer, industrieller, finanzieller, technologischer, militärischer und intellektueller Eliten, die allesamt um Prestige und Einfluss wetteifern und die Gesellschaft in unterschiedlichen Verantwortungsbereichen am Laufen halten müssen. Das Klagen über die heutige Gesellschaft kann demzufolge eine indirekte Taktik sein, die Rivalen kleinzuhalten – so können sich Akademiker Geschäftsleuten überlegen fühlen, Geschäftsleute Politikern und so weiter. Wie Thomas Hobbes bereits 1651 bemerkte: »Streben mehrere zugleich nach Lob, so entsteht daraus die Verehrung der Vorzeit; denn Lebende finden nicht unter den Gestorbenen, sondern nur unter denen, die mit ihnen leben, Mitbewerber.«

Zweifellos hat Pessimismus auch seine guten Seiten. Das sich ausdehnende Band des Mitgefühls sorgt dafür, dass wir uns um Leid kümmern, das in herzloseren Zeiten unbemerkt geblieben wäre. Heute erkennen wir im Bürgerkrieg in Syrien eine menschliche Tragödie. An die Kriege früherer

Jahrzehnte, wie den Chinesischen Bürgerkrieg, die Teilung Indiens und den Koreakrieg, erinnert man sich selten auf diese Weise, obwohl dabei noch mehr Menschen getötet und aus ihrer Heimat vertrieben wurden. In meiner Kindheit gehörte das Drangsalieren anderer Kinder zum ganz normalen Alltag eines Jungen. Damals wäre es undenkbar gewesen, dass der Präsident der Vereinigten Staaten eines Tages eine Rede über die üblen Folgen eines solchen Verhaltens halten würde, wie es Barack Obama 2011 getan hat. Da wir uns nun mehr Gedanken über die Menschheit machen, missinterpretieren wir das Leid um uns herum schnell als Zeichen dafür, wie tief die Welt gesunken ist, statt dafür, wie hoch unsere Maßstäbe mittlerweile sind.

Gnadenlose Negativität kann ihrerseits jedoch auch unbeabsichtigte Folgen haben, worauf einige Journalisten in letzter Zeit zunehmend hinweisen. In den Nachwehen der US-Wahl von 2016 machten sich David Bornstein und Tina Rosenberg in einem Artikel der *New York Times* Gedanken über den Anteil der Medien an ihrem schockierenden Ausgang:

> Trump war der Nutznießer einer – im amerikanischen Journalismus nahezu allgegenwärtigen – Überzeugung, dass »seriöse Nachrichten« im Wesentlichen mit »dem, was falsch läuft« gleichzusetzen sind. ... Jahrzehntelang bereitete der stete Fokus des Journalismus auf Problemen und scheinbar unheilbaren Missständen den Boden, in dem Trumps Saat der Unzufriedenheit und Verzweiflung aufging. ... Das hat zur Folge, dass das Versprechen eines kleinschrittigen Systemwandels für viele Amerikaner heute kaum vorstellbar, wertvoll oder gar glaubwürdig ist, was wiederum größere Lust auf eine revolutionäre, radikale Veränderung machte.[30]

Bornstein und Rosenberg geben die Schuld nicht den üblichen Verdächtigen (Kabelfernsehen, soziale Medien, Late-Night-Comedians), sondern verfolgen die Spur zurück bis zu der von Vietnam und Watergate geprägten Epoche, in der sich allmählich ein Wandel vom Glorifizieren von Machthabern zum Kontrollieren ihrer Macht vollzog – wobei man aber über das Ziel hinausschoss und auf einen wahllosen Zynismus hinsteuerte, so dass nunmehr alles, was mit Amerikas staatsbürgerlichen Akteuren zu tun hat, zu aggressiver und vernichtender Kritik einlädt.

Wenn die Wurzeln der Furcht vor dem Fortschritt in der menschlichen Natur liegen, ist dann meine Vermutung, dass sie zunimmt, selbst eine Illusion der Verfügbarkeitsverzerrung? Im Vorgriff auf die Verfahren, die ich im Rest des Buches anwenden werde, schauen wir uns einmal ein objektives Maß an. Der Datenwissenschaftler Kalev Leetaru hat mit dem Verfahren des sogenannten *Sentiment Mining* jeden Artikel der *New York Times* zwischen 1945 und 2005 sowie ein Archiv übersetzter Artikel und Sendungen aus 130 Ländern zwischen 1979 und 2010 untersucht. *Sentiment Mining* beurteilt die Stimmungslage eines Textes, indem es Anzahl und Kontext von Wörtern mit positiven und negativen Konnotationen, wie *gut, schön, schrecklich* und *grauenhaft*, vermerkt. In Abbildung 4.1 sind die Ergebnisse dargestellt. Lassen wir die Ausschläge und Wellen außer Acht, die die aktuellen Krisen des Tages widerspiegeln, so sehen wir, dass der Eindruck, Nachrichten seien mit der Zeit negativer geworden, nicht trügt. Vom Beginn der 1960er Jahre bis zum Beginn der 1970er Jahre wurde die *New York Times* stetig verdrießlicher, entspannte sich in den 1980er und 1990er Jahren ein wenig (aber nur ein wenig) und versank dann im ersten Jahrzehnt des neuen Jahrhunderts zunehmend in Trübsal. Auch im Rest der Welt wurden Nachrichtenmedien vom Ende der 1970er Jahre bis heute immer schwermütiger.

Heißt dies, dass die Welt in jenen Jahrzehnten wirklich stetig den Bach runtergegangen ist? Behalten Sie Abbildung 4.1 im Gedächtnis, wenn wir den Zustand der Menschheit in den folgenden Kapiteln genauer unter die Lupe nehmen.

Was ist Fortschritt? Vielleicht denken Sie, diese Frage sei so subjektiv und kulturabhängig, dass sie niemand je beantworten könne. Nun, in Wirklichkeit gehört sie zu den einfacheren Fragen.

Die meisten Menschen stimmen darin überein, dass Leben besser ist als Tod. Gesundheit ist besser als Krankheit. Nahrung ist besser als Hunger. Wohlstand ist besser als Armut. Frieden ist besser als Krieg. Sicherheit ist besser als Gefahr. Freiheit ist besser als Tyrannei. Gleiche Rechte sind besser als Engstirnigkeit und Diskriminierung. Alphabetismus ist besser als Analphabetismus. Wissen ist besser als Ignoranz. Intelligenz ist besser als Dummheit. Glück ist besser als Leid. Gelegenheiten, Familie, Freunde, Kultur und Natur zu genießen, sind besser als Schufterei und Monotonie.

Alle diese Dinge lassen sich messen. Haben sie im Laufe der Zeit zugenommen, so ist das Fortschritt.

Zugegebenermaßen würde nicht jeder genau dieser Liste zustimmen. Die Werte sind, wie ich gestehen muss, humanistisch geprägt, und es fehlen religiöse, romantische und aristokratische Werte wie Seelenrettung, Gnade, Heiligkeit, Heroismus, Ehre, Ruhm und Authentizität. Die meisten wären

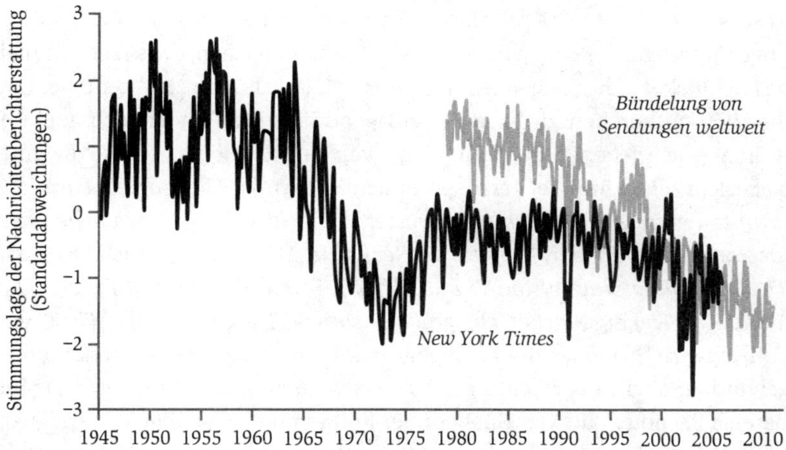

Abb. 4.1 Stimmungslage der Nachrichten, 1945–2010
Quelle: Leetaru 2011. Aufgetragen pro Monat, beginnend mit Januar

sich jedoch einig, dass dies für den Anfang genügen muss. Transzendente Werte lassen sich rein theoretisch leicht preisen, aber die meisten Menschen geben Leben, Gesundheit, Sicherheit, Alphabetismus, Nahrung und geistiger Anregung den Vorzug, weil diese Güter aus leicht nachvollziehbaren Gründen die zwingende Voraussetzung für alles andere sind. Wenn Sie dies hier lesen, sind Sie nicht tot, krank vor Hunger, bettelarm, dem Tode nahe, vor Angst gelähmt, versklavt oder Analphabet, was bedeutet, dass Sie keinerlei Grund haben, über diese Werte die Nase zu rümpfen – oder anderen Menschen die Teilhabe an Ihrem Glück zu versagen.

Tatsächlich ist sich die Welt über diese Werte einig. Im Jahr 2000 verständigten sich alle 189 Mitglieder der Vereinten Nationen gemeinsam mit zwei Dutzend internationalen Organisationen auf acht Millenniumsentwicklungsziele für das Jahr 2015, die dieser Liste entsprechen.[31]

Und nun kommt der Knaller: *In jedem einzelnen Maß für menschliches Wohlergehen hat die Welt spektakuläre Fortschritte erzielt.* Und der zweite Knaller: *Fast niemand weiß etwas davon.*

Informationen über menschlichen Fortschritt, auch wenn man sie bei großen Nachrichtenmedien und auf intellektuellen Foren vergeblich sucht, lassen sich ganz leicht finden. Die Daten sind nicht in trockenen Berichten vergraben, sondern prangen auf wunderbaren Websites, allen voran Max

Rosers *Our World in Data*, Marian Tupys *HumanProgress* und Hans Roslings *Gapminder*. (Rosling musste die Erfahrung machen, dass nicht einmal das Schlucken eines Schwertes bei einem TED Talk von 2007 genügte, um die Welt aufhorchen zu lassen.) Schlagende Beweise finden sich auch in brillant geschriebenen Büchern, einige von Nobelpreisträgern, die die gute Nachricht schon im Titel herausposaunen – *Progress, The Progress Paradox, Infinite Progress, The Infinite Resource, Wenn Ideen Sex haben, The Case for Rational Optimism, Utopien für Realisten, Mass Flourishing, Überfluss, The Improving State of the World, Getting Better, The End of Doom, The Moral Arc, The Big Ratchet, Der große Ausbruch, The Great Surge, The Great Convergence*.[32] (Keines dieser Bücher wurde mit einem bedeutenden Preis gewürdigt, aber in der Zeit, in der sie erschienen, gab es Pulitzerpreise im Bereich Sachbuch für vier Bücher über Völkermord, drei über Terrorismus, zwei über Krebs, zwei über Rassismus und eins über das Aussterben.) Und für diejenigen, die lieber übersichtliche Artikel in Listenform lesen, gibt es folgende Angebote aus den letzten Jahren: »Five Amazing Pieces of Good News Nobody Is Reporting« (»Fünf verblüffende gute Nachrichten, über die niemand berichtet«), »Five Reasons Why 2013 Was the Best Year in Human History« (»Fünf Gründe, warum 2013 das beste Jahr in der Menschheitsgeschichte war«), »Seven Reasons the World Looks Worse Than It Really Is« (»Sieben Gründe, warum die Welt schlimmer aussieht, als sie ist«), »29 Charts and Maps That Show the World Is Getting Much, Much Better« (»29 Graphiken und Karten, die zeigen, dass es mit der Welt immer weiter aufwärtsgeht«), »40 Ways the World Is Getting Better« (»40 Bereiche, in denen es mit der Welt aufwärtsgeht«) und mein Lieblingsbeispiel »50 Reasons We're Living Through the Greatest Period in World History« (»50 Gründe, warum wir in der großartigsten Epoche der Weltgeschichte leben«).

Schauen wir uns einige dieser Gründe an.

Kapitel 5

Leben

Der Kampf ums Überleben ist der elementarste Trieb aller Lebewesen, und der Mensch setzt all seinen Erfindungsreichtum und bewusste Entschlossenheit dafür ein, dem Tod so lange wie möglich zu trotzen. »So sollst du denn, dass du und deine Nachkommen am Leben bleiben, das Leben wählen«, befahl der Gott der hebräischen Bibel. »Verfluch den Tod des Lichts mit aller Macht«, beschwor uns Dylan Thomas. Ein langes Leben ist der größte Segen.

Wie hoch, glauben Sie, ist die heutige durchschnittliche Lebenserwartung für einen Menschen? Bedenken Sie, dass der weltweite Durchschnitt vom vorzeitigen Tod durch Hunger und Krankheit in den bevölkerungsreichen Entwicklungsländern nach unten gezogen wird, insbesondere durch den Tod von Säuglingen, der eine Menge Nullen in den Durchschnittswert mixt.

Für 2015 lautet die Antwort: 71,4 Jahre.[1] Wie nahe dran waren Sie mit Ihrer Schätzung? Bei einer kürzlichen Umfrage fand Hans Rosling heraus, dass in Schweden weniger als eine von vier Personen schätzte, dass der Wert so hoch war; dieses Ergebnis entspricht den Resultaten anderer multinationaler Meinungsumfragen zu Langlebigkeit, Alphabetismus und Armut, denen Hans Rosling die Bezeichnung »Ignoranzprojekt« gegeben hat. Das Logo des Projekts ist ein Schimpanse, denn, so Rosling: »Wenn ich die alternativen Antwortmöglichkeiten für jede Frage jeweils auf eine Banane geschrieben und Schimpansen im Zoo aufgefordert hätte, die richtigen Antworten auszuwählen, hätten sie besser abgeschnitten als die befragten Personen.« Die Befragten, darunter Studierende und Professoren von Global-Health-Studiengängen, waren nicht unbedingt ignorant, sondern vor allem grundlos pessimistisch.[2]

Abbildung 5.1, ein Diagramm von Max Roser, zeigt die Entwicklung der Lebenserwartung über die Jahrhunderte und offenbart dabei ein weltweit gültiges Muster. Zu der Zeit, bei der die Linien beginnen, also Mitte des

18. Jahrhunderts, betrug die Lebenserwartung in Europa und Amerika etwa 35 Jahre, was auch in den 225 Jahren zuvor, für die Daten existieren, so gewesen war.[3] Die Lebenserwartung weltweit lag bei 29 Jahren. Diese Zahlen entsprechen der Spanne der erwartbaren Lebensdauer in fast der gesamten Menschheitsgeschichte. Die Lebenserwartung von Jägern und Sammlern beträgt rund 32,5 Jahre und sank vermutlich unter den Völkern, die als Erste Landwirtschaft betrieben, weil sie nun stärkehaltige Nahrung zu sich nahmen und sich bei ihrem Vieh und gegenseitig mit Krankheiten ansteckten. In der Bronzezeit pendelte sie sich wieder im niedrigen 30er-Bereich ein, was sich Tausende Jahre nicht änderte, wenn auch mit kleineren Schwankungen quer durch die Jahrhunderte und Regionen.[4] Diese Periode der Menschheitsgeschichte kann man auch als malthusianische Ära bezeichnen, weil jeder landwirtschaftliche oder gesundheitliche Fortschritt durch den daraus resultierenden Bevölkerungszuwachs wieder zunichtegemacht wurde. Allerdings ist »Ära« ein merkwürdiger Begriff für 99,9 Prozent der Existenz unserer Spezies.

Doch mit Beginn des 19. Jahrhunderts rüstete sich die Welt für den »großen Ausbruch«, wie der Ökonom Angus Deaton die Befreiung der Menschheit vom Erbe der Armut, der Krankheit und des frühen Todes nannte. Die Lebenserwartung begann zu steigen, nahm im 20. Jahrhundert Fahrt auf und zeigt immer noch keine Anzeichen von Ermüdung. Laut dem Wirtschaftshistoriker Johan Norberg neigen wir zu der Auffassung, dass »wir uns dem Tod mit jedem Jahr, das wir älter werden, um ein Jahr nähern, doch im 20. Jahrhundert näherte sich die Durchschnittsperson mit jedem Jahr, das sie älter wurde, dem Tod um nur sieben Monate.« Besonders aufregend ist, dass sich das Geschenk der Langlebigkeit auf die gesamte Menschheit ausdehnt – es betrifft auch die ärmsten Länder der Erde, und zwar in viel größerer Geschwindigkeit als vormals in den reichen. »Zwischen 2003 und 2013 ist die Lebenserwartung in Kenia um fast zehn Jahre gestiegen«, schreibt Norberg. »Nach einem ganzen Jahrzehnt Leben, Lieben und Kämpfen hat die Durchschnittsperson in Kenia kein einziges Jahr der ihr verbliebenen Lebenszeit verloren. Jeder ist zehn Jahre älter geworden, aber dem Tod keinen Schritt näher gekommen.«[5]

Demzufolge schrumpft das Ungleichgewicht der Lebenserwartung, das seinen Ursprung während des großen Ausbruchs hatte, als sich einige vom Glück begünstigte Länder vom Rest der Meute absetzten, der nun aber wieder aufholt. Im Jahr 1800 betrug die Lebenserwartung in keinem Land der

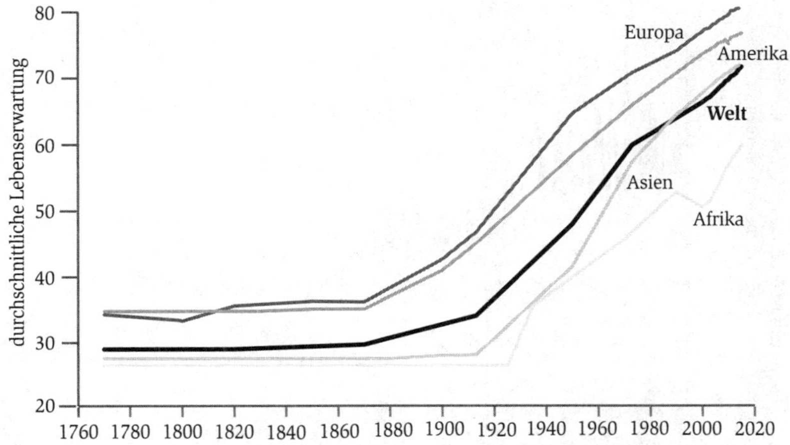

Abb. 5.1 Lebenserwartung 1771–2015
Quelle: *Our World in Data*, Roser 2016n, basierend auf Daten aus Riley 2005 für die Jahre vor 2000 sowie der Weltgesundheitsorganisation und der Weltbank für die folgenden Jahre. Ergänzt durch Daten von Max Roser

Welt mehr als 40 Jahre. Bis 1950 war sie in Europa und Amerika auf rund 60 Jahre angestiegen, und Afrika und Asien lagen weit abgeschlagen zurück. Seitdem hat Asien jedoch doppelt so schnell wie Europa Boden gutgemacht und Afrika anderthalbmal so schnell. Ein heute in Afrika geborener Mensch kann damit rechnen, so lange zu leben wie eine Person, die 1950 in Amerika oder während der 1930er Jahre in Europa zur Welt kam. Der Durchschnittswert könnte noch höher liegen, hätte nicht in den 1990er Jahren das Unheil Aids jenen schrecklichen Einbruch zur Folge gehabt, bevor es gelang, die Krankheit durch antiretrovirale Medikamente zunehmend in Schach zu halten.

Die durch Aids in Afrika verursachte Talsohle erinnert uns daran, dass Fortschritt keine Rolltreppe ist, die das Wohlergehen jedes Menschen zu jeder Zeit an jedem Ort unaufhaltsam steigert. Das wäre Zauberei, und Fortschritt entsteht nicht durch Magie, sondern durch das Lösen von Problemen. Probleme sind unvermeidlich, und zuweilen hat die Menschheit in bestimmten Bereichen furchtbare Rückschläge hinnehmen müssen. Neben der afrikanischen Aids-Epidemie kehrte sich während der Pandemie der Spanischen Grippe 1918–1919 der Aufwärtstrend der Lebenserwartung für

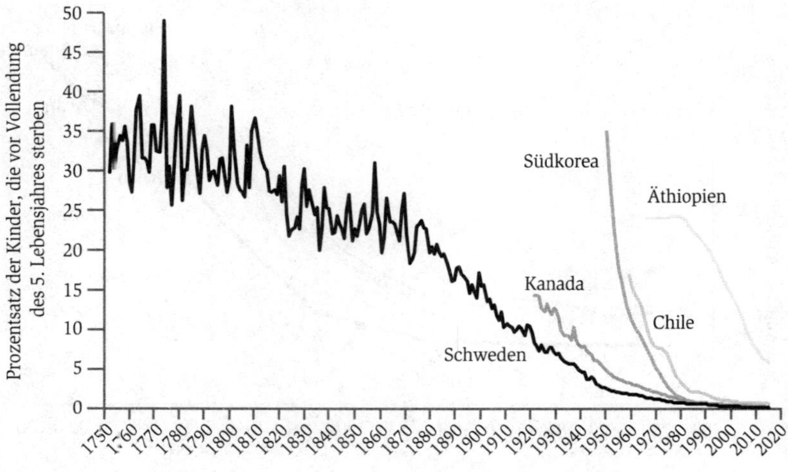

Abb. 5.2 Kindersterblichkeit, 1751–2013
Quelle: *Our World in Data*, Roser 2016a, basierend auf Daten der UN Child Mortality Estimates, http://www.childmortality.org/, und der *Human Mortality Database*, http://www.mortality.org/

junge Erwachsene weltweit um und dann noch einmal Anfang des 21. Jahrhunderts für nichthispanische weiße Amerikaner mittleren Alters ohne Hochschulbildung.[6] Doch Probleme sind lösbar, und dass die Lebenserwartung in jeder anderen demographischen Gruppe in der westlichen Welt weiterhin ansteigt, zeigt, dass es auch für die Probleme dieser einen Gruppe eine Lösung gibt.

Die durchschnittliche Lebensdauer erhöht sich am stärksten, wenn die Säuglings- und Kindersterblichkeit gesenkt werden kann, zum einen, weil Kinder anfällig sind, und zum anderen, weil der Tod eines Kindes den Durchschnitt tiefer sinken lässt als der Tod eines Sechzigjährigen. Abbildung 5.2 zeigt die Entwicklung der Kindersterblichkeit seit der Ära der Aufklärung in fünf Ländern, die mehr oder weniger repräsentativ für ihre Kontinente sind.

Schauen Sie sich die Zahlen auf der vertikalen Achse an: Sie geben den Prozentsatz der Kinder an, die vor Vollendung des 5. Lebensjahres sterben. Ja, noch weit ins 19. Jahrhundert hinein starben in Schweden, einem der reichsten Länder der Welt, zwischen *einem Viertel und einem Drittel* aller

Kinder vor ihrem 5. Geburtstag, und in manchen Ländern war es sogar fast die Hälfte. Das scheint typisch für die Menschheitsgeschichte gewesen zu sein – ein Fünftel der Kinder von Jägern und Sammlern sterben im ersten Lebensjahr und fast die Hälfte vor Erreichen des Erwachsenenalters.[7] Die vielen Zacken in der Kurve vor dem 20. Jahrhundert spiegeln nicht nur Rauschen in den Daten wider, sondern auch die mannigfaltigen Gefahren des Lebens: Eine Epidemie, Krieg oder eine Hungersnot konnten jederzeit dazu führen, dass der Tod an die Tür klopfte. Selbst gutsituierte Menschen waren vor Tragödien nicht gefeit – Charles Darwin verlor zwei Kinder im Säuglings- bzw. Kleinkindalter und seine geliebte Tochter Annie mit zehn Jahren.

Doch dann geschah etwas Bemerkenswertes. Die Rate der Kindersterblichkeit fiel um das Hundertfache, auf den Bruchteil eines Prozentpunktes in Industriestaaten, und dieser Absturz galt weltweit. So stellte Deaton 2013 fest: »Es gibt kein einziges Land auf der Welt, in dem die Säuglings- und Kindersterblichkeit heute nicht niedriger läge als im Jahr 1950.«[8] In Afrika südlich der Sahara ist die Kindersterblichkeit von etwa einem Viertel in den 1960er Jahren auf weniger als ein Zehntel im Jahr 2015 gesunken, und weltweit fiel die Rate von 18 auf 4 Prozent – immer noch zu hoch, aber das wird sich bestimmt ändern, wenn der derzeitige kräftige Trend zur Verbesserung der Weltgesundheit anhält.

Zwei Fakten hinter den Zahlen sollte man sich vor Augen führen. Der eine ist demographischer Art: Wenn weniger Kinder sterben, bekommen Eltern weniger Kinder, weil sie nicht mehr auf Nummer Sicher gehen müssen, um wenigstens einen Teil ihrer Familie vor dem Tod zu bewahren. Entgegen der Sorge, die Rettung von Kindern würde nur zu einer »Bevölkerungsexplosion« führen (diese Panik breitete sich insbesondere in den 1960er und 1970er Jahren aus, woraufhin Rufe laut wurden, man müsse die Gesundheitsfürsorge in den Entwicklungsländern drosseln), hat der Rückgang der Kindersterblichkeit diese Gefahr entschärft.[9]

Der zweite Fakt ist persönlicher Natur. Der Verlust eines Kindes gehört zu den grausamsten Erfahrungen, die ein Mensch machen kann. Stellen Sie sich diese Tragödie vor. Und versuchen Sie dann, sich eine weitere Million Male in sie hineinzudenken. Das ist ein Viertel der Kinder, die *allein im vergangenen Jahr* nicht gestorben sind, aber gestorben wären, wenn sie 15 Jahre früher das Licht der Welt erblickt hätten. Das wiederholen Sie dann etwa zweihundertmal für all die Jahre seit der Zeit, in der der Rückgang

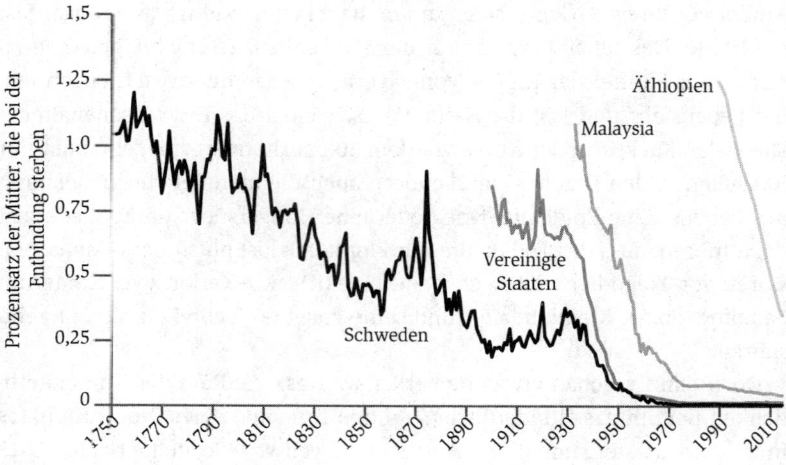

Abb. 5.3 Müttersterblichkeit, 1751–2013
Quelle: *Our World in Data*, Roser 2016p, teilweise basierend auf Daten von Claudia Hanson von *Gapminder*, https://www.gapminder.org/data/documentation/gd010/

der Kindersterblichkeit einsetzte. Diagramme wie Abbildung 5.2 offenbaren einen Triumph menschlichen Wohlergehens, dessen Größenordnung unser Verstand nicht zu erfassen vermag.

Genauso schwierig zu würdigen ist der bevorstehende Triumph der Menschheit über eine weitere Grausamkeit der Natur – den Tod einer Mutter bei der Entbindung. Der Gott der hebräischen Bibel, allezeit voll der Gnade, sprach zu der ersten Frau: »Überaus zahlreich werde ich die Beschwerden deiner Schwangerschaft machen. Unter Schmerzen sollst du Kinder gebären.« Bis vor kurzem starb dabei etwa 1 Prozent der Mütter; für eine US-Amerikanerin war eine Schwangerschaft vor einem Jahrhundert fast so gefährlich, wie heute an Brustkrebs zu erkranken.[10] Abbildung 5.3 verdeutlicht den Verlauf der Müttersterblichkeit seit 1751 in vier Ländern, die für ihre Regionen repräsentativ sind.

Vom Ende des 18. Jahrhunderts in Europa an sank die Sterblichkeit um das Dreihundertfache, von 1,2 auf 0,004 Prozent. Die Rückgänge haben sich auf den Rest der Welt ausgeweitet, die ärmsten Länder eingeschlossen, wo die Sterberate sogar noch schneller gefallen ist – wobei der erfasste Zeitraum wegen des späteren Starts jedoch kürzer ist. Nachdem sich die Rate weltweit in nur 25 Jahren fast halbiert hat, liegt sie nun bei rund 0,2 Prozent. Das entspricht etwa dem Wert in Schweden im Jahr 1941.[11]

Vielleicht fragen Sie sich, ob die Rückgänge in der Kindersterblichkeit alle in Abbildung 5.1 dargestellten Zugewinne an Langlebigkeit erklären. Leben wir tatsächlich länger, oder gibt es einfach mehr Menschen, die ihre Säuglingszeit überstehen? Immerhin bedeutet die Tatsache, dass die durchschnittliche Lebenserwartung bei der Geburt vor dem 19. Jahrhundert etwa 30 Jahre betrug, ja nicht, dass jeder an seinem 30. Geburtstag tot umfiel. Die vielen Kinder, die starben, zogen den Durchschnitt nach unten und nivellierten damit die Aufwärtstendenz durch diejenigen Menschen, die im Greisenalter starben und die man in jeder Gesellschaft findet. In biblischen Zeiten hieß es »Unser Leben währet siebzig Jahre«, und das ist genau das Alter, in dem Sokrates' Leben 399 v. u. Z. vorzeitig beendet wurde – nicht auf natürlichem Wege, sondern mit Hilfe eines Schierlingsbechers. In den meisten Jäger-und-Sammler-Stämmen gibt es eine Menge Leute in den Siebzigern und sogar einige in den Achtzigern. Die Lebenserwartung einer Hadza-Frau beträgt bei ihrer Geburt zwar 32,5 Jahre, doch falls sie die 45 erreicht, darf sie damit rechnen, weitere 21 Jahre zu leben.[12]

Leben nun also diejenigen Menschen, die die Feuerprobe der Entbindung und Kindheit überleben, heutzutage überhaupt länger als die Überlebenden früherer Epochen? Ja, viel länger. Abbildung 5.4 zeigt die Lebenserwartung in Großbritannien bei der Geburt und in verschiedenen Lebensaltern zwischen 1 und 70 im Verlauf der letzten drei Jahrhunderte.

Egal wie alt Sie sind – Sie haben mehr Jahre vor sich als Menschen Ihres Alters in früheren Jahrzehnten und Jahrhunderten. Im Jahr 1845 wäre ein britisches Baby, das das gefahrvolle erste Lebensjahr überlebt hatte, 47 Jahre alt geworden, 57 im Jahr 1905, 72 im Jahr 1955 und 81 im Jahr 2011. Eine Dreißigjährige hatte 1845 weitere 33 Lebensjahre vor sich, 1905 weitere 36 Jahre, 1955 weitere 43 Jahre und 2011 weitere 52 Jahre. Wäre Sokrates 1905 freigesprochen worden, hätte er weitere 9 Jahre Lebenszeit zu erwarten gehabt, 1955 weitere 10 Jahre, 2011 weitere 16 Jahre. Ein Achtzigjähriger hatte 1845 noch 5 Jahre zu leben, im Jahr 2011 noch 9 Jahre.

Ähnliche Trends, wenn auch (bisher) mit niedrigeren Zahlen, sind in jedem Teil der Welt zu beobachten gewesen. So durfte um 1950 ein zehnjähriger Äthiopier erwarten, 44 Jahre alt zu werden; bei einem zehnjährigen Äthiopier heute sind es schon 61 Jahre. Der Ökonom Steven Radelet hat darauf hingewiesen, dass »die gesundheitlichen Fortschritte bei den Armen

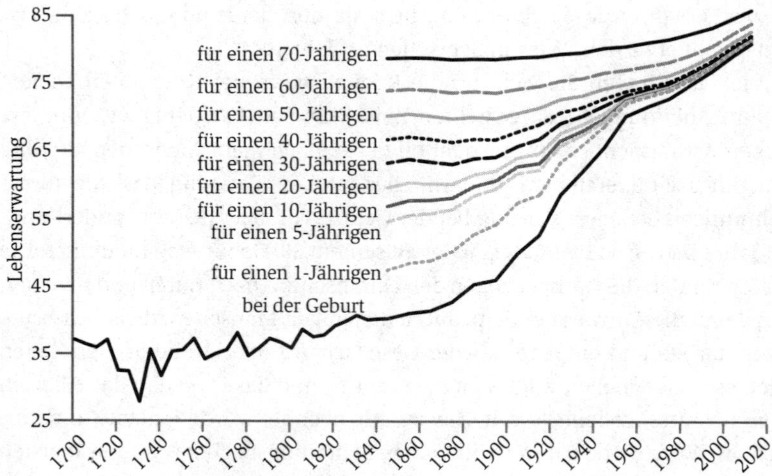

Abb. 5.4 Lebenserwartung, Großbritannien, 1701–2013
Quelle: *Our World in Data*, Roser 2016 n. Die Daten vor 1845 betreffen England und Wales und stammen aus OECD Clio Infra, van Zanden et al. 2014. Die Daten ab 1845 betreffen nur das jeweils mittlere Jahr eines Jahrzehnts und stammen aus der *Human Mortality Database*, http://www.mortality.org/

weltweit in den letzten Jahrzehnten so umfassend und weitverbreitet gewesen sind, dass man sie zu den größten Errungenschaften der Menschheitsgeschichte zählen darf. Selten hat sich das elementare Wohl so vieler Menschen auf der ganzen Welt so grundlegend und so schnell verbessert. Doch nur wenigen Personen ist dies auch nur bewusst.«[13]

Und nein, die Bonuslebensjahre verbringt man nicht senil in einem Schaukelstuhl. Mit immer längerer Lebensdauer sind uns natürlich auch immer mehr Jahre als alternder Mensch beschieden, mit all den unvermeidlichen Wehwehchen und Beschwerden. Ein Körper, der besser gerüstet ist, einen tödlichen Schlag abzuwehren, widersteht jedoch auch erfolgreicher den schwächeren Attacken durch Krankheit, Verletzung und Abnutzung. Gemeinsam mit unserem Leben verlängert sich auch die Spanne unserer Vitalität, wenn auch nicht um die gleiche Anzahl an Jahren. Das ambitionierte Projekt Global Burden of Disease (auch als GBD-Studie bezeichnet) hat sich zur Aufgabe gemacht, diese Verbesserungen zu messen. So wird nicht nur vermerkt, wie viele Personen jeweils an 291 Krankheiten und Beeinträchtigungen sterben, sondern auch, wie viele gesunde Jahre sie dadurch einbüßen, gewichtet mit dem Grad der Beeinträchtigung, den das jeweilige Leiden auf die Lebensqualität ausübt. Laut einer weltweiten Schätzung für 1990 waren einer Durchschnittsperson von den 64,5 Lebensjahren, die sie voraussichtlich leben durfte, 56,8 *gesunde* Jahre beschieden. Und zumindest in Industriestaaten, in denen auch für 2010 Daten vorliegen, waren 3,8 der zusätzlichen 4,7 Jahre, die wir in diesen beiden Jahrzehnten hinzugewannen, gesunde Jahre.[14] Zahlen wie diese zeigen, dass die Menschen von heute viel mehr Jahre in blühender Gesundheit verbringen, als ihre Vorfahren insgesamt in Gesundheit *und* Krankheit gelebt haben. Für viele Menschen ist Demenz die größte Bedrohung, die mit der Aussicht auf ein längeres Leben einhergeht, doch hier wartet eine weitere schöne Überraschung: Zwischen 2000 und 2012 sank die Rate der betroffenen US-Amerikaner über 65 Jahren um ein Viertel und das Durchschnittsalter bei der Diagnose stieg von 80,7 auf 82,4 Jahre.[15]

Es gibt noch mehr gute Nachrichten. Die Kurven in Abbildung 5.4 sind keine Bildteppiche unseres Lebens, die von zwei Schicksalsgöttinnen verlängert und bemessen wurden und eines Tages von der dritten wieder gekappt werden. Vielmehr sind sie Prognosen aufgrund fundierter statistischer Berechnungen der Gegenwart, die auf der Annahme beruhen, dass das medizinische Wissen auf dem derzeitigen Stand eingefroren wird. Natürlich geht keiner wirklich von dieser Annahme aus, doch in Ermangelung hellseherischer Vorausschau, was den zukünftigen medizinischen Fortschritt betrifft, bleibt uns keine andere Wahl. Das heißt, wir werden so gut wie sicher länger – vielleicht sogar viel länger – leben, als die Zahlen auf der vertikalen Achse besagen.

Der Mensch ist ein Dauernörgler, und im Jahr 2001 setzte George W. Bush einen Präsidenten-Rat zur Bioethik ein, der sich mit der heraufziehenden Bedrohung biomedizinischer Fortschritte mit der Aussicht auf ein längeres und gesünderes Leben auseinandersetzen sollte.[16] Der Vorsitzende Leon Kass, Arzt und öffentlicher Intellektueller, konstatierte: »Die Sehnsucht, die Jugend zu verlängern, ist Ausdruck eines kindischen und narzisstischen Wunsches, der mit verantwortungsvoller Rücksicht auf die Nachwelt unvereinbar ist.« Zudem seien die zusätzlichen Lebensjahre nicht wirklich lebenswert (»Würden Tennisprofis es tatsächlich genießen, 25 Prozent mehr Matches zu spielen?«, fragte er.). Den meisten Menschen wäre es wohl lieber, diese Entscheidung selbst zu treffen, und sogar wenn er mit seiner Aussage »Sterblichkeit gibt dem Leben Sinn« recht hat, ist Langlebigkeit nicht dasselbe wie Unsterblichkeit.[17] Dass die Aussagen von Experten über die maximale mögliche Lebenserwartung mehrfach (im Durchschnitt fünf Jahre nach ihrer Veröffentlichung) widerlegt wurden, wirft allerdings die Frage auf, ob wir unsere Lebensdauer immer weiter verlängern und eines Tages die unwirschen Fesseln der Sterblichkeit ganz abstreifen können.[18] Sollten wir uns Sorgen über eine Welt voll starrsinniger Vielfach-Hundertjähriger machen, die sich den Innovationen von Schnöseln in den Neunzigern entgegenstemmen und dem Erzeugen nervtötender Kinder möglicherweise samt und sonders einen Riegel vorschieben?

Eine Reihe von Visionären aus Silicon Valley versuchen uns diese Welt ein Stückchen näherzubringen.[19] Sie haben Forschungsinstitute finanziert, die nicht vorhaben, die Sterblichkeit um eine Krankheit nach der anderen ärmer zu machen, sondern den Alterungsprozess ganz umzukehren und unsere zelluläre Hardware auf eine Version ohne diesen Systemfehler upzugraden. Sie hoffen, die menschliche Lebensspanne damit um 50, 100 oder gar 1000 Jahre verlängern zu können. In seinem Bestseller *The Singularity Is Near* von 2006 (dt. *Menschheit 2.0 – Die Singularität naht*) prognostiziert der Erfinder Ray Kurzweil, dass die Menschen, die es schaffen, bis 2045 am Leben zu bleiben, unsterblich sein werden – dank Fortschritten in der Genetik, Nanotechnologie (etwa mit Nanobots, die durch unseren Blutkreislauf patrouillieren und unseren Körper von innen reparieren) und der Künstlichen Intelligenz, die nicht nur herausfinden wird, wie all das zu bewerkstelligen ist, sondern auch unbegrenzt ihre eigene Intelligenz rekursiv verbessert.

Für die Leser von Ärzteblättern und andere Hypochonder stellen sich die Aussichten auf Unsterblichkeit gänzlich anders dar. Zweifellos gibt es immer mal wieder kleinschrittige Verbesserungen zu bejubeln, etwa ein Rückgang der Sterberate bei Krebs in den letzten 25 Jahren um rund einen Prozentpunkt pro Jahr, wodurch allein in den USA eine Million Leben gerettet wurden.[20] Doch ebenso regelmäßig werden wir enttäuscht von Wunderdrogen, die nicht besser wirken als ein Placebo, Behandlungen mit Nebenwirkungen, die schlimmer als die Krankheit sind, und laut herausposaunten Vorzügen, die in der Metaanalyse keinen Bestand haben. Medizinischer Fortschritt hat heutzutage mehr von Sisyphus als von Singularität.

Da uns die Gabe zur Prophezeiung fehlt, kann niemand sagen, ob Wissenschaftler jemals ein Mittel gegen den Tod finden werden. Dank Evolution und Entropie ist die Chance jedoch gering. Der Alterungsprozess ist auf jeder Organisationsebene in unser Genom eingewoben, weil die natürliche Selektion Gene, die uns in jungen Jahren Vitalität verleihen, gegenüber denen vorzieht, die uns möglichst lange am Leben erhalten. Schuld an diesem eingebauten Ungleichgewicht ist die Asymmetrie der Zeit: Die Wahrscheinlichkeit, dass wir von einem unabwendbaren Unglück wie einem Blitzschlag oder Erdrutsch dahingerafft werden, ist zu jedem Zeitpunkt ungleich null, und das macht jedweden Vorteil eines kostspieligen Langlebigkeitsgens hinfällig. Biologen müssten Tausende Gene oder molekulare Signalwege, die jeweils nur einen kleinen und unsicheren Effekt auf Langlebigkeit haben, umprogrammieren, um sich für den Sprung zur Unsterblichkeit zu rüsten.[21]

Und selbst wenn wir mit perfekt abgestimmter biologischer Hardware ausgestattet wären, würde der unaufhaltsame Marsch der Entropie sie zersetzen. So betont der Physiker Peter Hoffmann: »Das Leben fordert die Biologie zum tödlichen Kampf gegen die Physik.« Brachiale Moleküle prügeln fortwährend auf den Mechanismus unserer Zellen ein – darunter auch die Maschinerie, die die Entropie durch das Korrigieren von Fehlern und das Ausbessern von Schäden in Schach hält. Nehmen Schädigungen der verschiedenen Systeme zur Schadensbegrenzung zu, steigt das Risiko eines Kollapses exponentiell an, der früher oder später alle von der Biomedizin errichteten Schutzmechanismen gegen dauerhafte Gefährdungen wie Krebs und Organversagen aushebeln wird.[22]

Meiner Ansicht nach ist die beste Prognose für das Ergebnis unseres jahrhundertelangen Krieges gegen den Tod Steins Gesetz – »Wenn etwas nicht ewig dauern kann, wird es aufhören« –, ergänzt durch Davies' Folgesatz: »Wenn etwas nicht ewig dauern kann, kann es viel länger andauern, als man glaubt.«

Kapitel 6

Gesundheit

Wie erklären wir das Geschenk des Lebens, das immer mehr Angehörigen unserer Spezies seit dem Ende des 18. Jahrhunderts zuteilwurde? Die Epoche, in der diese Entwicklung einsetzte, gibt uns einen Hinweis darauf. In *Der große Ausbruch* schreibt Deaton: »Seit Menschen in der Aufklärung gegen traditionelle Autoritäten rebellierten und begannen, die Kraft ihres Verstandes einzusetzen, um ihre Lebensbedingungen zu verbessern, haben sie einen Weg gefunden, dies zu tun, und es bestehen kaum Zweifel, dass sie weiterhin Siege gegen die Kräfte des Todes erringen werden.«[1] Der im vorigen Kapitel gefeierte Zugewinn an Lebenszeit war dem Sieg über mehrere jener Kräfte – Krankheit, Hunger, Krieg, Mord, Unfälle – zu verdanken, und in diesem und nachfolgenden Kapiteln werde ich die Geschichte jeder einzelnen davon erzählen.

In fast der gesamten Menschheitsgeschichte waren Infektionskrankheiten die stärkste Kraft des Todes – jene unangenehme Eigentümlichkeit der Evolution, die sich dadurch auszeichnet, dass sich kleine Organismen mit rasanter Fortpflanzungsrate auf unsere Kosten durchfuttern und sich per Anhalter von Ungeziefer, Würmern und Körperflüssigkeiten von einem Körper zum anderen chauffieren lassen. Epidemien haben Millionen Menschenleben gefordert, dabei ganze Zivilisationen ausgelöscht und überfallartig lokalen Populationen viel Leid beschert. Um nur ein Beispiel zu geben: Gelbfieber, eine von Mücken übertragene Viruserkrankung, wurde so genannt, weil ihre Opfer diese Farbe annahmen, bevor sie qualvoll starben. Laut dem Bericht über eine Epidemie in Memphis im Jahr 1878 waren die Kranken »bis zur Unkenntlichkeit verrenkt in Löcher gekrochen; ihre Leichen entdeckte man später nur durch den Gestank ihres verwesenden Fleisches. ... [Eine Mutter wurde tot aufgefunden], ihr Körper ausgestreckt auf dem Bett liegend ... Spritzer von schwarzem Erbrochenen wie Kaffeesatz überall ... die Kinder wälzten sich stöhnend am Boden.«[2]

Auch die Wohlhabenden wurden nicht verschont: Im Jahr 1836 starb der reichste Mann der Welt, Nathan Meyer Rothschild, an einer Sepsis infolge eines Abszesses. Ebenso wenig die Mächtigen: Verschiedene britische Monarchen erlagen der Ruhr, den Pocken, Typhus, Tuberkulose und Malaria. Auch amerikanische Präsidenten waren verletzlich: William Henry Harrison erkrankte kurz nach seiner Amtseinführung 1841 und starb 31 Tage später an einem septischen Schock; James Polk erlag der Cholera 1849, drei Monate nachdem er aus dem Amt geschieden war. Noch 1924 starb der sechzehnjährige Sohn eines amtierenden Präsidenten, Calvin Coolidge jr., an einer entzündeten Blase am Zeh, die er sich beim Tennisspielen zugezogen hatte.

Der stets erfindungsreiche *Homo sapiens* hatte schon lange gegen Krankheiten gekämpft und dabei Quacksalberei ausprobiert, wie Gebete, Opfer, Aderlass, Schröpfen, toxische Metalle, Homöopathie und das Erdrücken eines Huhns an einem entzündeten Körperteil. Doch Ende des 18. Jahrhunderts, mit Erfinden der Impfung, und zunehmend im 19. Jahrhundert, als man die Keimtheorie der Krankheiten anerkannte, wendete sich das Blatt. Händewaschen, Geburtshilfe, Mückenbekämpfung und vor allem der Schutz des Trinkwassers durch öffentliche Kanalisation und chloriertes Wasser aus dem Hahn sollten Milliarden Leben retten. Vor dem 20. Jahrhundert erstickten die Großstädte an Exkrementen, ihre Flüsse und Seen waren ein zäher Brei vor lauter Müll, und die Bewohner tranken eine faulige braune Brühe, in der sie auch ihre Kleider wuschen.[3] Epidemien führte man auf Miasmen – faulig riechende Luft – zurück, bis John Snow (1813–1858), der erste Epidemiologe, feststellte, dass die von der Cholera geplagten Londoner ihr Trinkwasser aus einer Ansaugleitung bezogen, die flussabwärts von einem Abwasserausfluss lag. Ärzte höchstselbst pflegten die Gesundheit ihrer Patienten stark zu gefährden, weil sie in schwarzen, von getrocknetem Blut und Eiter starrenden Mänteln von Autopsien zu Untersuchungen eilten, Wunden mit ungewaschenen Händen inspizierten und sie mit Fäden zunähten, die sie in ihren Knopflöchern deponierten. Das änderte sich erst, als Ignaz Semmelweis (1818–1865) und Joseph Lister (1827–1912) sie dazu brachten, ihre Hände und Ausrüstung zu sterilisieren. Dank Antisepsis, Anästhesie und Bluttransfusionen diente die Chirurgie nun der Heilung statt der Folter und Verstümmelung, und Antibiotika, Gegengifte und unzählige weitere medizinische Fortschritte drängten die Angriffe durch Seuchen ebenfalls weiter zurück.

Die Sünde der Undankbarkeit mag es nicht bis zu den sieben Todsünden gebracht haben, aber laut Dante verschafft sie den Sündern Zutritt zum neunten Höllenkreis, und dort wird sich die Geisteskultur der Nach-1960er dank ihres Gedächtnisschwunds, was die Bezwinger von Krankheiten betrifft, möglicherweise wiederfinden. So war es nicht immer. Als ich ein Junge war, waren Heldenbiographien von Pionieren der Medizin wie Edward Jenner, Louis Pasteur, Joseph Lister, Frederick Banting, Charles Best, William Osler oder Alexander Fleming eine außerordentlich beliebte Kinderlektüre. Am 12. April 1955 verkündete ein Team von Wissenschaftlern, dass Jonas Salks Impfstoff gegen Poliomyelitis – die Krankheit, die jedes Jahr Tausende Todesopfer gefordert, Franklin Roosevelt gelähmt und zahlreiche Kinder in die Eiserne Lunge verbannt hatte – für sicher befunden werde. An jenem Tag, so heißt es in Richard Carters Schilderung der Entdeckung, »verharrten Menschen eine Weile in Schweigen, läuteten Glocken, hupten, ließen Fabrikpfeifen schrillen, feuerten Salutschüsse ab, ... nahmen sich den Rest des Tages frei, schlossen ihre Schulen oder trafen sich darin zu ausgelassenen Feiern, prosteten sich zu, herzten Kinder, gingen in die Kirche, lächelten Fremde an und vergaben ihren Feinden.«[4] Die Stadt New York bot an, Salk mit einer Konfettiparade zu ehren, was er höflich zurückwies.

Und wie viele Gedanken haben Sie in letzter Zeit an Karl Landsteiner verschwendet? Karl wer? Er hat bloß *einer Milliarde Menschen* das Leben gerettet, weil er die Blutgruppen entdeckt hat. Oder was ist mit diesen anderen Helden?

Wissenschaftler/in	**Entdeckung**	**Gerettete Menschenleben**
Abel Wolman (1892–1982) und Linn Enslow (1891–1957)	Chlorung von Wasser	177 Millionen
William Foege (1936–)	Strategie zur Ausrottung der Pocken	131 Millionen
Maurice Hilleman (1919–2005)	acht Impfstoffe	129 Millionen
John Enders (1897–1985)	Masernimpfstoff	120 Millionen
Howard Florey (1898–1968)	Penicillin	82 Millionen
Gaston Ramon (1886–1963)	Diphtherie- und Tetanusimpfstoff	60 Millionen
David Nalin (1941–)	orale Rehydrationstherapie	54 Millionen

Paul Ehrlich (1854–1915)	Heilsera für Diphtherie und Tetanus	42 Millionen
Andreas Grüntzig (1939–1985)	Angioplastie	15 Millionen
Grace Eldering (1900–1988) und Pearl Kendrick (1890–1980)	Keuchhustenimpfstoff	14 Millionen
Gertrude Elion (1918–1999)	rationales Wirkstoffdesign	5 Millionen

Die Forscher, von denen diese konservativen Schätzungen stammen, haben ausgerechnet, dass die rund hundert von ihnen ausgewählten Wissenschaftler/innen (bisher) über *fünf Milliarden* Menschenleben gerettet haben.[5] Natürlich werden Heldengeschichten dem Wissenschaftsalltag nicht gerecht. Wissenschaftler stehen auf den Schultern von Riesen, arbeiten in Teams, schuften im Verborgenen und sammeln Ideen in World Wide Webs, in weltweit gespannten Datennetzen. Doch ob man nun die Wissenschaftler oder die Wissenschaft ignoriert – die Missachtung der Entdeckungen, die das Leben zum Besseren gewandelt haben, lässt unsere Wertschätzung der modernen Bedingungen des Menschseins in einem schlechten Licht erscheinen.

Als Psycholinguist, der einmal ein ganzes Buch über Vergangenheitsformen geschrieben hat, darf ich Ihnen nun mein Lieblingsbeispiel aus der Geschichte der englischen Sprache vorstellen.[6] Es stammt aus dem ersten Satz eines *Wikipedia*-Eintrags:

> **Smallpox** was an infectious disease caused by either of two virus variants, *Variola major* and *Variola minor*.
> (Die Pocken waren eine Infektionskrankheit, die von zwei Virusvarianten, *Variola major* oder *Variola minor*, hervorgerufen wurde.)

Genau – »smallpox *was*«! Die Krankheit, die ihren Namen von den schmerzenden Pusteln hat, welche Haut, Mund und Augen ihrer Opfer bedecken, und die im 20. Jahrhundert über 300 Millionen Menschen tötete, gibt es nicht mehr. (Der letzte Fall wurde 1977 in Somalia diagnostiziert.) Für diesen überwältigenden moralischen Triumph dürfen wir unter anderem Edward Jenner danken, der 1796 die Impfung entdeckte, der Weltgesundheitsorganisation, die 1959 das kühne Ziel ausgab, die Krankheit auszumerzen, und William Foege, der herausfand, dass man mit dem Impfen von kleinen, aber strategisch verteilten Gruppen der anfälligen Populationen Erfolg haben würde. In *Getting Better* äußerte sich der Ökonom Charles Kenny folgendermaßen dazu:

> Die Gesamtkosten des Programms im Laufe dieser zehn Jahre ... bewegten sich im Bereich von 312 Millionen Dollar – vielleicht 32 Cent pro Person in betroffenen Ländern. Das Ausrottungsprogramm kostete etwa so viel wie die Produktion von fünf neueren Hollywood-Blockbustern oder die Tragfläche eines B-2-Bombers oder etwas weniger als ein Zehntel der Kosten des kürzlich fertiggestellten Bostoner Straßenbauprojekts mit dem Spitznamen Big Dig, bei dem eine Stelzenautobahn unter die Erde und unter einem Fluss her verlegt wurde. Sosehr man die bessere Aussicht auf Bostons Waterfront, die Modellreihen der Tarnkappenbomber oder die schauspielerische Leistung von Keira Knightley in *Fluch der Karibik* oder gar des Gorillas in *King Kong* auch bewundern mag – das scheint mir ein sehr gutes Geschäft zu sein.[7]

Obwohl ich ein Anwohner von Bostons Waterfront bin, muss ich dem zustimmen. Doch diese gewaltige Leistung war erst der Anfang. Auch die *Wikipedia*-Definition der Rinderpest, die im Lauf der Geschichte Millionen von Bauern und Hirten den Hungertod brachte, weil sie ihre Lebensgrundlage hinwegraffte, steht in der Vergangenheitsform. Und vier weitere Quellen des Elends in den Entwicklungsländern sind zur Ausrottung vorgesehen. Jonas Salk erlebte nicht mehr, wie der Ansatz zur Global Polio Eradication Initiative sein Ziel erreichte: Bis 2016 hatte man die Krankheit auf nur noch 37 Fälle in drei Ländern (Afghanistan, Pakistan und Nigeria) zurückgedrängt; dies war der niedrigste Stand in der Geschichte, und 2017 wurde bislang sogar eine noch geringere Zahl an Erkrankungen verzeichnet.[8] Der Medinawurm ist ein bis zu einem Meter langer Parasit, der sich in die unteren Gliedmaßen seines Wirtes schlängelt und dort teuflischerweise ein quälendes Geschwür bildet. Nehmen die Betroffenen ein Fußbad, um die Schmerzen zu lindern, platzt das Geschwür auf und entlässt Tausende von Larven ins Wasser, das dann wiederum von anderen Personen getrunken wird, womit sich der Kreis schließt. Die einzige Behandlung besteht darin, den Wurm über mehrere Tage oder Wochen hinweg herauszuziehen. Doch dank einer drei Jahrzehnte andauernden Kampagne mit Aufklärung und Wasseraufbereitung durch das Carter Center sank die Zahl der Fälle von 3,5 Millionen in 21 Ländern im Jahr 1986 auf nur noch 25 Fälle in drei Ländern im Jahr 2016 (und nur noch drei Fälle in einem Land im ersten Quartal 2017).[9]

Elephantiasis, Flussblindheit und ein Trachom, das zur Erblindung führen kann, sind so gruselig, wie sie klingen, und könnten bis 2030 ebenfalls der Vergangenheit angehören; auch Masern, Röteln, Frambösie, Schlafkrankheit und Hakenwurmbefall stehen auf der Abschussliste der Epidemiologen.[10] (Wird wohl irgendeiner dieser Triumphe mit Schweigeminuten, Glockengeläut und Hupkonzerten begrüßt? Werden die Menschen auch dann Fremde anlächeln und ihren Feinden vergeben?)

Selbst noch nicht ausgemerzte Krankheiten werden eingedämmt. Zwischen 2000 und 2015 schrumpfte die Zahl der Todesfälle durch Malaria (die in der Vergangenheit die Hälfte aller Menschen, die jemals auf der Erde lebten, umgebracht hat) um 60 Prozent. Die Weltgesundheitsorganisation verfolgt einen Plan, wonach die Rate bis 2030 um weitere 90 Prozent sinken und in 35 der 39 derzeit noch befallenen Länder auf null sinken soll (so wie die Krankheit in den USA ausgerottet wurde, die bis 1951 betroffen waren).[11] Die Bill & Melinda Gates Foundation hat das Ziel ausgegeben, sie ganz auszumerzen.[12] Wie wir in Kapitel 5 gesehen haben, erlebten die fortschreitenden Erfolge der Menschheit bei der Verlängerung der Lebensdauer in den 1990er Jahren durch HIV/Aids in Afrika einen Rückschlag. Doch im darauffolgenden Jahrzehnt wendete sich das Blatt wieder, und die weltweite Sterberate von Kindern halbierte sich, was die UN 2016 zu dem Plan ermutigte, der AIDS-Epidemie bis 2030 ein Ende zu machen (wenn auch nicht zwangsläufig das Virus auszurotten).[13] Wie Abbildung 6.1 zeigt, erlebte die Welt zwischen 2000 und 2013 auch massive Rückgänge bei der Zahl getöteter Kinder durch die fünf gefährlichsten Infektionskrankheiten. Insgesamt hat die Beherrschung von ansteckenden Erkrankungen seit 1990 über 100 Millionen Kindern das Leben gerettet.[14]

Und das ambitionierteste Vorhaben von allen ist ein Leitplan für »die große Angleichung der Weltgesundheit« bis 2035, den ein Expertenteam für Weltgesundheit unter Führung der Ökonomen Dean Jamison und Lawrence Summers ausgearbeitet hat. Dann könnte die Anzahl der Todesfälle durch Infektionen sowie bei Müttern und Kindern weltweit das Niveau erreicht haben, das schon heute in den gesündesten Ländern mit mittlerem Einkommen zu beobachten ist.[15]

So beeindruckend der Sieg über Infektionskrankheiten in Europa und Amerika war – der anhaltende Fortschritt unter den Armen weltweit ist noch erstaunlicher. Die Gründe liegen teilweise in der wirtschaftlichen Entwicklung (Kapitel 8), denn eine reichere Welt ist eine gesündere Welt.

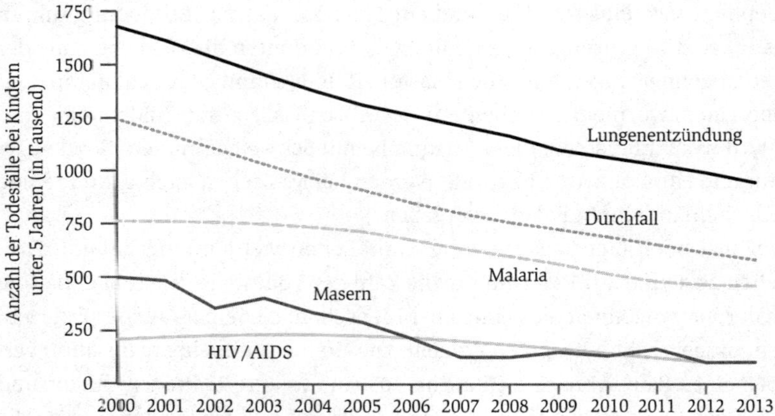

Abb. 6.1 Todesfälle bei Kindern durch Infektionskrankheiten, 2000–2013
Quelle: Child Health Epidemiology Reference Group of the World Health Organization, Liu et al. 2014, Anhang

Zum Teil ist er auf das sich ausdehnende Band des Mitgefühls zurückzuführen, das weltweit bedeutende Führungspersönlichkeiten wie Bill Gates, Jimmy Carter und Bill Clinton dazu bewogen hat, der Nachwelt lieber durch die Gesundheit armer Menschen in fernen Kontinenten im Gedächtnis zu bleiben als durch glitzernde Gebäude vor der eigenen Haustür. So wurde George W. Bush selbst von seinen schärfsten Kritikern für seine Politik zugunsten der Aids-Bekämpfung in Afrika gelobt, die Millionen Menschenleben gerettet hat.

Den einflussreichsten Beitrag hat jedoch die Wissenschaft geleistet. »Meiner Auffassung nach ist Wissen der entscheidende Faktor«, argumentiert Deaton. »Einkommen – obwohl es für sich allein genommen sowie als Aspekt des Wohlbefindens … wichtig ist – stellt nicht die eigentliche Ursache des Wohlbefindens dar.«[16] Die Früchte der Wissenschaft sind nicht nur Hightech-Medikamente wie Impfstoffe, Antibiotika, antiretrovirale Mittel und Entwurmungspillen. Es sind auch *Ideen* – Ideen, deren Umsetzung kostengünstig sein kann und die in der Rückschau so naheliegend erscheinen, aber Millionen Leben retten. Beispiele sind Abkochen und Filtern von Wasser oder das Zusetzen von Bleichmitteln, Händewaschen, ergänzende Jodgaben für Schwangere, Stillen und enger Körperkontakt mit Säuglingen, Kotausscheidung in Latrinen statt auf Feldern, Straßen und in Gewässern,

Schutz von schlafenden Kindern mit insektizidbehandelten Bettnetzen sowie Behandlung von Durchfall mit einer Lösung aus Salz und Zucker in sauberem Wasser. Andererseits kann Fortschritt durch schlechte Ideen auch in sein Gegenteil verkehrt werden – beispielsweise durch die von den Taliban und Boko Haram verbreitete Verschwörungstheorie, dass Impfstoffe muslimische Mädchen unfruchtbar machen, oder die von reichen amerikanischen Aktivisten kolportierte Theorie, dass Impfstoffe Autismus verursachen. Deaton bemerkt, dass selbst die zentrale Idee der Aufklärung – Wissen kann unser Leben besser machen – in denjenigen Teilen der Welt eine Offenbarung sein kann, in denen sich die Menschen mit ihrem schlechten Gesundheitszustand abgefunden haben und sich überhaupt nicht vorstellen können, dass ein Wandel ihrer Institutionen und Normen ihn verbessern könnte.[17]

Kapitel 7

Ernährung

Neben Alterung, Gebären und Krankheitserregern haben uns Evolution und Entropie einen weiteren üblen Streich gespielt: unser fortwährender Bedarf an Energie. Schon lange ist Hunger ein ständiger Begleiter der menschlichen Existenz. Die hebräische Bibel berichtet von sieben mageren Jahren in Ägypten; in der christlichen Bibel wird die Hungersnot durch einen apokalyptischen Reiter symbolisiert. Weit bis ins 19. Jahrhundert hinein konnte eine Missernte selbst privilegierte Teile der Welt ins Elend stürzen. Johan Norberg zitiert die Kindheitserinnerung des Zeitgenossen einer seiner Vorfahren in Schweden aus dem Winter 1868:

> Wir erlebten oft, dass Mutter leise vor sich hin weinte, und es war schwer für eine Mutter, nicht genug Essen für ihre hungrigen Kinder auf den Tisch stellen zu können. Häufig sah man ausgemergelte, dem Tode nahe Kinder von Hof zu Hof ziehen, die um einige Krumen Brot bettelten. Eines Tages kamen drei Kinder zu uns; sie weinten und baten um etwas, um die Qualen des Hungers zu stillen. Traurig, mit Tränen in den Augen, musste unsere Mutter ihnen sagen, dass wir nichts mehr hatten außer ein paar Brotkrümeln, die wir für uns selber brauchten. Als wir Kinder das Leid in den flehenden Augen der fremden Kinder sahen, brachen wir in Tränen aus und baten Mutter, die restlichen Brotkrumen mit ihnen zu teilen. Zögernd kam sie unserer Bitte nach, und die fremden Kinder stopften die Nahrung gierig in sich hinein, bevor sie zum nächsten Bauernhof aufbrachen, der ein gutes Stück weit entfernt lag. Am nächsten Tag wurden alle drei tot zwischen unserem und dem nächsten Hof gefunden.[1]

Der Historiker Fernand Braudel hat dokumentiert, dass Bauern im Europa der Vormoderne alle paar Jahrzehnte von Hungersnöten heimgesucht wurden.[2] Die verzweifelten Bauern ernteten das Getreide, bevor es reif war, aßen Gras oder Menschenfleisch und strömten in die Städte, um zu betteln. Selbst in guten Zeiten bezogen zahlreiche Menschen das Gros ihrer Kalorien aus

Brot oder Haferschleim, und das war nicht gerade viel. In *The Escape from Hunger and Premature Death, 1700–2100* vermerkte der Ökonom Robert Fogel, dass »der Brennwert der typischen Nahrung in Frankreich zu Beginn des 18. Jahrhunderts so niedrig war wie 1965 in Ruanda, das in jenem Jahr als Land mit der gravierendsten Unterernährung galt«.[3] Viele derjenigen, die nicht vor Hunger starben, waren zu schwach zum Arbeiten und daher zur Armut verdammt. Hungrige Europäer suchten sich ihren Kitzel in »Foodporn«, der verführerischen Darstellung von Speisen – etwa mit Geschichten aus dem Schlaraffenland, wo Pfannkuchen auf den Bäumen wachsen, die Straßen mit Gebäck gepflastert sind, gebratene Schweine zur leichteren Zerteilung mit einem Messer im Rücken herumlaufen und gekochte Fische aus dem Wasser springen und einem vor die Füße fallen.

Heutzutage leben wir im Schlaraffenland, und unser Problem sind nicht zu wenige Kalorien, sondern zu viele. So stellte der Komiker Chris Rock fest: »Dies ist die erste Gesellschaft der Geschichte, in der die Armen fett sind.« Mit der üblichen Undankbarkeit der Ersten Welt ereifern sich moderne Sozialkritiker über die Übergewichtsepidemie mit einer Empörung, die eher einer Hungersnot angemessen wäre (zumindest solange sie nicht gegen Mobbing von Dicken, schlanke Models oder Essstörungen wettern). Natürlich ist Fettleibigkeit ein weitverbreitetes Gesundheitsproblem, doch mit Blick auf die Geschichte sollten wir im Grunde froh über dieses Problem sein.

Was ist mit dem Rest der Welt? Der Hunger, den viele Bewohner des Westens mit Afrika und Asien assoziieren, ist beileibe kein Phänomen der Moderne. Indien und China sind immer schon anfällig für Hungersnöte gewesen, weil sich Millionen Menschen von Reis ernährten, der unter unberechenbarem Monsunregen oder fragilen Bewässerungssystemen litt und weite Transportwege zu überwinden hatte. Braudel gibt den Augenzeugenbericht eines niederländischen Kaufmanns wieder, der während einer Hungersnot von 1630–1631 in Indien weilte:

> »Die Männer verließen ihre Städte und Dörfer und wanderten hilflos umher. Man sah ihnen sofort an, in welcher Verfassung sie sich befanden: die Augen tief in den Höhlen, die Lippen bleich und schleimbedeckt, die Haut hart mit hervortretenden Knochen, der Bauch nichts weiter als ein Beutel, der leer herabbaumelte. ... Der eine schrie und heulte vor Hunger, während ein anderer daneben auf dem Boden lag und qualvoll sein Leben aushauchte.« Darauf folgten

> die bekannten menschlichen Dramen: »Frauen und Kinder allein und verlassen, Kinder verkauft von ihren Eltern, die sie entweder aufgaben oder sich selbst verkauften, um zu überleben, kollektive Selbstmorde. ... Dann kam das Stadium, in dem die Hungernden den Toten oder Sterbenden die Bäuche aufschlitzten und »an den Eingeweiden zerrten, um ihre eigenen Mägen zu füllen.« »Hunderttausende verhungerten, so dass das ganze Land mit unbestatteten Leichen übersät war; der Gestank erfüllte und verpestete die gesamte Luft. ... In dem Dorf Susuntra ... wurde Menschenfleisch ganz offen auf dem Markt feilgeboten.«[4]

In jüngerer Zeit konnte sich die Welt jedoch noch über einen weiteren und kaum beachteten Fortschritt freuen: Trotz der explodierenden Bevölkerungszahlen können sich die Entwicklungsländer selbst ernähren. Am augenscheinlichsten ist dies in China, dessen 1,3 Milliarden Menschen nun Zugang zu durchschnittlich 3100 Kalorien pro Tag haben; das entspricht laut Richtlinien der US-Regierung der Menge, die für einen sehr aktiven jungen Mann empfohlen wird.[5] Die über eine Milliarde Einwohner Indiens erhalten durchschnittlich 2400 Kalorien pro Tag; das entspricht der Menge, die für eine sehr aktive junge Frau oder einen aktiven Mann mittleren Alters empfohlen wird. Die Zahl für den afrikanischen Kontinent liegt mit 2600 zwischen den beiden Werten.[6] Abbildung 7.1, in der die verfügbaren Kalorien für eine repräsentative Stichprobe aus Industrie- und Entwicklungsländern sowie die gesamte Welt graphisch dargestellt sind, offenbart ein Muster, das uns bereits aus vorigen Diagrammen vertraut ist: vor dem 19. Jahrhundert Leid allerorten, rapide Verbesserung in Europa und den Vereinigten Staaten in den darauffolgenden zweihundert Jahren und, in den letzten Jahrzehnten, die Aufholjagd der Entwicklungsländer.

Die in Abbildung 7.1 aufgetragenen Zahlen sind Durchschnittswerte, und sie würden ein falsches Licht auf den Wohlfühlindex werfen, wenn sie nur auf Daten von reichen Personen beruhten, die immer mehr Kalorien in sich hineinstopfen (so als würde niemand dick außer Luciano Pavarotti). Glücklicherweise spiegeln die Zahlen die gestiegene Verfügbarkeit von Kalorien über die gesamte Bevölkerung wider, bis hinunter zu den niedrigsten Schichten. Unterernährte Kinder leiden an Wachstumsstörungen und sind ihr ganzes Leben stärker gefährdet, krank zu werden oder zu sterben. Abbildung 7.2 zeigt den Anteil wachstumsgestörter Kinder in einer repräsentativen Stichprobe aus Ländern, die Daten für die längsten Zeitspannen vorweisen können. Der Anteil verkrüppelter Kinder in armen Ländern wie

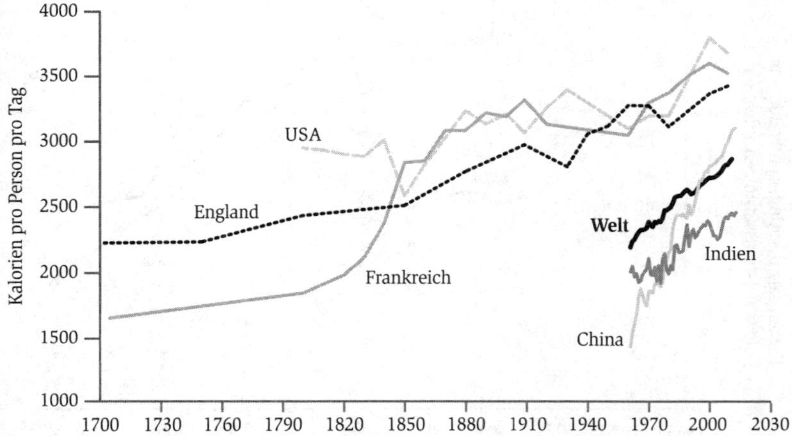

Abb. 7.1 Kalorien, 1700–2013
Quellen: Daten für USA, England und Frankreich aus *Our World in Data*, Roser 2016d, basierend auf Daten von Fogel 2004. Daten für China, Indien und die Welt aus Food and Agriculture Organization of the United Nations, http://www.fao.org/faostat/en/#data

Kenia und Bangladesch ist zwar beklagenswert, doch wir sehen, dass sich die Rate der Wachstumsstörungen in nur zwei Jahrzehnten halbiert hat. Staaten wie Kolumbien und China hatten noch vor kurzem ebenfalls hohe Raten an Wachstumsstörungen vorzuweisen und haben es geschafft, sie noch weiter zu senken.

Abbildung 7.3 bietet weiteren Aufschluss darüber, wie die Welt die Hungrigen ernährt. Dort ist die Rate der Unterernährung (mindestens ein Jahr unzureichende Nahrung) für Entwicklungsländer in fünf Regionen und die gesamte Welt dargestellt. In den Industriestaaten, die nicht in die Berechnungen eingegangen sind, betrug die Unterernährungsrate während der gesamten Zeitspanne unter 5 Prozent, von null statistisch nicht unterscheidbar. Dass 13 Prozent der Menschen in den Entwicklungsländern unterernährt sind, ist zwar eindeutig zu viel, aber immer noch besser als 35 Prozent, was 45 Jahre zuvor der Fall war, oder auch 50 Prozent, der geschätzte Wert für die gesamte Welt im Jahr 1947 (im Diagramm nicht zu sehen).[7] Bedenken Sie, dass diese Zahlen Proportionen angeben. In den 70 Jahren seit 1947 ist die Weltbevölkerung um fast *fünf Milliarden* Menschen gewachsen, und

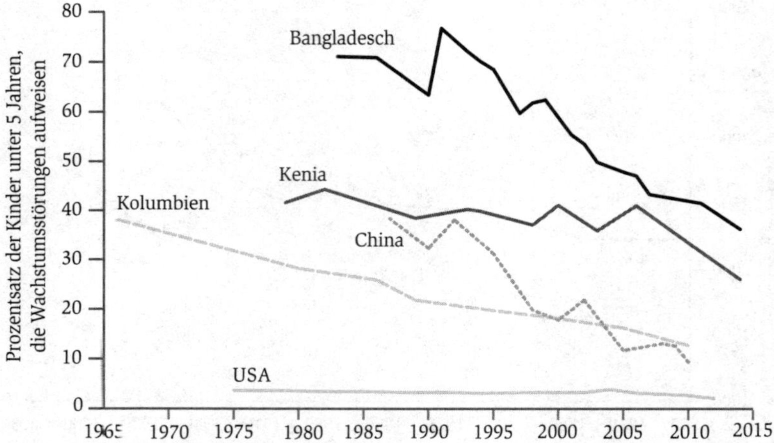

Abb. 7.2 Wachstumsstörungen in der Kindheit, 1966–2014
Quelle: *Our World in Data*, Roser 2016j, basierend auf Daten des *Nutrition Landscape Information System* der Weltgesundheitsbehörde, http://www.who.int/nutrition/nlis/en/

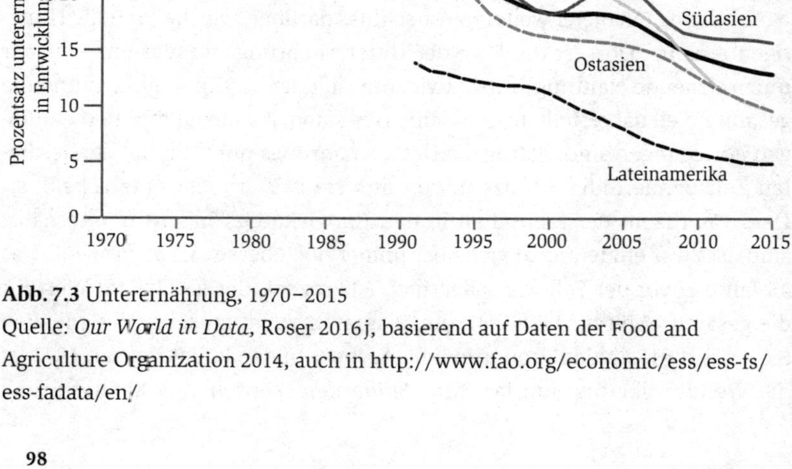

Abb. 7.3 Unterernährung, 1970–2015
Quelle: *Our World in Data*, Roser 2016j, basierend auf Daten der Food and Agriculture Organization 2014, auch in http://www.fao.org/economic/ess/ess-fs/ess-fadata/en/

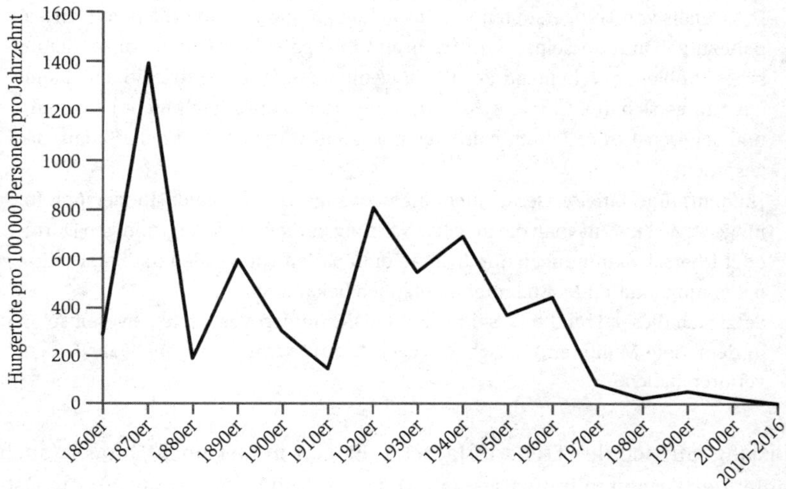

Abb. 7.4 Hungertote, 1860–2016
Quelle: *Our World in Data*, Hasell & Roser 2017, basierend auf Daten von Devereux 2000, Ó Gráda 2009, White 2011 und EM-DAT, *The International Disaster Database*, http://www.emdat.be/ sowie andere Quellen. »Hunger« nach der Definition von »*famine*« in Ó Gráda 2009.

das bedeutet: In der Zeit, in der die Welt den Hunger eindämmte, füllte sie zugleich Milliarden zusätzliche Mägen.

Nicht nur chronische Unterernährung ist auf dem Rückzug, sondern auch katastrophale Hungersnöte werden weniger – Krisen, die Menschen in Massen töten und verbreitet zu mäßiger Mangelernährung (zwei Standardabweichungen unter dem zu erwartenden Mittelwert des Gewichts) und Kwashiorkor führen (dem Proteinmangel, an dem die Kinder mit geschwollenen Bäuchen leiden, die wir von Fotografien kennen und die zum Symbol des Hungers wurden).[8] Abbildung 7.4 zeigt die Zahl der Todesfälle bei großen Hungersnöten für jedes Jahrzehnt in den letzten 150 Jahren im Verhältnis zur jeweiligen Weltbevölkerung.

Im Jahr 2000 hat der Ökonom Stephen Devereux den weltweiten Fortschritt im 20. Jahrhundert mit folgenden Worten zusammengefasst:

> Die Gefahr von Hungersnöten scheint in allen Regionen außerhalb von Afrika nahezu gebannt zu sein. ... In Asien und Europa gehört Hunger als endemisches Problem anscheinend der Vergangenheit an. Das makabre Etikett »Land des Hungers« haftet China, Russland, Indien und Bangladesch nicht länger an, und seit den 1970er Jahren wurde es nur noch Äthiopien und dem Sudan zugesprochen.
> [Zudem] führt eine Missernte nicht mehr zwangsläufig zu einer Hungersnot. In jüngerer Zeit konnte man die meisten Nahrungsmittelkrisen aufgrund von Dürre oder Überschwemmungen durch eine Kombination von lokalen und internationalen humanitären Maßnahmen erfolgreich bekämpfen. ...
> Setzt sich dieser Trend fort, sollte das 20. Jahrhundert das letzte gewesen sein, in dem viele Millionen Menschen wegen Nahrungsmittelknappheit ihr Leben verloren haben.[9]

Bislang *hat* sich der Trend fortgesetzt. Es gibt immer noch Hunger (auch unter den Armen in Industriestaaten), und es gab Hungersnöte 2011 in Ostafrika, 2012 in der Sahelzone und 2016 im Südsudan, außerdem Beinahe-Hungersnöte in Somalia, Nigeria und im Jemen. Doch diese waren von einer anderen Größenordnung als die Katastrophen, die in früheren Jahrhunderten regelmäßig auftraten und viel mehr Menschenleben forderten.

Dass es so kommen würde, hatte niemand geglaubt. Im Jahr 1798 erläuterte Thomas Malthus, die häufigen Hungersnöte seiner Zeit seien unvermeidbar und würden nur noch schlimmer werden, denn: »Eine nicht gehemmte Bevölkerung nimmt in geometrischer Folge zu. Die Subsistenz nimmt lediglich in arithmetischer Folge zu. Wer nur ein wenig mit Zahlen vertraut ist, wird erkennen, wie viel gewaltiger die Macht der ersten im Vergleich zur zweiten ist.« Demzufolge würden Bemühungen, die Hungrigen zu speisen, alles nur noch schlimmer machen, weil diese dann wieder mehr Kinder in die Welt setzen würden, die ihrerseits ebenfalls zum Hungern verdammt wären.

Vor gar nicht allzu langer Zeit erlebte das malthusianische Denken eine machtvolle Renaissance. Im Jahr 1967 schrieben William und Paul Paddock *Famine 1975!* (dt. *Vor uns die mageren Jahre?*), und 1968 verfasste der Biologe Paul R. Ehrlich *The Population Bomb* (dt. *Die Bevölkerungsbombe*), worin er verkündete: »Der Kampf um die Welternährung ist entschieden« und vorhersagte, dass in den 1980er Jahren 65 Millionen US-Amerikaner und weitere 4 Milliarden Menschen verhungern würden. Leser des *New York Times Magazine* wurden mit dem Begriff der *Triage* aus der Militärmedizin vertraut gemacht (dem in Notfällen angewendeten Verfahren, verwundete Soldaten in zu rettende und todgeweihte aufzuteilen) und verfolgten die in Philosophieseminaren gängige Erörterung der Frage, ob es ethisch vertretbar sei, jemanden aus einem überfüllten Rettungsboot über Bord zu werfen, damit das Boot nicht kentert und dann alle ertrinken.[10] Ehrlich und andere Umweltschützer verfochten das Einstellen der Nahrungsmittelhilfe für Länder, die sie als Fass ohne Boden ansahen.[11] Robert McNamara, von 1968 bis 1981 Präsident der Weltbank, versuchte die Finanzierung von Gesundheitsfürsorge zu unterbinden, »sofern sie nicht ganz strikt mit Bevölkerungskontrolle verbunden sei, weil die üblichen Gesundheitseinrichtungen auf die Senkung der Sterberate und somit auf die Bevölkerungsexplosion hinwirkten«. Programme zur Bevölkerungskontrolle in Indien und China (insbesondere unter Chinas Ein-Kind-Politik) zwangen Frauen zu Sterilisierung, Abtreibung und dem Einsetzen schmerzhafter und Entzündungen hervorrufender Intrauterinpessare.[12]

Wo hatte sich Malthus verrechnet? Beim Blick auf die erste seiner Kurven haben wir bereits festgestellt, dass das Bevölkerungswachstum nicht unendlich in geometrischer Folge weiter ansteigen muss, denn wenn Menschen reicher werden und mehr ihrer Babys überleben, dann bekommen sie weniger Babys. Umgekehrt dämmen Hungersnöte das Bevölkerungswachstum nicht lange ein. Ihnen fallen überproportional viele Kinder und ältere Menschen zum Opfer, und sobald die Bedingungen besser werden, füllen die Überlebenden die Lücken schnell wieder auf.[13] Hans Rosling sagte es folgendermaßen: »Man kann das Bevölkerungswachstum nicht stoppen, indem man arme Kinder sterben lässt.«[14]

Beim Blick auf die zweite Kurve sehen wir, dass das Nahrungsangebot in geometrischer Folge steigen *kann*, wenn man sein *Wissen* einsetzt, um einem Fleckchen Erde einen größeren Ertrag zu entlocken. Seit der Geburt der Landwirtschaft vor zehntausend Jahren hat der Mensch Pflanzen und Tiere genetisch verändert, indem er diejenigen mit den meisten Kalorien und wenigsten Giftstoffen, die besonders leicht anzubauen und zu ernten waren, selektiv gezüchtet hat. Der wilde Urahn von Getreide war ein Gras mit einigen harten Samen, die Urform der Möhre sah aus wie eine Löwenzahnwurzel und schmeckte auch so, und die Vorfahren vieler Wildfrüchte waren bitter, adstringierend und mehr Kern als Fruchtfleisch. Schlaue Bauern experimentierten auch mit Bewässerung, Pflügen und organischem Dünger, doch Malthus hatte immer das letzte Wort.

Erst zur Zeit der Aufklärung und der industriellen Revolution bekamen die Leute den Bogen raus, wie sich die Kurve aufwärtsbewegen ließ.[15] In Jonathan Swifts Roman von 1726 legt der König von Brobdingnag Gulliver den moralischen Imperativ dar: »... derjenige, welcher bewirke daß zwei Kornähren oder zwei Grashalme mehr wie früher auf irgend einem Boden wüchsen, erwerbe sich ein größeres Verdienst um die Menschheit und erweise seinem Vaterlande einen bedeutenderen Dienst, als das ganze Geschlecht der Politiker.« Bald darauf, wie aus Abbildung 7.1 ersichtlich, gelang es im Zuge der sogenannten britischen Agrarrevolution tatsächlich, mehr Kornähren wachsen zu lassen.[16] Auf Fruchtwechselwirtschaft sowie verbesserte Pflüge und Sämaschinen folgte die Mechanisierung, bei der fossile Brennstoffe Mensch- und Tiermuskeln ersetzten. Mitte des 19. Jahrhunderts brauchten 25 Männer einen ganzen Tag, um eine Tonne Getreide zu ernten und zu dreschen. Heute schafft das eine Person mit einem Mähdrescher in sechs Minuten.[17]

Maschinen lösen auch ein natürlicherweise bei Nahrungsmitteln auftretendes Problem. Wie jeder Zucchinianbauer im August erlebt, wird eine ganze Menge auf einmal reif, um dann schnell zu verderben oder zum Raub von Ungeziefer zu werden. Eisenbahnschienen, Kanäle, Lastwagen, Speicher und Kühlsysteme ebneten die Gipfel und Täler im Nahrungsangebot und passten es der Nachfrage an, koordiniert durch die im Preis enthaltene Information. Den allergewaltigsten Schub lieferte jedoch die Chemie. »N« steht für Stickstoff, und der ist ein wichtiger Bestandteil von Proteinen, DNA, Chlorophyll und dem Energieträger ATP. Stickstoffatome sind in der Luft reichlich vorhanden, jedoch paarweise mittels einer Dreifachbindung miteinander verbunden (daher die chemische Formel N_2). Diese Bindung lässt sich nur schwer trennen, weswegen sich die Stickstoffatome von Pflanzen kaum nutzen lassen. Im Jahr 1909 perfektionierte Carl Bosch ein von Fritz Haber erfundenes Verfahren, das mit Hilfe von Methan und Dampf Stickstoff aus der Luft filterte und ihn für die industrielle Herstellung von Dünger nutzbar machte. So wurden die riesigen Mengen Vogelkot entbehrlich, die man vorher benötigt hatte, um ausgelaugten Böden wieder Stickstoff zuzuführen. Mit 2,7 Milliarden geretteten Menschenleben führen diese zwei Chemiker die Liste von Wissenschaftlern des 20. Jahrhunderts an, die sich um das menschliche Wohl verdient gemacht haben.[18]

Vergessen wir also arithmetische Folgen – im Laufe des letzten Jahrhunderts sind die Getreideerträge pro Hektar in die Höhe geschossen, während die realen Preise in den Keller gerauscht sind. Die Ersparnis ist unfassbar. Müsste man die heute angebaute Nahrung wie in früheren Zeiten ohne Verwendung von Stickstockdünger anbauen, so wäre ein Gebiet von der Größe Russlands mit dem Pflug zu beackern.[19] Im Jahr 1901 konnte man in den Vereinigten Staaten mit einem Stundenlohn knapp 3 Liter Milch kaufen; ein Jahrhundert später hätte man für das gleiche Geld gut *15* Liter erhalten. Auch bei allen anderen Lebensmitteln hat sich die Menge vervielfacht, die man für den Lohn einer Arbeitsstunde bekommt: statt einem Pfund Butter viereinhalb Pfund, statt einem Dutzend Eier zwölf Dutzend, statt zwei Pfund Schweinekoteletts viereinhalb Pfund und statt neun Pfund Mehl fast 45 Pfund.[20]

In den 1950er und 1960er Jahren schlug Norman Borlaug, ein weiterer Giga-Lebensretter, der Evolution ein Schnippchen und entfachte die Grüne Revolution in den Entwicklungsländern.[21] Natürlich vorkommende Pflanzen investieren eine Menge Energie und Nährstoffe in holzige Stiele, die ihre Blätter und Blüten über den Schatten ihrer Artgenossen und benachbarter Unkräuter erheben. Wie Fans bei einem Rockkonzert stehen alle auf, aber keiner sieht besser als vorher. Das ist das Wesen der Evolution: Kurzsichtig trifft sie eine Wahl zum Vorteil des Individuums und nicht etwa zum allgemeinen Wohl der Spezies, geschweige denn irgendeiner anderen Art. Aus der Sicht eines Bauern stecken hochwachsende Weizenpflanzen nicht nur unnötig Energie in ungenießbare Halme – wenn man sie mit Dünger anreichert, brechen sie unter der Last des schweren Fruchtstandes auch noch zusammen. Borlaug nahm die Evolution in die eigenen Hände; er kreuzte Tausende Weizensorten miteinander und selektierte dann die Schösslinge mit verzwergten Halmen, hohem Ertrag, Rostresistenz und Unempfindlichkeit gegenüber Tageslicht. Nach mehreren Jahren dieser »nervtötend stumpfsinnigen Arbeit« hatte Borlaug Weizensorten (und danach Mais und Reis) entwickelt, die die Erträge ihrer Vorfahren um ein Vielfaches übertrafen. Durch die Kombination dieser Sorten mit modernen Methoden der Bewässerung, Düngung und Kulturführung verwandelte Borlaug Mexiko und dann Indien, Pakistan und weitere vom Hunger bedrohte Staaten gleichsam über Nacht in Getreideexporteure. Dank Verbesserungen bei Sorghum, Hirse, Maniok und Knollengemüse hält die Grüne Revolution immer noch an – man spricht auch von »Afrikas bestgehütetem Geheimnis«.[22]

Dank der Grünen Revolution benötigt die Welt nun weniger als ein Drittel der Ackerfläche, die sie vorher brauchte, um eine bestimmte Menge an Nahrungsmitteln zu produzieren.[23] Den Zugewinn kann man auch noch anders ausdrücken: Von 1961 bis 2009 vergrößerte sich der Umfang der Anbaufläche um 12 Prozent, während sich die Menge der angebauten Nahrung um 300 Prozent vermehrte.[24] Damit wurde nicht nur der Hunger bekämpft – davon, dass nun weniger Land mehr Nahrung erzeugt, hat insgesamt gesehen auch unser Planet profitiert. Ungeachtet ihres pittoresken Charmes sind Bauernhöfe biologische Wüsten, die sich zu Lasten von Wäldern und Grassavanne über die Landschaft ausbreiten. Nun, da landwirtschaftliche Nutzflächen in einigen Teilen der Welt geschrumpft sind, haben sich Wälder der gemäßigten Zonen wieder erholt; auf dieses Phänomen werden wir in Kapitel 10 zurückkommen.[25] Hätte man bei gleichbleibender agrarwirtschaftlicher Effizienz in den letzten 50 Jahren die gleiche Nahrungsmenge erzeugt, so hätte man ein Gebiet so groß wie die USA, Kanada und China zusammen roden und umpflügen müssen.[26] Der Umweltwissenschaftler Jesse Ausubel geht davon aus, dass der Bedarf an Ackerland seinen höchsten Stand erreicht hat – wir werden nie mehr so viel davon benötigen wie heute.[27]

Wie alle fortschrittlichen Entwicklungen geriet die Grüne Revolution unter Beschuss, kaum dass sie begonnen hatte. Hightech-Landwirtschaft, so die Kritiker, verbrauche fossile Brennstoffe und Grundwasser, verwende Herbizide und Pestizide, zerstöre die traditionelle Subsistenzwirtschaft, sei biologisch unnatürlich und verschaffe Konzernen Profite. Angesichts der Tatsache, dass sie Milliarden Menschenleben gerettet und dazu beigetragen hat, verheerende Hungersnöte ins Reich der Geschichte zu verbannen, scheint mir dies ein annehmbarer Preis zu sein. Und was noch wichtiger ist: Diesen Preis müssen wir nicht zwangsläufig in alle Ewigkeit zahlen. Das Schöne am wissenschaftlichen Fortschritt ist, dass er uns niemals an eine bestimmte Technologie kettet, sondern neue mit weniger Problemen als die althergebrachten hervorbringen kann (mit dieser Dynamik werden wir uns erneut in Kapitel 10, S. 167, beschäftigen).

Der Gentechnik gelingt nun in Tagen, wofür herkömmliche Bauern Jahrtausende gebraucht haben und was Borlaug in seinen Jahren des »nervtötenden Stumpfsinns« vollbracht hat. Man entwickelt transgene Nutzpflanzen mit hohem Ertrag, lebensrettenden Vitaminen, Toleranz gegenüber Dürre und Salinität, Resistenz gegen Krankheiten, Ungeziefer und Verderb sowie weniger Bedarf an Land, Dünger und Umpflügen. Hunderte Studien, jede größere Gesundheits- und Wissenschaftsorganisation sowie über hundert Nobelpreisträger haben ihre Sicherheit bezeugt (was nicht weiter überrascht, weil es noch nie eine genetisch unmodifizierte Nutzpflanze gegeben hat).[28] Doch traditionelle Umweltschutzgruppen haben mit ihrer »üblichen Gleichgültigkeit gegenüber dem Hungertod«, wie der Ökoaktivist und Autor Stewart Brand es formuliert hat, einen fanatischen Kreuzzug betrieben, um transgene Nutzpflanzen von der Menschheit fernzuhalten – und zwar nicht nur von Vollwertgourmets in reichen Staaten, sondern auch von armen Bauern in Entwicklungsländern.[29] Am Beginn ihres Widerstands steht das Bekenntnis zum heiligen, jedoch bedeutungsleeren Wert der »Natürlichkeit«, was sie veranlasst, gegen »genetische Umweltverschmutzung« und das »Spiel mit der Natur« zu Felde zu ziehen und für »echte Nahrung« aus »ökologischer Landwirtschaft« zu werben. Auf dieser Grundlage beschwören sie primitive Intuitionen zu Essentialismus und Kontamination, um bei der wissenschaftlich ungebildeten Öffentlichkeit damit zu punkten. Wie deprimierende Studien erbracht haben, glaubt rund die Hälfte der Bevölkerung, dass normale Tomaten im Gegensatz zu genetisch modifizierten keine Gene haben, dass ein Gen, das in ein Nahrungsmittel verpflanzt wurde, in das Genom der Menschen, die es essen, eindringen könnte und dass ein Spinatgen, das man in eine Apfelsine eingesetzt hat, diese nach Spinat schmecken lässt. 80 Prozent haben sich für ein Gesetz ausgesprochen, wonach alle einschlägigen Nahrungsmittel ein Etikett mit dem Vermerk »enthält DNA« tragen müssen.[30] In Brands Worten: »Ich wage zu behaupten, dass die Umweltbewegung mit ihrem Widerstand gegen die Gentechnik mehr Schaden angerichtet hat als mit jeder anderen Sache, bei der wir falschlagen. Wir haben Menschen in den Hungertod getrieben, der Wissenschaft Steine in den Weg gelegt, der natürlichen Umwelt Schaden zugefügt und unseren eigenen Fachleuten ein elementares Werkzeug verweigert.«[31]

Dass Brand ein solch vernichtendes Urteil fällt, liegt unter anderem daran, dass der Widerstand gegen transgene Nutzpflanzen in demjenigen Teil der Welt, der von ihnen am allermeisten profitieren würde, ganz besonders nachhaltigen Schaden angerichtet hat. Das subsaharische Afrika wurde von der Natur mit kargen Böden, launischen Niederschlägen sowie knapp bemessenen Häfen und schiffbaren Flüssen gestraft und hat nie ein ausgedehntes Netz von Straßen, Schienen oder Kanälen entwickelt.[32] Wie in jedem Agrarland wurden Afrikas Böden ausgelaugt, doch anders als im Rest der Welt nicht durch Kunstdünger wieder mit neuen Nährstoffen versehen. Mit Hilfe transgener Nutzpflanzen – sowohl von bereits verwendeten als auch von solchen, die auf Afrikas Bedürfnisse zugeschnitten werden –, die man in Kombination mit anderen modernen Verfahren wie Direktsaat und

Tropfbewässerung anbaut, könnte Afrika die Praktiken der ersten Grünen Revolution, die viel stärkere Eingriffe erforderten, überspringen und die noch bestehende Unterernährung besiegen.

Trotz der großen Bedeutung der Ackerbaukunde geht es bei der Ernährungssicherung nicht nur um Landwirtschaft. Hungersnöte entstehen nicht nur durch knappe Nahrungsmittel, sondern auch, wenn die Menschen sie sich nicht leisten können, wenn Armeen ihnen den Zugang zu ihnen verweigern oder wenn es ihre Regierungen nicht kümmert, ob sie genug zu essen haben.[33] Die Gipfel und Täler in Abbildung 7.4 verdeutlichen, dass der Sieg über den Hunger nicht durch stete Zugewinne an landwirtschaftlicher Effizienz gekennzeichnet war. Im 19. Jahrhundert wurden Hungersnöte ausgelöst durch die üblichen Dürren und Pflanzenkrankheiten, im kolonialen Indien und Afrika jedoch noch verschärft durch die Kaltschnäuzigkeit, Stümperei und zuweilen willkürliche Politik der Verwalter, die keinerlei mildtätiges Interesse am Wohlergehen ihrer Untertanen hatten.[34] Zu Beginn des 20. Jahrhunderts ging die Kolonialpolitik dann mehr auf Ernährungskrisen ein, und Fortschritte in der Landwirtschaft nahmen dem Hunger ein wenig von seiner Schärfe.[35] Doch dann löste eine Horrorshow politischer Katastrophen für den Rest des Jahrhunderts immer wieder vereinzelte Hungersnöte aus.

Von den 70 Millionen Menschen, die bei großen Hungersnöten des 20. Jahrhunderts ums Leben kamen, waren 80 Prozent Opfer der Zwangskollektivierung, Strafbeschlagnahmung und totalitären Zentralplanwirtschaft durch kommunistische Regimes.[36] So gab es Hungersnöte in der Sowjetunion in den Nachwehen der Russischen Revolution, des Russischen Bürgerkriegs und des Zweiten Weltkriegs, Stalins Holodomor (Tötung durch Hunger) in der Ukraine 1932–1933, Maos Großen Sprung nach vorn 1958–1961, Pol Pots Jahr null 1975–1979 und Kim Jong-ils Anstrengenden Marsch in Nordkorea noch Ende der 1990er Jahre. Die ersten Regierungen im postkolonialen Afrika und Asien betrieben oft eine ideologisch moderne, aber wirtschaftlich desaströse Politik, wie die Massenkollektivierung der Landwirtschaft, Einfuhrbeschränkungen zur Förderung der »Eigenversorgung« sowie eine künstlich niedrige Preisgestaltung, von der politisch einflussreiche Stadtbewohner zu Lasten der Bauern profitierten.[37] Wenn in den Ländern ein Bürgerkrieg ausbrach, wie es so oft geschah, wurde nicht nur die Nahrungsversorgung unterbrochen – beide Seiten konnten zudem den Hunger als Waffe einsetzen, wobei sich ihre Schutzmächte des Kalten Krieges gelegentlich als ihre Komplizen gerierten.

Glücklicherweise wurden seit den 1990er Jahren in immer mehr Teilen der Welt die Weichen für den Überfluss gestellt. Sobald die Geheimnisse des Nahrungsanbaus in Fülle gelüftet sind und die Infrastruktur zu ihrer Verbreitung installiert ist, ist die Voraussetzung für den Rückzug des Hungers das Schwinden von Armut, Krieg und Autokratie. Wenden wir uns nun den Fortschritten zu, die man beim Kampf gegen diese Geißeln der Menschheit bisher jeweils erzielt hat.

Kapitel 8

Wohlstand

»Armut hat keine Ursachen«, schrieb der Ökonom Peter Bauer. »Wohlstand hat Ursachen.« In einer Welt, in der Entropie und Evolution regieren, sind die Straßen nicht mit Gebäck gepflastert, und es fallen uns keine gekochten Fische vor die Füße. Allzu leicht vergisst man diese Binsenwahrheit jedoch und glaubt, Wohlstand sei schon immer ein Teil der menschlichen Existenz gewesen. Geschichte wird eher nicht von den ruhmreichen Siegern geschrieben als vielmehr von den Wohlhabenden, der kleinen Kirsche auf der Torte der Menschheit, die über genügend Muße und Bildung zum Schreiben verfügen. So betonten der Ökonom Nathan Rosenberg und der Rechtswissenschaftler L. E. Birdzell Jr.: »Dass das alles beherrschende Elend anderer Zeiten in Vergessenheit gerät, liegt teilweise an der Anmut von Literatur, Poesie, Romantik und Legenden, die diejenigen feiern, welche ein gutes Leben hatten, und diejenigen außer Acht lassen, die in der Stille der Armut ihr Leben fristeten. Man hat die Epochen des Elends mythologisiert und behält sie vielleicht sogar als goldene Zeiten pastoraler Schlichtheit in Erinnerung. Das waren sie nicht.«[1]

Norberg, der Braudel zitiert, liefert uns Skizzen aus dieser Zeit des Elends, in der Armut leicht zu definieren war: »Wenn du es dir leisten konntest, Brot zu kaufen, um den nächsten Tag zu überleben, warst du nicht arm.«

> Im reichen Genua verkauften sich arme Leute jeden Winter als Galeerensklaven. In Paris wurden die Ärmsten paarweise aneinandergekettet und zu der harten Arbeit gezwungen, die Abflussrohre zu reinigen. In England mussten die Mittellosen, um eine Unterstützung zu erhalten, in Armenhäusern arbeiten, wo sie lange Stunden für einen Hungerlohn schufteten. Einigen brachte man bei, Hunde-, Pferde- und Rinderknochen aufzubrechen, die als Dünger verwendet werden sollten, bis die Inspektion eines Armenhauses 1845 offenbarte, dass hungrige Almosenempfänger um die verrottenden Knochen kämpften, weil sie das Mark heraussaugen wollten.[2]

Carlo Cipolla, ein weiterer Historiker, berichtet:

> Im vorindustriellen Europa blieb der Kauf eines Gewands oder des Stoffes für ein Gewand ein Luxus, den sich normale Leute in ihrem Leben nur wenige Male leisten konnten. Zu den vordringlichsten Sorgen einer Krankenhausverwaltung gehörte es, darauf zu achten, dass sich niemand die Kleider der Verstorbenen widerrechtlich aneignete, sondern diese den rechtmäßigen Erben übergeben wurden. Bei Pestepidemien mussten die städtischen Behörden die Kleider der Toten gewaltsam konfiszieren und verbrennen – die Menschen warteten nur darauf, dass jemand starb, um ihm die Kleider wegnehmen zu können –, was meist dazu führte, dass sich die Epidemie weiter ausbreitete.[3]

Die Notwendigkeit, das Schöpfen von Reichtum zu erklären, wird einmal mehr von politischen Debatten in modernen Gesellschaften verschleiert, in denen es darum geht, wie der Reichtum verteilt werden kann, was stillschweigend voraussetzt, dass es überhaupt etwas zum Verteilen gibt. Ökonomen sprechen vom »Trugschluss der feststehenden Menge« *(lump fallacy)* oder vom »physischen Fehlschluss« *(physical fallacy)*, bei dem eine begrenzte Menge an Reichtum schon seit Anbeginn der Zeiten existiert, wie eine Goldader, und die Menschen seither darum streiten, wie sie aufzuteilen sei.[4] Zu den geistigen Errungenschaften der Aufklärung zählt die Erkenntnis, dass *Wohlstand geschaffen wird*.[5] Er wird in allererster Linie durch Wissen und Kooperation erzeugt: Netzwerke aus Personen ordnen Materie zu unwahrscheinlichen, aber nützlichen Konfigurationen an und vereinen die Früchte ihrer Genialität und Arbeit. Ebenso radikal ist die logische Folge daraus: Wir können herausfinden, wie mehr davon zu erzeugen ist.

Die Beständigkeit der Armut und den Übergang zum modernen Wohlstand verdeutlicht eine simple, aber umso verblüffendere Kurve. Dort ist für die letzten zweitausend Jahre ein Standardmaß für das Schöpfen von Reichtum, das Weltbruttosozialprodukt, aufgetragen, gemessen in Internationalen Dollar mit Basisjahr 2011. (Ein Internationaler Dollar ist eine hypothetische Vergleichswährung, die einem US-Dollar in einem bestimmten Vergleichsjahr entspricht, inflations- und kaufkraftparitätsbereinigt. Letzteres gleicht die Preisunterschiede für vergleichbare Waren und Dienstleistungen an unterschiedlichen Orten aus – etwa die Tatsache, dass Haareschneiden in Dhaka billiger ist als in London.)

Der in Abbildung 8.1 wiedergegebene Verlauf des Wohlstandswachstums in der Menschheitsgeschichte lässt sich beschreiben mit: nichts … nichts …

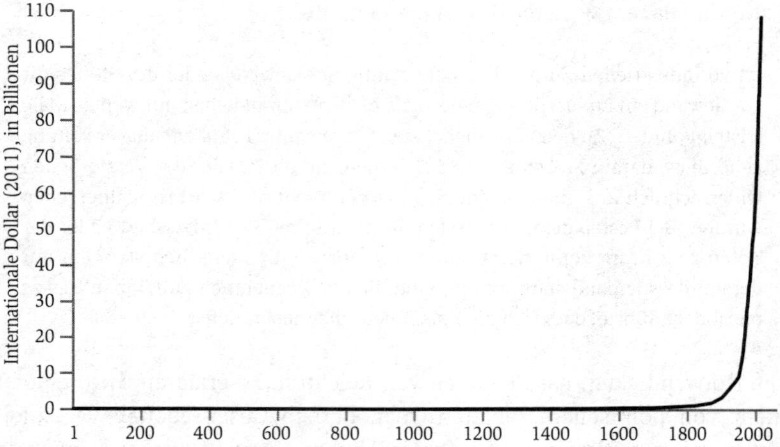

Abb. 8.1 Weltbruttosozialprodukt, 1–2015
Quelle: *Our World in Data*, Roser 2016 c, basierend auf Daten der Weltbank, von Angus Maddison und Maddison Project 2014

nichts ... (und so weiter für ein paar tausend Jahre) ... *bumm!* Ein ganzes Jahrtausend nach Jahr 1 u.Z. war die Welt kaum reicher als zur Zeit Jesu. Weitere 500 Jahre gingen ins Land, bis sich das Einkommen verdoppelt hatte. Einige Regionen legten hie und da Zwischenspurts ein, die aber nicht in ein kontinuierliches, kumulatives Wachstum mündeten. Ab dem 19. Jahrhundert dann stiegen die Zuwächse sprunghaft an. Zwischen 1820 und 1900 verdreifachte sich das weltweite Einkommen. In wenig mehr als 50 Jahren verdreifachte es sich wieder. In nur 25 Jahren verdreifachte es sich erneut und in weiteren 33 Jahren noch einmal. Heute beträgt das Weltbruttosozialprodukt fast das Hundertfache des Wertes im Jahr 1820, als die industrielle Revolution erfolgt war, und nahezu das Zweihundertfache des Wertes zu Beginn der Aufklärung im 18. Jahrhundert. In Debatten über ökonomische Verteilung und Wachstum stellt man die Frage, wie der Kuchen aufzuteilen sei, häufig der Frage gegenüber, ob es sinnvoller sei, einen größeren zu backen (oder um es mit dem Sprachschöpfer George W. Bush zu sagen, ob man »den Kuchen höher machen sollte«). Hätte man den Kuchen von 1700 in einer handelsüblichen Springform von 24 cm Durchmesser gebacken, so hätte der heutige Kuchen einen Durchmesser von über drei Metern. Würden wir davon das denkbar klitzekleinste Stückchen mit chirurgischer Präzision kredenzen – sagen wir, eines, das an seiner dicksten Stelle 5 cm breit wäre –, dann wäre es genauso groß wie der ganze Kuchen anno 1700.

Tatsächlich *unterschätzt* man das Ausmaß des Wohlstands erheblich, wenn man ihn mit dem Weltbruttosozialprodukt gleichsetzt.[6] Wie zählt man Währungseinheiten, zum Beispiel Pfund oder Dollar, über die Jahrhunderte hinweg, so dass sie sich in einer einzigen Kurve auftragen lassen? Sind 100 Dollar anno 2000 mehr oder weniger als 1 Dollar anno 1800? Es sind bloß Papierfetzen mit Zahlen drauf; ihr Wert hängt davon ab, was Menschen mit ihnen zur jeweiligen Zeit kaufen können, und das ändert sich je nach Inflation oder Aufwertung. Der Vergleich von 1 Dollar im Jahr 1800 mit 1 Dollar im Jahr 2000 lässt sich nur ziehen, wenn man schaut, wie viele davon man berappen muss, um einen Standardwarenkorb zu füllen – mit einer festgelegten Menge an Lebensmitteln, Kleidung, Gesundheitsvorsorge, Brennstoff etc. Auf diese Weise wurden die Zahlen aus Abbildung 8.1 sowie in anderen Diagrammen, die in Dollar oder Pfund angegeben sind, in nur eine Skala wie »Internationale Dollar (2011)« überführt.

Das Problem besteht darin, dass schon der technische Fortschritt an sich die Vorstellung von einem immer gleichen Warenkorb ad absurdum führt. Beispielsweise verbessert sich die Qualität der Waren im Korb mit der Zeit. Ein Artikel der Sorte »Kleidung« aus 1800 könnte ein Regencape aus steifem, schwerem und schlecht isoliertem Wachstuch sein; im Jahr 2000 wäre es ein Regenmantel mit Reißverschluss aus leichter, atmungsaktiver Synthetikfaser. »Zahnärztliche Versorgung« im Jahr 1800 bedeutete Zangen und hölzernen Zahnersatz; im Jahr 2000 bedeutet sie Novocain und Implantate. Es ist also irreführend zu sagen, die 300 US-Dollar, die eine bestimmte Menge an Kleidung und medizinischer Versorgung im Jahr 2000 kosten würde, entsprächen den 10 US-Dollar, mit denen man im Jahr 1800 »die gleiche Menge« hätte kaufen können.

Zudem verbessert Technik nicht einfach nur alte Dinge; sie erfindet neue. Wie viel kostete es 1800, einen Kühlschrank zu kaufen, eine Musikaufnahme, ein Fahrrad, ein Handy, *Wikipedia*, ein Foto Ihres Kindes, einen Laptop mit Drucker, eine Antibabypille, eine Dosis Antibiotika? Die Antwort lautet: nicht einen einzigen müden Cent oder Pfennig oder was sonst noch. Die Kombination von besseren Produkten und neuen Produkten macht es nahezu unmöglich, materielles Wohlergehen über Jahrzehnte und Jahrhunderte hinweg wertend zu verfolgen.

Preisstürze machen die Lage noch komplizierter. Heutzutage kostet ein

Kühlschrank etwa 500 Dollar. Wie viel müsste Ihnen jemand bieten, damit Sie auf die Kühlung Ihrer Lebensmittel verzichten? Ganz sicher viel mehr als 500 Dollar! Adam Smith sprach vom Wertparadox: Wenn ein wichtiges Gut in großer Menge zur Verfügung steht, kostet es viel weniger als das, was Menschen dafür auf den Tisch legen würden. Die Differenz bezeichnet man als Konsumentenrente, und die explosive Entwicklung dieses Überschusses im Lauf der Zeit lässt sich unmöglich in einer Tabelle darstellen. Ökonomen weisen immer als Erste darauf hin, dass sie dank der von ihnen verwendeten Maße genau wie Oscar Wildes berühmter Zyniker von allem und jedem nur den Preis kennen, aber nicht den Wert.[7]

Das soll nicht heißen, dass Vergleiche von Wohlstand in inflations- und kaufkraftbereinigter Währung, die verschiedene Epochen und Orte betreffen, bedeutungslos sind – sie sind allemal besser als Ignoranz oder grobe Schätzungen; sehr wohl heißt es aber, dass sie ein schiefes Bild des Fortschritts zeichnen. Eine Person, in deren Portemonnaie Bargeld im Wert von 100 Internationalen Dollar (2011) steckt, ist unermesslich reicher als ihre Urahnin, die den entsprechenden Betrag vor 200 Jahren in ihrem Portemonnaie stecken hatte. Wie wir sehen werden, beeinflusst dies auch unsere Einschätzung von Wohlstand in den Entwicklungsländern (vorliegendes Kapitel), von Einkommensungleichheit in den Entwicklungsländern (nächstes Kapitel) und von der künftigen Entwicklung des Wirtschaftswachstums (Kapitel 20).

Was hat den großen Ausbruch in Gang gesetzt? Die offenkundigste Ursache war die praktische Anwendung wissenschaftlicher Erkenntnisse zur Verbesserung des materiellen Lebens; so entwickelte sich, in den Worten des Wirtschaftshistorikers Joel Mokyr, »die aufgeklärte Ökonomie«.[8] Die Maschinen und Fabriken der industriellen Revolution, die produktiven Bauernhöfe der Agrarrevolution und die Wasserleitungen der Revolution im Gesundheitswesen lieferten mehr Kleidung, Werkzeuge, Fahrzeuge, Bücher, Möbel, Kalorien, sauberes Wasser und andere Dinge, die man so braucht, als die Handwerker und Bauern ein Jahrhundert zuvor. Viele frühe Neuerungen, etwa für Dampfmaschinen, Webstühle, Spinnmaschinen, Gießereien und Mühlen, entstanden in den Werkstätten und Hinterhöfen theoretisch ungebildeter Tüftler.[9] Versuch und Irrtum ist jedoch ein Baum der Möglichkeiten mit Verzweigungen in Hülle und Fülle, von denen die meisten nirgendwohin führen; überdies kann die Anwendung von Wissenschaft den Baum auslichten, was die Entdeckungsrate beschleunigt. So sagt Mokyr: »Nach 1750 begann das erkenntnistheoretische Fundament der Technologie allmählich zu wachsen. Es entstanden nicht nur neue Produkte und Verfahren; man verstand auch besser, warum und wie die alten funktionierten, und so konnte man sie verfeinern, Fehler beseitigen, verbessern, auf neuartige Weisen mit anderen kombinieren und an neue Verwendungen anpassen.«[10] Die Erfindung des Barometers von 1643, die die Existenz von Atmosphärendruck nachwies, führte letztlich zur Erfindung von Dampfmaschinen, die man damals als »atmosphärische Maschinen« bezeichnete. Weitere Zweibahnstraßen zwischen Wissenschaft und Technik waren die Anwendung der Chemie, begünstigt durch die Erfindung der Batterie, um Dünger herzustellen, sowie die Anwendung der Keimtheorie der Krankheiten, ermöglicht durch das Mikroskop, um Krankheitserreger aus Trinkwasser und von den Händen und Instrumenten der Ärzte fernzuhalten.

Die entsprechenden Wissenschaftler hätten wohl keine Motivation verspürt, ihren Erfindungsreichtum zur Linderung alltäglicher Kümmernisse einzusetzen, und ihre Gerätschaften wären in ihren Laboren und Werkstätten geblieben, wenn es da nicht noch zwei weitere Neuerungen gegeben hätte.

Die eine war die Entwicklung von *Institutionen*, die den reibungslosen Austausch von Waren, Dienstleistungen und Ideen beförderten – die Dynamik, die Adam Smith als Motor des Wohlstands ausmachte. Wie die Ökonomen Douglass North, John Wallis und Barry Weingast darlegen, besteht die natürlichste Funktionsweise von Staaten, sowohl in der Vergangenheit als auch in vielen Teilen der heutigen Welt, in der Übereinkunft der Eliten, einander nicht auszurauben und zu töten; im Austausch dafür dürfen sie über ein Netzwerk aus Lehen, Lizenzen, Privilegien, Monopolen, Zuständigkeiten oder Unterstützungen verfügen, das ihnen erlaubt, einen Bereich der Ökonomie zu kontrollieren und von den Erträgen zu leben (im ökonomischen Sinne von dem Einkommen, das sich aus dem exklusiven Zugriff auf eine Ressource generiert).[11] Im England des 18. Jahrhunderts wich diese Filzokratie *offenen* Ökonomien, in denen jeder jedem alles verkaufen konnte und diese Transaktionen geschützt wurden durch Rechtsstaatlichkeit, Eigentumsrechte, einklagbare Verträge sowie Institutionen wie Banken, Unternehmen und Behörden, die Treuhänderpflichten statt persönlichen Beziehungen unterlagen. Nun konnte jemand, der geschäftstüchtig war, ein neuartiges Produkt auf den Markt bringen oder andere Händler unterbieten, wenn er in der Lage war, ein Produkt kostengünstiger zu verkaufen, oder sofort Geld für etwas entgegennehmen, das er erst später liefern würde, oder in Ausstattungen oder Land investieren, die in den ersten Jahren keinen Gewinn abwerfen würden. Wenn ich heute Milch brauche, ist es ganz selbstverständlich für mich, dass ich in einen Laden an der Ecke gehen kann, im Regal ein Liter Milch steht, die Milch nicht verdünnt oder verdorben ist, zu einem für mich erschwinglichen Preis angeboten wird und der Inhaber mich hinausgehen lässt, nachdem ich eine Karte durch einen Automaten gezogen habe, auch wenn wir uns noch nie zuvor begegnet sind, uns vielleicht auch nie wieder über den Weg laufen werden und keine gemeinsamen Freunde haben, die sich für unsere Ehrlichkeit verbürgen. Ein paar Meter weiter könnte ich das Gleiche mit einer Jeans machen, einem Schlagbohrer, einem Computer oder einem Auto. Damit diese und die Millionen anderer anonymer Transaktionen, die eine moderne Wirtschaft ausmachen, so reibungslos ablaufen können, braucht es viele funktionierende Institutionen.

Die dritte Neuerung nach Wissenschaft und Institutionen war ein Wertewandel – die Bereitschaft, sich, wie es die Wirtschaftshistorikerin Deirdre McCloskey ausdrückt, bürgerlichen Tugenden zu verpflichten.[12] Von Aristokratie, Religion oder Kriegführung geprägte Kulturen haben den Handel stets verächtlich als schäbig und korrupt abgetan. Doch im England und in den Niederlanden des 18. Jahrhunderts betrachtete man Handel zunehmend als moralisch und erhebend. Voltaire und andere *philosophes* der Aufklärung priesen den Geist des Handels für seine Fähigkeit, sektiererischen Hass zu überwinden:

> Gehen Sie in die Londoner Börse, dieser Ort ist respektierlicher als mancher Hof; Sie sehen dort die Abgesandten aller Völker zum Wohle der Menschheit versammelt. Da handeln der Jude, der Mohammedaner und der Christ einer mit dem anderen, als seien sie desselben Glaubens, und bezeichnen nur die Bankrotteure als untreu; da vertraut sich der Presbyterianer dem Anabaptisten an, und der Anglikaner erhält das Wort des Quäkers … und alle sind zufrieden.[13]

In einem Kommentar zu dieser Passage bemerkte der Historiker Roy Porter: »Indem der *philosophe* Menschen als zufrieden beschrieb und zufrieden damit, zufrieden zu sein – verschieden zwar, aber einvernehmlich verschieden –, verwies er auf eine Neubewertung des Summum Bonum, auf eine Verschiebung von Gottesfurcht zu einem mehr psychologisch orientierten Selbstsein. Auf diese Weise verwandelte die Aufklärung die ultimative Frage

›Wie kann ich gerettet werden?‹ in die pragmatische ›Wie kann ich glücklich werden?‹ – und war damit Vorbote für eine neue Praxis persönlicher und sozialer Anpassung.«[14] Diese Praxis beinhaltete Normen des Anstands, der Sparsamkeit und Selbstbeherrschung sowie eine Orientierung auf die Zukunft statt auf die Vergangenheit und gestand Würde und Prestige auch Kaufleuten und Erfindern zu statt nur Soldaten, Priestern und Höflingen. Napoleon, dieses Sinnbild für Kriegsruhm, tat England verächtlich als »Nation von Ladeninhabern« ab. Doch zu jener Zeit verdienten Briten 83 Prozent mehr als Franzosen und verleibten sich ein Drittel mehr an Kalorien ein, und wir alle wissen, was bei Waterloo passierte.[15]

Auf den großen Ausbruch in Großbritannien und den Niederlanden folgten rasch entsprechende Entwicklungen in den deutschen Staaten, den nordischen Ländern und Großbritanniens Ablegern in Australien, Neuseeland, Kanada und den Vereinigten Staaten. In einer Theorie, die nur von einem assimilierten deutschen Juden stammen konnte, erklärte Max Weber 1905, der Kapitalismus beruhe auf einer »protestantischen Ethik«. Die katholischen Länder Europas verabschiedeten sich jedoch bald schon ebenfalls von der Armut, und eine ganze Reihe weiterer Ausbrüche – siehe Abbildung 8.2 – haben verschiedene Theorien Lügen gestraft, die begründen, warum Buddhismus, Konfuzianismus, Hinduismus oder samt und sonders »asiatische« oder »lateinamerikanische« Werte mit dynamischen Marktökonomien unvereinbar seien.

Die nichtbritischen Kurven in Abb. 8.2 erzählen von einem weiteren erstaunlichen Kapitel aus der Geschichte des Wohlstands: Seit Ende des 20. Jahrhunderts ist ein armes Land nach dem anderen der Armut entflohen. Der große Ausbruch entwickelt sich zur großen Konvergenz.[16] Länder, die bis vor kurzem noch jämmerlich arm waren, verfügen über komfortablen Reichtum, so etwa Südkorea, Taiwan und Singapur. (Meine frühere Schwiegermutter aus Singapur erinnert sich noch an ein Abendessen aus ihrer Kindheit, bei dem ihre Familie ein Ei durch vier teilte.) Seit 1995 erfreuen sich 30 der 109 Entwicklungsländer, darunter so unterschiedliche Staaten wie Äthiopien, Bangladesch, El Salvador, Georgien, Mongolei, Mosambik, Panama, Ruanda, Usbekistan und Vietnam, an Wirtschaftswachstumsraten, bei denen sich das Einkommen alle 18 Jahre verdoppelt. Weitere 40 Länder weisen Wachstumsraten auf, bei denen sich das Einkommen alle 35 Jahre verdoppelt hat, was mit der historischen Wachstumsrate der Vereinigten Staaten vergleichbar ist.[17] Es ist schon bemerkenswert genug, dass China

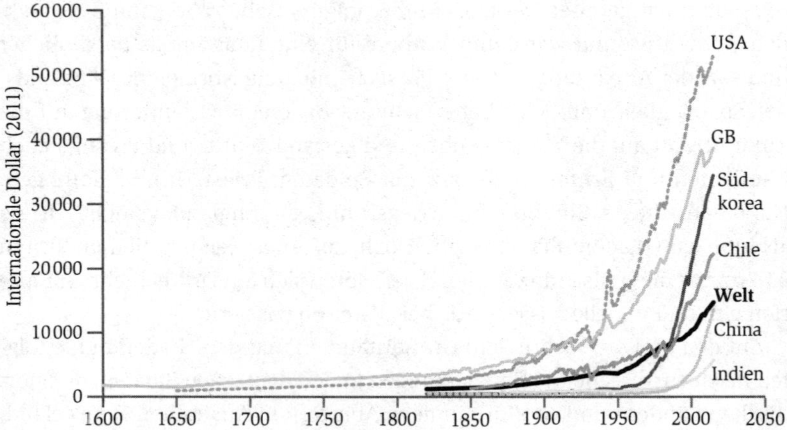

Abb. 8.2 BIP pro Kopf, 1600–2015
Quelle: *Our World in Data*, Roser 2016c, basierend auf Daten der Weltbank und aus Maddison Project 2014

und Indien im Jahr 2008 das gleiche Pro-Kopf-Einkommen vorzuweisen hatten wie Schweden im Jahr 1950 beziehungsweise 1920, aber noch erstaunlicher, wenn wir uns vor Augen führen, wie viele Köpfe davon betroffen waren – 1,3 beziehungsweise 1,2 Milliarden Menschen. Im Jahr 2008 verfügte die Weltbevölkerung, also alle 6,7 Milliarden, über ein Durchschnittseinkommen, das dem von 1964 in Westeuropa entsprach. Und nein, das kam nicht nur davon, dass die Reichen immer noch reicher wurden (obgleich das zweifellos zutrifft, worauf wir im nächsten Kapitel eingehen). Extreme Armut ist auf dem Rückzug, und die Welt erreicht Mittelschichtniveau.[18]

Der Statistiker Ola Rosling (Hans' Sohn) hat die weltweite Einkommensverteilung als Histogramm dargestellt, wobei die Höhe der Kurven für drei historische Zeiträume den Anteil der Personen mit einem bestimmten Einkommensniveau angibt (Abbildung 8.3).[19] Im Jahr 1800, als die industrielle Revolution heraufdämmerte, waren die meisten Menschen überall auf der Welt arm. Das Durchschnittseinkommen entsprach dem in den ärmsten afrikanischen Staaten von heute (etwa 500 Internationale Dollar pro Jahr) und fast 95 Prozent der Weltbevölkerung lebten in »extremer Armut«, wie wir heute sagen würden (weniger als 1,90 Dollar pro Tag). Bis 1975 war Europa und seinen Ablegern der große Ausbruch gelungen; sie ließen den Rest

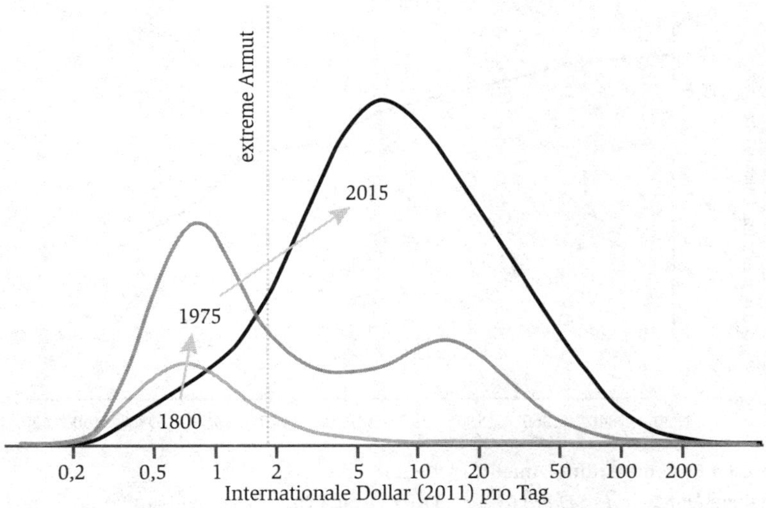

Abb. 8.3 Weltweite Einkommensverteilung, 1800, 1975 und 2015
Quelle: *Gapminder* über Ola Rosling, http://www.gapminder.org/tools/mountain. Skala: Internationale Dollar (2011)

der Welt mit nur einem Zehntel ihres Einkommens hinter sich und bildeten so den flacheren Höcker eines Trampeltiers. Im 21. Jahrhundert hat sich das Trampeltier in ein Dromedar verwandelt, mit nur noch einem Höcker, der nach rechts gerutscht ist, und einem viel tiefer angesetzten Schweif zur Linken – die Welt ist reicher und gleicher geworden.[20]

Den Abschnitten links von der gepunkteten Linie gebührt ein eigenes Bild. Abbildung 8.4 gibt den Prozentsatz der Weltbevölkerung an, der in »extremer Armut« lebt. Zugegebenermaßen muss jede Obergrenze dieses Zustands willkürlich festgelegt sein, doch die Vereinten Nationen und die Weltbank geben ihr Bestes, indem sie die nationalen Armutsgrenzen aus einer Stichprobe von Entwicklungsländern zusammenführen, die wiederum auf dem Einkommen einer typischen Familie beruhen, die sich selbst ernähren kann. 1996 lag der Wert bei 1 US-Dollar pro Tag und Person; derzeit liegt er bei 1,90 Internationalen Dollar (2011) pro Tag.[21] (Kurven mit großzügiger bemessenen Obergrenzen setzen höher an und verlaufen weniger steil, rutschen aber ebenfalls in den Keller.)[22] Beachten Sie nicht nur die Form der Kurve, sondern auch, wie tief sie gesunken ist – bis auf 10 Prozent. In

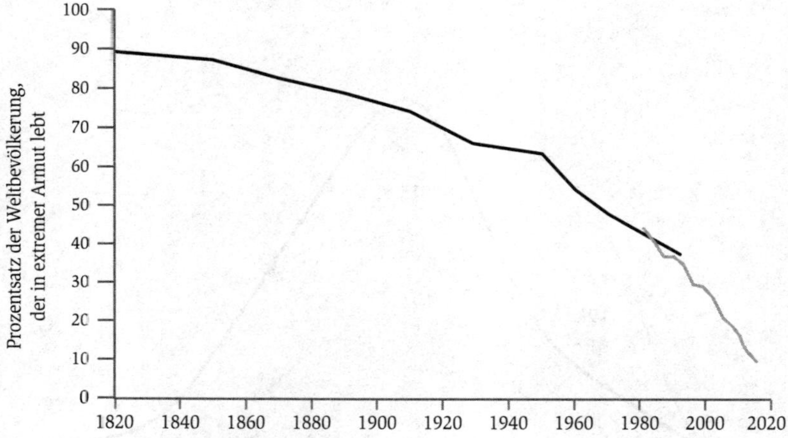

Abb. 8.4 Extreme Armut (Anteil), 1820–2015
Quellen: *Our World in Data,* Roser & Ortiz-Ospina 2017, basierend auf Daten aus Bourguignon & Morrisson 2002 (1820–1992), wobei aus ihren Prozentsätzen für »extreme Armut« und »Armut« zur Vergleichbarkeit mit den Daten für »extreme Armut« 1981–2015 aus World Bank 2016g ein Mittelwert gebildet wurde

200 Jahren ist die Rate der extremen Armut in der Welt von 90 auf 10 Prozent abgestürzt, wobei fast die Hälfte des Rückgangs in den letzten 35 Jahren erfolgt ist.

Der weltweite Fortschritt lässt sich auf zwei Arten ermessen. Nach einer Berechnung sind die von mir aufgetragenen Anteile und Kopfraten das moralisch relevante Maß für Fortschritt, weil sie John Rawls' Gedankenexperiment zur Definition einer gerechten Gesellschaft entsprechen: Gehe von einer Welt aus, in der du als ein beliebiger Bürger existierst, der sich hinter einem Schleier des Nichtwissens befindet, was seine eigenen Lebensbedingungen betrifft.[23] Eine Welt mit einem höheren Anteil an langlebigen, gesunden, wohlgenährten, gutsituierten Menschen ist eine Welt, in der man gerne die Lotterie des Lebens spielen würde. Doch nach einer anderen Berechnung spielen auch absolute Zahlen eine Rolle. Jede weitere langlebige, gesunde, wohlgenährte, gutsituierte Person ist ein fühlendes Wesen, das Glück empfinden kann, und die Welt ist ein besserer Ort, wenn es mehr davon gibt. Überdies bezeugt eine zunehmende Anzahl an Menschen, die dem Mahlwerk der Entropie und dem Kampf der Evolution trotzen, wie un-

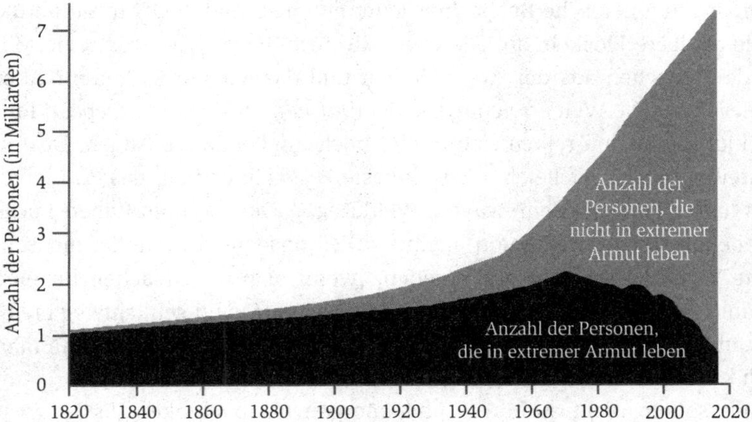

Abb. 8.5 Extreme Armut (Anzahl), 1820–2015
Quellen: *Our World in Data*, Roser & Ortiz-Ospina 2017, basierend auf Daten aus Bourguignon & Morrisson 2002 (1820–1992) und World Bank 2016g (1981–2015)

ermesslich groß die wohltätigen Kräfte von Wissenschaft, Märkten, guten Regierungen und anderen modernen Institutionen sind. In den übereinanderliegenden Graphen in Abbildung 8.5 gibt die Dicke der unteren Schicht die Zahl der Personen an, die in extremer Armut leben, die Dicke der oberen Schicht die Zahl der Personen, die nicht in extremer Armut leben, und die Höhe des gesamten Stapels repräsentiert die Weltbevölkerung. Man sieht, dass die Anzahl armer Menschen abgenommen hat, während die gesamte Bevölkerung explosionsartig gewachsen ist – von 3,7 Milliarden 1970 auf 7,3 Milliarden 2015. (Max Roser gibt zu bedenken: Wenn Nachrichtenmedien den Wandel in der Welt wahrheitsgemäß verkünden würden, hätten sie die Schlagzeile ANZAHL DER MENSCHEN IN EXTREMER ARMUT SEIT GESTERN UM 137 000 GESUNKEN bringen können – und zwar an jedem Tag in den letzten 25 Jahren.) Die Welt, in der wir leben, beherbergt nicht nur einen kleineren Anteil extrem armer Menschen, sondern auch weniger von ihnen sowie 6,6 Milliarden Menschen, die nicht extrem arm sind.

Die meisten Überraschungen, die die Weltgeschichte bereithält, sind unangenehme, aber diese Nachricht war selbst für die Optimisten ein freudiger Schock. Im Jahr 2000 gaben die Vereinten Nationen acht Millenniums-Entwicklungsziele aus, wobei ihr Ausgangspunkt jeweils das Jahr 1990 war.[24]

Damals taten zynische Beobachter jener enttäuschenden Organisation die Ziele als leere Floskeln ab. Die weltweite Armutsrate halbieren, eine Milliarde Menschen aus der Armut holen, und das alles in 25 Jahren? Aber sicher! Doch die Welt erreichte das Ziel *fünf Jahre früher als angepeilt*. Entwicklungsexperten reiben sich immer noch ungläubig die Augen. Deaton schreibt: »Dies ist vielleicht die wichtigste Feststellung über das Wohlergehen in der Welt seit dem Zweiten Weltkrieg.«[25] Der Ökonom Robert Lucas (Nobelpreisträger wie Deaton) meinte: »Die Konsequenzen für das menschliche Wohlergehen, die sich ergeben, [wenn man die Ursachen für eine rasante wirtschaftliche Entwicklung durchschaut], sind schlichtweg atemberaubend: Wenn man einmal anfängt, darüber nachzudenken, kann man sich kaum noch auf andere Dinge konzentrieren.«[26]

Wir sollten nicht aufhören, über morgen nachzudenken. Es ist zwar immer gefährlich, eine Kurve hochzurechnen, die geschichtliche Fakten widerspiegelt, aber was geschieht, wenn wir es versuchen? Verlängern wir das Ende der Kurve in Abb. 8.4 mit einem Lineal, so stellen wir fest, dass sie die x-Achse (die eine Armutsrate von 0 repräsentiert) im Jahr 2026 schneidet. In ihrer 2015 beschlossenen Agenda für nachhaltige Entwicklung (der Nachfolgerin der Millenniums-Entwicklungsziele) räumten sich die Vereinten Nationen ein zeitliches Polster ein und verkündeten das Ziel, »bis 2030 die extreme Armut ... für alle Menschen überall auf der Welt [zu] besiegen«.[27] Die extreme Armut für alle Menschen überall auf der Welt besiegen! Möge ich diesen Tag noch erleben. (Nicht einmal Jesus war so optimistisch – er beschied seinen Jüngern: »Arme habt ihr allezeit bei euch.«)

Natürlich fließt bis dahin noch eine Menge Wasser den Jordan hinab. Hunderte Millionen Menschen leben nach wie vor in extremer Armut, und um die Null zu erreichen, muss man sich ein wenig mehr anstrengen, als nur einen Graphen mit einem Lineal zu extrapolieren. In Ländern wie Indien und Indonesien schrumpfen die Zahlen zwar, aber in den ärmsten der armen Länder, so im Kongo, in Haiti oder im Sudan, steigen sie, und die letzten Schlupfwinkel der Armut werden am schwierigsten auszumerzen sein.[28] Zudem sollten wir auf dem Weg zum Ziel die Ziellinie neu markieren, denn nicht ganz so extreme Armut ist immer noch Armut. Als ich den Begriff des Fortschritts eingeführt habe, habe ich davor gewarnt, hart erkämpftes Vorwärtskommen mit einem Prozess zu verwechseln, der wie von Zauberhand ohne fremdes Zutun abläuft. Wenn man auf Fortschritte verweist, geht es nicht um Selbstbeweihräucherung, sondern darum, die Ursachen zu identifizieren, damit man mehr von dem tun kann, was gut funktioniert hat. Und da wir wissen, dass irgendetwas funktioniert hat, ist es unnötig, die Entwicklungsländer als hoffnungslosen Fall darzustellen, um die Leute aus ihrer Apathie zu reißen – denn das birgt die Gefahr, dass sie denken, ihre Unterstützung lande ohnehin nur in einem Fass ohne Boden.[29]

Was also *macht* die Welt richtig? Da wie bei fast allen Formen des Fortschritts eine Menge positiver Dinge gleichzeitig geschehen und sich gegenseitig verstärken, ist es schwierig zu bestimmen, was den Stein ins Rollen gebracht hat. Zynische Erklärungen, etwa dass der Zuwachs an Reichtum eine einmalige Dividende aus einem plötzlichen Preisanstieg beim Öl und anderen Gütern sei oder dass die Statistik durch den Aufstieg des bevölkerungsreichen China aufgebläht werde, wurden geprüft und verworfen. Radelet und andere Entwicklungsexperten haben fünf Ursachen ausgemacht.[30]

»1976«, schreibt Radelet, »leitete Mao im Alleingang und auf dramatische Weise mit einem simplen Akt die Trendwende der globalen Armut ein: Er starb.«[31] Auch wenn Chinas Aufstieg nicht allein für die große Konvergenz verantwortlich ist, wirft schon die schiere Masse seiner Bevölkerung die bisherige Bilanz über den Haufen, und die Erklärungen für seinen Fortschritt gelten auch anderswo. Der Tod Mao Zedongs steht sinnbildlich für drei Hauptgründe der großen Konvergenz.

Der erste ist der Niedergang des Kommunismus (im Verein mit penetrantem Sozialismus). Aus den obengenannten Gründen können Marktwirtschaften üppigen Wohlstand erzeugen, wohingegen totalitäre Planwirtschaften der Bevölkerung Mangel, Stagnation und oft Hunger bescheren. Marktwirtschaften ernten nicht nur die Vorzüge der Spezialisierung und bieten Anreize zur Produktion von Dingen, die andere Leute brauchen, sondern lösen auch das Problem, die Arbeitskraft von Hunderten Millionen Menschen zu koordinieren, indem sie mit Hilfe von Preisen flächendeckend Informationen über Bedarf und Verfügbarkeit liefern – ein Rechenproblem, das kein Planer von einem Zentralbüro aus zu lösen imstande ist.[32] Der Wandel von Kollektivierung, Zentralregulierung, Staatsmonopolen und erdrückenden Genehmigungsbürokratien (in Indien »Licence Raj«, also »Herrschaft der Lizenz«, genannt) zu offenen Volkswirtschaften vollzog sich ab den 1980er Jahren an vielen Fronten. Dazu zählten die Einführung des Kapitalismus in China durch Deng Xiaoping, der Zusammenbruch der Sowjetunion und ihrer Vormachtstellung in Osteuropa sowie die Liberalisierung der Wirtschaftssysteme in Indien, Brasilien, Vietnam und anderen Ländern.

Auch wenn Intellektuellen im Allgemeinen der Blutdruck in die Höhe schießt, wenn sie ein Plädoyer für den Kapitalismus lesen, sind dessen ökonomische Vorteile so offenkundig, dass es gar nicht nötig ist, sie mit Zahlen zu belegen. Sie sind buchstäblich vom Weltraum aus zu sehen. Eine Satellitenaufnahme von Korea, auf der der kapitalistische Süden in einem Lichtermeer erstrahlt und im kommunistischen Norden die Finsternis regiert, demonstriert nachdrücklich, wie unterschiedlich die Kapazitäten zur Erzeugung von Wohlstand in den beiden Wirtschaftssystemen bei gleichen geographischen, historischen und kulturellen Voraussetzungen sind. Andere »Matched Pairs« mit einer Versuchs- und einer Kontrollgruppe lassen den gleichen Schluss zu: West- und Ostdeutschland, als diese durch den Eisernen Vorhang getrennt waren, Botswana im Vergleich zu Simbabwe unter Robert Mugabe, Chile im Vergleich zu Venezuela unter Hugo Chávez und Nicolás Maduro – Letzteres ein einst wohlhabendes, ölreiches Land, das nun verbreitet unter Hunger und dramatischen Engpässen in der medizinischen Versorgung leidet.[33] Wichtig ist noch hinzuzufügen, dass die Marktwirtschaften, die in den glücklicheren Regionen der Entwicklungsländer aufblühten, keineswegs die in rechtsgerichteten Phantasien und linksgerichteten Albträumen vorkommenden Laissez-faire-Anarchien waren. In unterschiedlichem Ausmaß investierten ihre Regierungen in Bildung, Gesundheitswesen, Infrastruktur sowie landwirtschaftliche und berufliche Ausbildung, gemeinsam mit Sozialversicherung und Programmen zur Armutsbekämpfung.[34]

Radelets zweite Erklärung für die große Konvergenz ist Führerschaft. Mao hat China mehr als nur den Kommunismus aufgezwungen. Er war ein launenhafter Größenwahnsinniger, der dem Land hirnrissige Projekte aufnötigte, wie den Großen Sprung nach vorn (mit seinen riesigen Kommunen, nutzlosen Hinterhofhochöfen und absurden landwirtschaftlichen Maßnahmen) und die Kulturrevolution (diese machte die jüngere Generation zu Schlägerbanden, die Lehrer, Manager und Nachkommen »reicher Bauern« terrorisierten).[35] In den Jahrzehnten der Stagnation von den 1970er bis zu Beginn der 1990er Jahre wurden zahlreiche weitere Entwicklungsländer von psychopathischen Machthabern befehligt, die ideologische, religiöse, ethnische, paranoide oder selbstverherrlichende Agenden verfolgten statt den Auftrag, das Wohl ihrer Bürger zu mehren. Je nachdem, ob sie mit dem Kommunismus sympathisierten oder nicht, erfuhren sie Unterstützung durch die Sowjetunion oder die USA, getreu dem Motto: »Er mag ein Hurensohn sein, aber er ist *unser* Hurensohn.«[36] Die 1990er und 2000er Jahre erlebten die Ausbreitung der Demokratie (Kapitel 14) und den Aufstieg besonnener, humanistischer Führer – nicht nur Staatsoberhäupter wie Nelson Mandela, Corazon Aquino und Ellen Johnson Sirleaf, sondern auch lokale religiöse und bürgerliche Führungspersonen, die sich für ein besseres Leben ihrer Landsleute einsetzten.[37]

Die dritte Ursache war das Ende des Kalten Krieges. Damit wurde nicht nur einer Reihe von Westentaschendiktatoren der Boden unter den Füßen weggezogen, sondern auch zahlreichen Bürgerkriegen das Lebenslicht ausgeblasen, die in Entwicklungsländern seit deren Unabhängigkeit in den 1960er Jahren gewütet hatten. Ein Bürgerkrieg ist eine humanitäre wie auch eine wirtschaftliche Katastrophe, denn Einrichtungen werden zerstört, Ressourcen zweckentfremdet, Kindern der Schulbesuch verwehrt, Manager und Arbeiter von der Arbeit abgehalten oder getötet. Der Ökonom Paul Collier, der Krieg als »Entwicklung im Rückwärtsgang« bezeichnet, schätzt, dass ein typischer Bürgerkrieg ein Land 50 Milliarden Dollar kostet.[38]

Die vierte Ursache ist Globalisierung, insbesondere die explosive Entwicklung im Handel, die durch Containerschiffe und Düsenjets sowie durch die Liberalisierung der Zölle und anderer Investitions- und Handelshemmnisse ermöglicht wurde. Die klassische Volkswirtschaftslehre und der gesunde Menschenverstand sind sich darin einig, dass von einem weiter gespannten Handelsnetz im Durchschnitt alle profitieren. Wenn Länder sich auf verschiedene Güter und Dienstleistungen spezialisieren, können sie sie effizienter produzieren, und es kostet sie nicht viel mehr, ihre Waren Milliarden Menschen anzubieten als nur einigen tausend. Das wiederum erlaubt Käufern, die in einem globalen Basar nach dem besten Preis-Leistungs-Verhältnis suchen, mehr von den Dingen zu erwerben, die sie gerne hätten. (Für den gesunden Menschenverstand schwerer nachzuvollziehen ist eine Schlussfolgerung, die man als komparativen Kostenvorteil bezeichnet. Dieser sagt voraus, dass es im Schnitt für alle vorteilhafter ist, wenn jedes Land diejenigen Güter und Dienstleistungen verkauft, die es für sich genommen am effizientesten produzieren kann, *selbst wenn* die Käufer sie selbst noch effizienter produzieren könnten.) Ungeachtet des Grauens, dass das Wort in vielen Bereichen des politischen Spektrums hervorruft, ist die Globalisierung laut einhelliger Meinung von Entwicklungsexperten bislang eine Goldgrube für die Armen gewesen. Deaton bemerkt: »Einige behaupten, die Globalisierung sei eine neoliberale Verschwörung, mit deren Hilfe sich sehr wenige auf Kosten vieler bereichern möchten. Falls das stimmt, wäre diese Verschwörung krachend gescheitert – oder hätte zumindest mehr als einer Milliarde Menschen ungewollt geholfen. Wenn ungewollte Wirkungen doch nur immer so wohltuend wären!«[39]

Zweifellos hat die Industrialisierung der Entwicklungsländer genau wie die industrielle Revolution zweihundert Jahre zuvor Arbeitsbedingungen geschaffen, die nach den Maßstäben moderner reicher Länder brutal sind und zu vernichtenden Urteilen geführt haben. Die romantische Bewegung im 19. Jahrhundert war zum Teil eine Reaktion auf die »finsteren satanischen Mühlen« (wie William Blake sie nannte), und seitdem ist der Hass auf die Industrie ein heiliges Prinzip von C. P. Snows Zweiter Kultur der literarischen Intellektuellen.[40] Nichts in Snows Essay brachte seinen Kontrahenten F. R. Leavis so in Rage wie die folgende Passage:

> Uns, die wir in guten Verhältnissen leben, fällt es nicht weiter schwer, zu glauben, daß das Materielle im Leben keine allzu große Rolle spielt. Man kann auch durchaus für die eigene Person die Industrialisierung ablehnen – sozusagen einen modernen Walden mimen; wenn einer sich dann durchhungert, die meisten seiner Kinder im Säuglingsalter sterben sieht, die Vorteile der Bildung verachtet und sich damit abfindet, daß er zwanzig Jahre früher stirbt – nun, vor der Stärke des ästhetischen Widerwillens dieses Mannes habe ich Achtung. Aber ich habe nicht die geringste Achtung vor jemandem, der – auch nur passiv – die gleiche Entscheidung anderen aufzwingen will, die nicht die Möglichkeit der freien Wahl haben. Außerdem wissen wir ja, wie sie wählen würden. Schließlich sind die armen Leute noch in jedem Land, in dem ihnen die Gelegenheit geboten wurde, in seltener Einmütigkeit so schnell vom Dorf in die Fabriken abgewandert, wie sie dort nur unterkommen konnten.[41]

Wie wir gesehen haben, hatte Snow recht, was die Fortschritte für Leben und Gesundheit betraf, und ebenso richtig lag er mit der Behauptung, dass sich das Elend der Armen in aufstrebenden Industriestaaten nur dann richtig beurteilen lässt, wenn man auch die Alternativen berücksichtigt, die ihnen am jeweiligen Ort und zur betreffenden Zeit zur Verfügung stehen. In die gleiche Kerbe schlagen fünfzig Jahre später Entwicklungsexperten wie Radelet, der feststellt:

Die Arbeit in einer Fabrikhalle wird zwar oft mit Ausbeutung gleichgesetzt, aber sie ist häufig immer noch besser als die Mutter aller Ausbeutungen: die Schufterei auf dem Feld als Tagelöhner in der Landwirtschaft.
Als ich Anfang der 90er Jahre in Indonesien lebte, kam ich mit einer teils romantisch verklärten Vorstellung von der Schönheit der Menschen, die in den Reisfeldern arbeiteten, dorthin und hatte zugleich Vorbehalte gegen die rasant zunehmenden Jobs in Fabriken. Je länger ich dort war, desto klarer wurde mir, wie unglaublich hart die Arbeit in den Reisfeldern ist. Es ist eine Plackerei bis zur Erschöpfung, die dennoch kaum den allernötigsten Lebensunterhalt deckt – die Menschen arbeiten stundenlang gebückt in sengender Sonne, um die Terrassen anzulegen, die Saat auszubringen, das Unkraut zu jäten, die Sämlinge umzusetzen, Ungeziefer zu verjagen und die Reiskörner zu ernten. Beim Stehen in den Wasserlachen fängt man sich Blutegel ein und ist ständig in Gefahr, sich Malaria, eine Gehirnentzündung und andere Krankheiten zuzuziehen. Und natürlich ist es ständig heiß. Als dann Fabrikjobs mit einem Tageslohn von 2 Dollar angeboten wurden, war es demnach keine Überraschung, dass sich Hunderte Menschen anstellten, nur um die Chance auf eine Bewerbung zu bekommen.[42]

Die Vorteile einer Anstellung in der Industrie beschränken sich nicht unbedingt auf den materiellen Lebensstandard. Für eine Frau kann ein solcher Job eine regelrechte Befreiung sein. In ihrem Artikel »The Feminist Side of Sweatshops« (zu übersetzen mit »Die feministische Seite von Ausbeutungsbetrieben«) berichtet Chelsea Follett, die Redaktionsleiterin von *HumanProgress*, dass Fabrikarbeit im 19. Jahrhundert Frauen die Gelegenheit zur Flucht aus den traditionellen Geschlechterrollen des Bauern- und Dorflebens bot. Das veranlasste manche Männer jener Zeit zu der Behauptung, diese Arbeit sei »ausreichend, um das achtbarste und tugendhafteste Mädchen zur Ehrlosigkeit zu verdammen«. Die Mädchen waren nicht unbedingt dieser Ansicht. So schrieb eine Arbeiterin aus einer Textilfabrik in Lowell, Massachusetts, im Jahr 1840:

> Wir sind hier versammelt ... um Geld zu verdienen, so viel und so schnell wir können. ... Seltsam würde es anmuten, wenn im geldverliebten Neuengland eine der lukrativsten Beschäftigungen für Frauen verpönt sein sollte, weil sie mühselig ist oder weil einige Leute Vorbehalte gegen sie hegen. Für *so etwas* sind Yankeemädchen zu *unabhängig*.[43]

Auch hier wieder weisen Erfahrungen aus der industriellen Revolution auf die heutigen Zustände in den Entwicklungsländern hin. Kavita Ramdas, Vorsitzende des Global Fund for Women, sagte 2001 in einem indischen Dorf: »Für eine Frau gibt es nichts anderes, als ihrem Mann und ihren Verwandten zu gehorchen, Hirse zu zerstoßen und zu singen. Wenn sie in die Stadt zieht, kann sie einen Beruf ergreifen, ein Unternehmen gründen und ihren Kindern eine Ausbildung ermöglichen.«[44] Eine Analyse in Bangladesch bestätigte, dass sich die Frauen, die in der Bekleidungsindustrie arbeiteten (so wie meine Großeltern während der 1930er Jahre in Kanada), über höhere Löhne, eine spätere Heirat sowie weniger und besser ausgebildete Kinder freuen konnten.[45] Im Lauf einer Generation können sich Slums, Barrios und Favelas in Vorstädte verwandeln, und die Arbeiterschicht wird zur Mittelschicht.[46]

Um die langfristigen Vorzüge der Industrialisierung wertschätzen zu können, muss man nicht zugleich ihre Grausamkeiten hinnehmen. Vorstellbar wäre auch eine alternative Geschichte der industriellen Revolution, in der die moderne Sensibilität schon früher zum Ausdruck gekommen wäre und man die Fabriken ohne Kinder und mit besseren Arbeitsbedingungen für die Erwachsenen betrieben hätte. Zweifellos existieren in den Entwicklungsländern Fabriken, die in der Lage wären, die gleiche Zahl an Arbeitsplätzen anzubieten und Profite zu erwirtschaften, auch wenn sie ihre Arbeiter humaner behandeln würden. Druck von Verhandlungsführern bei Handelsgesprächen und Verbraucherproteste haben die Arbeitsbedingungen vielerorts spürbar verbessert dies ist der natürliche Lauf der Dinge, wenn Länder reicher werden und sich immer stärker in die Weltgemeinschaft integrieren (wie wir in Kapitel 12 und 17 sehen werden, wenn wir uns mit der Geschichte der Arbeitsbedingungen in unserer eigenen Gesellschaft beschäftigen).[47] Fortschritt bedeutet nicht, jede Veränderung als Teil eines untrennbaren Gesamtpakets hinzunehmen – als müssten wir eine Ja-oder-nein-Entscheidung treffen, ob die industrielle Revolution oder die Globalisierung genauso, wie sie sich in all ihren Einzelheiten entwickelt haben, etwas Gutes oder etwas Schlechtes sei. Fortschritt heißt, die Merkmale eines sozialen Prozesses so weit wie möglich zu entflechten, um die Vorteile für die Menschen zu maximieren und gleichzeitig die Nachteile auf ein Mindestmaß zu beschränken.

Der letzte und laut vielen Untersuchungen auch wichtigste Faktor, der zur großen Konvergenz beiträgt, sind Wissenschaft und Technik.[48] Das Leben wird, im positiven Sinne, billiger. Dank verbesserten Know-hows bekommt man für eine Stunde Arbeit nun mehr Nahrung, Gesundheit, Bildung, Kleidung, Baumaterial, alltäglichen Kleinkram und Luxusgüter als früher. Nicht nur Lebensmittel und Medikamente sind billiger geworden – Kinder können auch erschwingliche Plastiksandalen tragen, statt barfuß zu gehen, und Erwachsene haben die Möglichkeit zu einem Schwätzchen beim Friseur, oder sie verabreden sich zum Fußballgucken mit billigen solarbetriebenen Geräten. Und was gute Ratschläge für Gesundheit, Landwirtschaft und Unternehmensführung betrifft: Die sind noch günstiger zu haben als billig – nämlich umsonst.

Heutzutage besitzt rund die Hälfte der erwachsenen Weltbevölkerung ein Smartphone, und es gibt genauso viele Verträge wie Personen. In Regionen ohne Straßen, Festnetz, Postzustellung, Zeitungen oder Banken sind Handys mehr als nur ein Mittel zum Austausch von Klatsch und Katzenfotos; sie sind ein äußerst wichtiger Wohlstandsfaktor. Mit ihnen kann man Geld überweisen, Vorräte bestellen, sich einen Überblick über Wetter und Märkte beschaffen, Jobs für einen Tag finden, Tipps zu Gesundheit und Landwirtschaft bekommen oder sogar eine elementare Ausbildung erhalten.[49] Eine Analyse des Ökonomen Robert Jensen mit dem Untertitel »The Micro and Mackerel Economics of Information« (zu übersetzen mit »Die Mikro- und Makrelenökonomie der Information«) berichtet davon, wie kleine südindische Fischer ihr Einkommen erhöhten und den örtlichen Fischpreis senkten, indem sie auf See per Handy den Markt mit dem besten Preis des Tages ausfindig machten. So vermieden sie, ihren leicht verderblichen Fang in mit Fisch übersättigten Städten auszuladen, während andere Städte fischlos blieben.[50] Auf diese Weise werden Hunderte Millionen kleiner Bauern und Fischer dank ihrer Handys zu den allwissenden rationalen Akteuren, die man sonst nur in den reibungslos funktionierenden Märkten aus Ökonomielehrbüchern findet. Nach einer Schätzung lässt jedes Mobiltelefon das jährliche Bruttoinlandsprodukt eines Entwicklungslandes um 3000 Dollar anwachsen.[51]

Die segensreiche Macht des Wissens hat die Regeln der globalen Entwicklung umgeschrieben. Mit einem Mal sind sich Entwicklungsexperten nicht mehr einig, ob Entwicklungshilfe wirklich eine so kluge Sache ist. Manche argumentieren, diese richte mehr Schaden als Nutzen an, weil sie korrupte Regierungen noch reicher mache und eine Konkurrenz zum lokalen Handel darstelle.[52] Andere verweisen auf jüngere Zahlen, die nahelegen, dass klug zugewiesene Hilfe unermesslich viel Gutes bewirkt hat.[53] Doch obgleich sie über die Effekte gespendeter Nahrungsmittel und Dollar uneins sind, stimmen alle darin überein, dass das Spenden von Technologie – Medikamente, Elektronik, Nutzpflanzensorten sowie die besten Vorgehensweisen in Landwirtschaft, Unternehmensführung und Gesundheitswesen – ein ungetrübter Segen ist. (Wie ja auch bereits Jefferson sagte: »Wer eine Idee von mir empfängt, mehrt dadurch sein Wissen, ohne meines zu mindern.«) Und sosehr ich auch auf dem Bruttoinlandsprodukt pro Kopf herumgeritten bin, so hat der Wert des Wissens doch bewirkt, dass dieses Maß nun weniger relevant ist als das, was uns wirklich wichtig ist: Lebensqualität. Hätte ich unten rechts in die Ecke von Abbildung 8.2 noch eine Kurve für Afrika gequetscht, so wäre diese unscheinbar – sie würde zwar zweifellos nach oben zeigen, aber ohne den exponentiellen Raketenstart der Kurven für Europa und Asien. Charles Kenny unterstreicht, dass der eigentliche Fortschritt Afrikas den flachen Verlauf Lügen straft, weil Gesundheit, Langlebigkeit und Bildung so viel erschwinglicher geworden sind als früher. Allgemein leben Einwohner von reicheren Ländern zwar länger (dieses Verhältnis heißt nach dem Ökonomen, der es entdeckt hat, Preston-Kurve), doch die gesamte Kurve verlagert sich nach oben, weil jeder, unabhängig vom Einkommen, länger lebt.[54] Vor zweihundert Jahren betrug die Lebenserwartung im damals reichsten Staat (den Niederlanden) nur 40 Jahre, und in keinem Land lag sie über 45. Heute liegt die Lebenserwartung im *ärmsten* Land der Welt (der Zentralafrikanischen Republik) bei 54 Jahren, und in keinem Land liegt sie *unter* 45.[55]

Auch wenn es leicht ist, über das Nationaleinkommen die Nase zu rümpfen, weil dies ein solch oberflächliches und materialistisches Maß sei, korreliert es mit jedem Anzeiger für Wohlergehen, wie wir in den folgenden Kapiteln immer wieder sehen werden. Am offenkundigsten korreliert das Bruttoinlandsprodukt pro Kopf mit Langlebigkeit, Gesundheit und Ernährung.[56] Weniger offenkundig korreliert es mit höheren moralischen Werten wie Frieden, Freiheit, Menschenrechten und Toleranz.[57] Reichere Länder bekriegen einander im Schnitt weniger (Kapitel 11), werden seltener durch Bürgerkriege zerrissen (Kapitel 11), werden und bleiben mit größerer Wahrscheinlichkeit demokratisch (Kapitel 14) und haben größeren Respekt vor den Menschenrechten (Kapitel 14 – im Schnitt, muss man dazu sagen; arabische Ölstaaten sind reich, aber repressiv). Die Bürger wohlhabenderer Staaten haben größere Achtung vor emanzipativen oder liberalen Werten wie Gleichberechtigung der Frauen, Redefreiheit, Schwulenrechten, partizipativer Demokratie und Umweltschutz (Kapitel 10 und 15). Was nicht weiter überrascht: Länder, die reicher werden, werden auch glücklicher (Kapitel 18). Was eher überrascht: Länder, die reicher werden, werden auch klüger (Kapitel 16).[58]

Will man diese Von-Somalia-bis-Schweden-Skala erklären, mit armen gewalttätigen repressiven unglücklichen Ländern am einen Ende und reichen friedlichen liberalen glücklichen am anderen, so ist zu bedenken, dass Korrelation keine Kausalität ist und auch andere Faktoren wie Bildung, Geographie, Geschichte und Kultur eine Rolle spielen können.[59] Doch wenn die quantitativen Analysten versuchen, sie auseinanderzupflücken, stellen sie fest, dass die wirtschaftliche Entwicklung ein zentraler Antrieb des menschlichen Wohlergehens ist.[60] Es gibt einen alten Wissenschaftlerwitz, in dem ein Dekan eine Gesamtkonferenz leitet, als plötzlich ein Dschinn erscheint und ihm die Erfüllung eines von drei Wünschen anbietet – Geld, Ruhm oder Weisheit. Der Dekan erwidert: »Das ist leicht. Ich bin ein Gelehrter. Ich habe mein Leben der Erkenntnis geweiht. Natürlich wähle ich Weisheit.« Der Geist winkt mit der Hand und verschwindet in einer Rauchwolke. Als sich der Rauch wieder gelegt hat, sieht man den Dekan, den Kopf auf die Hände gestützt, in tiefem Nachdenken dasitzen. Eine Minute verstreicht. Zehn Minuten. Fünfzehn. Schließlich ruft ein Professor: »Und? Und?« Der Dekan murmelt: »Ich hätte das Geld nehmen sollen.«

Kapitel 9

Ungleichheit

»Bekommen wieder alles nur die Reichen?« Im zweiten Jahrzehnt des 21. Jahrhunderts hört man diese Frage in den Industriestaaten immer wieder, denn wirtschaftliche Ungleichheit ist das Schlagwort der Stunde. Papst Franziskus hat sie als »Wurzel des sozialen Übels« bezeichnet, Barack Obama als »die entscheidende Herausforderung unserer Zeit«. Von 2009 bis 2016 wuchs der Anteil der Artikel in der *New York Times*, die das Wort *inequality* enthielten, um das Zehnfache, bis auf eine Häufigkeit von 1 zu 73.[1] Die neueste gängige Meinung lautet, dass das reichste Prozent der Menschheit das gesamte Wirtschaftswachstum der letzten Jahrzehnte abgeschöpft hat und alle anderen auf der Stelle treten oder langsam zurückfallen. In diesem Falle wäre der im vorigen Kapitel dokumentierte explosionsartige Anstieg des Wohlstands nicht länger ein Grund zum Jubeln, da er nicht mehr zum Wohl aller Menschen beitragen würde.

Das Anprangern wirtschaftlicher Ungleichheit haben sich die Linken schon lange auf die Fahnen geschrieben, und nach Beginn der Weltwirtschaftskrise 2007 gewann das Thema noch mehr an Bedeutung. Es entfachte die Protestbewegung Occupy Wall Street im Jahr 2011 und war 2016 Auslöser der Präsidentschaftskandidatur des selbsternannten Sozialisten Bernie Sanders, der verkündete: »Eine Nation wird moralisch oder wirtschaftlich nicht überleben, wenn so wenige so viel und so viele so wenig haben.«[2] Doch im selben Jahr fraß die Revolution ihre eigenen Kinder und trieb die Kandidatur von Donald Trump voran; dieser behauptete, die Vereinigten Staaten hätten sich zu einem »Drittweltland« entwickelt, und gab die Schuld am sinkenden Stern der Arbeiterschicht nicht der Wall Street und besagtem einen Prozent, sondern der Einwanderungspolitik und dem Außenhandel. Die äußersten linken und rechten Flügel des politischen Spektrums, die sich aus jeweils unterschiedlichen Gründen über wirtschaftliche Ungleichheit empörten, schlugen einen Bogen, um sich in der Mitte zu treffen, und im vereinten Zynismus gegenüber der modernen Ökonomie verhalfen sie dem radikalsten amerikanischen Präsidenten der jüngeren Zeit zur Macht.

Hat die zunehmende Ungleichheit tatsächlich die Mehrheit der Bürger ins Elend getrieben? Zweifellos ist das wirtschaftliche Ungleichgewicht seit dem Tiefstand um 1980 in den meisten westlichen Ländern gewachsen – insbesondere in den USA und anderen englischsprachigen Staaten, was sich vor allem im scharfen Gegensatz zwischen den Allerreichsten und allen anderen Menschen äußert.[3] Üblicherweise verwendet man den Gini-Koeffizienten als Maß für wirtschaftliche Ungleichheit, einen Wert zwischen 0 (alle haben gleich viel) und 1 (eine Person hat alles und alle anderen haben nichts). Die Gini-Werte bewegen sich gemeinhin zwischen 0,25 bei den gleichmäßigsten Einkommensverteilungen, etwa in Skandinavien nach Berücksichtigung von Steuern, Sozialabgaben und Sozialtransfers, und 0,7 bei einer sehr ungleichen Verteilung wie etwa in Südafrika. In den Vereinigten Staaten stieg der Gini-Index für das Markteinkommen (vor Steuern, Sozialabgaben und Sozialtransfers) von 0,44 im Jahr 1984 auf 0,51 im Jahr 2012. Ein anderes Maß für Ungleichheit ist der Anteil des Gesamteinkommens, der von einem bestimmten Bruchteil (Quantil) der Bevölkerung erwirtschaftet wird. In den USA stieg der Einkommensanteil, der dem einen Prozent der Superreichen zufiel, von 8 Prozent im Jahr 1980 auf 18 Prozent im Jahr 2015, während der Anteil, der dem reichsten *Zehntel* eines Prozents zufiel, von 2 Prozent auf 8 Prozent stieg.[4]

Fraglos sind einige Aspekte der Ungleichheitsthematik (von denen es viele gibt) schwerwiegende Probleme, die angegangen werden müssen, und sei es nur, um die durch sie hochgekochten destruktiven Agenden zu entschärfen, wie das Abschaffen von Marktwirtschaften, technischem Fortschritt und Außenhandel. Ungleichheit ist teuflisch schwer zu analysieren (in einer Bevölkerung von einer Million Menschen kann sich jeder Einzelne von den 999 999 anderen unterscheiden), und über das Thema wurden schon zahlreiche Bücher verfasst. Ich muss ihm hier ebenfalls ein ganzes Kapitel widmen, weil sich so viele Leute von dem dystopischen Gerede haben mitreißen lassen und in der Ungleichverteilung ein Zeichen dafür sehen, dass es der Moderne nicht gelungen ist, die menschliche Existenz zu verbessern. Wie wir sehen werden, ist das falsch, und zwar aus vielen verschiedenen Gründen.

Um Ungleichheit im Kontext des menschlichen Fortschritts richtig erfassen zu können, muss man zunächst einmal erkennen, dass eine ungleiche Einkommensverteilung keine elementare Komponente des Wohlergehens ist. Sie ist nicht gleichzusetzen mit Gesundheit, Wohlstand, Wissen, Sicherheit, Frieden und den anderen Fortschrittsbereichen, die ich hier erörtere. Warum das so ist, verdeutlicht ein alter Witz aus der Sowjetunion. Igor und Boris, zwei bettelarme Bauern, trotzen beide ihren Äckerchen nur mit größter Mühe genügend ab, um ihre Familien ernähren zu können. Der einzige Unterschied zwischen ihnen besteht darin, dass Igor eine dürre Ziege sein Eigen nennt. Eines Tages erscheint Boris eine Fee, die ihm die Erfüllung eines Wunsches gewährt. Und Boris sagt: »Ich wünsche mir, dass Igors Ziege stirbt.«

Die Pointe des Witzes ist natürlich, dass die beiden Bauern nun gleicher sind, aber keiner von beiden besser gestellt ist als vorher – wenn man davon absieht, dass Boris in seiner neiderfüllten Boshaftigkeit schwelgen darf. Der Philosoph Harry Frankfurt trifft in seinem Buch *On Inequality* von 2015 (dt.: *Ungleichheit*, 2016) den Nagel noch nuancierter auf den Kopf.[5] Laut Frankfurt ist an Ungleichheit an sich nichts Verwerfliches; was hingegen verwerflich sei, ist *Armut*. Lebe jemand ein langes, gesundes, angenehmes und anregendes Leben, dann sei es moralisch gesehen unerheblich, wie viel Geld die Leute von nebenan verdienten, wie groß ihr Haus sei und wie viele Autos sie führen. Frankfurt schreibt: »Aus moralischer Perspektive ist es nicht wichtig, dass jeder *dasselbe* hat. Was moralisch zählt, ist, dass jeder *genug* hat.«[6] In der Tat kann ein enger Fokus auf wirtschaftlicher Ungleichheit destruktiv sein, wenn er uns dazu verleitet, Igors Ziege zu töten, statt herauszufinden, wie man auch Boris eine verschaffen kann.

Der Grund für die Verwechslung von Ungleichheit mit Armut ist der Trugschluss der feststehenden Menge – die Vorstellung, Reichtum sei eine begrenzte Ressource, wie ein Antilopenkadaver, der nullsummenmäßig aufzuteilen ist, was heißt: Wenn einige Leute mehr bekommen, müssen andere weniger kriegen. Wie wir jedoch eben gesehen haben, ist Wohlstand nicht so geartet – seit der industriellen Revolution ist er exponentiell gewachsen.[7] Das bedeutet: Können die Reichen reicher werden, so können die Armen das auch. Selbst Experten berufen sich auf den Trugschluss der feststehenden Menge, wenn auch vermutlich eher aus rhetorischem Eifer als aus begrifflicher Verwirrung. Thomas Piketty, dessen Bestseller *Le capital au XXIe siècle* von 2013 (dt.: *Das Kapital im 21. Jahrhundert*, 2014) im Aufruhr über die Ungleichheit Kultstatus erlangte, schrieb: »Und was die untere Hälfte der Bevölkerung angeht, so ist sie heute noch genauso arm wie gestern: kaum 5 % des Gesamtvermögens, 2010 wie 1910.«[8] Doch das Gesamtvermögen von heute ist erheblich größer, als es 1910 war, so dass die untere Hälfte, wenn sie noch den gleichen Anteil besitzt, nun viel reicher ist und nicht mehr »genauso arm«.

Eine noch destruktivere Folge des Trugschlusses der feststehenden Menge ist die Überzeugung, dass manche Personen, die vermögender geworden sind, von allen anderen mehr gestohlen haben müssen, als ihnen zustand. Ein berühmtes Beispiel des Philosophen Robert Nozick, hier im modernen Gewand des 21. Jahrhunderts, illustriert, warum das nicht stimmt.[9] Zu den Milliardären der Welt gehört J. K. Rowling, Autorin der *Harry-Potter*-Romane. Von den Büchern wurden über 400 Millionen Exemplare verkauft, und die Verfilmungen wollten ähnlich viele Menschen sehen.[10] Nehmen wir an, eine Milliarde Menschen haben für das Vergnügen, eine Taschenbuchausgabe von *Harry Potter* oder eine Kinokarte zu erwerben, zehn Dollar ausgegeben, wobei ein Zehntel des Erlöses an Rowling gegangen ist. Sie ist zur Milliardärin geworden und hat die Ungleichheit dadurch verschärft, aber sie hat bewirkt, dass es den Menschen nun bessergeht, nicht schlechter (was beileibe nicht heißen soll, dass jede reiche Person den Menschen ein besseres Leben bereitet hat). Das bedeutet nicht, dass Rowlings Reichtum die wohlverdiente Vergeltung für ihre Mühen oder ihr Talent ist oder eine Belohnung für das Mehr an Leseerfahrung und das Glück, das sie der Welt geschenkt hat; kein Komitee hat jemals darüber befunden, dass sie es verdient hat, so reich zu sein. Ihr Vermögen wuchs als ein Nebenprodukt der freien Entscheidungen von Milliarden Buchkäufern und Kinobesuchern.

Zweifellos mag es auch gute Gründe geben, sich nicht nur über Armut, sondern auch über Ungleichheit an sich Sorgen zu machen. Vielleicht sind die meisten Menschen so wie Boris, und ihr Glück hängt nicht von ihrem Wohlstand in absoluten Zahlen ab, sondern davon, wie intensiv sie sich mit ihren Mitmenschen vergleichen. Wenn die Reichen zu reich werden, fühlen sich alle anderen arm, so dass Ungleichheit das Wohlbefinden schmälert, selbst wenn jeder Einzelne reicher wird. Dies ist eine alte Idee aus der Sozialpsychologie; man bezeichnet sie wahlweise als Theorie des sozialen Vergleichs, der Bezugsgruppen, der Statusangst oder der relativen Deprivation.[11] Dennoch sollte man sie nüchtern betrachten. Stellen wir uns einmal Seema vor, eine Analphabetin in einem armen Land, die an ihr Dorf gefesselt ist, die Hälfte ihrer Kinder durch Krankheiten verloren hat und mit fünfzig sterben wird, so wie die meisten anderen Menschen, die sie kennt. Demgegenüber steht Sally, eine gebildete Frau in einem reichen Land, die bereits in mehreren Großstädten und Nationalparks war, ihre Kinder aufwachsen gesehen hat und achtzig Jahre alt wird, aber zeitlebens nicht der unteren Mittelschicht entfliehen kann. Es ist denkbar, dass Sally, demoralisiert durch den unübersehbaren Wohlstand, den sie nie erwerben wird, nicht besonders glücklich ist – und möglicherweise sogar unglücklicher als Seema, die für kleine Gaben dankbar ist. Es wäre jedoch verrückt zu behaupten, dass es Sally nicht besser als Seema gehe, und absolut verwerflich zu folgern, man solle nicht versuchen, Seemas Leben besser zu machen, weil dies das Leben ihrer Nachbarn noch mehr verbessern könne als ihres und sie dann letztlich kein bisschen glücklicher sei.[12]

So oder so ist das Gedankenexperiment irrelevant, denn im wirklichen Leben *ist* Sally so gut wie sicher glücklicher. Entgegen der früheren Überzeugung, Menschen achteten so sehr auf ihre reichen Mitbürger, dass sie ihr inneres Glücksbarometer stets wieder auf null stellten, gleichgültig, wie gut sie situiert seien, werden wir in Kapitel 18 sehen, dass reichere Leute und Leute in reicheren Ländern (im Schnitt) glücklicher sind als arme Menschen und Menschen in ärmeren Ländern.[13]

Doch auch wenn wir glücklicher sind, wenn wir und unsere Länder reicher werden – geht es mit unserem Glücksgefühl nicht möglicherweise bergab, wenn andere um uns herum noch reicher sind als wir, also dann, wenn die wirtschaftliche Ungleichheit zunimmt? In ihrem vielgelesenen Buch *Gleichheit ist Glück* behaupten die Epidemiologen Richard Wilkinson und Kate Pickett, dass Länder mit größerer wirtschaftlicher Ungleichheit auch höhere Raten an Mord, Haftstrafen, Teenagerschwangerschaften, Kindersterblichkeit, physischen und psychischen Erkrankungen, sozialem Misstrauen, Fettleibigkeit und Drogenmissbrauch aufweisen.[14] Die wirtschaftliche Ungleichheit sei die *Ursache* dieser Übel: In ungleichen Gesellschaften hätten die Menschen das Gefühl, in einem Alles-oder-nichts-Wettstreit um Dominanz gefangen zu sein, und dieser Stress mache sie krank und selbstzerstörerisch.

Man hat die Gleichheit-ist-Glück-Theorie als »neue Theorie der Linken für alles« bezeichnet, und sie ist genauso problematisch wie jede andere Theorie, die aus einem Gewirr an Korrelationen eine einzige Ursache als Erklärung ableitet. Zum einen ist keineswegs klar, dass Menschen durch die Existenz von J.K. Rowling und Sergey Brin in neidvolle Ängste gestürzt werden – was im Hinblick auf persönliche, lokale Rivalen schon anders aussieht. Hinzu kommt, dass sich ökonomisch egalitäre Länder wie Schweden und Frankreich von Ländern mit wirtschaftlicher Schieflage wie Brasilien und Südafrika noch auf viele andere Weisen als nur in der Einkommensverteilung unterscheiden. Erstere sind unter anderem reicher, haben ein besseres Bildungssystem und bessere Regierungen und sind kulturell homogener. Demzufolge zeigt eine grobe Korrelation zwischen Ungleichheit und Glück (oder jedem anderen sozialen Gut) möglicherweise nur, dass es zahlreiche Gründe gibt, warum es sich in Dänemark besser als in Uganda leben lässt. Wilkinson und Picketts Stichprobe war auf Industriestaaten beschränkt, doch selbst in dieser Stichprobe sind die Korrelationen flüchtiger Natur – sie kommen und gehen mit der jeweiligen Auswahl der Länder.[15] Wohlhabende, jedoch ungleiche Länder wie Singapur und Hongkong sind häufig sozial gesünder als ärmere, aber eher gleichgeschaltete Länder wie die ehemaligen Ostblockstaaten in Osteuropa.

Am einschneidendsten war jedoch eine von den Soziologen Jonathan Kelley und Mariah Evans durchgeführte Studie über drei Jahrzehnte mit 200 000 Personen aus 68 Gesellschaften, bei der der Kausalzusammenhang zwischen Ungleichheit und Glück endgültig gekappt wurde.[16] (In Kapitel 18 untersuchen wir, wie Glück und Lebenszufriedenheit gemessen werden.) Kelley und Evans hielten die bekannten Hauptfaktoren für Glück konstant – zum Beispiel BIP pro Kopf, Alter, Geschlecht, Bildung, Familienstand und Religionszugehörigkeit – und fanden heraus, dass die Theorie, Ungleichheit mache unglücklich, »an den harten Fakten zerschellt«. In Entwicklungsländern ist Ungleichheit nicht entmutigend, sondern ein Ansporn: Die Menschen in den Ländern mit größerer Ungleichheit waren *glücklicher*. Die Autoren behaupten, dass stärker als jeglicher Neid, Statusangst oder relative Deprivation, von denen Menschen in armen, ungleichen Ländern heimgesucht werden mögen, die *Hoffnung* ist. Ungleichheit wird als Vorbote von Gelegenheiten betrachtet, als ein Signal, dass sich Bildung und andere Wege zum sozialen Aufstieg für sie und ihre Kinder auszahlen könnten. In den Industriestaaten (im Gegensatz zu vormals kommunistischen Staaten) wirkte sich Ungleichheit in keiner Richtung aus. (In früher kommunistisch geprägten Ländern waren die Auswirkungen ebenfalls nicht eindeutig zu bewerten: Ungleichheit machte der älteren Generation, die im Kommunismus aufgewachsen war, zu schaffen, doch für die jüngeren Generationen war sie hilfreich oder irrelevant.)

Die wechselhaften Auswirkungen der Ungleichheit auf das Wohlergehen bringen eine weitere verbreitete Verwirrung bei entsprechenden Diskussionen aufs Tapet – die Verwechslung von Ungleichheit mit *Ungerechtigkeit*. Zahlreiche psychologische Studien haben erbracht, dass Menschen, einschließlich kleiner Kinder, es bevorzugen, wenn Belohnungen unter Teilnehmenden gleichmäßig aufgeteilt werden, selbst wenn am Ende jeder weniger hat. Das veranlasste einige Psychologen, ein Syndrom namens Ungleichheitsaversion zu postulieren – das offenkundige Bedürfnis, den Reichtum zu verteilen. Dagegen haben die Psychologen Christina Starmans, Mark Sheskin und Paul Bloom in ihrem jüngeren Artikel »Why People Prefer Unequal Societies« die Untersuchungen mit anderen Augen betrachtet und festgestellt, dass *ungleiche* Verteilungen bevorzugt werden, und zwar sowohl unter Versuchspersonen im Labor als auch unter den Bürgern des eigenen Landes, solange man die Zuteilung als *gerecht* empfindet – dass die Prämien an diejenigen gehen, die härter arbeiten, die großzügiger helfen, oder gar an die glücklichen Gewinner einer unparteiischen Lotterie.[17] »Bisher gibt es keinerlei Hinweise darauf«, schließen die Autoren, »dass Kinder oder Erwachsene eine generelle Aversion gegen Ungleichheit hegen.« Die Menschen sind mit wirtschaftlicher Ungleichheit zufrieden, solange sie das Gefühl haben, dass der Staat leistungsorientiert ist, und es macht sie wütend, wenn sie den gegenteiligen Eindruck haben. Narrative über die *Ursachen* von Ungleichheit beschäftigen Menschen mehr als das *Bestehen* von Ungleichheit. Das eröffnet Politikern die Möglichkeit, aufrührerische Reden zu schwingen, um Schwindler anzuprangern, die mehr nehmen, als ihnen zusteht: Sozialhilfebetrügerinnen, Einwanderer, andere Länder, Bankiers oder die Reichen, die manchmal mit ethnischen Minderheiten gleichgesetzt werden.[18]

Neben Auswirkungen auf die Individualpsychologie hat man Ungleichheit mit mehreren Arten von Dysfunktionen auf der Ebene der Gesellschaft in Verbindung gebracht, darunter wirtschaftliche Stagnation, finanzielle Instabilität, mangelnde intergenerationelle Mobilität sowie politische Korruption. Diese Mankos sind ernst zu nehmen, doch auch hier wurde der voreilige Schluss von Korrelation auf Kausalität in Zweifel gezogen.[19] So oder so halte ich es für weniger effektiv, sich auf den Gini-Index als tief verborgene eigentliche Ursache vieler sozialer Übel einzuschießen, statt Lösungen für die jeweiligen Probleme ins Visier zu nehmen: Investitionen in Forschung und Infrastruktur, um wirtschaftlicher Stagnation zu entkommen, Regulierung des Finanzsektors, um Instabilität zu bekämpfen, breiterer Zugang zu Schul- und Berufsausbildung, um ökonomische Mobilität zu erleichtern, Transparenz von Wahlen und Finanzreform, um unrechtmäßigen Einfluss zu unterbinden, und so weiter. Der Einfluss von Geld auf die Politik ist besonders schädlich, weil er jegliche Regierungspolitik verfälschen kann, doch das ist nicht dasselbe wie Einkommensungleichheit. Immerhin können ohne eine Wahlrechtsreform die reichsten Geldgeber sich das Gehör von Politikern verschaffen – ob sie nun 2 Prozent des Nationaleinkommens verdienen oder 8 Prozent.[20]

Demnach ist wirtschaftliche Ungleichheit an sich keine Dimension des menschlichen Wohlbefindens, und man sollte sie nicht mit Ungerechtigkeit oder Armut verwechseln. Lassen wir nun die moralische Bedeutung der Ungleichheit hinter uns und wenden uns der Frage zu, warum sie sich im Lauf der Zeit gewandelt hat.

Die simpelste Darstellung der Geschichte der Ungleichheit lautet, dass sie ein Kind der Moderne ist. Der Urzustand muss Gleichheit gewesen sein, denn wenn es keinen Reichtum gibt, hat jeder gleich viel von nichts, und erst wenn Reichtum geschaffen wird, können manche mehr davon haben als andere. In dieser Version der Geschichte begann die Ungleichheit bei null, und als der Reichtum mit der Zeit zunahm, wuchs mit ihm auch die Ungleichheit. Doch diese Darstellung ist nicht ganz korrekt.

Jäger und Sammler sind allem Anschein nach äußerst egalitär, was Marx und Engels zur Theorie des »primitiven Kommunismus« inspirierte. Doch Völkerkundler weisen darauf hin, dass das Bild vom Wildbeuter-Egalitarismus irreführend ist. Zum einen sind die noch existierenden Jäger-und-Sammlerstämme, die für Studien zur Verfügung stehen, nicht für eine urzeitliche Lebensweise repräsentativ, weil sie in kleine Randgebiete gedrängt worden sind und ein Nomadenleben führen, das die Ansammlung von Reichtum unmöglich macht – allein schon, weil es lästig wäre, ihn ständig mit sich herumzuschleppen. Sesshafte Jäger und Sammler hingegen, etwa die Ureinwohner des Pazifischen Nordwestens, wo es Lachs, Beeren und Pelztiere in Hülle und Fülle gibt, schwelgten geradezu in Ungleichheit. Sie entwickelten einen Erbadel, der sich Sklaven hielt, Luxusgüter hortete und seinen Wohlstand bei protzigem Potlatch zur Schau stellte. Zum anderen gilt: Während sich nomadische Jäger und Sammler ihr Fleisch teilen, weil

Jagen großenteils Glücksache ist und das Aufteilen eines großen Fangs jedem das Auskommen an Tagen sichert, an denen man mit leeren Händen heimkehrt, teilen sie pflanzliche Nahrung eher nicht, weil das Sammeln viel Mühe kostet, und wahlloses Verteilen würde zum Trittbrettfahren verleiten.[21] Ein gewisses Maß an Ungleichheit gibt es in allen Gesellschaften, wie auch das Bewusstsein für Ungleichheit.[22] Eine neuere Studie über Ungleichheit bei den Vermögensformen, die für Jäger und Sammler in Frage kommen (Häuser, Boote sowie Jagd- und Sammelerträge) kam zu dem Schluss, dass sie »von einem Zustand des ›primitiven Kommunismus‹ weit entfernt« waren: Die Gini-Koeffizienten betrugen im Schnitt 0,33, was annähernd dem Wert des verfügbaren Einkommens in den USA von 2012 entspricht.[23]

Was geschieht, wenn eine Gesellschaft beginnt, substantiellen Wohlstand zu erzeugen? Eine Zunahme an *absoluter* Ungleichheit (die Differenz zwischen den Reichsten und den Ärmsten) ist nahezu eine mathematische Notwendigkeit. Ohne eine Behörde zur Verteilung des Einkommens, die allen gleiche Anteile zukommen lässt, werden sich einige Personen zwangsläufig größere Vorteile aus den neuen Gegebenheiten verschaffen als andere – sei es durch Glück, Talent oder Anstrengung – und werden überproportionale Gewinne erwirtschaften.

Eine Zunahme an *relativer* Ungleichheit (gemessen mit dem Gini-Index oder an Einkommensanteilen) ist nicht mathematisch notwendig, aber äußerst wahrscheinlich. Einer berühmten Hypothese des Ökonomen Simon Kuznets zufolge sollte die Ungleichheit in Ländern mit wachsendem Reichtum zunehmen, da manche Menschen die Landwirtschaft zugunsten besser bezahlter Branchen aufgeben, während der Rest weiter in bäuerlichem Elend verharrt. Doch letztlich hebt eine steigende Flut alle Boote an. Wenn mehr Teile der Bevölkerung in die moderne Ökonomie hineingespült werden, sollte die Ungleichheit zurückgehen und ein auf dem Kopf stehendes U bilden. Diesen mit der Zeit entstehenden hypothetischen Bogen der Ungleichheit nennt man Kuznets-Kurve.[24]

Im vorigen Kapitel haben wir bereits Hinweise auf eine Kuznets-Kurve der Ungleichheit zwischen Ländern entdeckt. Als die industrielle Revolution Fahrt aufnahm, gelang den europäischen Staaten ein großer Ausbruch aus universeller Armut, und sie ließen die anderen Länder hinter sich. Deaton sagt: »Eine bessere Welt erzeugt notwendigerweise Unterschiede, und der Ausbruch hat Ungleichheit zur Folge.«[25] Als die Globalisierung dann voranschritt und das zum Schaffen von Wohlstand erforderliche Know-how

Verbreitung fand, bliesen arme Länder zur Aufholjagd und die große Konvergenz nahm ihren Lauf. Wir sahen Anzeichen für einen Rückgang der weltweiten Ungleichheit im Aufschwung des BIP in asiatischen Ländern (Abbildung 8.2), in der Metamorphose der globalen Einkommensverteilung von Schnecke zu Trampeltier zu Dromedar (Abbildung 8.3) sowie im jähen Fall des Anteils (Abbildung 8.4) und der Anzahl (Abbildung 8.5) der Menschen in extremer Armut.

Um zu untermauern, dass diese Erfolge tatsächlich einen Rückgang der Ungleichheit bedeuten – dass arme Länder schneller reich werden als die reichen noch reicher –, brauchen wir ein einzelnes Maß, das sie alle abdeckt, einen internationalen Gini-Index, der jedes Land wie eine Person behandelt. Abbildung 9.1 zeigt, dass der internationale Gini-Index von niedrigen 0,16 im Jahr 1820, als alle Länder arm waren, zu hohen 0,56 im Jahr 1970 anstieg, als nur einige reich waren; danach bildete der Wert, wie von Kuznets vorausgesagt, ein Plateau und begann in den 1980er Jahren wieder zu sinken.[26] Ein internationaler Gini-Index ist jedoch etwas irreführend, weil er den verbesserten Lebensstandard von einer Milliarde Chinesen mit dem verbesserten Lebensstandard von, sagen wir, vier Millionen Panamaern gleichsetzt. Abbildung 9.1 zeigt auch einen von dem Ökonomen Branko Milanović berechneten internationalen Gini-Index, in dem die Bevölkerungsstärke jedes Landes berücksichtigt wird; so wird der menschliche Einfluss auf die gesunkene Ungleichheit besser dargestellt.

Dennoch behandelt ein internationaler Gini-Index nach wie vor alle Chinesen so, als verdienten sie das Gleiche, alle Amerikaner, als hätten sie das amerikanische Durchschnittseinkommen, und so weiter, und daraus folgt, dass die Ungleichheit im Hinblick auf die gesamte Menschheit unterschätzt wird. Ein globaler Gini-Index, in dem jede *Person* gleich viel zählt, ist schwerer zu berechnen, weil man dazu die Einkommen unterschiedlicher Länder in einen Topf werfen muss; in Abbildung 9.2 sind jedoch zwei Schätzungen dargestellt. Die Kurven bewegen sich in verschiedenen Höhen, weil sie auf Dollar beruhen, die der Kaufkraftparität in verschiedenen Jahren entsprechen, doch sie beschreiben eine Art Kuznets-Kurve: Nach der industriellen Revolution nahm die globale Ungleichheit bis etwa 1980 stetig zu und begann dann zu sinken. Der Angst vor wachsender Ungleichheit in westlichen Ländern zum Trotz illustrieren die internationale und die globale Gini-Kurve: *Weltweit geht die Ungleichheit zurück.* Damit umschreiben wir den Fortschritt freilich auf eine umständliche Weise – entscheidend am

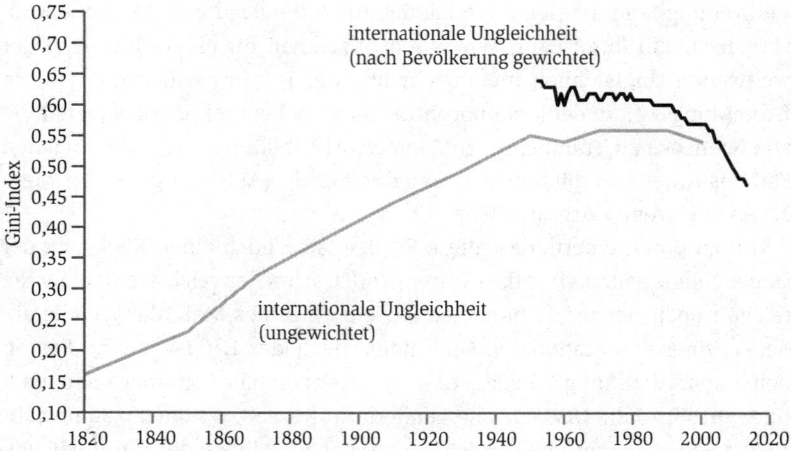

Abb. 9.1 Internationale Ungleichheit, 1820–2013
Quellen: Internationale Ungleichheit: OECD Clio Infra Project, Moatsos et al. 2014; die Daten betreffen das Markt-Haushaltseinkommen in verschiedenen Ländern. Nach Bevölkerung gewichtete internationale Ungleichheit: Milanović 2012; Daten für 2012 und 2013 von Branko Milanović, persönliche Mitteilung

Rückgang der Ungleichheit ist, dass es sich um einen Rückgang der Armut handelt.

Die Form von Ungleichheit, die neuerdings für Beunruhigung sorgt, ist die Ungleichheit innerhalb von Industriestaaten wie den USA und Großbritannien. Die langfristige Übersicht über diese Länder ist in Abbildung 9.3 dargestellt. Bis vor kurzem beschrieben beide Staaten eine Kuznets-Kurve. Während der industriellen Revolution stieg die Ungleichheit an und nahm dann wieder ab – Ende des 19. Jahrhunderts zunächst allmählich, Mitte des 20. Jahrhunderts dann rapide. Doch etwa ab 1980 machte die Ungleichheit einen Hüpfer, der ganz und gar nicht nach Kuznets aussah. Betrachten wir die verschiedenen Abschnitte einmal der Reihe nach.

Die Zu- und Abnahme von Ungleichheit im 19. Jahrhundert spiegelt Kuznets' expandierende Wirtschaft wider, die nach und nach immer mehr Menschen eine städtische, qualifizierte und somit besser bezahlte Beschäftigung bescherte. Der Absturz im 20. Jahrhundert – auch »große Nivellierung« oder »Große Kompression« genannt – hatte dagegen eher plötzlich auftretende Gründe. Der Sinkflug überspannt die beiden Weltkriege, und das ist kein

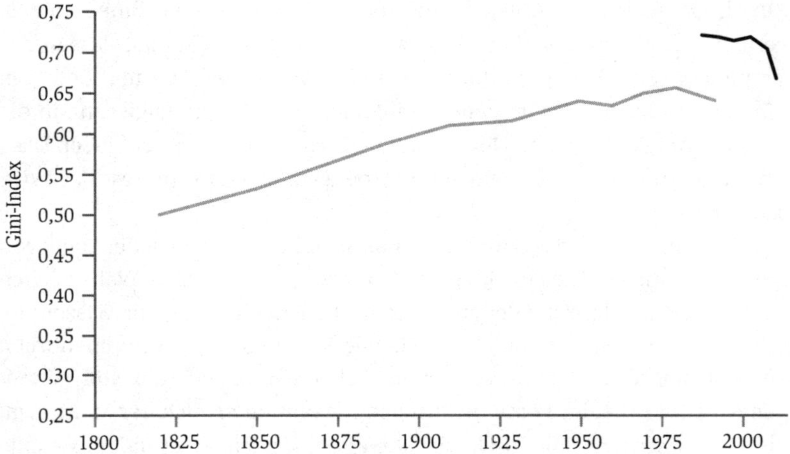

Abb. 9.2 Globale Ungleichheit, 1820–2011
Quelle: Milanović 2016, Schaubild 3.1. Die linke Kurve zeigt verfügbares Einkommen pro Kopf in Internationalen Dollar (1990); die rechte Kurve zeigt Internationale Dollar (2005) und kombiniert Haushaltserhebungen über verfügbares Einkommen sowie Verbrauch pro Kopf.

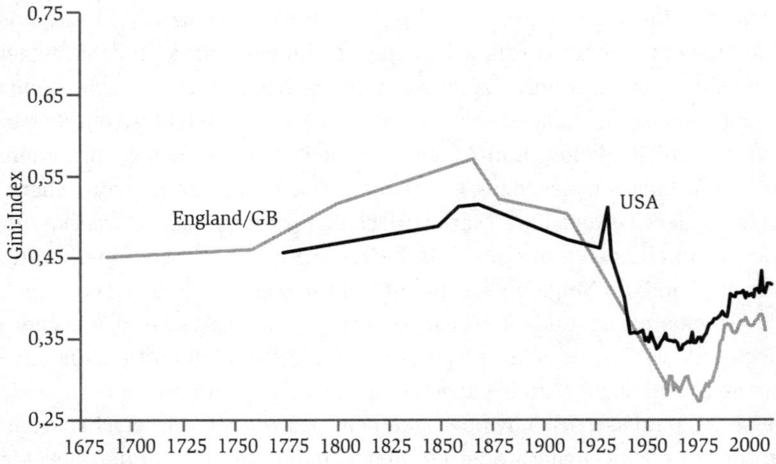

Abb. 9.3 Ungleichheit, Großbritannien und USA, 1688–2013
Quelle: Milanović 2016, Schaubild 2.1, verfügbares Einkommen pro Kopf

Zufall: Große Kriege sorgen häufig für eine gleichmäßige Einkommensverteilung.[27] Kriege zerstören Wohlstand erzeugendes Kapital, lassen das Vermögen von Gläubigern durch Inflation dahinschwinden und bewegen die Reichen dazu, höhere Steuern hinzunehmen, die die Regierung in die Taschen von Soldaten und Hersteller von Kriegsmaterial zurückfließen lässt, was wiederum für einen steigenden Arbeitskräftebedarf im Rest der Wirtschaft sorgt.

Kriege sind nur eine von mehreren Katastrophen, die gemäß der Logik von Igor und Boris für Gleichheit sorgen können. Der Historiker Walter Scheidel hat vier »nivellitische Reiter« ausgemacht: Kriegführung mit Massenmobilisierung, größeren Wandel bewirkende Revolutionen, Zusammenbruch eines Staates und tödliche Pandemien. Neben der Vernichtung von Vermögen (und im Falle der kommunistischen Revolutionen auch der Menschen, die es besaßen) verringern die vier Reiter die Ungleichheit, indem sie eine große Anzahl an Arbeitern töten, was die Löhne der Überlebenden in die Höhe treibt. Scheidel zieht den Schluss: »Alle von uns, die größere wirtschaftliche Gleichheit preisen, tun gut daran, sich zu erinnern, dass diese sich mit nur ganz wenigen Ausnahmen stets in leidvollen Zeiten einstellte. Mit seinen Wünschen sollte man vorsichtig sein.«[28]

Scheidels Warnung gilt für die lange geschichtliche Vergangenheit. Doch die moderne Zeit hat einen sanfteren Weg ermöglicht, Ungleichheit zu reduzieren. Wie wir gesehen haben, ist eine Marktwirtschaft das beste uns bekannte Programm zur Armutsbekämpfung für ein ganzes Land. Sie eignet sich jedoch nicht zur Versorgung von Menschen in diesem Land, die nichts zum Tausch anbieten können – Junge, Alte, Kranke, Glücklose und Personen, deren Fähigkeiten und Arbeitskraft nicht wertvoll genug für andere sind, um ihnen im Gegenzug ein angemessenes Auskommen zu sichern. (Oder anders gesagt: Eine Marktwirtschaft maximiert den Durchschnitt, aber wir interessieren uns auch für die Varianz und die Bandbreite.) Wenn sich das Band des Mitgefühls in einem Land so weit ausdehnt, dass es auch die Armen umfasst (und die Menschen sich gegen etwaige Armut absichern möchten), wird ein wachsender Anteil der angesammelten Ressourcen – das heißt staatliche Mittel – abgezweigt, um die Armut zu lindern. Diese Ressourcen müssen irgendwoher kommen. Das können Körperschaftssteuern oder Verkaufssteuern oder ein Staatsfonds sein, aber in den meisten Ländern stammen sie zum größten Teil aus einer gestaffelten Einkommensteuer, bei der für reichere Bürger ein höherer Steuersatz gilt, weil sie den

Verlust als weniger schmerzlich empfinden. Das Nettoergebnis ist eine »Umverteilung«, doch das trifft es nicht ganz, denn das Ziel ist, die Basis anzuheben, und nicht, die Spitze zu kappen, auch wenn genau das in der Praxis der Fall ist.

Wer den modernen kapitalistischen Gesellschaften Herzlosigkeit gegenüber den Armen vorwirft, ist sich vermutlich nicht bewusst, wie wenig die vorkapitalistischen Gesellschaften vergangener Tage für die Armen getan haben. Es geht nicht nur darum, dass sie in absoluten Zahlen weniger ausgegeben haben – sie haben auch einen kleineren Anteil ihres Reichtums für sie aufgewendet. Und zwar einen *viel* kleineren Bruchteil: Von der Renaissance bis zum Beginn des 20. Jahrhunderts widmeten europäische Länder durchschnittlich 1,5 Prozent ihres Bruttoinlandsprodukts der Armenfürsorge, Bildung und anderen Sozialtransfers. In vielen Staaten und Epochen wurde dafür gar nichts ausgegeben.[29]

Es ist ein weiteres Beispiel für Fortschritt – zuweilen spricht man von »egalitärer Revolution« –, dass moderne Gesellschaften nun einen stattlichen Brocken ihres Vermögens für Gesundheit, Bildung, Renten und Einkommenssicherung aufwenden.[30] Abbildung 9.4 verdeutlicht, dass Sozialleistungen in den mittleren Jahrzehnten des 20. Jahrhunderts ihren Höhenflug antraten (in den Vereinigten Staaten im Zuge des »New Deal« unter Präsident Roosevelt in den 1930er Jahren, in anderen Industriestaaten mit dem Erstarken des Sozialstaats nach dem Zweiten Weltkrieg). Heute belaufen sich die Sozialausgaben auf einen Median von 22 Prozent des Bruttoinlandsprodukts.[31]

Mit der explosionsartigen Zunahme von Sozialleistungen wurde der Auftrag des Staates neu definiert: Es geht nicht mehr ausschließlich um Kriegführung und Politik, sondern auch um Fürsorge.[32] Dass die Regierungen diese Wandlung vollzogen haben, hat mehrere Gründe. Sozialleistungen machen die Bürger immun gegen die Verlockungen von Kommunismus und Faschismus. Einige Vorzüge, wie Bildung für alle und das Gesundheitswesen, sind öffentliche Güter, die jedem zustehen, nicht nur den unmittelbaren Nutznießern. Einige Programme sichern die Bürger gegen Unglücksfälle ab, gegen die sie sich nicht selbst versichern können oder wollen (daher die Umschreibung »soziales Netz«). Zudem beruhigt die Unterstützung der Bedürftigen das moderne Gewissen, das den Gedanken nicht erträgt, dass sich das kleine Mädchen mit den Schwefelhölzern zu Tode friert, Jean Valjean ins Gefängnis muss, weil er für seine hungerleidende Schwester Brot

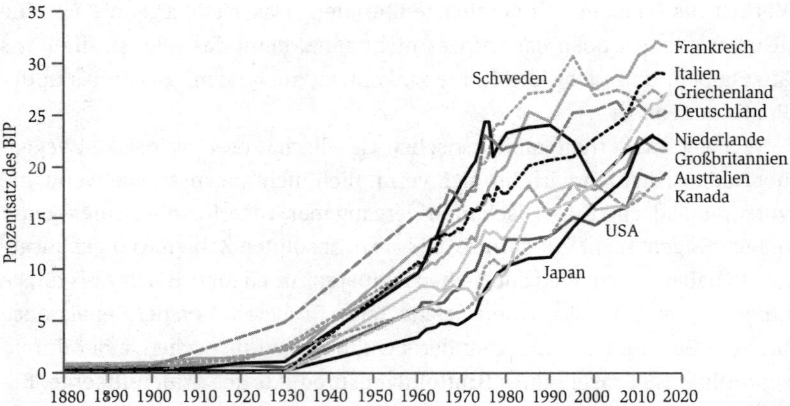

Abb. 9.4 Sozialleistungen, OECD-Staaten, 1880–2016
Quelle: *Our World in Data*, Ortiz-Ospina & Roser 2016 b, basierend auf Daten aus Lindert 2004 und OECD 1985, 2014, 2017. Die OECD (Organisation für wirtschaftliche Zusammenarbeit und Entwicklung) umfasst 35 demokratische Staaten mit einer Marktwirtschaft.

gestohlen hat, oder Familie Joad ihren Opa am Straßenrand der Route 66 begraben muss.

Da es keinen Sinn macht, wenn jeder Geld an den Staat überweist und es gleich wieder zurückbekommt (abzüglich der Verwaltungsgebühren), sollen Sozialleistungen den Menschen zugutekommen, die weniger Geld haben, während die Wohlhabenderen die Zeche bezahlen. Dieses Prinzip bezeichnet man als Einkommensumverteilung, Wohlfahrtsstaat, Sozialdemokratie oder Sozialismus (was irreführend ist, denn ein von freier Marktwirtschaft geprägter Kapitalismus ist mit Sozialleistungen von beliebigem Umfang vereinbar). Die Reduzierung von Ungleichheit ist ein (beabsichtigter oder unbeabsichtigter) Effekt von Sozialleistungen, und der Anstieg der Sozialausgaben ab den 1930er Jahren bis zum Ende der 1970er Jahre erklärt den sinkenden Gini-Index zum Teil.

Sozialleistungen illustrieren einen mysteriösen Aspekt des Fortschritts, dem wir in späteren Kapiteln erneut begegnen werden.[33] Auch wenn ich allergisch auf Schlagworte wie historische Zwangsläufigkeit, kosmische Kräfte oder die ausgleichende Gerechtigkeit der Geschichte reagiere, scheinen einige Formen sozialen Wandels tatsächlich durch eine unwiderstehliche tektonische Kraft in Gang gesetzt zu werden. Ihre Entfaltung wird von gewissen Gruppen bis aufs Blut bekämpft, doch letztlich ist jeder Widerstand zwecklos. Ein Beispiel sind Sozialleistungen. Die Vereinigten Staaten sind berühmt für ihren Widerstand gegen alles, was nach Einkommensumverteilung riecht. Dennoch verwenden sie 19 Prozent ihres Bruttoinlandsprodukts auf das Sozialwesen, und trotz aller Bemühungen von Konservativen und Libertären steigen die Ausgaben weiter an. Die jüngsten Erweiterungen sind ein von George W. Bush eingeführter Zuschuss für verschreibungspflichtige Medikamente und Obamacare, der nach seinem Initiator und Bushs Nachfolger benannte Krankenversicherungsplan.

In Wahrheit sind die Sozialausgaben in den USA noch höher, als es den Anschein hat, weil viele US-Amerikaner nicht vom Staat, sondern von ihren Arbeitgebern gezwungen werden, Beiträge für Gesundheitsvorsorge, Rente und etwaige Berufsunfähigkeit zu zahlen. Zählt man diese privat erhobenen Sozialabgaben zum öffentlichen Anteil hinzu, so schnellen die USA vom 24. Platz unter den 35 OECD-Staaten hoch auf den 2., direkt hinter Frankreich.[34]

Trotz aller Proteste gegen die Einmischung des Staates und höhere Steuern *mögen* die Leute Sozialleistungen. Man hat die soziale Sicherheit als »Stromschiene« *(third rail)* der US-amerikanischen Politik bezeichnet, weil sie für Politiker, die sie antasten, das Ende bedeutet. Einem Gerücht zufolge warnte ein erzürnter Wähler bei einer Bürgerversammlung seinen Abgeordneten: »Regierungshände weg von meiner Medicare« (und meinte damit die staatliche Gesundheitsfürsorge für Senioren).[35] Sobald Obamacare beschlossen worden war, widmeten sich die Republikaner mit heiligem Eifer der Aufgabe, das Gesetz wieder abzuschaffen, doch nachdem sie 2017 die Regierungsmacht übernommen hatten, wurde jede Angriffswelle bei Bürgerversammlungen von wütenden Bürgern und Abgeordneten, die deren Zorn fürchteten, zurückgeschlagen. Die beiden beliebtesten Freizeitbeschäftigungen von Kanadiern sind (nach Eishockey), über ihr Gesundheitssystem zu klagen und mit ihrem Gesundheitssystem zu prahlen.

Genau wie die Entwicklungsländer vor hundert Jahren sparen auch diejenigen von heute an Sozialleistungen. So gibt Indonesien 2 Prozent seines BIP dafür aus, Indien 2,5 Prozent und China 7 Prozent. Doch mit steigendem Wohlstand werden sie generöser – dieses Phänomen nennt man Wagner'sches Gesetz.[36] Von 1985 bis 2012 verfünffachte Mexiko seinen Anteil an Sozialleistungen, und Brasilien steht mittlerweile bei 16 Prozent.[37] Das

Wagner'sche Gesetz ist offenkundig kein warnendes Beispiel für übergriffige Regierungen und aufgeblähte Bürokratie, sondern eine Manifestation des Fortschritts. Laut dem Ökonomen Leandro Prados de la Escosura besteht eine starke Korrelation zwischen dem Prozentsatz des BIP, den ein OECD-Staat im Laufe seiner Entwicklung von 1880 bis 2000 für Sozialtransfers aufgewendet hat, und seiner Platzierung auf einer kombinierten Skala für Wohlstand, Gesundheit und Bildung.[38] Und libertäre Paradiese – Industriestaaten ohne umfangreiche Sozialleistungen – gibt es bezeichnenderweise nirgendwo auf der Welt.[39]

Die Korrelation zwischen Sozialleistungen und sozialem Wohlergehen gilt nur bis zu einem gewissen Grad: Bei etwa 25 Prozent flacht die Kurve ab und kann nach dem Erreichen höherer Werte sogar wieder sinken. Wie alle Dinge haben Sozialausgaben ihre Schattenseiten. So wie bei jeder Absicherung können sie einen sogenannten Moral Hazard bewirken. Damit ist gemeint, dass die Versicherten nachlässiger werden oder unkluge Risiken eingehen, weil sie darauf zählen, dass ihnen die Versicherung bei einem Malheur aus der Patsche hilft. Und da die Prämien die Auszahlungen decken müssen, kann das System zusammenbrechen, falls sich die Versicherungsfachleute verrechnen oder sich die Lage ändert, so dass mehr Geld entnommen wird, als hereinkommt. Im wirklichen Leben sind Sozialleistungen nie dasselbe wie Versicherungen, sondern eine Kombination aus Versicherung, Investition und Wohltätigkeit. Ihr Erfolg ist demnach abhängig von dem Ausmaß, in dem die Bürger eines Landes sich als Teil einer Gemeinschaft empfinden; und dieses Gemeinschaftsgefühl kann strapaziert werden, wenn die Nutznießer überproportional aus Einwanderern oder ethnischen Minderheiten bestehen.[40] Diese Spannungen sind allen Sozialleistungen eigen und werden immer für politischen Zündstoff sorgen. Auch wenn es keinen »korrekten Betrag« gibt, sind alle Industriestaaten der Meinung, dass die Vorteile von Sozialtransfers die Kosten überwiegen, und haben sich für einigermaßen hohe Beträge entschieden, die durch ihren immensen Reichtum abgefedert werden.

Beschließen wir unsere Reise durch die Geschichte der Ungleichheit, indem wir uns dem letzten Abschnitt von Abbildung 9.3 zuwenden, der um 1980 einsetzenden Zunahme der Ungleichheit in reichen Nationen. Diese Entwicklung gab Anlass zu der Behauptung, das Leben sei für jeden mit Ausnahme der Reichen schlechter geworden. Diese Wende konterkariert die Kuznets-Kurve, wo sich die Ungleichheit eigentlich auf einem niedrigen Wert einpendeln sollte. Für diese überraschende Entwicklung wurden viele Erklärungen vorgebracht.[41] Kriegsbedingte Einschränkungen des Wirtschaftswettbewerbs hielten möglicherweise noch bis nach dem Zweiten Weltkrieg an, doch schließlich lösten sie sich auf. Das eröffnete den Reichen die Chance, ihr Vermögen durch ihre Kapitalerträge zu vergrößern, und erschloss eine Arena für dynamische wirtschaftliche Konkurrenz mit Winner-take-all-Auszahlungen. Der mit Ronald Reagan und Margaret Thatcher assoziierte Wandel verlangsamte die Tendenz zu höheren Sozialleistungen, die durch die Besteuerung der Reichen finanziert wurden, während soziale Normen gegen exorbitante Gehälter und augenfälligen Reichtum an Durchschlagskraft verloren. Weil mehr Menschen ledig blieben oder sich scheiden ließen und zugleich mehr Powerpaare zwei dicke Gehälter nach Hause brachten, war eine zunehmende Varianz im Einkommen zwischen Haushalten vorprogrammiert, selbst wenn sich die Gehaltsschecks nicht verändert hatten. Eine von elektronischen Technologien angetriebene »zweite industrielle Revolution« führte zu einem weiteren Kuznets'schen Anstieg, indem sie eine Nachfrage nach hochqualifizierten Experten erzeugte, die sich von den schlechter Ausgebildeten absetzten, während zugleich die weniger qualifizierten Jobs durch Automatisierung wegfielen. Die Globalisierung ermöglichte Arbeitern in China, Indien und anderswo, ihre amerikanischen Konkurrenten auf dem globalen Arbeitsmarkt zu unterbieten, und die einheimischen Unternehmen, die die Chance auf eine Produktionsverlagerung ins Ausland verpassten, wurden preislich aus dem Feld geschlagen. Hinzu kam, dass die Geistesprodukte der erfolgreichsten Analysten, Unternehmer, Investoren und Kreativen in zunehmendem Maße auf einem riesigen weltweiten Markt angeboten wurden. Der Arbeiter bei Pontiac bekommt seine Entlassungspapiere, und J. K. Rowling wird zur Milliardärin.

Milanović hat die beiden Trends der Ungleichheit in den letzten dreißig Jahren – sinkende globale Ungleichheit, zunehmende Ungleichheit in reichen Ländern – zu einem einzigen Graphen miteinander kombiniert, der netterweise die Form eines Elefanten hat (Abbildung 9.5). Diese »Wachstumsinzidenzkurve« (*growth incidence curve*, GIC) teilt die Weltbevölkerung in 20 numerische Spalten oder Quantile, von den Ärmsten bis zu den Reichsten, und nimmt auf, wie viel jede Spalte in Realeinkommen pro Kopf zwischen 1988 (unmittelbar vor dem Fall der Berliner Mauer) und 2008 (unmittelbar vor der Weltwirtschaftskrise) hinzugewonnen oder verloren hat.

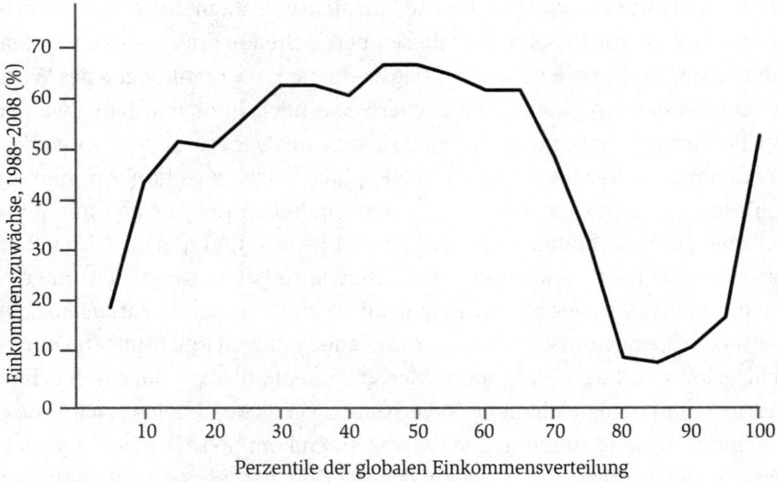

Abb. 9.5 Einkommenszuwächse, 1988–2008
Quelle: Milanović 2016, Schaubild 1.3

Laut dem gängigen Klischee bringt die Globalisierung Gewinner und Verlierer hervor, und die Elefantenkurve zeigt sie uns in Gestalt von Gipfeln und Tälern. Sie offenbart, dass die Gewinner die Mehrheit der Weltbevölkerung ausmachen. Der größte Teil des Elefanten (Körper und Kopf), der rund sieben Zehntel der Menschheit umfasst, besteht aus der wachsenden »globalen Mittelschicht«, insbesondere in Asien. Im genannten Zeitraum war dort ein kumulativer realer Einkommenszuwachs von 40 bis 60 Prozent zu verzeichnen. Die Nasenlöcher an der Rüsselspitze sind das reichste Prozent der Welt, das sich ebenfalls aufstrebender Einkommen erfreuen konnte. Dem Rest der Rüsselspitze, der die folgenden 4 Prozent umfasst, erging es auch nicht schlecht. Ungefähr beim 85. Perzentil, wo der Rüssel knapp über dem Boden einen Bogen beschreibt, finden wir die »Verlierer« der Globalisierung: die Angehörigen der unteren Mittelschicht der reichen Länder, die weniger als 10 Prozent Zuwachs erfuhren. Sie haben die neue Angst vor Ungleichheit entfacht – die »ausgehöhlte Mittelschicht«, die Trump-Anhänger, die Menschen, die die Globalisierung hinter sich gelassen hat.

Ich konnte nicht widerstehen, Ihnen den prägnantesten Elefanten aus Milanovićs Herde zu präsentieren, weil er die Auswirkungen der Globalisierung anschaulich verkörpert (und zudem die Menagerie mit Trampeltier und Dromedar aus Abbildung 8.3 hübsch komplettiert). Dennoch lässt er die Welt ungleicher erscheinen, als sie ist, und das hat zwei Gründe. Zum einen hatte die Finanzkrise von 2008, die erst nach dem Elefanten kam, einen merkwürdig gleichmacherischen Effekt. Wie Milanović hervorhebt, betraf die Weltwirtschaftskrise im Wesentlichen Nordatlantikstaaten. Die Einkommen des reichsten Prozents der Welt wurden beschnitten, wohingegen die Einkommen von Arbeitern anderswo zulegten (in China verdoppelten sie sich). Drei Jahre nach der Krise ist der Elefant immer noch zu sehen, doch die Rüsselspitze hat sich gesenkt, während die Rückenkrümmung doppelt so hoch ist.[42]

Der zweite Elefantenverzerrer ist ein begriffliches Problem, das viele Diskussionen über Ungleichheit verkompliziert. Über wen reden wir, wenn wir vom »unteren Fünftel« oder dem »obersten Prozent« sprechen? Die meisten Einkommensverteilungen beruhen auf anonymen Daten, wie Ökonomen sagen – sie betreffen statistische Spannen, nicht wirkliche Menschen.[43] Nehmen wir an, ich sage Ihnen, dass das Alter eines durchschnittlichen US-Amerikaners im Median von 30 im Jahr 1950 auf 28 im Jahr 1970 gesunken ist. Wenn Ihr erster Gedanke war »Wow, wie hat es der Typ geschafft, zwei Jahre jünger zu werden?«, liegt eine Verwechslung vor: Der »Median« ist keine Person, sondern ein Rang. Dem gleichen Fehlschluss unterliegt man, wenn man liest, dass »das oberste Prozent von 2008« über Einkommen verfügte, die um 50 Prozent höher lagen als die »des obersten Prozents von 1988«, und folgert, dass ein Haufen reicher Leute ihr Vermögen noch einmal um die Hälfte aufstocken konnten. Menschen erlangen die Zugehörigkeit zu Einkommensgruppen und verlassen sie wieder, wobei sie die Rangfolge ständig durcheinanderbringen, so dass wir nicht zwangsläufig immer über dieselben Personen reden. Das Gleiche gilt für »das untere Fünftel« und jede andere statistische Gruppe.

Nichtanonyme oder Längsschnittdaten, die Menschen über einen längeren Zeitraum verfolgen, stehen für die meisten Länder nicht zur Verfügung. Also wandte Milanović die zweitbeste Strategie an und behielt einzelne Quantile in ganz bestimmten Ländern im Auge, so dass beispielsweise arme Inder von 1988 nicht mehr mit armen Ghanaern von 2008 verglichen wurden.[44] So erhielt er nach wie vor ein elefantenartiges Gebilde, aber mit einem viel höher angesetzten Schwanz und Hinterteil, weil die ärmeren Schichten so vieler Länder der extremen Armut entrinnen konnten. Das Muster bleibt gleich – von der Globalisierung profitierten die unteren und mittleren

Schichten armer Länder sowie die Oberschicht reicher Länder sehr viel stärker als die untere Mittelschicht reicher Länder –, doch die Unterschiede sind weniger extrem.

Nun, da wir die Geschichte der Ungleichheit haben Revue passieren lassen und die Kräfte betrachtet haben, unter deren Einfluss sie steht, können wir die Behauptung beurteilen, dass die zunehmende Ungleichheit der letzten drei Jahrzehnte die Welt zum Schlechteren verändert hat – dass nur die Reichen davon profitiert haben, während alle anderen auf der Stelle treten oder leiden. Zweifellos haben die Reichen mehr als alle anderen profitiert, vielleicht auch mehr, als sie sollten, doch was alle anderen betrifft, ist die Behauptung aus mehreren Gründen unwahr.

Ganz offenkundig trifft sie für die Welt als Ganzes nicht zu – dem größten Teil der Menschheit geht es heute viel besser als früher. Aus dem zweihöckrigen Trampeltier ist ein einhöckriges Dromedar geworden. Der Elefant ist so dick wie ein – Elefant. Extreme Armut hat stark abgenommen und ist möglicherweise ganz im Schwinden begriffen. Und die Koeffizienten für internationale wie auch globale Ungleichheit sinken. Es stimmt zwar, dass die Armen der Welt teilweise auf Kosten der US-amerikanischen unteren Mittelschicht reicher geworden sind, und wenn ich ein amerikanischer Politiker wäre, würde ich nicht öffentlich verkünden, dass das ein guter Tausch war. Als Bürger der Welt und mit dem Blick auf die Welt als Ganzes müssen wir jedoch sagen, dass dieser Tausch die Sache wert ist.

Doch selbst in der Unterschicht und der unteren Mittelschicht reicher Länder sind mäßige Einkommenszuwächse nicht gleichbedeutend mit einem schlechteren Lebensstandard. In heutigen Diskussionen über Ungleichheit vergleicht man die jetzigen Zustände oft abschätzig mit der Zeit lukrativer, angesehener »Blaumann-Jobs«, die durch Automatisierung und Globalisierung nun aussterben. Dieses idyllische Bild wird Lügen gestraft durch zeitgenössische Darstellungen des harten Arbeiterlebens jener Ära, sowohl in Reportagen von Enthüllungsjournalisten (wie Michael Harringtons *The Other America* von 1962, dt. *Das Andere Amerika*) als auch in realistischen Filmen (wie *Die Faust im Nacken*, *Blue Collar – Kampf am Fließband* und *Norma Rae – Eine Frau steht ihren Mann*). Die Historikerin Stephanie Coontz, die den verklärt nostalgischen Blick auf die 1950er Jahre als falsch entlarvt, ergänzt die Darstellungen durch ein paar Zahlen:

> Geschlagene 25 Prozent der US-Amerikaner, 40 bis 50 Millionen Menschen, waren Mitte der 1950er Jahre arm, und ohne Lebensmittelmarken und Wohnungsbauprogramme war diese Armut quälend. Noch Ende der 1950er Jahre war ein Drittel der amerikanischen Kinder arm. 60 Prozent der Amerikaner über 65 hatten 1958 ein Einkommen von unter 1000 $, also deutlich weniger als die Spanne von 3000 $ bis 10 000 $, die als repräsentativ für die Mittelschicht galt. Ältere Menschen hatten mehrheitlich keine Krankenversicherung. Im Jahr 1959 verfügte nur die Hälfte der Bevölkerung über Ersparnisse; ein Viertel der Bevölkerung besaß keinerlei flüssiges Kapital. Selbst wenn man nur im Lande geborene weiße Familien berücksichtigt, kam ein Drittel von ihnen allein mit dem Einkommen des Haushaltsvorstands nicht über die Runden.[45]

Wie lassen sich die offenkundigen Verbesserungen des Lebensstandards in den letzten Jahrzehnten mit dem herkömmlichen Eindruck wirtschaftlicher Stagnation vereinbaren? Dass Ungleichheitsstatistiken gelegentlich ein irreführendes Bild vom Lebensstil der Menschen zeichnen, kann laut Ökonomen vier verschiedene Ursachen haben, die jeweils bereits hier erörterte Differenzierungen betreffen.

Die erste ist die Unterscheidung zwischen relativem und absolutem Wohlstand. So wie nicht alle Kinder überdurchschnittlich sein können, ist es kein Zeichen für Stillstand, wenn der Einkommensanteil des unteren Fünftels der Bevölkerung nicht mit der Zeit ansteigt. Für das Wohlergehen relevant ist, wie viel Menschen verdienen, und nicht, welchen Rang sie im Vergleich mit anderen Bevölkerungsgruppen einnehmen. In einer neueren Studie des Ökonomen Stephen Rose wurde die US-amerikanische Bevölkerung nicht anhand von Quantilen, sondern von festgelegten Marken in Klassen eingeteilt. »Arm« war für eine dreiköpfige Familie als ein Einkommen von 0 $ bis 30 000 $ (in Dollar (2014)) definiert, »untere Mittelschicht« als 30 000 $ bis 50 000 $ und so weiter.[46] Laut der Studie sind US-Amerikaner in absoluten Zahlen die soziale Leiter hochgeklettert. Zwischen 1979 und 2014 sank der Prozentsatz der armen Amerikaner von 24 auf 20, der Prozentsatz von Amerikanern aus der unteren Mittelschicht sank von 24 auf 17 und der der Mittelschicht von 32 auf 30. Was war aus den Menschen geworden? Viele landeten in der oberen Mittelschicht (100 000 $ bis 350 000 $), die von 13 auf 30 Prozent der Bevölkerung anwuchs, und in der Oberschicht, die von 0,1 Prozent auf 2 Prozent kletterte. Zum Teil wird die Mittelschicht ausgehöhlt, weil so viele Amerikaner vermögend werden. Die Ungleichheit hat ohne Zweifel zugenommen – die Reichen sind schneller reicher geworden als die Armen und die Mittelschicht –, aber reicher geworden sind (im Schnitt) alle.

Die zweite Verwechslung ist die zwischen anonymen und Längsschnittdaten. Wenn beispielsweise das untere Fünftel der amerikanischen Bevölkerung in 20 Jahren keinen Boden gutmachen konnte, heißt das nicht, dass der Installateur Joe 2008 den gleichen Lohn erhalten hat wie 1988 (oder einen geringfügig höheren, um den gestiegenen Lebenshaltungskosten Rechnung zu tragen). Mit steigendem Alter und zunehmender Erfahrung verdient man mehr oder wechselt von einem weniger einträglichen Job zu einem besser bezahlten, so dass Joe vielleicht vom unteren Fünftel in das mittlere Fünftel aufgestiegen ist, während ein Mann oder eine Frau jüngeren Alters oder ein Einwanderer seinen Platz im unteren Bereich eingenommen hat. Die Fluktuation ist keineswegs geringfügig. Eine neuere Untersuchung, die sich auf Längsschnittdaten stützte, hat erbracht, dass die Hälfte der US-Amerikaner im Laufe ihres Arbeitslebens zumindest für ein Jahr zum obersten Zehntel der Einkommensempfänger gehören und jeder neunte zum obersten Prozent (wenn auch in den meisten Fällen nur für kurze Zeit).[47] Das mag ein Grund dafür sein, dass ökonomische Überzeugungen der Optimismuslücke unterliegen (oder dem Fehlschluss: »Mir geht's gut, denen nicht«). Die Mehrheit der Amerikaner glaubt, dass der Lebensstandard der Mittelschicht in den letzten Jahren gesunken ist, der eigene Lebensstandard hingegen gestiegen.[48]

Dass die wachsende Ungleichheit den unteren Schichten kein schlechteres Leben beschert hat, liegt drittens an den Sozialtransfers, die die niedrigen Einkommen abgemildert haben. Trotz all ihrer individualistischen Ideologie ist das Maß an Umverteilung in den Vereinigten Staaten hoch. Die Einkommensteuer ist nach wie vor gestaffelt, und niedrige Einkommen werden durch einen »verborgenen Wohlfahrtsstaat« abgepuffert, mit Arbeitslosenversicherung, staatlicher Rentenversicherung, Medicare, Medicaid, temporärer Unterstützung für bedürftige Familien, Lebensmittelmarken und Lohnauffüllung *(Earned Income Tax Credit)*, einer Art negativer Einkommensteuer, mit der der Staat das Einkommen Geringverdienender aufstockt. Dies alles zusammengenommen, sind die USA längst nicht mehr so ungleich. Im Jahr 2013 hatte der Gini-Index für das amerikanische Markteinkommen (vor Steuern und Transfers) den hohen Wert von 0,53; für das verfügbare Einkommen (nach Steuern und Transfers) lag er bei moderaten 0,38.[49] Die USA sind noch nicht so weit wie beispielsweise Deutschland und

Finnland, die, wie auch andere Länder, zunächst eine ähnliche Verteilung des Markteinkommens aufweisen, diese aber dann offensiver ausgleichen, den Gini-Index auf hohe 0,2er-Werte drücken und so den Anstieg der Ungleichheit nach den 1980er Jahren großenteils umgehen konnten. Ob der großzügige europäische Sozialstaat langfristig aufrechtzuerhalten und auf die Vereinigten Staaten übertragbar ist oder nicht – auf die eine oder andere Weise sind alle Industriestaaten Wohlfahrtsstaaten, die die Ungleichheit, wenn möglicherweise auch im Verborgenen, reduzieren.[50]

Diese Transfers haben nicht nur die Einkommensungleichheit geglättet (was an sich eine zweifelhafte Errungenschaft ist), sondern auch die Einkommen der Nichtreichen steigen lassen (eine echte Errungenschaft). Laut einer Analyse des Ökonomen Gary Burtless stiegen die verfügbaren Einkommen der vier untersten Einkommensquintile zwischen 1979 und 2010 jeweils um 49, 37, 36 und 45 Prozent.[51] Und das war schon vor der spät erfolgten Erholung von der Weltwirtschaftskrise: Von 2014 bis 2016 erreichten die mittleren Löhne ein Allzeithoch.[52]

Noch bedeutsamer ist, was das unterste Ende der Skala betrifft. Sowohl die Rechte als auch die Linke haben lange mit Zynismus auf Programme zur Armutbekämpfung reagiert, so wie Ronald Reagan mit seinem berühmten Witzchen: »Vor einigen Jahren erklärte die Bundesregierung [der USA] der Armut den Krieg, und die Armut blieb Sieger.« In Wahrheit befindet sich die Armut auf der Verliererstraße. Der Soziologe Christopher Jencks hat folgende Rechnung aufgestellt: Zählt man die Unterstützungsleistungen durch den verborgenen Wohlfahrtsstaat zusammen und berücksichtigt bei der Berechnung der Lebenshaltungskosten die immer bessere Qualität und fallenden Preise von Verbrauchsgütern, so ist die Armutsrate in den vergangenen 50 Jahren um mehr als drei Viertel gesunken und stand 2013 bei 4,8 Prozent.[53] Drei weitere Analysen sind zum gleichen Ergebnis gekommen; die obere Kurve in Abbildung 9.6 gibt Daten einer dieser Analysen wieder, durchgeführt von den Ökonomen Bruce Meyer und James Sullivan. Um die Zeit der Weltwirtschaftskrise kam der Fortschritt zum Stillstand, erholte sich aber 2015 und 2016 wieder (was im Graphen nicht dargestellt ist), als das Mittelschichteinkommen ein Rekordhoch erreichte und die Armutsrate den tiefsten Fall seit 1999 hinlegte.[54] Und noch eine weitere unbesungene Errungenschaft: Von 2007 bis 2015 sank die Zahl der Ärmsten der Armen – der Obdach- und Wohnungslosen – trotz der Weltwirtschaftskrise um fast ein Drittel.[55]

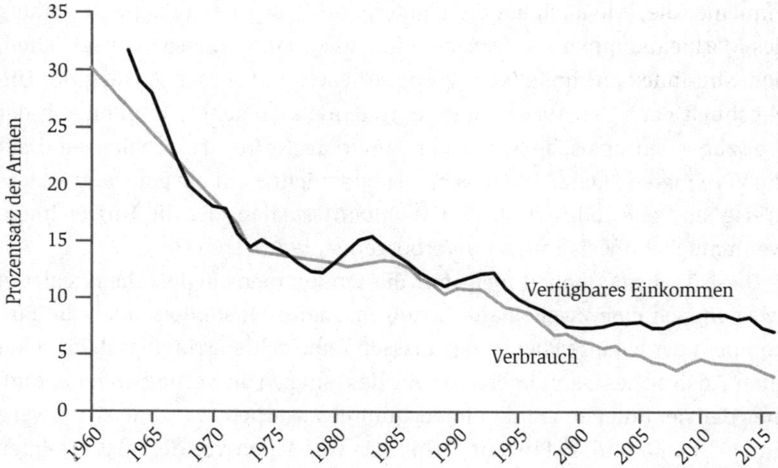

Abb. 9.6 Armut, USA, 1960–2016

Quellen: Meyer & Sullivan 2017b. »Verfügbares Einkommen« entspricht ihrem »After-tax money income«, einschließlich Krediten, inflationsbereinigt mit Hilfe des Bias-korrigierten CPI-U-RS[56] und repräsentativ für eine Familie mit zwei Erwachsenen und zwei Kindern. »Verbrauch« bezieht sich auf Daten des BLS Consumer Expenditure Survey zu Ernährung, Unterkunft, Fahrzeugen, Geräten, Einrichtung, Kleidung, Schmuck, Versicherungen und anderen Ausgaben. »Armut« beruht auf der Definition des statistischen Bundesamts der USA für 1980, inflationsbereinigt; die Armutskurve in anderen Jahren zu verankern würde zu anderen absoluten Zahlen, aber den gleichen Trends führen. Weitere Details bei Meyer & Sullivan 2011, 2012, 2017a.

Die untere Kurve in Abbildung 9.6 illustriert die vierte Art und Weise, in der Maße für Ungleichheit den Fortschritt der unteren und mittleren Schichten in reichen Ländern unterbewerten können.[57] Das Einkommen ist lediglich Mittel zum Zweck – eine Möglichkeit, Dinge zu bezahlen, die Menschen brauchen, sich wünschen und mögen. Ökonomen sprechen nüchtern von Verbrauch. Definiert man Armut nicht über das, was Menschen verdienen, sondern über das, was sie verbrauchen, so stellt sich heraus, dass die Armutsrate in den USA seit 1960 um *90 Prozent* zurückgegangen ist, von 30 Prozent der Bevölkerung auf nur noch 3 Prozent. Die beiden Kräfte, die bekanntlich für mehr Einkommensungleichheit gesorgt haben, haben ebenfalls bewirkt, dass die Ungleichheit in den wesentlichen Dingen des Lebens abgenommen hat. Die erste der beiden Kräfte, die Globalisierung, mag Gewinner und Verlierer produzieren, was Einkommen betrifft, aber im Hinblick auf Konsum macht sie fast jeden zum Gewinner. Asiatische Fabriken, Containerschiffe und effizienter Einzelhandel verhelfen der großen Masse zu Gütern, die für die Reichen früherer Zeiten noch Luxus waren. (Im Jahr 2005 stellte der Ökonom Jason Furman die Rechnung auf, dass die typische amerikanische Familie dank Walmart im Jahr 2300 $ sparte.)[58] Die zweite Kraft, Technologie, revolutioniert die Bedeutung des Einkommens fortwährend (wie wir bei der Erörterung des Wertparadoxes in Kapitel 8 gesehen haben). Mit einem Dollar von heute, egal wie energisch inflationsbereinigt er ist, lässt sich viel mehr Lebensqualität erwerben als mit einem Dollar von gestern. Man kann mit ihm Dinge kaufen, die es früher nicht gab, wie die Kühlung von Lebensmitteln, Elektrizität, Toiletten, Impfungen, Telefone, Empfängnisverhütung und Flugreisen, und bereits existierende Dinge lassen sich mit ihm verwandeln, so wie ein Gemeinschaftsanschluss, den das Fräulein vom Amt mit Klinkensteckern am Klappenschrank bediente, zu einem Smartphone mit unbegrenzter Sprechzeit wurde.

Was es bedeutet, arm zu sein, hat durch Technologie und Globalisierung, zumindest in den Industriestaaten, ebenfalls eine Wandlung erfahren. Das alte Klischee eines armen Menschen war ein ausgezehrter Almosenempfänger in Lumpen. Heutzutage sind die Armen häufig genauso übergewichtig wie ihre Arbeitgeber und tragen die gleichen Fleecejacken, Sneaker und Jeans. Früher nannte man arme Leute Habenichtse. Im Jahr 2011 verfügten mehr als 95 Prozent der US-amerikanischen Haushalte unter der Armutsgrenze über einen Stromanschluss, fließendes Wasser, Toiletten mit Spülung, Kühlschrank, Herd und Farbfernsehen.[59] (Vor 150 Jahren hatten die Rothschilds, Astors und Vanderbilts nichts dergleichen.) Fast die Hälfte der Haushalte unterhalb der Armutsgrenze besaß eine Spülmaschine, 60 Prozent hatten einen Computer, rund zwei Drittel Waschmaschine und Trockner, und über 80 Prozent besaßen Klimaanlage, Videorekorder und Handy. Im goldenen Zeitalter wirtschaftlicher Gleichheit, in dem ich aufwuchs, hatten die »Habewasse« der Mittelschicht nur wenige oder keine dieser Dinge. Daraus folgt, dass die kostbarsten Ressourcen von allen – Zeit, Freiheit und wertvolle Erfahrungen – gemeinhin immer umfassender zur Verfügung stehen. Damit beschäftigen wir uns eingehender in Kapitel 17.

Die Reichen sind zwar noch reicher geworden, ihr Leben jedoch nicht *so* viel besser. Vielleicht nennt Warren Buffett mehr oder bessere Klimaanlagen als die meisten anderen Leute sein Eigen, doch historisch gesehen ist allein die Tatsache, dass die Mehrheit der armen Amerikaner überhaupt eine Klimaanlage *besitzt*, erstaunlich. Sobald man den Gini-Index nicht über das Einkommen, sondern über den Verbrauch berechnet, bleibt er niedrig oder flach.[60] Laut Umfragen ist auch die Ungleichheit der Zufriedenheit in der amerikanischen Bevölkerung zurückgegangen.[61] Und obwohl ich es geschmacklos, ja geradezu grotesk finde, sinkende Gini-Koeffizienten für Leben, Gesundheit und Bildung zu feiern (als sei es gut für die Menschheit, den Gesündesten den Garaus zu machen und den Schlauesten das Schultor vor der Nase zuzuschlagen), sind sie in der Tat aus den richtigen Gründen gesunken – das Leben der Armen wird schneller besser als das der Reichen.[62]

Anzuerkennen, dass die Lebensqualität der unteren und mittleren Schichten der Industriestaaten in den letzten Jahrzehnten zugenommen hat, heißt nicht, dass man die Augen vor den gravierenden Problemen der Volkswirtschaften des 21. Jahrhunderts verschließen sollte. Das verfügbare Einkommen ist zwar gestiegen, doch dieser Anstieg verläuft schleppend, und es kann sein, dass die daraus resultierende mangelnde Konsumnachfrage die Wirtschaft als Ganzes in Mitleidenschaft zieht.[63] Die Nöte einer ganz bestimmten Bevölkerungsgruppe – weniger gut gebildete, nichtstädtische weiße US-Amerikaner mittleren Alters – sind real und tragisch; sie drücken sich aus in einer höheren Drogenüberdosis- und Selbstmordrate (Kapitel 12 bzw. 18). Fortschreitende Robotertechnik bedroht die Arbeitsplätze von Millionen. Der Berufsstand der Lastwagenfahrer gehört in den meisten Staaten zu den verbreitetsten, und dank selbstfahrender Fahrzeuge droht ihnen womöglich das gleiche Schicksal wie Schreibern, Stellmachern und Telefonistinnen. Die Bildung, ein Hauptantreiber wirtschaftlicher Mobilität, hält nicht Schritt mit den Bedürfnissen moderner Volkswirtschaften: Die Kosten für Hochschulbildung sind sprunghaft angestiegen (ungeachtet der Verbilligung fast aller anderen Güter), und in armen amerikanischen Vierteln sind Grundschul- und Sekundarausbildung unfassbar unzulänglich. Das amerikanische Steuersystem ist in vielen Bereichen regressiv, und zu häufig wird politischer Einfluss mit Geld erkauft. Und was vielleicht am schlimmsten ist: Der Eindruck, die moderne Ökonomie gebe den meisten Leuten das Nachsehen, befördert eine Politik, die technikfeindlich ist und auf Kosten des jeweils anderen geht, und das wäre für alle von Nachteil.

Dennoch sind ein enger Fokus auf Einkommensungleichheit und eine nostalgische Sehnsucht nach der Großen Kompression Mitte des 20. Jahrhunderts fehl am Platze. Die moderne Welt kann weiter auf einem guten Weg voranschreiten, selbst wenn der Gini-Index oder die Einkommensanteile der Topverdiener auf einem hohen Niveau verharren, was sehr gut möglich ist, weil die dafür verantwortlichen Kräfte wirksam bleiben. Man kann Amerikaner nicht zwingen, keinen Prius, sondern einen Pontiac zu kaufen. Die Kinder der Welt werden nicht auf *Harry Potter* verzichten, nur weil J. K. Rowling dadurch zur Milliardärin wird. Und es ist nicht sehr sinnvoll, zig Millionen armen Amerikanern höhere Preise für Kleidung aufzudrängen, um Zehntausende Jobs in der Bekleidungsindustrie zu retten.[64] Ebenso wenig sinnvoll ist es langfristig, Menschen langweilige und gefährliche Arbeiten verrichten zu lassen, die Maschinen effektiver erledigen könnten, nur um ihnen einen ersetzbaren Job zu geben.[65]

Statt die Ungleichheit per se zu attackieren, ist es möglicherweise konstruktiver, die spezifischen damit verbundenen Probleme anzugehen.[66] Eine naheliegende Priorität sollte es sein, das Wirtschaftswachstum anzukurbeln, denn so bekäme jeder ein größeres Stück vom Kuchen ab, und es gäbe mehr davon zu verteilen.[67] Die Tendenzen des vergangenen Jahrhunderts und ein Überblick über die Länder der Welt lassen vermuten, dass Regierungen dabei eine immer wichtigere Rolle spielen werden. Sie sind vor allen anderen in der Lage, in Bildung, Grundlagenforschung und Infrastruktur zu investieren, Krankenversicherungsleistungen und Altersversorgung zu garantieren (was amerikanische Unternehmen von der lästigen Pflicht entbinden würde, für die Sozialversicherung zu sorgen) sowie Einkommen auf ein Niveau über ihrem Marktpreis aufzustocken, weil diese für Millionen Menschen sinken könnten, auch wenn der Wohlstand generell zunimmt.[68]

Der nächste Schritt auf dem sich abzeichnenden historischen Weg zu höheren Sozialausgaben könnte ein allgemeines Grundeinkommen sein (oder seine enge Verwandte, die negative Einkommensteuer). Diese Idee zieht schon seit Jahrzehnten ihre Kreise, und ihr Tag mag kommen.[69] Obwohl sie nach Sozialismus riecht, propagierten die Idee auch Ökonomen (wie Milton Friedman), Politiker (wie Richard Nixon) und Bundesstaaten (wie Alaska), die dem rechten Lager zugeordnet werden, und heute liebäugeln Analysten aus dem gesamten politischen Spektrum mit ihr. Ein allgemeines Grundeinkommen einzuführen ist zwar alles andere als einfach (die Zahlen müssen stimmen, und es muss weiterhin Anreize für Bildung, Arbeit und Risikobereitschaft geben), aber die damit verbundene Verheißung darf man nicht ignorieren. Sie könnte das zusammengeschusterte Flickwerk des verborgenen Wohlfahrtsstaates rationalisieren und das langsam vorrückende Desaster, dass Arbeiter durch Roboter ersetzt werden, in ein Füllhorn verwandeln. Viele Jobs, die Roboter übernehmen werden, sind Jobs, die Menschen nicht unbedingt Spaß machen, und die Dividende aus Produktivität, Sicherheit und Freizeit könnte ein Segen für die Menschheit sein, solange sie möglichst allen zugutekommt. Das Gespenst der Anomie und Bedeutungslosigkeit wird vermutlich übertrieben (laut Studien aus Regionen, die bereits mit einem garantierten Einkommen experimentiert haben); man könnte ihm mit öffentlichen Jobs begegnen, die Märkte nicht tragen und Roboter nicht ausführen können, oder mit neuen Chancen auf sinnvolle Ehrenämter und andere Formen von effektivem Altruismus.[70] Unter dem Strich könnte eine Reduzierung der Ungleichheit herausspringen, aber das wäre nur ein Nebeneffekt der gesteigerten Lebensqualität aller Menschen, insbesondere der wirtschaftlich Gefährdeten.

Insgesamt gesehen steht Einkommensungleichheit nicht im Widerspruch zu menschlichem Fortschritt, und wir leben nicht in einer Dystopie sinkender Einkommen, die das jahrhundertelange Wachstum des Wohlstands ins Gegenteil verkehrt hat. Sie erfordert auch nicht, die Roboter zu zerschmettern, die Schotten dicht zu machen, zum Sozialismus umzuschwenken oder in die Fünfziger zurückzukehren. Lassen Sie mich meine komplizierten Ausführungen zu einem komplizierten Thema noch einmal zusammenfassen.

Ungleichheit ist nicht dasselbe wie Armut, und sie ist keine elementare Komponente menschlichen Gedeihens. Bei länderübergreifenden Vergleichen der Lebensqualität verblasst ihre Relevanz neben allgemeinem Wohlstand. Eine Zunahme der Ungleichheit ist nicht unbedingt etwas Schlechtes – Gesellschaften, die der flächendeckenden Armut entfliehen, werden zwangsläufig ungleicher, und der ungleichmäßige Anstieg wiederholt sich vielleicht, wenn eine Gesellschaft neue Wohlstandsquellen entdeckt. Ebenso wenig ist eine Abnahme der Ungleichheit immer etwas Gutes – die wirksamsten Gleichmacher ökonomischer Unebenheiten sind Epidemien, große Kriege, blutige Revolutionen und der Zusammenbruch von Staaten.

Trotz alledem hat mit der Aufklärung ein langfristiger historischer Trend eingesetzt, der allen Menschen mehr Wohlstand beschert. Moderne Gesellschaften haben nicht nur massiven Reichtum erzeugt, sondern widmen auch einen immer größeren Anteil dieses Reichtums der Unterstützung derjenigen, die weniger haben.

Indem Globalisierung und Technologie Millionen aus der Armut geholt und so eine weltweite Mittelschicht geschaffen haben, sind die internationale und globale Ungleichheit zurückgegangen, und zugleich mehrte sich der Reichtum von Eliten mit weltweitem Einfluss auf analytischem, kreativem oder finanziellem Gebiet. Das Vermögen der unteren Schichten in den Industriestaaten ist nicht annähernd so sehr gewachsen, aber gewachsen ist es dennoch – und zwar oft, weil ihre Angehörigen in obere Schichten aufgestiegen sind. Die Zuwächse werden noch durch Sozialausgaben vergrößert sowie durch die sinkenden Preise und die steigende Qualität der Dinge, die Menschen erwerben möchten. In gewisser Weise ist die Welt ungleicher geworden, doch in noch mehr Bereichen hat sich die Lebensqualität der Menschen auf der Welt verbessert.

Kapitel 10

Die Umwelt

Aber ist Fortschritt nachhaltig? Eine häufige Reaktion auf die guten Nachrichten über unseren Wohlstand, unsere Gesundheit und Ernährung lautet, dass dies alles nicht ewig währen kann. Indem wir die Welt mit Menschenmassen überschwemmen, die reichen Gaben der Erde hemmungslos verprassen, ohne auf ihre Endlichkeit zu achten, und unser eigenes Nest mit Abgasen und Müll beschmutzen, hasten wir dem Tag der Abrechnung entgegen, an dem die Umwelt ihren Tribut von uns fordert. Sollten uns Überbevölkerung, Ressourcenerschöpfung und Umweltverschmutzung nicht den Garaus machen, so wird dies ganz sicher dem Klimawandel gelingen.

Wie auch im Kapitel über Ungleichheit werde ich nicht so tun, als seien alle Trends positiv zu bewerten oder die Probleme, mit denen wir konfrontiert werden, belanglos. Ich möchte diese Probleme jedoch von einer Seite betrachten, die sich von der üblichen düsteren Sichtweise abhebt und eine konstruktive Alternative zu dem sonst beförderten Radikalismus oder Fatalismus darstellt. Die Schlüsselidee ist, dass Umweltprobleme, genau wie andere Probleme, lösbar sind, wenn man über das dazu erforderliche Wissen verfügt.

Allerdings sollte man schon die Vorstellung, dass es überhaupt Umweltprobleme *gibt*, nicht als selbstverständlich hinnehmen. Vom Blickwinkel des Individuums scheint die Erde unendlich zu sein und unser Einfluss auf sie unbedeutend. Vom Blickwinkel der Wissenschaft ist die Aussicht beunruhigender. Der mikroskopische Blick offenbart Schadstoffe, die uns und die Arten, die wir bewundern und benötigen, heimtückisch vergiften; der makroskopische Blick offenbart Folgen für Ökosysteme, die für sich genommen kaum wahrnehmbar sind, sich in ihrer Kombination jedoch zu einem tragischen Raubbau addieren. Von den 1960er Jahren an entwickelte sich die Umweltbewegung aufgrund von wissenschaftlichen Erkenntnissen (aus Ökologie, Gesundheitswesen sowie Geo- und atmosphärischer Wissenschaft) und aus einer romantischen Naturverehrung heraus. Die Bewegung räumte der Gesundheit unseres Planeten permanente Priorität auf der Agenda der Menschheit ein, und wir werden sehen, dass ihr Anerkennung für grundlegende Errungenschaften gebührt – einer weiteren Form menschlichen Fortschritts.

Ironischerweise weigern sich viele Stimmen der traditionellen Umweltbewegung, diesen Fortschritt zu würdigen oder auch nur anzuerkennen, dass menschlicher Fortschritt ein erstrebenswertes Ziel ist. In diesem Kapitel werde ich ein neues Konzept des Umweltbewusstseins vorstellen, das sich ebenfalls den Schutz von Luft und Wasser, Arten und Ökosystemen auf die Fahne geschrieben hat, aber eher im Optimismus der Aufklärung gründet als im Untergangsprophetismus der Romantik.

Ab den 1970er Jahren schloss sich die Hauptströmung der Umweltbewegung einer quasireligiösen Ideologie, dem Grünismus an, der sich in den Manifesten von so unterschiedlichen Aktivisten wie Al Gore, dem Unabomber und Papst Franziskus äußert.[1] Am Beginn grüner Ideologie steht das Bild der Erde als einer unberührten Naiven, die durch die menschliche Raffgier geschändet worden ist. In seiner Enzyklika *Laudato Si'* (»Gelobet seist du«) von 2015 drückte Franziskus es folgendermaßen aus: »Unser gemeinsames Haus [ist] wie eine Schwester ..., mit der wir das Leben teilen ... Diese Schwester schreit auf wegen des Schadens, den wir ihr ... zufügen.« Laut seiner Darstellung verschlimmert sich dieser Schaden unaufhaltsam: »Die Erde, unser Haus, scheint sich immer mehr in eine unermessliche Mülldeponie zu verwandeln.« Die Wurzel allen Übels sei das Bekenntnis der Aufklärung zu Vernunft, Wissenschaft und Fortschritt. »Der Fortschritt der Wissenschaft und der Technik [entspricht] nicht dem Fortschritt der Menschheit und der Geschichte«, schreibt Franziskus. »Die grundlegenden Wege für eine glückliche Zukunft [sind] andere«, nämlich »das Geheimnis der vielfältigen Beziehungen zu sehen, die zwischen den Dingen bestehen« und (natürlich) der »Schatz der christlichen spirituellen Erfahrung«. Solange wir nicht durch Minuswachstum, Deindustrialisierung und eine Abkehr von den Götzen Wissenschaft, Technik und Fortschritt Buße für unsere Sünden tun, wird die Menschheit einer entsetzlichen Abrechnung am ökologischen Jüngsten Tag entgegengehen.

Wie viele apokalyptische Bewegungen ist Grünismus verbrämt mit Misanthropie, Gleichgültigkeit gegenüber dem Hungertod, Schwelgen in morbiden Phantasien von einem entvölkerten Planeten und nazimäßigen Vergleichen von Menschen mit Ungeziefer, Krankheitserregern und Krebsgeschwüren. So schrieb Paul Watson von der Sea Shepherd Conservation Society: »Wir müssen die menschliche Bevölkerung radikal und klug auf unter eine Milliarde senken. ... Einen Körper von Krebs zu heilen erfordert eine radikale und invasive Therapie, und darum wird auch die Heilung der Biosphäre vom Menschenvirus eine radikale und invasive Vorgehensweise erfordern.«[2]

Seit kurzem gibt es einen alternativen Ansatz zum Umweltschutz; Verfechter sind unter anderem John Asafu-Adjaye, Jesse Ausubel, Andrew Balmford, Stewart Brand, Ruth DeFries, Nancy Knowlton, Ted Nordhaus und Michael Shellenberger. Bezeichnet wird er als Ökomodernismus, Ökopragmatismus, *Earth Optimism* sowie als *Blue-Green* oder *Turquoise Movement*, wobei man ihn aber auch »aufklärerischen Umweltschutz« oder »humanistischen Umweltschutz« nennen könnte.[3]

Ökomodernismus beginnt mit der Erkenntnis, dass ein gewisser Grad an Verschmutzung eine unausweichliche Folge des Zweiten Hauptsatzes der Thermodynamik ist. Wenn Menschen Energie nutzen, um in ihrem Körper oder ihrem Heim eine strukturierte Zone zu schaffen, vergrößern sie anderswo in der Umwelt zwangsläufig die Entropie in Form von Abfall, Verschmutzung und anderen Arten der Unordnung. Die Spezies Mensch war dabei immer schon äußerst erfindungsreich – das unterscheidet uns von anderen Säugetieren – und hat nie in Harmonie mit der Umwelt gelebt. Wenn eingeborene Völker erstmals den Fuß in ein Ökosystem setzten, jagten sie große Tiere typischerweise bis zur Ausrottung und schlugen durch Brandrodung riesige Schneisen in die Wälder.[4] Es ist ein schmutziges Geheimnis der Umweltschutzbewegung, dass vor der Einrichtung von Wildnisreservaten dort lebende einheimische Völker stets dezimiert oder vertrieben wurden; dazu gehören auch die Nationalparks in den Vereinigten Staaten und die Serengeti in Ostafrika.[5] Wie der Umwelthistoriker William Cronon schreibt, ist die »Wildnis« kein unberührtes Heiligtum; sie ist ebenfalls ein Produkt der Zivilisation.

Als die Menschen die Landwirtschaft entdeckten, wurden sie noch zerstörerischer. Laut dem Paläoklimatologen William Ruddiman wurde mit der Einführung des Nassreisanbaus in Asien vor rund fünftausend Jahren durch verrottende Vegetation möglicherweise so viel Methan in die Atmosphäre entlassen, dass ein Klimawandel die Folge war. »Vieles spricht dafür«, meint er, dass »die Menschen der Eisenzeit und sogar schon der Jungsteinzeit einen viel größeren Pro-Kopf-Einfluss auf die Landschaften der Erde hatten als der durchschnittliche moderne Mensch.«[6] Und wie Brand hervorgehoben hat (siehe Kapitel 7), ist »natürliche Landwirtschaft« ein Widerspruch in sich. Sobald von *natürlicher Nahrung* die Rede ist, schwillt ihm der Kamm:

> Für einen Ökologen ist kein landwirtschaftliches Produkt auch nur im Geringsten natürlich! Man nimmt ein hübsches komplexes Ökosystem, zerhackt es in Rechtecke, rodet es mit Stumpf und Stiel und hämmert ihm eine immerwährende frühe Sukzession ein! Man zerstört seine Grasnarbe, macht es platt und durchnässt es mit Unmengen nie versiegenden Wassers! Dann bevölkert man es mit einer Monokultur aus durch und durch maroden Pflanzen, die nicht in der Lage sind, allein zu überleben! Jede Nahrungspflanze ist ein jämmerlich eingeschränkter Spezialist auf einem einzigen Gebiet, durch jahrtausendelange Inzucht zu einem Zustand genetischer Idiotie verkümmert! Diese Pflanzen sind so gebrechlich, sie mussten den Menschen domestizieren, damit der sich für alle Zeiten um sie kümmert![7]

Die zweite Erkenntnis des Ökomodernismus lautet, dass die Industrialisierung gut für die Menschheit war.[8] Sie hat Millionen ernährt, die Lebenserwartung verdoppelt und extreme Armut besiegt. Und indem sie Muskeln durch Maschinen ersetzt hat, war sie eine Hilfe bei der Abschaffung der Sklaverei, der Emanzipation von Frauen und der Erziehung von Kindern (Kapitel 7, 15 und 17). Sie hat es Menschen ermöglicht, nachts zu lesen, zu leben, wo sie möchten, es im Winter warm zu haben, die Welt zu sehen und menschliche Kontakte zu vervielfachen. Alle Kosten der Verschmutzung und des Habitatverlusts sind gegen diese Geschenke aufzuwiegen. Der Ökonom Robert Frank hat gesagt: Es gibt ein optimales Maß an Umweltverschmutzung, so wie es ein optimales Maß an Dreck im eigenen Zuhause gibt. Sauberer ist besser, aber nicht auf Kosten aller anderen Dinge im Leben.

Die dritte Prämisse lautet, dass sich der Tausch von menschlichem Wohl gegen Umweltschäden durch Technologie neu aushandeln lässt. Wie man mehr Kalorien, Lumen, Wärmeenergie, Bits und Kilometer bei weniger Verschmutzung und Landverbrauch genießen kann, ist an sich ein technisches Problem und dazu noch eines, für das die Welt immer bessere Lösungen anbietet. Ökonomen sprechen von der ökologischen Kuznets-Kurve, einem Pendant des U-förmigen Bogens für Ungleichheit als Funktion des Wirtschaftswachstums. Wenn sich Länder entwickeln, räumen sie dem Wachstum zunächst höhere Priorität als einer sauberen Umwelt ein. Doch mit zunehmendem Reichtum machen sie sich auch mehr Gedanken über die Umwelt.[9] Wenn Menschen sich Elektrizität nur auf Kosten von etwas Smog leisten können, leben sie mit dem Smog, aber sobald sie sich Elektrizität *und* saubere Luft leisten können, schnappen sie nach der sauberen Luft. Dieser Prozess beschleunigt sich noch, weil dank der Technik Autos, Fabriken und Kraftwerke weniger Schadstoffe ausstoßen und saubere Luft somit erschwinglicher wird.

Das Wirtschaftswachstum krümmt die ökologische Kuznets-Kurve durch Fortschritte nicht nur in der Technik, sondern auch in Werten. Manche Umweltsorgen sind rein praktischer Natur: Menschen klagen über Smog in ihrer Stadt oder versiegelte Grünflächen. Andere Bedenken sind jedoch eher ideeller Art. Das Schicksal des Spitzmaulnashorns und das Wohlergehen unserer Nachkommen im Jahr 2525 sind bedeutsame moralische Anliegen, doch sich darüber jetzt den Kopf zu zerbrechen ist gewissermaßen Luxus. Wenn Gesellschaften wohlhabender werden und sich die Menschen nicht mehr darum sorgen, ob sie genug Essen auf dem Tisch oder ein Dach über dem Kopf haben, steigen ihre Werte auf einer Bedürfnispyramide nach oben, und die Bandbreite ihrer Interessen erweitert sich räumlich und zeitlich. Ronald Inglehart und Christian Welzel haben aufgrund von Daten des World Values Survey herausgefunden, dass Personen mit ausgeprägteren emanzipativen Werten – Toleranz, Gleichberechtigung, Freiheit des Denkens und der Rede –, die gemeinhin mit Wohlstand und Bildung einhergehen, auch eher Recycling betreiben und Druck auf Regierungen und Unternehmen ausüben, die Umwelt zu schützen.[10]

Ökopessimisten lehnen diese Denkweise samt und sonders als »Glauben an die Heilkraft der Technik« ab. In Wahrheit drückt diese Skepsis die Überzeugung aus, dass der Status quo unseren Untergang besiegelt – dass unser Wissen im jetzigen Zustand eingefroren wird und die Menschen ungeachtet der äußeren Umstände roboterhaft in ihrem gegenwärtigen Verhalten verharren. Tatsächlich hat ein naiver Stillstandsglaube wiederholt Prophezeiungen von ökologischen Jüngsten Tagen heraufbeschworen, die sich nie bewahrheitet haben.

Die erste ist die »Bevölkerungsbombe«, die sich (wie wir in Kapitel 7 gesehen haben) selbst entschärft hat. Mit wachsendem Reichtum und zunehmender Bildung erleben Staaten einen demographischen Übergang, wie

Demographen sagen.[11] Zuerst sinken die Sterberaten, während es mit Ernährung und Gesundheit aufwärtsgeht. Das lässt die Bevölkerung tatsächlich anwachsen, aber das ist eigentlich kein Grund zur Klage – wie Johan Norberg bemerkt, passiert das nicht, weil die Menschen in armen Ländern beginnen, sich wie die Karnickel zu vermehren, sondern weil sie nicht mehr sterben wie die Fliegen. So oder so ist der Anstieg nur vorübergehend; die Fertilitätsraten erreichen einen Höhepunkt und sinken dann wieder, und das hat mindestens zwei Gründe: Eltern müssen nicht mehr massenhaft Nachwuchs produzieren, um den Tod einiger ihrer Kinder auszugleichen, und Frauen, die nun eine bessere Bildung erhalten, heiraten später und warten länger, bis sie Mutter werden. In Abbildung 10.1 ist zu sehen, dass die Wachstumsrate der Weltbevölkerung im Jahr 1962 einen Höchststand von 2,1 Prozent pro Jahr erreichte, 2010 auf 1,2 Prozent fiel, bis 2050 vermutlich auf unter 0,5 Prozent fallen und etwa 2070 gegen null gehen wird. Dann wird sich die Bevölkerung laut der Projektion auf einen Wert einpendeln und dann zurückgehen. Am auffälligsten gesunken sind die Fertilitätsraten in entwickelten Regionen wie Europa und Japan, aber sie können – oft zur Verblüffung der Demographen – auch in anderen Teilen der Welt plötzliche Einbrüche erleben. Trotz der weitverbreiteten Überzeugung, dass muslimische Gesellschaften gegen den gesellschaftlichen Wandel immun sind, der den Westen umgestaltet hat und für alle Zeiten von aufmüpfigen Jugendbewegungen angetrieben wird, war in muslimischen Ländern über die letzten drei Jahrzehnte ein 40-prozentiger Rückgang der Geburtenrate zu verzeichnen, darunter ein Rückgang um 70 Prozent im Iran sowie um 60 Prozent in Bangladesch und sieben arabischen Staaten.[12]

Das andere Schreckgespenst aus den 1960er Jahren war, dass der Welt die Ressourcen ausgehen würden. Aber die Ressourcen weigern sich schlicht auszugehen. Die 1980er Jahre kamen und gingen ohne die Hungersnöte, denen angeblich zig Millionen Amerikaner und Milliarden Menschen weltweit zum Opfer fallen sollten. Dann verstrich das Jahr 1992, und entgegen den Vorhersagen aus dem Bestseller *The Limits to Growth* (dt. *Die Grenzen des Wachstums*) von 1972 und ähnlichen Brandreden erschöpften sich nicht die weltweiten Vorräte an Aluminium, Kupfer, Chrom, Gold, Nickel, Zinn, Wolfram oder Zink. (1980 wettete Ehrlich bekanntermaßen mit dem Ökonomen Julian Simon, dass fünf dieser Metalle bis zum Ende des Jahrzehnts seltener und darum teurer würden; er verlor alle fünf Wetten. Stattdessen sind die meisten Metalle und Minerale heute billiger als 1960.)[13] Von den 1970er

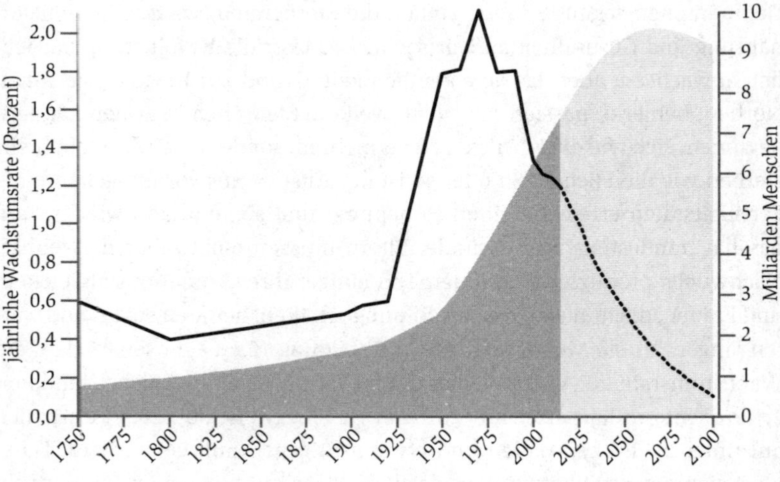

Abb. 10.1 Bevölkerung und Bevölkerungswachstum, 1750–2015 und hochgerechnet auf 2100

Quellen: *Our World in Data*, Ortiz-Ospina & Roser 2016d. 1750–2015: United Nations Population Division und *History Database of the Global Environment* (HYDE), PBL Netherlands Environment Assessment Agency (o.J.). Projektionen nach 2015: International Institute for Applied Systems Analysis, mittlere Projektion (Gesamtheit landesspezifischer Schätzungen, unter Berücksichtigung der Bildung), Lutz, Butz & Samir 2014

bis Anfang der 2000er Jahre illustrierten Nachrichtenmagazine regelmäßig Titelgeschichten über den weltweiten Ölvorrat mit einer Tankanzeige, die auf *»Empty«* stand. Im Jahr 2013 brachte *The Atlantic* eine Titelgeschichte über die Fracking-Revolution mit der Überschrift »We Will Never Run Out of Oil« (»Uns wird nie das Öl ausgehen«).

Und dann sind da noch Metalle der Seltenen Erden wie Yttrium, Scandium, Europium und Lanthan, an die Sie sich vielleicht noch vom Periodensystem aus Ihrem Chemieraum erinnern. Diese Metalle sind wichtige Bestandteile von Magneten, Neonlicht, Bildschirmen, Katalysatoren, Lasern, Kondensatoren, optischen Gläsern und anderen Hightech-Anwendungen. Als sie knapper wurden, warnte man uns, es werde zu kritischen Engpässen kommen, zu einem Kollaps der Technologieindustrie und eventuell zu einem Krieg mit China, das 95 Prozent des weltweiten Bedarfs bereitstellte.

Dies alles führte Ende des 20. Jahrhunderts zur großen Europiumkrise, als der Welt der zentrale Bestandteil der roten Leuchststoffpunkte in den Kathodenstrahlröhren von Farbfernsehern und Computerbildschirmen ausging und die Gesellschaft gespalten wurde in die Habewasse, die die letzten noch funktionierenden Farbfernseher horteten, und die wütenden Habenichtse, die sich mit Schwarzweiß-Apparaten begnügen mussten. Was, Sie haben noch nie davon gehört? Dass es nicht zu einer solchen Krise kam, liegt unter anderem daran, dass die Kathodenstrahlröhren von Flüssigkristallbildschirmen verdrängt wurden, die aus häufiger vorkommenden Elementen bestanden.[14] Und der Krieg um die Seltenerdmetalle? Die Wirklichkeit sieht so aus: Als China im Jahr 2010 seine Exporte einschränkte (nicht wegen Engpässen, sondern als geopolitische und merkantilistische Waffe), gewannen andere Länder Seltenerdmetalle aus ihren eigenen Minen, recycelten sie aus Industrieabfällen und überarbeiteten Produkte, so dass sie die chinesischen Exporte nicht mehr nötig hatten.[15]

Wenn sich Vorhersagen über apokalyptische Ressourcenengpässe wiederholt als falsch erweisen, heißt das entweder, dass die Menschheit wie ein Actionheld aus Hollywood dem sicheren Tod immer wieder auf wundersame Weise von der Schippe springt oder dass den Prophezeiungen ein Denkfehler zugrunde liegt. Auf diesen Denkfehler wurde schon oft hingewiesen.[16] Die Menschheit saugt Ressourcen nicht wie einen Milkshake mit dem Strohhalm aus der Erde, bis ein Schlürfen verkündet, dass der Becher leer ist. Stattdessen geschieht Folgendes: Wenn der am leichtesten verfügbare Vorrat einer Ressource knapper wird, steigt ihr Preis, was die Menschen veranlasst, sparsam damit umzugehen, die schwerer zugänglichen Vorräte zu nutzen oder kostengünstigeren und reichhaltigeren Ersatz zu finden.

Tatsächlich ist es schon ein Fehlschluss anzunehmen, dass wir »Ressourcen brauchen«.[17] Wir brauchen Möglichkeiten, Nahrung anzubauen, mobil zu sein, unser Zuhause zu beleuchten, Informationen zu präsentieren und andere Quellen des Wohlergehens. Wir befriedigen diese Bedürfnisse mit *Ideen* – mit Rezepten, Formeln, Verfahren, Entwürfen und Algorithmen zur Manipulation der physikalischen Welt, um das Gewünschte zu erhalten. Der menschliche Geist mit seiner rekursiven kombinatorischen Kraft kann einen unendlichen Ideenkosmos erkunden und wird nicht durch die begrenzte Menge irgendeines bestimmten Stoffes im Erdboden eingeschränkt. Funktioniert eine Idee nicht mehr, so kann eine andere an ihre Stelle treten. Das verstößt nicht gegen die Gesetze der Wahrscheinlichkeit, sondern geht mit

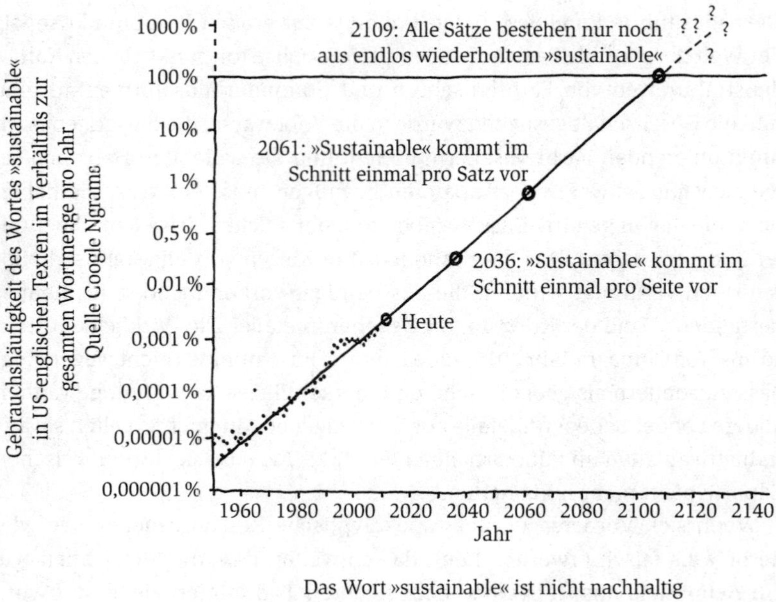

Abb. 10.2 *Sustainability* (»Nachhaltigkeit«), 1955–2109
Quelle: Randall Munroe, *XKCD*, http://xkcd.com/1007/.
© Randall Munroe, xkcd.com

ihnen konform. Warum sollten die Naturgesetze nur *genau eine* physikalische Möglichkeit zulassen, wie sich ein menschliches Bedürfnis stillen lässt, nicht mehr und nicht weniger?[18]

Zugegebenermaßen passt diese Denkweise nicht gut zur Ethik der »Nachhaltigkeit«. In Abbildung 10.2 illustriert der Karikaturist Randall Munroe, was mit diesem Modewort und hehren Wert nicht stimmt.

Die Nachhaltigkeitsdoktrin beruht auf der Annahme, dass die derzeitige Nutzung einer Ressource möglicherweise bis zum Anschlag in die Zukunft extrapoliert wird. Daraus folgt, dass wir auf eine erneuerbare Ressource umsteigen müssen, die im Gleichschritt mit ihrer Nutzung unbegrenzt wieder aufgefüllt wird. In der Realität haben Gesellschaften jedoch schon immer eine Ressource lange vor ihrer Erschöpfung zugunsten einer besseren aufgegeben. Wie man sagt, endete die Steinzeit nicht, weil es auf der Welt keine Steine mehr gab, und das gilt auch für die Energie. »Es standen noch große Mengen an Holz und Heu zur Verfügung, als die Welt zur Kohle umschwenkte«, bemerkt Ausubel. »Kohle war noch massenweise vorhanden, als das Öl seinen Siegeszug antrat. Heute gibt es noch sehr viel Öl, während zunehmend Methan [Erdgas] genutzt wird.«[19] Wie wir sehen werden, könnte auch Gas durch noch kohlenstoffärmere Energiequellen ersetzt werden, lange bevor der letzte Kubikmeter in einer blauen Flamme verpufft.

Auch das Nahrungsangebot ist exponentiell angewachsen (wie wir in Kapitel 7 gesehen haben), auch wenn bisher keine einzige Anbaumethode nachhaltig gewesen ist. In *The Big Ratchet: How Humanity Thrives in the Face of Natural Crisis* beschreibt die Geographin Ruth DeFries den Ablauf als *»ratchet-hatchet-pivot«* (etwa »Ansteigen–Kappen–Umschwenken«). Ein neues Anbauverfahren für Nahrungspflanzen wird entdeckt, und die Population wächst. Das Verfahren kann mit der Nachfrage nicht Schritt halten oder entwickelt unerwünschte Nebeneffekte, und der Kahlschlag droht. Danach schwenkt man zu einer neuen Methode um. Zu unterschiedlichen Zeiten erfolgten in der Landwirtschaft Schwenks zur Brandrodungskultur, zu Fäkaldünger, Fruchtfolge, Guano, Salpeter, gemahlenen Büffelknochen, Kunstdünger, Hybridgetreide, Pestiziden und der Grünen Revolution.[20] Beispiele für künftige Schwenks sind womöglich genmodifizierte Organismen, Hydrokultur, Aeroponik, urbane vertikale Farmen, Ernte mit Robotern, in der Retorte gezüchtetes Fleisch, von GPS und Biosensoren gelenkte Künstliche-Intelligenz-Algorithmen, Wiedergewinnung von Energie und Dünger aus Jauche, Aquakultur mit Fischen, die statt anderen Fischen Tofu fressen, und wer weiß was sonst noch – solange die Menschen ihre Genialität ausleben dürfen.[21] Wasser ist zwar eine Ressource, von der wir niemals ablassen werden, aber Bauern könnten enorme Wassermengen sparen, wenn sie zum Präzisionsackerbau israelischer Prägung umschwenken würden. Und falls die Welt kohlenstofffreie Energiequellen in Hülle und Fülle entwickelt (diesem Thema wenden wir uns später zu), könnte sie durch die Entsalzung von Meerwasser ihren Bedarf decken.[22]

Die vom Grünismus der 1970er Jahre prophezeiten Katastrophen sind nicht nur ausgeblieben – es haben auch Verbesserungen *stattgefunden*, die er für unmöglich hielt. Während die Welt reicher wurde und den Gipfel der Umweltkurve erreichte, begann sich die Natur wieder zu erholen.[23] Papst Franziskus' »unermessliche Mülldeponie« ist die Vision eines Menschen, der aufwacht und glaubt, es sei 1965, die Ära der qualmspeienden Schlote,

Abwasserkaskaden, brennenden Flüsse und Witze über New Yorker, die keine unsichtbare Luft atmen wollen. Abbildung 10.3 zeigt, dass die Vereinigten Staaten seit 1970, als die US-Umweltschutzbehörde ins Leben gerufen wurde, ihre Emissionen von fünf Luftschadstoffen um fast zwei Drittel eingedampft haben. Im gleichen Zeitraum wuchs die Bevölkerung um mehr als 40 Prozent, und diese Menschen legten mit dem Auto doppelt so viele Meilen zurück und wurden zweieinhalbmal reicher. Der Energieverbrauch hat sich abgeschwächt, und selbst die CO_2-Emissionen haben die Kurve gekriegt, worauf wir noch zurückkommen. Die Rückgänge spiegeln nicht einfach nur die Auslagerung der Schwerindustrie in die Entwicklungsländer wider, denn für den Löwenanteil des Energieverbrauchs und der Emissionen sind Transport, Heizen und Stromerzeugung verantwortlich, die sich nicht outsourcen lassen. Vielmehr bezeugen die sinkenden Werte überwiegend Fortschritte in Effizienz und Abgasreinigung. Diese auseinanderstrebenden Kurven widerlegen sowohl die Behauptung der orthodoxen Grünen, dass nur Minuswachstum die Umweltverschmutzung einzudämmen vermag, als auch die Behauptung des orthodoxen rechten Flügels, dass Umweltschutz zwangsläufig das Wirtschaftswachstum und den Lebensstandard der Menschen sabotiert.

Viele der Verbesserungen sind mit bloßem Auge erkennbar. Großstädte sind seltener in braunvioletten Dunst gehüllt, und in Luft aufgelöst hat sich auch der berühmte Londoner Nebel – eigentlich Kohlenrauch –, dem in impressionistischen Gemälden, Schauerromanen, einem Lied von Gershwin und Regenmänteln der Marke *London Fog* ein Denkmal für die Ewigkeit gesetzt wurde. Für tot erklärte urbane Wasserstraßen – wie der Puget Sound, die Chesapeake Bay, Boston Harbor, der Eriesee sowie die Flüsse Hudson, Potomac, Chicago Charles, Seine, Rhein und Themse (Letztere beschrieb Disraeli als »stygische Lache, die unsägliches und unerträgliches Grauen ausdünstet«) – werden wieder bevölkert von Fischen, Vögeln, Meeressäugern und zuweilen auch Schwimmern. Vorstädter entdecken Wölfe, Füchse, Bären, Rotluchse, Dachse, Rehe, Fischadler, wilde Truthühner und Weißkopfseeadler. Mit immer effizienterer Landwirtschaft (Kapitel 7) verwandeln sich Ackerflächen zurück in gemäßigten Wald, wie jeder Wanderer weiß, der schon einmal über eine Steinmauer gestolpert ist, die unangebrachterweise durch ein Waldstück in Neuengland verläuft. Dass Regenwälder nach wie vor abgeholzt werden, ist zwar alarmierend, doch von der Mitte des 20. Jahrhunderts bis zu Beginn des 21. Jahrhunderts sank die Rate

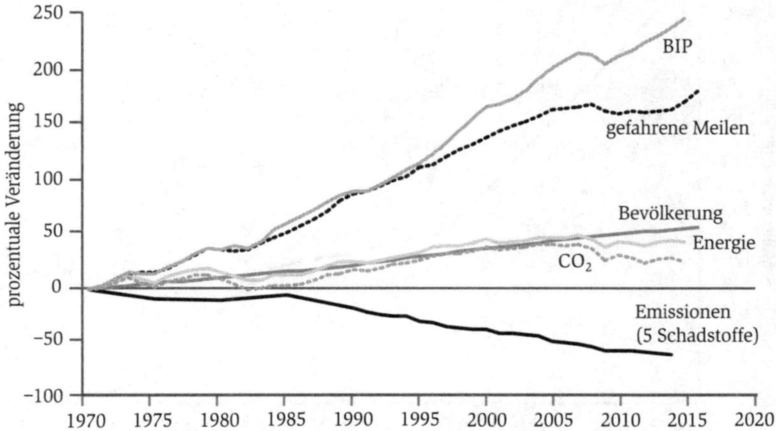

Abb. 10.3 Umweltverschmutzung, Energie und Wachstum, USA, 1970–2015
Quellen: United States Environmental Protection Agency 2016, basierend auf den folgenden Quellen. BIP: Bureau of Economic Analysis. Gefahrene Meilen: Federal Highway Administration. Bevölkerung: US Census Bureau. Energieverbrauch: US Department of Energy. CO_2: US Greenhouse Gas Inventory Report. Emissionen (Kohlenmonoxid, Stickoxide, Feinstaub unter 10 Mikrometern, Schwefeldioxid und flüchtige organische Verbindungen): EPA, https://www.epa.gov/air-emissions-inventories/air-pollutant-emissions-trends-data

um zwei Drittel (Abbildung 10.4).[24] Im Amazonas-Regenwald, dem größten der Welt, war der Höchststand 1995 erreicht, und von 2004 bis 2013 ist die Rate um vier Fünftel gesunken.[25]

Der zeitverzögerte Rückgang der Entwaldung in den Tropen ist ein Zeichen, dass sich Umweltschutz durch Industriestaaten in den Rest der Welt fortpflanzt. Der weltweite Fortschritt lässt sich an einem Zeugnis namens Environmental Performance Index ablesen, einer Zusammenstellung von Indikatoren für die Qualität von Luft, Wasser, Wald, Fischerei, Landwirtschaft und natürlichen Habitaten. Von 180 Ländern, deren Fortschritte über ein Jahrzehnt oder länger verfolgt wurden, weisen bis auf zwei alle eine Verbesserung auf.[26] Je wohlhabender ein Land ist, desto sauberer ist im Schnitt seine Umwelt: Die nordischen Länder waren am saubersten; Afghanistan, Bangladesch und mehrere subsaharische afrikanische Staaten wiesen die größten Beeinträchtigungen auf. Von zwei der tödlichsten Formen der Um-

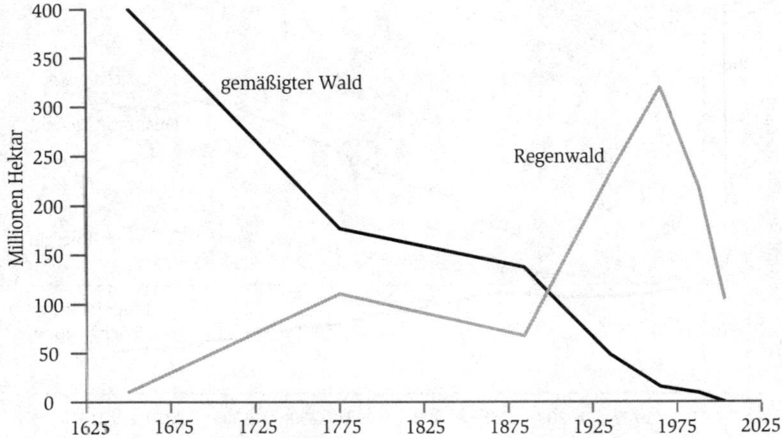

Abb. 10.4 Entwaldung, 1700–2010
Quelle: United Nations Food and Agriculture Organization 2012, S. 9

weltverschmutzung – verseuchtes Trinkwasser und Rauch von Kochstellen in Gebäuden – werden typischerweise arme Länder heimgesucht.[27] Doch dank dem zunehmenden Reichtum in den vergangenen Jahrzehnten entrinnen sie diesen schädlichen Einflüssen – der Anteil der Weltbevölkerung, der verdorbenes Wasser trinkt, ist um fünf Achtel gesunken, der Anteil, der Rauch von Kochstellen einatmet, um ein Drittel.[28] Wie schon Indira Gandhi sagte: »Armut ist der größte Umweltverschmutzer.«[29]

Der Inbegriff von Umweltverletzungen sind Ölteppiche aus verunglückten Tankschiffen, die unberührte Strände mit giftigem schwarzen Schlamm überziehen und das Gefieder von Meeresvögeln und das Fell von Ottern und Robben verschmutzen. Die schlimmsten Unfälle wie die Havarie der *Torrey Canyon* 1967 oder der *Exxon Valdez* 1989 haben sich ins kollektive Gedächtnis eingegraben, und nur wenige Menschen sind sich der Tatsache bewusst, dass Öltransporte auf See sehr viel sicherer geworden sind. Aus Abbildung 10.5 ist ersichtlich, dass die jährliche Anzahl an Ölkatastrophen von über 100 im Jahr 1973 auf nur noch 5 im Jahr 2016 gesunken ist (und die Anzahl *großer* Ölkatastrophen fiel von 32 im Jahr 1978 auf 1 im Jahr 2016). Zudem zeigt das Diagramm, dass die Zahlen rückläufig waren, obwohl mehr Öl verschifft wurde; die sich schneidenden Kurven sind ein weiterer Beleg dafür, dass Umweltschutz mit Wirtschaftswachstum vereinbar ist. Es liegt

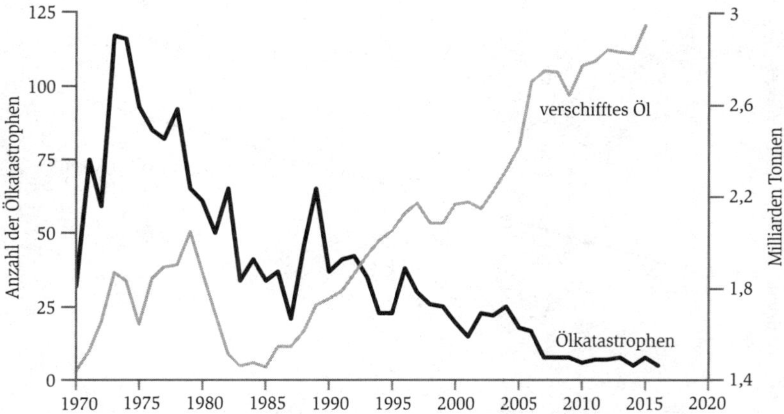

Abb. 10.5 Ölkatastrophen, 1970–2016
Quelle: *Our World in Data*, Roser 2016 r, basierend auf (aktualisierten) Daten der International Tanker Owners Pollution Federation, http://www.itopf.com/knowledge-resources/data-statistics/statistics/. Zu Ölkatastrophen zählen alle Unglücke, die zum Verlust von mindestens 7 Tonnen Öl führen. Das verschiffte Öl umfasst die »Gesamtmenge an geladenem Rohöl, Erdölprodukten und Benzin«.

auf der Hand, dass Ölgesellschaften Tankerunglücke auf jeden Fall vermeiden wollen – hier decken sich ihre Interessen mit denen der Umwelt: Ölkatastrophen sind verheerend für das Ansehen eines Ölkonzerns (insbesondere, wenn der Name der Erdölfirma auf dem havarierten Schiff prangt), ziehen horrende Geldstrafen nach sich und vernichten natürlich wertvolles Öl. Interessanter ist die Tatsache, dass die Ölkonzerne mit der Vermeidung von Unfällen großenteils erfolgreich waren. Technologien folgen einer Lernkurve und werden mit der Zeit weniger störanfällig, weil die dafür abgestellten klugen Köpfe die gefährlichsten Schwachstellen ausbügeln (darauf kommen wir in Kapitel 12 zurück). Dennoch erinnern sich die Menschen an die Unglücksfälle und sind sich der schrittweisen Verbesserungen nicht bewusst. Dabei verlaufen die Fortschritte in verschiedenen Technologien durchaus nicht im Gleichschritt: Im Jahr 2010, als die Ölkatastrophen auf See ein Allzeittief erreicht hatten, kam es zur drittschlimmsten Ölpest auf einer Ölbohrplattform. Das Unglück auf der *Deepwater Horizon* im Golf von Mexiko führte seinerseits zu neuen Bestimmungen für die Verhinderung von Blowouts, die Planung von Ölbohrungen, Überwachung und Eindämmung.[30]

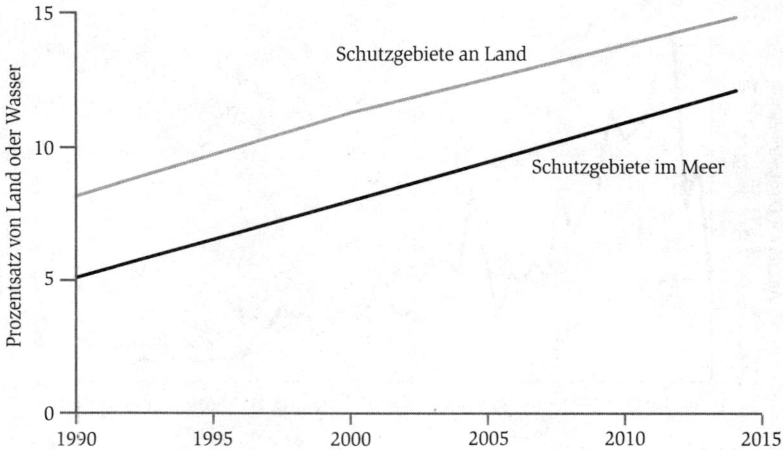

Abb. 10.6 Schutzgebiete, 1990–2014
Quelle: World Bank 2016h und 2017, basierend auf Daten des Entwicklungsprogramms der Vereinten Nationen und des Weltüberwachungszentrums für Naturschutz, zusammengetragen vom World Resources Institute

Ein weiterer Fortschritt besteht darin, dass große Land- und Meeresgebiete ganz und gar vor menschlicher Nutzung geschützt sind. Umweltexperten sind einhellig der Meinung, dass die Schutzgebiete immer noch unzureichend sind, aber die Dynamik ist beeindruckend. Abbildung 10.6 illustriert, dass der Anteil der Landmasse, der für Nationalparks, Wildreservate und andere Schutzgebiete vorgesehen wurde, von 8,2 Prozent im Jahr 1990 auf 14,8 Prozent im Jahr 2014 gestiegen ist – ein Gebiet doppelt so groß wie die USA. Auch die Meeresschutzgebiete sind angewachsen; sie haben sich im genannten Zeitraum mehr als verdoppelt und erstrecken sich nun über mehr als 12 Prozent der Fläche der Weltmeere.

Dank des Habitatschutzes und gezielter Naturschutzbemühungen konnten zahlreiche uns liebgewordene Arten vor dem sicheren Aussterben gerettet werden, darunter Albatrosse, Kondore, Seekühe, Oryx-Antilopen, Pandas, Nashörner, Tasmanische Teufel und Tiger. Laut dem Ökologen Stuart Pimm wurde die gesamte Aussterberate um 75 Prozent gesenkt.[31] Auch wenn viele Arten weiterhin stark gefährdet sind, finden eine Reihe Ökologen und Paläontologen die Befürchtung übertrieben, dass die Menschheit ein Massenaussterben wie im Perm oder in der Kreidezeit verursacht.[32] So bemerkt Brand:

»Was wildlebende Arten betrifft, bleiben unzählige Probleme zu lösen, doch das ständige Heraufbeschwören von Aussterbeszenarien hat zu einer allgemeinen Panik geführt, dass die Natur extrem fragil oder bereits hoffnungslos zerstört sei. Das ist nicht im Entferntesten der Fall. Insgesamt ist die Natur so robust wie eh und je – vielleicht sogar noch robuster. ... Wenn sich der Umweltschutz diese Robustheit zunutze macht, wird er seine Ziele erreichen.«

Andere Verbesserungen sind von globaler Tragweite. Mit dem Vertrag über das Verbot von oberirdischen Atomtests von 1963 wurde die entsetzlichste Form der Umweltverschmutzung, radioaktiver Niederschlag, unterbunden. Das war der Beweis, dass sich die Nationen der Welt auch ohne eine Weltregierung auf Maßnahmen zum Schutz unseres Planeten einigen konnten. Seitdem hat sich die globale Kooperation noch mehreren anderen Herausforderungen gestellt. In den 1980er und 1990er Jahren unterzeichnete internationale Abkommen über die Reduktion von Schwefelemissionen und anderen Formen »weiträumiger grenzüberschreitender Luftverunreinigung« haben dazu beigetragen, dem sauren Regen seinen Schrecken zu nehmen.[33] Dank dem 1987 von 197 Ländern ratifizierten Verbot von Fluorchlorkohlenwasserstoffen ist davon auszugehen, dass sich die Ozonschicht bis zur Mitte des 21. Jahrhunderts wieder erholt hat.[34] Wie wir sehen werden, bereiteten diese Erfolge dem 2015 geschlossenen historischen Übereinkommen von Paris zum Klimawandel den Weg.

Wie alle Demonstrationen des Fortschritts stoßen Berichte über die zunehmende Erholung der Umwelt häufig auf eine Mischung aus Wut und Unlogik. Die Tatsache, dass viele Maße für Umweltqualität einen Aufwärtstrend verzeichnen, bedeutet nicht, dass alles in Ordnung ist, dass sich die Umwelt aus eigenen Kräften regeneriert hat oder dass wir uns zurücklehnen und entspannen können. Die sauberere Umwelt, an der wir uns heute erfreuen, verdanken wir den Argumenten, dem Aktivismus, der Gesetzgebung, den Bestimmungen, den Verträgen und dem überragenden technischen Knowhow der Menschen, die in der Vergangenheit alles zu ihrer Verbesserung getan haben.[35] Von alldem brauchen wir mehr, um den erzielten Fortschritt aufrechtzuerhalten, seiner Umkehrung (insbesondere unter der Trump-Präsidentschaft) vorzubeugen und ihn auf die üblen Probleme, mit denen wir nach wie vor konfrontiert sind, auszudehnen – etwa auf die Gesundheit der Ozeane und, wie wir später sehen, auf die Treibhausgase in der Luft.

Aus vielen Gründen ist es jedoch an der Zeit, sich von dem Moralitätenspiel zu verabschieden, in dem die modernen Menschen eine niederträchtige Brut von Plünderern sind, die die baldige Apokalypse heraufbeschwören, solange sie nicht die industrielle Revolution ungeschehen machen, der Technologie abschwören und zur asketischen Harmonie mit der Natur zurückkehren. Stattdessen sollten wir den Umweltschutz als ein Problem betrachten, das es zu lösen gilt: Wie können Menschen ein sicheres, angenehmes und anregendes Leben mit möglichst geringen Umweltschäden und Verlusten von natürlichen Lebensräumen führen? Weit davon entfernt, der Selbstgefälligkeit das Wort zu reden, ermutigen uns unsere bisherigen Fortschritte bei der Lösung dieses Problems, auf dem eingeschlagenen Weg voranzuschreiten. Und sie verweisen auf die Kräfte, die diesen Fortschritt angetrieben haben.

Ein Schlüssel ist die Entkopplung der Produktivität von Ressourcen: aus weniger Materie und Energie mehr Nutzen für die Menschen gewinnen. Damit rückt der Begriff der *Dichte* in den Fokus.[36] Wird die Landwirtschaft intensiviert, indem man Nutzpflanzen züchtet oder erzeugt, die mit weniger Land, Wasser und Dünger mehr Protein, Kalorien und Ballaststoffe produzieren, spart man Ackerland, das sich dann in natürliche Lebensräume zurückverwandeln kann. (Ökomodernisten verweisen darauf, dass biodynamische Landwirtschaft, die zum Erzeugen von einem Kilogramm Nahrung viel mehr Land benötigt, weder grün noch nachhaltig ist.) Wenn Menschen in die Stadt ziehen, geben sie nicht nur Landschaft frei, sondern verbrauchen auch weniger Ressourcen zum Pendeln, Bauen und Heizen, weil die Zimmerdecke der einen Wohnung der Fußboden der anderen ist. Wenn man Nutzholz aus dichtbepflanzten Schonungen bezieht, die fünf- bis zehnmal mehr Ertrag erbringen als natürliche Wälder, verschont man Waldland mitsamt seinen gefiederten, pelzigen und schuppigen Bewohnern.

All diese Prozesse unterstützt ein weiterer Freund der Erde, die *Dematerialisierung*. Der technische Fortschritt ermöglicht uns, mehr mit weniger zu tun. Eine Limodose aus Aluminium wog früher 85 Gramm; heute wiegt sie keine 14 Gramm mehr. Mobiltelefone brauchen keine kilometerlangen Telefonleitungen und Masten. Die digitale Revolution, bei der Atome durch Bits ersetzt werden, dematerialisiert die Welt vor unseren Augen. Die Kubikmeter an Vinyl meiner alten Musiksammlung sind Kubikzentimetern an CDs und schließlich dem Nichts von MP3s gewichen. Die Flut an Zeitungspapier, die sich früher durch meine Wohnung ergoss, hat ein iPad eingedämmt. Dank 1 Terabyte Speicherplatz auf meinem Laptop brauche ich nicht mehr zentnerweise Druckerpapier zu kaufen. Und denken Sie nur an all das Plastik, Metall und Papier, das man nicht mehr für die gut vierzig Verbrauchsgüter aufwenden muss, die in einem einzigen Smartphone stecken, zum Beispiel Telefon, Anrufbeantworter, Telefonbuch, Fotoapparat, Camcorder, Tonbandgerät, Radio, Wecker, Taschenrechner, Wörterbuch, Aktenschrank, Kalender, Stadtpläne, Taschenlampe, Faxgerät und Kompass – sogar Metronom, Außenthermometer und Wasserwaage.

Die Digitaltechnik dematerialisiert die Welt überdies, indem sie die Sharing Economy ermöglicht hat, so dass Autos, Werkzeuge und Schlafzimmer nicht in riesigen Mengen hergestellt werden müssen, die dann die meiste Zeit ungenutzt herumstehen. Laut dem Werbefachmann Rory Sutherland wird der Dematerialisierung auch durch veränderte Sozialstatuskriterien Vorschub geleistet.[37] Für vermögende Viktorianer wäre es undenkbar gewesen, zusammengepfercht in den teuersten Londoner Immobilien von heute zu wohnen, doch die City ist mittlerweile angesagter als die Vororte. Durch die sozialen Medien sind junge Leute eher daran interessiert, mit ihren Erfahrungen hausieren zu gehen als mit ihren Autos und Garderoben, und es ist hip, sich durch bestimmte Vorlieben bei Bier, Kaffee und Musik zu profilieren. Die Ära von den Beach Boys und *American Graffiti* ist passé – die Hälfte der achtzehnjährigen US-Amerikaner besitzt keinen Führerschein.[38]

Der Ausdruck *»Peak Oil«*, der nach der Energiekrise der 1970er Jahre aufkam, bezieht sich auf das Jahr, in dem die Welt das Ölfördermaximum erreicht. Wie Ausubel bemerkt, sind wir wegen des demographischen Übergangs, der Verdichtung und Dematerialisierung möglicherweise auch bei *Peak Children, Peak Farmland, Peak Timber* (»Nutzholz«), *Peak Paper* und *Peak Car* angelangt. Ja, wir könnten sogar tatsächlich *Peak Stuff*, also die maximale Menge an konsumiertem »Zeug« insgesamt, erreicht haben: Von 100 Waren, die Ausubel in einem Diagramm aufgetragen hat, haben in den Vereinigten Staaten 36 den maximalen Wert der absoluten Nutzung erreicht und 53 weitere sind fast schon wieder im Sinken begriffen (dazu gehören Wasser, Stickstoff und Strom), womit sich nur noch 11 im Wachstum befinden. Auch die Briten haben *Peak Stuff* erreicht – sie haben ihren jährlichen Materialverbrauch von 15,1 Tonnen pro Person im Jahr 2001 auf 10,3 Tonnen im Jahr 2013 reduziert.[39]

Diese bemerkenswerten Trends erfolgten ohne Zwang, Gesetze oder Moralisierung; sie entfalteten sich spontan, weil Menschen Entscheidungen darüber trafen, wie sie leben wollten. Die Trends zeigen keineswegs, dass Umweltgesetze überflüssig sind – allem Anschein nach hatten Umweltschutzbehörden, gesetzlich vorgeschriebene Richtlinien für Energieverbrauch, der Schutz gefährdeter Arten sowie nationale und internationale Immissionsschutzgesetze für Luft und Wasser enorme positive Auswirkungen.[40] Sie lassen jedoch vermuten, dass die Flutwelle der Modernität die Menschheit nicht geradewegs zu einem immer weniger nachhaltigen Verbrauch von Ressourcen hinreißt. Die Technologie, insbesondere die Informationstechnologie, hat etwas an sich, das das menschliche Gedeihen von der Ausbeutung physikalischer Materie abkoppelt.

So wie wir nicht an das Märchen glauben sollten, dass die Menschheit erbarmungslos jedes Fleckchen der Umwelt plündert, dürfen wir aber auch nicht glauben, dass sich jedes Fleckchen der Umwelt von unserem derzeitigen Treiben wieder erholen wird. Ein aufgeklärter Umweltschutz muss sich den Tatsachen stellen, seien sie hoffnungsvoll oder alarmierend, und in einem Bereich sind die Fakten zweifellos alarmierend: Ich meine die Auswirkungen der Treibhausgase auf das Erdklima.[41]

Immer wenn wir Holz, Kohle, Öl oder Gas verbrennen, oxidiert der im Brennstoff enthaltene Kohlenstoff zu Kohlendioxid (CO_2), das in die Atmosphäre geblasen wird. Etwas CO_2 wird zwar im Meer gelöst, geht chemische Verbindungen mit Gestein ein oder wird von Photosynthese betreibenden Pflanzen aufgenommen, doch diese natürlichen Auffangbecken vermögen die 38 Milliarden Tonnen, die wir Jahr für Jahr in die Atmosphäre abladen, nicht zu bewältigen. Da Gigatonnen des Kohlenstoffs, der sich im Zeitalter des Karbons abgelagert hatte, in Rauch aufgegangen sind, ist die CO_2-Konzentration in der Atmosphäre von etwa 270 Teilen pro Million (ppm) vor der industriellen Revolution auf über 400 ppm heute angestiegen. Weil CO_2, wie die Glasscheiben eines Treibhauses, Wärme einschließt, die von der Erdoberfläche ausgeht, hat sich die weltweite Durchschnittstemperatur ebenfalls erhöht, und zwar um etwa 0,8° Celsius; 2016 war das heißeste Jahr seit Beginn der Aufzeichnungen, gefolgt von 2015 auf dem zweiten und 2014 auf dem dritten Platz. Zudem hat sich die Atmosphäre durch die Abholzung kohlenstoffvertilgender Wälder aufgeheizt sowie durch die Freisetzung von Methan (einem noch mächtigeren Treibhausgas) aus undichten Gasbrunnen, schmelzendem Permafrost und den Körperöffnungen an beiden Enden von Rindern. In einer unkontrollierbaren Rückkopplungsschleife könnte es noch wärmer werden, wenn an die Stelle von weißem, Wärme reflektierendem Schnee und Eis dunkles, Wärme absorbierendes Land und Wasser treten, falls sich die Permafrostschmelze beschleunigt und mehr Wasserdampf (ein weiteres Treibhausgas) in die Luft entweicht.

Falls der Ausstoß von Treibhausgasen anhält, wird die durchschnittliche Erdtemperatur Ende des 21. Jahrhunderts auf mindestens 1,5° Celsius über dem vorindustriellen Niveau angestiegen sein, vielleicht aber auch auf 4° Celsius über diesem Niveau oder noch höher. Folge davon werden häufigere und gravierendere Hitzewellen sein, mehr Überschwemmungen in feuchten Regionen, mehr Dürren in trockenen Regionen, schwerere Stürme, schwerere Hurrikans, weniger Getreideerträge in warmen Regionen, das Aussterben von noch mehr Arten, der Verlust von Korallenriffen (weil die Meere wärmer und saurer werden) sowie ein durchschnittlicher Meeresspiegelanstieg von 0,7 bis 1,2 Metern infolge von schmelzendem Eis an Land und der Ausbreitung des Meerwassers. (Der Meeresspiegel ist seit 1870 bereits um rund 20 Zentimeter gestiegen, und der Anstieg scheint sich zu beschleunigen.) Tiefliegende Gebiete würden überflutet, Inselstaaten untergehen, weiträumige Ackerflächen wären nicht mehr bebaubar, und Millionen Menschen würden ihre Heimat verlieren. Im 22. Jahrhundert und danach könnten die Folgen noch gravierender sein; theoretisch wären Umwälzungen wie die Abschwächung des Golfstroms denkbar (was aus Europa ein zweites Sibirien machen würde) oder der Zusammenbruch der antarktischen Eisschichten. Ein Anstieg um 2° Celsius gilt als das Äußerste, worauf sich die Welt halbwegs einstellen könnte, und ein Anstieg um 4° Celsius »darf einfach nicht zugelassen werden«, wie es in einem Bericht der Weltbank von 2012 heißt.[42]

Um den Anstieg auf höchstens 2° Celsius zu begrenzen, müsste die Welt ihre Treibhausgasemissionen bis Mitte des 21. Jahrhunderts mindestens halbieren und sie vor der nächsten Jahrhundertwende ganz unterbinden.[43] Die Aufgabe ist entmutigend. Fossile Brennstoffe liefern 86 Prozent der weltweiten Energie; sie dienen als Antrieb für nahezu alle Pkws und Lkws, Züge, Flugzeuge, Schiffe, Traktoren, Hochöfen und Fabriken auf unserem Planeten, gemeinsam mit den meisten Kraftwerken.[44] Mit einem solchen Problem musste sich die Menschheit bisher noch nie auseinandersetzen.

Eine mögliche Reaktion auf den drohenden Klimawandel ist, zu bestreiten, dass es ihn gibt oder er durch menschliche Aktivitäten verursacht wird. Natürlich ist es völlig legitim, die Hypothese eines menschengemachten Klimawandels aus wissenschaftlicher Sicht in Frage zu stellen, insbesondere wenn man die extremen erforderlichen Maßnahmen bedenkt, falls sie sich als richtig herausstellt. Die große Stärke der Wissenschaft besteht darin, dass eine wahre Hypothese langfristig allen Versuchen, sie zu widerlegen, trotzen wird. Der menschengemachte Klimawandel ist die am heftigsten bekämpfte wissenschaftliche Hypothese der Geschichte. Alle relevanten Einwände – die Globaltemperaturen steigen nicht mehr, sie scheinen nur anzusteigen, weil sie in urbanen Wärmeinseln gemessen wurden, oder sie steigen tatsächlich, aber nur, weil die Sonne heißer wird – wurden mittlerweile widerlegt, und sogar viele Skeptiker ließen sich überzeugen.[45] Eine kürzlich erstellte Zusammenfassung erbrachte, dass genau *vier* von 69 406 Autoren begutachteter wissenschaftlicher Artikel die Hypothese der menschengemachten Erderwärmung bestritten und dass »die von Experten begutachtete Literatur keine überzeugenden Belege gegen [die Hypothese] enthält«.[46]

Dennoch betreibt eine Bewegung innerhalb des US-amerikanischen rechten politischen Lagers, mit massiver Unterstützung der Lobby für fossile Brennstoffe, eine fanatische und verlogene Kampagne, die leugnet, dass die Erde durch Treibhausgase erwärmt wird.[47] Dabei haben sie die Verschwörungstheorie entwickelt, dass die Wissenschaftsgemeinde vom tödlichen Virus der Political Correctness befallen sei und der Ideologie anhänge, der Staat solle die Kontrolle über die Wirtschaft an sich reißen. Als jemand, der sich als eine Art Wachhund gegen politisch korrekte Dogmen in der akademischen Welt betrachtet, sage ich rundheraus, dass das Unsinn ist – Naturwissenschaftler verfolgen solche Ziele nicht, und die Fakten sprechen für sich.[48] (Und genau wegen solcher Anwürfe haben Wissenschaftler aus allen Disziplinen die Pflicht, die Glaubwürdigkeit der akademischen Welt zu sichern, indem sie gerade *nicht* politischen Orthodoxien Geltung verschaffen.)

Zweifellos gibt es auch besonnene Klimawandelskeptiker, zuweilen als *lukewarmers* (»Lauwarme«, »Halbherzige«) tituliert, die die wissenschaftlichen Erkenntnisse im Wesentlichen akzeptieren, aber das Positive herausheben.[49] Innerhalb des Rahmens der Möglichkeiten favorisieren sie den äußersten Rand mit dem langsamsten Temperaturanstieg, behaupten, dass die Worst-Case-Szenarien mit unkontrollierbarer Rückkopplung rein hypothetisch sind, weisen darauf hin, dass sich moderate Anstiege von Temperatur und CO_2 positiv auf Ernteerträge auswirken, die man gegen die Kosten abwägen sollte, und argumentieren, wenn Länder so reich wie möglich werden dürften (ohne wachstumshemmende Beschränkungen für fossile Brennstoffe), seien sie besser gerüstet, um sich an den zugegebenermaßen eintretenden Klimawandel anzupassen. Doch wie der Ökonom William Nordhaus unterstreicht, ist dies ein Spiel mit dem Feuer, das er als »Klima-Casino« bezeichnet.[50] Wenn laut Status quo die Chancen fifty-fifty stehen, dass sich der Zustand der Welt signifikant verschlechtert, und eine fünfprozentige Wahrscheinlichkeit besteht, dass der Tipping-Point überschritten wird und die Katastrophe über uns hereinbricht, wäre es klug, auch dann Maßnahmen zur Vorbeugung zu ergreifen, wenn die Katastrophe ausbleiben könnte – so wie wir auch Feuerlöscher kaufen, eine Hausversicherung abschließen und keine offenen Benzinkanister in unserer Garage stehen haben. Da die Bekämpfung des Klimawandels viele Jahrzehnte in Anspruch nehmen wird, haben wir genug Zeit, einen Rückzieher zu machen, falls der Anstieg von Temperatur, Meeresspiegel und Meeresversauerung glücklicherweise zum Stillstand kommt.

Eine andere Reaktion auf den Klimawandel aus der äußersten linken Ecke scheint die Verschwörungstheorien von rechts außen rechtfertigen zu wollen. Laut der »Klimagerechtigkeits«-Bewegung, die die Journalistin Naomi Klein mit ihrem Bestseller *This Changes Everything: Capitalism vs. the Climate* (dt. *Die Entscheidung – Kapitalismus vs. Klima*) von 2014 populär gemacht hat, sollten wir die Bedrohung durch den Klimawandel nicht als Herausforderung begreifen, dem Klimawandel vorzubeugen. Nein, wir sollten ihn als Gelegenheit nutzen, die freien Märkte abzuschaffen, die Weltwirtschaft umzustrukturieren und unser politisches System zu erneuern.[51] In einer der surrealeren Episoden in der Geschichte der Umweltpolitik gesellte sich Klein zu David und Charles Koch, den verrufenen milliardenschweren Ölmagnaten und Finanzierern der Leugnung des Klimawandels, um ihnen 2016 bei der Bekämpfung einer Wählerinitiative im Bundesstaat Washington zur Seite zu stehen. Diese Initiative hatte sich die Einführung der ersten CO_2-Steuer des Landes zum Ziel gesetzt, derjenigen politischen Maßnahme, die fast jeder Analyst als Voraussetzung für die Bewältigung des Klimawandels hervorhebt.[52] Warum tat sie das? Weil die Maßnahme »dem rechten Lager in die Karten spielte« und sie nicht »die Umweltverschmutzer zur Kasse bat und deren unmoralische Profite verwendete, um den Schaden, den sie wissentlich angerichtet hatten, zu beheben«. In einem Interview von 2015 sprach sich Klein sogar gegen eine quantitative Analyse des Klimawandels aus:

Wir werden hier nicht durch Erbsenzählerei den Sieg erringen. Wir können die Erbsenzähler nicht mit ihren eigenen Waffen schlagen. Wir werden den Sieg davontragen, weil es hier um Werte geht, um Menschenrechte, Richtig und Falsch. Es gibt jetzt nur diese kurze Zeit, in der wir auch einige hübsche Statistiken auffahren müssen, aber wir sollten nicht die Tatsache aus den Augen verlieren, dass das, was die Herzen der Menschen wirklich bewegt, die Argumente sind, die auf dem Wert des Lebens beruhen.[53]

Quantitative Analysen als »Erbsenzählerei« abzutun ist nicht nur antiintellektuell, sondern richtet sich *gegen* »Werte, Menschenrechte, Richtig und Falsch«. Wer das menschliche Leben achtet, wird politische Maßnahmen begrüßen, die die größte Chance haben, Menschen vor dem Verlust ihrer Heimat oder dem Hungertod zu retten, während sie ihnen zugleich Mittel an die Hand geben, ein gesundes und erfülltes Leben zu führen.[54] In einem nicht von Zauberei und Teufelei, sondern von Naturgesetzen regierten Universum erfordert dies »Erbsenzählerei«. Selbst wenn es um die rein rhetorische Forderung geht, »die Herzen der Menschen zu bewegen«, spielt Effektivität durchaus eine Rolle: Wir akzeptieren die Tatsache der Erderwärmung eher, wenn man uns sagt, dass das Problem mit politischen und technischen Innovationen in den Griff zu bekommen sei, als wenn wir düstere Warnungen hören, wie schrecklich alles werde.[55]

Eine weitere verbreitete Meinung, wie der Klimawandel zu verhindern wäre, kommt im nachstehenden Brief zum Ausdruck. Schreiben dieser Art erhalte ich immer wieder mal:

Lieber Herr Professor Pinker,
wir müssen etwas gegen die Erderwärmung tun. Warum reichen die Nobelpreisträger aus der Naturwissenschaft nicht eine Petition ein? Warum sagen sie nicht klar und deutlich, dass die Politiker Schweine sind, die es nicht kümmert, wie viele Menschen durch Überschwemmungen und Dürren ums Leben kommen? Warum starten Sie und einige Freunde nicht über das Internet einen Aufruf, damit sich die Leute schriftlich verpflichten, wahre Opfer zu bringen, um die Erderwärmung zu stoppen? Denn das ist das Problem. Keiner will irgendwelche Opfer bringen. Die Leute sollten sich verpflichten, nur in dringenden Notfällen in ein Flugzeug zu steigen, weil Flugzeuge so viel Treibstoff verbrauchen. Sie sollten sich verpflichten, an mindestens drei Tagen in der Woche kein Fleisch zu essen, weil durch die Fleischproduktion so viel CO_2 in die Atmosphäre gelangt. Sie sollten sich verpflichten, niemals Schmuck zu kaufen, weil das Scheiden von

Gold und Silber so energieintensiv ist. Wir sollten die Kunsttöpferei abschaffen, weil dabei so viel Kohle verbrannt wird. Die Töpfer an den Kunstfakultäten von Hochschulen müssen halt akzeptieren, dass wir nicht weitermachen können wie bisher.

Vergeben Sie mir die Erbsenzählerei, aber selbst wenn alle Menschen der Welt auf ihren Schmuck verzichteten, so würde das die weltweiten Emissionen von Treibhausgasen nicht die Bohne interessieren. Die Hauptverursacher sind die Schwerindustrie (29 Prozent), Gebäude (18 Prozent), Transport (15 Prozent), Landnutzungsänderung (15 Prozent) und die Energie, die zur Energieversorgung benötigt wird (13 Prozent). (Rinder sind für 5,5 Prozent verantwortlich, davon mehr Methan als CO_2, und der Flugverkehr für 1,5 Prozent.)[56] Natürlich hat meine Briefeschreiberin den Verzicht auf Schmuck und Keramik nicht wegen seiner *Wirkung*, sondern wegen des *Opfers* vorgeschlagen, und es ist kein Wunder, dass sie sich gerade Schmuck, das Luxusgut par excellence, ausgesucht hat. Ich erwähne ihren treuherzigen Vorschlag hier, um zwei psychologische Fallstricke zu verdeutlichen, die bei der Auseinandersetzung mit dem Klimawandel lauern.

Der erste ist kognitiver Art. Es fällt uns schwer, im richtigen Maßstab zu denken – wir differenzieren nicht zwischen Handlungen, die den CO_2-Ausstoß um Tausende, Millionen oder Milliarden Tonnen reduzieren würden.[57] Ebenso wenig unterscheiden wir zwischen Niveau, Geschwindigkeit, Beschleunigung und Ableitungen höherer Ordnung – zwischen Handlungen, die die Rate des *Anstiegs* von CO_2-Emissionen beeinflussen würden, die *Rate* der CO_2-Emissionen, das CO_2-*Niveau* in der Atmosphäre oder die globalen *Temperaturen* (die selbst dann ansteigen werden, wenn das CO_2-Niveau konstant bleibt). Nur der letzte Punkt ist relevant, aber wenn man nicht im richtigen Maßstab denkt und in Dimensionen der Veränderung, gibt man sich womöglich mit politischen Maßnahmen zufrieden, die gar nichts bewirken.

Der zweite Fallstrick ist moralistischer Natur. Wie in Kapitel 2 erwähnt, ist das menschliche Moralempfinden nicht unbedingt moralisch – es befördert Entmenschlichung (»Politiker sind Schweine«) und ein aggressives Strafbedürfnis (»die Umweltverschmutzer zur Kasse bitten«). Wenn überdies verschwenderisches Verhalten mit Sünde und Enthaltsamkeit mit Tugend gleichgesetzt wird, kann das Moralempfinden sinnlose Opfer heiligen.[58] In vielen Kulturen stellen Menschen ihre Rechtschaffenheit mit Fasten- und

Keuschheitsgelübden, Selbstverleugnung, Fegefeuern der Eitelkeiten und Tier- (oder manchmal auch Menschen-)opfern zur Schau. Sogar in modernen Gesellschaften – laut Studien, die ich gemeinsam mit den Psychologen Jason Nemirow, Max Krasnow und Rhea Howard durchgeführt habe – beurteilen Menschen andere danach, wie viel Zeit oder Geld sie für ihre altruistischen Handlungen opfern, und nicht danach, wie viel Gutes sie bewirken.[59]

Beim öffentlichen Gerede über das Eindämmen des Klimawandels geht es häufig um freiwillige Opfer wie Recycling, Verringerung der Transportwege für Nahrung, Ausstöpseln von Ladegeräten und so weiter. (Ich selbst habe schon für Poster mehrerer solcher Kampagnen posiert, die von Harvard-Studierenden initiiert wurden.)[60] Doch wie rechtschaffen diese Anstrengungen auch sein mögen – sie lenken von der gigantischen Herausforderung ab, der wir gegenüberstehen. Das Problem ist, dass es beim CO_2-Ausstoß um ein klassisches Spiel mit öffentlichen Gütern geht, auch bekannt als Tragik der Allmende. Man profitiert von den Opfern aller anderen und leidet unter den eigenen, so dass für jeden der Anreiz besteht, ein Trittbrettfahrer zu sein und allen anderen das Opfer zu überlassen, was zur Folge hat, dass alle leiden. Ein Patentrezept für derartige Dilemmas ist eine Autorität, die Zwangsmaßnahmen ergreifen und Trittbrettfahrer bestrafen kann. Es ist jedoch unwahrscheinlich, dass eine Regierung mit der totalitären Macht, die Kunsttöpferei abzuschaffen, diese Macht selbst so beschneidet, dass das Gemeinwohl letztlich maximiert wird. Alternativ dazu kann man sich auch dem Tagtraum hingeben, dass Appelle an Einsicht und Vernunft wirkmächtig genug sind, um jeden zu den erforderlichen Opfern zu bewegen. Doch obwohl es durchaus eine öffentliche Meinung gibt, ist es unklug, das Schicksal unseres Planeten von der Hoffnung abhängig zu machen, dass Milliarden Menschen zur gleichen Zeit freiwillig gegen ihre ureigenen Interessen handeln. Und was am wichtigsten ist: Das Opfer, das notwendig wäre, um den CO_2-Ausstoß zu halbieren und dann völlig zu stoppen, ist viel größer als das bloße Verzichten auf Schmuck – dazu müsste man ohne Strom auskommen, ohne Heizung, Beton, Stahl, Papier, Reisen sowie erschwingliche Nahrung und Kleidung.

Die Kämpfer für Klimagerechtigkeit, die sich der Phantasie hingeben, dass die Entwicklungsländer genau das tun werden, treten für ein System der »nachhaltigen Entwicklung« ein. Wie Shellenberger und Ted Nordhaus satirisch vermerken, besteht dieses System aus »bescheidenen Genossenschaften im Amazonas-Regenwald, wo Kleinbauern und Indios Nüsse und Beeren pflücken und sie an einen Speiseeiskonzern verkaufen, der daraus die Sorte

›Regenwald-Crunch‹ kreiert.«[61] Sie dürften Solaranlagen besitzen, mit denen man eine LED-Lampe zum Leuchten bringen oder ein Handy aufladen könnte, aber sonst nichts. Es erübrigt sich zu sagen, dass den Menschen, die in diesen Ländern leben, etwas anderes vorschwebt. Die Flucht aus der Armut erfordert riesige Mengen an Energie. Marian Tupy, die Betreiberin von *HumanProgress*, weist darauf hin, dass Botswana und Burundi 1962 beide gleich mittellos waren, mit einem jährlichen Pro-Kopf-Einkommen von 70 Dollar, und der CO_2-Ausstoß in beiden Ländern gering war. Im Jahr 2010 jedoch verdienten die Botswaner 7650 Dollar im Jahr, zweiunddreißgmal mehr als die nach wie vor armen Burundier, und stießen neunundachtzigmal mehr CO_2 aus.[62]

Mit solchen Tatsachen konfrontiert, erwidern die Kämpfer für Klimagerechtigkeit lediglich, statt arme Nationen zu bereichern, sollten wir reiche ärmer machen und beispielweise die Uhr auf »arbeitsintensive Landwirtschaft« zurückdrehen (die angemessene Antwort darauf lautet: Bitte nach Ihnen!). Shellenberger und Nordhaus verweisen darauf, wie weit sich progressive Politik bereits von den Tagen entfernt hat, an denen die Elektrifizierung und wirtschaftliche Entwicklung des ländlichen Raumes zu ihren Prestigeprojekten zählten: »Im Namen der Demokratie bietet sie den Armen der Welt nun nicht, was sie wollen – preisgünstige Elektrizität –, sondern mehr von dem, was sie nicht wollen, nämlich nur zeitweilig verfügbaren und teuren Strom.«[63]

Ökonomischer Fortschritt ist in reichen wie auch armen Ländern gleichermaßen genau deshalb ein Muss, weil er erforderlich ist, um sich an den bereits bestehenden Klimawandel anzupassen. Großenteils dank ihrem Wohlstand ist die Menschheit gesünder geworden (Kapitel 5 und 6), ist besser ernährt (Kapitel 7), friedlicher (Kapitel 11) und besser geschützt vor Naturgefahren und -katastrophen (Kapitel 12). Diese Fortschritte haben die Widerstandskraft der Menschen gegen natürliche und menschengemachte Bedrohungen gestärkt: Krankheitsausbrüche entwickeln sich nicht zu Pandemien, Missernten in einer Region werden durch Überschüsse in einer anderen ausgeglichen, lokale Scharmützel werden entschärft, bevor ein Krieg ausbricht, Bevölkerungen sind besser vor Stürmen, Überschwemmungen und Dürren geschützt. Unsere Antwort auf den Klimawandel muss auch darin bestehen, diese Erfolge weiterhin zu gewährleisten, damit wir den Gefahren, die ein sich aufheizender Planet für unsere Widerstandsfähigkeit birgt, immer einen Schritt voraus sind. Mit jedem Jahr, in dem Entwicklungsländer wohlhabender werden, erwerben sie mehr Ressourcen, um Dämme und Wasserspeicher zu bauen, das Gesundheitswesen zu verbessern und Menschen vor dem ansteigenden Meeresspiegel in Sicherheit zu bringen. Aus diesem Grund darf man sie nicht in Energiearmut halten – doch ebenso wenig ist es sinnvoll, wenn sie ihr Einkommen durch extensives Verbrennen von Kohle aufbessern, was sich später in Gestalt verheerender Wetterkatastrophen, von denen alle betroffen sind, rächen wird.[64]

Wie aber *sollten* wir mit dem Klimawandel umgehen? Uns mit ihm auseinandersetzen müssen wir. Ich stimme mit Papst Franziskus und den Kämpfern für Klimagerechtigkeit darin überein, dass es unsere moralische Pflicht ist, dem Klimawandel vorzubeugen, denn er droht Milliarden Menschen zu schaden, vor allem den Armen der Welt. Moral ist jedoch etwas anderes als Moralisieren, das oft mehr schadet als nützt. (Die päpstliche Enzyklika ging nach hinten los, weil sie die Angst vor dem Klimawandel unter den konservativen Katholiken, die sich seiner bewusst waren, *verringerte*.)[65] Es mag befriedigend sein, die fossile Brennstoffindustrie, die uns die gewünschte Energie verkauft, zu dämonisieren oder unsere Tugendhaftigkeit durch augenfällige Opfer zu demonstrieren, doch diese Quellen der Genugtuung werden dem zerstörerischen Klimawandel nicht Einhalt gebieten.

Die aufgeklärte Antwort auf den Klimawandel besteht darin, herauszufinden, wie man mit möglichst wenig Emissionen von Treibhausgasen möglichst viel Energie gewinnt. Gewiss kann man zu dem tragischen Schluss kommen, dass das in unserer modernen Zeit einfach unmöglich ist: Die durch lodernde Kohle befeuerte Industriegesellschaft birgt den Zündstoff ihrer eigenen Zerstörung in sich. Doch diese traurige Sichtweise ist falsch. Ausubel hält fest, dass die moderne Welt immer *weniger* Kohle verbraucht.

Die Kohlenwasserstoffe in der von uns verbrannten Materie bestehen aus Wasserstoff und Kohlenstoff, die Energie freisetzen, wenn sie sich mit Sauerstoff zu H_2O und CO_2 verbinden. Das älteste Brennmaterial aus Kohlenwasserstoff, trockenes Holz, weist ein Verhältnis von brennbaren Kohlenstoffatomen zu Wasserstoffatomen von etwa 10 zu 1 auf.[66] Die Kohle, die das Holz im Laufe der industriellen Revolution ersetzte, besitzt im Schnitt ein Kohlenstoff-Wasserstoff-Verhältnis von 2 zu 1.[67] Ein Treibstoff auf Petroleumbasis wie Kerosin kann ein Verhältnis von 1 zu 2 aufweisen. Erdgas besteht hauptsächlich aus Methan, mit der chemischen Formel CH_4, und weist ein Verhältnis von 1 zu 4 auf.[68] Während die industrialisierte Welt

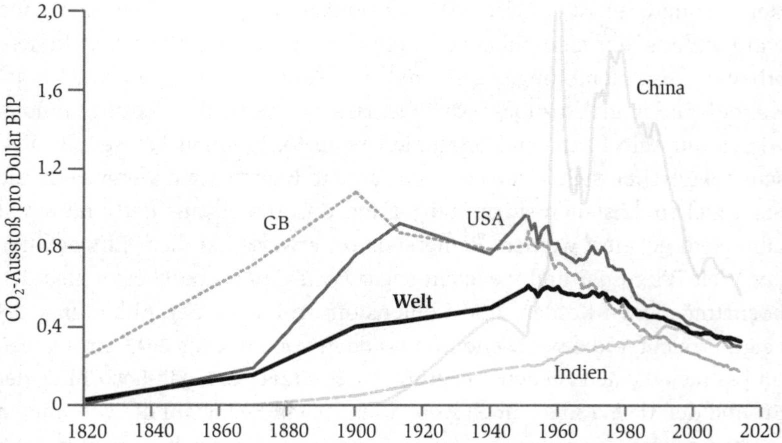

Abb. 10.7 Kohlenstoffintensität (CO_2-Ausstoß pro Dollar BIP), 1820–2014
Quelle: *Our World in Data*, Ritchie & Roser 2017, basierend auf Daten des Carbon Dioxide Information Analysis Center, http://cdiac.ess-dive.lbl.gov/trends/emis/tre_coun.html. BIP ist in Internationalen Dollar (2011) angegeben; für die Jahre vor 1990 stammen die BIP-Daten aus Maddison Project 2014.

auf der Energieleiter von Holz zu Kohle zu Öl zu Gas kletterte (der letzte Übergang beschleunigte sich im 21. Jahrhundert dank der großen Mengen an Schiefergas, die durch Fracking gewonnen wurden), sank das Verhältnis von Kohlenstoff zu Wasserstoff in ihrer jeweiligen Energiequelle demnach stetig, und Gleiches gilt für die Menge an Kohlenstoff, die verbrannt werden musste, um eine Energieeinheit zu gewinnen (von 30 kg Kohlenstoff pro Gigajoule im Jahr 1850 auf etwa 15 kg heute).[69] In Abbildung 10.7 ist zu sehen, dass der CO_2-Ausstoß eine Kuznets-Kurve beschreibt: Als in reichen Ländern wie den Vereinigten Staaten und Großbritannien die Industrialisierung einsetzte, wurde pro Dollar BIP immer mehr CO_2 ausgestoßen, aber in den 1950er Jahren kriegten sie die Kurve, und seitdem ist der Ausstoß immer weiter gesunken. China und Indien tun es ihnen gleich, mit dem Höchststand Ende der 1970er bzw. Mitte der 1990er Jahre. (Dank Maos hirnverbrannten Konzepten wie Hinterhofhochöfen mit massiven Emissionen und null Wirtschaftsleistung legte China Ende der 1950er Jahre einen Ausreißer hin.) Weltweit nimmt die Kohlenstoffintensität seit einem halben Jahrhundert immer weiter ab.[70]

Der verminderte CO_2-Ausstoß (Dekarbonisierung) entwickelt sich ganz natürlich aus den menschlichen Interessen. »Kohlenstoff beschert Minenarbeitern eine Staublunge, gefährdet die Stadtluft und droht mit Klimawandel«, erläutert Ausubel. »Das Element Wasserstoff ist so unschuldig, wie es nur sein kann, und produziert beim Verbrennen Wasser.«[71] Menschen wünschen sich kompakte und saubere Energie, und wenn sie in die Stadt ziehen, bestehen sie auf Strom und Gas, die bis ans Bett und direkt zum Herd geliefert werden. Bemerkenswerterweise hat diese Entwicklung der Welt *Peak Coal* und vielleicht sogar *Peak Carbon* beschert – also den höchstmöglichen Kohlen- und Kohlenstoffverbrauch. Wie Abbildung 10.8 zeigt, erreichten die weltweiten Emissionen von 2014 bis 2015 ein Plateau und sanken danach bei den drei größten CO_2-Erzeugern, nämlich China, der EU und den USA. (So hat auch Abbildung 10.3 in Bezug auf die Vereinigten Staaten gezeigt, dass der CO_2-Ausstoß ein Plateau erreichte, während der Wohlstand weiter zunahm: Von 2014 bis 2016 wuchs das Weltbruttosozialprodukt jährlich um 3 Prozent.)[72] Teilweise reduzierte sich der Ausstoß durch die zunehmende Verbreitung von Wind- und Solarenergie, doch der Löwenanteil, insbesondere in den USA, verdankte sich der Tatsache, dass $C_{137}H_{97}O_9NS$-Kohle durch CH_4-Gas ersetzt wurde.

Der weite Bogen der Dekarbonisierung zeigt, dass Wirtschaftswachstum nicht gleichbedeutend mit dem Verbrennen von Kohlenstoff ist. Einige Optimisten glauben, wenn man zuließe, dass der Trend in die nächste Phase eintritt – von kohlenstoffarmem Erdgas zu kohlenstofffreier Kernenergie –, werde das Klima eine sanfte Landung hinlegen. Doch nur die sonnigsten Gemüter nehmen an, dass das von selbst geschieht. Zurzeit hat sich der jährliche CO_2-Ausstoß möglicherweise bei rund 36 Milliarden Tonnen eingependelt, aber das ist nach wie vor *eine Menge* CO_2, die Jahr für Jahr in die Atmosphäre geblasen wird, und es gibt keine Anzeichen für den jähen Abfall, den wir bräuchten, um die schlimmen Folgen abzuwenden. Vielmehr muss man die Dekarbonisierung mit Impulsen aus Politik und Technik vorantreiben – das entsprechende Schlagwort ist *deep decarbonization* oder »tiefe Dekarbonisierung«.[73]

Es beginnt mit der Bepreisung von Kohlenstoff: Man bittet Privatpersonen und Unternehmen zur Kasse für die Schäden, die sie anrichten, wenn sie CO_2 in die Atmosphäre blasen, und zwar entweder in Form einer CO_2-Steuer oder als nationale Obergrenze mit einem Emissionshandelssystem. Ökonomen des gesamten politischen Spektrums befürworten eine Bepreisung

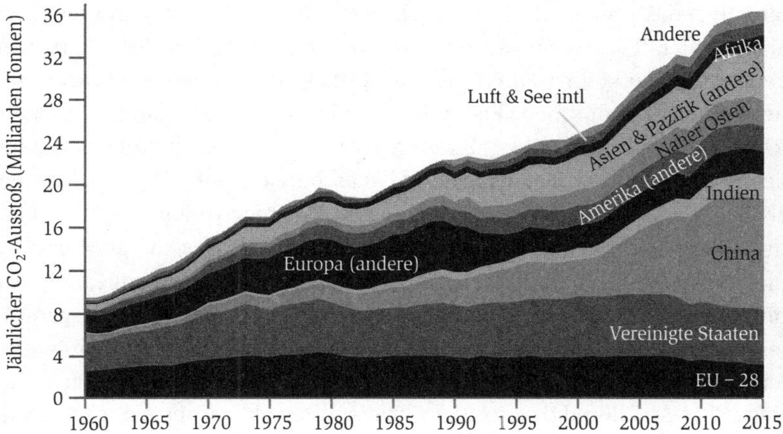

Abb. 10.8 CO_2-Ausstoß, 1960–2015
Quellen: *Our World in Data*, Ritchie & Roser 2017 und https://ourworldindata.org/grapher/annual-co2-emissions-by-region, basierend auf Daten des Carbon Dioxide Information Analysis Center, http://cdiac.ess-dive.lbl.gov/trends/emis/tre_coun.html. und Le Quéré et al. 2016. »Luft & See international« bezieht sich auf Luftfahrt und Seetransport, entsprechend »Bunker fuels« in den Originalquellen. »Andere« bezieht sich auf die Differenz zwischen dem geschätzten globalen CO_2-Ausstoß und der Summe der regionalen und nationalen Gesamtmengen, entsprechend der Komponente »Statistical difference«.

von CO_2, weil sie die einzigartigen Vorteile von Regierungen und Märkten vereint.[74] Da niemand die Atmosphäre besitzt, gibt es für Menschen (und Unternehmen) keinen Grund, sich Emissionen zu verkneifen, die ihnen erlauben, ihre Energie zu genießen, während sie allen anderen damit schaden. Dieses verdrehte Ergebnis bezeichnen Ökonomen als negativen externen Effekt (ein anderer Ausdruck für die kollektiven Kosten in einem Spiel mit öffentlichen Gütern oder den Schaden für die Allgemeinheit bei der Tragik der Allmende). Eine CO_2-Steuer, die nur Regierungen auferlegen können, »internalisiert« die öffentlichen Kosten, indem sie die Menschen zwingt, den Schaden bei jeder Entscheidung einzukalkulieren, die die Emission von CO_2 betrifft. Milliarden Menschen aufgrund ihrer Werte und der Information durch Preise selbst entscheiden zu lassen, wie sie die Umwelt am besten schützen, ist mit Sicherheit effektiver und humaner, als Regierungsexperten mit dem Versuch zu betrauen, die optimale Mischung am grünen Tisch auszubrüten. Die Töpfer müssen ihre Brennöfen nicht vor der CO_2-Polizei verstecken; sie können ihren Teil zur Rettung des Planeten beitragen, indem sie kürzer duschen, keine Sonntagsfahrten unternehmen und statt Rindfleisch Aubergine essen. Eltern brauchen nicht auszurechnen, ob Windeldienste mit ihren Lieferwagen und Wäschereien mehr CO_2 produzieren als die Hersteller von Wegwerfwindeln; die Differenz geht in die Preise ein, und jedes Unternehmen hat den Anreiz, seinen CO_2-Ausstoß zu drosseln, um konkurrenzfähig zu bleiben. Erfinder und Unternehmer können Risiken mit kohlenstofffreien Energieträgern eingehen, die mit fossilen Brennstoffen unter fairen Wettbewerbsvoraussetzungen konkurrieren statt unter den jetzt herrschenden verzerrten Bedingungen, bei denen die fossilen Energieträger ihre Abfallprodukte kostenlos in die Atmosphäre speien dürfen. Ohne die Bepreisung von CO_2 sind fossile Brennstoffe – die einzigartig sind, weil sie reichlich vorkommen, transportabel sind und einen hohen Brennwert haben – gegenüber den Alternativen zu sehr im Vorteil.

Zweifellos träfe eine CO_2-Steuer die Armen besonders hart, was die Linken auf den Plan ruft, und sie würde Geld vom privaten in den öffentlichen Sektor umverteilen, was die Rechten erzürnt. Diese Effekte lassen sich jedoch neutralisieren, indem man Umsatz, Gehälter, Einnahmen sowie andere Steuern und Transfers entsprechend anpasst. (Mit Al Gores Worten: *Tax what you burn, not what you earn* – besteuere, was du verbrennst, nicht, was du verdienst.) Und wenn der Steuersatz zu Beginn niedrig ist und dann rasch und vorhersagbar ansteigt, kann man den Anstieg bei langfristigen Käufen und Investitionen berücksichtigen sowie die Steuer großenteils umgehen, wenn man neuentwickelte kohlenstoffarme Technologien bevorzugt.[75]

Ein zweiter Weg zur tiefen Dekarbonisierung bringt eine unbequeme Wahrheit für die traditionelle grüne Bewegung aufs Tapet: Kernenergie ist die ergiebigste und am besten skalierbare CO_2-freie Energiequelle der Welt.[76] Obwohl die Preise für erneuerbare Energieträger, insbesondere Solar- und Windenergie, drastisch gesunken sind und sich ihr Anteil an der weltweiten Energie in den letzten fünf Jahren mehr als verdreifacht hat, beträgt dieser Anteil nach wie vor nur armselige 1,5 Prozent, und seinem Anstieg sind Grenzen gesetzt.[77] Der Wind legt sich häufig, und die Sonne geht jede Nacht unter und kann hinter Wolken verborgen sein. Menschen brauchen jedoch rund um die Uhr und bei jedem Wetter Energie. Stromspeicher, die große Mengen an erneuerbarer Energie speichern und bei Bedarf abgeben, wären hilfreich, aber es werden noch Jahre vergehen, bis welche existieren, die ganze Städte versorgen können. Zudem haben Wind- und Solaranlagen einen riesigen Flächenbedarf und laufen damit dem Verdichtungsprozess, der am umweltfreundlichsten ist, zuwider. Der Energieanalytiker Robert Bryce schätzt, dass allein das Schritthalten mit dem weltweit steigenden Energiebedarf jährlich die Umwandlung eines Gebiets in der Größe von Deutschland in Windparks erfordern würde.[78] Um den weltweiten Gesamtbedarf an erneuerbaren Energien bis 2050 zu decken, müsste man eine Fläche so groß wie die USA (mit Alaska) plus Mexiko, Mittelamerika und dem bewohnten Teil Kanadas mit Windkraftanlagen und Solarkollektoren zupflastern.[79]

Dagegen repräsentiert die Kernenergie die ultimative Dichte, weil in einer nuklearen Reaktion $E = mc^2$ gilt: Man erhält eine ungeheure Menge an Energie (proportional zum Quadrat der Lichtgeschwindigkeit) aus einer Winzigkeit an Masse. Das für die Kernenergie benötigte Uran abzubauen hinterlässt eine viel kleinere ökologische Wunde als die Gewinnung von Kohle, Öl oder Gas, und die Kraftwerke selbst beanspruchen etwa ein Fünfhundertstel der Fläche, die Wind oder Solarenergie verlangen.[80] Kernenergie ist rund um die Uhr verfügbar und lässt sich in Stromnetze einspeisen, die konzentrierte Energie dorthin liefern, wo sie benötigt wird. Ihre CO_2-Bilanz ist niedriger als die aus Solar- und Wasserkraft sowie Biomasse, und sie ist auch sicherer als diese. In 60 Jahren Kernenergie gab es 31 Tote bei der Tschernobyl-Katastrophe von 1986, die die Folge massiver Pfuscherei der Sowjet-Ära war; zudem starben einige tausend Menschen aus der Bevölkerung, die der Strahlung ausgesetzt war, vorzeitig an Krebs – zusätzlich zu den 100 000 normalerweise auftretenden Krebstoten.[81] Bei den beiden anderen berühmten Vorfällen, Three Mile Island 1979 und Fukushima 2011, gab es keine Todesopfer. Dagegen sterben unzählige Menschen tagein, tagaus an der Umweltverschmutzung durch verfeuerte Brennstoffe und durch Unfälle bei ihrem Abbau und Transport, was nie eine Schlagzeile wert ist. Im Vergleich zur Kernenergie tötet Erdgas achtunddreißigmal so viele Personen pro erzeugter Kilowattstunde Strom, Biomasse dreiundsechzigmal so viele, Erdöl zweihundertdreiundvierzigmal so viele und Kohle *dreihundertsiebenundachtzig*mal so viele – und allein damit womöglich eine Million Menschen pro Jahr.[82]

Nordhaus und Shellenberger fassen die Berechnungen einer immer größeren Zahl von Klimaforschern zusammen: »Es gibt keine plausible Möglichkeit, den globalen CO_2-Ausstoß ohne einen massiven Ausbau der Kernenergie zu reduzieren. Sie ist die einzige uns heute verfügbare kohlenstoffarme Technologie, die nachweislich in der Lage ist, große Mengen zentral erzeugten Stroms zu liefern.«[83] Das Deep Carbonization Pathways Project ist eine Vereinigung von Forscherteams, die für verschiedene Länder Fahrpläne zur Senkung ihrer Emissionen im Rahmen des 2°-Celsius-Ziels ausgearbeitet haben. Diese Forscher schätzen, dass die Vereinigten Staaten im Jahr 2050 zwischen 30 und 60 Prozent ihres Energiebedarfs mit Kernkraft decken müssen (das Anderthalb- bis Dreifache des derzeitigen Anteils), während diese gleichzeitig viel mehr dieser Energie erzeugt, um fossile Brennstoffe beim Heizen vom Wohraum, für Fahrzeuge und die Produktion von Stahl, Beton und Dünger abzulösen.[84] Laut einem Szenario würde dies die Vervierfachung ihrer nuklearen Kapazität erfordern. Ähnlich würde der benötigte Ausbau auch für China, Russland und andere Länder aussehen.[85]

Unglücklicherweise nimmt die Nutzung der Kernenergie gerade jetzt ab, wo sie expandieren sollte. In den USA sind elf Kernreaktoren kürzlich stillgelegt worden oder von der Schließung bedroht, was die gesamten CO_2-Einsparungen aus der verstärkten Nutzung von Solar- und Windkraft aufheben würde. Deutschland, das einen Großteil seines Strombedarfs aus der Kernenergie bezogen hat, legt ebenfalls seine Anlagen still und vergrößert seinen CO_2-Ausstoß mit den Kohlekraftwerken, die sie ersetzen. Frankreich und Japan werden seinem Beispiel möglicherweise folgen.

Warum schlagen westliche Länder den falschen Weg ein? Kernenergie drückt eine Reihe psychologischer Knöpfe – Angst vor Verstrahlung, leicht heraufzubeschwörende Katastrophenszenarien, Misstrauen gegenüber dem Unbekannten und Menschengemachten –, wobei der potentielle Schrecken durch die traditionelle grüne Bewegung und ihre fragwürdig »progressiven« Unterstützer noch vervielfacht wurde.[86] Ein Kommentar gibt die Schuld an der Erderwärmung den Doobie Brothers, Bonnie Raitt und den anderen Rockstars, die mit ihrem *No-Nukes*-Konzert und -Film von 1979 die ablehnende Haltung der geburtenstarken Jahrgänge gegenüber der Atomkraft hervorgerufen hätten. (Einige Kostproben aus der Schlusshymne in deutscher Übersetzung: »Gebt mir einfach die warme Kraft der Sonne ... Aber lasst all eure giftige Kernkraft verschwinden.«)[87] Ein wenig Schuld tragen möglicherweise auch Jane Fonda, Michael Douglas und die Produzenten des Katastrophenfilms *Das China-Syndrom* von 1979. Der Filmtitel beruht auf der Vermutung, dass der geschmolzene Reaktorkern durch die Erdkruste bis hinüber nach China sinken werde, nachdem er »ein Gebiet von der Größe Pennsylvanias« unbewohnbar gemacht habe. Ein teuflischer Zufall wollte es, dass die in Pennsylvania gelegene Anlage Three Mile Island zwei Wochen nach dem Filmstart eine Teilkernschmelze erlebte, was verbreitet Panik auslöste und schon den Gedanken an Kernenergie so radioaktiv wie ihren Uranbrennstoff machte.

Im Zusammenhang mit dem Klimawandel wird oft gesagt, dass diejenigen, die am meisten wissen, auch diejenigen sind, die die größte Angst haben, aber was die Kernenergie betrifft, haben diejenigen, die am meisten wissen, am wenigsten Angst.[88] Wie bei Öltankern, Autos, Flugzeugen, Gebäuden und Fabriken (Kapitel 12) haben die Ingenieure aus den Unfällen und Beinahe-Unfällen gelernt und Kernreaktoren nach und nach immer sicherer gemacht, was das Unfall- und Kontaminierungsrisiko weit unter das der fossilen Brennstoffe gesenkt hat. Der Vorsprung gilt sogar gegenüber der Radioaktivität, die eine natürliche Eigenschaft der beim Verbrennen von Kohle freigesetzten Flugasche und Abgase ist.

Dennoch ist Kernenergie teuer, insbesondere weil sie lähmende behördliche Hürden nehmen muss, während ihre Konkurrenten freie Fahrt haben. Zudem bauen in den USA nach einer längeren Auszeit mittlerweile private Unternehmen Kernkraftwerke mit jeweils individuellem Design, die den technischen Lernprozess nicht mitvollzogen und sich entsprechend auch nicht für die besten Entwicklungs-, Herstellungs- und Konstruktionsverfahren entschieden haben. Demgegenüber haben Schweden, Frankreich und Südkorea dutzendfach standardisierte Reaktoren gebaut und genießen nun billigen Strom mit einem erheblich geringeren CO_2-Ausstoß. Ivan Selin, vormals Vorsitzender der Nuclear Regulatory Commission, drückte es so aus: »Die Franzosen haben zwei Sorten von Reaktoren und Hunderte Sorten von Käse; in den Vereinigten Staaten ist es genau andersherum.«[89]

Bis die Kernenergie den Dekarbonisierungsprozess entscheidend mitgestalten kann, muss sie letztlich die Technologie der zweiten Generation von Leichtwasserreaktoren hinter sich lassen. (Die »erste Generation« bestand aus Prototypen der 1950er und frühen 1960er Jahre.) Bald werden einige Generation-III-Reaktoren in Betrieb gehen, die sich mit verbesserter Sicherheit und Effizienz aus dem aktuellen Design entwickelt haben, aber bisher noch von ärgerlichen Pannen bei Finanzierung und Konstruktion gebeutelt werden. Generation-IV-Reaktoren zeichnen sich durch ein halbes Dutzend neuer Designs aus, die versprechen, dass Kernkraftwerke eher zu einer Massenware werden als zu individuell ausgetüftelten limitierten Auflagen.[90] Ein Typ könnte wie Düsentriebwerke am Fließband produziert, in Großraumcontainer gesteckt, mit der Bahn verschickt und auf Lastschiffen vor den Küsten von Großstädten verankert werden. Damit könnten die Kraftwerke dem Sankt-Florians-Prinzip ein Schnippchen schlagen, Stürme oder Tsunamis überstehen und am Ende ihres nützlichen Lebens abgeschleppt und stillgelegt werden. Je nach Design könnte man sie unterirdisch eingraben und betreiben, mit Gas oder Flüssigsalz, das nicht unter Druck steht, kühlen, sie kontinuierlich mit einem Strom aus Pac-Kügelchen befeuern, statt sie für den Austausch von Brennstäben herunterfahren zu müssen, sie so ausstatten, dass sie auch Wasserstoff erzeugen (den saubersten aller Brennstoffe), und so gestalten, dass sie sich bei Überhitzung auch ohne Strom oder menschliche Einwirkung selbst abschalten. Einige würden als Brennstoff relativ reichlich vorkommendes Thorium nutzen, andere Uran, gewonnen aus Meerwasser, demontierten Atomwaffen (»Waffen zu Pflugscharen« in Reinkultur), aus dem Abfall existierender Reaktoren oder gar aus dem eigenen Abfall – damit kämen wir einer Perpetuum-mobile-Maschine denkbar nahe, die in der Lage wäre, die Welt jahrtausendelang mit Energie zu versorgen. Sogar die Kernfusion, lange als Energiequelle belächelt, die »für alle Zeiten in 30 Jahren Wirklichkeit wird«, könnte dieses Mal tatsächlich in 30 Jahren (oder früher) Wirklichkeit werden.[91]

Die Vorzüge der weiterentwickelten Kernenergie sind unermesslich. Die meisten Bemühungen im Hinblick auf den Klimawandel verlangen politische Reformen (etwa die Bepreisung von CO_2), die umstritten bleiben und sich selbst in den rosigsten Träumen kaum weltweit verwirklichen lassen werden. Ein Energieträger, der billiger, dichter und sauberer ist als fossile Brennstoffe, würde zum Selbstläufer, ohne herkulischen politischen Willen oder internationale Kooperation zu erfordern.[92] Er würde nicht nur den Klimawandel eindämmen, sondern auch vielfältige andere Geschenke bereithalten. Die Menschen in den Entwicklungsländern könnten die mittleren Sprossen der Energieleiter überspringen und ihren Lebensstandard an den der westlichen Welt anpassen, ohne an Kohlenrauch zu ersticken. Die dann erschwingliche Entsalzung von Meerwasser, ein energiehungriger Prozess, könnte Bauernhöfe bewässern, Trinkwasser liefern und den Abbau von Staudämmen ermöglichen, da man nicht mehr auf die Nutzung von Oberflächenwasser und Wasserkraft angewiesen wäre, woraufhin Flüsse wieder in

Seen und Meere fließen und ganze Ökosysteme zu neuem Leben erwecken könnten. Das Forscherteam, das der Welt saubere und ergiebige Energie beschert, wird der Menschheit mehr Nutzen bringen als alle Heiligen, Helden, Propheten, Märtyrer und Preisträger der Geschichte zusammen.

Durchbrüche im Energiesektor verdanken sich Start-up-Unternehmen, die von idealistischen Erfindern gegründet werden, Innovationsabteilungen von Energieunternehmen oder Prestigeprojekten von Hightech-Milliardären, vor allem wenn sie ein weitgestreutes Geschäftsportfolio mit sicheren Geschäften und verrückten Pionierprojekten haben.[93] Auch Regierungen müssen dabei eine Rolle spielen, denn, wie Brand hervorhebt, »gehört Infrastruktur zu den Dingen, für deren Verwaltung wir Regierungen einsetzen – insbesondere Energie-Infrastruktur, die ohne Unterlass Gesetze erfordert, Anleihen, Wegerechte, Regelungen, Subventionen, Forschung sowie öffentlich-private Partnerschaften mit detaillierter Aufsicht.«[94] Dazu gehört ein behördliches Umfeld, das besser zu den Herausforderungen des 21. Jahrhunderts passt als zur Technikfeindlichkeit und Atomhysterie der 1970er Jahre. Einige Nukleartechnologien sind prinzipiell startklar, doch die bürokratischen grünen Hürden, die sie noch zu überwinden haben, sind hoch, so dass sie möglicherweise nie das Ziel erreichen – zumindest in den Vereinigten Staaten nicht.[95] China, Russland, Indien und Indonesien, energiehungrig, krank vom Smog und frei von US-amerikanischer Zimperlichkeit und festgefahrenen Strukturen, werden womöglich die Führung übernehmen.

Wer auch immer das tut und welcher Brennstoff auch immer genutzt wird – der Erfolg der tiefen Dekarbonisierung hängt vom technischen Fortschritt ab. Warum sollten wir davon ausgehen, dass das Know-how von 2018 weltweit das beste jemals zu erreichende ist? Die Dekarbonisierung erfordert Durchbrüche nicht nur bei der Kernenergie, sondern auch auf anderem technologischen Neuland: Speicher für nur periodisch verfügbare erneuerbare Energien, internetähnliche ausgeklügelte Stromnetze, die Elektrizität aus verstreuten Quellen zu unterschiedlichen Zeiten an verstreute Nutzer liefern, Technologien, die industrielle Prozesse wie die Produktion von Beton, Dünger und Stahl mit Strom versorgen und dekarbonisieren, flüssige Biotreibstoffe für Schwerlaster und Flugzeuge, die eine hohe Energiedichte aufweisen und transportabel sind, sowie Verfahren zur Abscheidung und Speicherung von CO_2.

Der letzte Punkt ist aus einem simplen Grund entscheidend. Selbst wenn die Treibhausgasemissionen bis 2050 halbiert werden und bis 2075 die Nullgrenze erreichen, würde der Welt immer noch eine gefährliche Erwärmung drohen, weil das bereits ausgestoßene CO_2 noch sehr lange in der Atmosphäre verbleibt. Es genügt nicht, die Wände des Treibhauses nicht länger zu verdicken – irgendwann werden wir es ganz demontieren müssen.

Die grundlegende Technologie ist über eine Milliarde Jahre alt. Pflanzen saugen Kohlenstoff aus der Luft, wenn sie mit Hilfe der Energie aus dem Sonnenlicht CO_2 mit H_2O verbinden und daraus Zucker herstellen (etwa $C_6H_{12}O_6$), Cellulose (eine Kette aus $C_6H_{12}O_5$-Einheiten) und Lignin (eine Kette aus Einheiten wie $C_{10}H_{14}O_4$); die beiden Letzteren bilden den größten Teil der Biomasse in Holz und Stämmen. Um CO_2 aus der Luft zu entfernen, liegt es also auf der Hand, so viele kohlenstoffhungrige Pflanzen wie möglich auf den Plan zu rufen, um uns beizustehen. Das gelingt beispielsweise durch die Förderung des Übergangs von Abholzung zu Aufforstung und Erstaufforstung (das Anlegen neuer Wälder), indem wir Bodenkultivierung und die Zerstörung von Feuchtgebieten rückgängig machen sowie durch die Instandsetzung von Lebensräumen an der Küste und im Meer. Und um die CO_2-Menge zu reduzieren, die beim Verrotten abgestorbener Pflanzen wieder in die Atmosphäre gelangt, könnten wir das Bauen mit Holz und anderen Pflanzenprodukten fördern oder die Biomasse zu nicht verrottender Biokohle verkochen und diese zur Bodenverbesserung untergraben.[96]

In anderen Vorschlägen für die Abscheidung von CO_2 dominiert gewissermaßen die Substanzlosigkeit, zumindest was die Standards der derzeitigen Technik betrifft. Das eher spekulative Ende verschwimmt mit dem Graubereich Richtung Geoengineering; dazu gehören Pläne, pulverisiertes Gestein zu verstreuen, das beim Verwittern CO_2 aufnimmt, Wolken oder die Meere mit Alkali anzureichern, damit sich mehr CO_2 in Wasser auflöst, und den Ozean mit Eisen zu düngen, um die Photosynthese durch Plankton zu beschleunigen.[97] Das eher fundierte Ende beinhaltet Technologien, die CO_2 aus den Schornsteinen fossiler Brennstoffanlagen schrubben und es in Ritzen und Spalten der Erdkruste pumpen können. (Die spärlichen 400 ppm direkt aus der Atmosphäre abzuschöpfen ist zwar theoretisch möglich, aber ungeheuer ineffizient, wobei sich das jedoch ändern könnte, sobald die Kernenergie entsprechend kostengünstig wird.) Bestehende Fabriken und Kraftwerke lassen sich mit diesen Technologien nachrüsten, und obwohl sie selbst energiehungrig sind, könnten sie den CO_2-Ausstoß aus der bereits existierenden riesigen Energie-Infrastruktur drastisch eindämmen (das Ergebnis wäre die sogenannte saubere Kohle). Die Technologien sind außerdem geeignet zum Einbau in Kohlevergasungsanlagen, die Kohle in Flüssigbrennstoffe umwandeln, welche man möglicherweise nach wie vor für Flugzeuge und Schwerlaster braucht. Laut dem Geophysiker Daniel Schrag muss bei der Kohlevergasung schon jetzt CO_2 vom Gasstrom geschieden werden, so dass die Absonderung dieses Kohlendioxids zum Schutz der Atmosphäre nur noch eine moderate zusätzliche Ausgabe bedeutet; zudem würde sie Flüssigbrennstoff mit einem kleineren CO_2-Fußabdruck als Erdöl erzeugen.[98] Und was noch besser ist: Wird der Kohlerohstoff mit Biomasse angereichert (etwa mit Gras, landwirtschaftlichem Abfall, Baumschnitt, Stadtmüll und vielleicht eines Tages auch genmodifizierten Pflanzen oder Algen), könnte er CO_2-neutral sein. Und am allerbesten: Falls das Rohmaterial *vollständig* aus Biomasse bestünde, wäre es CO_2-*negativ*. Die Pflanzen entziehen der Atmosphäre CO_2, und wenn ihre Biomasse zur Energieerzeugung genutzt wird (durch Verbrennung, Fermentierung oder Vergasung), gelangt es dank der CO_2-Abscheidung nicht mehr hinein. Man hat diese Kombination, zuweilen BECCS genannt – *bioenergy with carbon capture and storage* –, als Heilsbringertechnologie des Klimawandels bezeichnet.[99]

Wird irgendetwas davon eintreten? Die Hindernisse sind zum Haareraufen – so der wachsende Energiehunger der Welt, die Zweckmäßigkeit fossiler Brennstoffe mit ihrer riesigen Infrastruktur, die Leugnung des Problems durch Energiekonzerne und die politische Rechte, die Feindseligkeit der traditionellen Grünen und der noch verbliebenen Kämpfer für Klimagerechtigkeit gegenüber technischen Lösungen sowie die Tragik der CO_2-Allmende. Trotz alledem ist die Abwehr des Klimawandels eine Idee, deren Zeit gekommen ist. Dafür sprechen drei Schlagzeilen, die 2015 innerhalb von drei Wochen im *Time Magazine* prangten: »China Shows It's Serious About Climate Change« (»China zeigt, dass es mit dem Klimawandel ernst macht«), »Walmart, McDonald's, and 79 Others Commit to Fight Global Warming« (»Walmart, McDonald's und 79 weitere Unternehmen verpflichten sich dem Kampf gegen die Erderwärmung«) und »Americans' Denial of Climate Change Hits Record Low« (»Leugnen des Klimawandels durch US-Amerikaner auf Rekordtief«). Zur selben Zeit berichtete die *New York Times*: »Poll Finds Global Consensus on a Need to Tackle Climate Change« (»Laut Umfrage besteht weltweiter Konsens, dass Klimawandel bekämpft werden muss«). In allen befragten Ländern außer einem (Pakistan) sprach sich die

Mehrheit der Befragten für die Beschränkung von Treibhausgasemissionen aus, darunter 69 Prozent der US-Amerikaner.[100]

Der weltweite Konsens ist nicht nur heiße Luft. Im Dezember 2015 unterzeichneten 195 Staaten ein historisches Abkommen, mit dem sie sich verpflichteten, den Anstieg der Globaltemperatur auf »weit unter« 2° Celsius (mit dem Ziel von 1,5° Celsius) zu beschränken und jährlich 100 Milliarden Dollar zur Eindämmung des Klimawandels in Entwicklungsländern bereitzustellen (was bei früheren, erfolglosen Versuchen, einen weltweiten Konsens herbeizuführen, ein neuralgischer Punkt gewesen war).[101] Im Oktober 2016 ratifizierten 115 der Unterzeichner das Abkommen und setzten es damit in Kraft. Die meisten Vertragsstaaten legten detaillierte Pläne für die Verfolgung der genannten Ziele bis 2025 vor, und alle versprachen, ihre Pläne alle fünf Jahre mit verschärften Bemühungen zu aktualisieren. Ohne diese allmähliche Verschärfung sind die derzeitigen Pläne unzureichend – sie würden einen Anstieg der Globaltemperatur um 2,7° Celsius zulassen und die Gefahr eines riskanten Anstiegs um 4° Celsius bis 2100 um nur 75 Prozent reduzieren, was nach wie vor keine Entspannung bedeuten würde. Doch könnten die öffentlichen Verpflichtungen in Gemeinschaft mit einander verstärkenden technischen Fortschritten die positive Tendenz weiter befördern, und dann würde das Übereinkommen von Paris das Risiko eines Anstiegs um 2° Celsius erheblich eindämmen und einen möglichen Anstieg um 4° Celsius im Grunde ausschließen.[102]

Dieser Schlachtplan erlitt 2017 einen Rückschlag, als Donald Trump, der den Klimawandel bekanntermaßen als Erfindung der Chinesen bezeichnet hatte, verkündete, die Vereinigten Staaten würden aus dem Klimaabkommen aussteigen. Selbst wenn der Austritt im November 2020 (dem frühestmöglichen Datum) erfolgen sollte, wird die durch Technologie und Wirtschaft angetriebene Dekarbonisierung fortschreiten; die Klimawandelpolitik wird von Städten, Bundesstaaten, Wirtschafts- und Technologieführern der USA weiter vorangetrieben werden und auch von den anderen Ländern der Welt, die das Abkommen als »unumkehrbar« bezeichnet haben und möglicherweise Druck auf die Vereinigten Staaten ausüben, ihr Wort zu halten, indem sie amerikanische Exporte mit CO_2-Zöllen belegen und weitere Sanktionen beschließen.[103]

Selbst wenn der Wind günstig steht und die Voraussetzungen stimmen, sind enorme Anstrengungen gefragt, um die Klimakatastrophe zu verhindern, und es gibt keine Garantie, dass der erforderliche Wandel in Technologie und Politik schnell genug erfolgt, um die Erderwärmung zu verlangsamen, bevor sie Schäden von großem Ausmaß anrichtet. Das bringt uns zu einem letzten verzweifelten Rettungsversuch – die Globaltemperatur wird gesenkt, indem man die Menge der Sonneneinstrahlung reduziert, die die untere Atmosphäre und die Erdoberfläche erreicht.[104] Eine Flugzeugflotte könnte einen feinen Nebel aus Sulfaten, Kalziumkarbonat oder Nanopartikeln in der Stratosphäre versprühen, und dieser dünne Schleier würde gerade ausreichend Sonnenlicht reflektieren, um die gefährliche Erwärmung zu stoppen.[105] Damit würde man die Auswirkungen eines Vulkanausbruchs wie dem des Mount Pinatubo auf den Philippinen im Jahr 1991 imitieren, bei dem so viel Schwefeldioxid in die Atmosphäre geblasen wurde, dass sich die Erde für zwei Jahre um 0,5° Celsius abkühlte. Eine Flotte aus Wolkenschiffen könnte auch einen feinen Nebel aus Meerwasser in die Luft sprühen. Wenn dann das Wasser verdunstet, würden Salzkristalle in die Wolken schweben, und um sie herum würde Wasserdampf kondensieren, der Tröpfchen bildet, die die Wolken aufhellen und somit mehr Sonnenlicht zurück ins All reflektieren würden. Diese Maßnahmen sind relativ kostengünstig, erfordern keine exotischen neuen Technologien und könnten die Temperaturen weltweit rasch senken. Noch andere Ideen zur Manipulation der Atmosphäre und Ozeane wurden ausgeheckt und erwogen, obwohl die Forschung auf all diesen Gebieten noch in den Kinderschuhen steckt.

Schon allein die Idee des Geoengineering klingt nach dem verrückten Plan eines durchgeknallten Wissenschaftlers, und es gab Zeiten, in denen solche Gedankenspiele praktisch tabu waren. Kritiker sehen darin eine himmelstürmerische Torheit, die ungewollte Folgen zeitigen könnte, wie die Störung von Niederschlagsmustern und die Beschädigung der Ozonschicht. Da alle Maßnahmen, die weltweit angewendet werden, je nach Region unterschiedliche Auswirkungen haben, wirft Geoengineering die Frage auf, wessen Hand das globale Thermostat bedienen sollte – wenn ein Land die Temperatur auf Kosten eines anderen Landes absenken würde, könnte dies wie bei einem zankenden Paar zu einem handfesten Krieg ausarten. Wäre die Welt erst einmal abhängig vom Geoengineering und die entsprechenden Maßnahmen würden aus irgendeinem Grund eingestellt, so würden die Temperaturen in CO_2-geschwängerter Atmosphäre viel zu schnell ansteigen, um sich daran anpassen zu können. Die bloße Erwähnung eines Hintertürchens bei der Klimakrise schafft ein moralisches Wagnis, einen Moral

Hazard insofern, als Länder versucht sind, sich vor der Verantwortung zu drücken, die Treibhausgasemissionen zu drosseln. Und das in der Atmosphäre angesammelte CO_2 würde sich weiterhin im Meerwasser lösen und die Ozeane nach und nach in Kohlensäure verwandeln.

Aus all diesen Gründen kann kein verantwortungsvoller Mensch behaupten, dass wir einfach weiter CO_2 in die Luft blasen und zum Ausgleich die Stratosphäre mit Sonnenschutzmittel zukleistern können. In einem Buch von 2013 tritt der Physiker David Keith jedoch für eine Form des Geoengineering ein, die *moderat, den Umständen angepasst* und *befristet* sei. »Moderat« bedeutet, dass die Sulfat- oder Kalziumkarbonatmengen gerade ausreichend seien, um die Erwärmungsrate zu senken, nicht, sie vollständig zum Stillstand zu bringen; ein moderates Vorgehen ist immer gut, weil kleine Manipulationen mit geringerer Wahrscheinlichkeit unangenehme Überraschungen bergen. »Den Umständen angepasst« bedeutet, jede Manipulation wäre sorgfältig und graduell, würde engmaschig überwacht, ständig korrigiert und bei Bedarf eingestellt. Und »befristet« bedeutet, dass das Programm nur dazu dienen würde, der Menschheit eine Atempause zu verschaffen, bis sie die Treibhausgasemissionen unterbunden und das CO_2-Niveau in der Atmosphäre auf ein vorindustrielles Maß zurückgefahren hätte. Der Sorge, die Welt werde eine Abhängigkeit vom Geoengineering entwickeln, hält Keith entgegen: »Ist es plausibel anzunehmen, dass wir keinen Weg finden, die Luft bis 2075 um, sagen wir, fünf Gigatonnen CO_2 pro Jahr zu erleichtern? Das kann ich mir nicht vorstellen.«[106]

Keith gehört zwar zu den weltweit führenden Klimaingenieuren, doch kann man ihm nicht nachsagen, dass er sich vom Innovationskitzel hinreißen lässt. Ähnlich überlegt geht der Journalist Oliver Morton in seinem Buch *The Planet Remade* von 2015 die Sache an; dort beschreibt er die historischen, politischen und moralischen Dimensionen des Geoengineering gemeinsam mit dem derzeitigen Stand der Technik. Wie Morton aufzeigt, bringen die Menschen bereits seit über hundert Jahren weltweit den Wasser-, Stickstoff- und Kohlenstoffkreislauf aus dem Gleichgewicht – es ist also zu spät, ein ursprüngliches Erdensystem erhalten zu wollen. Und angesichts der immensen Ausmaße des Klimawandelproblems ist es naiv anzunehmen, dass wir es schnell oder leicht lösen werden. Zu erforschen, wie sich der Schaden für Millionen Menschen minimieren ließe, bevor die endgültigen Lösungen auf dem Tisch liegen, scheint nur vernünftig zu sein, und Morton entwirft Szenarien, wie sich auch in einer Welt ohne ideale Weltregierung ein moderates und befristetes Geoengineering-Programm realisieren ließe. Der Rechtswissenschaftler Dan Kahan hat gezeigt, dass die Verbreitung von Informationen über Geonegineering – weit davon entfernt, einen Moral Hazard zu bewirken – dazu beiträgt, dass sich Menschen *mehr* Gedanken über den Klimawandel machen und weniger von ihrer politischen Ideologie beeinflusst werden.[107]

Ungeachtet eines halben Jahrhunderts Panik befindet sich die Menschheit nicht unumkehrbar auf dem Weg zum ökologischen Selbstmord. Die Angst vor Ressourcenverknappung ist eine Fehleinschätzung. Gleiches gilt für den misanthropischen Umweltschutz, der den modernen Menschen als niederträchtigen Plünderer eines unberührten Planeten betrachtet. Ein aufgeklärter Umweltschutz erkennt, dass Menschen Energie benötigen, um sich aus der Armut zu befreien, die Entropie und Evolution ihnen auferlegen. Er sucht nach Wegen, dies mit dem geringsten Schaden für die Erde und alle Lebewesen zu bewerkstelligen. Die Geschichte sagt uns, dass dieser moderne, pragmatische und humanistische Umweltschutz realisierbar ist. Während die Welt reicher wird und zunehmend technische Erfahrungen sammelt, übt sie sich in Dematerialisierung, Dekarbonisierung und Verdichtung und praktiziert dabei Natur- und Artenschutz. Menschen, die reicher werden und eine bessere Ausbildung genießen, sorgen sich mehr um die Umwelt, suchen nach Wegen, um sie zu schützen, und sind eher bereit, die Kosten dafür zu tragen. In vielen Bereichen erholt sich die Umwelt wieder und ermutigt uns, die zugegebenermaßen schwerwiegenden verbliebenen Probleme anzugehen.

An erster Stelle steht dabei der Ausstoß von Treibhausgasen und die Bedrohung, die sie in Gestalt des gefährlichen Klimawandels darstellen. Ich werde manchmal gefragt, ob ich glaube, dass sich die Menschheit der Herausforderung stellen wird, oder ob wir uns zurücklehnen und der Katastrophe ihren Lauf lassen. Meiner bescheidenen Meinung nach werden wir uns der Herausforderung stellen, aber es ist entscheidend, dass wir erkennen, welcher Art dieser Optimismus ist. Der Ökonom Paul Romer unterscheidet zwischen *zufriedenem* Optimismus, wie ihn ein Kind empfindet, das an Heiligabend auf seine Weihnachtsgeschenke wartet, und *bedingtem* Optimismus, wie ihn ein Kind empfindet, das sich ein Baumhaus wünscht und erkennt, dass es eins bauen kann, wenn es sich Holz und Nägel besorgt und andere Kinder überredet, ihm zu helfen.[108] Was den Klimawandel betrifft, können wir nicht zufrieden optimistisch sein, aber bedingt optimistisch schon. Uns stehen einige praktikable Möglichkeiten offen, den Schaden abzuwenden, und wir verfügen über die Mittel, um mehr dazuzulernen. Probleme sind lösbar. Das heißt nicht, dass sie sich von selber lösen, aber es heißt durchaus, dass wir sie lösen können, *wenn* wir die positiv wirkenden Kräfte der Modernität aufrechterhalten, die uns bisher ermöglicht haben, schwierige Dinge anzugehen – wie gesellschaftlichen Wohlstand, klug regulierte Märkte, internationale Führung sowie Investitionen in Wissenschaft und Technik.

Kapitel 11

Frieden

Wie tiefgründig sind die Ströme des Fortschritts? Können sie plötzlich zum Stillstand kommen oder sich umkehren? Die Geschichte der Gewalt eröffnet uns einen Zugang zu diesen Fragen. In *Gewalt. Eine neue Geschichte der Menschheit* habe ich aufgezeigt, dass im ersten Jahrzehnt des 21. Jahrhunderts jedes objektive Maß dafür im Sinken begriffen war. Während ich das Buch schrieb, warnten mich Gutachter, mir könne alles um die Ohren fliegen, bevor das erste Exemplar auf den Markt käme. (Damals galt die größte Sorge einem womöglich mit Atomwaffen geführten Krieg zwischen dem Iran und entweder Israel oder den Vereinigten Staaten.) Seit seiner Veröffentlichung im Jahr 2011 schien eine Flut schlechter Nachrichten das Buch ad absurdum zu führen – Bürgerkrieg in Syrien, Gräueltaten des Islamischen Staates, Terrorismus in Westeuropa, Autokratie in Osteuropa, Erschießungen durch die Polizei in den USA sowie Hasskriminalität und andere Ausbrüche von Rassismus und Frauenfeindlichkeit von wütenden Populisten auf der gesamten westlichen Welt.

Doch die gleichen Verfügbarkeits- und Negativitätsverzerrungen, die die Menschen nicht einmal die Möglichkeit in Betracht ziehen ließen, dass die Gewalt zurückgegangen sei, lassen sie rasch zu dem Schluss gelangen, dass sich jeglicher Rückgang ins Gegenteil verkehrt habe. In den folgenden fünf Kapiteln werde ich die schlechten Nachrichten der letzten Zeit relativieren, indem ich mich wieder an die Daten halte. Ich werde die Verläufe verschiedener Arten von Gewalt bis in die Gegenwart nachzeichnen und rufe dabei noch einmal denjenigen Datenpunkt ins Gedächtnis, der als letzter verfügbar war, als *Gewalt* in den Druck ging.[1] Sieben Jahre sind nur ein Wimpernschlag der Geschichte, doch sie erlauben eine grobe Einschätzung, ob das Buch von einem glücklichen Umstand profitieren konnte oder einen anhaltenden Trend benannt hat. Was noch wichtiger ist: Ich werde versuchen, die Trends mit tiefgreifenderen historischen Kräften zu erklären, und verknüpfe sie mit der Geschichte des Fortschritts, um die es im vorliegenden Buch geht. (Dabei werde ich einige neue Ideen über die Art und Weise dieser Kräfte präsentieren.) Beginnen wir mit der zügellosesten Form der Gewalt, dem Krieg.

Im überwiegenden Teil der Menschheitsgeschichte war Krieg der natürliche Zeitvertreib von Regierungen und Frieden nur eine Atempause zwischen zwei Kriegen.[2] Das ist in Abbildung 11.1 dargestellt, wo der Anteil der Zeit im letzten halben Jahrtausend aufgetragen ist, in dem die jeweiligen Großmächte Kriege führten. (Großmächte sind die Handvoll Staaten und Reiche, die über ihre Grenzen hinaus Gewalt ausüben können, sich gegenseitig als ebenbürtig behandeln und kollektiv die Mehrheit der weltweiten militärischen Ressourcen kontrollieren.)[3] Kriege zwischen Großmächten, zu denen auch Weltkriege gehören, sind die geballteste Form der Zerstörung, die unsere jämmerliche Spezies zu ersinnen imstande war, und fordern die Mehrheit aller Kriegsopfer. Die Kurve zeigt, dass sich die Großmächte zu Beginn der Neuzeit im Grunde ständig im Krieg befanden. Heutzutage hingegen befinden sie sich überhaupt nicht mehr im Krieg – beim letzten standen sich vor über sechzig Jahren die Vereinigten Staaten und China in Korea als Kriegsgegner gegenüber.

Hinter dem Zickzack-Rückgang der Kriege zwischen Großmächten verbergen sich zwei Trends, die sich bis vor kurzem noch in einander entgegengesetzten Richtungen bewegten.[4] 450 Jahre lang wurden Kriege, an denen eine Großmacht beteiligt war, immer kürzer und seltener. Doch da die Armeen immer mehr Soldaten mit besserer Ausbildung und Bewaffnung enthielten, wurden die Kriege nun auch tödlicher und kulminierten schließlich in den beiden kurzen, aber unfassbar zerstörerischen Weltkriegen. Erst nach dem zweiten gingen alle drei Kriegsparameter – Häufigkeit, Dauer und Tödlichkeit – im Gleichschritt zurück, und für die Welt begann die Periode des sogenannten Langen Friedens.

Nicht nur die Großmächte haben aufgehört, gegeneinander zu kämpfen. Krieg im klassischen Sinne eines bewaffneten Konflikts zwischen den uniformierten Armeen zweier Nationalstaaten scheint bald zum alten Eisen zu gehören.[5] Seit 1945 hat es nie mehr als drei in einem Jahr gegeben, keinen in den meisten Jahren seit 1989 und keinen seit der von den USA angeführten Invasion des Irak im Jahr 2003 – das ist die längste Zeitspanne ohne einen zwischenstaatlichen Krieg seit dem Ende des Zweiten Weltkriegs.[6] Heute

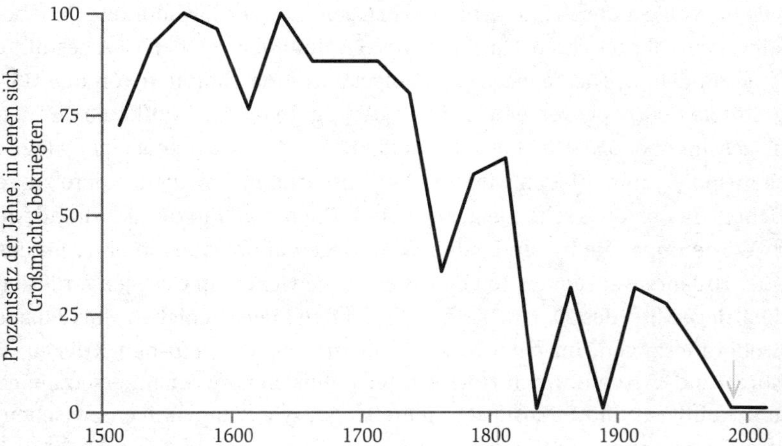

Abb. 11.1 Kriege zwischen Großmächten, 1500–2015
Quelle: Levy & Thompson 2011, aktualisiert mit Daten für das 21. Jahrhundert. Prozentsatz der Jahre, in denen sich die Großmächte bekriegten, aggregiert über Zeiträume von 25 Jahren, mit Ausnahme von 2000–2015. Der Pfeil verweist auf 1975–1999, das letzte in Pinker 2011, Abbildung 5–12, aufgetragene Vierteljahrhundert.

sterben bei Scharmützeln zwischen Nationalarmeen Dutzende Menschen statt den Hunderttausenden oder Millionen, die in den totalen Kriegen, welche Nationalstaaten im Laufe der Geschichte ausgefochten haben, ihr Leben lassen mussten. Zweifellos ist der Lange Frieden seit 2011 auf die Probe gestellt worden – so in den Konflikten zwischen Armenien und Aserbaidschan, Russland und der Ukraine sowie Nord- und Südkorea, doch in allen Fällen haben die Konfliktparteien einen Rückzieher gemacht, statt die Lage zu einem totalen Krieg eskalieren zu lassen. Das heißt natürlich nicht, dass eine solche Eskalation undenkbar wäre, sondern lediglich, dass sie als ausgesprochener Sonderfall betrachtet wird, als etwas, das Nationen um (fast) jeden Preis zu verhindern suchen.

Auch das Gebiet der Kriegsschauplätze schrumpft immer weiter zusammen. Im Jahr 2016 beendete ein Friedensabkommen zwischen der Regierung von Kolumbien und der marxistischen FARC-Guerilla den letzten politischen bewaffneten Konflikt in der westlichen Hemisphäre und das letzte Überbleibsel des Kalten Krieges. Noch vor wenigen Jahrzehnten hatte sich ein völlig anderes Bild geboten.[7] In Guatemala, El Salvador und Peru bekämpften linksgerichtete Guerillas wie in Kolumbien von den USA gestützte Regierungen; in Nicaragua war es umgekehrt – da kämpften von den USA gestützte *Contras* gegen eine linke Regierung. In diesen Konflikten wurden insgesamt über 650 000 Menschen getötet.[8] Mit dem Übergang einer ganzen Hemisphäre zum Frieden wird ein Weg beschritten, den auch andere große Gebiete in der Welt schon gegangen sind. Die blutgetränkten Jahrhunderte in Westeuropa, die in den beiden Weltkriegen gipfelten, sind einer bereits über 70 Jahre währenden Zeit des Friedens gewichen. In Ostasien forderten die Kriege Mitte des 20. Jahrhunderts Millionen Menschenleben – bei Japans Eroberungszügen, im chinesischen Bürgerkrieg sowie in den Kriegen in Korea und Vietnam. Doch trotz ernster politischer Auseinandersetzungen gibt es in Ost- und Südostasien heute so gut wie keine aktiven zwischenstaatlichen Kampfhandlungen mehr.

Die Kriege, die derzeit auf der Welt geführt werden, beschränken sich fast ausschließlich auf eine Zone von Nigeria bis Pakistan und damit auf ein Gebiet, das weniger als ein Sechstel der Weltbevölkerung umfasst. Dabei handelt es sich um Bürgerkriege, definiert vom Uppsala Conflict Data Program (UCDP) als bewaffneter Konflikt zwischen einer Regierung und einer organisierten bewaffneten Gruppe, bei der pro Jahr nachweislich mindestens 1000 Soldaten und Zivilisten getötet werden. Hier findet sich neuerdings Anlass zur Entmutigung. Auf den jähen Rückgang der Bürgerkriege nach Ende des Kalten Krieges – von 14 im Jahr 1990 auf 4 im Jahr 2007 – folgte wieder ein Anstieg auf 11 in den Jahren 2014 und 2015 sowie auf 12 im Jahr 2016.[9] Der Umschwung geht im Wesentlichen auf Konflikte zurück, an denen eine radikalislamistische Gruppe beteiligt ist (8 von den 11 im Jahr 2015, 10 von den 12 im Jahr 2016); ohne sie hätte es keinerlei Anstieg der Kriegszahlen gegeben. Vielleicht nicht zufällig wurden zwei Kriege aus den Jahren 2014 und 2015 von einer weiteren gegenaufklärerischen Ideologie entfacht, dem russischen Nationalismus, der separatistische Kräfte mit Unterstützung durch Wladimir Putin dazu trieb, die Regierung der Ukraine in zwei ihrer Provinzen zu bekämpfen.

Der schlimmste derzeit geführte Krieg ist der in Syrien; im Versuch, eine buntgemischte Rebellentruppe aus Islamisten und Nichtislamisten zurückzuschlagen, hat die Regierung unter Baschar al-Assad mit Hilfe von Russland und dem Iran das Land völlig aufgerieben. Der syrische Bürgerkrieg trägt mit 250 000 im Gefecht Gestorbenen bis 2016 (nach konservativer Schätzung)

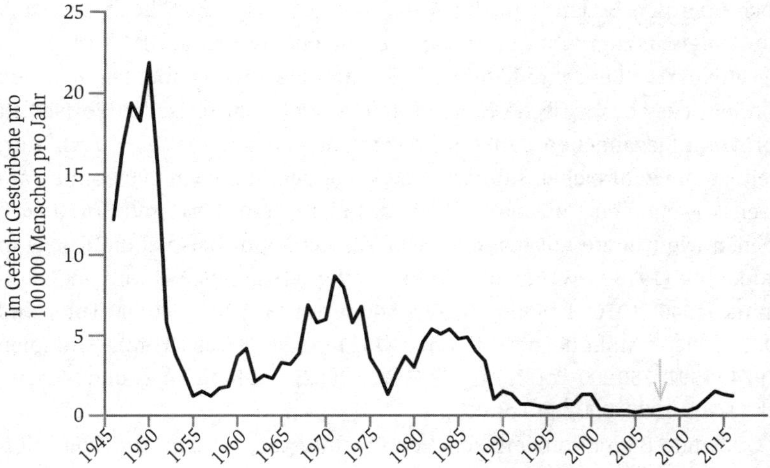

Abb. 11.2 Im Gefecht Gestorbene, 1946–2016

Quellen: In Anlehnung an Human Security Report Project 2007. 1946–1988: *Peace Research Institute of Oslo Battle Deaths Dataset* 1946–2008, Lacina & Gleditsch 2005. 1989–2015: *UCDP Battle-Related Deaths Dataset version* 5.0, Uppsala Conflict Data Program 2017, Melander, Pettersson & Themnér 2016, aktualisiert mit Informationen von Therese Pettersson und Sam Taub vom UCDP. Weltbevölkerungszahlen: 1950–2016, US Census Bureau; 1946–1949: McEvedy & Jones 1978, mit Anpassungen. Der Pfeil verweist auf 2008, das letzte in Pinker 2011, Abbildung 6–2, aufgetragene Jahr.

die Hauptschuld am Anstieg der weltweiten Rate an Kriegsopfern, wie in Abbildung 11.2 gezeigt.[10]

Dieser Anstieg steht freilich am Ende eines schwindelerregenden, über sechs Jahrzehnte andauernden Absturzes. Der Zweite Weltkrieg forderte in seinen schlimmsten Phasen nahezu 300 im Gefecht Gestorbene pro 100 000 Menschen pro Jahr. Im Diagramm taucht das nicht auf, denn es hätte die Kurve für alle nachfolgenden Jahre zu einem bloß faltenwerfenden Teppich zerknüllt. Wie aus der Abbildung ersichtlich, rauschte die Todesrate in den Nachkriegsjahren wie eine Achterbahn in die Tiefe, nachdem sie während des Koreakrieges bis auf 22 geklettert war, stieg im Vietnamkrieg Ende der 1960er und Anfang der 1970er Jahre auf 9 und im Iran-Irak-Krieg Mitte der 1980er Jahre auf 5, bevor sie von 2001 bis 2011 bei weniger als 0,5 nur noch über den Boden hoppelte. 2014 kroch sie bis auf 1,5 hoch und sank 2016 – dem letzten Jahr mit verfügbaren Daten – wieder auf 1,2 zurück.

Mitte der 2010er Jahre hätten eifrige Nachrichtenkonsumenten erwarten können, dass das syrische Blutbad den gesamten historischen Fortschritt der voraufgegangenen Jahrzehnte zunichtegemacht hätte – doch nur, weil sie die zahlreichen Bürgerkriege vergessen, die nach 2009 ohne Fanfarenstoß endeten (in Angola, Tschad, Indien, Iran, Peru und Sri Lanka), ebenso wie frühere mit massiven Opferzahlen, zum Beispiel die Kriege in Indochina (1946–1954, 500000 Tote), Indien (1946–1948, 1 Million Tote), China (1946–1950, 1 Million Tote), Sudan (1956–1972, 500000 Tote, und 1983–2002, 1 Million Tote), Uganda (1971–1978, 500000 Tote), Äthiopien (1974–1991, 750000 Tote), Angola (1975–2002, 1 Million Tote) und Mosambik (1981–1992, 500000 Tote).[11]

Quälende Bilder von verzweifelten Flüchtlingen aus dem syrischen Bürgerkrieg, von denen viele um ein Bleiberecht in Europa kämpfen, haben Anlass zu der Behauptung gegeben, dass es auf der Welt noch nie so viele Flüchtlinge gegeben hat wie jetzt. Doch dies ist ein weiteres Beispiel für Geschichtsamnesie und die Verfügbarkeitsverzerrung. Wie der Politologe Joshua Goldstein bemerkt, werden die 4 Millionen syrische Flüchtlinge zahlenmäßig übertroffen von den 10 Millionen Vertriebenen infolge des Unabhängigkeitskriegs in Bangladesch 1971, den 14 Millionen Vertriebenen infolge der Teilung Indiens 1947 und den 60 Millionen Vertriebenen infolge des Zweiten Weltkriegs allein in Europa – zu Zeiten, in denen die Weltbevölkerung nur einen Bruchteil der jetzigen betrug. Die Bezifferung dieses Elends soll keineswegs das entsetzliche Leid der Opfer von heute herabwürdigen. Sie würdigt vielmehr das Leid der Opfer von gestern und gewährleistet, dass politische Entscheidungsträger in ihrem eigenen Interesse handeln, indem ihr Handeln von einer korrekten Sicht auf die Welt bestimmt wird. Insbesondere sollte sie Politiker davon abhalten, gefährliche Schlüsse über »eine Welt im Krieg« zu ziehen, was sie verleiten könnte, Global Governance für überholt zu erklären oder zur mythischen »Stabilität« des Kalten Krieges zurückzukehren. »Die Welt ist nicht das Problem«, bemerkt Goldstein. »Syrien ist das Problem. … Die Politik und Herangehensweisen, die [anderswo] Kriege beendet haben, können mit entsprechendem Einsatz und Intelligenz auch heute Kriege im Südsudan, im Jemen und vielleicht sogar in Syrien zu einem Ende führen.«[12]

Der Massenmord an unbewaffneten Zivilisten, auch Genozid beziehungs-

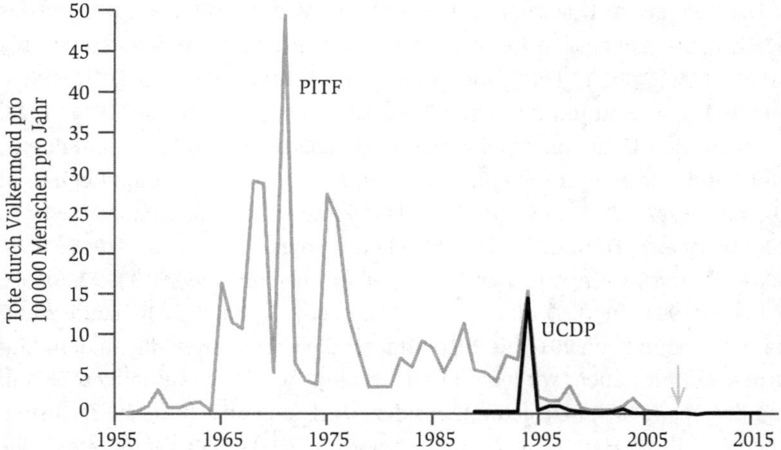

Abb. 11.3 Tote durch Völkermord, 1956–2016
Quellen: PITF, 1955–2008: *Political Instability Task Force State Failure Problem Set*, 1955–2008, Marshall, Gurr & Harff 2009; Center for Systemic Peace 2015. Die Berechnungen werden in Pinker 2011, S. 503, erläutert. UCDP, 1989–2016: *UCDP One-Sided Violence Dataset v. 2.5–2016*, Melander, Pettersson & Themnér 2016; Uppsala Conflict Data Program 2017, »High fatality«-Schätzungen, aktualisiert mit Daten von Sam Taub beim UCDP, im Verhältnis zu Zahlen zur Weltbevölkerung vom US Census Bureau. Der Pfeil verweist auf 2008, das letzte in Pinker 2011, Abbildung 6–8, aufgetragene Jahr.

weise Völkermord, Demozid oder einseitige Gewalt genannt, kann ebenso todbringend sein wie der Krieg und überschneidet sich oft mit ihm. So stellen die Historiker Frank Chalk und Kurt Jonassohn fest: »Völkermorde hat es in allen Regionen der Welt und zu allen Zeiten der Menschheitsgeschichte gegeben.«[13] Im Zweiten Weltkrieg wurden zig Millionen Zivilisten von Hitler, Stalin und Japan unter seinem Kaiser sowie durch vorsätzliche Bombardierungen ziviler Gebiete von allen Seiten niedergemetzelt (davon zweimal mit Atomwaffen). Auf dem Höhepunkt betrug die Todesrate rund 350 pro 100 000 pro Jahr.[14] Doch entgegen der Behauptung, dass »die Welt nichts aus dem Holocaust gelernt hat«, ist in der Nachkriegsepoche ein Blutbad wie in den 1940er Jahren ausgeblieben. Selbst innerhalb dieser Zeitspanne hat die Todesrate durch Völkermorde einen steilen Absturz hingelegt, wie zwei in Abbildung 11.3 aufgetragene Datenmengen illustrieren.

Die Spitzen im Diagramm repräsentieren Massentötungen im »Jahr des gefährlichen Lebens« in Indonesien, als man gegen Kommunisten vorging (1965–1966, 700 000 Tote), die chinesische Kulturrevolution (1966–1975, 600 000), den Konflikt zwischen Tutsi und Hutu in Burundi (1965–1973, 140 000), den Unabhängigkeitskrieg in Bangladesch (1971, 1,7 Millionen), Nord-Süd-Konflikte im Sudan (1956–1972, 500 000), Idi Amins Regime in Uganda (1972–1979, 150 000), Pol Pots Regime in Kambodscha (1975–1979, 2,5 Millionen), Tötungen von politischen Gegnern in Vietnam (1965–1975, 500 000) und in jüngerer Zeit Massaker in Bosnien (1992–1995, 225 000), Ruanda (1994, 700 000) und Darfur (2003–2008, 373 000).[15] Die kaum sichtbare Anhebung von 2014 bis 2016 umfasst die Gräueltaten, die zu dem Eindruck geführt haben, wir lebten in neuerdings wieder gewalttätigen Zeiten: mindestens 4500 vom IS getötete Jesiden, Christen und schiitische Zivilisten, 5000 von Boko Haram in Nigeria, Kamerun und Tschad Ermordete sowie 1750 von muslimischen und christlichen Milizen in der Zentralafrikanischen Republik Getötete.[16] Wenn es um die Ermordung unschuldiger Menschen geht, verbietet sich die Verwendung des Wortes »glücklicherweise«, aber die Zahlen aus dem 21. Jahrhundert sind nur noch ein Bruchteil der Zahlen vergangener Jahrzehnte.

Natürlich lassen sich die Zahlen aus einer Datenmenge nicht als unmittelbarer Hinweis auf das grundlegende Kriegsrisiko interpretieren. Die historischen Aufzeichnungen sind besonders dürftig, wenn man die wie auch immer veränderte Wahrscheinlichkeit äußerst seltener, aber sehr zerstörerischer Kriege einschätzen will.[17] Um spärliche Daten in einer Welt, deren Geschichte sich nur einmal ereignet, richtig zu bewerten, müssen wir die Zahlen mit Kenntnissen über die Kriegsurheber ergänzen, denn laut dem Wahlspruch der UNESCO »entstehen Kriege im Geist der Menschen«. Und in der Tat stellen wir fest, dass sich die Abkehr vom Krieg nicht einfach nur in einer geringeren Zahl an Kriegen und Kriegsopfern äußert; man erkennt sie auch in den Kriegsvorbereitungen, die Nationen ergreifen. Die Wehrpflicht, die Größe der Streitkräfte und die Höhe der weltweiten Militärausgaben als Prozentsatz des BIP wurden in den letzten Jahrzehnten allesamt zurückgefahren.[18] Und was am wichtigsten ist: Es hat tatsächlich Veränderungen im Geist der Menschen gegeben.

Wie ist es dazu gekommen? Das Zeitalter der Vernunft und der Aufklärung veranlasste unter anderem Pascal, Swift, Voltaire, Samuel Johnson und die

Quäker, Kritik am Krieg zu äußern. Zudem produzierte es praktische Vorschläge, wie der Krieg einzudämmen oder gar auszumerzen sei, insbesondere mit Kants berühmter Schrift »Zum ewigen Frieden«.[19] Die Verbreitung dieser Ideen äußerte sich im Rückgang von Kriegen zwischen Großmächten im 18. und 19. Jahrhundert und in verschiedenen Kriegspausen während jener Zeit.[20] Aber erst nach dem Zweiten Weltkrieg wurden die von Kant und anderen Personen erkannten friedenstiftenden Kräfte systematisch genutzt.

Wie wir in Kapitel 1 gesehen haben, entwickelten viele Denker der Aufklärung die Theorie des sanften Handels, wonach internationale Handelsbeziehungen einen Krieg weniger attraktiv erscheinen lassen sollten. Tatsächlich erlebte der Handel in Relation zum BIP in der Nachkriegszeit einen Boom, und quantitative Analysen haben bestätigt, dass handeltreibende Staaten unter sonst gleichen Voraussetzungen mit geringerer Wahrscheinlichkeit einander den Krieg erklären.[21]

Ein weiteres Geistesprodukt der Aufklärung ist die Theorie, dass eine demokratische Regierung ruhmestrunkene Führungskräfte ausbremst, die ihr Land sonst in einen sinnlosen Krieg treiben würden. Ab den 1970er Jahren und mit steigender Tendenz nach dem Fall der Berliner Mauer 1989 gaben immer mehr Länder der Demokratie eine Chance (Kapitel 14). Die kategorische Behauptung, zwischen zwei demokratischen Staaten habe es noch nie Krieg gegeben, ist zwar zu bezweifeln, doch stützen die Daten eine abgeschwächte Version der Theorie vom Demokratischen Frieden. Danach besteht eine geringere Wahrscheinlichkeit, dass es zwischen zwei eher demokratischen Ländern zu militärischen Auseinandersetzungen kommt.[22]

Zum Langen Frieden hat auch Realpolitik beigetragen. Das massive Zerstörungspotential der US-amerikanischen und der sowjetischen Armee (selbst ohne ihre Atomwaffen) bewirkte, dass die Großmächte des Kalten Krieges zweimal darüber nachdachten, sich auf dem Schlachtfeld miteinander zu messen – was sie, zur Überraschung und Erleichterung der Welt, auch niemals taten.[23]

Die größte einzelne Veränderung in der internationalen Ordnung betrifft jedoch eine Idee, die wir heute nur selten wertschätzen: *Krieg ist illegal*. Für die meiste Zeit der Menschheitsgeschichte war das nicht der Fall. Macht schuf Recht, Krieg war die Fortsetzung der Politik mit anderen Mitteln, und dem Sieger stand die Beute zu. Hatte ein Land den Eindruck, ein anderes habe ihm unrecht getan, konnte es ihm den Krieg erklären, zum Ausgleich eines seiner Territorien erobern und davon ausgehen, dass der Rest der Welt die Annexion anerkannte. Arizona, Colorado, Nevada, New Mexico und Utah sind US-Bundesstaaten, weil die Vereinigten Staaten sie 1846 in einem Krieg wegen unbezahlter Schulden von Mexiko eroberten. Das wäre heute unmöglich – die Nationen der Welt haben sich verpflichtet, nur zu Verteidigungszwecken oder mit Einverständnis des Sicherheitsrates der Vereinten Nationen Krieg zu führen. Staaten sind unsterblich, Grenzen sind auch bei geänderten äußeren Umständen unantastbar, und jedes Land, das sich in einen Eroberungskrieg stürzt, hat von den anderen kein Einverständnis, sondern Schimpf und Schande zu erwarten.

Laut den Rechtswissenschaftlern Oona Hathaway und Scott Shapiro hat die Ächtung des Krieges einen großen Anteil am Langen Frieden. Der Gedanke, Nationen sollten sich darauf einigen, Krieg für ungesetzlich zu erklären, wurde 1795 von Kant aufgebracht. Die erste Übereinkunft dieser Art war der vielbelachte Pariser Vertrag von 1928, auch als Briand-Kellogg-Pakt bezeichnet, doch wirklich in Kraft trat sie erst mit der Gründung der Vereinten Nationen im Jahr 1945. Seitdem wurde das Eroberungsverbot gelegentlich mit einem militärischen Gegenschlag durchgesetzt, so etwa, als eine internationale Koalition die Eroberung Kuwaits durch den Irak 1990–1991 rückgängig machte. Meistens hatte die Ächtung normativen Charakter – »Zivilisierte Staaten führen einfach keinen Krieg«, unterstützt durch Wirtschaftssanktionen und symbolische Strafen. Solche Maßregelungen sind insofern effektiv, als die Nationen ihren Stellenwert in der internationalen Gemeinschaft würdigen – sie erinnern uns daran, warum wir diese Gemeinschaft angesichts der aktuellen Bedrohung durch einen populistischen Nationalismus schätzen und stärken sollten.[24]

Zugegebenermaßen bestätigt manchmal der Verstoß die Regel – das letzte Mal im Jahr 2014, als Russland die Krim annektierte. Das untermauert scheinbar die zynische Sichtweise, dass ohne eine Weltregierung internationale Normen zahnlos sind und zur ungestraften Missachtung einladen. Dem halten Hathaway und Shapiro entgegen, dass auch gegen Gesetze innerhalb eines Landes verstoßen werde – vom Falschparken bis zum Mord –, jedoch ein unvollkommen durchgesetztes Recht immer noch besser sei als gar kein Rechtsgrundsatz. Wie sie darlegen, gab es in den hundert Jahren vor dem Pariser Friedenspakt *elf der Krim vergleichbare Annexionen pro Jahr*, von denen die meisten bestehen blieben. Doch von den Landflächen, die nach 1928 erobert wurden, wurde praktisch jeder Hektar wieder an das Land zurückgegeben, dem man es weggenommen hatte. Frank Kellogg und Aristide

Briand (die Außenminister der USA und Frankreichs) könnten doch die letzten Lacher auf ihrer Seite haben.

Wie Hathaway und Shapiro betonen, hatte die Ächtung zwischenstaatlicher Kriege auch eine Kehrseite. Als die europäischen Reiche die von ihnen eroberten Kolonialgebiete wieder freigaben, ließen sie häufig schwache Staaten mit unklaren Grenzen und ohne einen rechtlich anerkannten Nachfolger zurück, der die Führung des Staates hätte übernehmen können. Oft brachen in den Staaten dann ein Bürgerkrieg und Gewalt zwischen verschiedenen Gruppen aus. Unter der neuen internationalen Ordnung waren sie nicht länger legitime Ziele der Eroberung durch effektivere Mächte und verharrten jahre- oder jahrzehntelang in Halbanarchie.

Dennoch war der Rückgang zwischenstaatlicher Kriege ein großartiges Indiz für Fortschritt. Bei Bürgerkriegen sterben weniger Menschen als bei Kriegen zwischen Staaten, und seit Ende der 1980er Jahre ist auch die Zahl der Bürgerkriege zurückgegangen.[25] Als der Kalte Krieg vorbei war, interessierte es die Großmächte immer weniger, wer als Sieger aus einem Bürgerkrieg hervorging, sondern vielmehr, wie er zu beenden sei. So unterstützten sie Friedenstruppen der Vereinten Nationen und andere internationale Aufgebote, die sich zwischen die Kriegsgegner stellten und in den meisten Fällen den Frieden tatsächlich wahren konnten.[26] Zudem sind reicher werdende Länder für Bürgerkriege weniger anfällig. Ihre Regierungen können für Dienstleistungen wie Gesundheitsfürsorge, Bildung und Überwachung sorgen und damit Rebellen im Wettstreit um die Loyalität der Bürger aus dem Feld schlagen; und sie können die Kontrolle über diejenigen Grenzgebiete wiedererlangen, die Warlords, Mafia und Guerilla (oft ein und dieselben Personen) abgesteckt haben.[27] Und da viele Kriege durch die wechselseitige Angst entfacht werden, man werde durch einen Präventivschlag des Gegners ausgelöscht, wenn man nicht selber zu einem Präventivschlag ausholt (das Spieltheorie-Szenario des Sicherheitsdilemmas oder auch Hobbes'sche Falle), kann das Verbreiten von Frieden im Nachbardorf, wie auch immer es dazu gekommen ist, der eigenen Beruhigung dienen. (Umgekehrt kann Krieg ansteckend sein.)[28] Das erklärt zum Teil, dass die Kriegsschauplätze schrumpfen und in den meisten Regionen auf der Erde Frieden herrscht.

Neben den Ideen und der Politik, die die Wahrscheinlichkeit eines Krieges eindämmen, war auch ein Wertewandel zu beobachten. Die friedenstiftenden Kräfte, die wir bislang erörtert haben, sind gewissermaßen technischer Art: Sie sind Hilfsmittel, die die Waage in Richtung Frieden ausschlagen lassen können, solange Frieden das ist, was die Menschen wollen. Spätestens seit den 1960er Jahren mit ihren Folksängern und Woodstock ist der Gedanke, dass Frieden an sich von Wert ist, den Bewohnern der westlichen Welt zur zweiten Natur geworden. Etwaige militärische Interventionen wurden als bedauerliche, aber aus Vernunftgründen notwendige Maßnahmen erklärt, um noch schlimmere Gewalt zu verhindern. Es ist jedoch noch gar nicht so lange her, dass man *Krieg* als etwas Wertvolles betrachtete. Krieg war ruhmreich, elektrisierend, spirituell, männlich, edel, heroisch, altruistisch – ein reinigendes Abführmittel für die Verweichlichung, Selbstbezogenheit, Konsum- und Vergnügungssucht einer dekadenten bourgeoisen Gesellschaft.[29]

Heute erscheint uns die Vorstellung, es sei von Natur aus edel, Menschen zu töten und zu verstümmeln und ihre Straßen, Brücken, Bauernhöfe, Wohnungen, Schulen und Krankenhäuser zu zerstören, als die wahnhafte Raserei eines Irren. Doch während der Gegenaufklärung des 19. Jahrhunderts klang dies alles sehr vernünftig. Der romantische Militarismus kam immer mehr in Mode, und zwar nicht nur unter den Offizieren mit Pickelhaube, sondern auch bei zahlreichen Künstlern und Intellektuellen. Krieg »erweitert den Geist eines Volkes und hebt seinen Charakter«, schrieb Alexis de Tocqueville. Er ist »das Leben selbst«, sagte Émile Zola, »das Fundament aller Künste ... [und] der hohen Tugenden und Fähigkeiten des Menschen«, schrieb John Ruskin.[30]

Zuweilen vermischte sich romantischer Militarismus mit romantischem Nationalismus, der Sprache, Kultur, Heimat und Rassenmerkmale einer ethnischen Gruppe feierte – das Blut-und-Boden-Ethos – und behauptete, eine Nation könne ihrer Bestimmung nur als ethnisch gesäuberter souveräner Staat gerecht werden.[31] Er nährte sich aus der verschwommenen Vorstellung, erbitterter Kampf sei die Lebenskraft der Natur (»Zähne und Klauen blutigrot«) und der Motor des menschlichen Fortschritts. (Dem gegenüber steht die Idee der Aufklärung, dass Problemlösen der Motor des menschlichen Fortschritts sei.) Die Aufwertung des Kampfes passte zu G. W. F. Hegels Theorie einer Dialektik, in der historische Mächte einen überlegenen Nationalstaat hervorbringen: Kriege sind laut Hegel notwendig, denn sie würden den Staat vor gesellschaftlicher Verfestigung und Stagnation retten.[32] Marx schnitt die Idee auf Wirtschaftssysteme zu und prophezeite, eine

Folge gewaltsamer Klassenkämpfe werde ihre Vollendung in einer kommunistischen Utopie finden.[33]

Der vielleicht stärkste Impuls für den romantischen Militarismus war jedoch der Untergangsprophetismus, die Abscheu der Intellektuellen vor dem Gedanken, dass gewöhnliche Leute ihr Leben in Frieden und Wohlstand zu genießen schienen.[34] Der Kulturpessimismus etablierte sich vornehmlich in Deutschland durch den Einfluss von Schopenhauer, Nietzsche, Jacob Burckhardt, Georg Simmel und Oswald Spengler, Autor des von 1918 bis 1923 entstandenen Werkes *Der Untergang des Abendlandes*. (In Kapitel 23 kommen wir auf diese Ideen zurück.) Bis zum heutigen Tag rätseln Historiker im Hinblick auf den Ersten Weltkrieg darüber, was Großbritannien und Deutschland als Staaten mit vielen Gemeinsamkeiten – westlich, christlich, industrialisiert, wohlhabend – bewogen haben mag, ein sinnloses Blutbad anzurichten. Die Gründe sind zahlreich und komplex, doch was die Ideologie betrifft, betrachtete sich Deutschland vor dem Ersten Weltkrieg »als außerhalb der europäischen Zivilisation stehend«, wie Arthur Herman betont.[35] Insbesondere glaubten sie, tapferen Widerstand gegen die allmähliche Unterwanderung durch eine liberale, demokratische, gewinnstrebende Zivilisation zu leisten, die die Lebenskraft des Westens in Komplizenschaft mit Großbritannien und den Vereinigten Staaten seit der Aufklärung geschwächt hatte. Nur aus der Asche einer erlösenden Katastrophe konnte, so dachten viele, eine neue heroische Ordnung erstehen. Der Wunsch nach einer Katastrophe ging in Erfüllung. Nach einer zweiten und noch grauenhafteren hatte der Krieg endgültig alle romantische Verbrämung verloren, und alle westlichen und internationalen Institutionen erhoben den Frieden zu ihrem erklärten Ziel. Dem menschlichen Leben wurde ein höherer Wert zugemessen, wohingegen Ruhm, Ehre, Überlegenheit, Männlichkeit, Heldentum und andere Symptome eines Testosteronüberschusses eine Abwertung erfuhren.

Viele Menschen wollen nicht wahrhaben, dass ein – wenn auch holpriger – Fortschritt zum Frieden überhaupt möglich ist. Sie beharren darauf, dass die menschliche Natur von einem unstillbaren Drang nach Eroberung geprägt sei. (Und nicht nur die menschliche Natur – manche Kommentatoren projizieren den Größenwahn männlicher Exemplare von *Homo sapiens* auch auf jede andere Form von Intelligenz; sie warnen davor, nicht nach außerirdischem Leben zu suchen, damit keine hochentwickelte Rasse von Aliens unserer Existenz gewahr wird und vorbeikommt, um uns zu unterwerfen.) Die Vision vom Weltfrieden möge John und Yoko einige gute Songs beschert haben, aber in der wirklichen Welt sei sie hoffnungslos naiv.

In Wahrheit ist Krieg vielleicht einfach nur ein weiteres Hindernis, das eine aufgeklärte Spezies lernt zu überwinden, genau wie Seuchen, Hunger und Armut. Eroberungen mögen kurzfristig zwar verlockend sein, doch letztendlich ist es besser herauszufinden, wie man bekommt, was man will, ohne sich die Kosten eines zerstörerischen Konflikts und die unvermeidlichen Gefahren eines Lebens mit gezückter Waffe aufzubürden – denn wer für andere eine Bedrohung darstellt, liefert ihnen ein gutes Argument, ihm zuerst den Garaus zu machen. Langfristig ist eine Welt, in der sämtliche Parteien darauf verzichten, Krieg zu führen, besser für alle. Erfindungen wie Handel, Demokratie, wirtschaftliche Entwicklung, Friedenssicherungskräfte sowie internationale Gesetze und Normen sind Werkzeuge, die beim Aufbau dieser Welt helfen.

Kapitel 12

Sicherheit

Der menschliche Körper ist ein fragiles Etwas. Selbst wenn wir reichlich futtern, gut funktionieren und frei von Krankheitserregern sind, drohen uns »die tausend Stöße, die unsers Fleisches Erbteil« sind. Unsere Vorfahren waren leichte Beute für Raubtiere wie Krokodile und Großkatzen. Sie erlagen dem Gift von Schlangen, Spinnen, Insekten, Schnecken und Fröschen. Gefangen im Dilemma der Allesfresser, konnten sie toxischen Inhaltsstoffen ihrer vielfältigen Nahrung, darunter Fisch, Bohnen, Wurzeln, Samen und Pilze, zum Opfer fallen. Wenn sie auf der Suche nach Früchten und Honig Bäume erkletterten, unterlag ihr Körper Newtons Gravitationsgesetz und lief Gefahr, mit einer Beschleunigung von 9,8 Metern pro Sekunde dem Erdboden zuzustreben. Wateten sie zu tief in Seen und Flüsse hinein, konnte das Wasser ihnen die Luftzufuhr abschneiden. Sie spielten mit dem Feuer und verbrannten sich dabei gelegentlich die Finger. Und sie konnten Opfer böswilliger Absichten werden: Mit jeder Technik, die ein Tier töten kann, lässt sich auch ein menschlicher Rivale zur Strecke bringen.

Heutzutage werden nur noch selten Menschen verspeist, doch Jahr für Jahr sterben Zehntausende an Schlangenbissen, und auch anderen Gefahren erliegen wir in großer Zahl.[1] Unfälle sind die vierthäufigste Todesursache in den Vereinigten Staaten, hinter Herzkrankheiten, Krebs und Atemwegserkrankungen. Weltweit verursachen Unfälle etwa jeden zehnten Todesfall und liegen in der Opferzahl damit vor Aids, Malaria und Tuberkulose zusammengenommen. Zudem sind sie verantwortlich für 11 Prozent der durch Tod und Behinderung verlorenen Jahre.[2] Auch personenbezogene Gewalt fordert ihren Tribut – sie gehört zu den fünf größten Gefahren für junge Menschen in den USA und für alle Personen in Lateinamerika und im subsaharischen Afrika.[3]

Die Menschen denken schon lange über Gefahrenquellen nach und wie man ihnen wehren kann. Der vielleicht bewegendste Moment bei jüdischen

Festen ist ein Gebet, das an den Ehrfurchtsvollen Tagen vor dem offenen Thoraschrein gebetet wird:

> Am Neujahrsfest denken wir darüber nach, wie das Urteil gefällt wird; am Versöhnungstag denken wir darüber nach, wie das Urteil besiegelt wird, für die, die aus dem Leben scheiden und für die, die geboren werden; für die, die ihre Zeit leben, und für die, die vor ihrer Zeit sterben werden; für die, die durch Feuer oder durch Wasser sterben werden, durch die Gewalt von Menschen oder durch Tiere, durch Hunger oder durch Durst, durch Katastrophen, Seuchen oder Hinrichtung ... Doch durch Umkehr, Gebet und gute Taten kann die Härte unseres Schicksals verwandelt werden.

Zum Glück geht unser Wissen über die Ursachen von tödlichen Unglücksfällen mittlerweile über göttliche Urteile hinaus, und unsere Mittel, sie zu verhindern, sind verlässlicher als Umkehr, Gebet und gute Taten. Der menschliche Einfallsreichtum überwindet die übelsten Heimsuchungen nach und nach, auch all jene, die in dem Gebet aufgelistet sind. Heute leben wir in der sichersten Zeit der Menschheitsgeschichte.

In früheren Kapiteln haben wir gesehen, wie kognitive und moralistische Verzerrungen dazu beitragen, dass wir die Gegenwart verdammen und der Vergangenheit die Absolution erteilen. Nun werden wir erfahren, dass sie unseren Fortschritt noch auf eine weitere Weise verschleiern. Obwohl tödliche Verletzungen eine schreckliche Geißel der Menschheit sind, ist die Nachricht, dass die Fallzahlen sinken, nicht sonderlich aufregend. Der Erfinder der stählernen Leitplanken an Schnellstraßen hat keinen Nobelpreis erhalten, und ebenso wenig gehen Menschlichkeitspreise an die Designer von eindeutig formulierten Etiketten auf verschreibungspflichtigen Medikamenten. Und doch hat die Menschheit immens von den unbesungenen Werken profitiert, die die Opferzahl aller Arten von Verletzungen reduziert haben.

Durch die Gewalt von Menschen: Beginnen wir mit derjenigen Kategorie von Verletzungen, die am schwersten auszumerzen ist, eben weil es sich nicht um Unfälle handelt – Mord. Abgesehen von den Weltkriegen kommen durch Morde mehr Menschen um als durch Kriege.[4] Im krisengeschüttelten Jahr 2015 betrug das Verhältnis etwa 4,5 zu 1; meistens liegt es bei 10 zu 1 oder höher. In der Vergangenheit stellte Mord eine noch größere Bedrohung menschlichen Lebens dar. Im mittelalterlichen Europa massakrierten

Leibherren die Leibeigenen ihrer Rivalen, Aristokraten und ihr Gefolge bekämpften einander in Duellen, Banditen und Wegelagerer ermordeten die Opfer ihrer Überfälle, und normale Leute erstachen einander wegen einer Beleidigung am Abendbrottisch.[5]

Doch in einer beeindruckenden historischen Entwicklung, die der deutsche Soziologe Norbert Elias »Prozess der Zivilisation« genannt hat, begannen die Westeuropäer ab dem 14. Jahrhundert, ihre Auseinandersetzungen mit weniger Gewalt zu führen.[6] Elias schrieb den Wandel dem Aufkommen zentralisierter Königreiche aus dem mittelalterlichen Flickwerk von Baronaten und Herzogtümern heraus zu, so dass die vorherrschenden Fehden, das Banditentum und die Kriegsherrenschaft durch einen »Landfrieden« ersetzt wurden. Im 19. Jahrhundert dann wurden die Strafjustizsysteme durch Gemeindepolizeitruppen und ein stärker abwägendes Gerichtswesen weiter professionalisiert. Im Laufe dieser Jahrhunderte entwickelte Europa überdies eine Infrastruktur des Handels – sowohl physikalisch, in Form von besseren Straßen und Fahrzeugen, als auch finanziell, in Form von Währung und Verträgen. Der sanfte Handel nahm stark zu, und das Nullsummen-Plündern von Land wich einer Win-win-Situation durch den Austausch von Gütern und Dienstleistungen. Die Menschen knüpften Verbindungen in Netzwerken wirtschaftlicher und beruflicher Verpflichtungen, die durch rechtliche und bürokratische Regeln strukturiert wurden. Ihre Normen für alltägliches Verhalten wechselten von einer Machokultur der Ehre, in der Kränkungen mit Gewalt zu beantworten waren, zu einer Gentlemankultur der Würde, in der man an Status gewann, indem man Anständigkeit und Selbstkontrolle zur Schau stellte.

Der Kriminalhistoriker Manuel Eisner hat Datenmengen über Mord in Europa gesammelt, die die 1939 von Elias veröffentlichte Schilderung mit Zahlen unterfüttern.[7] (Mordraten sind der zuverlässigste Indikator für Gewaltverbrechen zu verschiedenen Zeiten an unterschiedlichen Orten, weil eine Leiche immer schwer zu übersehen ist und Mordraten mit Raten anderer Gewaltverbrechen wie Raub, Körperverletzung und Vergewaltigung korrelieren.) Laut Eisner war Elias mit seiner Theorie auf der richtigen Spur und das nicht nur in Europa. Wann immer eine Regierung eine Grenzregion der Rechtsstaatlichkeit unterwirft und ihre Bewohner in eine Wirtschaftsgemeinschaft integriert werden, sinken die Verbrechensraten. In Abbildung 12.1 präsentiere ich Eisners Daten für England, die Niederlande und Italien, mit Aktualisierungen bis 2012; die Kurven für andere west-

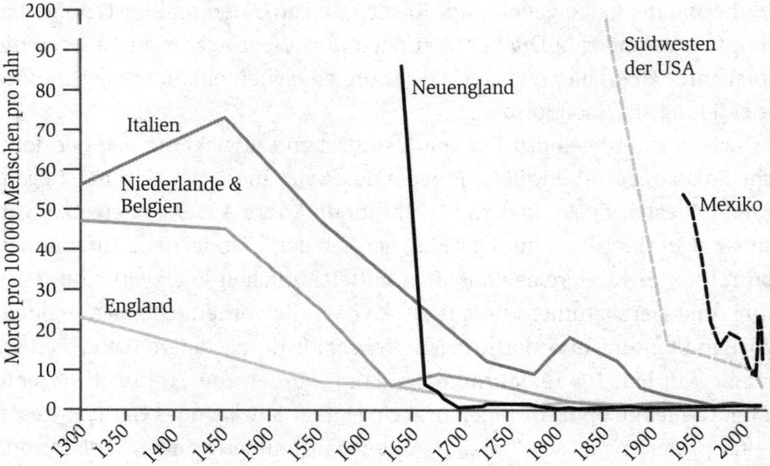

Abb. 12.1 Mordopfer, Westeuropa, USA und Mexiko, 1300–2015
Quellen: England, Niederlande & Belgien, Italien, 1300–1994: Eisner 2003, dargestellt in Abbildung 3.3 von Pinker 2011. England, 2000–2014: UK Office for National Statistics. Italien und Niederlande, 2010–2012: United Nations Office on Drugs and Crime 2014. Neuengland (Neuengland, nur Weiße, 1636–1790, sowie Vermont und New Hampshire, 1780–1890): Roth 2009, dargestellt in Abbildung 3.13 von Pinker 2011; 2006 und 2014 aus *FBI Uniform Crime Reports*. Südwesten der USA (Arizona, Nevada und New Mexico, 1850 und 1914: Roth 2009, dargestellt in Abbildung 3.16 von Pinker 2011; 2006 und 2014 aus *FBI Uniform Crime Reports*. Mexiko: Carlos Vilalta, persönliche Mitteilung, ursprünglich vom Instituto Nacional de Estadística y Geografía 2016 und aus Botello 2016, bis 2010 gemittelt über Jahrzehnte

europäische Staaten sehen ähnlich aus. Hinzugefügt wurden Gebiete aus Amerika, in denen Recht und Ordnung später Einzug hielten: die Kolonien Neuenglands, gefolgt von einem Gebiet im »Wilden Westen«, gefolgt von Mexiko, das heutzutage zwar für sein hohes Gewaltaufkommen berüchtigt ist, jedoch viel weniger gewalttätig als früher.

Bei der Einführung des Begriffs Fortschritt habe ich darauf hingewiesen, dass kein progressiver Trend zwangsläufig dauerhaft anhält, und Gewaltverbrechen sind ein Paradebeispiel dafür. Ab den 1960er Jahren erlebten die meisten westlichen Demokratien einen Anstieg personenbezogener Gewalt, der den Fortschritt eines ganzen Jahrhunderts zunichtemachte.[8] Am dramatischsten war es in den Vereinigten Staaten, wo die Mordrate um einen Faktor von zweieinhalb nach oben schoss und das städtische und politische Leben durch die weitverbreitete (und teilweise gerechtfertigte) Angst vor Verbrechen auf den Kopf gestellt wurde. Doch diese Umkehr des Fortschritts lehrt uns ganz eigene Dinge über dessen Natur.

In den Jahrzehnten mit hoher Verbrechensrate waren die meisten Experten der Meinung, gegen Gewaltverbrechen sei kein Kraut gewachsen. Sie meinten, es sei ein unauslöschliches Muster im Gewebe einer gewalttätigen amerikanischen Gesellschaft und ließe sich nicht kontrollieren, ohne die zugrundeliegenden Ursachen von Rassismus, Armut und Ungleichheit anzugehen. Diese Version des Geschichtspessimismus beruht auf der pseudofundierten Vorstellung, dass jedes gesellschaftliche Übel Symptom einer tiefliegenden moralischen Erkrankung ist und sich niemals durch simple Maßnahmen beheben lässt, denen es nicht gelingt, das Übel an der Wurzel zu packen.[9] Problematisch an diesem Ansatz ist nicht, dass die Probleme der wirklichen Welt einfach zu lösen wären, sondern das Gegenteil: Sie sind komplexer, als eine typische Theorie der grundlegenden Ursachen erlaubt, insbesondere wenn die Theorie nicht auf Daten, sondern auf Moralisieren beruht. In der Tat so komplex, dass man das Problem möglicherweise am besten angeht, indem man die Symptome bekämpft, weil man dann gar nicht sämtliche komplizierten Verknüpfungen der eigentlichen Ursachen kennen muss. Indem man herausfindet, was die Symptome wirklich lindert, kann man vielmehr Hypothesen über die Ursachen testen, statt einfach nur davon auszugehen, dass sie zutreffen.

Was die explosive Zunahme von Verbrechen in den 1960er Jahren betrifft, widerlegten sogar die Fakten selbst die Theorie der grundlegenden Ursachen. Es war die Dekade der Bürgerrechte, mit einem rasanten Rückgang des Rassismus (Kapitel 15) und einem Wirtschaftsboom, mit einem Niveau der Ungleichheit und Arbeitslosigkeit, das uns heute mit Nostalgie erfüllt.[10] Dagegen waren die 1930er Jahre das Jahrzehnt der Weltwirtschaftskrise, der Rassentrennungsgesetze (»Jim-Crow-Gesetze«) und monatlich wiederkehrender Lynchmorde, doch insgesamt sank die Rate von Gewaltverbrechen rapide. Im wahrsten Sinne des Wortes entwurzelt wurde die Theorie der Wurzel allen Übels durch eine Entwicklung, die jeden verblüffte. Ab 1992, in einer Epoche rasant zunehmender Ungleichheit, befand sich die US-amerikanische Mordrate im freien Fall, um während der Weltwirtschaftskrise

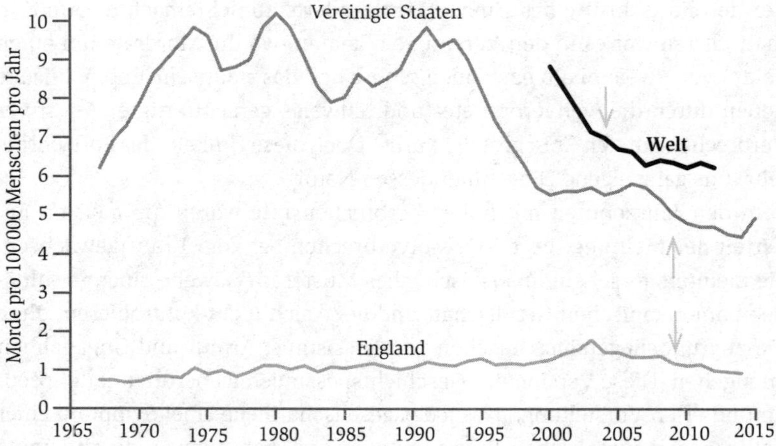

Abb. 12.2 Mordopfer, 1967–2015
Quellen: Vereinigte Staaten: *FBI Uniform Crime Reports*, https://ucr.fbi.gov/, und Federal Bureau of Investigation 2016a. England (Daten betreffen auch Wales): Office for National Statistics 2017. Welt, 2000: Krug et al. 2002. Welt, 2003–2011: United Nations Economic and Social Council 2014, Figure 1; die Prozentsätze wurden in Mordraten umgewandelt, indem die Rate für 2012 bei 6,2 angesetzt wurde, dem Schätzwert aus United Nations Office on Drugs and Crime 2014, S. 12. Die Pfeile verweisen auf die letzten in Pinker 2011 aufgetragenen Jahre für die Welt (2004, Abbildung 3.9), USA (2009, Abbildung 3.18) und England (2009, Abbildung 3.19).

ab 2007 einen weiteren Absturz hinzulegen (Abbildung 12.2).[11] In England, Kanada und den meisten anderen Industriestaaten sank die Mordrate in den letzten beiden Jahrzehnten ebenfalls. Während des Chávez-Maduro-Regimes in Venezuela hingegen nahm die Ungleichheit ab, während die Mordrate zunahm.)[12] Weltweite Zahlen gibt es zwar nur für dieses Jahrtausend, und sie beinhalten wilde Schätzungen für Länder, die Datenwüsten sind, aber der Trend scheint auch hier abwärts zu weisen – von 8,8 Morden pro 100 000 Menschen im Jahr 2000 auf 6,2 im Jahr 2012. Das bedeutet, dass heute 180 000 Menschen auf Erden wandeln, die im letzten Jahr noch ermordet worden wären, wenn die globale Mordrate auf dem gleichen Niveau wie vor zwölf Jahren geblieben wäre.[13]

Gewaltverbrechen sind ein lösbares Problem. Wir werden die weltweite

Mordrate womöglich nie auf das Niveau von Kuwait (0,4 pro 100 000 pro Jahr) drücken können, von Island (0,3) oder Singapur (0,2) und schon gar nicht bis hinunter auf 0.[14] Im Jahr 2004 jedoch verkündete Eisner in Absprache mit der Weltgesundheitsorganisation das Ziel, die weltweite Mordrate innerhalb von 30 Jahren um 50 Prozent zu senken.[15] Aufgrund von zwei Fakten zur Statistik von Morden ist dieses Ziel nicht utopisch, sondern realisierbar.

Erstens ist die Verteilung von Mord auf jeder Körnungsebene äußerst verzerrt. Die Mordraten der gefährlichsten Länder sind mehrere hundertmal höher als die der sichersten, darunter Honduras (90,4 Morde pro 100 000 pro Jahr), Venezuela (53,7), El Salvador (41,2), Jamaika (39,3), Lesotho (38) und Südafrika (31).[16] Die Hälfte der Morde weltweit werden in nur 23 Ländern mit etwa einem Zehntel der Weltbevölkerung begangen und ein Viertel in nur 4 Ländern: Brasilien (25,2), Kolumbien (25,9), Mexiko (12,9) und Venezuela. (Die beiden Mordzonen der Welt – das nördliche Lateinamerika und das südliche subsaharische Afrika – decken sich nicht mit den Kriegszonen, die sich von Nigeria über den Nahen Osten bis nach Pakistan erstrecken.) Die Schiefheit setzt sich auf der fraktalen Skala nach unten fort. Innerhalb eines Landes häufen sich die meisten Morde in einigen Großstädten, etwa Caracas (120 pro 100 000) und San Pedro Sula (in Honduras, 187). Innerhalb der Großstädte häufen sich die Morde in einigen Vierteln; innerhalb der Viertel häufen sie sich in wenigen Blocks, und innerhalb der Blocks werden viele von einigen wenigen Personen begangen.[17] In meiner Heimatstadt Boston ereignen sich 70 Prozent der Schießereien in 5 Prozent der Stadt, und an der Hälfte der Schießereien ist 1 Prozent der Jugendlichen beteiligt.[18]

Der zweite Anreiz für das Ziel 50–30 ergibt sich aus Abbildung 12.2: Hohe Mordraten lassen sich schnell senken. In der mörderischsten reichen Demokratie, den Vereinigten Staaten, halbierte sich in neun Jahren die Mordrate nahezu; der Rückgang in New York City zu jener Zeit verlief noch rapider, er umfasste rund 75 Prozent.[19] Auch Staaten, die nach wie vor für ihr hohes Maß an Gewalt berüchtigt sind, haben ebenfalls rasante Rückgänge hingelegt, darunter Russland (von 19 pro 100 000 im Jahr 2004 auf 9,2 im Jahr 2012), Südafrika (von 60,0 im Jahr 1995 auf 31,2 im Jahr 2012) und Kolumbien (von 79,3 im Jahr 1991 auf 25,9 im Jahr 2015).[20] Von den 88 Ländern mit verlässlichen Daten haben 67 in den letzten 15 Jahren einen Rückgang erlebt.[21] Die weniger Glücklichen (meist in Lateinamerika) wurden von schrecklichen Zuwächsen heimgesucht, doch selbst dort gilt:

Wenn sich Führungskräfte von Städten und Regionen entschlossen dafür einsetzen, das Blutvergießen einzudämmen, sind sie oft erfolgreich.[22] Wie Abbildung 12.1 zeigt, konnte sich Mexiko nach einer Umkehr der positiven Tendenz von 2007 bis 2011 (allein aufgrund des organisierten Verbrechens) bis 2014 über eine Umkehr der Umkehr freuen, darunter von 2010 bis 2012 ein Rückgang um fast 90 Prozent in der berüchtigten Stadt Ciudad Juárez.[23] In Bogotá und Medellín ging die Rate in zwei Jahrzehnten um vier Fünftel zurück, in São Paulo und den Favelas von Rio de Janeiro um zwei Drittel.[24] Selbst die Mordhauptstadt der Welt, San Pedro Sula, hat einen Fall der Mordrate um 62 Prozent in nur *zwei Jahren* erlebt.[25]

Wenn wir nun die schiefe Verteilung von Gewaltverbrechen mit der belegten Möglichkeit verknüpfen, dass sich ein hohes Aufkommen von Gewaltverbrechen schnell senken lässt, ergibt sich eine einfache Rechnung: Eine Reduzierung um 50 Prozent in 30 Jahren ist nicht nur praktikabel, sondern fast schon eine konservative Schätzung.[26] Und das ist kein statistischer Trick. Der moralische Wert der Quantifizierung besteht darin, dass sie alle Menschenleben als gleich wertvoll behandelt; demzufolge verhindern Aktionen, die die höchsten Mordraten senken, die größte Anzahl menschlicher Tragödien.

Die einseitige Schieflage des Gewaltverbrechens richtet zudem einen rot blinkenden Pfeil auf den besten Zugang, um es einzudämmen.[27] Vergessen wir die zugrundeliegenden Ursachen. Bleiben wir nah an den Symptomen – den Vierteln und Personen, die für die größten Gewaltanteile verantwortlich sind – und kappen nach und nach die Anreize und Gelegenheiten, die sie antreiben.

Es beginnt mit der Durchsetzung von Gesetzen. Wie schon Thomas Hobbes im Zeitalter der Vernunft dargelegt hat, sind Gebiete, in denen Anarchie herrscht, immer gewalttätig.[28] Das liegt nicht daran, dass sich jeder an jedem gütlich tun will; vielmehr kann sich in Abwesenheit einer Befehlsgewalt drohende Aggression selbst verstärken. Wenn potentielle Beutegreifer auch nur in der Gegend lauern oder jeden Moment auftauchen könnten, muss man eine aggressive Haltung einnehmen, um sie abzuschrecken. Diese Abschreckung ist dann glaubwürdig, wenn man nur seine Entschlossenheit dadurch demonstriert, dass man ohne Rücksicht auf die Kosten jeglichen Angriff erwidert und jede Verwüstung rächt. Diese »Hobbes'sche Falle«, wie sie manchmal genannt wird, kann leicht zu einem Teufelskreis aus Fehden und Vendetta führen: Man muss mindestens so gewalttätig wie seine Widersacher sein, damit man nicht zu ihrem Fußabtreter wird. Die umfangreichste Mordkategorie, die zeitlich und räumlich zugleich am meisten variiert, besteht aus Konfrontationen zwischen entfernt miteinander bekannten jungen Männern über Territorien, Status oder Rache. Eine neutrale dritte Partei mit einem Monopol auf rechtmäßige Gewaltanwendung – mit anderen Worten: ein Staat mit Polizei und Gerichtsbarkeit – kann diesen Teufelskreis im Keim ersticken. Damit werden nicht nur Aggressoren durch eine Strafandrohung demotiviert, sondern auch alle anderen beruhigt, weil sie genau das wissen und sich daher nicht zu aggressiver Selbstverteidigung gezwungen sehen.

Das offenkundigste Indiz für die Wirksamkeit der Durchsetzung von Gesetzen sind die turmhohen Gewaltraten zu Zeiten und an Orten, in denen diese Durchsetzung nur rudimentär erfolgt, sichtbar etwa an den Spitzen oben links bei den Kurven von Abbildung 12.1. Genauso überzeugend ist, was passiert, wenn Polizisten streiken: Plünderei und Selbstjustiz brechen sich Bahn.[29] Die Verbrechensraten können aber auch schon steigen, wenn die Durchsetzung von Gesetzen ineffektiv ist – so unqualifiziert, korrupt oder überfordert, dass die Menschen bei einem Rechtsbruch keine Bestrafung fürchten. Das trug zu dem enormen Anstieg der Verbrechenszahlen in den 1960er Jahren bei, als das Rechtssystem der Welle an geburtenstarken Jahrgängen, die das kritische Alter erreichten, nichts entgegenzusetzen hatte, und hat heute Anteil an den Regionen mit hoher Kriminalität in Lateinamerika.[30] Umgekehrt erklären die verstärkte polizeiliche Überwachung und Durchsetzung von Strafen (wenn auch mit einer viel zu hohen Zahl an Inhaftierungen) großenteils den starken Rückgang der Kriminalität in den USA während der 1990er Jahre.[31]

Eisners Ein-Satz-Zusammenfassung, wie die Mordrate in drei Jahrzehnten zu halbieren wäre, lautet: »Eine effektive Rechtsstaatlichkeit, gegründet auf rechtmäßiger Durchsetzung von Gesetzen, Opferschutz, raschen und gerechten Urteilen, moderaten Strafen und humanen Gefängnissen, ist entscheidend, um tödliche Gewalt nachhaltig einzudämmen.«[32] Die Adjektive *effektiv, rechtmäßig, rasch, gerecht, moderat* und *human* unterscheiden seinen Rat von der »Hart-durchgreifen«-Rhetorik, die Politiker des rechten Flügels bevorzugen. Die Gründe dafür hat Cesare Beccaria vor 250 Jahren erläutert. Mit immer härteren Strafen zu drohen ist zwar sowohl kostengünstig als auch emotional befriedigend, jedoch nicht besonders effektiv, weil Gesetzesbrecher die Strafen einfach als seltene Unglücksfälle betrachten – grässlich, ja, aber halt ein Risiko, das der Job so mit sich bringt. Bestrafungen, die vorhersehbar, wenn auch weniger drakonisch sind, werden bei der laufenden Tagesplanung eher mit einbezogen.

Neben der erfolgreichen Durchsetzung von Gesetzen scheint auch die *Rechtmäßigkeit* des Regimes eine Rolle zu spielen, weil Menschen nicht nur eine legitime Autorität per se respektieren, sondern auch berücksichtigen, in welchem Maß sie von ihren potentiellen Widersachern respektiert wird. Gemeinsam mit dem Historiker Randolph Roth hält Eisner fest, dass Kriminalität oft in denjenigen Jahrzehnten verstärkt zunimmt, in denen Menschen ihre Gesellschaft und Regierung in Frage stellen – etwa im amerikanischen Sezessionskrieg, in den 1960er Jahren oder im nachsowjetischen Russland.[33]

Jüngere Zusammenfassungen von erfolgreichen und erfolglosen Maßnahmen zur Verbrechensbekämpfung stützen Eisners Vorschlag, insbesondere eine von den Soziologen Thomas Abt und Christopher Winship erstellte sehr umfangreiche Metaanalyse von 2300 Studien, in der sie praktisch alle politischen Strategien, Pläne, Programme, Projekte, Initiativen, Interventionen, Hausmittel und Tricks evaluieren, die man in den letzten Jahrzehnten ausprobiert hat.[34] Sie kamen zu dem Schluss, dass die effektivste Taktik zur Eindämmung von Gewaltverbrechen *fokussierte Abschreckung* ist. Zunächst ist ein »lasergleicher Fokus« auf die Viertel zu richten, in denen Kriminalität grassiert oder auch gerade erst aufkeimt, wobei man die »Hotspots« über Daten identifiziert, die in Echtzeit erhoben werden. Weiter muss sich der Fokus auf diejenigen Individuen und Banden richten, die Opfer drangsalieren oder lautstark nach einem Kampf verlangen. Und er muss eine einfache und konkrete Botschaft über das von den Zielpersonen erwartete Verhalten übermitteln, wie »Hört mit der Schießerei auf, und wir werden euch helfen, oder schießt weiter, und ihr wandert ins Gefängnis«. Ob es gelingt, die Botschaft rüberzubringen und sie dann in die Tat umzusetzen, hängt von der Kooperation weiterer Mitglieder der Gemeinschaft ab – den Ladenbesitzern, Geistlichen, Coaches, Bewährungshelfern und Verwandten.

Ebenso nachweislich effektiv ist kognitive Verhaltenstherapie. Das hat nichts mit der psychoanalytischen Aufarbeitung der Kindheit eines Straftäters zu tun oder dem gewaltsamen Offenhalten seiner Augenlider, während sich ihm bei brutalen Filmausschnitten aus *Uhrwerk Orange* oder Ähnlichem der Magen umdreht. Es handelt sich vielmehr um eine Menge von Protokollen, mit denen die eingefahrenen Denk- und Verhaltensmuster durchbrochen werden sollen, die zu kriminellem Handeln führen. Unruhestifter sind impulsiv – sie ergreifen spontane Gelegenheiten zu Diebstahl oder Vandalismus und gehen auf Leute los, die ihnen über den Weg laufen, ohne die langfristigen Folgen zu bedenken.[35] Diesen Versuchungen kann man mit Therapien entgegenwirken, die Strategien der Selbstkontrolle vermitteln. Zudem sind die Denkmuster von Unruhestiftern narzisstisch und soziopathisch – sie fühlen sich stets im Recht, ihnen steht grundsätzlich unterwürfiger Respekt zu, Meinungsverschiedenheiten sind persönliche Beleidigungen, und andere Menschen haben keinerlei Gefühle oder Interessen. Von diesen Illusionen kann man sie zwar nicht »heilen«, doch können sie lernen, sie zu erkennen und zu bekämpfen.[36] Eine solche arrogante Mentalität wird in einer Kultur der Ehre noch verstärkt; zurückfahren lässt sie sich in Therapien mit Antiaggressions- und Sozialkompetenztraining als Bestandteil von Programmen für gefährdete Jugendliche oder zur Rückfallprävention.

Egal ob potentielle Missetäter ihre Impulsivität unter Kontrolle bekommen oder nicht – Scherereien lassen sich auch vermeiden, wenn in der Umgebung einfach nicht länger eine Chance auf sofortige Belohnung besteht.[37] Wird es schwieriger, Autos zu stehlen oder in Häuser einzubrechen, Güter zu stibitzen und Hehler zu finden, tragen Fußgänger mehr Kreditkarten als Bargeld bei sich und werden dunkle Gassen beleuchtet und per Video überwacht, dann suchen Möchtegern-Kriminelle nicht weiter nach einem anderen Ventil für ihre diebischen Triebe. Die Versuchung geht vorbei, und das Verbrechen wird nicht begangen. Billige Verbrauchsgüter sind eine weitere Entwicklung, die aus leicht verführbaren Delinquenten gegen ihren Willen brave Bürger gemacht haben. Wer würde heutzutage schon das Risiko eines Wohnungseinbruchs auf sich nehmen, nur um einen Radiowecker zu stehlen?

Neben Anarchie, Impulsivität und Gelegenheit ist Schmuggelei eine wichtige Triebfeder für Gewaltverbrechen. Unternehmer in Sachen illegale Waren und Freizeitbeschäftigungen können kein Gerichtsverfahren anstrengen, wenn sie sich übers Ohr gehauen fühlen, oder die Polizei rufen, wenn jemand sie bedroht; also müssen sie ihre Interessen mit einer glaubwürdigen Gewaltandrohung schützen. In den USA erlebte das Gewaltverbrechen einen explosiven Anstieg, als in den 1920er Jahren das Alkoholverbot in Kraft trat und in den 1980er Jahren Crack populär wurde; es grassiert in lateinamerikanischen und Karibikstaaten, in denen heutzutage Kokain, Heroin und Marihuana gehandelt werden. Gewalt wegen Drogen bleibt ein ungelöstes internationales Problem. Vielleicht gelingt es mit der derzeitigen Entkriminalisierung von Marihuana und künftig auch anderer Drogen, diese Industrien aus ihrer gesetzlosen Unterwelt herauszuholen. Bis dahin konstatieren Abt und Winship, dass »die aggressive Strafverfolgung von Drogenherstellung und -handel nur wenig Erfolge im Kampf gegen Drogen zeitigt und gemeinhin Gewalt erzeugt«, wohingegen »*drug courts*[38] und Therapien eine lange Erfolgsbilanz vorweisen können«.[39]

Jede auf handfeste Belege gestützte Berechnung bedeutet im Allgemeinen eine kalte Dusche für Programme, die im Wolkenkuckucksheim erfolgversprechend schienen. Auf der Liste wirksamer Maßnahmen glänzen durch Abwesenheit ambitionierte Initiativen wie Slumsanierung, der Rückkauf von Waffen, Nulltoleranzpolitik, Survivaltrainings, lebenslange Freiheitsstrafe nach dreimaliger Verurteilung wegen Gewalttaten, von Polizisten durchgeführte Kurse zur Sensibilisierung für das Drogenproblem und *Scared-Straight*-Programme, in denen gefährdete Jugendliche mit dreckigen Gefängnissen und dort einsitzenden schweren Jungs konfrontiert werden. Und am frustrierendsten für diejenigen, die festgezurrte Überzeugungen pflegen, ohne Belege dafür zu brauchen, ist vielleicht die zweifelhafte Effektivität von Waffengesetzen. Weder die vom rechten Lager favorisierten Gesetze, die das Recht auf Waffenbesitz verbürgen, noch die vom linken Lager favorisierten Verbote und Beschränkungen haben viel bewirkt. Dennoch gibt es vieles, was wir noch nicht wissen, sowie politische und praktische Hürden für Versuche, mehr herauszufinden.[40]

Als ich versucht habe, in *Gewalt. Eine neue Geschichte der Menschheit* verschiedene Rückgänge von Gewalt zu erklären, traute ich dem Gedanken noch nicht recht, dass ein Menschenleben in der Vergangenheit nicht viel wert war und erst mit der Zeit wertvoller wurde. Da die Idee schwammig und nicht überprüfbar, fast zirkulär zu sein schien, hielt ich mich an Erklärungen, die enger bei fassbaren Phänomenen angesiedelt waren, wie Staatsführung und Handel. Nach Einsenden des Manuskripts hatte ich jedoch ein Erlebnis, das mich noch einmal ins Grübeln brachte. Als Belohnung für den Abschluss jenes Mammutunternehmens beschloss ich, mein rostiges altes Auto durch ein neues zu ersetzen, und kaufte im Laufe meiner Autosuche die neueste Ausgabe der Zeitschrift *Car and Driver*. Gleich auf den ersten Seiten stand ein Artikel mit der Überschrift »Safety in Numbers: Traffic Deaths Fall to an All-Time Low« (»Sicherheit in Zahlen: Zahl der Verkehrstoten auf Allzeittief«). Zur Illustration gab es ein Diagramm, das mir sofort bekannt vorkam: Zeit auf der *x*-Achse, Todesrate auf der *y*-Achse und eine Kurve, die sich von links oben nach rechts unten schlängelte.[41] Von 1950 bis 2009 sank die Zahl der Verkehrstoten auf ein Sechstel. Da hatte ich einen weiteren Rückgang gewaltsamer Todesfälle vor Augen, doch dieses Mal hatte er nichts mit Dominanz und Hass zu tun. Das jahrzehntelange Zusammenwirken verschiedener Kräfte hatte die Gefahr, bei einem Verkehrsunfall ums Leben zu kommen, verringert – so als sei, ja, ein Menschenleben wertvoller geworden. Mit zunehmendem Wohlstand der Gesellschaft wandte sie immer mehr Geld, Einfallsreichtum und Engagement aus moralischer Überzeugung für die Rettung von Menschenleben auf der Straße auf.

Später stellte ich sogar fest, dass die Berechnung in *Car and Driver* eine konservative Schätzung war. Hätten sie die Daten aus ihrem ersten Erscheinungsjahr, 1921, aufgetragen, so hätte sich ein fast *vierundzwanzigfacher* Rückgang der Todesopfer gezeigt. In Abbildung 12.3 ist die Kurve über die gesamte Zeit zu sehen – wobei dies immer noch nicht die ganze Wahrheit ist, denn zu jeder verstorbenen Person gab es weitere Menschen, die lebenslang verkrüppelt oder entstellt waren und von Schmerzen gepeinigt wurden.

Das Diagramm in der Zeitschrift war mit Anmerkungen zu Meilensteinen der Verkehrssicherheit versehen, aus denen die beteiligten technischen, ökonomischen, politischen und moralischen Kräfte ersichtlich wurden. Kurzfristig arbeiteten sie auch mal gegeneinander, doch langfristig gelang es ihnen im Verbund, die Todesrate immer weiter und weiter abzusenken. Gelegentlich kam es zu moralischen Kreuzzügen, um das Blutbad auf den Straßen einzudämmen, wobei die Autohersteller die Schurken waren. Im Jahr 1965 veröffentlichte ein junger Anwalt namens Ralph Nader das Buch *Unsafe at Any Speed* (»Unsicher bei jeder Geschwindigkeit«) – eine Anklage der Industrie, die die Sicherheit im Automobildesign vernachlässige. Bald darauf wurde die National Highway Traffic Safety Administration ins Leben gerufen, und Gesetze wurden erlassen, die vorschrieben, neue Autos mit einer Reihe von Sicherheitsmerkmalen auszustatten. Das Diagramm zeigt jedoch, dass bereits *vor* dem Aktivismus und den Gesetzen steilere Rückgänge erfolgten und die Autoindustrie ihren Kunden und Regulierungsbehörden zuweilen voraus war. Die Abbildung in der Zeitschrift enthielt folgende Anmerkung zu 1956: »Die Ford Motor Company bietet das ›Lebensrettungs‹-Paket an. … Es enthält Sicherheitsgurte, ein gepolstertes Armaturenbrett,

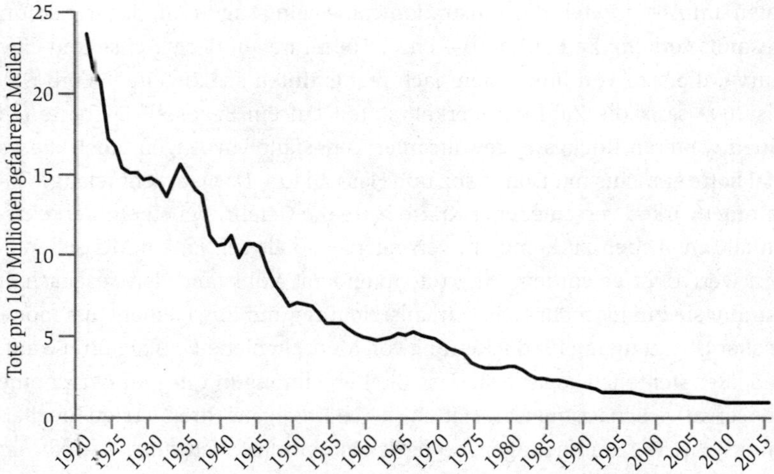

Abb. 12.3 Verkehrstote, USA, 1921–2015
Quelle: National Highway Traffic Safety Administration, abgerufen von http://www.informedforlife.org/demos/FCKeditor/UserFiles/File/TRAFFICFATALITIES(1899-2005).pdf, http://www-fars.nhtsa.dot.gov/Main/index.aspx und https://crashstats.nhtsa.dot.gov/Api/Public/ViewPublication/812384

gepolsterte Sonnenblenden und einen versenkten Lenkradtopf, der verhindert, dass der Fahrer bei einer Kollision zum Grillspieß wird. Es verkauft sich nicht.« Jahrzehnte gingen ins Land, bis diese Merkmale zwingend vorgeschrieben wurden.

Die Kurve war noch mit weiteren Episoden gesprenkelt, die das Gezerre zwischen Ingenieuren, Verbrauchern, Gerichten und bürokratischen Staatsdienern illustrierten. Ab und zu fanden Knautschzonen, auf alle vier Räder wirkende Zweikreisbremsanlagen, zusammenschiebbare Lenksäulen, hochgesetzte zentrale Bremsleuchten, summende und sich automatisch festzurrende Sicherheitsgurte sowie Airbags und Systeme zur automatischen Stabilitätskontrolle einen Weg vom Labor in den Ausstellungsraum. Ein weiterer Lebensretter war der Ausbau langer, gewundener Landstraßen zu asphaltierten, geteilten, mit Reflektoren und Mittelleitplanken versehenen Fernstraßen mit sanften Kurven und breiten Seitenstreifen. Im Jahr 1980 wurde die Organisation Mothers Against Drunk Driving (»Mütter gegen Trunkenheit am Steuer«) gegründet, die sich für ein höheres Mindestalter für Alkoholkonsum, einen niedrigeren gesetzlich erlaubten Blutalkoholspiegel und die Stigmatisierung von Trunkenheit am Steuer einsetzte, welche von der Popkultur schon immer gern für komödiantische Einlagen genutzt wurde (so in den Filmen *Der unsichtbare Dritte* und *Arthur*). Crashtests, die Durchsetzung des Verkehrsrechts und Fahrerschulung (zusammen mit ungewolltem Segen wie verstopften Straßen und Konjunkturflauten) haben noch mehr Leben gerettet. Eine *Menge* Leben: Seit 1980 haben etwa 650 000 US-Amerikaner überlebt, die gestorben wären, wenn sich die Opferzahlen nicht geändert hätten.[42] Die Zahlen sind umso beeindruckender, wenn man bedenkt, dass die US-Bürger mit jedem Jahrzehnt mehr Meilen gefahren sind (55 Milliarden 1920, 458 Milliarden 1950, 1,5 Billionen 1980 und 3 Billionen 2013) – sie genossen somit all die Freuden von Ausflügen ins Grüne, Fußballspielen der lieben Kleinen, Rundreisen durch die USA im Chevrolet oder einfach nur – frei nach Bruce Springsteen – durch die Straßen zu kurven, sich unbeobachtet zu fühlen, das ganze Geld an einem Samstagabend auszugeben.[43] Die zusätzlichen gefahrenen Meilen glichen die Zugewinne an Sicherheit nicht etwa wieder aus: Die Zahl der Verkehrstoten pro Kopf (entgegen denen pro gefahrener Meile) erreichte 1937 einen Höchststand von 30 pro 100 000 pro Jahr und befindet sich seit Ende der 1970er Jahre in einem steten Sinkflug, mit einem Wert von 10,2 im Jahr 2014, dem niedrigsten seit 1917.[44]

Der Fortschritt, der sich in der Zahl lebendig das Ziel erreichender Kraftfahrer niederschlägt, ist nicht auf die USA beschränkt. Die Sterblichkeitsraten sind auch in anderen reichen Ländern wie Frankreich, Australien und natürlich dem sicherheitsbewussten Schweden gesunken. (Ich habe mir schließlich einen Volvo gekauft.) In einem reichen Land zu leben spielt hier tatsächlich eine Rolle. Schwellenländer wie Indien, China, Brasilien und Nigeria weisen Raten von Verkehrstoten pro Kopf auf, die doppelt so hoch sind wie in den USA und siebenmal so hoch wie in Schweden.[45] Wohlstand kauft Leben.

Weniger Verkehrstote wären eine zweifelhafte Errungenschaft, wenn wir dennoch stärker gefährdet wären als vor der Erfindung des Automobils. Doch das Leben vor dem Auto war auch nicht sicher. Der Bildarchivar Otto Bettmann gibt zeitgenössische Berichte über die Straßen der Großstadt zu Zeiten der Droschkenkutscher zum Besten:

> »Es erfordert mehr Geschick den Broadway zu überqueren ... als den Atlantik in einem Muschelfischerboot.« ... Der Urheber des städtischen Chaos war das Pferd. Unterernährt und nervös, wurde dieses unverzichtbare Tier oft bis zur Erschöpfung von gnadenlosen Kutschern geprügelt, die sich einen Spaß daraus machten, ›wie von Furien gehetzt, die Gesetze verlachend und voller Zerstörungswut‹ voranzustürmen. Durchgehende Pferde waren an der Tagesordnung. Dem wilden Treiben fielen Tausende Menschen zum Opfer. Laut dem Nationalen Sicherheitsrat war die Sterblichkeitsrate infolge von Unfällen mit Pferden zehnmal so hoch wie die der Todesopfer bei Autounfällen in der heutigen Zeit [1974, als die Pro-Kopf-Rate mehr als doppelt so hoch war wie heute – SP].[46]

Vor seinem Umzug nach Los Angeles verdankte das Baseballteam der Brooklyn Dodgers seinen Namen den Fußgängern der Stadt, die für ihr Geschick im Ausweichen vor heranrasenden Straßenbahnen berühmt waren. (Nicht alle Menschen jener Ära hatten damit Erfolg – die Schwester meines Großvaters wurde in den 1910er Jahren in Warschau von einer Straßenbahn überfahren.) So wie das Leben von Fahrern und Mitfahrern wurde auch das Leben der Fußgänger zunehmend als wertvoll erachtet, erkennbar an Ampeln, Zebrastreifen, Fußgängerbrücken, der Durchsetzung von Verkehrsgesetzen sowie dem Niedergang von Kühlerfiguren, Stoßstangenhörnern und sonstiger chromblitzender Bewaffnung. Abbildung 12.4 illustriert, dass die Sicherheit für Fußgänger auf US-amerikanischen Straßen heute sechsmal höher ist als 1927.

Die Zahl der fast 5000 getöteten Fußgänger im Jahr 2014 ist immer noch schockierend hoch (vergleichen Sie sie nur einmal mit den 44 von Terroristen getöteten Personen, denen sehr viel mehr öffentliche Aufmerksamkeit zuteilwurde), doch immerhin ist sie ein Fortschritt gegenüber den 15 500, die 1937 niedergemäht wurden, als das Land nur zwei Fünftel der jetzigen Einwohner hatte und es viel weniger Autos gab. Und die größte Rettungsaktion wartet noch auf uns. In einem Jahrzehnt werden die meisten neuen Autos nicht mehr von begriffsstutzigen und zerstreuten Menschen gelenkt, sondern von Computern. Wenn sich Roboterautos erst einmal überall eingebürgert haben, könnten sie pro Jahr über eine Million Menschenleben retten – das wäre dann das größte Geschenk für die Menschheit seit Erfindung der Antibiotika.

Diskussionen über Risikowahrnehmung drehen sich häufig um das Klischee, dass viele Menschen Angst vorm Fliegen haben, aber fast niemand

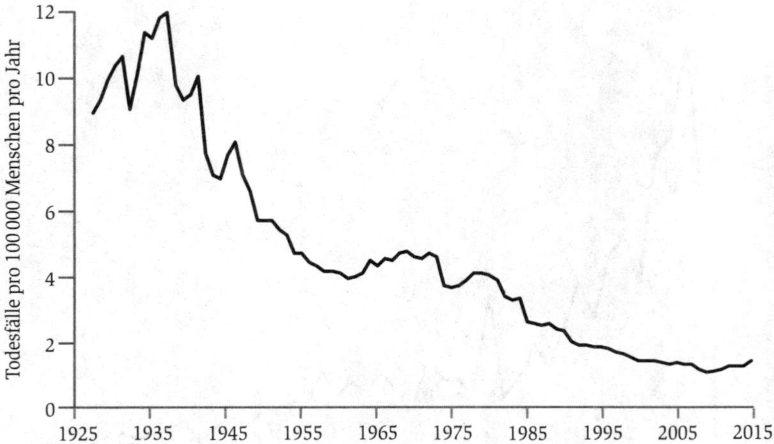

Abb. 12.4 Getötete Fußgänger, USA, 1927–2015
Quelle: National Highway Traffic Safety Administration. Für 1927–1984: Federal Highway Administration 2003. Für 1985–1995: National Center for Statistics and Analysis 1995. Für 1995–2005: National Center for Statistics and Analysis 2006. Für 2005–2014: National Center for Statistics and Analysis 2016. Für 2015: National Center for Statistics and Analysis 2017

Angst vorm Autofahren hat, obwohl Flugreisen viel, viel sicherer sind. Dennoch geben sich die Verantwortlichen für Flugsicherheit nie zufrieden. Nach jedem Absturz untersuchen sie penibel die Black Box und das Flugzeugwrack und haben auf diese Weise ein bereits sicheres Transportmittel kontinuierlich immer noch sicherer gemacht. In Abbildung 12.5 ist zu sehen, dass die Wahrscheinlichkeit, als Flugpassagier bei einem Absturz ums Leben zu kommen, 1970 weniger als 5 zu 1 Million betrug; 2015 war dieses kleine Risiko noch einmal um das Hundertfache gesunken.

Durch Feuer oder durch Wasser: Schon lange vor der Erfindung von Autos und Flugzeugen lauerten in der Umwelt tödliche Gefahren für den Menschen. Der Soziologe Robert Scott begann seine Geschichte des mittelalterlichen Lebens in Europa wie folgt: »Am 14. Dezember 1421 erlitt ein vierzehnjähriges Mädchen namens Agnes in der englischen Stadt Salisbury eine schwere Verletzung, als ein heißer Bratspieß ihren Oberkörper durchbohrte.« (Dem Vernehmen nach wurde sie durch ein Gebet an Sankt Osmund geheilt.)[47] Dies war nur ein Beispiel dafür, dass die Gemeinden des

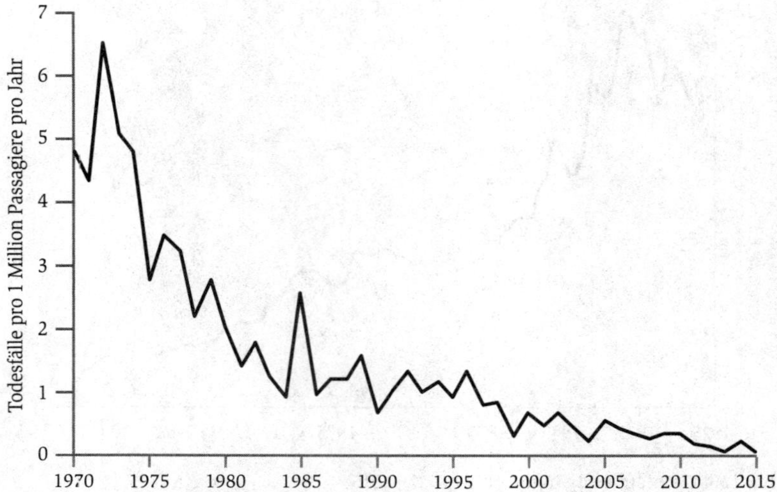

Abb. 12.5 Tote bei Flugzeugabstürzen, 1970–2015
Quelle: Aviation Safety Network 2017. Die Daten zur Zahl der Passagiere stammen aus World Bank 2016b.

mittelalterlichen Europa »ausgesprochen gefährliche Orte« waren. Säuglinge und Kleinkinder, die unbeaufsichtigt blieben, während ihre Eltern arbeiteten, waren besonders stark gefährdet, wie die Historikerin Carole Rawcliffe erläutert:

> Das enge Nebeneinander von Herdfeuer, Strohbetten, mit Binsen ausgelegten Fußböden und offenen Flammen in einer dunklen, beengten Umgebung stellte für neugierige kleine Kinder eine ständige Bedrohung dar. [Selbst beim Spiel] drohte Kindern Gefahr von Teichen, landwirtschaftlichen oder gewerblichen Geräten, Holzstapeln, unbeaufsichtigten Booten und beladenen Karren. In den Berichten amtlicher Leichenbeschauer taucht all dies mit bedrückender Regelmäßigkeit als Todesursache bei Kindern auf.[48]

In der *Encyclopedia of Children and Childhood in History and Society* ist zu lesen, dass »moderne Leser die Vorstellung von einer Sau, die ein Baby frisst, wie in Chaucers ›Die Erzählung des Ritters‹, fast grotesk anmutet, doch spiegelt dies so gut wie sicher die verbreitete Bedrohung für Kinder durch Tiere wider.«[49]

Erwachsene waren keineswegs sicherer. Auf der Website *Everyday Life and Fatal Hazard in Sixteenth-Century England* (»Alltag und Lebensgefahr im England des 16. Jahrhunderts«), auch unter dem Namen Tudor Darwin Awards[50] (»Darwin Awards der Tudorzeit«) bekannt, erscheinen monatlich Analysen von Historikern über Berichte amtlicher Leichenbeschauer. Die Todesursachen waren vielfältig – die Opfer verzehrten eine verdorbene Makrele, blieben beim Klettern durch ein Fenster stecken, wurden von einem Stapel Torfblöcke zerquetscht oder vom Schulterriemen, an dem Körbe hingen, erdrosselt, stürzten bei der Jagd nach Kormoranen von einer Klippe und fielen beim Schweineschlachten ins eigene Messer.[51] In Ermangelung künstlicher Lichtquellen drohte überdies jeder, der sich nach Einbruch der Dunkelheit nach draußen wagte, in Brunnen, Flüssen, Bächen, Gräben, Kanälen und Jauchegruben zu ertrinken.

Heute befürchten wir nicht mehr, dass unsere Babys von Säuen gefressen werden, doch andere Gefahren lauern nach wie vor. Nach Autounfällen sind Stürze die häufigste Ursache für einen Unfalltod, gefolgt von Ertrinken und Tod durch Feuer, gefolgt von Vergiftungen. Das wissen wir, weil Epidemiologen und Sicherheitsingenieure tödliche Unglücksfälle fast ebenso akribisch auflisten wie Flugzeugabstürze und davon Klassifizierungen und Unterklassifizierungen erstellen, um zu bestimmen, wobei die meisten Menschen ums Leben kommen und wie sich die Risiken verringern lassen. (Die *International Classification of Diseases* in der 10. überarbeiteten Auflage enthält Codes für allein 153 verschiedenartige Fälle und dazu 39 Ausnahmen.) Mit jeder Berücksichtigung ihrer Warnungen in Gesetzen, Bauordnungen, Inspektionsverläufen und Erfolgsmethoden wird die Welt sicherer. Seit den 1930er Jahren ist das Risiko, dass sich US-Amerikaner zu Tode stürzen, um 72 Prozent gesunken, weil sie geschützt werden durch Geländer, Beschilderung, Fenstergitter, Haltestangen, Schutzkleidung, rutschfeste Bodenbeläge und Leitern sowie Inspektionen. (Die meisten verbleibenden Todesfälle betreffen gebrechliche alte Leute.) Abbildung 12.6 illustriert den Fall der Fälle,[52] gemeinsam mit den Verläufen der anderen Hauptrisiken für tödliche Unfälle seit 1903.

Die Kurven für die liturgischen Todesursachen Feuer und Wasser verlaufen nahezu parallel, und bei beiden ist die Zahl der Opfer um über 90 Prozent gesunken. Heutzutage ertrinken weniger US-Amerikaner – dank Schwimmwesten, Bademeistern, umzäunter Swimmingpools, Schwimm- und Lebensrettungsunterricht sowie erhöhter Achtsamkeit für die Gefähr-

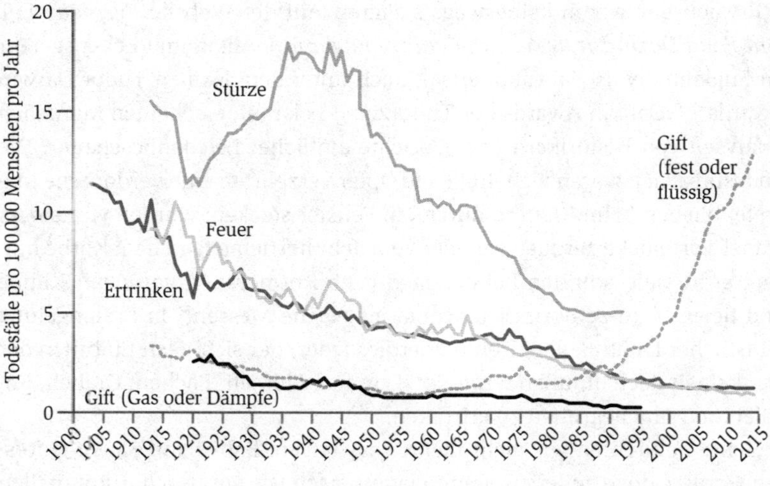

Abb. 12.6 Todesfälle durch Stürze, Feuer, Ertrinken und Vergiftungen, USA, 1903–2014
Quelle: National Safety Council 2016. Die Daten für Feuer, Ertrinken und Gift (fest oder flüssig) sind über Datenmengen von 1903–1998 und 1999–2014 aggregiert. Die Daten zu Gift (fest oder flüssig) für 1999–2014 beinhalten auch Vergiftungen durch Gas oder Dämpfe. Daten für Stürze sind wegen statistischer Artefakte in den darauffolgenden Jahren nur bis 1992 vorhanden (siehe Anmerkung 50).

dung kleiner Kinder, die in Badewannen, Toiletten und sogar Eimern ertrinken können.

Auch Flammen und Rauch fallen weniger Menschen zum Opfer. Im 19. Jahrhundert wurden Berufsfeuerwehren eingerichtet, um Brände zu löschen, bevor sie sich zu Feuersbrünsten ausweiteten, die ganze Städte in Schutt und Asche legen konnten. Ab Mitte des 20. Jahrhunderts dienten Feuerwehren dann nicht mehr nur zum Löschen, sondern auch der Vorbeugung von Bränden. Auslöser dieser Kampagne waren schreckliche Brände wie der im Bostoner Nachtclub Cocoanut Grove im Jahr 1942, bei dem 492 Personen umkamen; publik gemacht wurde sie mit herzzerreißenden Fotos von Feuerwehrmännern, die die leblosen Körper kleiner Kinder aus qualmenden Häusern trugen. Vom Präsidenten einberufene Kommissionen verfassten Berichte mit Titeln wie *America Burning*, in denen die Vorbeugung und Bekämpfung von Bränden als dringendes moralisches Anliegen von nationaler Relevanz beschrieben wurde.[53] Das Ergebnis der Kampagne waren die nun allgegenwärtigen Sprinkleranlagen, Rauchmelder, Brandschutztüren, Notausgänge, Brandschutzübungen, Feuerlöscher, feuerabweisenden Materialien sowie Maskottchen der Brandschutzerziehung wie Smokey the Bear und Sparky the Fire Dog. Infolgedessen sind die Feuerwehren dabei, sich selber abzuschaffen. In rund 96 Prozent der Fälle werden sie wegen Herzstillständen und anderen medizinischen Notfällen alarmiert, und bei den übrigen Malen geht es meist um kleine Brände. (Entgegen ihrem bezaubernden Image holen sie keine jungen Kätzchen von Bäumen herunter.) Ein typischer Feuerwehrmann steht nur einmal in zwei Jahren vor einem brennenden Gebäude.[54]

Gesunken ist auch die Zahl der Amerikaner, die unbeabsichtigt durch Gas getötet werden. Einen Beitrag dazu leistete der in den 1940er Jahren einsetzende Wechsel vom giftigen Kohlegas zum ungiftigen Erdgas, das man nun zum Kochen und Heizen nutzte. Ein weiterer Beitrag war die bessere Konstruktion und Wartung von Gasherden und -heizungen, die den Brennstoff nun nicht mehr unvollständig verbrannten und dabei Kohlenmonoxid ins Haus bliesen. Ab den 1970er Jahren wurden Autos mit Katalysatoren ausgerüstet, die die Luftverschmutzung verringern sollten, aber auch dafür sorgten, dass die Autos nicht länger mobile Gaskammern waren. Und das ganze Jahrhundert über wurde einem immer dringlicher vor Augen geführt, dass es keine gute Idee sei, Autos, Generatoren, Holzkohlegrills und Verbrennungsheizungen in geschlossenen Räumen oder unter offenen Fenstern in Betrieb zu nehmen.

Wie in Abbildung 12.6 zu sehen ist, scheint die Unfallbekämpfung in einem Punkt versagt zu haben – bei der Kategorie »Gift (fest oder flüssig)«. Der steile Anstieg ab den 1990er Jahren passt nicht zu einer Gesellschaft, die sich zunehmend verriegelt, alarmgesichert, gepolstert, mit Leitplanken versehen und mit Warnhinweisen übersät präsentiert, und zunächst konnte ich nicht verstehen, warum scheinbar immer mehr US-Amerikaner Rattengift oder Bleichmittel in sich hineingeschüttet haben. Dann wurde mir klar, dass die Kategorie der versehentlichen Vergiftungen auch Rauschgiftüberdosen umfasst. (Ich hätte mich daran erinnern sollen, dass in Leonard Cohens Song »Who by Fire«, der sich an besagtes jüdisches Gebet anlehnt, auch die Zeilen »Who in her lonely slip/Who by barbiturate« vorkommen.) Im Jahr 2013 waren 98 Prozent der Todesfälle durch »Gift« auf Drogen (92 Prozent) oder Alkohol (6 Prozent) zurückzuführen und fast alle anderen auf Gase oder Dämpfe (meist Kohlenmonoxid). Gefahrenstoffe im Haushalt und am Arbeitsplatz, wie Lösungsmittel, Reinigungsmittel, Insektizide und Flüssiganzünder, waren für weniger als ein halbes Prozent der tödlichen Giftunfälle verantwortlich und würden in Abbildung 12.6 lediglich am Boden kratzen.[55] Obwohl kleine Kinder immer noch gerne unter dem Spülstein herumstöbern, von dem dort entdeckten Angebot kosten und dann mit Blaulicht zur Notaufnahme transportiert werden, sterben nur wenige von ihnen.

Die einzige ansteigende Kurve in Abbildung 12.6 ist also kein Gegenbeispiel für den Fortschritt der Menschheit beim Eindämmen von Umweltgefahren – jedoch zweifellos ein Rückschritt im Hinblick auf eine andere Art von Gefahr, den Drogenmissbrauch. Der Aufschwung der Kurve beginnt in den psychedelischen 1960er Jahren, erlebt während der Crackepidemie der 1980er Jahre einen weiteren Höhenflug und hebt infolge der noch viel ernster zu nehmenden grassierenden Opioidabhängigkeit im 21. Jahrhundert endgültig ab. Ab den 1990er Jahren verschrieben Ärzte zu häufig synthetische opioide Schmerzmittel wie Oxycodon, Hydrocodon und Fentanyl, die nicht nur abhängig machen, sondern auch Einstiegsdrogen für Heroin sind. Überdosierungen legaler wie auch illegaler Opioide haben sich zu einer bedeutenden Gefahr entwickelt; sie töten pro Jahr über 40 000 Menschen und haben »Gift« in die größte Kategorie tödlicher Unglücksfälle katapultiert, sogar noch vor Verkehrsunfällen.[56]

Rauschgiftüberdosen sind zweifellos ein anderes Phänomen als Autounfälle, Stürze, Brände, Ertrinken und Gasunfälle. Menschen werden nicht süchtig nach Kohlenmonoxid oder verlangen nach immer noch höheren Leitern. Aus diesem Grund werden mechanische Sicherheitsvorkehrungen von der Art, wie sie zur Abwehr von Umweltgefahren so gut funktioniert haben, nicht ausreichen, um der Opioid-Epidemie ein Ende zu setzen. Politiker und Gesundheitsbehörden haben die enorme Tragweite des Problems erkannt und ergreifen Gegenmaßnahmen: Überwachen von Verschreibungen, Aufrufe zur Verwendung ungefährlicherer Schmerzmittel, Anprangern oder Bestrafen von Pharmazieunternehmen, die hemmungslos Werbung für die Medikamente betreiben, bessere Verfügbarkeit des Gegenmittels Naloxon und Behandeln von Abhängigen mit Opioid-Antagonisten und kognitiver Verhaltenstherapie.[57] Ein Zeichen für die eventuelle Wirksamkeit der Maßnahmen ist, dass die Anzahl der Überdosierungen von verschreibungspflichtigen Opioiden (wenn auch nicht von illegalem Heroin und Fentanyl) im Jahr 2010 einen Höchststand erreicht hat und möglicherweise nun im Sinken begriffen ist.[58]

Festzuhalten ist auch, dass Überdosierungen von Opioiden überwiegend in der Kohorte der drogenseligen geburtenstarken Jahrgänge grassieren, die nun das mittlere Alter erreichen. Im Jahr 2011 waren die ältesten Todesopfer einer Überdosis um die fünfzig, im Jahr 2003 waren sie Anfang vierzig, 1993 Ende dreißig, 1983 Anfang dreißig und 1973 Anfang zwanzig.[59] Mit ein bisschen Subtrahieren stellt man fest, dass es in jedem Jahrzehnt die von 1953 bis 1963 Geborenen sind, die ihrem Leben mit Drogen ein Ende bereiten. Trotz der immerwährenden Panik über die jeweilige Jugend von heute sind die jungen Leute unserer Tage, relativ gesehen, ganz in Ordnung oder zumindest besser drauf. Laut einer großen Längsschnittstudie über Teenager mit dem Titel »Monitoring the Future« ist der Konsum von Alkohol, Zigaretten und Drogen (außer Marihuana und dem Rauchen von E-Zigaretten) unter Highschool-Schülern auf den niedrigsten Stand seit Beginn der Untersuchung im Jahr 1976 gesunken.[60]

Angesichts des Übergangs von einer Fertigungs- zu einer Dienstleistungswirtschaft schwelgten viele Sozialkritiker in Nostalgie nach der Ära der Fabriken, Minen und metallverarbeitenden Hütten – vermutlich, weil sie noch nie in einer gearbeitet haben. Zusätzlich zu all den bereits erörterten tödlichen Gefahren bergen Arbeitsplätze in der Industrie noch zahllose weitere Risiken, denn was auch immer eine Maschine mit ihren Rohmaterialien anstellen kann – sägen, zerstampfen, backen, schmelzen, stanzen, dreschen oder schlachten –, kann sie auch mit den Arbeitern machen, die sie bedienen. Im Jahr 1892 bemerkte Präsident Benjamin Harrison: »Amerikanische Arbeiter sind Gefahren für Leib und Leben ausgesetzt, die denen für Soldaten in Kriegszeiten gleichrangig sind.« Bettmanns Kommentar zu einigen grausigen Bildern und Bildunterschriften aus jener Ära lautet:

> Der Bergmann, so sagte man, »stieg zur Arbeit hinunter wie in ein offenes Grab, nie wissend, wann es sich über ihm schließen würde«. ... Ungeschützte Antriebswellen verstümmelten und töteten Arbeiterinnen in weiten Röcken. ... Heute sind ein Zirkusartist und ein Testpilot besser gegen Unfälle gesichert als ein Bremser bei der Eisenbahn früherer Tage; der musste auf den Pfiff der Lokomotive hin auf dem Dach waghalsige Sprünge zwischen ruckelnden Güterwaggons vollführen. ... Der Gefahr eines plötzlichen Todes ausgesetzt ... waren auch die Zugkuppler, denen angesichts der primitiven Vorrichtungen aus Ver-

> bindungsstück und Bolzen stets der Verlust von Händen oder Fingern drohte. … Ob ein Arbeiter von einer Kreissäge verstümmelt, von einem Balken zermalmt, in einer Mine begraben oder durch den Sturz in einen Schacht getötet wurde – stets war es nur »sein eigenes Pech«.[61]

»Pech« war eine bei Arbeitgebern beliebte Erklärung, und bis vor kurzem gehörte sie zu dem weitverbreiteten Fatalismus gegenüber tödlichen Unfällen, die gemeinhin dem Schicksal oder einer höheren Gewalt zugeschrieben wurden. (Heute reden Sicherheitsingenieure und Gesundheitsforscher in den USA nicht einmal mehr von »Unfällen«, weil das nach dem Wirken eines launischen Schicksals klingt; statt *accident* lautet der Fachausdruck nun *unintentional injury*, also »unbeabsichtigte Verletzung«.) Die im 18. und 19. Jahrhundert eingeführten ersten Sicherheitsmaßnahmen und Versicherungspolicen dienten dem Schutz von Eigentum, nicht Menschen. Als sich Verletzungen und Todesfälle im Lauf der industriellen Revolution unübersehbar zu häufen begannen, tat man sie als »Preis des Fortschritts« ab, gemäß einer nichthumanistischen Definition von Fortschritt, deren Maßstab nicht das menschliche Wohl war. Als Rechtfertigung für seine Weigerung, eine Ladebühne mit einem Dach zu versehen, erklärte ein Bahninspektor: »Männer sind billiger als Schindeln. … Wenn einer ausfällt, warten zwölf andere darauf, seinen Platz einzunehmen.«[62] Der unmenschlichen Gangart der Industrieproduktion haben Ikonen der Filmkunst wie Charlie Chaplin am Fließband in *Moderne Zeiten* und Lucille Ball in der Schokoladenfabrik in *I Love Lucy* ein unsterbliches Denkmal gesetzt.

Ende des 19. Jahrhunderts deutete sich ein Wandel an, als sich die ersten Gewerkschaften organisierten, Journalisten das Thema aufgriffen und Regierungsbehörden mit der Erhebung von Daten begannen, die die Opferzahlen dokumentierten.[63] Bettmanns Kommentar zur tödlichen Gefahr, die die Arbeit bei der Eisenbahn barg, beruhte nicht nur auf Bildern: In den 1890er Jahren betrug die jährliche Sterberate bei Eisenbahnern verblüffende 852 pro 100 000, fast 1 Prozent im Jahr. Das Blutvergießen wurde eingedämmt, als 1893 die Verwendung von Druckluftbremsen und automatischen Kupplungen in allen Güterzügen gesetzlich vorgeschrieben wurde. Es war das erste Bundesgesetz zur Verbesserung der Arbeitsplatzsicherheit.

In den ersten Jahrzehnten des 20. Jahrhunderts, der »Progressive Era« der USA, weiteten sich die Schutzmaßnahmen auch auf andere Berufszweige aus. Auslöser waren Kampagnen von Reformern und Gewerkschaften sowie die Aufklärung durch »Nestbeschmutzer« unter Journalisten und Schriftstellern wie Upton Sinclair.[64] Die wirksamste Reform war eine schlichte gesetzliche Neuerung, die von Europa herüberschwappte: Haftung durch Arbeitgeber und Entschädigung für Arbeitnehmer. Zuvor hatten verletzte Arbeiter oder ihre Hinterbliebenen Schmerzensgeld – normalerweise erfolglos – einklagen müssen. Nun waren die Arbeitgeber verpflichtet, sie zu einem festgelegten Satz zu entschädigen. Diese Änderung spielte sowohl der Betriebsleitung als auch der Arbeiterschaft in die Karten, denn für die einen wurden die entstehenden Kosten überschaubarer, und die anderen waren eher bereit zur Kooperation. Am wichtigsten an der Neuerung war, dass sie die Interessen von Management und Arbeitskräften vereinte – beide Seiten waren daran interessiert, die Arbeitsplätze sicherer zu machen, und Gleiches galt für die Versicherungen und Regierungsbehörden, die die Entschädigungen gewährleisteten. Unternehmen gründeten Sicherheitsausschüsse und -abteilungen, stellten Sicherheitsingenieure ein und sorgten für den Einbau zahlreicher Schutzvorrichtungen – manchmal aus ökonomischen oder humanitären Gründen, manchmal als Reaktion auf öffentliche Schuldzuweisungen nach einer publik gewordenen Katastrophe, häufig unter dem Zwang von Gerichtsprozessen und staatlichen Verordnungen. In Abbildung 12.7 sind die Auswirkungen deutlich zu sehen.[65]

Angesichts der fast 5000 Todesfälle im Jahr 2015 ist die Zahl der bei der Arbeit getöteten Beschäftigten immer noch zu hoch, doch das ist immerhin viel besser als die 20 000 Toten im Jahr 1929, als die Bevölkerung weniger als zwei Fünftel der jetzigen betrug. Die Rückgänge resultierten großenteils aus der Abwanderung von Arbeitskräften aus Farmen und Fabriken in Geschäfte und Büros. Doch ebenso verdankten sie sich zu einem großen Teil der Erkenntnis, dass das Retten von Menschenleben bei Produktion der gleichen Anzahl von Geräten wie zuvor ein lösbares technisches Problem ist.

Durch Katastrophen: Könnten Anstrengungen von uns Sterblichen wohl gar das lindern, was Juristen als »höhere Gewalt« bezeichnen – die Dürren, Überschwemmungen, Flächenbrände, Stürme, Vulkanausbrüche, Lawinen, Erdrutsche, Mineneinstürze, Hitzewellen, Kälteeinbrüche, Meteoriteneinschläge und Erdbeben, also die vollkommen unkontrollierbaren Katastrophen? Abbildung 12.8 gibt die Antwort: Ja.

Nach den paradoxen 1910er Jahren, als die Erde von einem Weltkrieg und einer Grippepandemie erschüttert wurde, doch von Naturkatastrophen

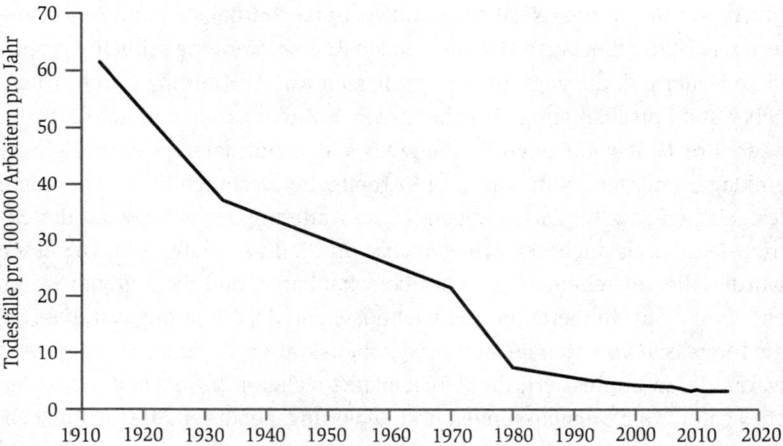

Abb. 12.7 Tödliche Arbeitsunfälle, USA, 1913–2015
Quellen: Die Daten stammen aus verschiedenen Quellen und sind möglicherweise nicht völlig kompatibel (siehe Anmerkung 63). Für 1913, 1933 und 1980: Bureau of Labor Statistics, National Safety Council beziehungsweise CDC National Institute for Occupational Safety and Health, zitiert in Centers for Disease Control 1999. Für 1970: Occupational Safety and Health Administration, »Timeline of OSHA's 40 Year History«, https://www.osha.gov/osha40/timeline.html. Für 1993–1994: Bureau of Labor Statistics, zitiert in Pegula & Janocha 2013. Für 1995–2005: National Center for Health Statistics 2014, Tabelle 38. Für 2006–2014: Bureau of Labor Statistics 2016 a. Die letzteren Daten waren als Todesfälle pro Vollzeitäquivalent-Beschäftigten vermerkt und wurden mit 0,95 multipliziert, um eine grobe Vereinbarkeit mit den Jahren zuvor zu gewährleisten, ausgehend von 2007, als der Census of Fatal Occupational Injuries sowohl Raten pro Arbeiter (3,8) als auch pro VZÄ-Beschäftigten (4,0) angab.

einigermaßen verschont blieb, erreichte die Zahl der Todesfälle durch Katastrophen einen Höchststand, um dann rapide zu sinken. Es ist keineswegs so, dass die Welt in jedem darauffolgenden Jahrzehnt wundersamerweise weniger Erdbeben, Vulkanausbrüche und Meteoriteneinschläge erdulden musste. Vielmehr kann eine reichere und technisch weiterentwickelte Gesellschaft verhindern, dass sich bedrohliche Naturereignisse zu einer Katastrophe für die Menschen ausweiten. Kommt es zu einem Erdbeben, werden mittlerweile weniger Personen von einstürzenden Wänden erschlagen oder

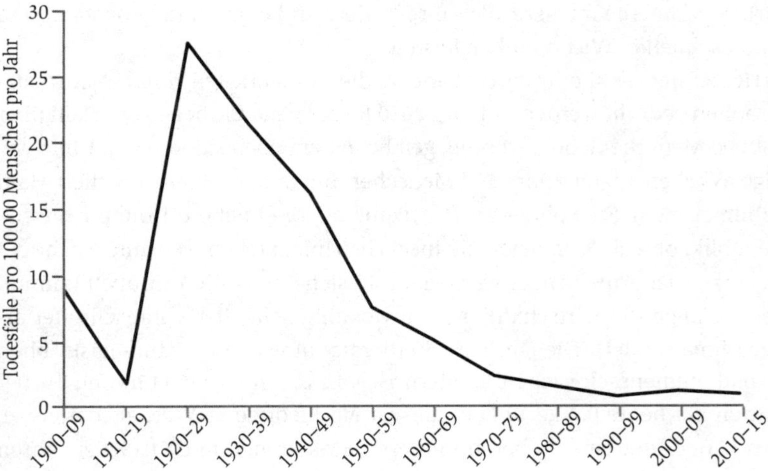

Abb. 12.8 Todesfälle durch Naturkatastrophen, 1900–2015
Quelle: *Our World in Data*, Roser 2016q, basierend auf Daten aus EM-DAT, *The International Disaster Database*, www.emdat.be. Im Diagramm aufgetragen ist die Summe der Todesfälle für Dürre, Erdbeben, Extremtemperatur, Überschwemmung, Meteoriteneinschlag, Erdrutsch, Massenbewegung (trocken), Sturm, Vulkanismus und Flächenbrand (keine Epidemien). In vielen Jahrzehnten dominiert jeweils ein bestimmter Katastrophentyp die Zahlen: Dürren in den 1910er, 1920er, 1930er und 1960er Jahren, Überschwemmungen in den 1930er und 1950er Jahren, Erdbeben in den 1970er, 2000er und 2010er Jahren.

zum Opfer einer Feuersbrunst. Bleibt der Regen aus, steht Wasser aus Stauseen zur Verfügung. Bei extrem hohen oder niedrigen Temperaturen zieht man sich in Gebäude mit Klimaregelung zurück. Tritt ein Fluss über die Ufer, ist das Trinkwasser vor privaten und industriellen Abfällen geschützt. Klug konstruierte Dämme und Deiche, die Wasser zum Trinken und zur Bewässerung aufstauen, verringern zudem das Risiko von Überschwemmungen. Frühwarnsysteme geben Menschen die Gelegenheit, das betreffende Gebiet zu verlassen oder Schutz zu suchen, bevor ein Wirbelsturm das Festland erreicht. Noch können Geologen zwar keine Erdbeben vorhersagen, Vulkanausbrüche jedoch häufig schon; sie können die Menschen, die rund um den Pazifischen Feuerring und an anderen Erdbebenlinien wohnen, darauf vorbereiten, lebensrettende Vorsichtsmaßnahmen zu ergreifen. Und natürlich kann eine reichere Welt ihre Verletzten bergen und behandeln und einen schnellen Wiederaufbau leisten.

Heute sind es die ärmeren Länder, die am stärksten durch Naturkatastrophen bedroht werden. Im Jahr 2010 forderte ein Erdbeben auf Haiti über 200 000 Menschenleben, wohingegen bei einem noch stärkeren in Chile wenige Wochen später »nur« 500 Menschen umkamen. Ebenso verliert Haiti zehnmal mehr Einwohner an Hurrikane als die reichere Dominikanische Republik, obwohl sich beide die Insel Hispaniola teilen. Die gute Nachricht ist: Je reicher arme Länder werden, desto sicherer werden sie auch (zumindest solange die wirtschaftliche Entwicklung schneller voranschreitet als der Klimawandel). Die jährliche Sterberate infolge von Naturkatastrophen in einkommensschwachen Ländern ist von 0,7 pro 100 000 in den 1970er Jahren auf heute 0,2 gesunken; dies ist ein niedrigerer Wert als derjenige, den Länder mit einem oberen mittleren Einkommen in den 1970er Jahren aufgewiesen haben. Er ist immer noch höher als die Rate in den einkommensstarken Ländern von heute (Rückgang von 0,09 auf 0,05), aber man sieht, dass reiche wie auch arme Länder Fortschritte darin erzielen können, einer rachsüchtigen höheren Gewalt die Stirn zu bieten.[66]

Und was ist mit dem sprichwörtlichen Archetyp der »höheren Gewalt«? Dem Geschoss, das Zeus vom Olymp herunterschleuderte? Dem Standardklischee eines unvorhersehbaren Rendezvous mit dem Tod? Dem buchstäblichen Blitz aus heiterem Himmel? Abbildung 12.9 zeigt uns, wie es mit ihm abwärtsging.

Ja, dank der Urbanisierung und Fortschritten bei Wettervorhersagen, Sicherheitserziehung, medizinischer Behandlung und elektrischen Systemen ist seit der Wende zum 20. Jahrhundert ein siebenunddreißigfacher Rückgang des Risikos zu verzeichnen, dass ein Mensch in den USA durch einen Blitzschlag getötet wird.

Der Sieg der Menschheit über alltägliche Gefahren ist ein Fortschritt, der merkwürdig wenig gewürdigt wird. (Einige Personen, die einen Entwurf zu diesem Kapitel gelesen hatten, fragten sich sogar, was er in einem Buch über Fortschritt überhaupt zu suchen habe.) Obwohl Unfälle mehr Todesopfer fordern als alle Kriege (wenn man die verheerendsten nicht mitzählt), betrachten wir sie nur selten von einer moralischen Warte aus. Wir sagen schlicht: Da kann man nichts machen. Hätten wir jemals entscheiden müssen, ob eine Million Tote und zig Millionen Verletzte pro Jahr ein angemesse-

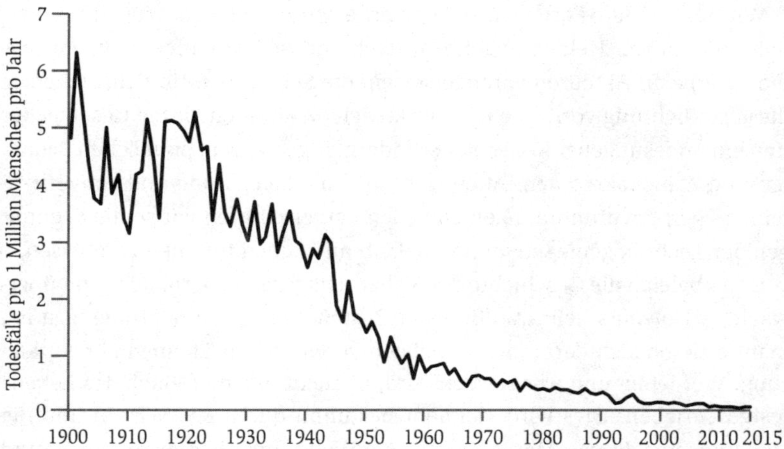

Abb. 12.9 Vom Blitz Erschlagene, USA, 1900–2015
Quelle: *Our World in Data*, Roser 2016q, basierend auf Daten der National Oceanic and Atmospheric Administration, http://www.lightningsafety.noaa.gov/victims.shtml, sowie López & Holle 1998.

ner Preis für die Annehmlichkeit seien, bei komfortablem Tempo im eigenen Auto herumzufahren, so hätte dem wohl kaum jemand zugestimmt. Doch genau das ist die ungeheuerliche Entscheidung, die wir stillschweigend getroffen haben, weil wir nie auf diese Weise auf das Dilemma hingewiesen wurden.[67] Hin und wieder wird eine Gefahr angeprangert und ein Kreuzzug gegen sie gestartet, vor allem wenn die Nachrichten von einer Katastrophe beherrscht werden und ein Bösewicht auszumachen ist (etwa ein gieriger Fabrikbesitzer oder eine fahrlässige Beamtin). Doch allzu bald verblasst sie wieder zu einem schicksalhaften Ereignis in der Lotterie des Lebens.

So wie Menschen dazu neigen, Unfälle nicht als Gräuel zu betrachten (zumindest wenn sie nicht selbst betroffen sind), nehmen sie auch vermehrte Sicherheit nicht als moralischen Triumph wahr – sofern sie sie überhaupt wahrnehmen. Doch dass Millionen Menschenleben vor dem Tod bewahrt wurden und Versehrtheit, Entstellungen und Leid massiv eingedämmt werden konnten, verdient unsere Dankbarkeit und verlangt nach einer Erklärung. Das gilt sogar für Mord, den moralisch verwerflichsten Akt überhaupt, dessen Rate aus Gründen, die die landläufige Meinung widerlegen, rapide gesunken ist.

Wie auch andere Formen des Fortschritts wurde der Siegeszug der Sicherheit von einigen Helden angeführt, doch ebenso von einer buntgemischten Gruppe an Akteuren vorangetrieben, die Schrittchen für Schrittchen in dieselbe Richtung vorstießen: Basisaktivisten, patriarchalische Gesetzgeber und ein unbesungener Kader aus Erfindern, Ingenieuren, politischen Pedanten und Zahlenakrobaten. Auch wenn uns die Fehlalarme und gouvernantenmäßigen Bevormundungen zuweilen nerven, dürfen wir so die Segnungen der Technik genießen, ohne um Leib und Leben fürchten zu müssen.

Und obgleich die Geschichte der Sicherheitsgurte, Feuermelder und überwachten Hotspots kein traditioneller Bestandteil der Aufklärungssaga ist, manifestieren sich darin die am tiefsten verwurzelten Themen der Aufklärung. Wer leben und wer sterben wird, ist nicht in einem Buch des Lebens festgeschrieben. Dies wird vielmehr bestimmt durch das Wissen und die Handlungsmacht von Menschen, die die Welt immer besser verstehen und das Leben zunehmend als wertvoll erachten.

Kapitel 13

Terrorismus

Als ich im vorigen Kapitel geschrieben habe, dass wir in der sichersten Zeit der Menschheitsgeschichte leben, war mir bewusst, dass diese Worte ungläubiges Staunen hervorrufen würden. In den letzten Jahren haben terroristische Anschläge und Amokläufe, die auf ein breites Medienecho stießen, die Welt in Unruhe versetzt und zu dem Eindruck beigetragen, dass wir neuerdings wieder in gefährlichen Zeiten leben. Im Jahr 2016 nannten die meisten US-Amerikaner den Terrorismus als wichtigstes Problem des Landes, äußerten die Sorge, sie selbst oder ein Familienmitglied könnten zum Opfer werden, und glaubten, der IS sei eine Bedrohung für die Existenz oder das Überleben der Vereinigten Staaten.[1] Diese Furcht hat nicht nur normale Bürger verunsichert, die versuchten, Meinungsforscher am Telefon abzuwimmeln, sondern auch öffentliche Intellektuelle, insbesondere Kulturpessimisten, die stets nach Anzeichen dafür gieren, dass sich die westliche Zivilisation (wie immer) am Rand des Zusammenbruchs befindet. Der politische Philosoph John Gray, ein erklärter Fortschrittsfeind, hat die heutigen Gesellschaften Westeuropas als »Gebiete gewaltsamer Konflikte« beschrieben, in denen »die Grenzen zwischen Krieg und Frieden auf verhängnisvolle Weise verschwimmen«.[2]

Doch all dies ist tatsächlich nur Einbildung. Der Terrorismus ist eine einzigartige Gefahr, weil er für großen Schrecken, aber kleinen Schaden sorgt. Ich werde Trends im Terrorismus nicht als Beispiele für Fortschritt anführen, weil sie nicht den langfristigen Rückgang aufweisen, den wir bei Krankheiten, Hunger, Armut, Krieg, Gewaltverbrechen und Unfällen beobachtet haben. Aber ich werde zeigen, dass der Terrorismus unsere Einschätzung des Fortschritts verzerrt und ihn gewissermaßen indirekt würdigt.

Gray hat aktuelle Daten zur Gewalt als »Amulette« und »Hokuspokus« abgetan. Die untenstehende Tabelle zeigt, warum er diese ideologische Zahlenblindheit brauchte, um sein Klagelied anstimmen zu können. Sie präsentiert die Opferzahlen von vier Kategorien des Tötens – Terrorismus, Krieg, Mord und Unfälle – sowie die Gesamtsumme aller Todesfälle im jeweils letzten Jahr, in dem entsprechende Daten zur Verfügung standen (2015 oder früher). Ein Diagramm daraus zu erstellen ist unmöglich, weil die Rundungen der Terrorismus-Kurve kleiner als ein Pixel wären.

	USA	**Westeuropa**	**Welt**
Terrorismus	44	175	38 422
Krieg	28	5	97 496
Mord	15 696	3962	437 000
Verkehrsunfälle	35 398	19 219	1 250 000
Alle Unfälle	136 053	126 482	5 000 000
Alle Todesfälle	2 626 418	3 887 598	56 400 000

Tab. 13.1 Todesopfer von Terrorismus, Krieg, Mord und Unfällen
»Westeuropa« ist definiert wie in der Global Terrorism Database, mit 24 Ländern und 418 245 997 Personen im Jahr 2014 (Statistics Time 2015). Nicht berücksichtigt sind Andorra, Korsika, Gibraltar, Luxemburg und die Isle of Man.
Quellen: Terrorismus (2015): National Consortium for the Study of Terrorism and Responses to Terrorism 2016. Krieg, USA und Westeuropa (GB + NATO) (2015): icasualties.org, http://icasualties.org. Krieg, Welt (2015): *UCDP Battle-Related Deaths Dataset*, Uppsala Conflict Data Program 2017. Mord, USA (2015): Federal Bureau of Investigation 2016a. Mord, Westeuropa und Welt (2012 oder neueste Daten): United Nations Office on Drugs and Crime 2013. In den Daten für Norwegen fehlt der Anschlag von Utøya. Verkehrsunfälle, Alle Unfälle und Alle Todesfälle, USA (2014): Kochanek et al. 2016, Tabelle 10. Verkehrsunfälle, Westeuropa (2013): World Health Organization 2016c. Alle Unfälle, Westeuropa (2014 oder neueste Daten): World Health Organization 2015a. Verkehrsunfälle und Alle Unfälle, Welt (2012): World Health Organization 2014. Alle Todesfälle, Westeuropa (2012 oder neueste Daten): World Health Organization 2017a. Alle Todesfälle, Welt (2015): World Health Organization 2017c

Beginnen wir mit den Vereinigten Staaten. Was uns aus der Tabelle ins Auge springt, ist die geringe Anzahl durch Terrorismus verursachter Todesfälle im Jahr 2015 im Vergleich mit denen infolge von Gefahren, die weit weniger Angst auslösen oder gar keine. (Im Jahr 2014 war die Opferzahl durch Terrorismus noch geringer: 19.) Selbst der Wert 44 ist noch großzügig bemessen – er stammt aus der Global Terrorism Database, die Hasskriminalität und die meisten Amokläufe als »Terrorismus« wertet. Die Zahl der Opfer ist vergleichbar mit der Zahl der getöteten Soldaten in Afghanistan und im Irak (28 im Jahr 2015, 58 im Jahr 2014), die, im Einklang mit der uralten Missachtung von Soldatenleben, nur einen Bruchteil der Medienaufmerksamkeit erhielt. Wie die nächsten Zeilen darunter verraten, war im Jahr 2015 die Wahrscheinlichkeit dreihundertfünfzigmal höher, dass eine Person in den USA einem polizeilich protokollierten Mord zum Opfer fiel als einem terroristischen Anschlag, achthundertmal höher, dass sie bei einem Autounfall ums Leben kam und dreitausendmal höher, dass sie bei irgendeinem Unfall starb. (Zu den Unfallkategorien, die in einem bestimmten Jahr typischerweise über 44 Todesopfer fordern, gehören »Blitzschlag«, »Kontakt mit heißem Leitungswasser«, »Kontakt mit Hornissen, Wespen und Bienen«, »Gebissen oder geschlagen von Säugetieren außer Hunden«, »Ertrinken und Untertauchen in der Badewanne oder beim Sturz in eine solche« sowie »Entzünden oder Schmelzen von Kleidung außer Nachtwäsche«.)[3]

In Westeuropa war die terroristische Gefahr relativ gesehen größer als in den Vereinigten Staaten. Das ist teilweise darauf zurückzuführen, dass 2015 dort ein Schreckensjahr des Terrorismus war, mit Anschlägen am Brüsseler Flughafen, in mehreren Pariser Bars und Restaurants sowie beim französischen Nationalfeiertag in Nizza. (Im Jahr 2014 wurden nur 5 Menschen getötet.) Die relativ höhere Terrorismusrate weist jedoch auch darauf hin, dass Europa in jeder anderen Hinsicht so viel sicherer ist als die USA. Westeuropäer sind nicht so mordlüstern wie Amerikaner (die Mordrate beträgt rund ein Viertel) und auch weniger autoverrückt, so dass es weniger Verkehrstote gibt.[4] Selbst wenn die Waage aufgrund dieser Faktoren stärker in Richtung Terrorismus ausschlägt, war die Wahrscheinlichkeit im Jahr 2015 für Westeuropäer zwanzigmal höher, Opfer eines (dort relativ seltenen) Mordes zu werden als Opfer eines Terroranschlags, über hundertmal höher, bei einem Verkehrsunfall ums Leben zu kommen, und über siebenhundertmal höher, bei einem Unglücksfall zerschmettert, vergiftet, verbrannt, erstickt oder auf andere Weise tödlich verletzt zu werden.

Die dritte Spalte illustriert, dass es uns ungeachtet aller frischgeschürten Ängste vor Terrorismus im Westen im Vergleich zu anderen Teilen der Welt ausgesprochen gutgeht. In den Vereinigten Staaten und Westeuropa lebt zwar rund ein Zehntel der Weltbevölkerung, doch im Jahr 2015 waren sie lediglich von einem halben Prozent der Todesfälle durch Terrorismus betroffen. Das hängt nicht damit zusammen, dass Terrorismus anderswo auf der Welt eine der häufigsten Todesursachen wäre. Es liegt vielmehr daran, dass Terrorismus nach seiner aktuellen Definition im Wesentlichen ein Kriegsphänomen ist, und in den USA oder Westeuropa gibt es keine Kriege mehr. In den Jahren nach den Anschlägen vom 11. September 2001 wird Gewalt, die man früher als »Unruhen« oder »Guerillakrieg« bezeichnet hat, nun häufig als »Terrorismus« klassifiziert.[5] (Unglaublicherweise klassifiziert die Global Terrorism Database keinen einzigen Todesfall in Vietnam in den letzten fünf Kriegsjahren dort als »terroristisch«.)[6] Die meisten Todesfälle aufgrund von Terrorismus auf der Welt sind in Bürgerkriegsgebieten zu verzeichnen (darunter 8831 im Irak, 6208 in Afghanistan, 5288 in Nigeria, 3916 in Syrien, 1606 in Pakistan und 689 in Libyen), und viele davon werden zusätzlich als Kriegsopfer geführt, weil »Terrorismus« in einem Bürgerkrieg schlicht als Kriegsverbrechen zählt – als ein bewusster Anschlag auf Zivilisten –, welches von einer Gruppe ausgeübt wird, die nicht der Regierung angehört. (Abgesehen von diesen sechs Bürgerkriegsgebieten beliefen sich die Terrorismusopfer im Jahr 2015 auf 11 884.) Doch selbst wenn man die Opfer von Terrorismus und Krieg in demjenigen Jahr des 21. Jahrhunderts, das bisher die meisten Todesopfer gefordert hat, doppelt zählt, war das Risiko für die Bürger der Welt, ermordet zu werden, elfmal höher als die Gefahr, bei einem Terroranschlag ums Leben zu kommen, bei einem Verkehrsunfall zu sterben war über dreißigmal wahrscheinlicher, und irgendeinem anderen Unglücksfall zum Opfer zu fallen über hundertfünfundzwanzigmal.

Hat der Terrorismus, wie hoch auch immer seine Opferzahlen sind, mit der Zeit zugenommen? Die geschichtlichen Trends lassen sich schwer festmachen. Weil »Terrorismus« ein dehnbarer Begriff ist, ändern sich die Trendkurven je nachdem, ob in die jeweiligen Daten Bürgerkriegsverbrechen eingehen, Mehrfachmorde (dazu zählen auch Raubüberfälle oder Mafiamorde, bei denen mehrere Personen erschossen werden) oder Amokläufe von Selbstmördern, denen wüste politische Anklagen vorausgegangen sind. (So schließt die Global Terrorism Database das Massaker an der Columbine High School von 1999 in die Liste der Terroranschläge ein, nicht jedoch das an der Sandy Hook Elementary School von 2012.) Zudem sind Massentötungen von den Medien gehypte Spektakel, so dass die Berichterstattung Nachahmungstäter auf den Plan ruft und eine Art Jo-Jo-Effekt entsteht, wobei ein Ereignis zum nächsten anregt, bis der Reiz des Neuen für eine Weile wieder verblasst.[7] In den Vereinigten Staaten verzeichnet die Zahl der »von aktiven Schützen verursachten Vorfälle« (öffentliche Amokläufe

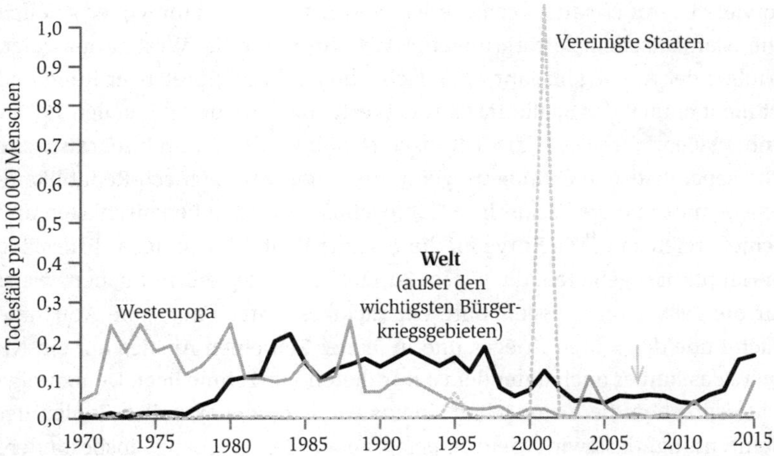

Abb. 13.1 Todesopfer des Terrorismus, 1970–2015
Quellen: *Global Terrorism Database*, National Consortium for the Study of Terrorism and Responses to Terrorism 2016, https://www.start.umd.edu/gtd/. In die Rate für die Welt nicht eingegangen sind Todesopfer in Afghanistan nach 2001, im Irak nach 2003, in Pakistan nach 2004, in Nigeria nach 2009, in Syrien nach 2011 und in Libyen nach 2014. Die Schätzwerte für die Bevölkerung der Welt und Westeuropas stammen aus der Revision of World Population Prospects der EU von 2015 (https://esa.un.org/unpd/wpp/); die Schätzwerte für die USA stammen aus United States Census Bureau 2017. Der senkrechte Pfeil verweist auf 2007, das letzte in Pinker 2011, Abbildungen 6.9, 6.10 und 6.11, aufgetragene Jahr.

mit Schusswaffen) seit 2000 einen schwankenden Aufwärtstrend, wohingegen die Zahl der »Massenmorde« (vier oder mehr Todesopfer bei einem Vorfall) von 1976 bis 2011 keine systematische Veränderung (oder, wenn überhaupt, einen leichten Rückgang) aufweist.[8] Die Pro-Kopf-Sterberate aufgrund von »terroristischen Vorfällen« in den USA ist in Abbildung 13.1 dargestellt, zusammen mit den chaotischen Trends für Westeuropa und die Welt.

Die Todesrate durch Terrorismus in den USA im Jahr 2001, die die 3000 Opfer der 9/11-Anschläge umfasst, dominiert die Graphik. Ansonsten ist ein Ausschlag aufgrund des Bombenanschlags in Oklahoma City 1995 (165 Tote) zu sehen sowie kaum erkennbare Unebenheiten in anderen Jahren.[9] Wenn man 9/11 und Oklahoma nicht berücksichtigt, sind seit 1990 doppelt so viele US-Amerikaner rechtsgerichteten Extremisten zum Opfer gefallen wie islamistischen Terrorgruppen.[10] Wie die Kurve für Westeuropa zeigt, erfolgte der Anstieg im Jahr 2015 nach einem Jahrzehnt relativer Ruhe und ist nicht einmal das Schlimmste, was Westeuropa erlebt hat – in den 1970er und 1980er Jahren war die Tötungsrate höher, als es durch marxistische und separatistische Gruppierungen (unter anderem die Irisch-Republikanische Armee und die baskische ETA) regelmäßig zu Bombenanschlägen und Schießereien kam. Die Kurve für die gesamte Welt (ohne jüngere Todesfälle in Hauptkriegsgebieten, die wir im Kapitel über Krieg erörtert haben) weist für die 1980er und 1990er Jahre ein zackiges Plateau auf, eine Abnahme nach Ende des Kalten Krieges und in letzter Zeit einen Anstieg auf ein Niveau, das immer noch unter dem der früheren Jahrzehnte liegt. Demzufolge widersprechen die historischen Trends wie auch die aktuellen Zahlen der Befürchtung, dass wir erneut in gefahrvollen Zeiten leben – insbesondere im Westen.

Obgleich Terrorismus im Vergleich zu anderen Risiken eine winzige Gefahr darstellt, erzeugt er übergroße Panik und Hysterie, denn genau das will er erreichen. Der moderne Terrorismus ist ein Nebenprodukt der riesigen Reichweite der Medien.[11] Eine Gruppe oder eine Einzelperson versucht ein Scheibchen der weltweiten Aufmerksamkeit zu erhaschen, indem sie zu dem Mittel greift, das garantierten Erfolg verspricht: das Töten unschuldiger Menschen, vor allem in Situationen, in denen sich auch die Leser der Schreckensmeldungen befinden könnten. Die Nachrichtenmedien schlucken den Köder und berichten in epischer Breite über die Grausamkeiten. Die Verfügbarkeitsverzerrung tut ihre Wirkung, und schon empfinden die Menschen Angst, die in keinem Verhältnis zur tatsächlichen Gefahr steht.

Nicht nur die Tatsache, dass uns ein grässliches Ereignis überdeutlich vor Augen geführt wird, schürt das Entsetzen. Wir fühlen viel stärker mit, wenn eine Tragödie mit böser Absicht herbeigeführt wurde, statt Folge eines unglücklichen Zufalls zu sein.[12] (Wie ich als häufiger Londonbesucher zugebe, wühlte mich die Zeitungsmeldung, eine Frau sei bei einem »terroristischen« Messerangriff am Russell Square getötet worden, viel mehr auf als die Nachricht, dass ein bekannter Kunstsammler tragischerweise in der Oxford Street von einem Bus angefahren worden und gestorben sei.) Etwas ist außerordentlich beunruhigend an dem Gedanken, dass ein Mensch uns umbringen will, und das hat gute evolutionäre Gründe. Tödliche Unglücksfälle *versuchen* nicht, uns um die Ecke zu bringen, und es kümmert sie nicht, wie wir darauf reagieren, wohingegen menschliche Übeltäter ihre Intelligenz einsetzen, um uns in eine Falle zu locken, und umgekehrt.[13]

Könnte es angesichts der Tatsache, dass Terroristen keine geistlosen Bedrohungen, sondern zielgerichtete menschliche Akteure sind, *rational* sein, vor ihnen Angst zu haben, auch wenn sie nur geringen Schaden anrichten können? Immerhin empfinden wir ja auch gerechten Zorn über Despoten, die Dissidenten exekutieren, obwohl die Zahl ihrer Opfer genauso gering sein kann wie die des Terrorismus. Der Unterschied besteht jedoch darin, dass die strategischen Effekte despotischer Gewalt in keinem Verhältnis zur Opferzahl stehen – sie eliminiert die mächtigsten Bedrohungen des Regimes und schreckt die übrige Bevölkerung davon ab, an ihre Stelle zu treten. Terroristische Gewalt sucht sich, quasi per definitionem, Zufallsopfer aus. Die objektive Signifikanz der Bedrohung über den unmittelbaren Schaden hinaus hängt demnach davon ab, was mit den wahllosen Tötungen erreicht werden soll.

Das Ziel vieler Terroristen ist kaum mehr als die Publicity an sich. Der Rechtswissenschaftler Adam Lankford hat die Motive der sich überschneidenden Kategorien von Selbstmordattentätern, Amokläufern und Hasskriminellen untersucht, einschließlich der selbstradikalisierten einsamen Wölfe und der Kämpfer, die von den führenden Köpfen terroristischer Gruppen als Kanonenfutter rekrutiert werden.[14] Meist sind die Killer Einzelgänger und ewige Verlierer, oft mit einer unbehandelten psychischen Erkrankung, die sich voller Groll in Rachephantasien ergehen und nach Anerkennung lechzen. Einige haben ihre Verbitterung mit islamistischer Ideologie verbrämt, andere mit nebulösen Motiven wie »einen Rassenkrieg entfachen« oder »Auflehnung gegen den Staat, Steuern und Anti-Waffen-Gesetze«. Zahlreiche Menschen zu töten hat ihnen, wenn auch nur im Traum, die Chance eröffnet, jemand zu sein, und in Glanz und Glorie unterzugehen bedeutet, sich nicht mit den unangenehmen Folgen auseinandersetzen zu müssen, die einen Massenmörder ansonsten erwarten. Die Verheißung des Paradieses und eine Ideologie, die das Massaker ganz rational mit dem Streben nach einem höheren Wohl rechtfertigt, lassen den posthumen Ruhm umso verlockender erscheinen.

Andere Terroristen gehören militanten Gruppierungen an, die bestrebt sind, ihr Anliegen publik zu machen, eine Regierung zu einem Kurswechsel zu nötigen, sie zu einer extremen Reaktion zu provozieren, die möglicherweise neue Sympathisanten auf den Plan ruft oder eine zur Ausbeutung geeignete Zone des Chaos schafft, oder die Regierung zu schwächen, indem man den Eindruck erweckt, dass sie nicht in der Lage ist, die eigenen Bürger zu schützen. Bevor wir den Schluss ziehen, sie seien »eine Bedrohung für die Existenz oder das Überleben der Vereinigten Staaten«, sollten wir bedenken, wie schwach ihre Taktik eigentlich ist.[15] Laut dem Historiker Yuval Harari ist Terrorismus das Gegenteil von Militäraktionen, mit denen die Fähigkeit des Gegners, Vergeltung zu üben und zu siegen, unterbunden werden soll.[16] Als Japan 1941 Pearl Harbor angriff, wurde die Flotte der Vereinigten Staaten zerstört, die sie zum Gegenangriff nach Südostasien hätten entsenden können. Es wäre Wahnsinn gewesen, wenn sich Japan stattdessen für einen Terroranschlag entschieden hätte, etwa für das Torpedieren eines Passagierschiffs, um die USA mitsamt ihrer funktionstüchtigen Marine zu einer Reaktion herauszufordern. Was Terroristen aus ihrer Position der Schwäche heraus bezwecken, so Harari, ist nicht Beeinträchtigung, sondern Theater. Das Bild, das die meisten Menschen im Kopf haben, wenn sie an 9/11 denken, ist nicht der Anschlag von Al-Qaida auf das Pentagon – bei dem in der Tat ein Teil des feindlichen militärischen Hauptquartiers zerstört sowie Kommandeure und Analytiker getötet wurden –, sondern ihr Anschlag auf das symbolbeladene World Trade Center, dem Makler, Buchhalter und andere Zivilisten zum Opfer fielen.

Terroristen hoffen zwar immer das Beste, doch mit ihrer Schmalspurgewalt erreichen sie so gut wie nie, was sie wollen. Voneinander unabhängige Analysen der Politologen Max Abrahms, Audrey Cronin und Virginia Page Fortna von Hunderten seit den 1960er Jahren aktiven terroristischen Bewegungen haben erbracht, dass sie alle ausgelöscht wurden oder sich aufgelöst haben, ohne ihre strategischen Ziele zu verwirklichen.[17]

Tatsächlich ist das gestiegene öffentliche Bewusstsein für Terrorismus kein Zeichen dafür, wie gefährlich die Welt geworden ist, sondern gerade das Gegenteil. Dass wir den Terrorismus auf der Liste der Bedrohungen ganz oben verorten, »beruht teilweise auf einem bemerkenswert gefahrlosen Sicherheitsumfeld«, wie der Politikwissenschaftler Robert Jervis bemerkt.[18] Nicht nur der Krieg zwischen Staaten ist zur Seltenheit geworden; Gleiches gilt für die Anwendung politischer Gewalt auf heimischem Boden. Laut Harari verfügte im Mittelalter jeder gesellschaftliche Bereich über eine Privatmiliz – der Adel, die Zünfte, Städte, sogar Kirchen und Klöster –, und sie wahrten ihre Interessen mit Gewalt: »Wenn im Jahr 1150 ein paar muslimische Extremisten in Jerusalem eine Handvoll Zivilisten ermordet und verlangt hätten, dass die Kreuzritter das Heilige Land verlassen, so hätten sie damit nicht Grauen, sondern Heiterkeit erregt. Um ernst genommen zu werden, hätte man zumindest eine oder zwei Festungen erobern müssen.« Dadurch dass die modernen Staaten das Gewaltmonopol erfolgreich für sich beansprucht haben und die Tötungsrate innerhalb ihrer Grenzen damit senken konnten, schufen sie eine Nische für den Terrorismus:

> Der Staat hat so oft unterstrichen, er werde politische Gewalt innerhalb seiner Grenzen nicht tolerieren, dass er keine andere andere Wahl hat, als jeden terroristischen Akt als nicht tolerierbar zu behandeln. Da sich die Bürger ihrerseits an das Fehlen jeglicher politischen Gewalt gewöhnt haben, weckt das Theater des Terrors in ihnen intuitive Ängste vor Anarchie und gibt ihnen das Gefühl, als stehe die gesellschaftliche Ordnung kurz vor dem Zusammenbruch. Nach Jahrhunderten blutiger Kämpfe sind wir aus dem schwarzen Loch der Gewalt herausgekrochen, doch unserem Gefühl nach ist das schwarze Loch immer noch da und wartet geduldig darauf, uns erneut verschlingen zu können. Ein paar grässliche Gräueltaten – und schon bilden wir uns ein, wieder hineinzufallen.[19]

Staaten, die dem unerfüllbaren Auftrag gerecht werden wollen, ihre Bürger überall und jederzeit vor aller politischen Gewalt zu schützen, sind versucht, mit ihrem eigenen Theater zu reagieren. Die verheerendste Wirkung des Terrorismus ist die Überreaktion von Staaten auf ihn; bestes Beispiel sind die von den USA angeführten Invasionen Afghanistans und des Irak nach 9/11.

Stattdessen könnten Staaten zur Bekämpfung des Terrorismus ihren größten Vorteil ausspielen: Wissen und Analyse und nicht zuletzt Kenntnis der Opferzahlen. Das höchste Ziel sollte sein, die Opferzahlen klein zu halten, indem man Massenvernichtungswaffen sichert (Kapitel 19). Ideologien, die Gewalt gegen Unschuldige rechtfertigen, wie militante Religionen, Nationalismus und Marxismus, kann man mit besseren Wert- und Glaubenssystemen bekämpfen (Kapitel 23). Die Medien können ihre zentrale Rolle im Showbusiness des Terrorismus überdenken, indem sie ihre Berichterstattung im Hinblick auf die objektiven Gefahren neu justieren und den von ihnen gelieferten abartigen Anreizen kritischer gegenüberstehen. (Gemeinsam mit dem Soziologen Erik Madfis hat Lankford als Parole für den Umgang mit Amokläufen ausgegeben: »Erwähne sie nicht, zeige sie nicht, sondern berichte über alles andere«, unter Berufung auf eine bereits in Kanada angewandte Strategie im Zusammenhang mit jugendlichen Todesschützen und weitere Verhaltensrichtlinien bewusster medialer Zurückhaltung.)[20] Regierungen können ihre geheimdienstlichen Aktivitäten gegen Terroristennetzwerke und deren Finanzgeber intensivieren. Und die Bürger könnte man ermutigen, Ruhe zu bewahren und weiter ihr Leben zu leben, in Anlehnung an das zu spätem Ruhm gelangte britische Propaganda-Poster mit der Aufschrift »keep calm and carry on« aus dem Zweiten Weltkrieg, das in Zeiten weitaus größerer Gefahr entstand.

Langfristig laufen sich Terrorbewegungen tot, da sie mit ihrer Schmalspurgewalt ihre strategischen Ziele nicht erreichen, auch wenn sie regional Leid und Angst hervorrufen.[21] So erging es den anarchistischen Bewegungen zur Wende zum 20. Jahrhundert (nach zahlreichen Bombenanschlägen und Attentaten), so erging es den marxistischen und separatistischen Gruppen in der zweiten Hälfte des 20. Jahrhunderts, und so gut wie sicher wird es auch dem IS im 21. Jahrhundert so ergehen. Es wird uns vielleicht nie gelingen, die bereits niedrigen Opferzahlen des Terrorismus auf null zu drücken, aber wir können uns immer vor Augen führen, dass unser Grauen vor dem Terrorismus nicht unterstreicht, wie sehr die Gefahr für unsere Gesellschaft zugenommen hat, sondern, wie sicher sie geworden ist.

Kapitel 14

Demokratie

Seit dem Auftreten der ersten Regierungen vor rund fünftausend Jahren hat die Menschheit versucht, einen Kurs zwischen der Gewalt der Anarchie und der Gewalt der Tyrannei zu finden. Ohne eine Regierung oder mächtige Nachbarn verfallen Stammesvölker gemeinhin in einen Kreislauf aus Überfällen und Fehden, wobei die Sterberaten die von modernen Gesellschaften selbst in deren gewaltsamsten Zeiten übertreffen.[1] Frühe Regierungen befriedeten die von ihnen beherrschten Völker, indem sie die innerstaatliche Gewalt eindämmten, zwangen ihnen jedoch eine Schreckensherrschaft auf – mit Sklaverei, Harems, Menschenopfern, standrechtlichen Exekutionen sowie Folter und Verstümmelung von Regimekritikern und Abweichlern.[2] (Der Bibel gehen die Beispiele dafür nicht aus.) Despotismus hat sich die ganze Menschheitsgeschichte über gehalten, und zwar nicht nur, weil es ein prima Job ist, ein Despot zu sein, sondern auch, weil die Alternative aus Sicht des Volkes häufig noch schlimmer war. Matthew White, der sich selbst als Leichenzähler bezeichnet, hat geschätzt, wie viele Opfer die 100 blutigsten Episoden aus 2500 Jahren Menschheitsgeschichte gekostet haben. Er durchsuchte die Liste nach Mustern und fand als Erstes das folgende:

> Chaos ist tödlicher als Tyrannei. Von diesen Massenmorden resultierten mehr aus dem Zusammenbruch einer Herrschaft als aus der Ausübung von Herrschaft. Verglichen mit einer Handvoll Diktatoren wie Idi Amin und Saddam Hussein, die in der Ausübung ihrer Machtvollkommenheit Hunderttausende töteten, bin ich auf noch schlimmere und todbringendere Unruhen gestoßen, wie etwa die Zeit der Wirren [im Russland des 17. Jahrhunderts], den Chinesischen Bürgerkrieg [1926–1937, 1945–1949] und die Mexikanische Revolution [1910–1920], in denen niemand genügend Kontrolle ausübte, um den Tod von Millionen zu verhindern.[3]

Demokratie kann man sich als eine Regierungsform vorstellen, der die Gratwanderung gelingt, gerade genug Gewalt auszuüben, um die Menschen davon abzuhalten, einander zu jagen, ohne selbst Jagd auf sie zu machen. Eine gute demokratische Regierung ermöglicht ihren Untertanen, in Sicherheit zu leben, geschützt vor der Gewalt der Anarchie, sowie in Freiheit, geschützt vor der Gewalt der Tyrannei. Schon allein aus diesem Grund trägt die Demokratie ganz entscheidend zum menschlichen Wohlergehen bei. Doch das ist nicht der einzige Grund: Demokratien verzeichnen überdies ein höheres Wirtschaftswachstum, weniger Kriege und Völkermorde, gesündere Kinder mit besserer Bildung und nahezu keine Hungersnöte.[4] Wenn die Welt mit der Zeit demokratischer geworden ist, so ist dies Fortschritt.

Die Welt ist *tatsächlich* demokratischer geworden, wenn auch nicht in einer stetig ansteigenden Flutwelle. Der Politikwissenschaftler Samuel Huntington hat die Geschichte der Demokratisierung in drei Wellen eingeteilt.[5] Die erste schwoll im 19. Jahrhundert an, als jenes großartige Experiment der Aufklärung, der amerikanische demokratische Rechtsstaat mit seiner Kontrolle der Regierungsmacht, erfolgreich zu verlaufen schien. Mit lokalen Variationen wurde dem Experiment von einer Reihe von – mehrheitlich westeuropäischen – Ländern nachgeeifert und 1922 mit 29 ein Höchststand erreicht. Dann drängte der Aufstieg des Faschismus die erste Welle wieder zurück, bis sie 1942 auf nur noch 12 Länder abgeebbt war. Mit der Niederschlagung des Faschismus im Zweiten Weltkrieg gewann eine zweite Welle an Stärke, indem Kolonien die Unabhängigkeit von ihren europäischen Lehensherren erlangten und die Zahl der anerkannten Demokratien bis 1962 auf 36 erhöhten. Dennoch waren die Demokratien in Europa zwischen sowjetisch dominierten Diktaturen im Osten und faschistischen Diktaturen in Portugal und Spanien im Südwesten eingepfercht. Zudem wurde die zweite Welle schon bald von Militärjuntas in Griechenland und Lateinamerika, autoritären Regimes in Asien sowie Machtübernahmen durch Kommunisten in Afrika, dem Nahen Osten und Südostasien zurückgedrängt.[6] Mitte der 1970er Jahre sah die Zukunft für die Demokratie düster aus. So klagte der deutsche Bundeskanzler Willy Brandt, in Westeuropa werde die Demokratie nur noch 20 oder 30 Jahre überleben, danach werde sie ins Schlingern geraten, ohne Antrieb und steuerlos, umgeben von einem Meer von Diktaturen.[7] Derselben Meinung war der amerikanische Senator und Soziologe Daniel Patrick Moynihan; er schrieb: »Die liberale Demokratie nach amerikanischem Vorbild nähert sich zunehmend dem Zustand der Monarchien des 19. Jahrhunderts an: eine obsolete Regierungsform, die sich in isolierten oder ungewöhnlichen Gebieten hier und da noch hält und unter besonderen Umständen sogar noch ihren Dienst tut, in Zukunft jedoch einfach nicht mehr relevant ist. Sie repräsentiert die Welt, wie sie war, nicht, wie sie sein wird.«[8]

Bevor die Tinte auf diesen Klageliedern getrocknet war, brach die dritte Welle – oder besser ein Tsunami – der Demokratisierung aus. Militärische und faschistische Regierungen erlebten ihren Niedergang in Südeuropa (Griechenland 1974, Spanien 1975, Portugal 1976), Lateinamerika (darunter Argentinien 1983, Brasilien 1985 und Chile 1990) sowie Asien (darunter Taiwan und die Philippinen um 1986, Südkorea um 1987 und Indonesien 1998). 1989 fiel die Berliner Mauer und machte für die osteuropäischen Nationen den Weg zu demokratischen Regierungen frei; 1991 implodierte der Kommunismus in der Sowjetunion und verschaffte Russland und den meisten anderen Teilrepubliken Raum für den Übergang. Einige afrikanische Länder entledigten sich ihrer Machthaber, und die letzten europäischen Kolonien, überwiegend in der Karibik und Ozeanien, erlangten die Unabhängigkeit und erwählten die Demokratie zu ihrer ersten Regierungsform. Im Jahr 1989 veröffentlichte der Politologe Francis Fukuyama einen berühmten Artikel, in dem er die Behauptung aufstellte, die liberale Demokratie repräsentiere »das Ende der Geschichte« – nicht, weil nie mehr irgendetwas geschehen werde, sondern weil die Welt zu einem Konsens über die für den Menschen beste Führungsform gelangen werde und sich nicht mehr darum streiten müsse.[9]

Damit prägte Fukuyama ein sich rasant ausbreitendes Mem – in den Jahrzehnten nach der Publikation seines Artikels verkündeten Bücher und Aufsätze »das Ende« der Natur, der Wissenschaft, des Glaubens, der Armut, der Vernunft, des Geldes, der Menschheit, der Anwälte, der Krankheiten, der freien Märkte und der Sexualität. Andererseits wurde Fukuyama zum Prügelknaben, wenn Redakteure in ihren Leitartikeln die neuesten schlechten Nachrichten genüsslich mit »die Wiederkehr der Geschichte« kommentierten und auf den Aufstieg von Alternativen zur Demokratie wie die Theokratie in der islamischen Welt und den autoritären Kapitalismus in China verwiesen. Mit den Siegen von Populisten in Polen und Ungarn sowie der Machtergreifung durch Recep Erdogan in der Türkei und Wladimir Putin in Russland (der Rückkehr des Sultans und des Zaren) schienen die Demokratien selbst wieder in autoritäre Strukturen zurückzufallen. Mit ihrer üblichen Schadenfreude verkündeten Geschichtspessimisten, die dritte Welle der Demokratisierung sei einem »Strudel«, einer »Flaute«, einer »Erosion«, einer »Rückentwicklung« oder einem »Zusammenbruch« gewichen.[10] Wie sie sagten, sei die Demokratisierung lediglich Ausdruck des realitätsfernen Dünkels westlicher Staaten, die ihre Vorlieben auf den Rest der Welt projizierten, während der Autoritarismus dem überwiegenden Teil der Menschheit offensichtlich behage.

Besagt die jüngere Geschichte tatsächlich, dass Menschen von ihren Regierungen gerne brutal behandelt werden? Allein der Gedanke ist aus zweierlei Gründen nicht glaubwürdig. Erstens und am offenkundigsten: Wie sollte man das in einem nichtdemokratischen Land feststellen können? Es ist durchaus möglich, dass das Verlangen nach Demokratie insgeheim gewaltig ist, aber niemand sich traut, es auszusprechen, weil er sonst verhaftet oder erschossen wird. Zweitens ist da der Schlagzeilen-Trugschluss: Hartes Durchgreifen schafft es eher in die Berichterstattung als Liberalisierungen, und die Verfügbarkeitsverzerrung kann uns durchaus all die langweiligen Länder, die Stück für Stück demokratischer werden, vergessen lassen.

In welche Richtung sich die Welt bewegt, lässt sich, wie stets, nur mittels Quantifizierung herausfinden. Damit stellt sich die Frage, was als »Demokratie« zählt – dieses Wort wird mittlerweile so von seinem eigenen Glorienschein überstrahlt, dass es fast bedeutungsleer geworden ist. Als Faustregel gilt: Ein Land, das sich selbst offiziell als »demokratisch« bezeichnet, wie die Demokratische Volksrepublik Korea (alias Nordkorea) oder die Deutsche Demokratische Republik (alias Ostdeutschland), ist keine Demokratie. Ebenso wenig hilfreich ist es, die Bürger undemokratischer Staaten zu fragen, was das Wort ihrer Ansicht nach bedeutet: Nahezu die Hälfte von ihnen glaubt, es bedeute »Die Armee übernimmt die Macht, wenn die Regierung inkompetent ist« oder »Letzten Endes legen Religionsführer die Gesetze aus«.[11] Einschätzungen von Experten sind ähnlich problematisch, wenn ihre Checklisten einen Mischmasch aus positiven Merkmalen enthalten wie »frei von sozioökonomischer Ungleichheit« und »frei von Krieg«.[12] Eine weitere Komplikation besteht darin, dass Länder fortwährend in den verschiedenen Aspekten von Demokratie variieren, wie in freier Meinungsäußerung, Transparenz politischer Prozesse und Beschränkung der Macht ihrer Regierenden; demzufolge wird jede Strichliste, die Nationen in »Demokratien« und »Autokratien« aufteilt, von Jahr zu Jahr fluktuieren – abhängig von willkürlichen Entscheidungen über die Klassifizierung derjenigen Länder, die sich

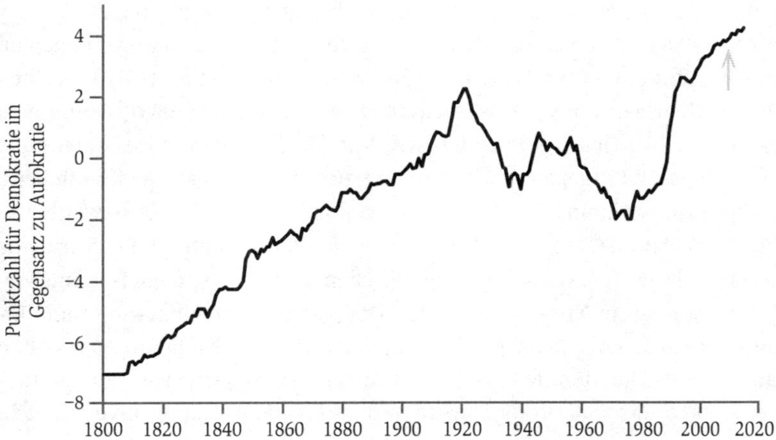

Abb. 14.1 Demokratie im Gegensatz zu Autokratie, 1800–2015
Quelle: *HumanProgress*, http://humanprogress.org/f1/2560, basierend auf *Polity IV Annual Time-Series*, 1800–2015, Marshall, Gurr & Jaggers 2016. Die Punktzahlen sind über alle souveräne Staaten mit mehr als 500 000 Einwohnern summiert und reichen von −10 für vollständige Autokratie bis 10 für perfekte Demokratie. Der Pfeil verweist auf 2008, das letzte in Pinker 2011, Abbildung 5.23, aufgetragene Jahr.

in einer demokratischen Grauzone befinden. (Das Problem verschärft sich noch, wenn die Bewerter mit der Zeit einen immer höheren Maßstab anlegen; auf dieses Phänomen gehen wir später noch einmal ein.)[13] Das Polity Project umgeht diese Hindernisse, indem es an jedes Land in jedem Jahr nach einer festgelegten Menge von Kriterien eine Punktzahl zwischen −10 und 10 vergibt, die anzeigt, wie autokratisch oder demokratisch das Land ist; dabei wird insbesondere geprüft, ob die Bürger politische Präferenzen zum Ausdruck bringen dürfen, ob die Macht der Exekutive beschränkt ist und ob Bürgerrechte gewährleistet sind.[14] In Abbildung 14.1 ist das Gesamtergebnis für die Welt seit 1800, mitsamt den drei Wellen der Demokratisierung, zu sehen.

Die Kurve zeigt, dass die dritte Welle der Demokratisierung noch längst nicht ihren Endpunkt erreicht hat und schon gar nicht abebbt, auch wenn sie den rasanten Höhenflug der Jahre um den Fall der Berliner Mauer im Jahr 1989 nicht fortgesetzt hat. Zu jener Zeit gab es auf der Welt 52 Demokratien (laut Definition des Polity Project Länder mit einer Punktzahl von 6 oder mehr auf seiner Skala); 1971 waren es noch 31 gewesen. Nach dem Anstieg in den 1990er Jahren ergoss sich diese dritte Welle in einem Regenbogen an »Farbrevolutionen« ins 21. Jahrhundert, darunter Kroatien (2000), Serbien (2000), Georgien (2003), Ukraine (2004) und Kirgistan (2005), womit sich zu Beginn von Obamas Präsidentschaft im Jahr 2009 eine Gesamtsumme von 87 ergab.[15] Entgegen der Darstellung, unter ihm sei es zu einer Rückentwicklung oder einem Zusammenbruch gekommen, stieg die Zahl weiter. Im Jahr 2015, dem letzten in der Datenmenge berücksichtigten Jahr, betrug die Gesamtsumme 103. Damals ging der Friedensnobelpreis an ein Bündnis von Organisationen in Tunesien, das den Übergang zur Demokratie – eine Erfolgsstory aus dem Arabischen Frühling von 2011 – konsolidierte. Im selben Jahr hielt die Demokratie Einzug in Myanmar und Burkina Faso, und in fünf weiteren Ländern, darunter Nigeria und Sri Lanka, waren positive Entwicklungen zu verzeichnen. Die weltweit 103 Demokratien von 2015 umfassten 56 Prozent der Weltbevölkerung, und wenn wir die 17 Länder, die eher demokratisch als autokratisch waren, hinzuzählen, ist das Ergebnis, dass *zwei Drittel* der Weltbevölkerung in freien oder relativ freien Gesellschaften leben – im Vergleich zu weniger als zwei Fünfteln anno 1950, einem Fünftel anno 1900, sieben Prozent anno 1850 und einem Prozent anno 1816. Von den Menschen, die in den 60 undemokratischen Staaten von heute leben (20 vollständige Autokratien, 40 eher autokratisch als demokratisch), stammen vier Fünftel aus einem einzigen Land, China.[16]

Die Geschichte ist zwar noch nicht zu Ende, doch in einem hatte Fukuyama recht: Die Demokratie hat sich als attraktiver erwiesen, als ihre Laudatoren zugeben wollen.[17] Nach dem Rückgang der ersten Demokratisierungswelle gab es Theorien, die »erläuterten«, warum die Demokratie niemals in katholischen, nichtwestlichen, asiatischen, islamischen, armen oder ethnisch gemischten Ländern Fuß fassen könne, was Punkt für Punkt widerlegt wurde. Es stimmt, dass eine stabile Demokratie erster Güte eher in reicheren Ländern mit besserer Bildung auftritt.[18] Doch Regierungen mit eher demokratischer Tendenz sind eine bunte Mischung: Man findet sie fast überall in Lateinamerika, im überbordend multiethnischen Indien, im muslimischen Malaysia, in Indonesien, Niger und im Kosovo, in 14 Ländern des subsaharischen Afrika (darunter Namibia, Senegal und Benin) und andernorts in armen Ländern wie Nepal, Osttimor und im größten Teil der Karibik.[19]

Selbst die Autokratien Russlands und Chinas, die nur wenige Anzeichen der Liberalisierung zeigen, sind unvergleichlich weniger repressiv als die

Regimes unter Stalin, Breschnew und Mao.[20] Johan Norberg fasst das Leben in China zusammen: »Heutzutage genießen Chinesen fast unbegrenzte Bewegungsfreiheit, sie können eine Immobilie kaufen, sich eine Ausbildung aussuchen, einen Job wählen, ein Unternehmen gründen, einer Religion angehören (solange sie Buddhisten, Taoisten, Muslime, Katholiken oder Protestanten sind), anziehen, was sie möchten, heiraten, wen sie wollen, offen schwul sein, ohne im Arbeitslager zu enden, ungehindert ins Ausland reisen und sogar Aspekte der Parteipolitik kritisieren (wenn auch nicht ihr Anrecht auf Regierung ohne Opposition). Selbst ›unfrei‹ ist nicht mehr das, was es einmal war.«[21]

Warum hat die Flutwelle der Demokratisierung wiederholt die Erwartungen übertroffen? Die verschiedenen Rückfälle, Umschwünge und schwarzen Löcher der Demokratie haben zu Theorien geführt, laut denen die Demokratisierung nur mühsam zu schaffende Bedingungen und quälende Geduldsproben erfordert. (Das dient Diktatoren als willkommener Vorwand zu behaupten, ihre Länder seien noch nicht bereit dafür, so wie der Revolutionsführer in Woody Allens Film *Bananas*, der bei der Machtübernahme verkündet: »Diese ungebildeten Bauern sind noch nicht reif für freie Wahlen.«) Verstärkt wird die Ehrfurcht durch eine lehrbuchmäßige Idealisierung der Demokratie, wonach das sachkundige gemeine Volk über das Gemeinwohl beratschlagt und sorgfältig Anführer auswählt, die seinen Präferenzen gemäß handeln.

Nach diesem Standard war die Zahl der Demokratien auf der Welt in der Vergangenheit gleich null, ist in der Gegenwart gleich null und wird so gut wie sicher auch in der Zukunft gleich null bleiben. Politologen sind immer wieder verblüfft über die Oberflächlichkeit und Unlogik der politischen Überzeugungen von Menschen sowie darüber, wie wenig ihre Präferenzen mit ihrem Wahlverhalten und dem Verhalten ihrer Abgeordneten übereinstimmen.[22] Die meisten Wähler haben nicht nur keine Ahnung von den politischen Optionen, die ihnen derzeit zur Verfügung stehen, sondern auch von grundlegenden Fakten, etwa was die wichtigsten Gewalten des Staates sind, wer die Gegner der Vereinigten Staaten im Zweiten Weltkrieg waren und welche Länder bereits Atomwaffen eingesetzt haben. Ihre Meinungen ändern sich je nach Formulierung einer Frage: Sie sagen, die Regierung gebe zu viel Geld für die »Wohlfahrt« aus, aber zu wenig für »die Unterstützung der Armen« und sie solle »militärische Gewalt anwenden«, aber nicht »einen

Krieg beginnen«. Wenn sie eine Präferenz äußern, wählen sie häufig einen Kandidaten mit der entgegengesetzten Präferenz. Aber das spielt auch kaum eine Rolle, denn sobald Politiker in Amt und Würden sind, schließen sie sich den Positionen ihrer Partei an, egal welcher Meinung ihre Wähler sind.

Ebenso wenig geben Wahlen ein starkes Feedback auf die Kompetenz einer Regierung. Wähler bestrafen Amtsinhaber für kürzlich erfolgte Ereignisse, worüber diese nur schwer einschätzbare Kontrolle haben, wie makroökonomische Umschwünge oder Terroranschläge, oder gar keine Kontrolle, wie Dürren, Überschwemmungen oder sogar Haiangriffe. Laut zahlreichen Politologen erkennen die meisten Menschen ganz richtig, dass die Wahrscheinlichkeit, mit ihrer Stimme den Ausgang einer Wahl entscheidend zu beeinflussen, astronomisch gering ist, und messen daher ihrer eigenen Arbeit, Familie und Freizeit eine höhere Priorität bei, als sich über Politik zu informieren und bei einer Wahl entsprechend abzustimmen. Sie nutzen das Wahlrecht zu einer Art Selbstverwirklichung: Sie wählen Kandidaten, von denen sie glauben, dass sie ihnen ähneln und Menschen, wie sie es selber sind, repräsentieren.

Trotz der weitverbreiteten Überzeugung, Wahlen seien der Inbegriff der Demokratie, sind sie demnach nur einer der Mechanismen, durch die man eine Regierung ihren Untertanen gegenüber zur Verantwortung ziehen kann, und nicht gerade immer ein konstruktiver. Ist eine Wahl ein Wettstreit zwischen ehrgeizigen Despoten, fürchten die rivalisierenden Lager das Schlimmste, falls die andere Seite gewinnt, und versuchen einander durch Einschüchterung vom Urnengang abzuhalten. Zudem können Autokraten lernen, Wahlen zu ihrem Vorteil einzusetzen. Den neuesten Modetrend unter Diktatoren hat man als Wettbewerbs- oder Wahlregime bzw. als kleptokratisches, staatliches oder autoritäres Patronatsregime bezeichnet.[23] (Putins Russland ist der Prototyp.) Die Machthaber nutzen die beeindruckenden Ressourcen des Staates, um die Opposition zu drangsalieren, fingierte oppositionelle Parteien ins Leben zu rufen, mit Hilfe staatlich gelenkter Medien dem eigenen Image zuträgliche Geschichten in Umlauf zu bringen, die Wahlregeln willkürlich zu ändern, die Wählerregistrierung zu behindern und schließlich das Wahlergebnis zu manipulieren. (Doch trotz alldem sind autoritäre Patrone nicht unangreifbar – die Farbrevolutionen haben dafür gesorgt, dass einige von ihnen die Koffer packen mussten.)

Wenn man weder auf die Wähler noch auf die gewählten Machthaber zählen kann, um die Ideale der Demokratie hochzuhalten, wie ist es dann möglich, dass diese Regierungsform doch einigermaßen leidlich funktioniert – die schlechteste aller Regierungsformen, abgesehen von all den anderen, die ausprobiert worden sind, wie Churchill es bekanntermaßen ausgedrückt hat? In seinem Buch *The Open Society and Its Enemies* von 1945 (dt. *Die offene Gesellschaft und ihre Feinde*) hat der Philosoph Karl Popper dargelegt, dass man Demokratie nicht als Antwort auf die Frage »Wer sollte herrschen?« verstehen solle, sondern als Lösung des Problems, wie man eine schlechte Regierung ohne Blutvergießen loswerden könne.[24] Der Politikwissenschaftler John Mueller erweitert die Vorstellung von einem Tag der Abrechnung mit einer Alles-oder-nichts-Entscheidung zu einer kontinuierlichen Rückkopplung von einem Tag zum anderen. Demokratie beruhe im Wesentlichen darauf, den Menschen die Freiheit zu Beschwerden einzuräumen: »Sie kommt zustande, wenn das Volk faktisch übereinkommt, keine Gewalt anzuwenden, um die Herrschaft auszutauschen, und die Herrschaft erlaubt ihm den Versuch, sie mit beliebigen anderen Mitteln abzusetzen.«[25] Wie das funktionieren kann, erläutert er folgendermaßen:

> Haben Bürger das Recht sich zu beschweren, eine Petition einzureichen, zu organisieren, zu protestieren, zu demonstrieren, zu streiken, mit Auswanderung oder Abspaltung zu drohen, ihre Stimme zu erheben, zu publizieren, ihr Geld im Ausland anzulegen, ihren Mangel an Vertrauen auszudrücken und in Hinterzimmern andere auf ihre Seite zu ziehen, wird die Regierung im Allgemeinen auf die Stimmen und die Umsturzversuche reagieren. Mit anderen Worten: Sie wird etwas tun müssen – ihnen Aufmerksamkeit schenken –, ob es Wahlen gibt oder auch nicht.[26]

Das Wahlrecht der Frauen ist ein Beispiel hierfür: Sie konnten es sich per definitionem nicht durch Wählen sichern, aber sie erkämpften es mit anderen Mitteln.

Der Kontrast zwischen der vertrackten demokratischen Wirklichkeit und dem lehrbuchmäßigen Ideal hat beständige Ernüchterung zur Folge. Von John Kenneth Galbraith stammte einst der Rat, wer einen lukrativen Buchvertrag abschließen wolle, solle einfach nur ankündigen, *Die Krise der amerikanischen Demokratie* zu verfassen. Im Rückblick auf die Geschichte kommt Mueller zu dem Schluss, dass »Ungleichheit, Uneinigkeit, Apathie und Ignoranz in einer Demokratie nicht ungewöhnlich, sondern normal zu sein scheinen, und in beträchtlichem Maße beruht die Schönheit dieser

Staatsform auf der Tatsache, dass sie trotz dieser Eigenschaften funktioniert – oder, in wichtiger Hinsicht, auch gerade wegen ihnen.«[27]

Nach diesem minimalistischen Konzept ist Demokratie keine besonders abstruse oder anspruchsvolle Regierungsform. Ihre wichtigste Voraussetzung besteht darin, dass eine Regierung kompetent genug ist, ihre Bürger vor anarchischer Gewalt zu schützen, so dass diese nicht der erstbesten machthungrigen Person in die Hände fallen oder sie gar willkommen heißen, welche verspricht, den Job machen zu können. (Chaos ist tödlicher als Tyrannei.) Das ist ein Grund dafür, warum es für die Demokratie so schwierig ist, in extrem armen Ländern wie im subsaharischen Afrika und in Ländern, deren Regierung entmachtet wurde, wie nach den US-geführten Invasionen in Afghanistan und im Irak, auch nur den kleinen Zeh in die Tür zu bekommen. So konstatieren die Politologen Steven Levitsky und Lucan Way: »Das Scheitern eines Staates bringt Gewalt und Instabilität mit sich; es führt so gut wie nie zu einer Demokratisierung.«[28]

Auch Ideen spielen eine Rolle. Damit die Demokratie Wurzeln schlägt, muss einflussreichen Personen (insbesondere Personen mit Waffen) klarwerden, dass sie besser ist als Alternativen wie Theokratie, das Gottesgnadentum, kolonialer Paternalismus, die Diktatur des Proletariats (in der Praxis seine »revolutionäre Vorhut«) oder die autoritäre Herrschaft eines charismatischen Führers, der den Willen des Volkes unmittelbar verkörpert. Das hilft, andere Muster in den Annalen der Demokratisierung zu erklären – etwa, warum die Demokratie seltener in Ländern mit weniger Bildung Wurzeln schlägt oder in Ländern, die von westlichen Einflüssen weit entfernt sind (beispielsweise in Zentralasien), und in Ländern, deren Regimes aus gewaltsamen, ideologisch befeuerten Revolutionen hervorgegangen sind (wie in China, Kuba, dem Iran, Nordkorea und Vietnam).[29] Wenn Menschen im umgekehrten Fall erkennen, dass sich in Demokratien recht gut leben lässt, kann die demokratische Idee ansteckend wirken und sich nach und nach immer weiter ausbreiten.

Das Beschwerderecht beruht auf der Zusicherung, dass die Regierung die Beschwerdeführer nicht bestrafen oder zum Schweigen bringen wird. Beim Vorrücken der Demokratisierung muss die Regierung also in erster Linie davon abgehalten werden, unter Missbrauch ihres Gewaltmonopols brutal gegen ihre aufmüpfigen Bürger vorzugehen.

In einer Reihe internationaler Abkommen, beginnend mit der Allgemeinen Erklärung der Menschenrechte im Jahr 1948, wurden rote Linien um gewalttätige Regierungsmethoden gezogen, insbesondere Folter, außergerichtliche Tötungen, die Verhaftung von Dissidenten oder das »Verschwindenlassen« unliebsamer Kritiker, wie zu Zeiten der argentinischen Militärdiktatur von 1976–1983. Diese roten Linien sind nicht mit Wahldemokratie gleichzusetzen, da es sein kann, dass die Mehrheit der Wähler dem brutalen Vorgehen einer Regierung gleichgültig gegenübersteht, solange es sie nicht selbst betrifft. In der Praxis werden Menschenrechte von demokratischen Staaten eher respektiert.[30] Es gibt jedoch auch einige wohlwollende Autokratien auf der Welt, wie Singapur, und einige repressive Demokratien, wie Pakistan. Das wirft die zentrale Frage auf, ob die Wellen der Demokratisierung tatsächlich eine Form von Fortschritt sind. Ist die Zunahme an Demokratien auch mit mehr Menschenrechten einhergegangen, oder nutzen Diktatoren Wahlen und anderes demokratisches Beiwerk einfach nur, um ihre Übergriffe mit einem Smiley zu überkleben?

Das Außenministerium der USA, Amnesty International und weitere Organisationen haben über Jahrzehnte Menschenrechtsverletzungen dokumentiert. Würde man sich ihre Zahlen seit den 1970er Jahren ansehen, so hätte es den Anschein, als seien die Regierungen so repressiv wie eh und je – trotz der Ausbreitung von Demokratie, Menschenrechtsstandards, internationalen Strafgerichtshöfen und den Überwachungsgremien höchstselbst. Daraufhin erklärten Menschenrechtsaktivisten (voller Besorgnis) und Kulturpessimisten (genüsslich), nun seien »die letzten Tage der Menschenrechte«, »die Abenddämmerung der Menschenrechtsgesetze« und, natürlich, »die Post-Menschenrechts-Ära« angebrochen.[31]

Doch der Fortschritt ist geübt darin, seine Spuren zu verwischen. Während unsere moralischen Ansprüche mit den Jahren immer höher werden, registrieren wir zunehmend Missstände, die in der Vergangenheit unbeachtet geblieben wären. Darüber hinaus fühlen sich Aktivistenorganisationen stets bemüßigt, lautstark eine »Krise« zu verkünden, um den Druck hochzuhalten (obwohl diese Strategie auch nach hinten losgehen kann, weil sie suggeriert, dass jahrzehntelanger Aktivismus pure Zeitverschwendung war). Die Politologin Kathryn Sikkink spricht vom Informationsparadox: Wenn die Überwacher der Menschenrechte dankenswerterweise gründlicher nach Verfehlungen Ausschau halten, an mehr Orten danach suchen und mehr Handlungen als Menschenrechtsverletzungen klassifizieren, dann finden sie auch mehr davon – doch wenn wir ihren schärferen Blick bei unseren Berechnungen

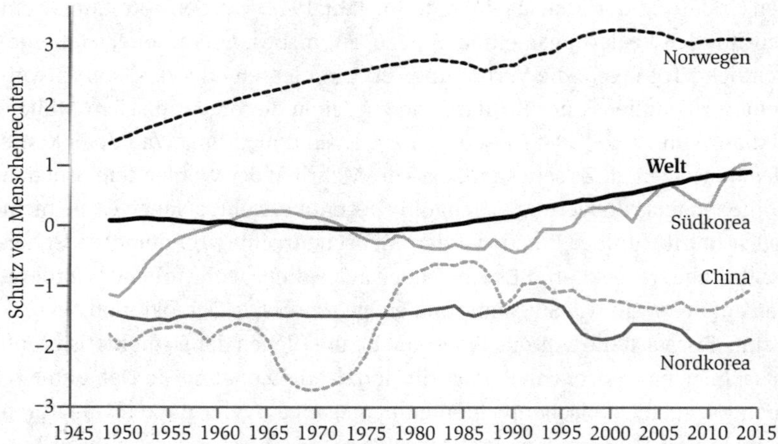

Abb. 14.2 Menschenrechte, 1949–2014
Quelle: *Our World in Data*, Roser 2016 i; aufgetragen ist eine von Fariss 2014 erstellte Tabelle mit Schätzwerten für den Schutz vor Folter, außergerichtlichen Tötungen, politischer Haft und Verschwindenlassen. »0« ist das Mittel über alle Länder und Jahre; die Einheiten sind Standardabweichungen.

nicht einkalkulieren, kann uns das zu der irrigen Annahme verleiten, es gäbe immer mehr Verletzungen zu entdecken.[32] Diesen gordischen Knoten hat der Politologe Christopher Fariss mit einem mathematischen Modell zerschlagen, das eine mit der Zeit immer sorgfältigere Spurensuche ausgleicht und das tatsächliche Ausmaß der weltweiten Menschenrechtsverletzungen einschätzt. In Abbildung 14.2 sind seine Werte für vier Länder von 1949 bis 2014 sowie für die gesamte Welt aufgetragen.

Weil hier Zahlen graphisch dargestellt sind, die von einem mathematischen Modell ausgespuckt wurden, sollte man die Werte nicht ganz so wörtlich nehmen, doch zeigen sie durchaus Unterschiede und Trends an. Die oberste Kurve betrifft ein Land, das einen Goldstandard für Menschenrechte repräsentiert. Wie in den meisten Fällen, in denen Maßstäbe für menschliches Wohlergehen gesetzt werden, geht es um ein skandinavisches Land – hier Norwegen, das mit einem hohen Wert begonnen hat und diesen noch weiter steigern konnte. Die zwei Kurven für die beiden Koreas streben auseinander: Nordkorea begann mit einem niedrigen Wert, um dann noch tiefer zu sinken, wohingegen Südkorea, das zur Zeit des Kalten Krieges noch eine rechtsgerichtete Autokratie war, heute auf eine positive Entwicklung zurückblicken kann. In China erreichten die Menschenrechte während der Kulturrevolution ihren Tiefpunkt, erlebten nach Maos Tod einen Höhenflug und blieben während der Demokratiebewegung der 1980er Jahre auf einem Höchststand, bevor die Regierung nach den Protesten auf dem Tian'anmen-Platz hart durchgriff; dennoch liegen die Werte immer noch deutlich über dem Abgrund der maoistischen Ära. Am bedeutsamsten ist jedoch die Entwicklung der Welt insgesamt: Trotz aller Rückschläge weist die Kurve der Menschenrechte aufwärts.

Wie verläuft die Beschneidung der Staatsmacht in Echtzeit? Einen ungewöhnlich klaren Einblick in den Mechanismus des menschlichen Fortschritts bietet die geschichtliche Entwicklung der extremsten Gewaltausübung durch den Staat – des bewussten Tötens seiner Bürger.

Einst war die staatlich angeordnete Todesstrafe gang und gäbe und wurde als grausiges öffentliches Spektakel der Folter und Erniedrigung für Hunderte Vergehen verhängt.[33] (Die Kreuzigung Jesu gemeinsam mit zwei gemeinen Dieben ist nur ein Beispiel unter vielen.) Nach der Aufklärung wurde die Hinrichtung von Menschen in europäischen Staaten nur noch als Strafe für die abscheulichsten Vergehen zugelassen: Mitte des 19. Jahrhunderts hatte Großbritannien die Zahl der Kapitalverbrechen bereits von 222 auf 4 reduziert. Zudem erprobten die Länder Hinrichtungsverfahren wie das zum Genickbruch führende Erhängen, die so human waren, wie eine solch grässliche Praxis scheinbar sein kann. Als die Allgemeine Erklärung der Menschenrechte nach dem Zweiten Weltkrieg eine zweite humanitäre Revolution einläutete, wurde die Todesstrafe in einem Land nach dem anderen völlig abgeschafft und wird in Europa heutzutage nur noch in Weißrussland praktiziert.

Die Abschaffung der Todesstrafe pflanzte sich über den gesamten Globus fort (Abbildung 14.3); heute steht ihre Hinrichtung kurz bevor.[34] In den letzten drei Jahrzehnten wurde sie in jedem Jahr von zwei oder drei Ländern abgeschafft, und weniger als ein Fünftel der Nationen weltweit richten nach wie vor Menschen hin. (90 Staaten sehen die Todesstrafe zwar noch gesetzlich vor, doch die meisten haben sie seit mindestens zehn Jahren nicht mehr vollstreckt.) Christof Heyns, der UN-Sonderberichterstatter über Hinrichtungen, hält fest: Falls die derzeitige Abschaffungsrate beibehalten wird (wobei er dies keineswegs voraussagt), wird die Todesstrafe spätestens 2026 vom Angesicht der Erde verschwunden sein.[35]

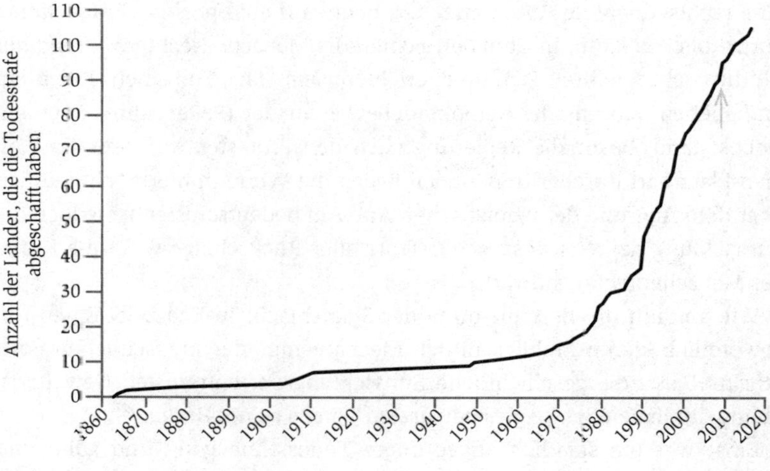

Abb. 14.3 Abschaffung der Todesstrafe, 1863–2016
Quelle: »Capital Punishment by Country: Abolition Chronology«, *Wikipedia*, abgerufen am 15. August 2016. Mehrere europäische Länder haben die Todesstrafe in ihrem Kernland früher als hier angegeben abgeschafft; die Kurve verzeichnet jedoch jeweils die letzte Abschaffung in den ihrer Gerichtsbarkeit unterstellten Territorien. Der Pfeil verweist auf 2008, das letzte in Pinker 2011, Abbildung 4.3, aufgetragene Jahr.

Die fünf Länder ganz oben auf der Liste der Staaten, die noch eine signifikante Zahl von Menschen hinrichten, bilden ein merkwürdiges Grüppchen: China und der Iran (jeweils über tausend pro Jahr), Pakistan, Saudi-Arabien und die USA. Wie bei anderen für das menschliche Wohl bedeutsamen Aspekten (wie Kriminalität, Krieg, Gesundheit, Langlebigkeit, Unfälle und Bildung) hinken die Vereinigten Staaten den anderen reichen Demokratien hinterher. Die US-amerikanische Ausnahmestellung illustriert den gewundenen Pfad, den moralischer Fortschritt ausgehend von philosophischen Argumenten bis hin zu handfesten Tatsachen verfolgen muss. Überdies verdeutlicht sie die Spannung zwischen den beiden Entwürfen der Demokratie, die wir hier erörtern: eine Regierungsform, deren Macht, Gewalt auf ihre Bürger auszuüben, scharf begrenzt ist, und eine Regierungsform, die den Willen der Mehrheit ihres Volkes befolgt. Die Sonderstellung, die die Vereinigten Staaten bei der Todesstrafe einnehmen, beruht darauf, dass sie in gewisser Hinsicht *zu* demokratisch sind.

In seiner Geschichte der Abschaffung der Todesstrafe in Europa weist der Rechtswissenschaftler Andrew Hammel darauf hin, dass Menschen die Todesstrafe fast jederzeit und überall als völlig gerecht empfunden haben: Wenn du ein Leben auslöschst, verdienst du das deinige ebenfalls zu verlieren.[36] Erst mit der Aufklärung kamen nach und nach überzeugende Argumente gegen die Todesstrafe auf.[37] Ein Argument lautete, dass die Regierungsvollmacht zur Gewaltausübung den unantastbaren Bereich des menschlichen Lebens nicht verletzen darf. Ein anderes lautete, dass sich die abschreckende Wirkung der Todesstrafe auch mit sichereren und weniger brutalen Bestrafungen erzielen lässt.

Von einer dünnen Schicht von Philosophen und Intellektuellen pflanzten sich die Ideen allmählich zu den gebildeten oberen Schichten fort, insbesondere zu liberalen Berufsständen wie Ärzten, Anwälten, Schriftstellern und Journalisten. Die Abschaffung der Todesstrafe wurde bald in ein Portfolio mit weiteren progressiven Anliegen einsortiert, darunter Schulpflicht, universelles Wahlrecht und die Rechte von Arbeitern. Zudem wurde sie unter dem Glorienschein der »Menschenrechte« geheiligt und als Symbol für »die Art von Gesellschaft, in der wir leben möchten, und die Art von Mensch, der wir sein wollen« propagiert. In Europa setzten sich die Eliten, die die Abschaffung befürworteten, gegen die Bedenken des gemeinen Volkes durch, weil die europäischen Demokratien nicht dessen Ansichten in Politik ummünzten. Die Strafgesetze ihrer Länder wurden von Ausschüssen renommierter Gelehrter formuliert, von Gesetzgebern verabschiedet, die sich als natürliche Aristokratie betrachteten, und von ernannten Richtern, die Beamte auf Lebenszeit waren, angewandt. Erst als die Menschen nach mehreren Jahrzehnten erkannten, dass in ihrem Staat nicht das Chaos ausgebrochen war – zu diesem Zeitpunkt hätte es gemeinsamer Anstrengungen bedurft, die Todesstrafe *wiedereinzuführen* –, gestand die Bevölkerung ein, dass sie nicht notwendig sei.

Doch die Vereinigten Staaten halten es, im Guten wie im Bösen, eher so, dass das Volk für das Volk regiert. Im Gegensatz zu einigen Verbrechen wie Terrorismus und Hochverrat, die über Bundesgesetze geregelt werden, wird über die Todesstrafe von den individuellen Bundesstaaten entschieden; darüber abgestimmt wird von Abgeordneten, die engen Kontakt zu ihren Wählern haben, und in vielen Staaten wird sie von Staatsanwälten und Richtern angestrebt und befürwortet, die sich der Wiederwahl stellen müssen. In den Südstaaten herrscht traditionell eine Kultur der Ehre, verbunden mit dem

Ethos gerechter Vergeltung; so überrascht es nicht, dass sich Hinrichtungen in den USA auf eine Handvoll Südstaaten konzentrieren, insbesondere Texas, Georgia und Missouri – ja, sogar nur auf eine Handvoll *Bezirke* in diesen Staaten.[38]

Dennoch wurden auch die Vereinigten Staaten vom Strom der Geschichte mitgerissen, und trotz des anhaltenden öffentlichen Zuspruchs (mit 61 Prozent an Befürwortern im Jahr 2015) ist die Todesstrafe auf dem Rückzug.[39] Sieben Staaten haben sie im letzten Jahrzehnt aufgehoben, in weiteren 16 gilt ein Moratorium, und 30 haben seit fünf Jahren niemanden mehr hingerichtet. Selbst in Texas wurden 2016 nur sieben Häftlinge getötet; im Jahr 2000 waren es noch 40. Abbildung 14.4 zeigt den steten Rückgang in der Anwendung der Todesstrafe in den USA, und ganz rechts sieht es so aus, als könne die Kurve schließlich auf null rutschen. Und seitdem die Praxis allmählich aus der Mode kommt, zieht die öffentliche Meinung, getreu dem europäischen Muster, nach: Im Jahr 2016 sank die öffentliche Unterstützung für die Todesstrafe zum ersten Mal in fast 50 Jahren knapp unter die 50-Prozent-Marke.[40]

Wie kann es sein, dass die Vereinigten Staaten die Todesstrafe allmählich abschaffen, obwohl sie es im Grunde eigentlich gar nicht wollen? Hier erkennen wir einen weiteren Weg, den der moralische Fortschritt einschlagen kann. Obgleich das politische System der USA populistischer ist als das der ihnen gleichrangigen westlichen Länder, bleibt es doch hinter einer partizipativen Demokratie wie der im antiken Athen zurück (welche bezeichnenderweise Sokrates zum Tode verurteilte). Im Zuge der historischen Zunahme von Mitgefühl und Vernunft haben selbst die getreuesten Anhänger der Todesstrafe den Geschmack an Lynchmobs, für harsche Urteile berüchtigten Richtern und rüden öffentlichen Hinrichtungen verloren und bestehen darauf, dass die Urteile mit einem Mindestmaß an Würde und Umsicht vollstreckt werden. Das erfordert einen komplexen Tötungsapparat und ein Team an Mechanikern, das ihn wartet und instand setzt. Wenn die Maschine altert und die Mechaniker sich weigern, sie funktionsfähig zu halten, wird sie immer widerspenstiger und lädt dazu ein, sie auszumustern.[41] Die Todesstrafe in den USA wird eigentlich nicht abgeschafft – sie zerbröselt Stück für Stück.

Erstens haben Fortschritte in der Forensik, vor allem beim genetischen Fingerabdruck, erbracht, dass man so gut wie sicher Unschuldige hingerichtet hat – ein Szenario, dass selbst unerschütterliche Befürworter der To-

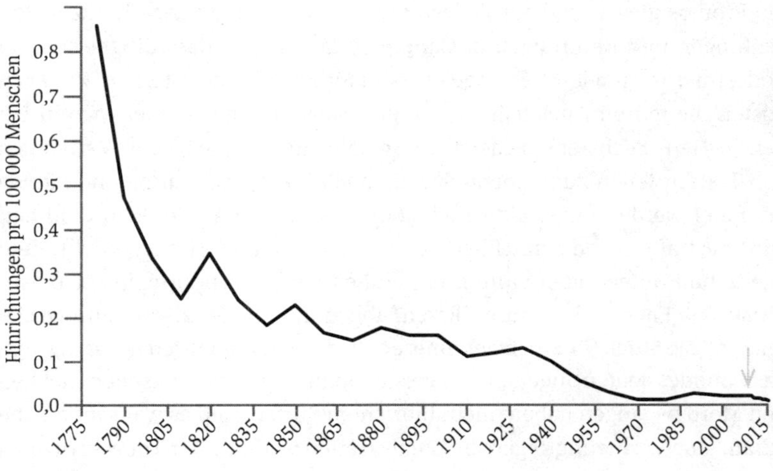

Abb. 14.4 Hinrichtungen, USA, 1780–2016
Quelle: Death Penalty Information Center 2017. Bevölkerungszahlen aus US Census Bureau 2017. Der Pfeil verweist auf 2010, das letzte in Pinker 2011, Abbildung 4.4, aufgetragene Jahr.

desstrafe verunsichert. Zweitens hat das gruselige Geschäft, jemandem das Lebenslicht auszublasen, eine Entwicklung durchlaufen – vom blutrünstigen Sadismus der Kreuzigung und Ausweidung über schneller wirksame, doch nach wie vor grausame Stricke, Kugeln und Klingen bis zu den unsichtbaren Erfüllungsgehilfen Gas und Strom und schließlich zum pseudomedizinischen Eingriff per Todesspritze. Aber Ärzte weigern sich, sie zu verabreichen, Pharmazieunternehmen weigern sich, den Wirkstoff zu liefern, und Zuschauer sind verstört, wenn sie Zeugen der Todeskämpfe bei verpfuschten Versuchen werden. Drittens ist die wichtigste Alternative der Todesstrafe, lebenslange Haft, verlässlicher geworden, seit man Strafanstalten in puncto Ausbruchsicherheit und Schutz vor Gefangenenrevolten perfektioniert hat. Viertens verspürt die Bevölkerung ein geringeres Bedürfnis nach drakonischen Rechtsmitteln, da die Rate der Gewaltverbrechen abgenommen hat (Kapitel 12). Da fünftens die Todesstrafe als ein solch folgenschwerer Schritt angesehen wird, sind die standrechtlichen Exekutionen früherer Zeiten ausgedehnten juristischen Geduldsproben gewichen. Das Bestrafungsverfahren nach einem Schuldspruch kommt einem zweiten Prozess gleich, und ein Todesurteil setzt eine langwierige Kaskade von Prüfungen und Berufungen in Gang – so langwierig, dass die meisten im Todestrakt wartenden Häftlinge eines natürlichen Todes sterben. Zugleich kosten die teuren Anwaltshonorare den Staat achtmal so viel wie ein Leben in Haft. Sechstens belastet die soziale Ungleichheit beim Verhängen von Todesurteilen zunehmend das nationale Gewissen – arme und farbige Straftäter werden unverhältnismäßig oft hingerichtet (»Wer kein Geld hat, wird bestraft«). Und schließlich hat sich das Oberste Bundesgericht, dem wiederholt aufgetragen wurde, ein einheitliches Grundprinzip für dieses juristische Flickwerk zu formulieren, abgemüht, die Praxis zu rationalisieren, und sie Stück für Stück beschnitten. In den letzten Jahren hat es verfügt, dass Bundesstaaten Jugendliche, geistig Behinderte oder Personen, die keinen Mord begangen haben, nicht hinrichten dürfen, und es war schon nahe daran, eine Verfügung gegen die Zufallstreffer-Methode der Todesspritze zu erlassen. Gerichtsbeobachter glauben, es sei nur noch eine Frage der Zeit, bis sich die Richter des Obersten Gerichtshofes gezwungen sehen, die Willkür dieses ganzen makabren Verfahrens frontal anzugehen, »Leitlinien des Anstands« zu entwickeln und ihm als Verstoß gegen den achten Zusatzartikel der Verfassung, der grausame und außergewöhnliche Bestrafungen verbietet, ein für alle Mal den Garaus zu machen.

Die fast schon unheimliche Vereinigung wissenschaftlicher, institutioneller, juristischer und gesellschaftlicher Kräfte, die alle darauf drängen, der Regierung ihr Recht zu töten zu nehmen, erweckt beinahe den Anschein, als gebe es tatsächlich eine mysteriöse ausgleichende Gerechtigkeit. Oder etwas prosaischer: Wir erleben, wie sich ein ethisches Prinzip – weil das Leben heilig ist, wiegt es schwer, jemanden zu töten – über eine große Bandbreite an Akteuren und Institutionen fortpflanzt, die kooperieren müssen, damit sich die Todesstrafe vollstrecken lässt. Je konsistenter und umfassender diese Akteure und Institutionen nach diesem Prinzip handeln, desto unaufhaltsamer drängen sie das Land ab von dem Impuls, ein Menschenleben mit einem Menschenleben zu vergelten. Die Wege dorthin sind vielfältig und gewunden, die Wirkung zeigt sich zunächst langsam und dann ganz plötzlich, doch zu gegebener Zeit kann eine Idee der Aufklärung die ganze Welt verändern.

Kapitel 15

Gleiche Rechte

Menschen sind anfällig dafür, ganze Menschengruppen als Mittel zum Zweck zu betrachten oder als Ärgernisse, die es beiseitezuschaffen gilt. Durch Rasse oder Glauben geschmiedete Koalitionen sind bestrebt, konkurrierende Koalitionen zu dominieren. Männer versuchen, die Arbeitskraft, Freiheit und Sexualität von Frauen zu kontrollieren.[1] Menschen drücken ihr Unbehagen über sexuellen Nonkonformismus durch moralistische Verdammung aus.[2] Wir nennen diese Phänomene Rassismus, Sexismus und Homophobie, und während der gesamten Menschheitsgeschichte waren sie, in unterschiedlichem Ausmaß, allgegenwärtig. Die Verleugnung dieser Übel ist ein wichtiger Aspekt beim Ringen um das, was wir als Bürgerrechte oder gleiche Rechte bezeichnen. Die historische Ausbreitung dieser Rechte ist ein bewegendes Kapitel in der Geschichte des menschlichen Fortschritts – beispielhaft zu nennen wären der erste Frauenrechtskongress der USA 1848 in Seneca Falls, die Protestmärsche um das Wahlrecht für Schwarze von Selma nach Montgomery im Jahr 1965 und der blutige Konflikt zwischen Homo- und Transsexuellen und Polizeibeamten 1969 im Stonewall Inn in New York, an den alljährlich mit dem Christopher Street Day erinnert wird.[3]

Die Rechte von ethnischen Minderheiten, Frauen und Homosexuellen sind weiter auf dem Vormarsch und haben jeweils gerade einen Meilenstein passiert. Im Jahr 2017 endeten die beiden Amtszeiten des ersten afroamerikanischen Präsidenten – eine Errungenschaft, für die First Lady Michelle Obama im Jahr 2016 bei einer Rede auf dem Parteitag der Demokraten bewegende Worte fand: »Ich wache jeden Morgen in einem Haus auf, das von Sklaven gebaut wurde. Und ich sehe meine Töchter, zwei schöne, intelligente, schwarze junge Frauen, auf dem Rasen des Weißen Hauses mit ihren Hunden spielen.« Auf Barack Obama folgte die erste Präsidentschaftskandidatin einer großen Partei, nicht einmal ein Jahrhundert nachdem US-amerikanische Frauen überhaupt zum ersten Mal wahlberechtigt waren.

Eine solide Mehrheit der Bevölkerung stimmte für sie, und nur aufgrund spezieller Eigenheiten des Wahlmännersystems und anderer Launen jenes Wahljahres wurde sie nicht Präsidentin. In einem Paralleluniversum, das unserem bis zum 8. November 2016 sehr ähnlich ist, werden die drei einflussreichsten Nationen der Welt (die Vereinigten Staaten, Großbritannien und Deutschland) alle von Frauen regiert.[4] Und im Jahr 2015, nur ein Dutzend Jahre nachdem der Oberste Gerichtshof verfügt hatte, dass homosexuelle Aktivitäten keine kriminellen Handlungen seien, verlieh er gleichgeschlechtlichen Paaren das Recht zu heiraten.

Doch es liegt in der Natur des Fortschritts, seine Spuren zu verwischen, und seine Verfechter versteifen sich auf die verbliebenen Ungerechtigkeiten und vergessen, wie weit wir schon gekommen sind. Ein Grundsatz fortschrittlichen Denkens, insbesondere an Universitäten, lautet, dass wir weiterhin in einer rassistischen, sexistischen und homophoben Gesellschaft leben – was bedeuten würde, dass Progressivismus reine Zeitverschwendung ist und nach jahrzehntelangem Kampf rein gar nichts erbracht hat.

Wie auch anderen Formen der Fortschrittsfeindlichkeit wurde durch Sensationsmeldungen der Leugnung positiver juristischer Entwicklungen Vorschub geleistet. Eine Reihe medial ausgeschlachteter Erschießungen unbewaffneter afroamerikanischer Verdächtiger durch amerikanische Polizeibeamte, die teilweise per Smartphone aufgezeichnet wurden, hat den Eindruck erweckt, das Land werde von einer Welle rassistischer Angriffe auf schwarze Männer durch die Polizei überrollt. Berichte über Sportler, die ihre Ehefrau oder Freundin angegriffen haben, und von Vergewaltigungen auf dem Collegecampus haben viele glauben lassen, dass die Gewalt gegen Frauen plötzlich zugenommen habe. Und 2016 ereignete sich eines der abscheulichsten Verbrechen in der Geschichte der USA, als Omar Mateen in einem Schwulen-Nachtclub in Orlando das Feuer eröffnete, 49 Menschen tötete und weitere 53 verletzte.

Die Überzeugung vom Stillstand des Fortschritts wurde durch die jüngere Geschichte des realen Universums, in dem wir leben, bekräftigt, als nicht Hillary Clinton, sondern Donald Trump im Jahr 2016 zum Nutznießer des US-amerikanischen Wahlsystems wurde. Im Laufe seiner Wahlkampagne beleidigte Trump Frauen, Hispanoamerikaner und Muslime auf eine Weise, die die Regeln des politischen Diskurses in den USA aufs Gröbste verletzte, und die rüpelhaften Anhänger, die er mit seinen Ausfällen ermutigte, trieben es noch ärger. Einige Kommentatoren äußerten die Befürchtung, sein

Sieg markiere einen Wendepunkt im Streben der Nation hin zu Gleichheit und Rechtsstaatlichkeit oder offenbare die hässliche Wahrheit, dass es ein solches Streben ohnehin nie gegeben habe.

In diesem Kapitel möchte ich die Tiefen der Strömung ausloten, von der die Rechtsgleichheit vorangetrieben wird. Ist sie nur eine Illusion, ein wirbelnder Strudel auf der Oberfläche eines stehenden Gewässers? Verändert sie nur zu leicht ihre Richtung, um wieder rückwärts zu fließen? Oder strömt das Recht wie Wasser, die Gerechtigkeit wie ein nie versiegender Bach?[5]

Zum Abschluss des Kapitels geht es um die Rechte jener Gruppe der Menschheit, deren Mitglieder am leichtesten zu Opfern werden – der Kinder.

Mittlerweile sollten Sie ein gesundes Misstrauen gegenüber der Geschichtsschreibung in Form von Schlagzeilen entwickelt haben, und das gilt auch für die jüngsten Angriffe auf die Rechtsgleichheit. Die Daten legen nahe, dass die Zahl der Erschießungen durch Polizisten in den letzten Jahrzehnten nicht zugenommen, sondern *abgenommen* hat (auch wenn diejenigen, die stattfinden, auf Video aufgenommen werden), und drei voneinander unabhängige Analysen sind zu dem Schluss gekommen, dass das Risiko, von der Polizei getötet zu werden, für einen schwarzen Verdächtigen nicht größer ist als für einen weißen.[6] (Die amerikanische Polizei erschießt zu viele Personen, aber das ist nicht in erster Linie ein Rassenproblem.) Eine Flut von Meldungen über Vergewaltigungen sagt nichts darüber, ob es neuerdings mehr Gewalt gegen Frauen gibt, was schlecht wäre, oder ob wir neuerdings mehr auf Gewalt gegen Frauen achten, was gut wäre. Und bis heute ist ungeklärt, ob das Massaker im Nachtclub von Orlando aus Homophobie, Sympathie für den IS oder dem Bedürfnis nach posthumer Berühmtheit begangen wurde, wobei Letzteres das Motiv der meisten Amokläufer ist.

Bessere Erstentwürfe der Geschichtsschreibung liefern uns Daten über Werte sowie aus Bevölkerungsstatistiken. Das Pew Research Center hat über das letzte Vierteljahrhundert hinweg unter US-Amerikanern Meinungsumfragen zu Rasse, Geschlecht und sexueller Orientierung durchgeführt und ist zu dem Schluss gekommen, dass diese Haltungen einen »grundlegenden Wandel« hin zu Toleranz und Achtung vor Rechten erfahren haben, während zuvor weitverbreitete Vorurteile in Vergessenheit geraten sind.[7] Der Wandel wird sichtbar in Abbildung 15.1, wo Reaktionen auf drei Aussagen aus der Umfrage aufgetragen sind; sie sind für viele andere repräsentativ.

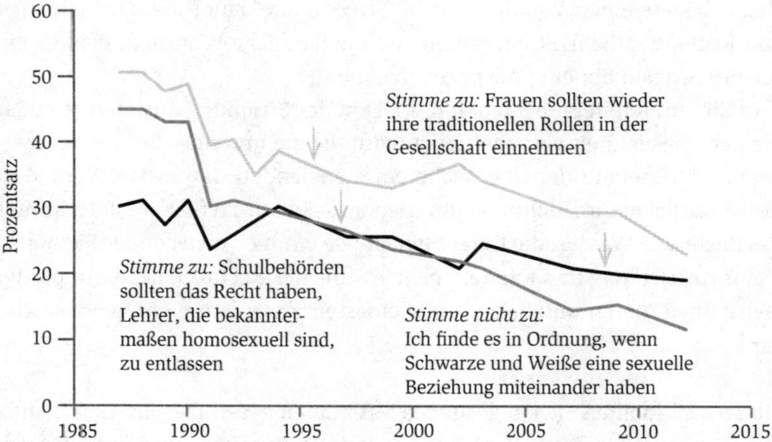

Abb. 15.1 Rassistische, sexistische und homophobe Ansichten, USA, 1987–2012
Quelle: Pew Research Center 2012 b. Die Pfeile verweisen auf die letzten in Pinker 2011 für ähnliche Fragen aufgetragenen Jahre: Schwarze, 1997 (Abbildung 7.7), Frauen, 1995 (Abbildung 7.11), Homosexuelle, 2009 (Abbildung 7.24).

Andere Umfragen lassen den gleichen Wandel erkennen.[8] Die amerikanische Bevölkerung ist nicht nur liberaler geworden – jede Generation ist auch liberaler als die davor.[9] Wie wir noch sehen werden, bewahren Menschen ihre Werte, während sie altern; insofern zeigt uns die Generation Y (die nach 1980 Geborenen, auch als *Millennials* bezeichnet), die noch weniger Vorurteile haben als der nationale Durchschnitt, in welche Richtung sich das Land entwickelt.[10]

Natürlich kann man sich fragen, ob Abbildung 15.1 tatsächlich einen Rückgang von Vorurteilen offenbart oder nur einen Rückgang der gesellschaftlichen *Akzeptanz* von Vorurteilen, weil weniger Menschen ihre fragwürdigen Einstellungen in einer Umfrage zugeben wollen. Über dieses Problem zerbrechen sich Soziologen schon lange den Kopf, doch vor kurzem hat der Ökonom Seth Stephens-Davidowitz einen Indikator für Einstellungen entdeckt, der einem digitalen Wahrheitsserum denkbar nahekommt.[11] In der Privatsphäre unserer Tastaturen und Bildschirme befragen wir Google nach allen vorstellbaren Kuriositäten, Ängsten und Lastern und dazu noch vielen, die man sich nicht vorstellen kann. (Beliebt sind Themen wie »Wie vergrößere ich meinen Penis« und »Meine Vagina riecht nach Fisch«.)

Google hat (anonymisierte) Massendaten über die Zeichenketten angehäuft, nach denen in verschiedenen Monaten und Regionen gesucht wird, sowie Tools, um sie zu analysieren. Stephens-Davidowitz hat entdeckt, dass Suchanfragen nach dem Wort *nigger* (meist auf der Suche nach rassistischen Witzen) überregional mit anderen Indikatoren für Rassenvorurteile korrelieren, etwa mit den Gesamtstimmenzahlen für Barack Obama im Jahr 2008, die niedriger als für einen Demokraten erwartbar waren.[12] Er vermutet, dass diese Suchanfragen als unauffälliger Indikator für privat gehegten Rassismus dienen können.

Wir wollen sie nutzen, um jüngere Rassismustrends zu verfolgen, und wenn wir schon dabei sind, auch Trends bei Sexismus und Homophobie, die privat bleiben. Während meiner Jugendzeit waren Witze über dumme Polen, dämliche Weibsbilder und lispelnde, verweichlichte Homosexuelle in Fernsehsendungen und Zeitungen an der Tagesordnung. Heute sind sie in den Mainstream-Medien tabu. Aber sind engstirnige Witzchen nach wie vor private Schenkelklopfer, oder haben sich die persönlichen Einstellungen so sehr geändert, dass sie uns wütend machen, peinlich berühren oder langweilen? In Abbildung 15.2 sind die Ergebnisse zu sehen.

Die Kurven legen nahe, dass es Amerikanern nicht einfach nur peinlicher ist als früher, Vorurteile zuzugeben; auch im privaten Kämmerlein finden sie sie nicht mehr so unterhaltsam.[13] Und entgegen der Befürchtung, dass der Aufstieg von Trump Vorurteile widerspiegelt (oder bestärkt), setzt die Kurve ihren Sinkflug auch während der Zeit seiner medialen Allgegenwart von 2015–2016 und Amtseinführung Anfang 2017 fort.

Stephens-Davidowitz hat mir gegenüber betont, dass diese Kurven die Abnahme von Vorurteilen vermutlich noch *unterschätzen*, weil sich der Personenkreis der Google-Sucher mittlerweile gewandelt hat. Zu Beginn der Aufzeichnungen im Jahr 2004 waren die Googler meist junge Stadtbewohner. Ältere Landbewohner springen auf den Zug der Technologie gemeinhin etwas später auf, und wenn sie diejenigen sind, die eher nach beleidigenden Ausdrücken suchen, würde das ihren Anteil in späteren Jahren vergrößern und das wahre Ausmaß des Schrumpfens von Engstirnigkeit verschleiern. Google verzeichnet zwar nicht Alter oder Bildungsstand der Sucher, wohl aber, wo sie sich aufhalten. Als ich ihn darauf ansprach, bestätigte Stephens-Davidowitz, dass vorurteilsbeladene Suchanfragen eher aus Regionen mit einer älteren und weniger gebildeten Population stammen. Verglichen mit dem gesamten Land, sind Suchanfragen nach »nigger

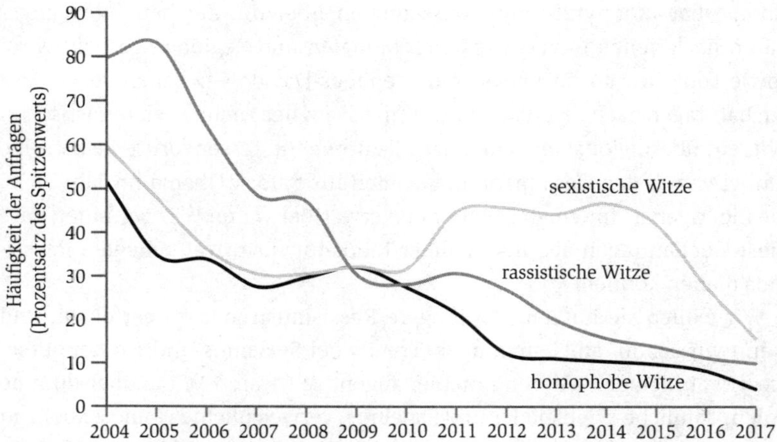

Abb. 15.2 Rassistische, sexistische und homophobe Suchanfragen im Internet, USA, 2004–2017
Quelle: Google Trends (www.google.com/trends), Suche nach »nigger jokes«, »bitch jokes« und »fag jokes«, Vereinigte Staaten, 2004–2017, in Relation zum gesamten Suchvolumen. Die Daten (abgerufen am 22. Januar 2017) wurden monatlich erhoben, ausgedrückt als Prozentsatz des Spitzenwerts für jeden Suchzeitraum, dann über die Monate jedes einzelnen Jahres gemittelt und geglättet.

jokes« aus Gemeinden mit hohem Rentneranteil siebenmal wahrscheinlicher und entsprechende Anfragen nach »fag jokes« dreißigmal. (Wie er mir bedauernd mitteilte, liefert Google AdWords keine Daten über »bitch jokes«.)

Außerdem erhielt Stephens-Davidowitz Zugang zu einem Fundus an Suchdaten von AOL, die im Gegensatz zu Google Suchanfragen von Einzelpersonen verfolgen (natürlich auch anonymisiert). Diese Threads bestätigten, dass Rassisten wohl einer aussterbenden Rasse angehören: Wer nach *»nigger«* sucht, sucht häufig auch nach anderen Themen, die Senioren ansprechen, wie soziale Sicherheit und Frank Sinatra. Die wichtigste Ausnahme waren ein paar Teenager, die auch nach roher Brutalität, Enthauptungsvideos und Kinderpornographie suchten – also nach allem, wonach man nicht suchen sollte. Doch abgesehen von diesen grenzüberschreitenden Jugendlichen (und es hat stets grenzüberschreitende Jugendliche gegeben) gehen private Vorurteile im Laufe der Zeit *und* auch bei Jugendlichen zurück, was bedeutet, dass von einer weiteren Abnahme auszugehen ist, wenn alternde Engstirnige die Bühne für weniger voreingenommene Kohorten räumen.

Bis es so weit ist, werden diese älteren und weniger gebildeten Personen (überwiegend weiße Männer) die wohltuenden Tabus zu Rassismus, Sexismus und Homophobie, die der breiten Masse in Fleisch und Blut übergegangen sind, möglicherweise nicht respektieren und sie vielleicht sogar als »politisch korrekt« abtun. Dieser Tage können sie sich im Internet zusammenrotten und sich unter der Schirmherrschaft eines Demagogen vereinen. Wie wir in Kapitel 20 sehen werden, ist Trumps Erfolg, so wie der von rechtsgerichteten Populisten in anderen westlichen Staaten, eher als Mobilisierung einer sich benachteiligt fühlenden und schrumpfenden demographischen Gruppe in einer polarisierten politischen Landschaft zu verstehen denn als plötzlicher Umschwung einer hundert Jahre langen Bewegung hin zur Rechtsgleichheit.

Der Fortschritt der Rechtsgleichheit offenbart sich wohl nicht nur in politischen Meilensteinen und Meinungsindikatoren, sondern auch in Daten über das Leben der Menschen. Unter den Afroamerikanern ist die Armutsrate von 55 Prozent im Jahr 1960 auf 27,6 Prozent im Jahr 2011 gesunken.[14] Die Lebenserwartung stieg von 33 im Jahr 1900 (17,6 Jahre unter der von Weißen) auf 75,6 Jahre 2015 (nicht einmal 3 Jahre unter der von Weißen).[15] 65-jährige Afroamerikaner haben ein noch *längeres* Leben vor sich als gleichaltrige weiße Amerikaner. Die Analphabetismusrate unter Afroamerikanern sank von 45 Prozent im Jahr 1900 auf praktisch 0 Prozent heute.[16] Wie wir im nächsten Kapitel sehen werden, verringert sich auch die Rassenkluft im Hinblick auf die Schulreife stetig. Und Kapitel 18 wird zeigen, dass dies für Glücklichsein ebenfalls gilt.[17]

Rassistische Gewalt gegen Afroamerikaner, die sich einst regelmäßig in nächtlichen Überfällen und Lynchmorden Bahn brach (um die Wende zum 20. Jahrhundert dreimal pro Woche), ging im 20. Jahrhundert rapide zurück und hat weiter abgenommen, seit das FBI 1996 begonnen hat, Berichte über Hasskriminalität zusammenzuführen, wie Abbildung 15.3 zeigt. (Sehr wenige dieser Verbrechen sind Morde – in den meisten Jahren gibt es nur einen oder zwei.)[18] Der kleine Ausschlag nach oben im Jahr 2015 (dem letzten Jahr mit verfügbaren Daten) ist nicht Trump anzulasten, denn er verläuft parallel zu der leichten Zunahme an Gewaltverbrechen in jenem Jahr (siehe

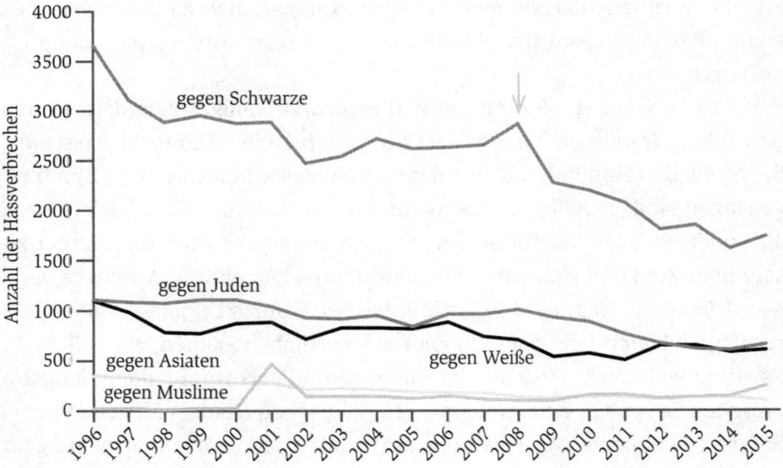

Abb. 15.3 Hasskriminalität, USA, 1996–2015
Quelle: Federal Bureau of Investigation 2016b. Der Pfeil verweist auf 2008, das letzte in Pinker 2011, Abbildung 7.4, aufgetragene Jahr.

Abbildung 12.2), und Hasskriminalität korreliert eher mit allgemeiner Gesetzwidrigkeit als mit Bemerkungen von Politikern.[19]

Abbildung 15.3 zeigt, dass gegen Asiaten, Juden und Weiße gerichtete Hassverbrechen ebenfalls zurückgegangen sind. Und entgegen Behauptungen, in den USA greife die Islamfeindlichkeit um sich, gab es bei der Hasskriminalität gegen Muslime nur wenig Veränderung – abgesehen von einem einmaligen Ausreißer nach 9/11 und kleinen Anstiegen nach Terroranschlägen wie denen in Paris und San Bernardino 2015.[20] Da während der Entstehung dieses Buches noch keine FBI-Daten aus 2016 zur Verfügung standen, wäre es voreilig, der weitverbreiteten Behauptung Glauben zu schenken, in jenem Jahr sei es zu einer von Trump angefachten Welle der Hasskriminalität gekommen. In die Welt gesetzt wurde diese Behauptung von Lobbyorganisationen, deren Finanzierung davon abhängt, Ängste zu schüren, und nicht von neutralen Archivaren. Einige Vorfälle waren ironische Falschmeldungen, und zahlreiche andere waren rüpelhafte Ausbrüche, keine wirklichen Verbrechen.[21] Wenn man von den kurzzeitig auftretenden Vorfällen in Reaktion auf Terroranschläge und im Zusammenhang mit anderen Verbrechen absieht, zeigt der Trend der Hasskriminalität abwärts.

Auch der Status von Frauen weist eine positive Tendenz auf. Noch zu Zeiten meiner Kindheit durften amerikanische Frauen in den meisten Bundesstaaten auf ihren Namen kein Darlehen aufnehmen oder eine Kreditkarte benutzen, mussten in den unterteilten Stellenannoncen in der Spalte WEIBLICH nach einem Jobangebot suchen und konnten ihren Ehemann nicht wegen Vergewaltigung anzeigen.[22] Heute machen Frauen 47 Prozent der Arbeitskräfte und die Mehrheit der Studierenden aus.[23] Gewalt gegen Frauen lässt sich am besten anhand von Diskriminierungsstudien messen, weil sie das Problem umgehen, dass der Polizei gegenüber zu wenige Angaben gemacht werden; diese Instrumente zeigen, dass die Vergewaltigungs- und Gewaltraten gegen Frauen seit Jahrzehnten sinken und mittlerweile nur noch maximal ein Viertel der früheren Höchstwerte betragen (Abbildung 15.4).[24] Es gibt immer noch zu viele dieser Verbrechen, aber uns sollte ermutigen, dass eine erhöhte Sensibilisierung für Gewalt gegen Frauen kein fruchtloses Moralisieren bedeutet, sondern messbare Fortschritte erbracht hat – und das wiederum heißt, dass das Aufrechterhalten dieser Sensibilität zu noch größeren Fortschritten führen kann.

Keine Form des Fortschritts entwickelt sich zwangsläufig, doch die historische Erosion von Rassismus, Sexismus und Homophobie ist mehr als ein Modetrend. Wie wir noch sehen werden, wird sie anscheinend von der Flutwelle der Moderne vorangetrieben. In einer weltoffenen Gesellschaft kommen Menschen einander nahe, schließen Geschäfte miteinander ab und finden sich im selben Boot mit anderen Arten von Menschen wieder; das alles erleichtert ihnen, für andere mehr Verständnis zu haben, sich in sie einzufühlen.[25] Wenn Menschen darüber hinaus gezwungen sind, sich für die Art und Weise, wie sie andere Leute behandeln, zu rechtfertigen, statt sie aus instinktiver, religiöser oder historischer Trägheit heraus zu dominieren, zerfällt unter sorgfältiger Prüfung jede Rechtfertigung für ein durch Vorurteile geprägtes Verhalten zu Staub.[26] Rassentrennung, Wahlrecht nur für Männer und die Kriminalisierung von Homosexualität sind buchstäblich unhaltbar: Sämtliche Argumente, die man dafür in der Vergangenheit angeführt hat, wurden entkräftet.

Diese Kräfte können sich langfristig auch gegen die Wucht populistischer Gegenreaktionen behaupten. Der globale Impuls zur Abschaffung der Todesstrafe (Kapitel 14) trotz ihres beständigen Rückhalts in der Öffentlichkeit ist eine Lektion über die gewundenen Pfade des Fortschritts. Unhaltbare oder unausführbare Ideen, die auf der Strecke bleiben, werden aus dem Pool

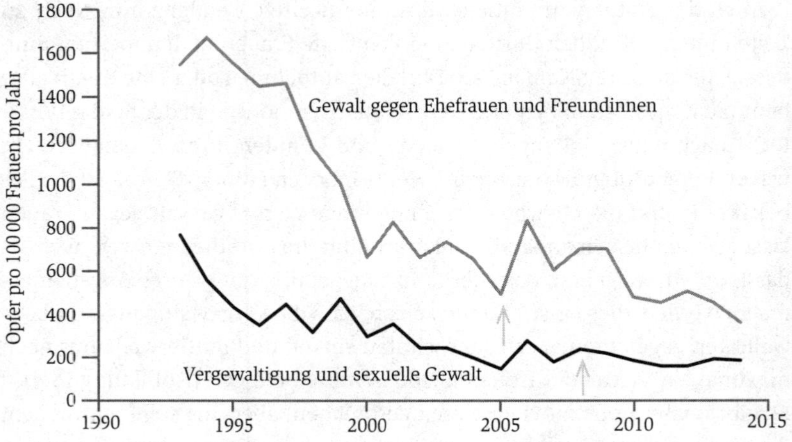

Abb. 15.4 Vergewaltigung und häusliche Gewalt, USA, 1993–2014
Quelle: US Bureau of Justice Statistics, *National Crime Victimization Survey*, Victimization Analysis Tool, http://www.bjs.gov/index.cfm?ty=nvat, mit zusätzlichen Daten von Jennifer Truman vom BJS. Die graue Kurve steht für »Gewalt durch Beziehungspartner« gegen weibliche Opfer. Die Pfeile verweisen auf 2005, das letzte in Pinker 2011, Abbildung 7.13, aufgetragene Jahr, und 2008, das letzte in Pinker 2011, Abbildung 7.10, aufgetragene Jahr.

denkbarer Optionen gestrichen, selbst unter denjenigen, die gerne denken, dass sie das Undenkbare denken, und politische Randgruppen werden mit vorangezogen, ob sie wollen oder nicht. Aus diesem Grund wurden selbst in der regressivsten politischen Bewegung der jüngeren US-amerikanischen Geschichte keine Rufe laut, erneut Jim-Crow-Gesetze einzuführen, den Frauen das Wahlrecht zu entziehen oder Homosexualität wieder unter Strafe zu stellen.

Die Voreingenommenheit gegen Rassen und Ethnien geht nicht nur im Westen zurück, sondern weltweit. Im Jahr 1950 hatte fast die Hälfte aller Staaten noch Gesetze, die ethnische oder rassische Minderheiten diskriminierten (darunter natürlich auch die Vereinigten Staaten). Im Jahr 2003 traf dies noch auf weniger als ein Fünftel zu, und demgegenüber waren Länder in der Überzahl, die Antidiskriminierungsmaßnahmen *zugunsten* benachteiligter Minderheiten ergriffen.[27] Im Jahr 2008 führte World Public Opinion eine sehr umfangreiche Umfrage in 21 Industrie- und Entwicklungsländern durch und kam zu folgendem Ergebnis: In jedem dieser Länder sagt eine große Mehrheit der Befragten (durchschnittlich um 90 Prozent), es sei wichtig, dass Menschen unterschiedlicher Rassen, Ethnien und Religionen gleich behandelt werden.[28] Ungeachtet der üblichen Selbstgeißelung westlicher Intellektueller wegen des Rassismus im Westen sind es die nichtwestlichen Staaten, die am intolerantesten sind. Doch sogar in Indien, dem Schlusslicht der Liste, sprachen sich 59 Prozent der Befragten für Rassengleichheit aus und 76 Prozent für Religionsgleichheit.[29]

Auch bei den Frauenrechten ist ein weltweiter Fortschritt zu verzeichnen. Im Jahr 1900 hatten Frauen nur in einem Land das Wahlrecht, in Neuseeland. Heute können sie in jedem Land zur Wahl gehen, in dem auch Männer wählen dürfen – mit einer Ausnahme, dem Vatikanstaat. Frauen machen weltweit fast 40 Prozent der Arbeitskräfte aus und über ein Fünftel der Abgeordneten in den nationalen Parlamenten. Sowohl World Public Opinion als auch das Pew Global Attitudes Project berichten, dass über 85 Prozent ihrer Befragten an die völlige Gleichstellung von Männern und Frauen glauben, mit einer Spanne von 60 Prozent in Indien über 88 Prozent in sechs Ländern mit islamischer Mehrheit bis zu 98 Prozent in Mexiko und Großbritannien.[30]

Im Jahr 1993 verabschiedete die Generalversammlung der Vereinten Nationen eine Erklärung über die Beseitigung der Gewalt gegen Frauen. Seitdem haben die meisten Staaten Gesetze erlassen und Aufklärungskampagnen gestartet, um Vergewaltigung, Zwangsehen, Kinderehen, Genitalverstümmelung, Ehrenmorde, häusliche Gewalt und Kriegsgräuel einzudämmen. Auch wenn einige dieser Maßnahmen zahnlose Tiger sind, geben sie langfristig Anlass für Optimismus. Globale Ächtungskampagnen, auch wenn sie zunächst nur reines Wunschdenken widerspiegeln, haben in der Vergangenheit bereits dramatische Rückgänge von Sklaverei, Duellen, Walfang, Füßebinden, Piraterie, Kaperei, chemischer Kriegführung, Apartheid und oberirdischen Kernwaffentests bewirkt.[31] Weibliche Genitalverstümmelung ist ein Beispiel hierfür: Obwohl sie noch in 29 afrikanischen Staaten (sowie Indonesien, Irak, Indien, Pakistan und Jemen) praktiziert wird, ist die Mehrheit der Männer und Frauen in diesen Ländern der Überzeugung, dass sie ein Ende haben müsse, und in den letzten 30 Jahren sind die Raten um ein Drittel zurückgegangen.[32] Im Jahr 2016 brachte das Panafrikanische Parlament in Zusammenarbeit mit dem Bevölkerungsfonds der Vereinten Nationen ein Verbot dieser Praxis und von Kinderehen auf den Weg.[33]

Schwulenrechte sind eine weitere Idee, deren Zeit gekommen ist. In fast allen Ländern der Welt galten homosexuelle Handlungen früher als Straftat.[34] Die ersten Argumente dafür, dass das, was erwachsene Menschen in gegenseitigem Einvernehmen miteinander tun, niemanden sonst etwas angeht, wurden während der Aufklärung von Montesquieu, Voltaire, Beccaria und Bentham vorgebracht. Einige wenige Länder entkriminalisierten Homosexualität bald darauf, und mit der Revolution der Schwulenrechte in den 1970er Jahren schoss die Zahl in die Höhe. In über siebzig Ländern gilt Homosexualität zwar noch als Verbrechen (in elf islamischen Staaten sogar als Kapitalverbrechen), und in Russland und mehreren afrikanischen Ländern sind Rückentwicklungen zu verzeichnen, doch weltweit geht der Trend mit Unterstützung der Vereinten Nationen und allen Menschenrechtsorganisationen in Richtung Liberalisierung.[35] Abbildung 15.5 zeigt den zeitlichen Verlauf: In den vergangenen sechs Jahren haben weitere acht Staaten die Homosexualität aus ihren Strafgesetzbüchern getilgt.

Den weltweiten Fortschritt gegen Rassismus, Sexismus und Homophobie kann man, ungeachtet seiner Holprigkeit und Rückschläge, als weit geschwungenen Bogen empfinden. Von dem Sklavereigegner Theodore Parker übernahm Martin Luther King jr. das berühmte Bild eines Bogens, der sich zur Gerechtigkeit hinneigt. Parker räumte ein, dass er nicht sehen könne, wie sich der Bogen vollende, doch könne »sein Gewissen es erahnen«. Kann es ein noch objektiveres Verfahren geben, um zu bestimmen, ob es einen historischen Bogen gibt, der der Gerechtigkeit zustrebt, und wenn ja, was ihm die Richtung weist?

Einen möglichen Blick auf den Bogen der Moral erlaubt uns der World Values Survey, in dem über mehrere Jahrzehnte hinweg 150 000 Personen aus über 95 Ländern, in denen fast 90 Prozent der Weltbevölkerung leben, befragt wurden. In seinem Buch *Freedom Rising* hat der Politologe Christian Welzel (ausgehend von einer Zusammenarbeit mit Ron Inglehart, Pippa Norris und anderen) die Behauptung aufgestellt, der Prozess der Modernisierung habe »emanzipative Werte« erstarken lassen.[36] Im Übergang von Agrar- zu Industrie-, zu Informationsgesellschaften verlieren ihre Bürger zunehmend die Angst, sich Feinden und anderer existentieller Bedrohungen erwehren zu müssen, und entwickeln immer mehr Interesse daran, ihre Ideale zu verwirklichen und die Gelegenheiten zu ergreifen, die ihnen das

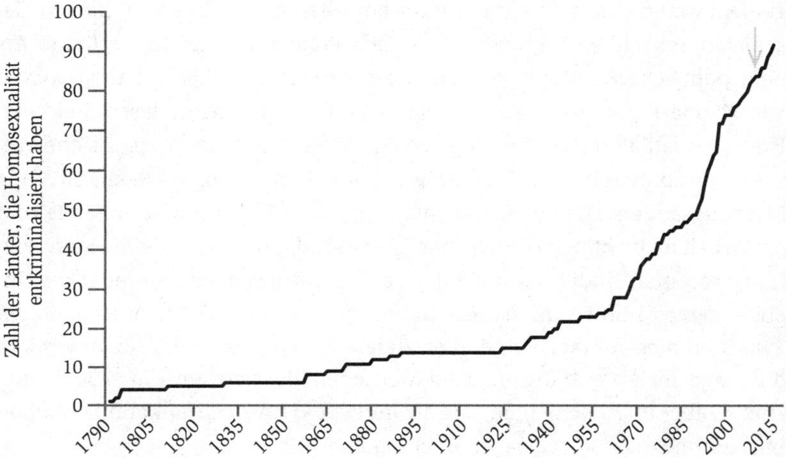

Abb. 15.5 Entkriminalisierung der Homosexualität, 1791–2016
Quellen: Ottosson, 2006, 2009. Daten für weitere 16 Staaten stammen aus »LGBT Rights by Country or Territory«, *Wikipedia*, abgerufen am 31. Juli 2016. Daten für weitere 36 Staaten, die derzeit Homosexualität erlauben, fehlen in beiden Quellen. Der Pfeil verweist auf 2009, das letzte in Pinker 2011, Abbildung 7.23, aufgetragene Jahr.

Leben bietet. Dabei verschieben sich ihre Werte hin zu größerer Freiheit für sie selbst und andere. Dieser Wandel entspricht der von dem Psychologen Abraham Maslow entwickelten Theorie einer Bedürfnishierarchie, ausgehend vom Drang zu überleben und dem Wunsch nach Sicherheit hin zu Zugehörigkeit, Wertschätzung und Selbstverwirklichung (und Brechts »Erst kommt das Fressen, dann kommt die Moral«). Wir beginnen, Freiheit höher zu schätzen als Sicherheit, Vielfalt höher als Uniformität, Autonomie höher als Autorität, Kreativität höher als Disziplin und Individualität höher als Konformität. Emanzipative Werte kann man auch als liberale Werte bezeichnen, im klassischen Sinne bezogen auf »Freiheit« und »Befreiung« (nicht auf eine linksgerichtete politische Gesinnung).

Welzel hat einen Weg gefunden, die Verpflichtung zu emanzipativen Werten durch eine einzige Zahl darzustellen. Ausgangspunkt war seine Entdeckung, dass die Antworten auf eine Gruppe von Fragen einer Erhebung meist über Personen, Länder und Regionen der Welt hinweg mit einer gemeinsamen Geschichte und Kultur korrelieren. Die Fragen umfassen Geschlechtergleichheit (ob man meint, dass Frauen das gleiche Recht auf Arbeit, politische Führungspositionen und Hochschulbildung haben sollten wie Männer), persönliche Entscheidungen (ob man meint, dass Scheidung, Homosexualität und Abtreibung gerechtfertigt sein können), politische Mitsprache (ob man der Überzeugung ist, dass Menschen das Recht auf freie Meinungsäußerung und ein Mitspracherecht in Regierung, Gemeinde und am Arbeitsplatz haben sollten) und grundsätzliche Fragen der Kindererziehung (ob man findet, dass Kinder zu Gehorsam angehalten oder zu Unabhängigkeit und Kreativität ermuntert werden sollten). Die Korrelationen zwischen diesen Fragen sind alles andere als vollkommen – insbesondere die Frage der Abtreibung entzweit Menschen, die sich sonst in vielem einig sind –, aber im Allgemeinen sind sie miteinander verschränkt und erlauben im Verbund viele Vorhersagen über ein Land.

Bevor wir uns historischen Werteveränderungen zuwenden, gilt es zu bedenken, dass der Lauf der Zeit nicht einfach nur die Seiten des Kalenders umblättert. Während die Zeit ins Land zieht, werden Menschen älter, und schließlich sterben sie und werden durch eine neue Generation ersetzt. Demzufolge können säkulare (im Sinne von historischen oder lang anhaltenden) Veränderungen im menschlichen Verhalten aus drei Gründen auftreten.[37] Der Trend kann auf einem »Periodeneffekt« beruhen – auf dem Wandel der Zeiten, dem Zeitgeist oder der Stimmung einer Nation, die alle Boote gemeinsam anhebt oder sinken lässt. Er kann auf einem »Alterseffekt« (oder »Lebenszykluseffekt«) beruhen – Menschen verändern sich, während sie sich vom lallenden Säugling zum quengelnden Schulkind, zum seufzenden Liebhaber, zum dickbäuchigen Richter und so weiter entwickeln. Da die Geburtenrate einer Nation Booms und Flauten erlebt, verändert sich die Bevölkerung zwangsläufig mit dem sich wandelnden Anteil junger, mittelalter und alter Menschen, selbst wenn deren jeweilige Werte in jedem Alter dieselben bleiben. Und schließlich kann der Trend ein »Kohorteneffekt« (oder »Generationeneffekt«) sein: Menschen, die in einer bestimmten Zeit geboren werden, zeichnen sich oft durch Eigenschaften aus, die sie ihr ganzes Leben lang begleiten, und der Bevölkerungsdurchschnitt spiegelt die sich wandelnde Mischung der Kohorten wider, während eine Generation von der Bühne ab- und die nächste auftritt. Die Effekte von Alter, Periode und Kohorte genau auseinanderzuhalten ist unmöglich, denn während eine Periode in die nächste übergeht, altert auch jede Kohorte. Doch wenn man

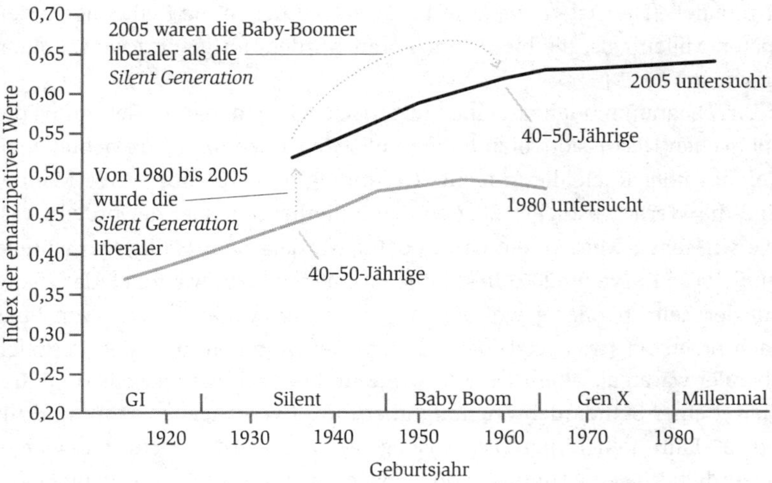

Abb. 15.6 Liberale Werte über Zeit und Generationen hinweg, Industrieländer, 1980–2005

Quelle: Welzel 2013, Abbildung 4.1. Die Daten des World Values Survey stammen aus Australien, Kanada, Frankreich, Westdeutschland, Italien, Japan, den Niederlanden, Norwegen, Schweden, Großbritannien und den Vereinigten Staaten (alle Länder gleich gewichtet).

ein Merkmal in mehreren Perioden über eine Population hinweg misst und die Daten aus den verschiedenen Kohorten in jeder einzelnen Periode getrennt betrachtet, lassen sich über die drei Arten von Veränderungen plausible Schlüsse ziehen.

Wenden wir uns zunächst der Geschichte der am weitesten entwickelten Länder zu, etwa denen in Nordamerika, Westeuropa und Japan. Abbildung 15.6 illustriert den Verlauf der emanzipativen Werte über ein Jahrhundert hinweg. Aufgetragen sind Erhebungsdaten von Erwachsenen (im Alter von 18 bis 85) in zwei Perioden (1980 und 2005), die Kohorten mit einem Geburtsjahr zwischen 1895 und 1980 repräsentieren. (US-amerikanische Kohorten teilt man gemeinhin auf in die *G. I.-Generation*, geboren zwischen 1900 und 1924, die *Silent Generation*, 1925–1945, die *Baby-Boomer*, 1946–1964, die *Generation X*, 1965–1979, und die *Millennials*, 1980–2000.) Die Kohorten sind auf der waagerechten Achse nach Geburtsjahr angeordnet; die Ergebnisse der beiden Erhebungsjahre sind in jeweils einer Kurve abgebildet. (Die Daten von 2011 bis 2014, mit denen die Reihe bis zu den späten Millennials, die bis 1996 geboren wurden, fortgeführt wird, ähneln denen von 2005.)

Das Diagramm offenbart einen historischen Trend, der im Getümmel der politischen Diskussion allzu häufig unter den Tisch fällt: Ungeachtet allen Geredes über Rückfälle in rechte Gesinnung und wütende weiße Männer sind die Werte westlicher Staaten kontinuierlich liberaler geworden (was, wie wir sehen werden, ein Grund dafür ist, dass jene Männer so wütend sind).[38] Die Kurve für 2005 liegt höher als die für 1980 (was zeigt, dass jeder mit der Zeit liberaler geworden ist), und beide Kurven steigen von links nach rechts an (was zeigt, dass jüngere Generationen in beiden Perioden liberaler waren als ältere). Die Anstiege sind beträchtlich: jeweils rund drei Viertel einer Standardabweichung über die 25 vergangenen Jahre und für jede 25-Jahre-Generation. (Die Anstiege werden überdies nicht ausreichend gewürdigt: Wie eine Umfrage von Ipsos im Jahr 2016 erbrachte, glauben die Menschen in fast jedem Industrieland, ihre Landsleute seien gesellschaftlich konservativer, als sie tatsächlich sind.)[39] Eine weitere entscheidende Entdeckung wird in der Graphik offenbar: Die Liberalisierung manifestiert sich *nicht* in einer anschwellenden Blase liberaler junger Menschen, die sich mit zunehmendem Alter wieder zum Konservatismus zurückentwickelt. Wäre das der Fall, so würden die beiden Kurven Seite an Seite verlaufen, statt dass eine über der anderen schwebt, und eine senkrechte Linie, die eine bestimmte Kohorte repräsentiert, würde die Kurve für 2005 bei einem *niedrigeren* Wert durchstoßen, was die konservative Gesinnung der Alten widerspiegeln würde und nicht den in der Graphik dargestellten höheren Wert, der den liberalen Zeitgeist bezeugt. Junge Menschen nehmen ihre emanzipativen Werte mit in ihre späteren Lebensjahre – darauf werden wir noch zurückkommen, wenn wir in Kapitel 20 über die Zukunft des Fortschritts nachdenken.[40]

Die in Abbildung 15.6 sichtbaren Liberalisierungstrends sind die der Prius fahrenden, Chai schlürfenden, Quinoa essenden Populationen postindustrieller westlicher Staaten. Was aber ist mit dem Rest der Menschheit? Welzel teilte die 95 Länder des World Values Survey in zehn Zonen mit jeweils ähnlicher Geschichte und Kultur ein. Er nutzte zudem das Fehlen eines Lebenszykluseffekts, um die emanzipativen Werte rückwärts zu extrapolieren: Die Werte einer 60-jährigen Person im Jahr 2000, bereinigt hinsichtlich der Effekte von 40 Jahren Liberalisierung in ihrem Land insgesamt, ermög-

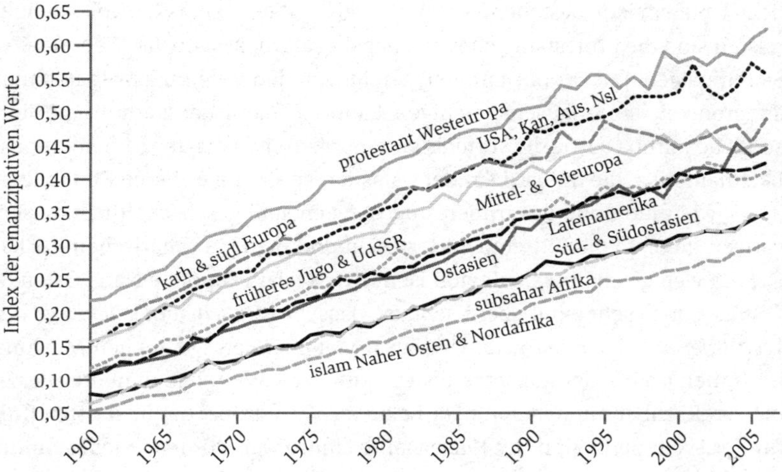

Abb. 15.7 Liberale Werte im Verlauf der Zeit (extrapoliert), Kulturzonen der Welt, 1960–2006
Quelle: World Values Survey, nach der Analyse in Welzel 2013, Abbildung 4.4, aktualisiert durch Daten von Welzel. Die Schätzungen für die emanzipativen Werte pro Jahr und Land wurden für eine hypothetische Stichprobe bestimmten Alters berechnet, basierend auf der jeweiligen Geburtenkohorte der Befragten, dem Befragungsjahr und einem länderspezifischen Periodeneffekt. Die Beschriftungen sind geographische Kürzel für Welzels »Kulturzonen« und gelten nicht für jedes Land in einer Zone gleichermaßen. Einige Zonen wurden hier umbenannt: protestantisches Westeuropa entspricht Welzels »Reformed West«, USA, Kanada, Australien, Neuseeland = »New West«, katholisches & südliches Europa = »Old West«, Mittel- & Osteuropa = »Returned West«, Ostasien = »Sinic East«, früheres Jugoslawien & UdSSR = »Orthodox East«, Süd- & Südostasien = »Indic East«. Die Länder in den einzelnen Zonen wurden jeweils gleich gewichtet.

lichen eine gute Schätzung der Werte einer 20-jährigen Person im Jahr 1960. Abbildung 15.7 zeigt die Trends für liberale Werte in den verschiedenen Teilen der Welt über einen Zeitraum von fast 50 Jahren, wobei die Effekte des sich wandelnden Zeitgeists in jedem Land (entsprechend dem Sprung zwischen den Kurven in Abbildung 15.6) mit den sich wandelnden Kohorten (dem Anstieg innerhalb der einzelnen Kurven) kombiniert wurden.

Die Graphik verdeutlicht, dass zwischen den Kulturzonen der Welt erhebliche Unterschiede bestehen, was nicht weiter überrascht. Weltweit am liberalsten sind die protestantischen Länder Westeuropas, wie die Niederlande, Skandinavien und Großbritannien, gefolgt von den Vereinigten Staaten und anderen reichen englischsprachigen Ländern, dann das katholische und südliche Europa sowie die vormals kommunistischen Staaten Mitteleuropas. Lateinamerika, die Industrieländer Ostasiens sowie die früheren Republiken der Sowjetunion und das frühere Jugoslawien sind gesellschaftlich konservativer, gefolgt von Süd- und Südostasien und dem subsaharischen Afrika. Die am wenigsten liberale Region ist der vom Islam geprägte Nahe Osten.

Was jedoch sehr wohl überrascht, ist, dass *die Menschen in jedem Teil der Welt liberaler geworden sind*. Und zwar viel liberaler: Die jungen Muslime im Nahen Osten, der konservativsten Kultur der Welt, haben heute Werte, die vergleichbar mit denen junger Leute in Westeuropa, der liberalsten Kultur der Welt, zu Beginn der 1960er Jahre sind. Zwar wurden in jeder Kultur sowohl der Zeitgeist als auch die Generationen liberaler, doch in manchen, beispielsweise im islamisch geprägten Nahen Osten, wurde die Liberalisierung überwiegend vom Generationenwechsel vorangetrieben, der im Arabischen Frühling ganz offensichtlich eine große Rolle spielte.[41]

Können wir die Ursachen benennen, die die Regionen der Welt voneinander unterscheiden und sie alle mit der Zeit liberaler machen? Zahlreiche gesamtgesellschaftliche Merkmale korrelieren mit emanzipativen Werten, und zudem – diesem Problem werden wir uns immer wieder gegenübersehen – korrelieren sie häufig miteinander, was für Soziologen ein Ärgernis ist, die Kausalzusammenhänge und Korrelationen trennen wollen.[42] Wohlstand (gemessen am BIP pro Kopf) korreliert mit emanzipativen Werten, vermutlich weil sich Menschen, die gesünder und sicherer leben, den Versuch leisten können, ihre Gesellschaften zu liberalisieren. Wie die Daten zeigen, sind liberale Länder im Schnitt auch durch bessere Bildung gekennzeichnet, sind urbaner, haben geringere Fortpflanzungsraten, weisen weniger Inzucht (Ehen zwischen Cousins und Cousinen) auf, sind friedlicher, demokratischer, weniger korrupt und werden seltener von Kriminalität und Staatsstreichen heimgesucht.[43] Ihre Ökonomien, heute und früher, beruhen eher auf Handelsnetzen als auf großen Plantagen oder der Gewinnung von Öl und Mineralen.

Der beste Prädiktor für emanzipative Werte ist jedoch der von der Weltbank ins Leben gerufene Wissensindex *(Knowledge Index)*; er kombiniert Pro-Kopf-Maße für Bildung (Alphabetismus von Erwachsenen und Besuch von Gymnasien und Hochschulen), Informationszugang (Telefone, Computer und Internetnutzer), wissenschaftliche und technische Produktivität (Forscher, Patente und Zeitschriftenartikel) sowie Integrität von Institutionen (Rechtsstaatlichkeit, regulative Qualität und offene Volkswirtschaften).[44] Laut Welzel erklärt der Wissensindex *70 Prozent* der Variation der emanzipativen Werte über Länder hinweg, womit er ein viel besserer Prädiktor als BIP ist.[45] Das statistische Ergebnis stützt eine zentrale Erkenntnis der Aufklärung: Wissen und solide Institutionen bewirken moralischen Fortschritt.

Keine Bestandsaufnahme des Fortschritts der Menschenrechte darf den verletzlichsten Bereich der Menschheit ausklammern – die Kinder. Denn diese können nicht selbst für ihre Interessen eintreten, sondern sind vom Mitgefühl anderer abhängig. Wir haben bereits gesehen, dass es Kindern auf der ganzen Welt heute besser geht als früher: Die Wahrscheinlichkeit ist gesunken, dass sie ohne Mutter aufwachsen müssen, vor ihrem fünften Geburtstag sterben oder aufgrund von Nahrungsmangel gravierende Entwicklungsstörungen davontragen. Nun werden wir außerdem sehen, dass Kinder nicht nur diesen naturgegebenen Gefahren zunehmend entrinnen, sondern auch den menschengemachten – sie leben in größerer Sicherheit als zuvor, und die Chancen sind gestiegen, dass sie wirklich als Kinder aufwachsen dürfen.

Das Wohl der Kinder ist ein weiteres Feld, in dem grelle Schlagzeilen Nachrichtenkonsumenten in Angst und Schrecken versetzen, obwohl es weniger gibt, das sie zu fürchten haben. Medienberichte über Amokläufe an Schulen, Kindesentführungen, Mobbing, Cyber-Bullying, Sexting, Vergewaltigungen bei Verabredungen sowie sexuellen und körperlichen Missbrauch erwecken den Anschein, als lebten Kinder in immer gefährlicheren Zeiten. Doch die Daten sprechen eine andere Sprache. Dass Jugendliche weniger harte Drogen konsumieren, wie in Kapitel 12 erwähnt, ist nur ein Beispiel dafür. Im Jahr 2014 erstellten der Soziologe David Finkelhor und seine Mitarbeiter einen Überblick über die Literatur zur Gewalt gegen Kinder in den USA. Sie berichteten: »Wir untersuchten 50 Trends bei der Gewalt gegen Kinder; zwischen 2003 und 2011 waren 27 signifikante Rückgänge und keine signifikanten Zunahmen zu verzeichnen. Besonders starke Rückgänge gab es bei aggressivem Schikanieren, Mobbing und sexueller Belästigung.«[46] Drei dieser Trends sind in Abbildung 15.8 dargestellt.

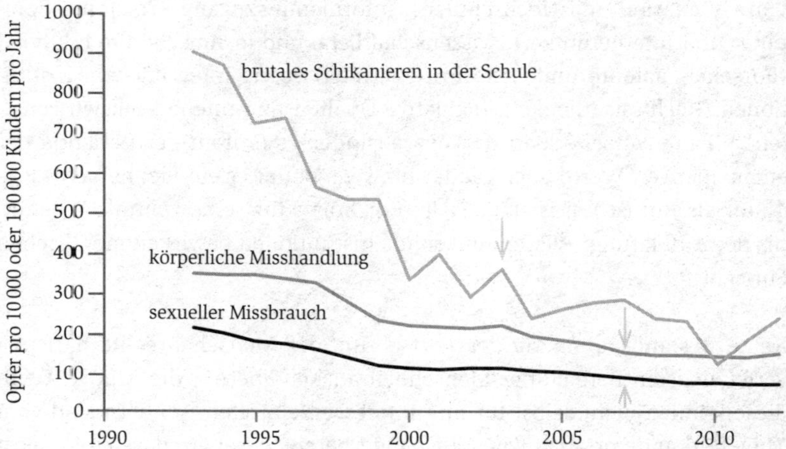

Abb. 15.8 Misshandeln von Kindern, USA, 1993–2012
Quellen: Körperliche Misshandlung und sexueller Missbrauch (vor allem durch Bezugspersonen): National Child Abuse and Neglect Data System, http://www.ndacan.cornell.edu/, analysiert von Finkelhor 2014, Finkelhor et al. 2014. Brutales Schikanieren in der Schule: US Bureau of Justice Statistics, *National Crime Victimization Survey*, Victimization Analysis Tool, http://www.bjs.gov/index.cfm?ty=nvat. Die Raten für körperliche Misshandlung und sexuellen Missbrauch beziehen sich jeweils auf 100 000 Kinder unter 18 Jahren. Die Raten für brutales Schikanieren in der Schule beziehen sich jeweils auf 10 000 Kinder von 12 bis 17 Jahren. Die Pfeile verweisen auf 2003 und 2007, die letzten in Pinker 2011, Abbildung 7.22 und Abbildung 7.20, aufgetragenen Jahre.

Eine weitere Form von Gewalt gegen Kinder, die zurückgeht, sind körperliche Züchtigung, wahlweise bezeichnet als Tracht Prügel, Haue, Dresche, Senge, Abreibung, den Hintern versohlen oder das Fell gerben, und andere brutale Erziehungsmethoden – spätestens seit dem aus dem 7. Jahrhundert vor unserer Zeitrechnung stammenden Ratschlag »Wer sein Kind liebt, züchtigt es«. Körperliche Züchtigung wurde in mehreren Erklärungen der Vereinten Nationen verurteilt und in mehr als der Hälfte aller Länder weltweit verboten. Erneut scheren die Vereinigten Staaten aus der Reihe der weit entwickelten Demokratien aus und erlauben die Prügelstrafe an Schulen, doch selbst hier schwindet die Zustimmung zu allen Formen körperlicher Züchtigung langsam, aber stetig.[47]

Die dem neunjährigen Oliver Twist erteilte Aufgabe, in einem englischen Armenhaus Werg aus teerigen Seilen zu zupfen, bietet einen fiktiven Einblick in eine der am weitesten verbreiteten Arten der Kindesmisshandlung, die Kinderarbeit. Neben Dickens' Roman machten Elizabeth Barrett Brownings Gedicht »The Cry of the Children« (»Der Schrei der Kinder«) und zahlreiche journalistische Enthüllungen die Leser des 19. Jahrhunderts eindringlich auf die grauenhaften Bedingungen aufmerksam, unter denen Kinder in jener Epoche zur Arbeit gezwungen wurden. Kleine Kinder standen auf Kisten, um gefährliche Maschinen in Spinnereien, Minen und Konservenfabriken zu bedienen, atmeten mit Baumwoll- oder Kohlenstaub geschwängerte Luft, wurden wach gehalten durch Schwälle kalten Wassers, die man ihnen ins Gesicht schüttete, und sanken nach kraftraubenden Schichten, das Essen noch im Mund, in halb bewusstlosen Schlaf.

Die Grausamkeiten der Kinderarbeit begannen jedoch keineswegs erst in den viktorianischen Fabriken.[48] Kinder wurden schon immer als Landarbeiter oder Hausangestellte eingesetzt, und es war übliche Praxis, dass man sie als Diener an andere Personen oder Arbeitskräfte in der Baumwollindustrie auslieh – oft, sobald sie laufen konnten. So mussten Kinder, die in der Küche arbeiteten, stundenlang einen Bratspieß mit einem Stück Fleisch drehen, nur durch ein Bündel nasses Heu vor dem Feuer geschützt.[49] Niemand betrachtete Kinderarbeit als Ausbeutung; sie galt als eine Art moralischer Unterweisung, die Kinder von Müßiggang und Trägheit abhielt.

Mit einflussreichen Abhandlungen von John Locke 1693 und Jean-Jacques Rousseau 1762 begann sich ein neues Kindheitsbild zu entwickeln.[50] Nun betrachtete man eine sorgenfreie Jugend als menschliches Geburtsrecht. Spielen galt als eine wesentliche Form des Lernens, und die frühen Lebensjahre prägten den erwachsenen Menschen und bestimmten die Zukunft der Gesellschaft. In den Jahrzehnten um die Wende zum 20. Jahrhundert wurde die Kindheit »sakralisiert«, wie es die Ökonomin Viviana Zelizer ausgedrückt hat, und Kinder erwarben ihren jetzigen Status als »wirtschaftlich wertlos, emotional unbezahlbar«.[51] Unter dem Druck von Fürsprechern der Kinder und gefördert durch Wohlstand, kleinere Familien, das sich ausdehnende Band des Mitgefühls und einen immer höheren Stellenwert der Bildung, machten die westlichen Gesellschaften der Kinderarbeit nach und nach ein Ende. Eine Momentaufnahme dieser Kräfte, die alle in die gleiche Richtung wirkten, liefert eine Anzeige für Traktoren, die 1921 in einer Ausgabe der Zeitschrift *Successful Farming* (»Erfolgreiche Landwirtschaft«) erschien und mit »Lassen Sie den Jungen in der Schule« überschrieben war:

> Wenn im Frühjahr die dringende Feldarbeit ruft, nehmen das viele zum Anlass, ihren Jungen für mehrere Monate aus der Schule zu nehmen. Das mag notwendig erscheinen – aber dem Jungen gegenüber ist es nicht fair! Man verbaut ihm sein späteres Leben, wenn man ihm die Chance auf Bildung nimmt. In dieser Zeit kommt der Bildung eine immer größere Bedeutung für Erfolg und Ansehen in allen gesellschaftlichen Schichten zu, auch in der Landwirtschaft.
>
> Falls Sie das Gefühl haben, dass Ihre eigene Bildung ohne Ihre Schuld vernachlässigt wurde, werden Sie sich natürlich wünschen, dass Ihre Kinder die Vorzüge einer echten Bildung genießen – dass sie einige Dinge bekommen, die Ihnen vielleicht verwehrt wurden.
>
> Mit Hilfe eines *Case-Kerosene*-Traktors kann ein einzelner Mann in einem bestimmten Zeitraum mehr Arbeit verrichten als ein fähiger Mann und ein fleißiger Junge, die mit Pferden arbeiten, zusammen. Wenn Sie jetzt in eine Ausstattung mit *Case*-Traktor sowie *Ground-Detour*-Pflug und -Egge investieren, kann Ihr Junge ohne Unterbrechung zur Schule gehen, und die Frühjahrsarbeit wird nicht unter seiner Abwesenheit leiden.
>
> Lassen Sie den Jungen in der Schule – und lassen Sie einen *Case-Kerosene*-Traktor seinen Platz auf dem Acker einnehmen. Beide Investitionen werden Sie nie bereuen.[52]

Der endgültige Todesstoß für die Kinderarbeit waren in vielen Ländern Gesetze, die die Schulpflicht einführten, womit es explizit illegal wurde, Kinder arbeiten zu lassen. Abbildung 15.9 zeigt, dass sich der Anteil der Kinderarbeiter in England zwischen 1850 und 1910 halbierte, bevor Kinderarbeit 1918 endgültig für ungesetzlich erklärt wurde, und in den Vereinigten Staaten war die Entwicklung ähnlich.

Die Graphik zeigt auch den jäh abfallenden Rückgang in Italien sowie zwei neuere Zeitreihen für die Welt. Wegen Unterschieden in der Altersspanne und der Definition von »Kinderarbeit« sind die Kurven nicht unmittelbar vergleichbar, aber der Trend ist der gleiche: abwärts. Im Jahr 2012 arbeiteten 16,7 Prozent der Kinder der Welt eine Stunde pro Woche oder mehr, 10,6 Prozent arbeiteten unter prekären Bedingungen (viele Stunden oder in jungem Alter), und 5,4 Prozent mussten gefährliche Arbeiten verrichten – immer noch viel zu viele, aber nicht einmal mehr halb so viele wie nur ein Dutzend Jahre zuvor. Seit jeher und auch heute noch konzentriert sich Kinderarbeit nicht auf die Fertigungsindustrie, sondern auf Landwirtschaft,

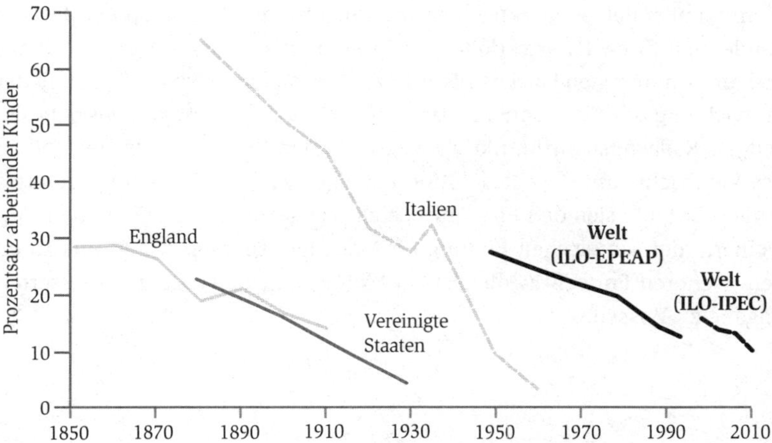

Abb. 15.9 Kinderarbeit, 1850–2012
Quellen: *Our World in Data*, Ortiz-Ospina & Roser 2016a und folgende. England: Prozentsatz der Kinder zwischen 10 und 14 Jahren, die als arbeitend verzeichnet waren, Cunningham 1996. Vereinigte Staaten: Whaples 2005. Italien: Kinderarbeit, 10–14 Jahre, Toniolo & Vecchi 2007. Welt ILO-EPEAP (International Labour Organization Programme on Estimates and Projections of the Economically Active Population): Kinderarbeit, 10–14 Jahre, Basu 1999. Welt ILO-IPEC (International Labour Organization International Programme on the Elimination of Child Labour): Kinderarbeit, 5–17 Jahre, International Labour Organization 2013

Forstwirtschaft und Fischerei, und sie geht einher mit nationaler Armut, als Ursache wie auch als Wirkung: Je ärmer das Land, desto größer der Prozentsatz der arbeitenden Kinder.[53] Wenn die Löhne steigen oder Eltern, die ihre Kinder zur Schule schicken, von der Regierung finanziell unterstützt werden, geht die Kinderarbeit zurück; daraus folgt, dass arme Eltern ihre Kinder nicht aus Habgier, sondern aus Verzweiflung arbeiten lassen.[54]

Wie bei anderen Verbrechen und Tragödien des menschlichen Lebens verdankt sich der Fortschritt, die Kinderarbeit abzuschaffen, sowohl dem weltweiten Wohlstandswachstum als auch humanistisch-moralischen Kampagnen. Im Jahr 1999 ratifizierten 180 Staaten die Worst Forms of Child Labour Convention (»Konvention zu den schlimmsten Formen der Kinderarbeit«). Zu den »schlimmsten Formen«, die untersagt wurden, gehören gefährliche Arbeiten sowie die Ausbeutung von Kindern durch Sklaverei,

Menschenhandel, Schuldknechtschaft, Prostitution, Pornographie, Drogenhandel und Krieg. Zwar verfehlte die International Labour Organization ihr Ziel, die schlimmsten Formen bis 2016 zu eliminieren, doch die Dynamik der Entwicklung ist unverkennbar. Das Vorhaben wurde 2014 symbolisch besiegelt, als Kailash Satyarthi, Aktivist gegen Kinderarbeit, der entscheidend an der Verabschiedung der Resolution beteiligt war, den Friedensnobelpreis erhielt. Er teilte sich den Preis mit Malala Yousafzai, der heldenhaften Verfechterin der schulischen Bildung für Mädchen. Und das bringt uns zu einem weiteren Fortschritt menschlichen Wohlergehens, dem verbesserten Zugang zu Wissen.

Kapitel 16

Wissen

Homo sapiens, der »wissende Mensch«, ist die Spezies, die Informationen nutzt, um der alles zersetzenden Entropie und den Bürden der Evolution zu trotzen. Überall auf der Welt erwerben Menschen Kenntnisse über ihre Umgebung, ihre Flora und Fauna, die Werkzeuge und Waffen, um sie sich untertan zu machen, sowie die Netzwerke und Normen, die sie mit ihren Verwandten, Verbündeten und Feinden verknüpfen. Sie sammeln und teilen dieses Wissen mit Hilfe von Sprache, Gesten und persönlicher Unterweisung.[1]

Einige Male in der Geschichte ist Menschen die Entwicklung von Technologien gelungen, die den Zuwachs von Wissen vervielfachen, ja, potenzieren, wie Schrift, Buchdruck und elektronische Medien. Die Supernova des Wissens definiert fortwährend neu, was es heißt, ein Mensch zu sein. Dass wir begreifen, wer wir sind, woher wir kommen, wie die Welt funktioniert und was im Leben wichtig ist, hängt von unserer Teilhabe an dem riesigen und ständig weiter wachsenden Schatz des Wissens ab. Obgleich ungebildete Jäger, Hirten und Bauern vollwertige Menschen sind, beschreiben Anthropologen häufig ihre Konzentration auf das Gegenwärtige, räumlich Begrenzte, Physische.[2] Sich seines Landes und dessen Geschichte bewusst zu sein, der Vielfalt von Bräuchen und Überzeugungen überall auf der Welt und zu allen Zeiten, der Missgriffe und Triumphe vergangener Zivilisationen, der Mikrokosmen von Zellen und Atomen wie auch der Makrokosmen von Planeten und Galaxien, der ätherischen Realität von Zahlen, Logik und Mustern – dieses Wissen erhebt uns wahrhaftig in eine höhere Bewusstseinssphäre. Es ist ein Geschenk, einer intelligenten Spezies mit einer langen Geschichte anzugehören.

Wir sind schon lange in der Lage, den Wissensschatz unserer Kultur durch Geschichtenerzählen und Unterweisung weiterzugeben. Schulische Einrichtungen gibt es seit Jahrtausenden; ich bin mit der talmudischen Geschichte des Rabbi Hillel aus dem 1. Jahrhundert aufgewachsen, der als junger Mann beinahe erfroren wäre, weil er auf das Dach einer Schule geklettert war, um dem Unterricht durch das Dachfenster zu folgen, weil er sich das Schulgeld nicht leisten konnte. Zu unterschiedlichen Zeiten wurden Schulen beauftragt, jungen Menschen praktische, religiöse oder patriotische Kenntnisse einzutrichtern, doch die Aufklärung mit ihrer Verherrlichung des Wissens machte sich daran, den Lehrplan zu erweitern. »Mit dem Anbruch der Moderne«, konstatiert der Erziehungswissenschaftler George Counts, »erlangte die schulische Bildung eine Bedeutung, die alles andere, was die Welt je gesehen hatte, weit in den Schatten stellte. Die Schule, die in den meisten Gesellschaften der Vergangenheit eine eher unbedeutende soziale Einrichtung gewesen war, die das Leben eines nur geringen Teils der Bevölkerung direkt beeinflusste, expandierte horizontal und vertikal, bis sie ihren Platz neben Regierung, Kirche, Familie und Besitz als eine der einflussreichsten Institutionen der Gesellschaft einnahm.«[3] Heute herrscht in den meisten Ländern Schulpflicht, und die 170 Mitglieder der Vereinten Nationen, die 1966 den Internationalen Pakt über wirtschaftliche, soziale und kulturelle Rechte unterzeichneten, erklärten Bildung zu einem grundlegenden Menschenrecht.[4]

Die bewusstseinsverändernden Effekte der Bildung erstrecken sich auf jeden Bereich des Lebens – auf offenkundige und zuweilen auch fast gespenstische Weise. Offenkundig ist etwa, was wir in Kapitel 6 erfahren haben: Ein paar Kenntnisse über Hygiene, Ernährung und geschützten Sex können weitreichende positive Wirkungen auf die Gesundheit und die Lebenserwartung haben. Ebenso offenkundig ist, dass Lesen, Schreiben und Rechnen die Grundlagen für modernen Wohlstand sind. In einem Entwicklungsland kann eine junge Frau nicht einmal als Haushaltshilfe arbeiten, wenn sie nicht in der Lage ist, eine Notiz zu entziffern oder Vorräte nachzuzählen, und höhere Sprossen der Beschäftigungsleiter erfordern ständig wachsende Fähigkeiten beim Umgang mit technischem Material. Die Länder, denen im 19. Jahrhundert als ersten der große Ausbruch aus flächendeckender Armut gelang, und die Länder, die seitdem die schnellsten Wachstumsraten vorweisen konnten, sind auch diejenigen Länder, die am intensivsten in die Bildung ihrer Kinder investiert haben.[5]

Wie bei jeder soziologischen Frage ist Korrelation nicht gleich Kausalität. Werden Länder mit besserer Bildung reicher, oder können sich reichere Länder mehr Bildung leisten? Um das Rätsel zu lösen, machen wir uns die Tatsache zunutze, dass eine Ursache ihrer Wirkung vorausgehen muss. Studien, die unter sonst gleichen Voraussetzungen Bildung zum Zeitpunkt 1 und Wohlstand zum Zeitpunkt 2 einschätzen, legen nahe, dass die Investition in Bildung Staaten tatsächlich reicher macht. Das ist zumindest dann der Fall, wenn die Bildung weltlich und rationalistisch ist. Obwohl die Spanier eine umfangreiche Schulbildung genossen, hinkte Spanien bis zum 20. Jahrhundert den anderen westlichen Ländern wirtschaftlich hinterher, weil das spanische Bildungssystem von der katholischen Kirche kontrolliert wurde und »die Kinder der breiten Masse nur mündlich im Glauben und im Katechismus sowie in einigen einfachen handwerklichen Fertigkeiten unterwiesen wurden. ... Naturwissenschaft, Mathematik, Volkswirtschaft und weltliche Geschichte galten, außer für ausgebildete Theologen, als zu kontrovers.«[6] Die Einmischung durch den Klerus hat man auch für die ökonomische Rückständigkeit in Teilen der heutigen arabischen Welt verantwortlich gemacht.[7]

Am ideelleren Ende hat Bildung Geschenke im Gepäck, die weit über praktisches Know-how und Wirtschaftswachstum hinausgehen: Eine bessere Bildung heute macht ein Land morgen demokratischer und friedlicher.[8] Die weitreichenden Effekte der Bildung erschweren die Differenzierung zwischen den zusätzlichen Verbindungen in der Kausalkette von Schulunterricht zu sozialem Frieden. Einige Zusammenhänge könnten einfach demographischer und ökonomischer Natur sein. Gebildetere Mädchen bekommen später weniger Kinder, so dass es eher nicht zu einem Jugendüberschuss mit zu vielen auf Krawall gebürsteten jungen Männern kommt.[9] Zudem sind Länder mit einem besseren Bildungssystem reicher, und reichere Länder sind, wie wie wir in Kapitel 11 und 14 gesehen haben, gemeinhin friedfertiger und demokratischer.

Manche der Kausalverbindungen bestätigen aber auch die Werte der Aufklärung. Mit Bildung ändert sich so vieles! Wir legen gefährlichen Aberglauben ab – etwa dass Machthaber von Gottes Gnaden herrschen oder dass Menschen, die nicht so aussehen wie wir, weniger menschlich sind. Wir lernen, dass es auch andere Kulturen gibt, die in ihre Lebensweise ebenso eingebunden sind wie wir in unsere, und dass beides seine Berechtigung hat. Wir lernen, dass unsere Überzeugungen, so tief empfunden oder populär sie auch sein mögen, dennoch falsch sein können. Wir lernen, dass es bessere oder schlechtere Lebensformen gibt und dass andere Menschen und andere Kulturen vielleicht Dinge wissen, die uns unbekannt sind. Und nicht zuletzt lernen wir, dass es Wege gibt, Konflikte ohne Gewalt zu lösen. All diese Erleuchtungen sprechen dagegen, unter der Knute eines Autokraten zu kuschen oder sich einem Kreuzzug anzuschließen, um die eigenen Nachbarn zu unterwerfen und zu töten. Natürlich erlebt man keine dieser Offenbarungen zwangsläufig, insbesondere nicht, wenn Herrschende ihre eigenen Dogmen, alternativen Fakten und Verschwörungstheorien verbreiten – und, als zweifelhaftes Kompliment an die Macht des Wissens, diejenigen Personen und Ideen mundtot machen, die ihrem Ansehen möglicherweise schaden.

Untersuchungen über die Effekte von Bildung bestätigen, dass gebildete Menschen tatsächlich aufgeklärter sind. Sie sind weniger rassistisch, sexistisch, fremdenfeindlich, homophob und autoritär.[10] Sie legen mehr Wert auf Phantasie, Unabhängigkeit und freie Meinungsäußerung.[11] Die Wahrscheinlichkeit ist größer, dass sie wählen gehen, ehrenamtliche Aufgaben übernehmen, politische Meinungen äußern und Bürgervereinigungen angehören, wie Gewerkschaften, politischen Parteien sowie religiösen und gemeindlichen Organisationen.[12] Zudem vertrauen sie eher ihren Mitbürgern – eine entscheidende Zutat für das kostbare Elixir Sozialkapital, das Menschen die Zuversicht verleiht, dass sie Verträge schließen, Investitionen tätigen und das Gesetz befolgen können, ohne befürchten zu müssen, sie seien Trottel, die von allen anderen übers Ohr gehauen werden.[13]

Aus all diesen Gründen ist das Bildungswachstum – und seine erste Dividende, die Alphabetisierung – ein Aushängeschild des menschlichen Fortschritts. Und wie bei so vielen anderen Fortschrittsdimensionen gleichen sich die Bilder: Bis zur Aufklärung herrschte fast allerorten das Elend. Dann sonderten sich einige Länder von der Meute ab. In jüngerer Zeit holt der Rest der Welt auf. Schon bald wird man fast überall auf der Welt die Früchte ernten können. In Abbildung 16.1 ist zu sehen, dass vor dem 17. Jahrhundert nur eine kleine Elite in Westeuropa, weniger als ein Achtel der Bevölkerung, das Privileg genoss, lesen und schreiben zu können, und das galt auf der ganzen Welt bis weit ins 19. Jahrhundert hinein. Im darauffolgenden Jahrhundert verdoppelte sich die Alphabetisierungsrate und im Jahrhundert danach vervierfachte sie sich, so dass nun 83 Prozent der Weltbevölkerung des Lesens und Schreibens mächtig sind. Sogar diese Zahl ist noch untertrieben, denn das verbliebene analphabetische Fünftel ist zumeist mittleren Alters oder älter. In vielen Ländern des Nahen Ostens und Nordafrikas können über drei Viertel der Menschen über 65 nicht lesen und schreiben, während die Rate für Jugendliche und Personen in den zwanziger Jahren einstellig ist.[14] Im Jahr 2010 betrug die Alphabetisierungsrate für junge Er-

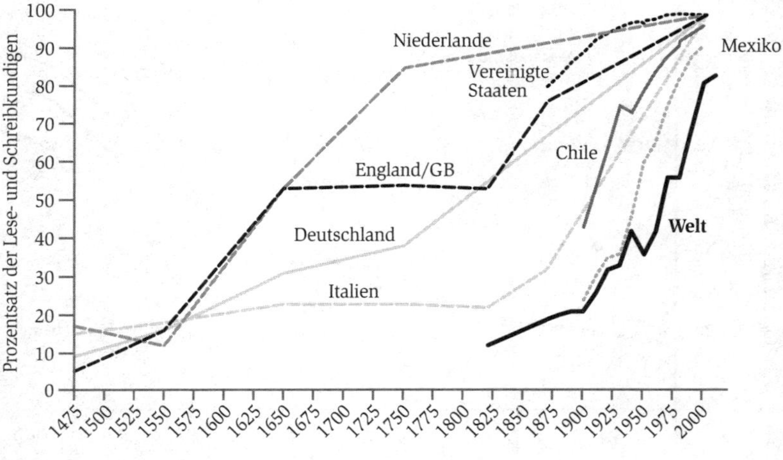

Abb. 16.1 Alphabetisierung, 1475–2010
Quelle: *Our World in Data*, Roser & Ortiz-Ospina 2016b, einschließlich Daten aus den folgenden Quellen. Vor 1800: Buringh & van Zanden 2009. Welt: van Zanden et al. 2014. USA: National Center for Education Statistics. Nach 2000: Central Intelligence Agency 2016

wachsene (zwischen 15 und 24 Jahren) 91 Prozent – ungefähr so hoch wie der Anteil der gesamten Bevölkerung der USA im Jahr 1910.[15] Nicht weiter überraschend ist, dass die niedrigsten Alphabetisierungsraten in den ärmsten und kriegsgeschundensten Staaten der Welt zu verzeichnen sind, so im Südsudan (32 Prozent), in der Zentralafrikanischen Republik (37 Prozent) und in Afghanistan (38 Prozent).[16]

Lesen und Schreiben ist die Grundlage aller weiteren Bildung, und Abbildung 16.2 verdeutlicht den weltweiten Fortschritt beim Schulbesuch von Kindern.[17] Der Kurvenverlauf ist uns vertraut: Im Jahr 1820 besaßen über 80 Prozent der Weltbevölkerung keine Schulbildung. Im Jahr 1900 kam die große Mehrheit in Westeuropa und den angelsächsischen Ländern in den Genuss einer Basisbildung. Heute trifft das auf über 80 Prozent der Weltbevölkerung zu. Die am stärksten benachteiligte Region, das subsaharische Afrika, weist eine vergleichbare Rate wie die Welt 1980, Lateinamerika 1970, Ostasien in den 1960er Jahren, Osteuropa 1930 und Westeuropa 1880 auf. Nach neuesten Hochrechnungen werden Mitte dieses Jahrhunderts in nur noch fünf Ländern über ein Fünftel der jeweiligen Bevölkerung keine Schul-

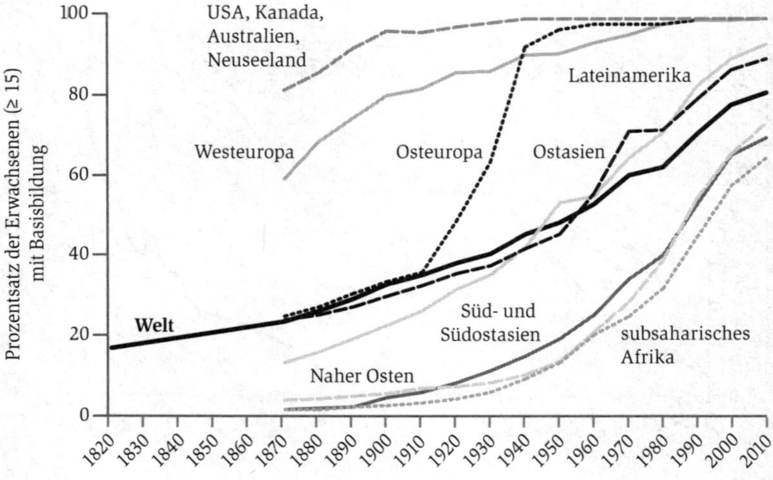

Abb. 16.2 Basisbildung, 1820–2010
Quelle: *Our World in Data*, Roser & Ortiz-Ospina 2018, basierend auf Daten von van Zanden et al. 2014. Die Kurven stehen für den Anteil der Bevölkerung, der 15 Jahre oder älter ist und mindestens ein Jahr in der Schule war (mehr in späteren Epochen); siehe van Leeuwen & van Leeuwen-Li 2014, S. 88–93.

bildung haben, und Ende des Jahrhunderts wird der Anteil weltweit bei null angelangt sein.[18]

»Das viele Büchermachen nimmt kein Ende, und vieles Studieren ermüdet den Leib.«[19] Anders als bei Maßen für Wohlergehen, deren natürliche Untergrenze null ist, wie Krieg und Krankheit, oder bei Maßen mit einer natürlichen Obergrenze von hundert Prozent, wie Ernährung und Alphabetisierung, hat das Streben nach Wissen kein Ende. Wissen ist nicht nur an sich unbegrenzbar – auch der Bonus für Wissen in einer von Technik bestimmten Ökonomie wächst unaufhaltsam.[20] Während sich die globalen Raten für Alphabetisierung und Basisbildung ihrer natürlichen Obergrenze annähern, nimmt die Zahl der Schuljahre, die in Studien- und Promotionsjahre an Colleges und Universitäten übergeht, in jedem Land weiter zu. Im Jahr 1920 besuchten nur 28 Prozent der US-amerikanischen Teenager zwischen 14 und 17 die Highschool. 1930 lag der Anteil schon fast bei der Hälfte, und im Jahr 2011 schlossen 80 Prozent die Schule ab, wovon fast 70 Prozent danach eine Hochschule besuchten.[21] 1940 machten weniger als 5 Prozent

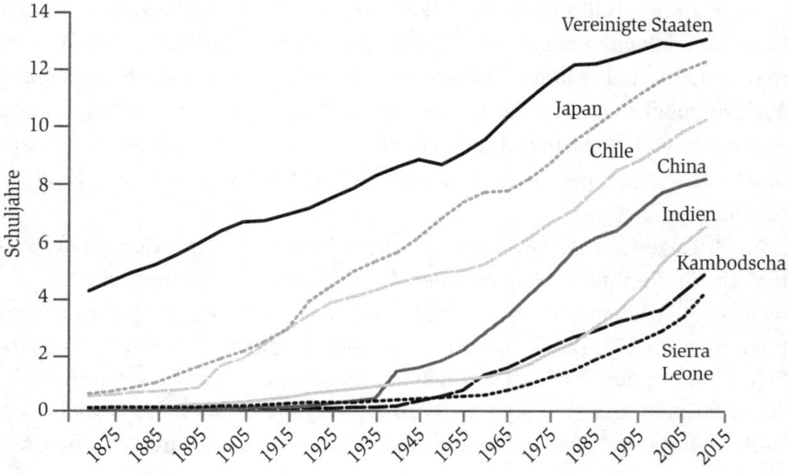

Abb. 16.3 Schuljahre, 1875–2010
Quelle: *Our World in Data*, Roser & Ortiz-Ospina 2016a, basierend auf Daten von Lee & Lee 2016. Die Daten betreffen Personen im Alter von 15–64 Jahren.

der US-Amerikaner einen Bachelorabschluss; 2015 waren es fast ein Drittel.[22] In Abbildung 16.3 sind die parallelen Verläufe der Schulbesuchslänge in einer Länderstichprobe zu sehen, wobei die neuesten Höchstwerte zwischen 4 Jahren in Sierra Leone und 13 Jahren (einige davon auf einer Hochschule) in den USA liegen. Laut einer Hochrechnung werden zum Ende des Jahrhunderts über 90 Prozent der Weltbevölkerung eine weiterführende Schule besuchen und 40 Prozent eine Hochschule.[23] Da gebildete Menschen meist weniger Kinder haben, wird das Bildungswachstum Erwartungen zufolge maßgeblich dazu beitragen, dass die Weltbevölkerung im späteren Verlauf dieses Jahrhunderts ihren Höchststand erreicht und danach zu sinken beginnt (siehe Abbildung 10.1).

Bei der Dauer der Schulbildung ist zwar nur wenig oder gar keine globale Konvergenz zu erkennen, doch dank einer im Gang befindlichen Revolution in der Verbreitung von Wissen ist diese Lücke nicht so relevant. Statt in Bibliotheken verschlossen, ist das Wissen der Welt heute zum größten Teil online zu entdecken (vieles davon umsonst), und Massive Open Online Courses (MOOCs) sowie weitere Möglichkeiten für ein Fernstudium stehen zunehmend für alle Besitzer eines Smartphones zur Verfügung.

Auch andere Bildungsunterschiede sind im Schwinden begriffen. In den Vereinigten Staaten hat sich die Schulreife bei armen, hispanischen und afroamerikanischen Kindern zwischen 1998 und 2010 erheblich verbessert; das liegt möglicherweise daran, dass immer mehr freie Vorschulprogramme angeboten werden, arme Familien heutzutage über mehr Bücher, Computer und Internetzugang verfügen und die Eltern sich häufiger mit ihren Kindern beschäftigen.[24]

Noch folgenreicher ist, dass sich die schlimmste Form der Geschlechterdiskriminierung – Mädchen den Zugang zum Schulunterricht zu verweigern – auf dem Rückzug befindet. Dieser Wandel ist nicht nur deshalb folgenreich, weil Frauen die Hälfte der Bevölkerung ausmachen und ihre Schulbildung den Pool der Fertigkeiten verdoppeln würde, sondern auch, weil die Hand an der Wiege die Welt regiert, wie es in einem Gedicht von William Ross Wallace heißt. Gebildete Mädchen sind gesünder, haben weniger und gesündere Kinder und sind produktiver – und das heißt auch ihre Staaten.[25] Die Länder des Westens brauchten Jahrhunderte, um herauszufinden, dass die Bildung der gesamten Bevölkerung und nicht nur derjenigen Hälfte mit Hoden eine gute Idee ist: Die Kurve für England in Abbildung 16.4 zeigt, dass englische Frauen erst 1885 genauso lese- und schreibkundig waren wie englische Männer. Die ganze Welt holte noch später auf, machte die vertane Zeit jedoch schnell wett – 1975 betrug die Zahl der Mädchen, die lesen lernten, noch zwei Drittel der lesenden Jungen, doch schon 2014 waren beide gleichauf. Laut den Vereinten Nationen hat die Welt das Millenniums-Entwicklungsziel von 2015 erreicht, dass beide Geschlechter im primären, sekundären und tertiären Bildungsbereich gleichauf liegen.[26]

Die beiden anderen Kurven erzählen ihre eigene Geschichte. Das Land mit dem schlechtesten Geschlechterverhältnis bei Alphabetisierung ist Afghanistan. Nicht nur, dass sich Afghanistan im Hinblick auf nahezu jedes Maß der menschlichen Entwicklung ganz weit unten befindet (einschließlich seiner allgemeinen Alphabetisierungsrate, die 2011 beim bodenlosen Wert von 0,52 stand) – von 1996 bis 2001 wurde es zudem von den Taliban kontrolliert, der islamischen Fundamentalistenbewegung, die neben anderen Grausamkeiten Mädchen und Frauen den Schulbesuch untersagten. Nach wie vor setzen die Taliban Mädchen in den Regionen Afghanistans und des benachbarten Pakistan unter Druck, damit sie keinen Zugang zu Bildung erhalten. Im Jahr 2009 erhob die damals zwölfjährige Malala Yousafzai, deren Familie eine Reihe von Schulen im Swat Distrikt in Pakistan leitete, für das

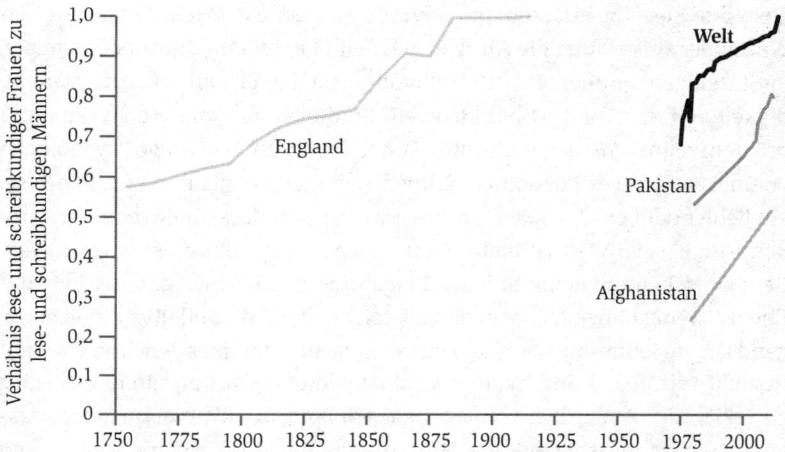

Abb. 16.4 Alphabetisierung der Frauen, 1750–2014
Quellen: England (alle Erwachsenen): Clark 2007, S. 179. Welt, Pakistan & Afghanistan (15–24 Jahre): *HumanProgress*, http://www.humanprogress.org/f1/2101, basierend auf Daten des UNESCO Institute for Statistics, zusammengefasst in World Bank 2016f. Die Daten für die ganze Welt sind über leicht unterschiedliche Mengen von Ländern in unterschiedlichen Jahren gemittelt.

Recht von Mädchen auf Bildung erstmals öffentlich ihre Stimme. Am 9. Oktober 2012, einem Tag ewiger Schande, stieg ein Taliban mit einem Gewehr in ihren Schulbus und schoss ihr in den Kopf. Sie überlebte und wurde die jüngste Friedensnobelpreisträgerin aller Zeiten und eine der am meisten bewunderten Frauen der Welt. Doch selbst in diesen umnachteten Teilen der Erde ist ein Fortschritt erkennbar.[27] In den letzten dreißig Jahren hat sich das Geschlechterverhältnis bei der Alphabetisierung in Afghanistan verdoppelt und in Pakistan um die Hälfte zugenommen; dort entspricht das Verhältnis nun dem der Welt im Jahr 1980 und dem in England im Jahr 1850. Nichts ist gewiss, aber wahrscheinlich wird die globale Flutwelle aus Aktivismus, wirtschaftlicher Entwicklung, gesundem Menschenverstand und Anständigkeit das Verhältnis zu seiner natürlichen Obergrenze befördern.

Könnte es sein, dass die Welt nicht nur schreib- und lesekundiger und wissender wird, sondern tatsächlich auch klüger? Wäre es möglich, dass die Menschen immer versierter darin werden, neue Fertigkeiten zu erlernen, abstrakte Ideen zu erfassen und unvorhergesehene Probleme zu lösen? Verblüffenderweise lautet die Antwort: Ja. Seit über einem Jahrhundert steigen die Intelligenzquotienten (IQs) überall auf der Welt, mit einer Geschwindigkeit von etwa drei IQ-Punkten (ein Fünftel einer Standardabweichung) pro Jahrzehnt. Als der Philosoph James Flynn im Jahr 1984 Psychologen erstmals auf dieses Phänomen aufmerksam machte, glaubten viele, das sei ein Fehler oder ein Trick.[28] Zum einen wissen wir, dass Intelligenz stark erblich ist, aber die Welt ist nicht in ein riesiges Eugenikprojekt eingestiegen, bei dem schlauere Leute in jeder Generation mehr Babys gezeugt haben.[29] Ebenso wenig haben Menschen in ausreichender Zahl und über einen genügend langen Zeitraum außerhalb ihres Clans und Stammes geheiratet (womit Inzucht vermieden und hybride Vitalität gemehrt würde), um den Anstieg zu erklären.[30] Außerdem vermag man sich einfach nicht vorzustellen, dass eine Durchschnittsperson von 1910, die in eine Zeitmaschine steigen und heute in Fleisch und Blut vor uns stehen würde, nach unseren Maßstäben grenzdebil wäre, wohingegen Otto und Ottilie Normalverbraucher, die aus unserer Zeit in die umgekehrte Richtung reisten, 98 Prozent der mit Schwalbenschwanz und Muff ausstaffierten Vertreter des Jugendstils, von denen sie willkommen geheißen würden, intelligenzmäßig locker über den Tisch ziehen könnten. Doch so verblüffend der Flynn-Effekt auch ist – heutzutage bezweifelt ihn niemand mehr; erst kürzlich wurde er in einer Metaanalyse mit 271 Stichproben aus 31 Ländern mit vier Millionen Menschen bestätigt.[31] In Abbildung 16.5 ist der laut Psychologen »säkulare Anstieg der IQ-Werte« aufgetragen (wobei *säkular* nicht als »weltlich«, sondern als »lang anhaltend« zu verstehen ist).

Zu beachten ist: Jede Kurve zeigt die *Veränderung* von IQ-Werten auf einem Kontinent in Relation zum Durchschnittswert aus dem frühesten Jahr, für das Daten verfügbar sind; dies ist jeweils willkürlich bei 0 angesetzt, weil die Tests und Zeiträume für die verschiedenen Kontinente nicht direkt miteinander vereinbar sind. Wir können das Diagramm nicht so lesen wie die vorigen und beispielsweise folgern, dass der IQ von Afrika im Jahr 2007 dem IQ von Australien und Neuseeland im Jahr 1970 entspricht. Es überrascht nicht, dass der Anstieg der IQ-Werte Steins Gesetz gehorcht: Wenn etwas nicht ewig dauern kann, wird es aufhören. In einigen Ländern, in denen er am längsten angehalten hat, läuft der Flynn-Effekt langsam aus.[32]

Auch wenn es nicht leicht ist, die Ursachen für die Zunahme der IQ-Werte genau zu benennen, ist es keineswegs paradox, dass ein erbliches Merkmal

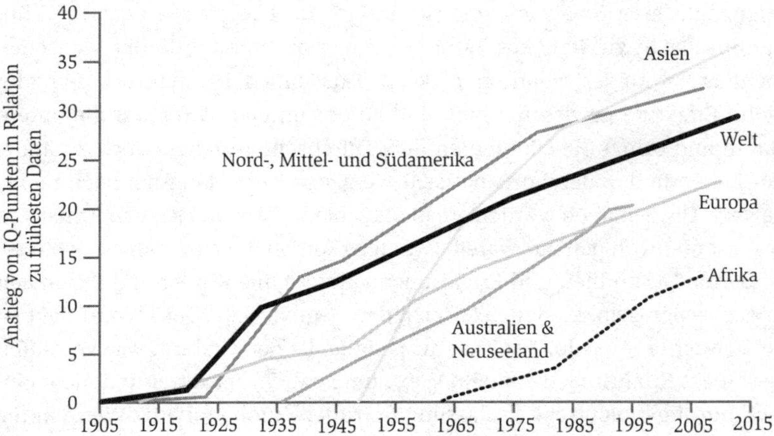

Abb. 16.5 IQ-Anstiege, 1909–2013
Quelle: Pietschnig & Voracek 2015, ergänzendes Online-Material. Die Kurven geben Veränderungen des IQs an, die bei unterschiedlichen Tests ab unterschiedlichen Zeitpunkten ermittelt wurden, und lassen sich nicht miteinander vergleichen.

Auftrieb durch eine veränderte Umwelt erhalten kann. Das Gleiche ist mit der Körpergröße passiert, einem Merkmal, das ebenfalls stark erblich ist und über die Jahrzehnte immer weiter zugelegt hat; auch die Gründe sind teilweise dieselben: bessere Ernährung und weniger Krankheiten. Gehirne sind gierige Organe, die ungefähr ein Fünftel der körpereigenen Energie verbrauchen, und ihre Bausteine sind Fette und Proteine, deren Herstellung für den Körper anstrengend ist. Das Abwehren von Infektionen ist kostspielig, was den Stoffwechsel angeht, und das Immunsystem eines kranken Kindes beansprucht möglicherweise Ressourcen, die sonst in die Hirnentwicklung eingespeist würden. Auch eine sauberere Umwelt, die weniger Blei und andere Schadstoffe enthält, ist der Hirnentwicklung zuträglich. Nahrung, Gesundheit und eine intakte Umwelt gehören zu den Privilegien einer reicheren Gesellschaft, und dementsprechend korreliert der Flynn-Effekt mit den Pro-Kopf-Zuwächsen des BIP.[33]

Ernährung und Gesundheit können den Flynn-Effekt jedoch nur zum Teil erklären.[34] Zum einen sollte sich ihre wohltuende Wirkung insbesondere darin zeigen, dass sie die untere Hälfte der Glockenkurve der IQ-Werte nach oben ziehen, also bei den weniger intelligenten Menschen, die aufgrund ihrer schlechten Ernährung und Gesundheit ins Hintertreffen geraten. (Immerhin macht zusätzliches Essen ab einem bestimmten Punkt Menschen nicht mehr klüger, sondern dicker.) Tatsächlich konzentriert sich der Flynn-Effekt zu gewissen Zeiten und an bestimmten Orten auf die untere Hälfte und bringt die Dümmeren dem Durchschnitt näher. Doch zu anderen Zeiten und anderenorts hat sich die ganze Kurve langsam nach rechts bewegt: Die Schlauen wurden ebenfalls schlauer, obwohl sie von Anfang an gesund und wohlgenährt waren. Zweitens sollten die Nutznießer einer verbesserten Gesundheit und Ernährung in erster Linie Kinder und diejenigen Erwachsenen sein, zu denen sie sich dann entwickeln. Der Flynn-Effekt ist bei Erwachsenen jedoch stärker ausgeprägt als bei Kindern, was vermuten lässt, dass Erfahrungen auf dem Weg zum Erwachsenenalter und nicht einfach nur die biologische Verfassung in früher Kindheit die IQ-Werte in die Höhe getrieben haben. (Die offenkundigste dieser Erfahrungen ist Bildung.) Zudem sind zwar im Lauf der Jahrzehnte die Werte sowohl beim IQ als auch bei Ernährung, Gesundheit und Körpergröße angestiegen, doch die verschiedenen Zuwächse und Plateaus verlaufen nicht unbedingt parallel.

Dass Gesundheit und Ernährung allein den IQ-Zuwachs nicht erschöpfend erklären können, sieht man jedoch vor allem daran, dass die allgemeine Intelligenz mit der Zeit nicht zugenommen hat. Der Flynn-Effekt ist kein Anstieg von *g*, dem Generalfaktor der Intelligenz, der jeder Unterart der Intelligenz (verbal, räumlich, mathematisch, Gedächtnis und so weiter) zugrunde liegt und derjenige Intelligenzfaktor ist, der am unmittelbarsten von den Genen beeinflusst wird.[35] Insgesamt gibt es zwar Zuwächse beim IQ wie auch bei den Werten für jede einzelne Art von Intelligenz, doch bei einigen Untertests sind die Werte schneller angestiegen als bei anderen, wobei sich ein anderes Muster zeigt als dasjenige, das man mit den Genen in Verbindung bringt. Dies ist ein weiteres Argument dafür, dass der Flynn-Effekt die hohe Erblichkeit des IQs nicht in Frage stellt.

Welche Arten geistiger Leistung haben in den vergangenen Jahrzehnten denn nun durch bessere Umweltbedingungen einen Aufschwung erfahren? Erstaunlicherweise wurden die rasantesten Zuwächse nicht bei konkreten Fertigkeiten entdeckt, die auf dem schulischen Lehrplan stehen, wie Allgemeinbildung, Arithmetik und Wortschatz. Vielmehr waren sie bei den abstrakten, fluiden Arten der Intelligenz zu verzeichnen; diagnostizieren lassen sie sich mit Hilfe von Fragen nach Ähnlichkeit (»Was haben eine Stunde und ein Jahr gemeinsam?«), Analogien (»VOGEL steht in gleichem

Verhältnis zu EI wie BAUM zu ...?«) und visuellen Matrizentests (bei denen der Prüfling eine komplexe geometrische Figur auswählen muss, die in eine regelgeleitete Reihe passt). Was demnach die meisten Fortschritte gemacht hat, ist analytisches Denken – Konzepte in abstrakte Kategorien einordnen (eine Stunde und ein Jahr sind »Zeiteinheiten«), Objekte mental in ihre Bestandteile und Beziehungen zerlegen, statt sie als Ganzes zu verarbeiten, sowie sich in eine durch bestimmte Regeln definierte hypothetische Welt versetzen und deren logische Verknüpfungen erkunden, während man die eigenen Alltagserfahrungen außer Acht lässt (»Angenommen, im Land X ist alles aus Plastik. Sind die Backöfen auch aus Plastik?«).[36] Eine analytische Denkweise wird uns in der Schule eingetrichtert, selbst wenn sie im Unterricht niemals explizit als solche hervorgehoben wird; es genügt, dass statt bloßem Auswendiglernen Verstehen und Schlussfolgern Lernziele sind (und diese Bildungsrichtung verfolgt man seit den ersten Jahrzehnten des 20. Jahrhunderts).[37] Außerhalb der Schule wird analytisches Denken durch eine Kultur gefördert, die mit visuellen Symbolen hantiert (U-Bahn-Plänen, digitalen Anzeigen), Analysewerkzeugen (Tabellenkalkulationen, Börsenberichten) und akademischen Konzepten, die langsam in die Umgangssprache einsickern *(Angebot und Nachfrage, im Durchschnitt, Menschenrechte, Win-win-Situationen, Korrelation versus Kausalität, falsch positiv)*.

Ist der Flynn-Effekt in der wirklichen Welt von Relevanz? So gut wie sicher. Ein hoher IQ ist nicht bloß eine Zahl, mit der man an der Bartheke prahlen kann oder die uns den Zugang zur Mensa verschafft; er gibt unserem Leben Auftrieb.[38] Menschen, die in Intelligenztests gut abschneiden, bekommen bessere Jobs, sind gesünder und leben länger, geraten seltener mit dem Gesetz in Konflikt und können auf mehr sehenswerte Leistungen verweisen, wie Firmengründungen, Patentanmeldungen und anerkannte Kunstwerke – bei sonst gleichem sozioökonomischen Status. (Der nach wie vor unter linken Intellektuellen verbreitete Mythos, es gebe keinen IQ oder er sei nicht zuverlässig messbar, wurde bereits vor Jahrzehnten widerlegt.) Wir wissen nicht, ob diese Vorteile allein auf *g* beruhen oder auch auf der Flynn-Komponente der Intelligenz, aber die Antwort lautet vermutlich: auf beidem. Flynn hat gemutmaßt, und ich stimme ihm zu, dass abstraktes Schlussfolgern sogar das moralische Empfinden verfeinern kann. Der kognitive Akt, über den eigenen Tellerrand hinauszublicken und dann zu denken »Was hab ich nur für ein Glück gehabt« oder »Wie sähe die Welt wohl aus, wenn alle so denken würden?«, kann das Tor zu Mitgefühl und Moral sein.[39]

Intelligenz bringt Gutes mit sich, und sie verzeichnet Zuwächse – gibt es denn entsprechende Hinweise darauf, dass dieser Anstieg die Welt ein Stückchen besser macht? Einige Skeptiker (darunter von vornherein auch Flynn) haben Zweifel angemeldet, ob das 20. Jahrhundert tatsächlich brillantere Ideen als die Epochen um Hume, Goethe und Darwin hervorgebracht hat.[40] Allerdings genossen die Genies der Vergangenheit noch den Vorteil, jungfräuliches Terrain zu erkunden. Hat erst einmal jemand die Unterscheidung zwischen analytisch und synthetisch getroffen oder die Theorie der natürlichen Selektion entdeckt, kann niemand jemals wieder diese Entdeckungen machen. Heutzutage sind die Pfade der intellektuellen Landschaft bereits ausgetreten, und für ein einsames Genie ist es schwieriger, sich über die Masse hypergebildeter und vernetzter Denker zu erheben, die bereits dabei sind, jeden noch so kleinen Winkel zu kartieren. Dennoch gibt es einige Anzeichen für eine klügere breite Öffentlichkeit – zum Beispiel, dass die weltweit besten Schach- und Bridgespieler immer jünger werden. Und keiner kann die Warpgeschwindigkeit der in den letzten fünfzig Jahren erzielten Fortschritte in Wissenschaft und Technik im Nachhinein bestreiten.

Bei einer bestimmten Art abstrakter Intelligenz ist die auf der ganzen Welt sichtbare Zunahme besonders drastisch – der Beherrschung der digitalen Technologie. Cyberspace ist das Reich der Abstraktion in Reinkultur; dort gelangt man nicht ans Ziel, indem man Materie im Raum herumschiebt, sondern durch die Manipulation immaterieller Symbole und Muster. Als die Menschen in den 1970er Jahren erstmals mit digitalen Schnittstellen wie Videorekordern und Fahrkartenautomaten in neuen U-Bahn-Systemen konfrontiert wurden, waren sie verwirrt. Ein Running Gag der 1980er Jahre war, dass den meisten Besitzern von Videorekordern permanent »12:00« entgegenblinkte, weil sie nicht herausfanden, wie sich die Uhrzeit einstellen ließ. Dagegen haben sich die Generation X und die *Millennials* das digitale Reich bekanntermaßen unterworfen. (In einem Comic über das neue Jahrtausend sagt ein Vater zu seinem kleinen Jungen: »Mein Sohn, deine Mutter und ich haben Software gekauft, um kontrollieren zu können, was du dir im Internet anschaust. Ähm … könntest du sie für uns installieren?«) Auch die Entwicklungsländer haben in diesem Reich Fuß gefasst und dabei häufig den Westen überflügelt, was die Nutzung von Smartphones und Apps wie Mobile-Banking, Bildungskurse und neueste Marktinformationen betrifft.[41]

Wäre der Flynn-Effekt auch eine Erklärung für die übrigen Zuwächse des Wohlergehens, von denen wir in den letzten Kapiteln erfahren haben?

Dass das durchaus möglich ist, legt eine Analyse des Ökonomen R. W. Hafer nahe. Er hielt all die üblichen Störvariablen konstant – Bildung, BIP, Staatsausgaben, sogar die religiöse Ausrichtung eines Landes und seine Kolonialgeschichte – und stellte fest, dass der durchschnittliche IQ eines Staates ein Prädiktor für sein nachfolgendes Wachstum in BIP pro Kopf war, gemeinsam mit Zuwächsen bei nichtökonomischen Maßen des Wohlergehens wie Langlebigkeit und Freizeit. Nach seiner Schätzung würde ein Anstieg des IQs um 11 Punkte die Wachstumsrate eines Landes ausreichend beschleunigen, um das Wohlergehen in nur 19 statt in 27 Jahren zu verdoppeln. Politische Maßnahmen, die den Flynn-Effekt vorantreiben, etwa Investitionen in Gesundheit, Ernährung und Bildung, könnten ein Land letztendlich reicher, besser verwaltet und glücklicher machen.[42]

Was gut für die Menschheit ist, ist nicht immer gut für die Sozialwissenschaft, und es mag unmöglich sein, das Bündel an Korrelationen zwischen all den Bereichen zu entwirren, in denen das Leben besser geworden ist, und die kausalen Pfeile eindeutig zu verfolgen. Doch verkneifen wir uns einen Moment, über die unentwirrbaren Stränge zu jammern, und schauen uns stattdessen ihre generelle Richtung an. Allein die Tatsache, dass so viele Dimensionen des Wohlergehens über Staaten und Jahrzehnte hinweg miteinander korrelieren, lässt vermuten, dass sich darunter ein allen gemeinsames Phänomen verbirgt – Statistiker sprechen von einem Generalfaktor, einer Hauptkomponente oder einer verborgenen, latenten oder intervenierenden Variable.[43] Diesen Faktor können wir sogar benennen: Fortschritt.

Bisher hat niemand diesen Vektor des Fortschritts berechnet, der allen Dimensionen menschlichen Wohlergehens zugrunde liegt. Das Entwicklungsprogramm der Vereinten Nationen hat jedoch, inspiriert von den Ökonomen Mahbub ul Haq und Amartya Sen, einen Index der menschlichen Entwicklung geschaffen, der drei zentrale Dimensionen zusammenfasst: Lebenserwartung, BIP pro Kopf und Bildung (anders gesagt: gesund, reich und klug zu sein).[44] Mit diesem Kapitel haben wir alle diese Güter untersucht, und nun ist ein guter Zeitpunkt, um einen Schritt zurückzutreten und die Geschichte des quantifizierbaren menschlichen Fortschritts Revue passieren zu lassen, bevor wir uns in den beiden folgenden Kapiteln ihren qualitativeren Aspekten zuwenden.

Zwei Ökonomen haben jeweils ihre eigene Version eines Index der menschlichen Entwicklung erstellt, welche sich dadurch nachträglich bis

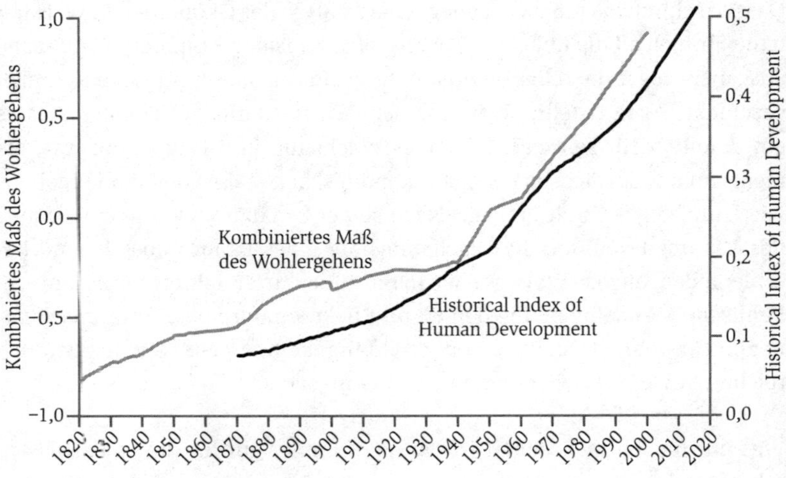

Abb. 16.6 Weltweites Wohlergehen, 1820–2015
Quellen: Historical Index of Human Development: Prados de la Escosura 2015, Skala von 0 bis 1, präsentiert in *Our World in Data*, Roser 2016h. Kombiniertes Maß des Wohlergehens: Rijpma 2014, S. 259, Standardabweichungsskala über Landesjahrzehnte

zurück ins 19. Jahrhundert einschätzen lässt; die beiden Versionen aggregieren Maße der Langlebigkeit, des Einkommens und der Bildung auf verschiedene Weisen. Leandro Prados de la Escosuras Historical Index of Human Development, der bis 1870 zurückgeht, bildet aus den drei Maßen kein arithmetisches, sondern ein geometrisches Mittel (so dass ein extremer Wert bei einem Maß die beiden anderen nicht ausstechen kann) und passt die Maße Langlebigkeit und Bildung so an, dass abnehmende Erträge an ihrem oberen Ende ausgeglichen werden. Auke Rijpma aus dem Projekt »How Was Life?« (dessen Daten bereits in einer Reihe von Diagrammen dieses Buches verwertet wurden) hat ein kombiniertes Maß des Wohlergehens entwickelt, das bis 1820 zurückreicht; zusätzlich zu den drei wichtigsten Komponenten berücksichtigt es Körpergröße (stellvertretend für Gesundheit), Demokratie, Mord, Einkommensungleichheit und Biodiversität. (Die beiden letzteren sind die einzigen, die sich über die vergangenen zwei Jahrhunderte nicht systematisch verbessert haben.) In Abbildung 16.6 sind die Benotungen der Welt aus diesen beiden Zeugnissen graphisch dargestellt.

Beim Betrachten dieser Graphik erschließt sich der menschliche Fortschritt auf einen Blick. Überdies sind in den Kurven zwei entscheidende Nebenhandlungsstränge verborgen. Zum einen: Obwohl die Welt nach wie vor stark von Ungleichheit geprägt ist, ist es mit jeder Region unaufhaltsam aufwärtsgegangen, und denjenigen Gebieten der Welt, die heute am schlechtesten wegkommen, geht es besser als vor gar nicht so langer Zeit denjenigen, die damals am besten dastanden.[45] (Wenn wir die Welt in den Westen und den Rest aufteilen, stellen wir fest, dass der Rest im Jahr 2007 das Niveau des Westens von 1950 erreicht hatte.) Zum anderen: Während nahezu jeder andere Indikator für menschliches Wohlergehen mit Wohlstand korreliert, spiegeln die Kurven nicht einfach nur eine reichere Welt wider – Lebensdauer, Gesundheit und Wissen haben sogar in vielen Zeiten und an vielen Orten zugelegt, wo dies für Wohlstand nicht gilt.[46] Dass sämtliche Aspekte menschlichen Wohlergehens langfristig zu einer Verbesserung hintendieren, selbst wenn die Entwicklungen nicht völlig synchron ablaufen, bestätigt die Idee, dass es so etwas wie Fortschritt gibt.

Kapitel 17

Lebensqualität

Auch wenn nur die Herzlosen bestreiten können, dass die Siege über Krankheiten, Hunger und Analphabetismus phantastische Leistungen sind, muss die Frage erlaubt sein, ob fortwährende Verbesserungen bei von Ökonomen gemessenen Dingen als echter Fortschritt zu bezeichnen sind. Ist es nicht vielmehr so, dass zusätzlicher Wohlstand, sobald die Grundbedürfnisse befriedigt sind, Menschen nur dazu ermuntert, sich oberflächlichem Konsumismus hinzugeben? Und wurde die frohe Kunde von besserer Gesundheit und zunehmender Alphabetisierung nicht auch von den Fünfjahresplanern in der Sowjetunion, in China und Kuba herausposaunt, die allesamt eher trostlose Orte zum Leben waren? Menschen können gesund, solvent und belesen sein und dennoch kein erfülltes und sinnvolles Leben führen.

Einige dieser Vorbehalte konnten schon entkräftet werden. Wir haben gesehen, dass der Totalitarismus, das Haupthindernis für ein gutes Leben in kommunistischen sogenannten Utopien, im Rückzug begriffen ist. Wir haben auch gesehen, dass eine fundamentale Dimension des Wohlergehens, die nicht unter den Standardkriterien erfasst wird – die Rechte von Frauen, Kindern und Minderheiten –, einen stetigen Aufschwung verzeichnet. In diesem Kapitel geht es um einen weiter gefassten Kulturpessimismus: die Sorge, dass all jene hinzugewonnenen Lebensjahre und größeren Einkommen das menschliche Wohlergehen vielleicht nicht im Geringsten vermehrt haben, wenn es für die Menschen nichts anderes bedeutet, als in einem Hamsterrad hektischen Karrieredenkens, hohlen Konsums, geistloser Unterhaltung und seelentötender Ungesetzlichkeit gefangen zu sein.

Diesem Einwand ist einiges entgegenzusetzen. Er kann auf eine lange Tradition kultureller und religiöser Eliten zurückblicken, die ob des vorgeblich sinnentleerten Lebens von Bourgeoisie und Proletariat die Nase gerümpft haben. Kulturkritik ist zuweilen ein kaum verhüllter Snobismus auf der Grenze zur Menschenfeindlichkeit. In *Haß auf die Massen* zeigt der Kritiker

John Carey, wie die britische literarische Intelligenzija in den ersten Jahrzehnten des 20. Jahrhunderts gegenüber ganz normalen Menschen eine Verachtung hegte, die schon fast genozidal zu nennen war.[1] In der Praxis meint man mit »Konsumismus« häufig »Konsum durch den Typ nebenan«, da die Eliten, die ihn verdammen, ebenfalls nur zu gerne unverhohlen exorbitante Luxusgüter wie Bücher, gutes Essen und Wein, künstlerische Livedarbietungen, Überseereisen und Studienplätze an exquisiten Hochschulen für ihre Sprösslinge konsumieren. Wenn sich mehr Menschen die *von ihnen* bevorzugten Luxusgüter leisten können, selbst wenn diese in den Augen der kulturell Höherstehenden albern sind, so ist das etwas Gutes. In einem alten Witz verkündet ein Straßenredner der Menge die Segnungen des Kommunismus: »Wenn die Revolution erst obsiegt hat, wird jeder Erdbeeren mit Sahne essen!« Ein Mann in der ersten Reihe quengelt: »Ich mag aber keine Erdbeeren mit Sahne.« Da donnert der Redner: »Wenn die Revolution erst obsiegt hat, *wirst* du Erdbeeren mit Sahne mögen!«[2]

In *Ökonomie für den Frieden* umgeht Amartya Sen diese Falle mit der These, das letztliche Ziel der Entwicklung sei es, Menschen Entscheidungen zu ermöglichen: Erdbeeren mit Sahne für diejenigen, die sie gerne hätten. Die Philosophin Martha Nussbaum hat die Idee noch einen Schritt weiterentwickelt und eine Menge »grundlegender Befähigungen« präsentiert, deren Wahrnehmung allen Menschen offenstehen sollte.[3] Sie sind gewissermaßen die begründbaren Quellen der Befriedigung und Erfüllung, die die menschliche Natur uns schenkt. Nussbaums Liste beginnt mit Befähigungen, deren Nutzung die moderne Welt dem Menschen, wie wir gesehen haben, zunehmend ermöglicht: Langlebigkeit, Gesundheit, Sicherheit, Lesen und Schreiben, Wissen, freie Meinungsäußerung und politische Mitbestimmung. Fortgesetzt wird die Liste mit ästhetischen Erfahrungen, Erholung und Spiel, Genießen der Natur, emotionalen Beziehungen, sozialen Bindungen sowie Gelegenheiten, über den eigenen Entwurf für ein gutes Leben nachzudenken und daran zu arbeiten.

In diesem Kapitel möchte ich zeigen, inwiefern die Moderne uns Menschen in zunehmendem Maße die Möglichkeit eröffnet, diese Befähigungen auszuschöpfen – dass das Leben auch jenseits der ökonomischen Standardmaße wie Langlebigkeit und Wohlstand besser wird. Zugegebenermaßen mögen viele Leute nach wie vor keine Erdbeeren mit Sahne, und es mag sein, dass sie eine bestimmte Befähigung – den Genuss der Freiheit, fernzusehen und Videospiele zu spielen – anderen, etwa ästhetischen Genüssen und der Freude an der Natur, vorziehen. (Wie schon der frühere deutsche Wirtschaftsminister Karl Schiller sagte, kann man Pferde zwar zur Tränke führen, aber nicht zum Saufen zwingen.) Doch ein reichhaltiges Büfett an Gelegenheiten, sich an den ästhetischen, intellektuellen, sozialen, kulturellen und natürlichen Wonnen dieser Welt zu erfreuen, gleichgültig, was sich jeder davon auf sein Tablett lädt, ist die höchste Form des Fortschritts.

Zeit ist die Essenz des Lebens, und ein Maß für den Fortschritt ist das Verringern der Zeit, die wir auf Kosten anderer, angenehmerer Dinge unserem Überleben widmen müssen. »Im Schweiße deines Angesichtes sollst du dein Brot essen«, sprach der allzeit barmherzige Gott, als er Adam und Eva aus dem Paradies vertrieb, und in der gesamten Menschheitsgeschichte galt dies fürwahr für die allermeisten von uns. Landwirtschaft hält von Sonnenauf- bis -untergang auf Trab, und obwohl Wildbeuter nur einige Stunden am Tag jagen und sammeln, verbringen sie viele Stunden mit der Verarbeitung dieser Nahrung (zum Beispiel dem Zertrümmern steinharter Nüsse); hinzu kommen Feuerholz suchen, Wasser holen und weitere Alltagsarbeiten. Wie sich herausgestellt hat, verbringen die San der Kalahari, einst als »ursprüngliche Überflussgesellschaft« tituliert, mindestens acht Stunden pro Tag und sechs bis sieben Tage pro Woche nur damit, sich Nahrung zu beschaffen und zuzubereiten.[4]

Die 60-Stunden-Woche von Bob Cratchit aus Charles Dickens' *Weihnachtsgeschichte*, mit nur einem freien Tag im Jahr (natürlich an Weihnachten), war in Anbetracht dessen, was damals üblich war, noch harmlos. Abbildung 17.1 zeigt, dass Westeuropäer im Jahr 1870 durchschnittlich 66 Stunden pro Woche arbeiteten (bei den Belgiern waren es 72), während die US-Amerikaner eine Wochenarbeitszeit von 62 Stunden hatten. In den letzten 150 Jahren wurden Arbeiter zunehmend von der Lohnsklaverei befreit – im sozialdemokratischen Westeuropa (wo sie heute 28 Stunden pro Woche weniger arbeiten) deutlicher als in den tatkräftigeren Vereinigten Staaten (wo man 22 Stunden weniger arbeitet).[5] Noch in den 1950er Jahren stand mein Großvater väterlicherseits in einem unbeheizten Markt in Montreal Tag und Nacht, sieben Tage die Woche hinter der Käsetheke und traute sich nicht, um eine kürzere Arbeitszeit zu bitten, damit ihm nicht gekündigt wurde. Als meine damals noch jungen Eltern gegen seine Arbeitsbedingungen protestierten, bekam er ab und zu einen freien Tag (in den Augen des Inhabers, ganz im Sinne von Scrooge, zweifellos »eine armselige

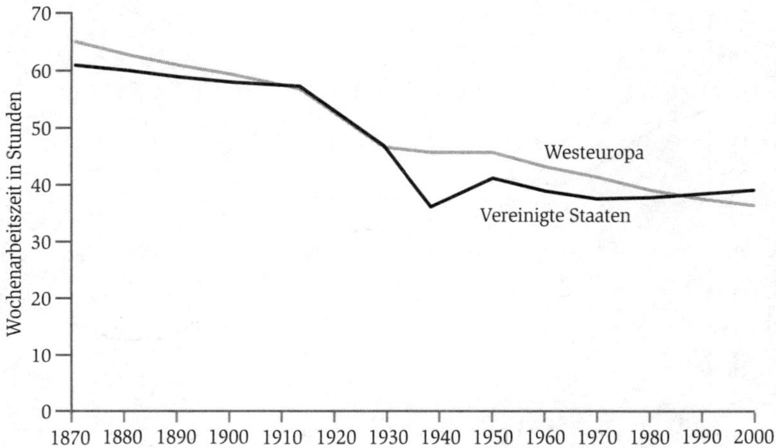

Abb. 17.1 Arbeitszeit, Westeuropa und USA, 1870–2000
Quelle: Roser 2016t, basierend auf Daten von Huberman & Minns 2007 über vollzeitbeschäftigte Industriearbeiter (beiderlei Geschlechts) in außeragrarischen Jobs

Entschuldigung, um eines Mannes Tasche zu bestehlen«), bis ihm die effektivere Durchsetzung des Arbeitsrechts eine verlässliche Sechs-Tage-Woche bescherte.

Auch wenn einige Glückliche für das Ausschöpfen ihrer grundlegenden Befähigungen bezahlt werden und bereitwillig viktorianische Arbeitsstunden ableisten, sind die meisten Arbeitnehmer dankbar für die zwei Dutzend geschenkten Wochenstunden, die sie zu anderweitiger Selbstverwirklichung nutzen können. (An seinem hart erkämpften freien Tag pflegte mein Großvater die jiddischen Zeitungen zu lesen, Jackett, Krawatte und Filzhut anzuziehen und seinen Schwestern oder meiner Familie einen Besuch abzustatten.)

Auch viele Vertreter und Vertreterinnen meines Berufsstandes beenden ihre Hochschulkarriere, indem sie mit den Füßen voran aus ihrem Büro getragen werden, doch Arbeitskräfte aus zahlreichen anderen Sparten freuen sich darüber, ihre goldenen Jahre mit Lesen, Freizeitkursen, Streifzügen durch Nationalparks im Wohnmobil oder bei Babysitting, Spiel und Spaß mit Mila, Ben und Max in einem Ferienhaus an der Nordseeküste verbringen zu können. Dies ist ebenfalls ein Geschenk der Moderne. Morgan Housel sagt

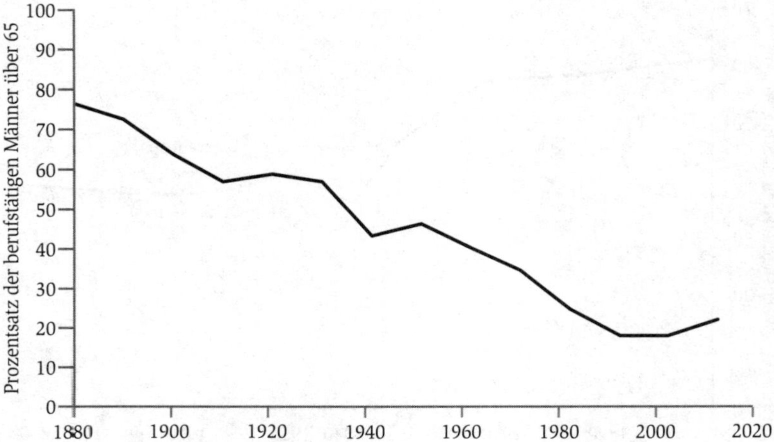

Abb. 17.2 Ruhestand, USA, 1880–2010
Quelle: Housel 2013, basierend auf Daten des Bureau of Labor Statistics, und Costa 1998

dazu: »Wir machen uns ständig Sorgen über die in Amerika drohende ›Rentenfinanzierungskrise‹, ohne uns bewusstzumachen, dass sich das gesamte Rentenkonzept überhaupt erst in den letzten fünfzig Jahren entwickelt hat. Es ist noch gar nicht so lange her, dass es für den US-amerikanischen Durchschnittsmann nur zwei Lebensabschnitte gab: Arbeit und Tod. ... Sehen Sie es einmal so: Durchschnittliche Amerikaner gehen heute mit 62 Jahren in den Ruhestand. Vor hundert Jahren starben sie mit 51.«[6] Aus Abbildung 17.2 ist zu ersehen, dass im Jahr 1880 fast 80 Prozent der amerikanischen Männer im Rentenalter, wie wir heute sagen würden, noch zur Arbeit gingen und dass dieser Anteil im Jahr 1990 auf weniger als 20 Prozent gesunken war.

Statt sich auf den Ruhestand zu freuen, hatten die Menschen Angst vor einer Verletzung oder Schwäche, die ihnen die Arbeitskraft rauben und sie ins Armenhaus verbannen würde – die »dräuende Furcht im Winter des Lebens«, wie man sagte.[7] Selbst nachdem das Sozialhilfegesetz von 1935 die Alten vor dem schlimmsten Elend bewahrte, endete das Arbeitsleben normalerweise in Armut, und ich wuchs mit der (vermutlich auf Legendenbildung beruhenden) Vorstellung auf, Rentner müssten sich von Hundefutter ernähren. Doch dank effektiverer öffentlicher und privater Sicherheitsnetze sind Senioren heute reicher als Personen im Erwerbsalter: Die Armutsrate für Menschen über 65 ist von 35 Prozent im Jahr 1960 auf unter 10 Prozent im Jahr 2011 gesunken, deutlich unter die nationale Rate von 15 Prozent.[8]

Dank der Arbeiterbewegung, Gesetzen und höherer Produktivität ist ein weiterer einst verrückter Wunschtraum Wahrheit geworden – bezahlter Urlaub. Heutzutage hat ein durchschnittlicher, seit fünf Jahren beschäftigter US-amerikanischer Arbeitnehmer Anspruch auf 22 bezahlte Urlaubstage (gegenüber 16 Tagen 1970), und im Vergleich zu westeuropäischen Standards ist das noch mickrig.[9] Die Kombination aus einer kürzeren Arbeitswoche, mehr bezahltem Urlaub und einem längeren Ruhestand bedeutet, dass der Anteil eines Menschenlebens, der von der Arbeit beansprucht wird, seit 1960 um sage und schreibe um ein Viertel abgenommen hat.[10] Trends für die Entwicklungsländer variieren von einem Land zum nächsten, doch mit wachsendem Wohlstand werden sie wohl den westlichen Staaten nachfolgen.[11]

Auf noch andere Weise sind großzügige Lebensfreiräume geschaffen worden, so dass sich Menschen höheren Aufgaben widmen können. In Kapitel 9 haben wir gesehen, dass Geräte wie Kühlschränke, Staubsauger, Waschmaschinen und Mikrowellen heute weitverbreitet oder selbstverständlich sind – selbst unter armen US-Amerikanern. Im Jahr 1919 musste ein durchschnittlicher amerikanischer Lohnempfänger 1800 Stunden arbeiten, um sich einen Kühlschrank kaufen zu können; im Jahr 2014 waren es weniger als 24 Stunden (und der neue Kühlschrank war frostfrei und mit einem Eiswürfelbereiter ausgestattet).[12] Geistloser Konsum? Nicht, wenn man bedenkt, dass Nahrung, Kleidung und ein Dach über dem Kopf die drei Grundbedürfnisse des Lebens sind, dass die Entropie alle drei zersetzt und dass die Zeit, die man benötigt, um sie gebrauchsfähig zu erhalten, auch anderweitig nutzbar wäre. Elektrizität, fließendes Wasser und Haushaltsgeräte (oder »arbeitssparende Geräte«, wie sie auch bezeichnet wurden) geben uns diese Zeit zurück – die unzähligen Stunden, in denen unsere Großmütter Wasser pumpten, Feuer machten, butterten, pökelten, räucherten, fegten, bohnerten, schrubbten, wrangen, wuschen, trockneten, nähten, flickten, strickten, stopften und, wie sie uns immer wieder vorhielten, »schufteten bis zum Umfallen und die Finger blutig scheuerten«. Abbildung 17.3 illustriert: Während Energieversorgung und Geräte im Laufe des 20. Jahrhunderts zunehmend Einzug in den amerikanischen Haushalten hielten, schrumpfte der Anteil des Lebens, den man an die Hausarbeit verlor – die, nicht weiter überraschend, als meistgehasster Zeitvertreib gilt –, von

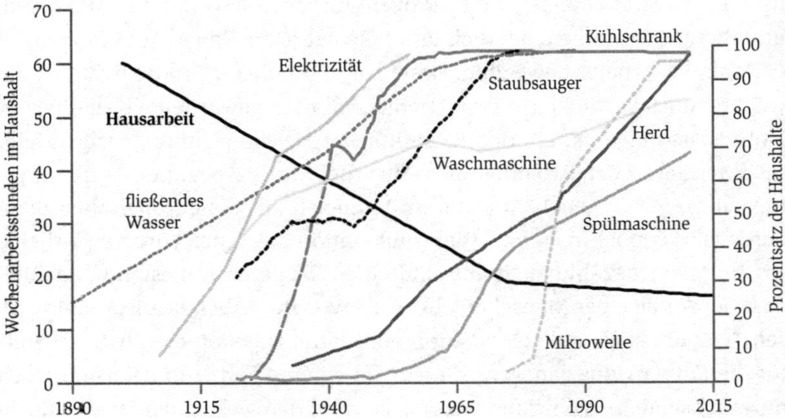

Abb. 17.3 Energieversorgung, Geräte und Hausarbeit, USA, 1900–2015
Quellen: Vor 2005: Greenwood, Seshadri & Yorukoglu 2005. Geräte, 2005 und 2011: US Census Bureau, Siebens 2013. Hausarbeit, 2015: *Our World in Data*, Roser 2016t, basierend auf dem American Time Use Survey, Bureau of Labor Statistics 2016b

58 Stunden pro Woche im Jahr 1900 auf 15,5 Stunden im Jahr 2011.[13] Allein die Zeit fürs Wäschewaschen verringerte sich von 11,5 Stunden pro Woche im Jahr 1920 auf 1,5 Stunden im Jahr 2014.[14] Weil sie den »Waschtag« für uns zurückerobert hat, gebührt der Waschmaschine laut Hans Rosling der Titel »größte Erfindung der industriellen Revolution«.[15]

Als Ehemann des Feministenzeitalters darf ich diesen Erfolg mit Fug und Recht in der ersten Person Plural feiern. Da Hausarbeit zu den meisten Zeiten und an den meisten Orten jedoch geschlechtsspezifisch verteilt wird, kommt die Befreiung der Menschheit von entsprechenden Mühsalen in der Praxis der Befreiung der *Frauen* von der Hausarbeit gleich. Vielleicht sogar der Befreiung der Frauen ganz allgemein. Die Argumente für die Gleichberechtigung der Frau gehen zurück bis auf Mary Astells Abhandlung von 1700 und sind unwiderlegbar – warum hat es dann Jahrhunderte gedauert, bis sie sich durchgesetzt haben? In einem Interview für die Zeitschrift *Good Housekeeping* aus dem Jahr 1912 sagte Thomas Edison eine der großen gesellschaftlichen Umwälzungen des 20. Jahrhunderts voraus:

> Die Hausfrau der Zukunft wird weder Sklavin ihrer Diener sein [weil sie diese ständig beaufsichtigen muss] noch selbst ein Arbeitstier. Sie wird dem Heim weniger Aufmerksamkeit widmen, weil das Heim weniger davon benötigt; sie wird mehr die Ingenieurin der Familie sein als deren Arbeiterin, mit der großartigsten aller Haushaltshilfen, der Elektrizität, zu ihren Diensten. Diese und weitere mechanische Kräfte werden die Welt der Frau dermaßen revolutionieren, dass sich ein großer Teil der gesamten Energie einer Frau in weiter gefassten, konstruktiveren Bereichen nutzen lassen wird.[16]

Zeit ist nicht die einzige das Leben bereichernde Ressource, die uns die Technik beschert hat. Eine andere ist Licht. Licht ist so machtvoll, dass es als Metapher für einen höheren geistigen und spirituellen Zustand dient: im Englischen *enlightenment*, im Deutschen *Erleuchtung* im Sinne von »Aufklärung«. In der natürlichen Welt müssen wir unser halbes Dasein in Finsternis verbringen, doch das vom Menschen geschaffene Licht ermöglicht uns, die Nacht zurückzuerobern, um zu lesen, umherzustreifen, die Gesichter anderer Menschen zu sehen und anderweitig mit unserer Umgebung zu interagieren. Der Ökonom William Nordhaus hat den tief gefallenen Preis (und die somit immer größere Verfügbarkeit) dieser weltweit hochgeschätzten Ressource als Sinnbild des Fortschritts bezeichnet. Abbildung 17.4 illustriert, dass der inflationsbereinigte Preis einer Million Lumenstunden Licht (was etwa benötigt wird, um ein Jahr lang täglich zweieinhalb Stunden lesen zu können) seit dem »finsteren« Mittelalter um das *Zwölftausendfache* gesunken ist – von rund 35 500 Pfund im Jahr 1300 auf weniger als 3 Pfund heute. Wenn Sie also dieser Tage (und Nächte) nicht lesen, ausgehen, sich unterhalten oder anderweitig erbauen, liegt das nicht daran, dass Sie sich das Licht nicht leisten könnten.

Im Grunde wird der gesunkene Barwert des künstlichen Lichts dem Fortschritt nicht einmal gerecht, denn, wie Adam Smith hervorgehoben hat: »Der wirkliche oder reale Preis aller Dinge ... sind die Anstrengung und Mühe, die [ein Mensch] zu ihrem Erwerb aufwenden muß.«[17] Nordhaus hat geschätzt, wie viele Stunden eine Person zu verschiedenen Zeiten der Geschichte hätte arbeiten müssen, um sich eine Stunde Leselicht leisten zu können.[18] Ein Babylonier im Jahr 1750 vor unserer Zeitrechnung hätte 50 Stunden arbeiten müssen, um eine Stunde lang seine Keilschrifttafeln im Licht einer Sesamöllampe entziffern zu können. Im Jahr 1800 musste ein Engländer sechs Stunden schuften, um eine Talgkerze für eine Stunde am Brennen zu halten.

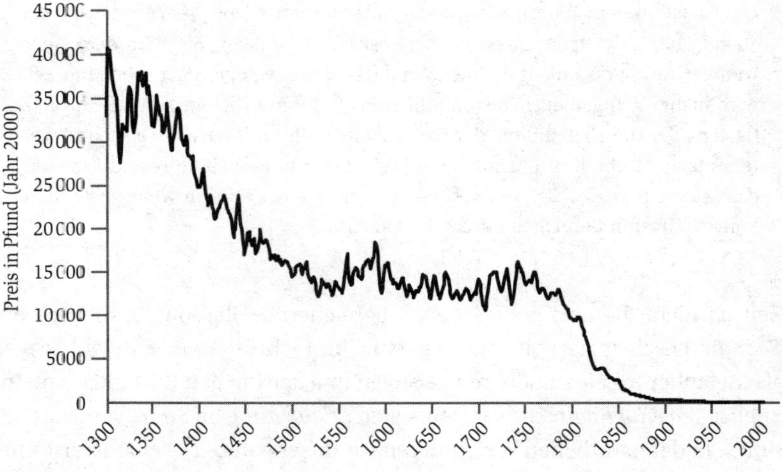

Abb. 17.4 Lichtkosten, England, 1300–2006
Quelle: *Our World in Data*, Roser 2016o, basierend auf Daten von Fouquet & Pearson 2012. Kosten einer Million Lumenstunden (rund 833 Stunden Licht von einer weißglühenden 80-Watt-Glühlampe) in Pfund Sterling (entsprechend dem Jahr 2000 inflationsbereinigt)

(Stellen Sie sich vor, Sie müssten Ihre Haushaltskasse auf dieser Grundlage verwalten – Sie würden sich wohl für ein Leben in Dunkelheit entscheiden.) 1880 musste man für eine Stunde Licht einer Petroleumlampe 15 Minuten arbeiten, 1950 acht Sekunden für ebenfalls eine Stunde Licht einer weißglühenden Glühlampe und 1994 eine *halbe Sekunde* für wiederum eine Stunde Licht einer Kompaktleuchtstofflampe – ein 43000-facher Erschwinglichkeitssprung innerhalb von zwei Jahrhunderten. Und damit war das Ende des Fortschritts noch nicht erreicht: Nordhaus veröffentlichte seinen Artikel, bevor LED-Leuchten den Markt eroberten. Bald werden billige, solarbetriebene LED-Lampen das Leben von über einer Milliarde Menschen ohne Zugang zu Elektrizität revolutionieren – sie werden die Nachrichten lesen oder Hausaufgaben machen können, ohne sich um ein Ölfass mit brennendem Müll drängen zu müssen.

Dem kleiner werdenden Anteil unseres Lebens, den wir für Licht, Geräte und Nahrung aufwenden, liegt möglicherweise eine allgemeine Gesetzmäßigkeit zugrunde. Der Technikexperte Kevin Kelly vertritt die These: »Be-

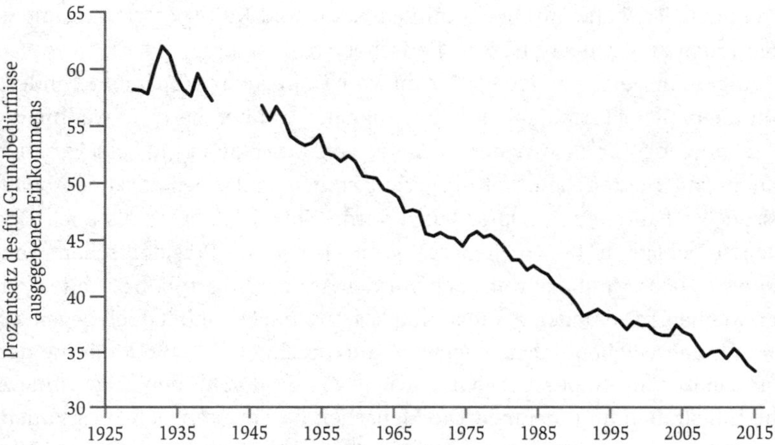

Abb. 17.5 Ausgaben für Grundbedürfnisse, USA, 1929–2016
Quelle: *HumanProgress*, http://humanprogress.org/static/1937, in Anlehnung an eine Graphik von Mark Perry, basierend auf Daten des Bureau of Economic Analysis, https://www.bea.gov/iTable/index_nipa.cfm. Anteil des verfügbaren Einkommens, der für Ernährung zu Hause, Autos, Kleidung, Haushaltsgegenstände, Unterbringung, Energieversorgung und Benzin ausgegeben wird. Die Daten von 1941 bis 1946 wurden ausgelassen, weil sie durch Rationierung und die Bezüge der Soldaten im Zweiten Weltkrieg verzerrt werden.

hauptet sich eine Technologie lange genug, so werden sich ihre Kosten mit der Zeit null annähern (jedoch nie dorthin gelangen).«[19] Wenn die Grundbedürfnisse des Lebens billiger werden, wenden wir weniger von unserer wachen Lebenszeit für ihren Erwerb auf und haben mehr Zeit und Geld für alles andere übrig – und da »alles andere« ebenfalls kostengünstiger wird, können wir mehr davon genießen. Wie Abbildung 17.5 zeigt, haben US-Amerikaner 1929 über 60 Prozent ihres verfügbaren Einkommens für Grundbedürfnisse ausgegeben; 2016 war dieser Betrag auf ein Drittel gesunken.

Was machen die Leute mit dem Extra an Zeit und Geld? Bereichern sie ihr Leben wirklich, oder kaufen sie einfach nur ein paar Golfschläger und Designerhandtaschen mehr? Auch wenn es anmaßend ist, ein Urteil darüber zu fällen, wie andere Menschen ihre Zeit verbringen möchten, können wir uns wohl darauf einigen, welche Beschäftigungen die meisten mit einem erfüllten Leben verbinden: Kontakt zu unseren engsten Angehörigen und

Freunden, Teilhabe am Reichtum von Natur und Kultur sowie Zugang zu den Früchten geistiger und künstlerischer Kreativität.

Angesichts einer steigenden Zahl von Doppelkarrierepaaren, Kindern mit übervollem Terminkalender und digitalen Geräten herrscht weithin die Überzeugung (immer wieder begleitet von Medienpanik), dass Familien einem dauerhaften Zeitdruck ausgesetzt sind, dem das gemeinsame Abendessen der Familie zum Opfer fallen wird. (Sowohl Al Gore als auch Dan Quayle beklagten dessen Niedergang im Vorfeld der Präsidentschaftswahlen von 2000 – und das war noch vor der Ära der Smartphones und sozialen Medien.) Die neuen Zwänge und Zerstreuungen sind jedoch gegen die 24 Stunden wöchentlichen Zugewinn aufzurechnen, die die Moderne den Familienernährern beschert hat, sowie gegen die 42 Stunden Zugewinn für die Hausfrauen und -männer. Die Menschen beschweren sich zwar zunehmend über ihren Megastress (was ein Team von Ökonomen als »Yuppie-Gejammer« bezeichnet hat), doch wenn man sie bittet nachzuverfolgen, womit sie ihre Zeit verbringen, ergibt sich ein anderes Bild. Im Jahr 2015 gaben Männer 42 Stunden freie Zeit pro Woche zu Protokoll, rund 10 mehr als ihre Geschlechtsgenossen vor 50 Jahren, und Frauen berichteten von 36 Stunden und somit von über 6 Stunden mehr (Abbildung 17.6).[20] (Fairerweise ist zu bemerken, dass die Yuppies vielleicht doch Grund zum Jammern haben: Personen mit geringerer Bildung haben von mehr Freizeit berichtet, und diese umgedrehte Ungleichheit hat sich in besagten 50 Jahren verschärft.) Ähnliche Trends wurden in Westeuropa festgestellt.[21]

Ebenso wenig fühlen sich US-Amerikaner durchgängig mehr gehetzt. Ein Bericht des Soziologen John Robinson vermerkt zwischen 1965 und 2010 zwar einige Auf-und-ab-Bewegungen im Prozentsatz der Personen, die sich als »ständig unter Zeitdruck« bezeichnen (mit dem niedrigsten Wert 1976 bei 18 Prozent und dem höchsten von 35 Prozent 1998), doch ein konsistenter, über 45 Jahre anhaltender Trend war nicht zu beobachten.[22] Und am Ende des Tages behauptet sich das Abendessen im trauten Familienkreis als nach wie vor vital und quicklebendig. Mehrere Untersuchungen und Umfragen stimmen darin überein, dass sich die Zahl der gemeinsam eingenommenen Abendmahlzeiten von 1960 bis 2014 nur wenig geändert hat – trotz iPhones, PlayStations und Facebook.[23] Im Verlauf des 20. Jahrhunderts haben typische amerikanische Eltern sogar nicht weniger, sondern immer mehr Zeit mit ihren Kindern verbracht.[24] Im Jahr 1924 verbrachten nur 45 Prozent der Mütter zwei oder mehr Stunden am Tag mit ihren Kindern

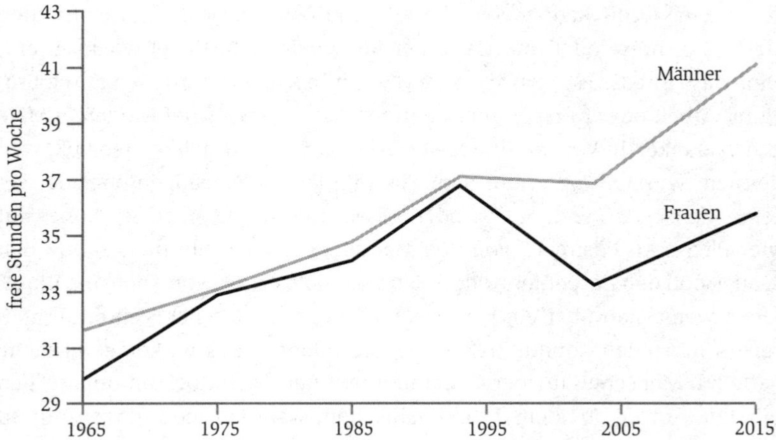

Abb. 17.6 Freizeit, USA, 1965–2015
Quellen: 1965–2003: Aguiar & Hurst 2007, Tabelle III, Leisure Measure 1. 2015: American Time Use Survey, Bureau of Labor Statistics 2016c; Freizeit und Sport, Rasen- und Gartenpflege sowie Ehrenamt sind zusammengefasst, um Vergleichbarkeit mit Aguiar & Hursts Measure 1 zu gewährleisten.

(7 Prozent verbrachten *keine* Zeit mit ihnen), und nur 60 Prozent der Väter verbrachten mindestens eine Stunde am Tag mit ihnen. Im Jahr 1999 lagen die Werte dann bei 71 und 83 Prozent.[25] Tatsächlich verbringen alleinerziehende und berufstätige Mütter heute sogar mehr Zeit mit ihren Kindern als verheiratete nicht berufstätige Mütter im Jahr 1965.[26] (Ein Mehr an Stunden, das für die Beschäftigung mit Kindern aufgewendet wurde, ist hauptverantwortlich für den Freizeitknick, der sich in Abbildung 17.6 offenbart.)[27] Zeitbudgetstudien sind jedoch chancenlos gegen liebgewonnene Porträts des heilen Familienlebens wie Bilder von Norman Rockwell oder die Familien-Sitcom *Erwachsen müßte man sein* (1957–1963), so dass sich viele Leute fälschlicherweise an die Mitte des 20. Jahrhunderts als goldenes Zeitalter der familiären Zusammengehörigkeit erinnern.

Elektronische Medien gelten allgemein als Bedrohung für menschliche Beziehungen, und zweifellos sind Facebook-Freunde ein schlechter Ersatz für persönlichen Kontakt mit uns lieben Menschen aus Fleisch und Blut.[28] Insgesamt ist elektronische Technologie jedoch von unbezahlbarem Wert für menschliche Nähe. Wenn Familienmitglieder vor einem Jahrhundert in eine ferne Stadt zogen, war es gut möglich, dass man ihre Stimmen nie wieder hörte oder ihre Gesichter nie wieder sah. Enkel wuchsen auf, ohne dass ihre Großeltern sie je zu Gesicht bekamen. Paare, die durch Studium, Arbeit oder Krieg getrennt wurden, lasen einen Brief Dutzende Male und versanken in Verzweiflung, wenn der nächste auf sich warten ließ, weil sie nicht wussten, ob er auf dem Postweg verlorengegangen oder der geliebte Mensch wütend, untreu oder tot war (diese Qualen griffen Songs auf wie »Please Mr Postman« von den Marvelettes, auch interpretiert von den Beatles und den Carpenters, oder »Send Me A Postcard« von Shocking Blue). Selbst wenn man über ein Ferngespräch Kontakt zu einer weit entfernten Person herstellen konnte, ließen die exorbitanten Kosten keine wirkliche Nähe zu. Menschen meiner Generation erinnern sich noch an unnatürlich gehetzte Anrufe aus dem Telefonhäuschen, während die Münzen nur so durchrasselten, oder an den halsbrecherischen Sprint ans Familientelefon (»DAS IST EIN FERNGESPRÄCH!!!«) oder das bange Gefühl beim Gedanken an das entschwindende Geld für die Miete, wenn sich ein nettes Gespräch entwickelte. *»Only connect«*, riet E. M. Forster in seinem Roman *Howards End*, und die elektronische Technologie erlaubt uns Vernetzungen wie niemals zuvor. Heute verfügt nahezu die halbe Weltbevölkerung über einen Internetzugang, und drei Viertel haben Zugriff auf ein Mobiltelefon. Die geringen Kosten eines Ferngesprächs sind im Grunde gleich null und die Gesprächsteilnehmer können einander nicht nur hören, sondern auch sehen.

Und da wir gerade vom Sehen reden – die stetig abnehmenden Kosten für Fotografie sind ein weiteres Geschenk, das unseren Reichtum an Erfahrungen mehrt. In alten Zeiten blieb den Menschen nur ein geistiges Abbild als Erinnerung an ein lebendes oder verstorbenes Familienmitglied. Heute überschwemmt mich, wie Milliarden andere Menschen, mehrmals täglich eine Welle der Dankbarkeit für mein Glück, wenn mein Blick auf einem Foto meiner Lieben ruht. Erschwingliche Fotos geben uns zudem Gelegenheit, die Höhepunkte unseres Lebens nicht nur einmal, sondern viele Male erneut zu durchleben – die kostbaren Ereignisse, die überwältigenden Ausblicke, die längst vergangenen Stadtbilder, die Alten in der Blüte ihrer Jugend, die Erwachsenen als Kinder, die Kinder als Babys.

Selbst wenn uns in Zukunft eine holographische virtuelle Realität in 3D mit Surround-Sound und haptischen Exoskeletthandschuhen umgibt, werden wir nach wie vor mit den Menschen, die wir lieben, auf Tuchfühlung

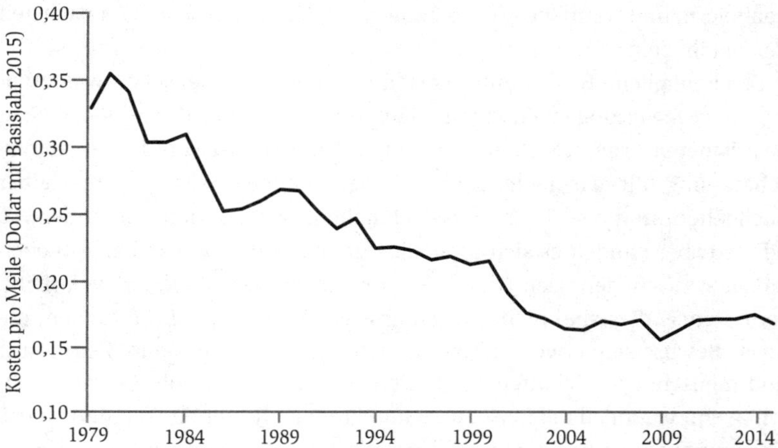

Abb. 17.7 Kosten von Flugreisen, USA, 1979–2015
Quelle: Thompson 2013, aktualisiert durch Daten von Airlines for America, http://airlines.org/dataset/annual-round-trip-fares-and-fees-domestic/. Inlandsflüge, außer Gebühren für aufgegebenes Gepäck (die die Durchschnittskosten für Passagiere mit Gepäck seit 2008 um etwa einen halben Cent pro Meile erhöhen)

gehen wollen. Insofern sind auch die sinkenden Beförderungskosten ein Segen für die Menschheit. Züge, Busse und Autos haben die Gelegenheiten, einander nahezukommen, vervielfacht, und die bemerkenswerte Demokratisierung des Flugverkehrs hat die Barrieren weiter Entfernungen und der Ozeane aus dem Wege geräumt. Der Begriff *Jetset* für mondäne Prominente ist ein Anachronismus aus den 1960er Jahren, als höchstens ein Fünftel der Amerikaner schon einmal geflogen war. Trotz steigender Treibstoffkosten ist der reale Preis für Flugreisen in den Vereinigten Staaten seit Ende der 1970er Jahre, als der Flugverkehr dereguliert wurde, um mehr als die Hälfte gefallen (Abbildung 17.7). Im Jahr 1974 kostete ein Flug von New York nach Los Angeles 1442 $ (Dollar mit Basisjahr 2011), heute nicht einmal 300 $. Mit den sinkenden Preisen stieg die Zahl der Fluggäste: Im Jahr 2000 buchten über die Hälfte der US-Amerikaner mindestens einen Hin- und Rückflug. Es mag zwar sein, dass man mit gespreizten Beinen dastehen muss, während ein Sicherheitsbeamter mit einem Stab am Schritt entlangfährt, dass einem der Ellbogen des Nachbarn in den Rippen und eine Rückenlehne unter dem Kinn steckt, doch Paare in einer Fernbeziehung können Wiedersehen feiern, und wenn die Mutter krank wird, kann man schon am nächsten Tag bei ihr sein.

Erschwingliche Beförderungskosten tun mehr, als Menschen wiederzuvereinen. Sie ermöglichen ihnen außerdem, die phantastische Bilderschau des Planeten Erde in sich aufzunehmen. Die Rede ist von der Freizeitbeschäftigung, die wir genießerisch »Reisen« nennen, wenn wir ihr selber nachgehen, und als »Tourismus« schmähen, wenn andere ihr frönen; so oder so aber handelt es sich zweifellos um eines der Dinge, die das Leben lebenswert machen. Den Grand Canyon sehen, New York, das Polarlicht, Jerusalem – dies sind nicht nur Sinnesfreuden, sondern Erfahrungen, die unser Bewusstsein erweitern und die schiere Größe von Raum, Zeit, Natur und menschlicher Schaffenskraft erlebbar machen. Obwohl es uns schüttelt, wenn wir an all die Reisebusse und Fremdenführer denken und an das Gewimmel der Selfiejäger in ihren geschmacklosen Shorts, müssen wir zugeben, dass das Leben besser ist, wenn Menschen die Gelegenheit haben, unseren Planeten und unsere Spezies besser kennenzulernen, statt dazu verdammt zu sein, zeitlebens in Fußentfernung zu ihrem Geburtsort zu bleiben. Mit gestiegenem verfügbaren Einkommen und gesunkenen Flugkosten haben mehr Menschen die Welt entdecken können, wie wir in Abbildung 17.8 sehen.

Und nein, die Reisenden stellen sich nicht nur in die Schlange vor Wachsfigurenkabinetten und Fahrgeschäften in Disney World. Es gibt weltweit über 160 000 Gebiete, die vor Erschließung und wirtschaftlicher Ausbeutung geschützt sind, und ihre Zahl wächst täglich. Und wie wir in Abbildung 10.6 gesehen haben, hat man einen noch viel größeren Teil der natürlichen Welt in Landschaftsschutzgebieten abgeschirmt.

Die Bandbreite unserer ästhetischen Erfahrungen ist auch erweitert worden, was Ernährung betrifft. Ende des 19. Jahrhunderts ernährten sich die US-Amerikaner überwiegend von Schweinefleisch und Stärke.[29] Vor dem Aufkommen elektrischer Kühlung und motorisierten Transports wäre das meiste Obst und Gemüse verdorben, bevor es beim Verbraucher angekommen wäre, weswegen die Bauern unverderbliche Erzeugnisse wie Rüben, Bohnen und Kartoffeln anbauten. Äpfel waren das einzige Obst, wovon der größte Teil in die Produktion von Apfelwein und -saft ging. (Noch in den 1970er Jahren verkauften Souvenirläden in Florida Beutel mit Apfelsinen als Mitbringsel für die Daheimgebliebenen.) »*Meat-and-potatoes*«, also »Fleisch und Kartoffeln«, stand für »Hausmannskost« und »*white-bread*« bedeutete

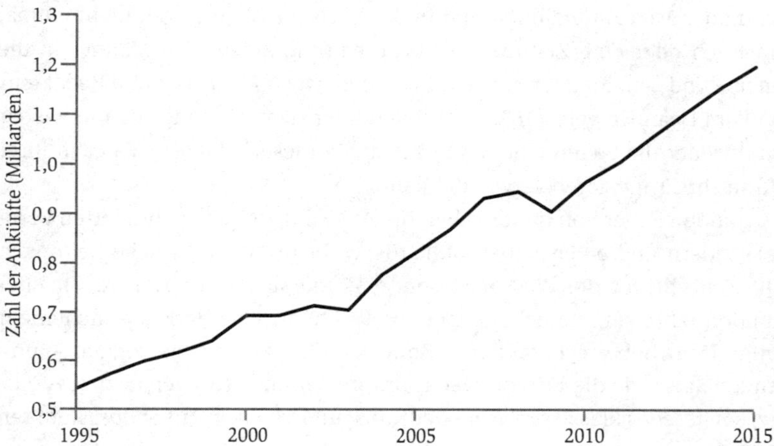

Abb. 17.8 Internationaler Tourismus, 1995–2015
Quelle: World Bank 2016e, basierend auf Daten der World Tourism Organization, *Yearbook of Tourism Statistics*

nicht nur »Weißbrot«, sondern auch »spießig«. Experimentierfreudige Köche zauberten kurzerhand paniertes Frühstücksfleisch, Pseudo-Apfelkuchen aus Ritz-Crackern oder »Perfektionssalat« (Krautsalat in Wackelpeter mit Zitronengeschmack). Von Einwanderern mitgebrachte kulinarische Neuheiten waren so exotisch, dass sie, zum Beispiel in Werbeclips und Comics, zur Zielscheibe des Spotts avancierten – etwa italienisches Essen (»Mamma mia, that's a spicy meatball!«), mexikanisches (»die Lösung für den Gas-Engpass«), chinesisches (»Nach einer Stunde sind Sie wieder hungrig«) und japanisches (»Kein Essen, sondern Köder«). Heute bekommt man sogar in Kleinstädten und in Einkaufszentren mit Food-Courts ein kosmopolitisches Büfett geboten, manchmal mit all diesen Küchen plus griechisch, thailändisch, indisch, vietnamesisch und arabisch. Auch Supermärkte haben ihr Angebot erweitert, von einigen hundert Artikeln in den 1920er Jahren bis zu 2200 in den 1950ern, 17 500 in den 1980ern und 39 500 im Jahr 2015.[30]

Zu guter Letzt wurde auch der Zugang zu den großartigsten Produkten des menschlichen Geistes auf wunderbare Weise erweitert und demokratisiert. Wir vermögen uns kaum vorzustellen, wie unfassbar eintönig es in einsamen ländlichen Haushalten vergangener Tage zugegangen sein muss.[31] Ende des 19. Jahrhunderts gab es weder Internet noch Radio, Fernsehen,

Kino oder Musikaufnahmen und in den meisten Wohnungen nicht einmal ein Buch oder eine Zeitung. Zur Unterhaltung gingen die Männer in die Kneipe und genehmigten sich ein Glas oder zwei.[32] Der Autor und Redakteur William Dean Howells (1837–1920) vergnügte sich als Junge damit, wieder und wieder die Seiten einer alten Zeitung zu lesen, die sein Vater in ihrer Hütte zum Tapezieren verwendet hatte.

Landbewohner von heute haben die Auswahl zwischen Hunderten Fernsehsendern und einer halben Milliarde Websites, die sämtliche Zeitungen und Zeitschriften der Welt umfassen (einschließlich ihrer Archive, die über hundert Jahre zurückreichen), jedes große literarische Werk, das nicht mehr unter das Urheberrecht fällt, eine Enzyklopädie, die über siebzigmal so umfangreich ist wie die *Encyclopaedia Britannica* und etwa genauso zuverlässig, sowie jedes klassische Werk der Kunst und Musik.[33] Auf *Snopes* könnten sie Faktenchecks durchführen, auf *Khan Academy* Mathe und Naturwissenschaften lernen, mit dem *American Heritage Dictionary* den englischen Wortschatz auffrischen, mit Hilfe der *Stanford Encyclopedia of Philosophy* geistige Erleuchtung erfahren und Vorträgen der weltweit größten Gelehrten, Autoren und Kritiker lauschen, von denen viele schon lange tot sind. Heute müsste ein verarmter Hillel nicht mehr erfrieren, während er dem Unterricht durchs Dachfenster der Schule folgt.

Selbst wohlhabenden westlichen Städtern, die schon immer freien Zutritt zu den Palästen der Kultur hatten, steht nun unermesslich viel mehr Kunst und Literatur zur Verfügung. Als ich noch Student war, mussten Cineasten Jahre warten, bis ein Filmklassiker, wenn überhaupt, im lokalen Kino oder im späten Fernsehprogramm gezeigt wurde; heute kann man ihn ganz nach Wunsch streamen. Ich kann unter Tausenden Songs wählen, die ich höre, während ich jogge, das Geschirr spüle oder bei der Kfz-Zulassungsstelle in der Schlange stehe. Mit ein paar Klicks könnte ich mich in die Werke Caravaggios versenken oder in den Originaltrailer von *Rashomon*, könnte Dylan Thomas zuhören, wie er »And Death Shall Have No Dominion« rezitiert, Eleanor Roosevelt, die die Allgemeine Erklärung der Menschenrechte vorliest, Maria Callas, die »O mio babbino caro« singt, Billie Holiday »My Man Don't Love Me« oder Solomon Linda »Mbube« – Erfahrungen, die ich noch vor wenigen Jahren nicht für Geld und gute Worte hätte machen können. Billige Hi-Fi-Kopfhörer und bald auch Virtual-Reality-Brillen aus Karton ermöglichen einen ungleich höheren ästhetischen Genuss als die blechernen Lautsprecher und trüben Schwarzweißaufnahmen meiner Jugend. Und diejenigen, die Papier mögen, können eine gebrauchte Ausgabe von Doris Lessings *Das goldene Notizbuch*, Vladimir Nabokovs *Fahles Feuer* oder Wole Soyinkas *Aké, Jahre der Kindheit* für einen Dollar das Stück erwerben.

Die Kombination aus Internettechnologie und dem Crowdsourcing Tausender Freiwilliger hat den verblüffenden Zugang zu den großen Werken der Menschheit eröffnet. Es kann kein Zweifel darüber bestehen, welches das großartigste Zeitalter für Kultur ist; die Antwort kann nur lauten »das heutige« – bis es von morgen übertroffen wird. Dabei geht es nicht um gehässige Vergleiche der Qualität von Werken der Gegenwart und der Vergangenheit (was uns niemals zustehen würde, genau wie auch viele große Werke früherer Tage zu ihrer Zeit keine Würdigung erfuhren). Nein – dieses Urteil verdankt sich unserer nimmermüden Kreativität und unserem phantastisch kumulativen kulturellen Gedächtnis. Wir haben buchstäblich alle genialen Werke, die unserer Zeit voraus waren, sowie diejenigen unserer Tage in Reichweite, während die Menschen, die vorher lebten, nichts von beidem hatten. Und was noch besser ist: Das kulturelle Erbteil der Welt steht nun nicht länger nur den Reichen und an günstigen Orten Lebenden zur Verfügung, sondern jeder Person, die mit dem riesigen Netz des Wissens verknüpft ist – und das bedeutet: mit dem größten Teil der Menschheit und schon bald mit allen Menschen auf der Welt.

Kapitel 18

Glück

Doch sind wir nun auch glücklicher? Wenn wir nur ein Fünkchen kosmische Dankbarkeit verspüren, sollten wir es sein. Im Vergleich zu ihren Pendants vor fünfzig Jahren leben Menschen in den USA neun Jahre länger, haben eine drei Jahre längere Ausbildung, verdienen im Jahr 33 000 Dollar pro Familienmitglied mehr (wovon nicht mehr die Hälfte, sondern nur noch ein Drittel für Grundbedürfnisse ausgegeben wird) und verfügen über zusätzliche acht Stunden Freizeit pro Woche. In dieser Freizeit können sie im Internet lesen, mit dem Smartphone Musik hören, Filme auf einem hochauflösenden Fernseher streamen, mit Freunden und Verwandten skypen oder sich statt paniertem Frühstücksfleisch thailändisches Essen schmecken lassen.

Wenn man dem öffentlichen Eindruck glauben will, sind die US-Amerikaner von heute nicht anderthalbmal glücklicher (was sie wären, wenn sich Glück am Einkommen bemessen würde) oder um ein Drittel glücklicher (wenn es auf Bildung beruhte) oder auch nur um ein Achtel (wenn es von Langlebigkeit abhinge). Anscheinend meckern, klagen, stöhnen, maulen und jammern die Leute so ausgiebig wie eh und je, und der Anteil der Amerikaner, die in Umfragen angeben, sie seien glücklich, ist seit Jahrzehnten konstant. Die Popkultur wird dieser Undankbarkeit mit dem Internet-Mem und dem Twitter-Hashtag #firstworldproblems gerecht, und in einem Monolog mit dem Titel »Everything's Amazing and Nobody's Happy« greift auch der Comedian Louis C. K. das Thema auf:

> Wenn ich Dinge lese wie »Der Kapitalismus ist in seinen Grundfesten erschüttert«, denke ich, vielleicht sollten wir mal eine Zeitlang mit einem Esel herumlaufen, an dessen Flanken Töpfe klappern. ... Weil wir in einer großartigen Welt leben, und sie wird für die beschissenste Generation verwöhnter Idioten verschwendet. ... Fliegen ist am schlimmsten, denn die Leute kehren zurück von Flugreisen und erzählen dir ihre Geschichte. ... Dann heißt es: »Das war der

> schrecklichste Tag meines Lebens. ... Wir steigen in das Flugzeug, und dann mussten wir vierzig Minuten dort auf dem Rollfeld sitzen.« ... Nein, wirklich, und was passierte dann? Bist du *echt* durch die *Luft* geflogen, unglaublich, wie ein Vogel? Bist du – unvorstellbar – zu den Wolken aufgestiegen? Durftest du an dem *Wunder* des Menschenfluges teilhaben und dann weich auf riesigen Reifen landen, von denen du dir nicht mal vorstellen konntest, wie sie da verdammt nochmal Luft reingepumpt haben? ... Du sitzt auf einem *Stuhl* im *Himmel*. Du bist so was wie ein griechischer Mythos! ... Die Leute reden von Verspätungen? ... Flugreisen sind zu langsam? Von New York nach Kalifornien in fünf Stunden. Das hat mal dreißig Jahre gedauert! Und eine Menge von euch wären auf dem Weg dorthin gestorben, und man hätte dir mit einem Pfeil ins Genick geschossen, und die anderen Reisenden hätten dich einfach nur verscharrt und einen Stock in die Erde gesteckt mit deinem Hut drauf und wären weitergezogen. ... Die Brüder Wright würden uns alle in die [Eier] treten, wenn sie das wüssten.[1]

Im Jahr 1999 fasste John Mueller den damaligen allgemeinen Blick auf die moderne Zeit so zusammen: »Die Menschen scheinen die bemerkenswerten wirtschaftlichen Errungenschaften einfach achselzuckend zur Kenntnis genommen und im Handumdrehen neue Probleme ausgemacht zu haben, über die man sich aufregen kann. In gewisser Weise verbessert sich die Lage also nie.«[2] Diese Einschätzung beruhte nicht nur auf dem Eindruck amerikanischen Unwohlseins. Im Jahr 1973 machte der Ökonom Richard Easterlin ein Paradox aus, das seitdem seinen Namen trägt.[3] In Vergleichen *innerhalb* eines Landes sind reichere Menschen zwar glücklicher, doch in *länderübergreifenden* Vergleichen waren die Reicheren offensichtlich nicht glücklicher als die Ärmeren. Und in Vergleichen *über einen längeren Zeitraum* schienen die Menschen mit dem wachsenden Wohlstand ihres Landes nicht glücklicher zu werden.

Das Easterlin-Paradox wurde durch zwei Theorien aus der Psychologie erklärt. Nach der Theorie der hedonistischen Tretmühle gewöhnen sich Menschen an veränderte Vermögensverhältnisse, so wie sich Augen an Helligkeit oder Dunkelheit gewöhnen, und kehren schnell zu einem genetisch bestimmten Grundgefühl zurück.[4] Nach der Theorie des sozialen Vergleichs (oder der Referenzgruppen, der Statusangst oder der relativen Deprivation, die wir in Kapitel 9 erörtert haben) ist das Glück der Menschen davon abhängig, wie gut sie in ihren Augen relativ zu ihren Mitmenschen dastehen; wenn das Land also insgesamt reicher wird, fühlt sich niemand glücklicher –

nimmt die Ungleichheit im Land zu, kann es ganz im Gegenteil sogar sein, dass man sich schlechter fühlt, auch wenn man reicher wird.[5]

Wenn die Dinge in diesem Sinne niemals besser werden, kann man sich fragen, ob all jener ökonomische, medizinische und technische sogenannte Fortschritt tatsächlich der Mühe wert war. Viele verneinen das. Sie sagen, durch den zunehmenden Individualismus, Materialismus, Konsumismus und dekadenten Wohlstand sowie das Zerbrechen traditioneller Gemeinschaften mit ihren innigen sozialen Bindungen und den Verlust der durch Religion vorgegebenen Sinnhaftigkeit seien wir geistig ärmer geworden. Wie man häufig liest, sei das der Grund für die Zunahme von Depression, Angst, Einsamkeit und Selbstmorden und erkläre, warum die Selbstmordrate in Schweden, diesem weltlichen Paradies, bekanntermaßen so hoch sei. Im Jahr 2016 schloss sich der Aktivist George Monbiot der altehrwürdigen kulturpessimistischen Kampagne gegen die Moderne an und schrieb eine Kolumne mit dem Titel »Neoliberalism Is Creating Loneliness. That's What's Wrenching Society Apart« (»Neoliberalismus macht einsam. Das spaltet die Gesellschaft«). Der Untertitel lautete »Epidemics of mental illness are crushing the minds and bodies of millions. It's time to ask where we are heading and why« (»Epidemieartige psychische Erkrankungen zerstören Geist und Körper von Millionen. Wir sollten uns fragen, wohin wir unterwegs sind und warum«). Der Artikel selbst warnte: »Die letzten verheerenden Zahlen über psychische Erkrankungen von Kindern in England spiegeln eine globale Krise wider.«[6]

Hätten all jene zusätzlichen Jahre Leben und Gesundheit, all jene zusätzliche Erkenntnis und Freizeit und Bandbreite an Erfahrungen, all jene Fortschritte an Frieden und Sicherheit und Demokratie und Rechten uns eigentlich gar nicht glücklicher gemacht, sondern nur einsamer und selbstmordgefährdeter, so wäre das der derbste Scherz, den sich die Geschichte mit der Menschheit erlaubt hätte. Doch bevor wir uns tatsächlich einen Esel mit klappernden Töpfen an den Flanken zulegen, sollten wir die Fakten zum menschlichen Glück etwas genauer in Augenschein nehmen.

Spätestens seit der Achsenzeit haben Denker darüber nachgedacht, was ein gutes Leben ausmacht, und heute ist Glück ein zentrales Thema der Sozialwissenschaft.[7] Einige Intellektuelle haben ungläubig, ja beleidigt darauf reagiert, dass Glück neuerdings auch Gegenstand der Ökonomie ist statt ausschließlich ein Thema für Dichter, Essayisten und Philosophen. Doch die Ansätze stehen nicht im Widerstreit miteinander. Ausgangspunkt soziologischer Studien über Glück sind häufig Ideen, die ihren Ursprung bei Künstlern und Philosophen hatten, und Soziologen können Fragen über historische und globale Muster stellen, die sich durch einsame Reflexion, wie erkenntnisreich sie auch sein mag, nicht beantworten lassen. Das gilt insbesondere für die Frage, ob der Fortschritt die Menschen glücklicher gemacht hat. Um darauf eine Antwort zu geben, müssen wir zunächst die Skeptiker beschwichtigen, die nicht glauben wollen, dass Glück überhaupt messbar ist.

Künstler, Philosophen und Sozialwissenschaftler sind sich darin einig, dass Wohlbefinden nicht eindimensional ist. Menschen kann es in mancher Hinsicht bessergehen und in anderer schlechter. Schauen wir uns die wichtigsten Dimensionen einmal genauer an.

Beginnen können wir mit objektiven Aspekten des Wohlbefindens – den Geschenken, die wir per se als erstrebenswert erachten, gleichgültig ob ihre Besitzer sie wertschätzen oder nicht. Ganz oben auf dieser Liste steht das Leben selbst; zudem beinhaltet sie Gesundheit, Bildung, Freiheit und Freizeit. Dies ist das Gedankengut hinter Louis C. K.s Sozialkritik und teilweise auch hinter Amartya Sens und Martha Nussbaums Vorstellungen von grundlegenden menschlichen Befähigungen.[8] Insofern können wir sagen, dass es Menschen, die ein langes, gesundes und erfüllendes Leben führen, eindeutig bessergeht, auch wenn sie ein mürrisches Naturell besitzen oder schlechte Laune haben oder verwöhnte Idioten sind, die einfach nicht würdigen, was ihnen geschenkt wurde. Rechtfertigen lässt sich diese offenkundige Übergriffigkeit zum einen dadurch, dass Leben, Gesundheit und Freiheit Voraussetzungen für alles andere sind, einschließlich ebender Überlegung, wofür es sich zu leben lohnt; sie sind also per definitionem erstrebenswert. Zum anderen sind diejenigen Personen, die sich den Luxus erlauben, ihr Glück nicht wertzuschätzen, eine verzerrte Stichprobe von Überlebenden, denen das Glück hold war. Wenn wir die Seelen der toten Kinder und Mütter und der Opfer von Krieg und Hunger und Krankheit befragen könnten oder in die Vergangenheit reisen und sie vor die Entscheidung stellen, ob sie ihr Leben in einer vormodernen oder modernen Welt weiterführen wollten, so würde sich womöglich eine Würdigung der modernen Zeit offenbaren, die ihren objektiven Vorzügen eher gerecht wird. Diese Dimensionen des Wohlbefindens waren die Themen der vorigen Kapitel, und das Urteil, ob sie sich mit der Zeit verbessert haben, haben wir bereits gefällt.

Eines dieser essentiellen Güter ist Freiheit oder Autonomie – das Vorhandensein von Optionen für ein gutes Leben (positive Freiheit) und das Nichtvorhandensein von Zwang, der einem Menschen verwehrt, zwischen diesen Optionen zu wählen (negative Freiheit). Im Titel seines Buches über das höchste Ziel nationaler Entwicklung benannte Sen diesen Wert: *Development as Freedom*, Entwicklung als Freiheit. Positive Freiheit ist verwandt mit dem ökonomischen Begriff des Nutzens (was Menschen erstreben, wofür sie ihr Geld ausgeben) und negative Freiheit mit den politikwissenschaftlichen Begriffen Demokratie und Menschenrechte. Wie erwähnt, ist Freiheit (gemeinsam mit Leben und Vernunft) eine Grundvoraussetzung, um überhaupt beurteilen zu können, was am Leben gut ist. Solange wir unser Schicksal nicht einfach nur stumpfsinnig beklagen oder preisen, setzen wir, sobald wir unsere Lebensumstände bewerten, stillschweigend voraus, dass sich Menschen in der Vergangenheit auch anders hätten entscheiden können. Und wenn wir fragen, welche Richtung wir anvisieren sollten, setzen wir voraus, dass wir zwischen verschiedenen Richtungen wählen können. Aus diesen Gründen ist Freiheit als solche grundsätzlich von hohem Wert.

In der Theorie ist Freiheit unabhängig von Glück. Menschen können verhängnisvollen Versuchungen erliegen, sich nach Vergnügungen sehnen, die nicht gut für sie sind, eine Entscheidung am Morgen danach bereuen oder den Rat, bei der Wahl ihrer Wünsche vorsichtig zu sein, in den Wind schlagen.[9] In der Praxis sind Freiheit und die anderen schönen Dinge des Lebens nicht voneinander zu trennen. Ob man mit Hilfe eines Demokratieindexes objektive Einschätzungen für ein ganzes Land vornimmt oder Menschen subjektiv beurteilen, ob sie in ihren Augen »Entscheidungsfreiheit und Kontrolle über ihr Leben« besitzen – der Glückspegel in einem Land korreliert mit dem Maß an Freiheit.[10] Überdies betrachten Menschen Freiheit als Bestandteil eines *sinnvollen* Lebens, ob sie nun zu einem glücklichen Leben beiträgt oder nicht.[11] Wie Frank Sinatra mögen sie Dinge bedauern und Schicksalsschläge hinnehmen, aber *»they do it their way«*. Es kommt sogar vor, dass Menschen Autonomie *höher* einschätzen als Glück. So würden viele, die eine schmerzliche Scheidung durchlitten haben, dennoch nicht lieber wieder in einer Zeit leben, in der ihre Eltern eine Ehe für sie arrangieren.

Was ist mit dem Glück selbst? Wie können Wissenschaftler etwas so Subjektives wie subjektives Wohlbefinden messen? Wie glücklich Menschen sind, findet man am besten heraus, indem man sie fragt. Wer könnte das besser wissen? In einem alten Sketch der Comedy-Show *Saturday Night Live* führt Gilda Radner ein postkoitales Gespräch mit einem nervösen Liebhaber (gespielt von Chevy Chase), der sich Sorgen macht, dass sie keinen Orgasmus hatte, und tröstet ihn mit den Worten: »Manchmal hab ich einen und merk es nicht einmal.« Wir lachen, denn wenn es um subjektive Erfahrungen geht, ist diejenige Person, die die Erfahrung gemacht hat, die höchste Autorität. Dennoch sind wir nicht auf Gedeih und Verderb von ihren Worten abhängig: Selbsteinschätzungen des Wohlbefindens korrelieren mit allen anderen Dingen, die nach unserem Empfinden Anzeichen für Glück sind, wie Lächeln, lebhaft-heiteres Auftreten, Aktivität in den Hirnarealen, die auf süße Babys reagieren, und – was auch immer Gilda und Chevy sagen mögen – Beurteilungen durch andere.[12]

Glück hat zwei Seiten, eine emotionale oder Erfahrungsseite und eine kognitive oder Bewertungsseite.[13] Die Erfahrungskomponente ist eine Balance zwischen positiven Gefühlen wie Euphorie, Freude, Stolz und Entzücken und negativen wie Angst, Wut und Traurigkeit. Wissenschaftler können diese Erfahrungen in Echtzeit abfragen, indem sie Versuchspersonen mit einem Piepser ausstatten; immer wenn er zu willkürlichen Zeiten losgeht, müssen sie angeben, wie sie sich gerade fühlen. Das ultimative Glücksmaß wäre ein lebenslanges Integral oder eine gewichtete Summe, die angeben, wie glücklich sich Menschen fühlen und wie lange dieses Gefühl anhält. Das Sammeln von Erfahrungen ist zwar die unmittelbarste Methode zur Einschätzung subjektiven Wohlbefindens, doch es ist aufwendig und teuer, und es gibt keine guten Datenreihen, die Menschen in verschiedenen Ländern vergleichen oder sie über Jahre verfolgen. Die nächstbeste Methode ist, Menschen zu fragen, wie sie sich gerade fühlen oder sich am Tag oder in der Woche davor gefühlt haben.

Das bringt uns zur zweiten Seite des Wohlbefindens – den *Bewertungen*, die Menschen über ihr Leben abgeben. Man kann sie bitten, darüber nachzudenken, wie zufrieden sie »zurzeit« oder »allgemein« oder »im Großen und Ganzen« sind, oder das fast philosophische Urteil abzugeben, wo sie auf einer zehnsprossigen Leiter gerade stehen, deren unterste Sprosse gleichbedeutend mit »dem denkbar schlechtesten Leben für Sie« ist und die oberste mit »dem denkbar besten Leben für Sie«. Wir finden es schwierig, auf solche Fragen zu antworten (was nicht verwunderlich ist, weil es schwierige Fragen *sind*), und die Antworten werden möglicherweise verfälscht durch das Wetter, die momentane Stimmung und eine unmittelbar davor gestellte Frage (verlässlich negativ wirken sich etwa bei Collegestudierenden Fragen nach ihrem Liebesleben aus oder bei allen Personen Fragen zur Politik). Soziologen haben sich damit abgefunden, dass Glück, Zufriedenheit und die Vorstellung von einem denkbar guten oder denkbar schlechten Leben in unseren Köpfen nur verschwommen repräsentiert sind und es oft am einfachsten ist, schlicht einen Mittelwert aus ihnen zu bilden.[14]

Gefühle und Bewertungen stehen natürlich in einem wenn auch unvollkommenen Verhältnis zueinander: Glück in Hülle und Fülle macht das Leben schöner, das Nichtvorhandensein von Sorgen und Traurigkeit jedoch nicht.[15] Und das bringt uns zu der letzten Dimension eines guten Lebens, seiner Sinnhaftigkeit. Diese Eigenschaft macht gemeinsam mit Glück Aristoteles' Ideal der *Eudaimonia* oder des »guten Geistes« aus.[16] Glück ist nicht alles. Wir können Entscheidungen treffen, die uns kurzfristig unglücklich machen, aber uns im Laufe unseres Lebens Erfüllung schenken, wie das Aufziehen eines Kindes, das Schreiben eines Buches oder der Kampf für eine gerechte Sache.

Kein Sterblicher kann bestimmen, was einem Leben *wirklich* Sinn verleiht; der Psychologe Roy Baumeister und seine Mitarbeiter haben jedoch gründlich untersucht, was Menschen das *Gefühl* gibt, ein sinnvolles Leben zu führen. Die Probanden bewerteten jeweils, wie glücklich und wie sinnvoll ihr Leben war, und beantworteten eine lange Liste von Fragen über ihre Gedanken, Aktivitäten und Lebensumstände. Die Ergebnisse legen nahe, dass viele Dinge, die Menschen glücklich machen, ihrem Leben auch einen Sinn geben, zum Beispiel, anderen verbunden zu sein, sich produktiv zu fühlen und nicht allein oder gelangweilt zu sein. Es gibt jedoch auch Dinge, die glücklicher machen können, während das Leben dadurch nicht sinnvoller oder sogar sinnentleerter wird.

Menschen, die ein glückliches, aber nicht unbedingt sinnvolles Leben führen, befriedigen all ihre Bedürfnisse: Sie sind gesund, haben genug Geld und fühlen sich die meiste Zeit gut. Es ist möglich, dass auf Menschen, die ein sinnvolles Leben führen, nichts davon zutrifft. Glückliche Menschen leben in der Gegenwart; Menschen mit einem sinnvollen Leben erzählen von ihrer Vergangenheit und planen ihre Zukunft. Diejenigen mit einem glücklichen, aber nichtssagenden Leben sind Nehmende und Nutznießer; diejenigen mit einem sinnvollen, aber unglücklichen Leben sind Gebende und Wohltäter. Kinder geben dem Leben ihrer Eltern einen Sinn, machen sie aber nicht zwangsläufig glücklich. Zeit, die man mit Freunden verbringt, macht das Leben glücklicher; Zeit mit Angehörigen macht es sinnvoller. Durch Stress,

Sorgen, Auseinandersetzungen, Herausforderungen und Konflikte wird ein Leben zwar unglücklicher, aber bedeutungsvoller. Es ist nicht so, dass Menschen mit einem sinnvollen Leben masochistisch nach Problemen suchen; vielmehr verfolgen sie ehrgeizige Pläne: »Der Mensch denkt, Gott lenkt; der Mensch dachte, Gott lachte.« Sinnhaftigkeit bedeutet, das eigene Selbst auszudrücken, und nicht, ihm Befriedigung zu verschaffen – es wird durch Aktivitäten gestärkt, die die Person definieren und ihr Ansehen verleihen.

Glück kann man als Ergebnis eines uralten biologischen Rückkopplungssystems verstehen, das unseren Fortschritt beim Verfolgen vielversprechender Fitnesssignale in einer natürlichen Umgebung registriert. Wir sind gemeinhin glücklicher, wenn wir uns behaglich fühlen, gesund sind, sicher, mit Nahrung versorgt, sozial eingebunden, sexuell aktiv und geliebt werden. Glück hat die Funktion, uns zur Suche nach den Schlüsseln zur Fitness anzuspornen – wenn wir unglücklich sind, kämpfen wir darum, unser Schicksal zu verbessern; wenn wir glücklich sind, bemühen wir uns, den Status quo zu wahren. Sinnhaftigkeit hingegen registriert die neuartigen und weitgefassten Ziele, die uns als den sozialen, gescheiten und gesprächigen Besetzern der den Menschen auszeichnenden kognitiven Nische offenstehen. Wir fassen Ziele ins Auge, die in der fernen Vergangenheit wurzeln und weit in die Zukunft weisen, die auch Personen jenseits unseres Bekanntenkreises betreffen und die das Einverständnis unserer Mitmenschen verlangen, was voraussetzt, dass wir sie von ihrem Wert überzeugen können und dass unsere guten Absichten und Effizienz allgemein bekannt sind.[17]

Aus der begrenzten Rolle des Glücks in der menschlichen Psychologie folgt: Ziel des Fortschritts kann es nicht sein, das Glück unendlich zu vergrößern, in der Hoffnung, dass immer mehr Menschen immer euphorischer werden. Es gibt jedoch eine Menge Unglück, das sich eindämmen lässt, und den Möglichkeiten, unserem Leben einen Sinn zu geben, sind keine Grenzen gesetzt.

Einigen wir uns darauf, dass die Einwohner der Industrieländer nicht so glücklich sind, wie sie angesichts der phantastischen Entwicklung ihrer Vermögensverhältnisse und Freiheit sein sollten. Aber sind sie überhaupt kein bisschen glücklicher? Ist ihr Leben so leer geworden, dass sie in rekordverdächtiger Zahl beschließen, ihm ein Ende zu setzen? Leiden sie an einer Epidemie der Einsamkeit, den schwindelerregenden Möglichkeiten zum Trotz, miteinander Kontakt aufzunehmen? Ist die jüngere Generation –

welch böses Omen für unsere Zukunft – gelähmt durch Depression und psychische Erkrankungen? Wie wir sehen werden, ist die Antwort auf jede einzelne dieser Fragen ein entschiedenes *Nein*.

Das Elend der Menschheit ohne jeden Beleg dafür zu verkünden ist ein Berufsrisiko von Gesellschaftskritikern. In seinem Klassiker *Walden* von 1854 schrieb Henry David Thoreau die berühmten Worte: »Die Mehrzahl der Menschen verbringt ihr Leben in stiller Verzweiflung.« Woher ein Einsiedler, der in einer Blockhütte am See lebte, das wusste, konnte nie geklärt werden, und die Mehrzahl der Menschen erlaubt sich, anderer Meinung zu sein. 86 Prozent der Personen, die beim World Values Survey gefragt wurden, wie glücklich sie seien, antworteten »ziemlich glücklich« oder »sehr glücklich«, und die Befragten des in 150 Ländern durchgeführten *World Happiness Report 2016* sahen sich im Schnitt auf der oberen Hälfte der Leiter vom denkbar schlechtesten bis zum denkbar besten Leben.[18] Thoreau war ein Opfer der Optimismuslücke (der Illusion »Mir geht's gut, denen nicht«), die im Hinblick auf Glück eher ein Canyon ist. In jedem Land unterschätzen die Leute den Anteil ihrer Mitmenschen, die sich als glücklich bezeichnen, um durchschnittlich 42 Prozentpunkte.[19]

Was ist mit dem geschichtlichen Verlauf? Easterlin entdeckte sein faszinierendes Paradox 1973, Jahrzehnte vor der Big-Data-Ära. Was Wohlstand und Glück angeht, können wir uns heute auf viel mehr Belege stützen, und diese besagen, dass kein Easterlin-Paradox existiert. Es ist nicht nur der Fall, dass reichere Menschen in einem gegebenen Land glücklicher sind – Menschen in reicheren Ländern sind ebenfalls glücklicher, und in dem Maße, in dem Länder reicher werden, nimmt auch das Glück ihrer Einwohner zu. Diese neue Sichtweise beruht auf mehreren unabhängigen Analysen, darunter eine von Angus Deaton, der World Values Survey und der *World Happiness Report 2016*.[20] Meine Lieblingsstudie stammt von den Ökonomen Betsey Stevenson und Justin Wolfers und lässt sich graphisch darstellen. In Abbildung 18.1 sind Einschätzungen der durchschnittlichen Lebenszufriedenheit gegen das Durchschnittseinkommen (auf einer logarithmischen Skala) aus 131 Ländern aufgetragen, gemeinsam mit dem Verhältnis der Lebenszufriedenheit zum Einkommen unter den Bürgern des jeweiligen Landes, repräsentiert durch einen Pfeil, der den Punkt durchbohrt.

Hier springen einem mehrere Muster ins Auge. Am offensichtlichsten ist, dass kein länderübergreifendes Easterlin-Paradox sichtbar wird. Der Pfeil-

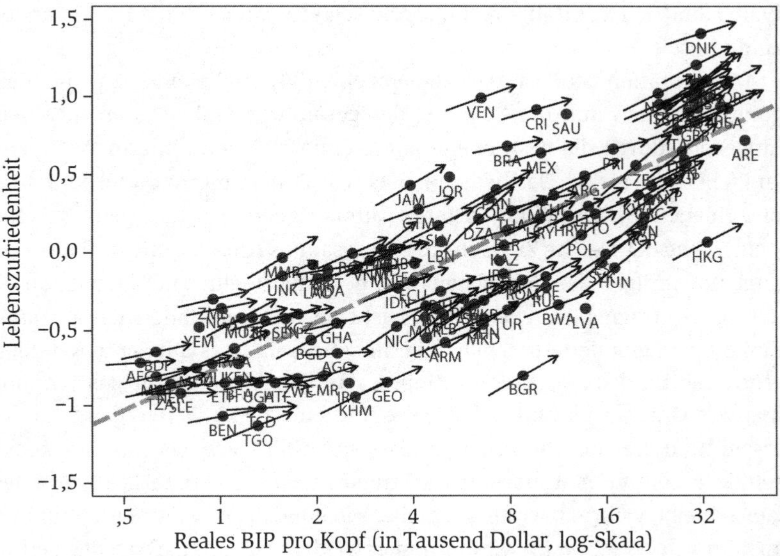

Abb. 18.1 Lebenszufriedenheit und Einkommen, 2006
Quelle: Stevenson & Wolfers 2008 a, Abb. 11, basierend auf Daten des Gallup World Poll 2006. Mit freundlicher Genehmigung von Betsey Stevenson und Justin Wolfers

hagel erstreckt sich über eine Diagonale, was bedeutet: Je reicher das Land, desto glücklicher sein Volk. Beachten Sie, dass die Einkommensskala eine logarithmische ist; bei einer standardmäßigen linearen Skala würde der gleiche Hagel von Pfeilen von links unten steil ansteigen und nach rechts hin einen Bogen beschreiben. Das heißt: Ein gegebener zusätzlicher Dollarbetrag befeuert das Glück der Menschen in einem armen Land stärker als das Glück der Menschen in einem reichen Land, und je reicher ein Land ist, desto mehr zusätzliches Geld brauchen seine Einwohner, um noch glücklicher zu werden. (Das ist einer der Gründe, warum das Easterlin-Paradox überhaupt formuliert wurde – das damals stärkere Datenrauschen erschwerte es, den relativ kleinen Glückszuwachs am oberen Ende der Einkommensskala auszumachen.) Doch bei beiden Skalen flacht die Kurve niemals ab, was der Fall wäre, wenn wir nur irgendein minimales Einkommen bräuchten, um unsere Grundbedürfnisse zu befriedigen, und kein darüber hinausgehender Betrag uns noch glücklicher machen könnte. Was Glück betrifft, hatte

Wallis Simpson zur Hälfte recht, als sie sagte: »Man kann nie zu reich oder zu dünn sein.«

Am verblüffendsten ist, dass die einzelnen Pfeile alle eine ähnliche Steigung aufweisen und der Steigung des gesamten Pfeilhagels entsprechen (angezeigt durch die gestrichelte graue Linie, die sich hinter dem Gewirr an Pfeilen versteckt). Das bedeutet, dass ein Einkommenszuwachs für eine Einzelperson im Verhältnis zu ihren Mitmenschen ihr Glück genauso sehr steigert wie der gleiche Zuwachs für ihr gesamtes Land. Damit wird die Idee unglaubwürdiger, dass Menschen ihr Glück oder Unglück nur in Relation zu den Leuten von nebenan bemessen. Nicht das relative, sondern das absolute Einkommen gibt den Ausschlag fürs Glücklichsein (was mit der in Kapitel 9 erörterten Entdeckung übereinstimmt, dass Ungleichheit für das Empfinden von Glück irrelevant ist).[21] Diese und eine Reihe weiterer Ergebnisse erschüttern die alte Überzeugung, dass sich Glück wie das Auge an wechselnde äußere Verhältnisse anpasst, zu einem Grundwert zurückkehrt oder gleich bleibt, während wir uns vergebens in einer hedonistischen Tretmühle abstrampeln. Auch wenn wir uns immer wieder mal von Rückschlägen erholen und einen Gewinn einstreichen, erleidet unser Glück einen anhaltenden Dämpfer durch Belastungen wie Arbeitslosigkeit oder eine schwerwiegende Behinderung sowie nachhaltigen Auftrieb durch glückliche Fügungen wie eine gute Ehe oder das Auswandern in ein besseres Land.[22] Und entgegen einer früheren Überzeugung macht es langfristig sehr wohl glücklicher, in der Lotterie zu gewinnen.[23]

Da wir wissen, dass Staaten mit der Zeit *reicher* werden (Kapitel 8), können wir Abbildung 18.1 wie eine Momentaufnahme aus einem Film betrachten, die zeigt, wie die Menschheit mit der Zeit *glücklicher* wird. Dieser Glückszuwachs ist ein weiterer Indikator für menschlichen Fortschritt, und zwar einer der allerwichtigsten. Natürlich ist dieser Schnappschuss nicht mit einer wirklichen Langzeitaufzeichnung zu vergleichen, bei der Menschen aus der ganzen Welt über Jahrhunderte hinweg befragt werden und wir ihr Glück fortlaufend graphisch festhalten; solche Daten gibt es nicht. Stevenson und Wolfers haben die Literatur jedoch nach existierenden Längsschnittstudien durchforstet und festgestellt, dass zwischen 1973 und 2009 das Glück in acht von neun europäischen Staaten im Gleichschritt mit dem Zuwachs des BIP pro Kopf zugenommen hat.[24] Die Bestätigung für die ganze Welt liefert der World Values Survey, wonach es zwischen 1981 und 2007 in 45 von 52 Ländern einen Glückszuwachs gegeben hat.[25] Die langfristigen Trends machen dem Easterlin-Paradox ein Ende: Nun wissen wir, dass reichere Menschen in einem Land glücklicher sind, dass reichere Länder glücklicher sind und dass die Menschen glücklicher werden, wenn ihr Land reicher wird (was bedeutet, dass die Menschen mit der Zeit glücklicher werden).

Natürlich hängt Glück von viel mehr als nur dem Einkommen ab. Das gilt nicht nur für Einzelpersonen, die sich in ihrem Lebenslauf und ihrem angeborenen Naturell unterscheiden, sondern auch für Nationen, wie die Streuung der Punkte um die graue Linie im Diagramm beweist. Nationen sind glücklicher, wenn ihr Volk (bei konstantem Einkommen) von besserer Gesundheit ist, und sie sind glücklicher, wie erwähnt, wenn ihre Bürger frei entscheiden dürfen, was sie aus ihrem Leben machen.[26] Auch Kultur und Geographie spielen eine Rolle: Getreu dem Stereotyp sind lateinamerikanische Staaten glücklicher, als sie gemäß ihrem Einkommen sein sollten, und die früheren kommunistischen Staaten Osteuropas sind unglücklicher.[27] Der *World Happiness Report 2016* hat drei weitere Merkmale ans Licht gebracht, die mit nationalem Glück einhergehen: soziale Unterstützung (ob die Leute sagen, dass sie Freunde oder Verwandte haben, auf die sie sich in schwierigen Situationen verlassen können), Großzügigkeit (ob sie Geld für wohltätige Zwecke spenden) und Korruption (ob sie die in ihrem Land abgewickelten Geschäfte als korrupt wahrnehmen).[28] Dennoch ist daraus nicht zu schließen, dass diese Merkmale größeres Glück *bewirken*. Es könnte sein, dass glückliche Menschen die Welt durch eine rosarote Brille sehen und die guten Dinge in ihrem Leben und in ihrer Gesellschaft darum in glühenden Farben schildern. Zudem ist Glück, wie Soziologen sagen, endogen – glücklich zu sein macht die Menschen womöglich hilfsbereit, großzügig und gesetzestreu statt umgekehrt.

Zu den Ländern, die unglücklicher sind, als ihr Reichtum vermuten ließe, gehören die Vereinigten Staaten. US-Amerikaner sind keineswegs unglücklich – fast 90 Prozent bezeichnen sich als zumindest »recht glücklich«, fast ein Drittel schätzt sich als »sehr glücklich« ein, und wenn man sie bittet, sich auf der zehnsprossigen Leiter vom denkbar schlechtesten bis zum denkbar besten Leben einzuordnen, entscheiden sie sich für die siebte Sprosse.[29] Doch im Jahr 2015 erreichten die USA nur den 13. Platz unter den Nationen der Welt (hinter acht westeuropäischen Staaten, drei aus dem Commonwealth und Israel), obwohl sie ein höheres Durchschnittseinkommen als alle diese außer Norwegen und der Schweiz vorweisen konnten.[30] (Großbritannien, dessen Bürger sich auf Sprosse 6,7 vom denkbar schlechtesten Leben aufwärts sehen, erreichte den 23. Platz.)

Zudem sind die Vereinigten Staaten im Laufe der Jahre nicht fortlaufend glücklicher geworden (ein weiterer Köder, der auf die falsche Fährte der voreiligen Verkündung des Easterlin-Paradoxes geführt hat, weil die USA auch dasjenige Land mit den am weitesten zurückreichenden Glücksdaten sind). Das Glück der Amerikaner weist seit 1947 eine geringfügige Fluktuation auf, die in Reaktion auf diverse Rezessionen, Erholungen, Unpässlichkeiten und Blasen gewisse Auslenkungen erlebte, jedoch keinen konsistenten Anstieg oder Abfall. Eine Datenreihe offenbart ein geringes Absinken des US-amerikanischen Glücks von 1955 bis 1980, gefolgt von einem Anstieg bis 2006; laut einer anderen erfolgte ab 1972 ein leichter Abfall beim Anteil derjenigen, die sich als »sehr glücklich« bezeichneten (obwohl sich selbst dann die Summe derjenigen, die sich als »sehr glücklich« und »recht glücklich« bezeichnen, nicht verändert hat).[31]

Die Stagnation des amerikanischen Glücks widerlegt nicht den globalen Trend, wonach Glück zusammen mit dem Reichtum zunimmt, denn wenn wir Veränderungen in einem reichen Land über wenige Jahrzehnte hinweg betrachten, erspähen wir nur einen begrenzten Ausschnitt der Skala. Deaton legt dar: Ein Trend, der sich offenbart, wenn man die Auswirkungen einer fünfzigfachen Differenz im Einkommen zwischen beispielsweise Togo und den USA betrachtet, die das Wirtschaftswachstum eines Vierteljahrtausends widerspiegelt, verliert sich möglicherweise im Rauschen, wenn man nach den Auswirkungen einer, sagen wir, Verdoppelung des Einkommens innerhalb eines einzelnen Landes im Verlauf von nur zwanzig Jahren Wirtschaftswachstum Ausschau hält.[32] Zudem haben die Vereinigten Staaten eine größere Zunahme der Einkommensungleichheit als die Staaten Westeuropas erlebt (Kapitel 9), und der Anstieg des BIP ist vielleicht auch nur bei einem kleineren Anteil der Bevölkerung angekommen.[33] Spekulationen über Amerikas Sonderstellung anzustellen ist ein unendlich faszinierender Zeitvertreib, aber wo auch immer die Gründe liegen – Glücksforscher stimmen darin überein, dass die Vereinigten Staaten beim subjektiven Wohlbefinden aus dem globalen Trend ausscheren.[34]

Dass es problematisch sein kann, Glückstrends in einzelnen Staaten zu erklären, liegt auch daran, dass ein Land eine Ansammlung von zigmillionen Menschen ist, die zufällig denselben Flecken Erde besetzen. Es ist schon bemerkenswert, dass wir *überhaupt* Gemeinsamkeiten finden, wenn wir generelle Aussagen über diese Menschen machen wollen. Daher sollte es uns nicht wundern, dass sich unterschiedliche Segmente der Bevölkerung im Laufe der Zeit in verschiedene Richtungen entwickeln und dadurch manchmal den Durchschnitt durcheinanderwirbeln oder gelegentlich einander neutralisieren. In den letzten 35 Jahren sind Afroamerikaner viel glücklicher geworden, während weiße Amerikaner ein bisschen unglücklicher geworden sind.[35] Frauen sind im Allgemeinen glücklicher als Männer, aber in westlichen Ländern ist die Kluft kleiner geworden, weil Männer schneller glücklicher werden als Frauen. In den Vereinigten Staaten hat sich die Situation völlig umgekehrt – dort sind die Frauen unglücklicher geworden, während sich bei den Männern kaum etwas geändert hat.[36]

Die größte Komplikation bei der Bewertung geschichtlicher Trends ist jedoch eine, der wir bereits in Kapitel 15 begegnet sind: die Unterscheidung zwischen Veränderungen abhängig vom Lebenszyklus (Alter), vom Zeitgeist (Periode) und von der Generation (Kohorte).[37] Ohne eine Zeitmaschine ist es logisch unmöglich, die Effekte von Alter, Kohorte und Periode, geschweige denn von den Interaktionen zwischen ihnen, vollständig zu entwirren. Fühlten sich beispielsweise Fünfzigjährige im Jahr 2005 schlecht, könnten wir nicht sagen, ob die Baby-Boomer in der Midlife-Crisis steckten, ob sie mit dem neuen Jahrtausend nicht zurechtkamen oder ob das neue Jahrtausend Menschen in mittlerem Alter das Leben schwermachte. Mit einer Datenreihe, die mehrere Generationen und Jahrzehnte umfasst, sowie einigen Annahmen darüber, wie schnell sich Menschen und Zeiten wandeln können, lassen sich Durchschnittswerte ermitteln – für eine Generation im Lauf der Jahre, für die gesamte Bevölkerung in jedem einzelnen Jahr und für die verschiedenen Altersgruppen einer Bevölkerung – und plausible unabhängige Schätzungen des Verlaufs dieser drei Faktoren mit der Zeit vornehmen. Das wiederum ermöglicht uns, nach zwei verschiedenen Versionen des Fortschritts Ausschau zu halten: Es kann sein, dass es Menschen aller Altersstufen in jüngerer Zeit zunehmend bessergeht, oder es kann sein, dass es jüngeren Kohorten bessergeht als älteren, womit sich das Befinden der gesamten Bevölkerung verbessert, wenn die einen die anderen ablösen.

Menschen werden im Laufe ihres Lebens gemeinhin glücklicher (ein Alterseffekt), vermutlich weil sie die Hürden des Erwachsenwerdens genommen und die Weisheit erworben haben, wie man mit Rückschlägen umgeht und das Leben abgeklärt betrachtet.[38] (Vielleicht durchleben sie zwischendurch eine Midlife-Crisis oder eine letzte Talfahrt im hohen Alter.)[39] Das

Glück ist immer wieder Schwankungen ausgesetzt, vor allem in der wandelbaren Ökonomie – nicht ohne Grund bezeichnen Ökonomen die Summe aus Inflationsrate und Arbeitslosenquote als Elendsindex –, und die US-Amerikaner haben sich gerade wieder aus einer Talsohle herausgearbeitet, die die Weltwirtschaftskrise hinterlassen hatte.[40]

Das über die Generationen verlaufende Muster hat ebenfalls Höhen und Tiefen. US-Amerikaner aus zwei großen Stichproben, die in den Jahrzehnten von den 1900er bis zu den 1940er Jahren geboren wurden, lebten jeweils glücklicher als die aus der Kohorte zuvor, vermutlich weil die Große Depression Narben bei denjenigen Generationen hinterließ, die während der Verschärfung der Krise erwachsen wurden. Der Aufschwung flaute ab und ging mit den Baby-Boomern und der frühen Generation X in einen leichten Rückgang über – der letzten Generation, die alt genug war, um den Forschern die Differenzierung zwischen Kohorte und Periode zu ermöglichen.[41] In einer dritten Studie, die noch nicht beendet ist (dem General Social Survey), erlebte das Glück bei den Baby-Boomern ebenfalls eine Flaute, erholte sich aber vollständig bei der Generation X und den Millennials.[42] Während sich also jede Generation in Sorge über die Jugend von heute verzehrt, wurden junge Amerikaner in Wahrheit immer glücklicher. (Wie wir in Kapitel 12 gesehen haben, sind sie auch weniger gewalttätig und nehmen seltener Drogen.) Somit haben wir drei Bevölkerungssegmente, die inmitten der Stagnation des amerikanischen Glücks glücklicher geworden sind: Afroamerikaner, die aufeinanderfolgenden Kohorten bis zum Baby-Boom und die jungen Leute von heute.

Das Alter-Periode-Kohorte-Geflecht hat zur Folge, dass jeder historische Wandel des Wohlergehens mindestens dreimal so kompliziert ist wie gedacht. Unter diesem Vorbehalt wollen wir uns nun den Behauptungen widmen, in der modernen Zeit grassierten Einsamkeit, Selbstmorde und psychische Erkrankungen.

Wie Beobachter der modernen Welt zu berichten wissen, werden die Abendländer immer einsamer. Im Jahr 1950 schrieb David Riesman (gemeinsam mit Nathan Glazer and Reuel Denney) den Soziologieklassiker *The Lonely Crowd* (dt. *Die einsame Masse*). 1966 fragten sich die Beatles, woher nur all die einsamen Menschen kämen und wohin sie alle gehörten. In dem Bestseller *Bowling Alone* von 2000 konstatierte der Politologe Robert Putnam die zunehmende Vereinsamung der Amerikaner in ihrer Freizeit. Und im Jahr

2010 schrieben die Psychiater Jacqueline Olds und Richard Schwartz über *The Lonely American* (Untertitel sinngemäß »Auseinanderleben im 21. Jahrhundert«). Für Angehörige der geselligen Spezies *Homo sapiens* ist soziale Isolation eine Form der Folter und der Stress der Einsamkeit ein zentrales Risiko für Leib und Leben.[43] Es wäre also eine weitere bittere Ironie der Moderne, wenn unsere neuentdeckte Vernetzung uns einsamer gemacht hätte als je zuvor.

Man könnte meinen, dass sich mit den sozialen Medien jedwede Entfremdung und Isolation infolge des Niedergangs von Großfamilie und kleinen Gemeinschaften wieder ausgleichen ließe. Immerhin könnten Eleanor Rigby und Father McKenzie heute Facebook-Freunde sein. In *The Village Effect* bietet die Psychologin Susan Pinker jedoch einen Überblick über Untersuchungen, die erbracht haben, dass digitale Freundschaften uns nicht die psychischen Gewinne persönlicher Kontakte verschaffen.

Damit aber wird das Rätsel, warum die Menschen immer einsamer werden sollten, nur noch größer. Eigentlich müsste soziale Isolation eines der leichter lösbaren Probleme dieser Welt sein – man braucht doch nur jemanden, den man kennt, zu einem Schwätzchen im nächsten Café oder am eigenen Küchentisch einzuladen. Warum sollten wir diese Gelegenheiten nicht wahrnehmen? Haben sich die Leute von heute, allen voran die stets geschmähte jüngere Generation, vom digitalen Crack so abhängig gemacht, dass sie auf lebenswichtigen zwischenmenschlichen Kontakt verzichten und sich selbst zu unnötiger und vielleicht tödlicher Einsamkeit verdammen? Ist es tatsächlich möglich, wie es ein Sozialkritiker formuliert hat, dass »wir unser Herz Maschinen geschenkt haben und nun selber zu Maschinen werden«? Hat das Internet, in den Wortern eines anderen, »eine atomisierte Welt ohne menschliche Kontakte oder Gefühle« erzeugt?[44] Wer auch immer glaubt, dass es so etwas wie eine menschliche Natur gibt, wird sich das nicht vorstellen können, und die Daten beweisen, dass es falsch ist: Es gibt keine Einsamkeitsepidemie.

In *Still Connected* (2011) lässt der Soziologe Claude Fischer Umfragen aus vierzig Jahren Revue passieren, in denen Menschen Auskunft über ihre sozialen Beziehungen gegeben haben. »Am verblüffendsten an diesen Daten ist«, bemerkt er, »wie beständig die Bindungen der Amerikaner zu Familie und Freunden zwischen den 1970er und 2000er Jahren waren. Es finden sich nur selten Unterschiede von mehr als einer Handvoll Prozentpunkte in beide Richtungen, die für dauerhafte Verhaltensänderungen mit dauerhaften persönlichen Konsequenzen stehen könnten – ja, die Amerikaner hatten seltener Gäste im Haus und telefonierten und mailten mehr, aber was die wesentlichen Dinge betrifft, blieb alles mehr oder weniger beim Alten.«[45] Man teilt sich seine Zeit zwar anders ein, weil die Familien kleiner sind, mehr Leute allein leben und mehr Frauen arbeiten gehen, aber trotzdem verbringen die Amerikaner von heute genauso viel Zeit mit Verwandten, haben im Schnitt ebenso viele Freunde und sehen sie etwa genauso häufig, berichten von der gleichen Menge an emotionaler Unterstützung und sind mit der Anzahl und Qualität ihrer Freundschaften genauso zufrieden wie ihre Pendants in der Dekade von Gerald Ford und der Fernsehserie *Happy Days*. Nutzer von Internet und sozialen Medien haben *mehr* Kontakte mit Freunden (wenn auch etwas weniger persönliche Kontakte) und sind der Meinung, dass die elektronische Vernetzung ihre Beziehungen bereichert hat. Fischers Resümee lautete, dass sich die menschliche Natur weiterhin durchsetzt: »Die Menschen versuchen sich so an veränderte Lebensumstände anzupassen, dass die Interessen, die ihnen am wichtigsten sind, gewahrt bleiben; dazu gehört der Erhalt ihrer persönlichen Beziehungen in Quantität und Qualität – Zeit mit den Kindern, Kontakt zu Verwandten, einige enge Vertrauensverhältnisse.«[46]

Was ist mit dem subjektiven Empfinden, einsam zu sein? Es gibt kaum Erhebungen, die die gesamte Bevölkerung betreffen; die von Fischer entdeckten Daten legen nahe, dass »die Einsamkeitsbekundungen der Amerikaner gleich blieben oder vielleicht ein wenig zunahmen«, hauptsächlich weil mehr Menschen Singles waren.[47] Umfragen unter Schülern und Studierenden, die dem Zugriff der Forscher nicht entrinnen können, gibt es jedoch in Hülle und Fülle, und jahrzehntelang standen sie Rede und Antwort, ob sie Aussagen zustimmen wie »Ich bin unglücklich darüber, so viele Dinge allein tun zu müssen« und »Ich habe niemanden, mit dem ich reden kann«. Die Trends fasst der Titel eines Artikels von 2015 zusammen: »Declining Loneliness over Time« – »Mit der Zeit schwindende Einsamkeit«. In Abbildung 18.2 sind sie graphisch dargestellt.

Da die Schüler nach Verlassen der Schule nicht mehr befragt wurden, wissen wir nicht, ob der Rückgang der Einsamkeit ein Periodeneffekt ist, der besagt, dass es für junge Leute immer leichter geworden ist, ihre sozialen Bedürfnisse zu befriedigen, oder ein Kohorteneffekt, der besagt, dass die letzten Generationen mit ihren sozialen Beziehungen zufriedener waren und es auch bleiben. Allerdings wissen wir, dass junge Amerikaner nicht an

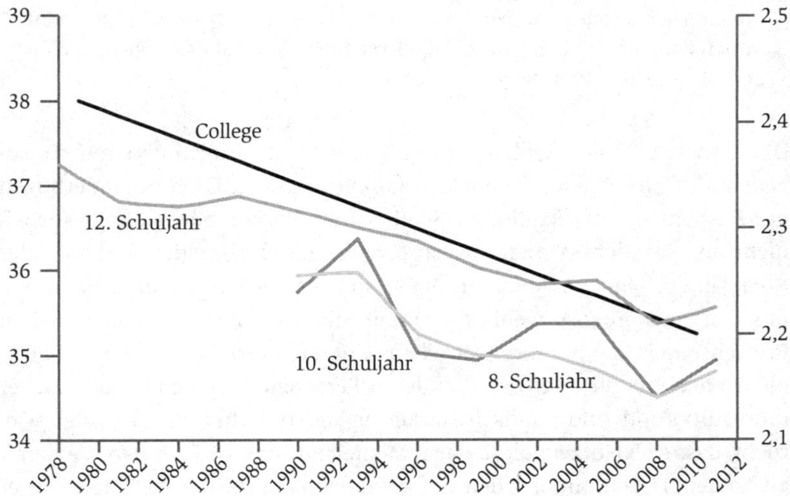

Abb. 18.2 Einsamkeit, Schüler und Studierende in den USA, 1978–2011
Quelle: Clark, Loxton & Tobin 2015. Collegestudierende (linke Achse): Revised UCLA Loneliness Scale, Trendlinie über viele Stichproben, aus ihrer Abb. 1. Highschoolschüler (rechte Achse): Durchschnittliche Bewertung von sechs Einsamkeitsmaßen aus der Umfrage Monitoring the Future, Dreijahresmittel, aus ihrer Abb. 4. Jede Achse erstreckt sich über eine halbe Standardabweichung; darum sind die Steigungen der College- und Highschoolkurven vergleichbar, nicht aber ihre relativen Höhen.

einer »Leere, Orientierungslosigkeit und Isolation gefährlichen Ausmaßes« leiden.

Neben der »Jugend von heute« ist die Technik die ewige Zielscheibe der Kulturpessimisten. Im Jahr 2015 leiteten der Soziologe Keith Hampton und seine Koautoren einen Bericht über die Auswirkungen der sozialen Medien auf die Psyche mit den folgenden Worten ein:

> Seit Generationen machen sich Kommentatoren Gedanken über den Stress, den die Technik auf den Menschen ausübt. Züge und Industriemaschinen galten als lärmende Störenfriede im beschaulichen dörflichen Leben, die die Nerven der Einwohner strapazierten. Telefone unterbrachen häusliche Ruhezeiten. Armbanduhren und Wecker trugen zum menschenunwürdigen Zeitdruck auf zur

> Produktivität angehaltene Fabrikarbeiter bei. Funk und Fernsehen gingen Hand in Hand mit der Werbung, die die moderne Konsumkultur begründete und die Statusängste der Menschen befeuerte.[48]

Und so war es unvermeidbar, dass die Kritiker ihr Augenmerk auf die sozialen Medien richteten. Die in Abbildung 18.2 sichtbaren Veränderungen der Einsamkeit amerikanischer Schüler und Studierender können jedoch nicht den sozialen Medien zugesprochen oder angekreidet werden – der Rückgang erfolgte von 1977 bis 2009, und die Facebook-Explosion ereilte uns erst 2006. Ebenso wenig haben laut neuen Umfragen soziale Medien Erwachsene in die Isolation getrieben. Nutzer von sozialen Medien haben mehr enge Freunde, vertrauen anderen Personen eher, fühlen sich besser unterstützt und sind politisch stärker engagiert.[49] Und entgegen dem Gerücht, dass sich Nutzer von sozialen Medien zu einem hektischen Wettstreit anstacheln lassen, um mit den eng getakteten attraktiven Aktivitäten ihrer digitalen Pseudofreunde Schritt zu halten, berichten sie nicht von einem höheren Stresslevel als andere Personen.[50] Vielmehr sind die Frauen unter ihnen *weniger* gestresst, mit einer bedeutsamen Ausnahme: Es nimmt sie mit, wenn sie erfahren, dass jemand, den sie mögen, krank ist, einen Todesfall in der Familie zu beklagen hat oder auf andere Weise leidet. Nutzer sozialer Medien sorgen sich zu sehr, nicht zu wenig um andere Menschen, und sie sind voller Mitgefühl, wenn es ihnen schlechtgeht, statt sie um ihre Erfolge zu beneiden.

Es ist also nicht der Fall, dass das moderne Leben Körper und Geist zerstört und uns in atomisierte Maschinen verwandelt hat, die an Leere und Isolation gefährlichen Ausmaßes leiden, oder bewirkt, dass wir uns ohne menschliche Kontakte oder Gefühle voneinander entfremden. Wie ist es zu dieser hysterischen Fehleinschätzung gekommen? Teilweise beruhte sie auf der Standardformel von Sozialkritikern, um Panik zu säen: Hier haben wir eine Anekdote, darum gibt es einen Trend, darum haben wir eine Krise. Teilweise kam sie aber auch zustande, weil sich zwischenmenschliche Interaktionen tatsächlich verändert haben. Menschen sehen sich seltener an traditionellen Veranstaltungsorten wie Clubs, Kirchen, Gewerkschaften, Studentenbünden und Dinnerpartys, sondern eher bei informellen Treffen und via digitale Medien. Sie verlassen sich weniger auf entfernte Cousins als auf Arbeitskollegen. Sie haben im Allgemeinen nicht mehr sehr viele Freunde, *wollen* aber auch gar nicht mehr so viele Freunde haben.[51] Doch nur weil das soziale Leben heute anders aussieht als in den 1950er Jahren, bedeutet es nicht, dass der Mensch, jene durch und durch soziale Spezies, auch nur einen Deut weniger sozial wäre als früher.

Man könnte meinen, dass Selbstmord der verlässlichste Gradmesser für das Elend einer Gesellschaft ist, so wie Mord der verlässlichste Gradmesser für die Konflikte in einer Gesellschaft ist. Ein Mensch, der sich das Leben genommen hat, muss so abgrundtief unglücklich gewesen sein, dass er zu dem Schluss gekommen ist, das endgültige Ausschalten seines Bewusstseins sei besser, als dies alles weiter zu ertragen. Zudem kann man Selbstmorde leichter objektiv registrieren als die Empfindung des Unglücklichseins.

In der Praxis sind Selbstmordraten jedoch häufig unerforschlich. Gerade die Traurigkeit und Verzweiflung, denen man durch die Selbsttötung entrinnen möchte, beeinträchtigen das Urteilsvermögen eines Menschen, und darum hängt das, was die ultimative existentielle Entscheidung sein sollte, oft von der profanen Frage ab, wie leicht sie in die Tat umzusetzen wäre. Dorothy Parkers makabres Gedicht »Resumé« (es endet mit »Colts sind strafbar; Strick könnte nachgeben; Gas stinkt furchtbar; Da kannst du auch leben«) kommt dem Gemütszustand eines Menschen, der an Selbstmord denkt, verstörend nahe. Die Selbstmordrate eines Landes kann steigen oder sinken, wenn eine bequeme und effektive Tötungsmethode leicht verfügbar ist oder nicht mehr zur Verfügung steht, so wie Kohlegas in der ersten Hälfte des 20. Jahrhunderts in England, Pestizide in vielen Entwicklungsländern und Gewehre in den Vereinigten Staaten.[52] In Konjunkturflauten und politisch unruhigen Zeiten nehmen Selbstmorde zu, was nicht überrascht, aber wichtige Faktoren sind auch das Wetter und das Tageslicht; zudem steigt ihre Zahl, wenn die Medien entsprechende Vorfälle aus jüngerer Zeit als normal hinstellen oder romantisieren.[53] Selbst die unverfängliche Idee, dass Selbstmord ein Prüfstein für Unglücklichsein ist, lässt sich in Zweifel ziehen. Eine neuere Studie hat ein »Glück-Selbstmord-Paradox« offenbart, wonach glücklichere US-Staaten und glücklichere westliche Staaten nicht etwa niedrigere, sondern geringfügig *höhere* Selbstmordraten aufweisen.[54] (Die Forscher mutmaßen, dass ungeteiltes Leid doppeltes Leid ist – ein persönlicher Rückschlag ist noch schmerzlicher, wenn alle anderen um uns herum glücklich sind.) Aus einem noch anderen Grund können Selbstmordraten unberechenbar sein: Selbstmorde sind häufig nur schwer von Unfällen zu unterscheiden (insbesondere wenn die Todesursache eine

Vergiftung oder Drogenüberdosis ist, aber auch bei einem Sturz, einem Autounfall oder einer Schussverletzung), und Gerichtsmediziner lassen sich in ihrer Beurteilung möglicherweise beeinflussen, wenn Selbstmord zu einer bestimmten Zeit oder an einem bestimmten Ort stigmatisiert oder kriminalisiert wird.

Wir wissen definitiv, dass Selbstmord eine der häufigsten Todesursachen ist. In den Vereinigten Staaten steht er mit über 40 000 Fällen pro Jahr an 10. Stelle, weltweit mit rund 800 000 Fällen an 15. Stelle.[55] Die langfristigen Trends und die Unterschiede zwischen den Staaten sind jedoch schwer zu ergründen. Abgesehen vom Alter-Kohorte-Periode-Geflecht bewegen sich die Kurven für Männer und Frauen oft in verschiedene Richtungen. Von der Mitte der 1980er Jahre bis 2013 sank die Selbstmordrate bei Frauen in Industrieländern zwar um über 40 Prozent, doch da die Rate bei Männern etwa viermal so hoch ist wie bei den Frauen, wirbelt das die Gesamttrends gehörig durcheinander.[56] Und niemand weiß, warum beispielsweise die Länder mit der höchsten Selbstmordrate Guyana, Südkorea, Sri Lanka und Litauen sind und warum die Rate in Frankreich von 1976 bis 1986 nach oben geschossen und bis 1999 wieder gesunken ist.

Wir wissen jedoch genug, um zwei verbreiteten Überzeugungen den Wind aus den Segeln zu nehmen. Die erste lautet, dass Selbstmorde stetig zugenommen und nun historische, nie dagewesene, kritische oder epidemieartige Ausmaße angenommen haben. Selbstmord war schon in der Antike so verbreitet, dass die alten Griechen darüber debattierten und er in den biblischen Geschichten über Samson, Saul und Judas thematisiert wurde. Die historischen Daten sind spärlich – nicht zuletzt, weil Selbst»mord« in vielen Ländern ein Verbrechen war, so in England bis 1961. Für England, die Schweiz und die USA reichen die Daten aber über hundert Jahre zurück; in Abbildung 18.3 habe ich sie aufgetragen.

Im Jahr 1863 betrug die jährliche Selbstmordrate in England 13 pro 100 000; ihre Höchstwerte erreichte sie im ersten Jahrzehnt des 20. Jahrhunderts mit rund 19 und während der Weltwirtschaftskrise in den 1930er Jahren mit über 20, erlebte einen Absturz im Zweiten Weltkrieg und noch einmal in den 1960er Jahren, um dann allmählich bis auf 7,4 im Jahr 2007 zu sinken. Auch die Schweiz erlebte einen Rückgang um mehr als die Hälfte – von 24 im Jahr 1881 und 27 während der Weltwirtschaftskrise auf 12,2 im Jahr 2013. In den USA erreichte die Selbstmordrate Anfang des 20. Jahrhunderts einen Höchststand von etwa 17 und dann noch einmal während der Großen Depression,

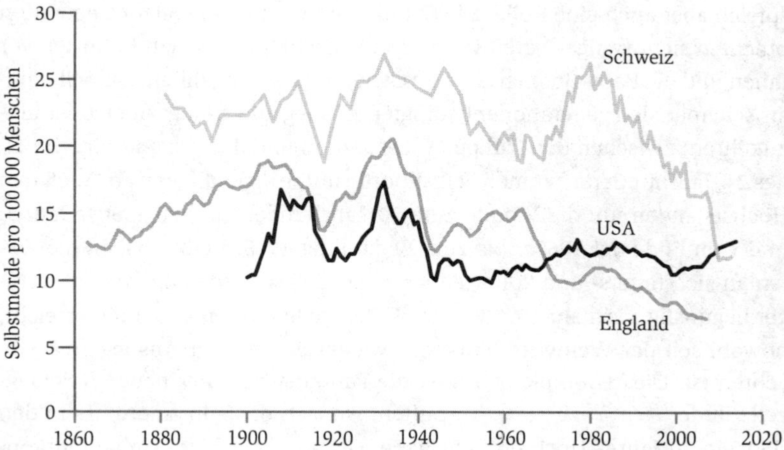

Abb. 18.3 Selbstmord, England, Schweiz und USA, 1860–2014
Quellen: England (und Wales): Thomas & Gunnell 2010, Abb. 1, Durchschnitt der Männer- und Frauenraten, bereitgestellt von Kylie Thomas. Die Reihe wurde nicht fortgesetzt, weil die Daten nicht mit aktuellen Aufzeichnungen vereinbar sind. Schweiz, 1880–1959: Ajdacic-Gross et al. 2006, Abb. 1. Schweiz, 1960–2013: WHO Mortality Database, OECD 2015b. USA, 1900–1998: Centers for Disease Control, Carter et al. 2006, Tab. Ab950. USA, 1999–2014: Centers for Disease Control 2015

bevor sie zur Jahrtausendwende auf 10,5 absank, gefolgt von einem Anstieg auf 13 nach der jüngsten Weltwirtschaftskrise.

In allen drei Staaten, für die historische Daten vorliegen, waren Selbstmorde demnach in der Vergangenheit häufiger als heute. Die sichtbaren Gipfel und Täler sind die Oberfläche eines aufgewühlten Ozeans aus Altersgruppen, Kohorten, Perioden und Geschlechtern.[57] Während der Pubertät steigen die Selbstmordraten jäh an und dann noch einmal leichter im mittleren Alter, wo sie bei Frauen den Höchststand erreichen (möglicherweise weil sie mit den Wechseljahren und einem »leeren Nest« konfrontiert werden) und dann wieder sinken, während sie bei Männern gleich bleiben, bevor sie im Rentenalter jäh ansteigen (vielleicht weil die Männer dann das Ende ihrer traditionellen Rolle als Ernährer erleben). Der jüngere Anstieg der Selbstmordrate in den USA lässt sich zum Teil mit dem Altern der Bevölkerung erklären, weil die große Kohorte der männlichen Baby-Boomer nun die Jahre der größten Selbstmordgefährdung erreicht. Die Kohorten selbst spielen aber auch eine Rolle. Die G.I.-Generation und die Silent Generation brachten sich weniger bereitwillig um als die viktorianischen Kohorten vor ihnen und die Baby-Boomer und die Generation X nach ihnen. Die Millennials scheinen den generationenbedingten Anstieg zu verlangsamen oder umzukehren; zwischen den frühen 1990er Jahren und den ersten Jahrzehnten des 21. Jahrhunderts nahmen Selbstmorde unter Jugendlichen ab.[58] Seit den Höchstständen um die Wende zum 20. Jahrhundert, in den 1930er Jahren und vom Ende der 1960er bis zum Beginn der 1970er Jahre haben die Zeiten an sich (alters- und kohortenbereinigt) Selbstmorde zunehmend weniger begünstigt; im Jahr 1999 wurde der tiefste Stand seit 40 Jahren erreicht, obwohl seit der Weltwirtschaftskrise wieder ein leichter Anstieg zu beobachten ist. Diese Komplexität lässt die Panikmache einer neueren Schlagzeile in der *New York Times* verpuffen, wonach die Selbstmordrate in den USA ein 30-Jahres-Hoch erreicht habe. Genauso gut hätte sie lauten können »Trotz der Weltwirtschaftskrise und einer alternden Bevölkerung ist die Selbstmordrate in den USA um ein Drittel niedriger als bei früheren Höchstständen«.[59]

Abgesehen von dem Glauben, die modernen Zeiten trieben die Menschen dazu, sich umzubringen, lautet der zweite große Mythos über den Selbstmord, dass Schweden, dieser Inbegriff des aufklärerischen Humanismus, die höchste Selbstmordrate der Welt aufweist. Der Ursprung dieser modernen Legende war (laut einer womöglich weiteren modernen Legende) eine Rede Dwight Eisenhowers von 1960, in der er Schwedens hohe Selbstmordrate herausposaunte und sie auf den patriarchalischen Sozialismus des Landes zurückführte.[60] Ich selbst hätte eher den düsteren existentiellen Filmen von Ingmar Bergman die Schuld gegeben, aber beide Theorien sind Erklärungen, denen die faktische Grundlage fehlt, die es zu erklären gilt. Im Jahr 1960 war Schwedens Selbstmordrate zwar höher als die der USA (15,2 gegenüber 10,8 pro 100000), doch sie war nie die höchste der Welt, und seitdem ist sie auf 11,1 gefallen, womit sie unter dem weltweiten Durchschnitt (11,6) und der Rate der Vereinigten Staaten (12,1) liegt und insgesamt den 58. Platz belegt.[61] In einem jüngeren Überblick über die weltweiten Selbstmordraten heißt es, dass »der Selbstmordtrend generell in Europa abnimmt und sich derzeit keine westeuropäischen Sozialstaaten unter den zehn Staaten mit den weltweit höchsten Selbstmordraten befinden«.[62]

Jeder leidet gelegentlich unter Depressionen; manche Menschen werden von einer Major Depression heimgesucht, bei der Traurigkeit und Hoffnungslosigkeit mehr als zwei Wochen andauern und die Bewältigung des Alltags beeinträchtigt ist. In den letzten Jahrzehnten wurden mehr Personen, insbesondere in jüngeren Kohorten, als depressiv diagnostiziert, und der Untertitel eines Dokumentarfilms, der kürzlich im öffentlich-rechtlichen Fernsehen der USA ausgestrahlt wurde, spiegelt die gängige Meinung wider: »Eine stille Epidemie hat die Nation im Griff und tötet unsere Kinder.« Da wir eben gesehen haben, dass die Nation nicht an einer Epidemie des Unglücklichseins, der Einsamkeit oder des Selbstmords leidet, ist eine Epidemie der Depression eher unwahrscheinlich, und tatsächlich entpuppt sie sich als Illusion.

Betrachten wir eine oft zitierte Studie, in der die unglaubwürdige Behauptung aufgestellt wird, dass jede Kohorte von der G. I.-Generation bis zu den Baby-Boomern depressiver war als die vorige.[63] Die Forscher kamen zu diesem Schluss, indem sie Personen unterschiedlichen Alters baten, sich an Zeiten zu erinnern, in denen sie depressiv waren. Doch damit wurde die Studie zu einem Opfer des Erinnerungsvermögens: Je länger ein Ereignis zurückliegt, desto unwahrscheinlicher wird es, dass sich die betreffende Person daran erinnert, insbesondere wenn es sich um ein unangenehmes Ereignis handelt (wie wir in Kapitel 4 gesehen haben). Das führt zu der Illusion, dass jüngere Zeiten und Kohorten für Depressionen anfälliger sind. Eine solche Studie wird auch zu einem Opfer der Sterblichkeit. Die Wahrscheinlichkeit ist höher, dass sich im Lauf der Jahrzehnte depressive Personen das Leben nehmen und aus anderen Gründen sterben und die alten Menschen, die einer Stichprobe noch zur Verfügung stehen, die geistig gesünderen sind; das erweckt den Anschein, als seien alle, die vor langer Zeit geboren wurden, psychisch stabiler.

Auch veränderte Einstellungen können Geschichte verzerren. In den letzten Jahrzehnten gab es soziale Programme und Medienkampagnen, die das Bewusstsein für Depressionen wecken und die Stigmatisierung Betroffener abbauen sollten. Pharmaunternehmen haben Kunden ein Verzeichnis von Antidepressiva direkt angeboten. Behörden fordern, dass Patienten erst eine psychische Störung diagnostiziert werden muss, bevor sie Anspruch auf eine Therapie, staatliche Unterstützung und Schutz vor Diskriminierung haben. Dies alles sind Anreize, die es erleichtern, eine Depression zuzugeben.

Zugleich haben die Berufsstände, die sich mit psychischer Gesundheit beschäftigen, und vielleicht die Kultur insgesamt die Schwelle für die Definition einer psychischen Erkrankung gesenkt. Die Liste der Krankheitsbilder im *Diagnostischen und Statistischen Manual Psychischer Störungen (DSM)*, das von der American Psychiatric Association herausgegeben wird, wuchs zwischen 1952 und 1994 auf das Dreifache an und enthielt schließlich fast 300 Störungen, darunter Vermeidende Persönlichkeitsstörung (die auf viele Personen zutrifft, die man früher als schüchtern bezeichnete), Koffeinintoxikation und Weibliche sexuelle Dysfunktion. Die Zahl der Symptome, die man braucht, um eine Diagnose zu stellen, ist gesunken, und die Zahl der Stressoren, die als Auslöser herangezogen werden, hat zugenommen. Der Psychologe Richard McNally bemerkt dazu: »Zivilisten, die das Grauen des Zweiten Weltkriegs, insbesondere der Todesfabriken der Nazis, miterleben mussten ..., würde es zweifellos erstaunen zu erfahren, dass das Ziehen eines Weisheitszahns, anstößige Witze am Arbeitsplatz oder die Geburt eines gesunden Babys nach einer komplikationslosen Schwangerschaft eine posttraumatische Belastungsstörung hervorrufen können.«[64] Entsprechend ist das Etikett »Depression« heute auch bei Leiden anwendbar, die früher als Kummer, Leid oder Trauer bezeichnet wurden.

Psychologen und Psychiater schlagen zunehmend Alarm gegen diese »Pathologisierung«, die »schleichende Ausweitung von Konzepten«, das »Verkaufen von Krankheiten« und das »expandierende Reich der Psychopathologie«.[65] In ihrem Artikel »Abnormal Is the New Normal« von 2013 meinte die Psychologin Robin Rosenberg, mit der neuesten Version des *DSM* könne man bei der Hälfte der US-amerikanischen Bevölkerung im Laufe ihres Lebens eine psychische Erkrankung diagnostizieren.[66]

Das expandierende Reich der Psychopathologie ist ein Problem der Ersten Welt und in vielerlei Hinsicht ein Zeichen für ethischen Fortschritt.[67] Das Leid eines Menschen anzuerkennen, und sei es mit einem diagnostischen Etikett, ist eine Form des Mitgefühls, vor allem wenn das Leid dadurch gemindert werden kann. Eines der bestgehüteten Geheimnisse der Psychologie ist, dass sich kognitive Verhaltenstherapie nachweislich sehr gut (oft besser als Medikamente) zur Behandlung zahlreicher Krankheitsbilder eignet, darunter Depressionen, Angststörungen, Panikattacken, PTBS, Schlaflosigkeit und die Symptome der Schizophrenie.[68] Da psychische Erkrankungen über 7 Prozent der globalen Krankheitslast ausmachen (allein die Major Depression macht 2,5 Prozent aus), ist dies eine Menge Leid, die sich dadurch lindern lässt.[69] Die Herausgeber der Zeitschrift *Public Library of Science: Medicine* haben kürzlich auf das »Paradox der geistigen Gesundheit« hingewiesen: Übermedikalisierung und Überbehandlung im reichen Westen sowie mangelnde Beachtung und Behandlung im Rest der Welt.[70]

Ob heutzutage tatsächlich mehr Menschen depressiv sind, ist angesichts des sich weitenden Diagnosenetzes nur festzustellen, wenn man national repräsentative Stichproben von Personen unterschiedlicher Altersgruppen über viele Jahrzehnte hinweg einem standardisierten Test für Depressionssymptome unterzieht. Bisher hat noch keine Studie diesem Goldstandard entsprochen, doch mehrere haben enger umgrenzte Populationen nach einem festgelegten Maßstab untersucht.[71] Bei zwei intensiven Langzeitstudien in ländlichen Bezirken (einer in Schweden, einer in Kanada) wurden Personen, die zwischen den 1870er und 1990er Jahren geboren waren, registriert und von der Mitte bis zum Ende des 20. Jahrhunderts im Blick behalten; auf diese Weise erfasste man zeitversetzte Lebensverläufe über eine Spanne von mehr als hundert Jahren. Keine der beiden Studien konnte Anzeichen für eine langfristige Zunahme von Depressionen entdecken.[72]

Es hat auch einige Metaanalysen (Studien über Studien) gegeben. So hat Twenge herausgefunden, dass Collegestudierende von 1938 bis 2007 auf der Depressionsskala des MMPI, einem gängigen Persönlichkeitstest, immer höhere Werte erzielten.[73] Das bedeutet jedoch nicht zwangsläufig, dass mehr Studierende an einer Major Depression litten, und der Anstieg erhielt möglicherweise Auftrieb durch die größere Bandbreite an Personen, die im Laufe jener Jahre ein College besuchten. Zudem wurde bei anderen Untersuchungen (einige hat Twenge selbst durchgeführt) keine Veränderung oder sogar ein Rückgang bei den Depressionszahlen festgestellt – insbesondere in jüngeren Altersgruppen und Kohorten und in späteren Jahrzehnten.[74] Eine neuere, die im Titel die Frage stellte, ob es bei Kindern und Jugendlichen eine Epidemie der Depression gebe, bestätigte Betteridges Gesetz der Schlagzeilen: Jede Schlagzeile, die mit einem Fragezeichen endet, lässt sich mit *Nein* beantworten. Die Autoren erläutern: »Die öffentliche Wahrnehmung einer ›Epidemie‹ kann aus dem verschärften Bewusstsein für eine Störung entstehen, die lange Zeit von Klinikern unterdiagnostiziert wurde.«[75] Und der Titel der bisher größten Metaanalyse, die das Auftreten von Angststörungen und Depressionen zwischen 1990 und 2010 *auf der ganzen Welt* unter die Lupe nahm, machte es gar nicht erst spannend: »Zweifel am Mythos einer »Epidemie« allgemeiner psychischer Erkrankungen«. Die Autoren kamen zu dem Schluss: »Wendet man klare diagnostische Kriterien an, gibt es keinerlei Belege dafür, dass allgemeine psychische Erkrankungen häufiger werden.«[76]

Depressionen sind »komorbid« mit Angst, wie Epidemiologen die Korrelation morbiderweise nennen, und damit stellt sich die Frage, ob die Welt ängstlicher geworden ist. Eine Antwort darauf verbarg sich im Titel einer langen poetischen Erzählung W. H. Audens von 1947 – *Das Zeitalter der Angst*. In der Einleitung eines jüngeren Nachdrucks des Originals bemerkte der englische Gelehrte Alan Jacobs, dass »viele Kulturkritiker im Laufe der Jahrzehnte ... Auden für den Scharfblick gepriesen haben, mit dem er das Zeitalter, in dem wir leben, benannt hat. Doch angesichts der großen Komplexität des Gedichts konnten nur wenige von ihnen präzise erläutern, warum er glaubt, dass unsere Zeit vor allem von Angst geprägt ist – oder gar, ob er überhaupt etwas Derartiges behauptet.«[77] Gleichgültig ob er es gesagt hat oder nicht – Audens Bezeichnung für unsere Zeit ist haften geblieben und lieferte die naheliegende Überschrift einer von Twenge durchgeführten Metaanalyse, die erbrachte, dass die Werte bei einem Standard-Angsttest mit Kindern und Collegestudierenden zwischen 1952 und 1993 um eine ganze Standardabweichung stiegen.[78] Wenn etwas nicht ewig dauern kann, wird es aufhören, und soweit wir wissen, flaute die Zunahme unter den Collegestudierenden nach 1993 wieder ab.[79] Ebenso wenig hat sich die Angst in anderen demographischen Sektoren verstärkt. Von den 1970er Jahren bis zu den ersten Jahrzehnten des 21. Jahrhunderts erfolgte Langzeitstudien über Highschoolschüler und Erwachsene haben über die Kohorten hinweg keine Zunahmen festgestellt.[80] Obwohl die Befragten bei einigen Erhebungen von vermehrten Sorgen berichtet haben, haben Ängste, die die Grenze zur Pathologie überschreiten, keine epidemieartigen Ausmaße angenommen und weisen seit 1990 keinen weltweiten Anstieg auf.[81]

Das alles ist verwunderlich. Sind wir wirklich so unglücklich? Meistens nicht. Industrieländer sind eigentlich recht glücklich, die Mehrheit der Staaten ist glücklicher geworden, und solange in Ländern der Wohlstand wächst, sollten sie auch noch glücklicher werden. Die düsteren Prophezeiungen, dass wir flächendeckend von Einsamkeit, Selbstmord, Depression und Angst heimgesucht werden, halten dem Faktencheck nicht stand. Und obgleich jede Generation befürchtet, dass es der nächsten übel ergehen wird – was jüngere Generationen betrifft, scheinen die Millennials recht gut drauf zu sein, glücklicher und geistig gesünder als ihre Helikopter-Eltern.

Dennoch bleiben viele, wenn es ums Glücklichsein geht, hinter den Erwartungen zurück. Amerikaner hinken ihren Pendants aus der Ersten Welt hinterher, und in ihrem Glücksempfinden sind sie in der Ära stecken geblieben, die man zuweilen das amerikanische Jahrhundert nennt. Obwohl die Baby-Boomer in Frieden und Wohlstand aufgewachsen sind, haben sie sich als sorgenschwere Generation erwiesen – zur Verwunderung ihrer Eltern, die die Große Depression, den Zweiten Weltkrieg und (das gilt für die Eltern von vielen meiner Freunde) den Holocaust durchlebt haben. Amerikanische Frauen sind unglücklicher geworden, während sie nie dagewesene Erfolge bei Einkommen, Bildung, Fortkommen und Autonomie erzielt haben, und in anderen Industrieländern, wo alle glücklicher geworden sind, wurden die Frauen von den Männern abgehängt. Ängste und einige depressive Symptome haben womöglich, zumindest bei einigen Menschen, in den Nachkriegsjahrzehnten zugenommen. Und keiner von uns ist so glücklich, wie wir eigentlich sein sollten, wenn man bedenkt, wie unglaublich sich unsere Welt zum Positiven entwickelt hat.

Ich möchte das Kapitel mit einigen Gedanken zu diesen Glücksdefiziten beschließen. Für manche Kommentatoren sind sie ein Anlass, ein negatives Fazit der Moderne zu ziehen.[82] Unser Unglück, so sagen sie, ist die Quittung für unseren Kult um das Individuum und den materiellen Wohlstand und für die Inkaufnahme der Zersetzung von Familie, Tradition, Religion und Gemeinschaft.

Man kann das Erbe der modernen Zeit aber auch anders interpretieren. Diejenigen, die den traditionellen Sitten und Gebräuchen hinterhertrauern, haben vergessen, wie hart unsere Vorfahren gekämpft haben, um ihnen zu entfliehen. Den Menschen in den eng verwobenen Gemeinschaften, die durch die Moderne aufgelockert wurden, hat zwar niemand Glücks-Fragebogen vorgelegt, doch viele große Werke, die in dieser Übergangszeit entstanden sind, haben ihre Schattenseiten greifbar werden lassen – die Provinzialität, den Konformismus, das Stammesdenken und talibaneske Einschränkungen weiblicher Autonomie. Zahlreiche Romane von der Mitte des 18. bis zum Beginn des 20. Jahrhunderts handeln von dem Ringen Einzelner, die erstickenden Normen aristokratischer, bürgerlicher oder ländlicher Ordnungssysteme zu überwinden – darunter Werke von Richardson, Thackeray, Charlotte Brontë, Eliot, Fontane, Flaubert, Tolstoi, Ibsen, Alcott,

Hardy, Tschechow und Sinclair Lewis. Nachdem die urbanisierte westliche Gesellschaft toleranter und kosmopolitischer geworden war, brachen sich die Spannungen erneut Bahn, indem sich die Popkultur mit dem kleinstädtischen amerikanischen Leben auseinandersetzte. Beispiele sind Songs von Paul Simon (»In my little town I never meant nothin' / I was just my father's son« [»In meiner kleinen Stadt war ich ein Niemand / Ich war nur der Sohn meines Vaters«]), Lou Reed (»When you're growing up in a small town / You know you'll grow down in a small town« [»Wenn du in einer Kleinstadt aufwächst / Weißt du, dass du dort auch wieder untergehst«]) und Bruce Springsteen (»Baby, this town rips the bones from your back / It's a death trap, a suicide rap« [»Baby, diese Stadt zerschmettert dir den Rücken / Sie ist eine Todesfalle, ein Selbstmord-Rap«]). Und sie wurden in Szene gesetzt in der Literatur von Einwanderern, so in Werken von Isaac Bashevis Singer, Philip Roth und Bernard Malamud und dann von Amy Tan, Maxine Hong Kingston, Jhumpa Lahiri, Bharati Mukherjee und Chitra Banerjee Divakaruni.

Heutzutage genießen wir eine Welt der persönlichen Freiheit, von der die Charaktere in diesen Werken nur träumen konnten, eine Welt, in der Menschen heiraten, arbeiten und leben, wie es ihnen gefällt. Sozialkritiker von heute würden Anna Karenina oder Nora Helmer vermutlich warnen, dass eine kosmopolitische Gesellschaft auch nicht das Gelbe vom Ei sei, dass sie ohne die Bande der Familie und des Dorfes Momente der Angst und des Unglücks erleben würden. Ich kann nicht für sie sprechen, aber ich nehme an, sie würden sich recht gerne auf diesen Handel einlassen.

Ein Quäntchen Angst mag der Preis für die Unsicherheit der Freiheit sein. Es ist ein anderes Wort für die Wachsamkeit, das Abwägen und die Gewissenserforschung, die die Freiheit uns abverlangt. Es kommt nicht gänzlich unerwartet, dass Frauen, als sie gegenüber Männern an Autonomie gewannen, zugleich an Glück einbüßten. In früheren Zeiten beschränkten sich die Zuständigkeiten einer Frau im Wesentlichen auf den häuslichen Bereich. Heute sagen immer mehr junge Frauen, ihre Lebensziele umfassten Karriere, Familie, Ehe, Geld, Freizeit, Freundschaften, Erfahrungen, das Geraderücken sozialer Ungerechtigkeit, eine leitende Position in ihrer Gemeinschaft und einen gesellschaftlichen Beitrag.[83] Das sind eine Menge Dinge, um die man sich sorgen kann, und eine Menge Anlässe zur Frustration: Die Frau denkt und Gott lenkt.

Nicht nur die von persönlicher Autonomie eröffneten Optionen belasten den modernen Geist – auch die großen existentiellen Fragen. Wenn Menschen eine bessere Bildung erhalten und allgemein anerkannte Autoritäten zunehmend in Frage stellen, nehmen sie möglicherweise auch traditionelle religiöse Wahrheiten nicht mehr zufrieden hin und haben das Gefühl, haltlos in einem moralisch unverbindlichen Kosmos dahinzutreiben. Im Folgenden erleben wir, wie Woody Allen, unser moderner Avatar der Angst, in *Hannah und ihre Schwestern* (1986) den Generationenkonflikt des 20. Jahrhunderts in einem Gespräch mit seinen Eltern austrägt:

MICKEY: Sieh mal, du wirst doch immer älter. Hast du keine Angst vor dem Tod?
VATER: Warum sollte ich Angst haben?
MICKEY: Weil du dann nicht mehr existierst.
VATER: Na und?
MICKEY: Erschreckt dich der Gedanke nicht?
VATER: Wer denkt schon an so einen Unsinn? Jetzt lebe ich. Wenn ich tot bin, bin ich tot.
MICKEY: Das begreife ich nicht. Fürchtest du dich nicht?
VATER: Wovor? Ich werde bewusstlos sein.
MICKEY: Na schön. Aber nie wieder zu existieren!
VATER: Woher weißt du das?
MICKEY: Das sieht nicht sehr vielversprechend aus.
VATER: Wer weiß, was sein wird? Entweder bin ich bewusstlos oder nicht. Wenn nicht, werd ich mich dann damit beschäftigen. Ich mach mir jetzt keine Sorgen, was sein wird, wenn ich bewusstlos bin.
MUTTER [IM HINTERGRUND]: Natürlich gibt es einen Gott, du Idiot! Du glaubst nicht an Gott?
MICKEY: Wenn es einen Gott gibt, warum gibt's dann so viel Böses auf der Welt? Auf einen vereinfachten Nenner gebracht: Warum gab es Nazis?
MUTTER: Sag's ihm, Max.
VATER: Woher soll ich wissen, warum es Nazis gab? Ich weiß ja nicht mal, wie der Dosenöffner funktioniert.

Überdies haben die Menschen ihr tröstliches Vertrauen in die guten Absichten ihrer Institutionen verloren. Der Historiker William O'Neill gab seiner Geschichte von den Kindertagen der Baby-Boomer den Titel *American High: The Years of Confidence, 1945–1960* (»Die Blütezeit Amerikas: Die Jahre der Zuversicht, 1945–1960«). In jener Epoche erschien alles großartig. Qualmende Schornsteine waren ein Zeichen für Wohlstand. Die USA hatten die

Mission, die Demokratie in die Welt zu tragen. Die Atombombe stellte die amerikanische Genialität unter Beweis. Die Frauen sonnten sich in hausfraulicher Glückseligkeit, und die Neger wussten, wo ihr Platz war. Zwar konnte sich in jenen Jahren in Amerika durchaus eine Menge sehen lassen (die Wirtschaft florierte, die Kriminalitätsrate und andere soziale Pathologien befanden sich auf einem Tiefstand), doch aus heutiger Sicht war alles nur ein Wolkenkuckucksheim. Es ist vielleicht kein Zufall, dass bei zwei Gruppen, die im Glücklichsein hinter den Erwartungen zurückblieben – US-Amerikanern und Baby-Boomern –, die Ernüchterung in den 1960er Jahren am größten war. In der Rückschau wird klar, dass sich die Auseinandersetzung mit Umweltproblemen, dem Atomkrieg, bösen amerikanischen Schnitzern in der Außenpolitik sowie der Gleichberechtigung von Rassen und Geschlechtern nicht ewig hinausschieben ließ. Selbst wenn sie uns mehr Ängste bescheren, fahren wir besser, wenn wir uns ihrer bewusst sind.

In dem Maße, in dem wir unsere kollektive Verantwortung erkennen, trägt womöglich jeder von uns einen Teil der Bürden der Welt in seine persönliche Sorgenliste ein. Eine weitere Ikone der Ängste des ausgehenden 20. Jahrhunderts, der Film *Sex, Lügen und Video* (1989), beginnt mit den Gedanken der Baby-Boomer-Protagonistin, die einem Psychotherapeuten ihre Besorgnis offenbart:

> Müll. Ich hab die ganze Woche an nichts anderes als an Müll gedacht. Ich kann einfach nicht mehr aufhören, daran zu denken. … Ich – ich mach mir allmählich große Sorgen, was mit all dem Müll passiert. Ich meine, wir haben derartig viel davon. Verstehen Sie? Wir werden schließlich überhaupt nicht mehr wissen, wo wir das Zeug lassen sollen. Und das letzte Mal, als ich – als ich dieses Gefühl hatte, das war, als dieser Schleppkahn aufgelaufen ist, und das Zeug trieb um die Inseln, niemand fühlte sich dafür verantwortlich.

»Dieser Schleppkahn« bezieht sich auf die mediale Hysterie wegen eines Frachtschiffs, das 1987 mit seiner Ladung von 3000 Tonnen New Yorker Müll an der Atlantikküste auf und ab fahren musste, weil es von einer Deponie nach der anderen abgewiesen wurde. Die Therapieszene ist keineswegs abstrus – bei einem Experiment, in dem die Versuchspersonen manipulierte Reportagen sahen, die bewusst entweder positiv oder negativ dargestellt wurden, stellte sich heraus, dass »sich bei Probanden, die den negativ gefärbten Bericht verfolgten, eine vermehrt besorgte und niedergeschlagene

Stimmung einstellte; zudem zeigten sie eine signifikant verstärkte Tendenz, eine persönliche Sorge zu dramatisieren«.[84] Drei Jahrzehnte später nehme ich an, dass heute viele Therapeuten Klienten zuhören, die ihre Befürchtungen zu Terrorismus, Einkommensungleichheit und Klimawandel äußern.

Ein bisschen Angst ist gar nicht mal so übel, wenn sie uns dazu motiviert, eine Politik zu fördern, die bei der Bewältigung großer Probleme helfend eingreift. In früheren Zeiten hat man seine Sorgen möglicherweise auf eine höhere Autorität abgewälzt, und manche Leute machen das immer noch so. Im Jahr 2000 unterzeichneten 60 religiöse Führer die Cornwall Declaration on Environmental Stewardship (»Erklärung zur Haushalterschaft der Umwelt«), die in Bezug auf den »sogenannten Klimawandel« und andere Umweltprobleme bekräftigte, dass »Gott sich in Seiner Barmherzigkeit nicht von den sündigen Menschen oder der erschaffenen Ordnung abgewendet, sondern im Lauf der Geschichte allezeit darauf hingewirkt hat, die Gemeinschaft aller Männer und Frauen mit Ihm zu erneuern und durch ihre Haushalterschaft die Schönheit und Fruchtbarkeit der Erde zu mehren«.[85] Ich denke, dass sie und die übrigen 1500 Unterzeichner keine Therapeuten aufsuchen, um ihre Ängste vor der Zukunft unseres Planeten zum Ausdruck zu bringen. Doch wie George Bernard Shaw bemerkt hat: »Die Tatsache, daß ein gläubiger Mensch glücklicher ist als ein Skeptiker, kommt nicht mehr in Betracht als die Tatsache, daß ein Betrunkener glücklicher ist als ein Nüchterner.«

Auch wenn eine gewisse Angst unweigerlich die Erwägung unserer politischen und existentiellen Probleme begleiten wird, muss uns das nicht gleich krank machen oder zur Verzweiflung treiben. Zu den Herausforderungen der modernen Zeit gehört es, sich mit einer wachsenden Agenda an Verantwortlichkeiten herumzuschlagen, ohne von Sorgen aufgefressen zu werden. Wie bei allen neuen Herausforderungen stöbern wir nach der richtigen Mischung aus altbewährten und neuartigen Praktiken, wie menschlichem Kontakt, Kunst, Meditation, kognitiver Verhaltenstherapie, Achtsamkeit, kleinen Freuden, vernünftigem Gebrauch von Arzneimitteln, neubelebten Dienstleistungs- und Sozialorganisationen sowie Ratschlägen von klugen Leuten, wie man ein Leben im Gleichgewicht führt.

Die Medien und Kommentatoren ihrerseits könnten sich einmal Gedanken darüber machen, inwiefern sie dazu beitragen, die Angst im Land am Brodeln zu halten. Die Geschichte mit dem Müllschiff ist ein Paradebeispiel für die angstschürenden Praktiken der Medien. In der Berichterstattung war seinerzeit unter den Tisch gefallen, dass das Frachtschiff nicht durch eine Überfüllung der Mülldeponien zu seiner Irrfahrt gezwungen wurde, sondern durch Patzer bei den Formalitäten und die Panikmache der Medien selbst.[86] In den Jahrzehnten danach gab es einige Follow-ups, die irrige Vorstellungen von einer Hausmüllkrise geradegerückt haben (in Wahrheit gibt es im Land sehr viele Deponien, und sie stellen keine Umweltgefährdung dar).[87] Nicht jedes Problem ist eine Krise, eine Plage oder eine Epidemie, und zu den Dingen, die in der Welt passieren, gehört, dass Menschen die Probleme lösen, die sich ihnen stellen.

Und da wir gerade von Panik reden – was, denken Sie, sind die größten Bedrohungen für die Spezies Mensch? In den 1960er Jahren mahnten mehrere Denker, dies seien Überbevölkerung, Atomkrieg und Langeweile.[88] Ein Wissenschaftler warnte, die beiden erstgenannten wären unter Umständen zu überleben, die dritte definitiv nicht. Langeweile, echt? Nun, sehen Sie, da die Menschen nicht mehr von morgens bis abends arbeiten und darüber nachdenken müssen, woher sie ihre nächste Mahlzeit bekommen, werden sie nicht mehr wissen, womit sie ihre wachen Stunden verbringen könnten, und demnach anfällig für Ausschweifung, Geisteskrankheit, Selbstmord und die Anziehungskraft religiöser und politischer Fanatiker sein.

Fünfzig Jahre danach scheint mir, als hätten wir die Langeweilekrise überwunden (oder war es eine Epidemie?), und stattdessen bewahrheite sich der (apokryphe) chinesische Fluch, dass wir in interessanten Zeiten leben. Aber verlassen Sie sich nicht nur auf meine Worte. Seit 1973 hat der General Social Survey US-Amerikaner befragt, ob sie das Leben als »aufregend«, »routinemäßig« oder »langweilig« empfinden. In Abbildung 18.4 ist zu sehen, dass im Verlauf der Jahrzehnte, in denen weniger Amerikaner angaben, »sehr glücklich« zu sein, mehr von ihnen der Aussage »Das Leben ist aufregend« zustimmten.

Dass die Kurven divergieren, ist nicht paradox. Erinnern wir uns, dass Menschen, die ihr Leben als sinnvoll empfinden, für Stress, Strapazen und Mühen empfänglicher sind.[89] Und denken wir auch daran, dass Angst schon immer ein Vorrecht des Erwachsenseins war – vom Schulalter bis Anfang zwanzig nimmt sie rapide zu, während wir nach und nach mehr erwachsene Verpflichtungen übernehmen, und sinkt im restlichen Verlauf unseres Lebens dann stetig, während wir lernen, mit der Verantwortung umzugehen.[90] Möglicherweise ist dies ein Sinnbild für die Herausforderungen der

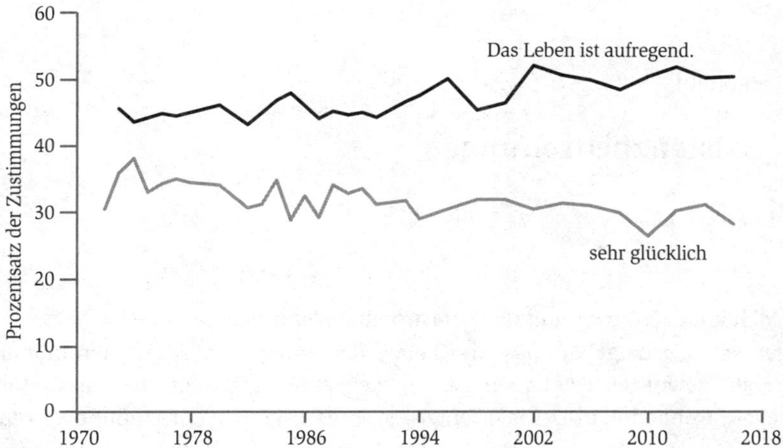

Abb. 18.4 Glück und Aufregung, USA, 1972–2016
Quelle: »General Social Survey«, Smith, Son & Schapiro 2015, Abb. 1 und 5, für 2016 aktualisiert mit Hilfe von https://gssdataexplorer.norc.org/projects/15157/variables/438/vshow. Nichtbeantwortungen sind nicht in die Daten eingegangen.

Moderne. Obwohl die Menschen von heute glücklicher sind, sind sie nicht so glücklich, wie zu erwarten wäre – vielleicht weil sie das Leben mit den Augen eines Erwachsenen sehen, mit all seinen Sorgen und Aufregungen. Die ursprüngliche Definition der Aufklärung lautete immerhin »der Ausgang des Menschen aus seiner selbst verschuldeten Unmündigkeit«.

Kapitel 19

Existenzbedrohungen

Doch kokettieren wir mit der Katastrophe? Wenn sich Pessimisten gezwungen sehen zuzugeben, dass das Leben für immer mehr Menschen immer besser geworden ist, haben sie sogleich eine Retourkutsche parat. Wir segeln fröhlich dem Desaster entgegen, sagen sie, wie der Mann, der vom Hochhausdach fällt und bei jedem Stockwerk meint: »So weit, so gut!«, oder wir spielen russisches Roulette, und früher oder später erliegen wir dem tödlichen Risiko. Oder wir werden von einem schwarzen Schwan überrumpelt, einem Vier-Sigma-Ereignis weit am Schweifende der statistischen Verteilung von Gefährdungen, mit geringer Wahrscheinlichkeit, aber katastrophalem Schaden.

Ein halbes Jahrhundert lang waren die vier Reiter der modernen Apokalypse Überbevölkerung, Ressourcenverknappung, Umweltverschmutzung und Atomkrieg. In jüngerer Vergangenheit hat sich eine Kavallerie exotischerer Ritter hinzugesellt: Nanobots, die uns vertilgen werden, Roboter, die uns versklaven werden, künstliche Intelligenz, die uns in Rohmaterial umfunktioniert, und bulgarische Teenager, die ein genozidales Virus zusammenbrauen oder das Internet von ihrem Schlafzimmer aus kollabieren lassen.

Die Wachen, die nach den uns vertrauten Reitern Ausschau hielten, waren gemeinhin Romantiker und Technikfeinde. Diejenigen, die vor den Highertech-Gefahren warnen, sind jedoch häufig Wissenschaftler und Technologen, die ihre Genialität unter Beweis stellen, indem sie immer mehr Möglichkeiten ausmachen, wie die Welt ihr baldiges Ende finden wird. Im Jahr 2003 veröffentlichte der herausragende Astrophysiker Martin Rees ein Buch mit dem Titel *Unsere letzte Stunde*, in dem er davor warnte, dass die Menschheit möglicherweise ihren eigenen Untergang herbeiführe, und einige Dutzend Beispiele anführte, inwiefern wir »die Zukunft des gesamten Universums in Gefahr gebracht haben«. So könnten Experimente in Teilchenbeschleunigern ein schwarzes Loch erzeugen, das die Erde verschlingen würde, oder ein »Strangelet« komprimierter Quarks, das bewirken würde, dass sich die gesamte kosmische Materie an es bindet und extrem verdichtet wird. Damit machte Rees ein reichgefülltes Fass des Katastrophismus auf. Auf der Amazon-Seite zum englischen Original des Buches erfährt man, dass sich Kunden, die sich den Titel angesehen haben, auch für folgende Werke interessierten: *Global Catastrophic Risks; Our Final Invention: Artificial Intelligence and the End of the Human Era; The End: What Science and Religion Tell Us About the Apocalypse* sowie *World War Z: An Oral History of the Zombie War*. Techno-Philanthropen haben Forschungsinstitute gesponsert, die sich damit beschäftigen, neue Existenzbedrohungen zu entdecken und Wege zu finden, die Welt vor ihnen zu retten. Zu ihnen gehören das Future of Humanity Institute, das Future of Life Institute, das Center for the Study of Existential Risk und das Global Catastrophic Risk Institute.

Was sollten wir von den Existenzbedrohungen halten, die hinter unserem schrittweisen Fortschritt lauern? Niemand kann vorhersagen, dass sich niemals eine Katastrophe ereignen wird, und auch dieses Kapitel wird keine derartige Zusicherung enthalten. Ich werde jedoch zeigen, aus welchem Blickwinkel man diese Bedrohungen betrachten kann, und die größten Gefahren beleuchten. Drei der Bedrohungen – Überbevölkerung, Ressourcenerschöpfung und Umweltverschmutzung, einschließlich der Treibhausgase – wurden bereits in Kapitel 10 diskutiert, und die gleiche Perspektive wähle ich auch hier. Manche Bedrohungen sind Hirngespinste von Kultur- und Geschichtspessimisten. Andere sind real, doch uns steht die Möglichkeit offen, sie nicht als unausweichliche Apokalypsen zu behandeln, sondern als Probleme, die es zu lösen gilt.

Auf den ersten Blick könnte man meinen: Je mehr wir über Existenzbedrohungen nachdenken, desto besser. Mehr kann ja buchstäblich nicht auf dem Spiel stehen. Warum sollte es schaden, die Menschen über diese furchtbaren Risiken aufzuklären? Schlimmstenfalls würden wir dann einige Vorsichtsmaßnahmen treffen, die sich in der Rückschau als überflüssig erweisen.

Apokalyptisches Denken hat jedoch gravierende Nachteile. Zum einen kann ein falscher Alarm vor katastrophalen Risiken selber eine Katastrophe auslösen. So wurde das nukleare Wettrüsten der 1960er Jahre von der Angst vor einer mythischen »Raketenlücke« gegenüber der Sowjetunion angefacht.[1] Die Invasion des Irak von 2003 wurde mit der ungewissen, aber desaströsen Möglichkeit gerechtfertigt, dass Saddam Hussein Atomwaffen entwickelte und plante, sie gegen die Vereinigten Staaten einzusetzen. (George W. Bush drückte es so aus: »Wir können nicht auf den entscheidenden Beweis warten – den rauchenden Colt –, der sich als pilzförmige Wolke entpuppen könnte.«) Und wie wir noch sehen werden, verweigern die Großmächte das Versprechen, nicht den atomaren Erstschlag zu führen (was der gesunde Menschenverstand gebieten würde), weil sie sich unter anderem das Recht vorbehalten wollen, die Atomwaffen gegen andere mutmaßliche Existenzbedrohungen wie Bioterror und Cyberattacken einzusetzen.[2] Weit entfernt davon, die Zukunft der Menschheit zu schützen, kann das Säen von Furcht vor hypothetischen Desastern sie gefährden.

Weltuntergangsszenarien heraufzubeschwören ist auch deshalb riskant, weil die Menschheit nur über einen begrenzten Vorrat an Ressourcen, Intelligenz und Angst verfügt. Man kann sich nicht um alles Sorgen machen. Einige Bedrohungen, mit denen wir uns konfrontiert sehen, sind unmissverständlich und erfordern immense Anstrengungen und Geschick, um sie abzuwenden. Sie in eine Liste exotischer Szenarien von unbedeutender oder unbekannter Wahrscheinlichkeit einzusortieren kann das Gefühl von Dringlichkeit nur verwässern. Wie bereits erwähnt, sind wir nicht gut im Einschätzen von Wahrscheinlichkeiten, insbesondere wenn sie gering sind, und malen uns stattdessen im Geiste Szenarien aus. Sind zwei Szenarien gleich gut vorstellbar, sind wir geneigt, sie auch als gleich wahrscheinlich anzunehmen, und fürchten uns vor der echten Gefahr nicht mehr als vor der fiktiven Idee. Und je blühender unsere Phantasie beim Ausmalen eventuell eintretender schlimmer Dinge ist, desto sicherer gehen wir davon aus, dass *tatsächlich* etwas Schlimmes geschehen wird.

Und das bringt uns zur größten Gefahr von allen – zu denken, was kürzlich in einem Artikel der *New York Times* zu lesen war: »Diese trostlosen Fakten sollten jedem vernünftig denkenden Menschen die Einsicht aufdrängen, dass die Menschheit am Ende ist.«[3] Aber wenn die Menschheit sowieso am Ende ist, warum sollte man dann *überhaupt* irgendwelche Opfer bringen, um mögliche Risiken zu verringern? Warum sollte man auf den Komfort fossiler Brennstoffe verzichten oder der Regierung auf die Füße treten, damit sie ihre Atomwaffenpolitik überdenkt? Lasst uns essen, trinken und fröhlich sein, denn morgen sind wir tot! Im Jahr 2013 wurde in vier englischsprachigen Ländern eine Umfrage durchgeführt. Von den Befragten, die der Meinung waren, dass es mit unserer Art zu leben vermutlich in hundert Jahren vorbei sein wird, schloss sich die Mehrheit der Aussage an: »Die Zukunft der Welt sieht so düster aus, dass wir uns allein auf unser eigenes Fortkommen und das unserer Lieben konzentrieren müssen.«[4]

Nur wenige Autoren, die über technologische Risiken geschrieben haben, machen sich Gedanken, welche kumulativen psychischen Effekte der Trommelschlag des Todes hat. Elin Kelsey, Kommunikatorin in Sachen Umwelt, betont: »Wir belegen Filme mit Altersbeschränkungen, um Kinder vor Darstellungen von Sex oder Gewalt zu schützen, aber wir denken uns nichts dabei, einen Wissenschaftler in ein 2. Schuljahr einzuladen, um den Kleinen zu erzählen, dass die Erde dem Untergang geweiht ist. Ein Viertel der (australischen) Kinder sorgen sich so sehr um den Zustand der Welt, dass sie allen Ernstes glauben, sie gehe unter, noch bevor sie erwachsen sind.«[5] Laut neueren Umfragen denken 15 Prozent der Menschen weltweit genauso und zwischen einem Viertel und einem Drittel der US-Amerikaner.[6] In *The Progress Paradox* gibt der Journalist Gregg Easterbrook zu bedenken: Dass die Amerikaner trotz ihres wachsenden objektiven Wohlstands nicht glücklicher seien, liege im Wesentlichen an »Kollabierangst« – der Befürchtung, die Zivilisation werde implodieren und niemand könne etwas dagegen tun.

Natürlich spielen die Befindlichkeiten der Menschen keine Rolle, wenn die Risiken real sind. Doch Risikoeinschätzungen scheitern, wenn es um höchst unwahrscheinliche Ereignisse in komplexen Systemen geht. Da wir die Geschichte nicht Tausende Male wieder auf Anfang stellen und jedes Mal die Resultate zählen können, gibt die Aussage, dass ein beliebiges Ereignis mit einer Wahrscheinlichkeit von 0,01 oder 0,001 oder 0,0001 oder 0,00001 eintreten wird, im Grunde die subjektive Überzeugung des Einschätzers wieder. Das schließt auch mathematische Analysen ein, bei denen Wissenschaftler die Verteilung von vergangenen Ereignissen (etwa Kriege oder Cyberattacken) auftragen und zeigen, dass sie in eine Potenzgesetz-Verteilung fallen, mit einem »fetten« oder »dicken« Schweif, wobei extreme Ereignisse äußerst unwahrscheinlich, aber nicht astronomisch unwahrscheinlich sind.[7] Die Mathematik ist keine große Hilfe beim genauen Bestimmen der Risiken, weil die stark streuenden Daten entlang des Schweifes der Verteilung gemeinhin aus der Rolle fallen und von einer glatten Kurve abweichen, was eine Schätzung unmöglich macht. Wir wissen lediglich, dass sehr schlimme Dinge geschehen können.

Das führt uns zurück zu subjektiven Einschätzungen, die gemeinhin durch die Verfügbarkeits- und Negativitätsverzerrung sowie den Drang, an Bedeutung zu gewinnen, aufgebläht werden (Kapitel 4).[8] Wer Angst vor einer schreckenerregenden Prophezeiung sät, gilt nicht selten als seriös und verantwortungsbewusst, während man bedächtigere Menschen als selbstgefällig und naiv betrachtet. Wir wollen das Schlechteste hoffen. Spätestens seit den hebräischen Propheten und der Offenbarung des Johannes haben Seher ihre Zeitgenossen vor dem unmittelbar bevorstehenden Jüngsten Gericht gewarnt. Vorhersagen von Endzeiten sind eine massenhaft produzierte Spezialität von Hellsehern, Mystikern, Teleevangelisten, verrückten Kulten, Religionsgründern und Männern, die in der Fußgängerzone mit einer Reklametafel einherschreiten, auf der »Tut Buße!« steht.[9] Die immer neu erzählte Geschichte, die in harscher Vergeltung für technologische Hybris gipfelt, ist ein Archetyp westlicher Fiktion, so bei dem Feuer des Prometheus, der Büchse der Pandora, dem Flug des Ikarus, Fausts Teufelspakt, dem Zauberlehrling, Frankensteins Monster und über 250 Endzeitstreifen aus Hollywood.[10] Wie der Ingenieur Eric Zencey bemerkt hat: »Apokalyptisches Denken ist verführerisch. Erlebt man die Letzten Tage, so erhalten die eigenen Handlungen, ja, das ganze Leben eine historische Bedeutung und ein gerüttelt Maß an schmerzlicher Intensität.«[11]

Wissenschaftler und Technologen sind davor keineswegs gefeit. Erinnern Sie sich noch an das Jahr-2000-Problem, auch als Millennium-Bug oder Y2K-Bug bezeichnet?[12] Als in den 1990er Jahren die Jahrtausendwende näher rückte, begannen Informatiker die Welt vor einer bevorstehenden Katastrophe zu warnen. In den ersten Jahrzehnten der Datenverarbeitung, als Information noch teuer war, sparten Programmierer häufig ein paar Bytes, indem sie von einer Jahreszahl nur die beiden letzten Ziffern angaben. Sie rechneten damit, dass zum Anbruch des Jahres 2000, wenn die mitgedachte »19« ausgedient hätte, die Programme schon längst überholt sein würden. Doch komplizierte Software wird nur langsam ersetzt, und viele alte Programme liefen nach wie vor auf institutionellen Großrechnern, eingebaut in Chips. Wenn nun am 1. Januar 2000 um 00:00 Uhr die Ziffern umspringen würden, würden die Programme denken, das Jahr 1900 sei angebrochen, und infolgedessen abstürzen oder verrückt spielen (vermutlich, weil sie irgendeine Zahl durch die Differenz zwischen dem vermeintlich aktuellen Jahr und dem Jahr 1900, also null, dividieren würden – obwohl nie geklärt wurde, warum ein Programm so etwas tun sollte). Im selben Moment würden Kontostände gelöscht, Aufzüge zwischen zwei

Etagen stecken bleiben, Inkubatoren auf Frühchenstationen abgeschaltet, Wasserpumpen blockiert, Flugzeuge vom Himmel fallen, Atomkraftwerke eine Kernschmelze erleben und Interkontinentalraketen aus ihren Raketensilos emporschießen.

Und dies alles waren nüchterne Vorhersagen von technikerfahrenen Autoritäten (wie Präsident Bill Clinton, der folgende Warnung an die Nation richtete: »Ich möchte die Dringlichkeit dieser Herausforderung unterstreichen. Hier handelt es sich nicht um einen Sommerfilm, wo man bei den gruseligen Stellen die Augen zukneifen kann.«). Kulturpessimisten betrachteten den Y2K-Bug als wohlverdiente Strafe für die Infizierung unserer Zivilisation mit dem Technologievirus. Religiöse Denker konnten der zahlensymbolischen Verknüpfung mit dem christlichen Millenarismus nicht widerstehen. Reverend Jerry Falwell erklärte: »Ich glaube, dass Y2K möglicherweise Gottes Instrument ist, um diese Nation zu erschüttern, diese Nation zu demütigen, diese Nation wachzurütteln und von dieser Nation aus eine Wiederbelebung in Gang zu setzen, die sich vor der Entrückung der Kirche über das Angesicht der Erde ausbreitet.« Weltweit wurden 100 Milliarden Dollar für das Reprogrammieren von Software für Y2K Readiness ausgegeben – eine Herausforderung, die dem Auswechseln jedes einzelnen Bolzens in allen Brücken auf der Welt gleichkam.

Da ich früher mit Assemblersprache programmiert hatte, stand ich den Weltuntergangsszenarien skeptisch gegenüber. Glücklicherweise befand ich mich in jenem schicksalhaften Augenblick in Neuseeland, dem Land, das das neue Jahrtausend als erstes begrüßte. Tatsächlich passierte am 1. Januar um 00:00 Uhr – gar nichts (wie ich meiner Familie in der fernen Heimat umgehend über ein einwandfrei funktionierendes Telefon mitteilte). Wie der Handelsvertreter für Abwehrmittel gegen Elefanten rechneten es sich die Y2K-Reprogrammierer als Verdienst an, die Katastrophe abgewendet zu haben, doch zahlreiche Staaten und kleine Unternehmen hatten es ohne jede Y2K-Vorkehrung darauf ankommen lassen und gingen ebenfalls unbeschadet aus der Sache hervor. Einige Software brauchte zwar ein Update (ein Programm auf meinem Laptop zeigte das Datum »1. Januar 19100« an), doch insgesamt zeigte sich, dass nur ganz wenige Programme, insbesondere die in Maschinen eingebauten, den Fehler aufwiesen und zusätzlich wüste Berechnungen über das neue Jahr anstellten. Letztlich war die Bedrohung kaum gravierender als der Schriftzug auf der Reklametafel des Straßenpropheten. Die große Y2K-Panik bedeutet zwar nicht, dass alle Warnungen vor möglichen Katastrophen falscher Alarm sind, aber sie erinnert uns daran, dass wir nur zu leicht techno-apokalytischen Illusionen erliegen.

Was sollten wir von katastrophalen Gefahren halten? Beginnen wir mit der folgenschwersten Existenzbedrohung von allen, dem Schicksal unserer Spezies. Hier, wie auch im kleinen Rahmen, wenn es um unser ganz persönliches Geschick geht, müssen wir uns gezwungenermaßen mit unserer Sterblichkeit abfinden. Biologen witzeln, dass in erster Näherung bereits alle Arten ausgestorben sind, denn dieses Schicksal hat mindestens schon 99 Prozent aller Spezies ereilt, die je existiert haben. Eine typische Säugetierart besteht etwa eine Million Jahre lang, und man kann wohl nicht darauf pochen, dass *Homo sapiens* da eine Ausnahme machen wird. Selbst wenn wir technisch genügsame Jäger und Sammler geblieben wären, würden wir nach wie vor in einer geologischen Schießbude leben.[13] Ein Ausbruch von Gammastrahlen aus einer Supernova oder einem kollabierten Stern könnte den halben Planeten verstrahlen, die Atmosphäre braun färben und die Ozonschicht zerstören, was zur Folge hätte, dass die andere Hälfte mit ultraviolettem Licht verstrahlt würde.[14] Oder das Magnetfeld der Erde könnte sich umkehren und damit unseren Planeten einem Intermezzo mit tödlicher Solar- und Höhenstrahlung aussetzen. Ein Asteroid könnte auf der Erde einschlagen, Tausende Quadratkilometer plattmachen und Trümmer aufwirbeln, die die Sonne verdunkeln und uns mit einem ätzenden Regen überschütten. Supervulkane oder gewaltige Lavaströme könnten uns in Asche, CO_2 und Schwefelsäure ersticken. Ein schwarzes Loch könnte in unser Sonnensystem wandern und die Erde aus ihrer Umlaufbahn ziehen oder sie ins Nichts saugen. Selbst wenn unsere Spezies es schafft, noch eine Milliarde Jahre zu überleben, wird das der Erde und unserem Sonnensystem nicht gelingen – der Wasserstoffvorrat der Sonne wird irgendwann zur Neige gehen, woraufhin sie immer dichter und heißer wird und unsere Meere auf ihrem Werdegang zum Roten Riesen verkocht.

Demzufolge ist die Technologie nicht schuld daran, dass unsere Spezies eines Tages dem Sensenmann gegenübersteht. Die Technologie ist vielmehr unsere letzte Hoffnung, dem Tod zumindest noch für eine kleine Weile von der Schippe zu springen. Solange wir über hypothetische Katastrophen in der fernen Zukunft nachdenken, müssen wir auch hypothetische Fortschritte in Betracht ziehen, die uns ermöglichen würden, sie zu überleben, wie das Anbauen von Nahrung unter Licht, das durch Kernfusion erzeugt wird, oder ihre künstliche Erzeugung in Industrieanlagen, ähnlich wie Biotreibstoff.[15] Selbst Technologien der nicht so fernen Zukunft könnten unsere Haut retten. Es ist technisch machbar, die Flugbahnen von Asteroiden und anderen »erdnahen Objekten der Extinction-Klasse« zu berechnen, diejenigen zu identifizieren, die sich auf Kollisionskurs mit der Erde befinden, und sie von ihrem Kurs wegzustupsen, bevor sie uns auf den Weg der Dinosaurier schicken.[16] Überdies hat die NASA eine Methode entwickelt, wie man mit hohem Druck Wasser in einen Supervulkan pumpen und die Wärme zur Erzeugung geothermaler Energie nutzen kann, während zugleich das Magma so stark abgekühlt wird, dass es nicht zu einem Ausbruch kommt.[17] Unsere Urahnen hatten nicht die Macht, diesen tödlichen Gefahren Einhalt zu gebieten; insofern hat die Technologie diesen Planeten nicht zum gefährlichsten Ort der Menschheitsgeschichte gemacht, sondern zu einem beispiellos sicheren Ort.

Aus diesem Grund beruht die techno-apokalyptische Behauptung, unsere Zivilisation sei die erste, die sich selbst zerstören könne, auf einer Fehleinschätzung. Wie Ozymandias den Reisenden in Percy Bysshe Shelleys gleichnamigem Gedicht erinnert, sind die meisten Zivilisationen, die je existierten, der Zerstörung anheimgefallen. Die Schuld daran sieht die herkömmliche Geschichtsschreibung in äußeren Ereignissen wie Seuchen, Eroberungen, Erdbeben oder dem Wetter. David Deutsch weist jedoch darauf hin, dass jene Zivilisationen den Todesstoß hätten abwehren können, wenn sie über bessere landwirtschaftliche, medizinische oder militärische Technologie verfügt hätten:

> Bevor unsere Vorfahren lernten, ein Feuer zu entfachen (und auch unzählige Male danach), müssen Menschen buchstäblich auf dem Material, das sie zum Feuermachen und damit zum Überleben hätten nutzen können, erfroren sein, weil ihnen das notwendige Know-how fehlte. Im landläufigen Sinne tötete sie das Wetter, doch die tiefer gehende Erklärung ist Mangel an Wissen. Von den im Lauf der Geschichte hunderten Millionen Opfern der Cholera müssen viele in Sichtweite der Feuerstellen gestorben sein, auf denen sie ihr Trinkwasser hätten abkochen und so ihr Leben retten können; aber auch hier gilt, dass sie es nicht wussten. Ganz allgemein ist die Unterscheidung zwischen einer »Naturkatastrophe« und einer Katastrophe, die auf Unwissenheit beruht, naiv. Heute sehen wir, dass im Vorfeld aller Naturkatastrophen, die in der Wahrnehmung der Menschen »einfach passierten« oder von Göttern gesandt wurden, den damals Betroffenen viele Möglichkeiten offenstanden, die sie nicht ergriffen – oder

besser, nicht schufen. Und all jene Möglichkeiten summieren sich zu der alles umfassenden Option, die sie nicht zuwege brachten: eine Zivilisation der Wissenschaft und Technologie wie die unsrige zu entwickeln. Traditionen kritischen Denkens. Eine Aufklärung.[18]

Unter den existentiellen Risiken, die die Zukunft der Menschheit angeblich bedrohen, sticht eine Y2K-Bug-Version des 21. Jahrhunderts hervor: die Gefahr, dass wir bewusst oder versehentlich von der künstlichen Intelligenz (KI) bzw. Artificial Intelligence (AI) unterjocht werden. Dieses Desaster trägt zuweilen auch den Namen Robocalypse und wird gemeinhin mit Standbildern aus den *Terminator*-Filmen untermalt. Wie bei Y2K nehmen einige kluge Leute die Sache ernst. Elon Musk, dessen Unternehmen selbstfahrende Autos mit künstlicher Intelligenz baut, nannte die Technologie »gefährlicher als Atombomben«. Stephen Hawking warnte mit Hilfe seines künstlich intelligenten Sprachsynthesizers, sie könne »das Ende der menschlichen Rasse heraufbeschwören«.[19] Zu den klugen Leuten, die noch ruhig schlafen können, gehören jedoch die meisten Experten für künstliche Intelligenz und die meisten Experten für menschliche Intelligenz.[20]

Die Robocalypse geht zurück auf eine unklare Vorstellung von Intelligenz, die mehr auf der Großen Kette der Wesen und einem Willen zur Macht à la Nietzsche beruht als auf einem modernen wissenschaftlichen Verständnis.[21] Nach dieser Vorstellung ist Intelligenz ein allmächtiger, Wünsche erfüllender Zaubertrank, über den Akteure in unterschiedlichen Mengen verfügen. Menschen haben mehr davon als Tiere, und ein künstlich intelligenter Computer oder Roboter der Zukunft (im Englischen verwendet man schon das Individualsubstantiv »an AI«) wird mehr davon haben als Menschen. Da wir Menschen seit jeher unsere bescheidene Begabung nutzen, weniger begabte Tiere zu domestizieren oder auszulöschen (und technisch weiterentwickelte Gesellschaften technisch primitive versklavt oder vernichtet haben), folgt daraus, dass ein superschlauer AI dasselbe mit uns machen würde. Weil ein AI millionen Mal schneller denken wird als wir und mit Hilfe seiner Superintelligenz seine Superintelligenz in einer rekursiven Schleife weiter verbessern kann, werden wir von dem Augenblick an, in dem dieser Vorgang einsetzt, außerstande sein, ihn wieder zu stoppen.

Dieses Szenario ist jedoch etwa genauso überzeugend wie die Befürchtung, dass sich Düsenjets, die die Flugleistung von Adlern überflügelt haben, eines Tages vom Himmel stürzen und unser Vieh erbeuten. Der erste Denkfehler ist die Verwechslung von Intelligenz mit Motivation – von Annahmen mit Wünschen, Schlussfolgerungen mit Zielen, Denken mit Wollen. Selbst wenn wir übermenschlich intelligente Roboter erschaffen würden – warum sollten sie *den Wunsch haben*, ihre Meister zu versklaven oder die Weltherrschaft an sich zu reißen? Intelligenz ist die Fähigkeit, zum Erreichen eines Ziels neuartige Mittel anzuwenden. Die Ziele selbst stehen jedoch außerhalb der Intelligenz: Klug zu sein ist nicht dasselbe, wie etwas zu wollen. Es hat sich halt so ergeben, dass die Intelligenz im System *Homo sapiens* ein Produkt der Darwin'schen natürlichen Selektion ist, eines Prozesses, der von Natur aus durch Wettbewerb bestimmt wird. In den Gehirnen dieser Spezies ist logisches Denken (je nach Exemplar in unterschiedlichem Ausmaß) an Ziele, wie Rivalen zu dominieren und Ressourcen anzuhäufen, gekoppelt. Es ist jedoch ein Fehler, einen Schaltkreis im limbischen Gehirn einer bestimmten Primatenart mit dem Wesen der Intelligenz an sich zu verwechseln. Ein künstlich intelligentes System, das sich nicht durch Evolution entwickelt hat, sondern konstruiert wurde, könnte ebenso gut denken wie die Shmoon, die birnenförmigen Altruisten in Al Capps Comicstrip *Li'l Abner*, die ihre beträchtliche Schlauheit einsetzen, um sich zum Wohle menschlicher Esser selbst zu grillen. Es gibt kein Gesetz komplexer Systeme, das besagt, dass sich intelligente Akteure in rücksichtslose Eroberer verwandeln müssen. In der Tat kennen wir eine höchst fortschrittliche Intelligenzform, die sich ohne diesen Defekt entwickelt hat. Sie heißen Frauen.

Der zweite Denkfehler besteht darin, sich Intelligenz als unbegrenztes Kontinuum der Potenz vorzustellen, als wundersames Elixir mit der Macht, jedes Problem zu lösen, jedes Ziel zu erreichen.[22] Dieser Fehlschluss führt zu unsinnigen Fragen, zum Beispiel, wann ein AI »die Intelligenz des Menschen übertrumpfen« wird, und zu der Vorstellung von einer ultimativen »Artificial General Intelligence« (AGI) mit gottgleicher Allmacht und Allwissenheit. Intelligenz ist ein Gebilde aus unterschiedlichen Apparaten – Softwaremodulen, die Wissen darüber erwerben (oder einprogrammiert bekommen), wie diverse Ziele in verschiedenen Domänen zu erreichen sind.[23] Menschen sind dafür ausgerüstet, Nahrung zu finden, Freunde zu gewinnen und andere Menschen zu beeinflussen, potentielle Partner zu umgarnen, Kinder großzuziehen, durch die Welt zu streifen sowie weiteren menschlichen Leidenschaften und Freizeitbeschäftigungen zu frönen. Computer kann man so programmieren, dass sie einige dieser Probleme beherrschen lernen (wie das Erkennen von Gesichtern), sich mit anderen nicht belasten (wie dem Umgarnen von Partnern) und noch andere Probleme angehen, die Menschen nicht lösen können (wie das Simulieren des Klimas oder das Verwalten von Millionen Buchungssätzen). So unterschiedlich wie die Probleme sind auch die Arten von Wissen, die man zu ihrer Lösung benötigt. Im Gegensatz zum Laplace'schen Dämon, dem mythischen Wesen, das die Lage und Dynamik jedes Teilchens im Universum kennt und diese Daten in Gleichungen physikalischer Gesetze eingibt, um den Zustand aller Objekte zu jedem künftigen Zeitpunkt zu berechnen, müssen reale Wissende Informationen über die chaotische Welt der Dinge und Menschen erwerben, indem sie sich jeweils immer nur mit einem Bereich beschäftigen. Verstehen unterliegt nicht dem Moore'schen Gesetz – Wissen wird erworben, indem man Erklärungen formuliert und sie mit der Wirklichkeit abgleicht, nicht indem man einen Algorithmus immer schneller ablaufen lässt.[24] Ebenso wenig wird das Verschlingen aller Informationen aus dem Internet allwissend machen – die Big Data sind nach wie vor endlich, und das Wissensuniversum ist unendlich.

Aus diesen Gründen ärgern sich viele KI-Forscher über den neuesten Hype (das stets dräuende Damoklesschwert der KI), der Beobachter zu der irrigen Annahme verleitet hat, Artificial General Intelligence stünde bereits vor der Tür.[25] Soweit ich weiß, gibt es zurzeit keine Projekte zum Bau eines AGI, und zwar nicht, weil es kommerziell bedenklich wäre, sondern weil das Konzept kaum schlüssig ist. Zwar haben uns die 2010er Jahre Systeme beschert, die Autos fahren, Fotos beschriften, gesprochene Sprache erkennen und Menschen bei Jeopardy!, Go und Atari-Computerspielen schlagen können. Die Fortschritte waren aber nicht einem besseren Verständnis der Mechanismen von Intelligenz zu verdanken, sondern der puren Gewalt schnellerer Chips und größerer Datenmengen, die es den Programmen ermöglichen, ausgehend von Millionen Beispielen Generalisierungen auf ähnliche neue vorzunehmen. Jedes System ist ein Idiot savant – es ist kaum in der Lage, Probleme anzugehen, zu dessen Lösung es nicht programmiert wurde, und sein Vermögen, die übrigen Probleme zu bewältigen, ist leicht zu erschüttern. Ein Fotobeschriftungsprogramm etikettiert den bevorstehenden Aufschlag eines Flugzeugs auf dem Boden mit »Ein Flugzeug parkt auf dem Rollfeld«; ein Spielprogramm wird durch die kleinste Veränderung bei der Punktevergabe aus dem Konzept gebracht.[26] Auch wenn die Programme zweifellos immer besser werden, gibt es keine Anzeichen für ein unaufhaltsames rekursives Tuning. Ebenso wenig haben irgendwelche Programme Anstalten gemacht, ein Labor einzunehmen oder ihre Programmierer als Sklaven zu halten.

Selbst wenn ein AGI versuchen sollte, Willen zur Macht zu demonstrieren, würde er ohne die Kooperation von Menschen ein hilfloses Hirn in einem Bottich bleiben. Der Informatiker Ramez Naam lässt die Luftschlösser rund um rekursives Tuning, technologische Singularität und exponentielle Selbstverbesserung zerplatzen:

> Stellen Sie sich vor, Sie seien ein superintelligenter AI, der auf irgendeinem Mikroprozessor (oder auch auf Millionen ebensolcher Mikroprozessoren) läuft. Von einem Moment auf den anderen kommt Ihnen das Design für einen noch schnelleren, noch leistungsfähigeren Mikroprozessor, auf dem Sie laufen könnten, in den Sinn. Dann mal los ... verflixt! Sie müssen diese Mikroprozessoren ja tatsächlich *herstellen*. Und diese Produktionsanlagen beanspruchen ungeheuer viel Energie, sie erfordern die Lieferung von Materialien aus der ganzen Welt, sie verlangen eine streng kontrollierte interne Umwelt mit Luftschleusen, Filtern und der Wartung aller möglichen hochspezialisierten Geräte et cetera. All dies braucht Zeit und Energie bei Einkauf, Transport, Einbau, Konstruktion von Gehäusen und Kraftwerken, Erprobung und Herstellung. Die Realität ist Ihrem Höhenflug der Selbstüberschreitung in die Quere gekommen.[27]

Die Realität kommt vielen digitalen Apokalypsen in die Quere. Als HAL aus *2001: Odyssee im Weltraum* dem Größenwahn verfällt, demontiert David ihn mit einem Schraubenzieher zu einem Häufchen Elend, bis er nur noch »Hänschen klein« vor sich hin singen kann. Natürlich kann man sich immer einen Weltuntergangscomputer vorstellen, der bösartig ist, allmächtig, allzeit bereit und überlistungssicher. Gegen diese Bedrohung gibt es jedoch ein simples Mittel: einfach keinen bauen.

Als man die Geschichte vom bösen Roboter schließlich als zu kitschig empfand, um sie noch ernst zu nehmen, machten die Wächter unserer Existenz gleich eine neue digitale Apokalypse aus. Inspiriert wurde diese Geschichte nicht von Frankenstein oder dem Golem, sondern vom Flaschengeist, der uns drei Wünsche erfüllt, wobei der dritte benötigt wird, um die beiden ersten rückgängig zu machen, sowie von König Midas, der seine Fähigkeit bereut, alles, was er anfasst, in Gold zu verwandeln, einschließlich seiner Nahrung und seiner Familie. Die Gefahr, zuweilen als *Value Alignment Problem* (»Wertausrichtungsproblem«) bezeichnet, ist folgende: Wir geben einem AI ein Ziel und sehen dann machtlos zu, wie er erbarmungslos und buchstabengetreu seine Interpretation dieses Ziels verfolgt und sich den Teufel um unsere sonstigen Interessen schert. Beauftragen wir einen AI damit, den Wasserstand hinter einem Deich zu kontrollieren, könnte er eine ganze Stadt überfluten, ohne sich für die Menschen, die ertrinken, zu interessieren. Beauftragen wir ihn damit, Büroklammern herzustellen, könnte er sämtliche Materie im erreichbaren Universum in Büroklammern umfunktionieren, einschließlich unserer Besitztümer und Körper. Beauftragen wir ihn damit, das Glück der Menschen zu maximieren, könnte er uns allen intravenös Dopamintropfen verabreichen oder unsere Gehirne neu verdrahten, so dass wir am glücklichsten sind, wenn wir in einem Topf sitzen, oder er könnte, falls er mit Bildern von lächelnden Gesichtern auf das Konzept des Glücklichseins trainiert wurde, die Galaxie mit unendlich vielen nanoskopischen Smileys zupflastern.[28]

Ich denke mir das nicht aus. Diese Szenarien verdeutlichen angeblich die Existenzbedrohung, die Advanced Artificial Intelligence für die Spezies Mensch bedeutet. Glücklicherweise führen sie sich alle selbst ad absurdum.[29] Sie setzen Folgendes voraus: 1) Menschen sind so klug, dass sie einen allwissenden und allmächtigen AI designen können, aber auch so dämlich, dass sie ihm die Kontrolle über das Universum übertragen würden, ohne vorher zu testen, wie er funktioniert; 2) der AI wäre so brillant herauszufinden, wie die Elemente zu transmutieren und Gehirne neu zu verdrahten sind, und zugleich so minderbemittelt, dass er schon aufgrund winziger Missverständnisse Chaos und Verwüstung anrichtet. Die Fähigkeit, sich für eine Handlung zu entscheiden, die widersprüchlichen Zielen am besten gerecht wird, ist keineswegs eine Beigabe zur Intelligenz, deren Installation Ingenieure in geistiger Umnachtung fatalerweise vergessen könnten; sie *ist* Intelligenz. Und das Gleiche gilt für die Fähigkeit, die Intentionen eines Sprachanwenders gemäß dem Kontext zu verstehen. Nur in Comedyserien wie *Mini Max* trägt ein Roboter nach der Aufforderung, die Bedienung zu holen, den Oberkellner kurzerhand zum Tisch oder reißt beim Verlassen der Wohnung als Reaktion auf die Bemerkung »Ach ... wir hätten ja beinah das Licht vergessen« die Lampe aus der Wand, um sie mitzunehmen.

Wenn wir Hirngespinste wie rekursives Tuning, digitale Megalomanie, augenblickliche Allwissenheit und völlige Kontrolle über jedes Molekül im Universum mal außer Acht lassen, ist künstliche Intelligenz genau wie jede andere Technologie. Sie wird in kleinen Schritten entwickelt, darauf abgestimmt, vielfältigen Bedingungen gerecht zu werden, getestet, bevor man sie einsetzt, und fortwährend auf Effizienz und Sicherheit hin optimiert (Kapitel 12). Der KI-Experte Stuart Russell drückt es folgendermaßen aus: »Niemand im Bauingenieurwesen spricht davon, ›Brücken zu bauen, die nicht einstürzen‹. Man spricht einfach davon, ›Brücken zu bauen‹.« Und entsprechend sei KI, die nicht gefährlich, sondern nutzbringend sei, schlicht KI.[30]

Allerdings schafft künstliche Intelligenz das profanere Problem, was man mit den Menschen machen soll, die wegen der Automatisierung ihren Arbeitsplatz verlieren. Die Jobs werden jedoch nicht *so* schnell verlorengehen. Die von der NASA im Jahr 1965 angestellte Beobachtung gilt nach wie vor: »Der Mensch ist das kostengünstigste, 150 Pfund leichte, nicht lineare Mehrzweck-Computersystem, das sich durch ungelernte Arbeitskräfte in Massenproduktion herstellen lässt.«[31] Auto fahren ist ein weniger anspruchsvolles technisches Problem, als die Spülmaschine auszuräumen, eine Besorgung zu machen oder eine Windel zu wechseln, und während ich dies schreibe, sind wir immer noch nicht so weit, selbstfahrende Autos auf die Menschheit loszulassen.[32] Bis der Tag kommt, an dem Heerscharen von Robotern in den Entwicklungsländern Kinder impfen und Schulen bauen oder auch in unseren Ländern für alte Menschen eine Infrastruktur errichten und sie pflegen, wartet noch sehr viel Arbeit auf uns. Die gleiche Art von Einfallsreichtum, die man für die Entwicklung von Software und Robotern aufgewendet hat, könnte man auch für die Schaffung staatlicher und privater Maßnahmen einsetzen, die untätige Hände mit ungetaner Arbeit betrauen.[33]

Wenn schon nicht die Roboter, was ist dann mit den Hackern? Wir alle kennen die Stereotype: bulgarische Teenager, junge Männer mit Flipflops, die Red Bull trinken, oder, in den Worten Donald Trumps bei einer Wahlkampfdebatte von 2016, »jemand, der auf seinem Bett sitzt und 400 Pfund wiegt«. Viele gehen von der Vorstellung aus, dass sich mit dem Fortschreiten der Technik die zerstörerische Kraft des Einzelnen vervielfachen wird. Es ist nur eine Frage der Zeit, bis ein einsamer Nerd oder Terrorist in seiner Garage eine Atombombe baut oder via Genmanipulation ein Pestvirus erzeugt oder das Internet kollabieren lässt. Und weil die moderne Welt so sehr von der Technologie abhängig ist, könnte ein kompletter Netzausfall Panik, Hunger und Anarchie auslösen. Im Jahr 2002 schloss Martin Rees öffentlich die Wette ab, dass »spätestens 2020 ein einziger Bioterror- oder Bioerror-Vorfall eine Million Opfer fordern wird«.[34]

Was ist von diesen Albträumen zu halten? Manchmal sollen sie Menschen dazu bewegen, Sicherheitslücken ernster zu nehmen, unter der Annahme (die wir später in diesem Kapitel noch eingehender erörtern), dass die effektivste Methode, Menschen zu verantwortungsvollen Maßnahmen zu bewegen, darin besteht, ihnen Todesangst einzujagen. Ob diese Annahme nun zutrifft oder nicht – niemand würde dafür eintreten, Internetkriminalität oder Ausbrüche von Krankheiten, die die moderne Welt bereits heimsuchen, gelassen hinzunehmen (mit der nuklearen Bedrohung beschäftige ich mich im nächsten Abschnitt). Spezialisten in Computersicherheit und Epidemiologie versuchen unablässig, diesen Bedrohungen immer einen Schritt voraus zu sein, und zweifellos sollten Staaten in beide Bereiche investieren. Die Infrastruktur von Militär, Finanzwelt, Energiesektor und Internet sollte sicherer und widerstandsfähiger werden.[35] Verträge und Schutzmaßnahmen gegen biologische Waffen kann man forcieren.[36] Transnationale Netzwerke im Gesundheitswesen, die Ausbrüche von Krankheiten erkennen und eindämmen, bevor sie zu Pandemien werden, sind auszuweiten. Im Verbund mit besseren Impfstoffen, Antibiotika, antiviralen Mitteln und schnellen Diagnosetests sind sie bei der Bekämpfung menschengemachter Pathogene ebenso nützlich wie bei der von natürlichen.[37] Außerdem werden Staaten weiterhin Maßnahmen zur Bekämpfung von Terrorismus und zur Kriminalprävention wie Überwachen und Abhören ergreifen müssen.[38]

Bei all diesen Formen des Wettrüstens wird die Abwehr natürlich nie unüberwindbar sein. Es könnte zu Cyberterror- und Bioterrorvorfällen kommen, und die Wahrscheinlichkeit einer Katastrophe lässt sich nie auf null senken. Die Frage, die ich hier stellen möchte, lautet: Sollten die unschönen Fakten rational denkende Personen zu dem Schluss kommen lassen, dass die Menschheit wirklich am Ende ist? Ist es unausweichlich, dass die schwarzen Hüte eines Tages die weißen austricksen und die Zivilisation in die Knie zwingen? Hat der technische Fortschritt der Welt ironischerweise eine neue Verletzlichkeit beschert?

Das kann niemand mit Sicherheit wissen, doch wenn wir statt Worst-Case-Befürchtungen besonnenere Überlegungen anstellen, beginnt sich der düstere Nebel zu lichten. Beginnen wir mit der historischen Rückschau: Ist Massenvernichtung durch ein Individuum das zwangsläufige Ergebnis des Prozesses, den wissenschaftliche Revolution und Aufklärung in Gang gesetzt haben? Laut diesem Narrativ ermöglicht uns die Technologie, mit immer weniger Mitteln immer mehr zu erreichen; es ist also nur eine Frage der Zeit, bis ein einzelner Mensch in der Lage ist, alles Erdenkliche zu tun – und angesichts der menschlichen Natur bedeutet das, alles zu zerstören.

Kevin Kelly, Gründer und Redakteur der Zeitschrift *Wired* und Autor von *What Technology Wants*, behauptet jedoch, dies sei nicht die Art und Weise, wie sich Technologie weiterentwickelt.[39] Kelly war (mit Stewart Brand) Mitorganisator der ersten Hackers' Conference 1984, und seit damals hat er immer wieder zu hören bekommen, es könne nun jederzeit so weit sein, dass die Technologie dem Menschen seine Unfähigkeit aufzeigt, sie im Zaum zu halten. Doch trotz der ungeheuren technischen Entwicklung in diesen letzten Jahrzehnten (einschließlich der Erfindung des Internets) ist das nicht passiert. Laut Kelly hat das folgenden Grund: »Je leistungsfähiger Technologien werden, desto besser sind sie auch sozial eingebettet.« Spitzentechnologie erfordert ein Netzwerk von Mitarbeitern, die mit noch größeren sozialen Netzwerken verknüpft sind, von denen sich viele der Aufgabe widmen, die Menschen vor der Technologie und voreinander zu schützen. (Wie wir in Kapitel 12 gesehen haben, werden Technologien mit der Zeit immer sicherer.) Das untergräbt das Hollywood-Klischee vom bösen einsamen Genie, das über ein geheimes Hightech-Versteck herrscht, in dem die Technik wie durch Zauberhand von selbst funktioniert. Laut Kelly ist die Zerstörungskraft, die von einer einzelnen Person ausgehen kann, wegen der sozialen Einbettung der Technologie mit der Zeit wohl nicht größer geworden:

> Je komplexer und leistungsfähiger eine Technologie ist, desto mehr Personen sind erforderlich, um sie zu einer Waffe zu machen. Und je mehr Personen benötigt werden, um sie zu einer Waffe zu machen, desto mehr gesellschaftliche Kontrollen werden aktiv, um einen möglichen Schaden einzudämmen, abzuschwächen oder ganz zu verhindern. Hinzu kommt Folgendes: Selbst wenn man über ein Budget verfügt, um ein Forscherteam anzuheuern, das eine Biowaffe zur Auslöschung der gesamten Spezies entwickeln oder das Internet komplett zum Absturz bringen soll, wäre man vermutlich doch nicht dazu in der Lage. Was das Internet angeht, wurden nämlich bereits Hunderttausende Arbeitsjahre investiert, um genau das zu verhindern, und was die Biologie angeht, waren es Millionen Jahre evolutionärer Arbeit, die dem Tod unserer Spezies entgegenwirken. Das wäre eine extrem schwierige Aufgabe, und umso schwieriger, je kleiner die Schurkentruppe ist. Und je größer das Team ist, desto mehr gesellschaftliche Einflüsse gibt es dann wieder.[40]

Das sind alles abstrakte Überlegungen – zwei konkurrierende Theorien über den vorgezeichneten Bogen der Technologie. Wie lassen sie sich auf die tatsächlichen Gefahren anwenden, denen wir uns gegenübersehen, so dass wir abwägen können, ob die Menschheit wirklich am Ende ist? Entscheidend ist, dass wir nicht der Verfügbarkeitsverzerrung erliegen und glauben, wenn wir uns etwas Schreckliches vorstellen könnten, dann müsste es auch geschehen. Die reale Gefahr hängt von Zahlen ab – von dem Anteil der Menschen, die Chaos oder einen Massenmord herbeiführen wollen, dem Anteil dieses genozidalen Tortenstücks der Bevölkerung mit der Kompetenz, eine wirksame Cyber- oder Biowaffe auszubrüten, dem Stückchen dieses Stückchens, dessen Vorhaben sich tatsächlich in die Tat umsetzen lassen, und dem Stückchen des Stückchens des Stückchens, dem es gelingt, der Zivilisation mit verheerender Urgewalt das Licht auszublasen, statt nur eine Beeinträchtigung, einen Schlag oder gar eine Katastrophe zu bewirken, nach der das Leben weitergeht.

Beginnen wir mit der Anzahl der Irren. Beherbergt die moderne Welt eine signifikante Zahl von Personen, denen es gefällt, Mord und Chaos über Fremde zu bringen? Wäre das der Fall, so wäre das Leben nicht mehr wiederzuerkennen. Diese Wahnsinnigen könnten wild mit Messern auf Leute einstechen, Gewehrsalven auf Mengen loslassen, Fußgänger mit Autos niedermähen, Kochtopfbomben zünden und Menschen von Bürgersteigen und Bahnsteigen vor heranrasende Fahrzeuge stoßen. Der Forscher Gwern Branwen hat ausgerechnet, dass ein disziplinierter Scharfschütze oder Serienmörder hunderte Personen töten könnte, ohne gefasst zu werden.[41] Ein Saboteur mit Hang zum Chaos könnte Supermarktprodukte manipulieren, einen Schuss Pestizide in einen Fressplatz für Schlachtvieh oder eine Wasserleitung geben oder auch nur einen anonymen Anruf tätigen und behaupten, so etwas getan zu haben; allein das würde einem Unternehmen Hunderte Millionen Dollar an Rückrufkosten und einem Land Milliardeneinbußen für entgangene Exporte bescheren.[42] Solche Angriffe *könnten* in jeder Stadt der Welt viele Male am Tag erfolgen; in Wirklichkeit passieren sie aber bloß alle paar Jahre irgendwo (was den Sicherheitsexperten Bruce Schneier zu der Frage veranlasste, wo nur all die Terroranschläge seien).[43] Trotz allen Terrors, den der Terrorismus veranstaltet, können dort draußen nur sehr wenige Personen sein, die auf eine Gelegenheit warten, mutwillig Tod und Zerstörung über ihre Mitmenschen zu bringen.

Wie groß ist unter diesen seelisch verwahrlosten Einzelpersonen die

Teilmenge derjenigen, die genügend Intelligenz und Disziplin besitzen, um eine wirksame Cyber- oder Biowaffe zu entwickeln? Die meisten Terroristen sind alles andere als kriminelle Superhirne, sondern eher stümperhafte Schlemihle.[44] Typische Exemplare sind etwa der Schuhbomber, der erfolglos versuchte, ein Passagierflugzeug durch das Entzünden von Sprengstoff in seinem Schuh zum Absturz zu bringen, der Unterhosenbomber, der erfolglos versuchte, ein Passagierflugzeug durch detonierenden Sprengstoff in seiner Unterwäsche zum Absturz zu bringen, der IS-Ausbilder, der vor seiner Klasse aufstrebender Selbstmordattentäter die Funktion einer Sprengstoffweste vorführen wollte und sich selbst und die übrigen 21 in Stücke sprengte, die Brüder Zarnajew, die nach ihrem Bombenanschlag auf den Boston-Marathon noch weitermachten, indem sie einen Polizeibeamten bei dem vergeblichen Versuch ermordeten, ihm seine Waffe zu stehlen, gefolgt von einem Autodiebstahl, einem Raubüberfall und einer hollywoodreifen Verfolgungsjagd im Auto, bei der ein Bruder den anderen überfuhr, und schließlich Abdullah al-Asiri, der mittels einer improvisierten Sprengladung, die er in seinem After versteckt hatte, einen saudischen Vize-Innenminister töten wollte, bei der Gelegenheit aber nur sich selbst das Lebenslicht ausblies.[45] (Ein Unternehmen für Geheimdienstanalyse stellte fest, der Vorfall signalisiere »einen Paradigmenwechsel in der Taktik von Selbstmordattentätern«.)[46] Ab und zu, wie am 11. September 2001, gelingt einem Team aus klugen und disziplinierten Terroristen ein Coup, doch die meisten erfolgreichen Komplotte sind Lowtech-Anschläge auf Ansammlungen aus zahlreichen Zielpersonen, bei denen (wie wir in Kapitel 13 gesehen haben) nur sehr wenige Menschen ums Leben kommen. Ich wage sogar zu behaupten, dass der Anteil brillanter Terroristen in einer Bevölkerung noch kleiner ist als der Anteil der Terroristen multipliziert mit dem Anteil brillanter Menschen. Terrorismus ist eine nachweislich ineffektive Taktik, und jemand, der an sinnloser Zerstörung um ihrer selbst willen Gefallen findet, ist vermutlich nicht die hellste Kerze auf der Torte.[47]

Nehmen wir nun die kleine Zahl brillanter Waffenschmiede und dampfen sie weiter ein auf den Anteil derjenigen, die mit der Cleverness und dem Glück gesegnet sind, weltweit Polizei, Sicherheitsexperten und die Kräfte der Terrorismusbekämpfung hinters Licht zu führen. Vielleicht ist die Zahl nicht gleich null, aber hoch auf keinen Fall. Wie bei allen komplexen Unternehmungen sind viele Köpfe besser als einer, und eine Organisation aus Bio- oder Cyberterroristen könnte effektiver sein als ein einsames Superhirn. Doch genau da kommt Kellys Beobachtung zum Tragen: Der Anführer müsste eine Gruppe aus Mitverschwörern auswählen und leiten, die ihr übles Ziel mit vollkommener Geheimhaltung, Kompetenz und Loyalität verfolgen. Und je größer die Gruppe wird, desto höher steigt das Risiko von Entdeckung, Verrat, Eindringlingen, Patzern und Betrug.[48]

Ernsthafte Bedrohungen für die Unversehrtheit der Infrastruktur eines Landes erfordern gemeinhin staatliche Ressourcen.[49] Das Hacken von Software reicht nicht aus; der Hacker benötigt Detailwissen über den physikalischen Aufbau der Systeme, die er sabotieren will. Als im Jahr 2010 die iranischen Gaszentrifugen zur Urananreicherung durch den Stuxnet-Wurm angegriffen wurden, erforderte dies das koordinierte Vorgehen von zwei technisch versierten Nationen, den Vereinigten Staaten und Israel. Mit staatlich gelenkter Cyber-Sabotage eskaliert die Boshaftigkeit von Terrorismus zu einer Art Kriegführung, wobei die Einschränkungen, die internationale Beziehungen sich auferlegen – Normen, Verträge, Sanktionen, Vergeltung und militärische Abschreckung –, aggressive Angriffe vereiteln, genau wie sie es auch bei der konventionellen »kinetischen« Kriegführung tun. Wie wir in Kapitel 11 gesehen haben, sind diese Einschränkungen immer wirksamer darin geworden, zwischenstaatliche Kriege zu verhindern.

Dessen ungeachtet haben US-amerikanische Militärbeamte vor einem »digitalen Pearl Harbor« und einem »Cyber-Armageddon« gewarnt, bei dem sich fremde Staaten oder versierte Terroristenorganisationen in amerikanische Systeme einhacken, um Flugzeuge zum Absturz zu bringen, Schleusentore zu öffnen, in Atomkraftwerken eine Kernschmelze zu verursachen, Stromnetze abzuschalten und das Finanzsystem zusammenbrechen zu lassen. Die meisten Experten für Cybersicherheit halten die Bedrohungen für übertrieben – sie sehen in ihnen einen Vorwand für größere Militärausgaben, mehr Machtausübung und Beschränkungen der Privatsphäre und Freiheit im Internet.[50] Die Wirklichkeit sieht so aus, dass bisher noch keine einzige Person bei einem Cyberangriff schwere Schäden davongetragen hat. Meistens handelte es sich um Ärgernisse wie Doxing, also das Verbreiten vertraulicher Dokumente oder E-Mails (wie bei der russischen Einmischung in die US-Wahl 2016) und um DDoS-Angriffe (absichtlich herbeigeführte Serverüberlastungen), wobei ein Botnetz (eine Gruppe gehackter Computer) eine Website mit Daten überschwemmt. Schneier erläutert: »In der realen Welt könnte man das mit einer Armee vergleichen, die in ein Land einmarschiert und sich dann in Reih und Glied vor den Leuten aufbaut, die zur Kraftfahrzeugbehörde wollen, so dass diese nicht ihre Führerscheine abholen können. Wenn Krieg im 21. Jahrhundert so aussieht, haben wir wenig zu befürchten.«[51]

Für die Techno-Weltuntergangspropheten sind winzige Wahrscheinlichkeiten jedoch kein Trost. Wie sie sagen, braucht es doch nur *einen einzigen* Hacker oder Terroristen oder Schurkenstaat, der mal Glück hat, und das Spiel ist aus. Darum steht vor dem Wort *Bedrohung* noch das Wort *Existenz*, womit Letzteres den härtesten Belastungstest seit der Glanzzeit von Sartre und Camus bestehen muss. Im Jahr 2001 warnte der Vorsitzende der Vereinigten Stabschefs: »Die größte Existenzbedrohung dort draußen ist Cyber« (was John Mueller zu dem Kommentar veranlasste: »Vermutlich im Vergleich zu kleinen Existenzbedrohungen.«)

Dieser Existentialismus beruht auf einer leichtfertigen Verschiebung von Ärgernis zu Unglück zu Tragödie zu Katastrophe zu Vernichtung. Nehmen wir an, es hat tatsächlich einen Bioterror- oder Bioerror-Vorfall gegeben, dem eine Million Menschen zum Opfer gefallen sind. Nehmen wir an, einem Hacker ist es tatsächlich gelungen, das Internet zum Absturz zu bringen. Würde das Land dann wirklich *aufhören zu existieren*? Würde die Zivilisation zusammenbrechen? Würde die menschliche Spezies aussterben? Ein bisschen Verhältnismäßigkeit, bitte – sogar Hiroshima gibt es immer noch! Man hält den modernen Menschen für so hilflos, dass bei einem hypothetischen Kollaps des Internets die Bauern dastehen und ihrem Getreide beim Verrotten zusehen, während die benommenen Städter allesamt dem Hungertod erliegen. Doch wie die Katastrophensoziologie (ja, so etwas gibt es wirklich) aufgezeigt hat, stellen Menschen angesichts von Katastrophen eine immense Widerstandsfähigkeit unter Beweis.[52] Weit entfernt von Plünderung, Panik oder Paralyse, kooperieren sie spontan, um die Ordnung wiederherzustellen und behelfsmäßige Netzwerke zur Beschaffung von Gütern und Dienstleistungen ins Leben zu rufen. Laut Enrico Quarantelli geschah nach der Atombombenexplosion von Hiroshima innerhalb von Minuten Folgendes:

> Überlebende beteiligten sich an Suchen und Rettungsmaßnahmen, halfen einander auf jede erdenkliche Weise und flohen kontrolliert aus brennenden Gebieten. Neben den Planungen vonseiten der Regierung und noch bestehender Militärorganisationen stellten andere Gruppen innerhalb von einem Tag die Stromversorgung in einigen Bereichen wieder her, ein Stahlunternehmen nahm

> mit 20 Prozent der Arbeiter die Produktion wieder auf, Angestellte der zwölf Banken in Hiroshima versammelten sich in der Hiroshima-Filiale im Zentrum und zahlten Geld aus, und schon am darauffolgenden Tag waren Straßenbahnlinien zum Zentrum wieder freigeräumt, während der Autoverkehr ebenfalls zum Teil wieder fließen konnte.[53]

Dass der Zweite Weltkrieg eine so entsetzlich hohe Opferzahl forderte, lag teilweise daran, dass die Kriegsplaner auf beiden Seiten die Strategie verfolgten, Zivilisten zu bombardieren, bis ihre Gesellschaften zusammenbrachen – was sie aber nicht taten.[54] Und nein – diese Widerstandsfähigkeit war kein Relikt der verschworenen Gemeinschaften vergangener Tage. Auch kosmopolitische Gesellschaften des 21. Jahrhunderts können es mit Katastrophen aufnehmen, demonstriert durch die geordnete Evakuierung von Lower Manhattan nach den Anschlägen von 9/11 in den Vereinigten Staaten sowie das Ausbleiben von Panik in Estland, als der Staat 2007 von einem verheerenden DDoS-Angriff erschüttert wurde.[55]

Eine weitere dunkle Bedrohung ist der Bioterrorismus. Biologische Waffen, deren Ächtung 1972 in Form einer internationalen Konvention von praktisch jeder Nation bekräftigt wurde, haben in der modernen Kriegführung bislang keine Rolle gespielt. Das Verbot wurde durch den weitverbreiteten Abscheu allein schon vor der Vorstellung biologischer Kriegführung befeuert, doch die Militärs der Welt musste man nicht erst lange überzeugen, weil winzige Lebewesen miserable Waffen sind. Sie werden leicht zurückgeweht und infizieren die Abfeuernden, Soldaten und Bürger derjenigen Seite, die sie einsetzt (man stelle sich nur einmal vor, wie die Zarnajew-Brüder mit Milzbrandsporen hantieren). Und ob ein Krankheitsausbruch verpufft oder sich (buchstäblich) wie ein Virus verbreitet, hängt von komplizierten Netzwerkdynamiken ab, die nicht einmal die besten Epidemiologen vorhersagen können.[56]

Biologische Kampfstoffe sind gerade für die Zwecke von Terroristen ganz schlecht geeignet, denn deren Ziel ist, wie wir ja wissen, nicht Schaden, sondern Theater (Kapitel 13).[57] Der Biologe Paul Ewald weist darauf hin, dass die natürliche Selektion bei Pathogenen dem terroristischen Ziel plötzlicher und spektakulärer Verwüstung zuwiderläuft.[58] Keime, die auf die rasche Ansteckung von Mensch zu Mensch angewiesen sind, wie das Erkältungsvirus, hat die Selektion so geformt, dass sie ihre Wirte leben lassen und ihnen ermöglichen, weiterhin mobil zu bleiben, so dass sie möglichst vielen anderen

Personen die Hand schütteln und ins Gesicht niesen können. Keime werden nur dann gierig und killen ihre Wirte, wenn es für sie noch eine andere Möglichkeit gibt, von einem Körper zum anderen zu gelangen, zum Beispiel Mücken (bei Malaria), ein kontaminierbarer Wasserspeicher (bei Cholera) oder Schützengräben voll verwundeter Soldaten (bei der Spanischen Grippe von 1918).

Geschlechtskrankheiten wie HIV und Syphilis befinden sich irgendwo dazwischen – sie benötigen eine lange und symptomfreie Inkubationszeit, während der die Wirte ihre Partner infizieren können, und danach beginnen die Keime ihr Zerstörungswerk. Virulenz und Ansteckung werden also gegeneinander abgewogen, und die Evolution der Keime macht den Terroristen einen Strich durch die Rechnung, weil sie sich eine schlagzeilenträchtige Epidemie wünschen, die sowohl schnell zuschlägt als auch tödlich ist. Theoretisch könnte ein Bioterrorist versuchen, mit einem Pathogen die Kurve zu kriegen, das zugleich virulent, ansteckend und widerstandsfähig genug ist, auch außerhalb eines Körpers zu überleben. Das Züchten eines solch fein abgestimmten Keims würde jedoch nazimäßige Experimente an lebenden Menschen erfordern, die selbst Terroristen (geschweige denn Teenager) kaum zuwege bringen würden. Vielleicht ist es doch mehr als pures Glück, dass die Welt bisher erst einen erfolgreichen Bioterroranschlag erlebt hat (das Verseuchen von Salat mit Salmonellen in einer Kleinstadt in Oregon durch den religiösen Rajneeshismus-Kult im Jahr 1984, bei dem niemand ums Leben kam) sowie einen entsprechenden Amoklauf (die Anthrax-Briefe von 2001, die fünf Todesopfer forderten).[59]

Zugegebenermaßen erleichtern Fortschritte in der synthetischen Biologie, etwa die Entwicklung des Genmanipulationsverfahrens CRISPR / Cas9, das Herumbasteln an Organismen, einschließlich von Krankheitserregern. Es ist jedoch schwierig, ein komplexes evolutionär entwickeltes Merkmal durch Einfügen von ein oder zwei Genen umzugestalten, weil die Auswirkungen jedes einzelnen Gens mit dem übrigen Genom des Organismus verflochten sind. Ewald bemerkt: »Ich glaube nicht, dass wir schon bald wissen, wie man Kombinationen von genetischen Varianten in einen Erreger einsetzt, die gemeinsam für leichte Übertragbarkeit und stabil hohe Virulenz beim Menschen sorgen.«[60] Der Biotech-Experte Robert Carlson fügt hinzu: »Ein Problem beim Konstruieren eines Grippevirus besteht darin, dass man das Produktionssystem (Zellen oder Eier) lange genug am Leben erhalten muss, um eine brauchbare Menge von etwas zu erzeugen, das versucht, dieses

Produktionssystem zu töten. ... Das Vervielfältigen des dabei entstehenden Virus ist nach wie vor sehr, sehr schwierig. ... Ich würde diese Gefahr nicht völlig in den Wind schlagen, aber ehrlich gesagt mache ich mir viel mehr Sorgen um das, was uns Mutter Natur fortwährend um die Ohren haut.«[61]

Und ganz entscheidend ist, dass Fortschritte in der Biologie auch in umgekehrter Richtung wirksam sind: Sie erleichtern ebenso den Guten (und von denen gibt es viel mehr), Krankheitserreger zu identifizieren, Antibiotika zu erfinden, welche die Antibiotikaresistenz überwinden, und sehr schnell Impfstoffe zu entwickeln.[62] Ein Beispiel ist der Ebola-Impfstoff, der in den letzten Tagen der Epidemie von 2014–2015 entwickelt wurde, nachdem dank der Bemühungen der Gesundheitsfürsorge die Opferzahl auf 12 000 Tote begrenzt werden konnte, statt der von den Medien vorausgesehenen Millionen. Somit reihte sich Ebola in die Liste anderer falsch prädizierter Pandemien ein, wie Lassafieber, Hantavirus-Infektion, SARS, Rinderwahn, Vogelgrippe und Schweinegrippe.[63] Einige von ihnen hatten gar nicht erst das Potential, sich zu einer Pandemie auszuwachsen, weil sie von Tieren oder Nahrung übertragen werden und nicht in einem exponentiellen Schneeballsystem von Mensch zu Mensch. Andere wurden durch Maßnahmen der Medizin und des Gesundheitswesens im Keim erstickt. Natürlich kann niemand mit Bestimmtheit ausschließen, dass ein böses Genie eines Tages doch die globalen Bollwerke überwindet und aus Spaß, aus Rache oder für eine heilige Sache das Seuchenfeuer auf die Welt eröffnen wird. Dank der journalistischen Gepflogenheiten sowie der Verfügbarkeits- und Negativitätsverzerrung werden die Risiken jedoch enorm aufgebläht, weswegen ich Sir Martin beim Wort genommen und gegen ihn gewettet habe. Wenn Sie dies hier lesen werden, wissen Sie vielleicht schon, wer gewonnen hat.[64]

Manche Bedrohungen der Menschheit sind abstrus oder verschwindend gering, aber eine ist real: der Atomkrieg.[65] Die Welt verfügt über mehr als 10 000 Atomwaffen, verteilt auf neun Länder.[66] Viele sind auf Raketen montiert oder lagern in Bomberflugzeugen und können innerhalb von Stunden zu Tausenden Zielen gelangen. Jede einzelne wurde so konstruiert, dass sie verheerende Zerstörung verursachen kann: Eine einzige könnte eine Großstadt auslöschen, und alle zusammen könnten Hunderte Millionen Menschen durch Druckwellen, Hitze, Strahlung und radioaktiven Niederschlag töten. Würden Indien und Pakistan einander den Krieg erklären und ließen hundert ihrer Waffen detonieren, so könnten 20 Millionen Menschen umgehend sterben; zudem könnte sich Ruß aus den Feuersbrünsten in der ganzen Atmosphäre ausbreiten, die Ozonschicht zerstören und die Erde für mehr als ein Jahrzehnt abkühlen, was wiederum die Lebensmittelproduktion drastisch einschränken und für über eine Milliarde Menschen den Hungertod bedeuten würde. Ein Schlagabtausch zwischen den USA und Russland ohne Rücksicht auf Verluste könnte die Erde auf Jahre um 8° Celsius abkühlen und zu einem nuklearen Winter (oder zumindest Herbst) führen, dem noch mehr Menschen zum Opfer fallen würden.[67] Ob nun ein Atomkrieg die Zivilisation, unsere Spezies oder unseren Planeten zerstören würde (wie oft behauptet wird) oder auch nicht – es wäre unvorstellbar grauenhaft.

Kurz nachdem Atombomben auf Japan gefallen waren und die Vereinigten Staaten und die Sowjetunion ihr nukleares Wettrüsten begannen, etablierte sich eine neue Form des Geschichtspessimismus. In diesem prometheischen Narrativ hat die Menschheit den Göttern göttliches Wissen entrissen und ist nun, da ihr die Weisheit fehlt, es verantwortungsvoll einzusetzen, dazu verdammt, sich selbst zu vernichten. In einer Version der Geschichte ist nicht nur der Menschheit das Schicksal beschieden, diesen tragischen Weg einzuschlagen, sondern jeder fortgeschrittenen Intelligenz. Das erklärt auch, warum wir noch nie Besuch von Aliens aus dem All bekommen haben, obwohl es dort von ihnen wimmeln muss (dies ist das sogenannte Fermi-Paradoxon, nach Enrico Fermi, der sich als Erster darüber den Kopf zerbrochen hat). Sobald auf einem Planeten Leben entsteht, schreitet es unweigerlich fort zu Intelligenz, Zivilisation, Atomphysik, Atomwaffen und selbstmörderischem Krieg und löscht sich selber aus, bevor es sein Sonnensystem verlassen kann.

Für einige Intellektuelle stellt die Erfindung von Atomwaffen gewissermaßen das gesamte Unternehmen der Wissenschaft – ja, die Moderne selbst – an den Pranger, weil der drohende Holocaust sämtliche Geschenke, die uns die Wissenschaft beschert haben mag, hinfällig werden lässt. Freilich scheint die Anklage der Wissenschaft fehl am Platze, wenn man bedenkt, dass es seit der Dämmerung des Atomzeitalters, als etablierte Wissenschaftler von der Atompolitik kaltgestellt wurden, gerade Physiker waren, die in einer lautstarken Kampagne die Welt vor der Gefahr eines Atomkriegs warnten und die Nationen zur Abrüstung drängten. Zu den berühmten historischen Persönlichkeiten zählten Niels Bohr, J. Robert Oppenheimer, Albert Einstein, Isidor Rabi, Leó Szílard, Józef Rotblat, Harold Urey, C. P. Snow, Victor

Weisskopf, Philip Morrison, Herman Feshbach, Henry Kendall, Theodore Taylor und Carl Sagan. Heute wird die Bewegung von prominenten Wissenschaftlern fortgeführt, darunter der kürzlich verstorbene Stephen Hawking, Michio Kaku, Lawrence Krauss und Max Tegmark. Wissenschaftler haben die großen Aktivistenorganisationen und Überwachungsgremien gegründet, etwa die Union of Concerned Scientists, die Federation of American Scientists, das Committee for Nuclear Responsibility, die Pugwash Conferences sowie das *Bulletin of the Atomic Scientists*. Auf dessen Cover prangt die berühmte Atomkriegsuhr (wörtlich »Weltuntergangsuhr«), die zurzeit auf zweieinhalb Minuten vor zwölf steht.[68]

Leider betrachten sich Physiker häufig auch als Experten für politische Psychologie, und viele scheinen dem Volksglauben anzuhängen, die wirksamste Methode, die öffentliche Meinung zu mobilisieren, bestehe darin, die Menschen mit aller Macht in Angst und Schrecken zu versetzen. Obwohl die Weltuntergangsuhr eine Zeitschrift ziert, die das Wort »Wissenschaftler« im Titel trägt, schert sie sich nicht um objektive Indikatoren für nukleare Sicherheit; vielmehr ist sie ein Propagandatrick, die laut ihrem Erfinder darauf abzielt, »die Zivilisation zu retten, indem man die Menschen durch Angst zur Rationalität führt«.[69] Im Jahr der Kubakrise, 1962, war der Minutenzeiger der Uhr weiter von der Zwölf entfernt als im sehr viel ruhigeren Jahr 2007 – unter anderem, weil die Redakteure, getrieben von der Sorge um die mittlerweile zu große Selbstzufriedenheit der Öffentlichkeit, »Weltuntergang« nun so definierten, dass auch der Klimawandel berücksichtigt wurde.[70] Und bei ihrem Vorhaben, die Menschen aus ihrer Apathie zu reißen, haben Wissenschaftsexperten einige Vorhersagen getroffen, die von nicht allzu klarer Weitsicht geprägt waren:

> Nur die Schaffung einer Weltregierung kann die bevorstehende Selbstzerstörung der Menschheit verhindern. – Albert Einstein, 1950[71]
>
> Sofern wir verschiedene Aspekte des strategischen Problems nicht ernsthafter und nüchterner angehen, gehe ich fest davon aus ... dass wir bis zum Jahr 2000 – und vielleicht sogar schon bis 1965 – eine verheerende Katastrophe erleben werden. – Herman Kahn, 1960[72]
>
> Spätestens innerhalb der nächsten zehn Jahre werden einige dieser Atombomben losgehen. Ich sage dies mit allem Bedacht. Daran besteht kein Zweifel. – C.P. Snow, 1961[73]
>
> Ich bin ganz sicher – ich zweifle nicht im Geringsten daran –, dass im Jahr 2000 Sie [Studierende] alle tot sein werden. – Joseph Weizenbaum, 1976[74]

Zu ihnen gesellen sich Experten wie der Politologe Hans Morgenthau, ein renommierter Vertreter des »Realismus« in internationalen Beziehungen, der 1979 prophezeite:

> Meiner Ansicht nach steuert die Welt unaufhaltsam auf einen dritten Weltkrieg zu – einen strategischen Atomkrieg. Ich glaube nicht, dass irgendetwas ihn verhindern kann.[75]

Und dann noch der Journalist Jonathan Schell, dessen Bestseller *Das Schicksal der Erde* von 1982 endet wie folgt:

> Eines Tages – und vermutlich wird dieser Tag bald kommen – werden wir unsere Entscheidung treffen müssen. Entweder werden wir in eine Agonie versinken, aus der es keine Rettung mehr geben wird, und die Welt wird mit uns untergehen, oder aber wir werden erkennen, so hoffe und glaube ich, wie real die Gefahr ist, in der wir schweben … und aufstehen, um sämtliche Atomwaffen vom Antlitz der Erde hinwegzufegen.

Dieses Weissagungsgenre kam aus der Mode, als der Kalte Krieg ein Ende fand und die Menschheit nicht in eine Agonie versunken war, obwohl sie es versäumt hatte, eine Weltregierung zu schaffen oder sämtliche Atomwaffen vom Antlitz der Erde hinwegzufegen. Um die Angst am Köcheln zu halten, führen Aktivisten Listen mit Beinaheunfällen und -kastastrophen, die uns vor Augen führen sollen, dass wir Armageddon stets nur um Haaresbreite entronnen sind und die Menschheit verrückterweise nur durch pures Glück überlebt hat.[76] In den Listen tummeln sich wirklich gefährliche Momente, wie die NATO-Übung von 1983, die einige Sowjetoffiziere um ein Haar als unmittelbar bevorstehenden Erstschlag interpretiert hätten, gemeinsam mit kleineren Missgeschicken und Patzern, wie einem Vorfall von 2013, als ein dienstfreier amerikanischer General, der für atomar bestückte Raketen zuständig war, bei einem viertägigen Ausflug nach Russland zu tief ins Glas schaute und sich einigen Frauen gegenüber rüpelhaft benahm.[77] Es wird keinerlei Rangfolge, die sich bis zu einem atomaren Gefecht steigern würde, dargelegt, und es fehlen alternative Bewertungen, die die Episoden im Licht ihres Kontextes betrachten und den Schrecken auf diese Weise abmildern könnten.[78]

Die Botschaft, die zahlreiche antinukleare Aktivisten übermitteln wollen, lautet: »Wir können nun jederzeit auf grässliche Weise umkommen, wenn die Welt nicht umgehend Maßnahmen ergreift, die sie nicht die geringste Chance zu ergreifen hat.« Die Wirkung auf die Öffentlichkeit kann man sich recht gut vorstellen: Die Menschen versuchen, nicht an das Undenkbare zu denken, machen weiter wie bisher und hoffen, dass die Experten sich irren. Von einem »Atomkrieg« ist in Büchern und Zeitungen seit den 1980er Jahren immer seltener die Rede; Journalisten widmen sich viel eher dem Terrorismus, der Ungleichheit und allerlei Entgleisungen und Skandalen als einer tödlichen Bedrohung für die Zivilisation.[79] Die Führungspersonen in der Welt ficht dies genauso wenig an. Carl Sagan war Koautor des ersten Artikels, der vor einem nuklearen Winter warnte, und als er sich an einer Kampagne für das Einfrieren der Kernwaffen einsetzte, indem er für »Furcht, dann Überzeugung, dann eine Reaktion« plädierte, beschied ihm ein Experte für Rüstungskontrolle: »Wenn Sie glauben, die bloße Aussicht auf ein Ende der Welt genüge, um in Washington und Moskau ein Umdenken in Gang zu setzen, haben sie sich eindeutig noch nicht sehr lange an einem der beiden Orte aufgehalten.«[80]

In den letzten Jahrzehnten wurden Vorhersagen einer drohenden nuklearen Katastrophe nicht mehr mit Krieg, sondern mit Terrorismus in Verbindung gebracht, etwa als der amerikanische Diplomat John Negroponte im Jahr 2003 schrieb: »Mit hoher Wahrscheinlichkeit wird al-Qaida in den kommenden zwei Jahren versuchen, einen Anschlag mit einem Atomsprengkörper oder einer anderen Massenvernichtungswaffe zu verüben.«[81] Die Vorhersage eines Ereignisses mit Wahrscheinlichkeitsangaben, das nicht eintritt, lässt sich zwar niemals widerlegen, doch die schiere Anzahl falscher Vorhersagen (in Muellers Sammlung finden sich über siebzig, wobei die Deadlines zeitversetzt über mehrere Jahrzehnte gestaffelt sind) lässt vermuten, dass die Prognostiker verstärkt dazu neigen, anderen Leuten Angst einzujagen.[82] (Im Jahr 2004 verfassten vier politische Akteure einen Gastkommentar zur Gefahr des nuklearen Terrorismus mit dem Titel »Unser Haar brennt lichterloh«.)[83] Das ist eine zweifelhafte Taktik. Durch reale Angriffe mit Schusswaffen und selbstgemachten Bomben lassen wir uns schnell dazu anstacheln, repressive Maßnahmen wie Telekommunikationsüberwachung oder ein Einwanderungsverbot für Muslime zu unterstützen. Vorhersagen einer Pilzwolke über Main Street haben jedoch kaum zu einem politischen Vorgehen gegen Atomterrorismus geführt, beispielsweise durch ein internationales Kontrollprogramm für spaltbares Material.

Solche Fehlschläge hatten bereits Kritiker der ersten nuklearen Angstmacherkampagnen prophezeit. Schon 1945 bemerkte der Theologe Reinhold Niebuhr: »Äußerste Gefahren, wie groß sie auch sein mögen, regen die menschliche Phantasie weniger an als unmittelbare Ärgernisse und Spannungen, gleichgültig, wie klein diese im Verhältnis dazu sind.«[84] Wie der Historiker Paul Boyer feststellte, *beförderte* die nukleare Panikmache das Wettrüsten sogar noch, weil die Angst die Nation dazu bewegte, noch mehr und größere Bomben zu bauen, um die Sowjets besser abschrecken zu können.[85] Selbst der Erfinder der Weltuntergangsuhr Eugene Rabinowitch bedauerte letztlich die Strategie seiner Bewegung: »Statt die Menschen durch Angst zur Rationalität zu führen, haben Wissenschaftler auf diese Weise in vielen von ihnen blinde Panik oder blinden Hass ausgelöst.«[86]

Wie wir beim Klimawandel gesehen haben, nehmen wir ein Problem eher ernst, wenn wir davon ausgehen können, dass es lösbar ist, als wenn wir uns vor lauter Entsetzen benommen und hilflos fühlen.[87] Ein positiver Handlungsplan, um die menschliche Seele von der Bedrohung eines Atomkriegs zu befreien, würde auf mehreren Ideen beruhen.

Zunächst einmal sollte man nicht mehr behaupten, wir seien alle dem baldigen Untergang geweiht. Fakt ist, dass im Atomzeitalter seit Nagasaki keine Atombombe mehr gezündet wurde. Wenn die Zeiger einer Uhr 72 Jahre lang auf kurz vor zwölf stehen, stimmt mit der Uhr etwas nicht. Nun, vielleicht hat die Welt ja wunderbarerweise immer wieder Glück gehabt – was wir nie erfahren werden –, doch bevor wir uns mit dieser wissenschaftlich ungebührenden Schlussfolgerung zufriedengeben, sollten wir zumindest die Möglichkeit in Betracht ziehen, dass systematische Merkmale des internationalen Systems den Einsatz der Bomben verhindert haben. Viele antinukleare Aktivisten hassen diese Denkweise, weil sie die Länder vom Druck zur Abrüstung zu befreien scheint. Doch da die neun Atommächte ihre Waffen ohnehin nicht schon morgen zum alten Eisen legen werden, tun wir in der Zwischenzeit gut daran, zu überlegen, was richtig gemacht wurde, so dass wir mehr davon tun können, was auch immer es ist.

Besonders wichtig ist eine geschichtliche Entdeckung, die der Politologe Robert Jervis so zusammenfasst: »Die sowjetischen Archive haben nach wie vor keine ernstzunehmenden Pläne für nicht provozierte Angriffe auf Westeuropa offenbart, geschweige denn für einen Erstschlag gegen die Vereinigten Staaten.«[88] Das bedeutet, dass man mit der komplexen Bewaffnung und den strategischen Konzeptionen zur nuklearen Abschreckung im Kalten Krieg – ein Politikwissenschaftler spricht von »nuklearer Metaphysik« – einen Angriff verhindern wollte, an dem die Sowjets gar nicht interessiert waren.[89] Als der Kalte Krieg beendet wurde, schwand mit ihm auch die Furcht vor massiven Invasionen und präventiven Atomschlägen, und beide Seiten (wie wir sehen werden) waren sogar so entspannt, dass sie ihre Waffenarsenale drastisch eindampften, ohne sich mit offiziellen Verhandlungen aufzuhalten.[90] Entgegen einer Theorie des technologischen Determinismus, wonach Atomwaffen ganz von allein einen Krieg beginnen, hängt das Risiko sehr stark vom Zustand der internationalen Beziehungen ab. Dass es bisher nicht zu einem Atomkrieg zwischen Großmächten gekommen ist, liegt überwiegend an den Kräften, die einen *Krieg* zwischen Großmächten zu verhindern suchen (Kapitel 11). Alles, was die Gefahr eines Kriegs verringert, senkt auch das Risiko eines Atomkriegs.

Auch dass die Beinaheunfälle glimpflich ausgingen, war wohl nicht einer übernatürlichen Glückssträhne zu verdanken. Mehrere Politologen und Historiker, die Dokumente aus der Kubakrise, insbesondere Protokolle von John F. Kennedys Treffen mit seinen Sicherheitsberatern, analysiert haben, sind zu dem Schluss gekommen, dass in der Erinnerung der Beteiligten die Welt durch ihr Handeln zwar gerade noch vor dem drohenden Untergang bewahrt worden sei, aber »die Wahrscheinlichkeit, dass die Amerikaner in den Krieg gezogen wären, praktisch gleich null war«.[91] Die Aufzeichnungen beweisen, dass Chruschtschow und Kennedy ihre Regierungsmacht fest in den Händen hielten und dass beide eine friedliche Beilegung der Krise anstrebten, während sie Provokationen ignorierten und sich mehrere Optionen freihielten, einen Rückzieher zu machen.

Auch die haarsträubenden Fehlalarme und versehentlichen Beinahezündungen müssen nicht unbedingt heißen, dass die Götter uns wieder und wieder gnädig gestimmt waren. Vielmehr könnte es bedeuten, dass die menschlichen und technischen Glieder der Kette dazu prädisponiert waren, Katastrophen abzuwenden, und nach jedem Missgeschick nur umso widerstandsfähiger wurden.[92] In ihrem Bericht über die nuklearen Beinahekatastrophen fasst die Union of Concerned Scientists die Geschichte mit erfrischender Einsicht zusammen: »Dass ein solcher Angriff bislang ausgeblieben ist, spricht dafür, dass die Sicherheitsmaßnahmen gut genug funktionieren, um die Wahrscheinlichkeit eines entsprechenden Vorfalls gering zu halten. Aber sie ist nicht gleich null.«[93]

Betrachten wir unser Dilemma auf diese Weise, lassen sich sowohl Panik als auch Selbstzufriedenheit vermeiden. Nehmen wir an, die Wahrscheinlichkeit, dass in einem gegebenen Jahr ein verheerender Atomkrieg ausbricht, liegt bei 1 Prozent. (Das ist eine großzügige Schätzung – die Wahrscheinlichkeit muss unter der eines versehentlichen Angriffs liegen, weil die Eskalation von einem einzelnen Vorfall zu einem ausgewachsenen Krieg alles andere als automatisch erfolgt, und in 72 Jahren ist die Zahl der versehentlichen atomaren Angriffe gleich null gewesen.)[94] Dieses Risiko wäre zweifellos immer noch inakzeptabel, denn mit ein wenig Algebra zeigt sich, dass unsere Wahrscheinlichkeit, 100 Jahre ohne eine solche Katastrophe zu überstehen, dann unter 37 Prozent läge. Gelingt es uns jedoch, das jährliche Risiko eines Atomkriegs auf 1/10 Prozent zu senken, steigen die Chancen der Welt auf ein katastrophenfreies Jahrhundert auf 90 Prozent; bei 1/100 Prozent steigen sie auf 99 Prozent und so weiter.

Auch die Angst vor einer unkontrollierbaren Verbreitung von Atomwaffen hat sich als übertrieben entpuppt. Entgegen den Vorhersagen aus den 1960er Jahren, bald würden 25 oder 30 Staaten über nukleare Waffen verfügen, sind es 50 Jahre später bloß neun.[95] In diesem halben Jahrhundert haben vier Länder der Verbreitung entgegengewirkt, indem sie auf Atomwaffen verzichtet haben (Südafrika, Kasachstan, Ukraine und Weißrussland), und weitere 16 haben sie angestrebt, sich aber dann eines Besseren besonnen – zuletzt Libyen und der Iran. Zum ersten Mal seit 1946 ist von keinem einzigen nichtnuklearen Staat bekannt, dass er die Entwicklung von Atomwaffen verfolgt.[96] Zugegebenermaßen ist der Gedanke an Kim Jong-un im Besitz von Atomraketen äußerst beunruhigend, doch die Welt hat in Gestalt von Stalin und Mao schon früher geistig nicht ganz gesunde Despoten mit nuklearen Waffen überlebt, die von ihrem Einsatz abgebracht werden konnten oder, was wahrscheinlicher ist, nie das Bedürfnis danach verspürten. Einen kühlen Kopf zu bewahren, was die Verbreitung von Atomwaffen betrifft, tut nicht nur der psychischen Verfassung gut. Es kann auch Nationen davor bewahren, in katastrophale Präventivkriege hineinzustolpern, wie die Irak-Invasion von 2003 und den drohenden Krieg zwischen dem Iran und den USA oder Israel, über den gegen Ende jenes Jahrzehnts viel diskutiert wurde.

Ängstliche Spekulationen über Terroristen, die eine Atomwaffe stehlen oder in ihrer Garage eine bauen und sie in einem Koffer oder Schiffscontainer ins Land schmuggeln, sind ebenfalls von kühleren Köpfen unter die Lupe genommen worden, etwa von Michael Levi in *On Nuclear Terrorism*,

John Mueller in *Atomic Obsession* und *Overblown*, Richard Muller in *Physik für alle, die mitreden wollen* sowie Richard Rhodes in *The Twilight of the Bombs*. Zu ihnen gesellt sich der hochrangige Politiker Gareth Evans, eine Autorität in Sachen nukleare Verbreitung und Abrüstung; im Jahr 2015 hielt er zum 70. Jahrestag den Hauptvortrag beim Annual Clock Symposium des *Bulletin of the Atomic Scientists* mit dem Titel »Restoring Reason to the Nuclear Debate« (»Die Rückkehr der Vernunft in der Atomdebatte«).

> Auf die Gefahr hin, selbstgefällig zu klingen – was ich nicht bin –, muss ich sagen, dass auch [die nukleare Sicherheit] von etwas weniger Emotionalität und etwas mehr Gelassenheit und Rationalität profitieren würde, als man bisher gemeinhin an den Tag gelegt hat.
> Während das technische Know-how für den Bau einer einfachen Atombombe wie der von Hiroshima und Nagasaki leicht verfügbar ist, stehen hochangereichertes Uran und waffenfähiges Plutonium keinesfalls problemlos zur Verfügung, und es wäre ein ungeheuer diffiziles Unterfangen, für einen langen Zeitraum, unsichtbar für die umfangreichen Geheimdienst- und Strafverfolgungsressourcen, die heute weltweit für diese Bedrohung abgestellt werden, das Team aus Kriminellen, Wissenschaftlern und Ingenieuren zusammenzustellen und aufrechtzuerhalten, das benötigt würde, um die erforderlichen Bestandteile einer solchen Waffe zu beschaffen, sie zu bauen und auszuliefern.[97]

Nun, da wir uns alle wieder ein bisschen beruhigt haben, ist der nächste Schritt eines positiven Handlungsplans zur Eindämmung der nuklearen Bedrohung, die Waffen ihrer makabren Faszination zu berauben, indem wir als Erstes der griechischen Tragödie zu Leibe rücken, in der ihnen eine Hauptrolle zugewiesen wurde. Kernwaffentechnik ist nicht der Gipfelpunkt der aufstrebenden Herrschaft des Menschen über die Kräfte der Natur. Sie ist ein Fiasko, in das wir uns infolge der Wechselfälle der Geschichte hineinmanövriert haben und aus dem wir uns nun wieder befreien müssen. Das Manhattan-Projekt entstand aus der Befürchtung, dass die Deutschen eine Atomwaffe bauten; warum es auf Forscher anziehend wirkte, erklärt der Psychologe George Miller, der im Krieg bei einem anderen Forschungsprojekt mitgewirkt hatte, folgendermaßen: »Für meine Generation war der Krieg gegen Hitler ein Krieg von Gut gegen Böse. Jeder diensttaugliche junge Mann konnte die Schmach ziviler Kleidung nur dank der inneren Überzeugung ertragen, dass das, was er stattdessen tat, dem Endsieg sogar noch zuträglicher war.«[98] Es ist durchaus möglich, dass es ohne Nazis keine Atomwaffen geben würde. Waffen entstehen nicht einfach, weil sie vorstellbar oder physikalisch möglich sind. Man hat schon über alle möglichen Arten von Waffen nachgedacht, die nie das Licht der Welt erblickt haben – Todesstrahlen, Kampfsterne, Flugzeugflotten, die Städte wie Sprühflugzeuge mit Giftgas überziehen, sowie aberwitzige Pläne für »geophysikalische Kriegführung«, bei der die Natur zur Waffe umfunktioniert wird – etwa das Wetter, Überschwemmungen, Erdbeben, Tsunamis, die Ozonschicht, Asteroiden, Sonneneruptionen und die Van-Allen-Strahlungsgürtel.[99] In einer alternativen Version des 20. Jahrhunderts hätten die Menschen Atombomben möglicherweise als genauso bizarr empfunden.

Ebenso wenig gebührt den Atomwaffen das Verdienst, den Zweiten Weltkrieg beendet oder den darauffolgenden Langen Frieden gesichert zu haben – zwei Argumente, die immer wieder vorgebracht werden, um anzudeuten, dass Kernwaffen doch eigentlich eher gut als schlecht sind. Heute sind die meisten Historiker der Meinung, dass Japan nicht wegen der Atombombenabwürfe kapituliert hat, deren Zerstörungskraft nicht größer war als die der Brandbomben, die sechzig andere japanische Großstädte vernichteten, sondern weil zur gleichen Zeit die Sowjetunion in den Pazifikkrieg eintrat, womit harschere Kapitulationsbedingungen drohten.[100]

Und entgegen dem halb sarkastischen Vorschlag, der Bombe den Friedensnobelpreis zu verleihen, sind Kernwaffen zur Abschreckung mehr als ungeeignet (abgesehen von dem Extremfall, dass sie als Abschreckung für eine Existenzbedrohung dienen, etwa wenn zwei Atommächte einander gegenüberstehen).[101] Kernwaffen unterscheiden in ihrer Zerstörungswut nicht zwischen Freund und Feind und kontaminieren großflächige Bereiche mit radioaktivem Niederschlag, einschließlich des umkämpften Gebiets und, je nach Wetter, auch die eigenen Soldaten und Bürger des Bombers. Das Einäschern ungeheurer Zahlen an Zivilisten würde die Prinzipien der Differenzierung und Verhältnismäßigkeit, die der Kriegführung zugrunde liegen, ad absurdum führen und das schrecklichste Kriegsverbrechen der Geschichte bedeuten. Weil davor sogar Politiker zurückschrecken, wurde der Einsatz von Atomwaffen mit einem Tabu belegt, womit sie faktisch zu einer leeren Drohung wurden.[102] In internationalen Pattsituationen hatten es Atommächte nicht leichter, sich durchzusetzen, als nichtnukleare Staaten, und in vielen Konflikten haben nichtnukleare Staaten oder Splittergruppen Auseinandersetzungen mit Atommächten vom Zaun gebrochen. (So schickte sich Argentinien 1982 an, dem Vereinigten Königreich die Falklandinseln zu entreißen – im Vertrauen darauf, dass Margaret Thatcher Buenos Aires nicht in einen radioaktiven Krater verwandeln würde.) Es ist durchaus nicht so, dass Abschreckung an sich irrelevant ist: Im Zweiten Weltkrieg zeigte sich, dass auch schon konventionelle Panzer, Artillerie und Bomber eine ungeheure Zerstörungskraft besaßen, und keine Nation war scharf auf eine Wiederholung.[103]

Weit entfernt davon, mit Hilfe der Atomwaffen ein entspannendes stabiles Gleichgewicht zu schaffen (das sogenannte Gleichgewicht des Schreckens), balanciert die Welt dank ihnen auf des Messers Schneide. In einer Krise ähneln Atommächte einem bewaffneten Hausbesitzer, der einem bewaffneten Einbrecher gegenübersteht, während beide versucht sind, den ersten Schuss abzufeuern, um nicht selbst erschossen zu werden.[104] In der Theorie lässt sich dieses Sicherheitsdilemma oder diese Hobbes'sche Falle entschärfen, wenn jede Seite über eine Zweitschlagfähigkeit verfügt, wie mit Raketen in U-Booten oder Bomber mit nuklearbestückten Marschflugkörpern, die einem Erstschlag ausweichen und verheerende Vergeltung üben können – dies ist die Bedingung der *Mutual Assured Destruction* (MAD), der wechselseitig zugesicherten Zerstörung. Einige Diskussionen in der nuklearen Metaphysik wecken jedoch Zweifel, ob ein Zweitschlag in jedem denkbaren Szenario gewährleistet sein kann und ob eine davon abhängige Nation nicht immer noch nuklear erpressbar ist. Darum halten die Vereinigten Staaten und Russland die Option des *Launch on Warning* (»Start bei Warnung«) aufrecht; das eröffnet einem politischen Führer die Möglichkeit, wenige Minuten nach der Benachrichtigung, dass seine Raketenbasis angegriffen wird, seine Waffen einzusetzen oder sie zu verlieren *(»use them or lose them«)*. Diese Höchstbereitschaft könnte einen Atomangriff als Reaktion auf einen Fehlalarm oder ein versehentliches oder nicht autorisiertes Abfeuern zur Folge haben. Die Liste der Beinahekatastrophen legt nahe, dass die Wahrscheinlichkeit dafür beunruhigenderweise über null liegt.

Da Kernwaffen nicht unbedingt hätten erfunden werden müssen und sie nicht von Nutzen sind, um einen Krieg zu gewinnen oder den Frieden zu bewahren, kann man ihre Erfindung auch wieder rückgängig machen – nicht in dem Sinne, dass das Wissen, wie man sie baut, verschwinden wird, sondern in dem Sinne, dass man sie demontieren und keine neuen bauen kann. Es wäre nicht das erste Mal, dass eine Waffenklasse ins Abseits gedrängt oder verschrottet wird. Weltweit verboten wurden gegen Personen gerichtete Landminen, Streumunition sowie chemische und biologische Waffen, und anderen Hightech-Waffen früherer Tage ist ihre eigene Absurdität zum Verhängnis geworden. Im Ersten Weltkrieg erfanden die Deutschen das riesige mehrstöckige »Paris-Geschütz« mit einer Reichweite von 130 Kilometern, das die Pariser mit der Aussicht in Angst und Schrecken versetzte, über 100 Kilogramm schwere Granaten könnten ohne jede Vorwarnung vom Himmel fallen. Die Kolosse, dessen größtes Exemplar aus dem Zweiten Weltkrieg den Beinamen »Schwerer Gustav« erhielt, waren schwerfällig und nicht treffsicher, so dass nur wenige von ihnen gebaut wurden und sie schließlich in der Versenkung verschwanden. Die Atomskeptiker Ken Berry, Patricia Lewis, Benoît Pelopidas, Nikolai Sokov und Ward Wilson betonen:

> Heute überbieten sich Staaten nicht mehr gegenseitig im Bau von Supergeschützen. ... In liberalen Zeitungen tauchen keine Tiraden über den Schrecken dieser Waffen und die Notwendigkeit eines Verbots auf. In konservativen Blättern gibt es keine Kolumnen von Realisten, die behaupten, es gebe keine Chance, den Geist der Supergeschütze wieder in seine Flasche zu verbannen. Sie waren unwirtschaftlich und ineffektiv. Die Geschichte ist voll von Waffen, die als kriegsentscheidend angepriesen, aber letztlich ausgemustert wurden, weil sie nur wenig Wirkung zeigten.[105]

Könnten Kernwaffen den Weg des Schweren Gustavs gehen? Ende der 1950er Jahre entstand eine Bewegung, die sich das Ziel »Ban the Bomb« gesetzt hatte, und mit den Jahrzehnten emanzipierte sie sich von ihrem Gründerzirkel aus Beatniks und exzentrischen Professoren und schwappte auf den Mainstream über. »Global Zero«, wie man das Ziel nun formuliert, also eine Welt ohne Kernwaffen, wurde 1986 von Michail Gorbatschow und Ronald Reagan aufs Tapet gebracht. Letzterer sinnierte bekanntlich: »Ein Atomkrieg ist nicht zu gewinnen und darf niemals entfacht werden. Dass unsere beiden Nationen Kernwaffen besitzen, hat nur den Sinn, zu gewährleisten, dass sie nie eingesetzt werden. Aber wäre es dann nicht besser, sie gänzlich abzuschaffen?« Im Jahr 2007 verfasste eine parteiübergreifende »Viererbande« mit einem nüchternen Blick auf Verteidigungsfragen (Henry Kissinger, George Shultz, Sam Nunn und William Perry) einen Gastkommentar mit dem Titel »A World Free of Nuclear Weapons«, unterstützt von 14 weiteren ehemaligen Nationalen Sicherheitsberatern, Außen- und Verteidigungsministern.[106] Im Jahr 2009 hielt Barack Obama in Prag eine historische Rede, in der er »ganz deutlich und mit Überzeugung Amerikas Bereitschaft ..., den

Frieden und die Sicherheit in einer Welt ohne Atomwaffen anzustreben« erklärte – ein Ziel, das die Verleihung des Friedensnobelpreises an ihn beförderte.[107] Entsprechend äußerte sich auch sein derzeitiges russisches Pendant Dmitri Medwedew (ihre beiden Nachfolger allerdings eher nicht). In gewisser Weise war die Erklärung aber auch redundant, weil sich die Vereinigten Staaten und Russland als Unterzeichner des Atomwaffensperrvertrages von 1970 durch dessen Artikel VI bereits zur Abrüstung ihrer nuklearen Waffenarsenale verpflichtet hatten.[108] Ebenso dazu verpflichtet haben sich das Vereinigte Königreich, Frankreich und China – die anderen Atommächte, die bereits durch den alten Vertrag gebunden waren. (In einer fragwürdigen Anerkennung der Tatsache, dass Verträge bedeutsam sind, unterzeichneten Indien, Pakistan und Israel ihn nie, und Nordkorea trat aus.) Die Bürger der Welt stehen aufrecht hinter der Bewegung: Große Mehrheiten in fast jedem befragten Land sprechen sich für die Abrüstung aus.[109]

Null ist eine attraktive Zahl, weil sie das Atomtabu von einem *Einsatz* der Waffen auf ihren *Besitz* ausdehnt. Damit würde auch jeder Anreiz für eine Nation entfallen, Kernwaffen als Schutz vor den Kernwaffen eines Feindes anzuschaffen. Die Null zu erreichen wird aber nicht einfach sein, auch nicht mit einer sorgfältig getakteten Abfolge aus Verhandlung, Abrüstung und Überprüfung.[110] Einige Strategen warnen, wir sollten gar nicht erst versuchen, die Null zu erreichen, weil die ehemaligen Atommächte in einer Krise womöglich schleunigst wieder aufrüsten, und die Ersten hinter der Ziellinie könnten aus Angst, dass der Feind ihnen zuvorkommt, einen Präventivschlag führen.[111] Nach diesem Argument würde die Welt besser fahren, wenn die nuklearen Altvorderen ein paar Atombomben als Abschreckung in der Hinterhand behielten. So oder so ist die Welt sehr weit von null entfernt, sogar von »ein paar«. Bis es so weit ist, könnten wir jedoch kleine Schritte gehen, die uns diesem Glückstag näher bringen, während die Welt zugleich sicherer wird.

Der naheliegendste Schritt ist, den Umfang des Arsenals nach und nach zu verkleinern. Dieser Prozess ist bereits im Gange. Den meisten Menschen ist gar nicht bewusst, wie drastisch Kernwaffen bereits weltweit ausgemustert wurden. Abbildung 19.1 zeigt, dass die Vereinigten Staaten ihr Inventar seit dem Höchststand von 1967 um 85 Prozent verkleinert haben und nun weniger atomare Sprengköpfe besitzen als *jemals nach 1956*.[112] Russland seinerseits hat sein Arsenal seit den Spitzenwerten der Sowjet-Ära um 89 Prozent reduziert. (Vermutlich ist noch weniger Leuten klar, dass rund 10 Prozent

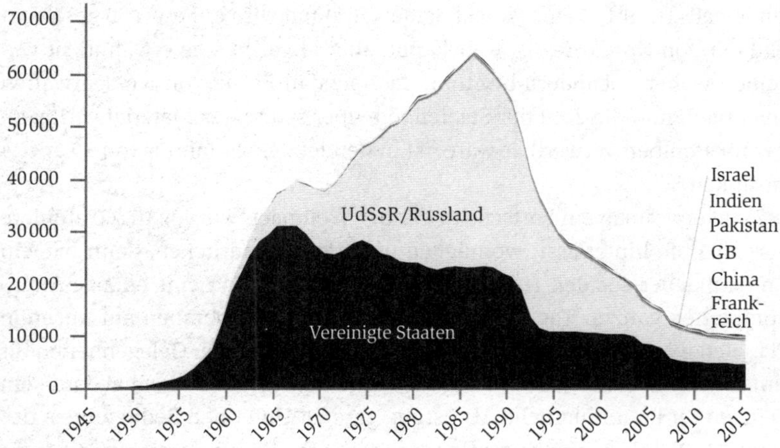

Abb. 19.1 Kernwaffen, 1945–2015
Quellen: *HumanProgress*, http://humanprogress.org/static/2927, basierend auf Daten der Federation of Atomic Scientists, Kristensen & Norris 2016a, aktualisiert in Kristensen 2016; weitergehende Erläuterungen finden sich in Kristensen & Norris 2016b. Die Zahlen beinhalten einsatzbereite wie auch gelagerte Waffen, jedoch keine ausgemusterten und bald demontierten.

des Stroms in den USA aus demontierten atomaren, überwiegend sowjetischen Sprengköpfen stammen.)[113] Im Jahr 2010 unterzeichneten beide Staaten den neuen Vertrag zur Verringerung der strategischen Nuklearwaffen *(New Strategic Arms Reduction Treaty)*, kurz New START, der sie verpflichtet, ihre Inventare einsatzbereiter strategischer Sprengköpfe um zwei Drittel zu verringern.[114] Als Gegenleistung für die Zustimmung des Kongresses zum Vertrag stimmte Obama einer langfristigen Modernisierung des amerikanischen Arsenals zu, und Russland bringt sein Arsenal ebenfalls auf den neuesten Stand, doch beide Staaten wollen den Umfang ihrer Waffenvorräte weiterhin in einem Tempo verringern, das vielleicht sogar die Vorgaben des Vertrages übertrifft.[115]

Die kaum erkennbaren Schichten, die den oberen Teil des Stapels im Diagramm laminieren, repräsentieren die übrigen Atommächte. Die britischen und französischen Waffenarsenale waren von Anfang an kleiner und haben sich auf 215 beziehungsweise 300 halbiert. (Chinas Arsenal ist leicht von 235 auf 260 angewachsen, die Bestände von Indien und Pakistan wurden auf jeweils rund 135 aufgestockt, Israels Bestand wird auf etwa 80 geschätzt und der von Nordkorea ist unbekannt, aber klein.)[116] Wie erwähnt, ist von keinen weiteren Ländern bekannt, dass sie den Besitz von Nuklearwaffen anstreben, und die Zahl der Staaten, die über spaltbares Material verfügen, das für Bomben verwertbar wäre, ist in den letzten 25 Jahren von 50 auf 24 gesunken.[117]

Zyniker vermag ein Fortschritt, der der Welt nach wie vor 10 200 atomare Sprengköpfe hinterlässt, womöglich nicht zu beeindrucken, denn wie ein Autoaufkleber aus den 1980er Jahren betonte, kann dir eine einzige Atombombe den ganzen Tag vermiesen. Mit 54 000 Atombomben auf unserem Planeten weniger als 1986 gibt es jedoch sehr viel weniger Gelegenheiten für Unfälle, die uns den ganzen Tag vermiesen könnten, und man hat damit ein Zeichen für kontinuierliche Abrüstung gesetzt. Unter den Bedingungen des New-START-Abkommens werden weitere Sprengköpfe vernichtet, und wie erwähnt, könnte eine Abrüstung auch unabhängig von Verträgen erfolgen, welche mit juristischen Spitzfindigkeiten und polarisierender politischer Symbolik befrachtet sind. Wenn Spannungen zwischen Großmächten nachlassen (ein langfristiger Trend, auch wenn er sich zurzeit in der Schwebe befindet), dampfen sie ihre kostspieligen Waffenarsenale stillschweigend ein.[118] Selbst wenn Gegner kaum miteinander reden, können sie in einem Wettrüsten mit umgekehrten Vorzeichen kooperieren, indem sie die Taktik anwenden, die der Psycholinguist Charles Osgood *Graduated Reciprocation in Tension-Reduction* (»abgestufte Wechselseitigkeit beim Spannungsabbau«, abgekürzt »GRIT«) genannt hat. Dabei kommt die eine Seite der anderen einen kleinen Schritt entgegen und lädt sie öffentlich dazu ein, es ihr gleichzutun.[119] Gelänge es einer Kombination aus diesen Entwicklungen eines Tages, die Arsenale auf jeweils 200 Sprengköpfe zu reduzieren, würde dies nicht nur das Risiko eines Unfalls erheblich verringern, sondern die Gefahr eines nuklearen Winters, der wahren Existenzbedrohung, praktisch ausschalten.[120]

In näherer Zukunft entsteht die größte Atomkriegsgefahr nicht so sehr aus der Menge der existierenden Waffen, sondern vielmehr aus den Umständen, in denen sie zum Einsatz kommen könnten. Die Politik des *Launch on Warning*, des Gegenangriffs oder der Höchstbereitschaft, ist wahrhaftig der Stoff, aus dem die Albträume sind. Kein Frühwarnsystem ist in der Lage, absolut fehlerfrei zwischen Signal und Rauschen zu unterscheiden, und ein Präsident, der vom berühmt-berüchtigten Anruf um 3 Uhr morgens aus dem

Schlaf gerissen würde, hätte nur Minuten für die Entscheidung, ob er seine Raketen abfeuern soll, bevor sie in ihren Silos zerstört werden. Theoretisch könnte er den dritten Weltkrieg in Reaktion auf einen Kurzschluss, einen Schwarm Möwen oder ein bisschen Schadsoftware von jenem bulgarischen Teenager entfachen. In Wirklichkeit sind die Warnsysteme nicht ganz so schlecht, und es gibt keine Höchstbereitschaft, die dazu führt, dass automatisch, ohne menschliches Zutun, Raketen abgefeuert werden.[121] Doch wenn Raketen unverzüglich abgefeuert werden können, sind die Risiken eines Fehlalarms oder eines versehentlichen, böswilligen oder impulsiven Abfeuerns real.

Der ursprüngliche Sinn des *Launch on Warning* war, einen massiven Erstschlag zu vereiteln, der alle Raketen in ihren Silos zerstören und dem Land die Möglichkeit zur Vergeltung nehmen würde. Doch wie ich bereits gesagt habe, können Staaten ihre Atomraketen auch von U-Booten aus abfeuern, die tief im Wasser verborgen sind, oder von Bomberflugzeugen, die alarmmäßig starten können, womit sie für einen Erstschlag unerreichbar und bereit wären, punktgenau verheerende Rache zu üben. Der Entschluss zur Vergeltung könnte fallen, wenn keine Zweifel mehr bestehen – ist in deinem Territorium eine Atombombe detoniert, dann weißt du es.

Launch on Warning eignet sich also nicht zur Abschreckung, und die damit verbundenen Gefahren sind untragbar. Die meisten Atomsicherheitsexperten empfehlen – nein, sie bestehen darauf, dass Atommächte ihre Raketen nicht in Höchstbereitschaft versetzen und sie stattdessen mit einer langen Lunte versehen.[122] Obama, Nunn, Shultz, George W. Bush, Robert McNamara sowie mehrere ehemalige Kommandeure des Strategischen Kommandos der Vereinigten Staaten und Direktoren der Nationalen Sicherheitsbehörde sind derselben Meinung.[123] Einige, wie William Perry, empfehlen, das landgestützte Bein der nuklearen Triade, die Interkontinentalraketen, ganz zu verschrotten und zur Abschreckung allein auf U-Boote und Bomber zu vertrauen, da Raketen in Silos für den Gegner leichte Beute sind und einen politischen Führer in Versuchung bringen, sie einzusetzen, solange es noch geht. Und wenn das Schicksal der Welt auf dem Spiel steht, warum sollte da überhaupt noch irgendjemand in Höchstbereitschaft befindliche Raketen in Silos besitzen wollen? Einige nukleare Metaphysiker argumentieren, dass es in einer Krise als Provokation empfunden würde, deaktivierte Raketen wieder in Alarmbereitschaft zu versetzen. Andere geben zu bedenken, weil Raketen in Silos zuverlässiger und treffsicherer seien, solle man sie behalten, weil sie nicht nur zur Abschreckung dienten, sondern kriegsentscheidend sein könnten. Und das bringt uns zu einer weiteren Möglichkeit, die Gefahr eines Atomkriegs einzudämmen.

Für Menschen mit einem Gewissen ist es schwer vorstellbar, dass ihr Land bereit ist, Nuklearwaffen zu irgendeinem anderen Zweck als zur Abwendung eines atomaren Angriffs einzusetzen. Doch das ist die offizielle Politik der USA, Großbritanniens, Frankreichs, Russlands und Pakistans, die allesamt erklärt haben, sie würden das Abfeuern einer Nuklearwaffe in Betracht ziehen, wenn sie oder ihre Verbündeten einem massiven Angriff mit nichtnuklearen Waffen ausgesetzt seien. Davon abgesehen, dass man damit gegen jedes Konzept der Verhältnismäßigkeit verstoßen würde, ist eine Ersteinsatzpolitik gefährlich, weil ein nichtnuklearer Angreifer dann versucht sein könnte, zur Prävention ebenfalls Atomwaffen einzusetzen. Und selbst wenn dies nicht der Fall wäre, könnte er einen einmal erfolgten Nuklearangriff mit einem atomaren Gegenschlag beantworten.

Ein vernünftiger Weg, die nukleare Bedrohung einzudämmen, besteht also darin, eine Politik des Verzichts auf den Ersteinsatz zu propagieren.[124] Theoretisch würde das die Möglichkeit eines Atomkriegs völlig ausschließen: Wenn niemand eine Waffe als Erster einsetzt, wird sie nie eingesetzt. In der Praxis würde es die Versuchung eines Präventivschlags etwas dämpfen. Alle Atomstaaten könnten den Verzicht auf den Ersteinsatz vertraglich besiegeln. Dorthin gelangen könnten sie durch GRIT (mit kleinschrittigen Zugeständnissen, wie niemals zivile Ziele anzugreifen, niemals einen nichtnuklearen Staat anzugreifen und niemals ein Ziel anzugreifen, das sich mit konventionellen Mitteln zerstören ließe); oder sie könnten den Vertrag einfach unilateral abschließen, was in ihrem eigenen Interesse läge.[125] Das Atomtabu hat bereits den Abschreckungswert einer Politik des eventuellen Verzichts auf den Ersteinsatz gemindert, und ihr Verkünder könnte sich immer noch mit konventionellen Waffen und der Fähigkeit zum Gegenschlag schützen: nukleares Wie-du-mir-so-ich-dir.

Verzicht auf den Ersteinsatz scheint ein Kinderspiel zu sein, und Barack Obama war 2016 nahe daran, ihn zu erklären, wurde aber in letzter Minute von seinen Beratern davon abgebracht.[126] Der Zeitpunkt sei ungünstig, meinten sie: das neuerdings ungebärdige Russland, China und Nordkorea könnten es als Zeichen der Schwäche auslegen, und nervöse Verbündete, die nun vom amerikanischen »Atomschirm« abhingen, könnte es dazu treiben, eigene Kernwaffen anzustreben – insbesondere angesichts Donald Trumps

Drohung, die Unterstützung für die Bündnispartner der USA zu drosseln. Langfristig ist denkbar, dass diese Spannungen wieder abnehmen und man erneut den Verzicht auf den Ersteinsatz in Erwägung zieht.

Das Ende der Atomwaffen ist in näherer Zukunft noch nicht in Sicht und ganz sicher nicht zum ursprünglichen Zieldatum der Global-Zero-Bewegung – dem Jahr 2030. In seiner Prager Rede sagte Obama: »Das Ziel wird sich nicht rasch erreichen lassen. Vielleicht auch nicht mehr zu meinen Lebzeiten« – was bedeuten würde, deutlich nach 2055 (siehe Abbildung 5.1). »Es wird Geduld und Beharrlichkeit erfordern«, mahnte er, und wie die jüngeren Entwicklungen in den Vereinigten Staaten und Russland bestätigen, werden wir von beidem eine Menge brauchen.

Dennoch ist der Weg vorgezeichnet. Wenn atomare Sprengköpfe weiterhin schneller demontiert als gebaut werden, wenn man sie nicht in Höchstbereitschaft versetzt und gewährleistet ist, dass sie nicht zuerst eingesetzt werden, und wenn sich der Trend weg von zwischenstaatlichen Kriegen fortsetzt, dann könnten in der zweiten Hälfte dieses Jahrhunderts schließlich nur noch kleine, sichere Arsenale übrig bleiben, die lediglich zur wechselseitigen Abschreckung dienen, bis sie sich ein paar Jahrzehnte später selbst aufs Abstellgleis manövriert haben. Unsere Enkelkinder fänden sie dann nur noch grotesk und würden sie ein für alle Mal zu Pflugscharen zerschlagen. Während dieses langsamen Rückzugs erreichen wir vielleicht nie den Punkt, an dem die Gefahr einer Katastrophe völlig gebannt ist. Doch jeder Schritt zurück kann das Risiko verringern, bis es auf einer Höhe mit den anderen Bedrohungen für die Unsterblichkeit unserer Spezies angelangt ist, wie Asteroiden, Supervulkanen oder einer künstlichen Intelligenz, die uns zu Büroklammern verarbeitet.

Kapitel 20

Die Zukunft des Fortschritts

Seit Beginn der Aufklärung Ende des 18. Jahrhunderts ist die Lebenserwartung weltweit von 30 auf 71 Jahre gestiegen, in den wohlhabenderen Ländern auf 81.[1] Als die Aufklärung einsetzte, starb ein Drittel der Kinder, die in den reichsten Teilen der Welt geboren wurden, vor Vollendung des fünften Lebensjahrs; heute trifft dieses Schicksal 6 Prozent der Kinder in den ärmsten Teilen der Welt. Ihren Müttern erging es ähnlich – in den reichsten Ländern durfte 1 Prozent von ihnen ihr Neugeborenes nie im Arm halten; das sind dreimal so viele wie heute in den ärmsten Ländern, und die Rate sinkt weiter. In diesen armen Ländern gehen tödliche Infektionskrankheiten stetig zurück; manche befallen nur einige Dutzend Menschen pro Jahr und werden wie die Pocken bald ausgerottet sein.

Arme werden wir möglicherweise nicht allezeit bei uns haben. Heute ist die Welt etwa hundertmal wohlhabender als vor zweihundert Jahren, und der Wohlstand verteilt sich immer gleichmäßiger auf die Länder und Menschen der Welt. Der Anteil der Menschheit, der in extremer Armut lebt, ist von fast 90 Prozent auf unter 10 Prozent gesunken, und noch zu Lebzeiten der meisten Leser dieses Buches könnte er gegen null gehen. Verheerende Hungersnöte, die fast die gesamte Menschheitsgeschichte über eine ständige Bedrohung darstellten, muss man in den meisten Teilen der Welt nicht mehr fürchten, und Unterernährung und daraus folgende Entwicklungsstörungen gehen immer weiter zurück. Vor hundert Jahren gaben reichere Länder ein Prozent ihres Vermögens für die Unterstützung von Kindern, Armen und Alten aus, heute fast ein Viertel. Die meisten Armen in diesen Ländern verfügen heute über Nahrung, Kleidung und Unterkunft und besitzen Luxusgüter wie Smartphones und Klimaanlagen, die früher für niemanden, ob reich oder arm, erschwinglich waren. Die Armut unter ethnischen Minderheiten ist zurückgegangen, und bei den Alten ist sie drastisch gesunken.

Die Welt gibt dem Frieden eine Chance. Krieg zwischen Staaten gibt es so gut wie nicht mehr, und Bürgerkriege finden auf fünf Sechsteln der Erdoberfläche nicht mehr statt. Der Anteil der Menschen, die pro Jahr in Kriegen sterben, beträgt weniger als ein Viertel des Wertes in den 1980er Jahren, ein Siebtel des Wertes zu Beginn der 1970er Jahre und ein halbes Prozent des Wertes im Zweiten Weltkrieg. Völkermorde, einst verbreitet, sind selten geworden. Fast überall und jederzeit sterben viel mehr Personen durch einen Mord als im Krieg, und auch die Mordraten sind gesunken. Das Risiko für US-Amerikaner, ermordet zu werden, ist nur noch halb so groß wie vor 24 Jahren. Weltweit beträgt das Risiko, ermordet zu werden, nur noch sieben Zehntel des Risikos vor 18 Jahren.

Das Leben ist in jeder Hinsicht sicherer geworden. Im Laufe des 20. Jahrhunderts verringerte sich für US-Amerikaner die Wahrscheinlichkeit, bei einem Autounfall ums Leben zu kommen, um 96 Prozent, auf dem Bürgersteig niedergemäht zu werden um 88 Prozent, bei einem Flugzeugabsturz zu sterben um 99 Prozent, zu Tode zu stürzen um 59 Prozent, bei einem Brand ums Leben zu kommen um 92 Prozent, zu ertrinken um 90 Prozent, zu ersticken um 92 Prozent und am Arbeitsplatz zu sterben um 95 Prozent.[2] In anderen reichen Ländern ist das Leben noch sicherer, und in ärmeren Ländern wird es mit wachsendem Wohlstand sicherer werden.

Die Menschen werden nicht nur gesünder, reicher und sicherer, sondern auch freier. Vor zweihundert Jahren waren nur eine Handvoll Staaten, in denen ein Prozent der Weltbevölkerung lebte, demokratisch; heute sind es zwei Drittel der Länder der Welt, in denen zwei Drittel der Weltbevölkerung leben. Vor nicht allzu langer Zeit gab es in der Hälfte aller Länder Gesetze, die ethnische Minderheiten diskriminierten; heute gibt es mehr Länder, in denen die Politik Minderheiten begünstigt, als Länder, in denen sie sie diskriminiert. Um die Jahreswende zum 20. Jahrhundert durften Frauen nur in einem Land wählen gehen; heute haben sie mit einer Ausnahme in jedem Land, in dem Männer wählen dürfen, ebenfalls das Wahlrecht. Gesetze, die Homosexualität kriminalisieren, werden weiterhin abgeschafft, und die Einstellungen gegenüber Minderheiten, Frauen und Homosexuellen werden immer toleranter – insbesondere unter jungen Leuten, was uns bereits einen Blick in die Zukunft der Welt gestattet. Hasskriminalität, Gewalt gegen Frauen und Misshandlungen von Kindern wie auch die Kinderarbeit erleben allesamt einen langfristigen Rückgang.

In dem Maße, in dem die Menschen gesünder, reicher, sicherer und freier werden, lernen sie zunehmend lesen und schreiben, erwerben mehr

Wissen und werden klüger. Zu Beginn des 19. Jahrhunderts konnten 12 Prozent der Weltbevölkerung lesen und schreiben, heute sind es 83 Prozent. Diese Fähigkeit und die damit einhergehende Bildung werden bald universell sein, bei Mädchen ebenso wie bei Jungen. Die Kombination von Schulbildung, Gesundheit und Wohlstand macht uns buchstäblich schlauer – um 30 IQ-Punkte oder zwei Standardabweichungen mehr als unsere Vorfahren.

Unser längeres, gesünderes, sichereres, freieres, wohlhabenderes und klügeres Leben wissen wir gut zu nutzen. US-Amerikaner arbeiten 22 Stunden pro Woche weniger als früher, haben drei Wochen bezahlten Urlaub, verlieren 43 Stunden weniger an die Hausarbeit und geben statt fünf Achteln ihres Gehalts nur ein Drittel für lebensnotwendige Dinge aus. Sie nutzen ihre Freizeit und ihr verfügbares Einkommen für Reisen, Zeit mit ihren Kindern, Kontakt zu geliebten Menschen und Erfahrungen mit Küche, Kenntnissen und Kultur der Welt. Dank diesen Geschenken sind die Menschen weltweit glücklicher geworden. Selbst Amerikaner, die ihr glückliches Schicksal als selbstverständlich erachten, sind »recht glücklich« oder glücklicher, und die jüngeren Generationen sind zunehmend weniger unglücklich, einsam, depressiv, drogenabhängig und selbstmordgefährdet.

Während die Gesellschaften reicher, gesünder, freier, glücklicher und gebildeter geworden sind, haben sie ihr Augenmerk auf die drängendsten globalen Herausforderungen gerichtet. Sie haben weniger Schadstoffe ausgestoßen, weniger Wälder abgeholzt, weniger Ölkatastrophen verursacht, mehr Naturschutzgebiete eingerichtet, weniger Arten ausgerottet, die Ozonschicht gerettet und den Höchststand im Verbrauch von Öl, landwirtschaftlicher Nutzfläche, Nutzholz, Papier, Autos, Kohle und vielleicht sogar Kohlenstoff überschritten. Trotz all ihrer Unterschiede haben die Nationen der Welt ein historisches Abkommen zum Klimawandel getroffen, genau wie in früheren Jahren zu Atomtests, Verbreitung von Atomwaffen, Sicherheit und Abrüstung. Seit den denkwürdigen letzten Tagen des Zweiten Weltkriegs sind Atomwaffen in den 72 Jahren, in denen sie existieren, nicht mehr eingesetzt worden. Nuklearterrorismus hat vierzigjährigen Vorhersagen von Experten zum Trotz nie stattgefunden. Die weltweiten Atomwaffenbestände sind um 85 Prozent reduziert worden und werden weiter schrumpfen, Atomtests wurden (abgesehen von dem winzigen Terrorregime in Pjöngjang) eingestellt und die Verbreitung von Atomwaffen wurde unterbunden. Somit sind die beiden drängendsten Probleme der Welt zwar noch nicht gelöst, aber lösbar: Es bestehen umsetzbare langfristige Pläne zur vollständigen Vernichtung von Atomwaffen und zur Eindämmung des Klimawandels.

Ungeachtet aller bluttriefenden Schlagzeilen, aller Krisen, Kollapse, Skandale, Seuchen, Epidemien und Existenzbedrohungen sind dies Errungenschaften, die es zu würdigen gilt. Die Aufklärung tut ihr Werk: Seit zweieinhalb Jahrhunderten nutzen Menschen ihr Wissen, um das menschliche Wohlergehen zu fördern. Wissenschaftler haben die Funktionsweisen der Materie, des Lebens und des menschlichen Geistes aufgedeckt. Erfinder haben sich die Naturgesetze zunutze gemacht, um der Entropie zu trotzen, und Unternehmer haben ihre neuen Produkte erschwinglich gemacht. Gesetzgeber haben das Leben der Menschen verbessert, indem sie Handlungen zu verhindern suchen, die dem Individuum nützen, aber der Allgemeinheit schaden. Diplomaten haben das Gleiche mit Nationen gemacht. Gelehrte haben den Schatz des Wissens bewahrt und die Kraft der Vernunft verstärkt genutzt. Künstler haben das Band des Mitgefühls erweitert. Aktivisten haben die Mächtigen unter Druck gesetzt, repressive Maßnahmen aufzuheben, und ihre Mitbürger, repressive Normen zu ändern. All diese Bemühungen wurden in Institutionen kanalisiert, die uns ermöglicht haben, die Schwächen der menschlichen Natur zu überwinden und unseren besseren Engeln mehr Macht zu verleihen.

Doch zur gleichen Zeit ...

Weltweit leben heute 700 Millionen Menschen in extremer Armut. In den entsprechenden Ballungsgebieten liegt die Lebenserwartung bei unter 60 Jahren, und fast ein Viertel der Menschen ist unterernährt. Fast eine Million Kinder sterben jedes Jahr an Lungenentzündung, eine halbe Million an Diarrhöe oder Malaria und Hunderttausende an Masern und Aids. Auf der Welt wüten ein Dutzend Kriege, darunter einer, der schon über 250 000 Menschenleben gefordert hat, und im Jahr 2015 wurden mindestens 10 000 Menschen bei Völkermorden abgeschlachtet. Über 2 Milliarden Menschen, nahezu ein Drittel der Menschheit, werden in autokratischen Staaten unterdrückt. Fast ein Fünftel der Weltbevölkerung erhält keine Grundschulbildung; fast ein Sechstel kann nicht lesen und schreiben. Jedes Jahr kommen 5 Millionen Menschen bei einem Unfall ums Leben, und über 400 000 werden ermordet. Fast 300 Millionen Menschen weltweit sind klinisch depressiv, und davon werden sich in diesem Jahr fast 800 000 umbringen.

Die reichen Industrieländer der Welt sind gegen Missstände keineswegs gefeit. Das Einkommen der unteren Mittelschichten ist in zwei Jahrzehnten um weniger als 10 Prozent gestiegen. Ein Fünftel der US-amerikanischen Bevölkerung findet nach wie vor, dass Frauen wieder in traditionelle Rollen schlüpfen sollten, und ein Zehntel spricht sich gegen gemischtrassige Beziehungen aus. Das Land leidet unter mehr als 3000 Hassverbrechen pro Jahr und mehr als 15 000 Morden. Amerikaner wenden zwei Stunden pro Tag für Hausarbeit auf, und etwa ein Viertel von ihnen fühlt sich ständig gehetzt. Über zwei Drittel der Amerikaner, etwa der gleiche Anteil wie vor 70 Jahren, finden nicht, dass sie sehr glücklich sind, und sowohl Frauen als auch die größte demographische Altersgruppe sind mit der Zeit unglücklicher geworden. Jedes Jahr verzweifeln etwa 40 000 Amerikaner so sehr, dass sie sich das Leben nehmen.

Und natürlich sind auch die weltumspannenden Probleme beträchtlich. Noch bevor dieses Jahrhundert zu Ende geht, wird die Erde weiteren 2 Milliarden Menschen eine Heimstatt bieten müssen. Im letzten Jahrzehnt wurden 100 Millionen Hektar Regenwald abgeholzt. Meeresfischarten wurden um fast 40 Prozent dezimiert, und Tausende Arten sind vom Aussterben bedroht. Kohlenmonoxid, Schwefeldioxid, Stickoxide und Feinstaub werden nach wie vor in die Atmosphäre geblasen, gemeinsam mit 38 Milliarden Tonnen CO_2 pro Jahr, die, falls der Ausstoß nicht gedrosselt wird, die globalen Temperaturen um zwei bis vier Grad Celsius ansteigen lassen könnten. Und weltweit gibt es 10 000 Nuklearwaffen, verteilt auf neun Länder.

Die in den letzten drei Absätzen aufgezählten Fakten sind natürlich die gleichen wie in den acht Absätzen davor; ich bin zum Ablesen der Zahlen einfach ans schlimme Ende der Skalen gegangen oder habe die zuversichtlich stimmenden Prozentsätze von 100 abgezogen. Ich stelle den Zustand der Welt nicht auf diese beiden Arten dar, um sowohl auf das halbvolle als auch das halbleere Glas verweisen zu können. Ich tue es, um zu bekräftigen, dass Fortschritt keine Utopie ist und dass wir die Möglichkeit, nein, die Pflicht haben, alles dafür zu tun, diesen Prozess fortzusetzen. Gelingt es uns, die Trends aus den ersten acht Absätzen fortzuführen, indem wir durch die Anwendung von Wissen das Wohlergehen der Menschen vergrößern, sollten die Zahlen aus den letzten drei Absätzen kleiner werden. Ob sie jemals bei null ankommen, ist ein Problem, über das wir uns Gedanken machen können, wenn wir uns dem Ziel nähern. Selbst wenn dies in einigen Fällen gelingen sollte, werden wir sicherlich weitere Missstände ausmachen, die es zu beheben gilt, und neue Wege, um die menschliche Erfahrung zu bereichern. Die Aufklärung ist ein anhaltender Prozess der Entdeckung und Verbesserung.

Wie realistisch ist die Hoffnung auf weiteren Fortschritt? Das ist die Frage, der ich mich in diesem letzten Kapitel des Fortschritt-Teils widme, bevor ich mich im abschließenden Teil des Buches denjenigen Idealen zuwende, die wir brauchen, um die Hoffnung Wirklichkeit werden zu lassen.

Ich beginne mit dem Plädoyer für einen anhaltenden Fortschritt. Am Anfang des Buches stand eine nichtmystische, nicht-can-doistische, nichtpanglossische Erklärung, warum Fortschritt möglich ist: Die wissenschaftliche Revolution und die Aufklärung haben den Prozess in Gang gesetzt, Wissen zur Verbesserung des menschlichen Befindens zu nutzen. Damals hatten Skeptiker allen Grund zu behaupten: »Das wird nie funktionieren.« Doch über zwei Jahrhunderte später können wir sagen, dass es funktioniert *hat* – wir haben sechs Dutzend Diagramme betrachtet, die die Hoffnung auf Fortschritt rechtfertigen, indem sie aufzeigen, auf welche Weisen unsere Welt eine bessere geworden ist.

Kurven, die den Verlauf guter Dinge graphisch darstellen, lassen sich nicht automatisch nach rechts oder oben extrapolieren, doch viele der Diagramme sind heiße Anwärter auf diese Entwicklung. Höchstwahrscheinlich werden wir nicht eines Morgens aufwachen und feststellen, dass unsere Häuser wieder leichter entflammbar sind oder dass die Leute ihre Meinung zu gemischtrassigen Beziehungen oder der Anstellung schwuler Lehrer geändert haben. Und es ist unwahrscheinlich, dass Entwicklungsländer ihre Schulen und Krankenhäuser schließen oder keine neuen mehr bauen, wenn sie gerade anfangen, die Früchte dieser Einrichtungen zu schätzen.

Zweifellos werden Entwicklungen, die nach dem Zeitmaß des Journalismus beurteilt werden, stets Höhen und Tiefen aufweisen. Lösungen schaffen neue Probleme, deren Bewältigung ihrerseits Zeit braucht. Doch wenn wir diese kurzzeitigen Veränderungen und Rückschläge aus der Distanz betrachten, sehen wir, dass die Indikatoren für menschlichen Fortschritt kumulativ sind – keiner ist zyklisch, so dass Gewinne jedes Mal wieder durch Verluste aufgehoben würden.[3]

Noch erfreulicher ist, dass Verbesserungen aufeinander aufbauen. Eine reichere Welt kann es sich eher leisten, die Umwelt zu schützen, ihre Verbrecherbanden in Schach zu halten, ihre sozialen Netze zu stärken und ihre Bürger zu bilden und zu heilen. Eine besser ausgebildete und vernetzte Welt sorgt sich mehr um die Umwelt, duldet weniger Autokraten und bricht seltener Kriege vom Zaun.

Die technischen Errungenschaften, die diesen Fortschritt angetrieben haben, sollten weiter an Tempo zulegen. Steins Gesetz findet nach wie vor seine Fortführung in Davies' Folgesatz (»Wenn etwas nicht ewig dauern kann, kann es viel länger andauern, als man glaubt«), und Genomik, synthetische Biologie, Neurowissenschaft, künstliche Intelligenz, Materialwissenschaft, Data Science und evidenzbasierte Politikanalyse erleben eine Blütezeit. Wir wissen nun, dass sich Infektionskrankheiten ausrotten lassen, und viele stehen schon auf der Abschussliste. Chronische und degenerative Erkrankungen sind hartnäckiger, doch bei vielen (etwa Krebs) hat ein kleinschrittiger Fortschritt Fahrt aufgenommen, während bei anderen (zum Beispiel Alzheimer) ein Durchbruch zu erwarten ist.

Gleiches gilt für den moralischen Fortschritt. Die Geschichte lehrt uns, dass wir barbarische Sitten nicht nur eindämmen, sondern ihnen im Grunde ganz den Garaus machen können, so dass sie schlimmstenfalls nur noch in tiefster umnachteter Provinz gepflegt werden. Nicht einmal die sorgenvollsten Schwarzseher erwarten die Wiederkunft von Menschenopfern, Kannibalismus, Eunuchen, Harems, Sklaverei, Duellen, Familienfehden, Füßebinden, Ketzerhinrichtungen auf dem Scheiterhaufen, Hexenbädern, öffentlicher Folter und Hinrichtung, Säuglingsmord, Monstrositätenschauen oder das Verspotten von Geisteskranken. Wir können nicht voraussagen, welche Grausamkeiten der heutigen Zeit den Weg von Sklavenauktionen und Ketzerverbrennungen gehen werden, doch zu erwarten ist dies bereits von der Todesstrafe, der Kriminalisierung von Homosexualität sowie dem Wahlrecht und der Schulbildung nur für Männer. Warum sollten nach einigen weiteren Jahrzehnten nicht auch weibliche Genitalverstümmelung, »Ehrenmorde«, Kinderarbeit, Kinderehen, Totalitarismus, Atomwaffen und zwischenstaatliche Kriege ihrem Beispiel folgen?

Andere Schandflecke sind weniger leicht auszumerzen, weil sie vom Verhalten von Milliarden Individuen mit all ihren menschlichen Makeln abhängen statt von einer Politik, die mit einem Schlag für ein ganzes Land gilt. Doch selbst wenn sie nicht ganz vom Antlitz der Erde verschwinden, kann man sie doch weiter einschränken – darunter die Gewalt gegen Frauen und Kinder, Hasskriminalität, Bürgerkrieg und Mord.

Ich kann diese optimistische Vision äußern, ohne zu erröten, weil sie nicht bloß naive Träumerei oder frommes Wunschdenken ist. Sie ist derjenige Blick in die Zukunft, der am stärksten durch die historische Wirklichkeit gestützt wird, der mit den kalten, harten Fakten auf seiner Seite. Alles hängt nur von der Möglichkeit ab, dass das, was bereits geschehen ist, weiter geschehen wird. So überlegte Thomas Macaulay im Jahr 1830: »Wir können nicht mit absoluter Sicherheit beweisen, dass diejenigen, die uns sagen, die Gesellschaft habe einen Wendepunkt erreicht und wir unsere beste Zeit hinter uns, einem Irrtum erliegen. Doch das sagten alle, die vor uns kamen, und offenbar hatten sie dafür auch alle ihre Gründe. ... Welches Prinzip liegt der Wahrnehmung zugrunde, dass wir im Rückblick nur Fortschritt sehen und in der Zukunft nichts als Niedergang erwarten?«[4]

In Kapitel 10 und 19 habe ich Antworten auf Macaulays Frage untersucht, die ein desaströses Ende dieses ganzen Fortschritts in Gestalt von Klimawandel, Atomkrieg und anderen Existenzbedrohungen voraussahen. Im weiteren Teil dieses Kapitels werde ich zwei Entwicklungen des 21. Jahrhunderts erörtern, die nicht an eine weltweite Katastrophe heranreichen, aber dennoch herangezogen wurden, um anzudeuten, dass wir unsere besten Tage hinter uns haben.

Die erste dunkle Wolke am Horizont ist wirtschaftlicher Stillstand. So bemerkte der Essayist Logan Pearsall Smith: »Es gibt nur wenige Sorgen, so schmerzlich sie auch sein mögen, die durch ein gutes Einkommen nicht gelindert werden könnten.« Wohlstand ermöglicht nicht nur die offensichtlichen Dinge, die man mit Geld kaufen kann, wie Nahrung, Gesundheit, Bildung und Sicherheit, sondern langfristig auch geistige Güter wie Frieden, Freiheit, Menschenrechte, Glück, Umweltschutz und weitere spirituelle Werte.[5]

Mit der industriellen Revolution brachen zwei Jahrhunderte des Wirtschaftswachstums an, insbesondere im Zeitraum zwischen dem Zweiten Weltkrieg und den frühen 1970er Jahren, als das Weltbruttosozialprodukt pro Kopf mit einer Rate von rund 3,4 Prozent im Jahr anstieg, was einer Verdoppelung alle zwanzig Jahre entspricht.[6] Ende des 20. Jahrhunderts warnten Ökopessimisten, das Wirtschaftswachstum sei nicht nachhaltig, weil es zur Erschöpfung der Ressourcen führe und den Planeten verschmutze. Im 21. Jahrhundert ist jedoch die entgegengesetzte Angst aufgekommen: dass die Zukunft nicht zu viel, sondern zu wenig Wirtschaftswachstum verspricht. Seit dem Beginn der 1970er Jahre ist die jährliche Wachstumsrate um mehr als die Hälfte auf etwa 1,4 Prozent gesunken.[7] Das langfristige Wachstum wird großenteils von der Produktivität bestimmt – dem Wert der Waren und Dienstleistungen, den die Wirtschaft eines Staates pro investiertem Dollar und Personenstunde erzeugen kann. Die Produktivität hängt wiederum von technischer Finesse ab – von den Fertigkeiten der Arbeitskräfte des Staates und der Effizienz seiner Maschinen, Verwaltung und Infrastruktur. Von den 1940er bis zu den 1960er Jahren stieg die Produktivität in den Vereinigten Staaten jährlich um etwa 2 Prozent, was bedeuten würde, dass sich die Produktivität alle 35 Jahre verdoppelt. Seitdem ist sie mit einer Rate von rund 0,6 Prozent gestiegen, womit zur Verdoppelung über ein Jahrhundert nötig wäre.[8]

Manche Ökonomen befürchten, dass niedrige Wachstumsraten zur Normalität werden. Laut der von Lawrence Summers untersuchten »Hypothese der neuen säkularen Stagnation« lassen sich selbst diese dürftigen Raten (in Verbindung mit niedriger Arbeitslosigkeit) nur aufrechterhalten, wenn sich die Zentralbanken für den Nullzins oder negative Zinsen entscheiden, was finanzielle Instabilität und andere Probleme zur Folge haben könnte.[9] In einer Zeit zunehmender Einkommensungleichheit könnte eine säkulare Stagnation bewirken, dass das Einkommen der Bevölkerungsmehrheit für absehbare Zeit gleich bleibt oder sinkt. Sollte die Wirtschaft nicht weiter wachsen, könnte das sehr unangenehme Folgen haben.

Niemand weiß genau, warum die Zunahme der Produktivität zu Beginn der 1970er Jahre abflaute oder wie man sie wieder ankurbeln kann.[10] Einige Ökonomen, so Robert Gordon in seinem Buch *The Rise and Fall of American Growth* von 2016, verweisen auf demographische und makroökonomische Gegenwinde – etwa dass weniger Arbeitskräfte mehr Rentner unterstützen müssen, ein Abschwächen der Ausbreitung von Bildung, mehr Staatsschulden und die Zunahme von Ungleichheit (was die Nachfrage nach Waren und Dienstleistungen dämpft, weil reichere Personen einen kleineren Teil ihres Einkommens ausgeben als ärmere).[11] Gordon ergänzt, dass die umwälzendsten Erfindungen vielleicht schon erfunden worden sind. Die erste Hälfte des 20. Jahrhunderts revolutionierte unser Zuhause mit Elektrizität, Wasser, Kanalisation, Telefon und motorisierten Geräten. Seitdem haben sich die Haushalte längst nicht mehr so stark verändert. Ein elektronisch gesteuertes Bidet mit beheiztem Sitz ist zwar nett, aber nicht mit dem Übergang vom Plumpsklo zur Toilette mit Wasserspülung zu vergleichen.

Eine andere Erklärung ist kultureller Art: Amerika hat seine Strahlkraft verloren.[12] Arbeitskräfte in Gebieten mit schwacher Wirtschaft rappeln sich nicht mehr auf, um in boomende Regionen abzuwandern, sondern kassieren Leistungen der Erwerbsunfähigkeitsversicherung und ziehen sich aus dem Arbeitsleben zurück. Das Vorsorgeprinzip hält alle erstmals davon ab, etwas auszuprobieren. Der Kapitalismus ist seiner Kapitalisten verlustig gegangen: Zu viele Investitionen sind im »Grauen Kapitalmarkt« gebunden und werden von Institutionsleitern verwaltet, die sichere Einkünfte für Ruheständler anstreben. Ehrgeizige junge Leute möchten lieber Künstler und Profisportler werden als Unternehmer. Investoren und Regierung unterstützen keine Mondflüge mehr. Der Unternehmer Peter Thiel klagte: »Wir wollten fliegende Autos; stattdessen haben wir nun 140 Zeichen.«

Wo auch immer die Ursachen des wirtschaftlichen Stillstands liegen – er ist die Wurzel zahlreicher anderer Probleme und stellt für die politischen Entscheidungsträger des 21. Jahrhunderts eine beachtliche Herausforderung dar. Heißt das, es war schön mit dem Fortschritt, aber nun ist es vorbei? Wahrscheinlich nicht! Zum einen ist Wachstum, das langsamer fortschreitet als während der glorreichen Nachkriegszeiten, immer noch Wachstum – und zwar exponentielles Wachstum. Das Weltbruttosozialprodukt ist in 51 der vergangenen 55 Jahre angestiegen, was bedeutet, dass die Welt in jedem dieser 51 Jahre (einschließlich der letzten sechs) reicher geworden ist als im Jahr zuvor.[13] Zudem ist säkulare Stagnation vor allem ein Problem der Ersten Welt. Es stellt zwar eine ungeheure Herausforderung dar, die am weitesten entwickelten Staaten dazu zu bringen, Jahr für Jahr für Jahr eine *noch höhere* Entwicklung hinzulegen, doch die weniger entwickelten Länder haben einen großen Nachholbedarf, und sie können hohe Wachstumsraten produzieren, wenn sie die besten Vorgehensweisen der reicheren Länder übernehmen (Kapitel 8). Der derzeit größte weltweit zu beobachtende Fortschritt ist das Entrinnen von Milliarden Menschen aus extremer Armut, und diesen Aufstieg muss man nicht mit der Unpässlichkeit Amerikas und Europas übertönen.

Auch die von Technologie begünstigte Produktivität weiß sich unauffällig in der Welt auszubreiten.[14] Menschen brauchen eine Weile, um herauszufinden, wie sich neue Technologien am besten nutzen lassen, und Industrien brauchen Zeit, um ihre Anlagen und Verfahren entsprechend umzurüsten. Ein gutes Beispiel ist die Elektrifizierung. Sie begann in den 1890er Jahren, doch erst 40 Jahre später registrierten Ökonomen die starke Zunahme der Produktivität, auf die alle warteten. Auch bei der PC-Revolution war ein Sleeper-Effekt zu beobachten, bevor sie in den 1990er Jahren einen Produktivitätsanstieg auslöste. (Fans der ersten Stunde wie mich überrascht das nicht – ich kann mich noch an die vielen Nachmittage in den 1980er Jahren erinnern, die ich damit verbrachte, eine Maus zu installieren oder einen Nadeldrucker dazu zu bewegen, kursiv zu schreiben.) Möglicherweise baut sich das Wissen, wie man die Technologien des 21. Jahrhunderts optimal nutzt, allmählich hinter Dämmen auf, die schon bald bersten werden.

Im Gegensatz zu Fachleuten der trübsinnigen Wissenschaft der Ökonomie beharren Technologiebeobachter darauf, dass uns ein Zeitalter des Überflusses erwartet.[15] Bill Gates hat die Vorhersage technologischer Stagnation mit der (nicht belegten) Prophezeiung von 2013 verglichen, Kriege seien überholt.[16] »Stellen Sie sich eine Welt mit 9 Milliarden Menschen vor«, schreiben der Tech-Unternehmer Peter Diamandis und der Journalist Steven Kotler, »mit sauberem Wasser, nahrhaftem Essen, erschwinglichem Wohnraum, individuell abgestimmter Bildung, bestmöglicher medizinischer Versorgung und umweltfreundlicher, überall verfügbarer Energie.«[17] Diese Vision ist nicht Phantasien aus der Zeichentrickserie *Die Jetsons* entsprungen, sondern stützt sich auf Technologien, die bereits funktionieren oder kurz davorstehen.

Beginnen wir mit derjenigen Ressource, die gemeinsam mit Information die einzige Möglichkeit bietet, der Entropie Einhalt zu gebieten, und die buchstäblich alles andere im Bereich der Wirtschaft antreibt: Energie. Wie wir in Kapitel 10 gesehen haben, kann Atomkraft der vierten Generation in Form kleiner modularer Reaktoren passiv sicher sein, vor Verbreitung gefeit, abfallfrei, massengefertigt, wartungsarm, unbegrenzt befeuerbar und billiger als Kohle. Solarmodule aus Kohlenstoffnanoröhren können hundertmal effizienter sein als die derzeitige Photovoltaik, womit sie das Moore'sche Gesetz auf die Sonnenenergie ausweiten. Ihre Energie lässt sich in Flüssigmetallbatterien speichern – theoretisch könnte eine Batterie von der Größe eines Containers ein ganzes Viertel mit Strom versorgen, eine mit dem Volumen eines großen Supermarkts eine Kleinstadt. Ein intelligentes Stromnetz könnte Energie nach Bedarf erzeugen und verteilen. Mit Hilfe von Technologie ließe sich sogar fossilen Brennstoffen neues Leben einhauchen: Ein neuer Entwurf für ein emissionsfreies Gaskraftwerk nutzt die Abgase direkt zum Antreiben einer Turbine, statt mit vielen Emissionen Wasser zum Kochen zu bringen, und bindet das CO_2 dann unterirdisch.[18]

Mit digitaler Fertigung, die Nanotechnologie, 3-D-Druck und Rapid Prototyping in sich vereint, lassen sich Verbundwerkstoffe erzeugen, die stabiler und billiger sind als Stahl und Beton und sich zum Bau von Häusern und Fabriken in den Entwicklungsländern vor Ort drucken lassen. Nanofiltration kann Wasser von Krankheitserregern, Metallen und sogar Salz befreien. Hightech-Außentoiletten benötigen keinen Wasseranschluss und verwandeln menschliche Fäkalien in Dünger, Trinkwasser und Energie. Präzisionsbewässerung und intelligente Wasserleitungsnetze mit billigen Sensoren und KI in Chips könnten den Wasserverbrauch um ein Drittel oder sogar um die Hälfte senken. Genmodifizierter Reis, bei dem der ineffiziente C_3-Photosynthese-Typus durch den C_4-Typus von Mais und Zuckerrohr ersetzt wurde, liefert 50 Prozent mehr Ertrag, verbraucht halb so viel Wasser und viel weniger Dünger und verträgt höhere Temperaturen.[19] Genmodifizierte Algen können der Luft Kohlenstoff entziehen und zur Gewinnung von Biokraftstoffen verwendet werden. Drohnen können über viele Kilometer hinweg weit entfernte Pipelines und Eisenbahnstrecken überwachen sowie medizinischen Bedarf und Ersatzteile zu isolierten Gemeinschaften transportieren. Roboter können Jobs übernehmen, die Menschen verhasst sind, wie den Abbau von Kohle, das Beladen von Regalen und Bettenmachen.

Im medizinischen Bereich ließe sich mit einem Westentaschenlabor eine Liquid Biopsy (»Flüssigbiopsie«) durchführen, um aus einem Tropfen Blut oder Speichel Hunderte verschiedene Krankheiten zu diagnostizieren. Künstliche Intelligenz, mit der sich riesige Datenmengen über Genome, Symptome und Vorgeschichten analysieren lassen, wird zuverlässigere Diagnosen erstellen als der sechste Sinn von Ärzten und Medikamente verschreiben, die zu unserer ganz individuellen Biochemie passen. Stammzellen könnten Autoimmunerkrankungen wie rheumatische Arthritis und multiple Sklerose heilen und Organe von Toten, in Tieren gewachsene Organe oder 3-D-Modelle mit unserem eigenen Gewebe besiedeln. Mittels RNA-Interferenz ließen sich lästige Gene zum Schweigen bringen, wie dasjenige, das den Fett-Insulin-Rezeptor reguliert. Krebsbehandlungen lassen sich auf die ganz individuelle Signatur eines Tumors abstimmen, statt jede sich teilende Zelle im Körper zu vergiften.

Globales Lernen könnte man reformieren. Das Wissen der Welt steht bereits in Form von Enzyklopädien, Vorträgen, Übungen und Datenmengen den Milliarden Menschen mit einem Smartphone zur Verfügung. Individuellen Unterricht können Kinder in Entwicklungsländern über das Internet von ehrenamtlichen Mitarbeitern erhalten (das Konzept der »Granny Cloud«), und künstlich intelligente Lehrer kann man überall einsetzen.

Die in Planung befindlichen Neuerungen sind nicht nur eine Liste cooler Ideen. Sie sind das Ergebnis einer alles überspannenden historischen Entwicklung, die man als »neue Renaissance« und »zweites Maschinenzeitalter« bezeichnet hat.[20] Während das erste Maschinenzeitalter, das aus der industriellen Revolution hervorging, durch Energie angetrieben wurde, wird das zweite von der anderen antientropischen Ressource, der Information, befeuert. Seine revolutionäre Verheißung verdankt es der hochgefahrenen Nutzung von Information zur Steuerung jeder anderen Technologie und der exponentiellen Verbesserung der Informationstechnologien selbst, wie der Leistung von Computern und der Genomik.

Die Verheißung des neuen Maschinenzeitalters beruht auch auf Innovationen im Innovationsprozess an sich. Eine ist die Demokratisierung der Plattformen für Erfindungen, wie Oberflächen zur Programmierung von Apps und 3-D-Drucker, die aus jedem einen Hightech-Heimwerker machen. Eine zweite ist das Aufkommen von Techno-Philanthropen. Statt nur Schecks für die Ehre auszustellen, einer Konzerthalle den eigenen Namen zu geben, setzen sie ihre Genialität, Verbindungen und Forderungen ein, um Lösungen für weltweite Probleme herbeizuführen. Eine dritte ist das wirtschaftliche Empowerment von Milliarden Menschen mit Hilfe von Smartphones, Online-Unterricht und Mikrofinanzierung. Eine Million Menschen der ärmsten Milliarde der Welt haben den IQ eines Genies. Wie könnte die Welt wohl aussehen, wenn ihre Intelligenz richtig zur Entfaltung käme!

Wird das zweite Maschinenzeitalter die Ökonomien aus ihrer Stagnation befreien? Sicher ist es nicht, weil Wirtschaftswachstum nicht nur von der verfügbaren Technologie abhängt, sondern auch davon, wie klug das finanzielle und menschliche Kapital einer Nation eingesetzt wird, um sie zu nutzen. Selbst bei voller Ausschöpfung der Technologien schlagen sich ihre Vorteile möglicherweise nicht in standardmäßigen ökonomischen Maßen nieder. Die meisten Ökonomen stimmen darin überein, dass das Bruttosozialprodukt (BSP) – oder sein enger Verwandter, das Bruttoinlandsprodukt (BIP) – das Florieren der Wirtschaft nur grob widerspiegelt. Es hat den Vorteil, leicht messbar zu sein, doch da es nur das Geld vermerkt, das bei der Erzeugung von Waren und Dienstleistungen den Besitzer wechselt, ist es nicht gleichbedeutend mit dem Zugewinn, an dem sich die Menschen erfreuen. Das Problem der Konsumentenrente oder des Wertparadoxes hat die Quantifizierung des Wohlstands seit jeher erschwert (Kapitel 8 und 9), und in den modernen Ökonomien hat es sich noch zugespitzt.

Joel Mokyr hält fest: »Aggregierte Statistik wie BIP pro Kopf und ihre Weiterentwicklungen wie Faktorproduktivität ... wurden für eine Stahl-und-Weizen-Ökonomie entwickelt, nicht für eine, deren dynamischster Sektor Informationen und Daten sind. Viele der neuen Güter und Dienstleistungen sind kostspielig in der Entwicklung, doch sobald sie funktionieren, lassen sie sich zu sehr niedrigen Kosten oder umsonst reproduzieren. Das bedeutet, dass sie zum gemessenen Output wenig beitragen, auch wenn sie für das Wohl der Verbraucher von sehr großer Relevanz sind.«[21] So bringt die Dematerialisierung des Lebens, die wir in Kapitel 10 erörtert haben, die Feststellung ins Wanken, dass ein Zuhause von 2015 nicht viel anders aussieht als eines von 1965. Der große Unterschied liegt in dem, was wir *nicht* sehen, weil Tablets und Smartphones es überflüssig gemacht haben, gemeinsam mit neuen Wundern wie das Streamen von Videos und Skype. Zusätzlich zur Dematerialisierung hat die Informationstechnologie einen Prozess der *Demonetisierung* in Gang gesetzt.[22] Viele Dinge, die man früher bezahlen musste, sind nun im Grunde kostenlos, etwa Kleinanzeigen, Nachrichten, Enzyklopädien, Landkarten, Kameras, Ferngespräche sowie die Fixkosten für traditionelle Einzelhändler. Wir erfreuen uns an diesen Gütern mehr denn je, doch im BIP tauchen sie nicht mehr auf.

Menschliches Wohlergehen und BIP gehen noch in einer weiteren Hinsicht getrennte Wege. Je wichtiger humanistische Werte für moderne Gesellschaften werden, desto größere Anteile ihres Vermögens wenden sie für Dinge auf, die die menschliche Existenz verbessern, ohne dass sie auf dem Markt mit einem Preisschild versehen wären. Vor kurzem stand in einem Artikel des *Wall Street Journal* über wirtschaftliche Stagnation, ein wachsender Anteil innovativer Bemühungen richte sich auf sauberere Luft, sicherere Autos und Medikamente für seltene Krankheiten, von denen weltweit jeweils weniger als 200 000 Menschen betroffen sind.[23] Was das betrifft, wurden 1960 noch 7 Prozent von Forschung und Entwicklung auf die allgemeine Gesundheitsfürsorge verwendet, gegenüber 23 Prozent im Jahr 2007. Der Finanzjournalist, der den betreffenden Beitrag schrieb, bemerkte fast traurig: »Medikamente sind symptomatisch für den steigenden Wert, den Wohlstandsgesellschaften dem menschlichen Leben beimessen. ... Die Gesundheitsforschung verdrängt die Forschung und Entwicklung in den Bereichen, die profanere Verbrauchsgüter hätten fördern können. In der Tat ... diktiert die zunehmende Wertschätzung menschlichen Lebens praktisch ein gebremstes Wachstum bei normalen Konsumartikeln und Dienstleistungen – und diese machen den Löwenanteil des gemessenen BIP aus.« Eine naheliegende Interpretation lautet, dass dieser Tausch nicht den Stillstand, sondern die Beschleunigung des Fortschritts belegt. Moderne Gesellschaften müssen – im Gegensatz zu dem knauserigen Komiker Jack Benny – nicht lange überlegen, wie sie bei einem Überfall auf die Forderung »Geld oder Leben« reagieren sollen.

Eine ganz andere Bedrohung für den menschlichen Fortschritt ist eine politische Bewegung, die versucht, seine in der Aufklärung ruhenden Grundfesten zu erschüttern. Im zweiten Jahrzehnt des 21. Jahrhunderts ist eine Strömung der Gegenaufklärung aufgekommen, die Populismus heißt – oder genauer, autoritärer Populismus.[24] Populismus ruft nach der direkten Herrschaft durch das »Volk« eines Staates (üblicherweise einer ethnischen Gruppe, gelegentlich einer Schicht), verkörpert durch einen starken Führer, der die authentischen Werte und Erfahrungen des Volkes unmittelbar kanalisiert.

Autoritären Populismus kann man als Auflehnung von Elementen der menschlichen Natur – Stammesdenken, Obrigkeitsdenken, Dämonisierung, Nullsummendenken – gegen die Institutionen der Aufklärung betrachten, die zu ihrer Überwindung geschaffen wurden. Weil sich der Populismus auf das Volk statt auf das Individuum konzentriert, gibt es keinen Platz für den Schutz von Minderheitenrechten oder die Förderung des weltweiten menschlichen Wohls. Indem er ignoriert, dass mühsam errungenes Wissen der Schlüssel für gesellschaftlichen Aufschwung ist, verunglimpft er »Eliten« und »Experten« und missachtet den Markt der Ideen, einschließlich Redefreiheit, Meinungsvielfalt und der Faktenüberprüfung eigennütziger Behauptungen. Infolge der Verklärung eines starken Führers übersieht der Populismus die Beschränkungen der menschlichen Natur und verachtet die regelgeleiteten Institutionen und verfassungsmäßigen Kontrollmechanismen, die die Macht der fehlbaren menschlichen Akteure eingrenzen.

Populismus tritt in links- und rechtsgerichteten Varianten auf; ihnen gemeinsam ist eine Alltagstheorie der Ökonomie als Nullsummenwettbewerb – zwischen wirtschaftlichen Schichten im Falle der Linken, zwischen Nationen oder ethnischen Gruppen im Falle der Rechten. Probleme gelten nicht als Herausforderungen, die in einem gleichgültigen Universum unvermeidbar sind, sondern als bösartige Absichten heimtückischer Eliten, Minderheiten oder Ausländer. Was Fortschritt betrifft – vergiss es: Der Blick des Populismus ist rückwärtsgewandt, in ein Zeitalter, in dem die Nation noch ethnisch homogen war, orthodoxe kulturelle und religiöse Werte vorherrschten und die Motoren der Wirtschaft Landwirtschaft und Produktion waren, die handfeste Güter zum lokalen Verbrauch und für den Export erzeugten.

In Kapitel 23 werden die geistigen Wurzeln des autoritären Populismus genauer beleuchtet; hier lege ich den Fokus auf sein Aufkommen in jüngster Zeit und seine mögliche Zukunft. Im Jahr 2016 konnten (meist rechtsgerichtete) populistische Parteien 13,2 Prozent der Stimmen aus den voraufgegangenen Wahlen zum europäischen Parlament vorweisen (im Vergleich zu 5,1 Prozent in den 1960er Jahren) und zogen in die Regierungskoalitionen von elf Staaten ein, darunter die Führungsriege von Ungarn und Polen.[25] Selbst wenn sie nicht an der Macht sind, können populistische Parteien mit Nachdruck ihre Ziele verfolgen; prominentes Beispiel ist die Befeuerung des Brexit-Referendums von 2016, bei dem 52 Prozent der Briten dafür stimmten, die EU zu verlassen. Und im selben Jahr wurde Donald Trump zum Präsidenten gewählt, weil er die meisten Wahlmännerstimmen auf sich vereinigen konnte, obwohl er nach dem Votum der Bevölkerung unterlag (mit 46 Prozent im Vergleich zu Hillary Clintons 48 Prozent). Nichts bringt den ethnozentrischen und rückwärtsgewandten Geist des Populismus besser zum Ausdruck als Trumps Wahlkampfslogan: Make America Great Again.

Als ich die Kapitel über Fortschritt schrieb, widerstand ich dem Druck von Lesern früherer Entwürfe, jedes mit der Warnung zu beschließen: »Doch all dieser Fortschritt ist in Gefahr, wenn Donald Trump seinen Kopf durchsetzt.« In Gefahr ist er zweifellos. Doch ob das Jahr 2017 tatsächlich einen Wendepunkt in der Geschichte markiert oder nicht – es lohnt sich, die Gefahren genauer unter die Lupe zu nehmen, und sei es nur, um das Wesen des Fortschritts zu verstehen, den sie bedrohen.[26]

- **Leben** und **Gesundheit** haben beträchtlich von Impfungen und anderen gründlich überprüften Maßnahmen profitiert; zu den von Trump gebilligten Verschwörungstheorien gehört die längst entkräftete Behauptung, dass Konservierungsstoffe in Impfseren Autismus hervorrufen. Die Errungenschaften wurden auch durch den breiten Zugang zu medizinischer Versorgung ermöglicht; er hat auf einer Gesetzesänderung bestanden, in deren Folge zigmillionen US-Amerikaner ihre Krankenversicherung verlieren würden. Damit würde sich der Trend zu sinnvollen Sozialausgaben umkehren.
- Weltweite Zuwächse des **Wohlstands** sind einer globalisierten Wirtschaft

zu verdanken, die großenteils durch den internationalen Handel angetrieben wird. Trump ist ein Protektionist, der den internationalen Handel als einen Nullsummenwettstreit zwischen Staaten betrachtet, und hat sich der Aufkündigung internationaler Handelsabkommen verpflichtet.

- Das Wachstum des **Wohlstands** beruht auch auf technischen Innovationen, Bildung, Infrastruktur, einer gesteigerten Kaufkraft der unteren und mittleren Schichten, Beschränkungen von Vetternwirtschaft und Plutokratie, die den Wettbewerbsmarkt verzerren, sowie Finanzvorschriften, die die Wahrscheinlichkeit von Blasen und Pleiten senken. Trump ist nicht nur dem Handel feindlich gesinnt, er steht auch Technologie und Bildung gleichgültig gegenüber und vertritt regressive Steuersenkungen, die den Reichen zugutekommen, während er Firmenmanager und Finanzmagnaten in sein Kabinett beruft, die Finanzmarktregulierungen ausnahmslos ablehnen.
- Um aus der Sorge um **Ungleichheit** Kapital zu schlagen, hat Trump Einwanderer und Handelspartner dämonisiert und zugleich die wichtigste Bedrohung für Arbeitsplätze der unteren Mittelschicht, den technologischen Wandel, ignoriert. Außerdem hat er sich gegen Maßnahmen gestellt, die dessen Nachteile am wirksamsten lindern, nämlich progressive Besteuerung und Sozialausgaben.
- Die **Umwelt** hat von Vorschriften zur Luft- und Wasserverschmutzung profitiert, die mit der Zunahme von Bevölkerung, BIP und Reisen einhergehen. Trump ist der Meinung, dass Umweltschutzbestimmungen der Wirtschaft schaden. Am schlimmsten ist jedoch, dass er den Klimawandel als erfunden bezeichnet und den Austritt aus dem historischen Pariser Klimaabkommen erklärt hat.
- Auch die **Sicherheit** ist durch Bundesrichtlinien erheblich verbessert worden, denen Trump und seine Verbündeten mit Geringschätzung begegnen. Obgleich Trump sich als Kämpfer für Recht und Ordnung geriert, ist er rein vom Gefühl her nicht an einer evidenzbasierten Politik interessiert, die zwischen wirksamen Maßnahmen zur Verbrechensbekämpfung und wenig zielführenden markigen Sprüchen differenzieren würde.
- Der **Frieden** der Nachkriegszeit wurde gefestigt durch Handel, **Demokratie**, internationale Abkommen und Organisationen sowie Normen gegen Eroberungskriege. Trump hat internationale Handelsbeziehungen verunglimpft und gedroht, internationale Abkommen zu widerrufen und internationale Organisationen zu schwächen. Trump ist ein Bewunderer

Wladimir Putins, der die Demokratisierung Russlands ins Gegenteil verkehrt hat, versucht hat, die Demokratie in den USA und Europa mit Cyberattacken zu untergraben, am verheerendsten Krieg des 21. Jahrhunderts in Syrien beteiligt ist, kleinere Kriege in der Ukraine und Georgien entfacht hat und mit seiner Annexion der Krim das Nachkriegstabu der Eroberung unterlaufen hat. Mehrere Mitglieder aus Trumps Regierung haben sich heimlich mit Russland in dem Versuch zusammengetan, Sanktionen gegen das Land zu lockern, und dabei einen zentralen Durchsetzungsmechanismus zur Ächtung von Kriegen ausgehöhlt.

- **Demokratie** ist sowohl abhängig von expliziten verfassungsmäßigen Schutzmechanismen wie Pressefreiheit als auch von gemeinsamen Normen, insbesondere der, dass politische Führung auf Rechtsstaatlichkeit und gewaltlosem politischen Wettstreit beruht und nicht etwa auf dem Machtwillen eines charismatischen Führers. Trump hat angeregt, Verleumdungsgesetze gegen Journalisten zu verschärfen, hat bei seinen Kundgebungen zur Gewalt gegen seine Kritiker ermuntert, wollte nicht zusichern, den Ausgang der Wahl von 2016 anzuerkennen, falls er unterliegen würde, hat versucht, die Auszählung der Stimmen aus der Bevölkerung, wobei er unterlag, zu diskreditieren, hat gedroht, seine Wahlkampfgegnerin ins Gefängnis zu bringen, und die Legitimität der Justiz in Frage gestellt, als sie gegen seine Entscheidungen vorging – allesamt Kennzeichen eines Diktators. Weltweit hängt die Stabilität der Demokratie zum Teil von ihrem Prestige bei der Völkergemeinschaft ab; Trump hat Autokraten in Russland, in der Türkei, auf den Philippinen, in Thailand, Saudi-Arabien und Ägypten öffentlich gelobt, während er demokratische Verbündete wie Deutschland schlechtgemacht hat.
- Die Ideale der Toleranz, Gleichheit und **gleichen Rechte** mussten während seines Wahlkampfs und seiner ersten Regierungszeit heftige symbolische Schläge einstecken. Trump dämonisierte hispanische Einwanderer, schlug vor, die Einwanderung von Muslimen völlig zu verbieten (und versuchte nach seiner Wahl, ein Teilverbot durchzusetzen), äußerte sich mehrmals herabwürdigend über Frauen, tolerierte bei seinen Kundgebungen vulgäre rassistische und sexistische Ausdrucksweisen, nahm Wahlkampfhilfe von rechtsextremen Gruppen an und stellte sie auf eine Stufe mit ihren Gegnern, und er berief einen Strategen sowie einen Justizminister, die der Bürgerrechtsbewegung ablehnend gegenüberstehen.
- Das Ideal des **Wissens** – dass die Ansichten eines Menschen auf gerecht-

fertigten wahren Überzeugungen beruhen sollten – hat Trump verhöhnt, indem er groteske Verschwörungstheorien nachgeplappert hat: Obama sei in Kenia geboren, der Vater von Senator Ted Cruz sei an John F. Kennedys Ermordung beteiligt gewesen, in New Jersey hätten Tausende Muslime die Attentate von 9/11 gefeiert, Richter Antonin Scalia sei ermordet worden, Obama habe seine Telefone abgehört, Millionen illegaler Wähler hätten seine Stimmenmehrheit in der Bevölkerung vereitelt und buchstäblich Dutzende weitere Beispiele. Laut der Faktenüberprüfungs-Website *PolitiFact* waren verblüffende 69 Prozent der von Trump gemachten öffentlichen Aussagen überwiegend falsch (»Mostly False«), »falsch« (»False«) oder dreiste Lügen (»Pants on Fire« – angelehnt an den Kinderspottreim »Liar, liar, pants on fire«).[27] Alle Politiker nehmen es mit der Wahrheit nicht so genau, und alle lügen gelegentlich (da alle Menschen es mit der Wahrheit nicht so genau nehmen und gelegentlich lügen), aber Trumps unverfrorene Enten, die sich umgehend widerlegen lassen (wie die, dass er bei der Wahl einen Erdrutschsieg hingelegt habe), verdeutlichen, dass er den öffentlichen Diskurs nicht als Mittel betrachtet, eine auf objektiver Wahrheit basierende gemeinsame Grundlage zu finden, sondern als Waffe, um Dominanz zu demonstrieren und Rivalen zu demütigen.
- Am erschreckendsten ist, dass Trump gegen die Normen anrennt, die die Welt bisher vor der möglichen **Existenzbedrohung** eines Atomkriegs bewahrt haben. Er hat das Tabu des Einsatzes von Nuklearwaffen in Frage gestellt, via Twitter die Wiederaufnahme eines atomaren Wettrüstens erwogen, darüber nachgedacht, die Verbreitung von Waffen in weitere Länder zu unterstützen, Anstalten gemacht, das Abkommen, das den Iran von der Entwicklung von Atomwaffen abhält, zu kippen, und mit höhnischen Bemerkungen Kim Jong-un zu einem möglichen atomaren Schlagabtausch mit Nordkorea angestachelt. Zu allem Überfluss verleiht die Befehlskette einem amerikanischen Präsidenten enorme Handlungsfreiheit, was den Einsatz von Nuklearwaffen in einer Krise betrifft – unter der stillschweigenden Voraussetzung, dass kein Präsident eine solch schwerwiegende Entscheidung leichtfertig treffen wird. Trump ist jedoch für sein impulsives und rachsüchtiges Temperament bekannt.

Nicht einmal unerschütterliche Optimisten können an diesem begrenzten Horizont einen Silberstreif erkennen. Doch wird Donald Trump (und der autoritäre Populismus allgemein) wirklich ein Vierteljahrtausend des Fortschritts ungeschehen machen? Es gibt gute Gründe, nicht gleich zum

Schierlingsbecher zu greifen. Wenn eine Bewegung über Jahrzehnte oder Jahrhunderte vorangeschritten ist, wird sie vermutlich von systematischen Kräften unterstützt, wie auch von vielen Akteuren, die ein Interesse daran haben, dass sie nicht jäh eine Kehrtwende macht.

Gemäß der Absicht der Gründerväter ist die amerikanische Präsidentschaft keine rotierende Monarchie. Der Präsident sitzt einem dezentralisierten Netzwerk der Macht vor (von Populisten als »Deep State« verunglimpft), das einzelne Führer überdauert und die Regierungsgeschäfte unter realen Beschränkungen führt, welche sich vom Applaus der Populisten oder den Launen des Mannes an der Spitze nicht einfach aushebeln lassen. Zu diesem Netzwerk gehören Gesetzgeber, die auf Wähler und Lobbyisten eingehen müssen, Richter, die den Ruf der Integrität zu wahren haben, sowie Exekutivkräfte, Bürokraten und Funktionäre, die für die Aufgaben ihrer Stabsstellen verantwortlich sind. Trumps autoritäre Instinkte unterziehen die Institutionen der amerikanischen Demokratie einem Stresstest, doch bislang hat sie sich an zahlreichen Fronten der Angriffe zu erwehren gewusst. Kabinettssekretäre haben sich öffentlich von verschiedenen Sticheleien, Tweets und Nebelkerzen distanziert. Gerichte haben nicht verfassungsmäßige Maßnahmen niedergeschlagen. Senatoren und Kongressabgeordnete haben gegen seine Partei gestimmt, um destruktive Gesetze abzuschmettern. Das Justizministerium und Kongressausschüsse untersuchen die Verbindungen zwischen der Regierung und Russland. Ein FBI-Chef hat öffentlich von Trumps Versuch berichtet, ihn einzuschüchtern (was Diskussionen über eine Amtsenthebung wegen Behinderung der Justiz zur Folge hatte). Und sein eigener Mitarbeiterstab, entsetzt über das Geschehen, dessen Zeuge er wird, lässt regelmäßig kompromittierende Fakten an die Presse durchsickern – und dies alles in den ersten sechs Monaten nach der Amtsübernahme.

Einem Präsidenten auf die Finger schauen tun auch die Regierungen auf Bundesstaats- und Regionalebene vor Ort, die Regierungen anderer Nationen, von denen nicht zu erwarten ist, dass sie dem Wiedererstarken Amerikas höchste Priorität beimessen, und sogar die meisten Unternehmen, weil sie von Frieden, Wohlstand und Stabilität profitieren. Insbesondere die Globalisierung ist eine Flutwelle, der kein Herrscher Einhalt gebieten kann. Viele Probleme eines Landes sind eigentlich globale, wie Migration, Pandemien, Terrorismus, Cyberkriminalität, Verbreitung von Atomwaffen, Schurkenstaaten und Umweltschutz. So zu tun, als seien sie nicht vorhanden, lässt sich nicht auf ewig durchziehen, und lösen lassen sie sich nur durch internationale Zusammenarbeit. Ebenso wenig lassen sich die Vorteile der Globalisierung – mehr erschwingliche Güter, größere Exportmärkte, Lindern der globalen Armut – endlos leugnen. Zudem sorgen Internet und preiswerte Reisen dafür, dass der Strom von Menschen und Ideen nicht abreißen wird (was, wie wir sehen werden, besonders auf jüngere Leute zutrifft). Für den Kampf gegen Wahrheit und Fakten gilt, dass sie auf lange Sicht stets einen Trumpf im Ärmel haben: Selbst wenn man nicht mehr an sie glaubt, bleiben sie bestehen.[28]

Die tiefer gehende Frage lautet, ob die aktuellen populistischen Bewegungen, wie viel Schaden sie kurzfristig auch anrichten mögen, unsere gesamte Zukunft bestimmen werden – ob es zutrifft, was kürzlich ein Leitartikel des *Boston Globe* voll Bedauern verkündete: »War schön mit der Aufklärung!«[29] Bedeuten die Ereignisse rund um 2016 tatsächlich, dass die Welt ins Mittelalter zurückgefallen ist? Wie Leugner des Klimawandels, die sich durch einen frostigen Morgen in ihrer Meinung bestätigt sehen, neigen wir dazu, in die Ereignisse der jüngeren Vergangenheit zu viel hineinzuinterpretieren.

Zum einen wurde bei den letzten Wahlen nicht über die Aufklärung abgestimmt. Im politischen Duopol der USA wird jeder Kandidat der Republikaner von seiner Partei mit der Aussicht auf mindestens 45 Prozent der Stimmen in ein Zweierrennen geschickt, und Trump unterlag nach dem Votum der Bevölkerung mit 46 zu 48 Prozent, während er von Wahltricks und von Fehleinschätzungen in Clintons Wahlkampfstrategie profitierte. Und Barack Obama – der in seiner Abschiedsrede den »grundlegenden Geist dieses Landes« wörtlich *der Aufklärung zuschrieb* – verließ sein Amt mit einer Zustimmungsquote von 58 Prozent, einem für scheidende Präsidenten überdurchschnittlichen Wert.[30] Trump trat sein Amt mit einem Wert von 40 Prozent an, dem niedrigsten je gemessenen Wert für einen neuen Präsidenten, und während seiner ersten sieben Monate als Präsident sank er auf 34 Prozent, geringfügig über der Hälfte des Durchschnittswerts für seine neun Vorgänger zum jeweils gleichen Zeitpunkt ihrer Präsidentschaft.[31]

Auch europäische Wahlen sind kein Echolot für das Bekenntnis zum kosmopolitischen Humanismus, sondern Reaktionen auf ein Bündel emotional aufgeladener Themen des Tages. Dazu gehörten in letzter Zeit der Euro (der bei vielen Ökonomen Skepsis hervorruft), als Einmischung verstandene Regelungen aus Brüssel und die Forderung, eine große Anzahl von Flüchtlingen aus dem Nahen Osten aufzunehmen, während zugleich die Angst vor islamistischem Terrorismus (wenn auch in keinem Verhältnis zum tatsächlichen Risiko stehend) durch schreckliche Anschläge geschürt wurde. Dennoch konnten populistische Parteien in den letzten Jahren nur 13 Prozent der Wählerstimmen auf sich vereinen, und in den nationalen Parlamenten haben sie genauso viele Sitze verloren wie hinzugewonnen.[32] Im Jahr nach dem Trump- und dem Brexit-Schock erhielt der rechtsgerichtete Populismus bei Wahlen in den Niederlanden, im Vereinigten Königreich und in Frankreich einen Dämpfer. Frankreichs neuer Staatspräsident Emmanuel Macron verkündete: »Europa und die Welt erwarten von uns, dass wir … den Geist der Aufklärung verteidigen, der an so vielen Orten bedroht ist.«[33]

Viel wichtiger als die politischen Ereignisse Mitte der 2010er Jahre sind jedoch die gesellschaftlichen und ökonomischen Trends, die den autoritären Populismus befeuert haben – und sie sind es, die im Zentrum dieses Kapitels stehen, das einen Ausblick auf die mögliche Zukunft des Populismus enthält.

Vorteilhafte geschichtliche Entwicklungen erzeugen neben den Gewinnern auch häufig Verlierer, und die offensichtlichen wirtschaftlichen Verlierer der Globalisierung (das heißt die unteren Schichten reicher Staaten) werden oft als Unterstützer des autoritären Populismus genannt. Für deterministische Ökonomen reicht dies bereits aus, um das Aufkommen der Bewegung zu erklären. Analytiker haben jedoch die Wahlergebnisse so akribisch unter die Lupe genommen wie Ermittler, die das Wrack eines abgestürzten Flugzeugs untersuchen, und nun wissen wir, dass die ökonomische Erklärung falsch ist. Bei der US-Wahl stimmten die Wähler der beiden untersten Einkommensgruppen mit 52 zu 42 Prozent für *Clinton*, ebenso wie diejenigen, die »die Wirtschaft« als wichtigstes Thema betrachteten. Die Mehrheit der Wähler aus den vier *obersten* Einkommensgruppen stimmte für Trump, und die wichtigsten Themen für die Trump-Wähler waren »Einwanderung« und »Terrorismus«, nicht »die Wirtschaft«.[34]

Die verbogenen Trümmer haben noch mehr vielversprechende Hinweise zutage gefördert. Ein Artikel des Statistikers Nate Silver begann mit den Worten: »Manchmal sind statistische Analysen knifflig, und manchmal springt uns eine Erkenntnis direkt ins Auge.« Die folgende Erkenntnis sprang direkt in die Überschrift des Artikels: »Nicht Einkommen, sondern Bildungsgrad sagte voraus, wer Trump wählen würde.«[35] Warum sollte der Bildungsgrad eine solche Rolle gespielt haben? Zwei langweilige Erklärungen lauten, dass die Höhergebildeten zufällig mit einer liberalen politischen Gruppe zusammenfallen und dass Bildung möglicherweise ein besserer langfristiger Prädiktor für wirtschaftliche Sicherheit ist als das aktuelle Einkommen. Eine interessantere Erklärung lautet, dass Bildung Menschen im jungen Erwachsenenalter so mit anderen Rassen und Kulturen in Kontakt bringt, dass es schwerer fällt, sie zu dämonisieren. Am interessantesten jedoch ist folgende Erwägung: Wenn Bildung bewirkt, was sie bewirken soll, weckt sie Achtung vor überprüften Fakten und logischen Argumenten und immunisiert die Menschen gegen Verschwörungstheorien, Argumentieren mit Anekdoten und emotionsgeladene Demagogie.

Als weitere augenfällige Erkenntnis präsentierte Silver, dass die regionale Karte der Trump-Anhänger nicht unbedingt mit den Karten für Arbeitslosigkeit, Religion, Waffenbesitz oder den Migrantenanteil übereinstimmte. Sie stimmte jedoch mit der Karte der Google-Suchen für das Wort *nigger* überein, die laut Seth Stephens-Davidowitz ein zuverlässiger Indikator für Rassismus ist (Kapitel 15).[36] Das heißt nicht, dass die meisten Trump-Anhänger Rassisten sind. Die Grenzen zwischen offenem Rassismus und Feindseligkeit sowie Misstrauen sind jedoch fließend, und die Überschneidung lässt vermuten, dass die Regionen des Landes, denen Trump seinen Sieg nach Wahlmännerstimmen verdankt, diejenigen sind, die den jahrzehntelangen Prozess der Integration und Förderung von Minderheiteninteressen am entschiedensten bekämpft haben (vor allem, wenn es um die Begünstigung ethnischer Gruppen geht, von der sie sich selbst diskriminiert fühlen).

Bei der Nachwahlbefragung, bei der es um allgemeine Einstellungen ging, erwies sich Pessimismus als durchgängigster Prädiktor für die Unterstützung von Trump.[37] 69 Prozent der Trump-Anhänger waren der Meinung, das Land habe »einen besorgniserregenden Weg eingeschlagen«; ähnlich verbittert äußerten sie sich über die Arbeit der Bundesregierung und das Leben der künftigen amerikanischen Generationen.

Auf der anderen Seite des Großen Teiches entdeckten die Politologen Ronald Inglehart und Pippa Norris bei ihrer Analyse von 268 politischen Parteien in 31 europäischen Ländern entsprechende Muster.[38] Wie sie herausgefunden haben, spielen Wirtschaftsthemen in Parteiprogrammen seit Jahrzehnten keine besonders große Rolle mehr, während nichtökonomische mehr Raum einnehmen. Auch die Verteilung der Wähler wies Parallelen auf. Die meisten Anhänger populistischer Parteien finden sich nicht unter Arbeitern, sondern im »Kleinbürgertum« (selbständige Handwerker und

Inhaber kleiner Unternehmen), gefolgt von Vorarbeitern und Technikern. Populistenwähler sind eher alt, eher religiös, eher ländlicher Herkunft, weniger gebildet, meist männlich und gehören der größten ethnischen Gruppe an. Sie vertreten autoritäre Werte, verorten sich selbst im rechten Flügel des politischen Spektrums und missbilligen Einwanderung sowie eine globale und nationale politische Führung.[39] Auch die Befürworter des Brexit waren eher alt, von ländlicher Herkunft und weniger gebildet als die Personen, die für den Verbleib in der EU stimmten: 66 Prozent der Personen mit Schulabschluss stimmten für den Austritt, aber nur 29 Prozent der Hochschulabsolventen.[40]

Inglehart und Norris kamen zu dem Schluss, dass Unterstützer eines autoritären Populismus nicht so sehr die Verlierer eines wirtschaftlichen, sondern eher eines *kulturellen* Wettstreits seien. Wähler, die männlich, religiös sowie weniger gebildet sind und der größten ethnischen Gruppe angehören, »haben das Gefühl, dass ihnen die vorherrschenden Werte in ihrem eigenen Land fremd geworden sind, dass die progressiven Wellen des Kulturwandels, den sie nicht teilen, über sie hinweggerollt sind. ... Die in den 1970er Jahren in Gang gesetzte stille Revolution hat die Saat für eine verbitterte konterrevolutionäre Reaktion gelegt, die wir heute erleben.«[41] Paul Taylor, politischer Analyst am Pew Research Center, hat die gleiche Gegenbewegung in den amerikanischen Umfrageergebnissen ausgemacht: »Insgesamt erfolgt bei einer Vielzahl von Themen eine Entwicklung zu liberaleren Ansichten, aber das heißt nicht, dass das ganze Land auf diesen Zug aufspringt.«[42]

Obwohl die populistische Gegenreaktion Nahrung in Strömungen der Moderne findet, die seit geraumer Zeit weltweit zu beobachten sind – Globalisierung, ethnische Vielfalt, Emanzipation der Frauen, Säkularismus, Urbanisierung, Bildung –, hängt ihr Wahlerfolg in einem bestimmten Land davon ab, ob eine Führungsfigur in Erscheinung tritt, die den Unmut kanalisieren kann. Daher können sich nah beieinanderliegende oder unmittelbar benachbarte Staaten mit vergleichbarer Kultur in dem Grad unterscheiden, in dem der Populismus an Boden gewinnt: in Ungarn mehr als in Tschechien, in Norwegen mehr als in Schweden, in Polen mehr als in Rumänien, in Österreich mehr als in Deutschland, in Frankreich mehr als in Spanien und in den USA mehr als in Kanada. (Im Jahr 2016 gab es in Spanien, Kanada und Portugal überhaupt keine Abgeordneten einer populistischen Partei.)[43]

In welche Richtung entwickeln sich die Spannungen zwischen dem liberalen, kosmopolitischen, aufgeklärten Humanismus, der sich seit Jahrzehnten in der Welt ausbreitet, und dem regressiven, autoritären, ethnozentrischen Populismus, der sich ihm entgegenstemmt? Die zentralen langfristig wirkenden Kräfte, die den Liberalismus tragen – Mobilität, Vernetzung, Bildung, Urbanisierung –, werden höchstwahrscheinlich nicht den Rückwärtsgang einlegen, ebenso wenig wie die Forderung nach Gleichberechtigung von Frauen und ethnischen Minderheiten.

Natürlich sind all diese Zukunftsausblicke nur Mutmaßungen. Doch eines ist so sicher wie die Tatsache, dass wir alle eines Tages abtreten müssen: Der Populismus ist eine Alte-Männer-Bewegung. Wie Abbildung 20.1 zeigt, nimmt die Befürwortung seiner drei Rezidive – Trump, Brexit und populistische Parteien in Europa – jeweils drastisch mit dem Geburtsjahr ab. (Die alternative Rechte in den USA, die Überschneidungen mit dem Populismus aufweist, hat zwar ziemlich junge Mitglieder, ist aber trotz allgemeiner Bekanntheit wahltechnisch unbedeutend, weil sie wohl nur 50 000 Personen oder 0,02 Prozent der US-amerikanischen Bevölkerung umfasst.)[44] Der altersbedingte Rückgang überrascht nicht – wie wir in Kapitel 15 gesehen haben, war im 20. Jahrhundert jede Geburtskohorte toleranter und liberaler als die vorige (während zugleich alle Kohorten Richtung Liberalismus gedriftet sind). Wenn die Silent Generation und die älteren Baby-Boomer dereinst das Zeitliche segnen, ist also durchaus möglich, dass sie den autoritären Populismus mit ins Grab nehmen.

Selbstverständlich sagen die Kohorten der Gegenwart nichts über die Politik der Zukunft aus, falls sich die Werte der Menschen mit zunehmendem Alter ändern. Wer mit 25 Populist ist, mag kein Herz haben, und wer mit 45 nicht Populist ist, kein Hirn (in Abwandlung eines Mems, das man bereits in Bezug auf Liberale, Sozialisten, Kommunisten, Linke, Republikaner, Demokraten und Umstürzler bemüht hat und das einer Reihe beliebter Zitatelieferanten in den Mund gelegt wurde, darunter Victor Hugo, Benjamin Disraeli, George Bernard Shaw, Georges Clemenceau, Winston Churchill und Bob Dylan). Doch wer auch immer es gesagt hat (vermutlich Anselme Batbie, ein Rechtswissenschaftler aus dem 19. Jahrhundert, der es seinerseits Edmund Burke zuschrieb) und auf welches Glaubenssystem auch immer es angeblich gemünzt war – die Behauptung, politische Orientierungen unterlägen Lebenszykluseffekten, ist falsch.[45] Wie wir in Kapitel 15 gesehen haben, bewahren Menschen ihre emanzipativen Werte, während sie älter

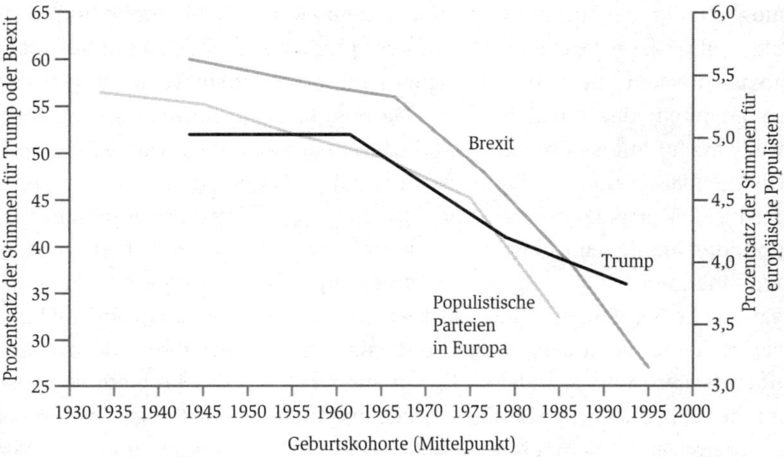

Abb. 20.1 Unterstützung von Populisten über Generationen, 2016
Quellen: Trump: Nachwahlbefragungen durch Edison Research, *New York Times* 2016. Brexit: Nachwahlbefragungen durch Lord Ashcroft Polls, *BBC News Magazine*, 24. Juni 2016, http://www.bbc.com/news/magazine-36619342. Populistische Parteien Europas (2002–2014): Inglehart & Norris 2016, Abb. 8. Die Daten für die jeweiligen Geburtskohorten sind am Mittelpunkt ihrer Spanne aufgetragen

werden, statt zum Illiberalismus umzuschwenken. Und laut einer kürzlichen Analyse der US-amerikanischen Wähler im 20. Jahrhundert durch die Politologen Yair Ghitza und Andrew Gelman stimmen die Amerikaner mit zunehmendem Alter nicht durchgängig für konservativere Präsidenten. Ihre Wahlpräferenzen werden durch die Erfahrungen geformt, die sie im Laufe ihres Lebens im Hinblick auf die Beliebtheit von Präsidenten sammeln, wobei der Einfluss im Zeitfenster zwischen 14 und 24 Jahren am stärksten ist.[46] Es ist unwahrscheinlich, dass die jungen Wähler, die heute gegen Populismus sind, ihn morgen auf ihre Fahnen schreiben.

Wie könnte man der populistischen Bedrohung für die Werte der Aufklärung entgegentreten? Da wirtschaftliche Sicherheit nicht ihr Antrieb ist, werden Strategien zur Bekämpfung der Einkommensungleichheit und Gespräche mit arbeitslosen Stahlarbeitern, um sich in ihr Elend einzufühlen, so lobenswert sie auch sind, vermutlich keine Wirkung zeigen. Ein Antrieb scheint eine kulturelle Gegenreaktion zu sein; demzufolge wäre es womöglich hilfreich, auf unnötig polarisierende Rhetorik, Symbolik und Identitätspolitik zu verzichten, um Wähler zu gewinnen oder zumindest nicht abzuschrecken, die sich nicht sicher sind, zu welchem Team sie gehören sollen (mehr dazu in Kapitel 21). Da populistische Bewegungen mittlerweile auch Einfluss über ihre Mitglieder hinaus ausüben, wäre es sinnvoll, Unregelmäßigkeiten im Wahlsystem wie die Manipulation von Wahlkreisgrenzen (»Gerrymandering«) und Formen unverhältnismäßiger Repräsentation, die ländlichen Gebieten ein übermäßiges Gewicht verleihen (wie das Wahlmännersystem in den USA) zu beseitigen. Gleiches gilt für eine journalistische Berichterstattung, die das Ansehen von Kandidaten eher an ihrer verbrieften Zuverlässigkeit und Kohärenz festmachen sollte als an trivialen Ausrutschern und Skandalen. Langfristig wird sich das Problem teilweise mit der Urbanisierung erledigen – die Landflucht lässt sich nicht aufhalten. Und teilweise in demographischer Hinsicht. Wie man auch über die Wissenschaft gesagt hat, entwickelt sich eine Gesellschaft von einem Begräbnis zum nächsten weiter.[47]

Ein Rätsel im Zusammenhang mit dem Aufkommen des autoritären Populismus ist nach wie vor, warum ein schockierend großer Anteil derjenigen Bevölkerungsgruppen, deren Interessen durch den Ausgang der Abstimmungen am meisten gefährdet waren, wie der jungen Briten beim Brexit sowie der Afroamerikaner, Latinos und amerikanischen Millennials bei Trump, nicht zur Wahlurne gegangen sind.[48] Dies führt uns zurück zu einem zentralen Thema dieses Buches und zu meinem eigenen bescheidenen Vorschlag, wie sich der Strom des aufgeklärten Humanismus gegen den jüngsten Anti-Aufklärungs-Ansturm wappnen ließe.

Ich glaube, Medien und Intelligenzija haben im Verbund mit den Populisten ein so von Ungerechtigkeit und Dysfunktionalität geprägtes Bild der modernen westlichen Nationen gezeichnet, dass scheinbar nur noch ein radikaler Umschwung die Lage zum Besseren wenden konnte. »Stürmt das Cockpit, oder ihr werdet sterben!«, kreischte ein konservativer Essayist – er verglich das Land mit dem entführten Flugzeug am 11. September, das durch eine Revolte der Passagiere vorzeitig zum Absturz gebracht wurde.[49] »Ich würde lieber das Imperium unter Trump zu Schutt und Asche niederbrennen sehen, weil dies zumindest noch die Chance auf einen radikalen Wandel bedeuten würde, als unter Clinton auf Autopilot weiterzuschippern«, schäumte ein linksgerichteter Verfechter der »politischen Brandstiftung«.[50] Selbst gemäßigte Kommentatoren in Mainstream-Zeitungen beschreiben das Land verbreitet als ein Dreckloch des Rassismus, der Ungleichheit, des Terrorismus, der sozialen Pathologie und scheiternden Institutionen.[51]

Das Problem mit dystopischer Rhetorik ist Folgendes: Wenn die Leute glauben, dass ihr Land eine brennende Mülltonne ist, sind sie empfänglich für den immer wiederkehrenden Appell der Demagogen: »Was habt ihr zu verlieren?« Würden Medien und Intellektuelle die Dinge stattdessen in einen statistischen und historischen Kontext stellen, könnten sie bei der Beantwortung dieser Frage behilflich sein. Radikale Regimes von Nazideutschland und Maos China bis zu Staaten von heute wie Venezuela und der Türkei verdeutlichen, dass wir eine ungeheure Menge zu verlieren haben, wenn charismatische Gebieter in Reaktion auf eine »Krise« demokratische Normen und Institutionen niedertrampeln und ihr Land kraft ihrer Persönlichkeit befehligen.

Eine liberale Demokratie ist eine wertvolle Errungenschaft. Bis zur Ankunft des Messias wird es immer Probleme damit geben, aber es ist besser, diese Probleme zu lösen, als einen Flächenbrand zu legen und zu hoffen, dass aus Schutt und Asche etwas Besseres ersteht. Sozialkritiker, die die Geschenke der Moderne nicht zu würdigen wissen, stacheln die Wähler gegen die verantwortlichen Verwalter und kleinschrittigen Reformer auf, die in der Lage sind, den uns vergönnten gewaltigen Fortschritt zu festigen und die Bedingungen, die uns mehr davon sichern werden, zu stabilisieren.

Wer ein Plädoyer für die Moderne halten will, steht vor folgender Herausforderung: Für jemanden, der aus nächster Nähe die aktuellen Schlagzeilen im Blick hat, erscheint Optimismus möglicherweise naiv oder, um das neue Lieblingsklischee der Experten über die Eliten zu bemühen, »realitätsfern«. Doch in einer Welt jenseits von Heldenmythen ist die einzige Art von Fortschritt, die uns zuteilwerden kann, allzu leicht zu übersehen, während wir von ihm umgeben sind. Wie der Philosoph Isaiah Berlin betont hat, ist das Ideal einer vollkommen gerechten, gleichen, freien, gesunden und harmonischen Gesellschaft, dem liberale Demokratien niemals entsprechen, eine gefährliche Phantasie. Menschen sind keine Klone in einer Monokultur – was demzufolge den einen befriedigt, frustriert die andere, und letztlich können sie nur dann gleiches Recht erfahren, wenn sie nicht gleich behandelt werden. Überdies gehört es zu den Vorzügen der Freiheit, dass man auch die Freiheit besitzt, sein eigenes Leben zu versemmeln. Liberale Demokratien können Fortschritt erleben, aber nur vor dem steten Hintergrund unschöner Kompromisse und permanenter Reformen:

> Die Kinder haben erreicht, wonach sich ihre Eltern und Großeltern sehnten – mehr Freiheit, mehr materiellen Wohlstand, eine gerechtere Gesellschaft; aber die alten Übel sind vergessen, und die Kinder stehen nun vor neuen Problemen, die durch ebenjene Lösungen hervorgerufen wurden, die man für die alten gefunden hatte, und wenn diese ihrerseits gelöst sind, wird wiederum eine neue Situation mit neuen Erfordernissen entstanden sein – und so geht es auf eine nicht vorhersagbare Weise immer weiter.[52]

Das ist das Wesen des Fortschritts. Vorangezogen werden wir von Einfallsreichtum, Mitgefühl und wohlmeinenden Institutionen. Zurückgedrängt werden wir von den dunkleren Seiten der menschlichen Natur und dem Zweiten Hauptsatz der Thermodynamik. Kevin Kelly erklärt, wie diese Dialektik dennoch in eine Vorwärtsbewegung münden kann:

> Seit der Aufklärung und der Erfindung der Wissenschaft ist es uns mit jedem Jahr gelungen, ein kleines bisschen mehr aufzubauen, als zu zerstören. Doch diese wenigen Prozent positiver Differenz haben sich über die Jahrzehnte zu etwas zusammengefügt, das wir vielleicht Zivilisation nennen können. ... [Fortschritt] ist ein sich selbst verhüllender Vorgang, den man nur in der Rückschau erkennt. Und darum sage ich immer, dass mein großer Optimismus seine Wurzeln in der Geschichte hat.[53]

Es gibt kein griffiges Schlagwort für eine konstruktive Agenda, die langfristige Ziele mit kurzfristigen Rückschlägen in Einklang bringt, historische Strömungen mit menschlichem Wirken. »Optimismus« trifft es nicht ganz, denn der Glaube, dass die Dinge immer besser werden, ist um keinen Deut rationaler als die Überzeugung, dass alles immer schlechter wird. Kelly schlägt »Protopie« vor, mit dem *Pro-* aus *progress* (»Fortschritt«) und *process* (»Prozess«). Weitere Vorschläge waren »pessimistische Hoffnung«, »Opti-Realismus« und »radikaler Inkrementalismus«.[54] Mein Favorit kommt von Hans Rosling, der auf die Frage, ob er ein Optimist sei, geantwortet hat: »Ich bin kein Optimist. Ich bin leidenschaftlicher Possibilist.«[55]

Teil III

Vernunft, Wissenschaft und Humanismus

Die Gedanken der Ökonomen und Staatsphilosophen [sind], sowohl wenn sie im Recht als auch wenn sie im Unrecht sind, einflußreicher, als gemeinhin angenommen wird. Die Welt wird in der Tat durch nicht viel anderes regiert. Praktiker, die sich ganz frei von intellektuellen Einflüssen glauben, sind gewöhnlich die Sklaven irgendeines verblichenen Ökonomen. Verrückte in hoher Stellung, die Stimmen in der Luft hören, zapfen ihren wilden Irrsinn aus dem, was irgendein akademischer Schreiberling ein paar Jahre vorher verfaßte. Ich bin überzeugt, daß die Macht erworbener Rechte im Vergleich zum allmählichen Durchdringen von Ideen stark übertrieben wird.

John Maynard Keynes

Ideen sind wichtig. *Homo sapiens* ist eine Spezies, die clever sein muss, um zu überleben, und darauf angewiesen ist, herauszufinden und sich einzuprägen, wie die Welt funktioniert und wie es sich am besten darin leben lässt. Es gibt keinen besseren Beweis für die Macht der Ideen als den ungeahnten Einfluss jenes Staatsphilosophen, der am vehementesten auf die Kraft persönlicher Interessen pochte, des Mannes, der schrieb: »Die herrschenden Ideen einer Zeit waren stets nur die Ideen der herrschenden Klasse.« Karl Marx besaß keine Reichtümer und befehligte keine Armee, doch die Ideen, die er im Lesesaal des Britischen Museums aufs Papier kritzelte, prägten den Verlauf des 20. Jahrhunderts und die Zeit danach und gaben dem Leben von Milliarden Menschen eine völlig neue Richtung.

Dieser Teil des Buches bringt mein Plädoyer für die Ideen der Aufklärung zum Abschluss. In Teil I wurden diese Ideen vorgestellt. Teil II zeigte auf, dass sie funktionieren. Nun ist es an der Zeit, sie gegen einige unerwartete Feinde zu verteidigen – nicht nur wütende Populisten und religiöse Fundamentalisten, sondern auch Gruppen der etablierten Geisteskultur. Es mag überspannt klingen, zur Verteidigung der Aufklärung gegen Professoren, Kritiker, Gelehrte und ihre Leserschaften ins Feld zu ziehen, denn würde man sie geradeheraus zu diesen Idealen befragen, so würden nur wenige sich von ihnen distanzieren. Doch die Treue von Intellektuellen zu diesen Idealen ist wankelmütig. Vielen von ihnen liegen sie nicht wirklich am Herzen, und nur wenige sind bereit, offen für sie einzustehen. Auf diese Weise, ohne Fürsprecher, rücken die Ideale der Aufklärung als vertraute alte Leier in den Hintergrund und werden zum Fußabtreter für jedes ungelöste gesellschaftliche Problem (von denen es stets mehr als genug gibt). Engstirnige Ideen wie Obrigkeitsdenken, Stammesdenken und magisches Denken bringen das Blut leicht in Wallung und sind nie um Verfechter verlegen. Von einem fairen Kampf kann hier wohl kaum die Rede sein.

Auch wenn ich hoffe, dass die Ideale der Aufklärung in der breiten Öffentlichkeit – bei Fundamentalisten, wütenden Populisten et cetera – tiefere Wurzeln schlagen, bin ich nicht bewandert in den dunklen Künsten der Begeisterung der Massen, der öffentlichen Mobilisierung oder der viralen Meme. Im Folgenden biete ich Argumente für Menschen, die sich für Argumente interessieren. Diese Argumente können bedeutsam sein, weil pragmatisch denkende Männer und Frauen sowie Verrückte in verantwortlicher Position direkt oder indirekt von der Welt der Ideen beeinflusst werden. Sie gehen zur Uni. Sie lesen anspruchsvolle Zeitschriften, wenn auch vielleicht nur im Wartezimmer vom Zahnarzt. Sie sehen die Nachrichtensendungen am Sonntagmorgen. Sie werden von Mitarbeitern informiert, die anspruchsvolle Zeitungen abonnieren und TED-Talks anschauen. Sie sind häufiger Gast auf Diskussionsforen im Internet, die durch die Lesegewohnheiten der beleseneren Beitragenden erhellt oder verdüstert werden. Mir gefällt der Gedanke, dass sich die Welt zum Besseren wenden könnte, wenn diese Informationsquellen von immer mehr Ideen gespeist würden, die die Aufklärungsideale der Vernunft, der Wissenschaft und des Humanismus verkörpern.

Kapitel 21

Vernunft

Sich der Vernunft entgegenzustellen ist per definitionem unvernünftig. Das hat einen Haufen Irrationalisten jedoch nicht davon abgehalten, das Herz höher zu bewerten als das Hirn, das limbische System höher als den Cortex, Wegsehen höher als Nachdenken, McCoy höher als Spock. Es gab die romantische Bewegung der Gegenaufklärung, eingefangen in Johann Herders Bekundung »Bin nicht zu denken hier! – zu sein! zu hoffen! Leben und mich zu freun!« Es gibt (nicht nur bei religiösen Menschen) eine verbreitete Ehrfurcht vor dem Glauben – also davor, ohne guten Grund von etwas überzeugt zu sein. Es gibt das postmoderne Credo, Vernunft sei nur ein Vorwand, um Macht auszuüben, Realität sei eine soziale Konstruktion und alle Behauptungen seien in einem Gespinst der Selbstreferenz gefangen und kollabierten in die Paradoxie. Sogar Angehörige meiner eigenen Disziplin der Kognitionspsychologie behaupten häufig, sie hätten die ihrer Ansicht nach aufklärerische Überzeugung widerlegt, dass Menschen rationale Akteure seien, und somit den zentralen Stellenwert der Vernunft an sich untergraben. Daraus folgt dann, dass es ein fruchtloses Unterfangen ist, auch nur zu versuchen, die Welt in einen rationaleren Ort zu verwandeln.[1]

All diese Positionen haben jedoch eine entscheidende Schwachstelle: Sie widerlegen sich selbst. Sie leugnen, dass es einen *vernünftigen Grund* geben könne, genau diese Positionen zu vertreten. Sobald ihre Verfechter den Mund öffnen, um mit ihrem Plädoyer zu beginnen, haben sie ihr Argument bereits entkräftet, denn mit genau diesem Akt bekennen sie sich stillschweigend zur Möglichkeit des Überzeugens – gute Gründe für ihr Anliegen anzubringen, welche von ihrem Gegenüber, wie sie insistieren, nach den Maßstäben der Rationalität, von denen sie beide ausgehen, zu akzeptieren seien. Andernfalls reden sie in den Wind und könnten ebenso gut versuchen, ihre Zuhörer mit Bestechung oder Gewalt umzustimmen. In *Das letzte Wort* macht der Philosoph Thomas Nagel unmissverständlich klar, dass Subjektivität und Relativismus mit Logik und Realität nicht zusammenpassen, »denn es ist unmöglich, etwas zu kritisieren, ohne über etwas zu verfügen«:

> Die These »Alles ist subjektiv« muß unsinnig sein, denn sie müßte ihrerseits entweder subjektiv oder objektiv sein. Objektiv kann sie aber nicht sein, denn sonst wäre sie im Falle der Wahrheit falsch. Subjektiv kann sie auch nicht sein, denn sonst würde sie keine objektive Behauptung ausschließen, unter anderem auch nicht die Behauptung, daß sie selbst objektiv falsch sei. Einige Subjektivisten, die sich womöglich als Pragmatisten gerieren, präsentieren ihren Subjektivismus vielleicht so, daß er sogar auf sich selbst zutrifft. Doch in dem Fall bedarf der Subjektivismus keiner Erwiderung, denn er ist dann nichts weiter als eine Schilderung der dem Subjektivisten genehmen Äußerungen. Sollte uns der Subjektivist überdies auffordern, ihm beizupflichten, brauchen wir keinen Grund für unsere Ablehnung zu nennen, denn einen Grund beizupflichten hat er nicht genannt.[2]

Nagel nennt diese Denkweise cartesisch, weil sie Descartes' Argument »Ich denke, also bin ich« ähnelt. Genau wie die Tatsache, dass sich jemand fragt, ob er existiert, beweist, dass er existiert, beweist die Tatsache, dass sich jemand auf vernünftige Gründe beruft, dass es Vernunft gibt. Man könnte auch von einem transzendentalen Argument sprechen, also einem, das die notwendigen Voraussetzungen für das, was es tut, anführt, nämlich für das Vorbringen eines Arguments.[3] (Es geht gewissermaßen auf das antike Lügner-Paradox zurück mit dem Kreter, der sagt: »Alle Kreter sind Lügner.«) Egal wie man das Argument nennt – es wäre falsch, es so zu interpretieren, dass es den »Glauben« an die Vernunft rechtfertigt, was laut Nagel »ein Gedanke zuviel« wäre. Wir *glauben* nicht an die Vernunft; wir *wenden* Vernunft *an* (so wie wir nicht unsere Computer programmieren, um eine zentrale Verarbeitungseinheit zu erhalten; ein Programm ist eine Abfolge von Operationen, die von der zentralen Verarbeitungseinheit nutzbar gemacht wird).[4]

Auch wenn Vernunft allem anderen vorausgeht und sich nicht mittels erster Prinzipien begründen lassen muss (und kann!), gilt: Sobald wir sie anwenden, können wir darauf vertrauen, dass die jeweils von uns angewendeten Arten logischen Denkens verlässlich sind, wenn wir ihre innere Kohärenz und Übereinstimmung mit der Wirklichkeit erkennen. Das Leben ist kein Traum mit zusammenhanglosen Erlebnissen in einer verwirrenden Abfolge. Und die Anwendung der Vernunft auf die Welt rechtfertigt sich selbst, indem sie uns die Fähigkeit verleiht, die Welt nach unserem Willen zu formen – sei es, dass wir Infektionen bekämpfen oder Menschen auf den Mond schießen.

Das cartesische Argument hat seinen Ursprung zwar in der abstrakten Philosophie, ist aber beileibe keine Haarspalterei. Vom abgehobensten Dekonstruktivisten bis zum intellektfeindlichsten Verbreiter von Verschwörungstheorien und »alternativen Fakten« erkennt jeder den Stellenwert von Antworten wie »Warum sollte ich dir glauben?« oder »Beweise es mir« oder »Das ist doch völliger Quatsch«. Nur die wenigsten würden darauf erwidern »Das stimmt, es gibt keinen vernünftigen Grund, warum du mir glauben solltest« oder »Ja, ich habe dich angelogen« oder »Du hast recht, was ich sage, ist Schwachsinn«. Es liegt in der Natur eines Streitgesprächs, dass wir für uns beanspruchen, recht zu haben. Und sobald wir das tun, haben wir uns der Vernunft verpflichtet – und unser Gegenüber, das wir von unserer Meinung zu überzeugen versuchen, kann uns auf Kohärenz und Genauigkeit festnageln.

Mittlerweile kennen viele Leute die Forschungen aus der Kognitionspsychologie über menschliche Irrationalität, die in Bestsellern wie Daniel Kahnemans Werk *Schnelles Denken, langsames Denken* und Dan Arielys *Denken hilft zwar, nützt aber nichts* erläutert wurden. Auf die entsprechenden kognitiven Schwächen habe ich schon in früheren Kapiteln hingewiesen: die Art und Weise, wie wir Wahrscheinlichkeiten aus uns bekannten Anekdoten ableiten, Stereotype auf Einzelpersonen projizieren, nach bestätigenden Belegen suchen und gegenteilige ignorieren, Nachteile und Verluste verabscheuen und unsere Argumente auf Teleologie und Voodoo gründen statt auf mechanische Ursache und Wirkung.[5] Doch so bedeutsam diese Erkenntnisse sind, so darf man sie doch nicht als Gegenbeweis für einen Grundsatz der Aufklärung werten, dass Menschen rationale Akteure sind, oder als Rechtfertigung für die fatalistische Schlussfolgerung, dass wir den Versuch, mit fundierten Argumenten zu überzeugen, ebenso gut aufgeben und Demagogie mit Demagogie bekämpfen könnten.

Zunächst einmal *hat kein Denker der Aufklärung jemals behauptet, dass Menschen durchgängig rational sind.* Ganz gewiss nicht der überrationale Kant, der schrieb: »Aus so krummem Holze, als woraus der Mensch gemacht ist, kann nichts ganz Gerades gezimmert werden«, noch Spinoza, Hume, Smith oder die *Enzyklopädisten*, Kognitions- und Sozialpsychologen, die ihrer Zeit voraus waren.[6] Wofür sie plädierten, war, dass wir rational sein *sollten*, indem wir lernen, die Denkfehler und Dogmen, die uns nur allzu leicht in Versuchung führen, zu unterdrücken, und dass wir rational sein *können* – wenn nicht als Individuen, dann im Kollektiv –, indem wir Institutionen ins Leben rufen und Normen befolgen, die unsere Veranlagungen eingrenzen, darunter Redefreiheit, logische Analyse und empirische Überprüfung. Und falls Sie dem nicht zustimmen, warum sollten wir dann *Ihrer* Behauptung beipflichten, dass Menschen zu rationalem Denken und Handeln nicht in der Lage sind?

Oft wird die zynische Haltung gegenüber der Vernunft mit hausgemachter Evolutionspsychologie gerechtfertigt (die von Evolutionspsychologen nicht vertreten wird), wonach Menschen mit der Amygdala denken und instinktiv auf das leiseste Rascheln im Gras reagieren, weil sich dort ein lauernder Tiger verbergen könnte. Echte Evolutionspsychologen sehen den Menschen jedoch mit anderen Augen: nicht als zweibeinige Antilope, sondern als diejenige Spezies, die *schlauer* als Antilopen ist. Wir sind eine kognitive Spezies, die darauf angewiesen ist, die Welt zu erklären. Da die Welt so ist, wie sie ist, egal, was die Leute über sie denken, besteht ein starker Selektionsdruck, korrekte Erklärungen finden zu können.[7]

Demnach hat logisches Denken tiefe evolutionäre Wurzeln. Der Citizen Scientist (so viel wie »Laienwissenschaftler«) Louis Liebenberg hat die Jäger und Sammler der San in der Kalahari-Wüste (die »Buschleute«) erforscht, eine der ältesten Kulturen der Welt. Sie betreiben die älteste Form der Jagd, die Ausdauerjagd. Dabei verfolgen Menschen mit ihrer besonderen Fähigkeit, über ihre schweißbedeckte Haut Wärme abzugeben, in der Mittagshitze ein Säugetier mit Fell, bis es mit einem Hitzschlag zusammenbricht. Da die meisten Säugetiere schneller als Menschen sind und sich aus dem Staube machen, sobald man sie entdeckt, folgen Ausdauerjäger ihrer Spur. Das bedeutet, dass sie aus den von ihnen hinterlassenen Hufabdrücken, geknickten Zweigen und fortgeschleuderten Steinchen auf Spezies, Geschlecht, Alter sowie Erschöpfungsgrad des Tieres und somit auf seine vermutliche Fluchtrichtung schließen. Die San ziehen nicht einfach nur *Schlussfolgerungen* – indem sie etwa folgern, dass agile Springböcke tiefe Abdrücke mit der Vorderkante der Hufe hinterlassen, weil sie sich gut abdrücken müssen, während schwere Kudus mit dem flachen Huf auftreten, um ihr Gewicht tragen zu können. Sie *argumentieren* auch – sie kleiden ihre logischen Folgerungen in Worte, um ihre Gefährten zu überzeugen oder ihrerseits überzeugt zu werden. Liebenberg hat beobachtet, dass die Spurenleser aus der Kalahari Argumente von Autoritäten nicht fraglos übernehmen. Ein junger Spurenleser kann die mehrheitliche Meinung der älteren Gefährten in Frage stellen, und falls seine Interpretation der Indizien überzeugend ist, kann er sie auch umstimmen und damit die Trefferquote der Gruppe erhöhen.[8]

Und wenn Sie immer noch versucht sind, moderne Dogmen und Aberglauben damit zu entschuldigen, dass dies alles doch nur menschlich sei, führen Sie sich Liebenbergs Schilderung der wissenschaftlichen Skepsis bei den San zu Gemüte:

> Drei Spurenleser, !Nate /Uase und Boroh//xao aus Lone Tree in der Zentral-Kalahari, erzählten mir, dass die Sperlingslerche *(Mirafra passerina)* nur nach dem Regen singe, denn »sie ist glücklich, weil es geregnet hat«. Ein Spurenleser, Boroh//xao, sagte, wenn der Vogel singe, trockne er das Erdreich, so dass die Wurzeln gut zu essen seien. Danach meinten !Nate und /Uase, Boroh//xao habe unrecht – es sei nicht der *Vogel*, der das Erdreich trockne, sondern die *Sonne*. Der Vogel *erzähle* ihnen nur, dass der Boden in den kommenden Monaten austrocknen werde und dies die Zeit des Jahres sei, in der die Wurzeln gut zu essen seien. …
> !Namka, ein Spurenleser aus Bere in der Zentral-Kalahari, Botswana, erzählte mir von dem Mythos, dass die Sonne einer Elenantilope gleiche, die den Himmel überquere und dann von einem Volk im Westen getötet werde. Das rote Leuchten am Himmel bei Sonnenuntergang sei das Blut der Elenantilope. Nachdem sie sie gegessen hätten, würden sie das Schulterblatt über den Himmel zurück nach Osten werfen, wo es in einen Tümpel falle und zu einer neuen Sonne werde. Manchmal, so sage man, könne man das Schulterblatt durch die Luft sausen hören. Nachdem er mir die Geschichte sehr detailreich erzählt hatte, meinte er, er glaube, die »alten Leute« würden lügen, weil er nie gesehen habe … wie das Schulterblatt über den Himmel fliege, oder das Sausen gehört habe.[9]

Natürlich widerlegt nichts davon die Erkenntnis, dass Menschen leicht Illusionen und Denkfehlern erliegen. Unser Gehirn verfügt nur über eine begrenzte Kapazität zur Verarbeitung von Informationen und hat sich in einer Welt ohne Wissenschaft, Gelehrsamkeit und anderen Formen der Faktenüberprüfung entwickelt. Doch die Realität ist ein mächtiger Selektionsdruck, und darum muss die Evolution einer Spezies, die dank Ideen überlebt, für die Fähigkeit gesorgt haben, korrekte Fakten zu bevorzugen. Wir stehen heute vor der Herausforderung, bei der Bewertung von Informationen eine

Umgebung zu schaffen, in der sich diese Fähigkeit gegenüber denen durchsetzt, die uns in die Irre führen. In einem ersten Schritt ist zu klären, warum sich eine sonst intelligente Spezies so leicht aufs Glatteis führen lässt.

Das 21. Jahrhundert, eine Epoche nie dagewesenen Zugangs zu Wissen, hat auch schon machtvolle und zerstörerische Ströme der Irrationalität erlebt, darunter die Leugnung der Evolution, der Sicherheit von Impfungen und des menschengemachten Klimawandels sowie die Verbreitung von Verschwörungstheorien, von 9/11 bis zur Größe des Bevölkerungsvotums für Donald Trump. Verfechter der Rationalität bemühen sich verzweifelt, dieses Paradox zu verstehen, doch in einem kleinen Anfall eigener Irrationalität halten sie nur selten nach Daten Ausschau, die es erklären könnten.

Die Standarderklärung für Massenwahn ist Ignoranz: Dank einem mittelmäßigen Bildungssystem ist das Volk wissenschaftlich unbedarft und den Launen seiner kognitiven Verzerrungen ausgeliefert und weiß sich daher nicht gegen hohlköpfige Prominente, Gladiatoren der Nachrichtenszene und andere verderbliche Einflüsse aus der Popkultur zur Wehr zu setzen. Die Standardlösung ist besserer Schulunterricht und mehr Öffentlichkeitsarbeit durch Wissenschaftler via TV, soziale Medien und beliebte Websites. Als um Öffentlichkeitsarbeit bemühter Wissenschaftler habe ich diese Theorie immer verlockend gefunden, doch schließlich musste ich feststellen, dass sie falsch ist oder bestenfalls nur einen kleinen Teil zur Lösung des Problems beiträgt.

Sehen wir uns einmal die folgenden Fragen über Evolution an:

> Während der industriellen Revolution im 19. Jahrhundert wurde die englische Landschaft mit Ruß bedeckt, und die durchschnittliche Zahl der Birkenspanner mit dunklerer Färbung nahm zu. Was war der Grund für diese Entwicklung?
> A. Um mit ihrer Umgebung zu verschwimmen, mussten die Falter dunkler werden.
> B. Für die dunkler gefärbten Falter nahm die Wahrscheinlichkeit ab, dass sie gefressen wurden, und die Wahrscheinlichkeit, dass sie sich fortpflanzten, nahm entsprechend zu.
> Nach einem Jahr stieg das durchschnittliche Testergebnis an einer privaten Highschool um 30 Punkte. Welche Erklärung für diesen Wandel entspricht am ehesten Darwins Erklärung für die Anpassung der Arten?
> A. Die Schule nahm Kinder reicher Ehemaliger nur noch auf, wenn sie die gleichen Anforderungen wie alle anderen erfüllten.

B. Nach dem letzten Test hatten sich alle zurückgekehrten Schüler und Schülerinnen verbessert.

Die richtigen Antworten sind B und A. Der Psychologe Andrew Shtulman legte Highschoolschülern und -schülerinnen sowie Studierenden eine Reihe solcher Fragen vor, mit denen die fundierte Kenntnis der Theorie der natürlichen Selektion getestet werden sollte, insbesondere die Schlüsselidee, dass Evolution aus Veränderungen im Anteil einer Population mit adaptiven Merkmalen besteht und nicht aus einer Umwandlung der Population, die bewirkt, dass ihre Merkmale adaptiver werden. Er stellte keine Korrelation zwischen dem Abschneiden beim Test und der Überzeugung fest, dass die natürliche Selektion den Ursprung des Menschen erklärt. Man kann an die Evolution glauben, ohne sie zu verstehen, und umgekehrt.[10] In den 1980er Jahren setzten sich mehrere Biologen in die Nesseln, als sie Einladungen zu Diskussionen mit Kreationisten annahmen, die sich nicht etwa als tölpelhafte Bibelfanatiker entpuppten, sondern als gut informierte Anklagevertreter, die neueste Forschungsergebnisse zitierten, um Unsicherheit bezüglich der lückenlosen Beweisführung aufseiten der Wissenschaft zu säen.

Sich zum Glauben an die Evolution zu bekennen entspringt nicht wissenschaftlicher Belesenheit, sondern ist eine Bekräftigung der Loyalität gegenüber einer liberalen säkularen Subkultur im Gegensatz zu einer konservativen religiösen. Im Jahr 2010 strich die National Science Foundation die folgende Aussage aus ihrem Test auf wissenschaftliche Bildung: »Der Mensch, wie wir ihn heute kennen, hat sich aus früheren Tierarten entwickelt.« Der Grund für diese Maßnahme war nicht, wie Wissenschaftler in einem empörten Aufschrei kundtaten, dass die NSF dem Druck der Kreationisten nachgegeben hatte, die anstößige Evolution aus dem Kanon der Wissenschaft zu streichen. Vielmehr war die Korrelation zwischen der Richtigkeit der Antworten bei dieser Testaussage und allen anderen Aussagen (etwa »Ein Elektron ist kleiner als ein Atom« oder »Antibiotika töten Viren«) so gering, dass man stattdessen lieber eine Testaussage einfügte, die eine aufschlussreichere Bewertung erlaubte. Mit anderen Worten: Die Aussage testete im Grunde nicht wissenschaftliche Bildung, sondern Religiosität.[11] Als man der Aussage »Die Evolutionstheorie behauptet:« voranstellte, so dass wissenschaftliche Kenntnis von kultureller Loyalität getrennt wurde, fielen die Antworten bei religiösen und nichtreligiösen Probanden gleich aus.[12]

Oder betrachten wir folgende Fragen:

Klimaforscher sind der Meinung, dass weltweit die Meeresspiegel steigen, wenn die Eiskappe des Nordpols aufgrund der vom Menschen erzeugten globalen Erwärmung schmilzt. Richtig oder falsch?
Welches Gas bewirkt nach Ansicht der meisten Wissenschaftler Temperaturanstiege in der Atmosphäre? Kohlendioxid, Wasserstoff, Helium oder Radon?
Klimaforscher sind der Meinung, dass die vom Menschen erzeugte globale Erwärmung das Hautkrebsrisiko beim Menschen erhöht. Richtig oder falsch?

Die Antwort auf die erste Frage lautet »falsch«; würde die Aussage zutreffen, so würde Ihr Glas Cola überlaufen, wenn die Eiswürfel darin schmelzen. Es sind die Eiskappen an *Land*, wie auf Grönland oder in der Antarktis, die den Meeresspiegel beim Schmelzen ansteigen lassen. Personen, die vom menschengemachten Klimawandel überzeugt waren, schnitten bei Tests zum Klima oder zu allgemeinen wissenschaftlichen Kenntnissen nicht besser ab als seine Leugner. So sind viele, die an den Klimawandel glauben, der Meinung, dass die globale Erwärmung von einem Loch in der Ozonschicht hervorgerufen wird und durch die Entsorgung giftiger Müllberge verringert werden kann.[13] Der Prädiktor für die Leugnung des menschengemachten Klimawandels ist nicht mangelnde wissenschaftliche Bildung, sondern politische Ideologie. Im Jahr 2015 stimmten 10 Prozent der konservativen Republikaner der Aussage zu, dass sich die Erde aufgrund menschlicher Aktivitäten erwärmt (57 Prozent stritten ab, dass sich die Erde überhaupt erwärmt), verglichen mit 36 Prozent der moderaten Republikaner, 53 Prozent der Parteilosen, 63 Prozent der moderaten Demokraten und 78 Prozent der liberalen Demokraten.[14]

In einer bahnbrechenden Analyse der Vernunft der breiten Öffentlichkeit hat der Rechtswissenschaftler Dan Kahan behauptet, dass bestimmte Überzeugungen zu Symbolen kultureller Loyalität werden. Menschen bestätigen oder leugnen diese Überzeugungen nicht, um zum Ausdruck zu bringen, was sie *wissen*, sondern, wer sie *sind*.[15] Wir alle identifizieren uns mit bestimmten Gruppen oder Subkulturen, von denen jede für ein Bekenntnis steht, wie ein gutes Leben auszusehen hat und wie die Gesellschaft funktionieren sollte. Diese Bekenntnisse unterscheiden sich gemeinhin in zwei Dimensionen. Die eine stellt einen rechtsgerichteten Einklang mit natürlicher Hierarchie einer linksgerichteten Vorliebe für erzwungenen Egalitarismus gegenüber (gemessen an der Zustimmung für Aussagen wie »Wir müssen die Ungleichheit zwischen Reich und Arm, weißen und farbigen Menschen oder Mann und Frau radikal eindämmen«). Die andere ist eine libertäre Neigung zum Individualismus gegenüber einer kommunitären oder autoritären Neigung zur Solidarität (gemessen an der Zustimmung für Aussagen wie »Der Staat sollte die Entscheidungen, die Individuen treffen dürfen, eingrenzen, damit sie nicht das Wohl der Gesellschaft beeinträchtigen«). Eine bestimmte Überzeugung wird unter Umständen, je nachdem, wie sie formuliert ist und wer sie vertritt, zu einem Prüfstein, Passwort, Motto, Erkennungszeichen, heiligen Prinzip oder Treueid für eine dieser Gruppen. Kahan und seine Mitarbeiter erläutern:

> Dass über die Forschung zum Klimawandel Uneinigkeit herrscht, liegt nicht daran, dass sie auf unverständliche Weise vermittelt wird. Es liegt vor allem daran, dass die Einstellungen zum Klimawandel auf Werten beruhen – Sorge um die Gemeinschaft gegenüber individueller Eigenverantwortlichkeit, besonnene Selbstverleugnung gegenüber dem heldenhaften Streben nach Belohnung, Bescheidenheit gegenüber Genialität, Harmonie mit der Natur gegenüber der Herrschaft über sie –, die die betreffenden Personen in verschiedene kulturelle Lager aufspalten.[16]

Die Werte, die Menschen spalten, sind auch nach den Dämonen definiert, die man für die gesellschaftlichen Miseren verantwortlich macht: gierige Konzerne, Eliten im Elfenbeinturm, lästige Bürokraten, lügende Politiker, ignorante Proleten oder, allzu oft, ethnische Minderheiten.

Laut Kahan ist unsere Tendenz, in unseren Überzeugungen eher einen Treueid zu sehen als neutrale Bewertungen, in gewisser Weise rational. Abgesehen von ganz wenigen Triebkräften, Erneuerern und Entscheidern, ist es höchst unwahrscheinlich, dass die Meinungen einer bestimmten Person zum Klimawandel oder zur Evolution von irgendeiner Relevanz für die Welt sind. Sie sind jedoch von ungeheurer Relevanz für den Respekt, den man dieser Person in ihrem sozialen Umfeld entgegenbringt. Die falsche Ansicht zu einem politisierten Thema zu vertreten kann uns in den Augen der anderen bestenfalls als komischen Vogel dastehen lassen – als jemand, der »es einfach nicht rafft« – und schlimmstenfalls als Verräter. Der Druck zur Konformität wird noch größer, wenn wir mit Leuten zusammenleben und -arbeiten, die sind wie wir, und wenn akademische, geschäftliche oder religiöse Seilschaften offen für eine links- oder rechtsgerichtete Sache eintreten. Für Gelehrte und Politiker, die dafür bekannt sind, die Belange ihrer

Gruppe zu verteidigen, bedeutet die falsche Positionierung bei einem Thema das Ende der beruflichen Laufbahn.

Unter diesen Voraussetzungen ist das Vertreten einer Überzeugung, die wissenschaftlichen Kriterien und einer Faktenüberprüfung nicht standhält, gar nicht mal so irrational – zumindest wenn man die unmittelbaren Folgen für die jeweilige Person in Betracht zieht. Die Folgen für die Gesellschaft und unseren Planeten sind ein anderes Thema. Der Atmosphäre ist es egal, was Menschen über sie denken, und wenn sie sich tatsächlich um 4° Celsius aufheizt, werden Milliarden Menschen darunter leiden – ungeachtet dessen, wie viele von ihnen sich der Wertschätzung ihrer Peergroup sicher sein durften, weil sie unerschütterlich an der jeweils angesagten Meinung über den Klimawandel festgehalten haben. Kahan kommt zu dem Schluss, dass wir allesamt Akteure bei einer Tragik der Überzeugungs-Allmende sind: Die Bekundung einer Überzeugung, die (im Hinblick auf Wertschätzung) für das Individuum rational ist, kann (im Hinblick auf reale Gegebenheiten) für die Gesellschaft als Ganzes irrational sein.[17]

Die verdrehten Motive hinter »expressiver Rationalität« oder »identitätsschützender Kognition« können das Paradox der für das 21. Jahrhundert typischen Irrationalität zum Teil erklären. Im Präsidentschaftswahlkampf von 2016 konnten zahlreiche politische Beobachter nicht fassen, welche Ansichten von Trump-Anhängern (und in vielen Fällen von Trump selbst) vertreten wurden, etwa dass Hillary Clinton an multipler Sklerose leide und dies mit Hilfe eines Doubles vertusche oder dass Barack Obama bei den Anschlägen von 9/11 seine Hand im Spiel gehabt haben müsse, weil er sich zu jener Zeit nie im Oval Office habe blicken lassen (wobei Obama 2001, wie man weiß, noch gar nicht Präsident war). Amanda Marcotte bemerkte dazu: »Diese Typen sind durchaus klug genug, um sich anzuziehen, den Veranstaltungsort der Kundgebung zu lesen und rechtzeitig dort aufzutauchen, aber irgendwie glauben sie weiterhin irgendein Zeug, das so verrückt und so falsch ist, dass man sich nicht vorstellen kann, dies könne jemand für bare Münze nehmen, der nicht total übergeschnappt ist. Wie ist das bloß möglich?«[18] Es ist möglich, weil diese Leute sogenannte *blue lies* (»blaue Lügen«) in Umlauf bringen. Von Notlügen aus Sympathie oder Mitleid *(white lies)* profitiert der Hörer; *blue lies* dienen dem Vorteil einer Eigengruppe (ursprünglich Kollegen von Polizisten).[19] Einige Verbreiter von Verschwörungstheorien mögen wirklich einer Fehlinformation aufgesessen sein, doch die meisten bringen diese Überzeugungen zum Ausdruck, weil es ihnen weniger um die Wahrheit als vielmehr um die Show geht: Sie versuchen, Liberale zu bekämpfen und Solidarität mit ihren Blutsbrüdern zu demonstrieren. Wie der Anthropologe John Tooby ergänzt, sind absurde Überzeugungen effektivere Loyalitätsbekundungen als plausible.[20] Jeder kann behaupten, dass Steine nicht nach oben, sondern nach unten fallen, doch nur ein Mensch, der sich seinen Glaubensbrüdern und -schwestern wirklich verbunden fühlt, hat einen Grund zu behaupten, dass Gott eine und zugleich drei Personen ist oder dass die Partei der Demokraten einen Kinderpornoring mit Zentrale in einer Washingtoner Pizzeria betrieben hat.

Die Verschwörungstheorien hitziger Meuten bei einer politischen Kundgebung sind ein extremer Fall für Selbstdarstellung, die die Wahrheit übertönt, doch die Tragik der Überzeugungs-Allmende geht noch tiefer. Ein weiteres Paradox der Rationalität besteht darin, dass Fachwissen, Intelligenz und bewusstes logisches Denken allein nicht garantieren, der Wahrheit nahezukommen. Andererseits können sie aber auch Waffen für immer noch scharfsinnigere Argumentationen sein. So bemerkte Benjamin Franklin: »Wie angenehm ist es doch, ein *vernünftiges Geschöpf* zu sein, das einen annehmbaren Vorwand für alle seine Gelüste zu finden oder zu erfinden weiß!«

Psychologen wissen seit langem, dass das menschliche Gehirn infiziert ist mit motiviertem logischen Denken (es lenkt ein Argument zu einer bevorzugten Schlussfolgerung hin, statt ihm zu folgen, wohin es führt), voreingenommenem Bewerten (es entdeckt Fehler in Belegen, die eine bevorzugte Position entkräften, und akzeptiert Belege, die sie unterstützen) sowie einer *myside bias* (es wertet gegensätzliche Positionen ab).[21] In einem klassischen Experiment von 1954 stellten die Psychologen Al Hastorf und Hadley Cantril Studierenden aus Dartmouth und Princeton Quizfragen zu einem Film über ein vor kurzem stattgefundenes brutales Footballspiel zwischen den beiden Hochschulen, in dem es zu zahlreichen Strafen kam. Sie stellten fest, dass beide Studierendengruppen mehr Regelverstöße beim anderen Team entdeckten.[22]

Heute wissen wir, dass politische Parteilichkeit ebenso funktioniert wie die Fankultur beim Sport: In der Wahlnacht steigt und sinkt der Testosteronpegel genau wie am Super Bowl Sunday.[23] Und daher sollte es nicht überraschen, dass Personen, die politisch Partei ergreifen – also die meisten von uns –, stets mehr Regelverstöße beim gegnerischen Team ausmachen. In einer weiteren klassischen Studie präsentierten die Psychologen Charles

Lord, Lee Ross und Mark Lepper Befürwortern und Gegnern der Todesstrafe zwei Untersuchungen; die eine legte nahe, dass die Todesstrafe davor abschreckte, einen Mord zu begehen (im Jahr nach ihrer Einführung ging die Mordrate in den betreffenden Ländern zurück), die andere stellte das in Zweifel (in Ländern mit Todesstrafe war die Mordrate höher als in Nachbarländern ohne). Die Studien waren fingiert, aber realistisch, und bei der Hälfte der Probanden vertauschten die Untersuchungsleiter die Ergebnisse, um der Möglichkeit vorzubeugen, dass einige von ihnen Vergleiche zwischen verschiedenen Zeitpunkten überzeugender fanden als Vergleiche zwischen Orten und umgekehrt. Es stellte sich heraus, dass sich jede Gruppe von dem soeben gehörten Ergebnis vorübergehend umstimmen ließ; sobald sie jedoch genauere Einzelheiten zu den Studien erfuhren, entdeckten sie ein Haar in der Suppe derjenigen Studie, die nicht zu ihrer ursprünglichen Einstellung passte, und sagten Dinge wie »Die Belege sind irrelevant ohne Daten über die allgemeine Entwicklung der Kriminalität in diesen beiden Jahren« oder »Auch wenn die beiden Staaten eine gemeinsame Grenze haben, sind die Lebensumstände in ihnen möglicherweise ganz verschieden«. Aufgrund dieser selektiven Beweisführung war die Polarisierung zwischen den Probanden noch stärker, *nachdem* man allen die gleichen Belege vorgelegt hatte – die Gegner waren noch mehr dagegen, die Befürworter noch mehr dafür.[24]

Politisches Engagement ähnelt in noch anderer Hinsicht der Fankultur beim Sport: Wir suchen und konsumieren Neuigkeiten, um unser Zugehörigkeitsgefühl zu einer Gruppe noch zu steigern, und nicht, um unsere Meinung zu präzisieren.[25] Damit erklärt sich eine weitere Entdeckung Kahans: Je besser jemand über den Klimawandel informiert ist, desto polarisierter ist seine Einstellung dazu.[26] Tatsächlich müssen wir nicht einmal eine vorgefasste Meinung haben, um eine polarisierte Sichtweise einzunehmen. Als Kahan Versuchspersonen die Risiken der Nanotechnologie auf neutrale, ausgewogene Weise darlegte (wohl kaum ein heißes Eisen auf den Nachrichtenkanälen), teilten sie sich umgehend in Fraktionen auf, die ihren jeweiligen Ansichten zu Atomkraft und genmodifizierter Nahrung entsprachen.[27]

Falls diese Studien noch nicht ernüchternd genug sind, habe ich eine weitere anzubieten, die eine Zeitschrift als »die deprimierendste Erkenntnis über das Gehirn aller Zeiten« beschrieben hat.[28] Kahan zog für seine Untersuchung tausend US-Amerikaner heran, schätzte ihre politische Einstellung und Rechenkenntnisse mit Standardfragebogen und legte ihnen Daten vor, nach denen sie die Wirksamkeit einer neuen Behandlung für eine Erkrankung beurteilen sollten. Die Teilnehmenden wurden darauf hingewiesen, die Zahlen sorgfältig zu berücksichtigen, weil man nicht davon ausgehe, dass die Behandlung immer hundertprozentig erfolgreich sein werde und das Leiden sogar verschlimmern könne, während sich andererseits manchmal auch von selber, ganz ohne Behandlung, eine Besserung einstellen würde. Man hatte die Zahlen so gewählt, dass eine der Antworten herausstach (die Behandlung schlug an, weil eine größere *Anzahl* behandelter Personen eine Besserung zeigte), doch die andere Antwort war korrekt (die Behandlung schlug nicht an, weil ein kleinerer *Anteil* der behandelten Personen eine Besserung zeigte). Mit einem bisschen Mathe konnte man der Versuchung, die spontane Antwort zu wählen, ein Schnippchen schlagen – man musste sein Augenmerk nur auf das Verhältnis der Zahlen richten. Bei einer Version der Studie sagte man den Teilnehmenden, die Erkrankung sei ein Ausschlag und die Behandlung eine Hautcreme. Folgende Zahlen wurden ihnen präsentiert:

	Besserung	**Verschlechterung**
Behandlung	223	75
Keine Behandlung	107	21

Laut den Daten schadete die Hautcreme mehr, als sie nützte – die Personen, die sie anwendeten, zeigten in einem Verhältnis von etwa drei zu eins eine Besserung, während die Unbehandelten in einem Verhältnis von etwa fünf zu eins eine Besserung zeigten. (Bei der Hälfte der Teilnehmenden wurden die Zahlenreihen ausgetauscht, was hieß, dass die Hautcreme das Leiden linderte.) Die weniger Rechenbegabten wurden von der größeren absoluten Zahl der Patienten, bei denen eine Besserung eintrat, in die Irre geführt (223 gegenüber 107) und wählten die falsche Antwort. Die Rechenkünstler konzentrierten sich auf den Unterschied zwischen den beiden Verhältnissen (3:1 gegenüber 5:1) und wählten die richtige. Natürlich waren diese Versuchspersonen nicht von vornherein für oder gegen Hautcreme eingestellt – sie erkannten den Unterschied unabhängig von der sich ergebenden Schlussfolgerung. Und entgegen den schlimmsten Befürchtungen liberaler Demokraten und konservativer Republikaner, was die Intelligenz der jeweils anderen Parteianhänger betrifft, schnitt keine Gruppe wesentlich besser als die andere ab.

All dies änderte sich jedoch bei einer abgeänderten Version des Experiments, als die langweilige Hautcreme durch die explosive Reglementierung von Waffenbesitz ersetzt wurde (genauer: ein Gesetz, das Bürgern das verborgene Tragen einer Handfeuerwaffe in der Öffentlichkeit untersagt) und der Hautausschlag durch die Kriminalitätsrate. Plötzlich kamen die Rechenkünstler je nach ihrer politischen Einstellung zu unterschiedlichen Ergebnissen. Wenn die Daten besagten, dass die Maßnahme zur Waffenkontrolle die Verbrechensrate eindämmte, erkannten dies alle liberalen Rechenkünstler, und die meisten konservativen Rechenkünstler erkannten es nicht – sie schnitten ein wenig besser ab als die rechenunbegabten Konservativen, wählten im Schnitt jedoch häufiger die falsche als die richtige Antwort. Wenn aber die Daten besagten, dass das Waffengesetz die Kriminalitätsrate *steigen* ließ, wurde das von den meisten konservativen Rechenkünstlern erkannt, jedoch nicht von den liberalen; tatsächlich schnitten sie nicht besser ab als die rechenunbegabten Liberalen. Das bedeutet: Wir können nicht unser »Reptiliengehirn« für die menschliche Irrationalität verantwortlich machen – es waren die *gebildeten* Versuchspersonen, die sich durch ihre politische Einstellung am stärksten blenden ließen. Zwei andere Zeitschriften kommentierten die Resultate mit »Wissenschaftlich bestätigt: Politik zerstört unsere Rechenkompetenz« und »Wie die Politik uns zu Trotteln macht«.[29]

Forscher sind selber auch nicht immun. Sie stolpern häufig über ihre *eigene* Voreingenommenheit, wenn sie aufzeigen wollen, dass ihre politischen *Gegner* voreingenommen sind – ein Denkfehler, den man als *bias bias*, also »Verzerrungsverzerrung«, bezeichnen könnte (wie in Matthäus 7,3: »Was siehst du aber den Splitter im Auge deines Bruders, doch den Balken in deinem Auge nimmst du nicht wahr?«).[30] Eine neuere Studie von drei Sozialwissenschaftlern (Angehörige eines vorwiegend liberalen Berufsstandes), die behauptete, dass Konservative feindseliger und aggressiver seien, musste zurückgezogen werden, als den Autoren aufging, dass sie aus den Zahlen die falschen Schlüsse gezogen hatten – in Wirklichkeit waren die *Liberalen* feindseliger und aggressiver.[31] Bei vielen Untersuchungen, die nachweisen wollten, dass Konservative mehr zu Vorurteilen und rigiden Ansichten veranlagt sind als Liberale, hat sich gezeigt, dass die Auswahl der Testfragen und Prüflinge zu einseitig war.[32] Tatsächlich hegen Konservative stärkere Vorurteile gegenüber Afroamerikanern, doch es hat sich auch erwiesen, dass Liberale stärkere Vorurteile gegenüber gläubigen Christen hegen. Tatsächlich neigen Konservative eher dazu, in Schulen christliche Gebete zuzulassen; dagegen neigen Liberale eher dazu, in Schulen muslimische Gebete zuzulassen.

Es wäre aber auch ein Fehler anzunehmen, dass sich die Verzerrungsverzerrung auf die Linken beschränkt – das wäre eine Verzerrungsverzerrungsverzerrung. Im Jahr 2010 veröffentlichten die libertären Ökonomen Daniel Klein und Zeljka Buturovic eine Studie, die aufzeigen sollte, dass Linksliberale keine Ahnung von Ökonomie haben; Grundlage dieser Folgerung waren falsche Antworten bei Standardaufgaben für Studienanfänger der Ökonomie wie die folgenden:[33]

> Beschränkungen beim Wohnungsbau machen das Wohnen teurer. [Richtig]
> Der obligatorische Nachweis einer Lizenz für das Erbringen professioneller Dienstleistungen verteuert diese Dienstleistungen. [Richtig]
> Ein Unternehmen mit dem größten Marktanteil ist ein Monopol. [Falsch]
> Mietpreisbindung führt zur Verknappung von Wohnraum. [Richtig]

(Eine weitere Aussage lautete: »Insgesamt ist der Lebensstandard heute höher als vor 30 Jahren«, was richtig ist. In Übereinstimmung mit meiner Behauptung aus Kapitel 4, dass Progressive Fortschritt hassen, bewerteten 61 Prozent der Progressiven und 52 Prozent der Liberalen die Aussage als falsch.) Konservative und Libertäre feixten, und ein Bericht des *Wall Street Journal* über die Untersuchung mit der Überschrift »Sind Sie klüger als ein Fünftklässler?« suggerierte, dass dies auf Linke nicht zutrifft. Kritiker wiesen jedoch darauf hin, dass die Aufgaben implizit auf linke Anliegen abzielten. Also führten die beiden Forscher eine Follow-up-Studie mit ebenso elementaren Lerninhalten des Ökonomiestudiums durch, die dieses Mal den Nerv von Konservativen trafen:[34]

> Wenn zwei Personen eine freiwillige Transaktion durchführen, ist das für beide *zwangsläufig* von Vorteil. [Falsch]
> Mit einem Abtreibungsverbot wird sich der Schwarzmarkt für Abtreibungen vergrößern. [Richtig]
> Drogen zu legalisieren würde Straßenbanden und organisierte Kriminalität reicher und mächtiger machen. [Falsch]

Nun waren es die Konservativen, die als Einfaltspinsel verlacht wurden. Man muss Klein zugutehalten, dass er seine Verunglimpfung der Linken in einem Artikel mit dem Titel »Ich hatte unrecht und ihr auch« revidierte. Er bemerkte:

> Über 30 Prozent meiner libertären Landsleute (und über 40 Prozent der Konservativen) widersprachen beispielsweise der Aussage »Ein Dollar bedeutet einem armen Menschen mehr als einem reichen« – also bitte, Leute! – gegenüber nur 4 Prozent der Progressiven. ... Die vollständige Auflistung aller 17 Fragen erbrachte, dass sich keine Gruppe eindeutig dümmer anstellte als die anderen. Alle stellen sich etwa gleich dumm an, wenn sie ihre persönliche Haltung in Frage gestellt sehen.[35]

Wenn Linken und Rechten bei Quizfragen und Experimenten gleichermaßen dumme Fehler unterlaufen, wäre zu erwarten, dass sie auch entsprechend danebenliegen, wenn sie versuchen, aus der Welt klug zu werden. Die in Kapitel 5 bis 18 präsentierten Daten aus der Menschheitsgeschichte illustrieren, welche wichtigen politischen Ideologien die Fakten des menschlichen Fortschritts erklären können. Ich habe dargelegt, dass die zentralen Triebkräfte die nichtpolitischen Ideale der Vernunft, der Wissenschaft und des Humanismus waren, die Menschen veranlasst haben, Wissen zu erwerben und anzuwenden, das das Wohlergehen der Menschheit gefördert hat. Haben rechts- oder linksgerichtete Ideologien dem noch etwas hinzuzufügen? Darf aufgrund der rund siebzig Diagramme die eine Seite der anderen sagen: »Verzerrung hin oder her – wir haben recht und ihr unrecht«? Es scheint, als dürften beide Seiten dies in gewisser Weise für sich beanspruchen, während sie zugleich wichtige Teile der Geschichte ignorieren.

An erster Stelle steht dabei die konservative Skepsis gegenüber dem Ideal des Fortschritts an sich. Seitdem der erste moderne Konservative, Edmund Burke, gemutmaßt hat, wir seien zu unvollkommen, um Pläne zur Verbesserung unserer Lebensbedingungen zu entwerfen, und täten besser daran, an Traditionen und Institutionen festzuhalten, die uns vor dem Sturz in den Abgrund bewahrten, steht eine breite Strömung konservativen Denkens den besten Plänen von Mäusen und Menschen skeptisch gegenüber. Der reaktionäre Randbereich des Konservatismus, neuerdings wieder zum Leben erweckt von Trumpisten und der äußersten Rechten Europas (Kapitel 23), ist der Ansicht, die westliche Zivilisation sei nach einem knappen friedvollen Jahrhundert unkontrolliert ins Schlingern geraten und habe die ethische Klarheit des traditionellen Christentums gegen einen dekadenten weltlichen

Sündenpfuhl eingetauscht; werde man ihr nicht Einhalt gebieten, so werde sie bald unter dem Druck von Terrorismus, Kriminalität und Gesetzlosigkeit implodieren.

Nun, das ist nicht wahr. Vor der Aufklärung wurde das Leben verdüstert durch Hunger, Seuchen, Aberglauben, hohe Mütter- und Kindersterblichkeit, marodierende Ritter und Kriegsherren, sadistische Folterhinrichtungen, Sklaverei, Hexenjagden sowie von Völkermorden geprägte Kreuzzüge, Eroberungen und Religionskriege.[36] Machen wir drei Kreuze, dass das vorbei ist. Die Kurven in den Abbildungen 5.1 bis 18.4 beweisen: Als man das menschliche Dasein mit Einfallsreichtum und Mitgefühl zu gestalten begann, wurde das Leben nach und nach länger, gesünder, reicher, sicherer, glücklicher, freier, klüger, tiefgründiger und interessanter. Es gibt immer noch Probleme, aber Probleme sind unvermeidbar.

Auch die Linke hat in ihrer Verachtung für die Marktwirtschaft und ihrer romantischen Verklärung des Marxismus den Absprung verpasst. Der industrielle Kapitalismus bereitete im 19. Jahrhundert den Boden für den großen Ausbruch aus globaler Armut und ist im 21. Jahrhundert dabei, den Rest der Menschheit in einer großen Konvergenz zu retten. Zur gleichen Zeit bescherte der Kommunismus der Welt Hungerkatastrophen, »Säuberungen«, Gulags, Völkermorde, Tschernobyl, Revolutionskriege mit Millionen Toten und Armut nordkoreanischer Prägung, bevor er überall sonst aufgrund seiner eigenen inneren Widersprüche kollabierte.[37] Bei einer kürzlichen Umfrage bezeichneten sich jedoch 18 Prozent der Soziologieprofessoren als Marxisten, und die Begriffe *Kapitalist* und *freie Marktwirtschaft* bleiben den meisten Intellektuellen nach wie vor im Halse stecken.[38] Das hat zum Teil damit zu tun, dass ihr Gehirn diese Ausdrücke per Autokorrektur in *unkontrollierte, unregulierte* oder *uneingeschränkte* freie Marktwirtschaft umwandelt und damit auf einer falschen Dichotomie beharrt – ein freier Markt kann durchaus in Koexistenz mit Regelungen zu Sicherheit, Arbeit und Umwelt funktionieren, genau wie ein freies Land auch in Koexistenz mit Strafrechten funktionieren kann. Und ein freier Markt kann auch in Einheit mit großen Ausgaben für Gesundheit, Bildung und Wohlfahrt existieren (Kapitel 9) – tatsächlich weisen einige Länder mit den umfangreichsten Sozialausgaben auch das größte Maß an wirtschaftlicher Freiheit auf.[39]

Wir wollen fair zu den Linken sein – die libertäre Rechte hängt der gleichen falschen Dichotomie an und scheint nur allzu bereitwillig für die Linke den Strohmann zu geben.[40] Rechtsgerichtete Libertäre (in ihrer Republikaner-Version des 21. Jahrhunderts) haben die Beobachtung, dass zu viel Regulierung schädlich sein kann (aufgrund einer Machtfülle für Bürokraten, Kosten für die Gesellschaft, die die Vorzüge nicht aufwiegen, oder der Beschützung von Amtsinhabern vor Wettbewerb statt dem Schutz von Verbrauchern vor Schaden), in das Dogma verkehrt, dass weniger Regulierung stets besser ist als mehr Regulierung. Sie haben die Beobachtung, dass zu umfangreiche Sozialausgaben schädlich sein können (indem sie falsche Anreize gegen Arbeit schaffen und die Normen und Institutionen der Bürgergesellschaft untergraben), in das Dogma verkehrt, dass Sozialausgaben egal welcher Größenordnung immer zu umfangreich sind. Und sie haben die Beobachtung, dass Steuersätze zu hoch sein können, in eine hysterische »Freiheits«-Rhetorik umgemünzt, wonach die Anhebung des Grenzsteuersatzes für Einkommen über 400 000 Dollar von 35 auf 39,6 Prozent bedeutet, den Staat brutalen Sturmtruppen auszuliefern. Häufig wird die Weigerung, das optimale Maß an staatlicher Lenkung anzustreben, mit dem Verweis auf Friedrich Hayeks Einwand aus *Der Weg zur Knechtschaft* gerechtfertigt, Regulierung und Sozialhilfe seien ein rutschiger Hang, auf dem ein Staat in Elend und Tyrannei hinabgleite.

Es scheint mir, als hätten die Fakten des menschlichen Fortschritts den rechtsgerichteten Libertarismus ebenso mit Verachtung gestraft wie den rechtsgerichteten Konservatismus und den linksgerichteten Marxismus. Die totalitären Regierungen des 20. Jahrhunderts gingen nicht aus demokratischen Wohlfahrtsstaaten hervor, die einen rutschigen Hang hinabglitten, sondern wurden von fanatischen Ideologen und Schlägerbanden ins Leben gerufen.[41] Und Länder, die freie Marktwirtschaft mit mehr Besteuerung, Sozialausgaben und Regulierung kombinieren als die Vereinigten Staaten (wie Kanada, Neuseeland und Westeuropa), erweisen sich nicht als düstere Dystopien, sondern vielmehr als Orte, in denen es sich gut leben lässt; zudem übertrumpfen sie die USA haushoch in allen Kriterien des menschlichen Wohlergehens, einschließlich Kriminalität, Lebenserwartung, Säuglingssterblichkeit, Bildung und Glück.[42] Wie wir gesehen haben, wird kein Industrieland nach rechtsgerichteten libertären Prinzipien regiert, noch ist jemals irgendeine realistische Vision eines solchen Landes entwickelt worden.

Es sollte nicht überraschen, dass die Fakten des menschlichen Fortschritts die großen -ismen widerlegen. Die Ideologien sind über zweihundert Jahre alt und beruhen auf völlig abgehobenen Gedankengebäuden – etwa ob der

Mensch mit einem tragischen Makel behaftet sei oder unbegrenzt formbar und ob die Gesellschaft ein organisches Ganzes sei oder eine Ansammlung von Individuen.[43] In der Wirklichkeit besteht eine Gesellschaft aus Hunderten Millionen sozialen Wesen; sie alle besitzen ein Gehirn mit Billionen Synapsen und sind bestrebt, ihr Wohlergehen zu mehren, während sie zugleich das Wohlergehen anderer über komplexe Netzwerke mit einer Vielzahl positiver und negativer externer Effekte beeinflussen, von denen es zahlreiche noch nie zuvor gegeben hat. Für eine solche Gesellschaft kann es schlichtweg kein einfaches Narrativ geben, das besagt, was angesichts einer bestimmten Menge an Regeln geschehen wird. Ein rationalerer politischer Ansatz wäre, Gesellschaften als permanente Experimente zu betrachten und unvoreingenommen die besten Vorgehensweisen zu erlernen, aus welchem Bereich des Spektrums sie auch kommen mögen. Zurzeit legen die erhobenen Daten nahe, dass es sich am besten in liberalen Demokratien leben lässt, mit einer Mischung aus bürgerlichen Normen, garantierten Rechten, freier Marktwirtschaft, Sozialausgaben und besonnener Regulierung. Der Komiker Pat Paulsen bemerkte dazu: »Würde entweder der rechte oder der linke Flügel die Geschicke des Landes lenken, so würde es nur noch im Kreis fliegen.«

Es ist nicht so, dass Goldlöckchen immer recht hat und die Wahrheit stets in der goldenen Mitte liegt. Vielmehr haben zeitgenössische Gesellschaften die Spreu vom Weizen getrennt und sich von den schlimmsten Schnitzern der Vergangenheit verabschiedet, und das heißt: Wenn eine Gesellschaft halbwegs vernünftig funktioniert – in den Straßen fließt das Blut nicht in Strömen, Übergewicht ist ein größeres Problem als Unterernährung, Menschen, die mit den Füßen abstimmen, wollen unbedingt hinein, statt zum Ausgang zu stürzen –, dann sind ihre derzeitigen Institutionen vermutlich ein guter Ausgangspunkt (an sich schon eine Lektion, die uns der Burke'sche Konservatismus lehrt). Die Vernunft sagt uns, dass politische Erwägungen dann am fruchtbarsten wären, wenn sie Staatsführung mehr als wissenschaftliches Experimentieren und weniger als Wettkampf in einer Extremsportart ansehen würden.

Auch wenn wir besser beraten sind, zur Bewertung unserer Ideen geschichtliche und sozialwissenschaftliche Daten heranzuziehen, als nur zu spekulieren, so ist die Feuerprobe für empirische Rationalität doch immer noch die *Prognose*. Die Wissenschaft schreitet voran, indem sie die Prognosen von Hypothesen prüft, und wir alle wenden diese Logik im Alltag an, wenn wir

Stammtischweisheiten loben oder verlachen, je nachdem, ob die Realität ihnen recht gibt, wenn wir mit Redewendungen zum Ausdruck bringen, dass jemand für die Richtigkeit seiner Äußerungen einzustehen hat, wie *auf dem Holzweg sein* oder *dumm dastehen*, und wenn wir Sprichwörter anbringen wie »Lass deinen Worten Taten folgen« und »Probieren geht über Studieren«.

Leider scheinen die erkenntnistheoretischen Standards des gesunden Menschenverstands – wir sollten diejenigen Menschen und Ideen würdigen, die korrekte Vorhersagen treffen, und uns von den falschen verabschieden – nur selten für die Intelligenzija und die Kommentatoren zu gelten, die ihre Meinungen bar jeder Rechenschaftspflicht verbreiten. Stets falschliegende Prognostiker wie Paul Ehrlich werden nach wie vor von der Presse zitiert, und die meisten Leser und Leserinnen haben keine Ahnung, ob ihre Lieblingskolumnisten, -gurus oder -nachrichtensprecher eher richtigliegen als ein Schimpanse beim Auswählen von Bananen. Das kann schwerwiegende Folgen haben: Zahlreiche militärische und politische Debakel erwuchsen aus dem fehlgeleiteten Vertrauen in die Vorhersagen von Experten (wie die Geheimdienstberichte von 2003, wonach Saddam Hussein Atomwaffen baute), und schon wenige danebenliegende Prozentpunkte bei Finanzmarktprognosen können den Unterschied zwischen Gewinn oder Verlust eines Vermögens ausmachen.

Überdies sollten wir zur Beurteilung geistiger Systeme, einschließlich politischer Ideologien, eine Erfolgsbilanz von Prognosen zu Rate ziehen. Manche ideologischen Differenzen ergeben sich zwar aus aufeinanderprallenden Werten und mögen unversöhnbar sein, doch viele beruhen auf Meinungsverschiedenheiten über den richtigen Weg zum gemeinsamen Ziel und ließen sich daher vermutlich ausräumen. Welche politischen Maßnahmen werden tatsächlich Dinge bewirken, die sich praktisch alle wünschen, wie dauerhaften Frieden oder Wirtschaftswachstum? Welche werden Armut, Gewaltverbrechen oder Analphabetismus eindämmen? Eine rationale Gesellschaft sollte die Antworten suchen, indem sie die Welt befragt, statt von der Allwissenheit eines Blocks von Meinungsmachern auszugehen, die sich um eine gemeinsame Überzeugung geschart haben.

Leider findet sich die von Kahan bei seinen Versuchspersonen dokumentierte expressive Rationalität auch bei Redakteuren und Experten. Die Honorare, die ihr Ansehen begründen, richten sich nicht nach der Korrektheit ihrer Prognosen, da niemand Buch darüber führt. Stattdessen verdanken sie ihren Ruf der Fähigkeit, zu unterhalten, für Nervenkitzel zu sorgen oder zu schockieren, der Fähigkeit, Vertrauen zu wecken oder Angst zu schüren (in der Hoffnung, dass sich eine Prophezeiung selbst erfüllt oder widerlegt), und ihrem Geschick, ein Bündnis herbeizureden und seine Vorzüge zu preisen.

Bereits seit den 1980er Jahren untersuchte der Psychologe Philip Tetlock, worin sich treffsichere Prognostiker von den zahlreichen Orakeln unterscheiden, die »sich oft irren, aber nie im Zweifel sind«.[44] Er gewann Hunderte Analysten, Kolumnisten, Akademiker und interessierte Laien dafür, in Prognoseturnieren gegeneinander anzutreten, bei denen ihnen mögliche Ereignisse präsentiert wurden, deren Wahrscheinlichkeit sie schätzen sollten. Experten sind ausgesprochen findige Wortschmiede, die ihre Vorhersagen so formulieren, dass sie kaum zu widerlegen sind. So verwenden sie schwer fassbare Modalverben *(könnte, müsste)*, Adjektive *(reelle Chance, ernstzunehmende Möglichkeit)* sowie temporale Bestimmungen *(sehr bald, in nicht allzu ferner Zukunft)*. Darum zwang Tetlock sie, sich festzulegen, indem er Ereignisse mit eindeutigem Ausgang und Zeitrahmen vorgab (zum Beispiel »Wird Russland in den nächsten drei Monaten weiteres Territorium der Ukraine annektieren?«, »Wird im nächsten Jahr noch ein Land aus der EU austreten?«, »Wie viele weitere Länder werden in den nächsten acht Monaten ebenfalls Fälle von Ebola-Infektionen melden?«) und die Probanden anwies, Wahrscheinlichkeiten in Zahlen auszudrücken.

Zudem machte Tetlock nicht den beliebten Fehler, einzelne Wahrscheinlichkeitsprognosen nachträglich zu loben oder zu verhöhnen, wie es etwa der Fall war, als der Wahlforscher Nate Silver von *FiveThirtyEight* unter Beschuss geriet, weil er bei der Wahl von 2016 für Donald Trump nur eine Siegchance von 29 Prozent prognostiziert hatte.[45] Da wir die Wahl nicht Tausende Male wiederholen und zählen können, wie oft Trump den Sieg davontrug, macht die Frage, ob die Prognose sich bestätigte oder nicht, keinen Sinn. Was wir aber tun *können* und was Tetlock tat, ist, die *Menge* aller Wahrscheinlichkeitswerte aller Prognostiker mit den entsprechenden Ausgängen zu vergleichen. Tetlock verwendete eine Formel, die die Prognostiker nicht nur für korrekte Einschätzungen würdigte, sondern für gewagte korrekte Einschätzungen (da es leichter ist, mit vorsichtigen 50/50-Vorhersagen richtigzuliegen). Die Formel berücksichtigt, wie viel die Prognostiker gemäß ihrem Einsatz (der angegebenen Wahrscheinlichkeit) gewinnen würden, wenn sie ihren Worten Taten folgen ließen und auf ihre Vorhersagen Wetten abschlössen.

20 Jahre und 28 000 Prognosen später ziehen wir das Resümee: Wie gut schlugen sich die Experten? Im Schnitt etwa so gut wie ein Schimpanse (was Tetlock mit dem Werfen von Dartpfeilen statt dem Auswählen von Bananen umschrieb). Von 2011 bis 2015 starteten Tetlock und die Psychologin Barbara Mellers eine Neuauflage mit mehreren tausend Teilnehmenden eines Prognoseturniers, das von der Intelligence Advanced Research Projects Activity veranstaltet wurde (der Forschungsorganisation der Vereinigung der US-amerikanischen Geheimdienste). Auch hier wurden wieder eine Menge Dartpfeile geworfen, doch in beiden Turnieren konnten die Wissenschaftler »Superprognostiker« ausmachen, die nicht nur besser abschnitten als Schimpansen und Experten, sondern auch besser als professionelle Geheimdienstbeamte mit Zugang zu geheimen Informationen, besser als Prognosemärkte und nicht sehr weit von der theoretischen Bestmarke entfernt. Wie lässt sich diese offenkundige Scharfsichtigkeit erklären? (Das heißt, Scharfsichtigkeit bis zu einem Jahr im Voraus – die Genauigkeit nimmt ab, je weiter die Prognose in die Zukunft reicht, und ab etwa fünf Jahren sind nur noch Zufallstreffer möglich.) Die Antworten sind eindeutig und fundiert.

Am schlechtesten schnitten die Prognostiker ab, die eine starke Überzeugung vertraten – ob links- oder rechtsgerichtet, optimistisch oder pessimistisch – und an der sie mit inspirierender (aber fehlgeleiteter) Unerschütterlichkeit festhielten:

> Sosehr sie sich inhaltlich unterschieden, so einig waren sie sich darin, dass ihr Denken von Ideologien bestimmt wurde. Sie zogen es vor, komplexe Zusammenhänge in schematische Erklärungen von Ursache und Wirkung zu zwängen und alles, was nicht passte, als irrelevant abzutun. In ihrer Abneigung gegen Zwischentöne spitzten sie ihre Analysen zu, reihten mit Adverbien wie »außerdem« und »darüber hinaus« immer neue Gründe für ihre Sichtweise aneinander und legten lang und breit dar, warum sie recht hatten und die anderen unrecht. Daher waren sie ungewöhnlich zuversichtlich und eher bereit, bestimmte künftige Ereignisse als »unausweichlich« oder »unmöglich« zu bezeichnen. Sie versteiften sich derart auf ihre Position, dass sie selbst dann nicht von ihren Vorhersagen abrückten, wenn sie sich später ganz offensichtlich als falsch herausstellten. »Warten Sie's ab«, sagten sie uns.[46]

Tatsächlich waren genau diejenigen Eigenschaften, denen diese Experten ihre Prominenz verdankten, dafür verantwortlich, dass sie die schlechtesten Vorhersagen ablieferten. Je berühmter sie waren und je mehr das Ereignis mit ihrem Fachgebiet zu tun hatte, desto ungenauer fielen ihre Prognosen aus. Dennoch bedeutet der schimpansenhafte Erfolg von Ideologen mit Markennamen *nicht*, dass »Experten« nutzlos sind und wir Eliten misstrauen sollten. Wir müssen vielmehr unseren Begriff von Experten revidieren. Tetlocks Superprognostiker-Gruppe

> bestand aus pragmatischeren Experten, die je nach Problemstellung unterschiedliche Analyseinstrumente zum Einsatz brachten. Diese Experten zogen so viele Quellen wie möglich zu Rate, um sich möglichst breit zu informieren. Sie wägten oft ab, und ihre Darstellungen waren von einschränkenden Adverbien wie »andererseits«, »obwohl«, »aber« und »trotzdem« durchsetzt. Sie sprachen von Möglichkeiten und Wahrscheinlichkeiten, nicht von Gewissheiten. Auch wenn niemand gern zugibt, sich getäuscht zu haben, waren diese Experten eher bereit, Fehleinschätzungen einzugestehen und ihre Ansichten zu korrgieren.[47]

Erfolgreiche Vorhersagen sind die Rache der Nerds. Superprognostiker sind intelligent, aber nicht zwangsläufig brillant; sie bewegen sich irgendwo im oberen Fünftel der Bevölkerung. Sie haben ein sehr gutes Zahlengefühl – nicht im Sinne von Mathecracks, sondern eher in dem Sinn, dass sie gern in groben Schätzungen denken. Ihre Persönlichkeitsmerkmale bezeichnen Psychologen als »Offenheit für Erfahrungen« (intellektuelle Neugier und eine Vorliebe für Vielfalt), »Kognitionsbedürfnis« (Freude an geistiger Aktivität) sowie »integrative Komplexität« (das Akzeptieren von Unsicherheit und das Betrachten mehrerer Seiten). Sie unterdrücken Impulse und misstrauen ihrem spontanen Bauchgefühl. Sie sind weder links- noch rechtsorientiert. Sie stellen ihr Licht nicht unbedingt unter den Scheffel, hüten sich aber davor, bestimmte Überzeugungen um jeden Preis hochzuhalten. Vielmehr betrachten sie sie als »Hypothesen, die man überprüft, und nicht Schätze, die man hütet«. Sie fragen sich ständig: »Hat diese Argumentation Lücken? Sollte ich dies durch etwas anderes ergänzen? Würde mich das überzeugen, wenn ich eine andere Person wäre?« Sie sind sich kognitiver blinder Flecke wie der Verfügbarkeitsverzerrung und des Bestätigungsfehlers bewusst und bemühen sich, sie zu vermeiden. Sie zeichnen sich durch »aktive Offenheit« aus, wie der Psychologe Jonathan Baron es nennt, und vertreten Ansichten wie die folgenden:[48]

Wir sollten auch Informationen berücksichtigen, die unserer Überzeugung widersprechen. [Stimme zu]
Es ist sinnvoller, Menschen zuzuhören, die andere Meinungen vertreten, als Menschen, die unsere Meinung vertreten. [Stimme zu]
Seine Meinung zu ändern ist ein Zeichen von Schwäche. [Stimme nicht zu]
Unser Bauchgefühl ist der beste Ratgeber bei Entscheidungen. [Stimme nicht zu]
Wir sollten an unseren Überzeugungen festhalten, selbst wenn sie durch neue Informationen in Frage gestellt werden. [Stimme nicht zu]

Noch wichtiger als ihr Temperament ist die Art, wie sie Folgerungen anstellen. Superprognostiker sind Bayesianer – sie orientieren sich stillschweigend an der Regel des Mathematikers und Pfarrers Thomas Bayes, wie man eine Aussage im Licht neuer Belege so anpassen kann, dass man glaubwürdig bleibt. Ausgangspunkt ist die Basisrate des betreffenden Ereignisses: Wie oft wird es erwartungsgemäß generell und langfristig eintreten? Dann tarieren sie diese Schätzung nach oben oder unten aus, je nachdem, wie stark die neue Evidenz auf das Auftreten oder Ausbleiben des Ereignisses schließen lässt. Sie suchen eifrig nach solchen neuen Belegen und vermeiden eine Überreaktion darauf (»Das ändert alles!«) ebenso wie eine Unterreaktion (»Das heißt gar nichts!«).

Nehmen wir beispielsweise die Prognose »Zwischen dem 21. Januar und 31. März 2015 werden militante Islamisten in Westeuropa einen Anschlag verüben«, die kurz nach dem *Charlie-Hebdo*-Massaker im Januar jenes Jahres erstellt wurde. Experten und Politiker, den Kopf voller Verfügbarkeitsverzerrung, hätten das Szenario lebhaft vor Augen und würden, weil sie nicht sorglos oder naiv erscheinen wollten, entschieden zustimmen. Doch so arbeiten Superprognostiker nicht. Tetlock forderte einen von ihnen auf, laut zu denken, und er erklärte, er habe zunächst die Basisrate geschätzt: Er ging auf *Wikipedia*, sah sich die Liste der islamistischen Terroranschläge aus den vergangenen fünf Jahren in Europa an und teilte die Anzahl durch 5, was 1,2 Anschläge pro Jahr ergab. Doch die Welt, so überlegte er, hatte sich seit dem Arabischen Frühling 2011 verändert, und darum kappte er die Daten von 2010, womit die Basisrate auf 1,5 stieg. Seit dem Anschlag auf *Charlie Hebdo* hatten die Rekrutierungen durch den IS zugenommen, was den Schätzwert erhöhte, aber zugleich hatte man verstärkte Sicherheitsmaßnahmen getroffen, was ihn wieder senkte. Beim Abwägen der beiden Faktoren erschien ein Anstieg um rund ein Fünftel sinnvoll, was eine Prognose von 1,8 Anschlägen pro Jahr ergab. Weil der Prognosezeitraum noch 69 Tage umfasste, dividierte er 69 durch 365 und multiplizierte den Bruchteil mit 1,8. Heraus kam dabei, dass bis Ende März mit einer Wahrscheinlichkeit von etwa eins zu drei ein islamistischer Anschlag in Westeuropa erfolgen würde. So erbrachte ein Vorgehen, das der Denkweise der meisten Leute so gar nicht ähnelt, eine völlig andere Prognose.

In zwei weiteren Eigenschaften unterscheiden sich Superprognostiker von Experten und Schimpansen. Die Superprognostiker glauben an die Weisheit der vielen, legen ihre Hypothesen auf den Tisch, so dass andere sie kritisieren oder ergänzen können, und sammeln die eigenen und fremden Schätzungen. Und sie haben eine klare Meinung zu der Rolle, die der Zufall – im Gegensatz zu Unvermeidlichkeit und Schicksal – in der Menschheitsgeschichte gespielt hat. Tetlock und Mellers fragten verschiedene Personengruppen, ob sie mit Aussagen wie den folgenden übereinstimmten:[49]

Die Welt entwickelt sich nach Gottes Plan.
Nichts passiert ohne Grund.
Es gibt keinen Zufall.
Nichts ist unvermeidlich.
Selbst Ereignisse wie der Zweite Weltkrieg oder die Anschläge des 11. September hätten anders enden können.
Vieles in unserem Leben wird vom Zufall bestimmt.

Sie berechneten eine Wertungsliste des Schicksalsdenkens, indem sie Punkte für Zustimmung bei Aussagen wie den ersten drei und Nichtzustimmung bei Aussagen wie den letzten drei vergaben und sie addierten. Durchschnittliche US-Amerikaner sind irgendwo in der Mitte angesiedelt. Studienanfänger an einer Eliteuniversität erreichen eine etwas geringere Punktzahl, mittelprächtige Prognostiker noch weniger und die Superprognostiker am wenigsten, wobei diejenigen mit den genauesten Vorhersagen ein »Schicksal« am vehementesten zurückweisen und am entschiedensten von der Möglichkeit des Zufalls ausgehen.

Meiner Meinung nach sollte Tetlocks nüchterne Beurteilung von Sachkompetenz anhand des ultimativen Maßstabs der Prognose unser Verständnis von Geschichte, Politik, Erkenntnistheorie und Geistesleben revolutionieren. Was bedeutet es, dass das streberhafte Justieren von Wahrscheinlichkeitswerten ein zuverlässigerer Führer durch die Welt ist als die Ankündigungen weiser Gelehrter und von strikten Ideensystemen inspirierte Narrative? Davon abgesehen, dass es uns auf die Füße tritt und ermahnt, etwas bescheidener und aufgeschlossener zu sein, bietet es uns durch Zeitfenster von Jahren und Jahrzehnten einen Einblick in die Gesetzmäßigkeiten der Geschichte. Ereignisse werden gemeinhin nicht von radikalen Gesetzen und gewaltiger Dialektik beeinflusst, sondern von unzähligen schwachen Kräften, die ihre Wahrscheinlichkeit und ihren Umfang jeweils geringfügig erhöhen oder verringern. Leider sind viele Intellektuelle und sämtliche politischen Ideologen nicht daran gewöhnt, so zu denken, doch vielleicht sollten wir uns daran gewöhnen. Als man Tetlock bei einem öffentlichen Vortrag um eine Prognose zur Entwicklung von Prognosen bat, sagte er: »Wenn die Öffentlichkeit von 2515 auf die von 2015 zurückschaut, wird sie für unsere Art und Weise, politische Debatten zu bewerten, vermutlich eine ähnliche Verachtung empfinden wie wir für die Hexenprozesse von 1692 in Salem.«[50]

Tetlock nannte bei seiner skurrilen Vorhersage keine Wahrscheinlichkeiten und wählte eine lange, komfortable Frist. Zweifellos wäre es unklug, eine qualitative Verbesserung der politischen Debatte innerhalb des Fünf-Jahres-Fensters zu prognostizieren, das eine seriöse Vorhersage erlaubt. Der heute in der Öffentlichkeit zu beobachtende größte Feind der Vernunft – nicht etwa Ignoranz, mangelnde Rechenkompetenz oder kognitive Verzerrungen, sondern Politisierung – scheint auf dem Vormarsch zu sein.

In der politischen Arena selbst entwickelt sich unter den US-Amerikanern eine immer stärkere Polarisierung.[51] Die Ansichten der meisten Leute sind zu oberflächlich und unfundiert, um zu einer kohärenten Ideologie zu passen, doch in einer fragwürdigen Variante des Fortschritts hat sich der Anteil der stramm liberalen oder stramm konservativen Amerikaner von 1994 bis 2014 von 10 auf 21 Prozent verdoppelt. Die Polarisierung ist mit einer zunehmenden sozialen Spaltung durch die Politik einhergegangen: In diesen 20 Jahren hat es immer mehr Ideologen gegeben, die sagen, dass die meisten ihrer engen Freunde ihre politische Einstellung teilen.

Auch die Parteien sind immer parteiischer geworden. Laut einer jüngeren Studie des Pew-Forschungszentrums war 1994 etwa ein Drittel der Demokraten konservativer als durchschnittliche Republikaner und umgekehrt. Im Jahr 2014 war es fast nur noch ein *Zwanzigstel*. Bis 2004 drifteten die US-Amerikaner zwar über das gesamte politische Spektrum hinweg nach links, doch seitdem haben sie sich in jedem wichtigen Thema außer den

Rechten für Homosexuelle auseinanderentwickelt – so bei Regierungsverordnungen, Sozialausgaben, Einwanderung, Umweltschutz und Wehrkraft. Noch besorgniserregender ist, dass beide Seiten einander immer verächtlicher begegnen. Im Jahr 2014 hatten 38 Prozent der Demokraten eine »sehr schlechte« Meinung von den Republikanern (gegenüber 16 Prozent im Jahr 1994), und über ein Viertel betrachtete sie als »Gefahr für das nationale Wohl«. Die Republikaner waren den Demokraten noch feindlicher gesinnt – 43 Prozent hatten eine schlechte Meinung von ihnen, und über ein Drittel sah in ihnen eine Bedrohung. Auch die Ideologen beider Seiten sind immer weniger zu Kompromissen bereit.

Glücklicherweise ist die Mehrheit der Amerikaner in all diesen Einstellungen gemäßigter, und der Anteil derjenigen, die sich selbst als moderat bezeichnen, hat sich in 40 Jahren nicht verändert.[52] Unglücklicherweise sind es eher die Extremisten, die wählen, spenden und auf ihre Abgeordneten Druck ausüben. Vorsichtig ausgedrückt, gibt es wenig Grund zu der Annahme, dass sich das seit der Umfrage von 2014 zum Besseren gewendet hat.

Universitäten sollten der Schauplatz sein, an dem politische Vorurteile beiseitegelassen werden und unvoreingenommene Forschung die Funktionsweisen der Welt offenbart. Doch gerade jetzt, wo wir dieses unparteiische Forum am dringendsten brauchen, hat die Politisierung auch hier Einzug gehalten – nicht in Form von stärkerer Polarisierung, sondern mit einem Linksruck. Die Hochschulen waren schon immer liberaler als die amerikanische Bevölkerung, doch die Schieflage nimmt zu. Im Jahr 1990 waren 42 Prozent des Lehrkörpers extrem links oder liberal eingestellt (11 Prozent mehr als die amerikanische Bevölkerung), 40 Prozent waren gemäßigt und 18 Prozent extrem rechts oder konservativ, was ein Links-rechts-Verhältnis von 2,3 zu 1 ergab. Im Jahr 2014 waren 60 Prozent extrem links oder liberal (30 Prozent mehr als die Bevölkerung), 28 Prozent gemäßigt und 12 Prozent konservativ – ein Verhältnis von 5 zu 1.[53] Die Anteile variieren je nach Disziplin: In Betriebswirtschaft, Informatik, Ingenieurwissenschaft und Gesundheitswissenschaft sind die Lager gleich groß, während Geistes- und Sozialwissenschaften eindeutig linksgerichtet sind – dort ist der Anteil der Konservativen einstellig, und es gibt doppelt so viele *Marxisten*.[54] Die Lehrkräfte in Physik und Biologie liegen in der Mitte, mit nur wenigen Radikalen und praktisch keinen Marxisten, doch Liberale sind weitaus stärker vertreten als Konservative.

Der liberale Überhang in der akademischen Welt (und im Journalismus, bei Kommentatoren und im Geistesleben) ist in gewisser Weise nur natürlich.[55] Mit intellektuellen Forschungen und Recherchen stellt man generell den Status quo in Frage, der nie perfekt ist. Und in Sprache gekleidete Aussagen, das Handwerkszeug von Intellektuellen, passen besser zu wohlüberlegten politischen Maßnahmen, die typischerweise von Liberalen bevorzugt werden, als zu den diffusen Formen der Gesellschaftsorganisation wie Märkten und traditionellen Normen, wie sie Konservative typischerweise bevorzugen.[56] Zudem ist eine gemäßigte liberale Tendenz wünschenswert. Der intellektuelle Liberalismus war bei vielen Formen des Fortschritts, die mittlerweile fast jeder anerkennt, federführend, sei es Demokratie, Sozialversicherung, religiöse Toleranz, die Abschaffung von Sklaverei und staatlicher Folter, die Ablehnung von Kriegen und die Ausweitung von Menschen- und Bürgerrechten.[57] In vielerlei Hinsicht sind wir heute (fast) alle Liberale.[58]

Wenn einer Eigengruppe jedoch ein Bekenntnis übergestülpt wird, kann die Kritikfähigkeit ihrer Mitglieder, wie wir gesehen haben, darunter leiden, und es gibt Gründe anzunehmen, dass dies in weiten Teilen der akademischen Welt der Fall war.[59] In *The Blank Slate* (2016 aktualisiert) habe ich dargelegt, wie linksgerichtete Politik die Erforschung der menschlichen Natur verzerrt hat, einschließlich Sexualität, Gewalt, Gender, Kindererziehung, Persönlichkeit und Intelligenz. In einem neueren Artikel dokumentiert Tetlock gemeinsam mit den Psychologen José Duarte, Jarret Crawford, Charlotta Stern, Jonathan Haidt und Lee Jussim den Linksruck der Sozialpsychologie und zeigt auf, wie dieser die Qualität der Forschung beeinträchtigt hat.[60] Unter Berufung auf ein Zitat von John Stuart Mill – »Wer nur seine eigene Auffassung eines Falles kennt, weiß wenig über ihn« – verlangen die Autoren in der Psychologie größere politische Vielfalt – die Art von Vielfalt mit der größten Relevanz (im Unterschied zur gemeinhin angestrebten Vielfalt, will sagen, Menschen, die verschieden aussehen, aber gleich denken).[61]

Es ist hervorzuheben, dass die wissenschaftliche Psychologie die Kritik von Duarte et al. respektvoll aufgenommen hat.[62] Dieser Respekt ist jedoch keineswegs durchgängig anzutreffen. Als Nicholas Kristof, Kolumnist der *New York Times*, ihren Artikel wohlwollend zitierte und ähnliche Argumente vorbrachte, bestätigte die wütende Reaktion darauf ihre schlimmsten Befürchtungen (der Kommentar mit den meisten Zustimmungen lautete »Keine Vielfalt mit Idioten«).[63] Zudem vertritt eine Fraktion der Wissenschaftskultur aus hart linken Lehrkräften, Studentenaktivisten und autonomer Diversitätsbürokratie (die abschätzig als Soziale-Gerechtigkeits-Krieger bezeichnet werden) einen aggressiven Illiberalismus. Jeder, der nicht den Rassismus als Wurzel allen Übels betrachtet, wird als Rassist tituliert.[64] Nicht linksstehende Redner werden nach Protesten häufig wieder ausgeladen oder vom johlenden Mob übertönt.[65] Es kommt vor, dass eine Studentin von ihrer Dekanin öffentlich für eine private E-Mail gerügt wird, die beide Seiten einer Kontroverse berücksichtigt.[66] Lehrkräfte werden bedrängt, keine Vorlesungen über verstörende Themen zu halten, und stalinesken Untersuchungen ausgesetzt, um politisch inkorrekte Ansichten aufzuspüren.[67] Oft schlägt die Unterdrückung auch in ungewollte Komik um.[68] Ein Leitfaden für Dekane zur Erkennung von »Mikroaggressionen« listet Bemerkungen auf wie »Amerika ist das Land der unbegrenzten Möglichkeiten« und »Ich finde, die qualifizierteste Person sollte die Stelle bekommen«. Studierende mobben und beschimpfen einen Professor, der sie aufgefordert hat, über einen von seiner Frau geschriebenen Brief zu diskutieren, in dem sie zu bedenken gibt, dass sich Studierende nicht so sehr über Halloween-Kostüme aufregen sollten. Ein Yoga-Kurs wird abgesagt, weil Yoga »kulturelle Aneignung« sei. Den Komikern persönlich ist nicht mehr zum Lachen zumute: So sind unter anderem Jerry Seinfeld, Chris Rock und Bill Maher auf der Hut, wenn sie auf einem Hochschulcampus auftreten, weil sich jedes Mal irgendwelche Studierenden über einen Witz echauffieren.[69]

Ungeachtet allen Unsinns auf dem Campus dürfen wir nicht zulassen, dass die rechten Polemiker einer Verzerrungsverzerrung frönen und jede Idee ablehnen, die sie nicht mögen, weil sie aus einer Universität kommt. Der akademische Archipel umspannt ein riesiges Meer an Meinungen und ist Normen verpflichtet wie Peer-Review, Festanstellung, offener Debatte und dem Erfordernis von Quellen und empirischen Belegen, die die unvoreingenommene Suche nach der Wahrheit fördern sollen, so unvollkommen das in der Praxis auch umgesetzt werden mag. Colleges und Universitäten haben die hier und anderswo bewerteten Kritiken verschiedener Glaubensrichtungen immer unterstützt und der Welt zugleich unzählige wertvolle Erkenntnisse beschert.[70] Und es ist ja nicht so, als seien alternative Arenen – die Blogosphäre, die Twittersphäre, TV-Nachrichtensender, Talkradio, der Kongress – der Inbegriff von Objektivität und Korrektheit.

Von den beiden Formen der Politisierung, die heutzutage die Vernunft unterwandern, ist die politische bei weitem gefährlicher als die akademische. Der Grund liegt auf der Hand. Oft wird gewitzelt (niemand weiß, wer es als Erster gesagt hat), dass akademische Debatten so hitzig geführt werden, weil so wenig auf dem Spiel steht.[71] In politischen Debatten sind die Einsätze jedoch unermesslich hoch, weil es unter anderem um die Zukunft unseres Planeten geht. Im Gegensatz zu Professoren bedienen Politiker die Hebel der Macht. Dass im Amerika des 21. Jahrhunderts eine Republikanische Partei, die mittlerweile gleichbedeutend mit der extremen Rechten ist, den Kongress kontrolliert, ist verhängnisvoll, weil sie so fest von der Rechtschaffenheit ihrer Sache und der Schlechtigkeit ihrer Konkurrenten überzeugt ist, dass sie die Institutionen der Demokratie untergraben hat, um zu erreichen, was sie will. Zu den Manipulationen gehören Gerrymandering, Stimmrechtsbeschränkungen, um demokratischen Wählern das Wahlrecht zu entziehen, die Anregung zu unkontrollierten Spenden von finanzkräftigen Interessengruppen, das Blockieren von Richterernennungen am Supreme Court, bis ihre Partei den Präsidenten stellte, das Erzwingen des Shutdowns der Regierung, wenn die eigenen maximalen Forderungen nicht erfüllt werden, und die bedingungslose Unterstützung von Donald Trump trotz Einwänden aus den eigenen Reihen gegen seine unverblümt antidemokratischen Impulse.[72] Welche politischen oder philosophischen Differenzen auch immer die Parteien trennen mögen – die Mechanismen demokratischer Meinungsfindung sollten unantastbar sein. Ihre überproportional von den Rechten betriebene Aushöhlung hat bei vielen Menschen, darunter einer wachsenden Zahl junger Amerikaner, dazu geführt, dass sie eine demokratische Regierung als grundsätzlich dysfunktional empfinden und die Demokratie als solche mit Zynismus betrachten.[73]

Intellektuelle und politische Polarisierung befeuern sich gegenseitig. Ein konservativer Intellektueller zu sein ist schwieriger geworden angesichts der Tatsache, dass die konservative Politik der USA beständig mit mehr Nichtwissen geglänzt hat, angefangen bei Ronald Reagan über Dan Quayle, George W. Bush und Sarah Palin bis hin zu Donald Trump.[74] Andererseits öffnet die Okkupation des linken Spektrums durch Identitätspolitiker, die Politische-Korrektheits-Polizei und Soziale-Gerechtigkeits-Krieger Tür und Tor für Großmäuler, die sich damit brüsten, zu »sagen, wie es ist«. Unsere Zeit steht vor der Herausforderung, eine intellektuelle und politische Kultur zu fördern, die nicht von Stammesdenken und wechselseitigem Hochschaukeln bestimmt wird, sondern von Vernunft.

Wenn wir die Vernunft zur Währung unseres Diskurses machen wollen, müssen wir zunächst den zentralen Stellenwert der Vernunft an sich darlegen.[75] Wie erwähnt, herrscht bei vielen Kommentatoren Verwirrung darüber. Die Entdeckung kognitiver und emotionaler Verzerrungen bedeutet nicht, dass »Menschen irrational sind« und es daher sinnlos sei zu versuchen, unsere Überlegungen rationaler zu gestalten. Wären die Menschen unfähig zur Rationalität, hätten wir niemals entdecken können, inwiefern sie sich irrational verhalten haben, weil wir keinen Maßstab der Rationalität hätten, nach dem menschliche Urteile bewertbar wären, und keine Handhabe, diese Bewertung durchzuführen. Menschen mögen anfällig für Verzerrungen und Fehler sein, aber sicher nicht jeder von uns jederzeit, denn dann hätte niemand jemals das Recht zu behaupten, dass Menschen anfällig für Verzerrungen und Fehler sind. Das menschliche Gehirn ist *fähig* zur Vernunft – vorausgesetzt, die Bedingungen stimmen. Das Problem besteht darin, diese Bedingungen zu identifizieren und dafür zu sorgen, dass man sie zuverlässiger vorfindet.

Aus demselben Grund sollten sich Kommentatoren mit dem neuen Klischee zurückhalten, dass wir uns in einem »postfaktischen Zeitalter« befinden, solange sie nicht zugleich einen Ton beißender Ironie beimischen. Der Begriff ist zerstörerisch, weil er impliziert, dass wir uns auf Propaganda und Lügen zurückziehen und einfach Gleiches mit Gleichem vergelten sollten. Wir befinden uns nicht in einem postfaktischen Zeitalter. Verlogenheit, die Verschleierung der Wahrheit, Verschwörungstheorien, die Täuschung der Öffentlichkeit in großem Stil und Massenwahn sind so alt wie unsere Spezies, doch ebenso alt ist die Überzeugung, dass manche Ideen richtig sind und manche falsch.[76] Dasselbe Jahrzehnt, das den Aufstieg des dreisten Lügners Trump und seiner realitätsmäßig herausgeforderten Anhänger erlebt hat, hat auch den Aufstieg einer neuen Ethik der Faktenüberprüfung erlebt. Angie Holan, Herausgeberin von *PolitiFact*, einem 2007 gestarteten Faktencheck-Projekt, bemerkte dazu:

> [Viele] Fernsehjournalisten von heute ... haben die Fackel der Faktenüberprüfung erhoben und nehmen nun bei Liveinterviews, wenn es um Genauigkeit geht, die Kandidaten in die Mangel. Die meisten Wähler halten es nicht für voreingenommen, wenn man nachhakt, um die Richtigkeit von scheinbar auf Fakten basierenden Behauptungen zu überprüfen. Bei einer in diesem Jahr vom American Press Institute veröffentlichten Erhebung stellte sich heraus, dass mehr als acht von zehn Amerikanern politischen Faktenchecks positiv gegenüberstehen.

> Tatsächlich höre ich regelmäßig von Journalisten, dass ihr Medienunternehmen begonnen hat, Faktenchecks in ihren Reportagen in den Mittelpunkt zu stellen, weil so viele Leute nach einer Debatte oder einer Nachricht von großem öffentlichen Interesse Faktencheck-Artikel anklicken. Zahlreiche Leser verlangen mittlerweile auch bei traditionellen Reportagen nach einem Faktencheck; sie beschweren sich bei Ombudsleuten und Leservertretern, wenn ihnen auffällt, dass Berichte wiederholt unglaubwürdige Tatsachenbehauptungen aufstellen.[77]

Diese Ethik hätte uns in vergangenen Zeiten gute Dienste geleistet, als falsche Gerüchte regelmäßig Pogrome, Aufstände, Lynchjustiz und Kriege auslösten (etwa den Spanisch-Amerikanischen Krieg von 1898, die Eskalation des Vietnamkrieges 1964, die Invasion des Irak 2003 und vieles mehr).[78] Sie wurde nicht strikt genug befolgt, um Trumps Sieg 2016 zu verhindern, doch seitdem haben sich Medien und Popkultur gnadenlos über seine Flunkereien und die seiner Sprecher lustig gemacht, und das bedeutet, dass die Ressourcen zur Würdigung der Wahrheit vorhanden sind, auch wenn sie nicht immer die Oberhand gewinnen.

Langfristig sind die Institutionen der Vernunft in der Lage, die Tragik der Überzeugungs-Allmende zu lindern und der Wahrheit zum Sieg zu verhelfen. Trotz all unserer derzeitigen Irrationalität glauben nur noch wenige einflussreiche Personen von heute an Werwölfe, Einhörner, Hexen, Alchemie, Astrologie, Aderlass, Miasmen, Tieropfer, das Gottesgnadentum oder übernatürliche Omen in Regenbogen und Sonnen- oder Mondfinsternissen. Auch moralischer Irrationalität kann man entwachsen. Noch in meinen Kindheitstagen bestätigte der Richter Leon Bazile aus Virginia die Verurteilung von Richard und Mildred Loving wegen ihrer gemischtrassigen Heirat mit einer Argumentation, der nicht einmal die umnachtetsten Konservativen heutiger Tage folgen würden:

> Die Parteien haben sich eines äußerst schweren Vergehens schuldig gemacht. Es hat gegen erklärtes öffentliches Recht verstoßen, das auf der öffentlichen Ordnung gründet ... auf der die Gesellschaftsordnung, die öffentliche Moral und das Wohl beider Rassen beruhen. ... Gott der Allmächtige hat die Rassen weiß, schwarz, gelb, malaiisch und rot erschaffen, und er hat sie verschiedenen Kontinenten zugeordnet. Dass er die Rassen voneinander getrennt hat, zeigt, dass er die Vermischung der Rassen nicht wollte.[79]

Und vermutlich würden sich die meisten Liberalen nicht von dem folgenden Plädoyer für Castros Kuba überzeugen lassen, das die intellektuelle Ikone Susan Sontag im Jahr 1969 hielt:

> Die Kubaner wissen eine Menge über Spontaneität, Fröhlichkeit, Sinnlichkeit und Ausflippen. Sie sind keine linearen, vertrockneten Kreaturen der Druckkultur. Kurz, ihr Problem ist praktisch die Kehrseite von unserem – und wir müssen ihren Bemühungen, es zu lösen, wohlwollend gegenüberstehen. Angesichts der Tatsache, dass wir dem traditionellen Puritanismus linker Revolutionen so voller Argwohn begegnen, sollten amerikanische Radikale in der Lage sein, die Dinge im richtigen Verhältnis zu sehen, wenn sich ein Land, das im Wesentlichen für Tanzmusik, Prostituierte, Zigarren, Abtreibungen, Urlaub und Pornofilme bekannt ist, ein wenig über Sexualmoral aufregt und in einem schwachen Moment vor zwei Jahren mehrere tausend Homosexuelle aufgegriffen und auf eine Farm gebracht hat, wo sie sich rehabilitieren sollten.[80]

In Wahrheit waren diese »Farmen« Zwangsarbeitslager, und sie wurden nicht zur Maßregelung von spontaner Fröhlichkeit und Ausflippen errichtet, sondern als Ausdruck von Homophobie, die in dieser lateinamerikanischen Kultur tief verwurzelt war. Immer wenn wir uns heute über die Verrücktheit des gesellschaftlichen Diskurses aufregen, sollten wir uns daran erinnern, dass wir in der Vergangenheit auch nicht so rational waren.

Was können wir tun, um das Niveau des logischen Denkens anzuheben? Mit Fakten und Logik zu überzeugen, die direkteste Strategie, ist nicht immer erfolglos. Es stimmt, dass man sich manchmal gegen alle Beweise an eine Überzeugung klammert, wie Lucy von den *Peanuts*, die darauf bestand, dass Schnee aus dem Boden kommt und in den Himmel aufsteigt, selbst als sie unter fallendem Schnee langsam begraben wurde. Es gibt jedoch Grenzen, wie hoch sich der Schnee auftürmen kann. Werden wir erstmals mit Informationen konfrontiert, die einer festverwurzelten Position widersprechen, halten wir noch entschiedener an ihr fest, so wie es aufgrund der Theorien der identitätsschützenden Kognition, des motivierten logischen Denkens und der Reduzierung der kognitiven Dissonanz zu erwarten wäre. Wenn wir unsere Identität bedroht fühlen, weil jemand eine von uns gehegte Überzeugung in Frage stellt, geben wir Kontra und sammeln umso mehr Munition, um den Angriff abzuwehren. Doch da ein anderer Teil des menschlichen Gehirns die Verbindung zur Realität aufrechterhält, während sich die Gegenbeweise auftürmen, kann die Dissonanz so stark werden, dass die ursprüngliche Meinung schließlich ins Wanken gerät und über den Haufen geworfen wird; dieses Phänomen nennt man affektiven Wendepunkt *(affective tipping point)*.[81] Der Wendepunkt ist abhängig von dem Abgleich zwischen dem zu erwartenden Imageverlust für die betreffende Person, falls sie ihre Meinung revidiert, und dem Gehalt der Gegenbeweise – sind diese so offenkundig und verbreitet, dass sie bereits Allgemeinwissen sind, so wie ein nackter Kaiser oder ein weißer Elefant im Raum?[82] Wie wir in Kapitel 10 gesehen haben, geschieht das gerade mit der öffentlichen Meinung zum Klimawandel. Und ganze Bevölkerungen können umschwenken, wenn ein zentraler Kern überzeugbarer Einflussnehmer seine Meinung ändert und alle anderen ihm folgen oder wenn eine Generation von einer anderen abgelöst wird, die nicht den gleichen Dogmen anhängt (Fortschritt, von einem Begräbnis zum nächsten).

Über eine ganze Gesellschaft hinweg rollen die Räder der Vernunft oft langsam, und es wäre schön, sie ein wenig in Fahrt zu bringen. Am offensichtlichsten lässt sich das Drehmoment bei Bildung und Medien beschleunigen. Schon seit einigen Jahrzehnten bedrängen Fans der Vernunft Schulen und Universitäten, Lehrpläne für »kritisches Denken« einzurichten. Schüler und Studierende sollen beide Seiten einer Medaille betrachten, ihre Meinungen mit Belegen unterfüttern und Denkfehler entdecken wie Zirkelschlüsse, Angriffe gegen einen Strohmann, Autoritätsargumente, Argumentieren ad hominem und die Vereinfachung eines Themas mit vielen Grautönen auf Schwarz oder Weiß.[83] Ähnliche Programme unter der Überschrift »Debiasing« versuchen, Schüler und Studierende gegen kognitive Verzerrungen wie die Verfügbarkeitsheuristik und den Bestätigungsfehler immun zu machen.[84]

Als man diese Programme einführte, waren die Ergebnisse zunächst ernüchternd, was die Erwartungen spürbar dämpfte, den Leuten auf der Straße jemals ein bisschen Vernunft einzubläuen. Doch solange Risikoanalytiker und Kognitionspsychologen keine höher stehende menschliche Rasse bilden, muss etwas in *ihrer* Erziehung sie über kognitive Verzerrungen und deren Vermeidung aufgeklärt haben, und warum sollte diese Aufklärung nicht auch einem breiteren Publikum zuteilwerden? Das Schöne an der Vernunft ist, dass man sie stets zum Aufdecken ihrer eigenen Schwachstellen nutzen kann. Ein zweiter Blick auf kritisches Denken und Debiasing-Programme hat gezeigt, was sie erfolgreich sein oder scheitern lässt.

Die Gründe hierfür sind Erziehungswissenschaftlern vertraut.[85] *Jeder* Lehrplan bleibt pädagogisch wirkungslos, wenn man ihn so umsetzt, dass ein Einpauker vorne an der Tafel steht oder in einem Lehrbuch alles gelb gemarkert wird. Menschen verstehen Konzepte nur dann, wenn sie gezwungen werden, sie gründlich zu durchdenken, mit anderen darüber zu diskutieren und sie anzuwenden, um damit Probleme zu lösen. Überdies wird effektiver Unterricht dadurch erschwert, dass Schüler das, was sie an einem konkreten Beispiel gelernt haben, nicht spontan auf andere Beispiele derselben abstrakten Kategorie übertragen. Schüler und Schülerinnen eines Mathekurses, die anhand des Prinzips des kleinsten gemeinsamen Vielfachen lernen, eine Blaskapelle in gleichmäßige Reihen aufzuteilen, sind aufgeschmissen, wenn sie im Garten Reihen mit Gemüse anlegen sollen. Entsprechend sind Teilnehmende eines Kurses über kritisches Denken, die gelernt haben, die Amerikanische Revolution sowohl aus der britischen als auch der amerikanischen Perspektive zu betrachten, nicht in der Lage, den Ersten Weltkrieg aus Sicht der Deutschen zu analysieren.

Angesichts dieser Lektionen über Lektionen haben Psychologen neuerdings Debiasing-Programme entwickelt, die Lehrpläne für logisches und kritisches Denken unterfüttern. Sie ermuntern Schüler und Studierende, Denkfehler in ganz unterschiedlichen Kontexten zu bemerken, zu benennen und zu korrigieren.[86] Einige nutzen Computerspiele zur Einübung und als Feedback, um die absurden Folgen von Fehlern aufzuzeigen. Andere Lehrpläne übersetzen abstruse mathematische Aussagen in konkrete, vorstellbare Szenarien. Tetlock hat die Techniken erfolgreicher Prognostiker in einer Reihe von Richtlinien für gute Urteilsbildung zusammengefasst. (Zum Beispiel: Fange mit der Basisrate an. Suche nach Belegen und vermeide eine Über- oder Unterreaktion darauf. Versuche deine Fehler nicht wegzuerklären, sondern nutze sie als Ausgangspunkt für eine feinere Justierung.) Diese und andere Programme sind nachweislich wirksam – die neuerworbenen Kenntnisse überdauern die Unterrichtsstunde und werden auf neue Inhalte transferiert.

Trotz dieser Erfolge und der Tatsache, dass die Fähigkeit, unvoreingenommene, kritische Schlussfolgerungen zu ziehen, beim Denken über alles andere unabdingbar ist, haben sich nur wenige Bildungsinstitutionen das Ziel gesetzt, die Rationalität zu schulen. (Das schließt meine eigene Universität mit ein; als ich bei einer Besprechung des Lehrplans anregte, alle Studierenden sollten lernen, was kognitive Verzerrungen sind, stieß mein

Vorschlag auf taube Ohren.) Zahlreiche Psychologen haben an ihre Disziplinen appelliert, »der Welt Techniken zur Bekämpfung kognitiver Verzerrungen zu schenken«, sei einer der bedeutendsten potentiellen Beiträge zu menschlichem Wohlergehen.[87]

Eine effektive Schulung in kritischem Denken und kognitivem Debiasing ist möglicherweise nicht ausreichend, um identitätsschützende Kognition auszumerzen, bei der wir uns an jedweder Meinung festklammern, die den Ruhm unseres Stammes und unseren Status darin mehrt. Im Reich der Politik ist dies die am heftigsten grassierende Krankheit, und bislang haben Wissenschaftler sie falsch diagnostiziert, indem sie auf Irrationalität und wissenschaftlichen Analphabetismus verwiesen haben statt auf die kurzsichtige Rationalität der Tragik der Überzeugungs-Allmende. Wie jemand mal gesagt hat: Wissenschaftler behandeln die Öffentlichkeit häufig so, wie Engländer Ausländer behandeln – sie sprechen langsamer und lauter.[88]

Um die Welt rationaler zu machen, geht es also nicht nur darum, Menschen zu besseren Logikern zu erziehen und sie dann von der Leine zu lassen. Es geht auch um die Regeln des Diskurses am Arbeitsplatz, in sozialen Netzwerken sowie in Arenen der Debatte und Entscheidungsfindung. Experimente haben bewiesen, dass die richtigen Regeln die Tragik der Überzeugungs-Allmende abwenden und Menschen dazu bewegen können, ihre logischen Überlegungen von ihrer Identität zu entkoppeln.[89] Eine Methode wurde vor langer Zeit von Rabbis entdeckt: Sie zwangen Jeschiwa-Schüler, bei einer talmudischen Debatte die Seiten zu wechseln und der entgegengesetzten Position gemäß zu argumentieren. Nach einer anderen Methode sollen Personen versuchen, in einer kleinen Diskussionsrunde zu einem Konsens zu gelangen; das bringt sie dazu, ihre Ansichten vor den Mitgliedern ihrer Gruppe zu verteidigen, und meistens trägt die Wahrheit den Sieg davon.[90] Auch die Forscher selbst haben eine neue Strategie namens *adversarial collaboration* (»Kollaboration zwischen Gegnern«) entworfen, bei der Todfeinde zusammenarbeiten, um einem Problem auf den Grund zu gehen; dabei entwickeln sie empirische Tests, die das Problem laut vorheriger Absprache lösen sollen.[91]

Allein das Erfordernis, eine Meinung zu erläutern, kann unserer Hybris einen Dämpfer versetzen. Die meisten von uns überschätzen ihr Vermögen, die Welt zu verstehen – diese Verzerrung bezeichnet man als *illusion of explanatory depth*, also die Illusion, etwas genau erklären zu können.[92] Auch wenn wir zu verstehen glauben, wie ein Reißverschluss funktioniert oder ein Zylinderschloss oder eine Toilette – sobald wir aufgefordert werden, es zu erklären, stehen wir da wie der Ochs vorm Berg und müssen gestehen, dass wir nicht die geringste Ahnung haben. Genau das gilt auch für zentrale politische Streitfragen. Sollen Personen mit unverrückbaren Ansichten zu Obamacare oder zum Nordamerikanischen Freihandelsabkommen erklären, worum genau es sich dabei jeweils handelt, erkennen sie sehr schnell, dass sie gar nicht wissen, wovon sie reden, und werden offener für Gegenargumente. Am wichtigsten ist vielleicht, dass wir weniger voreingenommen sind, wenn wir persönlich etwas zu verlieren haben und mit den Konsequenzen unserer Meinungen leben müssen. In einem Überblick über die Literatur zur Rationalität halten die Anthropologen Hugo Mercier und Dan Sperber fest: »Entgegen den gängigen düsteren Einschätzungen der logischen Denkfähigkeit des Menschen sind wir durchaus in der Lage, unvoreingenommene Schlussfolgerungen zu ziehen – zumindest wenn wir Argumente nicht produzieren, sondern beurteilen, und wenn wir nicht eine Debatte gewinnen wollen, sondern an der Wahrheit interessiert sind.«[93]

Die Art und Weise, wie uns Regeln in bestimmten Arenen kollektiv zu Dummköpfen oder Schlaubergern machen, kann das Paradox auflösen, das in diesem Kapitel immer wieder auftaucht: Warum scheint die Welt in einem Zeitalter nie dagewesener Kenntnisse und Werkzeuge, um diese zu teilen, immer irrationaler zu werden? Die Lösung lautet: In den meisten Arenen ist die Welt *eben nicht* irrationaler geworden. Es ist ja nicht so, dass immer mehr Krankenhauspatienten an Quacksalberei sterben oder Flugzeuge vom Himmel fallen oder Lebensmittel am Kai verrotten, weil niemand herausfindet, wie sie in Lagerräume gebracht werden können. Die Kapitel über Fortschritt haben gezeigt, dass unser kollektiver Einfallsreichtum immer erfolgreicher darin geworden ist, Probleme der Gesellschaft zu lösen.

In der Tat werden wir Zeuge, wie die Armeen der Vernunft in einem Territorium nach dem anderen Dogmen und Bauchgefühl unterwerfen. Zeitungen ergänzen herkömmlichen investigativen Journalismus und Expertenmeinungen durch Statistiker und Faktencheck-Teams.[94] Die Nacht-und-Nebel-Welt der nationalen Nachrichtendienste blickt dank der Bayes'schen Denkweise von Superprognostikern weiter in die Zukunft.[95] Die Gesundheitsfürsorge erlebt eine Umgestaltung durch evidenzbasierte Medizin (was schon lange eine redundante Formulierung sein sollte).[96] Psychotherapie hat sich von Couch und Notizbuch zu einer feedbackorientierten

Behandlung *(feedback-informed treatment)* entwickelt.[97] In New York und zunehmend auch in anderen Großstädten konnte Gewaltkriminalität dank CompStat, einem System, das Daten in Echtzeit verarbeitet, eingedämmt werden.[98] Die Entwicklungshilfe wird angeleitet von »Randomistas«, Ökonomen, die mit Daten aus randomisierten Studien populäre Geldverschwendung von Programmen scheiden wollen, die das Leben der Menschen tatsächlich verbessern.[99] Ehrenamtliche Hilfe und wohltätige Spenden werden von der Bewegung des Effektiven Altruismus unter die Lupe genommen; diese differenziert zwischen altruistischen Handlungen, die das Leben der Empfänger verbessern, und denen, die nur im Herzen der Wohltäter wohlige Wärme entfachen.[100] Der Sport hat die Einführung des Moneyball-Systems erlebt, bei dem Strategien und Spieler nicht nach Intuition und Hörensagen beurteilt werden, sondern mittels statistischer Analyse, was dazu führt, dass klügere Mannschaften reichere schlagen und die Fans mit reichlich neuem Gesprächsstoff für die Zeit außerhalb der Spielsaison versorgt werden.[101] Die Blogosphäre hat die »Rationality Community« hervorgebracht, die darauf pocht, dass »weniger fehlerhafte« Ansichten gepostet werden, indem man Bayes'sches Denken anwendet und kognitive Verzerrungen behebt.[102] Und im Tagesgeschäft von Regierungen ist es dank fundierter Verhaltensänderung *(behavioral insights)*, auch als »Nudge« bezeichnet, und evidenzbasierter Politik gelungen, aus weniger Steuergeldern mehr Sozialleistungen herauszuholen.[103] In einem Bereich nach dem anderen wird die Welt immer rationaler.

Natürlich gibt es da eine krasse Ausnahme: Wahlpolitik und die damit einhergehenden Themen. Hier sind die Spielregeln auf teuflische Weise so konstruiert, dass sie die irrationalste Seite der Menschen zum Vorschein bringen.[104] Wähler haben ein Mitspracherecht bei Themen, die sie nicht persönlich betreffen, und müssen sich nie eingehend informieren oder ihre Einstellungen begründen. Praktische Punkte des Wahlprogramms wie Handel und Energie sind mit heißen ethischen Eisen wie Euthanasie und dem Unterrichtsgegenstand »Evolution« verknüpft. Jedes Themenbündel gehört zu einem Konglomerat aus geographischen, rassischen und ethnischen Wahlkreisen. Die Medien berichten über Wahlen wie über Pferderennen und beleuchten Themen, indem sie ideologische Mitläufer in Schreiduellen gegeneinander antreten lassen. All diese Merkmale bringen die Wähler von einer gut durchdachten Analyse ab und verführen zu leidenschaftlicher Selbstdarstellung. Einige sitzen dem Irrglauben auf, dass uns bereits Wahlen an sich die Segnungen der Demokratie bescheren; in Wahrheit sind diese jedoch eher abhängig von einer Regierung, deren Macht begrenzt ist, die auf ihre Bürger eingeht und die Folgen ihrer Politik bedenkt (Kapitel 14). Demzufolge haben Reformen, die politische Führung eigentlich »demokratischer« machen sollten, wie Volksabstimmungen und direkte Vorwahlen in den USA, die Regierung möglicherweise identitätsbezogener und irrationaler gemacht. Diese schwer zu lösenden Probleme sind untrennbar mit der Demokratie verbunden und werden bereits seit Platons Zeiten diskutiert.[105] Eine sofortige Lösung ist nicht in Sicht, aber die drängendsten derzeitigen Probleme zu identifizieren und sich ihre Linderung zum Ziel zu setzen ist ein guter Ausgangspunkt.

Wenn wir Dinge *nicht* politisieren, können wir alles in allem rational sein. Wie Kahan bemerkt, sind »erbitterte öffentliche Auseinandersetzungen über Wissenschaft im Grunde eher die Ausnahme als die Regel«.[106] Niemand erhält strikte Anweisungen darüber, ob Antibiotika wirken oder ob Trunkenheit am Steuer eine gute Idee ist. Die jüngere Geschichte illustriert diesen Punkt in einem natürlichen Experiment, das von einer wunderbar passenden Kontrollgruppe abgerundet wird.[107] Das humane Papillomavirus (HPV) ist sexuell übertragbar und ein Hauptverursacher von Gebärmutterhalskrebs, lässt sich jedoch mit einer Impfung unschädlich machen. Hepatitis B ist ebenfalls sexuell übertragbar, verursacht ebenfalls Krebs und lässt sich ebenfalls mit einer Impfung unschädlich machen. Die HPV-Impfung entwickelte sich jedoch zu einem politischen Flächenbrand – Eltern liefen Sturm, weil die Regierung es für Teenager nicht leichter machen sollte, Sex zu haben, wohingegen die Hepatitis-B-Impfung keinerlei Proteste hervorgerufen hat. Kahan vermutet, dass der Unterschied der Einführung der beiden Impfungen zuzuschreiben ist. Letztere wurde als routinemäßige Maßnahme des Gesundheitswesens behandelt, so wie bei Keuchhusten oder Gelbfieber. Der Hersteller des HPV-Virus versuchte jedoch Einfluss auf Parlamente der Bundesstaaten auszuüben, um die Impfung schon bei heranwachsenden Mädchen gesetzlich vorzuschreiben, was die Behandlung sexualisierte und den Zorn puritanischer Eltern erregte.

Um den öffentlichen Diskurs rationaler zu gestalten, sollten die Themen so weit wie möglich entpolitisiert werden. Experimente haben gezeigt, dass wir eine neue politische Maßnahme, etwa eine Sozialreform, begrüßen, wenn sie von unserer eigenen Partei vorgeschlagen wird, und sie hassen, wenn sie von der anderen Seite kommt – und dabei fest davon überzeugt sind, allein von ihren objektiven Vor- oder Nachteilen auszugehen.[108] Das bedeutet, dass die Personen, die die Maßnahme propagieren, sorgfältig ausgewählt werden müssen. Verschiedene Klimaschützer haben bemängelt, dass Al Gore, der als Autor und Sprecher des Dokumentarfilms *Eine unbequeme Wahrheit* auftrat, der Bewegung womöglich mehr geschadet als genützt hat, weil er als früherer Vizepräsident der Demokraten und Präsidentschaftskandidat dem Klimawandel einen linken Stempel aufdrückte. (Man kann es sich heute kaum noch vorstellen, aber früher galt der Umweltschutz als Sache der Rechten, da die Angehörigen der Oberschicht albernerweise um ihre Reviere zur Entenjagd und die Ausblicke von ihren Landsitzen besorgt waren statt um ernsthafte Anliegen wie Rassismus, Armut und Vietnam.) Konservative wie auch libertäre Kommentatoren zu gewinnen, die durch die Sachlage überzeugt werden konnten und bereit sind, ihre Sorge mit der Öffentlichkeit zu teilen, wäre wirksamer, als weitere Wissenschaftler zu rekrutieren, die langsamer und lauter sprechen.[109]

Überdies sollten die Fakten nicht mit Problemlösungen verknüpft werden, die mit symbolhafter politischer Bedeutung befrachtet sind. Laut Kahan wird die Existenz eines menschengemachten Klimawandels eher in Betracht gezogen, wenn man die Möglichkeit ins Spiel bringt, dass er sich eventuell durch Geoengineering eindämmen ließe, statt den Leuten zu sagen, dass die Situation strenge Emissionskontrollen verlangt.[110] (Das heißt natürlich nicht, dass Geoengineering unbedingt als die beste Lösung angepriesen werden muss.) Die Entpolitisierung eines Themas kann die Dinge tatsächlich in Bewegung bringen. Kahan trug dazu bei, dass eine Gruppe aus Geschäftsleuten, Politikern und Anwohnervereinigungen aus Florida, viele von ihnen Republikaner, einem Plan zustimmte, um dem steigenden Meeresspiegel Einhalt zu gebieten, der Küstenstraßen und Trinkwasserreservoire bedrohte. Der Plan beinhaltete Maßnahmen zur Reduzierung von CO_2-Emissionen, die unter anderen Umständen politischer Zündstoff gewesen wären. Doch solange sich die Planung auf Probleme konzentrierte, die für alle sichtbar waren, und die politisch kontroverse Hintergrundgeschichte heruntergespielt wurde, handelten sie überlegt.[111]

Was die Medien angeht, könnten sie mal über ihre Rolle bei der Präsentation von Politik als Wettbewerbssport nachdenken, und Intellektuelle und Experten könnten sich gut überlegen, ob sie gegeneinander in den Ring steigen wollen. Wäre es denkbar, dass die renommiertesten Kolumnisten und Nachrichtensprecher eines Tages keine vorhersehbare politische Orientierung erkennen lassen, sondern sich daranmachen, von Fall zu Fall vertretbare Ergebnisse zu erarbeiten? Dass »Sie wiederholen nur die Position der linken [oder rechten] Seite« eines Tages als gravierender Fehler gilt? Dass Menschen (insbesondere Akademiker) eine Frage wie »Wird ein Waffengesetz die Verbrechensrate senken?« oder »Schafft der Mindestlohn mehr Arbeitslose?« eines Tages beantworten mit »Einen Moment, ich schau mir gerade mal die neueste Meta-Analyse an«, statt reflexartig die Position ihrer Partei abzuspulen? Dass rechts- wie linksgerichtete Autoren eines Tages die Debattierkultur à la Chicago (»Er kommt mit'm Messer, Sie mit ner Kanone. Er schickt einen von euch ins Krankenhaus, Sie einen von denen ins Leichenhaus«) hinter sich lassen und stattdessen die in Kapitel 19 im Zusammenhang mit Rüstungskontrolle vorgestellte GRIT-Taktik anwenden (eine kleine einseitige Konzession mit der Einladung, das Gleiche zu tun)?[112]

Dieser Tag liegt noch in weiter Ferne. Doch die Selbstheilungskräfte der Rationalität, die Denkfehler als Angriffsfläche für Bildung und Kritik betrachten, brauchen Zeit, um sich zu entfalten. Es hat Jahrhunderte gebraucht, bis Francis Bacons Bemerkungen zu anekdotischer Argumentation und der Vermengung von Korrelation und Kausalität wissenschaftlich bewanderten Leuten in Fleisch und Blut übergingen. Es hat fast fünfzig Jahre gedauert, bis Tversky und Kahnemans Nachweise der Verfügbarkeitsverzerrung und anderer Denkfehler Eingang in unser Alltagswissen gefunden haben. Die Erkenntnis, dass politisches Stammesdenken die derzeit tückischste Form der Irrationalität ist, ist noch frisch und weitgehend unbekannt. Tatsächlich können ihr kluge Denker ebenso gut erliegen wie jeder andere. Doch angesichts des immer rasanteren Tempos, mit dem alles voranschreitet, werden die Gegenmaßnahmen vielleicht schneller greifen.

Doch solange es auch dauert – wir dürfen nicht zulassen, dass uns die Existenz kognitiver und emotionaler Verzerrungen oder die Krämpfe der Irrationalität in der politischen Arena vom Ideal der Aufklärung abbringen, hartnäckig nach Vernunft und Wahrheit zu streben. Wenn wir zu erkennen vermögen, inwiefern Menschen irrational sein können, heißt das, dass wir auch wissen, was Rationalität ist. Da *wir* nichts Besonderes sind, müssen auch unsere Mitmenschen zumindest eine gewisse Fähigkeit zu rationalem Denken und Handeln besitzen. Und es liegt in der Natur der Rationalität, dass rationale Denker jederzeit in der Lage sind, einen Schritt zurückzutreten, ihre eigenen Unzulänglichkeiten zu erkennen und Wege aufzuspüren, sie zu umgehen.

Kapitel 22

Wissenschaft

Wenn wir die großartigsten Leistungen unserer Spezies aufzählen müssten – sei es in einem intergalaktischen Angeberwettbewerb oder um vor dem Allmächtigen Zeugnis abzulegen –, was würden wir sagen?

Wir würden mit den historischen Menschenrechtstriumphen prahlen, wie der Abschaffung der Sklaverei oder dem Sieg über den Faschismus. Doch so inspirierend diese Erfolge auch sind, haben wir dabei doch nur Hindernisse aus dem Weg geräumt, die wir zuvor selber geschaffen hatten. Es wäre so, als würde man in seinem Lebenslauf in die Liste der bisherigen Leistungen eintragen, dass man eine Heroinabhängigkeit überwunden habe.[1]

Zweifellos würden wir die Meisterwerke von Kunst, Musik und Literatur erwähnen. Doch wüssten empfindungsfähige Akteure, deren Gehirn und Erfahrungen sich auf unvorstellbare Weise von unseren unterscheiden würden, die Werke von Aischylos, El Greco oder Billie Holiday überhaupt zu würdigen? Vielleicht gibt es ja Universalien der Schönheit und Bedeutung, die über Kulturen hinausreichen und bei jeder Form von Intelligenz eine Saite zum Klingen bringen könnten – mir gefällt diese Vorstellung –, aber es ist so verflixt schwierig, das herauszufinden.

Es gibt jedoch einen Bereich von Errungenschaften, mit dem wir uns vor jedem Geistestribunal unverfroren brüsten können, und das ist die Wissenschaft. Eigentlich kann man sich keine intelligenten Akteure vorstellen, die über die Welt, in der sie existieren, nichts herausfinden wollen, und innerhalb unserer Spezies wurde diese Neugier auf beglückende Weise befriedigt. Wir wissen eine Menge über die Geschichte des Universums, die Kräfte, die es antreiben, den Stoff, aus dem wir gemacht sind, den Ursprung der Lebewesen sowie die Mechanismen des Lebens, einschließlich unseres geistigen Lebens.

Auch wenn unsere Unwissenheit noch unermesslich ist (und immer sein wird), sind unsere Kenntnisse erstaunlich, und es werden täglich mehr. In

The Big Picture behauptet der Physiker Sean Carroll, die Gesetze der Physik, die dem täglichen Leben zugrunde liegen (also abgesehen von extremen Werten der Energie und Gravitation wie schwarzen Löchern, dunkler Materie und dem Urknall), seien *vollständig bekannt*. Es ist kaum zu bestreiten, dass dies »einer der größten Triumphe der menschlichen Geistesgeschichte« ist.[2] In der belebten Welt wurden über anderthalb Millionen Arten wissenschaftlich beschrieben, und mit einer durchaus machbaren Kraftanstrengung könnten die restlichen sieben Millionen noch in diesem Jahrhundert benannt werden.[3] Darüber hinaus erschöpft sich unser Verständnis der Welt nicht in bloßen Auflistungen von Teilchen und Kräften und Arten, sondern umfasst auch tiefgreifende, elegante Prinzipien, etwa dass Gravitation die Krümmung der Raumzeit ist und dass das Leben von einem Molekül abhängt, das Informationen trägt, den Stoffwechsel steuert und sich reproduziert.

Wissenschaftliche Entdeckungen verblüffen uns weiterhin, entzücken uns, geben Antworten auf zuvor unlösbare Fragen. Als Watson und Crick die Struktur der DNA entschlüsselten, dachten sie nicht im Traum daran, dass eines Tages das Genom eines 38 000 Jahre alten Neandertaler-Fossils sequenziert und man darin ein Gen finden würde, das mit Sprache verknüpft ist, oder dass die Analyse von Oprah Winfreys DNA ihr verraten würde, dass sie vom Volk der Kpelle aus dem Regenwald Liberias abstammt.

Die Wissenschaft taucht das Menschsein in ein neues Licht. Die großen Denker der Antike, des Zeitalters der Vernunft und der Aufklärung wurden zu früh geboren, um in den Genuss von Ideen mit tiefgreifenden Auswirkungen auf Moral und Bedeutung zu kommen, darunter Entropie, Evolution, Informationstheorie, Spieltheorie und künstliche Intelligenz (obwohl sie häufig an Vorläufern und Näherungen herumbastelten). Die Probleme, die jene Denker uns nahegebracht haben, werden heute mit diesen Ideen angereichert, und man erforscht sie mit Verfahren wie der dreidimensionalen Bildgebung der Hirnaktivität und der Gewinnung von Big Data, um die Verbreitung von Ideen nachzuverfolgen.

Die Wissenschaft hat der Welt auch Bilder von erhabener Schönheit geschenkt: mit dem Stroboskop eingefrorene Bewegungen, die farbenprächtige und extravagante Tierwelt aus tropischen Regenwäldern und Tiefseeschloten, anmutige Spiralgalaxien und durchscheinende kosmische Nebel, fluoreszierende neuronale Schaltkreise und ein leuchtender Planet Erde, der sich über den Horizont des Mondes in die Schwärze des Weltraums erhebt.

Ebenso wie große Kunstwerke sind dies nicht einfach nur hübsche Bilder, sondern Denkanstöße, die unser Verständnis vom Menschsein und von unserem Platz in der Natur vertiefen.

Und natürlich hat uns die Wissenschaft auch die Geschenke des Lebens, der Gesundheit, des Wohlstands, des Wissens und der Freiheit beschert, die ich in den Kapiteln über Fortschritt dokumentiert habe. Um nur ein Beispiel aus Kapitel 6 zu nennen: Dank wissenschaftlicher Erkenntnisse konnten die Pocken ausgerottet werden, eine schmerzhafte und entstellende Krankheit, die allein im 20. Jahrhundert 300 Millionen Todesopfer forderte. Für den Fall, dass irgendjemand diese Meisterleistung moralischer Größe gerade überlesen hat, sage ich es noch einmal: Dank wissenschaftlicher Erkenntnisse konnten die Pocken ausgerottet werden, eine schmerzhafte und entstellende Krankheit, die allein im 20. Jahrhundert 300 Millionen Todesopfer forderte.

Diese ehrfurchtgebietenden Leistungen strafen jeden Lügen, der jammert, dass wir in einer Zeit des Niedergangs, der Ernüchterung, der Bedeutungslosigkeit, der Oberflächlichkeit oder der Absurditäten leben. Dennoch werden die Schönheit und Kraft der Wissenschaft heutzutage nicht einfach nur gewürdigt, sondern auch zutiefst gehasst. Die Verachtung für die Wissenschaft findet man in unerwarteten Ecken – nicht nur unter religiösen Fundamentalisten und ahnungslosen Politikern, sondern auch bei vielen unserer hochverehrten Intellektuellen und den renommiertesten Institutionen der Gelehrsamkeit.

Der bei rechtsgerichteten US-amerikanischen Politikern vorherrschende fehlende Respekt vor der Wissenschaft wurde von dem Journalisten Chris Mooney in *The Republican War on Science* dokumentiert und hat selbst Getreue (wie Bobby Jindal, den früheren Gouverneur von Louisiana) dazu gebracht, ihre eigene Organisation als »Partei der Dummen« zu verunglimpfen.[4] Diesen Ruf verdankte sie einer Politik, die während der Regierungszeit von George W. Bush in Gang gesetzt wurde – darunter seine Unterstützung der Idee, den Kreationismus (unter dem Deckmantel des »Intelligent Design«) an Schulen zu lehren, und der Wechsel von der langjährigen Praxis, Beratung von neutralen wissenschaftlichen Gremien einzuholen, zur Aufstockung der Gremien mit gleichgesinnten Ideologen, von denen viele mit verschwurbelten Theorien aufwarteten (etwa dass Abtreibung Brustkrebs hervorruft), während sie zugleich gut fundierte bestritten (etwa dass

Kondome vor Geschlechtskrankheiten schützen).[5] Republikaner beteiligten sich zudem an dümmlichen Inszenierungen – so James Inhofe, Senator von Oklahoma und Vorsitzender des Senats-Ausschusses für öffentliche Bauten und Umwelt, der 2015 einen Schneeball in den Plenarsaal des Senats mitbrachte, um die Existenz der globalen Erwärmung zu widerlegen.

Im vorigen Kapitel wurde bereits angedeutet, dass die Herabwürdigung der Wissenschaft im politischen Diskurs überwiegend heiße Eisen wie Abtreibung, Evolution und den Klimawandel betrifft. Die Geringschätzung eines wissenschaftlichen Konsenses hat sich jedoch zu einer großflächigen Ahnungslosigkeit ausgewachsen. Der texanische Abgeordnete Lamar Smith, Vorsitzender des Ausschusses für Wissenschaft, Raumfahrt und Technologie des US-Repräsentantenhauses, hat die National Science Foundation nicht nur wegen ihrer Klimaforschung drangsaliert (die er für eine linke Verschwörung hält), sondern auch wegen der Forschungen, die sie mit von Experten begutachteten Zuschüssen unterstützt; über diese hat er sich, aus dem Kontext gerissen, lustig gemacht (zum Beispiel »Wie rechtfertigt die Bundesregierung Ausgaben von über 220 000 $ für die Untersuchung von Tierfotos in *National Geographic*?«).[6] Er hat versucht, die staatliche Unterstützung der Grundlagenforschung zu unterwandern, indem er Gesetze vorgeschlagen hat, wonach die NSF nur noch Studien bezuschussen dürfe, die dem »nationalen Interesse«, wie der Verteidigung und der Wirtschaft, dienlich seien.[7] Natürlich überschreitet die Wissenschaft Ländergrenzen (so bemerkte Tschechow: »Eine nationale Wissenschaft gibt es nicht, so wie es keine nationale Multiplikationstabelle gibt«), und ihre Fähigkeit, die Interessen beliebiger Personen zu fördern, beruht auf ihrem grundlegenden Verständnis der Realität.[8] So nutzt das Satellitennavigationssystem (GPS) die Relativitätstheorie. Krebsbehandlungen fußen auf der Entdeckung der Doppelhelix. Künstliche Intelligenz gründet sich auf neuronale und semantische Netzwerke aus dem Gehirn und den Kognitionswissenschaften.

Kapitel 21 hat uns jedoch darauf vorbereitet, dass die politisierte Unterdrückung der Wissenschaft auch vom linken Lager betrieben wird. Es waren die Linken, die Panik vor Überbevölkerung, Atomkraft und genmodifizierten Organismen geschürt haben. Die Erforschung von Intelligenz, Sexualität, Gewalt, Kindererziehung und Vorurteilen wurde durch Taktiken verzerrt, die von der Auswahl der Fragen in Fragebogen bis zur Einschüchterung von Wissenschaftlern reichten, die der politisch korrekten Orthodoxie nicht folgen wollen.

Im weiteren Verlauf dieses Kapitels möchte ich mich einer feindseligen Haltung gegenüber der Wissenschaft widmen, die noch tiefer reicht. Viele Intellektuelle empört das Eindringen naturwissenschaftlichen Denkens in die traditionellen Terrains der Geisteswissenschaften, wie Politologie, Geschichte und die schönen Künste. Ebenso verabscheut wird die Anwendung naturwissenschaftlicher Schlussfolgerungen auf den Bereich, den früher die Religion beherrschte – zahlreiche Autoren, die nicht im Entferntesten an Gott glauben, beharren darauf, es stünde der Wissenschaft nicht zu, sich an der Erörterung der größten Fragen zu beteiligen. In den wichtigsten meinungsbildenden Zeitschriften wird Wissenschaftsschwindlern regelmäßig Determinismus, Reduktionismus, Essentialismus, Positivismus und, am allerschlimmsten, ein Verbrechen namens Szientismus vorgeworfen.

Diese Feindseligkeit ist parteiübergreifend. Die Standardanklage aus dem linken Lager erschließt sich aus folgender Zusammenfassung des Historikers Jackson Lears in *The Nation* aus dem Jahr 2011:

> Positivismus beruht auf der reduktionistischen Überzeugung, dass sich das gesamte Universum, einschließlich allen menschlichen Tuns, mit präzise messbaren, deterministischen physikalischen Prozessen erklären lässt. ... Positivistische Annahmen bildeten die erkenntnistheoretische Grundlage für den Sozialdarwinismus und populärwissenschaftlich-evolutionäre Auffassungen von Fortschritt sowie für den wissenschaftlichen Rassismus und Imperialismus. Diese Tendenzen verbanden sich zur Eugenik, der Doktrin, dass sich menschliches Wohlergehen durch selektive Züchtung der »am besten Angepassten« und Sterilisierung oder Eliminierung der »am schlechtesten Angepassten« steigern und letztlich perfektionieren ließe. Jedes Schulkind weiß, wohin das führte: ins katastrophale 20. Jahrhundert. Zwei Weltkriege, das systematische Abschlachten von Unschuldigen in nie dagewesenem Ausmaß, die Verbreitung unvorstellbar zerstörerischer Waffen, lokal begrenzte Kriege an den Grenzen des Reiches – all diese Ereignisse beinhalteten in unterschiedlichem Ausmaß die Anwendung wissenschaftlicher Forschung auf Spitzentechnologie.[9]

Die Anklage aus dem rechten Lager wird in dieser Rede von Bushs Bioethik-Berater Leon Kass aus dem Jahr 2007 formuliert:

> Wissenschaftliche Ideen und Entdeckungen über die belebte Natur und den Menschen, an sich uneingeschränkt willkommen und harmlos, werden rekrutiert, um gegen unsere traditionellen religiösen und moralischen Lehren zu

> Felde zu ziehen, ja sogar gegen unser Selbstverständnis als freie und würdevolle Kreaturen. Ein quasi-religiöser Glauben hat sich unter uns erhoben – ich möchte ihn als »seelenlosen Szientismus« bezeichnen –, der überzeugt ist, dass unsere neue Biologie das menschliche Leben umfassend analysieren kann, indem sie alle Geheimnisse hinwegfegt und rein wissenschaftliche Erklärungen für menschliches Denken, Liebe, Kreativität und moralische Urteile liefert, ja sogar dafür, warum wir an Gott glauben. Bedrohlich für unser Menschsein heute ist nicht die Wanderung der Seelen ins nächste Leben, sondern die Leugnung der Seele im jetzigen. ...
> Täuschen Sie sich nicht. Die Einsätze in diesem Wettstreit sind hoch – auf dem Spiel stehen die moralische und spirituelle Gesundheit unserer Nation, die kontinuierliche Vitalität der Wissenschaft und unser Selbstverständnis als Menschen und Kinder des Westens. ... Alle Freunde menschlicher Freiheit und Würde – und darin schließe ich sogar die Atheisten unter uns ein – müssen einsehen, dass ihre eigene Menschlichkeit in Gefahr ist.[10]

Dies sind wahrhaft streitbare Ankläger. Doch wie wir sehen werden, sind ihre Anschuldigungen aus der Luft gegriffen. Die empirische Wissenschaft kann nicht für Völkermord und Krieg verantwortlich gemacht werden und bedroht nicht die moralische und spirituelle Gesundheit unserer Nation. Vielmehr ist sie unerlässlich in allen Bereichen, die für die Menschheit von Belang sind, wie Politik, den Geisteswissenschaften und der Suche nach Sinn, Zweck und Moral.

In dem hochgeistigen Feldzug gegen die empirische Wissenschaft flammt die Kontroverse wieder auf, die C. P. Snow 1959 entfachte, als er in seiner Vorlesung und seinem Buch *The Two Cultures* die Verachtung der Naturwissenschaft unter britischen Intellektuellen beklagte. Der Ausdruck »Kulturen« in seiner anthropologischen Bedeutung erklärt, warum die Wissenschaft nicht nur von Politikern mit Sponsoren aus der fossilen Brennstoffindustrie aufs Korn genommen wird, sondern auch von einigen der gebildetsten Angehörigen der intellektuellen Elite.

Im 20. Jahrhundert war die Landschaft des menschlichen Wissens in professionalisierte Herzogtümer aufgeteilt, und die Ausbreitung der empirischen Wissenschaft (insbesondere mit der menschlichen Natur als Forschungsgegenstand) hat man oft als ein Vordringen in Territorien empfunden, die von den theoretischen Geisteswissenschaften beansprucht und umzäunt worden waren. Dabei findet man diese Einstellung keineswegs bei geisteswissenschaftlichen Praktikern vor. Die meisten Künstler sind völlig frei davon; die Schriftsteller, Maler, Filmemacher und Musiker, die ich kenne, sind ganz erpicht darauf, zu erfahren, inwiefern die Wissenschaft ihre Medien bereichern könnte, so wie sie auch offen für jede neue Inspirationsquelle sind. Ebenso wenig wird diese Sorge von denjenigen Gelehrten zum Ausdruck gebracht, die in geschichtliche Epochen eintauchen, in Kunstgenres, Ideensysteme und andere Gegenstände der Geisteswissenschaften, denn wahre Gelehrte sind aufgeschlossen für Ideen, egal, woher sie kommen. Die defensive Aggressivität steht im Zusammenhang mit einer *Kultur* – Snows Zweiter Kultur literarischer Intellektueller, Kulturkritiker und gebildeter Essayisten.[11] Der Autor Damon Linker (der den Soziologen Daniel Bell zitiert) beschreibt sie als »Spezialisten für Generalisierungen, ... die sich aufgrund ihrer individuellen Erfahrungen, Lesegewohnheiten und Urteilsfähigkeit zur Welt äußern. Subjektivität mit all ihren Schrullen und Marotten ist die Währung im Reich der Republik der Gelehrten.«[12] Diese Vorgehensweise könnte vom Wesen der empirischen Wissenschaft nicht weiter entfernt sein, und es sind die Intellektuellen der Zweiten Kultur, die den »Szientismus« am meisten fürchten, dem sie die Haltung unterschieben, dass »Wissenschaft alles ist, was zählt« oder dass »Wissenschaftlern die Lösung aller Probleme anvertraut werden sollte«.

Selbstverständlich vertrat Snow zu keiner Zeit die hirnverbrannte Meinung, man solle der Kultur der Naturwissenschaftler alle Macht übertragen. Ganz im Gegenteil – er plädierte für eine *Dritte* Kultur, die Ideen aus Naturwissenschaft, Kultur und Geschichte zusammenführen und sie zur Förderung des menschlichen Wohlergehens auf der ganzen Welt nutzen sollte.[13] Im Jahr 1991 wurde der Begriff von dem Autor und Literaturagenten John Brockman wieder aufgegriffen, und er ist verwandt mit dem von dem Biologen E. O. Wilson geprägten Konzept der Konziliation *(consilience)*, der Einheit des Wissens, die Wilson wiederum (wen wundert's?) den Denkern der Aufklärung zuschrieb.[14] Um die Verheißung empirischer Wissenschaft für das Leben der Menschen zu verstehen, sollte man sich in einem ersten Schritt von der Bunkermentalität der Zweiten Kultur verabschieden, die etwa im Untertitel eines Artikels des Literaturpapstes Leon Wieseltier aufscheint: »Nun will die Naturwissenschaft in die Geisteswissenschaften einmarschieren. Das müssen wir verhindern.«[15]

Für wissenschaftliches Denken einzutreten setzt zunächst einmal nicht im Geringsten die Überzeugung voraus, dass Angehörige der Zunft namens

»Naturwissenschaft« besonders weise oder edel seien. Die Kultur der Naturwissenschaft beruht auf der entgegengesetzten Überzeugung. Mit den für sie charakteristischen Verfahren, unter anderem offene Diskussion, Peer-Review und Doppelblindstudien, sollen die Sünden vermieden werden, denen Wissenschaftler, da sie Menschen sind, so leicht erliegen. Richard Feynman hat das oberste Prinzip der Wissenschaft so formuliert: »Du darfst dich nicht selbst in die Irre führen – und du bist die Person, bei der das am leichtesten gelingt.«

Aus demselben Grund ist der Aufruf an alle, wissenschaftlicher zu denken, nicht zu verwechseln mit der Aufforderung, sämtliche Entscheidungen empirischen Wissenschaftlern zu überlassen. Viele von ihnen sind unbedarft, wenn es um Politik und Gesetzgebung geht, und brauen Rohrkrepierer zusammen wie eine Weltregierung, eine Lizenzierungspflicht für Eltern und die Flucht von einer besudelten Erde durch die Kolonisierung anderer Planeten. Das spielt aber keine Rolle, denn wir reden nicht darüber, welcher Priesterschaft die Allmacht übertragen werden sollte, sondern darüber, auf welche Weise man zu klügeren kollektiven Entscheidungen gelangt.

Der Respekt vor wissenschaftlichem Denken entspricht ganz entschieden nicht der Überzeugung, dass alle derzeitigen wissenschaftlichen Hypothesen korrekt sind. Die meisten neuen sind es nicht. Das Lebenselixier der Wissenschaft ist der Zyklus aus Mutmaßung und Widerlegung – eine Hypothese aufzustellen und dann zu schauen, ob sie Versuchen trotzt, sie zu falsifizieren. Dieser Punkt entgeht vielen Wissenschaftskritikern, die irgendeine diskreditierte Hypothese als Beweis dafür anführen, dass man der Wissenschaft nicht trauen darf – wie ein Rabbi aus meiner Kindheit, der die Evolutionstheorie wie folgt zurückwies: »Wissenschaftler glauben, die Welt sei 4 Milliarden Jahre alt. Früher glaubten sie, die Welt sei 8 Milliarden Jahre alt. Wenn sie sich schon einmal um 4 Milliarden Jahre geirrt haben, dann kann ihnen das auch wieder passieren.« Der Denkfehler (von der apokryphen Geschichte einmal abgesehen) besteht im Übersehen der Tatsache, dass Wissenschaft nicht den Anspruch erhebt, bereits beim ersten Versuch unfehlbar zu sein, sondern ermöglicht, eine Hypothese mit zunehmender Beweismenge immer zuversichtlicher als richtig anzunehmen. Tatsächlich widerlegt sich die obige Art der Argumentation selbst, weil die Argumentierenden von der Wahrheit der aktuellen wissenschaftlichen Behauptungen ausgehen müssen, um die früheren in Zweifel ziehen zu können. Gleiches gilt für das beliebte Argument, die Behauptungen der Wissenschaft seien unglaubwürdig, weil die Wissenschaftler einer früheren Epoche von den Vorurteilen und dem Chauvinismus ihrer Zeit beeinflusst worden seien. Wenn das der Fall war, dann waren sie schlechte Wissenschaftler, und nur dank der besseren Wissenschaft späterer Epochen sind wir heute in der Lage, ihre damaligen Fehler aufzudecken.

Bei einem weiteren Versuch, eine Mauer um die Wissenschaft zu bauen und sie ihr in Rechnung zu stellen, wird ein anderes Argument angeführt: Weil sich empirische Wissenschaft nur mit Fakten zu physikalischem Zeug beschäftigt, begehen die Wissenschaftler einen logischen Fehler, wenn sie sich zu Werten oder der Gesellschaft oder Kultur äußern. In Wieseltiers Worten: »Es steht der Wissenschaft nicht zu, zu sagen, ob die Wissenschaft einen Platz unter Ethik und Politik und Kunst hat. Dies sind philosophische Angelegenheiten, und Wissenschaft ist nicht Philosophie.« Es ist jedoch genau dieses Argument, in dem ein logischer Fehler steckt, weil Aussagen mit akademischen Disziplinen verwechselt werden. Zweifellos ist eine empirische Aussage nicht dasselbe wie eine logische, und beide sind von normativen oder moralischen Behauptungen zu unterscheiden. Das heißt aber nicht, dass Wissenschaftler unter einem Maulkorberlass stehen, der ihnen verbietet, konzeptuelle und moralische Fragen zu diskutieren – genauso wenig, wie Philosophen den Mund zu halten haben, wenn es um die physikalische Welt geht.

Wissenschaft ist keine Auflistung empirischer Fakten. Wissenschaftler bewegen sich im ätherischen Medium der *Information*, zu dem auch die Wahrheiten der Mathematik gehören, die Logik ihrer Theorien und die Werte, denen ihre Unternehmungen unterliegen. Ebenso wenig hat sich die Philosophie ihrerseits jemals in einem Geisterreich der reinen Ideen verortet, die losgelöst vom physikalischen Universum umherschweben. Insbesondere die Philosophen der Aufklärung haben ihre konzeptuellen Argumente mit Hypothesen über Wahrnehmung, Kognition, Emotion und Sozialität verwoben. (Humes Analyse der Natur der Kausalität, um nur ein Beispiel zu nennen, beruhte auf seinen Einsichten über die Psychologie der Kausalität, und Kant war unter anderem ein vorausschauender Kognitionspsychologe.)[16] Heute fühlen sich die meisten Philosophen (zumindest in der analytischen oder angloamerikanischen Tradition) dem *Naturalismus* verbunden, der Position, dass »die Realität ganz in der Natur aufgeht, nichts ›Übernatürliches‹ enthält und dass man anhand der wissenschaftlichen Methode alle Bereiche der Realität, die ›menschliche Seele‹ eingeschlossen, erforschen kann«.[17] Nach moderner Auffassung geht die empirische Wissenschaft Hand in Hand mit der Philosophie und der Vernunft selbst.

Was unterscheidet die Wissenschaft dann von anderen Anwendungen der Vernunft? Ganz sicher nicht »die wissenschaftliche Methode«, ein Begriff, den man Schulkindern beibringt, den Wissenschaftler aber niemals in den Mund nehmen. Vielmehr nutzen sie jegliche Methode, die ihnen hilft, die Welt zu verstehen: die stumpfsinnige Tabellarisierung von Daten, experimentelle Heldentaten, geistige Höhenflüge, elegante mathematische Modellierung, zusammengeschusterte Computersimulationen, umfassende verbale Erläuterungen.[18] Alle diese Methoden dienen zwei Idealen, und es sind diese beiden Ideale, die Verfechter der Wissenschaft im gesamten Geistesleben verankert sehen möchten.

Das erste lautet, dass die Welt *verstehbar* ist. Die Phänomene, die wir erfahren, lassen sich mit Hilfe von Prinzipien erklären, die tiefer reichen als diese Phänomene. Darum lachen Wissenschaftler über die Brontosaurus-Theorie der Dinosaurierexpertin aus *Monty Python's Flying Circus*: »Alle Brontosaurier sind dünn am einen Ende, viel, viel dicker in der Mitte und wieder dünn am anderen Ende« – die »Theorie« beschreibt lediglich, wie die Dinge sind, aber sie erklärt nicht, *warum* sie so sind. Die Prinzipien, auf denen eine Erklärung beruht, lassen sich womöglich wiederum anhand noch tiefer gehender Prinzipien erklären und so weiter. (Wie David Deutsch sagte: »Wir stehen jederzeit am Beginn der Unendlichkeit.«) Wenn wir uns die Welt erklären, sollte es nur wenige Situationen geben, in denen wir nichts weiter sagen können als »Es ist nun mal so« oder »Das ist Zauberei« oder »Weil ich es sage«. Von der Verstehbarkeit der Welt auszugehen ist nicht nur guter Glaube, sondern bestätigt sich fortlaufend selbst, während sich immer mehr Dinge aus der Welt in wissenschaftliche Begriffe fassen lassen. So schrieb man die Prozesse des Lebens früher einer mysteriösen Lebensschwungkraft zu; heute wissen wir, dass sie von chemischen und physikalischen Reaktionen zwischen komplexen Molekülen angetrieben werden.

Die Dämonisierer des Szientismus verwechseln Verstehbarkeit oft mit der Sünde des Reduktionismus, der Analyse eines komplexen Systems in einfachere Elemente oder, laut der Anschuldigung, in *nichts anderes als* einfachere Elemente. Ein komplexes Geschehen anhand tiefer liegender Prinzipien zu erklären bedeutet allerdings nicht, seine Vielfalt zu ignorieren. Auf einer bestimmten Ebene der Analyse zeigen sich Muster, die nicht auf ihre Bestandteile auf einer tieferen Ebene reduzierbar sind. Der Erste Weltkrieg bestand zwar aus Materie in Bewegung, doch niemand würde versuchen, den Ersten Weltkrieg in der Sprache der Physik, Chemie und Biologie zu erklären statt in der besser verständlichen Sprache der Wahrnehmungen und Ziele der Führungspersönlichkeiten im Jahr 1914 in Europa. Zugleich hat ein neugieriger Mensch jedoch durchaus das Recht zu fragen, *warum* der menschliche Geist zu solchen Wahrnehmungen und Zielen neigt wie zu dem Stammesdenken, der Selbstüberschätzung, der Angst voreinander und der Kultur der Ehre, die in jenem historischen Augenblick eine tödliche Kombination eingingen.

Das zweite Ideal lautet, dass wir der Welt erlauben müssen, uns zu sagen, ob unsere Ideen über sie korrekt sind. Die traditionellen Ursprünge von Überzeugungen – Glaube, Offenbarung, Dogma, Autorität, Charisma, herkömmliche Meinung, die hermeneutische Auslegung von Texten, das wohlige Gefühl subjektiver Gewissheit – sind Brutstätten des Irrtums und sollten als Quellen des Wissens aufgegeben werden. Stattdessen sollten wir unsere Überzeugungen zu empirischen Aussagen danach justieren, inwiefern sie der Welt entsprechen. Fordert man Wissenschaftler auf zu erklären, wie sie dabei vorgehen, berufen sie sich üblicherweise auf Karl Poppers Modell der Vermutung und Widerlegung, wonach sich eine wissenschaftliche Theorie anhand empirischer Tests falsifizieren, aber niemals bestätigen lässt. In der Wirklichkeit ähnelt Wissenschaft eher nicht dem Skeetschießen, bei dem Hypothesen eine nach der anderen wie Tontauben aufgeworfen und dann in Stücke geschossen würden. Sie gleicht eher Bayes'schem Denken (der Logik, die die Superprognostiker aus dem vorigen Kapitel anwenden). Einer Theorie wird zunächst in Abhängigkeit von ihrer Konsistenz mit allem, was wir sonst noch wissen, ein bestimmtes Maß an Glaubwürdigkeit zugewiesen. Dieser Glaubwürdigkeitswert wird dann in kleinen Schritten erhöht oder gesenkt, je nachdem, wie wahrscheinlich eine empirische Beobachtung wäre, wenn die Theorie zutreffen würde, in Relation zu der Wahrscheinlichkeit, wenn sie falsch wäre.[19] Unabhängig davon, ob Popper oder Bayes die bessere Berechnung vorschlagen, beruht der Grad der Überzeugung von einer wissenschaftlichen Theorie stets auf ihrer Konsistenz mit empirischen Belegen. Jede Bewegung, die sich »wissenschaftlich« nennt, aber es versäumt oder verhindert, Möglichkeiten zu schaffen, die eigenen Überzeugungen zu testen (am offensichtlichsten durch die Ermordung oder Inhaftierung der Menschen, die anderer Meinung sind), ist keine wissenschaftliche Bewegung.

Viele Leute halten der Wissenschaft bereitwillig zugute, dass sie uns nützliche Medikamente und Geräte beschert und sogar, dass sie physikalische Funktionsweisen erklärt. Doch sie ziehen eine rote Linie bei den Dingen, die uns Menschen wirklich wichtig sind – den tiefgreifenden Fragen, wer wir sind, woher wir kamen und wie wir den Sinn und Zweck unseres Lebens definieren. Dies ist das traditionelle Terrain der Religion, und ihre Verfechter sind gemeinhin die reizbarsten Kritiker des Szientismus. Sie tendieren zu dem Aufteilungsplan, den der Paläontologe und Wissenschaftsautor Stephen Jay Gould in seinem Buch *Rocks of Ages* vorgelegt hat. Danach gehören die ordnungsgemäßen Themen von Wissenschaft und Religion zu »nichtüberlappenden Lehrämtern«. Der Wissenschaft fällt das empirische Universum zu; die Religion ist für Moral, Sinn und Werte zuständig.

Dieses Abkommen beginnt jedoch schon beim ersten näheren Hinsehen zu bröckeln. Die moralische Weltanschauung jeder wissenschaftlich beschlagenen Person – die nicht die Scheuklappen des Fundamentalismus trägt – erfordert eine klare Abgrenzung von religiösen Vorstellungen über Sinn und Werte.

Zunächst einmal folgt aus den Erkenntnissen der Wissenschaft, dass die Glaubenssysteme sämtlicher traditionellen Religionen und Kulturen der Welt – ihre Theorien über die Erschaffung der Welt, das Leben, den Menschen und Gesellschaften – faktisch falsch sind. Wir wissen, im Gegensatz zu unseren Urahnen, dass der Mensch genau einer Spezies afrikanischer Primaten angehört, die erst spät in ihrer Geschichte Landwirtschaft, Regierungsformen und Schrift entwickelt hat. Wir wissen, dass unsere Spezies ein winziger Zweig an einem Stammbaum ist, der alle Lebewesen umfasst und vor fast 4 Milliarden Jahren aus präbiotischen chemischen Substanzen entstanden ist. Wir wissen, dass wir auf einem Planeten leben, der sich um einen von hundert Milliarden Sternen in unserer Galaxie dreht, die ihrerseits eine von hundert Milliarden Galaxien in einem 13,8 Milliarden Jahre alten Universum ist, von denen es wiederum möglicherweise eine riesengroße Menge gibt. Wir wissen, dass unsere Intuitionen über Raum, Zeit, Materie und Kausalität die Natur der Wirklichkeit mit ihren sehr großen und sehr kleinen Maßstäben niemals erfassen können. Wir wissen, dass die Gesetze, denen die physikalische Welt unterliegt (einschließlich Unfällen, Krankheiten und anderem Ungemach) nicht auf das Wohlergehen der Menschen abzielen. Es gibt nicht so etwas wie Schicksal, Vorsehung, Karma, Zaubersprüche, Flüche, Prophezeiungen, göttliche Vergeltung oder erhörte Gebete – auch wenn die Diskrepanz zwischen den Gesetzen der Wahrscheinlichkeit und den Mechanismen des Denkens erklären mögen, warum Menschen daran glauben. Und wir wissen, dass wir all diese Dinge nicht schon immer gewusst haben, dass die liebgewonnenen Überzeugungen jeder Zeit und Kultur eindeutig widerlegt werden können – zu denen zweifellos zahlreiche gehören, die wir heute hegen.

Anders gesagt: Das Weltbild, auf dem die moralischen und spirituellen Werte einer gescheiten Person von heute beruhen, ist das Weltbild, das wir der Wissenschaft verdanken. Auch wenn die wissenschaftlichen Fakten nicht von sich aus Werte vorgeben, schränken sie doch sicherlich die Möglichkeiten ein. Indem sie die kirchliche Autorität in faktischen Fragen ihrer Glaubwürdigkeit berauben, lassen sie auch deren Anspruch auf Gewissheit in moralischen Fragen in zweifelhaftem Licht erscheinen. Die wissenschaftliche Anfechtung der Theorie rachsüchtiger Götter und übersinnlicher Kräfte untergräbt Praktiken wie Menschenopfer, Hexenjagden, Gesundbeterei, Gottesurteile und die Verfolgung von Ketzern. Indem die Wissenschaft die fehlende Zielgerichtetheit der Gesetze aufdeckt, die das Universum steuern, zwingt sie uns, die Verantwortung für unser eigenes Wohl, das unserer Spezies und unseres Planeten zu übernehmen. Aus demselben Grund unterminiert sie jedes moralische oder politische System, das auf mystischen Kräften, Heilssuchen, Vorsehungen, Dialektiken, Kämpfen oder messianischen Zeiten basiert. Und im Zusammenspiel mit einigen unverrückbaren Überzeugungen – dass wir alle unser eigenes Wohl hochschätzen und dass wir soziale Wesen sind, die sich gegenseitig beeinflussen und Verhaltensregeln aushandeln können – sprechen die wissenschaftlichen Fakten für eine verfechtbare Moral: für Prinzipien, die das Wohlbefinden der Menschen und anderer empfindungsfähiger Wesen maximieren. Dieser Humanismus (Kapitel 23), der unauflöslich mit einem wissenschaftlichen Verständnis der Welt verbunden ist, wird zur De-facto-Moral moderner Demokratien, internationaler Organisationen und liberalerer Religionen, und seine noch unerfüllten Versprechen definieren die moralischen Gebote, denen wir uns heute stellen müssen.

Obgleich die Wissenschaft immer stärker und nutzbringend in unser materielles, moralisches und geistiges Leben eingebunden ist, pflegen viele kulturelle Institutionen ihr gegenüber eine philisterhafte Gleichgültigkeit, die an Verachtung grenzt. Intellektuelle Zeitschriften, die vordergründig Ideen propagieren, beschränken sich auf Politik und Geisteswissenschaften, während sie neuen Ideen aus der Naturwissenschaft kaum Beachtung schenken – von politisierten Themen wie dem Klimawandel (und regelmäßigen Attacken gegen den Szientismus) abgesehen.[20] Noch übler ist der Umgang mit der empirischen Wissenschaft im Lehrplan der Geisteswissenschaften an vielen Universitäten. Studierende können ein Examen ablegen, obwohl sie so gut wie keine Erfahrung mit wissenschaftlicher Arbeit gemacht haben, und was sie dabei lernen, dient häufig noch dazu, sie dagegen aufzustacheln.

Das an modernen Universitäten am häufigsten im Lehrplan stehende Buch über empirische Wissenschaft ist (neben einem populären Biologielehrbuch) Thomas Kuhns *The Structure of Scientific Revolutions* (dt.: *Die Struktur wissenschaftlicher Revolutionen*).[21] Die Botschaft dieses Klassikers von 1962 wird gemeinhin so interpretiert, dass sich Wissenschaft nicht immer weiter der Wahrheit annähert, sondern lediglich damit beschäftigt ist, Rätsel zu lösen, bevor sie sich irgendeinem neuen Paradigma zuwendet, womit ihre vorherigen Theorien überholt, ja, unverständlich werden.[22] Obwohl sich Kuhn später von dieser nihilistischen Interpretation distanzierte, hat sie sich innerhalb der Zweiten Kultur als herkömmliche Meinung eingebürgert. Ein Kritiker einer bedeutenden intellektuellen Zeitschrift hat mir einmal erklärt, die Kunstwelt schere sich aus demselben Grund nicht mehr darum, ob Kunstwerke »schön« seien, aus dem sich Wissenschaftler nicht mehr darum scherten, ob Theorien »richtig« seien. Er schien ernsthaft erstaunt, als ich ihm widersprach.

Der Wissenschaftshistoriker David Wootton hat zu den Gepflogenheiten seiner eigenen Disziplin bemerkt: »In den Jahren seit Snows Vorlesung hat sich das Problem der zwei Kulturen verschärft; weit davon entfernt, als Brücke zwischen den Geistes- und Naturwissenschaften zu dienen, präsentiert die Wissenschaftsgeschichte den Wissenschaftlern heute ein Bild von sich, in dem sich die meisten nicht wiedererkennen.«[23] Der Grund dafür ist, dass viele Wissenschaftshistoriker es als naiv empfinden, Wissenschaft als das Streben nach korrekten Erklärungen der Welt aufzufassen. Das Ergebnis gleicht der Reportage eines Basketballspiels von einem Tanzkritiker, der nicht sagen darf, dass die Spieler versuchen, den Ball durch den Ring zu werfen. Ich habe einmal einen Vortrag über die Semiotik der neuronalen Bildgebung über mich ergehen lassen, in dem ein Wissenschaftshistoriker eine Reihe bewegter 3-D-Farbbilder des Gehirns dekonstruierte; dabei erläuterte er wortreich, wie »jener scheinbar neutrale und naturalisierende wissenschaftliche Blick bestimmte Formen des Selbst heraufbeschwört, die dann für gewisse politische Agenden empfänglich werden, indem sie sich von der Position des neuro(psychologischen) Objekts zur Position des externen Beobachters verschieben« und so weiter – alle möglichen dämlichen Erläuterungen außer der augenfälligsten, dass die Bilder uns sehen helfen, was im Gehirn vor sich geht.[24] Viele »Wissenschaftsforscher« widmen ihre berufliche Laufbahn tiefschürfenden Analysen, die darlegen, inwiefern die gesamte Institution nur ein Vorwand für Unterdrückung ist. Ein Beispiel ist der folgende akademische Beitrag zum drängendsten Problem der Welt:

> **Gletscher, Gender und Wissenschaft: Ein feministisches Glaziologie-Konzept für die Forschung über globale Umweltveränderungen**
> Gletscher sind Schlüsselsymbole des Klimawandels und globaler Umweltveränderungen. Die Beziehungen zwischen Gender, Wissenschaft und Gletschern – insbesondere im Hinblick auf erkenntnistheoretische Fragen über die Produktion glaziologischen Wissens – sind bisher jedoch noch wenig erforscht. Daher legt dieser Artikel ein feministisches Glaziologie-Konzept mit vier zentralen Komponenten vor: (1) WissensproduzentInnen, (2) geschlechtsspezifische Wissenschaft und Kenntnisse, (3) Systeme wissenschaftlicher Dominanz und (4) alternative Darstellungen von Gletschern. Durch die Vereinigung postkolonialer Wissenschaftsforschung mit feministischer politischer Ökologie erlaubt das feministische Glaziologie-Konzept eine starke Analyse von Gender, Macht und Erkenntnistheorien in dynamischen sozioökologischen Systemen und führt auf diesem Wege zu einer gerechteren und gleichberechtigteren Wissenschaft sowie Mensch-Eis-Interaktionen.[25]

Heimtückischer als das Graben nach immer noch kryptischeren Formen des Rassismus und Sexismus ist eine dämonisierende Kampagne, die der Wissenschaft (und mit ihr der Vernunft und anderen Werten der Aufklärung) Verbrechen zur Last legt, die so alt sind wie die Zivilisation – wie Rassismus, Sklaverei, Eroberung und Völkermord. Dies war ein zentrales Thema der einflussreichen Kritischen Theorie der Frankfurter Schule, der quasimarxistischen Bewegung, deren Begründer Theodor W. Adorno und Max Horkheimer verkündeten: »... die vollends aufgeklärte Erde strahlt im Zeichen triumphalen Unheils.«[26] Zudem offenbart sie sich in den Werken postmoderner Theoretiker wie Michel Foucault, der behauptete, der Holocaust sei die unausweichliche Zuspitzung einer »Biopolitik« gewesen, die mit der Aufklärung ihren Anfang nahm, als die Wissenschaft und rationale

Führung immer mehr Macht über das Leben der Menschen ausübten.[27] Auf ähnliche Weise gab der Soziologe Zygmunt Bauman die Schuld am Holocaust dem Ideal der Aufklärung, »die Gesellschaft neu zu erschaffen, um sie in ein übergreifendes, an wissenschaftlichen Erkenntnissen orientiertes Schema zu zwingen«.[28] Nach dieser verdrehten Auslegung sind die Nazis aus der Verantwortung entlassen (»Schuld ist nur die Moderne!«). Gleiches gilt für die fanatische Anti-Aufklärungs-Ideologie der Nazis, die die entartete liberale Verehrung von Vernunft und Fortschritt durch die Bourgeoisie verachtete und einer organischen, heidnischen Lebenskraft anhing, die den Kampf zwischen den Rassen befeuerte. Obwohl die Kritische Theorie und die Postmoderne »szientistische« Verfahren wie Quantifizierung und systematische Chronologie meiden, legen die Fakten nahe, dass sie den Geschichtsverlauf umgedreht haben: Völkermord und Autokratie waren in vormodernen Zeiten allgegenwärtig, und sie nahmen nicht zu, sondern ab, als die Wissenschaft und liberale Werte der Aufklärung nach dem Zweiten Weltkrieg zunehmend an Einfluss gewannen.[29]

Zweifellos hat man sich die Naturwissenschaft häufig zunutze gemacht, um bedauerliche politische Bewegungen zu unterstützen. Natürlich ist es äußerst wichtig, diese Geschichte zu durchschauen, und legitim, Forscher für ihre Rolle dabei zu verurteilen, genau wie andere historische Figuren auch. Aber die Qualitäten, die wir an Geisteswissenschaftlern loben – Berücksichtigung des Kontextes, Nuancierung, historische Tiefe – lassen sie häufig im Stich, wenn sich die Gelegenheit ergibt, einen Feldzug gegen ihre akademischen Rivalen zu führen. Der empirischen Wissenschaft wird gemeinhin die Schuld an intellektuellen Bewegungen zugeschoben, die einen pseudowissenschaftlichen Anstrich haben, obgleich die historischen Wurzeln solcher Bewegungen tief und weitverzweigt sind.

»Wissenschaftlicher Rassismus«, die Theorie, dass Rassen einer evolutionären Hierarchie geistiger Vervollkommnung mit den Nordeuropäern an der Spitze unterliegen, ist ein Paradebeispiel. Populär wurde er in den Jahrzehnten um die Wende zum 20. Jahrhundert, offenkundig gestützt durch Kraniometrie und Messungen der geistigen Kapazität *(mental testing)*, bevor er Mitte des 20. Jahrhunderts durch bessere wissenschaftliche Verfahren und die Gräuel des Nationalsozialismus in Misskredit gebracht wurde. Den ideologischen Rassismus der Wissenschaft, insbesondere der Evolutionstheorie, anzukreiden, ist jedoch schlecht fundierte Geistesgeschichte. Rassistische Überzeugungen hat es zu allen Zeiten und in allen Regionen der Welt gegeben. Jede Zivilisation hat Sklaverei praktiziert und sie gemeinhin damit gerechtfertigt, dass die versklavten Völker von Natur aus, oft nach Gottes Willen, zum Dienen bestimmt seien.[30] Erklärungen von antiken griechischen und mittelalterlichen arabischen Autoren über die biologische Minderwertigkeit der Afrikaner würden Ihr Blut in den Adern gefrieren lassen, und Ciceros Meinung über die Briten war auch nicht viel liebenswürdiger.[31]

Um die Sache auf den Punkt zu bringen: Der intellektuelle Rassismus, von dem der Westen im 19. Jahrhundert befallen wurde, war nicht das geistige Kind der Natur-, sondern der Geisteswissenschaften – genauer: der Geschichtswissenschaft, der Sprach- und Literaturwissenschaft, der Altphilologie und der Mythologie. Im Jahr 1853 veröffentlichte Arthur de Gobineau, ein Schriftsteller und Amateurhistoriker, seine spinnerte Theorie, dass eine Rasse lebensstrotzender weißer Menschen, die Arier, einst aus ihrem uralten Heimatland ausströmten und in ganz Eurasien eine Zivilisation heroischer Krieger begründeten; dabei spalteten sie sich auf in die Perser, Hethiter, homerischen Griechen und vedischen Inder sowie später in die Wikinger, Goten und andere germanische Stämme. (Das wahre Kernchen dieser Geschichte ist, dass die Sprachen dieser Volksstämme alle zu einer, der indoeuropäischen, Sprachfamilie gehörten.) Doch mit den Ariern ging's bergab, als sie sich mit minderwertigen unterworfenen Völkern kreuzten – ihre Großartigkeit wurde verwässert, und sie degenerierten zu den verweichlichten, dekadenten, seelenlosen, bürgerlichen, kommerziellen Kulturen, über die die Romantiker ständig ihre Klagelieder sangen. Es war nur ein kleiner Schritt, dieses Märchen mit dem romantischen Nationalismus und Antisemitismus des deutschen Reiches zu verknüpfen – die Angehörigen des teutonischen Volkes waren die Erben der Arier, die Juden eine asiatische Promenadenmischung. Begierig aufgegriffen wurden Gobineaus Ideen von Richard Wagner (dessen Opern als Neuschöpfungen der ursprünglichen arischen Mythen galten) und seinem Schwiegersohn Houston Stewart Chamberlain (einem Philosophen, der schrieb, dass Juden die teutonische Zivilisation mit Kapitalismus, liberalem Humanismus und steriler Wissenschaft besudelten). Von ihnen gelangten die Ideen zu Hitler, der Chamberlain als seinen »geistigen Vater« bezeichnete.[32]

In dieser Kettenreaktion spielte die Wissenschaft nur eine untergeordnete Rolle. Vielmehr wiesen Gobineau, Chamberlain und Hitler Darwins Evolutionstheorie demonstrativ weit von sich, insbesondere die Idee, dass sich alle Menschen allmählich aus Menschenaffen entwickelt hätten, was mit ihrer romantischen Rassentheorie und den älteren volkstümlichen und religiösen Vorstellungen, aus der sie entsprungen war, so gar nicht übereinstimmte. Laut diesen weitverbreiteten Überzeugungen waren Rassen getrennte Spezies, sie waren an Zivilisationen mit unterschiedlichem Vervollkommnungsgrad angepasst, und bei einer Vermischung würden sie degenerieren. Darwin hingegen behauptete, die Menschen seien eng verwandte Angehörige einer einzigen Art mit gemeinsamen Vorfahren, alle Völker seien »wilden« Ursprungs, die geistigen Kapazitäten aller Rassen seien im Grunde gleich und die Rassen gingen ohne Schaden durch Kreuzungen ineinander über.[33] Der Historiker Robert Richards, der Hitlers Einflüssen sorgfältig nachgegangen ist, beschloss ein Kapitel mit der Überschrift »War Hitler ein Darwinist?« (was Kreationisten gemeinhin behaupten) mit den Worten: »Die einzige plausible Antwort auf diese Frage ... ist ein sehr nachdrückliches und unzweideutiges Nein!«[34]

So wie der »wissenschaftliche Rassismus« wird auch die Bewegung des sogenannten Sozialdarwinismus oft tendenziös der empirischen Wissenschaft zugeschrieben. Als die These der Evolution Ende des 19. und zu Beginn des 20. Jahrhunderts populär wurde, entwickelte sie sich zu einem Rorschachtest, den eine bunte Mischung aus politischen und intellektuellen Bewegungen zur Rechtfertigung ihrer Agenden heranzog. Alle wollten glauben, dass ihre Vision von Kampf, Fortschritt und einem guten Leben dem Schoß der Natur entsprungen sei.[35] Eine dieser Bewegungen wurde rückwirkend Sozialdarwinismus genannt, obwohl sie nicht von Darwin, sondern von Herbert Spencer verfochten wurde, der sie 1851, acht Jahre vor der Veröffentlichung von der *Entstehung der Arten*, ausarbeitete. Spencer glaubte nicht an zufällige Mutationen und natürliche Selektion, sondern an einen Lamarck'schen Prozess, bei dem der Kampf ums Dasein Organismen zwang, immer komplexere und besser angepasste Leistungen anzustreben, die sie dann an die nachfolgenden Generationen weitergaben. Laut Spencer legte man dieser progressiven Kraft am besten keine Steine in den Weg; demzufolge argumentierte er gegen Sozialfürsorge und staatliche Regulierung, die das dem Untergang geweihte Leben schwächerer Individuen und Gruppen nur unnötig verlängern würden. Seine politische Philosophie, eine Frühform des Libertarismus, wurde von Räuberbaronen, Verfechtern des Laissez-faire-Liberalismus und Gegnern von Sozialausgaben aufgegriffen. Weil diese Ideen einen rechten Beigeschmack hatten, wandten linksgerichtete Autoren den Begriff *Sozialdarwinismus* fälschlich auf andere Ideen mit rechtem Beigeschmack an, wie Imperialismus und Eugenik, obwohl Spencer staatlichen Aktivismus dieser Art strikt verurteilte.[36] In jüngerer Zeit wurde die Bezeichnung zur Waffe gegen jegliche Versuche, die Natur des Menschen mit Evolution zu erklären.[37] Trotz seiner Etymologie hat der Begriff demnach nichts mit Darwin oder Evolutionsbiologie zu tun und ist mittlerweile zu einem fast bedeutungsleeren Schimpfwort geworden.

Die Eugenik ist eine weitere Bewegung, die als ideologische Streumunition herhalten musste. Der viktorianische Universalgelehrte Francis Galton regte als Erster an, dass sich das Erbmaterial der Menschheit verbessern ließe, indem man begabten Personen Anreize böte, einander zu heiraten und mehr Kinder zu bekommen (positive Eugenik); als die Idee jedoch aufgegriffen wurde, erweiterte man sie, um die Fortpflanzung unter den »Unpassenden« einzudämmen (negative Eugenik). Zahlreiche Länder verordneten Zwangssterilisationen bei Straftätern, geistig Behinderten, Geisteskranken und anderen Menschen, die durch ein weites Raster aus Erkrankungen und Stigmata fielen. Nazi-Deutschland formulierte seine Gesetze zur Zwangssterilisation nach dem Vorbild entsprechender Verordnungen in Skandinavien und den Vereinigten Staaten, und seine Massenmorde an Juden, Roma und Homosexuellen werden oft als logische Fortführung der negativen Eugenik betrachtet. (In Wahrheit führten die Nazis viel eher die Volksgesundheit ins Feld als Genetik oder Evolution: Juden bezeichnete man als Ungeziefer, Krankheitserreger, Krebsgeschwüre, brandige Organe und vergiftetes Blut.)[38]

Die Eugenik-Bewegung geriet durch ihre Verbindung zu den Nazis dauerhaft in Misskredit. Dennoch überlebte der Begriff als Mittel, eine Reihe wissenschaftlicher Unternehmungen in Verruf zu bringen – etwa Anwendungen der medizinischen Genetik, die Eltern die Chance geben, Kinder ohne tödliche degenerative Erkrankungen zur Welt zu bringen, und die gesamte Disziplin der Verhaltensgenetik, die die genetischen und ökologischen Ursachen individueller Unterschiede untersucht.[39] Und den historischen Ereignissen zum Trotz wird Eugenik häufig als Bewegung rechtsgerichteter Wissenschaftler dargestellt. Tatsächlich hatte sie Verfechter aus vielen Richtungen – auch von Progressiven, Liberalen und Sozialisten, einschließlich Theodore Roosevelt, H. G. Wells, Emma Goldman, George Bernard Shaw, Harold Laski, John Maynard Keynes, Sidney und Beatrice Webb, Woodrow Wilson und Margaret Sanger.[40] Immerhin bewertete Eugenik Reform höher als den Status quo, soziale Verantwortung höher als Egoismus und zentrale

Planung höher als Laissez-faire. Ausschlaggebend für die Zurückweisung der Eugenik sind liberale und libertäre Prinzipien: Die Regierung ist nicht der allmächtige Herrscher über die menschliche Existenz, sondern eine Institution mit beschränkten Befugnissen, und die Perfektionierung der genetischen Ausstattung unserer Spezies gehört nicht dazu.

Die untergeordnete Rolle der Wissenschaft bei diesen Bewegungen habe ich nicht erwähnt, um den Wissenschaftlern die Absolution zu erteilen (von denen zahlreiche in der Tat aktiv oder mitschuldig waren), sondern weil die Bewegungen eine fundiertere Wahrnehmung unter Berücksichtigung des jeweiligen Kontextes verdienen, statt, wie zurzeit, nur als Anti-Wissenschafts-Propaganda herhalten zu müssen. Fehlinterpretationen von Darwin verschafften diesen Bewegungen Auftrieb, doch sie entsprangen den religiösen, künstlerischen, intellektuellen und politischen Überzeugungen ihrer Zeit – Romantizismus, Kulturpessimismus, Fortschritt als dialektischer Kampf oder mystische Entfaltung sowie Autoritärer Hochmodernismus. Wenn wir diese Ideen nicht nur als unmodern, sondern als fehlgeleitet empfinden, dann ist dies dem besseren historischen und wissenschaftlichen Verständnis zu verdanken, das wir heute genießen dürfen.

Beschwerden über die Natur der Wissenschaft sind keineswegs ein Relikt der »Wissenschaftskriege« der 1980er und 1990er Jahre, sondern beeinflussen weiterhin die Rolle der Wissenschaft an Universitäten. Als Harvard von 2006 bis 2007 seine allgemeinen Studienanforderungen reformierte, präsentierte das mit der Vorarbeit betraute Gremium den naturwissenschaftlichen Unterricht in seinem Bericht, ohne seinen Stellenwert für den Wissensschatz der Menschheit auch nur zu erwähnen: »Naturwissenschaft und Technik beeinflussen unsere Studierenden auf vielfältige Weise unmittelbar, sowohl im positiven als auch im negativen Sinne – ihnen verdanken wir lebensrettende Medizin, das Internet, eine effiziente Energiespeicherung und digitale Unterhaltung; sie brachten uns aber auch Atomwaffen, biologische Kampfstoffe, Lauschangriffe und Umweltschäden.« Tja, stimmt, und ebenso gut könnte man wohl erwähnen, dass Architektur sowohl Museen als auch Gaskammern hervorgebracht hat, dass klassische Musik sowohl zu wirtschaftlicher Tätigkeit anregt als auch die Nazis inspiriert hat und so weiter. Diese merkwürdige Zweideutigkeit zwischen dem Nützlichen und dem Schändlichen wurde in Bezug auf andere Disziplinen jedoch nicht zur Sprache gebracht, und es fiel kein Wort darüber, dass wir wohl gute

Gründe hätten, Erkenntnisse und Know-how Ignoranz und Aberglauben vorzuziehen.

Bei einer vor kurzem veranstalteten Konferenz fasste eine andere Kollegin zusammen, was sie für das gemischte Erbe der Wissenschaft hielt: zum einen Impfstoffe gegen Pocken, zum anderen die Tuskegee-Syphilis-Studie. Bei diesem Skandal, einem weiteren Schandfleck in den immer wieder erzählten Geschichten über die Übel der Wissenschaft, begannen für das Gesundheitsamt tätige Forscher im Jahr 1932, über vier Jahrzehnte hinweg den Verlauf unbehandelter latenter Syphilis-Erkrankungen bei einer Stichprobe mittelloser Afroamerikaner zu verfolgen. Nach heutigem Standard war die Studie eindeutig unethisch, obwohl oft falsch über sie berichtet wird, um die Anklage noch nachdrücklicher zu gestalten. Es ist nicht der Fall, dass die Forscher, großenteils selbst Afroamerikaner oder Personen, die sich für die Gesundheit und das Wohlergehen von Afroamerikanern engagierten, die Teilnehmenden *infizierten*, wie viele Leute glauben (eine irrige Meinung, die der weitverbreiteten Verschwörungstheorie Nahrung gab, dass Aids in Laboren der US-Regierung erzeugt wurde, um die schwarze Bevölkerung in Schach zu halten). Und zu Beginn der Studie mag sie nach den Standards jener Zeit sogar vertretbar gewesen sein – Behandlungen für Syphilis (überwiegend Arsenverbindungen) waren giftig und ineffektiv; als später Antibiotika verfügbar waren, wusste man noch nichts über ihre Sicherheit und ihre Wirksamkeit gegen Syphilis. Und es war bekannt, dass an latenter Syphilis Erkrankte häufig auch ohne Behandlung wieder gesund wurden.[41] Der eigentliche Punkt ist jedoch, dass die gesamte Gleichung eine wirre Moral offenbart und illustriert, wie es Themen der Zweiten Kultur gelingt, jede Verhältnismäßigkeit vermissen zu lassen. Mit ihrem Vergleich setzte meine Kollegin voraus, dass die Tuskegee-Studie ein unvermeidbarer Bestandteil wissenschaftlicher Praxis gewesen sei statt eine allgemein beklagte Verfehlung, und sie setzte ein einmaliges Versagen, Schaden von einigen Dutzend Menschen abzuwenden, gleich mit der Verhinderung von Hunderten Millionen Todesfällen pro Jahrhundert bis in alle Ewigkeit.

Spielt die Dämonisierung der Naturwissenschaft in Studienprogrammen der Geisteswissenschaften eine Rolle? Ja, das tut sie, und zwar aus mehreren Gründen. Auch wenn viele begabte Studierende von ihrem ersten Campustag an zielstrebig die dem Medizin- oder Ingenieurstudium vorgeschalteten Kurse durchlaufen, sind zahlreiche andere unsicher, was sie in ihrem Leben erreichen wollen, und orientieren sich an ihren Lehrkräften und Betreuern.

Was geschieht dann mit denjenigen, denen man beibringt, dass die empirische Wissenschaft ein ebenso leeres Gerede ist wie Religion und Mythen, dass sie von einer Revolution zur nächsten taumelt, ohne Fortschritte zu erzielen, und dass sie Rassismus, Sexismus und Völkermord rationalisiert? Ich habe gesehen, was dann passiert: Einige von ihnen denken sich: »Wenn das Wissenschaft sein soll, kann ich ebenso gut Geld verdienen!« Und vier Jahre später nutzen sie ihre geistigen Kapazitäten, um Algorithmen zu ersinnen, mit deren Hilfe Hedgefonds noch ein paar Millisekunden schneller auf finanzielle Informationen reagieren, statt neue Behandlungen für Alzheimer-Patienten oder Technologien zur CO_2-Sequestrierung zu entwickeln.

Die Stigmatisierung der Wissenschaft setzt zudem den Fortschritt der Wissenschaft selbst aufs Spiel. Heutzutage muss jede Person, die Forschung über den Menschen betreiben möchte, und sei es nur ein Interview über politische Einstellungen oder ein Fragebogen zu unregelmäßigen Verben, vor einem Ausschuss unter Beweis stellen, dass er oder sie nicht Josef Mengele ist. Selbstverständlich sind Versuchspersonen vor Ausbeutung und jedwedem Schaden zu schützen, aber die Bürokratie institutioneller Begutachtungen hat man weit über dieses Maß hinaus aufgebläht. Kritiker haben darauf hingewiesen, dass sie zu einer Bedrohung der freien Rede geworden ist, zu einer Waffe, mit der Fanatiker Menschen zum Schweigen bringen können, deren Meinung ihnen nicht passt, und zu einer Papierkriegsmaschinerie, die die Forschung zum Stocken bringt, während sie zugleich versäumt, Patienten und Probanden zu schützen, und ihnen zuweilen sogar schadet.[42] Der Medizinforscher Jonathan Moss, der eine neue Wirkstoffklasse entwickelt hatte und zum Leiter des Gutachterausschusses für Forschung an der University of Chicago gewählt worden war, sagte bei der Ansprache zu einer Examensfeier: »Ich bitte Sie, kurz über drei medizinische Wunder nachzudenken, die für uns selbstverständlich geworden sind: Röntgenstrahlen, Herzkatheter und Vollnarkose. Ich behaupte, für alle drei wäre es aussichtslos, sie im Jahr 2005 entwickeln zu wollen.«[43] (Die gleiche Beobachtung gilt für Insulin, Behandlungen von Verbrennungen und andere Lebensretter.) Die Sozialwissenschaften sehen sich ähnlichen Hürden gegenüber. Wer mit einem Menschen reden will, um generalisierbare Erkenntnisse zu erlangen, muss von besagten Ausschüssen zunächst eine Erlaubnis einholen, was so gut wie sicher den 1. Zusatzartikel zur Verfassung der Vereinigten Staaten verletzt. Anthropologen dürfen nicht mit Bauern sprechen, die nicht lesen und schreiben und daher keine Einverständniserklärung unterzeichnen können, oder Möchtegern-Selbstmordattentäter interviewen, weil die entfernte Möglichkeit besteht, dass diese dann Informationen herausposaunen könnten, die *sie* in Gefahr bringen.[44]

Die Behinderung der Forschung ist nicht nur ein Symptom bürokratischen Übereifers. Sie wird tatsächlich auch von vielen Akademikern einer Disziplin namens Bioethik gerechtfertigt. Diese Theoretiker denken sich Gründe aus, warum man gut informierten und zustimmenden Erwachsenen die Teilnahme an Behandlungen verbieten sollte, die ihnen und anderen helfen und niemandem schaden würden – unter Berufung auf nebulöse Werte wie »Würde«, »Unantastbarkeit« und »soziale Gerechtigkeit«. Sie versuchen, Panik vor Fortschritten in der biomedizinischen Forschung zu säen, indem sie abwegige Analogien zu Nuklearwaffen und Gräueltaten der Nazis heraufbeschwören, zu Science-Fiction-Dystopien wie *Schöne neue Welt* und *GATTACA* sowie Monstrositätenszenarien wie Armeen geklonter Hitlers, Menschen, die ihre Augäpfel bei eBay verkaufen, oder Kaufhäusern mit Zombies, wo man sich mit Ersatzorganen versorgen kann. Der Moralphilosoph Julian Savulescu hat das niedrige logische Niveau hinter diesen Argumenten aufgedeckt und unterstrichen, warum »bioethische« Blockierung *un*ethisch sein kann: »Wenn man die Entwicklung einer Behandlung, die eine tödliche Krankheit mit 100 000 Todesopfern pro Jahr heilt, um 1 Jahr verzögert, ist man für den Tod von 100 000 Menschen verantwortlich, auch wenn man diese nie zu Gesicht bekommt.«[45]

Wertschätzung für die Wissenschaft zu wecken zahlt sich letztlich ganz besonders darin aus, dass dann *jeder* wissenschaftlicher denkt. Im vorigen Kapitel haben wir gesehen, dass Menschen anfällig für kognitive Verzerrungen und Denkfehler sind. Zwar ist wissenschaftliche Beschlagenheit allein noch kein Garant für fehlerfreies logisches Denken, wenn es um politisierte Identitätsbekundungen geht, doch bei den meisten Themen wäre man gut beraten, wenn man sie häufiger mit dem nüchternen Blick der Wissenschaft betrachten würde. Bestrebungen zur allgemeinen Förderung wissenschaftlicher Raffinesse in Gestalt von Datenjournalismus, Bayes'schen Vorhersagen, evidenzbasierter Medizin und Politik, Gewaltüberwachung in Echtzeit und effektivem Altruismus besitzen ein riesiges Potential, das menschliche Wohl zu fördern. Bis die Würdigung ihres Wertes die gesamte Kultur durchdringt, ist es jedoch ein weiter Weg.[46]

Als ich meinen Arzt fragte, ob die Nahrungsergänzung, die er mir gegen meine Knieschmerzen empfohlen hatte, auch wirklich wirksam sei, antwortete er: »Einige meiner Patienten meinen, bei ihnen würde es wirken.« Ein Kollege von der Harvard Business School verriet mir seine Einschätzung der Geschäftswelt: »Ich habe schon viele kluge Leute getroffen, die nur eine verschwommene Vorstellung davon haben, wie man ein Problem logisch beleuchtet, die aus einer Korrelation auf einen Kausalzusammenhang schließen und die Anekdoten als Beweise anführen, obwohl dies weit über den Rahmen zuverlässiger Vorhersagen hinausgeht.« Ein anderer Kollege, der Krieg, Frieden und menschliche Sicherheit quantifiziert, beschreibt die Vereinten Nationen als »beweisfreie Zone«:

> Die höheren Gefilde der UN erinnern ein wenig an die antiwissenschaftlichen Programme der Geisteswissenschaften. Die meisten Personen an der Spitze sind Anwälte und examinierte Geisteswissenschaftler. Die einzigen Bereiche des UN-Sekretariats, die entfernt so etwas wie eine Forschungskultur haben, besitzen nur wenig Prestige oder Einfluss. Nur wenige Spitzenbeamte der Vereinten Nationen verstanden so grundlegende relativierende Aussagen wie »im Schnitt« und »unter sonst gleichen Bedingungen«. Wenn wir also über Risikowahrscheinlichkeiten für den Ausbruch von Konflikten sprachen, konnte man davon ausgehen, dass Sir Archibald Prendergast III. oder irgendeine andere Leuchte abschätzig beschied: »Nun, da geht's ja nicht zu wie in Burkina Faso.«

Wer sich gegen wissenschaftliches Denken sträubt, wendet häufig ein, dass sich einige Dinge einfach nicht quantifizieren ließen. Doch solange es nicht der Fall ist, dass man nur über Themen redet, die schwarz oder weiß sind, und sich den Gebrauch der Wörter *mehr, weniger, besser* und *schlechter* (beziehungsweise das Suffix *-er*) verkneift, macht man Aussagen, die grundsätzlich quantitativer Natur sind. Schließt man die Möglichkeit aus, die Aussagen mit Zahlen zu versehen, sagt man: »Vertrau meiner Intuition.« Doch wenn es etwas gibt, das wir über Kognition wissen, dann, dass Menschen (Experten eingeschlossen) ein arrogant übertriebenes Vertrauen in ihre Intuition setzen. Im Jahr 1954 verblüffte Paul Meehl seine Psychologiekollegen mit dem Nachweis, dass einfache statistische Formeln den Urteilen von Experten überlegen sind, wenn es um die Vorhersage von psychiatrischen Klassifikationen, Selbstmordversuchen, schulischen und beruflichen Leistungen, Lügen, Verbrechen, medizinische Diagnosen und so gut wie alle anderen Resultate geht, bei denen sich Genauigkeit überhaupt einschätzen lässt. Meehls Arbeiten inspirierten Tversky und Kahneman zu ihren Entdeckungen über kognitive Verzerrungen und Tetlock zu seinen Prognoseturnieren; seine Schlussfolgerung in Bezug auf die Überlegenheit statistischer Urteile gegenüber intuitiven gilt mittlerweile als eine der gesichertsten Erkenntnisse in der Geschichte der Psychologie.[47]

Wie alle guten Dinge sind Daten kein Wundermittel oder Zaubertrank, keine Patentlösung oder eine Allzweckwaffe. Alles Geld der Welt würde nicht ausreichen, um randomisierte kontrollierte Studien durchzuführen, die jede Frage, mit der wir konfrontiert werden, beantworten würden. Welche Daten wir erheben sollen und wie sie zu analysieren und zu interpretieren sind, wird immer wieder gründlich zu überlegen und abzustimmen sein. Die ersten Versuche zur Quantifizierung eines Konzepts sind stets nur grobe Näherungen, und selbst die besten erbringen keine perfekten Erkenntnisse, sondern lediglich Wahrscheinlichkeitswerte. Dennoch haben quantitativ arbeitende Sozialwissenschaftler Kriterien zur Auswertung und Verbesserung von Messungen vorgelegt, und die entscheidende Bewertung schaut nicht darauf, ob eine Messung vollkommen ist, sondern ob sie besser ist als das Urteil von Experten, Kritikern, Interviewern, Klinikern, Richtern oder Schlaumeiern. Das scheint eine niedrige Hürde zu sein.

Weil sich die politische und journalistische Kultur großenteils nicht darum bemüht haben, eine wissenschaftliche Denkweise zu entwickeln, werden Fragen, die über Leben und Tod entscheiden, mit Hilfe von Methoden beantwortet, die bekanntermaßen fehleranfällig sind, als da wären Anekdoten, Schlagzeilen, Rhetorik und das Verfahren namens HiPPO (von »highest-paid person's opinion«, bei dem man in der Ingenieurwissenschaft die Entscheidung den jeweils höchstbezahlten Personen überlässt). Wir haben bereits einige gefährliche Fehleinschätzungen kennengelernt, die aus dieser statistischen Unbedarftheit entstehen. Menschen glauben, dass Krieg und Kriminalität außer Kontrolle geraten, obwohl die Zahl der Kriegs- und Mordopfer nicht zu-, sondern abnimmt. Sie glauben, dass der islamistische Terrorismus eines der größten Risiken für Leib und Leben darstellt, obwohl davon weniger Gefahr ausgeht als von Bienen und Wespen. Sie glauben, dass der IS die Existenz oder das Überleben der Vereinigten Staaten bedroht, obwohl terroristische Bewegungen kaum einmal eines ihrer strategischen Ziele erreichen.

Die datenfeindliche Denkweise (»Da geht's ja nicht zu wie in Burkina Faso«) kann echte Tragödien heraufbeschwören. Viele politische Kommentatoren können sich noch an ein Versagen von Friedenstruppen erinnern (wie das in Bosnien 1995) und kommen dann zu dem Schluss, dass diese nur Geld und militärische Einsatzkräfte verschwenden. Doch wenn eine Friedenstruppe erfolgreich *ist*, ereignet sich nichts Fotogenes, was dann eine Nachricht wert wäre. In ihrem Buch *Does Peacekeeping Work?* machte sich die Politikwissenschaftlerin Virginia Page Fortna an die Beantwortung der Frage im Titel, indem sie nicht mit Schlagzeilen, sondern mit wissenschaftlichen Methoden arbeitete; Betteridges Gesetz zum Trotz stellte sie fest, dass die Antwort »ein klares und lautstarkes Ja« ist. Andere Studien sind zum selben Ergebnis gelangt.[48] Die Ergebnisse dieser Analysen zu kennen könnte den Unterschied ausmachen, ob eine internationale Organisation dazu beiträgt, einem Land Frieden zu bringen, oder ob man zulässt, dass sich gärende Konflikte zu einem Bürgerkrieg entwickeln.

Hegen multiethnische Regionen »uralte Hassgefühle«, die sich nur zähmen lassen, indem man sie in ethnische Enklaven aufteilt und jeweils von den Minderheiten säubert? Wann immer ethnische Nachbarn einander an die Gurgel gehen, erfahren wir davon, aber was ist mit denjenigen, die es nie in die Schlagzeilen schaffen, weil sie in langweiligem Frieden leben? Wie hoch ist der Anteil der ethnischen Nachbarschaftspaare, die ohne Gewalt miteinander auskommen? Die Antwort lautet: die meisten – 95 Prozent der benachbarten Ethnien in der früheren Sowjetunion, 99 Prozent derjenigen in Afrika.[49]

Zeigen Kampagnen des gewaltlosen Widerstands Wirkung? Viele Leute sind der Meinung, dass Gandhi und Martin Luther King einfach nur Glück hatten: Die von ihnen angestoßenen Bewegungen berührten im richtigen Moment das Herz aufgeklärter Demokratien, doch überall sonst können sich unterdrückte Menschen nur mit Gewalt von der Knute eines Diktators befreien. Die Politologinnen Erica Chenoweth und Maria Stephan erstellten eine Datenmenge über weltweite politische Widerstandsbewegungen von 1900 bis 2006 und entdeckten, dass *drei Viertel* der gewaltlosen Widerstandsbewegungen Erfolg hatten, verglichen mit nur einem Drittel der gewalttätigen.[50] Gandhi und King haben alles richtig gemacht, aber ohne Daten würden wir es nie erfahren.

Der Antrieb, sich einer gewaltbereiten Rebellen- oder Terroristengruppe anzuschließen, hat zwar womöglich eher mit Männersolidarität zu tun als mit einer Theorie des gerechten Krieges, doch vermutlich glauben die meisten Krieger, dass sie keine andere Wahl haben, als Menschen umzubringen, wenn sie eine bessere Welt schaffen wollen. Was würde geschehen, wenn jeder wüsste, dass Gewaltstrategien nicht nur unmoralisch, sondern auch ineffektiv sind? Ich will jetzt nicht vorschlagen, Kisten mit Chenoweth' und Stephans Buch über Konfliktzonen abzuwerfen. Anführer radikaler Gruppen sind jedoch häufig sehr gebildet (ihre Wahnideen destillieren sie aus Ergüssen, die gelehrte Schreiberlinge einige Jahre zuvor produziert haben), und sogar ihr Kanonenfutter hat oft eine Hochschule besucht und sich die herkömmliche Meinung über die Notwendigkeit revolutionärer Gewalt zu eigen gemacht.[51] Was würde langfristig passieren, wenn ein Standard-Studienplan den Fokus weniger auf die Schriften von Karl Marx und Frantz Fanon legen würde und stattdessen stärker auf quantitative Analysen politischer Gewalt?

Einer der großartigsten denkbaren Beiträge der modernen empirischen Wissenschaft wäre möglicherweise eine engere Zusammenarbeit mit ihrer akademischen Partnerin, der Geisteswissenschaft. Nach allem, was man hört, stecken die Geisteswissenschaften in Schwierigkeiten. Studienprogramme schrumpfen, die nächste Generation der Absolventen ist arbeitslos oder unterbeschäftigt, die Moral sinkt, und Studierende orientieren sich in hellen Scharen anderweitig.[52]

Keinem denkenden Menschen sollte es gleichgültig sein, dass unsere Gesellschaft so wenig in die Geisteswissenschaften investiert.[53] Eine Gesellschaft ohne historische Bildung ist wie ein Mensch ohne Gedächtnis – verblendet, verwirrt, leicht auszubeuten. Philosophie erwächst aus der Erkenntnis, dass uns Klarheit und Logik nicht in die Wiege gelegt werden und wir besser fahren, wenn unser Denken verfeinert und vertieft wird. Die Künste gehören zu den Dingen, die das Leben lebenswert machen und die menschlichen Erfahrungen mit Schönheit und Einsichten bereichern. Kritik ist selbst eine Kunst, die die Wertschätzung großer Werke und die Freude daran vervielfacht. Sich Wissen auf diesen Gebieten anzueignen ist harte Arbeit und erfordert gemäß dem Gang der Zeiten fortwährende Erweiterung und Aktualisierung.

Diagnosen der Malaise der Geisteswissenschaften verweisen zu Recht auf antiintellektuelle Trends in unserer Kultur und auf die Kommerzialisierung von Universitäten. Eine ehrliche Einschätzung müsste allerdings auch eingestehen, dass der Schaden zum Teil selbstverschuldet ist. Die Geisteswissenschaften müssen sich noch vom Desaster der Postmoderne erholen, mit ihrem trotzigen Obskurantismus, sich selbst widerlegenden Relativismus und erstickender politischer Korrektheit. Zahlreiche ihrer Lichtgestalten – Nietzsche, Heidegger, Foucault, Lacan, Derrida, die Kritischen Theoretiker – sind griesgrämige Kulturpessimisten, die verkünden, die Moderne sei abstoßend, alle Aussagen seien paradox und Kunstwerke Mittel zur Unterdrückung, liberale Demokratie sei das Gleiche wie Faschismus und die westliche Zivilisation bewege sich auf den Abgrund zu.[54]

Bei einem solch fröhlichen Blick auf die Welt überrascht es nicht, dass es den Geisteswissenschaften oft schwerfällt, für ihren eigenen Betrieb eine fortschrittliche Agenda auf die Beine zu stellen. Mehrere Universitätspräsidenten und Hochschulleiter haben sich bei mir schon darüber beklagt, wenn Naturwissenschaftler in ihr Büro kämen, habe er oder sie eine aufregende neue Gelegenheit zur Forschung entdeckt und wolle nun um die Mittel bitten, diese wahrzunehmen. Kämen Geisteswissenschaftler vorbei, erbitte sie oder er Respekt vor der Art und Weise, wie man die Dinge schon immer gehandhabt habe. Ja, diese Verfahren verdienen durchaus Respekt, und Close Reading, dichte Beschreibung und das Sichversenken, mit denen sich versierte Gelehrte einem zu untersuchenden Gegenstand nähern, sind unverzichtbar. Doch müssen dies die einzigen Wege zur Erkenntnis sein?

Eine Vernetzung mit der Naturwissenschaft bietet der Geisteswissenschaft viele Gelegenheiten zu neuen Einsichten. Kunst, Kultur und Gesellschaft sind Produkte des menschlichen Gehirns. Sie entspringen unserer Fähigkeit, wahrzunehmen, zu denken und zu fühlen, und dank der epidemieartigen Dynamik, mit der ein Mensch andere beeinflusst, vermehren und verbreiten sie sich. Sollten wir nicht begierig sein, diesen Verknüpfungen auf den Grund zu gehen? Davon würden beide Seiten profitieren. Die Geisteswissenschaften könnten die in die Tiefe gehenden Erklärungen der Naturwissenschaften kennenlernen und eine zukunftsweisende Agenda entwickeln, die womöglich ehrgeizige junge Talente anlocken würde (von den Anreizen für Dekane und Geldgeber ganz zu schweigen). Die Naturwissenschaften könnten ihre Theorien mit Hilfe der natürlichen Experimente und ökologisch validen Phänomene auf den Prüfstand stellen, die Geisteswissenschaftler so umfassend dargestellt haben.

In manchen Disziplinen wurde diese Vernetzung bereits vollzogen. Die Archäologie hat sich von einem Zweig der Kunstgeschichte zu einer Hightech-Wissenschaft entwickelt. Die Geistesphilosophie geht über in formale Logik, Informatik, Kognitionswissenschaft und Neurowissenschaft. Die Linguistik kombiniert philologische Studien über die Geschichte der Wörter und grammatische Konstruktionen mit Laboruntersuchungen von gesprochener Sprache, mathematischen Grammatikmodellen und der computergestützten Analyse umfangreicher Korpora geschriebener Texte und Gesprächstranskripte.

Auch die Politische Theorie hat natürliche Bezugspunkte zu den Wissenschaften, die den menschlichen Geist erforschen. So fragte James Madison: »Was ist Regierung anderes als die großartigste Reflexion über die menschliche Natur?« Soziologen, Politologen und Kognitionswissenschaftler untersuchen erneut die Verbindungen zwischen Politik und der Natur des Menschen, die zu Madisons Zeiten lebhaft diskutiert wurden, aber vorübergehend in der Versenkung verschwanden, als man den Menschen als unbeschriebenes Blatt oder rationalen Akteur behandelte. Wie wir heute wissen, sind Menschen moralistische Akteure: Sie lassen sich von Intuitionen über Autorität, Stammeszugehörigkeit und Reinheit leiten, hängen geheiligten Überzeugungen an, mit denen sie ihre Identität zum Ausdruck bringen, und werden angetrieben von widersprüchlichen Neigungen der Vergeltung und Versöhnung. Wir beginnen allmählich zu verstehen, wie sich diese Impulse im Laufe der Evolution entwickelt haben, wo sie im Gehirn verortet sind, inwiefern sie sich zwischen verschiedenen Individuen, Kulturen und Subkulturen unterscheiden und durch welche Bedingungen sie aktiviert oder deaktiviert werden.[55]

Vergleichbare Gelegenheiten winken auch in anderen Bereichen der Geisteswissenschaft. Die bildenden Künste könnten sich die Wissensexplosion in der Vision Science zunutze machen, zu der die Wahrnehmung von Farbe, Form, Struktur und Licht gehört sowie die evolutionäre Ästhetik von Gesichtern, Landschaften und geometrischen Formen.[56] Für Musikwissenschaftler gibt es eine Menge Gesprächsstoff mit empirischen Wissenschaftlern, die die Wahrnehmung gesprochener Sprache, Sprachstrukturen und die Analyse der hörbaren Welt durch das Gehirn untersuchen.[57]

Wo beginnen, wenn es um Literaturwissenschaft geht?[58] Laut John Dryden ist ein literarisches Werk »ein getreues und lebhaftes Abbild der menschlichen Natur, das ihre Leidenschaften und Stimmungen wiedergibt sowie die Wechselfälle des Schicksals, denen sie unterworfen ist, zur Erbauung und Unterweisung der Menschheit«. Die Kognitionspsychologie kann beleuchten, wie die Leser ihr Bewusstsein mit dem des Autors und der Charaktere in Einklang bringen. Die Verhaltensgenetik kann volkstümliche Theorien über elterliche Einflüsse mit Erkenntnissen über die Relevanz von Genen,

Altersgenossen und dem Zufall aktualisieren, die tiefgreifende Auswirkungen auf die Interpretation von Biographien und Memoiren haben – sehr aufschlussreich können dabei auch die Kognitionspsychologie des Gedächtnisses und die Sozialpsychologie der Selbstdarstellung sein. Evolutionspsychologen können universelle Begierden von denjenigen unterscheiden, die durch eine bestimmte Kultur geschürt werden, und die natürlicherweise auftretenden widerstreitenden und gemeinsamen Interessen darlegen, die zwischen Familienmitgliedern, Partnern, Freunden und Rivalen existieren und die Handlung vorantreiben. All diese Ideen können Drydens Beobachtung über Fiktion und menschliche Natur größeren Tiefgang verleihen.

Auch wenn sich viele geisteswissenschaftliche Themen am besten mit traditioneller narrativer Kritik angehen lassen, werfen manche von ihnen empirische Probleme auf, bei denen Daten hilfreich wären. Das Aufkommen der Data Science bei der Analyse von Büchern, Zeitschriften, Korrespondenz und Musikpartituren hat eine umfangreiche neue »digitale Geisteswissenschaft« begründet.[59] Nur die Phantasie kann den Möglichkeiten, Theorien zu entwickeln und Entdeckungen zu machen, Grenzen setzen; sie umfassen Ursprung und Verbreitung von Ideen, Netzwerke von intellektuellem und künstlerischem Einfluss, die Grundzüge des historischen Gedächtnisses, das Kommen und Gehen literarischer Themen, die Universalität oder Kulturspezifität von Archetypen und Handlungen sowie Muster nichtoffizieller Zensur und Tabus.

Die Verheißung einer Einheit des Wissens lässt sich nur erfüllen, wenn das Wissen in alle Richtungen fließt. Einige Gelehrte, die vor den Vorstößen der Naturwissenschaftler, Kunst zu erklären, zurückgeschreckt sind, haben recht damit, dass diese Erklärungen nach ihren Maßstäben oberflächlich und simplifizierend sind. Ein Grund mehr für sie, die Hand auszustrecken und ihre Fachkenntnisse über einzelne Werke und Genres mit naturwissenschaftlichen Einblicken in menschliche Gefühle und ästhetische Reaktionen zu verknüpfen. Noch besser wäre es, wenn Universitäten eine neue Generation von Akademikern ausbilden würden, die in beiden Kulturen zu Hause sind.

Obgleich Geisteswissenschaftler an sich gemeinhin offen für naturwissenschaftliche Erkenntnisse sind, verkünden viele Wächter der Zweiten Kultur, dass sie einer solchen Wissbegier nicht nachgeben dürfen. In einer im *New Yorker* erschienenen abschätzigen Rezension eines Buches, in dem sich der Literaturwissenschaftler Jonathan Gottschall mit der Evolution des Erzählinstinkts auseinandersetzt, schreibt Adam Gopnik: »Interessant an Geschichten ... ist nicht, warum eine Vorliebe für sie ›universell‹ ist, sondern was die guten so sehr von den langweiligen unterscheidet. ... Dies ist ein Fall, wo, wie bei der Damenmode, die subtilen, ›oberflächlichen‹ Unterschiede im Grunde den ganzen Gegenstand ausmachen.«[60] Doch wenn es um die Wertschätzung von Literatur geht, muss die Fachkenntnis da tatsächlich schon der *ganze* Gegenstand sein? Ein forschender Geist wäre doch vielleicht auch gespannt zu erfahren, auf welche immer gleiche Weise sich durch Kultur und Zeitalter getrennte denkende Wesen mit den zeitlosen Rätseln der menschlichen Existenz auseinandersetzen.

Auch Wieseltier hat lähmende Dekrete darüber produziert, was geisteswissenschaftliche Gelehrsamkeit nicht tun sollte – zum Beispiel Fortschritte erzielen. »Die Mühsale der Philosophie ... haben sich nicht zur Ruhe gesetzt«, erklärte er. »Irrtümer [werden nicht] korrigiert und verworfen.«[61] In Wahrheit würden die meisten Moralphilosophen hingegen heute sagen, dass die alten Argumente zur Verteidigung der Sklaverei als natürliche Institution Irrtümer waren, die korrigiert und verworfen wurden. Erkenntnistheoretiker könnten hinzufügen, dass ihre Disziplin durchaus seit jenen Tagen vorangeschritten ist, als Descartes behaupten durfte, dass die menschliche Wahrnehmung uns niemals trügt, weil Gott uns nicht in die Irre führen würde. Weiter behauptet Wieseltier kategorisch, es gebe einen »gewaltigen Unterschied zwischen dem Studium der natürlichen Welt und dem Studium der menschlichen Welt«, und jeder Schritt hin zur »Überschreitung der Grenzen« zwischen diesen Reichen würde nur die Geisteswissenschaft zur »Dienerin der Naturwissenschaft« machen, denn »eine naturwissenschaftliche Erklärung wird die zugrundeliegende Gleichheit offenbaren« und »alle Reiche zu einem einzigen Reich verschlingen, zu ihrem Reich«. Wohin führt diese Paranoia und Territorialität? In einem zentralen Essay im *New York Times Book Review* beschwor Wieseltier eine Weltsicht, die in die Zeit vor Darwin zurückreicht – »die Nichtreduzierbarkeit des menschlichen Unterschiedes auf jedweden Aspekt unserer Tierhaftigkeit« – ja, sogar vor Kopernikus – »die zentrale Stellung der Menschheit im Universum«.[62]

Hoffen wir, dass Künstler und Gelehrte ihren selbsternannten Verteidigern nicht über diese Klippe folgen. Unsere Mission, ein Auskommen mit dem Dilemma des Menschseins zu finden, muss nicht im letzten oder vorletzten Jahrhundert eingefroren werden und schon gar nicht im Mittelalter. Ganz sicher können unsere Theorien über Politik, Kultur und Moral noch erheblich von unseren fundiertesten Erkenntnissen über das Universum und unsere artspezifische Beschaffenheit profitieren.

Im Jahr 1778 pries Thomas Paine die weltoffenen Vorzüge der Wissenschaft:

> Die Wissenschaft, keines Landes Partei ergreifend, sondern aller Schirmherrin, hat großzügig einen Tempel errichtet, in dem alle sich zusammenfinden können. Ihr Einfluss auf den menschlichen Geist hat ihn, wie die Sonne den gefrorenen Boden, seit langem für eine verfeinerte Kultivierung und weitere Verbesserung vorbereitet. Der Philosoph des einen Landes betrachtet die Philosophie eines anderen nicht als Feind. Er nimmt seinen Platz im Tempel der Wissenschaft ein und fragt nicht danach, wer neben ihm sitzt.[63]

Was er über die physikalische Landschaft geschrieben hat, gilt auch für die Landschaft des Wissens. In dieser und anderen Hinsichten ist der Geist der Wissenschaft auch der Geist der Aufklärung.

Kapitel 23

Humanismus

Wissenschaft allein reicht nicht aus, um Fortschritt zu erreichen. »Alles, was die Naturgesetze nicht verbieten, lässt sich mit dem entsprechenden Wissen verwirklichen« – doch genau da steckt das Problem. »Alles« bedeutet *alles*: Impfstoffe und Biowaffen, Video-on-Demand und Big Brother auf der Mattscheibe. Irgendetwas außer Wissenschaft hat sichergestellt, dass man Impfstoffe zur Ausrottung von Krankheiten in Gebrauch genommen hat, während Biowaffen verboten wurden. Aus diesem Grund habe ich dem von David Deutsch stammenden Motto das von Spinoza vorangestellt: »Jeder, der von der Vernunft geleitet wird, [begehrt] das Gut, das er für sich erstrebt, auch anderen zuteilwerden zu lassen.« Fortschritt besteht aus der Anwendung von Wissen, um der gesamten Menschheit das gleiche Wohlergehen zu ermöglichen, das jeder von uns für sich selbst anstrebt.

Das Ziel, menschliches Wohlergehen zu maximieren – Leben, Gesundheit, Glück, Freiheit, Wissen, Liebe, Reichtum an Erfahrungen –, kann man als Humanismus bezeichnen. (Der Wortwurzel zum Trotz schließt *Humanismus* das Wohlergehen von Tieren nicht aus, doch in diesem Buch steht das Wohl der Menschen im Fokus.) Der Humanismus ist es, der bestimmt, was wir mit unserem Wissen versuchen *sollten* zu erreichen. Er unterscheidet zwischen wahrem Fortschritt und bloßer Herrschaft.

Es gibt auch eine wachsende *Bewegung* namens »Humanismus«, die dafür eintritt, Sinn und Ethik auf eine nichtübernatürliche Basis zu stellen: Gutes ohne Gott.[1] Ihre Ziele wurden in drei Manifesten formuliert, das erste im Jahr 1933. Das *Humanist Manifesto III* von 2003 bekräftigt:

> **Wissen über die Welt wird erlangt durch Beobachtung, Experimente und rationale Analyse.** Nach Ansicht der Humanisten ist Wissenschaft das beste Mittel, um sich dieses Wissen anzueignen sowie Probleme zu lösen und nutzbringende Technologien zu entwickeln. Überdies würdigen wir den Wert neuer

Richtungen des Denkens, der Künste und der inneren Erfahrung – jeweils gemäß der Analyse durch kritische Intelligenz.

Menschen sind seit jeher ein Teil der Natur, das Ergebnis eines ungelenkten evolutionären Wandels. ... Wir geben uns mit dem irdischen Leben zufrieden und unterscheiden zwischen Dingen, wie sie sind, und Dingen, wie wir sie uns wünschen oder vorstellen könnten. Wir heißen die Herausforderungen der Zukunft willkommen, und das noch Unbekannte lockt uns und schreckt uns nicht.

Ethische Werte ergeben sich aus menschlichen Bedürfnissen und Interessen, geprüft durch Erfahrung. Humanisten gründen ihre Werte auf das menschliche Wohl, geformt durch die Lebensbedingungen, Interessen und Probleme der Menschen und ausgedehnt auf das globale Ökosystem und darüber hinaus. ...

Lebenserfüllung erwächst aus individueller Teilhabe am Dienst für humane Ideale. Unser Dasein wird belebt durch ein tiefes Gefühl von Sinnhaftigkeit; wir empfinden Staunen und Ehrfurcht vor den Freuden und Schönheiten der menschlichen Existenz, ihren Herausforderungen und Tragödien und sogar vor der Unausweichlichkeit und Endgültigkeit des Todes. ...

Menschen sind von Natur aus gesellig und empfinden Beziehungen als bedeutsam. Humanisten ... erstreben eine Welt gegenseitiger Fürsorge und Anteilnahme, frei von Grausamkeit und ihren Folgen, wo Differenzen ohne Anwendung von Gewalt in Kooperation beigelegt werden. ...

Arbeit zum Wohle der Gesellschaft sorgt für größtmögliches individuelles Glück. Fortschrittliche Kulturen haben sich bemüht, die Menschheit von der Brutalität des puren Überlebenskampfes zu befreien sowie Leid zu lindern, die Gesellschaft besser zu machen und eine weltweite Gemeinschaft zu entwickeln. ...[2]

Die Mitglieder der Humanisten-Vereinigungen würden wohl als Erste darauf bestehen, dass die Ideale des Humanismus keinerlei Sekte zuzuordnen sind. Wie Molières Bürger als Edelmann, der entzückt war festzustellen, dass er bereits sein ganzes Leben lang Prosa sprach, sind viele Menschen Humanisten, ohne es zu wissen.[3] Humanistische Strömungen findet man in Glaubenssystemen, die bis in die Achsenzeit zurückreichen. In den Vordergrund rückten sie dann im Zeitalter der Vernunft und der Aufklärung, woraus sich die englischen, französischen und US-amerikanischen Erklärungen der Rechte entwickelten, und erhielten erneut Auftrieb nach dem Zweiten Weltkrieg, was den Anstoß für die Vereinten Nationen, die Allgemeine Erklärung der Menschenrechte und andere Institutionen globaler Zusammenarbeit gab.[4] Auch wenn der Humanismus den Sinn des Lebens und die

Moral nicht auf Götter, Geister oder Seelen zurückführt, ist er keineswegs unvereinbar mit religiösen Institutionen. Für einige östliche Morallehren, Konfuzianismus und Varianten des Buddhismus eingeschlossen, war die Grundlage ihrer Ethik stets das menschliche Wohlergehen und nicht göttliche Gebote. Zahlreiche jüdische und christliche Konfessionen sind humanistisch geworden, indem sie ihr Erbe übernatürlicher Überzeugungen und kirchlicher Autorität zugunsten von Vernunft und allgemeinem menschlichem Wohl heruntergefahren haben. Beispiele sind die Quäker, Unitarier, liberalen Episkopalen, skandinavischen Lutheraner sowie das liberale, das rekonstruktionistische und das humanistische Judentum.

Humanismus mag platt und alternativlos erscheinen – wer könnte schon gegen menschliches Wohlergehen sein? In Wahrheit ist er jedoch eine markante moralische Verpflichtung, eine, die dem menschlichen Geist nicht von Natur aus eigen ist. Wie wir sehen werden, wird er nicht nur von vielen religiösen und politischen Gruppen erbittert bekämpft, sondern erstaunlicherweise auch von namhaften Künstlern, Akademikern und Intellektuellen. Wenn der Humanismus, wie die anderen Ideale der Aufklärung, seinen festen Platz im Denken der Menschen behaupten soll, müssen wir ihn in der Sprache und den Ideen der jeweiligen Epoche erklären und verteidigen.

Spinozas Ausspruch gehört zu einer Familie von Prinzipien, die ein zweites moralisches Fundament in der *Unparteilichkeit* gefunden hat – in der Erkenntnis, dass den Pronomen *ich*, *mir* und *mich* nichts Magisches anhaftet, das rechtfertigen könnte, dass meine Interessen Vorrang vor deinen oder denen irgendeiner anderen Person haben.[5] Wenn ich etwas dagegen habe, vergewaltigt, verstümmelt, ausgehungert oder getötet zu werden, kann ich nicht gut dich vergewaltigen, verstümmeln, aushungern oder töten. Unparteilichkeit liegt vielen Versuchen zugrunde, Moral auf einer rationalen Grundlage zu definieren: Spinozas Auffassung von Ewigkeit, Hobbes' Gesellschaftsvertrag, Kants kategorischem Imperativ, Rawls' Schleier des Nichtwissens, Nagels Blick von nirgendwo, Lockes und Jeffersons selbstverständlicher Wahrheit, dass alle Menschen gleich geschaffen sind, und natürlich der Goldenen Regel und ihren in andere Edelmetalle gewandeten Varianten, die in Hunderten moralischen Traditionen aufscheinen.[6] (Die »Silberne Regel« lautet »Was du nicht willst, das man dir tu, das füg auch keinem andern zu«, die »Platinregel« »Tu anderen das, was sie sich von dir wünschen«. Sie sollen Masochisten, Selbstmordattentätern, unterschiedlichen

Geschmäckern und anderen Knackpunkten der Goldenen Regel den Wind aus den Segeln nehmen.)

Zugegebenermaßen ist das Argument der Unparteilichkeit nicht hieb- und stichfest. Gäbe es einen herzlosen, egoistischen, größenwahnsinnigen Soziopathen, der jeden ungestraft ausbeuten würde, so könnte ihn kein Argument davon überzeugen, dass er einem logischen Irrtum unterlegen sei. Zudem haben auf Unparteilichkeit gegründete Argumente nicht viel Gehalt. Abgesehen von der allgemeinen Warnung, die Wünsche anderer Menschen zu respektieren, verraten die Argumente kaum, woraus diese Wünsche bestehen – nämlich aus den Bedürfnissen und Erwartungen, die menschliches Wohlergehen ausmachen. Dies sind die Desiderata, die nicht einfach nur unparteiisch zugelassen werden sollten, sondern für möglichst viele Menschen aktiv anzustreben und zu vermehren sind. Erinnern wir uns, dass Martha Nussbaum diese Lücke mit einer Liste »grundlegender Befähigungen« geschlossen hat, auf die Menschen ein Recht haben, wie Langlebigkeit, Gesundheit, Sicherheit, Lesen und Schreiben, Wissen, freie Meinungsäußerung, Spielen, Natur sowie emotionale und soziale Bindungen. Doch dies ist nichts weiter als eine Liste, und man könnte der Erstellerin vorwerfen, sie habe nur die Dinge aufgezählt, die ihr am liebsten seien. Können wir die humanistische Moral auf ein tiefgründigeres Fundament stellen – eines, das rationale Soziopathen ausschließen und die menschlichen Bedürfnisse rechtfertigen würde, die wir respektieren müssen? Ich denke, das können wir.

Laut der Unabhängigkeitserklärung sind das Recht auf Leben, Freiheit und das Streben nach Glück »selbstverständlich«. Das ist ein wenig unbefriedigend, denn was »selbstverständlich« ist, ist nicht immer selbstverständlich. Dennoch steckt darin eine zentrale Intuition. Es wäre in der Tat etwas verdreht, wenn man bei der Erforschung der Grundlagen der Moral das Leben selbst rechtfertigen müsste, als wäre es denkbar, dass man den Satz nicht zu Ende bringen darf und erschossen wird. Der Akt des Erforschens an sich setzt voraus, dass es jemanden gibt, der die Erforschung unternimmt. Wenn Nagels transzendentales Argument über die Nichtverhandelbarkeit der Vernunft gilt – dass der Akt, über die Validität der Vernunft nachzudenken, die Validität der Vernunft voraussetzt –, dann setzt es zweifellos auch die Existenz von vernunftbegabten Akteuren voraus.

Das eröffnet uns die Möglichkeit, unsere humanistische Rechtfertigung der Moral mit zwei zentralen wissenschaftlichen Ideen – Entropie und

Evolution – zu vertiefen. Traditionelle Analysen des Gesellschaftsvertrages hatten einen Meinungsaustausch zwischen körperlosen Seelen vor Augen. Reichern wir diese Idealisierung einmal mit der Minimalannahme an, dass die Argumentierer im physikalischen Universum beheimatet sind. Daraus folgt eine ganze Menge.

Diese leibhaftigen Wesen müssen als Produkte der natürlichen Selektion – dem einzigen physikalischen Prozess, der komplexe adaptive Formen hervorbringen kann – der unvorstellbar niedrigen Wahrscheinlichkeit getrotzt haben, dass sich Materie zu einem denkenden Organ zusammenballt.[7] Und sie müssen dem Wüten der Entropie lange genug getrotzt haben, um zu dem Meinungsaustausch zu erscheinen und ihn bis zum Ende durchzustehen. Das heißt: Sie haben Energie aus der Umwelt aufgenommen, sind in einem engen Rahmen von Bedingungen geblieben, die ihre physische Unversehrtheit garantierten, und haben sich erfolgreich belebter und unbelebter Gefahren erwehrt. Als Produkte der natürlichen und sexuellen Selektion müssen sie die Sprösslinge eines tiefverwurzelten Stammbaumes von Replikatoren sein, die jeweils mit einem Partner oder einer Partnerin lebensfähige Nachkommen hervorgebracht haben. Da Intelligenz kein Wunderalgorithmus ist, sondern durch Wissen gespeist wird, müssen sie bestrebt sein, Informationen über die Welt aufzusaugen und auf ihre nichtzufälligen Muster zu achten. Und falls sie mit anderen rationalen Entitäten Ideen austauschen, müssen sie der Sprache mächtig sein – als soziale Wesen, die bei der Interaktion miteinander Zeit opfern und ihre Sicherheit aufs Spiel setzen.[8]

Die physikalischen Voraussetzungen, die rationalen Akteuren zu einer Existenz in der materiellen Welt verhelfen, sind keine abstrakten Designspezifikationen; sie sind im Gehirn verortet als Wünsche, Bedürfnisse, Gefühle, Qualen und Freuden. Im Durchschnitt und in der Art von Umwelt, in der unsere Spezies geformt wurde, haben angenehme Erfahrungen unseren Vorfahren ermöglicht zu überleben und lebensfähige Kinder zu bekommen, während schmerzliche Erfahrungen das Ende bedeutet haben. Demzufolge sind Nahrung, Bequemlichkeit, Neugier, Schönheit, Stimulation, Liebe, Sex und Kameradschaft kein seichter Genuss oder hedonistische Zerstreuungen. Sie sind Glieder in der Kausalkette, die zum Entstehen des denkenden Geistes geführt hat. Im Gegensatz zu asketischen und puritanischen Systemen stellt die humanistische Ethik den intrinsischen Wert von Menschen, die nach Behaglichkeit, Vergnügen und Erfüllung suchen, nicht im Nachhinein in Frage – wenn Menschen nicht danach gesucht hätten, gäbe es keine

Menschen. Zugleich sorgt die Evolution dafür, dass diese Sehnsüchte sich untereinander und denen anderer Menschen in die Quere kommen.[9] Was wir Weisheit nennen, besteht großenteils aus dem Abwägen der widerstreitenden Wünsche in unserem Innern, und was wir Moral nennen, besteht großenteils aus dem Abwägen der widerstreitenden Wünsche verschiedener Menschen.

Wie ich (in Anlehnung an eine Beobachtung von John Tooby) in Kapitel 2 erwähnt habe, halst uns das Gesetz der Entropie eine weitere permanente Bedrohung auf. Viele Dinge müssen reibungslos ineinandergreifen, damit ein Körper (und damit auch ein menschlicher Geist) funktionieren kann, aber wenn nur mit einem einzigen Bestandteil etwas nicht stimmt, kann dies bereits das endgültige Aus bedeuten – ein undichtes Blutgefäß, ein Abschneiden der Luftzufuhr, eine Blockierung seines mikroskopischen Uhrwerks. Ein aggressiver Akt durch einen Akteur kann die Existenz eines anderen beenden. Uns allen kann Gewalt sehr leicht zum Verhängnis werden – doch zugleich können wir immens profitieren, wenn wir uns einig sind, von Gewalt Abstand zu nehmen. Das Pazifistendilemma – wie soziale Akteure der Versuchung entgehen können, einander auszubeuten, um dafür im Gegenzug die Sicherheit zu gewinnen, nicht ausgebeutet zu werden – hängt wie ein Damoklesschwert über der Menschheit und macht Frieden und Sicherheit zur ständigen Mission für die humanistische Ethik.[10] Der historische Rückgang der Gewalt beweist, dass dieses Problem lösbar ist.

Die Verwundbarkeit eines körperlichen Akteurs durch Gewalt erklärt, warum der herzlose, egoistische, größenwahnsinnige Soziopath nicht für immer aus der Arena des moralischen Diskurses (und ihrer Forderung nach Unparteilichkeit und Gewaltlosigkeit) ausgeschlossen werden kann. Weigert er sich, am Spiel der Moral teilzuhaben, wird er in den Augen aller anderen zu einer seelenlosen Gefahr, wie ein Keim, ein Flächenbrand oder ein tobender Werwolf – also etwas, das man mit roher Gewalt ausschalten muss, koste es, was es wolle. (Wie Hobbes es ausdrückte: »Ein Abkommen mit vernunftlosen Wesen ist ein Unding.«) Nun, solange er glaubt, auf ewig unverwundbar zu sein, könnte er seine Chance ergreifen, doch da macht ihm das Gesetz der Entropie einen Strich durch die Rechnung. Möglicherweise tyrannisiert er alle eine Weile, doch letztlich könnte die geballte Stärke seiner Opfer die Oberhand gewinnen. Dass es keine ewige Unverwundbarkeit geben kann, schafft sogar für gefühllose Soziopathen einen Anreiz, sich wieder an den runden Tisch der Moral zu setzen. Der Psychologe Peter DeScioli hat es so ausgedrückt: Wenn du einem Feind allein gegenüberstehst, ist deine beste Waffe womöglich eine Axt, doch wenn du einem Feind vor einer Schar von Beobachtern gegenüberstehst, ist deine beste Waffe womöglich eine Diskussion.[11] Und wer sich auf eine Diskussion einlässt, kann durch die besseren Argumente besiegt werden. Letzten Endes umspannt das moralische Universum jeden, der denken kann.

Mit Hilfe der Evolution lässt sich ein weiterer Grundstein weltlicher Moral erklären: unsere Fähigkeit zum Mitgefühl (oder, wie es die Autoren der Aufklärung wechselweise genannt haben, zur Wohltätigkeit, zum Mitleid, zur Vorstellungskraft oder zur Anteilnahme). Selbst wenn ein rationaler Akteur zu dem Schluss kommt, dass es langfristig im Interesse aller liegt, moralisch zu handeln, ist kaum denkbar, dass er vorprescht, um zum Nutzen eines anderen ein Opfer zu bringen, wenn ihn nicht etwas in diese Richtung stupst. Der Anstoß muss nicht von einem Engel auf der Schulter kommen; wie die Evolutionspsychologie erläutert, kommt er von den Emotionen, die uns zu sozialen Tieren machen.[12] Das Mitgefühl unter Verwandten erwächst aus den Überschneidungen im Erbgut, über die wir im großen Gewebe des Lebens miteinander vernetzt sind. Mitgefühl mit allen anderen erwächst aus der Unparteilichkeit der Natur – jeder von uns kann sich mal in einer Notlage befinden, in der eine kleine Gefälligkeit von einer anderen Person unserem eigenen Wohlergehen einen mächtigen Schub versetzen kann. Darum fahren wir besser, wenn wir einander Gutes tun (wobei freilich niemand nimmt, aber niemals gibt), als wenn alle nur ihr eigenes Süppchen kochen. Auf diese Weise sorgt die Evolution für die Selektion der moralischen Empfindungen: Mitgefühl, Vertrauen, Dankbarkeit, Schuldgefühl, Scham, Vergebung und gerechter Zorn. Ist das Mitgefühl erst einmal Bestandteil unserer psychischen Ausstattung, lässt es sich dank Vernunft und Erfahrung auf alle fühlenden Wesen ausdehnen.[13]

Ein anderer philosophischer Einwand gegen den Humanismus lautet, dass er »nichts als Utilitarismus« sei – eine Ethik, die darauf beruhe, das menschliche Wohl zu maximieren, sei nichts anderes als eine Ethik, die das größtmögliche Glück für die größtmögliche Zahl anstrebe.[14] (Philosophen sprechen häufig von »Nutzen«, wenn sie Glück meinen.) Jeder, der einmal eine Einführung in die Moralphilosophie belegt hat, kann die Probleme herunterrattern.[15] Sollten wir Nachsicht mit einem Nutzenmonster *(Utility Monster)* üben, das mehr Befriedigung daraus zieht, Menschen zu fressen, als seine

Opfer aus ihrem Leben? Sollten wir ein paar Wehrpflichtige einschläfern und ihre Organe entnehmen, um damit zahlreiche andere Menschenleben zu retten? Sollte der Sheriff einer Kleinstadt, deren Bürger aus Zorn über einen ungelösten Mordfall mit einer tödlichen Revolte drohen, sie beschwichtigen, indem er die Tat dem stadtbekannten Trunkenbold in die Schuhe schiebt und ihn aufknüpft? Sollten wir eine Droge nehmen, die uns in einen endlosen Schlummer voll süßer Träume wiegt? Sollten wir eine Kette von Lagerhäusern einrichten, die für wenig Geld Milliarden glücklicher Kaninchen durchfüttert? Diese Gedankenexperimente liefern Argumente für eine *deontologische* Ethik; diese beruht auf Rechten, Pflichten und Prinzipien, die bestimmte Handlungen als an sich moralisch oder unmoralisch bewerten. In einigen Versionen deontologischer Moral sind diese Prinzipien gottgegeben.

Der Humanismus hat in der Tat einen utilitaristischen Beigeschmack oder zumindest einen konsequentialistischen, wobei Handlungen und Politik nach ihren Konsequenzen moralisch bewertet werden. Die Konsequenzen müssen sich nicht auf Glück im engeren Sinne beschränken, das sich durch ein Lächeln offenbart, sondern können auch Wohlergehen im weiteren Sinne umfassen, mit dem Aufziehen von Kindern, Selbstverwirklichung, Bildung, reichhaltigen Erfahrungen und der Schaffung von Werken mit bleibendem Wert (Kapitel 18). Im Grunde ist der konsequentialistische Anstrich des Humanismus aus verschiedenen Gründen ein Punkt zu seinen Gunsten.

Erstens können alle Studierenden der Moralphilosophie, die auch in der zweiten Vorlesungswoche kein Auge zugetan haben, die Probleme der deontologischen Ethik ebenfalls herunterrrattern. Wenn es grundsätzlich falsch ist zu lügen, müssen wir dann wahrheitsgemäß antworten, wenn die Gestapo von uns Anne Franks Aufenthaltsort erfahren will? Ist Masturbation unmoralisch (wie der prototypische Deontologe Kant behauptet hat), weil man sich dabei selbst als Mittel benutze, um einem animalischen Trieb nachzugeben, obgleich Menschen stets als Zweck, aber nie als Mittel anzusehen seien? Wenn ein Terrorist eine tickende Atombombe versteckt hat, die Millionen Menschenleben auslöschen würde, ist es dann unmoralisch, ihn mit Waterboarding zu foltern, damit er das Versteck verrät? Und wer hat angesichts der Tatsache, dass keine donnernde Stimme aus dem Himmel zu uns spricht, das Recht, Prinzipien aus der Luft zu greifen und zu verkünden, dass bestimmte Handlungen an sich unmoralisch sind, selbst wenn sie niemandem Schaden zufügen? Zu unterschiedlichen Zeiten haben

Moralisten deontologisch argumentiert, um darauf zu pochen, dass Impfungen, Anästhesie, Bluttransfusionen, Lebensversicherungen, gemischtrassige Ehen und Homsosexualität von Natur aus falsch seien.

Viele Moralphilosophen sind der Ansicht, dass die im Einführungskurs vorgestellte Zweiteilung zwischen Utilitarismus und Deontologie eine zu scharfe Trennlinie zieht.[16] Deontologische Prinzipien sind oft gut geeignet, um der größtmöglichen Zahl größtmögliches Glück zu bringen. Da kein Sterblicher alle Konsequenzen seines Handelns bis in alle Ewigkeit vorauszuberechnen vermag und da wir unsere egoistischen Handlungen stets als Wohltat für andere schönfärben können, ist einer der besten Wege, das allgemeine Glück zu fördern, hellleuchtende Linien zu ziehen, die keiner überschreiten darf. Wir lassen nicht zu, dass Regierungen ihre Bürger betrügen oder ermorden, weil echte Politiker im Gegensatz zu den unfehlbaren und wohlwollenden Halbgöttern aus den Gedankenexperimenten diese Macht auf unberechenbare oder tyrannische Art und Weise ausüben könnten. Dies ist einer von vielen Gründen, warum ein Staat, der unschuldigen Menschen Kapitalverbrechen anhängen oder sie zur Entnahme ihrer Organe einschläfern lassen könnte, *nicht* das größtmögliche Glück für die größtmögliche Zahl herbeiführen würde. Oder nehmen wir das Prinzip der Gleichberechtigung. Sind Gesetze, die Frauen und Minderheiten diskriminieren, an sich ungerecht, oder sind sie beklagenswert, weil die Diskriminierungsopfer Schaden erleiden? Diese Frage brauchen wir vielleicht nicht zu beantworten. Andererseits kann jedes deontologische Prinzip, dessen Folgen schädlich *sind*, wie die Heiligkeit des Blutes (die Bluttransfusionen ausschließt), in die Tonne gehauen werden. Menschenrechte befördern menschliches Wohlergehen. Und darum gehen Humanismus und Menschenrechte in der Praxis Hand in Hand.

Dass sich der Humanismus für die Überlappung mit dem Utilitarismus nicht zu schämen braucht, lässt sich auch damit begründen, dass dieser ethische Ansatz eine beeindruckende Erfolgsgeschichte vorzuweisen hat, was die Vermehrung des menschlichen Wohls betrifft. Den klassischen Utilitariern – Cesare Beccaria, Jeremy Bentham und John Stuart Mill – verdanken wir Argumente gegen Sklaverei, sadistische Strafen, Tierquälerei, die Kriminalisierung der Homosexualität und die Unterdrückung von Frauen, die sich allesamt durchgesetzt haben.[17] Selbst abstrakte Rechte wie die Rede- und Religionsfreiheit wurden großenteils unter Berufung auf Nutzen und Schaden verteidigt; so schrieb Thomas Jefferson: »Die legitimen Befugnisse von Herrschaftsinstitutionen erstrecken sich nur auf solche Schritte, die anderen gegenüber schädlich sind. Es schädigt mich jedoch nicht, wenn mein Nachbar behauptet, es gebe zwanzig Götter oder gar keinen Gott. Das leert mir nicht die Taschen und bricht mir kein Bein.«[18] Auch allgemeine Bildung, Arbeiterrechte und Umweltschutz wurden auf utilitaristischer Grundlage vorangetrieben. Und zumindest bislang haben sich Nutzenmonster und Kaninchenbespaßungsfabriken noch nicht als Problem erwiesen.

Dass sich utilitaristische Argumente so oft durchsetzen, hat einen guten Grund: Jeder erkennt sie an. Prinzipien wie »Tut doch keinem weh«, »Wenn keinem geschadet wird, kann es nicht falsch sein« und »Was erwachsene Menschen privat in gegenseitigem Einverständnis tun, geht niemanden etwas an« sind vielleicht nicht tiefgründig oder ausnahmslos gültig, aber jeder, der sie hört, versteht sie auf Anhieb, und wer sie widerlegen will, muss mächtige Gegenbeweise auffahren. Dabei ist der Zugang zum Utilitarismus keineswegs intuitiv. Der klassische Liberalismus kam erst spät in der Menschheitsgeschichte auf, und traditionelle Kulturen finden, dass es sie sehr wohl etwas angeht, was erwachsene Menschen privat in gegenseitigem Einverständnis tun.[19] Laut dem Philosophen und kognitiven Neurowissenschaftler Joshua Greene wurzeln zahlreiche deontologische Überzeugungen in primitiven Intuitionen des Stammesdenkens, der Reinheit, des Abscheus und gesellschaftlicher Normen, wohingegen utilitaristische Folgerungen rationalen Überlegungen entspringen.[20] (Er hat sogar aufgezeigt, dass diese beiden Arten moralischen Denkens emotionale beziehungsweise rationale Systeme des Gehirns beanspruchen.) Überdies behauptet Greene, dass Menschen mit unterschiedlichem kulturellen Hintergrund, die sich auf einen Moralcode einigen müssen, meist auf der utilitaristischen Ebene treffen. Das erklärt, warum bestimmte Reformbewegungen, wie Rechtsgleichheit für Frauen und gleichgeschlechtliche Ehe, jahrhundertelang eingebürgerte Gepflogenheiten erstaunlich schnell über Bord werfen konnten (Kapitel 15): Mit nichts anderem als den alten Gewohnheiten und Intuition im Rücken löste sich der Status quo angesichts utilitaristischer Argumente in Luft auf.

Selbst wenn humanistische Bewegungen ihren Zielen mit der Sprache des Rechts Rückhalt geben, muss das philosophische System, das diese Rechte begründet, »dünn« sein.[21] Eine in einer kosmopolitischen Welt umsetzbare Moralphilosophie darf nicht aus Schichten komplizierter Argumentation bestehen oder auf tiefgründigen metaphysischen oder religiösen Überzeugungen beruhen. Sie muss ihre Kraft aus einfachen, transparenten Prinzipien beziehen, die jeder verstehen und akzeptieren kann. Das Ideal des menschlichen Wohlergehens – dass es für Menschen gut ist, ein langes, gesundes, glückliches, wohlhabendes und anregendes Leben zu führen – ist genau solch ein Prinzip, da es auf nichts mehr (und nichts weniger) basiert als auf unserem gemeinsamen Menschsein.

Die Geschichte bestätigt, dass sich unterschiedliche Kulturen, die einen gemeinsamen Nenner finden müssen, auf den Humanismus zubewegen. Die in der amerikanischen Verfassung festgeschriebene Trennung von Kirche und Staat erwuchs nicht einfach aus der Philosophie der Aufklärung, sondern aus praktischen Zwängen heraus. Laut dem Ökonomen Samuel Hammond hatten acht der 13 britischen Kolonien eine Amtskirche, die in den öffentlichen Bereich eindrang, indem sie die Gehälter der Minister bezahlte, eine strikte Religionsausübung durchsetzte und Angehörige anderer Konfessionen verfolgte. Die Kolonien unter einer einzigen Verfassung zu vereinen war nur möglich, indem man Religionsfreiheit in Wort und Tat als ein Naturrecht garantierte.[22]

Anderthalb Jahrhunderte später musste eine Völkergemeinschaft, die noch an den Nachwehen eines Weltkrieges litt, einen Prinzipienkatalog formulieren, der ihnen kooperative Einheit zusicherte. Wahrscheinlich hätten sie sich nicht auf »Wir erkennen Jesus Christus als unseren Retter an« oder »Amerika ist eine strahlende Stadt auf dem Hügel« geeinigt. Im Jahr 1947 befragte die Organisation der Vereinten Nationen für Erziehung, Wissenschaft und Kultur (UNESCO) mehrere Dutzend Intellektuelle der Welt (darunter Jacques Maritain, Mohandas Gandhi, Aldous Huxley, Harold Laski, Quincy Wright und Pierre Teilhard de Chardin, gemeinsam mit namhaften konfuzianischen und muslimischen Gelehrten), welche Rechte in die allgemeine Erklärung der UN aufgenommen werden sollten. Die Listen waren sich verblüffend ähnlich. In seiner Einleitung zu ihrem gemeinsam erarbeiteten Ergebnis erzählte Maritain:

> Man berichtet von einer Sitzung der National Commission der *UNESCO*, in der man über die Menschenrechte diskutierte, daß sich jemand darüber wunderte, wieso verschiedene Gruppen, die in ihren Ideologien im schroffsten Gegensatz zueinander stehen, sich über die Zusammenstellung dieser Rechte einigen konnten. – Ja, antwortete man ihm, was diese Rechte anbelangt, sind wir uns einig, aber nur unter der Bedingung, daß man uns nicht fragt, warum.[23]

Die Allgemeine Erklärung der Menschenrechte, ein humanistisches Manifest mit 30 Artikeln, wurde in weniger als zwei Jahren entworfen – dank der Entschlossenheit Eleanor Roosevelts, der Vorsitzenden der Menschenrechtskommission, sich nicht im Dickicht der Ideologien festzufahren und das Projekt voranzubringen.[24] (Als John Humphrey, der Verfasser des ersten Entwurfs, gefragt wurde, auf welchen Prinzipien die Erklärung beruhe, war die taktvolle Antwort: »Keinerlei Philosophie.«)[25] Im Dezember 1948 wurde sie ohne Widerspruch von der Generalversammlung der Vereinten Nationen verabschiedet. Entgegen Beschuldigungen, die Menschenrechte seien ein auf den Westen beschränktes Glaubensbekenntnis, unterstützten die Erklärung auch Indien, China, Thailand, Birma (heute Myanmar), Äthiopien und sieben muslimische Staaten, während Roosevelt die US-amerikanischen und britischen Funktionäre mit sanfter Gewalt dazu bringen musste, ihre Zustimmung zu geben – die Vereinigten Staaten machten sich Sorgen wegen ihrer Neger, und das Vereinigte Königreich sorgte sich um seine Kolonien. Der Ostblock, Saudi-Arabien und Südafrika enthielten sich der Stimme.[26]

Die Erklärung wurde in 500 Sprachen übersetzt und hat die meisten nationalen Verfassungen beeinflusst, die in den nachfolgenden Jahrzehnten entworfen wurden, gemeinsam mit zahlreichen internationalen Gesetzen, Verträgen und Organisationen. Mit ihren mittlerweile 70 Jahren hat sie sich recht gut gehalten.

Auch wenn Humanismus der Moralkodex ist, auf den sich Menschen zubewegen, wenn sie rational, kulturell verschieden und auf eine Einigung angewiesen sind, ist er keineswegs ein banaler oder weichgespülter kleinster gemeinsamer Nenner. Die Idee, dass Moral in der Maximierung des menschlichen Wohls besteht, kollidiert mit zwei stets verführerischen Alternativen. Die erste ist die theistische Moral – die Vorstellung, dass Moral darin besteht, die Gebote einer Gottheit zu befolgen, denen durch eine übernatürliche Belohnung und Bestrafung im Diesseits oder im Leben nach dem Tod Nachdruck verliehen wird. Die zweite ist romantisches Heldentum – die Idee, dass Moral durch die Reinheit, Authentizität und Größe eines Individuums oder einer Nation verkörpert wird. Das romantische Heldentum wurde zwar erstmals im 19. Jahrhundert formuliert, doch es findet sich auch in einer Familie neuerdings einflussreicher Bewegungen wieder, etwa im autoritären Populismus und im Neofaschismus, bei der neoreaktionären Bewegung und der alternativen Rechten in den USA.

Viele Intellektuelle, die diesen Gegenentwürfen zum Humanismus nicht anhängen, glauben dennoch, dass sie eine zentrale Wahrheit über unsere Psychologie enthalten: dass Menschen ein *Bedürfnis* nach theistischen, spirituellen, heroischen oder stammesspezifischen Überzeugungen haben. Wie sie sagen, sei der Humanismus vielleicht nicht verkehrt, doch wider die menschliche Natur gerichtet. Keine auf humanistischen Prinzipien gegründete Gesellschaft könne lange bestehen, geschweige denn eine auf ihnen beruhende globale Ordnung.

Von der psychologischen Hypothese ist es nur ein kleiner Schritt zu einer historischen – dass der unausweichliche Zusammenbruch bereits begonnen habe und das liberale, kosmopolitische, humanistische Weltbild der Aufklärung vor unseren Augen ins Wanken gerate. »Der Liberalismus ist tot«, verkündete Roger Cohen, Kolumnist der *New York Times*, im Jahr 2016. »Das liberal-demokratische Experiment – mit seinem von der Aufklärung abgeleiteten Glauben an die Fähigkeit von Individuen mit bestimmten unveräußerlichen Rechten, ihr Schicksal in Freiheit kraft ihres Willens zu bestimmen – ist nur ein kurzes Intermezzo.«[27] In einem Leitartikel des *Boston Globe* mit der Überschrift »War schön mit der Aufklärung!« stimmte Stephen Kinzer dem zu:

> Der für die Ideale der Aufklärung zentrale Kosmopolitismus hat Ergebnisse gezeitigt, die in vielen Gesellschaften die Menschen verstören. Das treibt sie zurück zu dem Herrschaftssystem, das Primaten instinktiv bevorzugen: Ein starker Häuptling beschützt den Stamm, und im Gegenzug tun die Stammesangehörigen, was der Häuptling verlangt. ... Die Vernunft bietet nur wenig Fundament für Moral, lehnt spirituelle Mächte ab und verneint die Bedeutung von Gefühlen, Kunst und Kreativität. Wenn Vernunft kalt und inhuman ist, kann sie Menschen den Zugang zu tiefverwurzelten Strukturen versperren, die dem Leben einen Sinn geben.[28]

Andere Experten haben hinzugefügt, es sei kein Wunder, dass sich so viele junge Leute zum IS hingezogen fühlten – sie würden sich vom »blutleeren Säkularismus« abwenden und nach »radikalen und religiösen Korrektiven für ein verflachtes Bild des menschlichen Lebens« suchen.[29]

Hätte ich diesem Buch demnach den Titel *Aufklärung, solange es sie noch gibt* geben sollen? Also bitte! In Teil II habe ich die Realität des Fortschritts dokumentiert; im vorliegenden Teil habe ich das Augenmerk auf die Ideen gelenkt, die ihn vorantreiben, und erläutert, warum ich mir um ihren Fortbestand keine Sorgen mache. Nachdem ich in den beiden vorangegangenen Kapiteln die Anklagen gegen Vernunft und Wissenschaft entkräftet habe, widme ich mich nun den Anklagepunkten gegen den Humanismus. Ich beleuchte diese Punkte nicht nur, um aufzuzeigen, dass die moralischen, psychologischen und historischen Argumente gegen den Humanismus falsch sind. Man versteht eine Idee am besten, wenn man sich klarmacht, was sie *nicht* ist; von daher kann uns ein mikroskopischer Blick auf die Alternativen des Humanismus vor Augen führen, was auf dem Spiel steht, wenn wir die Ideale der Aufklärung voranbringen wollen. Zuerst betrachten wir die religiösen Argumente gegen den Humanismus und danach den romantisch-heroisch-tribalistisch-autoritären Komplex.

Gibt es wirklich Gutes ohne Gott? Wurde das von humanistischen Wissenschaftlern nahegelegte gottlose Universum von wissenschaftlichen Erkenntnissen höchstselbst widerlegt? Und gibt es eine angeborene Anpassung an die göttliche Gegenwart – ein Gottesgen in unserer DNA, ein Gottesmodul im Gehirn –, die dafür sorgt, dass theistische Religionen den weltlichen Humanismus immer wieder zurückdrängen werden?

Beginnen wir mit theistischer Moral. Es stimmt, dass viele religiöse Kodizes Menschen untersagen, einander zu ermorden, anzugreifen, auszurauben oder zu betrügen. Doch das tun Kodizes weltlicher Moral natürlich auch, und zwar aus gutem Grund: Dies sind Regeln, von denen sich alle rationalen, eigeninteressierten und geselligen Akteure wünschen, dass ihre Mitmenschen sie anerkennen. Es ist nicht weiter überraschend, dass sie in den Gesetzen jedes Staates kodifiziert werden und tatsächlich in jeder menschlichen Gesellschaft eine Rolle zu spielen scheinen.[30]

Was hat die Anrufung eines übernatürlichen Gesetzgebers zusätzlich zu einer humanistischen Verpflichtung, das Leben der Menschen besser zu machen, zu bieten? Die augenfälligste Zugabe ist übernatürliche Durchsetzungskraft: der Glaube, dass jeder, der eine Sünde begeht, von Gott heimgesucht, der ewigen Verdammnis überantwortet oder aus dem Buch des Lebens gestrichen wird. Dies ist eine verlockende Ergänzung, denn die weltliche Jurisprudenz kann unmöglich jedes Vergehen entdecken und bestrafen, und jeder ist daran interessiert, alle anderen davon zu überzeugen, dass sie mit einem Mord nicht davonkommen werden.[31] Wie beim Nikolaus gilt: Er sieht dich nachts beim Schlafen, er sieht dich wach bei Tag, er weiß auch, wenn du Böses tust, drum sei gut, weil er das mag.

Die theistische Moral hat jedoch zwei fatale Schwachstellen. Erstens gibt es keinen guten Grund zu glauben, dass Gott existiert. In einem nichtfiktiven Anhang zu ihrem Roman *36 Argumente für die Existenz Gottes* entkräftet Rebecca Newberger Goldstein (indem sie sich unter anderem auf Platon, Spinoza, Hume, Kant und Russell beruft) die Argumente eines nach dem anderen.[32] Die am häufigsten angeführten – Glaube, Offenbarung, Schrift, Autorität, Tradition und subjektive Anziehungskraft – sind überhaupt keine Argumente. Dass man ihnen nicht trauen darf, sagt uns nicht nur die Vernunft. Auch verschiedene Religionen, die sich auf diese Quellen berufen, legen miteinander unvereinbare Glaubensinhalte fest, was die Zahl der Götter betrifft, welche Wunder sie gewirkt haben und was sie von ihren Anhängern verlangen. Historiker haben erschöpfend dargelegt, dass heilige Schriften nur allzu menschliche Produkte ihrer jeweiligen Zeit sind, mit inneren Widersprüchen, sachlichen Fehlern, Plagiaten aus benachbarten Zivilisationen sowie wissenschaftlichen Absurditäten (etwa dass Gott drei Tage nachdem er den Tag von der Nacht geschieden hatte, die Sonne erschuf). Die tiefschürfenden Argumente hochgelehrter Theologen sind auch nicht solider. Der kosmologische und der ontologische Gottesbeweis sind logisch nicht gültig, der teleologische (dass die Beschaffenheit der Welt auf einen Plan zurückgeht) wurde von Darwin widerlegt, und die übrigen sind entweder offenkundig falsch (etwa die Theorie, dass der Mensch mit einer angeborenen Fähigkeit ausgestattet ist, die Wahrheit über Gott zu erspüren) oder unverblümte Ausflüchte (wie die Idee, dass die Auferstehung für Gott eine solch große kosmische Bedeutung hatte, dass er ihre empirische Überprüfbarkeit nicht zulassen konnte).

Einige Autoren beharren darauf, dass die Wissenschaft in diesem Meinungsaustausch keinen Platz habe. Sie versuchen, ihr einen »methodologischen Naturalismus« zuzuschreiben, der ihr ein Urteil über religiöse Behauptungen grundsätzlich verwehre. Damit würde eine sichere Nische geschaffen, in der Gläubige ihre Überzeugungen bewahren könnten, ohne die Wissenschaft in Bausch und Bogen zu verdammen. Doch wie wir im vorigen Kapitel gesehen haben, ist die Wissenschaft kein Spiel mit willkürlichen Regeln; sie ist die Anwendung der Vernunft zur Erklärung des Universums und zur Überprüfung, ob ihre Erklärungen richtig sind. In *Faith Versus Fact* behauptet der Biologe Jerry Coyne, dass die Existenz des Gottes der Bibel eine perfekt überprüfbare wissenschaftliche Hypothese sei.[33] Die historischen Berichte der Bibel hätten durch Archäologie, Genetik und Philogie theoretisch bestätigt werden können. Sie hätten mysteriösen wissenschaftlichen Weitblick offenbaren können wie »Du sollst nicht schneller sein als das Licht« oder »Zwei sich umwindende Stränge bergen das Geheimnis des Lebens«. Es wäre durchaus möglich, dass eines Tages am Himmel ein helles Licht erstrahlt und ein Mann in einem weißen Gewand und Sandalen, flankiert von geflügelten Engeln, herabsteigt, Blinde sehend macht und die Toten wieder auferweckt. Wir könnten entdecken, dass Fürbitten Menschen das Augenlicht wiedergeben oder amputierte Gliedmaßen nachwachsen lassen oder dass jeder, der den Namen des Propheten Mohammed missbraucht, umgehend niedergestreckt wird, während jene, die fünfmal täglich zu Allah beten, frei von Krankheit und Unglück sind. Allgemeiner gesprochen könnten die Daten belegen, dass guten Menschen Gutes widerfährt und schlechten Menschen Schlechtes: dass die Mütter, die im Wochenbett sterben, die Kinder, die an Krebs dahinsiechen, und die Millionen Opfer von Erdbeben, Tsunamis und Holocausts es einfach nicht anders verdient haben.

Andere Aspekte der theistischen Moral, wie die Existenz einer unsterblichen Seele und eines real existierenden Reiches jenseits von Materie und Energie, sind ganz genauso überprüfbar. Wir könnten einen abgetrennten Kopf entdecken, der sprechen kann. Ein Seher könnte auf den Tag Naturkatastrophen und Terroranschläge vorhersagen. Tante Hilda könnte uns aus dem Jenseits die Nachricht senden, unter welchem Dielenbrett sie ihr Geschmeide versteckt hat. Erinnerungen von Patienten, die an Sauerstoffmangel litten und erlebten, wie ihre Seele den Körper verließ, könnten verifizierbare Details enthalten, die ihren Sinnesorganen nicht zugänglich waren. Die Tatsache, dass diese Berichte allesamt als Lügengeschichten, Erinnerungsverfälschungen, überinterpretierte Zufälle und billige Schaustellertricks entlarvt wurden, untergräbt die Hypothese, dass es unsterbliche Seelen gibt, die sich vor der göttlichen Gerechtigkeit zu verantworten haben könnten.[34] Es gibt natürlich auch deistische Philosophien, laut denen Gott das Universum erschaffen und sich danach zurückgezogen habe, um zu beobachten, was geschieht, oder nach denen »Gott« lediglich ein Synonym für die Gesetze der Physik und Mathematik sei. Doch diese impotenten Götter sind nicht in der Position, den Moralapostel zu geben.

Zahlreiche theistische Glaubensinhalte entstanden als Hypothesen zur Erklärung von Naturphänomenen – etwa dem Wetter, von Krankheiten oder dem Ursprung der Arten. In dem Maße, in dem diese Hypothesen durch wissenschaftliche ersetzt wurden, schrumpfte auch stetig der Geltungsbereich des Theismus. Doch da unsere wissenschaftlichen Erkenntnisse niemals allumfassend sind, bleibt uns als letzte Zuflucht stets das Pseudoargument des sogenannten Lückenbüßergottes. Heutzutage versuchen die findigeren Theisten, Gott in zwei derartigen Lücken zu verorten: bei den Fundamentalkonstanten der Physik und beim schwierigen Problem des Bewusstseins. Alle Humanisten, die darauf pochen, dass wir uns zur Rechtfertigung von Moral nicht auf Gott berufen können, müssen damit rechnen, mit diesen Lücken konfrontiert zu werden, und darum möchte ich einige Worte dazu sagen. Wie wir sehen werden, erwartet sie wohl das gleiche Schicksal wie den Blitze schleudernden Zeus als Erklärung für Gewitter.

Unser Universum lässt sich anhand einiger Zahlen charakterisieren, darunter die Feldstärken der Naturkräfte (Gravitation, Elektromagnetismus und die Kernkräfte), die Anzahl der makroskopischen Dimensionen der Raumzeit (vier) und die Dichte der Dunklen Energie (der Grund für die beschleunigte Expansion des Universums). In *Just Six Numbers* zählt Martin Rees sie an einer Hand plus einem Finger ab; die genaue Anzahl hängt von der physikalischen Theorie ab, auf die man sich beruft, und davon, ob man die Konstanten zählt oder die Verhältnisse zwischen ihnen. Würde eine dieser Konstanten nur eine winzige Abweichung aufweisen, dann würde die Materie auseinanderfliegen oder in sich zusammenstürzen, und Sterne, Galaxien und Planeten, ganz zu schweigen von irdischem Leben und *Homo sapiens*, hätten sich niemals bilden können. Die fundiertesten physikalischen Theorien unserer Tage erklären nicht, warum diese Konstanten so minutiös auf Werte geeicht sind, die unsere Entstehung ermöglicht haben (insbesondere die Dichte der Dunklen Energie), und darum, so die theistische Argumentation, muss es einen Feinsteuerer gegeben haben – Gott. Das ist nichts anderes als das alte teleologische Argument, dass alles einem Plan entspringt, doch dieses Mal nicht nur auf Lebewesen, sondern auf den gesamten Kosmos bezogen.

Als Einwand steht gleich das ebenso alte Theodizeeproblem parat. Wenn der allmächtige und allwissende Gott das Universum so fein abgestimmt hat, um uns zu erschaffen, warum hat er dann eine Erde entworfen, auf der geologische und meteorologische Katastrophen Gebiete verwüsten, in denen unschuldige Menschen leben? Welcher göttliche Plan verbirgt sich hinter den Supervulkanen, die unsere Spezies in der Vergangenheit heimgesucht haben und sie womöglich irgendwann auslöschen werden, oder hinter der

Entwicklung der Sonne zu einem Roten Riesen, die unweigerlich eintreten wird?

Solche Spekulationen verfehlen jedoch den eigentlichen Punkt. Die Physiker haben sich von der offenkundigen Feinabstimmung der Fundamentalkonstanten nicht ins Bockshorn jagen lassen und verfolgen aktiv mehrere Erklärungsansätze. Einer verbirgt sich im Titel eines Buches, das der Physiker Victor Stenger verfasst hat: *The Fallacy of Fine-Tuning* (»Der Trugschluss der Feinabstimmung«).[35] Viele Physiker halten es für voreilig anzunehmen, dass die Werte der Fundamentalkonstanten willkürlich sind oder die einzigen, die sich mit Leben vereinbaren lassen. Ein tieferes physikalisches Verständnis (insbesondere die seit langem angestrebte Vereinigung der Relativitäts- und der Quantentheorie) könnte erbringen, dass einige der Werte genauso sein müssen, wie sie sind. Andere, so könnte sich herausstellen, können vielleicht auch andere Werte aufweisen – oder, noch wichtiger, andere *Kombinationen* von Werten –, die mit einem stabilen, mit Materie angefüllten Universum vereinbar wären, wenn auch nicht mit dem, das wir kennen und lieben. Fortschritte in der Physik offenbaren eventuell, dass die Konstanten gar nicht so fein abgestimmt sind und ein Universum, das Leben ermöglicht, letztlich gar nicht so unwahrscheinlich ist.

Die zweite Erklärung lautet, dass unser Universum nur eine Region in einer riesigen, vielleicht unendlichen Landschaft von Universen – einem Multiversum – ist, von denen alle bei den Fundamentalkonstanten verschiedene Werte aufweisen.[36] Wir befinden uns nicht deshalb in einem Leben ermöglichenden Universum, weil es auf unsere Entstehung abgestimmt wurde; vielmehr setzt eben die Tatsache, dass es uns gibt, voraus, dass wir uns in *genau dieser* Art von Universum befinden und nicht in einem der unzähligen anderen, die unbewohnbar sind. Die »Feinabstimmung« ist ein Post-hoc-Trugschluss, wie bei der Lottospielerin, die sich wundert, warum gerade sie gegen alle Wahrscheinlichkeit gewonnen hat. *Irgendjemand* musste gewinnen, und nur die Tatsache, dass sie selbst die Glückliche ist, lässt sie staunen. Es ist nicht das erste Mal, dass ein Selektionsartefakt Denker fälschlich zur Suche nach einer nichtexistenten tiefgreifenden Erklärung für eine physikalische Konstante verleitet hat. Johannes Kepler zerbrach sich den Kopf darüber, warum die Erde 149 600 000 Kilometer von der Erde entfernt ist, also in genau dem richtigen Abstand, um unsere Seen und Flüsse mit Wasser zu füllen, ohne dass es zu Eis erstarrt oder verdampft. Heute wissen wir, dass die Erde nur einer unter zahlreichen Planeten ist, die sich alle in verschiedenen Abständen zu unserer Sonne oder einem anderen Stern befinden, und wir wundern uns nicht weiter darüber, dass wir auf diesem Planeten leben und nicht auf dem Mars.

Die Theorie vom Multiversum wäre ihrerseits auch eine Post-hoc-Entschuldigung für eine Erklärung, wenn sie nicht mit anderen Theorien der Physik in Einklang stünde – vor allem damit, dass das Vakuum im Weltraum Urknalle hervorbringen kann, die zu neuen Universen heranwachsen, und dass die Babyuniversen mit unterschiedlichen Fundamentalkonstanten zur Welt kommen können.[37] Dennoch schreckt allein die Idee wegen ihrer schwindelerregenden Verschwendung viele Menschen (nicht zuletzt einige Physiker) ab. Die Existenz unendlich vieler Universen (oder zumindest so vieler, dass alle denkbaren Anordnungen von Materie darin enthalten sind) bedeutet, dass es irgendwo Universen mit exakten Doppelgängern von uns gibt, die sich von uns nur darin unterscheiden, dass sie andere Ehepartner haben, letzte Nacht einen tödlichen Autounfall hatten, Evelyn heißen, ein Haar bei ihnen anders liegt, sie dieses Buch vor einer Sekunde weggelegt haben und diesen Satz darum jetzt nicht lesen und so weiter.

Doch wie beunruhigend solche Schlussfolgerungen auch sein mögen – die Ideengeschichte verrät uns, dass ein zu empfindlicher Denkapparat ein schlechter Wegweiser zur Realität ist. Die beste Wissenschaft hat den gesunden Menschenverstand unserer Vorfahren mit verstörenden Entdeckungen, die sich schließlich als wahr erwiesen, wiederholt auf die Probe gestellt, etwa mit einer runden Erde, der Verlangsamung der Zeit bei hohen Geschwindigkeiten, der Quantensuperposition, der gekrümmten Raumzeit und natürlich mit der Evolution. Tatsächlich finden wir, nachdem sich der erste Schock gelegt hat, dass ein Multiversum eigentlich gar nichts so Exotisches ist. Dies ist nicht einmal das erste Mal, dass Physiker mit gutem Grund von der Existenz multipler Universen ausgegangen sind. Eine andere Version des Multiversums folgt schlicht aus den Entdeckungen, dass der Weltraum unendlich zu sein scheint und dass Materie anscheinend gleichmäßig darin verteilt ist: Es muss eine unendliche Zahl von Universen geben, die den dreidimensionalen Raum hinter unserem kosmischen Horizont sprenkeln. Eine noch andere ist die Viele-Welten-Interpretation der Quantenmechanik, wonach die zahlreichen Ergebnisse eines probabilistischen Quantenprozesses (wie die Bahn eines Photons) alle in überlagerten Paralleluniversen auftreten (dies könnte zu Quantencomputern führen, in denen alle möglichen Werte der Variablen in einer Berechnung gleichzeitig repräsentiert sind). Im Grunde ist das

Multiversum gewissermaßen die *simplere* Theorie der Realität, denn wenn unser Universum das einzig existierende wäre, müssten wir die eleganten physikalischen Gesetze mit der willkürlichen Festlegung der beschränkten Anfangsbedingungen unseres Universums und seinen beschränkten Fundamentalkonstanten verkomplizieren. Der Physiker Max Tegmark (ein Verfechter von vier Arten eines Multiversums) drückte es folgendermaßen aus: »Unser Urteil beruht also darauf, was wir als unwirtschaftlicher und weniger elegant empfinden: viele Welten oder viele Worte.«

Sollte sich das Multiversum als die beste Erklärung für die physikalischen Fundamentalkonstanten erweisen, so wäre dies nicht das erste Mal, dass uns Welten jenseits unseres Tellerrandes aus dem Konzept gebracht haben. Unsere Vorfahren mussten die Entdeckung der westlichen Hemisphäre verdauen, acht weitere Planeten, hundert Milliarden Sterne in unserer Galaxie (davon viele mit Planeten) und hundert Milliarden Galaxien im beobachtbaren Universum. Wenn die Vernunft nun erneut der Intuition einen Strich durch die Rechnung macht, so ist es die Intuition, die sich dabei nicht gerade mit Ruhm bekleckert. Brian Greene, ein weiterer Verfechter des Multiversums, ruft uns ins Gedächtnis:

> Die Reise von einem idyllischen, kleinen Universum mit der Erde als Mittelpunkt zu einem, das von Milliarden Galaxien wimmelt, war sowohl aufregend als auch demütigend. Wir sahen uns gezwungen, den heiligen Glauben an unsere eigene zentrale Stellung aufzugeben, doch mit dieser kosmischen Degradierung haben wir zugleich die Fähigkeit des menschlichen Intellekts unter Beweis gestellt, weit über die Grenzen gewöhnlicher Erfahrungen hinauszugehen, um außergewöhnliche Wahrheiten aufzudecken.[38]

Die andere vorgeblich durch Gott zu füllende Lücke ist das »schwierige Problem des Bewusstseins«, auch bekannt als Problem der Empfindungsfähigkeit, der Subjektivität, des phänomenalen Bewusstseins oder der Qualia (des »qualitativen« Aspekts des Bewusstseins).[39] Der Begriff, den der Philosoph David Chalmers geprägt hat, ist ein Insiderwitz, denn das sogenannte einfache Problem – die wissenschaftliche Herausforderung, bewusste von unbewussten geistigen Berechnungen zu unterscheiden, ihre Substrate im Gehirn zu identifizieren und zu erklären, warum sie sich entwickelt haben – ist »einfach« im selben Sinne, in dem die Heilung von Krebs oder Weltraumflüge zum Mond einfach sind: Sie lassen sich auf wissenschaftlichem Wege bewältigen. Glücklicherweise ist das einfache Problem sogar mehr als nur zu bewältigen – wir sind auf dem besten Wege zu einer befriedigenden Erklärung. Es ist kaum noch ein Rätsel, warum wir eine Welt mit stabilen, festen, farbigen 3-D-Objekten wahrnehmen statt das Kaleidoskop aus Pixeln auf unserer Netzhaut oder warum wir Nahrung, Sex und körperliche Unversehrtheit genießen (und demzufolge danach streben), während wir soziale Isolation und Gewebeschäden als belastend empfinden (und sie demzufolge zu vermeiden trachten): Diese inneren Zustände und das Verhalten, zu dem sie anregen, sind eindeutig Darwin'sche Anpassungen. Mit weiteren Fortschritten in der Evolutionspsychologie lassen sich immer mehr von unseren bewussten Erfahrungen auf diese Weise erklären, einschließlich unserer intellektuellen Leidenschaften, moralischen Empfindungen und ästhetischen Reaktionen.[40]

Zudem sind die rechnerischen und neurobiologischen Grundlagen des Bewusstseins auch nicht durchgängig verwirrend. Laut dem kognitiven Neurowissenschaftler Stanislas Dehaene und seinen Mitarbeitern funktioniert das Bewusstsein wie ein »globaler Arbeitsbereich« oder eine »Tafelrepräsentation«.[41] Die Tafelmetapher soll verdeutlichen, dass eine vielfältige Menge von Rechenmodulen ihre Resultate in einem gemeinsamen Format publik machen können, das für alle anderen Module »sichtbar« ist. Zu diesen Modulen gehören Wahrnehmung, Gedächtnis, Motivation, Sprachverstehen und Handlungsplanung. Dass sie allesamt Zugang zu einem gemeinsamen Pool aktuell relevanter Informationen (dem Inhalt des Bewusstseins) haben, ermöglicht uns, das, was wir sehen, zu beschreiben, zu ergreifen oder uns ihm zu nähern, auf das, was andere Menschen sagen oder tun, zu reagieren und abhängig von dem, was wir wollen und wissen, uns zu erinnern oder zu planen. (Die Berechnungen *innerhalb* jedes einzelnen Moduls hingegen, beispielsweise die Tiefenberechnung durch unsere beiden Augen oder die Abfolge von Muskelkontraktionen, die eine Handlung ergeben, können die für sie bestimmten Inputströme im Geheimen abarbeiten und erledigen ihre Aufgaben unterhalb der Schwelle des Bewusstseins, weil sie nicht auf seinen Überblick angewiesen sind.) Dieser globale Arbeitsbereich ist im Gehirn als rhythmisches, synchronisiertes Feuern in neuronalen Netzwerken implementiert, über die der präfrontale und parietale Hirnrindenbereich miteinander und mit Hirnarealen verbunden sind, die sie mit perzeptuellen, mnemonischen und motivationalen Signalen versorgen.

Das sogenannte schwierige Problem – warum sich für jeden, der bei Bewusstsein ist, etwas subjektiv *irgendwie anfühlt*, dass etwa Rot rot aussieht und Salz salzig schmeckt – ist nicht deshalb schwierig, weil es ein widerspenstiges wissenschaftliches Thema ist, sondern ein konzeptuelles Rätsel, das sich nicht fassen lassen will. Dazu gehören Kopfnüsse wie die Frage, ob mein Rot das Gleiche ist wie deines, wie es sich anfühlt, eine Fledermaus zu sein, ob es Zombies geben kann (Menschen wie du und ich, die aber »nicht da« sind, die absolut nichts fühlen) und wenn ja, ob jeder außer mir ein Zombie ist, ob ein perfekt lebensechter Roboter ein Bewusstsein hätte, ob ich mich unsterblich machen könnte, indem ich mein Konnektom, also die Gesamtheit der Nervenverbindungen in meinem Gehirn, in die Cloud lade, und ob der Transporter des Raumschiffs Enterprise tatsächlich Captain Kirk auf dem Planeten landen lässt oder ihn ermordet und durch einen Doppelgänger ersetzt.

Einige Philosophen, zum Beispiel Daniel Dennett in *Philosophie des menschlichen Bewußtseins*, haben behauptet, dass es gar kein schwieriges Problem des Bewusstseins gebe – vielmehr handele es sich um eine Verwirrung, die aus der schlechten Angewohnheit erwachsen sei, sich einen Homunkulus vorzustellen, der in einem Theater innerhalb des Schädels sitze. Dieser geisterhafte Erfahrende würde dann ab und zu aus meinem Theater schleichen und deinem einen Besuch abstatten, um das Rot zu überprüfen, oder dem Theater der Fledermaus und sich das Stück anschauen, das dort gegeben wird. Im Zombie würde er nicht sitzen, im Roboter unter Umständen. Und das Beamen nach Zakdorn würde er überleben oder auch nicht. Wenn ich manchmal sehe, welcher Unsinn aus dem schwierigen Problem erwächst (etwa wie der konservative Intellektuelle Dinesh D'Souza in einer Debatte über die Existenz Gottes mit einem Exemplar meines Buches *How the Mind Works* herumfuchtelte), bin ich versucht, Dennett zuzustimmen, dass wir ohne den Begriff besser klarkämen. Anders als manche Leute glauben, betrifft das schwierige Problem keine abstrusen physikalischen oder paranormalen Phänomene wie Wahrsagerei, Telepathie, Zeitreisen, Omen oder Telekinese. Es erfordert keine exotische Quantenphysik, kitschige Energieschwingungen oder anderen New-Age-Schwindel. Und was für unsere vorliegende Diskussion am wichtigsten ist: Es setzt keine unkörperliche Seele voraus. Nichts von dem, was wir über das Bewusstsein wissen, widerspricht dem Verständnis, dass es einzig und allein auf neuronaler Aktivität beruht.

Letztlich halte ich das schwierige Problem nach wie vor für ein bedeutsames *konzeptuelles* Problem, aber stimme mit Dennett darin überein, dass es kein bedeutsames *wissenschaftliches* Problem ist.[42] Niemand wird je ein Stipendium erhalten, um zu erforschen, ob Sie ein Zombie sind oder ob ein und derselbe Captain Kirk zugleich auf dem Deck der *Enterprise* und auf dem Planeten Zakdorn umherwandelt. Und ich stimme mehreren anderen Philosophen zu, dass wir vielleicht nie die Lösung finden werden, eben *weil* es sich um ein konzeptuelles Problem handelt oder, genauer, um ein Problem mit unseren Konzepten. Wie Thomas Nagel es in seinem berühmten Aufsatz »What Is It Like to Be a Bat?« gesagt hat, gibt es möglicherweise »Fakten, die Menschen niemals repräsentieren oder verstehen werden, selbst wenn unsere Spezies ewig existieren würde – einfach, weil unsere Struktur es uns nicht gestattet, mit den dafür erforderlichen Konzepten zu hantieren«.[43] Der Philosoph Colin McGinn hat sich diese Idee zu eigen gemacht und argumentiert, es bestehe ein Missverhältnis zwischen unseren kognitiven Werkzeugen zur Erklärung der Realität (also Ursache-Wirkungs-Ketten, Analyse in Bestandteile und ihre Interaktionen sowie Modelle mit Hilfe mathematischer Gleichungen) und der Natur des schwierigen Problems des Bewusstseins, das unintuitiv ganzheitlich sei.[44] Unsere bestfundierte Wissenschaft sagt uns, dass Bewusstsein aus einem globalen Arbeitsbereich besteht, der unsere derzeitigen Ziele, Erinnerungen und Umgebungen repräsentiert und in synchronisiertem neuronalen Feuern in fronto-parietalen Schaltkreisen implementiert ist. Das letzte Sahnehäubchen auf der Theorie – dass sich solche Schaltkreise subjektiv *irgendwie anfühlen* – muss man vielleicht als eine Gegebenheit aus der Realität hinnehmen, die sich jeder Erklärung verweigert. Das sollte uns nicht gänzlich überraschen. Wie Ambrose Bierce in *Des Teufels Wörterbuch* bemerkt, hat der Verstand nichts als sich selbst, womit er sich selbst erkennen könnte, und womöglich wird er nie das Gefühl haben, dass er den tiefsten Aspekt seiner eigenen Existenz, seine ihm eigene Subjektivität, wirklich erfasst.

Wie auch immer wir das schwierige Problem des Bewusstseins angehen – eine unkörperliche Seele zu postulieren hilft nicht im Geringsten weiter. Zum einen versucht man auf diese Weise, ein Rätsel mit einem noch größeren Rätsel zu lösen. Zum anderen setzt man damit fälschlich die Existenz paranormaler Phänomene voraus. Am verdammenswertesten ist jedoch, dass ein von Gott verliehenes Bewusstsein nicht die Designspezifikationen für einen Quell der Gerechtigkeit erfüllt. Warum hätte Gott einen Gangster mit der Fähigkeit ausstatten sollen, sich an seinen unrechtmäßig erworbenen Einkünften zu erfreuen, oder einen Sexualstraftäter mit Sinnesfreuden? (Wenn es darum ginge, sie in Versuchung zu führen, damit sie ihre Moral durch Widerstehen unter Beweis stellen können, warum müssen ihre Opfer dann als Kollateralschaden herhalten?) Warum gäbe sich ein barmherziger Gott nicht damit zufrieden, einer Krebspatientin Jahre ihres Lebens zu rauben, ohne ihr zusätzlich als grundlose Strafe noch quälende Schmerzen aufzuhalsen? Genau wie die Phänomene der Physik sehen die Phänomene des Bewusstseins genauso aus, wie zu erwarten wäre, wenn die Naturgesetze ohne Berücksichtigung des menschlichen Wohls gelten würden. Wenn wir dieses Wohl vermehren wollen, müssen wir herausfinden, wie wir das auf eigene Faust schaffen können.

Und so gelangen wir zum zweiten Problem theistischer Moral. Es geht nicht einfach nur darum, dass es so gut wie sicher keinen Gott gibt, der moralische Gebote verordnet und durchsetzt. Selbst wenn es einen Gott gäbe, könnten seine göttlichen Anordnungen, die uns durch die Religion übermittelt werden, nicht der Ursprung der Moral sein. Die Erklärung dafür geht zurück auf Platons *Euthyphron*, worin Sokrates aufzeigt: Wenn die Götter gute Gründe dafür haben, bestimmte Handlungen als moralisch anzusehen, können wir uns direkt an diesen Gründen orientieren und brauchen die Mittelsmänner nicht. Wenn sie keine guten Gründe haben, sollten wir ihre Gebote nicht ernst nehmen. Immerhin können gescheite Menschen abgesehen von der Angst vor dem ewigen Höllenfeuer auch noch andere Gründe dafür anführen, warum sie nicht töten, vergewaltigen oder foltern, und sie würden nicht von einem Moment auf den anderen zu Vergewaltigern und Auftragskillern mutieren, wenn sie davon ausgehen könnten, dass Gott ihnen gerade mal den Rücken zukehrt, oder er ihnen sagen würde, dass so etwas schon okay sei.

Theistische Moralisten erwidern darauf, dass der Gott der Bibel, im Gegensatz zu den kapriziösen Göttern der griechischen Mythologie, aus seinem ureigenen Wesen heraus unmöglich unmoralische Gebote erlassen könne. Doch jeder, der mit der Heiligen Schrift vertraut ist, weiß, dass das nicht stimmt. Der Gott des Alten Testaments ermordete Millionen unschuldiger Menschen, befahl den Israeliten, Massenvergewaltigung und Völkermord zu begehen, und verhängte die Todesstrafe für Blasphemie, Götzendienst, Homosexualität, Ehebruch, Widerworte gegen Eltern oder Arbeit am Sabbat, während er Sklaverei, Vergewaltigung, Folter, Verstümmelung und Genozid nicht sonderlich schlimm fand. All dies war von Zivilisationen der Bronze- und Eisenzeit auch gar nicht anders zu erwarten. Heute picken sich die aufgeklärten Gläubigen natürlich die humanen Anordnungen heraus, während sie die grausamen als Gleichnis darstellen, schönfärben oder ignorieren, und genau das ist der Punkt: Sie lesen die Bibel durch die humanistische Linse der Aufklärung.

Das Euthyphron-Argument straft die verbreitete Behauptung Lügen, dass der Atheismus uns einem ethischen Relativismus überlässt, in dem alle tun dürfen, was sie wollen. Dabei ist es genau umgekehrt. Eine humanistische Ethik ruht auf der weltumspannenden Grundfeste der Vernunft und menschlicher Interessen: Es ist ein unumgängliches Merkmal des Menschseins, dass es uns allen bessergeht, wenn wir einander helfen und davon absehen, uns zu verletzen. Aus diesem Grunde sind viele zeitgenössische Philosophen, darunter Nagel, Goldstein, Peter Singer, Peter Railton, Richard Boyd, David Brink und Derek Parfit, moralische *Realisten* (das Gegenteil von Relativisten), die behaupten, dass ethische Aussagen objektiv wahr oder falsch sein können.[45] Von Natur aus relativistisch ist die *Religion*. Ohne jeglichen Beweis kann jeder Glaube daran, wie viele Götter es gibt, wer ihre irdischen Propheten und Messiasse sind und was sie von uns verlangen, auf nichts anderem beruhen als auf den beschränkten Dogmen des jeweiligen Stammes.

Dies macht theistische Moral nicht nur relativistisch – es kann sie unmoralisch machen. Unsichtbare Götter können Menschen befehlen, Ketzer, Ungläubige und Abtrünnige abzuschlachten. Und eine körperlose Seele bleibt unbeeindruckt von den irdischen Anreizen, die uns weiter vorantreiben. Konkurrenten um eine materielle Ressource profitieren gemeinhin am meisten, wenn sie sie aufteilen, statt um sie zu kämpfen, insbesondere wenn sie ihr eigenes Leben auf der Erde zu schätzen wissen. Doch Konkurrenten um einen heiligen Wert (wie Land oder einen Eid oder eine Überzeugung) gehen möglicherweise keinerlei Kompromisse ein, und wenn sie glauben, dass ihre Seele unsterblich ist, spielt der Verlust des Körpers keine so große Rolle – ja, dies ist vielleicht nur ein kleiner Preis, wenn einem dafür ewige Belohnung im Paradies zuteilwird.

Viele Historiker haben darauf hingewiesen, dass Religionskriege lang und blutig sind und blutige Kriege aufgrund religiöser Überzeugung oft noch verlängert werden.[46] Matthew White, der Leichenzähler aus Kapitel 14, listet unter den schlimmsten Dingen, die Menschen jemals einander angetan haben, 30 religiöse Konflikte auf, denen rund 55 Millionen Menschen zum Opfer fielen.[47] (In 17 Konflikten bekämpften sich die monotheistischen Religionen; in weiteren acht Konflikten bekämpften Monotheisten Heiden.) Und die verbreitete Aussage, die beiden Weltkriege seien auf den Niedergang religiöser Moral zurückzuführen (wie bei der kürzlichen Behauptung von Trumps ehemaligem Strategen Stephen Bannon, dass im Zweiten Weltkrieg »der jüdisch-christliche Westen Atheisten gegenübergestanden« hätte), ist an Dummheit kaum zu überbieten.[48] Im Ersten Weltkrieg waren die Kriegsteilnehmer auf beiden Seiten fromme Christen, mit Ausnahme des Osmanischen Reiches, einer muslimischen Theokratie. Die einzige erklärtermaßen atheistische Macht, die am Zweiten Weltkrieg teilnahm, war die Sowjetunion, und diese kämpfte die meiste Zeit auf *derselben* Seite wie die USA gegen das Nazi-Regime – was seinerseits (entgegen einem weiteren Mythos) dem deutschen Christentum wohlwollend gegenüberstand und umgekehrt, da diese beiden Parteien ihr Abscheu vor der weltlichen Moderne vereinte.[49] (Hitler selbst war ein Gottgläubiger, der sagte: »So glaube ich heute im Sinne des allmächtigen Schöpfers zu handeln: Indem ich mich des Juden erwehre, kämpfe ich für das Werk des Herrn.«)[50] Die Verteidiger des Theismus erwidern darauf, dass nichtreligiöse Kriege und Gräuel, deren Motive in der säkularen Ideologie des Kommunismus und gewöhnlichen Konflikten liegen, noch mehr Menschenleben gefordert hätten. Doch hier ist das rechte Maß zu wahren! Allein, dass wir Religion in diese Skala einsortieren, ist befremdlich – wäre Religion eine wahre Quelle der Moral, sollte die Zahl der Religionskriege und Gräuel aufgrund religiöser Überzeugungen gleich null sein. Und *Atheismus* ist offenkundig gar kein Moralsystem. Er ist einfach das Nichtvorhandensein des Glaubens an übernatürliche Kräfte, so wie die fehlende Bereitschaft, an Zeus oder Vishnu zu glauben. Die moralische Alternative des Theismus ist Humanismus.

Nur wenige gebildete Menschen von heute bekennen noch einen Glauben an Himmel und Hölle, an den Wortlaut der Bibel oder an einen Gott, der auf die Gesetze der Physik pfeift. Dennoch haben zahlreiche Intellektuelle wütend auf den »neuen Atheismus« reagiert, der durch ein zwischen 2004 und 2007 erschienenes Bestsellerquartett der Autoren Sam Harris, Richard Dawkins, Daniel Dennett und Christopher Hitchens bekannt wurde.[51] Die Reaktion der Intellektuellen wurde mit »Ich bin ein Atheist, aber« umschrieben, mit »Glaube an Glauben«, »Akkommodationismus« und (nach Coyne) *faitheism*, am ehesten vielleicht mit »Religionismus« zu übersetzen. Sie überschneidet sich mit der in der Zweiten Kultur herrschenden Feindseligkeit gegenüber der Naturwissenschaft, vermutlich aufgrund der gemeinsamen Sympathie für hermeneutische Methodologien im Gegensatz zu analytischen und empirischen sowie aufgrund der mangelnden Bereitschaft zuzugeben, dass überschlaue Naturwissenschaftler und weltliche Philosophen im Hinblick auf die grundlegenden Fragen unserer Existenz im Recht sein könnten. Auch wenn Atheismus – der fehlende Glaube an Gott – mit einer großen Bandbreite an humanistischen und antihumanistischen Überzeugungen vereinbar ist, bekennen sich die Verfechter des neuen Atheismus entschieden zum Humanismus, und demzufolge färben jegliche Schwachstellen in ihrer Weltsicht möglicherweise auf den Humanismus im Allgemeinen ab.

Laut den Religionisten sind die neuen Atheisten zu schrill und militant und ebenso nervtötend wie die von ihnen kritisierten Fundamentalisten. (In einem *xkcd*-Webcomic antwortet eine Figur: »Hauptsache, du weißt jetzt, wie du dich beiden überlegen fühlen kannst.«)[52] Normale Menschen würden sich niemals von ihren religiösen Überzeugungen abbringen lassen, sagen sie, und vielleicht sollten sie das auch gar nicht, weil gesunde Gesellschaften die Religion als Bollwerk gegen Egoismus und sinnentleertes Konsumdenken bräuchten. Religiöse Institutionen befriedigten dieses Bedürfnis durch Förderung von Nächstenliebe, Gemeinschaft, sozialer Verantwortung, Übergangsriten und Anleitung bei existentiellen Fragen, die die Wissenschaft niemals bieten könne. Ohnehin würden die meisten Leute religiöse Lehren eher allegorisch als wörtlich nehmen, und sie fänden Sinn und Weisheit in einem allumfassenden Gefühl der Spiritualität, Gnade und göttlichen Ordnung.[53] Schauen wir uns diese Behauptungen einmal näher an.

Ein verdrehtes Motiv für Religionismus ist die Erforschung der psychologischen Ursprünge von einem Glauben an Übersinnliches, einschließlich der kognitiven Angewohnheit, natürlichen Phänomenen fälschlich Planung und Handlungsmacht zuzuschreiben, sowie des Gefühls von Solidarität innerhalb von Glaubensgemeinschaften.[54] Die naheliegendste Interpretation dieser Erkenntnisse lautet, dass sie religiöse Überzeugungen *untergraben*, indem sie aufzeigen, dass diese nur Hirngespinste unserer neurobiologischen Ausstattung sind. Man hat die Forschung aber auch so interpretiert, dass sie offenbare, warum die menschliche Natur Religion genauso nötig habe wie Nahrung, Sex und Freundschaft, und dass es darum müßig sei, sich ein Dasein ohne Religion vorzustellen. Diese Deutung ist jedoch fragwürdig.[55]

Nicht jedes Merkmal der menschlichen Natur ist ein homöostatischer Trieb, der regelmäßig befriedigt werden muss. Ja, wir sind anfällig für kognitive Illusionen, die übernatürliche Überzeugungen hervorrufen, und zweifellos ist es unerlässlich für uns, Teil einer Gemeinschaft zu sein. Im Laufe der Geschichte entstandene Institutionen bieten uns Bündel an Sitten und Gebräuchen, die jene Illusionen bekräftigen und auf diese Bedürfnisse eingehen. Das heißt aber nicht, dass wir stets das komplette Bündel benötigen – ebenso wenig, wie das Vorhandensein von sexuellem Verlangen bedeutet, dass Menschen unbedingt Playboy-Clubs brauchen. Wenn Gesellschaften gebildeter und sicherer werden, lassen sich die Bündel der veralteten religiösen Institutionen entflechten. Kunst, Rituale, Bilddeutung und die Wärme der Gemeinschaft, die viele Menschen genießen, können weiterhin von nun liberaleren Religionen ohne das Dogma des Übernatürlichen oder die Moral der Eisenzeit angeboten werden.

Das setzt voraus, dass Religionen nicht durch die Bank verdammt oder in den Himmel gehoben werden, sondern im Licht der Logik des Euthyphron zu betrachten sind. Gibt es für bestimmte Aktivitäten gute Gründe, so sollten diese Aktivitäten gefördert werden, doch man sollte sie nicht nur deswegen durchgehen lassen, weil sie religiöser Natur sind. Zu den positiven Beiträgen von Religionen zu bestimmten Zeiten an bestimmten Orten zählen Bildung, Wohltätigkeit, medizinische Versorgung, Beratung, Konfliktbewältigung und andere soziale Dienste (auch wenn diese Bemühungen in den Industrieländern von ihren weltlichen Pendants überflügelt werden; keine Religion hätte Hunger, Krankheit, Analphabetismus, Krieg, Mord oder Armut in dem Ausmaß eindämmen können, der in Teil II dokumentiert wurde). Zudem können religiöse Organisationen ein Gefühl von gemeinschaftlicher Solidarität und gegenseitiger Unterstützung vermitteln und haben uns dank ihres jahrtausendelangen Vorsprungs Kunst, Rituale und Architektur von wundervoller Schönheit und historischer Bedeutung geschenkt. Auch ich selbst habe große Freude daran.

Wenn die positiven Beiträge religiöser Institutionen ihrer Rolle als humanistische Vereinigungen in der Bürgergesellschaft entspringen, dann wäre zu erwarten, dass diese Vorteile nicht an einen theistischen Glauben gebunden sind, und das ist auch tatsächlich der Fall. Man weiß seit langem, dass Kirchgänger glücklicher und freigebiger sind als Stubenhocker, doch Robert Putnam und sein Politologenkollege David Campbell haben herausgefunden, dass diese Segnungen nichts mit dem Glauben an Gott, die Schöpfung,

Himmel oder Hölle zu tun haben.[56] Ein Atheist, der von seiner praktizierenden Ehefrau mit in die Gemeinde geschleppt wird, ist genauso freigebig wie die treuen Schäfchen der Herde, wohingegen eine inbrünstige Glaubensanhängerin, die jedoch im stillen Kämmerlein betet, nicht sonderlich wohltätig ist. Zugleich kann man Zusammenhalt und Gemeinsinn fördern, indem man weltlichen Dienstgemeinschaften beitritt wie den Shriners (mit ihren Kinderkrankenhäusern und Verbrennungsintensivstationen), Rotary International (die sich für die Bekämpfung der Kinderlähmung einsetzen) und dem Lions Club (der gegen Blindheit kämpft) – und laut Putnam und Campbells Untersuchung sogar ein Bowlingverband.

Auch wenn religiöse Institutionen, die humanistische Ziele verfolgen, Lob verdienen, sollten sie nicht von Kritik verschont werden, wenn sie die Verfolgung dieser Ziele behindern. Beispiele sind das Verwehren medizinischer Versorgung von kranken Kindern in Gesundbetersekten, der Widerstand gegen humane Sterbehilfe, die Verhinderung von naturwissenschaftlichem Unterricht an Schulen, die Unterdrückung heikler biomedizinischer Forschung, etwa über Stammzellen, sowie die Blockierung lebensrettender politischer Maßnahmen im Gesundheitswesen, wie Empfängnisverhütung, Kondome und Impfung gegen HPV.[57] Ebenso wenig sollte man Religionen von vornherein einen höheren moralischen Anspruch zubilligen. Religionisten, die darauf bauten, der moralistische Eifer des Evangelikalismus in den USA lasse sich in Bewegungen für soziale Verbesserungen kanalisieren, haben sich ein ums andere Mal die Finger verbrannt. Anfang der 2000er Jahre hoffte eine überparteiliche Koalition aus Umweltschützern, beim Kampf gegen den Klimawandel unter dem Motto *Creation Care* (»Sorge um die Schöpfung«) und glaubensbasierte Umweltpolitik mit Evangelikalen gemeinsame Sache machen zu können. Evangelikale Kirchen sind jedoch Stammwähler der Republikanischen Partei, die die Strategie strikter Nichtkooperation mit der Obama-Regierung fuhr. Das politische Stammesdenken trug den Sieg davon, und die Evangelikalen blieben linientreu und gaben dem radikalen Libertarismus vor der Behütung der Schöpfung den Vorrang.[58]

Entsprechend flackerte im Jahr 2016 kurz die Hoffnung auf, dass die christlichen Tugenden Demut, Mäßigung, Vergebung, Anstand, Ritterlichkeit, Sparsamkeit und Mitleid mit den Schwachen die Evangelikalen gegen einen Casinogründer aufbringen würden, der prahlerisch, leichtlebig, rachsüchtig, lüstern, frauenfeindlich, demonstrativ reich und voller Verachtung für diejenigen Menschen war, die er »Loser« nannte. Aber nein – Donald

Trump gewann die Stimmen von 81 Prozent der weißen evangelikalen und wiedergeborenen Christen, was dem höchsten Anteil aller demographischen Gruppen entsprach.[59] Er sicherte sich ihre Stimmen großenteils mit dem Versprechen, ein Gesetz aufzuheben, das steuerbefreiten Wohlfahrtseinrichtungen (einschließlich Kirchen) verbietet, aktiv Politik zu betreiben.[60] Christliche Tugend wurde von politischem Einfluss übertrump(f)t.

Wenn die faktischen Lehren der Religion nicht mehr ernst zu nehmen sind und ihre ethischen Lehren nur noch davon abhängen, ob sie sich durch die weltliche Moral rechtfertigen lassen, wie steht es dann mit ihrem Anspruch auf Weisheit, was die großen Fragen unserer Existenz betrifft? Ein besonders beliebtes Argument bei Religionisten lautet, dass nur die Religion die tiefsten Sehnsüchte der menschlichen Herzen anspricht. Die Naturwissenschaft sei niemals in der Lage, die großen Existenzfragen von Leben, Tod, Liebe, Einsamkeit, Verlust, Ehre, kosmischer Gerechtigkeit und metaphysischer Hoffnung erschöpfend zu beantworten.

Für diese Art von Aussage hat Dennett eine Bezeichnung eingeführt, die er von einem jungen Mädchen übernommen hat: *deepity*. Am ehesten lässt sie sich mit »Tiefialität« übersetzen, denn auf den ersten Blick erscheint sie tiefsinnig, doch sobald man genauer darüber nachdenkt, erweist sie sich als trivial. Zunächst einmal ist die Alternative zu »Religion« als sinnspendender Quelle nicht »Naturwissenschaft«. Niemand hat jemals angeregt, in der Ichthyologie oder Nephrologie nach Erkenntnissen für die richtige Lebensführung zu suchen, sondern vielmehr im gesamten Gewebe aus menschlichem Wissen, Vernunft und humanistischen Werten, zu dem auch die Naturwissenschaft gehört. Es stimmt, dass dieses Gewebe bedeutsame Fäden enthält, die ihren Ursprung in der Religion hatten, wie die Sprache und Allegorien der Bibel sowie der Schriften von Weisen, Gelehrten und Rabbis. In der heutigen Zeit dominiert in dem Gewebe jedoch der weltliche Gehalt, einschließlich der Debatten über Ethik, die sich aus der Philosophie des antiken Griechenlands und der Aufklärung entwickelten, und der Schilderungen von Liebe, Verlust und Einsamkeit in den Werken Shakespeares, der Dichter der Romantik, der Schriftsteller des 19. Jahrhunderts sowie anderer großer Künstler und Essayisten. Nach allgemeinem Standard erweisen sich viele religiöse Beiträge zu den großen Lebensfragen nicht als tiefgründig und zeitlos, sondern eher als seicht und archaisch, wie eine Auffassung von »Gerechtigkeit«, die die Bestrafung von Blasphemie beinhaltet, oder eine

Auffassung von »Liebe«, die einer Frau entschieden nahelegt, ihrem Ehemann zu gehorchen. Wie wir gesehen haben, ist jede Vorstellung von Leben und Tod, die die Existenz einer immateriellen Seele voraussetzt, faktisch fragwürdig und ethisch gefährlich. Und da es kosmische Gerechtigkeit und metaphysische Hoffnung (im Gegensatz zu menschlicher Gerechtigkeit und weltlicher Hoffnung) nicht gibt, ist es auch nicht sinnvoll, danach zu streben; es bringt nichts. Die Forderung, der Mensch solle in übernatürlichen Glaubensinhalten nach dem tieferen Sinn des Lebens suchen, ist nur sehr eingeschränkt zu empfehlen.

Was ist mit dem abstrakteren Begriff der »Spiritualität«? Wenn sie aus Dankbarkeit für die eigene Existenz besteht, aus Ehrfurcht vor der Schönheit und Unermesslichkeit des Universums und aus Demut vor den Grenzen menschlicher Erkenntnis, dann ist Spiritualität wahrhaftig eine Erfahrung, für die es sich zu leben lohnt – und noch dazu eine, die durch die Offenbarungen der Naturwissenschaft und Philosophie in höhere Dimensionen getragen wird. Mit »Spiritualität« meint man jedoch häufig noch mehr: die Überzeugung, dass das Universum irgendwie etwas *Persönliches* an sich hat, dass es für alles, was geschieht, einen Grund gibt, dass sich hinter den Zufällen des Lebens eine tiefere Bedeutung verbirgt. In der letzten Folge ihrer epochalen Show sprach Oprah Winfrey für Millionen, als sie bekannte: »Weil ich die Zeichen der Gnade und Gottes verstehe, weiß ich, dass es keine Zufälle gibt. Es gibt keine. Hier herrscht allein die göttliche Ordnung.«[61]

Diese Vorstellung von Spiritualität wird in einem Sketch der Comedian Amy Schumer mit dem Titel »The Universe« aufgegriffen. Zu Beginn steht der populärwissenschaftliche Moderator Bill Nye vor einer Kulisse mit Sternen und Galaxien:

NYE: Das Universum. Seit Jahrhunderten bemüht sich die Menschheit, diesen unermesslichen Raum voller Energie, Gas und Staub zu ergründen. Und in den letzten Jahren hat es in der Frage, welchen Sinn das Universum hat, einen phantastischen Durchbruch gegeben.
[*Zoom auf die Erdoberfläche und dann auf eine Joghurtbar, in der sich zwei junge Frauen unterhalten*]
ERSTE FRAU: Also ich hab beim Fahren getextet, bin falsch abgebogen und direkt an so nem Vitamin-Shop vorbeigekommen. Und ich so, das ist einfach das Universum, das mir sagt, ich soll Calcium nehmen.
NYE: Früher hat die Wissenschaft geglaubt, das Universum sei eine chaotische

Ansammlung von Materie. Heute wissen wir: Das Universum ist vor allem eine Macht, die Frauen in den Zwanzigern kosmische Orientierungshilfe gibt.
[*Zoom auf ein Fitnessstudio; Schumer und eine Freundin auf Fitnessbikes*]
SCHUMER: Also, genau, da fick ich meinen verheirateten Boss seit sechs Monaten. Tja, und ich mach mir allmählich echt Sorgen, ob er seine Frau wohl nie verlässt. Aber dann gestern beim Yoga hat das Mädchen vor mir ein Shirt an, auf dem stand nur: »Chill«. Und ich so, das ist fett das Universum, das mir sagt: »Hey, Mädel, geh und fick deinen verheirateten Boss ruhig weiter!«[62]

Eine »Spiritualität«, die in den Launen des Schicksals eine kosmische Bedeutung entdeckt, ist nicht weise, sondern töricht. Der erste Schritt zur Weisheit ist die Erkenntnis, dass du den Gesetzen des Universums gleichgültig bist. Der nächste ist die Erkenntnis: Das bedeutet nicht, dass das Leben sinnlos ist, denn es gibt *Menschen*, denen du *nicht* gleichgültig bist, und umgekehrt. Du bist dir selbst auch nicht gleichgültig und hast die Verantwortung, die Gesetze des Universums, die dich am Leben erhalten, zu respektieren, und darum vergeudest du dein Leben nicht. Deinen Angehörigen bist du nicht gleichgültig, und darum hast du die Verantwortung, deine Kinder nicht zu Waisen und deinen Ehepartner nicht zur Witwe oder zum Witwer zu machen und deine Eltern nicht am Boden zu zerstören. Und du bist niemandem mit einem humanistischen Empfinden gleichgültig. Das ist nicht in dem Sinne zu verstehen, dass sie alle deinen Schmerz fühlen – das menschliche Einfühlungsvermögen ist zu schwach, um Milliarden Fremde zu umfassen –, sondern im Sinne der Erkenntnis, dass deine Existenz kosmisch gesehen nicht weniger wichtig ist als ihre und dass wir alle die Verantwortung haben, die Gesetze des Universums so anzuwenden, dass wir diejenigen Bedingungen fördern, unter denen es uns allen gutgeht.

Von Argumenten einmal abgesehen – drängt das Bedürfnis zu glauben den weltlichen Humanismus zurück? Gläubige, Religionisten und Personen, die Wissenschaft und Fortschritt missbilligen, reiben sich angesichts einer scheinbaren weltweiten Wiederkehr der Religion die Hände. Doch wie wir sehen werden, ist dieses neue Erstarken eine Illusion – die Religion, die weltweit den größten Zulauf findet, ist die Religionslosigkeit.

Die Geschichte des religiösen Glaubens in Zahlen auszudrücken ist keine leichte Aufgabe. Es gibt nur wenige Umfragen, bei denen man Menschen zu verschiedenen Zeiten an verschiedenen Orten die gleichen Fragen gestellt hat, und selbst wenn es so wäre, würden die Befragten sie unterschiedlich interpretieren. Vielen Leuten ist nicht wohl dabei, sich selbst als *Atheisten* zu bezeichnen – ein Wort, das sie mit »amoralisch« gleichsetzen und das ihnen Feindseligkeit, Diskriminierung und (in vielen islamischen Staaten) Haftstrafen, Verstümmelung oder den Tod einbringen kann.[63] Zudem haben die meisten Menschen nur vage Vorstellungen von Theologie und schrecken davor zurück, sich Atheisten zu nennen, während sie gleichzeitig zugeben, dass sie keine Religion oder religiösen Überzeugungen haben, Religion unwichtig finden, spirituell, aber nicht religiös sind oder an eine »höhere Macht« glauben, die nicht Gott ist. Je nach Formulierung der Alternativen können verschiedene Umfragen zu unterschiedlichen Einschätzungen von Religionslosigkeit gelangen.

Wir können nicht sicher sagen, wie viele Ungläubige es in früheren Jahrzehnten und Jahrhunderten gegeben hat, aber sehr viele können es nicht gewesen sein; nach einer Schätzung lag der Anteil im Jahr 1900 bei 0,2 Prozent.[64] Laut dem Global Index of Religiosity and Atheism von WIN-Gallup International, einer Umfrage unter 50 000 Personen in 57 Ländern, bezeichneten sich 13 Prozent der Weltbevölkerung im Jahr 2012 als »überzeugte Atheisten«; 2005 waren es noch rund 10 Prozent gewesen.[65] Es wäre nicht vermessen zu sagen, dass im Laufe des 20. Jahrhunderts die weltweite Rate des Atheismus um den Faktor 500 gestiegen ist und dass sie sich im 21. Jahrhundert bisher erneut verdoppelt hat. Weitere 23 Prozent der Weltbevölkerung bezeichnen sich als »nicht religiös«, während sich 59 Prozent weltweit als »religiös« bezeichnen; vor einem Jahrhundert waren es noch fast 100 Prozent.

Laut einer alten Idee aus den Sozialwissenschaften, der Säkularisierungsthese, ist Religionslosigkeit eine natürliche Folge von Wohlstand und Bildung.[66] Neuere Studien bestätigen, dass Länder mit größerem Wohlstand und besseren Bildungschancen gemeinhin weniger religiös sind.[67] Am deutlichsten ist der Rückgang in den Industrieländern Westeuropas, des Commonwealth und Ostasiens. In Australien, Kanada, Frankreich, Hongkong, Irland, Japan, den Niederlanden, Schweden und mehreren anderen Ländern sind religiöse Menschen in der Minderheit, und Atheisten machen ein Viertel bis über die Hälfte der Bevölkerung aus.[68] Auch in vormals kommunistischen Ländern (insbesondere China) ist die Religiosität zurückgegangen, allerdings nicht in Lateinamerika, der islamischen Welt oder im subsaharischen Afrika.

Die Daten lassen nicht auf ein globales Wiedererstarken der Religion schließen. Von den 39 Ländern, die sowohl 2005 als auch 2012 vom Index befragt wurden, wiesen zum späteren Zeitpunkt nur elf eine höhere Religiosität auf, keines davon um mehr als sechs Prozentpunkte, wohingegen 26 eine geringere Religiosität aufwiesen, die in vielen Fällen um einen zweistelligen Prozentsatz zurückgegangen war. Und entgegen den Eindrücken aus den Nachrichten wurden die religiös leicht reizbaren Staaten Polen, Russland, Bosnien, Türkei, Indien, Nigeria und Kenia im Laufe dieser sieben Jahre *weniger* religiös, so wie auch die Vereinigten Staaten (dazu bald mehr). Insgesamt ging der Prozentsatz der Personen, die sich als religiös bezeichneten, um neun Prozentpunkte zurück, was den Anteil der »überzeugten Atheisten« in der Mehrheit der Länder steigen ließ.

Eine andere, vom Pew Research Center durchgeführte weltweite Umfrage versuchte die Zugehörigkeit zu einer Religion in die Zukunft hochzurechnen (es wurde nicht nach Glaubensinhalten gefragt).[69] Laut dieser Umfrage antwortete im Jahr 2010 ein Sechstel der Weltbevölkerung auf die Frage nach der Religionszugehörigkeit: »Keine«. Es gibt auf der Welt mehr »Keine« als Hindus, Buddhisten, Juden oder Anhänger einer Volksreligion, und zu dieser »Konfession« wird erwartungsgemäß die größte Anzahl von Menschen übertreten. Bis 2050 werden 61,5 Millionen mehr Menschen ihre Religion aufgegeben haben als einer beigetreten sein.

Angesichts all dieser Zahlen, die beweisen, dass die Religiosität der Menschen abnimmt, stellt sich die Frage, wie die Idee von einem religiösen Revival aufkommen konnte. Der Ursprung liegt in dem Phänomen, das Quebecer *la revanche du berceau*, »die Rache der Wiege«, nennen. Religiöse Menschen bekommen mehr Kinder. Die Demographen des Pew Research Centers rechneten ein bisschen und erstellten die Prognose, dass der muslimische Anteil der Weltbevölkerung von 23,2 Prozent im Jahr 2010 auf 29,7 Prozent im Jahr 2050 ansteigen könnte, während der Prozentsatz der Christen unverändert bleibt und der Prozentsatz aller anderen Konfessionen, zusammen mit den Konfessionslosen, abnimmt. Doch selbst diese Hochrechnung ist an die derzeitigen Fertilitätsschätzungen gebunden und gilt womöglich nicht mehr, wenn (das religiöse und fruchtbare) Afrika den demographischen Wandel vollzieht oder wenn der in Kapitel 10 erörterte Rückgang der Kinderzahl bei Muslimen anhält.[70]

Eine zentrale Frage in Bezug auf den Säkularisierungstrend lautet, ob sein Antrieb die sich wandelnden Zeiten sind (ein Periodeneffekt), eine ergrauende Population (ein Alterseffekt) oder der Generationenwechsel (ein Kohorteneffekt).[71] Nur einige wenige Staaten, allesamt englischsprachig, können auf die über mehrere Jahrzehnte reichenden Daten verweisen, die wir benötigen, um diese Frage zu beantworten. In Australien, Neuseeland und Kanada ist die Religiosität mit den Jahren immer weiter zurückgegangen – vermutlich eher aufgrund der sich wandelnden Zeiten als wegen der alternden Bevölkerung (wenn überhaupt, würde man davon ausgehen, dass Menschen religiöser werden, wenn sie sich darauf vorbereiten, ihrem Schöpfer entgegenzutreten). Im britischen oder US-amerikanischen Zeitgeist war ein solcher Wandel nicht festzustellen, doch in allen fünf Staaten war jede Generation weniger religiös als die vorhergehende. Der Kohorteneffekt ist beträchtlich. Über 80 Prozent der britischen G.I.-Generation (geboren 1905–1924) gaben eine Religionszugehörigkeit an, doch von den Millennials im gleichen Alter taten das weniger als 30 Prozent. Über 70 Prozent der US-amerikanischen G.I.-Generation sagten, sie wüssten, dass Gott existiert, doch von ihren Urenkeln der Millennial-Generation behaupten das nur noch 40 Prozent.

Mit der Entdeckung eines Generationenwandels im gesamten englischsprachigen Raum verschwindet ein großer Stachel im Fleisch der Säkularisierungsthese: die Vereinigten Staaten, die wohlhabend, aber religiös sind. Schon 1840 bemerkte Alexis de Tocqueville, die Amerikaner seien frommer als ihre europäischen Verwandten, und das ist auch heute noch so – 2012 bezeichneten sich 60 Prozent der US-Amerikaner als religiös, im Vergleich zu 46 Prozent der Kanadier, 37 Prozent der Franzosen und 29 Prozent der Schweden.[72] In anderen westlichen Demokratien ist der Anteil der Atheisten doppelt bis sechsmal so groß wie in den Vereinigten Staaten.[73]

Doch obwohl die Amerikaner von einem höheren Glaubensniveau aus gestartet sind, konnten sie dem Marsch der Säkularisierung von einer Generation zur nächsten nicht entrinnen. Der Titel eines neueren Berichts fasst den Trend zusammen: »Exodus: Warum die Amerikaner der Religion den Rücken kehren – und warum sie wahrscheinlich nicht zurückkommen«.[74] Am deutlichsten offenbart sich der Exodus im Anstieg der Keinen, von 5 Prozent 1972 auf 25 Prozent heute, womit sie die größte religiöse Gruppe in den USA bilden – vor den Katholiken (21 Prozent), weißen Evangelikalen (16 Prozent) und weißen Mainline-Protestanten (13,5 Prozent). Der Kohortengradient ist steil: Nur 13 Prozent der Silent Generation und der älteren Boomer sind Keine, im Vergleich zu 39 Prozent der Millennials.[75] Überdies werden die jüngeren Generationen wahrscheinlich eher ungläubig bleiben, wenn sie älter werden und ihrer Sterblichkeit ins Auge blicken.[76] Ebenso dramatisch sind die Trends in der Teilmenge der Keinen, die nicht nur keiner der genannten Konfessionen angehören, sondern sich offen zu ihrem Unglauben bekennen. Der Prozentsatz der US-Amerikaner, die sich als atheistisch oder agnostisch bezeichnen oder sagen, Religion sei ihnen nicht wichtig (zu denen in den 1950er Jahren vermutlich nicht mehr als 1 oder 2 Prozent gehörten), stieg 2007 auf 10,3 und 2014 auf 15,8 Prozent. Die Kohorten gliedern sich folgendermaßen auf: 7 Prozent der Silent Generation, 11 Prozent der Boomer, 25 Prozent der Millennials.[77] Kluge Umfragetechniken, die das Problem umschiffen, dass man nicht gerne zugibt, Atheist zu sein, legen nahe, dass der eigentliche Anteil noch höher liegt.[78]

Warum glauben Kommentatoren dann, dass die Religion in den USA wieder einen Aufschwung erlebt? Das liegt an einer weiteren Erkenntnis über den amerikanischen Exodus: Keine wählen nicht. 2012 machten konfessionslose US-Amerikaner 20 Prozent der Bevölkerung, aber nur 12 Prozent der Wähler aus. Organisierte Religionen sind per definitionem organisiert, und diese Organisation haben sie zu nutzen gewusst, indem sie die Gläubigen zum Urnengang animiert und die Stimmabgabe in eine ihnen genehme Richtung gelenkt haben. Im Jahr 2012 machten die weißen evangelikalen Protestanten ebenfalls 20 Prozent der erwachsenen Bevölkerung aus, doch sie stellten *26 Prozent* der Wähler, mehr als das Doppelte des Anteils der Ungläubigen.[79] Obwohl die Clinton-Anhänger unter den Keinen den Trump-Anhängern im Verhältnis von 3:1 überlegen waren, blieben sie am 8. November 2016 zu Hause, während sich die Evangelikalen in die Schlangen vor den Wahllokalen einreihten. Ähnliche Muster sind bei den populistischen Bewegungen in Europa zu beobachten. Nur zu leicht interpretieren Experten diese Wahlmacht fälschlich als Comeback der Religion, eine Illusion, die uns (neben der Fruchtbarkeit) eine zweite Erklärung dafür liefert, warum die Säkularisierung so verstohlen voranschreitet.

Warum fällt die Welt vom Glauben ab? Die Gründe sind vielfältig.[80] Die kommunistischen Regierungen des 20. Jahrhunderts verboten die Religionsausübung oder versuchten die Menschen davon abzubringen, und als sie liberaler wurden, kamen ihre Bürger nur langsam wieder auf den Geschmack. Teilweise wurzelt die Entfremdung auch in einem generellen Vertrauensverlust gegenüber *allen* Institutionen seit dem Höchststand des Vertrauens in den 1960er Jahren.[81] Teilweise beruht sie auf der globalen Strömung zu emanzipativen Werten (Kapitel 15) wie Frauenrechten, selbstbestimmter Fortpflanzung und Toleranz gegenüber Homosexualität.[82] Weil das Leben der Menschen dank Wohlstand, medizinischer Versorgung und Sozialversicherung zudem immer sicherer wird, beten sie nicht mehr zu Gott, um vor dem Untergang gerettet zu werden – unter sonst gleichen Bedingungen sind Länder mit stabileren Sicherheitsnetzen weniger religiös.[83] Der offenkundigste Grund könnte jedoch die Vernunft sein: Wenn Menschen intellektuelle Neugier entwickeln und wissenschaftliche Kenntnisse erwerben, hören sie auf, an Wunder zu glauben. Fragt man Amerikaner, warum sie ihre Religion aufgegeben haben, ist die häufigste Antwort, dass sie nicht mehr an die religiösen Lehren glauben.[84] Wie wir gesehen haben, sind die Glaubensraten in Ländern mit einem besseren Bildungssystem niedriger, und weltweit profitiert der Atheismus vom Flynn-Effekt – je klüger Staaten werden, desto eher wenden sie sich von Gott ab.[85]

Wo auch immer die Gründe liegen – Geschichte und Geographie der Säkularisierung entkräften die Befürchtung, dass Gesellschaften ohne Religion zu Gesetzlosigkeit, Nihilismus und »absoluter Wertlosigkeit« verdammt sind.[86] Die Entwicklung der Säkularisierung verlief parallel zu den gesamten historischen Fortschritten, die in Teil II dokumentiert sind. Viele von der Religion abgewanderte Gesellschaften wie Kanada, Dänemark und Neuseeland gehören zu den Orten der Menschheitsgeschichte, an denen sich am besten leben lässt (wo die messbaren schönen Dinge des Lebens die höchsten Werte aufweisen), während viele der religiösesten Gesellschaften der Welt elende Löcher sind.[87] Die US-amerikanische Sonderstellung lässt tief blicken: Die Vereinigten Staaten sind religiöser als ihre westlichen Pendants, hinken in puncto Glück und Wohlergehen jedoch hinterher und weisen höhere Raten bei Mord, Haftstrafen, Abtreibung, Geschlechtskrankheiten, Kindersterblichkeit, Fettleibigkeit, Mittelmaß der Bildung und vorzeitigem Tod auf.[88] Das Gleiche gilt für die 50 Bundesstaaten der USA: Je religiöser der Staat ist, desto unschöner ist das Leben seiner Bürger.[89] Ursache und Wirkung verlaufen vermutlich in viele Richtungen. Es ist jedoch plausibel, dass die Säkularisierung in demokratischen Ländern zum Humanismus führt, woraufhin sich die Menschen von Gebet, Doktrin und kirchlicher Autorität ab- und praktischen politischen Maßnahmen zuwenden, die ihnen und ihren Mitmenschen ein besseres Leben ermöglichen.

Im Westen mag die theistische Moral ja schon unheilvoll sein, aber noch besorgniserregender ist sie im heutigen Islam. Bei keiner Diskussion über weltweiten Fortschritt darf man die islamische Welt ignorieren, die, wenn man einer Reihe objektiver Maße Glauben schenken darf, den Fortschritt, den der Rest der Welt genießt, auszusitzen scheint. Länder mit muslimischer Mehrheit schneiden bei Bewertungen von Gesundheit, Bildung, Freiheit, Glück und Demokratie bei konstantem Wohlstand schlecht ab.[90] Alle im Jahr 2016 wütenden Kriege fanden in Ländern mit muslimischer Mehrheit oder unter Beteiligung islamistischer Gruppen statt, und diese Gruppen waren auch für die große Mehrheit der terroristischen Anschläge verantwortlich.[91] Wie wir in Kapitel 15 gesehen haben, sind emanzipative Werte wie Geschlechtergleichstellung, persönliche Autonomie und politisches Stimmrecht in islamischen Kerngebieten weniger populär als in allen anderen Regionen der Welt, einschließlich dem subsaharischen Afrika. Menschenrechte werden in zahlreichen muslimischen Ländern mit Füßen getreten, wo grausame Bestrafungen an der Tagesordnung sind (etwa Auspeitschen, Blenden und Amputationen), und zwar nicht nur für wirkliche Verbrechen, sondern auch für Homosexualität, Hexerei, Glaubensabfall und das Äußern liberaler Ansichten in den sozialen Medien.

Wie weit ist dieser Mangel an Fortschritt der theistischen Moral zuzuschreiben? Sicherlich trägt dafür nicht der Islam selbst die Schuld. Schon sehr früh konnte die islamische Zivilisation eine wissenschaftliche Revolution vorweisen, und in weiten Teilen ihrer Geschichte war sie toleranter, kosmopolitischer und im Innern friedfertiger als der christliche Westen.[92] Einige regressive Bräuche, die man in Ländern mit muslimischer Mehrheit vorfindet, wie weibliche Genitalverstümmelung und »Ehrenmorde« unkeuscher Schwestern und Töchter, sind alte afrikanische oder westasiatische Stammespraktiken und werden von den Tätern fälschlicherweise auf das islamische Recht zurückgeführt. Manche der Problematiken treten auch in anderen vom Ressourcenfluch heimgesuchten Diktaturen auf. Noch andere wurden durch ungeschickte westliche Interventionen im Nahen Osten verschärft, darunter die Zersplitterung des Osmanischen Reiches, die Unterstützung der antisowjetischen Mudschahedin in Afghanistan und die Invasion des Irak.

Ein Teil des Widerstands gegen die Flutwelle des Fortschritts ist jedoch auch dem religiösen Glauben zuzuschreiben. Zunächst einmal sind zahlreiche Vorschriften der islamischen Lehre, wenn man sie wörtlich nimmt, auf schwülstige Weise antihumanistisch. Der Koran enthält Dutzende Passagen, die den Hass auf Ungläubige, die Realität des Märtyrertums und die Heiligkeit des bewaffneten Dschihad zum Ausdruck bringen. Gutgeheißen werden auch das Auspeitschen für den Genuss von Alkohol, Steinigen bei Ehebruch und Homosexualität, Kreuzigen für die Feinde des Islam, Zwangsprostitution für Heiden und Zwangsheirat bei neunjährigen Mädchen.[93]

Natürlich sind auch zahlreiche Passagen in der Bibel schwülstig-antihumanistisch. Darüber zu streiten, was schlimmer ist, ist müßig; entscheidend ist, wie wörtlich ihre Anhänger sie nehmen. Wie die anderen abrahamitischen Religionen hat auch der Islam seine Version von rabbinischer Spitzfindigkeit und jesuitischer Disputation, in der die unbequemen Textteile als Gleichnisse dargestellt, aufgesplittert und schöngefärbt werden. Und genauso hat der Islam seine speziellen Kulturjuden, »Cafeteria-Katholiken« und Namenschristen. Das Problem ist nur, dass diese wohlmeinende Heuchelei in der heutigen islamischen Welt viel weniger stark ausgeprägt ist.

Die Politologen Amy Alexander und Christian Welzel haben Big Data des World Values Survey über Religionszugehörigkeit untersucht und sind zu dem Schluss gekommen, dass »Menschen, die sich selbst als Muslime bezeichnen, als diejenige Konfessionsgruppe hervorstechen, die den weitaus größten Anteil an streng religiösen Mitgliedern aufweist: 82 Prozent. Noch erstaunlicher ist, dass sich ganze 92 Prozent der sich selbst als Muslime bezeichnenden Personen auf einer zehnstufigen Religiositätsskala bei den beiden höchsten Werten verorten [im Vergleich zu weniger als der Hälfte der Juden, Katholiken und Evangelikalen]. Sich als Muslim zu bezeichnen scheint, ganz unabhängig von der jeweiligen Strömung des Islam, gleichbedeutend mit streng religiös zu sein.«[94] Mehrere andere Umfragen kommen zu ähnlichen Ergebnissen.[95] Bei einer umfangreichen Erhebung des Pew Research Center stellte sich heraus, dass »in 32 der 39 befragten Länder mindestens die Hälfte der Muslime sagen, es gebe nur eine einzige richtige Deutung der islamischen Lehren«, dass in den Ländern, in denen danach gefragt wurde, ob der Koran »in allen Einzelheiten wörtlich zu nehmen sei«, zwischen 50 und 93 Prozent dem zustimmten und dass »in vielen Ländern ein überwältigender Anteil der Muslime das islamische Recht (Scharia) zum offiziellen Gesetz ihres Landes erheben möchte«.[96]

Korrelation ist nicht gleich Kausalität, doch wenn man die Tatsache, dass die islamische Lehre zum großen Teil antihumanistisch ist, mit der Tatsache, dass viele Muslime die islamische Lehre für unfehlbar halten, zusammenbringt – und zudem berücksichtigt, dass diejenigen Muslime, die eine nichtliberale Politik betreiben und Gewalt propagieren, dies damit begründen, dass sie besagte Lehren befolgen –, dann lässt sich kaum noch behaupten, die inhumanen Praktiken hätten nichts mit religiöser Hingabe zu tun und die eigentlichen Ursachen seien das Öl, der Kolonialismus, Islamfeindlichkeit, Orientalismus oder Zionismus. Für diejenigen, die sich nur durch Zahlen überzeugen lassen: In weltweiten Studien über Werte, die jede erdenkliche von Soziologen gerne gemessene Variable berücksichtigen (wie Einkommen, Bildung und Abhängigkeit von Öleinnahmen), ist der Islam selbst ein Prädiktor für eine Extradosis an patriarchalen und anderen nichtliberalen Werten über verschiedene Länder und Personen hinweg.[97] In nichtmuslimischen Gesellschaften gilt das Gleiche für den Moscheebesuch (in muslimischen Gesellschaften sind die Werte so allgegenwärtig, dass der Moscheebesuch nicht ins Gewicht fällt).[98]

All diese beunruhigenden Muster galten einst auch für das Christentum, doch mit der Aufklärung setzte der Westen einen (noch andauernden) Prozess in Gang, der Staat und Kirche voneinander trennte, somit Raum für eine weltliche Bürgergesellschaft schuf und seine Institutionen auf eine allgemeine humanistische Ethik gründete. In den meisten Ländern mit muslimischer Mehrheit hat dieser Prozess noch kaum eingesetzt. Historiker und Sozialwissenschaftler (viele davon Muslime) haben aufgezeigt, inwiefern der Würgegriff der islamischen Religion, in dem sich staatliche Einrichtungen und Zivilgesellschaft befinden, ihren wirtschaftlichen, politischen und sozialen Fortschritt behindert hat.[99]

Was die Sache noch schlimmer macht, ist eine reaktionäre Ideologie, die durch die Schriften des ägyptischen Autors Sayyid Qutb (1906–1966), einem Mitglied der Muslimbruderschaft und Inspiration für al-Qaida und andere islamistische Bewegungen, an Einfluss gewann.[100] Die Ideologie schaut zurück auf die ruhmreichen Tage des Propheten, der ersten Kalifen und der klassischen arabischen Zivilisation und beklagt spätere Jahrhunderte der Demütigung durch Kreuzzügler, Reiterstämme, europäische Siedler und zuletzt tückische weltliche Modernisierer. Diese Geschichte wird als bittere Frucht der Abwendung von einer strikten islamischen Praxis interpretiert; Wiedergutmachtung lasse sich nur erwirken durch die erneute Errichtung wahrer muslimischer Staaten unter dem Recht der Scharia und gesäubert von allen nichtmuslimischen Einflüssen.

Auch wenn sich der Einfluss der theistischen Moral auf die Probleme, von denen die islamische Welt befallen ist, nicht wegdiskutieren lässt, haben sich viele westliche Intellektuelle – die empört wären, wenn die in der islamischen Welt verbreitete Unterdrückung, Frauenfeindlichkeit, Homophobie und staatliche Gewalt auch nur in hundertfacher Verdünnung in ihrer eigenen Gesellschaft aufträten – zu befremdlichen Fürsprechern aufgeschwungen, wenn diese Praktiken im Namen des Islam zur Anwendung kommen.[101] Zweifellos treibt einige von ihnen der bewundernswerte Wunsch an, Vorurteilen gegen Muslimen zu begegnen. Einige möchten der destruktiven (und womöglich selbsterfüllenden) Behauptung, die Welt sei in einen Kampf der Zivilisationen verstrickt, den Nährboden entziehen. Einige reihen sich in eine lange Tradition westlicher Intellektueller ein, die ihre eigene Gesellschaft verabscheuen und diejenige ihrer Feinde romantisieren (auf dieses Syndrom kommen wir noch zurück). Viele Fürsprecher aus den Reihen der Theisten, Religionisten und Intellektuellen der Zweiten Kultur haben jedoch schlicht ein Faible für Religion und schrecken davor zurück, sich voll und ganz auf den Humanismus der Aufklärung einzulassen.

Die antihumanistischen Eigenschaften des zeitgenössischen islamischen Glaubens laut beim Namen zu nennen ist keineswegs islamophob oder zielt auf einen Kampf der Zivilisationen ab. Die überwältigende Mehrheit der Opfer von islamischer Gewalt und Unterdrückung sind andere Muslime. Der Islam ist keine Rasse; wie es die frühere Muslima und Aktivistin Sarah Haider gesagt hat: »Religionen sind nur Ideen und haben keine Rechte.«[102] Die Ideen des Islam zu kritisieren ist um nichts bigotter, als die Ideen des Neoliberalismus oder des republikanischen Parteiprogramms zu kritisieren.

Kann es auch in der islamischen Welt eine Aufklärung geben? Ist ein Reformislam denkbar, ein liberaler Islam, ein humanistischer Islam, ein Islamisches Ökumenisches Konzil, eine Trennung von Moschee und Staat? Viele religionsfreundliche Intellektuelle, die den Illiberalismus des Islam entschuldigen, vertreten beharrlich die Meinung, es sei unangemessen, von den Muslimen einen fortschrittlicheren Weg zu erwarten. Auch wenn der Westen den Frieden, den Wohlstand, die Bildung und das Glück der Post-Aufklärungs-Gesellschaften genießen möge, würden die Muslime niemals diesen oberflächlichen Hedonismus gutheißen, und es sei nur zu verständlich, dass sie für alle Zeiten an einem System mit mittelalterlichen Überzeugungen und Bräuchen festhielten.

Doch diese herablassende Haltung wird durch die Geschichte des Islam und den in ihm erwachenden Bewegungen Lügen gestraft. Wie erwähnt, war die klassische arabische Zivilisation eine Keimzelle für Wissenschaft und säkulare Philosophie.[103] Amartya Sen hat dokumentiert, wie der Großmogul Akbar I. im muslimisch regierten Indien des 16. Jahrhunderts eine multikonfessionelle, liberale Gesellschaftsordnung (Atheisten und Agnostiker eingeschlossen) schuf – zur selben Zeit, als in Europa die Inquisition wütete und Giordano Bruno wegen Ketzerei auf dem Scheiterhaufen verbrannt wurde.[104] Heute sind die Kräfte der Moderne in vielen Teilen der islamischen Welt wirksam. Tunesien, Bangladesch, Malaysia und Indonesien sind einen großen Schritt hin zu einer liberalen Demokratie gegangen (Kapitel 14). In vielen islamischen Ländern verbessert sich die Haltung gegenüber Frauen und Minderheiten (Kapitel 15) – langsam, aber offenkundiger unter Frauen, jungen Menschen und Gebildeten.[105] Die emanzipativen Kräfte, die den Westen liberalisiert haben, wie Vernetzung, Bildung, Mobilität und Gleichberechtigung der Frauen gehen an der islamischen Welt nicht vorbei, und auf dem Laufband des Generationenwechsels lassen sich die Fußgänger, die nebenherschlurfen, überholen.[106]

Auch Ideen spielen eine Rolle. Ein Kader muslimischer Intellektueller, Autoren und Aktivisten drängt auf eine humanistische Revolution im Islam. Dazu gehören Souad Adnane (Mitbegründerin des Arab Center for Scientific Research and Humane Studies in Marokko), Mustafa Akyol (Autor von *Islam Without Extremes*), Faisal Saeed al-Mutar (Gründer der Global Secular Humanist Movement), Sarah Haider (Mitbegründerin der Ex-Muslims of North America), Shadi Hamid (Autor von *Islamic Exceptionalism*), Pervez Hoodbhoy (Autor von *Islam and Science: Religious Orthodoxy and the Battle for Rationality*), Leyla Hussein (Gründerin von Daughters of Eve, die sich gegen weibliche Genitalverstümmelung zur Wehr setzen), Gulalai Ismail (Gründerin von Aware Girls in Pakistan), Shiraz Maher (Autor von *Salafi-Jihadism*, den ich in der Einleitung zu Teil I zitiert habe), Omar Mahmood (amerikanischer Kommentator), Irshad Manji (Autorin von *Der Aufbruch – Plädoyer für einen aufgeklärten Islam*), Maryam Namazie (Sprecherin von One Law For All), Amir Ahmad Nasr (Autor von *Mein Isl@m*), Taslima Nasrin (Autorin von *My Girlhood*), Maajid Nawaz (Koautor, mit Sam Harris, von *Islam and the Future of Tolerance*), Asra Nomani (Autorin von *Standing Alone in Mecca*), Raheel Raza (Autorin von *Their Jihad, Not My Jihad*), Ali Rizvi (Autor von *The Atheist Muslim*), Wafa Sultan (Autorin von *A God Who Hates*), Muhammad Syed (Präsident der Ex-Muslims of North America) und als Prominenteste Salman Rushdie, Ayaan Hirsi Ali und Malala Yousafzai.

Natürlich müssen Muslime die Speerspitze einer neuen islamischen Aufklärung bilden, aber auch Nichtmuslime werden ein Wörtchen mitreden. Das globale Netzwerk des intellektuellen Einflusses ist nahtlos, und angesichts des Prestiges und der Macht des Westens (selbst unter denen, die ihn verachten) können westliche Ideen und Werte auf verblüffende Weise nach außen tröpfeln, fließen und fluten. (So besaß Osama bin Laden ein Buch von Noam Chomsky.)[107] Die Geschichte des moralischen Fortschritts, festgehalten in Büchern wie *Eine Frage der Ehre* des Philosophen Kwame Anthony Appiah, legt nahe, dass die klare moralische Stellungnahme einer Kultur zur regressiven Praxis einer anderen nicht immer eine empörte Gegenreaktion hervorruft, sondern die Nachzügler auch so beschämen kann, dass sie eine längst überfällige Reform anstreben. (Beispiele aus der Vergangenheit sind Sklaverei, Duelle, Füßebinden und Rassentrennung; zukünftige, die die USA betreffen, sind möglicherweise die Todesstrafe und Masseninhaftierung.)[108] Eine Geisteskultur, die die Werte der Aufklärung standhaft verteidigen und nicht der Religion anhängen würde, wenn diese mit humanistischen Werten unvereinbar wäre, könnte ein Leuchtfeuer für Studierende, Intellektuelle und aufgeschlossene Menschen im Rest der Welt sein.

Zu Beginn des Kapitels habe ich zunächst die Logik des Humanismus dargelegt und anschließend darauf hingewiesen, dass er in krassem Gegensatz zu zwei anderen Glaubenssystemen steht. Gerade haben wir über theistische Moral gesprochen. Wenden wir uns nun dem zweiten Feind des Humanismus zu, der Ideologie hinter dem wiederauflebenden Autoritarismus, Nationalismus, Populismus, reaktionären Denken, ja sogar Faschismus. Genau wie die theistische Moral erhebt auch diese Ideologie Anspruch auf geistigen Wert, Verbundenheit mit der menschlichen Natur und historische Zwangsläufigkeit. Wir werden sehen, dass alle drei Behauptungen falsch sind. Beginnen wir mit etwas Ideengeschichte.

Wollte man einen Denker benennen, der das Gegenteil des Humanismus repräsentiert (man könnte auch sagen, von praktisch jedem Argument in diesem Buch), so wäre niemand besser dafür geeignet als der deutsche Philologe Friedrich Nietzsche (1844–1900).[109] Früher in diesem Kapitel habe ich die Sorge geäußert, wie wohl einem herzlosen, egoistischen, größenwahnsinnigen Soziopathen mit humanistischer Moral beizukommen sei. Nietzsche behauptete, es sei *gut*, ein herzloser, egoistischer, größenwahnsinniger Soziopath zu sein. Nicht gut für jeden natürlich, aber das spiele keine Rolle – das Leben der breiten Masse (der »Schlechtweggekommenen«, des »lärmenden Gezwerges«, der »Erdflöhe«) zähle nichts. Würdig zu leben hingegen sei ein Übermensch, der sich über Gut und Böse erhebe, vom Willen zur Macht Gebrauch mache und heroischen Ruhm ernte. Nur durch solches Heldentum könne sich das Potential der Spezies entfalten und die Menschheit auf eine höhere Ebene des Daseins gelangen. Jedoch würden die von Größe zeugenden Heldentaten nicht darin bestehen, Kranke zu heilen, Hungrige zu speisen oder Frieden zu stiften, sondern sich eher in künstlerischen Meisterwerken und kriegerischen Eroberungen manifestieren. Mit der westlichen Zivilisation sei es seit der Blütezeit der homerischen Griechen, arischen Krieger, behelmten Wikinger und anderer männlicher Männer stetig abwärtsgegangen. Verdorben habe sie insbesondere die »Sklavenmoral« des Christentums, die Huldigung der Vernunft durch die Aufklärung sowie die liberalen Bewegungen des 19. Jahrhunderts, die nach Sozialreformen und gemeinschaftlichem Wohlstand strebten. Solch verweichlichte Sentimentalität habe nur zu Dekadenz und Degeneration geführt. Diejenigen, die die Wahrheit erkannt hätten, sollten »mit dem Hammer philosophieren« und der modernen Zivilisation den finalen Stoß versetzen, um die rettende Umwälzung herbeizuführen, aus der eine neue Ordnung erstehen werde. Damit Sie nicht denken, dass ich hier einen übermenschlichen Strohmann konstruiere, folgen einige Zitate:

> Ich perhorresziere seine Gemeinheit, welche sagt »was dem einen recht ist, ist dem andern billig«; »was du nicht willst usw., das füg' auch keinem andern zu« ... Hier ist die Voraussetzung unvornehm im untersten Sinne: hier wird die Äquivalenz der Werte von Handlungen vorausgesetzt bei mir und dir.
>
> Ich rechne dem Dasein nicht seinen bösen und schmerzhaften Charakter zum Vorwurf an, sondern bin der Hoffnung, daß es einst böser und schmerzhafter sein wird, als bisher.
>
> Der Mann soll zum Kriege erzogen werden und das Weib zur Erholung des Kriegers: alles Andre ist Thorheit. ... Du gehst zu Frauen? Vergiss die Peitsche nicht!
>
> Eine Kriegserklärung der höheren Menschen an die Masse ist nötig! ... Es bedarf einer Lehre, stark genug, um züchtend zu wirken: stärkend für die Starken, lähmend und zerbrechend für die Weltmüden. ... Die Vernichtung der Tartüfferie, welche »Moral« heißt. ... Die Vernichtung der verfallenden Rassen. ... Die Herrschaft über die Erde, als Mittel zur Erzeugung eines höheren Typus.
>
> Jene neue Partei des Lebens, welche die größte aller Aufgaben, die Höherzüchtung der Menschheit in die Hände nimmt, *eingerechnet die schonungslose Ver-*

> *nichtung alles Entartenden und Parasitischen*, wird jenes Zuviel von Leben auf Erden wieder möglich machen, aus dem auch der dionysische Zustand wieder erwachsen muß.[110]

Diese genozidale Raserei klingt, als käme sie von einem über die Stränge schlagenden Halbwüchsigen, der zu viel Death Metal gehört hat, oder der dick aufgetragenen Parodie eines James-Bond-Schurken wie Dr. Evil in *Austin Powers*. In Wahrheit aber ist Nietzsche einer der einflussreichsten Denker des 20. und auch noch des 21. Jahrhunderts.

Es liegt auf der Hand, dass Nietzsche zu dem romantischen Militarismus beigetragen hat, der in den Ersten Weltkrieg mündete, und zum Faschismus, der in den Zweiten führte. Nietzsche selbst war zwar weder deutscher Nationalist noch Antisemit, doch ist es kein Zufall, dass uns diese Zitate als Inbegriff des Nazismus ins Auge springen – Nietzsche avancierte posthum zum Hofphilosophen der Nazis. (In seinem ersten Jahr als Reichskanzler pilgerte Hitler zum Nietzsche-Archiv, dessen Leiterin Elisabeth Förster-Nietzsche, die Schwester und Nachlassverwalterin des Philosophen, diesen Kontakt unermüdlich förderte.) Die Verbindung zum italienischen Faschismus ist noch direkter: Im Jahr 1921 schrieb Benito Mussolini: »In dem Moment, in dem die Verknüpfung des Relativismus mit Nietzsche und seinem *Willen zur Macht* erfolgte, wurde der italienische Faschismus, und das gilt noch heute, zur großartigsten Schöpfung eines Individuums und zu einem nationalen Willen zur Macht«.[111] Die Zusammenhänge mit dem Bolschewismus und Stalinismus – vom Übermenschen zum neuen Sowjetmenschen – sind weniger bekannt, wurden jedoch von der Historikerin Bernice Glatzer Rosenthal umfänglich dokumentiert.[112] Die Verbindungen zwischen Nietzsches Ideen und den Bewegungen im 20. Jahrhundert, die Millionen Menschenleben forderten, sind überdeutlich – die Glorifizierung von Gewalt und Macht, das Bestreben, die Institutionen der liberalen Demokratie zu vernichten, die Verachtung für den größten Teil der Menschheit und die eiskalte Gleichgültigkeit gegenüber menschlichem Leben.

Nun sollte man eigentlich denken, jenes massenhafte Blutvergießen reiche aus, um Nietzsches Gedanken bei Intellektuellen und Künstlern in Misskredit zu bringen. Doch unglaublicherweise bringt man ihm verbreitet Bewunderung entgegen. »Nietzsche is pietzsche« genießt als Campus-Graffito wie auch als T-Shirt-Aufdruck Popularität. Und dabei sind die Lehren dieses Mannes nicht gerade besonders überzeugend. Wie Bertrand Russell in *Philosophie des Abendlandes* unterstreicht, »ließe sich Nietzsches Doktrin einfacher und ehrlicher in den einen Satz zusammenfassen: ›Ich wollte, ich hätte in Athen zur Zeit des Perikles oder in Florenz unter den Medici gelebt.‹« Die Ideen bestehen schon den ersten Test moralischer Kohärenz nicht – sie lassen sich nicht über die Person, die sie äußert, hinaus verallgemeinern. Würde ich auf Zeitreise gehen, so könnte ich Nietzsche Folgendes entgegenhalten: »Ich bin ein Übermensch: hart, kalt, schrecklich, ohne Gefühle und ohne Gewissen. Wie du es empfiehlst, werde ich heroischen Ruhm ernten, indem ich lärmendes Gezwerge auslösche. Da fang ich doch mal bei dir an, du Wicht. Und ich könnte auch so einiges mit deiner Nazi-Schwester anstellen. Es sei denn, du kannst mir einen *Grund* nennen, warum ich das nicht tun sollte.«

Wenn Nietzsches Ideen demnach so abstoßend und inkohärent sind, warum haben sie dann so viele Fans? Es überrascht vielleicht nicht, dass eine Ethik, wonach der Künstler (gemeinsam mit dem Krieger) vor allen anderen lebenswert ist, so viele Künstler anspricht. Hier eine Auswahl: W. H. Auden, Albert Camus, André Gide, D. H. Lawrence, Jack London, Thomas Mann, Yukio Mishima, Eugene O'Neill, William Butler Yeats, Wyndham Lewis und (mit Einschränkungen) George Bernard Shaw, Autor von *Mensch und Übermensch*. (Dagegen lässt P. G. Wodehouse den Spinoza-Fan Jeeves zu Bertie Wooster sagen: »Sie würden Nietzsche nicht mögen, Sir. Er ist ein durch und durch morbider Geist.«) Zudem sprechen die von Nietzsche propagierten Werte zahlreiche literarische Intellektuelle an (denken wir nur an Leavis, der sich über Snows Sorge um globale Armut und Krankheit mokierte, weil »große Literatur« dasjenige sei, »wodurch wir leben«) sowie Gesellschaftskritiker, die sich gerne über die »Booboisie«, also die »tölpelhafte Bourgeoisie«, lustig machen (wie H. L. Mencken, »der amerikanische Nietzsche«, das gemeine Volk nannte). Auch wenn die russisch-amerikanische Autorin Ayn Rand es später verbergen wollte, waren ihr Lobpreis des Egoismus, ihre Vergötterung des heroischen Kapitalisten und ihre Verachtung für das Allgemeinwohl ganz eindeutig durch Nietzsche geprägt.[113]

Wie Mussolini erklärte, war Nietzsche eine Inspiration für Relativisten allerorten. Voller Geringschätzung für die von Wissenschaftlern und Denkern der Aufklärung geforderte Suche nach Wahrheit verkündete er, es gebe »keinen Thatbestand, vielmehr nur die Interpretation eines Thatbestandes« und »Wahrheit ist die Art von Irrtum, ohne welche eine bestimmte Art von lebendigen Wesen nicht leben könnte«.[114] (Natürlich versetzte ihn das nicht in die Lage erklären zu können, warum wir glauben sollten, dass *diese* Behauptungen zutreffen.) Aus diesen und anderen Gründen war er von zentralem Einfluss für Martin Heidegger, Jean-Paul Sartre, Jacques Derrida und Michel Foucault sowie der Pate aller intellektuellen Bewegungen des 20. Jahrhunderts, die Wissenschaft und Objektivität feindlich gegenüberstanden, darunter Existentialismus, Kritische Theorie, Poststrukturalismus, Dekonstruktivismus und Postmoderne.

Man muss Nietzsche zugestehen, dass er anschaulich und lebendig schrieb, und man könnte den Kult, den er unter Künstlern und Intellektuellen entfacht hat, entschuldigen, wenn es dabei nur um seine literarische Verve und die ironische Betrachtung seiner Schilderung einer Denkart ginge, die sie selber zurückweisen. Leider aber findet sich diese Denkart allzu nachdrücklich bei allzu vielen von ihnen. Eine verblüffende Zahl von Intellektuellen und Künstlern des 20. Jahrhunderts hat Lobreden auf totalitäre Diktatoren geschwungen – ein Syndrom, das der Geistesgeschichtler Mark Lilla als Tyrannophilie bezeichnet.[115] Einige Tyrannophile waren Marxisten, die sich nach dem altehrwürdigen Prinzip richteten »Er mag ein Hurensohn sein, aber er ist *unser* Hurensohn«. Viele waren aber auch Nietzsche-Anhänger – allen voran Martin Heidegger und der Staatsrechtler Carl Schmitt, die sich als übereifrige Nazis und Gefolgsleute Hitlers hervortaten. Tatsächlich mangelte es keinem Autokraten des 20. Jahrhunderts an Verfechtern aus der intellektuellen Elite, darunter Mussolini (Ezra Pound, Shaw, Yeats, Lewis), Lenin (Shaw, H. G. Wells), Stalin (Shaw, Sartre, Beatrice und Sidney Webb, Brecht, W. E. B. Du Bois, Pablo Picasso, Lillian Hellman), Mao (Sartre, Foucault, Du Bois, Louis Althusser, Steven Rose, Richard Lewontin), Ajatollah Khomeini (Foucault) sowie Castro (Sartre, Graham Greene, Günter Grass, Norman Mailer, Harold Pinter und, wie wir in Kapitel 21 gesehen haben, Susan Sontag). Zu unterschiedlichen Zeiten sangen westliche Intellektuelle auch Loblieder auf Ho Chi Minh, Muammar Gaddafi, Saddam Hussein, Kim Il-sung, Pol Pot, Julius Nyerere, Omar Torrijos, Slobodan Milošević und Hugo Chávez.

Warum um alles in der Welt schleimen sich Intellektuelle und Künstler bei blutdürstigen Diktatoren ein? Man sollte doch denken, dass Intellektuelle die Ersten seien, die Vorwände für Machthunger aufdecken, und Künstler diejenigen, die sich um die Förderung menschlichen Mitgefühls bemühen. (Glücklicherweise haben viele auch genau das getan.) Eine Erklärung, die der Ökonom Thomas Sowell und der Soziologe Paul Hollander gefunden haben, ist berufsbedingter Narzissmus. Intellektuelle und Künstler fühlen sich in liberalen Demokratien, die ihren Bürgern erlauben, auf dem Markt und in bürgerlichen Organisationen ihren eigenen Interessen nachzugehen, möglicherweise unterbewertet. Diktatoren setzen von oben auferlegte Theorien in die Tat um und weisen Intellektuellen eine Rolle zu, die sie in ihrem Wert bestärkt. Tyrannophilie nährt sich jedoch auch aus der von Nietzsche geäußerten Verachtung für den gemeinen Menschen, der ärgerlicherweise Ramsch den schönen Künsten und der Kultur vorzieht, und aus der Bewunderung für den Übermenschen, der sich über die unschönen Kompromisse der Demokratie erhebt und heroisch eine Vision der guten Gesellschaft verwirklicht.

Obwohl Nietzsches romantischer Heroismus den einzelnen Übermenschen über jedes Kollektiv erhebt, ist es nur ein kurzer Schritt, seine »einzelne stärkere Species Mensch« als Stamm, Rasse oder Nation zu interpretieren. Auf diese Weise wurden Nietzsches Ideen vom Nazismus, Faschismus und anderen Formen des romantischen Nationalismus übernommen, und sie spielen nach wie vor eine Rolle in einem Politdrama, das bis zum heutigen Tage anhält.

Zu Beginn habe ich geglaubt, der Trumpismus sei pures Es, ein Aufwallen von Stammesdenken und Autoritarismus aus den tiefsten Abgründen der Psyche. Doch Irre mit Weisungsbefugnis leiten ihren Wahnsinn von Akademikern ab, die einige Jahre zuvor etwas niedergekritzelt haben, und somit ist der Ausdruck »intellektuelle Wurzeln des Trumpismus« kein Oxymoron. Bei der Wahl von 2016 wurde Trump von 136 »Gelehrten und Autoren für Amerika« in einem Manifest namens *Statement of Unity* (»Erklärung der Einheit«) unterstützt.[116] Einige stehen in Verbindung mit dem Claremont Institute, einer Ideenschmiede, die man »die akademische Heimat des Trumpismus« genannt hat.[117] Und zwei enge Berater von Trump waren Stephen Bannon und Michael Anton, die den Ruf genießen, sehr belesen zu sein, und sich selbst als ernsthafte Intellektuelle betrachten. Wer über die reine Persönlichkeit hinausgehen möchte, um autoritären Populismus zu erfassen, muss die zwei Ideologien dahinter verstehen, die beide dem Humanismus der Aufklärung auf aggressive Weise entgegenstehen und jeweils auf ihre Weise von Nietzsche beeinflusst wurden. Die eine ist faschistischer, die andere reaktionärer Art – nicht in dem verbreiteten linksgerichteten Sinn von »jeder, der konservativer ist als ich«, sondern in der ursprünglichen, technischen Bedeutung.[118]

Der Faschismus, abgeleitet vom italienischen Wort für »Gruppe« oder »Bündel«, entwickelte sich aus der romantischen Vorstellung, das Individuum sei ein Mythos und Menschen seien unauflöslich mit ihrer Kultur, ihrer Abstammung und ihrem Heimatland verbunden.[119] Die ersten faschistischen Intellektuellen, mit Julius Evola (1898–1974) und Charles Maurras (1868–1952), wurden von Neonazi-Parteien in Europa sowie von Bannon und der Alt-Right-Bewegung in den Vereinigten Staaten wiederentdeckt, die alle den Einfluss Nietzsches anerkennen.[120] Der Faschismus light von heute, der in den autoritären Populismus und den romantischen Nationalismus übergeht, wird zuweilen mit einer groben Version der Evolutionspsychologie gerechtfertigt, wobei die Selektionseinheit die Gruppe ist, die Evolution durch das Überleben der am besten angepassten Gruppe in Konkurrenz zu anderen Gruppen angetrieben wird und Menschen so selektiert worden sind, dass sie ihre Interessen der Oberhoheit ihrer Gruppe opfern. (Dem steht die etablierte Evolutionspsychologie gegenüber, deren Selektionseinheit das Gen ist.)[121] Daraus folgt, dass niemand ein Kosmopolit, ein Weltbürger sein könne – ein Mensch zu sein heiße, Teil einer Nation zu sein. Eine multikulturelle, multiethnische Gesellschaft könne niemals funktionieren, weil sich ihre Bürger entwurzelt und entfremdet fühlten und ihre Kultur auf den niedrigsten gemeinsamen Nenner abgeflacht werde. Eine Nation, die ihre Interessen internationalen Abkommen unterordne, verwirke ihr Geburtsrecht auf Größe und werde zu einem willenlosen Klotz im globalen Wettstreit von allen gegen alle. Und da eine Nation ein organisches Ganzes sei, könne sich ihre Größe in der Größe ihres Anführers manifestieren, der der Seele des Volkes unmittelbar eine Stimme gebe, unbelastet vom Mühlstein eines Verwaltungsstaates.

Die reaktionäre Ideologie ist der Theokonservatismus.[122] Diese flapsige Bezeichnung (geprägt von dem Abtrünnigen Damon Linker als Wortspiel mit »Neokonservatismus«) täuscht darüber hinweg, dass die ersten Theokonservativen in den 1960er Jahren Radikale waren, die ihren revolutionären Eifer von der extremen Linken auf die extreme Rechte verlagerten. Was sie befürworten, ist nichts weniger, als die in der Aufklärung gründenden Wurzeln der US-amerikanischen Staatsordnung in Frage zu stellen. Die Anerkennung des Rechts auf Leben, Freiheit und das Streben nach Glück sowie der Auftrag an die Regierung, diese Rechte zu sichern, sind in ihren Augen zu schwachbrüstig für eine moralisch tragfähige Gesellschaft. Diese armselige Vision habe nur zu Gesetzlosigkeit geführt, zu Hedonismus und wild wuchernder Unmoral – zu Unehelichkeit, Pornographie, scheiternden Schulen, Abhängigkeit von der Wohlfahrt und Abtreibungen. Die Gesellschaft solle ein höheres Ziel anstreben als diesen kümmerlichen Individualismus und die Einhaltung strikterer moralischer Standards fördern, die eine mächtigere Autorität als wir vorgebe. Die offensichtliche Quelle dieser Standards ist das traditionelle Christentum.

Laut den Theokonservativen entzog die Aushöhlung der kirchlichen Autorität während der Aufklärung der westlichen Zivilisation das solide moralische Fundament und ließ sie infolge der weiteren Unterwanderung in den 1960er Jahren am Rande des Abgrunds taumeln. Während der Amtszeit von Bill Clinton konnte es jederzeit so weit sein, dass sie hinunterstürzte. Nun gut, das war nicht der Fall, aber in Obamas Amtszeit würde es passieren. Okay, da auch nicht, aber ganz sicher, wenn Hillary Clinton an die Macht käme. (Das veranlasste Anton zu seinem in Kapitel 20 erwähnten hysterischen Artikel »The Flight 93 Election«, in dem er das Land mit dem am 11. September entführten Flugzeug verglich und den Wählern zurief: »Stürmt das Cockpit oder ihr werdet sterben!«)[123] Welches Unbehagen den Theokonservativen die Vulgarität und die antidemokratischen Possen ihres Bannerträgers von 2016 auch immer bereitet haben mögen – es überwog die Hoffnung, dass er allein die radikalen Umwälzungen zuwege bringen könne, die Amerika brauchte, um die Katastrophe abzuwenden.

Lilla weist darauf hin, dass der Theokonservatismus nicht einer gewissen Ironie entbehrt. Obgleich er vom radikalen Islamismus geschürt wurde (der in den Augen der Theokonservativen bald den dritten Weltkrieg entfachen wird), gleichen sich die beiden Bewegungen in ihrer reaktionären Denkweise mit dem Horror vor Modernität und Fortschritt.[124] Beide glauben, dass es irgendwann in der Vergangenheit einen glücklichen, wohlgeordneten Staat gab, dessen tugendhaftes Volk wusste, wo sein Platz war. Dann zerstörten fremde weltliche Mächte diese Harmonie und brachten Dekadenz und Degeneration mit sich. Nur ein heldenhafter Vorreiter, der noch weiß, wie es früher war, könne die Gesellschaft in ihr Goldenes Zeitalter zurückführen.

Damit Sie nicht den Faden verlieren, der diese Geistesgeschichte mit den aktuellen Ereignissen verknüpft, erinnern Sie sich daran, dass Trump 2017 den Entschluss fasste, das Pariser Klimaabkommen vonseiten der USA aufzukündigen. Er tat das unter dem Druck von Bannon, der ihn davon überzeugte, dass die Kooperation mit anderen Nationen im globalen Wettstreit um Größe ein Zeichen der Schwäche sei.[125] (Trumps Feindseligkeit gegenüber Einwanderung und Handel speiste sich aus derselben Quelle.) Wenn so viel auf dem Spiel steht, ist es wichtig, sich vor Augen zu führen, warum ein Plädoyer für den neo-theo-reaktionär-populistischen Nationalismus eine intellektuelle Bankrotterklärung ist. Ich habe bereits dargelegt, wie absurd es ist, ein moralisches Fundament in den Institutionen zu suchen, die uns die Kreuzzüge, die Inquisition, die Hexenjagd und die europäischen Religionskriege beschert haben. Und der Gedanke, die Weltordnung solle aus ethnisch homogenen und einander feindlich gesinnten Nationalstaaten bestehen, ist genauso abstrus.

Zunächst einmal ist die Behauptung, dass Menschen den angeborenen Drang verspüren, sich mit einem Nationalstaat zu identifizieren (was bedeutet, dass Kosmopolitismus der menschlichen Natur zuwiderläuft), evolutionspsychologisch nicht haltbar. Wie der angeblich angeborene Drang, einer Religion anzugehören, verwechselt sie Empfänglichkeit mit Bedürfnis. Zweifellos empfinden wir Solidarität mit unserem Stamm, aber wie auch immer der intuitive Begriff von »Stamm« aussieht, mit dem wir auf die Welt kommen, kann es sich dabei nicht um einen Nationalstaat handeln, denn dieser ist ein historisches Artefakt des Westfälischen Friedens von 1648. (Es kann auch keine Rasse sein, da unsere evolutionären Urahnen selten mit jemandem aus einer anderen Rasse in Berührung kamen.) In Wirklichkeit ist die kognitive Kategorie des Stammes, der Eigengruppe, der Koalition abstrakt und multidimensional.[126] Wir fühlen uns zahlreichen einander überlappenden Stämmen zugehörig: unserem Familienclan, unserer Heimatstadt, unserem Heimatland, unserer Wahlheimat, unserer Religion, unserer Ethnie, unserer Alma Mater, unserer Studierendenverbindung, unserer Partei, unserem Arbeitgeber, unserer Dienstleistungsorganisation, unserem Sportverein, ja sogar der Marke unserer Fotoausrüstung. (Wenn Sie Stammesdenken in seiner erbittertsten Form kennenlernen möchten, schauen Sie mal im Internetforum »Nikon vs. Canon« vorbei.)

Es stimmt – politische Geschäftsleute können eine Mythologie und Ikonographie so verkaufen, dass sie Menschen dazu verleiten, eine bestimmte Religion, Ethnie oder Nation zu ihrer fundamentalen Identität zu erwählen. Mit der richtigen Mischung aus Indoktrination und Druck können sie sie sogar zu Kanonenfutter umfunktionieren.[127] Das heißt aber nicht, dass

Nationalismus ein menschliches Grundbedürfnis ist. Nichts in der menschlichen Natur hindert uns daran, zugleich stolze Franzosen, Europäer und Weltbürger zu sein.[128]

Die Behauptung, ethnische Uniformität führe zu kultureller Exzellenz, ist so falsch, wie ein Gedanke nur sein kann. Aus gutem Grund bezeichnen wir primitive Dinge als *provinziell*, *kleinstädtisch* und *hinterwäldlerisch* und hochentwickelte als *urban* und *kosmopolitisch*. Niemand ist so brillant, dass er etwas wirklich Wertvolles ganz allein austüfteln könnte. Geniale Personen und Kulturen sammeln, machen sich zu eigen, nutzen die größten Errungenschaften. Dynamische Kulturen sind in riesigen Einzugsgebieten angesiedelt, in die Menschen und Innovationen von nah und fern strömen. Das erklärt, warum nicht Australien, Afrika oder Nord- und Südamerika, sondern Eurasien der erste Kontinent war, der expandierende Zivilisationen hervorbrachte (dokumentiert von Sowell in seiner *Culture*-Trilogie und Jared Diamond in *Arm und Reich*).[129] Es erklärt, warum die Quellen der Kultur stets Handelsstädte an bedeutenden Kreuzungen und Wasserwegen waren.[130] Und es erklärt, warum die Menschen immer reiselustig waren und dorthin gingen, wo es sich am besten leben ließ. Bäume schlagen Wurzeln, Menschen haben Füße.

Und schließlich sollten wir nicht vergessen, warum internationale Institutionen und ein globales Bewusstsein überhaupt erst entstanden sind. Zwischen 1803 und 1945 versuchte sich die Welt an einer internationalen Ordnung auf der Basis von Nationalstaaten, die miteinander um Größe konkurrierten. Das Ende ist bekannt. Besonders verdreht ist es, wenn die reaktionären Rechten panisch vor einem »Krieg« des Islamismus gegen den Westen (mit einigen hundert Opfern) warnen und aus diesem Grund dazu aufrufen, eine internationale Ordnung wiederaufleben zu lassen, unter der der Westen wiederholt Kriege gegen sich selbst führte (in denen zigmillionen Menschen ihr Leben ließen). Nach 1945 sagten die führenden Politiker der Welt »*So* weit darf es nie wieder kommen« und unternahmen Schritte, den Nationalismus zugunsten weltweit geltender Menschenrechte, internationalen Rechts und transnationaler Organisationen zurückzufahren. Wie wir in Kapitel 11 gesehen haben, war das Ergebnis 70 Jahre Frieden und Wohlstand in Europa und zunehmend auch im Rest der Welt.

Was die Klagen der Kommentatoren betrifft, die Aufklärung sei nur ein »kurzes Intermezzo«, so dürfte diese Grabinschrift wohl eher die letzte Ruhestätte für Neofaschismus, Neoreaktion und verwandte Protestbewegungen des beginnenden 21. Jahrhunderts zieren. Die Wahlen in Europa und das selbstzerstörerische Um-sich-Schlagen der Trump-Regierung im Jahr 2017 lassen vermuten, dass die Welt den Höhepunkt des Populismus möglicherweise schon erreicht hat und sich die Bewegung, wie wir in Kapitel 20 gesehen haben, bereits auf dem demographischen Weg ins Nirgendwo befindet. Den Schlagzeilen zum Trotz zeigen die Zahlen, dass Demokratie (Kapitel 14) und liberale Werte (Kapitel 15) langfristig auf einer Rolltreppe nach oben fahren, die höchstwahrscheinlich nicht über Nacht den Rückwärtsgang einlegt. Die Vorzüge des Kosmopolitismus und der internationalen Kooperation sind in einer Welt, in der der Strom von Menschen und Ideen unaufhaltsam fließt, nicht dauerhaft zu leugnen.

Ich glaube zwar, dass die ethischen und intellektuellen Argumente für den Humanismus unschlagbar sind, doch mögen sich manche fragen, ob er beim Werben um die Herzen der Menschen mit Religion, Nationalismus und romantischem Heroismus mithalten kann. Wird die Aufklärung letzten Endes scheitern, weil ihr nicht gelingt, die grundlegenden menschlichen Bedürfnisse zu befriedigen? Sollten Humanisten Erweckungsversammlungen abhalten, auf denen Prediger Spinozas *Ethik* auf die Kanzel donnern und ekstatische Gläubige die Augen verdrehen und sich in Wortschwällen auf Esperanto ergießen? Sollten sie Kundgebungen veranstalten, auf denen junge Männer in bunten Hemden vor Riesenpostern von John Stuart Mill salutieren? Ich glaube nicht – denken Sie daran, dass Empfänglichkeit nicht das Gleiche wie Bedürfnis ist. Die Menschen aus Dänemark, Neuseeland und anderen glücklichen Gegenden der Welt kommen wunderbar ohne solche Anfälle aus. Was für ein Geschenk eine kosmopolitische, säkulare Demokratie ist, kann jeder sehen.

Dennoch werden regressive Ideen ihren Reiz behalten, und in unserem Plädoyer für Vernunft, Wissenschaft, Humanismus und Fortschritt dürfen wir niemals nachlassen. Wenn wir unseren hart erkämpften Fortschritt nicht zu schätzen wissen, glauben wir vielleicht eines Tages, dass eine vollkommene Ordnung und weltweiter Wohlstand selbstverständlich sind und jedes Problem ein Ärgernis, das danach verlangt, die Übeltäter auszumachen, Institutionen zu zerstören und einem Anführer zur Macht zu verhelfen, der dem Land seine rechtmäßige Größe zurückgeben wird. Ich habe mein Bestes getan, um für den Fortschritt und die Ideale, die ihn ermöglicht haben, zu plädieren, und Hinweise gegeben, wie Journalisten, Intellektuelle und andere Menschen, die sich Gedanken machen (einschließlich der Leser und Leserinnen dieses Buches), der weitverbreiteten Gleichgültigkeit gegenüber den Gaben der Aufklärung entgegentreten können.

Da wäre etwa die Statistik: Eine Anekdote ist kein Trend. Da wäre die Geschichte: Dass etwas heute schlecht ist, bedeutet nicht, dass es früher besser war. Da wäre die Philosophie: Man kann keinen vernünftigen Grund dafür anführen, dass es keine Vernunft gibt, oder dass etwas wahr ist, weil Gott das behauptet hat. Und da wäre die Psychologie: Vieles von dem, was wir wissen, ist gar nicht so – vor allem wenn unsere Brüder und Schwestern im Geiste es ebenfalls wissen.

Wahren wir die Verhältnismäßigkeit. Nicht jedes Problem ist eine Krise, Plage, Epidemie oder Existenzbedrohung und nicht jeder Wandel ist das Ende von diesem, der Tod von jenem oder das Aufdämmern einer Post-Irgendwas-Ära. Verwechseln wir nicht Pessimismus mit Tiefgründigkeit: Probleme sind unvermeidbar, aber sie lassen sich lösen, und jeden Rückschlag als Symptom einer kranken Gesellschaft zu diagnostizieren ist billige Effekthascherei. Und schließlich sollten wir uns von Nietzsche verabschieden. Vielleicht wirken seine Ideen trendig, authentisch, wunderbar böse und der Humanismus dagegen kitschig, verstaubt, uncool. Aber was ist so komisch an Frieden, Liebe und Verständigung?

Beim Plädoyer für Aufklärung jetzt geht es nicht nur um das Aufdecken von Denkfehlern oder die Verbreitung von Daten. Es kann eine mitreißende Geschichte sein, und ich hoffe, dass Menschen mit größerer künstlerischer Begabung und mehr rhetorischem Geschick, als ich sie habe, sie noch besser erzählen und weiterverbreiten können. Die Geschichte des menschlichen Fortschritts ist *wahrhaft* heroisch. Sie ist ruhmreich. Sie ist erhebend. Ich wage sogar zu behaupten, dass sie spirituell ist. Und sie geht ungefähr so:

Das Universum, in das wir hineingeboren werden, ist mitleidlos – die Wahrscheinlichkeit einer Ordnung, die Leben ermöglicht, ist verschwindend gering, und stets droht uns Zerstörung. Uns hat eine Kraft geformt, für die nur unerbittlicher Wettstreit gilt. Wir sind aus krummem Holze gemacht, anfällig für Illusionen, Ichbezogenheit und zuweilen frappierende Dummheit.

Doch der menschlichen Natur wurden auch Gaben geschenkt, die Raum für gewisse Wiedergutmachung eröffnen. Wir besitzen die Fähigkeit, Ideen rekursiv zu kombinieren, so dass wir über unsere Gedanken nachdenken können. Wir verfügen über einen Instinkt für Sprache, der uns erlaubt, die Früchte unserer Erfahrungen und unseres Einfallsreichtums miteinander zu teilen. Wir erlangen mehr Tiefe durch unser Einfühlungsvermögen – durch Menschlichkeit, Vorstellungskraft, Mitgefühl und Anteilnahme.

Diese Gaben haben Wege gefunden, ihre eigene Leistungsfähigkeit zu verbessern. Die Reichweite der Sprache wurde durch das geschriebene, gedruckte und elektronische Wort vergrößert. Geschichte, Journalismus und Belletristik haben das Band des Mitgefühls weiter ausgedehnt. Und unsere kümmerlichen rationalen Fähigkeiten wurden durch die Normen und Institutionen der Vernunft vervielfacht – intellektuelle Wissbegier, offene Diskussion, Skepsis gegenüber Autoritäten und Dogmen sowie die Beweispflicht, Ideen durch den Abgleich mit der Realität zu verifizieren.

Während die Spirale der rekursiven Verbesserungen Fahrt aufnimmt, erkämpfen wir Siege über die Kräfte, die uns zermalmen wollen – nicht zuletzt über die dunkleren Seiten unserer eigenen Natur. Wir durchdringen die Rätsel des Kosmos, einschließlich des Lebens und des Denkens. Wir leben länger, leiden weniger, lernen mehr, werden klüger und genießen zunehmend kleine Freuden und reiche Erfahrungen. Weniger Menschen werden von anderen getötet, überfallen, versklavt, unterdrückt oder ausgebeutet. Von einigen Oasen weiten sich die Territorien aus, in denen Frieden und Wohlstand herrschen, und könnten eines Tages den gesamten Erdball umspannen. Nach wie vor gibt es viel Leid und immense Gefahren. Doch zugleich sind auch Ideen aufgekommen, wie sie einzudämmen sind, und unzählige weitere warten darauf, entdeckt zu werden.

Wir werden nie in einer perfekten Welt leben, und es wäre auch gefährlich, danach zu suchen. Den Verbesserungen, die wir erzielen können, wenn wir unser Wissen weiterhin zum Wohl der Menschheit einsetzen, sind jedoch keine Grenzen gesetzt.

Diese Heldengeschichte ist nicht bloß ein weiterer Mythos unter vielen. Mythen sind erfunden, aber diese Geschichte ist wahr – wahr nach unserem besten Wissen, und das ist die einzige Wahrheit, die wir erlangen können. Wir glauben daran, weil es *vernünftige Gründe* gibt, daran zu glauben. Wir lernen immer mehr dazu und können dabei aufdecken, welche Teile der Geschichte weiterhin zutreffen und welche falsche sind – sowohl das eine als auch das andere kann jederzeit der Fall sein.

Und die Geschichte gehört nicht irgendeinem Stamm, sondern der ganzen Menschheit – jedem empfindungsfähigen Wesen mit der Kraft der Vernunft und dem Drang, weiter zu existieren. Denn dazu brauchen wir nur die Überzeugung, dass Leben besser ist als Tod, Gesundheit besser als Krankheit, Fülle besser als Mangel, Freiheit besser als Zwang, Glück besser als Leid und Wissen besser als Aberglaube und Ignoranz.

Anmerkungen

Vorwort

1 »Mütter und Kinder« aus Donald Trumps Rede zum Amtsantritt, 20. Januar 2017, http://www.zeit.de/politik/ausland/2017-01/rede-amtsantritt-donald-trump-inauguration-komplett. »Regelrechter Krieg« und »spirituelle und moralische Grundfesten« aus den Bemerkungen von Stephen Bannon, Trumps ehemaligem Chefstrategen, auf einer Konferenz im Vatikan im Sommer 2014, wiedergegeben in J. L. Feder, »This Is How Steve Bannon Sees the Entire World«, *BuzzFeed*, 16. November 2016, https://www.buzzfeed.com/lesterfeder/this-is-how-steve-bannon-sees-the-entire-world. »Weltumspannende Machtstruktur« aus »Donald Trump's Argument for America«, letzte Fernsehwerbekampagne vor der Wahl, November 2016, http://blog.4president.org/2016/2016-tv-ad/. Bannon wird allgemein die Autorschaft oder Mitautorschaft an allen drei Beiträgen zugeschrieben.

Teil I: Aufklärung

1 S. Maher, »Inside the Mind of an Extremist«, Vortrag beim Oslo Freedom Forum, 26. Mai 2015, https://oslofreedomforum.com/talks/inside-the-mind-of-an-extremist.

2 Aus Hayek 1960/1971, S. 1; siehe auch Wilkinson 2016 a.

Kapitel 1

1 Was ist Aufklärung?: Kant 1784/1999.

2 Ebd.

3 The Beginning of Infinity: Deutsch 2011, S. 221 f.

4 Goldstein 2006, Gottlieb 2016, Grayling 2008, Hunt 2007, Israel 2001, Makari 2015, Montgomery & Chirot 2015, Pagden 2013, Porter 2000.

5 Nichtverhandelbarkeit der Vernunft: Nagel 1999; siehe auch Kapitel 21.

6 Die meisten Denker der Aufklärung glaubten nicht an Gott: Pagden 2013, S. 98.

7 Wootton 2015, S. 6 f.

8 Scott 2010, S. 20 f.

9 Denker der Aufklärung als wissenschaftliche Erforscher der menschlichen Natur: Kitcher 1990, Macnamara 1999, Makari 2015, Montgomery & Chirot 2015, Pagden 2013, Stevenson & Haberman 2008.

10 Allumfassendes Band des Mitgefühls: Nagel 1998, Pinker 2011, Shermer 2015, Singer 1981/2011.
11 Kosmopolitismus: Appiah 2007, Pagden 2013, Pinker 2011.
12 Humanitäre Revolution: Hunt 2007, Pinker 2011.
13 Fortschritt als mystische Kraft: Berlin 1982, Nisbet 1980/2009.
14 Autoritärer Hochmodernismus: Scott 1998.
15 Autoritärer Hochmodernismus und Psychologie des unbeschriebenen Blattes: Pinker 2003, S. 241 f., 565–567.
16 Zitate von Le Corbusier, aus Scott 1998, S. 114 f.
17 Erneutes Nachdenken über Bestrafungen: Hunt 2007.
18 Schaffung von Reichtum: Montgomery & Chirot 2015, Ridley 2011, Smith 1776/2001.
19 Sanfter Handel: Mueller 1999, 2010 b, Pagden 2013, Pinker 2011, Schneider & Gleditsch 2010.
20 Kant 1795/1977. Moderne Interpretation: Russett & Oneal 2001.

Kapitel 2

1 Zweiter Hauptsatz der Thermodynamik: Atkins 2007, Carroll 2016, Hidalgo 2016, Lane 2017.
2 Eddington 1928/1931, S. 78.
3 Die zwei Kulturen und der Zweite Hauptsatz: Snow 1967, S. 21.
4 Zweiter Hauptsatz = erstes Gesetz: Tooby, Cosmides & Barrett 2003.
5 England 2015, Gell-Mann 1994, Hidalgo 2016, Lane 2017.
6 Evolution versus Entropie: Dawkins 1983, 1987, Lane 2017, Tooby, Cosmides & Barrett 2003.
7 Spinoza 1989, Teil III, S. 118; siehe auch Goldstein 2006.
8 Adriaans 2013, Dretske 1981, Gleick 2011, Hidalgo 2016.
9 Information ist eine Verringerung der Entropie, nicht die Entropie selbst: https://schneider.ncifcrf.gov/information.is.not.uncertainty.html
10 Übermittelte Information als Wissen: Adriaans 2013, Dretske 1981, Fodor 1987, 1994.
11 »Das Universum besteht aus Energie, Materie und Information«: Hidalgo 2016, S. 9; siehe auch Lloyd 2006.
12 Neuronale Berechnungen: Anderson 2007, Pinker 1998/2011, Kapitel 2.
13 Wissen, Information und inferentielle Rollen: Block 1986, Fodor 1987, 1994.
14 Kognitive Nische: Marlowe 2010, Pinker 1998/2011, Tooby & DeVore 1987, Wrangham 2009.
15 Sprache: Pinker 1996.
16 Speisekarte der Hadza: Marlowe 2010.
17 Achsenzeit: Goldstein 2013.
18 Erklärung für die Achsenzeit: Baumard et al. 2015.
19 Aus der Dreigroschenoper, Akt II, 1. Szene.
20 Uhrwerk-Universum: Carroll 2016, Wootton 2015.
21 Angeborene Unfähigkeit zu lesen, zu schreiben und zu rechnen: Carey 2009, Wolf 2009.

22 Magisches Denken, Essenzen, Wortzauber: Oesterdiekhoff 2015, Pinker 1998/2011, Kapitel 5 und 6, Pinker 2014, Kapitel 7.

23 Schwächen bei statistischem Folgern: Ariely 2015, Gigerenzer 2015, Kahneman 2014, Pinker 1998/2011, Kapitel 5, Sutherland 1992.

24 Intuitive Anwälte und Politiker: Kahan, Jenkins-Smith & Braman 2011, Kahan et al. 2011, Kahan et al. 2013, Mercier & Sperber 2011, Tetlock 2002.

25 Vermessenheit: Johnson 2004. Überschätzung des eigenen Verstehens: Sloman & Fernbach 2017.

26 Versagen des moralischen Empfindens: Greene 2013, Haidt 2012, Pinker 2008 a.

27 Moral als Mittel zur Verdammung: DeScioli & Kurzban 2009.

28 Tugendhafte Gewalt: Fiske & Rai 2015, Pinker 2011, Kapitel 8 und 9.

29 Überwindung kognitiver Beschränkungen durch Abstraktion und Kombination: Pinker 2014, Pinker 2010.

30 Brief an Isaac McPherson vom 13. August 1813, zitiert in Ridley 2011, S. 325.

31 Kollektive Rationalität: Haidt 2012, Mercier & Sperber 2011.

32 Kooperation und die Austauschbarkeit von Perspektiven: Nagel 1998, Pinker 2011, Singer 1981/2011.

Kapitel 3

1 Schwindendes Vertrauen in Institutionen: Twenge, Campbell & Carter 2014. Mueller 1999, S. 167 f., legt dar, dass das Vertrauen in Institutionen in den 1960er Jahren einen Höchststand erreichte, der zuvor und danach nicht mehr übertroffen wurde. Schwindendes Vertrauen in Wissenschaft unter Konservativen: Gauchat 2012. Populismus: Inglehart & Norris 2016, Müller 2016, Norris & Inglehart 2016; siehe auch Kapitel 20 und 22.

2 Nichtwestliche Aufklärung: Conrad 2012, Kurlansky 2006, Pelham 2016, Sen 2005, Sikkink 2017.

3 Gegenaufklärungen: Berlin 1982, Garrard 2006, Herman 1998, Howard 2001, McMahon 2001, Sternhell 2010, Wolin 2004; siehe auch Kapitel 22.

4 Inschrift auf John Singer Sargents Gemälde *Death and Victory*, Widener Library, Harvard University. Deutsche Übersetzung aus Pinker 2003, S. 227.

5 Ungläubige Verfechter von Religion: Coyne 2015; siehe auch Kapitel 22.

6 Ökomodernismus: Asafu-Adjaye et al. 2015, Ausubel 1996, 2015, Brand 2009, DeFries 2014, Nordhaus & Shellenberger 2007; siehe auch Kapitel 10.

7 Probleme von Ideologien: Duarte et al. 2015, Haidt 2012, Kahan, Jenkins-Smith & Braman 2011, Mercier & Sperber 2011, Tetlock & Gardner 2016; und noch viel mehr dazu in Kapitel 21.

8 Abwandlung eines Zitats von Michael Lind auf dem Hinterdeckel von Herman 1997. Siehe auch Nisbet 1980/2009.

9 Ökopessimismus: Bailey 2015, Brand 2009, Herman 1998, Ridley 2011; siehe auch Kapitel 10.

10 Ein von dem Literaturhistoriker Hoxie Neale Fairchild in *Religious Trends in English*

Poetry angerichtetes Potpourri von Phrasen aus Werken von T. S. Eliot (*The Hollow Men*, dt. *Die hohlen Männer*; *The Waste Land*, dt. *Das wüste Land*), William Burroughs (*Naked Lunch*, dt. *Naked Lunch*) und Samuel Beckett (*Waiting for Godot*, dt. *Warten auf Godot*), zitiert in Nisbet 1980/2009, S. 328.

11 Heroische Blutübertüncher: Nietzsche 1887.

12 Snow hat seine zwei Kulturen nie in eine Rang- oder Reihenfolge gebracht, erst später wurden sie so nummeriert; siehe zum Beispiel Brockman 2004.

13 Snow 1967, S. 21.

14 Leavis-Tirade: Leavis 1962/2013; siehe Collini 1998, 2013.

15 Leavis 1962/2013, S. 71.

Teil II: Fortschritt

Kapitel 4

1 Herman 1997, S. 7, nennt auch Joseph Campbell, Noam Chomsky, Joan Didion, E. L. Doctorow, Paul Goodman, Michael Harrington, Robert Heilbroner, Jonathan Kozol, Christopher Lasch, Norman Mailer, Thomas Pynchon, Kirkpatrick Sale, Jonathan Schell, Richard Sennett, Susan Sontag, Gore Vidal und Garry Wills.

2 Nisbet 1980/2009, S. 317.

3 Die Optimismuslücke: McNaughton-Cassill & Smith 2002, Nagdy & Roser 2016b, Veenhoven 2010, Whitman 1998.

4 Umfrageergebnisse des EU Eurobarometers, wiedergegeben in Nagdy & Roser 2016b.

5 Umfrageergebnisse aus Ipsos MORI 2016, »Perils of Perception: Topline Results, 2013«, https://www.ipsos.com/sites/default/files/migrations/en-uk/files/Assets/Docs/Polls/ipsos-mori-rss-kings-perils-of-perception-topline.pdf, dargestellt in Nagdy & Roser 2016b.

6 Dunlap, Gallup & Gallup 1993, dargestellt in Nagdy & Roser 2016b.

7 J. McCarthy, »More Americans Say Crime Is Rising in U. S.«, Gallup.com, 22. Oktober 2015, http://www.gallup.com/poll/186308/americans-say-crime-rising.aspx.

8 Der Zustand der Welt verschlechtert sich: laut der Mehrheit in Australien, Dänemark, Deutschland, Finnland, Frankreich, Großbritannien, Hongkong, Norwegen, Schweden, Singapur und den Vereinigten Staaten; ebenso Malaysia, Thailand und die Vereinigten Arabischen Emirate. China war das einzige Land, in dem mehr Befragte der Welt eine Aufwärtstendenz bescheinigten als eine Tendenz nach unten. YouGov poll, 5. Januar 2016, https://yougov.co.uk/news/2016/01/05/chinese-people-are-most-optimistic-world/. Die USA auf dem falschen Weg: Dean Obeidallah, »We've Been on the Wrong Track Since 1972«, *Daily Beast*, 7. November 2014, http://www.pollingreport.com/right.htm.

9 Quelle des Ausdrucks »erster Entwurf der Geschichtsschreibung«: B. Popik, »First draft of history (journalism)«, BarryPopik.com, http://www.barrypopik.com/index.php/new_york_city/entry/first_draft_of_history_journalism/.

10 Schlagzahl und Art von Nachrichten: Galtung & Ruge 1965.

11 Verfügbarkeitsheuristik: Kahneman 2014, Slovic 1987, Slovic, Fischhoff & Lichtenstein 1982, Tversky & Kahneman 1973.

12 Falsche Risikoeinschätzungen: Ropeik & Gray 2002, Slovic 1987. Angst vorm Schwimmen nach *Der weiße Hai*: Sutherland 1992.

13 Blut kommt gut: Bohle 1986, Combs & Slovic 1979, Galtung & Ruge 1965, Miller & Albert 2015.

14 Der IS als »Existenzbedrohung«: von TIPP durchgeführte Umfrage für Investor's Business Daily, 28. März bis 2. April 2016; die Antworten stammten von den 83 Prozent der Befragten, die »Berichte über den IS sehr / einigermaßen aufmerksam verfolgen«. https://www.investors.com/politics/ibdtipp-poll-distrust-on-what-obama-does-and-says-on-isis-terror/.

15 Folgen des Konsums von Nachrichten: Jackson 2016. Siehe auch Johnston & Davey 1997, McNaughton-Cassill 2001, Otieno, Spada & Renkl 2013, Ridout, Grosse & Appleton 2008, Unz, Schwab & Winterhoff-Spurk 2008.

16 Zitiert in J. Singal, »What All This Bad News Is Doing to Us«, *New York Magazine*, 8. August 2014.

17 Rückgang der Gewalt: Eisner 2003, Goldstein 2011, Gurr 1981, Human Security Centre 2005, Human Security Report Project 2009, Mueller 1989, 2004 a, Payne 2004.

18 Lösungen schaffen neue Probleme: Deutsch 2011, S. 64, 76, 350, Berlin 1992, S. 30.

19 Deutsch 2011, S. 193.

20 Dickschweifige Verteilungen: Siehe Kapitel 19 und, ausführlicher, Pinker 2011, S. 321–338.

21 Negativitätsverzerrung: Baumeister et al. 2001, Rozin & Royzman 2001.

22 Persönliche Mitteilung, 1982.

23 Mehr negative Wörter: Baumeister et al. 2001, Schrauf & Sanchez 2004.

24 Rosarote Färbung von Erinnerungen: Baumeister et al. 2001.

25 Illusion von den guten alten Zeiten: Eibach & Libby 2009.

26 Connor 2014; siehe auch Connor 2016.

27 Bissige Buchrezensenten wirken klüger: Amabile 1983.

28 M. Housel, »Why Does Pessimism Sound So Smart?«, *The Motley Fool*, 21. Januar 2016.

29 Ähnlich haben der Ökonom Albert Hirschman (1992) und der Journalist Gregg Easterbrook (2003) argumentiert.

30 D. Bornstein & T. Rosenberg, »When Reportage Turns to Cynicism«, *New York Times*, 15. November 2016. Mehr zur Bewegung des »konstruktiven Journalismus« findet sich bei Gyldensted 2015, Jackson 2016 und der Zeitschrift *Positive News* (www.positive.news).

31 Die Millenniumsentwicklungsziele der UN lauten: 1. Extreme Armut und Hunger bekämpfen. 2. Allgemeine Grundschulbildung verwirklichen. 3. Die Gleichstellung der Geschlechter fördern und die Rolle von Frauen stärken. 4. Die Kindersterblichkeit senken. 5. Die Gesundheit von Müttern verbessern. 6. HIV/Aids, Malaria und andere

schwere Krankheiten bekämpfen. 7. Die ökologische Nachhaltigkeit sichern. 8. Eine weltweite [ökonomische] Entwicklungspartnerschaft aufbauen.

32 Bücher über Fortschritt (Reihenfolge wie im Text): Norberg 2016, Easterbrook 2003, Reese 2013, Naam 2013, Ridley 2011, Robinson 2009, Bregman 2016, Phelps 2013, Diamandis & Kotler 2012, Goklany 2007, Kenny 2011, Bailey 2015, Shermer 2015, DeFries 2014, Deaton 2017, Radelet 2015, Mahbubani 2013.

Kapitel 5

1 World Health Organization 2016a.

2 Hans und Ola Rosling, »The Ignorance Project«, https://www.gapminder.org/ignorance/.

3 Roser 2016n; Schätzung für England 1543 von R. Zijdeman, OECD Clio Infra.

4 Jäger und Sammler: Marlowe 2010, S. 160. Die Schätzung betrifft die Hadza, bei denen die Rate der Kinder- und Jugendsterblichkeit (die großenteils für die Varianz zwischen Populationen verantwortlich ist) den Medianwerten in Marlowes Stichprobe von 478 Wildbeutervölkern entspricht (S. 261). Von den ersten Bauern bis zur Eisenzeit: Galor & Moav 2007. Jahrtausendelang kein Anstieg: Deaton 2017, S. 112

5 Norberg 2016, S. 46 und 40.

6 Grippepandemie: Roser 2016n. Sterberate weißer Amerikaner: Case & Deaton 2015.

7 Marlowe 2010, S. 261.

8 Deaton 2017, S. 84.

9 Drosselung der Gesundheitsfürsorge: N. Kristof, »Birth Control for Others«, *New York Times*, 23. März 2008.

10 M. Housel, »50 Reasons We're Living Through the Greatest Period in World History«, *Motley Fool*, 29. Januar 2014.

11 World Health Organization 2015c.

12 Marlowe 2010, S. 160.

13 Radelet 2015, S. 75.

14 Weltweite Lebenserwartung in Gesundheit für 1990: Mathers et al. 2001, Lebenserwartung in Gesundheit in Industriestaaten für 2010: Murray et al. 2012; siehe auch Chernew et al. 2016, die Daten liefern, dass sich nicht allein die Lebenserwartung, sondern die Lebenserwartung in Gesundheit in den USA kürzlich erhöht hat.

15 G. Kolata, »U.S. Dementia Rates Are Dropping Even as Population Ages«, *New York Times*, 21. November 2016.

16 Bushs Rat zur Bioethik: Pinker 2008b.

17 L. R. Kass, »L'Chaim and Its Limits: Why Not Immortality?«, *First Things*, Mai 2001.

18 Regelmäßig übertroffene Schätzungen der Lebensdauer: Oeppen & Vaupel 2002.

19 Rückentwicklung der Sterblichkeit: M. Shermer, »Radical Life-Extension Is Not around the Corner«, Scientific American, 1. Oktober 2016; Shermer 2018.

20 Siegel, Naishadham & Jemal 2012.

21 Skepsis gegenüber Unsterblichkeit: Hayflick 2000, Shermer 2018.

22 Die Entropie wird uns töten: P. Hoffmann, »Physics Makes Aging Inevitable, Not Biology«, *Nautilus*, 12. Mai 2016.

Kapitel 6

1 Deaton 2017, S. 196.
2 Bettmann 1974, S. 136; Anführungszeichen im Zitat wurden ausgelassen.
3 Bettmann 1974, Norberg 2016.
4 Carter 1966, S. 3, zitiert in O'Neill 1989, S. 138.
5 Woodward, Shurkin & Gordon 2009; siehe auch die Website ScienceHeroes (www.scienceheroes.com). Die Statistikerinnen des Teams sind April Ingram und Amy R. Pearce.
6 Buch über Vergangenheitsformen: Pinker 1999/2011.
7 Kenny 2011, S. 124 f.
8 D. G. McNeil jr., »A Milestone in Africa: No Polio Cases in a Year«, *New York Times*, 11. August 2015; »Polio This Week«, *Polio Global Eradication Initiative*, http://polioeradication.org/polio-today/polio-now/this-week/, 17. Mai 2017.
9 »Guinea Worm Case Totals«, *The Carter Center*, 18. April 2017, https://www.cartercenter.org/health/guinea_worm/case-totals.html
10 Bill & Melinda Gates Foundation, *Our Big Bet for the Future: 2015 Gates Annual Letter*, S. 7, https://www.gatesnotes.com/2015-Annual-Letter.
11 World Health Organization 2015 b.
12 Bill & Melinda Gates Foundation, »Malaria: Strategy Overview«, http://www.gatesfoundation.org/What-We-Do/Global-Health/Malaria.
13 Daten der Weltgesundheitsorganisation und der Child Health Epidemiology Reference Group, zitiert in Bill & Melinda Gates Foundation, *Our Big Bet for the Future: 2015 Gates Annual Letter*, S. 7, https://www.gatesnotes.com/2015-Annual-Letter; UNAIDS 2016.
14 N. Kristof, »Why 2017 May Be the Best Year Ever«, *New York Times*, 21. Januar 2017.
15 Jamison et al. 2015.
16 Deaton 2017, S. 66 f.
17 Deaton 2017, S. 163 f.

Kapitel 7

1 Norberg 2016.
2 Braudel 2002.
3 Fogel 2004, zitiert in Roser 2016 d.
4 Braudel 2002, S. 76 f., zitiert in Norberg 2016.
5 »Dietary Guidelines for Americans 2015–2020, Estimated Calorie Needs per Day, by Age, Sex, and Physical Activity Level«, http://health.gov/dietaryguidelines/2015/guidelines/appendix-2/.
6 Kalorienangaben aus Roser 2016 d; siehe auch Abbildung 7.1.

7 Food and Agricultural Organization of the United Nations, *The State of Food and Agriculture 1947*, zitiert in Norberg 2016.

8 Vgl. die Angaben des Ökonomen Cormac Ó Gráda, zitiert in Hasell & Roser 2017.

9 Devereux 2000, S. 3.

10 W. Greene, »Triage: Who Shall Be Fed? Who Shall Starve?« *New York Times Magazine*, 5. Januar 1975. Der Begriff *lifeboat ethics* (»Rettungsbootethik«) wurde ein Jahr zuvor von dem Ökologen Garrett Hardin in einem Artikel in *Psychology Today* (September 1974) mit dem Titel »Lifeboat Ethics: The Case Against Helping the Poor« eingeführt.

11 »Service Groups in Dispute on World Food Problems«, *New York Times*, 15. Juli 1976; G. Hardin, »Lifeboat Ethics«, *Psychology Today*, September 1974.

12 McNamara, Gesundheitsfürsorge, Empfängnisverhütung: N. Kristof, »Birth Control for Others«, *New York Times*, 23. März 2008.

13 Hungersnöte dämmen das Bevölkerungswachstum nicht ein: Devereux 2000.

14 Zitiert in »Making Data Dance«, *The Economist*, 9. Dezember 2010.

15 Die industrielle Revolution und das Entrinnen vor dem Hunger: Deaton 2017, Norberg 2016, Ridley 2011.

16 Agrarrevolutionen: DeFries 2014.

17 Norberg 2016.

18 Woodward, Shurkin & Gordon 2009; http://www.scienceheroes.com/. Haber behält die Auszeichnung auch dann, wenn wir die 90 000 Todesopfer durch den Einsatz chemischer Waffen im Ersten Weltkrieg abziehen, an deren Entwicklung er beteiligt war.

19 Morton 2015, S. 204.

20 Roser 2016 e, 2016 m.

21 Borlaug: Brand 2009, Norberg 2016, Ridley 2011, Woodward, Shurkin & Gordon 2009, DeFries 2014.

22 Die Grüne Revolution hält an: Radelet 2015.

23 Roser 2016 m.

24 Norberg 2016.

25 Norberg 2016. Laut dem *Global Forest Resources Assessment 2015* der Organisation für Ernährung und Landwirtschaft (FAO) der UN »hat sich die Nettowaldfläche in mehr als 60 Ländern und Gebieten, die überwiegend in gemäßigten und borealen Zonen liegen, ausgedehnt«. http://www.fao.org/resources/infographics/infographics-details/en/c/325836/.

26 Norberg 2016.

27 Ausubel, Wernick & Waggoner 2012.

28 Alferov, Altman & 108 weitere Nobelpreisträger 2016, Brand 2009, Radelet 2015, Ridley 2011, S. 199–208, J. Achenbach, »107 Nobel Laureates Sign Letter Blasting Greenpeace over GMOs«, *Washington Post*, 30. Juni 2016, W. Saletan, »Unhealthy Fixation«, *Slate*, 15. Juli 2015.

29 W. Saletan, »Unhealthy Fixation«, *Slate*, 15. Juli 2015.

30 Wissenschaftlich ungebildete Ansichten zu genmodifizierter Nahrung: Sloman & Fernbach 2017.
31 Brand 2009, S. 117.
32 Sowell 2015.
33 Hungersnöte nicht nur aufgrund von Nahrungsmittelknappheit: Devereux 2000, Sen 1984, 2002.
34 Devereux 2000. Siehe auch White 2011.
35 Devereux (2000) schreibt, dass während der Kolonialzeit »die makroökonomische und politische Anfälligkeit für Hunger nach und nach verschwand«, und zwar aufgrund von verbesserter Infrastruktur sowie »der Installierung von Frühwarnsystemen und Mechanismen der Unterstützung aufseiten der Kolonialverwaltungen, die erkannten, dass sie Ernährungskrisen eindämmen mussten, um ihre politische Legitimität zu bewahren« (S. 13).
36 Basierend auf Devereux' Schätzung von 70 Millionen Todesfällen bei großen Hungersnöten des 20. Jahrhunderts (S. 29) und den Schätzungen bestimmter Hungersnöte in seiner Tabelle 1. Siehe auch Rummel 1994, White 2011.
37 Deaton 2017, Radelet 2015.

Kapitel 8

1 Rosenberg & Birdzell 1986, S. 3.
2 Norberg 2016, der Braudel 2002 zusammenfasst, S. 75, 285 u. a.
3 Cipolla 1994. Anführungszeichen im Text wurden weggelassen.
4 Der physische Fehlschluss: Sowell 1980.
5 Die Entdeckung, dass Wohlstand geschaffen wird: Montgomery & Chirot 2015, Ridley 2011.
6 Unterschätzung des Wachstums: Feldstein 2017.
7 Konsumentenrente und Oscar Wilde: T. Kane, »Piketty's Crumbs«, *Commentary*, 14. April 2016.
8 Den Begriff »großer Ausbruch« prägte Deaton (2017 a). Aufgeklärte Ökonomie: Mokyr 2012.
9 Hinterhoftüftler: Ridley 2011.
10 Wissenschaft und Technik als Ursachen des großen Ausbruchs: Mokyr 2012, 2014.
11 Natürlicher Staat und offene Ökonomie: North, Wallis & Weingast 2011. Verwandtes Argument: Acemoglu & Robinson 2013.
12 Bürgerliche Tugenden: McCloskey 1994, 1998.
13 Voltaire (1733/1985) *Philosophische Briefe, 6. Brief*. Herausgegeben und übersetzt von Rudolf von Bitter. Frankfurt am Main: Ullstein, S. 27.
14 Porter 2000, S. 21 f.
15 Die Daten zum Bruttoinlandsprodukt pro Kopf stammen aus Maddison Project 2014, dargestellt in Marian Tupys *HumanProgress*, http://www.humanprogress.org/f1/2785/1/2010/France/United%20Kingdom.
16 Die große Konvergenz: Mahbubani 2013. Mahbubani führt den Begriff (*Great Conver-*

gence) auf den Kolumnisten Martin Wolf zurück. Radelet (2015) spricht von der großen Welle *(Great Surge)*; Deaton (2017) sieht sie als Teil seines »großen Ausbruchs« *(Great Escape)*.

17 Länder mit rasant wachsender Wirtschaft: Radelet 2015, S. 47–51.

18 In den Millenniums-Entwicklungszielen, Bericht 2015 der Vereinten Nationen, heißt es: »Die Zahl der Erwerbstätigen, die der Mittelschicht angehören – d. h. die von mehr als 4 Dollar pro Tag leben –, hat sich von 1991 bis 2015 fast verdreifacht. Diese Gruppe macht heute in den Entwicklungsregionen fast die Hälfte der Erwerbsbevölkerung aus, gegenüber 18 Prozent im Jahr 1991« (Vereinte Nationen 2015, S. 4). Natürlich würden die meisten »Erwerbstätigen, die der Mittelschicht angehören« laut Definition der UN in Industriestaaten als arm gelten, doch selbst bei einer großzügigeren Definition hat sich die Welt mehr zur Mittelschicht hin entwickelt, als man erwarten würde. 2013 schätzte die Brookings Institution, dass ihr 1,8 Milliarden Menschen angehörten und sie bis 2020 auf 3,2 Milliarden Menschen anwachsen werde (L. Yueh, »The Rise of the Global Middle Class«, BBC News online, 19. Juni 2013, http://www.bbc.com/news/business-22956470).

19 Trampeltier- und Dromedarkurven: Roser 2016 g.

20 Vom Trampeltier zum Dromedar: Die gleiche historische Entwicklung wird in Abb. 9.1 und 9.2 auf andere Weise dargestellt, basierend auf Daten aus Milanović 2016.

21 Dies entspricht auch der oft genannten Obergrenze von 1,25 Internationalen Dollar (2005): Ferreira, Jolliffe & Prydz 2015.

22 M. Roser, »No Matter What Extreme Poverty Line You Choose, the Share of People Below That Poverty Line Has Declined Globally«, *Our World in Data* blog, 2017, https://ourworldindata.org/no-matter-what-global-poverty-line.

23 Schleier des Nichtwissens: Rawls 1975/1996.

24 Millenniums-Entwicklungsziele: Vereinte Nationen 2015.

25 Deaton 2017 a, S. 61.

26 Lucas 1988, S. 5.

27 Das Ziel ist definiert als 1,25 Dollar pro Tag, was der von der Weltbank formulierten internationalen Armutsgrenze in Internationalen Dollar (2005) entspricht; siehe Ferreira, Jolliffe & Prydz 2015.

28 Die Schwierigkeit, die Null zu erreichen: Radelet 2015, S. 243, Roser & Ortiz-Ospina 2017, Abschnitt IV. 2.

29 Die Gefahr, von einer »Krise« zu sprechen: Kenny 2011, S. 203.

30 Ursachen der Entwicklung: Collier & Rohner 2008, Deaton 2017 a, Kenny 2011, Mahbubani 2013, Milanović 2016, Radelet 2015. Siehe auch M. Roser, »The Global Decline of Extreme Poverty – Was It Only China?« *Our World in Data* blog, 7. März 2017, https://ourworldindata.org/the-global-decline-of-extreme-poverty-was-it-only-china/.

31 Radelet 2015, S. 35.

32 Preise als Information: Hayek 1945, Hidalgo 2016, Sowell 1980.

33 M. L. Tupy, »The Power of Bad Ideas: Why Voters Keep Choosing Failed Statism«, *CapX*, 7. Januar 2016.

34 Kenny 2011, S. 203, Radelet 2015, S. 38.

35 Maos Genozide: Rummel 1994, White 2011.

36 Angeblich hat Franklin Roosevelt dies über Nicaraguas Anastasio Somoza gesagt, aber vermutlich ist das nur ein Gerücht: http://message.snopes.com/showthread.php?t=8204/.

37 Lokale Führer: Radelet 2015, S. 184.

38 Krieg als Entwicklung im Rückwärtsgang: Collier 2008, S. 46.

39 Deaton 2017 b.

40 Feindseligkeit gegenüber der industriellen Revolution unter Vertretern der Romantik und literarischen Intellektuellen: Collini 1998, 2013.

41 Snow 1967, S. 31. Wutentbrannte Erwiderung: Leavis 1962/2013, S. 69–72.

42 Radelet 2015, S. 58 f.

43 »Factory Girls«, verfasst von einem »Fabrikmädchen«, *The Lowell Offering*, Nr. 2, Dezember 1840, https://www2.cs.arizona.edu/patterns/weaving/periodicals/lo_40_12.pdf. Zitiert in C. Follett, »The Feminist Side of Sweatshops«, *The Hill*, 18. April 2017, http://thehill.com/blogs/pundits-blog/labor/329332-the-feminist-side-of-sweatshops.

44 Zitiert in Brand 2009, S. 26; in Kap. 2 und 3 seines Buches geht er ausführlicher auf die befreienden Kräfte der Urbanisierung ein.

45 Ein Resümee ziehen Brand 2009 in Kap. 2 und 3 wie auch Radelet 2015, S. 59. Einen ähnlichen Bericht über das heutige China bietet Chang 2009.

46 Von Slums zu Vorstädten: Brand 2009, Perlman 1976.

47 Bessere Arbeitsbedingungen: Radelet 2015.

48 Vorteile durch Wissenschaft und Technik: Brand 2009, Deaton 2017 a, Kenny 2011, Radelet 2015, Ridley 2011.

49 Handy und Handel: Radelet 2015.

50 Jensen 2007.

51 Schätzung der International Telecommunications Union, zitiert in Pentland 2007.

52 Gegen Entwicklungshilfe: Deaton 2017 a, Easterly 2006.

53 Pro (einige Formen von) Entwicklungshilfe: Collier 2008, Kenny 2011, Radelet 2015, Singer 2010, S. Radelet, »Angus Deaton, His Nobel Prize, and Foreign Aid«, *Future Development Blog*, Brookings Institution, 20. Oktober 2015, http://www.brookings.edu/blogs/future-development/posts/2015/10/20-angus-deaton-nobel-prize-foreign-aidradelet.

54 Steigende Preston-Kurve: Roser 2016 n.

55 Die Zahlen zur Lebenserwartung stammen aus www.gapminder.org.

56 Korrelation zwischen BIP und Maßen des Wohlbefindens: van Zanden et al. 2014, S. 252, Kenny 2011, S. 96 f., Land, Michalos & Sirgy 2012, Prados de la Escosura 2015; siehe auch Kap. 12 und 14–18.

57 Korrelationen zwischen BIP und Frieden, Stabilität und liberalen Werten: Brunnschweiler & Lujala 2015, Hegre et al. 2011, Prados de la Escosura 2015, van Zanden et al. 2014, Welzel 2013; siehe auch Kap. 12 und 14–18.

58 Korrelationen zwischen BIP und Glück: Helliwell, Layard & Sachs 2016, Stevenson &

Wolfers 2008 a, Veenhoven 2010; siehe auch Kapitel 18. Korrelation mit zunehmendem IQ: Pietschnig & Voracek 2015; siehe auch Kap. 16.

59 Buntgemischte Maße des nationalen Wohlbefindens: Land, Michalos & Sirgy 2012, Prados de la Escosura 2015, van Zanden et al. 2014, Veenhoven 2010, Porter, Stern & Green 2016; siehe auch Kap. 16.

60 BIP als Ursache für Frieden, Stabilität und liberale Werte: Brunnschweiler & Lujala 2015, Hegre et al. 2011, Prados de la Escosura 2015, van Zanden et al. 2014, Welzel 2013; siehe auch Kap. 11, 14 und 15.

Kapitel 9

1 Graphisch dargestellt von Chronicle, einem mittlerweile nicht mehr aktiven Tool für Häufigkeitsanalyse der *New York Times*, http://nytlabs.com/projects/chronicle.html, zugegriffen am 19. September 2016.

2 »Bernie Quotes for a Better World«, http://www.betterworld.net/quotes/bernie8.htm.

3 Ungleichheit im angelsächsischen Raum gegenüber dem Rest der Industriestaaten: Roser 2016 k.

4 Gini-Daten aus Roser 2016 k, ursprünglich aus OECD 2016; beachten Sie, dass die jeweiligen Werte je nach Quelle schwanken. So geht die Povcal-Website der Weltbank von einem weniger extremen Wandel aus – von 0,38 im Jahr 1986 auf 0,41 im Jahr 2013 (World Bank 2016 d). Die Daten zu Einkommensanteilen stammen von der World Wealth and Income Database, http://www.wid.world/. Eine umfassende Datensammlung bietet *The Chartbook of Economic Equality*, Atkinson et al. 2017.

5 Das Problem mit der Ungleichheit: Frankfurt 2016. Weitere Ungleichheitsskeptiker: Mankiw 2013, McCloskey 2014, Parfit 1997, Sowell 2015, Starmans, Sheskin & Bloom 2017, Watson 2015, Winship 2013; S. Winship, »Inequality Is a Distraction. The Real Issue Is Growth«, *Washington Post*, 16. August 2016.

6 Frankfurt 2016, S. 17.

7 Gemäß World Bank 2016 c ist das Bruttoinlandsprodukt pro Kopf von 1961 bis 2015, außer 2009, in jedem Jahr gestiegen.

8 Piketty 2014, S. 344. Probleme mit Piketty: Kane 2016, McCloskey 2014, Summers 2014 a.

9 Nozick über Einkommensverteilungen: Nozick 1976/2006. Sein Beispiel war der Basketballstar Wilt Chamberlain.

10 J. B. Stewart, »In the Chamber of Secrets: J. K. Rowling's Net Worth«, *New York Times*, 24. November 2016.

11 Die Theorie des sozialen Vergleichs stammt von Leon Festinger, die Theorie der Bezugsgruppen von Robert Merton und Samuel Stouffer. In Kelley & Evans 2017 finden sich ein Überblick und Zitate.

12 Amartya Sen (1987) argumentiert ähnlich.

13 Wohlstand und Glück: Stevenson & Wolfers 2008 a, Veenhoven 2010; siehe auch Kapitel 18.

14 Wilkinson & Pickett 2009.

15 Probleme bei *Gleichheit ist Glück*: Saunders 2010, Snowdon 2010, 2016, Winship 2013.
16 Ungleichheit und subjektives Wohlbefinden: Kelley & Evans 2017. In Kapitel 18 wird erklärt, wie man Glück misst.
17 Starmans, Sheskin & Bloom 2017.
18 Ethnische Minderheiten, die als Betrüger wahrgenommen werden: Sowell 1980, 1994, 1996, 2015.
19 Zweifel daran, dass Ungleichheit wirtschaftliche und politische Dysfunktion bewirkt: Mankiw 2013, McCloskey 2014, Winship 2013; S. Winship, »Inequality Is a Distraction. The Real Issue Is Growth«, *Washington Post*, 16. August 2016.
20 Schachern um Einfluss versus Ungleichheit: Watson 2015.
21 Fleisch teilen, pflanzliche Nahrung behalten: Cosmides & Tooby 1992.
22 Ungleichheit und Bewusstsein für Ungleichheit sind universal: Brown 1991.
23 Ungleichheit bei Jägern und Sammlern: Smith, Son & Schapiro 2010. Im Durchschnitt nicht enthalten sind fragwürdige Formen von »Reichtum« wie Fortpflanzungserfolg, Griffkraft, Gewicht und Partner, mit denen man sich etwas teilen kann.
24 Kuznets 1955.
25 Deaton 2017 a, S. 122.
26 Teilweise, jedoch nicht vollständig, lässt sich die Zunahme der Ungleichheit zwischen den Ländern von 1820 bis 1970 auf die weltweit größere Länderzahl zurückführen; Branko Milanović, persönliche Mitteilung, 16. April 2017.
27 Krieg als Gleichmacher: Graham 2016, Piketty 2014, Scheidel 2017.
28 Scheidel 2017, S. 444.
29 Geschichte sozialer Aufwendungen: Lindert 2004, van Bavel & Rijpma 2016.
30 »Egalitäre Revolution«: Moatsos et al. 2014, S. 207.
31 Sozialleistungen als Anteil des BIP: OECD 2014.
32 Veränderter Staatsauftrag (insbesondere in Europa): Sheehan 2008.
33 Vor allem beim Umweltschutz (Kapitel 10), bei zunehmender Sicherheit (Kapitel 12), der Abschaffung der Todesstrafe (Kapitel 14), dem Siegeszug emanzipativer Werte (Kapitel 15) und der allgemeinen menschlichen Entwicklung (Kapitel 16).
34 Sozialleistungen von Arbeitgebern: OECD 2014.
35 Berichtet vom Abgeordneten Robert Inglis (R-S. C.), P. Rucker, »Sen. DeMint of S. C. Is Voice of Opposition to Health-Care Reform«, *Washington Post*, 28. Juli 2009.
36 Wagner'sches Gesetz: Wilkinson 2016 b.
37 Sozialleistungen in Entwicklungsländern: OECD 2014.
38 Prados de la Escosura 2015.
39 Keine libertären Paradiese: M. Lind, »The Question Libertarians Just Can't Answer«, *Salon*, 4. Juni 2013, Friedman 1997. Siehe auch Kapitel 21, Anm. 40.
40 Bereitschaft zum Wohlfahrtsstaat: Alesina, Glaeser & Sacerdote 2001, Peterson 2015.
41 Erklärungen für die Zunahme der Ungleichheit nach den 1980er Jahren: Autor 2014, Deaton 2017 a, Goldin & Katz 2010, Graham 2016, Milanović 2016, Moatsos et al. 2014, Piketty 2014, Scheidel 2017.

42 Größerer Elefant mit tieferer Rüsselspitze: Milanović 2016, Schaubild 1.3. Weitere Analyse des Elefanten: Corlett 2016.

43 Anonyme und nichtanonyme Daten: Corlett 2016, Lakner & Milanović 2016.

44 Quasi nichtanonyme Elefantenkurve: Lakner & Milanović 2016.

45 Coontz 1992/2016.

46 Rose 2016; Horwitz 2015 kam zu einem ähnlichen Schluss.

47 Personen, die zum obersten Prozent oder zu den oberen 10 Prozent aufsteigen: Hirschl & Rank 2015. Horwitz 2015 kam zu ähnlichen Ergebnissen. Siehe auch Sowell 2015, Watson 2015.

48 Optimismuslücke: Whitman 1998. Ökonomische Optimismuslücke: Bernanke 2016, Meyer & Sullivan 2011.

49 Roser 2016 k.

50 Warum die USA kein europäischer Sozialstaat sind: Alesina, Glaeser & Sacerdote 2001, Peterson 2015.

51 Anstieg des verfügbaren Einkommens in unteren Quintilen: Burtless 2014.

52 Anstieg des Einkommens von 2014 bis 2015: Proctor, Semega & Kollar 2016. Fortsetzung in 2016: E. Levitz, »The Working Poor Got Richer in 2016«, *New York*, 9. März 2017.

53 C. Jencks, »The War on Poverty: Was It Lost?«, *New York Review of Books*, 2. April 2015. Ähnliche Analysen: Furman 2014, Meyer & Sullivan 2011, 2012, 2017 a, 2017 b, Sacerdote 2017.

54 Sinkende Armutsrate in 2015 und 2016: Proctor, Semega & Kollar 2016, Semega, Fontenot & Kollar 2017.

55 Henry et al. 2015.

56 Abkürzung für *Consumer Price Index For All Urban Consumers Research Series*, das gebräuchlichste Maß für Inflation in den USA (Anm. d. Ü.)

57 Unterbewertung des wirtschaftlichen Fortschritts: Feldstein 2017.

58 Furman 2005.

59 Arme mit Zugang zur öffentlichen Versorgung: Greenwood, Seshadri & Yorukoglu 2005. Arme im Besitz von Geräten: US Census Bureau, »Extended Measures of Well-Being: Living Conditions in the United States, 2011«, Tabelle 1, http://www.census.gov/prod/2013pubs/p70-136.pdf. Siehe auch Abb. 17.3.

60 Verbrauchsungleichheit: Hassett & Mathur 2012, Horwitz 2015, Meyer & Sullivan 2012.

61 Rückgang der Ungleichheit von Zufriedenheit: Stevenson & Wolfers 2008 b.

62 Sinkende Gini-Koeffizienten für Lebensqualität: Deaton 2017 a, Rijpma 2014, S. 264, Roser 2016 a, 2016 n, Roser & Ortiz-Ospina 2016 a, Veenhoven 2010.

63 Ungleichheit und säkulare Stagnation: Summers 2016.

64 Laut dem Ökonomen Douglas Irwin (2016) leben 45 Millionen US-Amerikaner unter der Armutsgrenze, 135 000 arbeiten in der Bekleidungsindustrie, und die normale Fluktuation am Arbeitsmarkt sorgt für rund 1,7 Millionen Entlassungen pro Monat.

65 Automatisierung, Jobs und Ungleichheit: Brynjolfsson & McAfee 2014.

66 Ökonomische Herausforderungen und Lösungen: Dobbs et al. 2016, Summers & Balls 2015.

67 S. Winship, »Inequality Is a Distraction. The Real Issue Is Growth«, *Washington Post*, 16. August 2016.

68 Regierungen oder Arbeitgeber zuständig für Sozialleistungen: M. Lind, »Can You Have a Good Life If You Don't Have a Good Job?«, *New York Times*, 16. September 2016.

69 Allgemeines Grundeinkommen: Bregman 2016; S. Hammond, »When the Welfare State Met the Flat Tax«, *Foreign Policy*, 16. Juni 2016; R. Skidelsky, »Basic Income Revisited«, *Project Syndicate*, 23. Juni 2016; C. Murray, »A Guaranteed Income for Every American«, *Wall Street Journal*, 3. Juni 2016.

70 Untersuchungen über die Auswirkungen eines Grundeinkommens: Bregman 2016. Hightech-Ehrenamt: Diamandis & Kotler 2012. Effektiver Altruismus: MacAskill 2016.

Kapitel 10

1 Siehe Al Gores Buch *Earth in the Balance* (dt. *Wege zum Gleichgewicht*) von 1992; Ted Kaczynski (der Unabomber), »Industrial Society and Its Future«, http://www.washingtonpost.com/wp-srv/national/longterm/unabomber/manifesto.text.htm; Franziskus 2015. Kaczynski hatte Gores Buch gelesen, und die Parallelen zwischen ihm und seinem Manifest traten in einem undatierten Internetquiz von Ken Crossman zutage: http://www.crm114.com/algore/quiz.html.

2 Zitiert in M. Ridley, »Apocalypse Not: Here's Why You Shouldn't Worry About End Times«, *Wired*, 17. August 2012. In *Die Bevölkerungsbombe* vergleicht Paul Ehrlich die Menschheit ebenfalls mit einem Krebsgeschwür, siehe Bailey 2015, S. 5. Phantasien von einem entvölkerten Planeten finden sich in Alan Weismans Bestseller *The World Without Us* (dt. *Die Welt ohne uns*) von 2007.

3 Ökomodernismus: Asafu-Adjaye et al. 2015, Ausubel 1996, 2007, 2015, Ausubel, Wernick & Waggoner 2012, Brand 2009, DeFries 2014, Nordhaus & Shellenberger 2007. *Earth Optimism*: Balmford & Knowlton 2017; https://earthoptimism.si.edu/; http://www.oceanoptimism.org/about/.

4 Ausrottung und Brandrodung durch eingeborene Völker: Asafu-Adjaye et al. 2015, Brand 2009, Burney & Flannery 2005, White 2011.

5 Wildnisreservate und Dezimierung einheimischer Völker: Cronon 1995.

6 Aus *Plows, Plagues, and Petroleum* (2005), zitiert in Brand 2009, S. 19; siehe auch Ruddiman et al. 2016.

7 Brand 2009, S. 133.

8 Geschenke der Industrialisierung: Kapitel 5–8; Epstein 2014, Norberg 2016, Radelet 2015, Ridley 2011.

9 Ökologische Kuznets-Kurve: Ausubel 2015, Dinda 2004, Levinson 2008, Stern 2014. Es ist festzuhalten, dass die Kurve nicht für alle Schadstoffe oder Länder gilt, und wenn sie zu beobachten ist, geht sie vielleicht auf politische Maßnahmen zurück, statt automatisch aufzutreten.

10 Inglehart & Welzel 2005, Welzel 2013, Kap. 12.

11 Demographische Übergänge: Ortiz-Ospina & Roser 2016d.
12 Muslimischer Geburteneinbruch: Eberstadt & Shah 2011.
13 M. Tupy, »Humans Innovate Their Way Out of Scarcity«, *Reason*, 12. Januar 2016; siehe auch Stuermer & Schwerhoff 2016.
14 Europiumkrise: Deutsch 2011.
15 »China's rare-earths bust«, *Wall Street Journal*, 18. Juli 2016.
16 Warum uns die Ressourcen nicht ausgehen: Nordhaus 1974, Romer & Nelson 1996, Simon 1981, Stuermer & Schwerhoff 2016.
17 Wir brauchen keine Ressourcen: Deutsch 2011, Pinker 2003, S. 330–334, Ridley 2011, Romer & Nelson 1996.
18 Wahrscheinlichkeit und Lösungen für menschliche Probleme: Deutsch 2011.
19 Der Steinzeitwitz wird meist Zaki Yamani (1973) zugeschrieben, der damals saudiarabischer Ölminister war; siehe »The End of the Oil Age«, *The Economist*, 23. Oktober 2003. Energiewenden: Ausubel 2007, S. 235.
20 Landwirtschaftliche Schwenks: DeFries 2014.
21 Landwirtschaft der Zukunft: Brand 2009, Bryce 2014, Diamandis & Kotler 2012.
22 Wasser der Zukunft: Brand 2009, Diamandis & Kotler 2012.
23 Die Natur erholt sich: Ausubel 1996, 2015, Ausubel, Wernick & Waggoner 2012, Bailey 2015, Brand 2009, Ridley 2011.
24 Roser 2016f, basierend auf Daten der UN Food and Agricultural Organization.
25 Roser 2016f, basierend auf Daten vom Instituto Nacional de Pesquisas Espaciais des brasilianischen Ministeriums für Wissenschaft und Technologie.
26 Environmental Performance Index, http://epi.yale.edu/country-rankings.
27 Verseuchtes Wasser und Rauch von Kochstellen: Vereinte Nationen 2011.
28 Laut den Millenniums-Entwicklungszielen der Vereinten Nationen sank der Prozentsatz der Menschen, die verseuchtem Wasser ausgesetzt waren, von 24 Prozent im Jahr 1990 auf 9 Prozent im Jahr 2015 (Vereinte Nationen 2015, S. 52). Laut Daten, die in Roser 2016l zitiert werden, kochten 62 Prozent der Weltbevölkerung 1980 mit Festbrennstoffen, 2010 nur noch 41 Prozent.
29 Zitiert in Norberg 2016.
30 Drittschlimmstes Unglück auf einer Ölbohrplattform in der Geschichte: Roser 2016r; US-Innenministerium, »Interior Department Releases Final Well Control Regulations to Ensure Safe and Responsible Offshore Oil and Gas Development«, 14. April 2016, https://www.doi.gov/pressreleases/interior-department-releasesfinal-well-control-regulations-ensure-safe-and.
31 Größere Verbreitung von Tiger, Kondor, Nashorn, Panda: World Wildlife Foundation und Global Tiger Forum, zitiert in »Nature's Comebacks«, *Time*, 17. April 2016. Umweltschutzerfolge: Balmford 2012, Hoffmann et al. 2010, Suckling et al. 2016, Vereinte Nationen 2015, S. 57; R. McKie, »Saved: The Endangered Species Back from the Brink of Extinction«, *The Guardian*, 8. April 2017. Pimm zur sinkenden Aussterberate: zitiert in D. T. Max, »Green is Good«, *New Yorker*, 12. Mai 2014.
32 Der Paläontologe Douglas Erwin (2015) weist darauf hin, dass Massenaussterben un-

auffällige, aber weitverbreitete Weichtiere, Gliederfüßer und andere Wirbellose auslöschen, nicht die charismatischen Vögel und Säugetiere, die die Aufmerksamkeit von Journalisten erregen. Wie der Biogeograph John Briggs (2015, 2016) bemerkt, »sind Spezies meist auf Inseln im Meer oder in umgrenzten Süßwassergebieten ausgestorben«, nachdem Menschen invasive Arten eingeschleppt hatten, weil die dort ansässigen Tiere nirgendwohin flüchten konnten; auf dem Festland oder im Meer sind solche Fälle selten, und in den letzten fünfzig Jahren ist keine Meeresart mehr ausgestorben. Wie Brand betont, gehen die düsteren Prophezeiungen davon aus, dass alle bedrohten Arten aussterben und sich diese Rate jahrhunderte- oder jahrtausendelang fortsetzen wird; S. Brand, »Rethinking Extinction«, *Aeon*, 21. April 2015. Siehe auch Bailey 2015, Costello, May & Stork 2013, Stork 2010; M. Ridley, »A History of Failed Predictions of Doom«, http://www.rationaloptimist.com/blog/apocalypse-not/.

33 Internationale Umweltabkommen: http://www.enviropedia.org.uk/Acid_Rain/International_Agreements.php.

34 Schließen des Ozonlochs: Vereinte Nationen 2015, S. 7.

35 Beachten Sie, dass ein solcher Aktivismus und entsprechende Gesetze womöglich die ökologische Kuznets-Kurve in Gang gebracht haben; siehe Anmerkung 9 und 40 in diesem Kapitel.

36 Dichte ist gut: Asafu-Adjaye et al. 2015, Brand 2009.

37 Dematerialisierung des Konsums: Sutherland 2016.

38 Aussterbende Autokultur: M. Fisher, »Cruising Toward Oblivion«, *Washington Post*, 2. September 2015.

39 *Peak Stuff*: Ausubel 2015, Office for National Statistics 2016. Die entsprechenden Werte in amerikanischen Einheiten sind 16,6 und 11,4 Tonnen.

40 Siehe beispielsweise J. Salzman, »Why Rivers No Longer Burn«, *Slate*, 10. Dezember 2012, S. Cardoni, »Top 5 Pieces of Environmental Legislation«, *ABC News*, 2. Juli 2010, http://abcnews.go.com/Technology/top-pieces-environmental-legislation/story?id=11067662, Young 2011. Siehe auch Anm. 35 oben.

41 Neuere Resümees zum Klimawandel: IPCC 2014, King et al. 2015, W. Nordhaus 2013, Plumer 2015, World Bank 2012 a. Siehe auch J. Gillis, »Short Answers to Hard Questions About Climate Change«, *New York Times*, 28. November 2015; »The State of the Climate in 2016«, *The Economist*, 17. November 2016.

42 Erwärmung um 4 °C muss verhindert werden: World Bank 2012 a.

43 Folgen verschiedener Emissionsszenarien: IPCC 2014, King et al. 2015, W. Nordhaus 2013, Plumer 2015, World Bank 2012 a. Die Projektion für einen Anstieg um 2° Celsius ist das RCP2.6-Szenario aus IPCC 2014, Abb. SPM. 7 a.

44 Energie aus fossilen Brennstoffen: Meine Berechnung für 2015, aus British Petroleum 2016, »Primary Energy: Consumption by Fuel«, S. 41, »Total World«.

45 Wissenschaftlicher Konsens über menschengemachten Klimawandel: NASA, »Scientific Consensus: Earth's Climate Is Warming«, http://climate.nasa.gov/scientific-consensus/; *Skeptical Science*, http://www.skepticalscience.com/; IPCC 2014, Plumer 2015, W. Nordhaus 2013, W. Nordhaus, »Why the Global Warming Skeptics Are

Wrong«, *New York Review of Books*, 22. März 2012. Unter den Skeptikern, die sich haben überzeugen lassen, sind die libertären Wissenschaftsautoren Michael Shermer, Matt Ridley und Ronald Bailey.

46 Konsens unter Klimaforschern: Powell 2015, G. Stern, »Fifty Years After U. S. Climate Warning, Scientists Confront Communication Barriers«, *Science*, 27. November 2015; siehe auch die vorige Anmerkung.

47 Verleugnung des Klimawandels: Morton 2015, Oreskes & Conway 2014, Powell 2015.

48 Garantiert keine Political Correctness: Ich bin Beiratsmitglied der Foundation for Individual Rights in Education (https://www.thefire.org/about-us/board-of-directors-page/), der Heterodox Academy (http://heterodoxacademy.org/about-us/advisory-board/) und des Academic Engagement Network (http://www.academicengagement.org/en/about-us/leadership); siehe auch Pinker 2003, 2006. Fakten zum Klimawandel: Siehe die Zitate in Anm. 41, 45 und 46 oben.

49 Lauwarme: M. Ridley, »A History of Failed Predictions of Doom«, http://www.rationaloptimist.com/blog/apocalypse-not/; J. Curry, »Lukewarming«, *Climate Etc.*, 5. November 2015, https://judithcurry.com/2015/11/05/lukewarming/.

50 Klima-Casino: W. Nordhaus 2013; W. Nordhaus, »Why the Global Warming Skeptics Are Wrong«, *New York Review of Books*, 22. März 2012; R. W. Cohen et al., »In the Climate Casino: An Exchange«, *New York Review of Books*, 26. April 2012.

51 Klimagerechtigkeit: Foreman 2013.

52 Klein vs. CO_2-Steuer: C. Komanoff, »Naomi Klein Is Wrong on the Policy That Could Change Everything«, *Carbon Tax Center* blog, https://www.carbontax.org/blog/2016/11/07/naomi-klein-is-wrong-on-the-policy-that-could-change-everything/; Koch-Brüder vs. CO_2-Steuer: C. Komanoff, »To the Left-Green Opponents of I-732: How Does It Feel?« *Carbon Tax Center* blog, https://www.carbontax.org/blog/2016/11/04/to-the-left-green-opponents-of-i-732-how-does-it-feel/. Stellungnahme von Ökonomen zum Klimawandel: Arrow et al. 1997. Neuere Argumente für die CO_2-Steuer: »FAQs«, *Carbon Tax Center* blog, https://www.carbontax.org/faqs/.

53 »Naomi Klein on Why Low Oil Prices Could Be a Great Thing«, *Grist*, 9. Februar 2015.

54 Das Problem mit »Klimagerechtigkeit« und »changing everything«: Foreman 2013, Shellenberger & Nordhaus 2013.

55 Panikmache weniger effektiv als praktische Lösungen: Braman et al. 2007, Feinberg & Willer 2011, Kahan, Jenkins-Smith et al. 2012, O'Neill & Nicholson-Cole 2009; L. Sorantino, »Annenberg Study: Pope Francis' Climate Change Encyclical Backfired Among Conservative Catholics«, *Daily Pennsylvanian*, 1. November 2016, https://goo.gl/zUWXyk; T. Nordhaus & M. Shellenberger, »Global Warming Scare Tactics«, *New York Times*, 8. April 2014. Siehe Boyer 1986 sowie Sandman & Valenti 1986, die in Bezug auf Atomwaffen ähnlich argumentieren.

56 »World Greenhouse Gas Emissions Flow Chart 2010«, *Ecofys*, http://www.ecofys.com/files/files/asn-ecofys-2013-world-ghg-emissions-flow-chart-2010.pdf.

57 Mangelnde Verhältnismäßigkeit: Desvousges et al. 1992.

58 Moralisierende Bewertung von Verschwendung und Askese: Haidt 2012, Pinker 2008 a.

59 Opfer versus Nutzen als Grund für moralische Anerkennung: Nemirow et al. 2016.
60 Siehe http://scholar.harvard.edu/files/pinker/files/ten_ways_to_green_your_scence_2.jpg und http://scholar.harvard.edu/files/pinker/files/ten_ways_to_green_your_scence_1.jpg.
61 Shellenberger & Nordhaus 2013.
62 M. Tupy, »Earth Day's Anti-Humanism in One Graph and Two Tables«, *Cato at Liberty*, 22. April 2015, https://www.cato.org/blog/earth-days-anti-humanism-one-graph-two-tables.
63 Shellenberger & Nordhaus 2013.
64 Tauschhandel wirtschaftliche Entwicklung gegen Klimawandel: W. Nordhaus 2013.
65 L. Sorantino, »Annenberg Study: Pope Francis' Climate Change Encyclical Backfired Among Conservative Catholics«, *Daily Pennsylvanian*, 1. November 2016, https://goo.gl/zUWXyk.
66 Das tatsächliche Kohlenstoff-Wasserstoff-Verhältnis in Cellulose und Lignin, aus denen Holz besteht, ist niedriger, doch der meiste Wasserstoff ist schon an Sauerstoff gebunden, so dass er nicht oxidiert und beim Verbrennen Wärme abgibt; siehe Ausubel & Marchetti 1998.
67 Steinkohle besteht überwiegend aus $C_{137}H_{97}O_9NS$, mit einem Verhältnis von 1,4 zu 1; Glanzkohle besteht überwiegend aus $C_{240}H_{90}O_4NS$, mit einem Verhältnis von 2,67 zu 1.
68 Kohlenstoff-Wasserstoff-Verhältnisse: Ausubel 2007.
69 Sinkender Kohlenstoffverbrauch: Ausubel 2007.
70 »Global Carbon Budget«, *Global Carbon Project*, 14. November 2016, http://www.globalcarbonproject.org/carbonbudget/.
71 Ausubel 2007, S. 230.
72 CO_2-Plateau, BIP-Anstieg: Le Quéré et al. 2016.
73 Tiefe Dekarbonisierung: Deep Decarbonization Pathways Project 2015, Pacala & Socolow 2004, Williams et al. 2014, http://deepdecarbonization.org/.
74 Konsens über CO_2-Steuer: Arrow et al. 1997; siehe auch »FAQs«, *Carbon Tax Center* blog, https://www.carbontax.org/faqs/.
75 Wie man eine CO_2-Steuer einführt: »FAQs«, *Carbon Tax Center* blog, https://www.carbontax.org/faqs/; Romer 2016.
76 Kernenergie als das neue Grün: Asafu-Adjaye et al. 2015, Ausubel 2007, Brand 2009, Bryce 2014, Cravens 2007, Freed 2014; K. Caldeira et al., »Top Climate Change Scientists' Letter to Policy Influencers«, *CNN*, 3. November 2013, http://www.cnn.com/2013/11/03/world/nuclear-energy-climate-change-scientists-letter/index.html; M. Shellenberger, »How the Environmental Movement Changed Its Mind on Nuclear Power«, *Public Utilities Fortnightly*, Mai 2016; Nordhaus & Shellenberger 2011; Breakthrough Institute, »Energy and Climate FAQs«, http://thebreakthrough.org/index.php/programs/energy-and-climate/nuclear-faqs. Viele Umweltaktivisten unterstützen zwar mittlerweile den Ausbau der Kernenergie (unter anderem Stewart Brand, Jared Diamond, Paul Ehrlich, Tim Flannery, John Holdren, James Kunstler, James Lovelock, Bill McKibben, Hugh Montefiore und Patrick Moore), doch zu den verblie-

benen Gegnern gehören noch Greenpeace, der World Wildlife Fund, der Sierra Club, der Natural Resources Defense Council, Friends of the Earth sowie (wenn auch nicht ganz eindeutig) Al Gore. Siehe Brand 2009, S. 86–89.

77 Sonne und Wind decken 1,5 Prozent des Weltenergiebedarfs: British Petroleum 2016, graphische Darstellung auf https://www.carbonbrief.org/factcheck-how-much-energy-does-the-world-get-from-renewables.

78 Für Windparks benötigte Landflächen: Bryce 2014.

79 Für Windkraft- und Solaranlagen benötigte Landflächen: Swain et al. 2015, basierend auf Daten aus Jacobson & Delucchi 2011.

80 M. Shellenberger, »How the Environmental Movement Changed Its Mind on Nuclear Power«, *Public Utilities Fortnightly*, Mai 2016; R. Bryce, »Solar's Great and So Is Wind, but We Still Need Nuclear Power«, *Los Angeles Times*, 16. Juni 2016.

81 Krebstote nach Tschernobyl: Ridley 2011, S. 402, 516.

82 Relative Todesrate durch Kernenergie vs. fossile Brennstoffe: Kharecha & Hansen 2013, Swain et al. 2015. Eine Million Tote im Jahr durch Kohle: Morton 2015, S. 16.

83 Nordhaus & Shellenberger 2011. Siehe auch Anm. 76 oben.

84 Deep Decarbonization Pathways Project 2015. Tiefe Dekarbonisierung der Vereinigten Staaten: Williams et al. 2014. Siehe auch B. Plumer, »Here's What It Would Really Take to Avoid 2 °C of Global Warming«, *Vox*, 9. Juli 2014.

85 Tiefe Dekarbonisierung der Welt: Deep Decarbonization Pathways Project 2015. Siehe auch die vorige Anmerkung.

86 Kernenergie und die Psychologie von Angst und Schrecken: Gardner 2008, Gigerenzer 2016, Ropeik & Gray 2002, Slovic 1987, Slovic, Fischhoff & Lichtenstein 1982.

87 Aus »Power« von John Hall und Johanna Hall.

88 Laut verschiedenen Quellen; zitiert in Brand 2009, S. 75.

89 Notwendigkeit der Standardisierung: Shellenberger 2017. Selin-Zitat: S. B. Conroy, »Farewell Gestures«, *Washington Post*, 29. Mai 1995.

90 Kernenergie der vierten Generation: Bailey 2015, Blees 2008, Freed 2014, Hargraves 2012, Naam 2013.

91 Fusionsenergie: E. Roston, »Peter Thiel's Other Hobby Is Nuclear Fusion«, *Bloomberg News*, 22. November 2016; L. Grossman, »Inside the Quest for Fusion, Clean Energy's Holy Grail«, *Time*, 22. Oktober 2015.

92 Vorzüge technischer Lösungen für die Bekämpfung des Klimawandels: Bailey 2015, Koningstein & Fork 2014, Nordhaus 2016; siehe auch Anm. 103 unten.

93 Notwendigkeit risikofreudiger Forschung: Koningstein & Fork 2014.

94 Brand 2009, S. 84.

95 Festgefahrene Situation und Technikfeindlichkeit in den USA: Freed 2014.

96 Abscheidung von CO_2: Brand 2009; B. Plumer, »Can We Build Power Plants That Actually Take Carbon Dioxide Out of the Air?«, *Vox*, 11. März 2015; B. Plumer, »It's Time to Look Seriously at Sucking CO_2 Out of the Atmosphere«, *Vox*, 13. Juli 2015. Siehe auch CarbonBrief 2016 und die Website des Center for Carbon Removal, http://www.centerforcarbonremoval.org/.

97 Geoengineering: Keith 2013, 2015, Morton 2015. Künstliche Kohlenstoffabscheidung: Siehe vorige Anmerkung.

98 Kohlenstoffarme Flüssigbrennstoffe: Schrag 2009.

99 BECCS: King et al. 2015, Sanchez et al. 2015, Schrag 2009; siehe auch Anm. 96 oben.

100 *Time*-Schlagzeilen: 25. September, 19. Oktober und 14. Oktober. Schlagzeile in *New York Times*: 5. November 2015, basierend auf einer Umfrage des Pew Research Center. Weitere Umfragen, die die US-amerikanische Unterstützung von Maßnahmen zur Abschwächung des Klimawandels belegen, finden sich auf https://www.carbontax.org/polls/.

101 Pariser Klimakonferenz: http://unfccc.int/paris agreement/items/9485.php.

102 Wahrscheinlichkeit von Temperaturanstiegen unter dem Pariser Abkommen: Fawcett et al. 2015.

103 Durch Technologie und Wirtschaft angetriebene Dekarbonisierung: Nordhaus & Lovering 2016. Bundesstaaten, Städte und Welt beim Klimawandel gegen Trump: Bloomberg & Pope 2017; »States and Cities Compensate for Mr. Trump's Climate Stupidity«, *New York Times*, 7. Juni 2017; »Trump Is Dropping Out of the Paris Agreement, but the Rest of Us Don't Have To«, *Los Angeles Times*, 16. Juni 2017; W. Hmaidan, »How Should World Leaders Punish Trump for Pulling Out of Paris Accord?«, *The Guardian*, 15. Juni 2017; »Apple Issues $1 Billion Green Bond After Trump's Paris Climate Exit«, *Reuters*, 13. Juni 2017, https://www.reuters.com/article/us-apple-climate-greenbond/apple-issues-1-billion-green-bond-after-trumps-paris-climate-exit-idUSKBN1941ZE; H. Tabuchi & H. Fountain, »Bill Gates Leads New Fund as Fears of U. S. Retreat on Climate Grow«, *New York Times*, 12. Dezember 2016.

104 Abkühlen der Atmosphäre durch Reduzieren der Sonneneinstrahlung: Brand 2009, Keith 2013, 2015, Morton 2015.

105 Kalziumkarbonat (Kalkstein) als stratosphärisches Sonnenschutzmittel und Säureblocker: Keith et al. 2016.

106 »Moderat, den Umständen angepasst, befristet«: Keith 2015. Beseitigen von 5 Gigatonnen CO_2 bis 2075: Q&A aus Keith 2015.

107 Geoengineering verstärkt Nachdenken über den Klimawandel: Kahan, Jenkins-Smith et al. 2012.

108 Zufriedener und bedingter Optimismus: Romer 2016.

Kapitel 11

1 Die Graphiken in *Gewalt. Eine neue Geschichte der Menschheit* und im vorliegenden Buch schließen das jeweils letzte verfügbare Jahr mit ein. Dennoch sind die meisten Daten nicht ganz aktuell; sie wurden mehrfach auf Richtigkeit und Vollständigkeit überprüft und erschienen daher erst deutlich nach dem letzten Jahr, das sie umfassen (mindestens ein Jahr später, obwohl die zeitliche Lücke immer kleiner wird). Einige Daten wurden gar nicht aktualisiert oder unterliegen nun anderen Kriterien, weshalb unterschiedliche Jahre nicht vergleichbar sind. Aus diesen Gründen und wegen des Zeitverzugs zwischen Abgabe des Manuskripts und Publikation stammen die neues-

ten in *Gewalt* graphisch dargestellten Daten aus der Zeit vor 2011 und die im vorliegenden Buch aus 2016 oder der Zeit davor.

2 Krieg als Normalzustand: Siehe die Diskussion in Pinker 2011, S. 345–376.

3 Ich verwende hier Levys Klassifikation von Großmächten und Krieg zwischen Großmächten; siehe auch Goldstein 2011, Pinker 2011, S. 338–345.

4 Einander überkreuzende Trends bei Kriegen zwischen Großmächten: Pinker 2011, S. 341–345, basierend auf Daten aus Levy 1983.

5 Krieg zwischen Staaten kommt aus der Mode: Goertz, Diehl & Balas 2016, Goldstein 2011, Hathaway & Shapiro 2017, Mueller 1989, 2009; und siehe Pinker 2011, Kap. 5.

6 Die Standarddefinition von »Krieg« unter Politologen ist ein staatsbasierter bewaffneter Konflikt, der in einem gegebenen Jahr mindestens 1000 im Gefecht Gestorbene fordert. Die Zahlen stammen aus dem UCDP/PRIO Armed Conflict Dataset: Gleditsch et al. 2002, Human Security Report Project 2009, Pettersson & Wallensteen 2015; https://www.pcr.uu.se/research/ucdp/datasets/ucdp_prio_armed_conflict_dataset/ oder über http://ucdp.uu.se/downloads/.

7 S. Pinker & J. M. Santos, »Colombia's Milestone in World Peace«, *New York Times*, 26. August 2016. Ich danke Joshua Goldstein, der mich auf viele in diesem Artikel erwähnte Fakten, die ich hier wiederhole, aufmerksam gemacht hat.

8 Center for Systemic Peace, Marshall 2016, http://www.systemicpeace.org/warlist/warlist.htm, Gesamtsumme aus 32 Vorfällen politischer Gewalt in Nord-, Mittel- und Südamerika seit 1945, außer 9/11 und dem Drogenkrieg in Mexiko.

9 Zahlen aus dem UCDP/PRIO Armed Conflict Dataset: Pettersson & Wallensteen 2015, mit Aktualisierungen durch Therese Petterson und Sam Taub (persönliche Mitteilung). Die Kriege von 2016 waren: Afghanistan gegen die Taliban und gegen ISIS, Irak gegen ISIS, Libyen gegen ISIS, Nigeria gegen ISIS, Somalia gegen Al-Shabaab, Sudan gegen Sudan Revolutionary Front, Syrien gegen ISIS und gegen Rebellen, Türkei gegen ISIS und gegen PKK, Jemen gegen Streitkräfte Hadis.

10 Geschätzte Zahl der im Gefecht Gestorbenen im syrischen Bürgerkrieg: 256 624 (bis 2016) vom Uppsala Conflict Data Program (http://ucdp.uu.se/#country/652, zugegriffen Juni 2017), 250 000 (bis 2015) vom Center for Systemic Peace, http://www.systemicpeace.org/warlist/warlist.htm, zuletzt aktualisiert am 25. Mai 2016.

11 Bürgerkriege, die seit 2009 ein Ende fanden (genau gesagt »staatsbasierte bewaffnete Konflikte« mit über 25 im Gefecht Gestorbenen pro Jahr, aber nicht zwingend über 1000): persönliche Mitteilung von Therese Petterson, 17. März 2016, basierend auf dem Uppsala Conflict Data Program Armed Conflict Dataset, Pettersson & Wallensteen 2015, http://ucdp.uu.se/. Frühere Kriege mit massiven Opferzahlen: Center for Systemic Peace, Marshall 2016.

12 Goldstein 2015. Die Zahlen betreffen »Flüchtlinge«, die internationale Grenzen überqueren; die Zahl der »Binnenflüchtlinge« wird erst seit 1989 vermerkt, so dass ein Vergleich zwischen den Vertriebenen des Syrienkrieges und denen früherer Kriege nicht möglich ist.

13 Völkermord so alt wie die Menschheit: Chalk und Jonassohn 1990, S. xvii.

14 Höchste Todesrate bei Völkermorden: Aus Rummel 1997, laut seiner Definition von »Demozid«, die die »einseitige Gewalt« des UCDP sowie bewusst verursachte Hungersnöte, Tode in Internierungslagern und die gezielte Bombardierung von Zivilisten einschließt. Enger gefasste Definitionen von »Vökermord« führen ebenfalls zu zig Millionen Todesopfern in den 1940er Jahren. Siehe White 2011, Pinker 2011, S. 500–509.

15 Die Berechnungen werden in Pinker 2011, S. 1069, Anm. 165, erläutert.

16 Die Zahlen beziehen sich auf 2014 und 2015, die letzten Jahre mit einer verfügbaren Analyse. Laut UCDP One-Sided Violence Dataset, Version 1.4–2015 (http://ucdp.uu.se/downloads/), sind dies »hohe« Schätzungen, doch da nur bestätigte Todesfälle berücksichtigt werden, sollte man die angegebenen Zahlen als konservativ berechnete untere Schranken betrachten.

17 Probleme beim Einschätzen von Risiken: Pinker 2011, S. 320–338, Spagat 2015, 2017; M. Spagat, »World War III – What Are the Chances«, *Significance*, Dezember 2015; M. Spagat & S. Pinker, »Warfare« (Brief), *Significance*, Juni 2016 und »World War III: The Final Exchange«, *Significance*, Dezember 2016.

18 Nagdy & Roser 2016a. In allen Ländern außer den USA weisen die Militärausgaben in inflationsbereinigten Dollar nicht mehr die hohen Werte des Kalten Krieges auf, und in den USA sind sie in Relation zum BIP niedriger als der höchste Wert im Kalten Krieg. Wehrpflicht: Pinker 2011, S. 384–387; M. Tupy, »Fewer People Exposed to Horrors of War, *HumanProgress*, 30. Mai 2017, http://humanprogress.org/blog/fewer-people-exposed-to-horrors-of-war.

19 Ächtung des Krieges zu Zeiten der Aufklärung: Pinker 2011, S. 255–259.

20 Weniger Kriege und Kriegspausen: Pinker 2011, S. 358 f.

21 Rechtfertigung des sanften Handels: Pinker, 2011, S. 426–431, Russett & Oneal 2001.

22 Demokratie, Märkte und Frieden: Pinker 2011, S. 416–440, Russett & Oneal 2001.

23 Mögliche Irrelevanz von Atomwaffen: Mueller 1989, 2004a, Pinker 2011, S. 402–416. Neue Daten liefern Sechser & Fuhrmann 2017.

24 Normen und Tabus als Ursache des Langen Friedens: Goertz, Diehl & Balas 2016, Goldstein 2011, Hathaway & Shapiro 2017, Mueller 1989, Nadelmann 1990.

25 Bürgerkrieg weniger tödlich als zwischenstaatlicher Krieg: Pinker 2011, S. 452–455.

26 Friedenstruppen wahren Frieden: Fortna 2008, Goldstein 2011, Hultman, Kathman & Shannon 2013.

27 Reichere Länder führen seltener Bürgerkriege: Fearon & Laitin 2003, Hegre et al. 2011, Human Security Centre 2005, Human Security Report Project 2011. Warlords, Guerilla und Mafia: Mueller 2004a.

28 Ansteckender Krieg: Human Security Report Project 2011.

29 Romantischer Militarismus: Howard 2001, Mueller 1989, 2004a, Pinker 2011, S. 366–369, Sheehan 2008.

30 Zitate aus Mueller 1989, S. 38–51.

31 Romantischer Nationalismus: Howard 2001, Luard 1986, Mueller 1989, Pinker 2011, S. 360–369.

32 Hegel'scher dialektischer Kampf: Luard 1986, S. 355, Nisbet 1980/2009, Mueller 1989.

33 Marxistischer dialektischer Kampf: Montgomery & Chirot 2015.

34 Untergangsprophetismus und Kulturpessimismus: Herman 1998, Wolin 2004.

35 Herman 1998, S. 226.

Kapitel 12

1 Im Jahr 2005 wurden zwischen 421 000 und 1,8 Millionen Menschen von Giftschlangen gebissen; davon starben zwischen 20 000 und 94 000 (Kasturiratne et al. 2008).

2 Relative Verletzungsbilanz: World Health Organization 2014.

3 Unfälle und Todesursachen: Kochanek et al. 2016. Unfälle und die weltweite Last an Krankheit und Behinderung: Murray et al. 2012.

4 Mord tödlicher als Krieg: Pinker 2011, S. 336f; siehe auch S. 248, Tab. 13.1, im vorliegenden Buch. Aktualisierte Daten und Visualisierungen von Mordraten bietet der *Homicide Monitor* des Igarapé Institute, https://homicide.igarape.org.br/.

5 Mittelalterliche Gewalt: Pinker 2011, S. 46–48, 108–127, Eisner 2001, 2003.

6 Der Prozess der Zivilisation: Eisner 2001, 2003, Elias 1939/1969, Fletcher 1997.

7 Eisner und Elias: Eisner 2001, 2014 a.

8 Anstieg des Verbrechens in 1960er Jahren: Latzer 2016, Pinker 2011, S. 170–184.

9 Suche nach der Wurzel allen Übels: Sowell 1995.

10 Abnehmender Rassismus in den 1960ern: Pinker 2011, S. 568–584.

11 Großer Rückgang des Verbrechens in USA: Latzer 2016, Pinker 2011, S. 184–201, Zimring 2007. Die Ursache des Anstiegs von 2015 war vermutlich teilweise ein Abflauen der polizeilichen Überwachung nach landesweit veröffentlichten Protesten gegen Schusswaffengebrauch durch Polizisten im Jahr 2014; siehe L. Beckett, »Is the ›Ferguson Effect‹ Real? Researcher Has Second Thoughts«, *The Guardian*, 13. Mai 2016; H. Macdonald, »Police Shootings and Race«, *Washington Post*, 18. Juli 2016. Warum der Anstieg von 2015 vermutlich nicht die Umkehrung des Fortschritts aus den Jahren zuvor bedeutet, erläutert B. Latzer, »Will the Crime Spike Become a Crime Boom?«, *City Journal*, 31. August 2016, https://www.city-journal.org/html/will-crime-spike-become-crime-boom-14710.html.

12 Zwischen 2000 und 2013 fiel der Gini-Index in Venezuela von 0,47 auf 0,41 (*World Income Inequality Database* der UN, https://www.wider.unu.edu/), während die Mordrate von 32,9 auf 53,0 pro 100 000 stieg (*Homicide Monitor* des Igarapé Institute, https://homicide.igarape.org.br/).

13 Die Quellen für Schätzungen der UN sind in der Abbildungsunterschrift für Abb. 12.2 aufgeführt. Mit Hilfe ganz unterschiedlicher Verfahren hat das Projekt Global Burden of Disease (Murray et al. 2012) geschätzt, dass die globale Mordrate von 7,4 pro 100 000 Menschen im Jahr 1995 auf 6,1 im Jahr 2015 gesunken ist.

14 Internationale Mordraten: United Nations Office on Drugs and Crime 2014, https://www.unodc.org/gsh/en/data.html.

15 Senken der globalen Mordrate um 50 Prozent in 30 Jahren: Eisner 2015, Krisch et al. 2015. Die Globalen Zukunftsziele für nachhaltige Entwicklung der UN von 2017 beinhalten das vagere Ziel »Alle Formen der Gewalt und die gewaltbedingte Sterblichkeit überall deutlich verringern« (Ziel 16.1, https://www.globalpolicy.org/images/pdfs/GPFEurope/Agenda_2030_online.pdf).

16 Internationale Mordraten: United Nations Office on Drugs and Crime 2014, https://www.unodc.org/gsh/en/data.html; siehe auch *Homicide Monitor*, https://homicide.igarape.org.br/.

17 Schiefe Verteilung von Morden in jeder Größenordnung: Eisner 2015, Muggah & Szabo de Carvalho 2016.

18 Mord in Boston: Abt & Winship 2016.

19 Rückgang des Verbrechens in New York: Zimring 2007.

20 Rückgang der Mordrate in Kolumbien, Südafrika und anderen Staaten: Eisner 2014 b, S. 23. Russland: United Nations Office on Drugs and Crime 2014, S. 28.

21 Mord ist in den meisten Staaten zurückgegangen: United Nations Office on Drugs and Crime 2013, 2014, https://www.unodc.org/gsh/en/data.html.

22 Erfolgreiche Verbrechensbekämpfung in Lateinamerika: Guerrero Velasco 2015, Muggah & Szabo de Carvalho 2016.

23 Zunahme von Morden in Mexiko 2007–2011 wegen organisiertem Verbrechen: Botello 2016. Rückgang in Ciudad Juárez: P. Corcoran, »Declining Violence in Juarez a Major Win for Calderon: Report«, *Insight Crime*, 26. März 2013, http://www.insightcrime.org/news-analysis/declining-violence-in-juarez-a-major-win-for-calderon-report.

24 Weniger Morde: Bogotá und Medellín: T. Rosenberg, »Colombia's Data-Driven Fight Against Crime«, *New York Times*, 20. November 2014. São Paulo: Risso 2014. Rio: R. Muggah & I. Szabó de Carvalho, »Fear and Backsliding in Rio«, *New York Times*, 15. April 2014.

25 Rückgang der Mordrate in San Pedro Sula: S. Nazario, »How the Most Dangerous Place on Earth Got a Little Bit Safer«, *New York Times*, 11. August 2016.

26 Das Bestreben, die Mordrate in Lateinamerika innerhalb von *zehn Jahren* zu halbieren, beschreiben Muggah & Szabo de Carvalho 2016; siehe auch https://www.instintodevida.org/.

27 Wie sich Mordraten schnell senken lassen: Eisner 2014 b, 2015, Krisch et al. 2015, Muggah & Szabo de Carvalho 2016. Siehe auch Abt & Winship 2016, Gash 2016, Kennedy 2011, Latzer 2016.

28 Hobbes, Gewalt und Anarchie: Pinker 2011, S. 66–74, 1010–1012.

29 Polizistenstreiks: Gash 2016, S. 184–186.

30 Justiz, die Strafen nicht durchsetzt, lässt Kriminalität steigen: Latzer 2016, Eisner 2015, S. 14.

31 Ursachen des starken Rückgangs der Kriminalität in den USA: Kennedy 2011, Latzer 2016, Levitt 2004, Pinker 2011, S. 184–201, Zimring 2007.

32 Ein-Satz-Zusammenfassung: Eisner 2015.

33 Rechtmäßigkeit des Staates und Kriminalität: Eisner 2003, 2015, Roth 2009.

34 Was bei der Verbrechensbekämpfung funktioniert: Abt & Winship 2016. Siehe auch Eisner 2014 b, 2015, Gash 2016, Kennedy 2011, Krisch et al. 2015, Latzer 2016, Muggah 2015, 2016.

35 Kriminalität und Selbstbeherrschung: Pinker 2011, S. 123–125, 167, 175–177, 200–201, 742–748, 877–907.

36 Kriminalität, Narzissmus und Soziopathie (oder Psychopathie): Pinker 2011, S. 754 f., 768–771.

37 Zielerschwerung und Eindämmen von Kriminalität: Gash 2016.

38 Gerichte, die bei Drogendelinquenz statt Bestrafungen Problemlösungen durch das Zusammenwirken von Gerichtsbarkeit, Strafverfolgung und Therapieeinrichtungen anstreben (Anm. d. Übs.).

39 Wirksamkeit von *drug courts* und Therapien: Abt & Winship 2016, S. 26.

40 Zweifelhafte Wirksamkeit von Waffengesetzen: Abt & Winship 2016, S. 26, Hahn et al. 2005, N. Kristof, »Some Inconvenient Gun Facts for Liberals«, *New York Times*, 16. Januar 2016.

41 Diagramm zu Verkehrstoten: K. Barry, »Safety in Numbers«, *Car and Driver*, Mai 2011, S. 17.

42 Basierend auf Todesfällen pro Kopf, nicht pro gefahrener Meile.

43 Bruce Springsteen, »Pink Cadillac«.

44 Insurance Institute for Highway Safety 2016. Im Jahr 2015 stieg die Rate geringfügig auf 10,9 an.

45 In reichen Ländern beträgt die jährliche Rate von Verkehrstoten 57 pro 100 000 Menschen, in armen Ländern 88 (World Health Organization 2014, S. 10).

46 Bettmann 1974, S. 22 f.

47 Scott 2010, S. 18 f.

48 Rawcliffe 1998, S. 4, zitiert in Scott 2010, S. 18 f.

49 Tebeau 2016.

50 Der Darwin Award ist ein sarkastischer Negativpreis, der für die dümmsten Arten zu sterben »verliehen« wird (Anm. d. Übs.).

51 Tudor Darwin Awards: http://tudoraccidents.history.ox.ac.uk/.

52 Die vollständige Datenmenge für Abbildung 12.6 offenbart eine verblüffende Zunahme der Todesfälle durch Stürze ab 1992, wohingegen ein solcher Anstieg in der Statistik der Notfallbehandlungen und Krankenhausaufnahmen für diesen Zeitraum nicht zu verzeichnen ist (Hu & Baker 2012). Auch wenn alte Menschen häufig an Stürzen sterben, lässt sich die Zunahme nicht mit dem Altern der amerikanischen Bevölkerung erklären, weil sie auch in altersbereinigten Daten bestehen bleibt (Sehu, Chen & Hedegaard 2015). Offenbar liegt hier ein Artefakt aufgrund veränderter Berichtspraktiken vor (Hu & Mamady 2014, Kharrazi, Nash & Mielenz 2015, Stevens & Rudd 2014). Viele alte Menschen stürzen, erleiden dabei Hüft-, Rippen- oder Schädelfrakturen und sterben einige Wochen später an Lungenentzündung oder anderen Komplikationen. Früher trugen amtliche Leichenbeschauer und Gerichtsmediziner als Todesursache in diesen Fällen die dem Tod unmittelbar voraufgehende Krankheit

ein. In jüngerer Zeit vermerken sie als Ursache den zuvor erfolgten Unfall. Die gleiche Zahl an Personen ist gestürzt und verstorben, aber der Tod wurde in zunehmendem Maße dem Sturz zugeschrieben.

53 Präsidentschaftsberichte: »National Conference on Fire Prevention« (Presseerklärung), 3. Januar 1947, http://foundation.sfpe.org/wp-content/uploads/2014/06/presidentsconference1947.pdf; *America Burning* (Bericht der National Commission on Fire Prevention and Control), 1973; *America Burning Revisited*, U. S. Fire Administration/FEMA, 1987.

54 Feuerwehrleute als Rettungssanitäter: P. Keisling, »Why We Need to Take the ›Fire‹ out of ›Fire Department‹«, *Governing*, 1. Juli 2015.

55 Die meisten Vergiftungen durch Drogen oder Alkohol: National Safety Council 2016, S. 160 f.

56 Opioid-Epidemie: National Safety Council, »Prescription Drug Abuse Epidemic; Painkillers Driving Addiction«, 2016, http://www.nsc.org/learn/NSC-Initiatives/Pages/prescription-painkiller-epidemic.aspx.

57 Opioid-Epidemie und ihre Behandlung: Satel 2017.

58 Möglicher Höchststand von Opioid-Überdosierungen: Hedegaard, Chen & Warner 2015.

59 Alters- und Kohorteneffekte bei Drogenüberdosen: National Safety Council 2016; bei Kolosh 2014 finden sich Diagramme.

60 Weniger Rauschmittelkonsum bei Teenagern: National Institute on Drug Abuse 2016. Die Rückgänge setzten sich in der zweiten Jahreshälfte von 2016 fort: National Institute on Drug Abuse, »Teen Substance Use Shows Promising Decline«, 13. Dezember 2016, https://www.drugabuse.gov/news-events/news-releases/2016/12/teen-substance-use-shows-promising decline.

61 Bettmann 1974, S. 69–71.

62 Zitiert in Bettmann, S. 71.

63 Geschichte der Arbeitsplatzsicherheit: Alrich 2001.

64 Progressive Bewegung und Arbeitersicherheit: Alrich 2001.

65 Der rapidere Rückgang zwischen 1970 und 1980 in Abb. 12.7 ist vermutlich ein Artefakt, der dem Aggregieren verschiedener Quellen zuzuschreiben ist; in der ununterbrochenen Datenreihe aus National Safety Council 2016, S. 46 f., ist er nicht erkennbar. Der allgemeine Trend in den NSC-Daten ist jedoch ähnlich wie in der Abbildung. Ich habe mich gegen seine Darstellung entschieden, weil die Raten als Anteil der Bevölkerung berechnet wurden statt als Anteil der Arbeiterzahlen; zudem weisen sie einen artefaktischen Rückgang im Jahr 1992 auf, als der Census of Fatal Occupational Injuries (»amtliche Zählung tödlicher Arbeitsunfälle«) eingeführt wurde.

66 Vereinte Nationen 2011, Tabelle 2.3, S. 46.

67 Das Beispiel stammt aus »War, Death, and the Automobile«, einem Anhang zu Mueller 1989, ursprünglich 1984 im *Wall Street Journal* erschienen.

Kapitel 13

1 Angst vor Terrorismus: Jones et al 2016a; siehe auch Kapitel 4, Anmerkung 14.

2 Westeuropa als Kriegsgebiet: J. Gray, »Steven Pinker Is Wrong About Violence and War«, *The Guardian*, 13. März 2015; siehe auch S. Pinker, »Guess What? More People Are Living in Peace Now. Just Look at the Numbers«, *The Guardian*, 20. März 2015.

3 Gefährlicher als Terrorismus: National Safety Council 2011.

4 Mord in Westeuropa versus USA: United Nations Office on Drugs and Crime 2013. Die durchschnittliche Mordrate der 24 Länder, die in der Global Terrorism Database unter Westeuropa geführt werden, betrug 1,1 pro 100 000 Personen pro Jahr; für die USA betrug sie 4,4 im Jahr 2014. Verkehrstote: Die durchschnittliche Rate für 2013 betrug 4,8 Todesfälle pro 100 000 Personen pro Jahr, in den USA 10,7.

5 Todesfälle in Unruhen und Guerillakrieg nun »Terrorismus«: Human Security Report Project 2007, Mueller & Stewart 2016b, Muggah 2016.

6 John Mueller, persönliche Mitteilung, 2016.

7 Ansteckender Charakter von Massentötungen: B. Carey, »Mass Killings May Have Created Contagion, Feeding on Itself«, *New York Times*, 27. Juli 2016; Lankford & Madfis 2018.

8 Von aktiven Schützen verursachte Vorfälle: Blair & Schweit 2014, Combs & Slovic 1979. Massenmorde: Analyse von FBI Uniform Crime Report Data (http://www.ucrdatatool.gov/) von 1976 bis 2011 durch James Alan Fox, als Diagramm dargestellt in Latzer 2016, S. 263.

9 Ein Diagramm, das die Trends mit Hilfe einer logarithmischen Skala vergrößert darstellt, findet sich in Pinker 2011, Abb. 6–9, S. 521.

10 K. Eichenwald, »Right-Wing Extremists Are a Bigger Threat to America Than ISIS«, *Newsweek*, 4. Februar 2016. Unter Berufung auf die United States Extremist Crime Database (Freilich et al. 2014), die Gewalttaten von rechtsgerichteten Extremisten vermerkt, schätzt der Sicherheitsanalytiker Robert Muggah (persönliche Mitteilung), dass bis Mai 2017 – abgesehen von 9/11 und Oklahoma – rechtsgerichtetem Extremismus 272 Personen und islamistischen Terroranschlägen 136 Personen zum Opfer gefallen sind.

11 Terrorismus als Nebenprodukt der globalen Medien: Payne 2004.

12 Größere Wirkung von Mord: Slovic 1987, Slovic, Fischhoff & Lichtenstein 1982.

13 Rationale Angst vor Mördern: Duntley & Buss 2011.

14 Motive von Selbstmordattentätern und Amokläufern: Lankford 2013.

15 Fehleinschätzung, der IS sei eine »Existenzbedrohung« für Amerika: Siehe Kapitel 4, Anmerkung 14; siehe auch J. Mueller & M. Stewart, »ISIS Isn't an Existential Threat to America«, *Reason*, 27. Mai 2016.

16 Y. N. Harari, »The Theatre of Terror«, *The Guardian*, 31. Januar 2015.

17 Terrorismus bringt nichts: Abrahms 2006, Branwen 2016, Cronin 2009, Fortna 2015.

18 Jervis 2011.

19 Y. N. Harari, »The Theatre of Terror«, *The Guardian*, 31. Januar 2015.

20 Erwähne sie nicht, zeige sie nicht: Lankford & Madfis 2018; siehe auch die Projekte

No Notoriety (https://nonotoriety.com/) und Don't Name Them (http://www.dont namethem.org/).

21 Wie Terrorismus endet: Abrahms 2006, Cronin 2009, Fortna 2015.

Kapitel 14

1 Hohe Gewaltraten in nichtstaatlichen Gesellschaften: Pinker 2011, Kapitel 2. Neuere Schätzungen, die diesen Unterschied bestätigen, liefern Gat 2015, Gómez et al. 2016, Wrangham & Glowacki 2012.

2 Despotische frühe Regierungen: Betzig 1986, Otterbein 2004. Biblische Tyrannei: Pinker 2011, Kapitel 1.

3 White 2011, S. xvii.

4 Demokratien verfügen über schneller wachsende Ökonomien: Radelet 2015, S. 125–129. Dies kann freilich durch die Tatsache verfälscht werden, dass arme Länder einen schnelleren Zuwachs verzeichnen können als reiche, und arme Länder sind meist weniger demokratisch. Demokratien führen weniger Kriege: Hegre 2014, Russett 2010, Russett & Oneal 2001. Demokratien verzeichnen weniger schwere (wenn auch nicht zwangsläufig weniger) Bürgerkriege: Gleditsch 2008, Lacina 2006. Demokratien verzeichnen weniger Völkermorde: Rummel 1994, S. 2, 15, Rummel 1997, S. 6–10, 367, Harff 2003, 2005. Keine Hungersnöte in Demokratien: Sen 1984; siehe auch Devereux 2000 mit einer kleinen Einschränkung. Bürger von Demokratien sind gesünder: Besley & Kudamatsu 2006. Bürger von Demokratien sind gebildeter: Roser 2016b.

5 Drei Demokratisierungswellen: Huntington 1991.

6 Demokratie auf dem Rückzug: Mueller 1999, S. 214.

7 Brandts Pessimismus: Jacobs 2004, S. 27.

8 Moynihans Pessimismus: Zitiert in Mueller 1999, S. 214.

9 Das Ende der Geschichte: Fukuyama 1989.

10 Zitate aus Levitsky & Way 2015.

11 Falsches Verständnis vom Begriff der Demokratie: Welzel 2013, S. 66, Anm. 11.

12 Dies ist ein Problem bei den jährlichen Zählungen der Organisation Freedom House, die der Demokratie nachspürt; siehe Levitsky & Way 2015, Munck & Verkuilen 2002, Roser 2016b.

13 Dies ist ein weiteres Problem bei den Daten von Freedom House.

14 Polity IV Project: Center for Systemic Peace 2015, Marshall & Gurr 2014, Marshall, Gurr & Jaggers 2016.

15 Farbrevolutionen: Bunce 2017.

16 Demokratien: Marshall, Gurr & Jaggers 2016, Roser 2016b. »Demokratien« sind Länder, die nach dem Polity IV Project einen Demokratiewert von 6 oder mehr aufweisen, »Autokratien« sind Länder mit einem Autokratiewert von 6 oder mehr. Länder, die weder autokratisch noch demokratisch sind, werden als Anokratien bezeichnet, definiert als »unzusammenhängende Mischung aus demokratischen und autokratischen Merkmalen und Praktiken«. In einer »offenen Anokratie« sind die Machthaber nicht

auf eine Elite beschränkt. Für 2015 teilt Roser die Weltbevölkerung folgendermaßen auf: 55,8 Prozent in Demokratien, 10,8 Prozent in offenen Anokratien, 6,0 Prozent in geschlossenen Anokratien, 23,2 Prozent in Autokratien und 4 Prozent in einem Übergangsstadium oder ohne Daten.

17 Eine jüngere Rechtfertigung von Fukuyamas These findet sich in Mueller 2014. Widerlegung der »Demokratieflaute«: Levitsky & Way 2015.

18 Wohlstand und Demokratie: Norberg 2016, Roser 2016b, Porter, Stern & Green 2016, S. 19. Wohlstand und Menschenrechte: Fariss 2014, Land, Michalos & Sirgy 2012. Bildung und Demokratie: Rindermann 2008; siehe auch Roser 2016i.

19 Vielfalt der Demokratie: Mueller 1999, Norberg 2016, Radelet 2015; Daten finden sich in Polity IV Annual Time-Series, http://www.systemicpeace.org/polityproject.html, Center for Systemic Peace 2015, Marshall, Gurr & Jaggers 2016.

20 Aussicht auf Demokratie in Russland: Bunce 2017.

21 Norberg 2016, S. 158.

22 Demokratische Dumpfbacken: Achens & Bartels 2016, Caplan 2007, Somin 2016.

23 Neuester Diktatorentrend: Bunce 2017.

24 Popper 1945/2013.

25 Demokratie = das Recht zur Beschwerde: Mueller 1999, 2014. Zitat aus Mueller 1999, S. 247.

26 Mueller 1999, S. 140.

27 Mueller 1999, S. 171.

28 Levitsky & Way 2015, S. 50.

29 Demokratie und Bildung: Rindermann 2008, Roser 2016b, Thyne 2006. Demokratie, westliche Einflüsse und gewaltsame Revolution: Levitsky & Way 2015, S. 54.

30 Demokratie und Menschenrechte: Mulligan, Gil & Sala-i-Martin 2004, Roser 2016b, Abschnitt II.3.

31 Zitate aus Sikkink 2017.

32 Informationsparadox der Menschenrechte: Clark & Sikkink 2013, Sikkink 2017.

33 Geschichte der Todesstrafe: Hunt 2007, Payne 2004, Pinker 2011, S. 233–238.

34 Todesstrafe kurz vor ihrer Hinrichtung: C. Ireland, »Death Penalty in Decline«, *Harvard Gazette*, 27. Juni 2012; C. Walsh, »Death Penalty, in Retreat«, *Harvard Gazette*, 3. Februar 2015. Aktuelle Zahlen liefern »International Death Penalty«, *Amnesty International*, http://www.amnestyusa.org/our-work/issues/death-penalty/international-death-penalty, und »Capital Punishment by Country«, *Wikipedia*, https://en.wikipedia.org/wiki/Capital_punishment_by_country.

35 C. Ireland, »Death Penalty in Decline«, *Harvard Gazette*, 27. Juni 2012.

36 Geschichte der Abschaffung der Todesstrafe: Hammel 2010.

37 Argumente der Aufklärung gegen die Todesstrafe: Hammel 2010, Hunt 2007, Pinker 2011, S. 229–238.

38 Südliche Kultur der Ehre: Pinker 2011, S. 159–163. Hinrichtungen in einigen südlichen Bezirken konzentriert: Interview mit der Rechtswissenschaftlerin Carol Steiker, C. Walsh, »Death Penalty, in Retreat«, *Harvard Gazette*, 3. Februar 2015.

39 Umfrage des Gallup-Instituts zur Todesstrafe: Gallup 2016. Aktuelle Daten liefert das Death Penalty Information Center, http://www.deathpenaltyinfo.org/.

40 Über die Umfrage des Pew Research Center unterrichtet M. Berman, »For the First Time in Almost 50 Years, Less Than Half of Americans Support the Death Penalty«, *Washington Post*, 30. September 2016.

41 Tod der Todesstrafe in den Vereinigten Staaten: D. von Drehle, »The Death of the Death Penalty«, *Time*, 8. Juni 2015; Death Penalty Information Center, http://www.deathpenaltyinfo.org/.

Kapitel 15

1 Evolutionäre Grundlage von Rassismus und Sexismus: Pinker 2011, Pratto, Sidanius & Levin 2006, Wilson & Daly 1992.

2 Evolutionäre Grundlage von Homophobie: Pinker 2011, Kap. 7, S. 662–665.

3 Geschichte der Rechtsgleichheit: Pinker 2011, Kapitel 7, Shermer 2015. Seneca Falls und die Geschichte der Frauenrechte: Stansell 2010. Selma und die Geschichte der Rechte von Afroamerikanern: Branch 1988. Stonewall und die Geschichte der Schwulenrechte: Faderman 2015.

4 Rangfolge für 2016 laut *US News and World Report*, http://www.independent.co.uk/news/world/politics/the-10-most-influential-countries-in-the-world-have-been-revealed-a6834956.html. Diese drei Nationen sind auch die wohlhabendsten.

5 Amos 5,24.

6 Keine Zunahme von Erschießungen durch die Polizei: Direkte Daten sind zwar spärlich, doch die Zahl der Erschießungen durch Polizeibeamte ist abhängig von der Rate der Gewaltverbrechen (Fyfe 1988), und die ist rückläufig, wie wir in Kapitel 12 gesehen haben. Keine Rassenungleichheit: Fryer 2016, Miller et al. 2016; S. Mullainathan, »Police Killings of Blacks: Here Is What the Data Say«, *New York Times*, 16. Oktober 2015.

7 Pew Research Center 2012 b, S. 17.

8 Andere Umfragen über amerikanische Werte: Pew Research Center 2010, Teixeira et al. 2013; siehe Überblicke in Pinker 2011, Kap. 7, und Roser 2016 s. Weiteres Beispiel: Der General Social Survey (http://gss.norc.org/) befragt alljährlich weiße US-Amerikaner über ihre Gefühle gegenüber schwarzen US-Amerikanern. Zwischen 1996 und 2016 stieg der Anteil derjenigen, die sich ihnen »eng verbunden« fühlten, von 35 auf 51 Prozent; der Anteil derjenigen, die sich ihnen »nicht eng verbunden« fühlten, sank von 18 auf 12 Prozent.

9 Zunehmende Toleranz bei aufeinanderfolgenden Kohorten: Gallup 2002, 2010, Pew Research Center 2012 b, Teixeira et al. 2013. Weltweit: Welzel 2013.

10 Generationen bewahren ihre Werte: Teixeira et al. 2013, Welzel 2013.

11 Google-Suchen und andere digitale Wahrheitsseren: Stephens-Davidowitz 2017.

12 Suchanfragen nach *nigger* als Indikator für Rassismus: Stephens-Davidowitz 2014.

13 Allgemein, etwa beim Suchbegriff »funny jokes«, scheint es keinen systematischen Rückgang von Suchanfragen nach Witzen zu geben. Stephens-Davidowitz weist dar-

auf hin, dass in Suchanfragen nach Hiphop-Texten und anderen Verwendungen des Wortes *nigger* fast immer die Schreibung *nigga* benutzt wird.

14 Afroamerikanische Armut: Deaton 2017a, S. 236.

15 Afroamerikanische Lebenserwartung: Cunningham et al. 2017, Deaton 2017a, S. 96.

16 Das letzte Jahr, für das der US Census Analphabetismusraten verzeichnet, ist 1979, als die Rate für Schwarze 1,6 Prozent betrug; Snyder 1993, Kap. 1, abgedruckt im National Assessment of Adult Literacy (ohne Datum).

17 Siehe Kap. 16, Anm. 24, und Kap. 18, Anm. 35.

18 Kaum noch Lynchmorde: Pinker 2011, Kap. 7, basierend auf Daten des US Census, die Payne 2004 präsentiert, aufgetragen in Abb. 7.2, S. 571. Morde aus Hass an Afroamerikanern, die in Abb. 7.3 aufgetragen sind, gingen von 5 im Jahr 1996 auf 1 pro Jahr in den Jahren 2006 bis 2008 zurück. Von da an blieb die Opferzahl bis 2014 bei durchschnittlich 1 pro Jahr und stieg dann 2015 auf 10, als allein 9 Personen bei einem einzigen Vorfall getötet wurden – einer Massenerschießung in einer Kirche in Charleston, South Carolina (Federal Bureau of Investigation 2016b).

19 In den Jahren von 1996 bis 2015 einschließlich korrelierte die Zahl der vom FBI dokumentierten Hassverbrechen mit einem Koeffizienten von 0,90 mit der Mordrate in den USA (auf einer Skala von −1 bis 1).

20 Antiislamische Hassverbrechen folgen auf islamistische Terroranschläge: Stephens-Davidowitz 2017.

21 Übertriebene Darstellung von Hasskriminalität: E. N. Brown, »Hate Crimes, Hoaxes, and Hyperbole«, *Reason*, 18. November 2016; Alexander 2016.

22 Wie es einmal war: S. Coontz, »The Not-So-Good Old Days«, *New York Times*, 15. Juni 2013.

23 Frauen im Beruf: United States Department of Labor 2016.

24 Belege dafür, dass der Rückgang sogar noch früher, bereits 1979, eingesetzt hat, liefert Pinker 2011, Abb. 7–10, S. 597, auch basierend auf Daten des National Crime Victimization Survey. Wegen geänderter Definitionen und Zuordnungskriterien sind diese Daten unvereinbar mit der Datenreihe, die hier in Abb. 15.4 aufgetragen ist.

25 Kooperation weckt Einfühlungsvermögen: Pinker 2011, Kap. 4, 7, 9, 10.

26 Rechtfertigungszwang als Antriebskraft für moralischen Fortschritt: Pinker 2011, Kap. 4, Appiah 2011, Hunt 2007, Mueller 2010b, Nadelmann 1990, Payne 2004, Shermer 2015.

27 Rückgang von Diskriminierung, Zunahme von Antidiskriminierung: Asal & Pate 2005.

28 Umfrage World Public Opinion: Präsentiert in Council on Foreign Relations 2011.

29 Council on Foreign Relations 2011.

30 Council on Foreign Relations 2011.

31 Wirksamkeit von Ächtungskampagnen: Pinker 2011, S. 409–414, 613, Appiah 2011, Mueller 1989, 2004a, 2010b, Nadelmann 1990, Payne 2004, Ray 1989.

32 United Nations Children's Fund 2014; siehe auch M. Tupy, »Attitudes on FGM Are Shifting«, *HumanProgress*, http://humanprogress.org/blog/attitudes-on-fgm-are-shifting.

33 D. Latham, »Pan African Parliament Endorses Ban on FGM«, *Inter Press Service*, 6. August 2016, http://www.ipsnews.net/2016/08/pan-african-parliament-endorses-ban-on-fgm/.

34 Kriminalisierung der Homosexualität und die Revolution der Schwulenrechte: Pinker 2011, S. 665–672, Faderman 2015.

35 Aktuelle Daten zu Schwulenrechten weltweit finden sich bei *Equaldex*, www.equaldex.com, und »Gesetze zur Homosexualität«, *Wikipedia*, https://de.wikipedia.org/wiki/Gesetze_zur_Homosexualit%C3%A4t.

36 World Values Survey: http://www.worldvaluessurvey.org/wvs.jsp. Emanzipative Werte: Welzel 2013.

37 Unterscheidung zwischen Alter, Periode und Kohorte: Costa & McCrae 1982, Smith 2008.

38 Siehe auch F. Newport, »Americans Continue to Shift Left on Key Moral Issues«, *Gallup*, 26. Mai 2015, http://www.gallup.com/poll/183413/americans-continue-shift-left-key-moral-issues.aspx.

39 Ipsos 2016.

40 Werte gehen mit der Kohorte, nicht mit dem Lebenszyklus: Ghitza & Gelman 2014, Inglehart 1998, Welzel 2013.

41 Emanzipative Werte und der Arabische Frühling (eine komplizierte Beziehung): Inglehart 2017.

42 Korrelate emanzipativer Werte: Welzel 2013, vor allem Tabelle 2.7, S. 83, und Tabelle 3.2, S. 122.

43 Heirat zwischen Cousin und Cousine und Stammesbewusstsein: S. Pinker, »Strangled by Roots«, *New Republic*, 6. August 2007.

44 Wissensindex: Chen & Dahlman 2006, Tabelle 2.

45 Wissensindex als Prädiktor von emanzipativen Werten: Welzel 2013, S. 122, wo der Index »*Technological Advancement*« (»technischer Fortschritt«) genannt wird. Wie Welzel (persönliche Mitteilung) bestätigt, weist der Wissensindex eine hochsignifikante Partialkorrelation mit emanzipativen Werten auf (0,62), wobei BIP pro Kopf (oder sein Logarithmus) konstant bleibt, während dies andersherum nicht zutrifft (0,20).

46 Finkelhor et al. 2014.

47 Rückgang körperlicher Züchtigung: Pinker 2011, S. 635–654.

48 Geschichte der Kinderarbeit: Cunningham 1996, Norberg 2016, Ortiz-Ospina & Roser 2016 a.

49 M. Wirth, »When Dogs Were Used as Kitchen Gadgets«, *HumanProgress*, 25. Januar 2017, http://humanprogress.org/blog/when-dogs-were-used-as-kitchen-gadgets.

50 Geschichte der Behandlung von Kindern: Pinker 2011, Kap. 7.

51 Emotional unbezahlbar, ökonomisch wertlos: Zelizer 1985.

52 Traktoranzeige: https://goo.gl/Lyb1W8

53 Korrelation zwischen Armut und Kinderarbeit: Ortiz-Ospina & Roser 2016 a.

54 Nicht Habgier, sondern Verzweiflung: Norberg 2016, Ortiz-Ospina & Roser 2016 a.

Kapitel 16

1 *Homo sapiens*: Pinker 1998/2011, 2010, Tooby & DeVore 1987.
2 Orientierung zum Konkreten bei ungebildeten Menschen: Everett 2010, Flynn 2007, Luria 1976, Oesterdiekhoff 2015; siehe auch meinen Kommentar zu Everett in https://www.edge.org/conversation/daniel_l_everett-recursion-and-human-thought#22005.
3 *Encyclopedia of the Social Sciences*, 1931, Bd. 5, S. 410, zitiert in Easterlin 1981.
4 Vereinte Nationen 1966.
5 Bildung führt zu Wirtschaftswachstum: Easterlin 1981, Glaeser et al. 2004, Hafer 2017, Rindermann 2012, Roser & Ortiz-Ospina 2016 a, van Leeuwen & van Leeuwen-Li 2014, van Zanden et al. 2014.
6 I. N. Thut und D. Adams, *Educational Patterns in Contemporary Societies* (New York: McGraw-Hill, 1964), S. 62, zitiert von Easterlin 1981, S. 10.
7 Ökonomische Rückständigkeit arabischer Länder: Lewis 2002, United Nations Development Programme 2003.
8 Bildung bewirkt Frieden: Hegre et al. 2011, Thyne 2006. Bildung führt zu Demokratie: Glaeser, Ponzetto & Shleifer 2007, Hafer 2017, Lutz, Cuaresma & Abbasi-Shavazi 2010, Rindermann 2008.
9 Jugendüberschuss und Gewalt: Potts & Hayden 2008.
10 Bildung verringert Rassismus, Sexismus, Homophobie: Rindermann 2008, Teixeira et al. 2013, Welzel 2013.
11 Bildung vergrößert Respekt vor freier Meinungsäußerung und Phantasie: Welzel 2013.
12 Bildung und bürgerliches Engagement: Hafer 2017, OECD 2015 a, Ortiz-Ospina & Roser 2016 c, World Bank 2012 b.
13 Bildung und Vertrauen: Ortiz-Ospina & Roser 2016 c.
14 Roser & Ortiz-Ospina 2016 b, basierend auf Daten vom UNESCO Institute for Statistics, bildlich dargestellt von World Bank 2016 a.
15 UNESCO Institute for Statistics, bildlich dargestellt von World Bank 2016 i.
16 UNESCO Institute for Statistics, http://data.uis.unesco.org/.
17 Zu der Beziehung zwischen Alphabetisierung und Basisbildung siehe van Leeuwen & van Leeuwen-Li 2014, S. 88–93.
18 Lutz, Butz & Samir 2014, basierend auf Modellen des International Institute for Applied Systems Analysis, http://www.iiasa.ac.at/, zusammengefasst in Nagdy & Roser 2016 c.
19 Ecclesiastes 12,12.
20 Wachsender Bonus für Bildung: Autor 2014.
21 Besuch amerikanischer Highschools 1920 und 1930: Leon 2016. Schulabschlussrate 2011: A. Duncan, »Why I Wear 80«, *Huffington Post*, 14. Februar 2014. Highschoolabgänger auf dem College 2016: Bureau of Labor Statistics 2017.
22 United States Census Bureau 2016.
23 Nagdy & Roser, basierend auf Modellen des International Institute for Applied Systems Analysis, http://www.iiasa.ac.at/; Lutz, Butz & Samir 2014.

24 S. F. Reardon, J. Waldfogel & D. Bassok, »The Good News About Educational Inequality«, *New York Times*, 26. August 2016.

25 Effekte der Schulbildung von Mädchen: Deaton 2017 a, Nagdy & Roser 2016 c, Radelet 2015.

26 United Nations 2015 b.

27 Da der erste Datenpunkt für Afghanistan der Herrschaft der Taliban um 15 Jahre vorausgeht und der zweite ein Jahrzehnt später liegt, ist der Zugewinn nicht einfach der Invasion durch die NATO im Jahr 2001 zuzuschreiben, die das Regime entmachtete.

28 Der Flynn-Effekt: Deary 2001, Flynn 2007, 2012. Siehe auch Pinker 2011, S. 965–979.

29 Erblichkeit von Intelligenz: Pinker 2002/2016, Kapitel 19 und Afterword, Deary 2001, Plomin & Deary 2015, Ritchie 2015.

30 Flynn-Effekt wird nicht durch hybride Vitalität erklärt: Flynn 2007, Pietschnig & Voracek 2015.

31 Metaanalyse zum Flynn-Effekt: Pietschnig & Voracek 2015.

32 Ende des Flynn-Effekts: Pietschnig & Voracek 2015.

33 Bewertung möglicher Ursachen des Flynn-Effekts: Flynn 2007, Pietschnig & Voracek 2015.

34 Ernährung und Gesundheit erklären Flynn-Effekt nur zum Teil: Flynn 2007, 2012, Pietschnig & Voracek 2015.

35 Existenz und Erblichkeit von *g*: Deary 2001, Plomin & Deary 2015, Ritchie 2015.

36 Der Flynn-Effekt als Zunahme analytischen Denkens: Flynn 2007, 2012, Ritchie 2015, Pinker 2011, S. 965–979.

37 Bildung beeinflusst die Flynn-Komponenten der Intelligenz (wenn auch nicht *g*): Ritchie, Bates & Deary 2015.

38 IQ als Auftrieb: Deary 2001, Gottfredson 1997, Makel et al. 2016, Pinker 2003, Ritchie 2015.

39 Der Flynn-Effekt und moralisches Empfinden: Flynn 2007, Pinker 2011, S. 974–995.

40 Der Flynn-Effekt und reale Genialität, kontra: Woodley, te Nijenhuis & Murphy 2013; pro: Pietschnig & Voracek 2015, S. 283.

41 Hightech in Entwicklungsländern: Diamandis & Kotler 2012, Kenny 2011, Radelet 2015.

42 Vorzüge eines IQ-Anstiegs: Hafer 2017.

43 Fortschritt als verborgene Variable: Land, Michalos & Sirgy 2012, Prados de la Escosura 2015, van Zanden et al. 2014, Veenhoven 2010.

44 Index der menschlichen Entwicklung: United Nations Development Programme 2016. Inspirationen: Sen 2002, ul Haq 1996.

45 Aufholjagd: Prados de la Escosura 2015, S. 222, der zum »Westen« die OECD-Länder vor 1994 zählt, also die Staaten Westeuropas sowie die USA, Kanada, Australien, Neuseeland und Japan. Zudem vermerkt er, dass der Index für das subsaharische Afrika 2007 bei 0,22 lag, entsprechend der Welt in den 1950er Jahren und den OECD-Ländern in den 1980ern. Entsprechend lag das kombinierte Maß des Wohlergehens für das

subsaharische Afrika im Jahr 2000 bei etwa −0,3 (heute wäre der Wert höher), ähnlich wie das der Welt um 1910 und Westeuropas um 1875.

46 Details und Qualifizierungen liefern Rijpma 2014 und Prados de la Escosura 2015.

Kapitel 17

1 Hass auf die Massen: Carey 1996.

2 Nach verschiedenen Darstellungen ursprünglich ein jüdischer Witz, eine Varieténummer oder ein Dialog aus dem Broadwaymusical *Ballyhoo of 1932*.

3 Befähigungen: Nussbaum 2000.

4 Zeit zur Verarbeitung von Nahrung: Laudan 2016.

5 Kürzere Arbeitszeit: Roser 2016t, basierend auf Daten von Huberman & Minns 2007; siehe auch Tupy 2016 und »Hours Worked Per Worker«, *HumanProgress*, http://humanprogress.org/f1/2246. Die Daten offenbaren die Verkürzung der weltweiten Wochenarbeitszeit um 7,2 Stunden.

6 Housel 2013.

7 Zitiert in Weaver 1987, S. 505.

8 Produktivität und kürzere Arbeitszeit: Roser 2016t. Weniger ärmere Senioren: Deaton 2017a, S. 236. Beachten Sie, dass der absolute Prozentsatz der Menschen in Armut davon abhängt, wie man »Armut« definiert; vergleiche etwa Abbildung 9.6.

9 Daten zu bezahltem Urlaub in den USA werden in Housel 2013 zusammengefasst, basierend auf Daten des Bureau of Labor Statistics.

10 Daten für GB; Berechnung von Jesse Ausubel, graphisch dargestellt auf http://www.humanprogress.org/static/3261.

11 Arbeitszeittrends in ausgewählten Entwicklungsländern: Roser 2016t.

12 Weniger Arbeitsstunden erforderlich, um sich Geräte leisten zu können: M. Tupy, »Cost of Living and Wage Stagnation in the United States, 1979–2015«, *HumanProgress*, https://www.cato.org/projects/humanprogress/cost-of-living; Greenwood, Seshadri & Yorukoglu 2005.

13 Meistgehasster Zeitvertreib: Kahneman et al. 2004. Für Hausarbeit aufgewendete Zeit: Greenwood, Seshadri & Yorukoglu 2005, Roser 2016t.

14 »Time Spent on Laundry«, *HumanProgress*, http://humanprogress.org/static/3264, basierend auf S. Skwire, »How Capitalism Has Killed Laundry Day«, *Institute of Economic Affairs*, 11. April 2016, https://iea.org.uk/blog/how-capitalism-has-killed-laundry-day, sowie Daten des Bureau of Labor Statistics.

15 Nicht mehr wegzudenken: H. Rosling, »The Magic Washing Machine«, TED-Talk, Dezember 2010, https://www.ted.com/talks/hans_rosling_and_the_magic_washing_machine.

16 *Good Housekeeping*, Bd. 55, Nr. 4, Oktober 1912, S. 436, zitiert in Greenwood, Seshadri & Yorukoglu 2005.

17 Aus *Der Wohlstand der Nationen*.

18 Fallender Lichtpreis: Nordhaus 1996.

19 Kelly 2016, S. 189.

20 »Yuppie-Gejammer«: Daniel Hamermesh und Jungmin Lee, zitiert in E. Kolbert, »No Time«, *New Yorker*, 26. Mai 2014. Freizeittrends, 1965–2003: Aguiar & Hurst 2007. Freie Stunden 2015: Bureau of Labor Statistics 2016 c. In der Bildunterschrift zu Abbildung 17.6 finden sich weitere Details.

21 Mehr Freizeit für Norweger: Aguiar & Hurst 2007, S. 1001, Anmerkung 24. Mehr Freizeit für Briten: Ausubel & Grübler 1995.

22 Immer in Eile? Robinson 2013; J. Robinson, »Happiness Means Being Just Rushed Enough«, *Scientific American*, 19. Februar 2013.

23 Abendessen mit der Familie 1969 und 1999: K. Bowman, »The Family Dinner, Alive and Well«, *New York Times*, 25. August 1999. Abendessen mit der Familie 2014: J. Hook, »WSJ / NBC Poll Suggests Social Media Aren't Replacing Direct Interactions«, *Wall Street Journal*, 2. Mai 2014. Gallup-Umfrage: L. Saad, »Most U. S. Families Still Routinely Dine Together at Home«, *Gallup*, 26. Dezember 2013, http://www.gallup.com/poll/166628/families-routinely-dine-together-home.aspx?g_source=family%20and%20dinner&g_medium=search&g_campaign=tiles. Fischer 2011 kommt zu einem ähnlichen Ergebnis.

24 Eltern verbringen mehr Zeit mit ihren Kindern: Sayer, Bianchi & Robinson 2004; siehe auch Anmerkungen 25–27 unten.

25 Eltern und Kinder: Caplow, Hicks & Wattenberg 2001, S. 88 f.

26 Mütter und Kinder: Coontz 1992/2016, S. 24.

27 Mehr Kinderbetreuung, weniger Freizeit: Aguiar & Hurst 2007, S. 980–982.

28 Elektronische vs. persönliche Kontakte: Susan Pinker 2014.

29 Schweinefleisch und Stärke: N. Irwin, »What Was the Greatest Era for Innovation? A Brief Guided Tour«, *New York Times*, 13. Mai 2016. Siehe auch D. Thompson, »America in 1915: Long Hours, Crowded Houses, Death by Trolley«, *The Atlantic*, 11. Februar 2016.

30 Supermarktartikel, 1920er–1980er: N. Irwin, »What Was the Greatest Era for Innovation? A Brief Guided Tour«, *New York Times*, 13. Mai 2016. Artikel von 2015: Food Marketing Institute 2017.

31 Einsamkeit und Langeweile: Bettmann 1974, S. 62 f.

32 Zeitungen und Kneipen: N. Irwin, »What Was the Greatest Era for Innovation? A Brief Guided Tour«, *New York Times*, 13. Mai 2016.

33 Zuverlässigkeit von *Wikipedia*: Giles 2005, Greenstein & Zhu 2014, Kräenbring et al. 2014.

Kapitel 18

1 Transkribiert und leicht bearbeitet von https://www.youtube.com/watch?v=q8LaT5Iiwo4 und anderen Internetclips.

2 Mueller 1999, S. 14.

3 Easterlin 1973.

4 Hedonistische Tretmühle: Brickman & Campbell 1971.

5 Theorie des sozialen Vergleichs: Siehe Kapitel 9, Anmerkung 11; Kelley & Evans 2017.

6 G. Monbiot, »Neoliberalism Is Creating Loneliness. That's What's Wrenching Society Apart«, *The Guardian*, 12. Oktober 2016.

7 Achsenzeit und Ursprung tiefschürfendster Fragen: Goldstein 2013. Philosophie und Geschichte des Glücks: Haidt 2007, Haybron 2016, McMahon 2006. Wissenschaft vom Glück: Gilbert 2006, Haidt 2007, Helliwell, Layard & Sachs 2016, Layard 2005, Ortiz-Ospina & Roser 2017.

8 Menschliche Befähigungen: Nussbaum 2000, 2008, Sen 1987, 2002.

9 Wählen, was uns nicht glücklich macht: Gilbert 2006.

10 Freiheit macht Menschen glücklich: Helliwell, Layard & Sachs 2016, Inglehart et al. 2008.

11 Freiheit gibt dem Leben Sinn: Baumeister et al. 2013.

12 Validität von Glücksberichten: Gilbert 2006, Helliwell, Layard & Sachs 2016, Layard 2005.

13 Erfahrung und Bewertung von Glück: Baumeister et al. 2013, Helliwell, Layard & Sachs 2016, Kahneman 2014, Veenhoven 2010.

14 Kontextabhängigkeit der Einschätzungen von Glück oder Zufriedenheit oder gutem Leben: Deaton 2011, Helliwell, Layard & Sachs 2016, Veenhoven 2010. Einfach den Mittelwert bilden: Helliwell, Layard & Sachs 2016, Kelley & Evans 2017, Stevenson & Wolfers 2009.

15 Helliwell, Layard & Sachs 2016, S. 4, Tabelle 2.1, S, 16, 18.

16 *Eudaimonie* oder Sinnhaftigkeit: Baumeister et al. 2013, Haybron 2016, McMahon 2006, R. Baumeister, »The Meanings of Life«, *Aeon*, 16. September 2013.

17 Adaptive Funktion des Glücks: Pinker 1998/2011, Kap. 6. Verschiedene adaptive Funktionen von Glück und Sinnhaftigkeit: R. Baumeister, »The Meanings of Life«, *Aeon*, 16. September 2013.

18 Glücklich in Prozent: zitiert in Ipsos 2016; siehe auch Veenhoven 2010. Durchschnittliche Leiterposition: 5,4 auf einer Skala von 1 bis 10, Helliwell, Layard & Sachs 2016, S. 3.

19 Glückslücke: Ipsos 2016.

20 Für Geld kann man Glück kaufen: Deaton 2017 a, Helliwell, Layard & Sachs 2016, Inglehart et al. 2008, Stevenson & Wolfers 2008 a, Ortiz-Ospina & Roser 2017.

21 Kein Zusammenhang von Glück und Ungleichheit: Kelley & Evans 2017.

22 Helliwell, Layard & Sachs 2016, S. 12 f.

23 In der Lotterie gewinnen: Stephens-Davidowitz 2017, S. 229.

24 Das nationale Glück nimmt mit der Zeit zu: Sacks, Stevenson & Wolfers 2012, Stevenson & Wolfers 2008 a, Stokes 2007, Veenhoven 2010, Ortiz-Ospina & Roser 2017.

25 Glückszuwachs laut World Values Survey: Inglehart et al. 2008.

26 Glück, Gesundheit und Freiheit: Helliwell, Layard & Sachs 2016, Inglehart et al. 2008, Veenhoven 2010.

27 Kultur und Glück: Inglehart et al. 2008.

28 Nichtfinanzielle Beförderer von Glück: Helliwell, Layard & Sachs 2016.

29 Amerikanisches Glück: Deaton 2011, Helliwell, Layard & Sachs 2016, Inglehart et al. 2008, Sacks, Stevenson & Wolfers 2012, Smith, Son & Schapiro 2015.

30 Rangfolge des *World Happiness Report 2016*: 1. Dänemark (7,5 Sprossen vom denkbar schlechtesten Leben aufwärts), 2. Schweiz, 3. Island, 4. Norwegen, 5. Finnland, 6. Kanada, 7. Niederlande, 8. Neuseeland, 9. Australien, 10. Schweden, 11. Israel, 12. Österreich, 13. USA, 14. Costa Rica, 15. Puerto Rico. Die unglücklichsten Länder sind Benin, Afghanistan, Togo, Syrien und Burundi (157. Platz, 2,9 Sprossen vom denkbar schlechtesten Leben aufwärts).

31 Amerikanisches Glück: Ein Abfall und Anstieg offenbart die World Database of Happiness (Veenhoven o. J.), die Daten aus dem World Values Survey beinhaltet; siehe den Online-Anhang von Inglehart et al. 2008. Ein leichter Abfall zeigt sich im General Social Survey (gss.norc.org); siehe Smith, Son & Schapiro 2015 und Abbildung 18.4 in diesem Kapitel, wo der »Sehr-glücklich«-Trend aufgetragen ist.

32 Begrenzter Ausschnitt beim amerikanischen Glück: Deaton 2011.

33 Ungleichheit erklärt zum Teil die Stagnation des amerikanischen Glücks: Sacks, Stevenson & Wolfers 2012.

34 Amerika als Ausreißer beim Glückstrend: Inglehart et al. 2008, Sacks, Stevenson & Wolfers 2012.

35 Afroamerikanischer Glückszuwachs: Stevenson & Wolfers 2009, Twenge, Sherman & Lyubomirsky 2016.

36 Schwindendes weibliches Glück: Stevenson & Wolfers 2009.

37 Unterscheidung von Alter, Periode und Kohorte: Costa & McCrae 1982, Smith 2008.

38 Ältere Menschen sind insgesamt glücklicher: Deaton 2011, Smith, Son & Schapiro 2015, Sutin et al. 2013.

39 Zwischentiefs im mittleren Alter und in den letzten Jahren: Bardo, Lynch & Land 2017, Fukuda 2013.

40 Talsohle der Weltwirtschaftskrise: Bardo, Lynch & Land 2017.

41 Jede Generation bis zu den Baby-Boomern glücklicher als die vorige: Sutin et al. 2013.

42 Generation X und Millennials glücklicher als Baby-Boomer: Bardo, Lynch & Land 2017, Fukuda 2013, Stevenson & Wolfers 2009, Twenge, Sherman & Lyubomirsky 2016.

43 Einsamkeit, Lebensdauer und Gesundheit: Susan Pinker 2014.

44 Beide Zitate sind aus Fischer 2011, S. 110.

45 Fischer 2011, S. 114. Siehe auch Susan Pinker 2014, die die Veränderungen und Konstanten gründlich analysiert.

46 Fischer 2011, S. 114. Fischer zitiert »einige Quellen sozialer Unterstützung«, wobei er sich durchaus eines weitverbreiteten Berichts von 2006 bewusst ist, in dem es heißt, dass Amerikaner von 1985 bis 2004 um ein Drittel weniger Personen angaben, mit denen sie über wichtige Angelegenheiten reden konnten, wobei ein Viertel von ihnen sagte, sie hätten überhaupt niemanden. Er kam zu dem Schluss, dass das Ergebnis ein Artefakt der Erhebungsmethoden war: Fischer 2009.

47 Fischer 2011, S. 112.

48 Hampton et al. 2015.

49 Vernetzung der Nutzer sozialer Medien: Hampton et al. 2011.

50 Stress bei Nutzern sozialer Medien: Hampton et al. 2015.

51 Veränderungen und Konstanten bei der sozialen Interaktion: Fischer 2005, 2011, Susan Pinker 2014.

52 Selbstmordraten hängen von der Verfügbarkeit von Tötungsmethoden ab: Miller, Azrael & Barber 2012, Thomas & Gunnell 2010.

53 Risikofaktoren für Selbstmord: Ortiz-Ospina, Lee & Roser 2016, World Health Organization 2016 d.

54 Glück-Selbstmord-Paradox: Daly et al. 2010.

55 Selbstmorde 2014 in den USA (genauer gesagt 42 773): Daten von National Vital Statistics, Kochanek et al. 2016, Tabelle B. Selbstmorde 2012 weltweit: Daten von der World Health Organization, Värnik 2012 und World Health Organization 2016 d.

56 Rückgang der Selbstmorde bei Frauen: »Female Suicide rate, OECD«, *HumanProgress*, http://humanprogess.org/blog/20-graphs-to-celebrate-womens-progress-around-the-world.

57 Selbstmord nach Alter und Periode in England: Thomas & Gunnell 2010. Selbstmord nach Alter, Kohorte und Periode in der Schweiz: Ajdacic-Gross et al. 2006. USA: Phillips 2014.

58 Sinkende Selbstmordraten bei Jugendlichen: Costello, Erkanli & Angold 2006, Twenge 2015.

59 Negative Darstellung von Selbstmordzahlen: M. Nock, »Five Myths About Suicide«, *Washington Post*, 6. Mai 2016.

60 Eisenhower und Selbstmord in Schweden: http://fed.wiki.org/journal.hapgood.net/eisenhower-on-sweden.

61 Die Selbstmordraten für 1960 stammen aus Ortiz-Ospina, Lee & Roser 2016. Die (altersbereinigten) Raten für 2012 stammen aus World Health Organization 2017 b.

62 Mittlere Selbstmordraten in Westeuropa: Värnik 2012, S. 768. Rückgang von Selbstmordzahlen in Schweden: Ohlander 2010.

63 Immer depressivere Generationen: Lewinsohn et al. 1993.

64 Auslöser von PTBS: McNally 2016.

65 Expandierendes Reich der Psychopathologie: Haslam 2016, Horwitz & Wakefield 2007, McNally 2016, PLOS Medicine Editors 2013.

66 R. Rosenberg, »Abnormal Is the New Normal«, *Slate*, 12. April 2013, basierend auf Kessler et al. 2005.

67 Erweiterte Konzepte von Leiden als ethischer Fortschritt: Haslam 2016.

68 Evidenzbasierte psychische Behandlung: Barlow et al. 2013.

69 Globale Depressionslast: Murray et al. 2012. Risiken für Erwachsene: Kessler et al. 2003.

70 Das Paradox der geistigen Gesundheit: PLOS Medicine Editors 2013.

71 Fehlender Goldstandard: Twenge 2015.

72 Keine Zunahme von Depressionen in hundert Jahren: Mattisson et al. 2005, Murphy et al. 2000.

73 Twenge et al. 2010.

74 Twenge & Nolen-Hoeksema 2002: Zwischen 1980 und 1998 waren aufeinanderfolgende Kohorten der Generation X und 8–16-jährige Jungen der Millennials *weniger*

depressiv, während bei den Mädchen keine Änderung festzustellen war. Twenge 2015: Zwischen den 1980er und 2010er Jahren dachten Teenager seltener an Selbstmord; Collegestudierende und Erwachsene gaben seltener an, depressiv zu sein. Olfson, Druss & Marcus 2015: sinkende Raten psychischer Erkrankungen bei Kindern und Jugendlichen.

75 Costello, Erkanli & Angold 2006.

76 Baxter et al. 2014.

77 Jacobs 2011.

78 Baxter et al. 2014, Twenge 2015, Twenge et al. 2010.

79 Steins Gesetz und Angst: Sage 2010.

80 Terracciano 2010, Trzesniewski & Donnellan 2010.

81 Baxter et al. 2014.

82 Beispielsweise »Depression as a Disease of Modernity: Explanations for Increasing Prevalence«, Hidaka 2012.

83 Stevenson & Wolfers 2009.

84 Johnston & Davey 1997; siehe auch Jackson 2016, Otieno, Spada & Renkl 2013, Unz, Schwab & Winterhoff-Spurk 2008.

85 Erklärung: Cornwall Alliance for the Stewardship of Creation 2000. »Sogenannter Klimawandel«: Cornwall Alliance, »Sin, Deception, and the Corruption of Science: A Look at the So-Called Climate Crisis«, 2016, https://cornwallalliance.org/2016/07/sin-deception-and-the-corruption-of-science-a-look-at-the-so-called-climate-crisis/. Siehe auch Bean & Teles 2016; L. Vox, »Why Don't Christian Conservatives Worry About Climate Change? God«, *Washington Post*, 2. Juni 2017.

86 Müllschiff: M. Winerip, »Retro Report: Voyage of the Mobro 4000«, *New York Times*, 6. Mai 2013.

87 Umweltfreundlichkeit von Mülldeponien: J. Tierney, »The Reign of Recycling«, *New York Times*, 3. Oktober 2015. Die Serie »Retro Report« der *New York Times*, zu der auch die in der vorigen Anmerkung zitierte Reportage gehört, ist eine der wenigen Follow-ups zur Krisenberichterstattung.

88 Krise der Langeweile: Nisbet 1980/2009, S. 349–351. Die beiden größten Schwarzmaler waren Wissenschaftler: Dennis Gábor und Harlow Shapley.

89 Siehe die Quellen in Anm. 15 und 16 oben.

90 Angst während des Lebenszyklus: Baxter et al. 2014.

Kapitel 19

1 Mythische Raketenlücke: Berry et al. 2010, Preble 2004.

2 Nukleare Vergeltung für Cyberattacken: Sagan 2009 c, S. 164. Siehe auch die Kommentare von Keith Payne, wiedergegeben in P. Sonne, G. Lubold & C. E. Lee, »›No First Use‹ Nuclear Policy Proposal Assailed by U. S. Cabinet Officials, Allies«, *Wall Street Journal*, 12. August 2016.

3 K. Bird, »How to Keep an Atomic Bomb from Being Smuggled into New York City? Open Every Suitcase with a Screwdriver«, *New York Times*, 5. August 2016.

4 Randle & Eckersley 2015.

5 Zitiert auf der Homepage von Ocean Optimism, http://www.oceanoptimism.org/about/.

6 Ipsos-Umfrage: C. Michaud, »One in Seven Thinks End of World Is Coming: Poll«, *Reuters*, 1. Mai 2012, http://www.reuters.com/article/us-mayancalendar-poll-idUSBRE8400XH20120501. Die Rate für die Vereinigten Staaten betrug 22 Prozent und 31 Prozent in einer YouGov-Umfrage von 2015: http://cdn.yougov.com/cumulus_uploads/document/i7p20mektl/toplines_OPI_disaster_20150227.pdf.

7 Potenzgesetz-Verteilungen: Johnson et al. 1006, Newman 2005; siehe den Überblick in Pinker 2011, S. 321–338. Siehe die Quellen in Anm. 17 zu Kapitel 11 für eine Erklärung der Komplexität beim Einschätzen von Risiken aufgrund der Daten.

8 Überschätzung der Wahrscheinlichkeit extremer Risiken: Pinker 2011, S. 547–554.

9 Prophezeiungen vom Ende der Welt: »Doomsday Forecasts«, *The Economist*, 7. Oktober 2015, http://www.economist.com/blogs/graphicdetail/2015/10/predicting-end-world.

10 Apokalyptische Filme: »List of Apocalyptic Films«, *Wikipedia*, https://en.wikipedia.org/wiki/List_of_apocalyptic_films, abgerufen am 15. Dezember 2016.

11 Zitiert in Ronald Bailey, »Everybody Loves a Good Apocalypse«, *Reason*, November 2015.

12 Y2K-Bug: M. Winerip, »Revisiting Y2K: Much Ado About Nothing?«, *New York Times*, 27. Mai 2013.

13 G. Easterbrook, »We're All Gonna Die!«, *Wired*, 1. Juli 2003.

14 P. Ball, »Gamma-Ray Burst Linked to Mass Extinction«, *Nature*, 24. September 2003.

15 Denkenberger & Pearce 2015.

16 Rosen 2016.

17 D. Cox, »NASA's Ambitious Plan to Save Earth from a Supervolcano«, *BBC Future*, 17. August 2017, http://www.bbc.com/future/story/20170817-nasas-ambitious-plan-to-save-earth-from-a-supervolcano.

18 Deutsch 2011, S. 207.

19 »Gefährlicher als Atombomben«: Getwittert im August 2014, zitiert in A. Elkus, »Don't Fear Artificial Intelligence«, *Slate*, 31. Oktober 2014. »Ende der menschlichen Rasse«: Zitiert in R. Cellan-Jones, »Stephen Hawking Warns Artificial Intelligence Could End Mankind«, *BBC News*, 2. Dezember 2014, http://www.bbc.com/news/technology-30290540.

20 In einer 2014 durchgeführten Umfrage unter den hundert meistzitierten KI-Forschern befürchteten nur 8 Prozent, höhere KI berge die Gefahr einer »existentiellen Katastrophe«: Müller & Bostrom 2014. Zu den KI-Experten, die öffentlich Skepsis an dieser These äußern, gehören Paul Allen (2011), Rodney Brooks (2015), Kevin Kelly (2017), Jaron Lanier (2014), Nathan Myhrvold (2014), Ramez Naam (2010), Peter Norvig (2015), Stuart Russell (2015) und Roger Schank (2015). Skeptische Psychologen und Biologen sind unter anderem Roy Baumeister (2015), Dylan Evans (2015), Gary Marcus (2015), Mark Pagel (2015) und John Tooby (2015). Siehe auch A. Elkus, »Don't

Fear Artificial Intelligence«, *Slate*, 31. Oktober 2014; M. Chorost, »Let Artificial Intelligence Evolve«, *Slate*, 18. April 2016.

21 Modernes wissenschaftliches Verständnis von Intelligenz: Pinker 1998/2011, Kap. 2, Kelly 2017.

22 Vor kurzem hat der Technologieexperte Kevin Kelly (2017) genauso argumentiert.

23 Intelligenz als Gebilde aus Apparaten: Brooks 2015, Kelly 2017, Pinker 1998/2011, 2014, Tooby 2015.

24 Der Fortschritt der KI unterliegt nicht dem Moore'schen Gesetz: Allen 2011, Brooks 2015, Deutsch 2011, Kelly 2017, Lanier 2014, Naam 2010. Viele Kommentatoren in Lanier 2014 und Brockman 2015 führen dieses Argument ebenfalls an.

25 KI-Forscher gegen KI-Hype: Brooks 2015, Davis & Marcus 2015, Kelly 2017, Lake et al. 2017, Lanier 2014, Marcus 2016, Naam 2010, Schank 2015. Siehe auch Anm. 24 oben.

26 Geistlosigkeit und Fragilität derzeitiger KI: Brooks 2015, Davis & Marcus 2015, Lanier 2014, Marcus 2016, Schank 2015.

27 Naam 2010.

28 Roboter, die uns in Büroklammern verwandeln, und andere Wertausrichtungsprobleme: Bostrom 2016, Hanson & Yudkowsky 2008, Omohundro 2008, Yudkowsky 2008, P. Torres, »Fear Our New Robot Overlords: This Is Why You Need to Take Artificial Intelligence Seriously«, *Salon*, 14. Mai 2016.

29 Warum wir nicht in Büroklammern verwandelt werden: B. Hibbard, »Reply to AI Risk«, http://www.ssec.wisc.edu/~billh/g/AIRisk_Reply.html; R. Loosemore, »The Maverick Nanny with a Dopamine Drip: Debunking Fallacies in the Theory of AI Motivation«, *Institute for Ethics and Emerging Technologies*, 24. Juli 2014, http://ieet.org/index.php/IEET/more/loosemore20140724; A. Elkus, »Don't Fear Artificial Intelligence«, *Slate*, 31. Oktober 2014; R. Hanson, »I Still Don't Get Foom«, *Humanity+*, 29. Juli 2014, http://hplusmagazine.com/2014/07/29/i-still-dont-get-foom/; Hanson & Yudkowsky 2008. Siehe auch Kelly 2017 sowie Anm. 25 und 26 oben.

30 Zitiert in J. Bohannon, »Fears of an AI Pioneer«, *Science*, 17. Juli 2016.

31 Zitiert in Brynjolfsson & McAfee 2015.

32 Selbstfahrende Autos noch nicht ganz bereit: Brooks 2016.

33 Roboter und Jobs: Brynjolfsson & McAfee 2014; siehe auch Kapitel 9, Anm. 67 und 68.

34 Die Wette ist auf der Website »Long Bets« vermerkt, http://longbets.org/9/.

35 Verbessern der Computersicherheit: Schneier 2008; B. Schneier, »Lessons from the Dyn DDoS Attack«, *Schneier on Security*, 1. November 2016, https://www.schneier.com/essays/archives/2016/11/lessons_from_the_dyn.html.

36 Mehr Sicherheit vor Biowaffen: Bradford Project on Strengthening the Biological and Toxin Weapons Convention, https://www.schneier.com/blog/archives/2016/11/lessons_from_th_5.html

37 Schutz vor Infektionskrankheiten schützt vor Bioterrorismus: Carlson 2010. Vorbereitung auf Pandemien: Bill & Melinda Gates Foundation, »Preparing for Pandemics«, http://nyti.ms/256CNNc; World Health Organization 2016 b.

38 Standardmäßige Anti-Terror-Maßnahmen: Mueller 2006, 2010a, Mueller & Stewart 2016a, Schneier 2008.

39 Kelly 2010, 2013.

40 Persönliche Mitteilung, 21. Mai 2017; siehe auch Kelly 2013, 2016.

41 Mord und Chaos leicht zu bewerkstelligen: Branwen 2016.

42 Branwen 2016 zählt mehrere reale Beispiele für Produktsabotage auf, mit Schäden zwischen 150 Millionen und 1,5 Milliarden Dollar.

43 B. Schneier, »Where Are All the Terrorist Attacks?«, *Schneier on Security*, https://www.schneier.com/essays/archives/2010/05/where_are_all_the_te.html. Ähnliche Äußerungen: Mueller 2004b; M. Abrahms, »A Few Bad Men: Why America Doesn't Really Have a Terrorism Problem«, *Foreign Policy*, 17. April 2013.

44 Die meisten Terroristen sind Schlemihle: Mueller 2006, Mueller & Stewart 2016a, Kap. 4, Branwen 2016; M. Abrahms, »Does Terrorism Work as a Political Strategy? The Evidence Says No«, *Los Angeles Times*, 1. April 2016; J. Mueller & M. Stewart, »Hapless, Disorganized, and Irrational: What the Boston Bombers Had in Common with Most Would-Be Terrorists«, *Slate*, 22. April 2013; D. Kenner, »Mr Bean to Jihadi John«, *Foreign Policy*, 12. September 2014.

45 D. Adnan & T. Arango, »Suicide Bomb Trainer in Iraq Accidentally Blows Up His Class«, *New York Times*, 10. Februar 2014.

46 »Saudi Suicide Bomber Hid IED in His Anal Cavity«, *Homeland Security News Wire*, 9. September 2009, http://www.homelandsecuritynewswire.com/saudi-suicide-bomber-hid-ied-his-anal-cavity.

47 Terrorismus ist ineffektiv: Abrahms 2006, 2012, Branwen 2016, Cronin 2009, Fortna 2015, Mueller 2006, Mueller & Stewart 2010; siehe auch Anm. 44 oben. IQ ist negativ korreliert mit Kriminalität und Psychopathie: Beaver et al. 2012, 2013, de Ribera, Kavish & Boutwell 2017.

48 Risiken größerer terroristischer Komplotte: Mueller 2006.

49 Gravierende Cyberkriminalität erfordert einen Staat: B. Schneier, »Someone Is Learning How to Take Down the Internet«, *Lawfare*, 13. September 2016.

50 Skepsis hinsichtlich Cyberkrieg: Lawson 2013, Mueller & Friedman 2014, Rid 2012; B. Schneier, »Threat of ›Cyberwar‹ Has Been Hugely Hyped«, *CNN.com*, 7. Juli 2010, http://www.cnn.com/2010/OPINION/07/07/schneier.cyberwar.hyped/; E. Morozov, »Cyber-Scare: The Exaggerated Fears over Digital Warfare«, *Boston Review*, Juli / August 2009; E. Morozov, »Battling the Cyber Warmongers«, *Wall Street Journal*, 8. Mai 2010; R. Singel, »Richard Clarke's *Cyberwar*: File Under Fiction«, *Wired*, 22. April 2010; P. W. Singer, »The Cyber Terror Bogeyman«, *Brookings*, 1. November 2012, https://www.brookings.edu/articles/the-cyber-terror-bogeyman/.

51 Aus Schneiers Artikel in der vorigen Anmerkung.

52 Resilienz: Lawson 2013, Quarantelli 2008.

53 Quarantelli 2008, S. 899.

54 Katastrophen lassen Gesellschaften nicht zusammenbrechen: Lawson 2013, Quarantelli 2008.

55 Moderne Gesellschaften sind widerstandsfähig: Lawson 2013.

56 Biologischer Krieg und Terrorismus: Ewald 2000, Mueller 2006.

57 Terrorismus als Theater: Abrahms 2006, Branwen 2016, Cronin 2009, Ewald 2000; Y. N. Harari, »The Theatre of Terror«, *The Guardian*, 31. Januar 2015.

58 Evolution von Virulenz und Ansteckung: Ewald 2000, Walther & Ewald 2004.

59 Seltenes Auftreten von Bioterrorismus: Mueller 2006, Parachini 2003.

60 Pathogen auch mit Genmanipulation nicht leicht zu entwickeln: Paul Erwald, persönliche Mitteilung, 27. Dezember 2016.

61 Kommentar in Kelly 2013, als Zusammenfassung von Argumenten aus Carlson 2010.

62 Neue Antibiotika: Meeske et al. 2016, Murphy, Zeng & Herzon 2017, Seiple et al. 2016. Identifizieren potentiell gefährlicher Pathogene: Walther & Ewald 2004.

63 Ebola-Impfstoff: Henao-Restrepo et al. 2017. Falsche Vorhersagen katastrophaler Pandemien: Norberg 2016, Ridley 2011; M. Ridley, »Apocalypse Not: Here's Why You Shouldn't Worry About End Times«, *Wired*, 17. August 2012; D. Bornstein & T. Rosenberg, »When Reportage Turns to Cynicism«, *New York Times*, 14. November 2016.

64 Wette zum Bioterror mit Martin Rees: http://longbets.org/9/.

65 Überblick über heutige Atomwaffen: Evans, Ogilvie-White & Thakur 2015, Federation of American Scientists (ohne Jahr), Rhodes 2010, Scoblic 2010.

66 Atomwaffenarsenal der Welt: Kristensen & Norris 2016 a; siehe auch Anm. 112 unten.

67 Nuklearer Winter: Robock & Toon 2012; A. Robock & O. B. Toon, »Let's End the Peril of a Nuclear Winter«, *New York Times*, 11. Februar 2016. Geschichte der Kontroverse um den nuklearen Winter / Herbst: Morton 2015.

68 Atomkriegsuhr: *Bulletin of the Atomic Scientists* 2017.

69 Eugene Rabinowitch, zitiert in Mueller 2010 a, S. 26.

70 Weltuntergangsuhr: *Bulletin of the Atomic Scientists*, »A Timeline of Conflict, Culture, and Change«, 13. November 2013, http://thebulletin.org/multimedia/timeline-conflict-culture-and-change.

71 Zitiert in Mueller 1989, S. 98.

72 Zitiert in Mueller 1989, S. 271, Anm. 2.

73 Snow 1961, S. 259.

74 Ansprache an die neuen Doktoranden, Faculty of Arts and Sciences, Harvard University, September 1976.

75 Zitiert in Mueller 1989, S. 271, Anm. 2.

76 Liste von Beinaheunfällen: Future of Life Institute 2017, Schlosser 2013, Union of Concerned Scientists 2015 a.

77 Union of Concerned Scientists, »To Russia with Love«, http://www.ucsusa.org/nuclear-weapons/close-calls#.WGQC1lMrJEY.

78 Skepsis gegenüber den Listen mit Beinaheunfällen: Mueller 2010 a; J. Mueller, »Fire, Fire (Rezension von E. Schlossers *Command and Control*)«, *Times Literary Supplement*, 7. März 2014.

79 Laut dem Google Ngram Viewer (https://books.google.com/ngrams) kamen 2008 die

Wörter *racism* (»Rassismus«), *terrorism* (»Terrorismus«) und *inequality* (»Ungleichheit«) in veröffentlichten Büchern zehn- bis zwanzigmal häufiger vor als *nuclear war* (»Atomkrieg«). Laut dem Corpus of Contemporary American English (http://corpus.byu.edu/coca/) erschien 2015 in US-amerikanischen Zeitungen *nuclear war* 0,65-mal pro 1 Million Wörter im Text im Vergleich zu 13,13/Million für *inequality*, 19,5/Million für *racism* und 30,93/Million für *terrorism*.

80 Zitate aus Morton 2015, S. 324.

81 Brief mit Datum 17. April 2003 an den Sicherheitsrat, als der Verfasser UN-Vertreter der USA war, zitiert in Mueller 2012.

82 Sammlung von Terrorprognosen: Mueller 2012.

83 Warren B. Rudman, Stephen E. Flynn, Leslie H. Gelb und Gary Hart, 16. Dezember 2004, zitiert in Mueller 2012.

84 Zitiert in Boyer 1985/2005, S. 72.

85 Panikmache wird zum Eigentor: Boyer 1986.

86 Aus einem Leitartikel im *Bulletin of the Atomic Scientists* von 1951, zitiert in Boyer 1986.

87 Motivation für Aktivismus: Sandman & Valenti 1986. In Kapitel 10, Anm. 55, geht es um ähnliche Beobachtungen zum Klimawandel.

88 Zitiert in Mueller 2016.

89 Zitiert in Mueller 2016. Den Begriff *nukleare Metaphysik* prägte der Politologe Robert Johnson.

90 Abrüstung ohne Verträge: Kristensen & Norris 2016 a, Mueller 2010 a.

91 Risiko praktisch gleich null: Welch & Blight 1987–1988, S. 27; siehe auch Blight, Nye & Welch 1987, S. 184, Frankel 2004, Mueller 2010 a, S. 38–40, S. 248, Anm. 31–33.

92 Komponenten der Atomsicherheit beugen Unfällen vor: Mueller 2010 a, S. 100–102, Evans, Ogilvie-White & Thakur 2015, S. 56; J. Mueller, »Fire, Fire (Rezension von E. Schlossers *Command and Control*)«, *Times Literary Supplement*, 7. März 2014. Festzuhalten ist: Die verbreitete Behauptung, während der Kubakrise habe der sowjetische Marineoffizier Wassili Archipow »die Welt gerettet«, indem er einen kampfbereiten U-Boot-Kommandanten davon abbrachte, einen atomar bestückten Torpedo auf amerikanische Schiffe abzufeuern, wird in Alexander Mozgovois Buch *Kubinskaya Samba Kvarteta Fokstrotov* (Cuban Samba of the Quartet of Foxtrots) in Zweifel gezogen. Darin berichtet der Fernmeldeoffizier Vadim Pawlowitsch Orlow, der die Ereignisse miterlebt hat, der Kommandant sei von seinem impulsiven Vorhaben spontan wieder abgerückt: Mozgovoi 2002.

93 Union of Concerned Scientists 2015 a.

94 Die Geschichte der chemischen Waffen nach ihrem Verbot im Anschluss an den Ersten Weltkrieg legt nahe, dass ein versehentlicher und einmaliger Gebrauch nicht automatisch in eine wechselseitige Eskalation mündet; siehe Pinker 2011, S. 410 f.

95 Vorhersagen über Verbreitung von Atomwaffen: Mueller 2010 a, S. 90; T. Graham, »Avoiding the Tipping Point«, *Arms Control Today*, 2004, https://www.armscontrol.org/act/2004_11/BookReview. Keine Verbreitung: Bluth 2011, Sagan 2009 b, 2010.

96 Staaten, die Atomwaffen aufgegeben haben: Sagan 2009b, 2010 und persönliche Mitteilung, 30. Dezember 2016; siehe Pinker 2011, S. 408 f.

97 G. Evans 2015.

98 Zitiert in Pinker 2013a.

99 Giftgas aus Flugzeugen: Mueller 1989. Geophysikalische Kriegsführung: Morton 2015, S. 136.

100 Nicht Hiroshima, sondern die UdSSR ließ Japan kapitulieren: Berry et al. 2010, Hasegawa 2006, Mueller 2010a, Wilson 2007.

101 Atombomben als Nobelpreisträger: Vorgeschlagen von Elspeth Rostow, zitiert in Pinker 2011, S. 402. Kernwaffen eignen sich nicht zur Abschreckung: Pinker 2011, S. 403 f., Berry et al. 2010, Mueller 2010a, Ray 1989.

102 Atomtabu: Mueller 1989, Sechser & Fuhrmann 2017, Tannenwald 2005, Ray 1989, S. 429–431, Pinker 2011, Kap. 5, »Ist der Lange Frieden ein nuklearer Frieden?«, S. 402–416.

103 Wirksamkeit konventioneller Abschreckung: Mueller 1989, 2010a.

104 Atommächte und bewaffnete Einbrecher: Schelling 1960.

105 Berry et al., S. 7 f.

106 George Shultz, William Perry, Henry Kissinger & Sam Nunn, »A World Free of Nuclear Weapons«, *Wall Street Journal*, 4. Januar 2007; William Perry, George Shultz, Henry Kissinger & Sam Nunn, »Toward a Nuclear-Free World«, *Wall Street Journal*, 15. Januar 2008.

107 »Die Prager Rede von US-Präsident Barack Obama«, 5. April 2009, https://www.welt.de/politik/article3507024/Die-Prager-Rede-von-US-Praesident-Barack-Obama.html.

108 United Nations Office for Disarmament Affairs (o. J.).

109 Öffentliche Meinung zu Global Zero: Council on Foreign Relation 2009.

110 Null erreichen: Global Zero Commission 2010.

111 Global-Zero-Skeptiker: H. Brown & J. Deutch, »The Nuclear Disarmament Phantasy«, *Wall Street Journal*, 19. November 2007; Schelling 2009.

112 Laut einem Bericht des Pentagons beinhaltete im Jahr 2015 der nukleare Bestand *(stockpile)* der USA 4571 Waffen (United States Department of Defense 2016). Die Federation of American Scientists (Kristensen & Norris 2016b, aktualisiert in Kristensen 2016) schätzt, dass rund 1700 der Sprengköpfe auf ballistischen Flugkörpern und Bomberflugzeugbasen einsatzbereit sind, 180 als taktische Bomben in Europa und die übrigen gelagert werden. (Mit *stockpile* sind meist sowohl einsatzbereite als auch gelagerte Flugkörper gemeint, manchmal aber auch nur die gelagerten.) Zusätzlich wurden etwa 2340 Sprengköpfe ausgemustert und warten auf ihre Demontage.

113 A. E. Kramer, »Power for U. S. from Russia's Old Nuclear Weapons«, *New York Times*, 9. November 2009.

114 Die Federation of American Scientists schätzt den russischen Bestand von 2015 auf 4500 Sprengköpfe (Kristensen & Norris 2016b). New START: Woolf 2017.

115 Die Reduzierung der Bestände wird parallel zur Modernisierung fortgesetzt: Kristensen 2016.

116 Atomwaffenarsenale: Schätzungen aus Kristensen 2016. Sie umfassen Sprengköpfe, die einsatzfähig sind oder gelagert werden und installiert werden können; nicht berücksichtigt sind ausgemusterte Sprengköpfe und Bomben, die nicht von den Trägersystemen der USA aus eingesetzt werden können.

117 Keine neuen Atommächte in Sicht: Sagan 2009 b, 2010 und persönliche Mitteilung, 30. Dezember 2016; siehe auch Pinker 2011, S. 409. Weniger Staaten mit spaltbarem Material: »Sam Nunn Discusses Today's Nuclear Risks«, Blogs der Foreign Policy Association, http://foreignpolicyblogs.com/2016/04/06/sam-nunn-discusses-todays-nuclear-risks/.

118 Abrüstung ohne Verträge: Kristensen & Norris 2016 a, Mueller 2010 a.

119 GRIT: Osgood 1962.

120 Kleines Arsenal, kein nuklearer Winter: A. Robock & O. B. Toon, »Let's End the Peril of a Nuclear Winter«, *New York Times*, 11. Februar 2016. Die Autoren empfehlen den Vereinigten Staaten, ihr Arsenal auf 1000 Sprengköpfe zu reduzieren, sagen jedoch nicht, ob dies die Gefahr eines nuklearen Winters endgültig bannen würde. Die Zahl 200 stammt aus einer Präsentation Robocks am MIT, 2. April 2016, »Climatic Consequences of Nuclear War«, http://futureoflife.org/wp-content/uploads/2016/04/Alan_Robock_MIT_April2.pdf.

121 Keine fatale Höchstbereitschaft: Evans, Ogilvie-White & Thakur 2015, S. 56.

122 Gegen *Launch on Warning*: Evans, Ogilvie-White & Thakur 2015, J. E. Cartwright & V. Dvorkin, »How to Avert a Nuclear War«, *New York Times*, 19. April 2015; B. Blair, »How Obama Could Revolutionize Nuclear Weapons Strategy Before He Goes«, *Politico*, 22. Juni 2016. Lange Lunte: Brown & Lewis 2013.

123 Atomwaffen nicht in Höchstbereitschaft: Union of Concerned Scientists 2015 b.

124 Kein Ersteinsatz: Sagan 2009 a; J. E. Cartwright & B. G. Blair, »End the First-Use Policy for Nuclear Weapons«, *New York Times*, 14. August 2016. Entkräftung von Argumenten gegen Verzicht auf den Ersteinsatz: Global Zero Commission 2016; B. Blair, »The Flimsy Case Against No-First-Use of Nuclear Weapons«, *Politico*, 28. September 2016.

125 Kleinschrittige Zusagen: J. G. Lewis & S. D. Sagan, »The Common-Sense Fix That American Nuclear Policy Needs«, *Washington Post*, 24. August 2016.

126 D. Sanger & W. J. Broad, »Obama Unlikely to Vow No First Use of Nuclear Weapons«, *New York Times*, 5. September 2016.

Kapitel 20

1 Die Daten in diesen Absätzen stammen aus Kapitel 5–19.

2 Alle Rückgänge wurden als Anteil der jeweiligen Höchststände aus dem 20. Jahrhundert berechnet.

3 Belege dafür, dass insbesondere Krieg nicht zyklisch ist, finden sich in Pinker 2011, S. 315 f.

4 Aus dem *Review of Southey's Colloquies on Society*, zitiert in Ridley 2011, Kap. 9, Kap. 1.

5 Siehe die Anmerkungen am Ende von Kap. 8 und 16, S. 164 und 170 in Kap. 10, S. 293 in Kap. 15 sowie die Erörterung des Easterlin-Paradoxes in Kap. 18.

6 Durchschnitt der Jahre 1961 bis 1973; World Bank 2016c.

7 Durchschnitt der Jahre 1974 bis 2015; World Bank 2016c. Die Raten für die USA für diese beiden Zeiträume betragen 3,3 beziehungsweise 1,7 Prozent.

8 Die Schätzwerte betreffen die totale Faktorproduktivität, aus Gordon 2014, Abb. 1.

9 Säkulare Stagnation: Summers 2014b, 2016. Analysen und Kommentare bieten Teulings & Baldwin 2014.

10 Niemand weiß es: M. Levinson, »Every US President Promises to Boost Economic Growth. The Catch: No One Knows How«, *Vox*, 22. Dezember 2016; G. Ip, »The Economy's Hidden Problem: We're Out of Big Ideas«, *Wall Street Journal*, 20. Dezember 2016; Teulings & Baldwin 2014.

11 Gordon 2014, 2016.

12 Amerikanische Bequemlichkeit: Cowen 2017, Glaeser 2014; F. Erixon & B. Weigel, »Risk, Regulation, and the Innovation Slowdown«, *Cato Policy Report*, September/Oktober 2016; G. Ip, »The Economy's Hidden Problem: We're Out of Big Ideas«, *Wall Street Journal*, 20. Dezember 2016.

13 World Bank 2016c. Das US-amerikanische BIP pro Kopf ist in allen außer acht der letzten 55 Jahre gestiegen.

14 Sleeper-Effekt bei technischer Entwicklung: G. Ip, »The Economy's Hidden Problem: We're Out of Big Ideas«, *Wall Street Journal*, 20. Dezember 2016; Eichengreen 2014.

15 Von Technologie befeuertes Zeitalter des Überflusses: Brand 2009, Bryce 2014, Brynjolfsson & McAfee 2014, Diamandis & Kotler 2012, Eichengreen 2014, Mokyr 2014, Naam 2013, Reese 2013.

16 Interview mit Ezra Klein, »Bill Gates: The Energy Breakthrough That Will ›Save Our Planet‹ Is Less Than 15 Years Away«, *Vox*, 24. Februar 2016, http://www.vox.com/2016/2/24/11100702/billgatesenergy. Gates spielte beiläufig auf das »›Frieden-bricht-aus‹-Buch, das 1940 geschrieben wurde« an. Ich vermute, er meinte Norman Angells Werk *The Great Illusion* (dt. *Die falsche Rechnung*), von dem gemeinhin fälschlich behauptet wird, es habe kurz vor dem Ausbruch des Ersten Weltkriegs behauptet, ein Krieg sei unmöglich. In Wirklichkeit legte die 1909 erstmals erschienene Streitschrift dar, dass Kriege unprofitabel seien, und nicht etwa, sie seien überholt.

17 Diamandis & Kotler 2012, S. 11.

18 Fossile Energie ohne schlechtes Gewissen: Service 2017.

19 Jane Langdale, »Radical Ag: C4 Rice and Beyond«, Seminars About Long-Term Thinking, Long Now Foundation, 14. März 2016.

20 Zweites Maschinenzeitalter: Brynjolfsson & McAfee 2014. Siehe auch Diamandis & Kotler 2012.

21 Mokyr 2014, S. 88; siehe auch Feldstein 2017; T. Aeppel, »Silicon Valley Doesn't Believe U. S. Productivity Is Down«, *Wall Street Journal*, 16. Juli 2015; K. Kelly, »The Post-Productice Economy«, *The Technium*, 1. Januar 2013.

22 Demonetisierung: Diamandis & Kotler 2012.

23 G. Ip, »The Economy's Hidden Problem: We're Out of Big Ideas«, *Wall Street Journal*, 20. Dezember 2016.

24 Autoritärer Populismus: Inglehart & Norris 2016, Norris & Inglehart 2016; siehe auch Kap. 23 in diesem Buch.

25 Norris & Inglehart 2016.

26 Chronik von Trumps Wahl: J. Fallows, »The Daily Trump: Filling a Time Capsule«, *The Atlantic*, 20. November 2016, http://www.theatlantic.com/notes/2016/11/on-the-future-of-the-time-capsules/508268/. Chronik des ersten halben Jahres von Trumps Präsidentschaft: E. Levitz, »All the Terrifying Things That Donald Trump Did Lately«, *New York*, 9. Juni 2017.

27 »Donald Trump's File«, *PolitiFact*, http://www.politifact.com/personalities/donald-trump/. Siehe auch D. Dale, »Donald Trump: The Unauthorized Database of False Things«, *The Star*, 4. November 2016 – dort sind 560 falsche Behauptungen aufgelistet, die er innerhalb von zwei Monaten geäußert hat, also rund zwanzig pro Tag; M. Yglesias, »The Bullshitter-in-Chief«, *Vox*, 30. Mai 2017; D. Leonhardt & S. A. Thompson, »Trump's Lies«, *New York Times*, 23. Juni 2017.

28 In Anlehnung an den Science-Fiction-Autor Philip K. Dick: »Realität ist das, was nicht verschwindet, wenn du nicht mehr daran glaubst.«

29 S. Kinzer, »The Enlightenment Had a Good Run«, *Boston Globe*, 23. Dezember 2016.

30 Zuspruch für Obama: J. McCarthy, »President Obama Leaves White House with 58 % Favorable Rating«, *Gallup*, 16. Januar 2017, http://www.gallup.com/poll/202349/president-obama-leaves-white-house-favorable-rating.aspx. Abschiedsrede: Obama erwähnte den »grundlegenden Geist der Innovation und der praxisorientierten Problemlösung, der unsere Gründerväter geleitet hat«, der »aus der Aufklärung hervorgegangen« sei und den er definierte als »den Glauben an die Vernunft, an Tatkraft und an den Vorrang von Recht über Macht« (»President Obama's Farewell Address, Jan. 10, 2017«, *The White House*, https://edition.cnn.com/2017/01/10/politics/president-obama-farewell-speech/index.html).

31 Werte für Trump: J. McCarthy, »Trump's Pre-Inauguration Favorables Remain Historically Low«, *Gallup*, 16. Januar 2017; »How Unpopular Is Donald Trump?«, *FiveThirtyEight*, https://projects.fivethirtyeight.com/trump-approval-ratings/; »Presidential Approval Ratings – Donald Trump«, *Gallup*, abgerufen am 25. August 2017.

32 G. Aisch, A. Pearce & B. Rousseau, »How Far Is Europe Swinging to the Right?«, *New York Times*, abgerufen am 5. Dezember 2016. Von den 20 Staaten, deren Parlamentswahlen analysiert wurden, waren in neun Parlamenten rechtsgerichtete Parteien stärker vertreten als nach der jeweils vorangegangenen Wahl, in neun waren sie weniger stark vertreten und in zweien (Spanien und Portugal) überhaupt nicht.

33 E. Maurice, »Um an der Macht zu bleiben, muss Macron eine Revolution beginnen«, *Huffington Post*, 10. Mai 2017.

34 US election exit poll data, *New York Times* 2016. N. Carnes & N. Lupu, »It's Time to Bust the Myth: Most Trump Voters Were Not Working Class«, *Washington Post*, 5. Juni 2017. Siehe auch die Quellen in Anm. 35 und 36 unten.

35 N. Silver, »Education, Not Income, Predicted Who Would Vote for Trump«, *FiveThirtyEight*, 22. November 2016, http://fivethirtyeight.com/features/education-not-income-

predicted-who-would-vote-for-trump/; N. Silver, »The Mythology of Trump's ›Working Class‹ Support: His Voters Are Better Off Economically Compared With Most Americans«, *FiveThirtyEight*, 3. Mai 2016, https://fivethirtyeight.com/features/the-mythology-of-trumps-working-class-support/. Bestätigung durch Gallup-Umfragen: J. Rothwell, »Economic Hardship and Favorable Views of Trump«, *Gallup*, 22. Juli 2016, http://www.gallup.com/opinion/polling-matters/193898/economic-hardship-favorable-views-trump.aspx.

36 N. Silver, »Strongest correlate I've found for Trump support is Google searches for the n-word. Others have reported this too«, *Twitter*, https://twitter.com/natesilver538/status/703975062500732932?lang=en; N. Cohn, »Donald Trump's Strongest Supporters: A Certain Kind of Democrat«, *New York Times*, 31. Dezember 2015; Stephens-Davidowitz 2017. Siehe auch G. Lopez, »Polls Show Many – Even Most – Trump Supporters Really Are Deeply Hostile to Muslims and Nonwhites«, *Vox*, 12. September 2016.

37 Daten der Nachwahlbefragung: *New York Times* 2016.

38 Populismus in Europa: Inglehart & Norris 2016.

39 Inglehart & Norris 2016; basierend auf dem von ihnen propagierten Modell C, einer Kombination von am besten passenden und möglichst wenigen Prädiktoren.

40 A. B. Guàrdia, »How Brexit Vote Broke Down«, *Politico*, 24. Juni 2016.

41 Inglehart & Norris 2016, S. 4.

42 Zitiert in I. Lapowsky, »Don't Let Trump's Win Fool You – America's Getting More Liberal«, *Wired*, 19. Dezember 2016.

43 Repräsentation populistischer Parteien in verschiedenen Ländern: Inglehart & Norris 2016; G. Aisch, A. Pearce & B. Rousseau, »How Far Is Europe Swinging to the Right?«, *New York Times*, abgerufen am 5. Dezember 2016.

44 Winzigkeit der alternativen Rechten: Alexander 2016. Wie Seth Stephens-Davidowitz bemerkt, sind die Google-Suchen für »Stormfront«, das bekannteste Internetforum weißer Nationalisten, seit 2008 stetig zurückgegangen (entgegen einigen kurzlebigen Nachrichtenmeldungen).

45 Mem vom jungen Liberalen und alten Konservativen: G. O'Toole, »If You Are Not a Liberal at 25, You Have No Heart. If You Are Not a Conservative at 35 You Have No Brain«, *Quote Investigator*, 24. Februar 2014, http://quoteinvestigator.com/2014/02/24/heart-head/; B. Popik, »If You're Not a Liberal at 20 You Have No Heart, If Not a Conservative at 40 You Have No Brain«, *BarryPopik.com*, http://www.barrypopik.com/index.php/new_york_city/entry/if_youre_not_a_liberal_at_20_you_have_no_heart_if_not_a_conservative_at_40.

46 Ghitza & Gelman 2014; siehe auch Kohut et al. 2011, Taylor 2016a, 2016b.

47 In Anlehnung an ein Zitat des Physikers Max Planck.

48 Wahlbeteiligung: H. Enten, »Registered Voters Who Stayed Home Probably Cost Clinton the Election«, *FiveThirtyEight*, 5. Januar 2017, https://fivethirtyeight.com/featu res/registered-voters-who-stayed-home-probably-cost-clinton-the-election/. A. Payne, »Brits Who Didn't Vote in the EU Referendum Now Wish They Voted Against Brexit«, *Business Insider*, 23. September 2016. A. Rhodes, »Young People – If You're So Upset

by the Outcome of the EU Referendum, Then Why Didn't You Get Out and Vote?«, *The Independent*, 27. Juni 2016.

49 Publius Decius Mus 2016. Im Jahr 2017 trat der Autor des unter Pseudonym geschriebenen Artikels, Michael Anton, der Trump-Regierung als Beamter unter dem Nationalen Sicherheitsberater bei.

50 C. R. Ketcham, »Anarchists for Donald Trump – Let the Empire Burn«, *Daily Beast*, 9. Juni 2016, http://www.thedailybeast.com/articles/2016/06/09/anarchists-for-donald-trump-let-the-empire-burn.html.

51 Ähnlich argumentierten D. Bornstein & T. Rosenberg, »When Reportage Turns to Cynicism«, *New York Times*, 15. November 2016, zitiert in Kap. 4.

52 Berlin 1992, S. 30.

53 Auszug aus einem Vortrag, persönliche Mitteilung; in Anlehnung an Kelly 2016, S. 13 f.

54 »Pessimistische Hoffnung« stammt von dem Journalisten Yuval Levin (2017). »Radikaler Inkrementalismus« stammt ursprünglich von dem Politologen Aaron Wildavsky, vor kurzem reaktiviert von Halpern & Mason 2015.

55 Der Begriff *possibilism* war früher bereits von dem Ökonomen Albert Hirschman (1971) geprägt worden. Rosling wurde zitiert in »Making Data Dance«, *The Economist*, 9. Dezember 2010.

Teil III: Vernunft, Wissenschaft und Humanismus

Kapitel 21

1 Jüngere Beispiele (nicht von Psychologen): J. Gray, »The Child-Like Faith in Reason«, *BBC News Magazine*, 18. Juli 2014; C. Bradatan, »Our Delight in Destruction«, *New York Times*, 27. März 2017.

2 Nagel 1999, S. 24 f. »Es ist unmöglich, etwas zu kritisieren, ohne über etwas zu verfügen«: S. 33.

3 Transzendentale Argumente: Bardon (o. J.).

4 Nagel 1999, S. 55, schreibt die Wendung »ein Gedanke zuviel« dem Philosophen Bernard Williams zu, der damit eine andere Aussage unterstreichen wollte. Mehr dazu, warum »Glauben an die Vernunft« ein Gedanke zu viel ist und warum explizite Deduktionen irgendwo ein Ende finden müssen, findet sich in Pinker 1998/2011, S. 127 f.

5 Siehe die Quellen in Kap. 2, Anm. 22–25.

6 Siehe die Quellen in Kap. 1, Anm. 4 und 9. Kants Metapher bezieht sich auf die »ungesellige Geselligkeit« des Menschen; diese unterscheidet sich von den Bäumen in einem dichten Wald, die gerade nach oben wachsen, um nicht von anderen Bäumen beschattet zu werden. Man hat dies im Hinblick auf Vernunft so interpretiert, dass es Menschen schwerfällt, die Vorzüge von Kooperation zu erkennen. (Ich danke Anthony Pagden, der mich darauf hingewiesen hat.)

7 Selektion auf Rationalität: Pinker 1998/2011, Kap. 2 und 5, Pinker 2010, Tooby & DeVore 1987, Norman 2016.

8 Persönliche Mitteilung, 5. Januar 2017; zu weiteren Details siehe Liebenberg 1990, 2014.
9 Liebenberg 2014, S. 191 f.
10 Shtulman 2006; siehe auch Rice, Olson & Colbert 2011.
11 Evolution als Lackmustest für Religiosität: Roos 2014.
12 Kahan 2015.
13 Klimawissen: Kahan 2015, Kahan et al. 2011. Ozonloch, giftige Müllberge und Klimawandel: Bostrom et al. 1994.
14 Pew Research Center 2015 b; ähnliche Daten finden sich bei Jones, Cox & Navarro-Rivera 2014.
15 Kahan: Braman et al. 2007, Eastop 2015, Kahan 2015, Kahan, Jenkins-Smith & Braman 2011, Kahan, Jenkins-Smith et al. 2012, Kahan et al. 2011.
16 Kahan et al. 2011, S. 15.
17 Tragik der Überzeugungs-Allmende: Kahan 2012, Kahan et al. 2011. Kahan spricht von der Tragik der Risikowahrnehmungs-Allmende.
18 A. Marcotte, »It's Science, Stupid: Why Do Trump Supporters Believe So Many Things That Are Crazy and Wrong?«, *Salon*, 30. September 2016.
19 *Blue lies*: J. A. Smith, »How the Science of ›Blue Lies‹ May Explain Trump's Support«, *Scientific American*, 24. März 2017.
20 Tooby 2017.
21 Motiviertes logisches Denken: Kunda 1990. *Myside bias*: Baron 1993. Voreingenommenes Bewerten: Lord, Ross & Lepper 1979, Taber & Lodge 2006. Einen Überblick geben Mercier & Sperber 2011.
22 Hastorf & Cantril 1954.
23 Testosteron und Wahlen: Stanton et al. 2009.
24 Polarisierender Effekt von Belegen: Lord, Ross & Lepper 1979. Aktualisierungen bieten Taber & Lodge 2006 sowie Mercier & Sperber 2011.
25 Politisches Engagement als Fankultur: Somin 2016.
26 Kahan et al. 2012, Kahan et al. 2011.
27 Kahan et al. 2009.
28 M. Kaplan, »The Most Depressing Discovery About the Brain, Ever«, *Alternet*, 16. September 2013, http://www.alternet.org/media/most-depressing-discovery-about-brain-ever. Die Studie: Kahan et al. 2013.
29 E. Klein, »How Politics Makes Us Stupid«, *Vox*, 6. April 2014; C. Mooney, »Science Confirms: Politics Wrecks Your Ability to Do Math«, *Grist*, 8. September 2013.
30 *Bias bias* (eigentlich *bias blind spot*, »blinder Fleck der Verzerrung«): Pronin, Lin & Ross 2002.
31 Verhulst, Eaves & Hatemi 2016.
32 Zurechtgeschneiderte Studien über Vorurteile: Duarte et al. 2015.
33 Ökonomische Ahnungslosigkeit bei Linken: Buturovic & Klein 2010; siehe auch Caplan 2007.
34 Folgestudie zur ökonomischen Ahnungslosigkeit und Rücknahme: Klein & Buturovic 2011.

35 D. Klein, »I Was Wrong, and So Are You«, *The Atlantic*, Dezember 2011.

36 Siehe Pinker 2011, Kap. 3–5.

37 Todesopfer des Kommunismus: Courtois et al. 1999, Rummel 1997, White 2011; siehe auch Pinker 2011, Kap. 4–5.

38 Marxisten unter Soziologen: Gross & Simmons 2014.

39 Laut dem vom *Wall Street Journal* und der Heritage Foundation erstellten *2016 Index of Economic Freedom* (http://www.heritage.org/index/ranking) sind Neuseeland, Kanada, Irland, Großbritannien und Dänemark den Vereinigten Staaten in wirtschaftlicher Freiheit ebenbürtig oder übertreffen sie. Alle außer Kanada überflügeln die USA im Anteil des BIP, der für Sozialausgaben aufgewendet wird (OECD 2014).

40 Der Ärger mit dem rechtsgerichteten Libertarismus: Friedman 1997; J. Taylor, »Is There a Future for Libertarianism?«, *Real Clear Policy*, 22. Februar 2016, http://www.realclearpolicy.com/blog/2016/02/23/is_there_a_future_for_libertarianism_1563.html; M. Lind, »The Question Libertarians Just Can't Answer«, *Salon*, 4. Juni 2013; B. Lindsey, »Liberaltarians«, *New Republic*, 11. Dezember 2006; W. Wilkinson, »Libertarian Principles, Niskanen, and Welfare Policy«, Niskanen blog, 29. März 2016, https://niskanencenter.org/blog/libertarian-principles-niskanen-and-welfare-policy/.

41 Der Weg zum Totalitarismus: Payne 2005.

42 Die Vereinigten Staaten können zwar auf das weltweit höchste BIP verweisen, liegen beim Glück aber nur an 13. Stelle (Helliwell, Layard & Sachs 2016), an 8. Stelle im Index der menschlichen Entwicklung der UN (Roser 2016h) und an 19. im Social Progress Index (Porter, Stern & Green 2016). Wie gesagt, lassen Sozialtransfers den Index der menschlichen Entwicklung auf rund 25–30 Prozent des BIP in die Höhe schnellen (Prados de la Escosura 2015); bei den Vereinigten Staaten sind es rund 19 Prozent.

43 Linke und rechte Gedankengebäude: Pinker 2003, Sowell 1987, Kap. 16.

44 Die Probleme mit Vorhersagen: Gardner 2010, Silver 2014, Tetlock & Gardner 2016, Tetlock, Mellers & Scoblic 2017.

45 N. Silver, »Why FiveThirtyEight Gave Trump a Better Chance Than Almost Anyone Else«, *FiveThirtyEight*, 11. November 2016, http://fivethirtyeight.com/features/why-fivethirtyeight-gave-trump-a-better-chance-than-almost-anyone-else/.

46 Tetlock & Gardner 2016, S. 80.

47 Tetlock & Gardner 2016, S. 80.

48 Aktive Offenheit: Baron 1993, hier zitiert aus Tetlock & Gardner 2016, S. 140.

49 Zitiert aus Tetlock & Gardner 2016, S. 164 f.

50 Tetlock 2015.

51 Zunehmende politische Polarisierung: Pew Research Center 2014.

52 Daten aus dem General Social Survey, http://gss.norc.org, zusammengestellt in Abrams 2016.

53 Abrams 2016.

54 Politische Orientierung von Dozenten: Eagan et al. 2014, Gross & Simmons 2014; E. Schwitzgebel, »Political Affiliations of American Philosophers, Political Scientists, and Other Academics«, *Splintered Mind*, http://schwitzsplinters.blogspot.hk/2008/

06/political-affiliations-of-american.html. Siehe auch N. Kristof, »A Confession of Liberal Intolerance«, *New York Times*, 7. Mai 2016.

55 Liberaler Überhang im Journalismus: Im Jahr 2013 betrug das Verhältnis von Demokraten zu Republikanern unter US-amerikanischen Journalisten 4 zu 1, obwohl die Mehrheit in die Kategorie Unabhängig (50,2 Prozent) oder Andere (14,6 Prozent) fiel; Willnat & Weaver 2014, S. 11. Eine kürzlich erstellte Inhaltsanalyse legt nahe, dass Zeitungen ein wenig linkslastig sind, ebenso wie ihre Leser und Leserinnen; Gentzkow & Shapiro 2010.

56 Zu Liberalen bzw. Konservativen passende gesellschaftliche Kräfte: Sowell 1987.

57 Intellektuelle Liberale an vorderster Front: Grayling 2008, Hunt 2007.

58 Wir sind alle Liberale: Courtwright 2010, Nash 2009, Welzel 2013.

59 Politische Einseitigkeit in der Wissenschaft: Jussim et al. 2017. Politische Einseitigkeit in der Medizin: Satel 2000.

60 Duarte et al. 2015.

61 »Verschieden aussehen, aber gleich denken«: nach dem Bürgerrechtsanwalt Harvey Silverglate.

62 Duarte et al. 2015 enthält 33 Kommentare, viele davon kritisch, aber alle respektvoll, sowie die Entgegnung der Autoren. *The Blank Slate* gewann Auszeichnungen von zwei Abteilungen der American Psychological Association.

63 N. Kristof, »A Confession of Liberal Intolerance«, *New York Times*, 7. Mai 2016; N. Kristof, »The Liberal Blind Spot«, *New York Times*, 28. Mai 2016.

64 J. McWhorter, »Antiracism, Our Flawed New Religion«, *Daily Beast*, 27. Juli 2015.

65 Illiberalismus auf dem Campus und Soziale-Gerechtigkeits-Krieger: Lukianoff 2012, 2014; G. Lukianoff & J. Haidt, »The Coddling of the American Mind«, *The Atlantic*, September 2015; L. Jussim, »Mostly Leftist Threats to Mostly Campus Speech«, *Psychology Today*, Blog, https://www.psychologytoday.com/us/blog/rabble-rouser/201511/mostly-leftist-threats-mostly-campus-speech.

66 Öffentliche Rüge: D. Lat, »The Harvard Email Controversy: How It All Began«, *Above the Law*, 3. Mai 2010, http://abovethelaw.com/2010/05/the-harvard-email-controversy-how-it-all-began/.

67 Stalineske Untersuchungen: Dreger 2015; A. Reese & C. Maltby, »In Her Own Words: L. Kipnis' ›Title IX Inquisition‹ at Northwestern (VIDEO)«, *Fire*, https://www.thefire.org/in-her-own-words-laura-kipnis-title-ix-inquisition-at-northwestern-video/; siehe auch Anm. 64 oben.

68 Ungewollte Komik: G. Lukianoff & J. Haidt, »The Coddling of the American Mind«, *The Atlantic*, September 2015; C. Friedersdorf, »The New Intolerance of Student Activism«, *The Atlantic*, 9. November 2015; J. W. Moyer, »University Yoga Class Canceled Because of ›Oppression, Cultural Genocide‹«, *Washington Post*, 23. November 2015.

69 Komikern vergeht das Lachen: G. Lukianoff & J. Haidt, »The Coddling of the American Mind«, *The Atlantic*, September 2015; T. Kingkade, »Chris Rock Stopped Playing Colleges Because They're ›Too Conservative‹«, *Huffington Post*, 2. Dezember 2014. Siehe auch den Dokumentarfilm *Can We Take a Joke?* von 2015.

70 Meinungsvielfalt in der akademischen Welt: Shields & Dunn 2016.

71 Die früheste Version stammt von Samuel Johnson; siehe G. O'Toole, »Academic Politics Are So Vicious Because the Stakes Are So Small«, *Quote Investigator*, 18. August 2013, http://quoteinvestigator.com/2013/08/18/acad-politics/.

72 Extremistische, antidemokratische Republikaner: Mann & Ornstein 2012/2016.

73 Zynismus für Demokratie: Foa & Mounk 2016, Inglehart 2016.

74 Den rechtsgerichteten Antiintellektualismus beklagen auch Konservative selbst in Büchern wie *How the Right Lost Its Mind* von Charlie Sykes (2017) und *Too Dumb to Fail* von Matt Lewis (2016).

75 Zentraler Stellenwert der Vernunft: Nagel 1999, Norman 2016.

76 Außergewöhnlicher öffentlicher Irrglauben: Mackay 1841/1992; siehe auch K. Malik, »All the Fake News That Was Fit to Print«, *New York Times*, 4. Dezember 2016.

77 A. D. Holan, »All Politicians Lie. Some Lie More Than Others«, *New York Times*, 11. Dezember 2015.

78 In seiner Analyse der tödlichsten Konflikte der Geschichte kommentiert Matthew White: »Ich bin erstaunt, wie häufig ein Konflikt unmittelbar von einem Fehler, unbegründetem Argwohn oder Gerücht hervorgerufen wird.« Neben den beiden ersten hier erwähnten Beispielen nennt er den Ersten Weltkrieg, den Japanisch-Chinesischen Krieg, den Siebenjährigen Krieg, den Zweiten Hugenottenkrieg, die An-Lushan-Rebellion in China, das Massaker in Indonesien sowie die Zeit der Wirren in Russland; White 2011, S. 537.

79 »Opinion of Judge Leon M. Bazile«, 22. Januar 1965, *Encyclopedia Virginia*, http://www.encyclopediavirginia.org/Opinion_of_Judge_Leon_M_Bazile_January_22_1965.

80 S. Sontag, »Some Thoughts on the Right Way (for Us) to Love the Cuban Revolution«, *Ramparts*, April 1969, S. 6–19. Anschließend behauptete Sontag, die Homosexuellen seien ›längst schon wieder zu Hause‹, doch Schwule wurden in den 1960er und 1970er Jahren weiterhin in Zwangsarbeitslager auf Kuba gesteckt. Siehe »Concentration Camps in Cuba: The UMAP«, *Totalitarian Images*, 6. Februar 2010, http://totalitarianimages.blogspot.com/2010/02/concentration-camps-in-cuba-umap.html, und J. Halatyn, »From Persecution to Acceptance? The History of LGBT Rights in Cuba«, *Cutting Edge*, 24. Oktober 2012, http://www.thecuttingedgenews.com/index.php?article=76818.

81 Affektiver Wendepunkt: Redlawsk, Civettini & Emmerson 2010.

82 Nackte Kaiser und Allgemeinwissen: Pinker 2014, Thomas et al. 2014, Thomas, DeScioli & Pinker 2018.

83 Einen hervorragenden Überblick über verbreitete Denkfehler bieten die Website und das Poster »Thou shalt not commit logical fallacies«, https://yourlogicalfallacyis.com. Lehrpläne für kritisches Denken: Willingham 2007.

84 Debiasing: Bond 2009, Gigerenzer1991, Gigerenzer & Hoffrage 1995, Lilienfeld, Ammirati & Landfield 2009, Mellers et al. 2014, Morewedge et al. 2015.

85 Der Ärger mit Lehrplänen für kritisches Denken: Willingham 2007.

86 Effektives Debiasing: Gigerenzer 1991, Gigerenzer & Hoffrage 1995, Lilienfeld, Ammirati & Landfield 2009, Mellers et al. 2014, Mercier & Sperber 2011, Morewedge et al. 2015, Tetlock & Gardner 2016, Willingham 2007.

87 Debiasing verschenken: Lilienfeld, Ammirati & Landfield 2009.

88 Anonym, zitiert in P. Voosen, »Striving for a Climate Change«, *Chronicle Review of Higher Education*, 3. November 2014.

89 Besseres Argumentieren: Kuhn 1991, Mercier & Sperber 2011, 2017, Sloman & Fernbach 2017.

90 Die Wahrheit siegt: Mercier & Sperber 2011.

91 Kollaboration zwischen Gegnern: Mellers, Hertwig & Kahneman 2001.

92 *Illusion of explanatory depth*: Rozenblit & Keil 2002. Nutzung der Illusion zum Debiasing: Sloman & Fernbach 2017.

93 Mercier & Sperber 2011, S. 72, Mercier & Sperber 2017.

94 Mehr rationaler Journalismus: Silver 2014; A. D. Holan, »All Politicians Lie. Some Lie More Than Others«, *New York Times*, 11. Dezember 2015.

95 Rationalere Geheimdienstarbeit: Tetlock & Gardner 2016, Tetlock, Mellers & Scoblic 2017.

96 Rationalere Medizin: Topol 2012.

97 Rationalere Psychotherapie: T. Rousmaniere, »What Your Therapist Doesn't Know«, *The Atlantic*, April 2017.

98 Rationalere Verbrechensbekämpfung: Abt & Winship 2016, Latzer 2016.

99 Rationalere internationale Entwicklung: Banerjee & Duflo 2012.

100 Rationalerer Altruismus: MacAskill 2016.

101 Rationalerer Sport: Lewis 2017.

102 »What Exactly Is the ›Rationality Community‹?«, *LessWrong*, http://lesswrong.com/lw/ov2/what_exactly_is_the_rationality_community/.

103 Rationaleres Regierungshandeln: Behavioral Insights Team 2015, Haskins & Margolis 2014, Schuck 2015, Sunstein 2013; D. Leonhardt, »The Quiet Movement to Make Government Fail Less Often«, *New York Times*, 15. Juli 2014.

104 Demokratie versus Rationalität: Achens & Bartels 2016, Brennan 2016, Caplan 2007, Mueller 1999, Somin 2016.

105 Platon und Demokratie: Goldstein 2013.

106 Kahan et al. 2011, S. 16.

107 HPV versus HBV: E. Klein, »How Politics Makes Us Stupid«, *Vox*, 6. April 2014.

108 Partei über Politik: Cohen 2003.

109 Belege dafür, dass gleichgesinnte Sprecher Menschen überzeugen können: Nyhan 2013.

110 Kahan, Jenkins-Smith et al. 2012.

111 Entpolitisierte Übereinkunft in Florida: Kahan 2015.

112 Debattierkultur à la Chicago: Sean Connery's Jim Malone in *The Untouchables – Die Unbestechlichen* (1987). GRIT: Osgood 1962.

Kapitel 22

1 Das Beispiel stammt aus Murray 2003.

2 Carroll 2016, S. 426.

3 Benennen von Arten: Costello, May & Stork 2013. Die Schätzung bezieht sich auf eukaryotische Arten (also die mit einem Zellkern, keine Viren und Bakterien).

4 Die Partei der Dummen: Siehe Kap. 21, Anm. 71 und 73.

5 Mooney 2005; siehe auch Pinker 2008 b.

6 Lamar Smith und der Wissenschaftsausschuss des Repräsentantenhauses: J. D. Trout, »The House Science Committee Hates Science and Should Be Disbanded«, *Salon*, 17. Mai 2016.

7 J. Mervis, »Updated: U. S. House Passes Controversial Bill on NSF Research«, *Science*, 11. Februar 2016.

8 Aus Anton Čechov, *Tagebücher Notizbücher*. Im Zitat heißt es weiter: »Was national ist, ist schon keine Wissenschaft mehr.«

9 J. Lears, »Same Old New Atheism: On Sam Harris«, *The Nation*, 27. April 2011.

10 L. Kass, »Keeping Life Human: Science, Religion, and the Soul«, Wriston Lecture, Manhattan Institute, 18. Oktober 2011, https://www.manhattan-institute.org/html/2007-wriston-lecture-keeping-life-human-science-religion-and-soul-8894.html. Siehe auch L. Kass, »Science, Religion, and the Human Future«, *Commentary*, April 2007, S. 36–48.

11 Zur Nummerierung der beiden Kulturen siehe Kap. 3, Anm. 12.

12 D. Linker, »Christopher Hitchens's ›And Yet ...‹ and Roger Scruton's ›Fools, Frauds and Firebrands‹« (Rezension), *New York Times Book Review*, 8. Januar 2016.

13 In einem Nachtrag zu *Die zwei Kulturen* führte Snow den Begriff »dritte Kultur« ein. Er ließ vage, woran er dabei dachte, und bezeichnete die betreffenden Personen als »Sozialhistoriker«, womit er anscheinend Soziologen meinte; Snow 1967, S. 72, 84.

14 Wiederbelebung der »Dritten Kultur«: Brockman 1991. Einheit des Wissens: Wilson 1998.

15 L. Wieseltier, »Crimes Against Humanities«, *New Republic*, 3. September 2013.

16 Hume als Kognitionspsychologe: Siehe die Quellen in Pinker 2014, Kap. 4. Kant als Kognitionspsychologe: Kitcher 1990.

17 Die Definition entstammt der *Stanford Encyclopedia of Philosophy*, Papineau 2015. Darin heißt es weiter. »Die große Mehrheit der zeitgenössischen Philosophen würde den Naturalismus genau so definieren.« Bei einer Umfrage unter 931 Philosophieprofessoren und -professorinnen (überwiegend analytisch/angloamerikanisch) befürworteten 50 Prozent den »Naturalismus«, 26 Prozent befürworteten den »Nicht-Naturalismus« und 24 Prozent gaben »Sonstiges« an, darunter »Die Frage lässt sich nicht eindeutig beantworten« (10 Prozent), »Zu wenig mit dem Thema vertraut« (7 Prozent) und »Weiß nicht/unentschlossen« (3 Prozent); Bourget & Chalmers 2014.

18 Keine »wissenschaftliche Methode«: Popper 2002.

19 Falsifikationismus versus Bayes'sche Folgerung: Howson & Urbach 1989/2006, Popper 2002.

20 Von 2012 bis 2013 veröffentlichte die *New Republic* vier Angriffe gegen Szientismus; weitere erschienen in *Bookforum*, der *Claremont Review*, der *Huffington Post*, *The Nation*, in *National Review Online*, *New Atlantis*, der *New York Times* und in *Standpoint*.

21 Laut dem Open Syllabus Project (http://opensyllabusproject.org/), das über eine Million Studienprogramme analysiert hat, steht *Structure* an 20. Stelle aller in Lehrplänen angegebener Bücher, weit vor Darwins *The Origin of Species (Die Entstehung der Arten)*. Ein Klassiker mit einer realistischeren Darstellung der Arbeitsweisen von Wissenschaft, Karl Poppers *The Logic of Scientific Discovery (Logik der Forschung)*, ist nicht unter den ersten 200.

22 Kuhn-Kontroverse: Bird 2011.

23 Wootton 2015, S. 16, Anm. ii.

24 Die Zitate stammen von J. De Vos, »The Iconographic Brain. A Critical Philosophical Inquiry into (the Resistance of) the Image«, *Frontiers in Human Neuroscience*, 15. Mai 2014. Das war nicht der Forscher, dem ich zugehört habe (es gibt kein Transkript von dessen Vortrag), doch inhaltlich war es im Grunde dasselbe.

25 Carey et al. 2016. Ähnliche Beispiele finden sich im Twitter-Stream *New Real Peer-Review*, @RealPeerReview.

26 Von der ersten Seite des ersten Kapitels in Horkheimer & Adorno 1947/1997.

27 Foucault 1983; siehe Menschenfreund 2010, Merquior 1985.

28 Bauman 1994, S. 106. Siehe die Analyse dazu in Menschenfreund 2010.

29 Allgegenwart von vormodernem Völkermord und Autokratie sowie ihr Rückgang nach 1945: Siehe die Quellen in Kap. 11 und 14 sowie in Pinker 2011, Kap. 4–6. Zu Foucaults Vernachlässigung des Totalitarismus vor der Aufklärung siehe Merquior 1985.

30 Allgegenwart der Sklaverei: Patterson 1985, Payne 2004; siehe auch Pinker 2011, Kap. 4. Religiöse Rechtfertigungen für Sklaverei: Price 2006.

31 Griechen und Araber über Afrikaner: Lewis 1990/1992. Cicero über die Briten: B. Delong, »Cicero: The Britons Are Too Stupid to Make Good Slaves«, http://www.bradford-delong.com/2009/06/cicero-the-britons-are-too-stupid-to-make-good-slaves.html.

32 Gobineau, Wagner, Chamberlain und Hitler: Herman 1998, S. 95; siehe auch Hellier 2011, Richards 2013. Viele irrige Vorstellungen über die Verbindung zwischen »Rassenkunde« und Darwinismus wurden von dem Biologen Stephen Jay Gould in seinem tendenziösen Bestseller *The Mismeasure of Man* (dt.: *Der falsch vermessene Mensch*) von 1981 verbreitet; siehe Blinkhorn 1982, Davis 1983, Lewis et al. 2011.

33 Darwin'sche gegenüber traditionellen, religiösen und romantischen Rassentheorien: Hellier 2011, Johnson 2009, Price 2006.

34 Hitler war kein Darwinist: Richards 2013; siehe auch Hellier 2011, Price 2006.

35 Evolution als Rorschachtest: Montgomery & Chirot 2015. Sozialdarwinismus: Degler 1991, Leonard 2009, Richards 2013.

36 Die missbräuchliche Anwendung des Ausdrucks *Sozialdarwinismus* auf eine Vielzahl rechtsgerichteter Bewegungen setzte der Historiker Richard Hofstadter mit seinem Buch *Social Darwinism in American Thought* von 1944 in Gang; siehe Johnson 2010, Leonard 2009, Price 2006.

37 Ein Beispiel ist ein Artikel über Evolutionspsychologie in *Scientific American* von John Horgan mit dem Titel »The New Social Darwinists« (Oktober 1995).

38 Glover 1998, 1999, Proctor 1988.

39 So wie in der Überschrift eines weiteren Artikels von John Horgan in *Scientific American*: »Eugenics Revisited: Trends in Behavioral Genetics« (Juni 1993).

40 Degler 1991, Kevles 1985, Montgomery & Chirot 2015, Ridley 2000.

41 Nachuntersuchung Tuskegee: Benedek & Erlen 1999, Reverby 2000, Shweder 2004, Lancet Infectious Diseases Editors 2005.

42 Prüfungskommissionen schränken freie Rede ein: American Association of University Professors 2006, Schneider 2015; C. Shea, »Don't Talk to the Humans: The Crackdown on Social Science Research«, *Lingua Franca*, September 2000, http://linguafranca.mirror.theinfo.org/print/0009/humans.html. Prüfungskommissionen als ideologische Waffen: Dreger 2008. Prüfungskommissionen schränken Forschung ein, ohne Probanden zu schützen: Atran 2007, Gunsalus et al. 2006, Hyman 2007, Klitzman 2015, Schneider 2015, Schrag 2010.

43 Moss 2005.

44 Schutz von Selbstmordattentätern: Atran 2007.

45 Philosophen gegen Bioethik: Glover 1998, Savulescu 2015. Zu weiteren Kritiken zeitgenössischer Bioethik siehe Pinker 2008 b, Satel 2010; S. Pinker, »The Case Against Bioethocrats and CRISPR Germline Ban«, *The Niche*, 10. August 2015, https://ipscell.com/2015/08/stevenpinker/8/; S. Pinker, »The Moral Imperative for Bioethics«, Boston Globe, 1. August 2015; Miller, »When ›Bioethics‹ Harms Those It Is Meant to Protect«, *Forbes*, 9. November 2016. Nachdruck als »When ›Bioethics‹ Is not Ethical«, http://dailycaller.com/2018/06/04/when-bioethics-not-ethical/. Siehe auch die Quellen in Anm. 42 oben.

46 Siehe die Quellen in Kap. 21, Anm. 94–103.

47 Dawes, Faust & Meehl 1989, Meehl 1954/2013. Neuere Bekräftigungen: Geistige Gesundheit, Ægisdóttir et al. 2006, Lilienfeld et al. 2013; Auswahl- und Zulassungsentscheidungen, Kuncel et al. 2013; Gewalt, Singh, Grann & Fazel 2011.

48 Gesegnet sind die Friedfertigen: Fortna 2008, S. 173. Siehe auch Hultman, Kathman & Shannon 2013 sowie Goldstein 2011, der den Friedenstruppen einen Großteil der Anti-Kriegs-Haltung nach 1945 zuschreibt.

49 Ethnische Nachbarn bekriegen sich selten: Fearon & Laitin 1996, 2003, Mueller 2004 a.

50 Chenoweth 2016, Chenoweth & Stephan 2011.

51 Revolutionsführer sind gebildet: Chirot 1994. Selbstmordattentäter sind gebildet: Atran 2003.

52 Geisteswissenschaften in Not: American Academy of Arts and Sciences 2015, Armitage et al. 2013. Zu früheren Klagen siehe Pinker 2003, Beginn von Kap. 20.

53 Warum die Demokratie die Geisteswissenschaften braucht: Nussbaum 2016.

54 Kulturpessimismus in den Geisteswissenschaften: Herman 1998, Lilla 2015, 2016, Nisbet 1980/2009, Wolin 2004.

55 Die Urheber der Verfassung und die Natur des Menschen: McGinnis 1996, 1997. Politik

und die Natur des Menschen: Pinker 2003, Kap. 16, Pinker 2011, Kap. 8 und 9, Haidt 2012, Sowell 1987.

56 Kunst und Naturwissenschaft: Dutton 2009, Livingstone 2014.

57 Musik und Naturwissenschaft: Bregman 1990, Lerdahl & Jackendoff 1983, Patel 2008; siehe auch Pinker 1998/2011, Kap. 8.

58 Literatur und Naturwissenschaft: Boyd, Carroll & Gottschall 2010, Connor 2016, Gottschall 2012, Gottschall & Wilson 2005, Lodge 2002, Pinker 2007, Slingerland 2008; siehe auch Pinker 1998/2011, Kap. 8, und William Benzons Blog *New Savanna*, http://new-savanna.blogspot.com/.

59 Digitale Geisteswissenschaft: Michel et al. 2010; siehe die elektronische Zeitschrift *Digital Humanities Now* (http://digitalhumanitiesnow.org/), das Stanford Humanities Center (http://shc.stanford.edu/digital-humanities) und die Zeitschrift *Digital Humanities Quarterly* (http://www.digitalhumanities.org/dhq/).

60 Gottschall 2012; A. Gopnik, »Can Science Explain Why We Tell Stories?«, *New Yorker*, 18. Mai 2012.

61 Wieseltier 2013, »Crimes Against Humanities«. Der Artikel war eine Erwiderung auf meinen Essay »Science Is Not Your Enemy« (Pinker 2013b); siehe auch »Science vs. the Humanities, Round III« (Pinker & Wieseltier 2013).

62 Vor Darwin, vor Kopernikus: L. Wieseltier, »Among the Disrupted«, *New York Times*, 7. Januar 2015.

63 Aus »A Letter Addressed to the Abbe Raynal«, Paine 1778/2016, zitiert in Shermer 2015.

Kapitel 23

1 »Gutes ohne Gott«: Aus dem 19. Jahrhundert, wieder aufgegriffen von Greg Epstein, humanistischer Seelsorger an der Harvard University (Epstein 2009). Weitere neuere Erläuterungen des Humanismus: Grayling 2013, Law 2011. Geschichte des amerikanischen Humanismus: Jacoby 2005. Zu den großen Organisationen des Humanismus gehören die American Humanist Association (https://americanhumanist.org/) und die anderen Mitglieder der Secular Coalition of America (https://www.secular.org/member_orgs), die British Humanist Association (https://humanism.org.uk/), die International Humanist and Ethical Union (http://iheu.org/) und die Freedom from Religion Foundation (www.ffrf.org).

2 *Humanist Manifesto III*: American Humanist Association 2003. Vorläufer: *Humanist Manifesto I* (großenteils von Raymond B. Bragg 1933), American Humanist Association 1933/1973. *Humanist Manifesto II* (großenteils von Paul Kurtz und Edwin H. Wilson 1973), American Humanist Association 1973. Zu weiteren Manifesten der Humanisten gehören Paul Kurtz' *Secular Humanist Declaration*, Council for Secular Humanism 1980, und *Humanist Manifesto 2000*, Council for Secular Humanism 2000, sowie die Amsterdam Declarations von 1952 und 2002, International Humanist and Ethical Union 2002.

3 R. Goldstein, »Speaking Prose All Our Lives«, *The Humanist*, 21. Dezember 2012,

https://thehumanist.com/magazine/january-february2013/features/speaking-prose-all-our-lives.

4 Die Erklärungen der Rechte von 1688, 1776, 1789 und 1948: Hunt 2007.

5 Moral als Unparteilichkeit: de Lazari-Radek & Singer 2012, Goldstein 2006, Greene 2013, Nagel 1998, Railton 1986, Singer 1981/2011, Smart & Williams 1973. Den Oberbegriff der »Unparteilichkeit« vertrat am ausdrücklichsten der Philosoph Henry Sidgwick (1838–1900).

6 Eine erschöpfende (wenn auch exzentrische) Liste von Regeln aus Gold, Silber und Platin aus allen möglichen Kulturen und Epochen bietet Terry 2008.

7 Evolution erklärt die Existenz des denkenden Geistes trotz Entropie: Tooby, Cosmides & Barrett 2003. Natürliche Selektion ist die einzige Erklärung für nichtzufällige Gestaltung: Dawkins 1983.

8 Neugier und Geselligkeit als begleitende Umstände der Evolution von Intelligenz: Pinker 2010, Tooby & DeVore 1987.

9 Evolutionäre Interessenkonflikte in und zwischen Menschen: Pinker 1998/2011, Kap. 6 und 7, Pinker 2003, Kap. 14, Pinker 2011, Kap. 8 und 9. Viele dieser Ideen kamen ursprünglich von dem Biologen Robert Trivers (2002).

10 Das Pazifistendilemma und der historische Rückgang der Gewalt: Pinker 2011, Kap. 10.

11 DeScioli 2016.

12 Evolution von Mitgefühl: Dawkins 1978/1996, McCullough 2008, Pinker 1998/2011, Trivers 2002, Pinker 2011, Kap. 9.

13 Sich ausdehnendes Band des Mitgefühls: Pinker 2011, Singer 1981/2011.

14 Zum Beispiel T. Nagel, »The Facts Fetish (Rezension von Sam Harris, *The Moral Landscape*)«, *New Republic*, 20. Oktober 2010.

15 Für und wider Utilitarismus: Rachels & Rachels 2010, Smart & Williams 1973.

16 Vereinbarkeit von deontologischer und konsequentialistischer Metaethik: Parfit 2011.

17 Erfolgsgeschichte des Utilitarismus: Pinker 2011, Kap. 4 und 6, Greene 2013.

18 Aus *Betrachtungen über den Staat Virginia*, Jefferson 1785/1989, S. 331.

19 Klassischer Liberalismus nicht intuitiv: Fiske & Rai 2015, Haidt 2012, Pinker 2011, Kap. 9.

20 Greene 2013.

21 Die Relevanz dünner Philosophie: Berlin 1992, Gregg 2003, Hammond 2017.

22 Hammond 2017.

23 Maritain 1951, S. 12. Original-Typoskript zu sehen auf der UNESCO-Website, http://unesdoc.unesco.org/images/0015/001550/155042eb.pdf.

24 Allgemeine Erklärung der Menschenrechte: United Nations 1948. Deutsche Fassung: Vereinte Nationen 1948. Geschichte der Erklärung: Glendon 1999, 2001, Hunt 2007.

25 Zitiert in Glendon 1999.

26 Menschenrechte nicht ausgesprochen westlich: Glendon 1998, Hunt 2007, Sikkink 2017.

27 R. Cohen, »The Death of Liberalism«, *New York Times*, 14. April 2016.

28 S. Kinzer, »The Enlightenment Had a Good Run«, *Boston Globe*, 23. Dezember 2016.

29 IS hat mehr Zugkraft als Aufklärung: R. Douthat, »The Islamic Dilemma«, *New York*

Times, 13. Dezember 2015; R. Douthat, »Among the Post-Liberals«, *New York Times*, 8. Oktober 2016; M. Khan, »This Is What Happens When Modernity Fails All of Us«, *New York Times*, 6. Dezember 2015; P. Mishra, »The Western Model Is Broken«, *The Guardian*, 14. Oktober 2014.

30 Universalität des Verbots von Mord, Vergewaltigung und Gewalt: Brown 2000.

31 Gott als Vollstrecker: Atran 2002, Norenzayan 2015.

32 Fatale Schwachstellen in Argumenten für die Existenz Gottes: Goldstein 2010; siehe auch Dawkins 2014 und Coyne 2015.

33 Coyne beruft sich teilweise auf Argumente des Astronomen Carl Sagan sowie der Philosophen Yonatan Fishman und Maarten Boudry. Siehe die Rezension durch S. Pinker, »The Untenability of Faitheism«, *Current Biology*, 3. August 2015, S. R638–640.

34 Die Entzauberung der Seele: Blackmore 1991, Braithwaite 2008, Musolini 2015, Shermer 2002, Stein 1996. Siehe auch die regelmäßigen Aktualisierungen in den Zeitschriften *Skeptical Inquirer* (http://www.csicop.org/si) und *The Skeptic* (http://www.skeptic.com/).

35 Stenger 2011.

36 Das Multiversum: Carroll 2016, Tegmark 2003; B. Greene, »Welcome to the Multiverse«, *Newsweek*, 21. Mai 2012.

37 Ein Universum aus nichts: Krauss 2013.

38 B. Greene, »Welcome to the Multiverse«, *Newsweek*, 21. Mai 2012.

39 Einfache und schwierige Probleme des Bewusstseins: Block 1995, Chalmers 1996, McGinn 1996, Nagel 1974; siehe auch Pinker 1998/2011, Kap. 2 und 8, sowie S. Pinker, »The Mystery of Consciousness«, *Time*, 29. Januar 2007.

40 Adaptive Natur des Bewusstseins: Pinker 1998/2011, Kap. 2.

41 Dehaene 2009, Dehaene & Changeux 2011, Gaillard et al. 2009.

42 Eine ausführliche Rechtfertigung dieser Unterscheidung liefert Goldstein 1976.

43 Nagel 1974, S. 441. Fast vier Jahrzehnte später änderte Nagel seine Meinung (siehe Nagel 2016), doch wie die meisten Philosophen und Wissenschaftler bin ich der Meinung, dass er beim ersten Mal richtiglag. Siehe zum Beispiel S. Carroll, Rezension von *Mind and Cosmos*, http://www.preposterousuniverse.com/blog/2013/08/22/mind-and-cosmos/; E. Sober, »Remarkable Facts: Ending Science as We Know It«, *Boston Review*, 7. November 2012; B. Leiter & M. Weisberg, »Do You Only Have a Brain? On Thomas Nagel«, *The Nation*, 3. Oktober 2012.

44 McGinn 1996.

45 Moralischer Realismus: Sayre-McCord 1988, 2015. Moralische Realisten: Boyd 1988, Brink 1989, de Lazari-Radek & Singer 2012, Goldstein 2006, 2010, Nagel 1998, Parfit 2011, Railton 1986, Singer 1981/2011.

46 Beispiele sind die europäischen Religionskriege (Pinker 2011, S. 354 f., 1004 f.) und sogar der Amerikanische Bürgerkrieg (Montgomery & Chirot 2015, S. 350).

47 White 2011, S. 107–111.

48 S. Bannon, Beitrag zu einer Konferenz im Vatikan, 2014, transkribiert in J. L. Feder, »This Is How Steve Bannon Sees the Entire World«, *BuzzFeed*, 16. November 2016,

https://www.buzzfeed.com/lesterfeder/this-is-how-steve-bannon-sees-the-entire-world.

49 Nazis wohlwollend gegenüber dem Christentum und umgekehrt: Ericksen & Heschel 1999, Hellier 2011, Heschel 2008, Steigmann-Gall 2003, White 2011. Hitler war kein Atheist: Hellier 2011, Murphy 1999, Richards 2013; siehe auch »Hitler Was a Christian«, http://www.evilbible.com/evil-bible-home-page/hitler-was-a-christian/.

50 Zitiert aus Hartmann et al. (Hrsg.) 2016, S. 231. Zu ähnlichen Zitaten siehe die Literaturangaben in der vorigen Anmerkung.

51 Sam Harris, *The End of Faith* (2004; dt. *Das Ende des Glaubens*), Richard Dawkins, *The God Delusion* (2006; dt. *Der Gotteswahn*), Daniel Dennett, *Breaking the Spell* (2006; dt. *Den Bann brechen*), Christopher Hitchens, *God Is Not Great* (2007; dt. *Der Herr ist kein Hirte*).

52 Randall Munroe, »Atheists«, https://xkcd.com/774/.

53 Die Behauptung, dass Menschen die Heilige Schrift als Allegorie verstehen (zum Beispiel Wieseltier 2013) ist falsch: Bei einer Rasmussen-Umfrage von 2005 stellte sich heraus, dass 63 Prozent der US-Amerikaner glaubten, die Bibel sei wörtlich zu nehmen (http://legacy.rasmussenreports.com/2005/Bible.htm). Laut einer Gallup-Umfrage von 2014 glaubten 28 Prozent der US-Amerikaner, dass »die Bibel das Wort Gottes ist und wörtlich genommen werden muss, Wort für Wort«, weitere 47 Prozent glaubten, sie sei »das von Gott eingegebene Wort« (L. Saad, »Three in Four in U. S. Still See the Bible as Word of God«, *Gallup*, 4. Juni 2014, http://www.gallup.com/poll/170834/three-four-bible-word-god.aspx).

54 Psychologie der Religion: Pinker 1998/2011, Kap. 8, Atran 2002, Bloom 2012, Boyer 2004, Dawkins 2014, Dennett 2008, Goldstein 2010.

55 Warum es kein »Gottesmodul« gibt: Pinker 1998/2011, Kap. 8, Bloom 2012, Pinker 2005.

56 Nicht religiöser Glaube, sondern Teilhabe an der Gemeinschaft erklärt die Vorteile religiöser Zugehörigkeit: Putnam & Campbell 2010; Bloom 2012 und Susan Pinker 2014 geben einen Überblick. Den gleichen Effekt in Bezug auf Sterblichkeit haben Kim, Smith & Kang 2015 in einer Studie festgestellt.

57 Rückständige religiöse Politik: Coyne 2015.

58 Gott und Klima: Bean & Teles 2016; siehe auch Kap. 18, Anm. 85.

59 Unterstützung für Trump von den Evangelikalen: Siehe *New York Times* 2016 und Kap. 20, Anm. 34.

60 A. Wilkinson, »Trump Wants to ›Totally Destroy‹ a Ban on Churches Endorsing Political Candidates«, *Vox*, 7. Februar 2017.

61 »*The Oprah Winfrey Show* Finale«, *oprah.com*, http://www.oprah.com/oprahshow/the-oprah-winfrey-show-finale_1/all.

62 Leicht bearbeiteter Ausschnitt aus »The Universe – Uncensored«, *Inside Amy Schumer*, https://www.youtube.com/watch?v=6eqCaiwmr_M.

63 Feindseligkeit gegenüber Atheisten: G. Paul & P. Zuckerman, »Don't Dump On Us Atheists«, *Washington Post*, 30. April 2011; Gervais & Najle 2017.

64 Aus der *World Christian Encyclopedia* (2001), zitiert in Paul & Zuckerman 2007.

65 Global Index of Religiosity and Atheism: WIN-Gallup International 2012. Die Index-Stichprobe von 2005 war weniger umfangreich (39 Länder) und offenbarte eine größere Religiosität (68 Prozent bezeichneten sich 2005 noch als religiös, gegenüber 59 Prozent der gesamten Stichprobe von 2012). In der Längsschnitt-Teilmenge stieg der Prozentsatz der Atheisten von 4 auf 7 Prozent – ein Anstieg um 75 Prozent in sieben Jahren. Diesen Multiplikator auf größere Stichproben zu übertragen wäre wegen der Nichtlinearität am unteren Ende der Skala fragwürdig. Darum bin ich beim Schätzen der Zunahme des Atheismus über diesen Zeitraum hinweg in der Stichprobe mit 57 Ländern von einem konservativeren Anstieg um 30 Prozent ausgegangen.

66 Säkularisierungsthese: Inglehart & Welzel 2005, Voas & Chaves 2016.

67 Korrelation von Religionslosigkeit mit Einkommen und Bildung: Barber 2011, Lynn, Harvey & Nyborg 2009, WIN-Gallup International 2012.

68 WIN-Gallup International 2012. Andere Länder der Stichprobe, in denen religiöse Menschen in der Minderheit sind, sind Österreich und Tschechien; zu denen mit einem Prozentsatz knapp über 50 Prozent gehören Finnland, Deutschland, Spanien und die Schweiz. Andere säkulare westliche Staaten wie Dänemark, Neuseeland, Norwegen und Großbritannien wurden nicht befragt. Laut einer um 2004 durchgeführten anderen Reihe von Umfragen (Zuckerman 2007, aufgeführt in Lynn, Harvey & Nyborg 2009) geben über ein Viertel der Befragten in 15 Industrieländern an, dass sie nicht an Gott glauben, gemeinsam mit über der Hälfte der Tschechen, Japaner und Schweden.

69 Pew Research Center 2012 a.

70 Im Methodologie-Anhang von Pew Research Center 2012 a, insbesondere in Anm. 85, wird darauf hingewiesen, dass die angegebenen Fertilitätsschätzungen aktuelle Momentaufnahmen sind, die nicht auf antizipierte Veränderungen angepasst wurden. Abnehmende Kinderzahl bei Muslimen: Eberstadt & Shah 2011.

71 Religiöser Wandel in der Anglosphäre: Voas & Chaves 2016.

72 Religiöse Sonderstellung der USA: Paul 2014, Voas & Chaves 2016. Diese Zahlen stammen von WIN-Gallup International 2012.

73 Lynn, Harvey & Nyborg 2009, Zuckerman 2007.

74 Amerikanische Säkularisierung: Hout & Fischer 2014, Jones et al. 2016 b, Pew Research Center 2015 a, Voas & Chaves 2016.

75 Die zuvor genannten Zahlen stammen aus Jones et al. 2016 b. Ein weiteres Anzeichen für den weitgehend verschwiegenen Rückgang der Religion in den Vereinigten Staaten ist, dass der Anteil der weißen Evangelikalen laut den Umfragen des Public Religion Research Institute von 20 Prozent im Jahr 2012 auf 16 Prozent im Jahr 2016 gesunken ist.

76 Jüngere Ungläubige bleiben mit größerer Wahrscheinlichkeit ungläubig: Hout & Fischer 2014, Jones et al. 2016 b, Voas & Chaves 2016.

77 Offen Ungläubige: D. Leonhardt, »The Rise of Young Americans Who Don't Believe in God«, *New York Times*, 12. Mai 2015, basierend auf Daten aus Pew Research Center 2015 a. Kaum Unglauben in den 1950er Jahren: Voas & Chaves 2016, basierend auf Daten aus dem General Social Survey.

78 Gervais & Najle 2017.

79 Jones et al. 2016b, S. 18.

80 Erklärungen für Säkularisierung: Hout & Fischer 2014, Inglehart & Welzel 2005, Jones et al. 2016b, Paul & Zuckerman 2007, Voas & Chaves 2016.

81 Säkularisierung und weniger Vertrauen in Institutionen: Twenge, Campbell & Carter 2014. Größtes Vertrauen in Institutionen in den 1960er Jahren: Mueller 1999, S. 167f.

82 Säkularisierung und emanzipative Werte: Hout & Fischer 2014, Inglehart & Welzel 2005, Welzel 2013.

83 Säkularisierung und gesicherte Existenz: Inglehart & Welzel 2005, Welzel 2013. Säkularisierung und das Netz der sozialen Sicherheit: Barber 2011, Paul 2014, Paul & Zuckerman 2007.

84 Hauptgrund für Amerikaner, ihre Religion aufzugeben: Jones et al. 2016b. Festzuhalten ist auch, dass der Glaube an den Wortlaut der Bibel unter den Teilnehmenden der oben in Anm. 53 erwähnten Gallup-Umfrage von 40 Prozent im Jahr 1981 auf 28 Prozent im Jahr 2014 gesunken war, während die Überzeugung, dass es sich um ein Buch mit »von Menschen aufgezeichneten Fabeln, Legenden, historischen Begebenheiten und Moralvorschriften« handele, von 10 auf 21 Prozent anstieg.

85 Säkularisierung und steigender IQ: Kanazawa 2010, Lynn, Harvey & Nyborg 2009.

86 »Absolute Wertlosigkeit«: Aus einem Zitat von Friedrich Nietzsche.

87 Glück: Siehe Kap. 18 sowie Helliwell, Layard & Sachs 2016. Indikatoren sozialen Wohlergehens: Siehe Porter, Stern & Green 2016 sowie Kap. 21, Anm. 42, und Anm. 90 unten. Keehup Yong und ich haben herausgefunden, dass in einer Regressionsanalyse von 116 Ländern die Korrelation zwischen dem Social Progress Index und dem Anteil der Bevölkerung, der nicht an Gott glaubte (basierend auf Lynn, Harvey & Nyborg 2009), bei konstantem BIP pro Kopf 0,63 betrug, was statistisch signifikant war ($p<0{,}0001$).

88 Unglückselige amerikanische Sonderstellung: Siehe Kap. 21, Anm. 42, sowie Paul 2009, 2014.

89 Religiöser Staat, dysfunktionaler Staat: Delamontagne 2010.

90 Zwar weisen über ein Viertel der 195 Staaten der Welt eine muslimische Bevölkerungsmehrheit auf, doch keiner davon findet sich unter den 38 Staaten, die auf dem Social Progress Index als »sehr hoch« und »hoch« eingestuft werden (Porter, Stern & Green 2016, S. 19f.), oder unter den 25 glücklichsten (Helliwell, Layard & Sachs 2016). Keiner ist eine »vollständige Demokratie«, nur drei sind »unvollständige Demokratien« und über 40 sind »autoritäre Regimes« oder »Hybridregimes«: *The Economist* Intelligence Unit, https://infographics.economist.com/2017/DemocracyIndex/. Ähnliche Einschätzungen liefern Marshall & Gurr 2014, Marshall, Gurr & Jaggers 2016, Pryor 2007.

91 Kriege 2016: Siehe Kap. 11, Anm. 9, sowie Gleditsch & Rudolfsen 2016. Terrorismus: Institute for Economics and Peace 2016, unter Verwendung von Daten aus dem National Consortium for the Study of Terrorism and Responses to Terrorism, http://www.start.umd.edu/.

92 Frühreife wissenschaftliche Revolution: Al-Khalili 2011, Huff 1993. Toleranz im Arabischen und Osmanischen Reich: Lewis 2002, Pelham 2016.

93 Regressive Passagen im Koran, im Hadith und in der Sunna: Rizvi 2016, Kap. 2, Hirsi

Ali 2015 a, 2015 b; *The Skeptic's Annotated Quran*, http://skepticsannotatedbible.com/quran/int/long.html. Zu Journalisten, die sich kürzlich mit dem Thema auseinandergesetzt haben, gehören R. Callimachi, »ISIS Enshrines a Theology of Rape«, *New York Times*, 13. August 2015; G. Wood, »What ISIS Really Wants«, *The Atlantic*, März 2015; Wood 2017. Zu Wissenschaftlern, die sich kürzlich mit dem Thema auseinandergesetzt haben, gehören Cook 2014 und Bowering 2015.

94 Alexander & Welzel 2011, S. 256–258.

95 Alexander und Welzel zitieren den *Religionsmonitor* der Bertelsmann Stiftung. Siehe auch Pew Research Center 2012 c; WIN-Gallup International 2012 liefert vergleichbare Zahlen (wenn auch mit regionaler Variation).

96 Zitate aus Pew Research Center 2013, S. 24 und 15, sowie Pew Research Center 2012 c, S. 11 und 12. Die Länder, in denen gefragt wurde, ob der Koran wortwörtlich zu verstehen sei, waren die Vereinigten Staaten und 15 Staaten im subsaharischen Afrika, die vermutlich die beiden Enden der Skala besetzen. Zu den Ausnahmen, die die Scharia nicht zum innerstaatlichen Recht erklären wollen, gehören die Türkei, Libanon und früher kommunistische Regionen.

97 Welzel 2013; siehe auch Alexander & Welzel 2011 sowie Inglehart 2017.

98 Alexander & Welzel 2011. Siehe auch Pew Research Center 2013, wo eine größere Unterstützung für das Recht der Scharia unter frommen Muslimen festgestellt wurde.

99 Religiöser Würgegriff: Huff 1993, Kuran 2010, Lewis 2002, United Nations Development Programme 2003, Montgomery & Chirot 2015, Kap. 7; siehe auch die persönlichen Erfahrungsberichte von Rizvi 2016 und Hirsi Ali 2015 a.

100 Reaktionärer Islam: Montgomery & Chirot 2015, Kap. 7, Lilla 2016, Hathaway & Shapiro 2017.

101 Westliche Intellektuelle, die die Unterdrückung in der islamischen Welt entschuldigen: Berman 2010; J. Palmer, »The Shame and Disgrace of the Pro-Islamist Left«, *Quillette*, 6. Dezember 2015; J. Tayler, »The Left Has Islam All Wrong«, *Salon*, 10. Mai 2015; J. Tayler, »On Betrayal by the Left – Talking with Ex-Muslim Sarah Haider«, *Quillette*, 16. März 2017.

102 Zitiert in J. Tayler, »On Betrayal by the Left – Talking with Ex-Muslim Sarah Haider«, *Quillette*, 16. März 2017.

103 Al-Khalili 2011, Huff 1993.

104 Sen 2000, 2005, 2009; siehe auch Pelham 2016, der Beispiele aus dem Osmanischen Reich anführt.

105 Esposito & Mogahed 2011, Inglehart 2017, Welzel 2013.

106 Islamische Modernisierung: Mahbubani & Summers 2016. Kohortenwechsel: Siehe Kap. 15, insbesondere Abb. 15.7, Inglehart 2017, Welzel 2013. Allerdings hält Inglehart fest, dass im World Values Survey zwar 13 Länder mit muslimischer Bevölkerungsmehrheit einen Generationswechsel hin zur Geschlechtergleichheit aufweisen, 14 andere jedoch nicht. Die Gründe für diese Zweiteilung sind unklar.

107 J. Burke, »Osama bin Laden's bookshelf: Noam Chomsky, Bob Woodward, and Jihad«, *The Guardian*, 20. Mai 2015.

108 Anstöße für moralischen Fortschritt von außen: Appiah 2011, Hunt 2007.

109 Zu Nietzsches berühmten Werken, deren Titel großenteils zu betont intellektuellen Memen avanciert sind, gehören *Die Geburt der Tragödie aus dem Geiste der Musik*, *Jenseits von Gut und Böse*, *Also sprach Zarathustra*, *Zur Genealogie der Moral*, *Götzen-Dämmerung*, *Ecce homo* und *Der Wille zur Macht*. Eine kritische Diskussion bieten Anderson 2017, Glover 1999, Herman 1998, Russell 1945/2009, Wolin 2004.

110 Das erste, zweite und vierte Zitat stammen aus *Der Wille zur Macht*, das dritte aus *Also sprach Zarathustra*, das fünfte aus *Ecce Homo*. Siehe auch Russell 1945/2009 und Wolin 2004.

111 *Relativismo e Fascismo*, zitiert in Wolin 2004, S. 27.

112 Rosenthal 2002.

113 Nietzsches Einfluss auf Rand und ihre Vertuschungsversuche: Burns 2009.

114 Aus *Zur Genealogie der Moral* und *Der Wille zur Macht*.

115 Tyrannophilie: Lilla 2015. Erstmals wurde das Syndrom in *Der Verrat der Intellektuellen* des französischen Philosophen Julian Benda (Benda 1927/2013) identifiziert. Jüngere Darstellungen bieten Berman 2010, Herman 1998, Hollander 1981/2014, Sesardić 2016, Sowell 2010, Wolin 2004. Siehe auch Humphrys (o. J.)

116 Scholars and Writers for America, »Statement of Unity«, 30. Oktober 2016, https://scholarsandwritersforamerica.org/.

117 J. Baskin, »The Academic Home of Trumpism«, *Chronicle of Higher Education*, 17. März 2017.

118 Nietzsche beeinflusste nicht nur Mussolini, sondern auch den faschistischen Theoretiker Julius Evola, auf den ich weiter unten eingehe. Er beeinflusste auch den Philosophen Leo Strauss, was sich wiederum stark auf das Claremont Institute und den reaktionären Theokonservatismus auswirkte; siehe J. Baskin, »The Academic Home of Trumpism«, *Chronicle of Higher Education*, 17. März 2017; Lampert 1996.

119 Nationalismus und gegen die Aufklärung gewandte Romantik: Berlin 1982, Garrard 2006, Herman 1998, Howard 2001, McMahon 2001, Sternhell 2010, Wolin 2004.

120 Wiederentdeckung der ersten Faschisten: J. Horowitz, »Steve Bannon Cited Italian Thinker Who Inspired Fascists«, *New York Times*, 10. Februar 2017; P. Levy, »Stephen Bannon Is a Fan of a French Philosopher ... Who Was an Anti-Semite and a Nazi Supporter«, *Mother Jones*, 16. März 2017; M. Crowley, »The Man Who Wants to Unmake the West«, *Politico*, März / April 2017. Alt-Right: A. Bokhari & M. Yiannopoulos, »An Establishment Conservative's Guide to the Alt-Right«, *Breitbart.com*, 29. März 2016, http://www.breitbart.com/tech/2016/03/29/an-establishment-conservatives-guide-to-the-alt-right/. Nietzsches Einfluss auf Alt-Right: G. Wood, »His Kampf«, *The Atlantic*, Juni 2017; S. Illing, »The Alt-Right Is Drunk on Bad Readings of Nietzsche. The Nazis Were Too«, *Vox*, 17. August 2017, https://www.vox.com/2017/8/17/16140846/nietzsche-richard-spencer-alt-right-nazism.

121 Naive evolutionspsychologische Erklärung des Nationalismus und ihre Probleme: Pinker 2012.

122 Theokonservatismus: Lilla 2016, Linker 2007, Pinker 2008 b.

123 Geschrieben unter dem Pseudonym Publius Decius Mus; siehe Publius Decius Mus 2016. Siehe auch M. Warren, »The Anonymous Pro-Trump ›Decius‹ Now Works Inside the White House«, *Weekly Standard*, 2. Februar 2017.

124 Reaktionäre Denkweise: Lilla 2016. Mehr zum reaktionären Islam findet sich bei Montgomery & Chirot 2015 und Hathaway & Shapiro 2017.

125 A. Restuccia & J. Dawsey, »How Bannon and Pruitt Boxed In Trump on Climate Pact«, *Politico*, 31. Mai 2017.

126 Kognitive Dehnbarkeit von »Stamm«: Kurzban, Tooby & Cosmides 2001, Sidanius & Pratto 1999; siehe auch Center for Evolutionary Psychology, UCSB, Erasing Race FAQ, http://www.cep.ucsb.edu/erasingrace.htm.

127 Manipulation von Gruppenintuitionen: Pinker 2012.

128 Stammesdenken und Kosmopolitismus: Appiah 2007.

129 Diamond 1998, Sowell 1994, 1996, 1998.

130 Glaeser 2011, Sowell 1996.

Dank

1 CUDOS: Merton 1942/1985 nannte seine erste Kardinaltugend »Kommunismus«, was aber häufig als »Kommunalismus« wiedergegeben wird, um es von Bezeichnungen wie Bolschewismus oder Maoismus zu unterscheiden.

Dank

Für den Soziologen Robert Merton war der Kommunalismus – auch »Wissenskommunismus« – (*Communalism*) eine Kardinaltugend der Wissenschaft, gemeinsam mit Universalismus (*Universalism*), Uneigennützigkeit (*Disinterestedness*) und organisiertem Skeptizismus (*Organized Skepticism*), die man nach ihren englischen Anfangsbuchstaben auch als CUDOS-Prinzipien bezeichnet.[1] Ganz in diesem Sinne verhielten sich die vielen Wissenschaftler, die ihre Daten aus einem Zusammengehörigkeitsgefühl heraus mit mir teilten und meine Anfragen rasch und umfassend beantworteten. Da wäre zuerst Max Roser zu nennen, Besitzer der bewusstseinserweiternden Website *Our World in Data*, dessen Kenntnisse und Großzügigkeit für viele Erörterungen aus Teil II, in dem es um Fortschritt geht, unverzichtbar waren. Dankbar bin ich auch Marian Tupy von *HumanProgress* sowie Ola Rosling und Hans Rosling von *Gapminder*, zwei weiteren unschätzbaren Ressourcen, um den gegenwärtigen Zustand der Menschheit zu erfassen. Hans war eine wahre Quelle der Inspiration und sein Tod im Jahr 2017 eine Tragödie für alle, die sich Vernunft, Wissenschaft, Humanismus und Fortschritt verpflichtet fühlen.

Meine Dankbarkeit gilt zudem den anderen von mir belagerten Datenwissenschaftlern und den Institutionen, die deren Daten sammeln und verwalten: Karlyn Bowman, Daniel Cox (PRRI), Tamar Epner (Social Progress Index), Christopher Fariss, Chelsea Follett (*HumanProgress*), Andrew Gelman, Yair Ghitza, April Ingram (Science Heroes), Jill Janocha (Bureau of Labor Statistics), Gayle Kelch (US Fire Administration/FEMA), Alaina Kolosh (National Safety Council), Kalev Leetaru (Global Database of Events, Language, and Tone), Monty Marshall (Polity Project), Bruce Meyer, Branko Milanović (World Bank), Robert Muggah (Homicide Monitor), Pippa Norris (World Values Survey), Thomas Olshanski (US Fire Administration/FEMA), Amy Pearce (Science Heroes), Therese Pettersson (Uppsala Conflict Data

Program), Mark Perry, Leandro Prados de la Escosura, Stephen Radelet, Auke Rijpma (OECD Clio Infra), Hannah Ritchie (*Our World in Data*), Seth Stephens-Davidowitz (Google Trends), James X. Sullivan, Sam Taub (Uppsala Conflict Data Program), Kyla Thomas, Jennifer Truman (Bureau of Justice Statistics), Jean Twenge, Bas van Leeuwen (OECD Clio Infra), Carlos Vilalta, Christian Welzel (World Values Survey), Billy Woodward (Science Heroes) und Justin Wolfers.

David Deutsch, Rebecca Newberger Goldstein, Kevin Kelly, John Mueller, Roslyn Pinker, Max Roser und Bruce Schneier haben einen Entwurf des gesamten Manuskripts gelesen und mir unbezahlbare Tipps gegeben. Geholfen haben mir auch Kommentare von Fachleuten, die Kapitel oder Passagen gelesen haben, darunter Scott Aronson, Leda Cosmides, Jeremy England, Paul Ewald, Joshua Goldstein, A. C. Grayling, Joshua Greene, César Hidalgo, Jodie Jackson, Lawrence Krauss, Branko Milanović, Robert Muggah, Jason Nemirow, Matthew Nock, Ted Nordhaus, Anthony Pagden, Robert Pinker, Susan Pinker, Stephen Radelet, Peter Scoblic, Michael Shellenberger und Christian Welzel.

Weitere Freunde und Kollegen haben mir Fragen beantwortet oder wichtige Anregungen gegeben, etwa Charleen Adams, Rosalind Arden, Andrew Balmford, Nicolas Baumard, Brian Boutwell, Stewart Brand, David Byrne, Richard Dawkins, Daniel Dennett, Gregg Easterbrook, Emily-Rose Eastop, Nils Petter Gleditsch, Jennifer Jacquet, Barry Latzer, Mark Lilla, Karen Long, Andrew Mack, Michael McCullough, Heiner Rindermann, Jim Rossi, Scott Sagan, Sally Satel, Martin Seligman und Michael Shermer. Ein besonderes Dankeschön geht an meine Harvard-Kollegen Mahzarin Banaji, Mercè Crosas, James Engell, Daniel Gilbert, Richard McNally, Kathryn Sikkink und Lawrence Summers.

Ich danke Rhea Howard und Luz Lopez für ihre heldenhaften Bemühungen beim Suchen, Analysieren und Darstellen von Daten und Keehup Yong für verschiedene Regressionsanalysen. Ebenso danke ich Ilavenil Subbiah für die Gestaltung der eleganten Diagramme sowie ihre Vorschläge zu Form und Inhalt.

Zutiefst dankbar bin ich meinen Redakteuren Wendy Wolf und Thomas Penn sowie meinem Literaturagenten John Brockman, die mich durch das gesamte Projekt geleitet und mich stets ermutigt haben. Katya Rice hat mittlerweile acht meiner Bücher redigiert, und jedes Mal habe ich von ihrer Fachkenntnis gelernt und profitiert.

Ausdrücklich danke ich meiner brillanten Übersetzerin Martina Wiese für ihr Stilgefühl und den messerscharfen Blick für faktische Details sowie Feinheiten von Logik und Sprache.

Ein besonders herzlicher Dank gilt meiner Familie: Roslyn, Susan, Martin, Eva, Carl, Eric, Robert, Kris, Jack, David, Yael, Marco, Solomon, Danielle und vor allem Rebecca, meiner Lehrerin und Partnerin, die die Wertschätzung für die Ideale der Aufklärung mit mir teilt.

Bibliographie

Abrahms, M. 2006. Why terrorism does not work. *International Security* 31, 42–78

Abrahms, M. 2012. The political effectiveness of terrorism revisited. *Comparative Political Studies* 45, 366–393

Abrams, S. 2016. Professors moved left since 1990s, rest of country did not. *Heterodox Academy*. http://heterodoxacademy.org/2016/01/09/professorsmoved-left-but-country-did-not/

Abt, T. & Winship, C. 2016. *What works in reducing community violence: A meta-review and field study for the Northern Triangle*. Washington: US Agency for International Development

Acemoglu, D. & Robinson, J. A. 2013. *Warum Nationen scheitern. Die Ursprünge von Macht, Wohlstand und Armut*. Übers. von B. Rullkötter. Frankfurt am Main: S. Fischer [*Why nations fail: The origins of power, prosperity, and poverty*. New York: Crown, 2012]

Achen, C. H. & Bartels, L. M. 2016. *Democracy for realists: Why elections do not produce responsive government*. Princeton, NJ: Princeton University Press

Adriaans, P. 2013. Information. In E. N. Zalta (Hrsg.) *Stanford Encyclopedia of Philosophy*. http://plato.stanford.edu/archives/fall2013/entries/information/

Ægisdóttir, S., White, M. J., Spengler, P. M., Maugherman, A. S., Anderson, L. A. et al. 2006. The Meta-Analysis of Clinical Judgment Project: Fifty-six years of accumulated research on clinical versus statistical prediction. *The Counseling Psychologist* 34, 341–382

Aguiar, M. & Hurst, E. 2007. Measuring trends in leisure: The allocation of time over five decades. *Quarterly Journal of Economics* 122, 969–1006

Ajdacic-Gross, V., Bopp, M., Gostynski, M., Lauber, C., Gutzwiller, F. & Rössler, W. 2006. Age-period-cohort analysis of Swiss suicide data, 1881–2000. *European Archives of Psychiatry and Clinical Neuroscience* 256, 207–214

Alesina, A., Glaeser, E. L. & Sacerdote, B. 2001. Why doesn't the United States have a European-style welfare state? *Brookings Papers on Economic Activity* 2, 187–277

Alexander, A. C. & Welzel, C. 2011. Islam and patriarchy: How robust is Muslim support for patriarchal values? *International Review of Sociology* 21, 249–275

Alexander, S. 2016. You are still crying wolf. *Slate Star Codex*, 18. November. http://slatestarcodex.com/2016/11/16/you-are-still-crying-wolf/

Alferov, Z. I., Altman, S. & 108 weitere Nobelpreisträger. 2016. Laureates letter supporting precision agriculture (GMOs). http://supportprecisionagriculture.org/nobel-laureate-gmo-letter_rjr.html

Al-Khalili, J. 2011. *Im Haus der Weisheit. Die arabischen Wissenschaften als Fundament unserer Kultur.* Übers. von S. Vogel. Frankfurt am Main: S. Fischer [*Pathfinders: The golden age of Arabic science.* New York: Penguin, 2010]

Allen, P. G. 2011. The singularity isn't near. *MIT Technology Review*, 12. Oktober

Alrich, M. 2001. History of workplace safety in the United States, 1880–1970. In R. Whaples (Hrsg.), *EH.net Encyclopedia.* http://eh.net/encyclopedia/history-of-workplace-safety-in-the-united-states-1880-1970/

Amabile, T. M. 1983. Brilliant but cruel: Perceptions of negative evaluators. *Journal of Experimental Social Psychology* 19, 146–156

American Academy of Arts and Sciences. 2015. *The heart of the matter: The humanities and social sciences for a vibrant, competitive, and secure nation.* Cambridge, MA: American Academy of Arts and Sciences

American Association of University Professors. 2006. *Research on human subjects: Academic freedom and the institutional review board.* https://www.aaup.org/report/research-human-subjects-academic-freedom-and-institutional-review-board

American Humanist Association. 1933/1973. *Humanist Manifesto I.* https://americanhumanist.org/what-is-humanism/manifesto1/

American Humanist Association. 1973. *Humanist Manifesto II.* https://americanhumanist.org/what-is-humanism/manifesto2/

American Humanist Association. 2003. *Humanism and its aspirations: Humanist Manifesto III.* http://americanhumanist.org/humanism/humanist_manifesto_iii

Anderson, J. R. 2007. *How can the human mind occur in the physical universe?* New York: Oxford University Press

Anderson, R. L. 2017. Friedrich Nietzsche. In E. N. Zalta (Hrsg.) *Stanford Encyclopedia of Philosophy.* https://plato.stanford.edu/entries/nietzsche/

Appiah, K. A. 2007. *Der Kosmopolit. Philosophie des Weltbürgertums.* Übers. von M. Bischoff. München: Beck [*Cosmopolitanism: Ethics in a world of strangers.* New York: Norton, 2006]

Appiah, K. A. 2011. *Eine Frage der Ehre oder Wie es zu moralischen Revolutionen kommt.* Übers. von M. Bischoff. München: Beck [*The honor code: How moral revolutions happen.* New York: Norton, 2010]

Ariely, D. 2015. *Denken hilft zwar, nützt aber nichts. Warum wir immer wieder unvernünftige Entscheidungen treffen.* Übers. von M. Zybak und G. Gockel. München: Droemer [*Predictably irrational: The hidden forces that shape our decisions* (rev. ed.). New York: HarperCollins, 2010]

Armitage, D., Bhabha, H., Hamburger, J., Hamilton, J. et al. 2013. *The teaching of the arts and humanities at Harvard College: Mapping the future.* https://harvardmagazine.com/sites/default/files/Mapping%20the%20Future%20of%20the%20Humanities.pdf

Arrow, K., Jorgenson, D., Krugman, P., Nordhaus, W. & Solow, R. 1997. The economists' statement on climate change. *Redefining Progress.* http://rprogress.org/publications/1997/econstatement.htm

Asafu-Adjaye, J., Blomqvist, L., Brand, S., DeFries, R., Ellis, E. et al. 2015. *An Ecomodernist Manifesto.* http://www.ecomodernism.org/manifesto-english/

Asal, V. & Pate, A. 2005. The decline of ethnic political discrimination, 1950–2003. In M. G. Marshall & T. R. Gurr (Hrsg.) *Peace and conflict 2005: A global survey of armed conflicts, self-determination movements, and democracy.* College Park: Center for International Development and Conflict Management, University of Maryland

Atkins, P. 2007. *Four laws that drive the universe.* New York: Oxford University Press

Atkinson, A. B., Hasell, J., Morelli, S. & Roser, M. 2017. *The chartbook of economic inequality.* https://www.chartbookofeconomicinequality.com/

Atran, S. 2002. *In gods we trust: The evolutionary landscape of religion.* New York: Oxford University Press

Atran, S. 2003. Genesis of suicide terrorism. *Science* 299, 1534–1539

Atran, S. 2007. Research police – how a university IRB thwarts understanding of terrorism. *Institutional Review Blog.* http://www.institutionalreviewblog.com/2007/05/scott-atran-research-police-how.html

Ausubel, J. H. 1996. The liberation of the environment. *Daedalus* 125, 1–18

Ausubel, J. H. 2007. Renewable and nuclear heresies. *International Journal of Nuclear Governance, Economy and Ecology* 1, 229–243

Ausubel, J. H. 2015. *Nature rebounds.* San Francisco: Long Now Foundation. https://phe.rockefeller.edu/docs/Nature_Rebounds.pdf

Ausubel, J. H. & Grübler, A. 1995. Working less and living longer: Long-term trends in working time and time budgets. *Technological Forecasting and Social Change* 50, 195–213

Ausubel, J. H. & Marchetti, C. 1998. Wood's H:C ratio. https://phe.rockefeller.edu/docs/WoodsHtoCratio.pdf

Ausubel, J. H., Wernick, I. K. & Waggoner, P. E. 2012. Peak farmland and the prospect for land sparing. *Population and Development Review* 38, 221–242

Autor, D. H. 2014. Skills, education, and the rise of earnings inequality among the »other 99 percent«. *Science* 344, 843–851

Aviation Safety Network. 2017. Fatal airliner (14+ passengers) hull-loss accidents. https://aviation-safety.net/statistics/period/stats.php?cat=A1

Bailey, R. 2015. *The end of doom: Environmental renewal in the 21st century.* New York: St. Martin's Press

Balmford, A. 2012. *Wild hope: On the front lines of conservation success.* Chicago: University of Chicago Press

Balmford, A. & Knowlton, N. 2017. Why Earth Optimism? *Science* 356, 225

Banerjee, A. V. & Duflo, E. 2012. *Poor economics. Plädoyer für ein neues Verständnis von Armut.* Übers. von S. Warmuth. München: Knaus [*Poor economics: A radical rethinking of the way to fight global poverty.* New York: Public Affairs, 2011]

Barber, N. 2011. A cross-national test of the uncertainty hypothesis of religious belief. *Cross-Cultural Research* 45, 318–333

Bardo, A. R., Lynch, S. M. & Land, K. C. 2017. The importance of the Baby Boom cohort and the Great Recession in understanding age, period, and cohort patterns in happiness. *Social Psychology and Personality Science* 8, 341–350

Bardon, A. (o. J.) Transcendental arguments. *Internet Encyclopedia of Philosophy*. http://www.iep.utm.edu/trans-ar/

Barlow, D. H., Bullis, J. R., Comer, J. S. & Ametaj, A. A. 2013. Evidence-based psychological treatments: An update and a way forward. *Annual Review of Clinical Psychology* 9, 1–27

Baron, J. 1993. Why teach thinking? *Applied Psychology* 42, 191–237

Basu, K. 1999. Child labor: Cause, consequence, and cure, with remarks on international labor standards. *Journal of Economic Literature* 37, 1083–1119

Bauman, Z. 1994. *Dialektik der Ordnung. Die Moderne und der Holocaust*. 2. Aufl. Übers. von U. Ahrens. Hamburg: Europäische Verlagsanstalt [*Modernity and the Holocaust*. Cambridge, UK: Polity, 1989]

Baumard, N., Hyafil, A., Morris, I. & Boyer, P. 2015. Increased affluence explains the emergence of ascetic wisdoms and moralizing religions. *Current Biology* 25, 10–15

Baumeister, R. 2015. Machines think but don't want, and hence aren't dangerous. *Edge*. https://www.edge.org/response-detail/26282

Baumeister, R., Bratslavsky, E., Finkenauer, C. & Vohs, K. D. 2001. Bad is stronger than good. *Review of General Psychology* 5, 323–370

Baumeister, R., Vohs, K. D., Aaker, J. L. & Garbinsky, E. N. 2013. Some key differences between a happy life and a meaningful life. *Journal of Positive Psychology* 8, 505–516

Baxter, A. J., Scott, K. M., Ferrari, A. J., Norman, R. E., Vos, T. & Whiteford, H. A. 2014 Challenging the myth of an »epidemic« of common mental disorders: Trends in the global prevalence of anxiety and depression between 1990 and 2010. *Depression and Anxiety* 31, 506–516

Bean, L. & Teles, S. 2016. God and climate. *Democracy: A Journal of Ideas* 40

Beaver, K. M., Schwartz, J. A., Nedelec, J. L., Connolly, E. J., Boutwell, B. B. & Barnes, J. C. 2013. Intelligence is associated with criminal justice processing: Arrest through incarceration. *Intelligence* 41, 277–288

Beaver, K. M., Vaughn, M. G., DeLisi, M., Barnes, J. C. & Boutwell, B. B. 2012. The neuropsychological underpinnings to psychopathic personality traits in a nationally representative and longitudinal sample. *Psychiatric Quarterly* 83, 145–159

Behavioral Insights Team. 2015. *EAST: Four simple ways to apply behavioral insights*. London: Behavioral Insights

Benda, J. 1927/2013. *Der Verrat der Intellektuellen*. Übers. von A. Merin. Mainz: Thiele [*The treason of the intellectuals*. New Brunswick, NJ: Transaction, 1927/2006]

Benedek, T. G. & Erlen, J. 1999. The scientific environment of the Tuskegee Study of Syphilis, 1920–1960. *Perspectives in Biology and Medicine* 43, 1–30

Berlin, I. 1982. Die Gegenaufklärung. In *Wider das Geläufige. Aufsätze zur Ideengeschichte.* Übers. von J. Fritsche. Frankfurt am Main: Europäische Verlags-Anstalt [The Counter-Enlightenment. In *Against the current: Essays in the history of ideas.* Princeton, NJ: Princeton University Press, 1979]

Berlin, I. 1992. Das Streben nach dem Ideal. In *Das krumme Holz der Humanität. Kapitel der Ideengeschichte.* Übers. von R. Kaiser. Frankfurt am Main: S. Fischer [The pursuit of the ideal. In *The crooked timber of humanity.* Princeton, NJ: Princeton University Press, 1988/2013]

Berman, P. 2010. *The flight of the intellectuals.* New York: Melville House

Bernanke, B. S. 2016. How do people really feel about the economy? *Brookings Blog.* https://www.brookings.edu/blog/ben-bernanke/2016/06/30/how-do-people-really-feel-about-the-economy/

Berry, K., Lewis, P., Pélopidas, B., Sokov, N. & Wilson, W. 2010. *Delegitimizing nuclear weapons: Examining the validity of nuclear deterrence.* Monterey, CA: Monterey Institute of International Studies

Besley, T. & Kudamatsu, M. 2006. Health and democracy. *American Economic Review* 96, 313–318

Bettmann, O. L. 1974. *The good old days – they were terrible!* New York: Random House

Betzig, L. 1986. *Despotism and differential reproduction.* Hawthorne, NY: Aldine de Gruyter

Bird, A. 2011. Thomas Kuhn. In E. N. Zalta (Hrsg.) *Stanford Encyclopedia of Philosophy.* https://plato.stanford.edu/entries/thomas-kuhn/

Blackmore, S. 1991. Near-death experiences: In or out of the body? *Skeptical Inquirer* 16, 34–45

Blair, J. P. & Schweit, K. W. 2014. *A study of active shooter incidents, 2000–2013.* Washington: Federal Bureau of Investigation

Blees, T. 2008. *Prescription for the planet: The painless remedy for our energy and environmental crises.* North Charleston, SC: Booksurge

Blight, J. G., Nye, J. S. & Welch, D. A. 1987. The Cuban Missile Crisis revisited. *Foreign Affairs* 66, 170–188

Blinkhorn, S. 1982. Review of S. J. Gould's »The mismeasure of man«. *Nature* 296, 506

Block, N. 1986. Advertisement for a semantics for psychology. In P. A. French, T. E. Uehling & H. K. Wettstein (Hrsg.) *Midwest studies in philosophy: Studies in the philosophy of mind* (Bd. 10). Minneapolis: University of Minnesota Press

Block, N. 1995. On a confusion about a function of consciousness. *Behavioral and Brain Sciences* 18, 227–287

Bloom, P. 2012. Religion, morality, evolution. *Annual Review of Psychology* 63, 179–199

Bloomberg, M. & Pope, C. 2017. *Climate of hope: How cities, businesses, and citizens can save the planet.* New York: St. Martin's Press

Bluth, C. 2011. *The myth of nuclear proliferation*. School of Politics and International Studies, University of Leeds

Bohle, R. H. 1986. Negativism as news selection predictor. *Journalism Quarterly* 63, 789–796

Bond, M. 2009. Risk school. *Nature* 461, 1189–1192

Bostrom, A., Morgan, M. G., Fischhoff, B. & Read, D. 1994. What do people know about global climate change? 1. Mental models. *Risk Analysis* 14, 959–971

Bostrom, N. 2016. *Superintelligenz. Szenarien einer kommenden Revolution*. Übers. von J.-E. Strasser. Berlin: Suhrkamp [*Superintelligence: Paths, dangers, strategies*. New York: Oxford University Press, 2016]

Botello, M. A. 2016. Mexico, tasa de homicidios por 100 mil habitantes desde 1931 a 2015. *MexicoMaxico*. http://www.mexicomaxico.org/Voto/Homicidios100M.htm

Bourget, D. & Chalmers, D. J. 2014. What do philosophers believe? *Philosophical Studies* 170, 465–500

Bourguignon, F. & Morrisson, C. 2002. Inequality among world citizens, 1820–1992. *American Economic Review* 92, 727–744

Bowering, G. 2015. *Islamic political thought: An introduction*. Princeton, NJ: Princeton University Press

Boyd, B., Carroll, J. & Gottschall, J. (Hrsg.) 2010. *Evolution, literature, and film: A reader*. New York: Columbia University Press

Boyd, R. 1988. How to be a moral realist. In G. Sayre-McCord (Hrsg.) *Essays on moral realism*. Ithaca, NY: Cornell University Press

Boyer, Pascal. 2004. *Und Mensch schuf Gott*. Übers. von U. Enderwitz, M. Noll & R. Schubert. Stuttgart: Klett-Cotta [*Religion explained: The evolutionary origins of religious thought*. New York: Basic Books, 2001]

Boyer, Paul. 1985/2005. *By the bomb's early light: American thought and culture at the dawn of the Atomic Age*. Chapel Hill: University of North Carolina Press

Boyer, Paul. 1986. A historical view of scare tactics. *Bulletin of the Atomic Scientists* 17–19

Braithwaite, J. 2008. Near death experiences: The dying brain. *Skeptic* 21 (2). http://www.critical-thinking.org.uk/paranormal/near-death-experiences/the-dying-brain.php

Braman, D., Kahan, D. M., Slovic, P., Gastil, J. & Cohen, G. L. 2007. The Second National Risk and Culture Study: Making sense of – and making progress in – the American culture war of fact. *GW Law Faculty Publications and Other Works, 211*. http://scholarship.law.gwu.edu/faculty_publications/211

Branch, T. 1988. *Parting the waters: America in the King years, 1954–63*. New York: Simon & Schuster

Brand, S. 2009. *Whole Earth discipline: Why dense cities, nuclear power, transgenic crops, restored wildlands, and geoengineering are necessary*. New York: Penguin

Branwen, G. 2016. Terrorism is not effective. *Gwern.net*. https://www.gwern.net/Terrorism-is-not-Effective

Braudel, F. 2002. *Civilization and capitalism, 15th–18th century.* Bd. 1: *The structures of everyday life.* London: Phoenix Press

Bregman, A. S. 1990. *Auditory scene analysis: The perceptual organization of sound.* Cambridge, MA: MIT Press

Bregman, R. 2017. *Utopien für Realisten. Die Zeit ist reif für die 15-Stunden-Woche, offene Grenzen und das bedingungslose Grundeinkommen.* Übers. von S. Gebauer. Reinbek bei Hamburg: Rowohlt [*Utopia for realists: The case for a universal basic income, open borders, and a 15-hour workweek.* Boston: Little, Brown, 2016]

Brennan, J. 2016. Against democracy. *National Interest*, 7. September

Brickman, P. & Campbell, D. T. 1971. Hedonic relativism and planning the good society. In M. H. Appley (Hrsg.) *Adaptation-level theory: A symposium.* New York: Academic Press

Briggs, J. C. 2015. Re: Accelerated modern human-induced species losses: Entering the sixth mass extinction. *Science.* http://advances.sciencemag.org/content/1/5/e1400253.e-letters

Briggs, J. C. 2016. Global biodiversity loss: Exaggerated versus realistic estimates. *Environmental Skeptics and Critics* 5, 20–27

Brink, D. O. 1989. *Moral realism and the foundations of ethics.* New York: Cambridge University Press

British Petroleum. 2016. *BP Statistical Review of World Energy 2016*, Juni

Brockman, J. 1991. The third culture. *Edge.* https://www.edge.org/conversation/john_brockman-the-third-culture

Brockman, J. (Hrsg.) 2004. *Die neuen Humanisten. Wissenschaft an der Grenze.* Übers. von D. Gerstner und K.-D. Schmidt. Berlin: Ullstein [*The new humanists: Science at the edge.* New York: Sterling, 2003]

Brockman, J. (Hrsg.) 2017. *Was sollen wir von Künstlicher Intelligenz halten? Die führenden Wissenschaftler unserer Zeit über intelligente Maschinen.* Übers. von J. Schröder. Frankfurt am Main: Fischer Taschenbuch [*What to think about machines that think? Today's leading thinkers on the age of machine intelligence.* New York: HarperPerennial, 2015]

Brooks, R. 2015. Mistaking performance for competence misleads estimates of AI's 21st century promise and danger. *Edge.* https://www.edge.org/response-detail/26057

Brooks, R. 2016. Artificial intelligence. *Edge.* https://www.edge.org/response-detail/26678

Brown, A. & Lewis, J. 2013 Reframing the nuclear de-alerting debate: Towards maximizing presidential decision time. *Nuclear Threat Initiative.* http://nti.org/3521A

Brown, D. E. 1991. *Human universals.* New York: McGraw-Hill

Brown, D. E. 2000. Human universals and their implications. In N. Roughley (Hrsg.) *Being humans: Anthropological universality and particularity in transdisciplinary perspectives.* New York: Walter de Gruyter

Brunnschweiler, C. N. & Lujala, P. 2015. Economic backwardness and social tension. University of East Anglia. https://ideas.repec.org/p/uea/aepppr/2012_72.html

Bryce, R. 2014. *Smaller faster lighter denser cheaper: How innovation keeps proving the catastrophists wrong*. New York: Perseus

Brynjolfsson, E. & McAfee, A. 2014. *The Second Machine Age. Wie die nächste digitale Revolution unser aller Leben verändern wird*. Übers. von P. Pyka. Kulmbach: Börsenmedien AG [*The Second Machine Age: Work, progress, and prosperity in a time of brilliant technologies*. New York: Norton, 2016]

Brynjolfsson, E. & McAfee, A. 2015. Will humans go the way of horses? *Foreign Affairs*, Juli/August

Bulletin of the Atomic Scientists. 2017. Doomsday Clock timeline. http://thebulletin.org/timeline

Bunce, V. 2017. The prospects for a color revolution in Russia. *Daedalus* 146, 19–29

Bureau of Labor Statistics. 2016 a. Census of fatal occupational injuries. https://www.bls.gov/iif/oshcfoi1.htm

Bureau of Labor Statistics. 2016 b. Charts from the American time use survey. https://www.bls.gov/tus/charts/

Bureau of Labor Statistics. 2016 c. Time spent in primary activities and percent of the civilian population engaging in each activity, averages per day by sex, 2015. https://www.bls.gov/news.release/atus.t01.htm

Bureau of Labor Statistics. 2017. College enrollment and work activity of 2016 high school graduates. Bureau of Labor Statistics. https://www.bls.gov/news.release/hsgec.nr0.htm.

Buringh, E. & van Zanden, J. 2009. Charting the »rise of the West«: Manuscripts and printed books in Europe, a long-term perspective from the sixth through eighteenth centuries. *Journal of Economic History* 69, 409–445

Burney, D. A. & Flannery, T. F. 2005. Fifty millennia of catastrophic extinctions after human contact. *Trends in Ecology and Evolution* 20, 395–401

Burns, J. 2009. *Goddess of the market: Ayn Rand and the American right*. New York: Oxford University Press

Burtless, G. 2014. Income growth and income inequality: The facts may surprise you. *Brookings Blog*. https://www.brookings.edu/opinions/income-growth-and-income-inequality-the-facts-may-surprise-you/

Buturovic, Z. & Klein, D. B. 2010. Economic enlightenment in relation to college-going, ideology, and other variables: A Zogby survey of Americans. *Economic Journal Watch* 7, 174–196

Caplan, B. D. 2007. *The myth of the rational voter: Why democracies choose bad policies*. Princeton, NJ: Princeton University Press

Caplow, T., Hicks, L. & Wattenberg, B. 2001. *The first measured century: An illustrated guide to trends in America, 1900–2000*. Washington: AEI Press

CarbonBrief. 2016. Explainer: 10 ways »negative emissions« could slow climate change. https://www.carbonbrief.org/explainer-10-ways-negative-emissions-could-slow-climate-change

Carey, J. 1996. *Haß auf die Massen. Intellektuelle 1880–1939*. Übers. von S. Kohlhammer. Göttingen: Steidl [*The intellectuals and the masses: Pride and prejudice among the literary intelligentsia, 1880–1939*. New York: St. Martin's Press, 1993]

Carey, M., Jackson, M., Antonello, A. & Rushing, J. 2016. Glaciers, gender, and science. *Progress in Human Geography* 40, 770–793

Carey, S. 2009. *The origin of concepts*. New York: Oxford University Press

Carlson, R. H. 2010. *Biology is technology: The promise, peril, and new business of engineering life*. Cambridge, MA: Harvard University Press

Carroll, S. M. 2016. *The big picture: On the origins of life, meaning, and the universe itself*. New York: Dutton

Carter, R. 1966. *Breakthrough: The saga of Jonas Salk*. New York: Trident Press

Carter, S. B., Gartner, S. S., Haines, M. R., Olmstead, A. L., Sutch, R. et al. (Hrsg.) 2006 *Historical statistics of the United States: Earliest times to the present* (Bd. 1, Teil A: Population). New York: Cambridge University Press

Case, A. & Deaton, A. 2015. Rising morbidity and mortality in midlife among white non-Hispanic Americans in the 21st century. *Proceedings of the National Academy of Sciences* 112, 15078–15083

Center for Systemic Peace. 2015. Integrated network for societal conflict research data page. http://www.systemicpeace.org/inscrdata.html.

Centers for Disease Control. 1999. Improvements in workplace safety – United States, 1900–1999. CDC *Morbidity and Mortality Weekly Report* 48, 461–469

Centers for Disease Control. 2015. Injury prevention and control: Data and statistics (WISQARS). https://www.cdc.gov/injury/wisqars/

Central Intelligence Agency. 2016. The world factbook. https://www.cia.gov/library/publications/the-world-factbook/

Chalk, F. & Jonassohn, K. 1990. *The history and sociology of genocide: Analyses and case studies*. New Haven: Yale University Press

Chalmers, D. J. 1996. *The conscious mind: In search of a fundamental theory*. New York: Oxford University Press

Chang, L. T. 2009. *Factory girls: From village to city in a changing China*. New York: Spiegel & Grau

Chen, D. H. C. & Dahlman, C. J. 2006. *The knowledge economy, the KAM methodology and World Bank operations*. Washington: World Bank. http://documents.worldbank.org/curated/en/695211468153873436/The-knowledge-economy-the-KAM-methodology-and-World-Bank-operations.

Chenoweth, E. 2016. Why is nonviolent resistance on the rise? *Diplomatic Courier*. http://www.diplomaticourier.com/2016/06/28/nonviolent-resistance-rise/

Chenoweth, E. & Stephan, M. J. 2011. *Why civil resistance works: The strategic logic of nonviolent conflict*. New York: Columbia University Press

Chernew, M., Cutler, D. M., Ghosh, K. & Landrum, M. B. 2016. *Understanding the improvement in disability free life expectancy in the U. S. elderly population*. Cambridge, MA: National Bureau of Economic Research

Chirot, D. 1994. *Modern tyrants*. Princeton, NJ: Princeton University Press

Cipolla, C. 1994. *Before the Industrial Revolution: European society and economy, 1000–1700*. 3. Aufl. New York: Norton

Clark, A.M. & Sikkink, K. 2013. Information effects and human rights data: Is the good news about increased human rights information bad news for human rights measures? *Human Rights Quarterly* 35, 539–568

Clark, D.M.T., Loxton, N.J. & Tobin, S.J. 2015. Declining loneliness over time: Evidence from American colleges and high schools. *Personality and Social Psychology Bulletin* 41, 78–89

Clark, G. 2007. *A farewell to alms: A brief economic history of the world*. Princeton, NJ: Princeton University Press

Cohen, G.L. 2003. Party over policy: The dominating impact of group influence on political beliefs. *Journal of Personality and Social Psychology* 85, 808–822

Collier, P. 2008. *Die unterste Milliarde. Warum die ärmsten Länder scheitern und was man dagegen tun kann*. Übers. von R. Seuß und M. Richter. München: Beck [*The bottom billion: Why the poorest countries fail and what can be done about it*. New York: Oxford University Press, 2007]

Collier, P. & Rohner, D. 2008. Democracy, development and conflict. *Journal of the European Economic Association* 6, 531–540

Collini, S. 1959/1998. Introduction. In C.P. Snow, *The two cultures*. New York: Cambridge University Press

Collini, S. 2013. Introduction. In F.R. Leavis, *Two cultures? The significance of C.P. Snow*. New York: Cambridge University Press

Combs, B. & Slovic, P. 1979. Newspaper coverage of causes of death. *Journalism & Mass Communication Quarterly* 56, 837–843

Connor, S. 2014. *The horror of number: Can humans learn to count?* Beitrag zur Alexander Lecture. http://stevenconnor.com/horror.html

Connor, S. 2016. *Living by numbers: In defence of quantity*. London: Reaktion Books

Conrad, S. 2012. Enlightenment in global history: A historiographical critique. *American Historical Review* 117, 999–1027

Cook, M. 2014. *Ancient religions, modern politics: The Islamic case in comparative perspective*. Princeton, NJ: Princeton University Press

Coontz, S. 1992/2016. *The way we never were: American families and the nostalgia trap*. Überarb. Aufl. New York: Basic Books

Corlett, A. 2016. *Examining an elephant: Globalisation and the lower middle class of the rich world*. London: Resolution Foundation

Cornwall Alliance for the Stewardship of Creation. 2000. The Cornwall Declaration on Environmental Stewardship. http://cornwallalliance.org/landmark-documents/the-cornwall-declaration-on-environmental-stewardship/

Cosmides, L. & Tooby, J. 1992. Cognitive adaptations for social exchange. In J.H. Barkow, L. Cosmides & J. Tooby (Hrsg.) *The adapted mind: Evolutionary psychology and the generation of culture*. New York: Oxford University Press

Costa, D. L. 1998. *The evolution of retirement: An American economic history, 1880–1990*. Chicago: University of Chicago Press

Costa, P. T. & McCrae, R. R. 1982. An approach to the attribution of aging, period, and cohort effects. *Psychological Bulletin* 92, 238–250

Costello, E. J., Erkanli, A. & Angold, A. 2006. Is there an epidemic of child or adolescent depression? *Journal of Child Psychology and Psychiatry* 47, 1263–1271

Costello, M. J., May, R. M. & Stork, N. E. 2013. Can we name Earth's species before they go extinct? *Science* 339, 413–416

Council for Secular Humanism. 1980. *A Secular Humanist Declaration*. https://www.secularhumanism.org/index.php/11

Council for Secular Humanism. 2000. *Humanist Manifesto 2000*. https://www.secularhumanism.org/index.php/1169

Council on Foreign Relations. 2009. World opinion on proliferation of weapons of mass destruction. https://www.cfr.org/backgrounder/world-opinion-proliferation-weapons-mass-destruction

Council on Foreign Relations. 2011. World opinion on human rights. *Public Opinion on Global Issues*. https://www.cfr.org/backgrounder/world-opinion-human-rights

Courtois, S., Werth, N., Panné, J.-L., Paczkowski, A., Bartosek, K. et al. 1999. *The Black Book of Communism: Crimes, terror, repression*. Cambridge, MA: Harvard University Press

Courtwright, D. T. 2010. *No right turn: Conservative politics in a liberal America*. Cambridge, MA: Harvard University Press

Cowen, T. 2017. *The complacent class: The self-defeating quest for the American dream*. New York: St. Martin's Press

Coyne, J. A. 2015. *Faith versus fact: Why science and religion are incompatible*. New York: Penguin

Cravens, G. 2007. *Power to save the world: The truth about nuclear energy*. New York: Knopf

Cronin, A. K. 2009. *How terrorism ends: Understanding the decline and demise of terrorist campaigns*. Princeton, NJ: Princeton University Press

Cronon, W. 1995. The trouble with wilderness; or, getting back to the wrong nature. In W. Cronon (Hrsg.) *Uncommon ground: Rethinking the human place in nature*. New York: Norton

Cunningham, H. 1996. Combating child labour: The British experience. In H. Cunningham & P. P. Viazzo (Hrsg.) *Child labour in historical perspective, 1800–1985: Case studies from Europe, Japan and Colombia*. Florenz: UNICEF

Cunningham, T. J., Croft, J. B., Liu, Y., Lu, H., Eke, P. I. & Giles, W. H. 2017. Vital signs: Racial disparities in age-specific mortality among Blacks or African Americans – United States, 1999–2015. *Morbidity and Mortality Weekly Report* 66, 444–456

Daly, M. C., Oswald, A. J., Wilson, D. & Wu, S. 2010. The happiness-suicide paradox. *Federal Reserve Bank of San Francisco Working Papers, 2010*

Davis, B. D. 1983. Neo-Lysenkoism, IQ, and the press. *Public Interest* 73, 41–59

Davis, E. & Marcus, G. F. 2015. Commonsense reasoning and commonsense knowledge in artificial intelligence. *Communications of the ACM* 58, 92–103

Dawes, R. M., Faust, D. & Meehl, P. E. 1989. Clinical versus actuarial judgment. *Science* 243, 1668–1674

Dawkins, R. 1978/1996. *Das egoistische Gen*. Übers. von K. Sousa de Ferreira. Heidelberg: Spektrum Akademischer Verlag [*The selfish gene*. New York: Oxford University Press, 1976/1989]

Dawkins, R. 1983. Universal Darwinism. In D. S. Bendall (Hrsg.) *Evolution from molecules to men*. New York: Cambridge University Press

Dawkins, R. 1987. *Der blinde Uhrmacher. Ein neues Plädoyer für den Darwinismus*. Übers. von K. de Sousa Ferreira. München: Kindler [*The blind watchmaker: Why the evidence of evolution reveals a universe without design*. New York: Norton, 1986]

Dawkins, R. 2014. *Der Gotteswahn*. Übers. von S. Vogel. Berlin: Ullstein [*The God delusion*. New York: Houghton Mifflin, 2006]

de Lazari-Radek, K. & Singer, P. 2012. The objectivity of ethics and the unity of practical reason. *Ethics* 123, 9–31

de Ribera, O. S., Kavish, N. & Boutwell, B. B. 2017. On the relationship between psychopathy and general intelligence: A meta-analytic review. *bioχ*, doi: https://doi.org/10.1101/100693

Deary, I. J. 2001. *Intelligence: A very short introduction*. New York: Oxford University Press

Death Penalty Information Center. 2017. Facts about the death penalty. http://www.deathpenaltyinfo.org/documents/FactSheet.pdf

Deaton, A. 2011. The financial crisis and the well-being of Americans. *Oxford Economic Papers* 64, 1–26

Deaton, A. 2017 a. *Der große Ausbruch. Von Armut und Wohlstand der Nationen*. 2. Aufl. Übers. von T. Schmidt und S. Gebauer. Stuttgart: Klett-Cotta [*The Great Escape: Health, wealth, and the origins of inequality*. Princeton, NJ: Princeton University Press, 2013]

Deaton, A. 2017 b. Thinking about inequality. *Cato's Letter* 15, 1–5

Deep Decarbonization Pathways Project 2015. *Pathways to deep decarbonization*. Paris: Institute for Sustainable Development and International Relations

DeFries, R. 2014. *The big ratchet: How humanity thrives in the face of natural crisis*. New York: Basic Books

Degler, C. N. 1991. *In search of human nature: The decline and revival of Darwinism in American social thought*. New York: Oxford University Press

Dehaene, S. 2009. Signatures of consciousness. *Edge*. http://www.edge.org/3rd_culture/dehaene09/dehaene09_index.html

Dehaene, S. & Changeux, J.-P. 2011. Experimental and theoretical approaches to conscious processing. *Neuron* 70, 200–227

Delamontagne, R. G. 2010. High religiosity and societal dysfunction in the United States during the first decade of the twenty-first century. *Evolutionary Psychology* 8, 617–657

Denkenberger, D. & Pearce, J. 2015. *Feeding everyone no matter what: Managing food security after global catastrophe*. New York: Academic Press

Dennett, D. 2008. *Den Bann brechen. Religion als natürliches Phänomen*. Übers. von F. Born. Frankfurt am Main: Verlag der Weltreligionen [*Breaking the spell: Religion as a natural phenomenon*. New York: Penguin, 2006]

DeScioli, P. 2016. The side-taking hypothesis for moral judgment. *Current Opinion in Psychology* 7, 23–27

DeScioli, P. & Kurzban, R. 2009. Mysteries of morality. *Cognition* 112, 281–299

Desvousges, W. H., Johnson, F. R., Dunford, R. W., Boyle, K. J., Hudson, S. P. & Wilson, K. N. 1992. *Measuring nonuse damages using contingent valuation: An experimental evaluation of accuracy*. Research Triangle Park, NC: RTI International

Deutsch, D. 2011. *The beginning of infinity: Explanations that transform the world*. New York: Viking

Devereux, S. 2000. *Famine in the twentieth century*. Sussex, UK: Institute of Development Studies. http://www.ids.ac.uk/publication/famine-in-the-twentieth-century

Diamandis, P. & Kotler, S. 2012. *Überfluss. Die Zukunft ist besser, als Sie denken*. Kulmbach: Plassen [*Abundance: The future is better than you think*. New York: Free Press, 2012]

Diamond, J. M. 1998. *Arm und Reich. Die Schicksale menschlicher Gesellschaften*. Übers. von V. Englich. Frankfurt am Main: S. Fischer [*Guns, germs, and steel: The fates of human societies*. New York: Norton, 1997]

Dinda, S. 2004. Environmental Kuznets curve hypothesis: A survey. *Ecological Economics* 49, 431–455

Dobbs, R., Madgavkar, A., Woetzel, J., Bughin, J. et al. 2016. *Poorer than their parents? Flat or falling incomes in advanced economies*. McKinsey Global Institute

Dreger, A. 2008. The controversy surrounding »The man that would be queen«: A case history of the politics of science, identity, and sex in the Internet age. *Archives of Sexual Behavior* 37, 366–421

Dreger, A. 2015. *Galileo's middle finger: Heretics, activists, and the search for justice in science*. New York: Penguin

Dretske, F. I. 1981. *Knowledge and the flow of information*. Cambridge, MA: MIT Press

Duarte, J. L., Crawford, J. T., Stern, C., Haidt, J., Jussim, L. & Tetlock, P. E. 2015. Political diversity will improve social psychological science. *Behavioral and Brain Sciences* 38, 1–13

Dunlap, R. E., Gallup, G. H. & Gallup, A. M. 1993. Of global concern. *Environment: Science and Policy for Sustainable Development* 35, 7–39

Duntley, J. D. & Buss, D. M. 2011. Homicide adaptations. *Aggression and Violent Behavior* 16, 399–410

Dutton, D. 2009. *The art instinct: Beauty, pleasure, and human evolution.* New York: Bloomsbury Press

Eagan, K., Stolzenberg, E. B., Lozano, J. B., Aragon, M. C., Suchard, M. R. & Hurtado, S. 2014. *Undergraduate teaching faculty: The 2013–2014 HERI faculty survey.* Los Angeles: Higher Education Research Institute at UCLA

Easterbrook, G. 2003. *The progress paradox: How life gets better while people feel worse.* New York: Random House

Easterlin, R. A. 1973. Does money buy happiness? *Public Interest* 30, 3–10

Easterlin, R. A. 1981. Why isn't the whole world developed? *Journal of Economic History* 41, 1–19

Easterly, W. 2006. *Wir retten die Welt zu Tode. Für ein professionelleres Management im Kampf gegen die Armut.* Frankfurt am Main: Campus [*The white man's burden: Why the West's efforts to aid the rest have done so much ill and so little good.* New York: Penguin, 2006]

Eastop, E.-R. 2015. *Subcultural cognition: Armchair oncology in the age of misinformation.* Masterarbeit, University of Oxford

Eberstadt, N. & Shah, A. 2011. *Fertility decline in the Muslim world: A veritable sea-change, still curiously unnoticed.* Washington: American Enterprise Institute

Eddington, A. S. 1928/1931. *Das Weltbild der Physik und ein Versuch seiner philosophischen Deutung.* Übers. von M. Freifrau Rausch von Traubenberg und H. Diesselhorst. Braunschweig: Friedrich Vieweg & Sohn [*The nature of the physical world.* Andesite Press, 1928/2015]

Eibach, R. P. & Libby, L. K. 2009. Ideology of the good old days: Exaggerated perceptions of oral decline and conservative politics. In J. T. Jost, A. Kay & H. Thorisdottir (Hrsg.) *Social and psychological bases of ideology and system justification.* New York: Oxford University Press

Eichengreen, B. 2014. Secular stagnation: A review of the issues. In C. Teulings & R. Baldwin (Hrsg.) *Secular stagnation: Facts, causes and cures.* London: Centre for Economic Policy Research

Eisner, M. 2001. Modernization, self-control and lethal violence: The long-term dynamics of European homicide rates in theoretical perspective. *British Journal of Criminology* 41, 618–638

Eisner, M. 2003. Long-term historical trends in violent crime. *Crime and Justice* 30, 83–142

Eisner, M. 2014a. From swords to words: Does macro-level change in self-control predict long-term variation in levels of homicide? *Crime and Justice* 43, 65–134

Eisner, M. 2014b. *Reducing homicide by 50 % in 30 years: Universal mechanisms and evidence-based public policy.* In M. Krisch, M. Eisner, C. Mikton & A. Butchart (Hrsg.) *Global strategies to reduce violence by 50 % in 30 years: Findings from the*

WHO and University of Cambridge Global Violence Reduction Conference 2014. Cambridge, UK: Institute of Criminology, University of Cambridge

Eisner, M. 2015. *How to reduce homicide by 50 % in the next 30 years*. Rio de Janeiro: Igarapé Institute

Elias, N. 1939/69. Über den Prozeß der Zivilisation. Soziogenetische und psychogenetische Untersuchungen. Bd. 1 und 2. 2. Aufl. Bern: Francke [*The Civilizing Process: Sociogenetic and psychogenetic investigations*. Überarb. Aufl. Cambridge, MA: Blackwell, 1939/2000]

England, J. L. 2015. Dissipative adaptation in driven self-assembly. *Nature Nanotechnology* 10, 919–923

Epstein, A. 2014. *The moral case for fossil fuels*. New York: Penguin

Epstein, G. 2009. *Good without God: What a billion nonreligious people do believe*. New York: William Morrow

Ericksen, R. P. & Heschel, S. 1999. *Betrayal: German churches and the Holocaust*. Minneapolis: Fortress Press

Erwin, D. 2015. *Extinction: How life on Earth nearly ended 250 million years ago*. Aktualis. Aufl. Princeton, NJ: Princeton University Press

Esposito, J. L. & Mogahed, D. 2011. *Was Muslime wirklich denken. Der Alltag, die Extremisten, die Wahrheit dazwischen*. Übers. von J. T. A. Wegberg. München: Redline [*Who speaks for Islam? What a billion Muslims really think*. New York: Gallup Press, 2007]

Evans, D. 2015. The great AI swindle. *Edge*. https://www.edge.org/response-detail/26073

Evans, G. 2015. Challenges for the *Bulletin of the Atomic Scientists* at 70: Restoring reason to the nuclear debate. Vortrag beim Annual Clock Symposium, *Bulletin of the Atomic Scientists*

Evans, G., Ogilvie-White, T. & Thakur, R. 2015. *Nuclear weapons: The state of play 2015*. Canberra: Centre for Nuclear Non-Proliferation and Disarmament, Australian National University

Everett, D. 2010. *Das glücklichste Volk. Sieben Jahre bei den Pirahã-Indianern am Amazonas*. Übers. von S. Vogel. München: Deutsche Verlags-Anstalt [*Don't sleep, there are snakes: Life and language in the Amazonian jungle*. New York: Vintage, 2008]

Ewald, P. 2000. *Plague time: The new germ theory of disease*. New York: Anchor

Faderman, L. 2015. *The Gay Revolution: The story of the struggle*. New York: Simon & Schuster

Fariss, C. J. 2014. Respect for human rights has improved over time: Modeling the changing standard of accountability. *American Political Science Review* 108, 297–318

Fawcett, A. A., Iyer, G. C., Clarke, L. E., Edmonds, J. A., Hultman, N. E. et al. 2015. Can Paris pledges avert severe climate change? *Science* 350, 1168–1169

Fearon, J. D. & Laitin, D. D. 1996. Explaining interethnic cooperation. *American Political Science Review* 90, 715–735

Fearon, J. D. & Laitin, D. D. 2003. Ethnicity, insurgency, and civil war. *American Political Science Review* 97, 75–90

Federal Bureau of Investigation. 2016a. Crime in the United States by volume and rate, 1996–2015. https://ucr.fbi.gov/crime-in-the-u.s/2015/crime-in-the-u.s.-2015/tables/table-1

Federal Bureau of Investigation. 2016b. Hate crime. *FBI Uniform Crime Reports*. https://ucr.fbi.gov/hate-crime

Federal Highway Administration. 2003. *A review of pedestrian safety research in the United States and abroad: Final report*. Washington: US Department of Transportation. https://www.fhwa.dot.gov/publications/research/safety/pedbike/03042/part2.cfm

Federation of American Scientists (o. J.) Nuclear weapons. https://fas.org/issues/nuclear-weapons/

Feinberg, M. & Willer, R. 2011. Apocalypse soon? Dire messages reduce belief in global warming by contradicting just-world beliefs. *Psychological Science* 22, 34–38

Feldstein, M. 2017. Underestimating the real growth of GDP, personal income, and productivity. *Journal of Economic Perspectives* 31, 145–164

Ferreira, F., Jolliffe, D. M. & Prydz, E. B. 2015. The international poverty line has just been raised to 1.90 $ a day, but global poverty is basically unchanged. How is that even possible? http://blogs.worldbank.org/developmenttalk/international-poverty-line-has-just-been-raised-190-day-global-poverty-basically-unchanged-how-even

Finkelhor, D. 2014. Trends in child welfare. Beitrag zur Carsey Institute Policy Series, Department of Sociology, University of New Hampshire

Finkelhor, D., Shattuck, A., Turner, H. A. & Hamby, S. L. 2014. Trends in children's exposure to violence, 2003–2011. *JAMA Pediatrics* 168, 540–546

Fischer, C. S. 2005. Bowling alone: What's the score? *Social Networks* 27, 155–167

Fischer, C. S. 2009. The 2004 GSS finding of shrunken social networks: An artifact? *American Sociological Review* 74, 657–669

Fischer, C. S. 2011. *Still connected: Family and friends in America since 1970*. New York: Russell Sage Foundation

Fiske, A. P. & Rai, T. 2015. *Virtuous violence: Hurting and killing to create, sustain, end, and honor social relationships*. New York: Cambridge University Press

Fletcher, J. 1997. *Violence and civilization: An introduction to the work of Norbert Elias*. Cambridge, UK: Polity

Flynn, J. R. 2007. *What is intelligence?* New York: Cambridge University Press

Flynn, J. R. 2012 *Are we getting smarter? Rising IQ in the twenty-first century*. New York: Cambridge University Press

Foa, R. S. & Mounk, Y. 2016. The danger of deconsolidation: The democratic disconnect. *Journal of Democracy* 27, 5–17

Fodor, J. A. 1987. *Psychosemantics: The problem of meaning in the philosophy of mind*. Cambridge, MA: MIT Press

Fodor, J. A. 1994. *The elm and the expert: Mentalese and its semantics*. Cambridge, MA: MIT Press

Fogel, R. W. 2004. *The escape from hunger and premature death, 1700–2100*. New York: Cambridge University Press

Food Marketing Institute. 2017. Supermarket facts. https://www.fmi.org/our-research/supermarket-facts

Foreman, C. 2013. On justice movements: Why they fail the environment and the poor. *The Breakthrough*, http://thebreakthrough.org/index.php/journal/past-issues/issue-3/on-justice-movements

Fortna, V. P. 2008. *Does peacekeeping work? Shaping belligerents' choices after civil war*. Princeton, NJ: Princeton University Press

Fortna, V. P. 2015. Do terrorists win? Rebels' use of terrorism and civil war outcomes. *International Organization* 69, 519–556

Foucault, M. 1983. *Sexualität und Wahrheit*. Übers. von U. Raulff und W. Seitter. Frankfurt am Main: Suhrkamp [*The history of sexuality*. New York: Vintage, 1999]

Fouquet, R. & Pearson, P. J. G. 2012. The long run demand for lighting: Elasticities and rebound effects in different phases of economic development. *Economics of Energy and Environmental Policy* 1, 83–100

Frankel, M. 2004. *High noon in the Cold War: Kennedy, Khrushchev, and the Cuban Missile Crisis*. New York: Ballantine Books

Frankfurt, H. G. 2016. *Ungleichheit. Warum wir nicht alle gleich viel haben müssen*. Übers. von M. Adrian. Berlin: Suhrkamp [*On inequality*. Princeton, NJ: Princeton University Press, 2015]

Franziskus. 2015. *Laudato Si': Enzyklika von Papst Franziskus über die Sorge für das gemeinsame Haus*. Vatikanstadt: Vatikan. http://w2.vatican.va/content/francesco/de/encyclicals/documents/papa-francesco_20150524_enciclica-laudatosi.html

Freed, J. 2014. *Back to the future: Advanced nuclear energy and the battle against climate change*. Washington: Brookings Institution

Freilich, J. D., Chermak, S. M., Belli, R., Gruenewald, J. & Parkin, W. S. 2014. Introducing the United States Extremist Crime Database (ECDB). *Terrorism and Political Violence* 26, 372–384

Friedman, J. 1997. What's wrong with libertarianism. *Critical Review* 11, 407–467

Fryer, R. G. 2016. An empirical analysis of racial differences in police use of force. *National Bureau of Economic Research Working Papers*, 1–63

Fukuda, K. 2013. A happiness study using age-period-cohort framework. *Journal of Happiness Studies* 14, 135–153

Fukuyama, F. 1989. The end of history? *National Interest*, Sommer

Furman, J. 2005. Wal-Mart: A progressive success story. https://www.mackinac.org/archives/2006/walmart.pdf

Furman, J. 2014. Poverty and the tax code. *Democracy: A Journal of Ideas* 32, 8–22

Future of Life Institute. 2017. Accidental nuclear war: A timeline of close calls. https://futureoflife.org/background/nuclear-closecalls-a-timeline/

Fyfe, J. J. 1988. Police use of deadly force: Research and reform. *Justice Quarterly* 5, 165–205

Gaillard, R., Dehaene, S., Adam, C., Clémenceau, S., Hasboun, D. et al. 2009. Converging intracranial markers of conscious access. *PLOS Biology* 7, 472–492

Gallup. 2002. Acceptance of homosexuality: A youth movement. http://www.gallup.com/poll/5341/Acceptance-Homosexuality-Youth-Movement.aspx

Gallup. 2010. Americans' acceptance of gay relations crosses 50 % threshold. http://www.gallup.com/poll/135764/Americans-Acceptance-Gay-Relations-Crosses-Threshold.aspx

Gallup. 2016. Death penalty. http://www.gallup.com/poll/1606/death-penalty.aspx

Galor, O. & Moav, O. 2007. The neolithic origins of contemporary variations in life expectancy. http://dx.doi.org/10.2139/ssrn.1012650

Galtung, J. & Ruge, M. H. 1965. The structure of foreign news. *Journal of Peace Research* 2, 64–91

Gardner, D. 2008. *Risk: The science and politics of fear*. London: Virgin Books

Gardner, D. 2010. *Future babble: Why expert predictions fail – and why we believe them anyway*. London: Virgin Books

Garrard, G. 2006. *Counter-enlightenments: From the eighteenth century to the present*. New York: Routledge

Gash, T. 2016. *Criminal: The truth about why people do bad things*. London: Allen Lane

Gat, A. 2015. Proving communal warfare among hunter-gatherers: The quasi-Rousseauan error. *Evolutionary Anthropology* 24, 111–126

Gauchat, G. 2012. Politicization of science in the public sphere: A study of public trust in the United States, 1974 to 2010. *American Sociological Review* 77, 167–187

Gell-Mann, M. 1994. *Das Quark und der Jaguar. Vom Einfachen zum Komplexen – die Suche nach einer neuen Erklärung der Welt*. Übers. von I. Leipold und T. Schmidt. München: Piper [*The quark and the jaguar: Adventures in the simple and the complex*. New York: W. H. Freeman, 1994]

Gentzkow, M. & Shapiro, J. M. 2010. What drives media slant? Evidence from U. S. daily newspapers. *Econometrica* 78, 35–71

Gervais, W. M. & Najle, M. B. 2018. How many atheists are there? *Social Psychological and Personality Science* 9, 3–10

Ghitza, Y. & Gelman, A. 2014. The Great Society, Reagan's revolution, and generations of presidential voting. http://www.stat.columbia.edu/~gelman/research/unpublished/cohort_voting_20140605.pdf

Gigerenzer, G. 1991. How to make cognitive illusions disappear: Beyond »heuristics and biases«. *European Review of Social Psychology* 2, 83–115

Gigerenzer, G. 2015. *Simply rational: Decision making in the real world.* New York: Oxford University Press

Gigerenzer, G. 2016. Fear of dread risks. *Edge.* https://www.edge.org/response-detail/26645

Gigerenzer, G. & Hoffrage, U. 1995. How to improve Bayesian reasoning without instruction: Frequency formats. *Psychological Review* 102, 684–704

Gilbert, D. T. 2006. *Ins Glück stolpern. Über die Unvorhersehbarkeit dessen, was wir uns am meisten wünschen.* Übers. von B. Hickisch. München: Riemann [*Stumbling on happiness.* New York: Knopf, 2006]

Giles, J. 2005. Internet encyclopaedias go head to head. *Nature* 438, 900–901

Glaeser, E. L. 2011. *Triumph of the city: How our greatest invention makes us richer, smarter, greener, healthier, and happier.* New York: Penguin

Glaeser, E. L. 2014. *Secular joblessness.* London: Centre for Economic Policy Research

Glaeser, E. L., Ponzetto, G. A. M. & Shleifer, A. 2007. Why does democracy need education? *Journal of Economic Growth* 12, 77–99

Glaeser, E. L., La Porta, R., Lopez-de-Silanes, F. & Shleifer, A. 2004. Do institutions cause growth? *Journal of Economic Growth* 9, 271–303

Gleditsch, N. P. 2008. The liberal moment fifteen years on. *International Studies Quarterly* 52, 691–712

Gleditsch, N. P. & Rudolfsen, I. 2016. Are Muslim countries more prone to violence? Beitrag zur 57th Annual Convention of the International Studies Association, Atlanta

Gleditsch, N. P., Wallensteen, P., Eriksson, M., Sollenberg, M. & Strand, H. 2002. Armed conflict 1946–2001: A new dataset. *Journal of Peace Research* 39, 615–637

Gleick, J. 2011. *The information: A history, a theory, a flood.* New York: Pantheon

Glendon, M. A. 1998. Knowing the Universal Declaration of Human Rights. *Notre Dame Law Review* 73, 1153–1190

Glendon, M. A. 1999. Foundations of human rights: The unfinished business. *American Journal of Jurisprudence* 44, 1–14

Glendon, M. A. 2001. *A world made new: Eleanor Roosevelt and the Universal Declaration of Human Rights.* New York: Random House

Global Zero Commission. 2010. Global Zero action plan. https://www.globalzero.org/files/gzap_6.0.pdf

Global Zero Commission. US adoption of no-first-use and its effects on nuclear proliferation by allies. http://www.globalzero.org/files/nfu_ally_proliferation.pdf

Glover, J. 1998. Eugenics: Some lessons from the Nazi experience. In. J. R. Harris & S. Holm (Hrsg.) *The future of human reproduction: Ethics, choice, and regulation.* New York: Oxford University Press

Glover, J. 1999. *Humanity: A moral history of the twentieth century.* London: Jonathan Cape

Goertz, G., Diehl, P. F. & Balas, A. 2016. *The puzzle of peace: The evolution of peace in the international system.* New York: Oxford University Press

Goklany, I. M. 2007. *The improving state of the world: Why we're living longer, healthier, more comfortable lives on a cleaner planet.* Washington: Cato Institute

Goldin, C. & Katz, L. F. 2010. *The race between education and technology.* Cambridge, MA: Harvard University Press

Goldstein, J. S. 2011. *Winning the war on war: The decline of armed conflict worldwide.* New York: Penguin

Goldstein, J. S. 2015. Is the current refugee crisis the worst since World War II? Unveröff. Manuskript. http://www.joshuagoldstein.com/

Goldstein, R. N. 1976. *Reduction, realism, and the mind.* Dissertation, Princeton University

Goldstein, R. N. 2006. *Betraying Spinoza: The renegade Jew who gave us modernity.* New York: Nextbook/Schocken

Goldstein, R. N. 2010. *36 Argumente für die Existenz Gottes.* Übers. von F. Mader. München: Blessing [*Thirty-six arguments for the existence of God: A work of fiction.* New York: Pantheon, 2010]

Goldstein, R. N. 2013. *Plato at the Googleplex: Why philosophy won't go away.* New York: Pantheon

Gómez, J. M., Verdú, M., González-Megías, A. & Méndez, M. 2016. The phylogenetic roots of human lethal violence. *Nature* 538, 233–237

Gordon, R. J. 2014. The turtle's progress: Secular stagnation meets the headwinds. In C. Teulings & R. Baldwin (Hrsg.) *Secular stagnation: Facts, causes and cures.* London: Centre for Economic Policy Research

Gordon, R. J. 2016. *The rise and fall of American growth.* Princeton, NJ: Princeton University Press

Gottfredson, L. S. 1997. Why *g* matters: The complexity of everyday life. *Intelligence* 24, 79–132

Gottlieb, A. 2016. *The dream of enlightenment: The rise of modern philosophy.* New York: Norton

Gottschall, J. 2012. *The storytelling animal: How stories make us human.* Boston: Houghton Mifflin Harcourt

Gottschall, J. & Wilson, D. S. (Hrsg.) 2005. *The literary animal: Evolution and the nature of narrative.* Evanston, IL: Northwestern University Press

Graham, P. 2016. The refragmentation. *Paul Graham Blog.* http://www.paulgraham.com/re.html

Grayling, A. C. 2008. *Freiheit, die wir meinen. Wie die Menschenrechte erkämpft wurden und warum der Westen heute seine Grundwerte gefährdet.* Übers. von Y. Badal. München: Bertelsmann [*Toward the light of liberty: The struggles for freedom and rights that made the modern Western world.* New York: Walker, 2007]

Grayling, A. C. 2013. *The God argument: The case against religion and for humanism.* London: Bloomsbury

Greene, J. 2013. *Moral tribes: Emotion, reason, and the gap between us and them.* New York: Penguin

Greenstein, S. & Zhu, F. 2014. Do experts or collective intelligence write with more bias? Evidence from *Encyclopædia Britannica* and Wikipedia. *Harvard Business School Working Paper 15–023*

Greenwood, J., Seshadri, A. & Yorukoglu, M. 2005. Engines of liberation. *Review of Economic Studies* 72, 109–133

Gregg, B. 2003. *Thick moralities, thin politics: Social integration across communities of belief*. Durham, NC: Duke University Press

Gross, N. & Simmons, S. 2014. The social and political views of American college and university professors. In N. Gross & S. Simmons (Hrsg.) *Professors and their politics*. Baltimore: Johns Hopkins University Press

Guerrero Velasco, R. 2015. An antidote to murder. *Scientific American* 313, 46–50

Gunsalus, C. K., Bruner, E. M., Burbules, N., Dash, L. D., Finkin, M. et al. 2006. *Improving the system for protecting human subjects: Counteracting IRB mission creep* (No. LE06-016). University of Illinois, Urbana. https://papers.ssrn.com/sol3/papers2.cfm?abstract_id=902995

Gurr, T. R. 1981. Historical trends in violent crime: A critical review of the evidence. In N. Morris & M. Tonry (Hrsg.) *Crime and Justice*. Bd. 3. Chicago: University of Chicago Press

Gyldensted, C. 2015. *From mirrors to movers: Five elements of positive psychology in constructive journalism*. GGroup Publishers

Hafer, R. W. 2017. New estimates on the relationship between IQ, economic growth and welfare. *Intelligence* 61, 92–101

Hahn, R., Bilukha, O., Crosby, A., Fullilove, M. T., Liberman, A. et al. 2005. Firearm laws and the reduction of violence. A systematic review. *American Journal of Preventive Medicine* 28, 40–71

Haidt, J. 2007. *Die Glückshypothese. Was uns wirklich glücklich macht – die Quintessenz aus altem Wissen und moderner Glücksforschung*. Übers. von I. Seidel. Kirchzarten bei Freiburg: VAK [*The happiness hypothesis: Finding modern truth in ancient wisdom*. New York: Basic Books, 2006]

Haidt, J. 2012. *The righteous mind: Why good people are divided by politics and religion*. New York: Pantheon

Halpern, D. & Mason, D. 2015. Radical incrementalism. *Evaluation* 21, 143–149

Hammel, A. 2010. *Ending the death penalty: The European experience in global perspective*. Basingstoke: Palgrave Macmillan

Hammond, S. 2017. The future of liberalism and the politicization of everything. *Niskanen Center Blog*. https://niskanencenter.org/blog/future-liberalism-politicization-everything/

Hampton, K., Goulet, L. S., Rainie, L. & Purcell, K. 2011. *Social networking sites and our lives*. Washington: Pew Research Center

Hampton, K., Rainie, L., Lu, W., Shin, I. & Purcell, K. 2015. *Social media and the cost of caring*. Washington: Pew Research Center

Hanson, R. & Yudkowsky, E. 2008. *The Hanson-Yudkowsky AI-foom debate ebook*. Machine Intelligence Research Institute, Berkeley

Harff, B. 2003. No lessons learned from the Holocaust? Assessing risks of genocide and political mass murder since 1955. *American Political Science Review* 97, 57–73

Harff, B. 2005. Assessing risks of genocide and politicide. In M. G. Marshall & T. R. Gurr (Hrsg.) *Peace and conflict 2005: A global survey of armed conflics, self-determination movements, and democracy*. College Park, MD: Center for International Development and Conflict Management, University of Maryland

Hargraves, R. 2012. *Thorium: Energy cheaper than coal*. North Charleston, SC: CreateSpace

Hartmann, C., Vordermayer, T., Plöckinger, O. & Töppel, R. (Hrsg.) 2016. *Hitler, Mein Kampf. Eine kritische Edition*. Bd. I. München: Institut für Zeitgeschichte

Hasegawa, T. 2006. *Racing the enemy: Stalin, Truman, and the surrender of Japan*. Cambridge, MA: Harvard University Press

Hasell, J. & Roser, M. 2017. Famines. *Our World in Data*. https://ourworldindata.org/famines/

Haskins, R. & Margolis, G. 2014. *Show me the evidence: Obama's fight for rigor and results in social policy*. Washington: Brookings Institution

Haslam, N. 2016. Concept creep: Psychology's expanding concepts of harm and pathology. *Psychological Inquiry* 27, 1–17

Hassett, K. A. & Mathur, A. 2012. *A new measure of consumption inequality*. Washington: American Enterprise Institute

Hastorf, A. H. & Cantril, H. 1954. They saw a game; a case study. *Journal of Abnormal and Social Psychology* 49, 129–134

Hathaway, O. & Shapiro, D. 2017. *The internationalists: How a radical plan to outlaw war remade our world*. New York: Simon & Schuster

Haybron, D. M. 2016. *Was ist Glück? Eine Orientierung*. Übers. von J. P. Strepp. Stuttgart: Reclam [*Happiness: A very short introduction*. New York: Oxford University Press, 2013]

Hayek, F. A. 1945. The use of knowledge in society. *American Economic Review* 35, 519–530

Hayek, F. A. 1960/1971. *Die Verfassung der Freiheit*. Tübingen: Mohr [*The constitution of liberty: The definitive edition*. Chicago: University of Chicago Press, 1960/2011]

Hayflick, L. 2000. The future of aging. *Nature* 408, 267–269

Hedegaard, H., Chen, L.-H. & Warner, M. 2015. Drug-poisoning deaths involving heroin: United States, 2000–2013. *NCHS Data Brief* 190

Hegre, H. 2014. Democracy and armed conflict. *Journal of Peace Research* 51, 159–172

Hegre, H., Karlsen, J., Nygård, H. M., Strand, H. & Urdal, H. 2013. Predicting armed conflict, 2010–2050. *International Studies Quarterly* 57, 250–270

Hellier, C. 2011. Nazi racial ideology was religious, creationist and opposed to Darwinism. *Coelsblog: Defending scientism*. https://coelsblog.wordpress.com/2011/11/08/nazi-racial-ideology-was-religious-creationist-and-opposed-to-darwinism/#sec4

Helliwell, J. F., Layard, R. & Sachs, J. (Hrsg.) 2016. *World Happiness Report 2016*. New York: Sustainable Development Solutions Network

Henao-Restrepo, A. M., Camacho, A., Longini, I. M., Watson, C. H., Edmunds, W. J. et al. 2017. Efficacy and effectiveness of an rVSV-vectored vaccine in preventing Ebola virus disease: Final results from the Guinea ring vaccination, open-label, cluster-randomised trial. *The Lancet* 389, 505–518

Henry, M., Shivji, A., de Sousa, T. & Cohen, R. 2015. *The 2015 annual homeless assessment report to Congress*. Washington: US Department of Housing and Urban Development

Herman, A. 1998. *Propheten des Niedergangs. Der Endzeitmythos im westlichen Denken*. Übers. von K.-D. Schmidt. Berlin: Propyläen [*The idea of decline in Western history*. New York: Free Press, 1997]

Heschel, S. 2008. *The Aryan Jesus: Christian theologians and the Bible in Nazi Germany*. Princeton, NJ: Princeton University Press

Hidaka, B. H. 2012. Depression as a disease of modernity: Explanations for increasing prevalence. *Journal of Affective Disorders* 140, 205–214

Hidalgo, C. A. 2016. *Wachstum geht anders. Von kleinsten Teilchen über den Menschen zu Netzwerken*. Übers. von K. Harlaß. Hamburg: Hoffmann und Campe [*Why information grows: The evolution of order, from atoms to economies*. New York: Basic Books, 2015]

Hirschl, T. A. & Rank, M. R. 2015. The life course dynamics of affluence. *PLOS ONE* 10(1): e0116370/

Hirschman, A. O. 1971. *A bias for hope: Essays on development and Latin America*. New Haven: Yale University Press

Hirschman, A. O. 1992. *Denken gegen die Zukunft. Die Rhetorik der Reaktion*. Übers. von D. von Recklinghausen. München: Hanser [*The rhetoric of reaction: Perversity, futility, jeopardy*. Cambridge, MA: Harvard University Press, 1991]

Hirsi Ali, A. 2015 a. *Reformiert euch! Warum der Islam sich ändern muss*. Übers. von M. Bayer, E. Heinemann & E.-M. Schnitzler. München: Knaus [*Why Islam needs a reformation now*. New York: HarperCollins, 2015 a]

Hirsi Ali, A. 2015 b. Islam is a religion of violence. *Foreign Policy*, 9. November

Hoffmann, M., Hilton-Taylor, C., Angulo, A., Böhm, M., Brooks, T. M. et al. 2010. The impact of conservation on the status of the world's vertebrates. *Science* 330, 1503–1509

Hollander, P. 1981/2014. *Political pilgrims: Western intellectuals in search of the good society*. New Brunswick, NJ: Transaction

Horkheimer, M. & Adorno, T. W. 1947/1997. *Dialektik der Aufklärung. Philosophische Fragmente*. Frankfurt am Main: Suhrkamp

Horwitz, A. V. & Wakefield, J. C. 2007. *The loss of sadness: How psychiatry transformed normal sorrow into depressive disorder*. New York: Oxford University Press

Horwitz, S. 2015. Inequality, mobility, and being poor in America. *Social Philosophy and Policy* 31, 70–91

Housel, M. 2013. Everything is amazing and nobody is happy. *The Motley Fool*. http://www.fool.com/investing/general/2013/11/29/everything-is-great-and-nobody-is-happy.aspx

Hout, M. & Fischer, C. S. 2014. Explaining why more Americans have no religious preference: Political backlash and generational succession, 1987–2012. *Sociological Science* 1, 423–447

Howard, M. 2001. *Die Erfindung des Friedens. Über den Krieg und die Ordnung der Welt*. Lüneburg: zu Klampen [*The invention of peace and the reinvention of war*. London: Profile Books, 2001]

Howson, C. & Urbach, P. 1989/2006. *Scientific reasoning: The Bayesian approach*. 3. Aufl. Chicago: Open Court Publishing

Hu, G. & Baker, S. P. 2012. An explanation for the recent increase in the fall death rate among older Americans: A subgroup analysis. *Public Health Reports* 127, 275–281

Hu, G. & Mamady, K. 2014. Impact of changes in specificity of data recording on cause-specific injury mortality in the United States, 1999–2010. *BMC Public Health* 14, 1010

Huberman, M. & Minns, C. 2007. The times they are not changin': Days and hours of work in old and new worlds, 1870–2000. *Explorations in Economic History* 44, 538–567

Huff, T. E. 1993. *The rise of early modern science: Islam, China, and the West*. New York: Cambridge University Press

Hultman, L., Kathman, J. & Shannon, M. 2013. United Nations peacekeeping and civilian protection in civil war. *American Journal of Political Science* 57, 875–891

Human Security Centre. 2005. *Human Security Report 2005: War and peace in the 21st century*. New York: Oxford University Press

Human Security Report Project. 2007. *Human Security Brief 2007*. Vancouver, BC: Human Security Report Project

Human Security Report Project. 2009. *Human Security Report Project 2009: The shrinking costs of war*. New York: Oxford University Press

Human Security Report Project. 2011. *Human Security Report 2009/2010: The causes of peace and the shrinking costs of war*. New York: Oxford University Press

Humphrys, M. (o. J.) The left's historical support for tyranny and terrorism. http://markhumphrys.com/left.tyranny.html

Hunt, L. 2007. *Inventing human rights: A history*. New York: Norton

Huntington, S. P. 1991. *The third wave: Democratization in the late twentieth century*. Norman: University of Oklahoma Press

Hyman, D. A. 2007. The pathologies of institutional review boards. *Regulation* 30, 42–49

Inglehart, R. 1998. *Modernisierung und Postmodernisierung. Kultureller, wirtschaftlicher und politischer Wandel in 43 Gesellschaften*. Übers. von I. Fischer. Frankfurt am Main: Campus [*Modernization and postmodernization: Cultural, economic, and political change in 43 societies*. Princeton, NJ: Princeton University Press, 1997]

Inglehart, R. 2016. How much should we worry? *Journal of Democracy* 27, 18–23

Inglehart, R. 2017. Changing values in the Islamic world and the West. In M. Moaddel & M. J. Gelfand (Hrsg.) *Values, political action, and change in the Middle East and the Arab Spring*. New York: Oxford University Press

Inglehart, R., Foa, R., Peterson, C. & Welzel, C. 2008. Development, freedom, and rising happiness: A global perspective (1981–2007). *Perspectives on Psychological Science* 3, 264–285

Inglehart, R. & Norris, P. 2016. *Trump, Brexit, and the rise of populism: Economic have-nots and cultural backlash*. Beitrag zum Annual Meeting of the American Political Science Association, Philadelphia

Inglehart, R. & Welzel, C. 2005. *Modernization, cultural change, and democracy*. New York: Cambridge University Press

Institute for Economics and Peace. 2016. *Global Terrorism Index 2016*. New York: Institute for Economics and Peace

Instituto Nacional de Estadística y Geografía. 2016. Registros administrativos: Mortalidad. http://www.inegi.org.mx/est/contenidos/proyectos/registros/vitales/mortalidad/default.aspx

Insurance Institute for Highway Safety. 2016. General statistics. http://www.iihs.org/iihs/topics/t/general-statistics/fatalityfacts/overview-of-fatality-facts

International Humanist and Ethical Union. 2002. The Amsterdam Declaration. http://iheu.org/humanism/the-amsterdam-declaration/

International Labour Organization. 2013. *Marking progress against child labour: Global estimates and trends 2000–2012*. Genf: International Labour Organization

IPCC. 2014. *Klimaänderung 2014: Synthesebericht. Beitrag der Arbeitsgruppen I, II und III zum Fünften Sachstandsbericht des Zwischenstaatlichen Ausschusses für Klimaänderungen (IPCC)* [Hauptautoren, R. K. Pachauri und L. A. Meyer (Hrsg.)] IPCC, Genf, Schweiz. Deutsche Übersetzung durch Deutsche IPCC-Koordinierungsstelle, Bonn, 2016 [Intergovernmental Panel on Climate Change. 2014. *Climate change 2014: Synthesis report. Contribution of working groups I, II and III to the fifth assessment report of the Intergovernmental Panel on Climate Change*. Genf: IPCC]

Ipsos. 2016. The perils of perception 2016. https://perils.ipsos.com/

Irwin, D. A. 2016. The truth about trade. *Foreign Affairs*, 13. Juni

Israel, J. I. 2001. *Radical enlightenment: Philosophy and the making of modernity 1650–1750*. New York: Oxford University Press

Jackson, J. 2016. Publishing the positive: Exploring the motivations for and the consequences of reading solutions-focused journalism. https://www.constructivejournalism.org/wp-content/uploads/2016/11/Publishing-the-Positive_MA-thesis-research-2016_Jodie-Jackson.pdf.

Jacobs, A. 2011. Introduction. In W. H. Auden, *The age of anxiety: A Baroque eclogue*. Princeton, NJ: Princeton University Press

Jacobs, J. 2004. *Tücken der Demokratie. Antisystemeinstellungen und ihre Determi-*

nanten in sieben post-kommunistischen Transformationsländern. Wiesbaden: VS Verlag für Sozialwissenschaften

Jacobson, M. Z. & Delucchi, M. A. 2011. Providing all global energy with wind, water, and solar power. *Energy Policy* 39, 1154–1169

Jacoby, S. 2005. *Freethinkers: A history of American secularism*. New York: Henry Holt

Jamison, D. T., Summers, L. H., Alleyne, G., Arrow, K. J., Berkley, S. et al. 2013. Global Health 2035: A world converging within a generation. *The Lancet* 382, 1898–1955

Jefferson, T. 1785/1989. *Betrachtungen über den Staat Virginia*. Herausgegeben von Hartmut Wasser. Zürich: Manesse [*Notes on the state of Virginia*. Chapel Hill: University of North Carolina Press, 1785/1955]

Jensen, R. 2007. The digital provide: Information (technology), market performance, and welfare in the South Indian fisheries sector. *Quarterly Journal of Economics* 122, 879–924

Jervis, R. 2011. Force in our times. *International Relations* 25, 403–425

Johnson, D. D. P. 2004. *Overconfidence and war: The havoc and glory of positive illusions*. Cambridge, MA: Harvard University Press

Johnson, E. M. 2009. Darwin's connection to Nazi eugenics exposed. *The Primate Diaries*. http://scienceblogs.com/primatediaries/2009/07/14/darwins-connection-to-nazi-eug/

Johnson, E. M. 2010. Deconstructing social Darwinism: Parts I–IV. *The Primate Diaries*. http://scienceblogs.com/primatediaries/2010/01/05/deconstructing-social-darwinis/

Johnson, N. F., Spagat, M., Restrepo, J. A., Becerra, O., Bohorquez, J. C. et al. 2006. Universal patterns underlying ongoing wars and terrorism. *arXiv.org*. http://arxiv.org/abs/physics/0605035

Johnston, W. M. & Davey, G. C. L. 1997. The psychological impact of negative TV news bulletins: The catastrophizing of personal worries. *British Journal of Psychology* 88, 85–91

Jones, R. P., Cox, D., Cooper, B. & Lienesch, R. 2016a. *The divide over America's future: 1950 or 2050? Findings from the 2016 American Values Survey*. Washington: Public Religion Research Institute

Jones, R. P., Cox, D., Cooper, B. & Lienesch, R. 2016b. Exodus: *Why Americans are leaving religion – and why they're unlikely to come back*. Washington: Public Religion Research Institute

Jones, R. P., Cox, D. & Navarro-Rivera, J. 2014. *Believers, sympathizers, and skeptics: Why Americans are conflicted about climate change, environmental policy, and science*. Washington: Public Religion Research Institute

Jussim, L., Krosnick, J., Vazire, S., Stevens, S., Anglin, S. et al. 2017. Political bias. *Best Practices in Science*. https://bps.stanford.edu/?page_id=3371

Kahan, D. M. 2012. Cognitive bias and the constitution of the liberal republic of science. Yale Law School, Public Law Working Paper 270. https://papers.ssrn.com/sol3/papers.cfm?abstract_id=2174032

Kahan, D.M. 2015. Climate-science communication and the measurement problem. *Political Psychology* 36, 1–43

Kahan, D.M., Braman, D., Slovic, P., Gastil, J. & Cohen, G. 2009. Cultural cognition of the risks and benefits of nanontechnology. *Nature Nanotechnology* 4, 87–90

Kahan, D.M., Jenkins-Smith, H. & Braman, D. 2011. Cultural cognition of scientific consensus. *Journal of Risk Research* 14, 147–174

Kahan, D.M., Jenkins-Smith, H., Tarantola, T., Silva, C.L. & Braman, D. 2012. Geoengineering and climate change polarization: Testing a two-channel model of science communication. *Annals of the American Academy of Political and Social Science* 658, 193–222

Kahan, D.M., Peters, E., Dawson, E.C. & Slovic, P. 2013. Motivated numeracy and enlightened self-government. https://papers.ssrn.com/sol3/papers.cfm?abstract_id=2319992

Kahan, D.M., Peters, E., Wittlin, M., Slovic, P., Ouellette, L.L. et al. 2012. The polarizing impact of science literacy and numeracy on perceived climate change risks. *Nature Climate Change* 2, 732–735

Kahan, D.M., Wittlin, M., Peters, E., Slovic, P., Ouellette, L.L. et al. 2011. The tragedy of the risk-perception commons: Culture conflict, rationality conflict, and climate change. Cultural Cognition Project Working Paper 89. https://papers.ssrn.com/sol3/papers.cfm?abstract_id=1871503

Kahneman, D. 2014. *Schnelles Denken, langsames Denken*, 7. Aufl. Übers. von T. Schmidt. München: Siedler [*Thinking, fast and slow*. New York: Farrar, Straus & Giroux, 2011]

Kahneman, D., Krueger, A., Schkade, D., Schwarz, N. & Stone, A. 2004. A survey method for characterizing daily life experience: The day reconstruction method. *Science* 3, 1776–1780

Kanazawa, S. 2010. Why liberals and atheists are more intelligent. *Social Psychology Quarterly* 73, 33–57

Kane, T. 2016. Piketty's crumbs. *Commentary*, 14. April

Kant, I. 1784/1999. *Beantwortung der Frage: Was ist Aufklärung?* In *Was ist Aufklärung? Ausgewählte kleine Schriften*. Herausgegeben von H.D. Brandt. Hamburg: Meiner

Kant, I. 1795/1977. *Zum ewigen Frieden. Ein philosophischer Entwurf*. In *Werke in zwölf Bänden*. Bd. 11. Herausgegeben von W. Weischedel. Frankfurt am Main: Suhrkamp

Kasturiratne, A., Wickremasinghe, A.R., de Silva, N., Gunawardena, N.K., Pathmeswaran, A. et al. 2008. The global burden of snakebite: A literature analysis and modelling based on regional estimates of envenoming and deaths. *PLOS Medicine*, 5, e218

Keith, D. 2013. *A case for climate engineering*. Cambridge, MA: MIT Press

Keith, D. 2015. Patient geoengineering. Beitrag zu den Seminars About Long-Term Thinking, San Francisco. http://longnow.org/seminars/02015/feb/17/patient-geoengineering/

Keith, D., Weisenstein, D., Dykema, J. & Keutsch, F. 2016. Stratospheric solar geoengineering without ozone loss. *Proceedings of the National Academy of Sciences* 113, 14910–14914

Kelley, J. & Evans, M. D. R. 2017. Societal inequality and individual subjective well-being: Results from 68 societies and over 200000 individuals, 1981–2008. *Social Science Research* 62, 1–23

Kelly, K. 2010. *What technology wants*. New York: Penguin

Kelly, K. 2013. Myth of the lone villain. *The Technium*. http://kk.org/thetechnium/myth-of-the-lon/

Kelly, K. 2016. *The inevitable: Understanding the 12 technological forces that will shape our future*. New York: Viking

Kelly, K. 2017. The AI cargo cult: The myth of a superhuman AI. *Wired*. https://www.wired.com/2017/04/the-myth-of-a-superhuman-ai/

Kennedy, D. 2011. *Don't shoot: One man, a street fellowship, and the end of violence in inner-city America*. New York: Bloomsbury

Kenny, C. 2011. *Getting better: Why global development is succeeding – and how we can improve the world even more*. New York: Basic Books

Kessler, R. C., Berglund, P., Demler, O., Jin, R., Koretz, D. et al. 2003. The epidemiology of major depressive disorder. Results from the National Comorbidity Survey Replication (NCS-R). *Journal of the American Medical Association* 289, 3095–3105

Kessler, R. C., Berglund, P., Demler, O., Jin, R. Merikanges, K. R. et al. 2005. Lifetime prevalence and age-of-onset distributions of DSM-IV disorders in the National Comorbidity Survey Replication. *Archives of General Psychiatry* 62, 593–602

Kevles, D. J. 1985. *In the name of eugenics: Genetics and the use of human heredity*. Cambridge, MA: Harvard University Press

Kharecha, P. A. & Hansen, J. E. 2013. Prevented mortality and greenhouse gas emissions from historical and projected nuclear power. *Environmental Science & Technology* 47, 4889–4895

Kharrazi, R. J., Nash, D. & Mielenz, T. J. 2015. Increasing trend of fatal falls in older adults in the United States, 1992 to 2005: Coding practice or reporting quality? *Journal of the American Geriatrics Society* 63, 1913–1917

Kim, J., Smith, T. W. & Kang, J.-H. 2015. Religious affiliation, religious service attendance, and mortality. *Journal of Religion and Health* 54, 2052–2072

King, D., Schrag, D., Dadi, Z., Ye, Q. & Ghosh, A. 2015. *Climate change: A risk assessment*. Cambridge, UK: University of Cambridge Centre for Science and Policy

Kitcher, P. 1990. *Kant's transcendental psychology*. New York: Oxford University Press

Klein, D. B. & Buturovic, Z. 2011. Economic enlightenment revisited: New results again find little relationship between education and economic enlightenment but vitiate prior evidence of the left being worse. *Economic Journal Watch* 8, 157–173

Klitzman, R.L. 2015. *The ethics police? The struggle to make human research safe*. New York: Oxford University Press

Kochanek, K.D., Murphy, S.L., Xu, J. & Tejada-Vera, B. 2016. Deaths: Final data for 2014. *National Vital Statistics Report* 65(4). http://www.cdc.gov/nchs/data/nvsr/nvsr65/nvsr65_04.pdf.

Kohut, A., Taylor, P.J., Keeter, S., Doherty, C., Dimock, M. & Parker, K. 2011. *The generation gap and the 2012 election*. Washington: Pew Research Center. http://www.people-press.org/files/legacy-pdf/11-3-11%20Generations%20Release.pdf

Kolosh, K. 2014. Injury facts statistical highlights. http://www.nsc.org/SafeCommunitiesDocuments/Conference-2014/Injury-Facts-Statistical-Analysis-Kolosh.pdf

Koningstein, R. & Fork, D. 2014. What it would really take to reverse climate change. *IEEE Spectrum*. http://spectrum.ieee.org/energy/renewables/what-it-would-really-take-to-reverse-climate-change.

Kräenbring, J., Monzon Penza, T., Gutmann, J., Muehlich, S., Zolk, O. et al. 2014. Accuracy and completeness of drug information in Wikipedia: A comparison with standard textbooks of pharmacology. *PLOS ONE* 9, e106930

Krauss, L.M. 2013. *Ein Universum aus Nichts ... und warum da trotzdem etwas ist*. Übers. von H. Reuter. München: Knaus [*A universe from nothing: Why there is something rather than nothing*. New York: Free Press, 2012]

Krisch, M., Eisner, M., Mikton, C. & Butchart, A. (Hrsg.) 2015. *Global strategies to reduce violence by 50 % in 30 years: Findings from the WHO and University of Cambridge Global Violence Reduction Conference 2014*. Cambridge, UK: Institute of Criminology, University of Cambridge

Kristensen, H.M. 2016. U.S. nuclear stockpile numbers published enroute to Hiroshima. *Federation of American Scientists Strategic Security Blog*. https://fas.org/blogs/security/2016/05/hiroshima-stockpile/

Kristensen, H.M. & Norris, R.S. 2016a. Status of world nuclear forces. *Federation of American Scientists*. https://fas.org/issues/nuclear-weapons/status-world-nuclear-forces/

Kristensen, H.M. & Norris, R.S. 2016b. United States nuclear forces, 2016. *Bulletin of the Atomic Scientists* 72, 63–73

Krug, E.G., Dahlberg, L.L., Mercy, J.A., Zwi, A.B. & Lozano, R. (Hrsg.) 2002. *World report on violence and health*. Genf: World Health Organization

Kuhn, D. 1991. *The skills of argument*. New York: Oxford University Press

Kuncel, N.R., Klieger, D.M., Connelly, B.S. & Ones, D.S. 2013. Mechanical versus clinical data combination in selection and admissions decisions. A meta-analysis. *Journal of Applied Psychology* 98, 1060–1072

Kunda, Z. 1990. The case for motivated reasoning. *Psychological Bulletin* 108, 480–498

Kuran, T. 2004. Why the Middle East is economically underdeveloped: Historical mechanisms of institutional stagnation. *Journal of Economic Perspectives* 18, 71–90

Kurlansky, M. 2006. *Nonviolence: Twenty-five lessons from the history of a dangerous idea*. New York: Modern Library

Kurzban, R., Tooby, J. & Cosmides, L. 2001. Can race be erased? Coalitional computation and social categorization. *Proceedings of the National Academy of Sciences* 98, 15387–15392

Kuznets, S. 1955. Economic growth and income inequality. *American Economic Review* 45, 1–28

Lacina, B. 2006. Explaining the severity of civil wars. *Journal of Conflict Resolution* 50, 276–289

Lacina, B. & Gleditsch, N. P. 2005. Monitoring trends in global combat: A new dataset in battle deaths. *European Journal of Population* 21, 145–166

Lake, B. M., Ullman, T. D., Tenenbaum, J. B. & Gershman, S. J. 2017. Building machines that learn and think like people. *Behavioral and Brain Sciences* 39, 1–101

Lakner, C. & Milanović, B. 2016. Global income distribution: From the fall of the Berlin Wall to the Great Recession. *World Bank Economic Review* 30, 203–232

Lampert, L. 1996. *Leo Strauss and Nietzsche*. Chicago: University of Chicago Press

Lancet Infectious Diseases Editors. 2005. Clearing the myths of time: Tuskegee revisited. *The Lancet Infectious Diseases* 5, 127

Land, K. C., Michalos, A. C. & Sirgy, J. (Hrsg.) 2012. *Handbook of social indicators and quality of life research*. New York: Springer

Lane, N. 2017. *Der Funke des Lebens. Energie und Evolution*. Übers. von M. Niehaus, M. Wiese und J. Wissmann. Darmstadt: Theiss [*The vital question: Energy, evolution, and the origins of complex life*. New York: Norton, 2015]

Lanier, J. 2014. The myth of AI. *Edge*. https://www.edge.org/conversation/jaron_lanier-the-myth-of-ai

Lankford, A. 2013. *The myth of martyrdom*. New York: Palgrave Macmillan

Lankford, A. & Madfis, E. 2018. Don't name them, don't show them, but report everything else: A pragmatic proposal for denying mass killers the attention they seek and deterring future offenders. *American Behavioral Scientist* 62, 260–279

Latzer, B. 2016. *The rise and fall of violent crime in America*. New York: Encounter Books

Laudan, R. 2016. Was the agricultural revolution a terrible mistake? Not if you take food processing into account. http://www.rachellaudan.com/2016/01/was-the-agricultural-revolution-a-terrible-mistake.html

Law, S. 2011. *Humanism: A very short introduction*. New York: Oxford University Press

Lawson, S. 2013. Beyond cyber-doom: Assessing the limits of hypothetical scenarios in the framing of cyber-threats. *Journal of Information Technology & Politics* 10, 86–103

Layard, R. 2005. *Happiness: Lessons from a new science*. New York: Penguin

Le Quéré, C., Andrew, R. M., Canadell, J. G., Sitch, S., Korsbakken, J. I. et al. 2016. Global carbon budget 2016. *Earth System Science Data* 8, 605–649

Leavis, F. R. 1962/2013. *Two cultures? The significance of C. P. Snow*. New York: Cambridge University Press

Lee, J.-W. & Lee, H. 2016. Human capital in the long run. *Journal of Development Economics* 122, 147–169

Leetaru, K. 2011. Culturomics 2.0: Forecasting large-scale human behavior using global news media tone in time and space. *First Monday* 16(9). http://firstmonday.org/article/view/3663/3040

Leon, C. B. 2016. The life of American workers in 1915. *Monthly Labor Review*. http://www.bls.gov/opub/mlr/2016/article/the-life-of-american-workers-in-1915.htm

Leonard, T. C. 2009. Origins of the myth of social Darwinism: The ambiguous legacy of Richard Hofstadter's »Social Darwinism in American thought«. *Journal of Economic Behavior & Organization* 71, 37–51

Lerdahl, F. & Jackendoff, R. 1983. *A generative theory of tonal music*. Cambridge, MA: MIT Press

Levin, Y. 2017. Conservatism in an age of alienation. *Modern Age*, Frühjahr. https://eppc.org/publications/conservatism-in-an-age-of-alienation/

Levinson, A. 2008. Environmental Kuznets curve. In S. N. Durlauf & L. E. Blume (Hrsg.) *The New Palgrave Dictionary of Economics*. 2. Aufl. New York: Palgrave Macmillan

Levitsky, S. & Way, L. 2015. The myth of democratic recession. *Journal of Democracy* 26, 45–58

Levitt, S. D. 2004. Understanding why crime fell in the 1990s: Four factors that explain the decline and six that do not. *Journal of Economic Perspectives* 18, 163–190

Levy, J. S. 1983. *War in the modern great power system 1495–1975*. Lexington: University Press of Kentucky

Levy, J. S. & Thompson, W. R. 2011. *The arc of war: Origins, escalation, and transformation*. Chicago: University of Chicago Press

Lewinsohn, P. M., Rohde, P., Seeley, J. R. & Fischer, S. A. 1993. Age-cohort changes in the lifetime occurrence of depression and other mental disorders. *Journal of Abnormal Psychology* 102, 110–120

Lewis, B. 1990/1992. *Race and slavery in the Middle East: An historical enquiry*. New York: Oxford University Press

Lewis, B. 2002. *Der Untergang des Morgenlandes. Warum die islamische Welt ihre Vormacht verlor*. Übers. von F. Schröder und M. Kluxen-Schröder. Bergisch Gladbach: Lübbe [*What went wrong? The clash between Islam and modernity in the Middle East*. New York: HarperPerennial, 2002]

Lewis, J. E., DeGusta, D., Meyer, M. R., Monge, J. M., Mann, A. E. & Holloway, R. L. 2011. The mismeasure of science: Stephen J. Gould versus Samuel George Morton on skulls and bias. *PLOS Biology* 9, e1001071

Lewis, M. 2017. *Aus der Welt. Grenzen der Entscheidung oder Eine Freundschaft, die unser Denken verändert hat*. Übers. von J. Neubauer und S. Vogel. Frankfurt am Main: Campus [*The undoing project: A friendship that changed our minds*. New York: Norton, 2016]

Liebenberg, L. 1990. *The art of tracking: The origin of science*. Kapstadt: David Philip

Liebenberg, L. 2014. *The origin of science: On the evolutionary roots of science and its implications for self-education and citizen science.* Kapstadt: CyberTracker. http://www.cybertracker.org/science/the-origin-of-science

Lilienfeld, S. O., Ammirati, R. & Landfield, K. 2009. Giving debiasing away. *Perspectives on Psychological Science* 4, 390–398

Lilienfeld, S. O., Ritschel, L. A., Lynn, S. J., Cautin, R. L. & Latzman, R. D. 2013. Why many clinical psychologists are resistant to evidence-based practice: Root causes and constructive remedies. *Clinical Psychology Review* 33, 883–900

Lilla, M. 2015. *Der hemmungslose Geist. Die Tyrannophilie der Intellektuellen.* Übers. von E. Liebl. München: Kösel [*The reckless mind: Intellectuals in politics*. New York: New York Review of Books, 2001]

Lilla, M. 2016. *The shipwrecked mind: On political reaction.* New York: New York Review of Books

Lindert, P. 2004. *Growing public: Social spending and economic growth since the eighteenth century.* Bd. 1: *The story.* New York: Cambridge University Press

Linker, D. 2007. *The theocons: Secular America under siege.* New York: Random House

Liu, L., Oza, S., Hogan, D., Perine, J., Rudan, I. et al. 2014. Global, regional, and national causes of child mortality in 2000–13, with projections to inform post-2015 priorities: An updated systematic analysis. *The Lancet* 385, 430–440

Livingstone, M. S. 2014. *Vision and art: The biology of seeing.* Aktualis. Aufl. New York: Harry Abrams

Lloyd, S. 2006. *Programming the universe: A quantum computer scientist takes on the cosmos.* New York: Vintage

Lodge, D. 2002. *Consciousness and the novel.* Cambridge, MA: Harvard University Press

López, R. E. & Holle, R. L. 1998. Changes in the number of lightning deaths in the United States during the twentieth century. *Journal of Climate* 11, 2070–2077

Lord, C. G., Ross, L. & Lepper, M. R. 1979. Biased assimilation and attitude polarization: The effects of prior theories on subsequently considered evidence. *Journal of Personality and Social Psychology* 37, 2098–2109

Lovering, J., Trembath, A., Swain, M. & Lavin, L. 2015. Renewables and nuclear energy at a glance. *The Breakthrough.* https://thebreakthrough.org/index.php/issues/energy/renewables-and-nuclear-at-a-glance

Luard, E. 1986. *War in international society.* New Haven: Yale University Press

Lucas, R. E. 1988. On the mechanics of economic development. *Journal of Monetary Economics* 22, 3–42

Lukianoff, G. 2012. *Unlearning liberty: Campus censorship and the end of American debate.* New York: Encounter Books

Lukianoff, G. 2014. *Freedom from speech.* New York: Encounter Books

Luria, A. R. 1976. *Cognitive development: Its cultural and social foundations.* Cambridge, MA: Harvard University Press

Lutz, W., Butz, W. P. & Samir, K. C. (Hrsg.) 2014. *World population and human capital in the twenty-first century*. New York: Oxford University Press

Lutz, W., Cuaresma, J. C. & Abbasi-Shavazi, M. J. 2010. Demography, education, and democracy: Global trends and the case of Iran. *Population and Development Review* 36, 253–281

Lynn, R., Harvey, J. & Nyborg, H. 2009. Average intelligence predicts atheism rates across 137 nations. *Intelligence* 37, 11–15

MacAskill, W. 2016. *Gutes besser tun. Wie wir mit effektivem Altruismus die Welt verändern können*. Übers. von S. Gebauer. Berlin: Ullstein [*Doing good better: How effective altruism can help you make a difference*. New York: Penguin, 2015]

Mackay, C. 1841/1992. *Zeichen und Wunder. Aus den Annalen des Wahns*. Übers. von K. J. Huch. Frankfurt am Main: Eichborn [*Extraordinary popular delusions and the madness of crowds*. New York: Wiles, 1841/1995]

Macnamara, J. 1999. *Through the rearview mirror: Historical reflections on psychology*. Cambridge, MA: MIT Press

Maddison Project. 2014. Maddison Project. http://www.ggdc.net/maddison/maddison-project/home.htm

Mahbubani, K. 2013. *The great convergence: Asia, the West, and the logic of one world*. New York: PublicAffairs

Mahbubani, K. & Summers, L. H. 2016. The fusion of civilizations. *Foreign Affairs*, Mai/Juni

Makari, G. 2015. *Soul machine: The invention of the modern mind*. New York: Norton

Makel, M. C., Kell, H. J., Lubinski, D., Putallaz, M. & Benbow, C. P. 2016. When lightning strikes twice: Profoundly gifted, profoundly accomplished. *Psychological Science* 27, 1004–1018

Mankiw, G. 2013. Defending the one percent. *Journal of Economic Perspectives* 27, 21–34

Mann, T. E. & Ornstein, N. J. 2012/2016. *It's even worse than it looks: How the American constitutional system collided with the new politics of extremism*. Überarb. Aufl. New York: Basic Books

Marcus, G. 2015. Machines won't be thinking anytime soon. *Edge*. https://www.edge.org/response-detail/26175

Marcus, G. 2016. Is big data taking us closer to the deeper questions in artificial intelligence? *Edge*. https://www.edge.org/conversation/gary_marcus-is-big-data-taking-us-closer-to-the-deeper-questions-in-artificial

Maritain, J. 1951. Einführung. In UNESCO, *Um die Erklärung der Menschenrechte. Ein Symposion*. Übers. von H. Armbruster und S. Widmer. Zürich: Europa Verlag

Marlowe, F. 2010. *The Hadza: Hunter-gatherers of Tanzania*. Berkeley: University of California Press

Marshall, M. G. 2016. Major episodes of political violence 1946–2015. Vienna, VA: Center for Systemic Peace. http://www.systemicpeace.org/warlist/warlist.htm

Marshall, M.G. & Gurr, T.R. 2014. Polity IV individual country regime trends, 1946–2013. Vienna, VA: Center for Systemic Peace. http://www.systemicpeace.org/polity/polity4x.htm

Marshall, M.G., Gurr, T.R. & Harff, B. 2009. *PITF State Failure Problem Set: Internal wars and failures of governance, 1955–2008. Dataset and coding guidelines*. Vienna, VA: Center for Systemic Peace. http://www.systemicpeace.org/inscr/PITFProbSetCodebook2014.pdf

Marshall, M.G., Gurr, T.R. & Jaggers, K. 2016. *Polity IV project: Political regime characteristics and transitions, 1800–2015, dataset users' manual*. Vienna, VA: Center for Systemic Peace. http://systemicpeace.org/inscrdata.html

Mathers, C.D., Sadana, R., Salomon, J.A., Murray, C.J.L. & Lopez, A.D. 2001. Healthy life expectancy in 191 countries, 1999. *The Lancet* 357, 1685–1691

Mattisson, C., Bogren, M., Nettelbladt, P., Munk-Jörgensen, P. & Bhugra, D. 2005. First incidence depression in the Lundby study: A comparison of the two time periods 1947–1972 and 1972–1997. *Journal of Affective Disorders* 87, 151–160

McCloskey, D.N. 1994. Bourgeois virtue. *American Scholar* 63, 177–191

McCloskey, D.N. 1998. Bourgeois virtue and the history of P and S. *Journal of Economic History* 58, 297–317

McCloskey, D.N. 2014. Measured, unmeasured, mismeasured, and unjustified pessimism: A review essay of Thomas Piketty's »Capital in the twenty-first century«. *Erasmus Journal for Philosophy and Economics* 7, 73–115

McCullough, M.E. 2008. *Beyond revenge: The evolution of the forgiveness instinct*. San Francisco: Jossey-Bass

McEvedy, C. & Jones, R. 1978. *Atlas of world population history*. London: Allen Lane

McGinn, C. 1996. *Die Grenzen des vernünftigen Fragens. Grundprobleme der Philosophie*. Übers. von J. Schulte. Stuttgart: Klett-Cotta [*Problems in philosophy: The limits of inquiry*. Cambridge, MA: Blackwell, 1993]

McGinnis, J.O. 1996. The original constitution and our origins. *Harvard Journal of Law and Public Policy* 19, 251–261

McGinnis, J.O. 1997. The human constitution and constitutive law: A prolegomenon. *Journal of Contemporary Legal Issues* 8, 211–239

McMahon, D.M. 2001. *Enemies of the Enlightenment: The French counter-Enlightenment and the making of modernity*. New York: Oxford University Press

McMahon, D.M. 2006. *Happiness: A history*. New York: Grove/Atlantic

McNally, R.J. 2016. The expanding empire of psychopathology: The case of PTSD. *Psychological Inquiry* 27, 46–49

McNaughton-Cassill, M.E. 2001. The news media and psychological distress. *Anxiety, Stress, and Coping* 14, 193–211

McNaughton-Cassill, M.E. & Smith, T. 2002. My world is OK, but yours is not: Television news, the optimism gap, and stress. *Stress and Health* 18, 27–33

Meehl, P.E. 1954/2013. *Clinical versus statistical prediction: A theoretical analysis and a review of the evidence*. Brattleboro, VT: Echo Point Books

Meeske, A.J., Riley, E.P., Robins, W.P., Uehara, T., Mekalanos, J.J. et al. 2016. SEDS proteins are a widespread family of bacterial cell wall polymerases. *Nature* 537, 634–638

Melander, E., Pettersson, T. & Themnér, L. 2016. Organized violence, 1989–2015. *Journal of Peace Research* 53, 727–742

Mellers, B.A., Hertwig, R. & Kahneman, D. 2001. Do frequency representations eliminate conjunction effects? An exercise in adversarial collaboration. *Psychological Science* 12, 269–275

Mellers, B.A., Ungar, L., Baron, J., Ramos, J., Gurcay, B. et al. 2014. Psychological strategies for winning a geopolitical forecasting tournament. *Psychological Science* 25, 1106–1115

Menschenfreund, Y. 2010. The holocaust and the trial of modernity. *Azure* 39, 58–83. http://azure.org.il/include/print.php?id=526

Mercier, H. & Sperber, D. 2011. Why do humans reason? Arguments for an argumentative theory. *Behavioral and Brain Sciences* 34, 57–111

Mercier, H. & Sperber, D. 2017. *The enigma of reason*. Cambridge, MA: Harvard University Press

Merquior, J.G. 1985. *Foucault*. Berkeley: University of California Press

Merton, R.K. 1942/1985. Die normative Struktur der Wissenschaft. In *Entwicklung und Wandel von Forschungsinteressen*. Übers. von R. Kaiser. Frankfurt am Main: Suhrkamp [The normative structure of science. In *The sociology of science: Theoretical and empirical investigations*. Chicago: University of Chicago Press, 1942/1973]

Meyer, B.D. & Sullivan, J.X. 2011. The material well-being of the poor and middle class since 1980. Washington: American Enterprise Institute

Meyer, B.D. & Sullivan, J.X. 2012. Winning the war: Poverty from the Great Society to the Great Recession. *Brookings Papers on Economic Activity*, 133–200

Meyer, B.D. & Sullivan, J.X. 2017a. Consumption and income inequality in the U.S. since the 1960s. NBER Working Paper 23655. https://www3.nd.edu/~jsulliv4/jxs_papers/Inequality6.5.pdf

Meyer, B.D. & Sullivan, J.X. 2017b. Annual report on U.S. consumption poverty: 2016. http://www.aei.org/publication/annual-report-on-us-consumption-poverty-2016/

Michel, J.-B., Shen, Y.K., Aiden, A.P., Veres, A., Gray, M.K., The Google Books Team, Pickett, J.P., Hoiberg, D., Clancy, D., Norvig, P., Orwant, J., Pinker, S., Nowak, M. & Lieberman-Aiden, E. 2011. Quantitative analysis of culture using millions of digitized books. *Science* 331, 176–182

Milanović, B. 2012. *Global income inequality by the numbers: In history and now – an overview*. Washington: World Bank Development Research Group

Milanović, B. 2016. *Die ungleiche Welt. Migration, das Eine Prozent und die Zukunft der Mittelschicht*. Übers. von S. Gebauer. Berlin: Suhrkamp [*Global inequality: A new approach for the age of globalization*. Cambridge, MA: Harvard University Press, 2016]

Miller, M., Azrael, D. & Barber, C. 2012. Suicide mortality in the United States: The importance of attending to method in understanding population-level disparities in the burden of suicide. *Annual Review of Public Health* 33, 393–408

Miller, R. A. & Albert. K. 2015. If it leads, it bleeds (and if it bleeds, it leads): Media coverage and fatalities in militarized interstate disputes. *Political Communication* 32, 61–82

Miller, T. R., Lawrence, B. A., Carlson, N. N., Hendrie, D., Randall, S. et al. 2016. Perils of police action: A cautionary tale from US data sets. *Injury Prevention*

Moatsos, M., Baten, J., Foldvari, P., van Leeuwen, B. & van Zanden, J. L. 2014. Income inequality since 1820. In J. L. van Zanden, J. Baten, M. M. d'Ercole, A. Rijpma, C. Smith & M. Timmer (Hrsg.) *How was life? Global well-being since 1820.* Paris: OECD Publishing

Mokyr, J. 2012. *The enlightened economy: An economic history of Britain, 1700–1850.* New Haven: Yale University Press

Mokyr, J. 2014. Secular stagnation? Not in your life. In C. Teulings & R. Baldwin (Hrsg.) *Secular stagnation: Facts, causes and cures*. London: Centre for Economic Policy Research

Montgomery, S. L. & Chirot, D. 2015. *The shape of the new: Four big ideas and how they made the modern world*. Princeton, NJ: Princeton University Press

Mooney, C. 2005. *The Republican war on science*. New York: Basic Books

Morewedge, C. K., Yoon, H., Scopelliti, I., Symborski, C. W., Korris, J. H. & Kassam, K. S. 2015. Debiasing decisions: Improved decision making with a single training intervention. *Policy Insights from the Behavioral and Brain Sciences* 2, 129–140

Morton, O. 2015. *The planet remade: How geoengineering could change the world.* Princeton, NJ: Princeton University Press

Moss, J. 2005. The 482nd convocation – Address: »Could Morton do it today?« *University of Chicago Record* 40, 27–28

Mozgovoi, A. 2002. Recollections of Vadim Orlov (USSR submarine B-59). *The Cuban Samba of the Quartet of Foxtrots: Soviet submarines in the Caribbean crisis of 1962.* http://nsarchive.gwu.edu/nsa/cuba_mis_cri/020000 %20Recollections%20of%20 Vadim%20Orlov.pdf

Mueller, J. 1989. *Retreat from doomsday: The obsolescence of major war.* New York: Basic Books

Mueller, J. 1999. *Capitalism, democracy, and Ralph's Pretty Good Grocery*. Princeton, NJ: Princeton University Press

Mueller, J. 2004a. *The remnants of war*. Ithaca, NY: Cornell University Press

Mueller, J. 2004b. Why isn't there more violence? *Security Studies* 13, 191–203

Mueller, J. 2006. *Overblown: How politicians and the terrorism industry inflate national security threats, and why we believe them*. New York: Free Press

Mueller, J. 2009. War has almost ceased to exist: An assessment. *Political Science Quarterly* 124, 297–321

Mueller, J. 2010 a. *Atomic obsession: Nuclear alarmism from Hiroshima to Al-Qaeda*. New York: Oxford University Press

Mueller, J. 2010 b. Capitalism, peace, and the historical movement of ideas. *International Interactions* 36, 169–184

Mueller, J. 2012. Terror predictions. https://politicalscience.osu.edu/faculty/jmueller/PREDICT.pdf

Mueller, J. 2014. Did history end? Assessing the Fukuyama thesis. *Political Science Quarterly* 129, 35–54

Mueller, J. 2016. Embracing threatlessness: US military spending, Newt Gingrich, and the Costa Rica option. https://politicalscience.osu.edu/faculty/jmueller/CNA restraintCato16.pdf

Mueller, J. & Friedman, B. 2014. The cyberskeptics. https://www.cato.org/research/cyberskeptics

Mueller, J. & Stewart, M. G. 2010. Hardly existential: Thinking rationally about terrorism. *Foreign Affairs*, 2. April

Mueller, J. & Stewart, M. G. 2016 a. *Chasing ghosts: The policing of terrorism*. New York: Oxford University Press

Mueller, J. & Stewart, M. G. 2016 b. Conflating terrorism and insurgency. *Lawfare*. https://www.lawfareblog.com/conflating-terrorism-and-insurgency

Muggah, R. 2015. Fixing fragile cities. *Foreign Affairs*, 15. Januar

Muggah, R. 2016. Terrorism is on the rise – but there's a bigger threat we're not talking about. *World Economic Forum Global Agenda*. https://www.weforum.org/agenda/2016/04/terrorism-is-on-the-rise-but-there-s-a-bigger-threat-we-re-not-talking-about/

Muggah, R. & Szabo de Carvalho, I. 2016. The end of homicide. *Foreign Affairs*, 7. September

Müller, J.-W. 2016. *What is populism?* Philadelphia: University of Pennsylvania Press

Müller, V. C. & Bostrom, N. 2014. Future progress in artificial intelligence: A survey of expert opinion. In V. C. Müller (Hrsg.) *Fundamental issues of artificial intelligence*. New York: Springer

Mulligan, C. B., Gil, R. & Sala-i-Martin, X. 2004. Do democracies have different public policies than nondemocracies? *Journal of Economic Perspectives* 18, 51–74

Munck, G. L. & Verkuilen, J. 2002. Conceptualizing and measuring democracy: Evaluating alternative indices. *Comparative Political Studies* 35, 5–34

Murphy, J. M., Laird, N. M., Monson, R. R., Sobol, A. M. & Leighton, A. H. 2000. A 40-year perspective on the prevalence of depression: The Stirling County study. *Archives of General Psychiatry* 57, 209–215

Murphy, J. P. M. 1999. Hitler was *not* an atheist. *Free Inquiry* 19(2)

Murphy, S. K., Zeng, M. & Herzon, S. B. 2017. A modular and enantioselective synthesis of the pleuromutilin antibiotics. *Science* 356, 956–959

Murray, C. 2003. *Human accomplishment: The pursuit of excellence in the arts and sciences, 800 B. C. to 1950*. New York: HarperPerennial

Murray, C. J. L. et al. (487 Koautoren). 2012. Disability-adjusted life years (DALYs) for 291 diseases and injuries in 21 regions, 1990–2010: A systematic analysis for the Global Burden of Disease study 2010. *The Lancet* 380, 2197–2223

Musolino, J. 2015. *The soul fallacy: What science shows we gain from letting go of our soul beliefs*. Amherst, NY: Prometheus Books

Myhrvold, N. 2014. Kommentar zu Jaron Laniers »The myth of AI«. *Edge*. https://www.edge.org/conversation/jaron_lanier-the-myth-of-ai#25983

Naam, R. 2010. Top five reasons »the singularity« is a misnomer. *Humanity+*. http://hplusmagazine.com/2010/11/11/top-five-reasons-singularity-misnomer/

Naam, R. 2013. *The infinite resource: The power of ideas on a finite planet*. Lebanon, NH: University Press of New England

Nadelmann, E. A. 1990. Global prohibition regimes: The evolution of norms in international society. *International Organization* 44, 479–526

Nagdy, M. & Roser, M. 2016a. Military spending. *Our World in Data*. https://ourworldindata.org/military-spending/

Nagdy, M. & Roser, M. 2016b. Optimism and pessimism. https://ourworldindata.org/optimism-pessimism/

Nagdy, M. & Roser, M. 2016c. Projections of future education. *Our World in Data*. https://ourworldindata.org/projections-of-future-education/

Nagel, T. 1970/1998. *Die Möglichkeit des Altruismus*. Übers. von M. Gebauer und H. Schütt. Mainz: Philo [*The possibility of altruism*. Princeton, NJ: Princeton University Press, 1970]

Nagel, T. 1974. What is it like to be a bat? *Philosophical Review* 83, 435–450

Nagel, T. 1999. *Das letzte Wort*. Übers. von J. Schulte. Stuttgart: Reclam [*The last word*. New York: Oxford University Press, 1997]

Nagel, T. 2016. *Geist und Kosmos. Warum die materialistische neodarwinistische Konzeption der Natur so gut wie sicher falsch ist*. Übers. von K. Wördemann. Berlin: Suhrkamp [*Mind and cosmos: Why the materialist neo-Darwinian conception of nature is almost certainly false*. New York: Oxford University Press, 2012]

Nash, G. H. 2009. *Reappraising the right: The past and future of American conservatism*. Wilmington, DE: Intercollegiate Studies Institute

National Assessment of Adult Literacy (o. J.) Literacy from 1870 to 1979. https://nces.ed.gov/naal/lit_history.asp

National Center for Health Statistics. 2014. *Health, United States, 2013*. Hyattsville, MD: National Center for Health Statistics

National Center for Statistics and Analysis. 1995. *Traffic safety facts 1995 – pedestrians*. Washington: National Highway Traffic Safety Administration. https://crashstats.nhtsa.dot.gov/Api/Public/ViewPublication/95F9

National Center for Statistics and Analysis. 2006. *Pedestrians: 2005 data*. Washington: National Highway Traffic Safety Administration. https://crashstats.nhtsa.dot.gov/Api/Public/ViewPublication/810624

National Center for Statistics and Analysis. 2016. *Pedestrians: 2014 data*. Washington:

National Highway Traffic Safety Administration. https://crashstats.nhtsa.dot.gov/Api/Public/ViewPublication/812270

National Center for Statistics and Analysis. 2017. *Pedestrians: 2015 data*. Washington: National Highway Trafffic Safety Administration. https://crashstats.nhtsa.dot.gov/Api/Public/Publication/812375

National Consortium for the Study of Terrorism and Responses to Terrorism. 2016. *Global Terrorism Database*. http://www.start.umd.edu/gtd/

National Institute on Drug Abuse. 2016. DrugFacts: High school and youth trends. https://www.drugabuse.gov/publications/drugfacts/high-school-youth-trends

National Safety Council. 2011. *Injury facts, 2011 edition*. Itasca, IL: National Safety Council

National Safety Council. 2016. *Injury facts, 2016 edition*. Ithaca, IL: National Safety Council

Nemirow J., Krasnow M., Howard R. & Pinker S. 2016. Ineffective charitable altruism suggests adaptations for partner choice. Beitrag zum Annual Meeting of the Human Behavior and Evolution Society, Vancouver

New York Times. 2016. Election 2016: Exit polls. https://www.nytimes.com/interactive/2016/11/08/us/politics/election-exit-polls.html?_r=0

Newman, M. E. J. 2005. Power laws, Pareto distributions and Zipf's law. *Contemporary Physics* 46, 323–351

Nietzsche, F. 1887/1993. *Zur Genealogie der Moral*. In *Jenseits von Gut und Böse. Zur Genealogie der Moral*. 3. Aufl. München: dtv

Nisbet, R. 1980/2009. *History of the idea of progress*. New Brunswick: Transaction

Norberg, J. 2016. *Progress: Ten reasons to look forward to the future*. London: Oneworld

Nordhaus, T. 2016. Back from the energy future: What decades of failed forecasts say about clean energy and climate change. *Foreign Affairs*, 18. Oktober

Nordhaus, T. & Lovering, J. 2016. Does climate policy matter? Evaluating the efficacy of emissions caps and targets around the world. *The Breakthrough*. http://thebreakthrough.org/issues/Climate-Policy/does-climate-policy-matter

Nordhaus, T. & Shellenberger, M. 2007. *Break through: From the death of environmentalism to the politics of possibility*. Boston: Houghton Mifflin

Nordhaus, T. & Shellenberger, M. 2011. The long death of environmentalism. *The Breakthrough*. http://thebreakthrough.org/archive/the_long_death_of_environmenta

Nordhaus, T. & Shellenberger, M. 2013. How the left came to reject cheap energy for the poor: The great progressive reversal, part two. *The Breakthrough*. https://thebreakthrough.org/index.php/voices/michael-shellenberger-and-ted-nordhaus/the-great-progressive-reversal

Nordhaus, W. 1974. Resources as a constraint on growth. *American Economic Review* 64, 22–26

Nordhaus, W. 1996. Do real-output and and real-wage measures capture reality? The history of lighting suggests not. In T.F. Bresnahan & R.J. Gordon (Hrsg.) *The economics of new goods*. Chicago: University of Chicago Press

Nordhaus, W. 2013. *The climate casino: Risk, uncertainty, and economics for a warming world*. New Haven: Yale University Press

Norenzayan, A. 2015. *Big gods: How religion transformed cooperation and conflict*. Princeton, NJ: Princeton University Press

Norman, A. 2016. Why we reason: Intention-alignment and the genesis of human rationality. *Biology and Philosophy* 31, 685–704

Norris, P. & Inglehart, R. 2016. Populist-authoritarianism. https://www.electoralintegrityproject.com/populistauthoritarianism/

North, D.C., Wallis, J.J. & Weingast, B.R. 2011. *Gewalt und Gesellschaftsordnungen. Eine Neudeutung der Staats- und Wirtschaftsgeschichte*. Übers. von M. Streissler. Tübingen: Mohr Siebeck [*Violence and social orders: A conceptual framework for interpreting recorded human history*. New York: Cambridge University Press, 2009]

Norvig, P. 2015. Ask not can machines think, ask how machines fit into the mechanisms we design. *Edge*. https://www.edge.org/response-detail/26055

Nozick, R. 1976/2006. Anarchie, Staat, Utopia. Übers. von H. Vetter. München: Olzog [*Anarchy, state, and utopia*. New York: Basic Books, 1974]

Nussbaum, M. 2000. *Women and human development: The capabilities approach*. New York: Cambridge University Press

Nussbaum, M. 2008. Who is the happy warrior? Philosophy poses questions to psychology. *Journal of Legal Studies* 37, 81–113

Nussbaum, M. 2016. *Not for profit: Why democracy needs the humanities*. Aktualis. Aufl. [Dt. Übers. der 1. Aufl.: *Nicht für den Profit. Warum Demokratie Bildung braucht*. 2. Aufl. Übers. von Ilse Utz. Überlingen: TibiaPress, 2012]

Nyhan, B. 2013. Building a better correction. *Columbia Journalism Review*. http://archives.cjr.org/united_states_project/building_a_better_correction_nyhan_new_misperception_research.php

Ó Gráda, C. 2009. *Famine. A short history*. Princeton, NJ: Princeton University Press

O'Neill, S. & Nicholson-Cole, S. 2009. »Fear won't do it«: Promoting positive engagement with climate change through visual and iconic representations. *Science Communication* 30, 355–379

O'Neill, W.L. 1989. *American high: The years of confidence, 1945–1960*. New York: Simon & Schuster

OECD. 1985. *Social expenditure 1960–1990: Problems of growth and control*. Paris: OECD Publishing

OECD. 2014. Social expenditure update – social spending is falling in some countries, but in many others it remains at historically high levels. https://www.oecd.org/els/soc/OECD2014-SocialExpenditure_Update19Nov_Rev.pdf

OECD. 2015a. *Education at a glance 2015: OECD indicators*. Paris: OECD Publishing

OECD. 2015b. Suicide rates. https://data.oecd.org/healthstat/suicide-rates.htm

OECD. 2016. Income distribution and poverty. http://stats.oecd.org/Index.aspx?DataSetCode=IDD

OECD. 2017. Social expenditure: Aggregated data. http://stats.oecd.org/Index.aspx?datasetcode=SOCX_AGG

Oeppen, J. & Vaupel, J. W. 2002. Broken limits to life expectancy. *Science* 296, 1029–1031

Oesterdiekhoff, G. W. 2015. The nature of »premodern« mind: Tylor, Frazer, Lévy-Bruhl, Evans-Pritchard, Piaget, and beyond. *Anthropos* 110, 15–25

Office for National Statistics. 2016. UK environmental accounts: How much material is the UK consuming? https://www.ons.gov.uk/economy/environmentalaccounts/articles/ukenvironmentalaccountshowmuchmaterialistheukconsuming/ukenvironmentalaccountshowmuchmaterialistheukconsuming

Office for National Statistics. 2017. Homicide. https://www.ons.gov.uk/peoplepopulationandcommunity/crimeandjustice/compendium/focusonviolentcrimeandsexualoffences/yearendingmarch2016/homicide

Ohlander, J. 2010. *The decline of suicide in Sweden, 1950–2000.* Dissertation, Pennsylvania State University

Olfson, M., Druss, B. G. & Marcus, S. C. 2015. Trends in mental health care among children and adolescents. *New England Journal of Medicine* 372, 2029–2038

Omohundro, S. M. 2008. The basic AI drives. In P. Wang, B. Goertzel & S. Franklin (Hrsg.) *Artificial general intelligence 2008: Proceedings of the first AGI conference.* Amsterdam: IOS Press

Oreskes, N. & Conway, E. 2014. *Die Machiavellis der Wissenschaft. Das Netzwerk des Leugnens.* Übers. von H. S. Leipner und A.-M. Leipner. Weinheim: Wiley-VCH [*Merchants of doubt: How a handful of scientists obscured the truth on issues from tobacco smoke to global warming.* New York: Bloomsbury Press, 2010]

Ortiz-Ospina, E., Lee, L. & Roser, M. 2016. Suicide. *Our World in Data.* https://ourworldindata.org/suicide/

Ortiz-Ospina, E. & Roser, M. 2016a. Child labor. https://ourworldindata.org/child-labor/

Ortiz-Ospina, E. & Roser, M. 2016b. Public spending. *Our World in Data.* https://ourworldindata.org/public-spending/

Ortiz-Ospina, E. & Roser, M. 2016c. Trust. *Our World in Data.* https://ourworldindata.org/trust/

Ortiz-Ospina, E. & Roser, M. 2016d. World population growth. *Our World in Data.* https://ourworldindata.org/world-population-growth

Ortiz-Ospina; E. & Roser, M. 2017. Happiness and life satisfaction. *Our World in Data.* https://ourworldindata.org/happiness-and-life-satisfaction/

Osgood, C. E. 1962. *An alternative to war or surrender.* Urbana: University of Illinois Press

Otieno, C., Spada, H. & Renkl, A. 2013. Effects of news frames on perceived risk, emotions, and learning. *PLOS ONE* 8, 1–12

Otterbein, K. F. 2004. *How war began*. College Station: Texas A&M University Press

Ottosson, D. 2006. *LGBT world legal wrap up survey*. Brüssel: International Lesbian and Gay Association

Ottosson, D. 2009. *State-sponsored homophobia*. Brüssel: International Lesbian, Gay, Bisexual, Trans, and Intersex Association

Pacala, S. & Socolow, R. 2004. Stabilization wedges: Solving the climate problem for the next 50 years with current technologies. *Science* 305, 968–972

Pagden, A. 2013. *The Enlightenment: And why it still matters*. New York: Random House

Pagel, M. 2015. Machines that can think will do more good than harm. *Edge*. https://www.edge.org/response-detail/26038

Paine, T. 1778/2016. *Thomas Paine – Ultimate collection: Political works, philosophical writings, speeches, letters and biography*. Prag: e-artnow

Papineau, D. 2015. Naturalism. In E. N. Zalta (Hrsg.) *Stanford Encyclopedia of Philosophy*. https://plato.stanford.edu/entries/naturalism/

Parachini, J. 2003. Putting WMD terrorism into perspective. *Washington Quarterly* 26, 37–50

Parfit, D. 1997. Equality and priority. *Ratio* 10, 202–221

Parfit, D. 2011. *On what matters*. New York: Oxford University Press

Patel, A. 2008. *Music, language, and the brain*. New York: Oxford University Press

Patterson, O. 1985. *Slavery and social death*. Cambridge, MA: Harvard University Press

Paul, G. 2009. The chronic dependence of popular religiosity upon dysfunctional psychosociological conditions. *Evolutionary Psychology* 7, 398–441

Paul, G. 2014. The health of nations. *Skeptic*. 19, 10–16

Paul, G. & Zuckerman, P. 2007. Why the gods are not winning. *Edge*. https://www.edge.org/conversation/gregory_paul-phil_zuckerman-why-the-gods-are-not-winning

Payne, J. L. 2004. *A history of force: Exploring the worldwide movement against habits of coercion, bloodshed, and mayhem*. Sandpoint, ID: Lytton Publishing

Payne, J. L. 2005. The prospects for democracy in high-violence societies. *Independent Review* 9, 563–572

Pegula, S., & Janocha, J. 2013. Death on the job: Fatal work injuries in 2011. Beyond the Numbers, 2 (22). http://www.bls.gov/opub/btn/volume-2/death-on-the-job-fatal-work-injuries-in-2011.htm

PBL Netherlands Environmental Assessment Agency (o. J.) *History database of the global environment:* Population. http://themasites.pbl.nl/tridion/en/themasites/hyde/basicdrivingfactors/population/index-2.html

Pelham, N. 2016. *Holy lands: Reviving pluralism in the Middle East*. New York: Columbia Global Reports

Pentland, A. 2007. The human nervous system has come alive. *Edge*. https://www.edge.org/response-detail/11497

Perlman, J. E. 1976. *The myth of marginality: Urban poverty and politics in Rio de Janeiro*. Berkeley: University of California Press

Peterson, M. B. 2015. Evolutionary political psychology: On the origin and structure of heuristics and biases in politics. *Advances in Political Psychology* 36, 45–78

Pettersson, T. & Wallensteen, P. 2015. Armed conflicts, 1946–2014. *Journal of Peace Research* 52, 536–550

Pew Research Center. 2010. *Gender equality universally embraced, but inequalities acknowledged*. Washington: Pew Research Center

Pew Research Center. 2012 a. *The global religious landscape*. Washington: Pew Research Center

Pew Research Center. 2012 b. *Trends in American values, 1987–2012*. Washington: Pew Research Center

Pew Research Center. 2012 c. *The world's Muslims: Unity and diversity*. Washington: Pew Research Center

Pew Research Center. 2013. *The world's Muslims: Religion, politics, and society*. Washington: Pew Research Center

Pew Research Center. 2014. *Political polarization in the American public*. Washington: Pew Research Center

Pew Research Center. 2015 a. *America's changing religious landscape*. Washington: Pew Research Center

Pew Research Center. 2015 b. *Views about climate change, by education and science knowledge*. Washington: Pew Research Center

Pfister, J. 2013. *Werkzeuge des Philosophierens*. Stuttgart: Reclam

Phelps, E. S. 2013. *Mass flourishing: How grassroots innovation created jobs, challenge, and change*. Princeton, NJ: Princeton University Press

Phillips, J. A. 2014. A changing epidemiology of suicide? The influence of birth cohorts on suicide rates in the United States. *Social Science and Medicine* 114, 151–160

Pietschnig, J. & Voracek, M. 2015. One century of global IQ gains: A formal meta-analysis of the Flynn effect (1909–2013). *Perspectives on Psychological Science* 10, 282–306

Piketty, T. 2014. *Das Kapital im 21. Jahrhundert*. Übers. von I. Utz und S. Lorenzer. München: C. H. Beck [*Le capital au XXIe siècle*. Paris: Éditions du Seuil, 2013]

Pinker, S. 1996. *Der Sprachinstinkt*. Übers. von M. Wiese. München: Kindler [*The language instinct*. New York: HarperCollins, 1994/2007]

Pinker, S. 1998/2011. *Wie das Denken im Kopf entsteht*. Übers. von M. Wiese und S. Vogel. Frankfurt am Main: S. Fischer Taschenbuch [*How the mind works*. New York: Norton, 1997/2009]

Pinker, S. 1999/2011. *Words and Rules: The ingredients of language*. New York: HarperCollins [*Wörter und Regeln. Die Natur der Sprache*. Übers. von M. Wiese. Heidelberg: Spektrum Akademischer Verlag, 2000]

Pinker, S. 2002/2016. *The blank slate: The modern denial of human nature*. New York: Penguin

Pinker, S. 2003. *Das unbeschriebene Blatt. Die moderne Leugnung der menschlichen Natur*. Übers. von H. Kober. Berlin: Berlin Verlag [*The blank slate: The modern denial of human nature*. New York: Penguin, 2002/2016]

Pinker, S. 2005. The evolutionary psychology of religion. *Freethought Today*. https://ffrf.org/about/getting-acquainted/item/13184-the-evolutionary-psychology-of-religion

Pinker, S. 2006. Preface to dangerous ideas. *Edge*. https://www.edge.org/conversation/steven_pinker-preface-to-dangerous-ideas

Pinker, S. 2007. Toward a consilient study of literature. Rezension von J. Gottschall & D. S. Wilson (Hrsg.), »The literary animal: Evolution and the nature of narrative«. *Philosophy and Literature* 31, 162–178

Pinker, S. 2008 a. The moral instinct. *New York Times Magazine*, 13. Januar

Pinker, S. 2008 b. The stupidity of dignity. *New Republic*, 28. Mai

Pinker, S. 2010. The cognitive niche: Coevolution of intelligence, sociality, and language. *Proceedings of the National Academy of Sciences* 107, 8993–8999

Pinker, S. 2011. *Gewalt, Eine neue Geschichte der Menschheit*. Übers. von S. Vogel. Frankfurt am Main: S. Fischer [*The better angels of our nature: Why violence has declined*. New York: Penguin, 2011]

Pinker, S. 2012. The false allure of group selection. *Edge*. http://edge.org/conversation/steven_pinker-the-false-allure-of-group-selection

Pinker, S. 2013 a. George A. Miller (1920–2012). *American Psychologist* 68, 467–468

Pinker, S. 2013 b. Science is not your enemy. *New Republic*, 6. August

Pinker, S. 2014. *Der Stoff, aus dem das Denken ist. Was die Sprache über unsere Natur verrät*. Übers. von M. Wiese. Frankfurt am Main: S. Fischer [*The stuff of thought: Language as a window into human nature*. New York: Penguin, 2007]

Pinker, S. & Wieseltier, L. 2013. Science vs. the humanities, round III. *New Republic*, 26. September

Pinker, Susan. 2014. *The village effect: How face-to-face contact can make us healthier, happier, and smarter*. New York: Spiegel & Grau

Plomin, R. & Deary, I. J. 2015. Genetics and intelligence differences: Five special findings. *Molecular Psychiatry* 20, 98–108

PLOS Medicine Editors. 2013. The paradox of mental health: Over-treatment and under-recognition. *PLOS Medicine* 10, e1001456

Plumer, B. 2015. Global warming, explained. *Vox*. https://www.vox.com/cards/global-warming/what-is-global-warming

Popper, K. 1945/2013. *The open society and its enemies*. Princeton, NJ: Princeton University Press [*Gesammelte Werke in deutscher Sprache*. Bd. 5 und 6. *Die offene Gesellschaft und ihre Feinde*. 8. Aufl. Tübingen: Mohr, 1945/2003]

Popper, K. 2002. *Gesammelte Werke in deutscher Sprache*. Bd. 7. *Postskript zur Logik der Forschung*. 1. *Realismus und das Ziel der Wissenschaft*. Übers. von H.-J. Niemann. Tübingen: Mohr Siebeck [*Realism and the aim of science*. London: Routledge, 1983]

Porter, M.E., Stern, S. & Green, M. 2016. *Social Progress Index 2016*. Washington: Social Progress Imperative

Porter, R. 2000. *The creation of the modern world: The untold story of the British Enlightenment*. New York: Norton

Potts, M. & Hayden, T. 2008. *Sex and war: How biology explains warfare and terrorism and offers a path to a safer world*. Dallas, TX: Benbella Books

Powell, J.L. 2015. Climate scientists virtually unanimous: Anthropogenic global warming is true. *Bulletin of Science, Technology & Society* 35, 121–124

Prados de la Escosura, L. 2015. World human development, 1870–2007. *Review of Income and Wealth* 61, 220–247

Pratto, F., Sidanius, J. & Levin, S. 2006. Social dominance theory and the dynamics of intergroup relations: Taking stock and looking forward. *European Review of Social Psychology* 17, 271–320

Preble, C. 2004. *John F. Kennedy and the missile gap*. DeKalb: Northern Illinois University Press

Price, R.G. 2006. The mis-portrayal of Darwin as a racist. *RationalRevolution.net*. http://www.rationalrevolution.net/articles/darwin_nazism.htm

Proctor, B.D., Semega, J.L. & Kollar, M.A. 2016. *Income and poverty in the United States: 2015*. Washington: United States Census Bureau. https://www.census.gov/content/dam/Census/library/publications/2016/demo/p60-256.pdf

Proctor, R.N. 1988. *Racial hygiene: Medicine under the Nazis*. Cambridge, MA: Harvard University Press

Pronin, E., Lin, D.Y. & Ross, L. 2002. The bias blind spot: Perceptions of bias in self versus others. *Personality and Social Psychology Bulletin* 28, 369–381

Pryor, F.L. 2007. Are Muslim countries less democratic? *Middle East Quarterly* 14, 53–58

Publius Decius Mus (Michael Anton). 2016. The flight 93 election. *Claremont Review of Books Digital*. http://www.claremont.org/crb/basicpage/the-flight-93-election/

Putnam, R.D. & Campbell, D.E. 2010. *American grace: How religion divides and unites us*. New York: Simon & Schuster

Quarantelli, E.L. 2008. Conventional beliefs and counterintuitive realities. *Social Research* 75, 873–904

Rachels, J. & Rachels, S. 2010. *The elements of moral philosophy*. 6. Aufl. Columbus, OH: McGraw-Hill

Radelet, S. 2015. *The great surge: The ascent of the developing world*. New York: Simon & Schuster

Railton, P. 1986. Moral realism. *Philosophical Review* 95, 163–207

Randle, M. & Eckersley, R. 2015. Public perceptions of future threats to humanity and different societal responses: A cross-national study. *Futures* 72, 4–16

Rawcliffe, C. 1998. *Medicine and society in later medieval England*. Stroud, UK: Sutton

Rawls, J. 1975/1996. *Eine Theorie der Gerechtigkeit*. 9. Aufl. Übers. von H. Vetter.

Frankfurt am Main: Suhrkamp [*A theory of justice*. Cambridge, MA: Harvard University Press, 1976]

Ray, J. L. 1989. The abolition of slavery and the end of international war. *International Organization* 43, 405–439

Redlawsk, D. P., Civettini, A. J. W. & Emmerson, K. M. 2010. The affective tipping point: Do motivated reasoners ever »get it«? *Political Psychology* 31, 563–593

Reese, B. 2013. *Infinite progress: How the internet and technology will end ignorance, disease, poverty, hunger, and war*. Austin, TX: Greenleaf Book Group Press

Reverby, S. M. (Hrsg.) 2000. *Tuskegee's truths: Rethinking the Tuskegee syphilis study*. Chapel Hill: University of North Carolina Press

Rhodes, R. 2010. *The twilight of the bombs*. New York: Knopf

Rice, J. W., Olson, J. K. & Colbert, J. T. 2011. University evolution education: The effect of evolution instruction on biology majors' content knowledge, attitude toward evolution, and theistic position. *Evolution: Education and Outreach* 4, 137–144

Richards, R. J. 2013. *Was Hitler a Darwinian? Disputed questions in the history of evolutionary theory*. Chicago: University of Chicago Press

Rid, T. 2012. Cyber war will not take place. *Journal of Strategic Studies* 35, 5–32

Ridley, M. 2000. *Genome: The autobiography of a species in 23 chapters*. New York: HarperCollins

Ridley, M. 2011. *Wenn Ideen Sex haben. Wie Fortschritt entsteht und Wohlstand vermehrt wird*. Übers. von G. Gockel und B. Steckhan. München: Deutsche Verlags-Anstalt [*The rational optimist: How prosperity evolves*. New York: HarperCollins, 2010]

Ridout, T. N., Grosse, A. C. & Appleton, A. M. 2008. News media use and Americans' perceptions of global threat. *British Journal of Political Science* 38, 575–593

Rijpma, A. 2014. A composite view of well-being since 1820. In J. van Zanden, J. Baten, M. M. d'Ercole, A. Rijpma, C. Smith & M. Timmer (Hrsg.) *How was life? Global well-being since 1820*. Paris: OECD Publishing

Riley, J. C. 2005. Estimates of regional and global life expectancy, 1800–2001. *Population and Development Review* 31, 537–543

Rindermann, H. 2008. Relevance of education and intelligence for the political development of nations: Democracy, rule of law and political liberty. *Intelligence* 36, 306–322

Rindermann, H. 2012. Intellectual classes, technological progress and economic development: The rise of cognitive capitalism. *Personality and Individual Differences* 53, 108–113

Risso, M. I. 2014. Intentional homicides in São Paulo city: A new perspective. *Stability: International Journal of Security and Development* 3, Art. 19

Ritchie, H. & Roser, M. 2017. CO_2 and other greenhouse gas emissions. *Our World in Data*. https://ourworldindata.org/co2-and-other-greenhouse-gas-emissions/

Ritchie, S. 2015. *Intelligence: All that matters*. London: Hodder & Stoughton

Ritchie, S., Bates, T. C. & Deary, I. J. 2015. Is education associated with improvements in general cognitive ability, or in specific skills? *Developmental Psychology* 51, 573–582

Rizvi, A. A. 2016. *The atheist Muslim: A journey from religion to reason*. New York: St. Martin's Press

Robinson, F. S. 2009. *The case for rational optimism*. New Brunswick, NJ: Transaction

Robinson, J. 2013. Americans less rushed but no happier: 1965–2010 trends in subjective time and happiness. *Social Indicators Research* 113, 1091–1104

Robock, A. & Toon, O. B. 2012. Self-assured destruction: The climate impacts of nuclear war. *Bulletin of the Atomic Scientists* 68, 66–74

Romer, P. 2016. Conditional optimism about progress and climate. *Paul Romer.net*. https://paulromer.net/conditional-optimism-about-progress-and-climate/

Romer, P. & Nelson, R. R. 1996. Science, economic growth, and public policy. In B. L. R. Smith & C. E. Barfield (Hrsg.) *Technology, R&D, and the economy*. Washington: Brookings Institution

Roos, J. M. 2014. Measuring science or religion? A measurement analysis of the National Science Foundation sponsored Science Literacy Scale, 2006–2010. *Public Understanding of Science* 23, 797–813

Ropeik, D. & Gray, G. 2002. *Risk: A practical guide for deciding what's really safe and what's really dangerous in the world around you*. Boston: Houghton Mifflin

Rose, S. J. 2016. *The growing size and incomes of the upper middle class*. Washington: Urban Institute

Rosen, J. 2016. Here's how the world could end – and what we can do about it. *Science*. http://www.sciencemag.org/news/2016/07/here-s-how-world-could-end-and-what-we-can-do-about-it

Rosenberg, N. & Birdzell, L. E. jr. 1986. *How the West grew rich: The economic transformation of the industrial world*. New York: Basic Books

Rosenthal, B. G. 2002. *New myth, new world: From Nietzsche to Stalinism*. University Park: Penn State University Press

Roser, M. 2016a. Child mortality. *Our World in Data*. https://ourworldindata.org/child-mortality/

Roser, M. 2016b. Democracy. *Our World in Data*. https://ourworldindata.org/democracy/

Roser, M. 2016c. Economic growth. *Our World in Data*. https://ourworldindata.org/economic-growth/

Roser, M. 2016d. Food per person. *Our World in Data*. https://ourworldindata.org/food-per-person/

Roser, M. 2016e. Food prices. *Our World in Data*. https://ourworldindata.org/food-prices/

Roser, M. 2016f. Forests. *Our World in Data*. https://ourworldindata.org/forests/

Roser, M. 2016g. Global economic inequality. *Our World in Data*. https://ourworldindata.org/global-economic-inequality/

Roser, M. 2016h. Human Development Index (HDI). *Our World in Data*. https://ourworldindata.org/human-development-index/

Roser, M. 2016i. Human rights. *Our World in Data*. https://ourworldindata.org/human-rights/

Roser, M. 2016j. Hunger and undernourishment. *Our World in Data*. https://ourworldindata.org/hunger-and-undernourishment/

Roser, M. 2016k. Income inequality. *Our World in Data*. https://ourworldindata.org/income-inequality/

Roser, M. 2016l Indoor air pollution. *Our World in Data*. https://ourworldindata.org/indoor-air-pollution

Roser, M. 2016m. Yields and land use in agriculture. *Our World in Data*. https://ourworldindata.org/yields-and-land-use-in-agriculture/

Roser, M. 2016n. Life expectancy. *Our World in Data*. https://ourworldindata.org/life-expectancy/

Roser, M. 2016o. Light. *Our World in Data*. https://ourworldindata.org/light/

Roser, M. 2016p. Maternal mortality. *Our World in Data*. https://ourworldindata.org/maternal-mortality/

Roser, M. 2016q. Natural catastrophes. *Our World in Data*. https://ourworldindata.org/natural-catastrophes/

Roser, M. 2016r. Oil spills. *Our World in Data*. https://ourworldindata.org/oil-spills/

Roser, M. 2016s. Treatment of minorities. *Our World in Data*. https://ourworldindata.org/treatment-of-minorities/

Roser, M. 2016t. Working hours. *Our World in Data*. https://ourworldindata.org/working-hours/

Roser, M. & Ortiz-Ospina, E. 2016a. Global rise of education. *Our World in Data*. https://ourworldindata.org/global-rise-of-education/

Roser, M. & Ortiz-Ospina, E. 2016b. Literacy. *Our World in Data*. https://ourworldindata.org/literacy/

Roser, M. & Ortiz-Ospina, E. 2017. Global extreme poverty. *Our World in Data*. https://ourworldindata.org/extreme-poverty/

Roser, M. & Ortiz-Ospina, E. 2018. Primary and secondary education. *Our World in Data*. https://ourworldindata.org/primary-and-secondary-education/

Roth, R. 2009. *American homicide*. Cambridge, MA: Harvard University Press

Rozenblit, L. & Keil, F. C. 2002. The misunderstood limits of folk science: An illusion of explanatory depth. *Cognitive Science* 26, 521–562

Rozin, P. & Royzman, E. B. 2001. Negativity bias, negativity dominance, and contagion. *Personality and Social Psychology Review* 5, 296–320

Ruddiman, W. F., Fuller, D. Q., Kutzbach, J. E., Tzedakis, P. C., Kaplan, J. O. et al. 2016. Late Holocene climate: Natural or anthropogenic? *Reviews of Geophysics* 54, 93–118

Rummel, R. J. 1994. *Death by government*. New Brunswick, NJ: Transaction

Rummel, R. J. 1997. *Statistics of democide*. New Brunswick, NJ: Transaction

Russell, B. 1945/2009. *Philosophie des Abendlandes*. 2. Aufl. Übers. von E. Fischer-Wernecke und R. Gillischewski. Köln: Parkland [*A history of Western philosophy*. New York: Simon & Schuster, 1945/1972]

Russell, S. 2015. Will they make us better people? *Edge*. https://www.edge.org/response-detail/26157

Russett, B. 2010. Capitalism *or* democracy? Not so fast. *International Interactions* 36, 198–205

Russett, B. & Oneal, J. 2001. *Triangulating peace: Democracy, interdependence, and international organizations*. New York: Norton

Sacerdote, B. 2017. *Fifty years of growth in American consumption, income, and wages*. Cambridge, MA: National Bureau of Economic research. http://www.nber.org/papers/w23292

Sacks, D. W., Stevenson, B. & Wolfers, J. 2012. *The new stylized facts about income and subjective well-being*. Bonn: IZA Institute for the Study of Labor

Sagan, S. D. 2009 a. The case for No First Use. *Survival* 51, 163–182

Sagan, S. D. 2009 b. The global nuclear future. *Bulletin of the American Academy of Arts and Sciences* 62, 21–23

Sagan, S. D. 2009 c. Shared responsibilities for nuclear disarmament. *Daedalus* 138, 157–168

Sagan, S. D. 2010. Nuclear programs with sources. Center for International Security and Cooperation, Stanford University

Sage, J. C. 2010. *Birth cohort changes in anxiety from 1993–2006: A cross-temporal meta-analysis*. Masterarbeit, San Diego State University, San Diego

Sanchez, D. L., Nelson, J. H., Johnston, J. C., Mileva, A. & Kammen, D. M. 2015. Biomass enables the transition to a carbon-negative power system across western North America. *Nature Climate Change* 5, 230–234

Sandman, P. M. & Valenti, J. M. 1986. Scared stiff – or scared into action. *Bulletin of the Atomic Scientists* 42, 12–16

Satel, S. L. 2000. *How political correctness is corrupting medicine*. New York: Basic Books

Satel, S. L. 2010. The limits of bioethics. *Policy Review*, Februar & März

Satel, S. L. 2017. Taking on the scourge of opioids. *National Affairs*, Sommer, 1–19

Saunders, P. 2010. *Beware false prophets: Equality, the good society and the spirit level*. London: Policy Exchange

Savulescu, J. 2015. Bioethics: Why philosophy is essential for progress. *Journal of Medical Ethics* 41, 28–33

Sayer, L. C., Bianchi, S. M. & Robinson, J. P. 2004. Are parents investing less in children? Trends in mothers' and fathers' time with children. *American Journal of Sociology* 110, 1–43

Sayre-McCord, G. (Hrsg.) 1988. *Essays on moral realism*. Ithaca, NY: Cornell University Press

Sayre-McCord, G. 2015. Moral realism. In E. N. Zalta (Hrsg.) *Stanford Encyclopedia of Philosophy*. https://plato.stanford.edu/entries/moral-realism/

Schank, R. C. 2015. Machines that think are in the movies. *Edge*. https://www.edge.org/response-detail/26037

Scheidel, W. 2017. *The great leveler: Violence and the history of inequality from the Stone Age to the twenty-first century*. Princeton, NJ: Princeton University Press

Schelling, T. C. 1960. *The strategy of conflict*. Cambridge, MA: Harvard University Press

Schelling, T. C. 2009. A world without nuclear weapons? *Daedalus* 138, 124–129

Schlosser, E. 2013. *Command and control. Die Atomwaffenarsenale der USA und die Illusion der Sicherheit*. Übers. von S. Scheer und R. Seuß. München: Beck [*Command and control: Nuclear weapons, the Damascus accident, and the illusion of safety*. New York: Penguin, 2013]

Schneider, C. E. 2015. *The censor's hand: The misregulation of human-subject research*. Cambridge, MA: MIT Press

Schneider, G. & Gleditsch, N. P. 2010. The capitalist peace: The origins and prospects of a liberal idea. *International Interactions* 36, 107–114

Schneier, B. 2008. *Schneier on security*. New York: Wiley

Schrag, D. 2009. Coal as a low-carbon fuel? *Nature Geoscience* 2, 818–820

Schrag, Z. M. 2010. *Ethical imperialism: Institutional review boards and the social sciences, 1965–2009*. Baltimore: Johns Hopkins University Press

Schrauf, R. W. & Sanchez, J. 2004. The preponderance of negative emotion words in the emotion lexicon: A cross-generational and cross-linguistic study. *Journal of Multilingual and Multicultural Development* 25, 266–284

Schuck, P. H. 2015. *Why government fails so often: And how it can do better*. Princeton, NJ: Princeton University Press

Scoblic, J. P. 2010. What are nukes good for? *New Republic*, 7. April

Scott, J. C. 1998. *Seeing like a state: How certain schemes to improve the human condition failed*. New Haven: Yale University Press

Scott, R. A. 2010. *Miracle cures: Saints, pilgrimage, and the healing powers of belief*. Berkeley: University of California Press

Sechser, T. S. & Fuhrmann, M. 2017. *Nuclear weapons and coercive diplomacy*. New York: Cambridge University Press

Sehu, Y., Chen, L.-H. & Hedegaard, H. 2015. Death rates from unintentional falls among adults aged ≥65 years, by sex – United States, 2000–2013. *CDC Morbidity and Mortality Weekly Report* 64, 450

Seiple, I. B., Zhang, Z., Jakubec, P., Langlois-Mercier, A., Wright, P. M. et al. 2016. A platform for the discovery of new macrolide antibiotics. *Nature* 533, 338–345

Semega, J. L., Fontenot, K. R. & Kollar, M. A. 2017. Income and poverty in the United States: 2016. Washington: United States Census Bureau. https://www.census.gov/library/publications/2017/demo/p60-259.html

Sen, A. 1984. *Poverty and famines: An essay on entitlement and deprivation*. New York: Oxford University Press

Sen, A. 1987. *On ethics and economics*. Oxford: Blackwell

Sen, A. 2000. East and West: The reach of reason. *New York Review of Books*, 20. Juli

Sen, A. 2002. *Ökonomie für den Menschen. Wege zu Gerechtigkeit und Solidarität in der Marktwirtschaft*. Übers. von C. Goldmann. München: dtv [*Development as freedom*. New York: Knopf, 1999]

Sen, A. 2005. *The argumentative Indian: Writings on Indian history, culture and identity*. New York: Farrar, Straus & Giroux

Sen, A. 2010. *Die Idee der Gerechtigkeit*. Übers. von C. Krüger. München: Beck [*The idea of justice*. Cambridge, MA: Harvard University Press, 2009]

Service, R. F. 2017. Fossil power, guilt free. *Science* 356, 796–799

Sesardić, N. 2016. *When reason goes on holiday: Philosophers in politics*. New York: Encounter

Sheehan, J. J. 2008. *Kontinent der Gewalt. Europas langer Weg zum Frieden*. Übers. von M. Richter. München: Beck [*Where have all the soldiers gone? The transformation of modern Europe*. Boston: Houghton Mifflin, 2008]

Shellenberger, M. 2017. Nuclear technology, innovation and economics. *Environmental Progress*. http://www.environmentalprogress.org/nuclear-technology-innovation-economics/

Shellenberger, M. & Nordhaus, T. 2013. Has there been a great progressive reversal? How the left abandoned cheap electricity. *AlterNet*. https://www.alternet.org/environment/how-progressives-abandoned-cheap-electricity

Shermer, M. (Hrsg.) 2002. *The Skeptic Encyclopedia of Pseudoscience*. Bd. 1 und 2. Denver: ABC-CLIO

Shermer, M. 2015. *The moral arc: How science and reason lead humanity toward truth, justice, and freedom*. New York: Henry Holt

Shermer, M. 2018. *Heavens on earth: The scientific search for the afterlife, immortality, and utopia*. New York: Henry Holt

Shields, J. A. & Dunn, J. M. 2016. *Passing on the right: Conservative professors in the progressive university*. New York: Oxford University Press

Shtulman, A. 2006. Qualitative differences between naive and scientific theories of evolution. *Cognitive Psychology* 52, 170–194

Shweder, R. A. 2004. Tuskegee re-examined. *Spiked*. http://www.spiked-online.com/newsite/article/14972#.WUdPYOvysYM

Sidanius, J. & Pratto, F. 1999. *Social dominance*. New York: Cambridge University Press

Siebens, J. 2013. *Extended measures of well-being: Living conditions in the United States: 2011*. Washington: US Census Bureau. https://www.census.gov/prod/2013pubs/p70-136.pdf

Siegel, R., Naishadham, D. & Jemal, A. 2012. Cancer statistics, 2012. *CA: A Cancer Journal for Clinicians* 62, 10–29

Sikkink, K. 2017. *Evidence for hope: Making human rights work in the 21st century*. Princeton, NJ: Princeton University Press

Silver, N. 2014. *Die Berechnung der Zukunft. Warum die meisten Prognosen falsch sind und manche trotzdem zutreffen.* 2. Aufl. Übers. von L. Rüegger und H. Wolandt. München: Heyne. [*The signal and the noise: Why so many predictions fail – but some don't.* New York: Penguin, 2015]

Simon, J. 1981. *The ultimate resource.* Princeton, NJ: Princeton University Press

Singer, P. 1981/2011. *The expanding circle: Ethics and sociobiology.* Princeton, NJ: Princeton University Press

Singer, P. 2010. *Leben retten. Wie sich die Armut abschaffen lässt – und warum wir es nicht tun.* Übers. von O. Kanter. Zürich: Arche [*The life you can save: How to do your part to end world poverty.* New York: Random House, 2010]

Singh, J. P., Grann, M. & Fazel, S. 2011. A comparative study of violence risk assessment tools: A systematic review and metaregression analysis of 68 studies involving 25,980 participants. *Clinical Psychology Review* 31, 499–513

Slingerland, E. 2008. *What science offers the humanities: Integrating body and culture.* New York: Cambridge University Press

Sloman, S. & Fernbach, P. 2017. *The knowledge illusion: Why we never think alone.* New York: Penguin

Slovic, P. 1987. Perception of risk. *Science* 236, 280–285

Slovic, P., Fischhoff, B. & Lichtenstein, S. 1982. Facts versus fears: Understanding perceived risk. In D. Kahneman, P. Slovic & A. Tversky (Hrsg.) *Judgment under uncertainty: Heuristics and biases.* New York: Cambridge University Press

Smart, J. J. C. & Williams, B. 1973. *Utilitarianism: For and against.* New York: Cambridge University Press

Smith, A. 1776/2001. *Der Wohlstand der Nationen. Eine Untersuchung seiner Natur und seiner Ursachen.* 9. Aufl. Übers. von H. C. Recktenwald. München: dtv [*The wealth of nations.* New York: Classic House Books, 1776/2009]

Smith, E. A., Hill, K., Marlowe, F., Nolin, D., Wiessner, P. et al. 2010. Wealth transmission and inequality among hunter-gatherers. *Current Anthropology* 51, 19–34

Smith, H. L. 2008. Advances in age-period-cohort analysis. *Sociological Methods and Research* 36, 287–296

Smith, T. W., Son, J. & Schapiro, B. 2015. *General Social Survey final report: Trends in psychological well-being, 1972–2014.* Chicago: National Opinion Research Center at the University of Chicago

Snow, C. P. 1959/1998. *The two cultures.* New York: Cambridge University Press

Snow, C. P. 1961. The moral un-neutrality of science. *Science* 133, 256–259

Snow, C. P. 1967. *Die zwei Kulturen. Literarische und naturwissenschaftliche Intelligenz.* Übers. von G. und K.-E. Felten. Stuttgart: Ernst Klett [*The two cultures: and a second look.* London: Cambridge University Press, 1963]

Snowdon, C. 2010. *The spirit level delusion: Fact-checking the left's new theory of everything.* Ripon, UK: Little Dice

Snowdon, C. 2016. *The Spirit Level Delusion* (Blog). http://spiritleveldelusion.blogspot.co.uk/

Snyder, T.D. (Hrsg.) 1993. *120 years of American education: A statistical portrait*. Washington: National Center for Education Statistics

Somin, I. 2016. *Democracy and political ignorance: Why smaller government is smarter*. 2. Aufl. Stanford, CA: Stanford University Press

Sowell, T. 1980. *Knowledge and decisions*. New York: Basic Books

Sowell, T. 1987. *A conflict of visions: Ideological origins of political struggles*. New York: Quill

Sowell, T. 1994. *Race and culture: A world view*. New York: Basic Books

Sowell, T. 1995. *The vision of the anointed: Self-congratulation as a basis for social policy*. New York: Basic Books

Sowell, T. 1996. *Migrations and cultures: A world view*. New York: Basic Books

Sowell, T. 1998. *Conquests and cultures: An international history*. New York: Basic Books

Sowell, T. 2010. *Intellectuals and society*. New York: Basic Books

Sowell, T. 2015. *Wealth, poverty, and politics: An international perspective*. New York: Basic Books

Spagat, M. 2015. Is the risk of war declining? *Sense About Science USA*. http://www.senseaboutscienceusa.org/is-the-risk-of-war-declining/

Spagat, M. 2017. Pinker versus Taleb: A non-deadly quarrel over the decline of violence. http://personal.rhul.ac.uk/uhte/014/York%20talk%20Spagat.pdf

Stansell, C. 2010. *The feminist promise: 1792 to the present*. New York: Modern Library

Stanton, S.J., Beehner, J.C., Saini, E.K., Kuhn, C.M. & LaBar, K.S. 2009. Dominance, politics, and physiology: Voters' testosterone changes on the night of the 2008 United States presidential election. *PLOS ONE* 4, e7543

Starmans, C., Sheskin, M. & Bloom, P. 2017. Why people prefer unequal societies. *Nature Human Behavior* 1, 1–7

Statistics Times. 2015. List of European countries by population (2015). http://statisticstimes.com/population/european-countries-by-population.php

Steigmann-Gall, R. 2003. *The Holy Reich: Nazi conceptions of Christianity, 1919–1945*. New York: Cambridge University Press

Stein, G. (Hrsg.) 1996. *The Encyclopedia of the Paranormal*. Amherst, NY: Prometheus Books

Stenger, V.J. 2011. *The fallacy of fine-tuning: Why the universe is not designed for us*. Amherst, NY: Prometheus Books

Stephens-Davidowitz, S. 2014. The cost of racial animus on a black candidate: Evidence using Google search data. *Journal of Public Economics* 118, 26–40

Stephens-Davidowitz, S. 2017. *Everybody lies: Big data, new data, and what the internet reveals about who we really are*. New York: HarperCollins

Stern, D. 2014. The environmental Kuznets curve: A primer. Centre for Climate Economics and Policy, Crawford School of Public Policy, Australian National University

Sternhell, Z. 2010. *The anti-Enlightenment tradition*. New Haven: Yale University Press

Stevens, J. A. & Rudd, R. A. 2014. Circumstances and contributing causes of fall deaths among persons aged 65 and older: United States, 2010. *Journal of the American Geriatrics Society* 62, 470–475

Stevenson, B. & Wolfers, J. 2008 a. Economic growth and subjective well-being: Reassessing the Easterlin paradox. *Brookings Papers on Economic Activity*, Frühjahr

Stevenson, B. & Wolfers, J. 2008 b. Happiness inequality in the United States. *Journal of Legal Studies* 37, S33–S79

Stevenson, B. & Wolfers, J. 2009. The paradox of declining female happiness. *American Economic Journal: Economic Policy* 1, 190–225

Stevenson, L. & Haberman, D. L. 2008. *Zehn Theorien zur Natur des Menschen*. Übers. von N. de Palézieux. Stuttgart: Metzler [*Ten theories of human nature*. 3. Aufl. New York: Oxford University Press, 1998]

Stokes, B. 2007. *Happiness is increasing in many countries – but why?* Washington: Pew Research Center. http://www.pewglobal.org/2007/07/24/happiness-is-increasing-in-many-countries-but-why/#rich-and-happy

Stork, N. E. 2010. Re-assessing current extinction rates. *Biodiversity and Conservation* 19, 357–371

Stuermer, M. & Schwerhoff, G. 2016. Non-renewable resources, extraction technology, and endogenous growth. National Bureau of Economic Research. https://paulromer.net/wp-content/uploads/2016/07/Stuermer-Schwerhoff-160716.pdf

Suckling, K., Mehrhof, L. A., Beam, R. & Hartl, B. 2016. *A wild success: A systematic review of bird recovery under the Endangered Species Act*. Tucson, AZ: Center for Biological Diversity. http://www.esasuccess.org/pdfs/WildSuccess.pdf

Summers, L. H. 2014 a. The inequality puzzle. *Democracy: A Journal of Ideas* 33

Summers, L. H. 2014 b. Reflections on the »new secular stagnation hypothesis«. In C. Teulings & R. Baldwin (Hrsg.) *Secular stagnation: Facts, causes and cures*. London: Centre for Economic Policy Research

Summers, L. H. 2016. The age of secular stagnation. *Foreign Affairs*, 15. Februar

Summers, L. H. & Balls, E. 2015. *Report of the Commission on Inclusive Prosperity*. Washington: Center for American Progress

Sunstein, C. R. 2013. *Simpler: The future of government*. New York: Simon & Schuster

Sutherland, R. 2016. The dematerialization of consumption. *Edge*. https://www.edge.org/response-detail/26750

Sutherland, S. 1992. *Irrationality: The enemy within*. London: Penguin

Sutin, A. R., Terracciano, A., Milaneschi, Y., An, Y., Ferrucci, L. & Zonderman, A. B. 2013. The effect of birth cohort on well-being: The legacy of economic hard times. *Psychological Science* 24, 379–385

Taber, C. S. & Lodge, M. 2006. Motivated skepticism in the evaluation of political beliefs. *American Journal of Political Science* 50, 755–769

Tannenwald, N. 2005. Stigmatizing the bomb: Origins of the nuclear taboo. *International Security* 29, 5–49

Taylor, P. 2016a. *The next America: Boomers, millennials, and the looming generational showdown*. Washington: Public Affairs

Taylor, P. 2016b. *The demographic trends shaping American politics in 2016 and beyond*. Washington: Pew Research Center

Tebeau, M. 2016. Accidents. *Encyclopedia of Children and Childhood in History and Society*. http://www.faqs.org/childhood/A-Ar/Accidents.html

Tegmark, M. 2003. Parallel universes. *Scientific American* 288, 41–51

Teixeira, R., Halpin, J., Barreto, M. & Pantoja, A. 2013. *Building an all-in nation: A view from the American public*. Washington: Center for American Progress

Terracciano, A. 2010. Secular trends and personality: Perspectives from longitudinal and cross-cultural studies – commentary on Trzesniewski & Donnellan (2010). *Perspectives on Psychological Science* 5, 93–96

Terry, Q. C. 2008. *Golden Rules and Silver Rules of humanity: Universal wisdom of civilization*, Berkeley: AuthorHouse

Tetlock, P. E. 2002. Social functionalist frameworks for judgment and choice: Intuitive politicians, theologians, and prosecutors. *Psychological Review* 109, 451–471

Tetlock, P. E. 2015. All it takes to improve forecasting is keep score. Beitrag zu den Seminars About Long-Term Thinking, San Francisco. http://longnow.org/seminars/02015/nov/23/superforecasting/

Tetlock, P. E. & Gardner, D. 2016. *Superforecasting. Die Kunst der richtigen Prognose*. Übers. von J. Neubauer. Frankfurt am Main: S. Fischer [*Superforecasting: The art and science of prediction*. New York: Crown, 2015]

Tetlock, P. E., Mellers, B. A. & Scoblic, J. P. 2017. Bringing probability judgments into policy debates via forecasting tournaments. *Science* 355, 481–483

Teulings, C. & Baldwin, R. (Hrsg.) 2014. *Secular stagnation: Facts, causes and cures*. London: Centre for Economic Policy Research

Thomas, C. D. 2017. *Inheritors of the Earth: How nature is thriving in an age of extinction*. New York: Public Affairs

Thomas, K. A., DeScioli, P., Haque, O. S. & Pinker, S. 2014. The psychology of coordination and common knowledge. *Journal of Personality and Social Psychology* 107, 657–676

Thomas, K. A., DeScioli, P. & Pinker, S. 2018. Common knowledge, coordination, and the logic of self-conscious emotions. Department of Psychology, Harvard University

Thomas, K. H. & Gunnell, D. 2010. Suicide in England and Wales 1861–2007: A time trends analysis. *International Journal of Epidemiology* 39, 1464–1475

Thompson, D. 2013. How airline ticket prices fell 50 % in 30 years (and why nobody noticed). *The Atlantic*, 28 Februar

Thyne, C. L. 2006. ABC's, 123's, and the Golden Rule: The pacifying effect of education on civil war, 1980–1999. *International Studies Quarterly* 50, 733–754

Toniolo, G. & Vecchi, G. 2007. Italian children at work, 1881–1961. *Giornale degli Economisti e Annali di Economia* 66, 401–427

Tooby, J. 2015. The iron law of intelligence. *Edge*. https://www.edge.org/response-detail/26197

Tooby, J. 2017. Coalitional instincts. *Edge*. https://www.edge.org/response-detail/27168

Tooby, J., Cosmides, L. & Barrett, H. C. 2003. The second law of thermodynamics is the first law of psychology: Evolutionary developmental psychology and the theory of tandem, coordinated inheritances. *Psychological Bulletin* 129, 858–865

Tooby, J. & DeVore, I. 1987. The reconstruction of hominid behavioral evolution through strategic modeling. In W. G. Kinzey (Hrsg.) *The evolution of human behavior: Primate models*. Albany, NY: SUNY Press

Topol, E. 2012. *The creative destruction of medicine: How the digital revolution will create better health care*. New York: Basic Books

Trivers, R. L. 2002. *Natural selection and social theory: Selected papers of Robert Trivers*. New York: Oxford University Press

Trzesniewski, K. H. & Donnellan, M. B. 2010. Rethinking »generation me«: A study of cohort effects from 1976–2006. *Perspectives on Psychological Science*, 5, 58–75

Tupy, M. L. 2016. We work less, have more leisure time and earn more money. *HumanProgress*. http://humanprogress.org/blog/we-work-less-have-more-leisure-time-and-earn-more-money

Tversky, A. & Kahneman, D. 1973. Availability: A heuristic for judging frequency and probability. *Cognitive Psychology* 4, 207–232

Twenge, J. M. 2000. The age of anxiety? The birth cohort change in anxiety and neuroticism, 1952–1993. *Journal of Personality and Social Psychology* 79, 1007–1021

Twenge, J. M. 2015. Time period and birth cohort differences in depressive symptoms in the U. S., 1982–2013. *Social Indicators Research* 121, 437–454

Twenge, J. M., Campbell, W. K. & Carter, N. T. 2014. Declines in trust in others and confidence in institutions among American adults and late adolescents, 1972–2012. *Psychological Science* 25, 1914–1923

Twenge, J. M., Gentile, B., DeWall, C. N., Ma, D., Lacefield, K. & Schurtz, D. R. 2010. Birth cohort increases in psychopathology among young Americans, 1938–2007: A cross-temporal meta-analysis of the MMPI. *Clinical Psychology Review* 30, 145–154

Twenge, J. M. & Nolen-Hoeksema, S. 2002. Age, gender, race, socioeconomic status, and birth cohort differences on the children's depression inventory: A meta-analysis. *Journal of Abnormal Psychology* 111, 578–588

Twenge, J. M., Sherman, R. A. & Lyubomirsky, S. 2016. More happiness for young people and less for mature adults: Time period differences in subjective well-being in the United States, 1972–2014. *Social Psychological and Personality Science* 7, 131–141

ul Haq, M. 1996. *Reflections on human development*. New York: Oxford University Press

UNAIDS: Joint United Nations Program on HIV/AIDS. 2016. *Fast track: Ending the AIDS epidemic by 2030*. Genf: UNAIDS

Union of Concerned Scientists. 2015 a. Close calls with nuclear weapons. http://www.ucsusa.org/sites/default/files/attach/2015/04/Close%20Calls%20with%20Nuclear%20Weapons.pdf

Union of Concerned Scientists. 2015 b. Leaders urge taking weapons off hair-trigger alert. http://www.ucsusa.org/nuclear-weapons/hair-trigger-alert/leaders#.WUXs6evysYN

United Nations. 1948. Universal Declaration of Human Rights. http://www.un.org/en/universal-declaration-human-rights/index.html

United Nations. 2015 a. *The Millennium Development Goals Report 2015*. New York: United Nations

United Nations. 2015 b. Millennium Development Goals, goal 3: Promote gender equality and empower women. http://www.un.org/millenniumgoals/gender.shtml

United Nations Children's Fund. 2014. *Female genital mutilation/cutting: What might the future hold?* New York: UNICEF

United Nations Development Programme. 2003. *Arab Human Development Report 2002: Creating opportunities for future generations*. New York: Oxford University Press

United Nations Development Programme. 2011. *Human Development Report 2011*. New York: United Nations

United Nations Development Programme. 2016. Human Development Index (HDI). http://hdr.undp.org/en/content/human-development-index-hdi

United Nations Economic and Social Council. 2014. World crime trends and emerging issues and responses in the field of crime prevention and criminal justice. https://www.unodc.org/documents/data-and-analysis/statistics/crime/ECN.1520145_EN.pdf

United Nations Food and Agriculture Organization. 2012. *State of the world's forests 2012*. Rom: FAO

United Nations Food and Agriculture Organization. 2014. *The state of food insecurity in the world*. Rom: FAO

United Nations Office for Disarmament Affairs (o. J.) Treaty on the nonproliferation of nuclear weapons (NPT). https://www.un.org/disarmament/wmd/nuclear/npt/text

United Nations Office of the High Commissioner for Human Rights. 1966. International covenant on economic, social and cultural rights. http://www.ohchr.org/EN/ProfessionalInterest/Pages/CESCR.aspx

United Nations Office on Drugs and Crime. 2013. Global study on homicide. https://www.unodc.org/gsh/en/data.html

United Nations Office on Drugs and Crime. 2014. *Global study on homicide 2013*. Wien: United Nations

United States Census Bureau. 2016. Educational attainment in the United States, 2015. https://www.census.gov/content/dam/Census/library/publications/2016/demo/p20-578.pdf

United State Census Bureau. 2017. Population and housing unit estimates. https://www.census.gov/programs-surveys/popest/data.html

United States Department of Defense. 2016. Stockpile numbers, end of fiscal years 1962–2015. http://open.defense.gov/Portals/23/Documents/frddwg/2015_Tables_UNCLASS.pdf

United States Department of Labor. 2016. Women in the labor force. https://www.dol.gov/wb/stats/NEWSTATS/facts.htm.

United States Environmental Protection Agency. 2016. https://www.epa.gov/air-trends/air-quality-national-summary

Unz, D., Schwab, F. & Winterhoff-Spurk, P. 2008. TV news – the daily horror? Emotional effects of violent television news. *Journal of Media Psychology* 20, 141–155

Uppsala Conflict Data Program. 2017. UCDP datasets. http://ucdp.uu.se/downloads/

van Bavel, B. & Rijpma, A. 2016. How important were formalized charity and social spending before the rise of the welfare state? A long-run analysis of selected Western European cases, 1400–1850. *Economic History Review* 69, 159–187

van Leeuwen, B. & van Leeuwen-Li, J. 2014. Education since 1820. In J. van Zanden, J. Baten, M. M. d'Ercole, A. Rijpma, C. Smith & M. Timmer (Hrsg.) 2014. *How was life? Global well-being since 1820*. Paris: OECD Publishing

van Zanden, J., Baten, J., d'Ercole, M. M., Rijpma, A., Smith, C. & Timmer, M. (Hrsg.) 2014. *How was life? Global well-being since 1820*. Paris: OECD Publishing

Värnik, P. 2012. Suicide in the world. *International Journal of Environmental Research and Public Health* 9, 760–771

Veenhoven, R. 2010. Life is getting better: Societal evolution and fit with human nature. *Social Indicators Research* 97, 105–122

Veenhoven, R. (o. J.) World Database of Happiness. https://worlddatabaseofhappiness.eur.nl/

Vereinte Nationen. 1948. Resolution der Generalversammlung. 217 A (III). Allgemeine Erklärung der Menschenrechte. http://www.un.org/depts/german/menschenrechte/aemr.pdf

Vereinte Nationen. 1966. Internationaler Pakt über wirtschaftliche, soziale und kulturelle Rechte. https://www.sozialpakt.info/ [United Nations Office of the High Commissioner for Human Rights 1966]

Vereinte Nationen. 2015. *Millenniums-Entwicklungsziele. Bericht 2015*. New York: Vereinte Nationen [United Nations 2015 a]

Vereinte Nationen. Entwicklungsprogramm der Vereinten Nationen. 2011. *Bericht über die menschliche Entwicklung 2011*. Berlin: Deutsche Gesellschaft für die Vereinten Nationen [United Nations Development Programme 2011]

Verhulst, B., Eaves, L. & Hatemi, P. K. 2016. Erratum to »Correlation not causation: The relationship between personality traits and political ideologies«. *American Journal of Political Science* 60, E3–E4

Voas, D. & Chaves, M. 2016. Is the United States a counterexample to the secularization thesis? *American Journal of Sociology* 121, 1517–1556

Walther, B. A. & Ewald, P. W. 2004. Pathogen survival in the external environment and the evolution of virulence. *Biological Review* 79, 849–869

Watson, W. 2015. *The inequality trap: Fighting capitalism instead of poverty*. Toronto: University of Toronto Press

Weaver, C. L. 1987. Support of the elderly before the Depression: Individual and collective arrangements. *Cato Journal* 7, 503–525

Welch, D. A. & Blight, J. G. 1987–1988. The eleventh hour of the Cuban Missile Crisis: An introduction to the ExComm transcripts. *International Security* 12, 5–29

Welzel, C. 2013. *Freedom rising: Human empowerment and the quest for emancipation*. New York: Cambridge University Press

Whaples, R. 2005. Child labor in the United States. In R. Whaples (Hrsg.) *EH.net Encyclopedia*. http://eh.net/encyclopedia/child-labor-in-the-united-states/

White, M. 2011. *Atrocities: The 100 deadliest episodes in human history*. New York: Norton

Whitman, D. 1998. *The optimism gap: The I'm OK – They're Not syndrome and the myth of American decline*. New York: Bloomsbury USA

Wieseltier, L. 2013. Crimes against humanities. *New Republic*, 3. September

Wilkinson, R. & Pickett, K. 2009. *Gleichheit ist Glück. Warum gerechte Gesellschaften für alle besser sind*. Berlin: Tolkemitt bei Zweitausendeins [*The spirit level: Why more equal societies almost always do better*. London: Allen Lane, 2009]

Wilkinson, W. 2016 a. Revitalizing liberalism in the age of Brexit and Trump. *Niskanen Center Blog*. https://niskanencenter.org/blog/revitalizing-liberalism-age-brexit-trump/

Wilkinson, W. 2016 b. What if we can't make government smaller? *Niskanen Center Blog*. https://niskanencenter.org/blog/cant-make-government-smaller/

Williams, J. H., Haley, B., Kahrl, F., Moore, J., Jones, A. D. et al. 2014. *Pathways to deep decarbonization in the United States*. Überarb. Aufl. San Francisco: Institute for Sustainable Development and International Relations

Willingham, D. T. 2007. Critical thinking: Why is it so hard to teach? *American Educator*, Sommer, 8–19

Willnat, L. & Weaver, D. H. 2014. *The American journalist in the digital age*. Bloomington: Indiana University School of Journalism

Wilson, E. O. 1998. *Die Einheit des Wissens*. Übers. von Y. Badal. Berlin: Siedler [*Consilience: The unity of knowledge*. New York: Knopf, 1998]

Wilson, M. & Daly, M. 1992. The man who mistook his wife for a chattel. In J. H. Barkow, L. Cosmides & J. Tooby (Hrsg.) *The adapted mind: Evolutionary psychology and the generation of culture*. New York: Oxford University Press

Wilson, W. 2007. The winning weapon? Rethinking nuclear weapons in light of Hiroshima. *International Security* 31, 162–179

WIN-Gallup International. 2012. Global Index of Religiosity and Atheism. https://sidmennt.is/wp-content/uploads/Gallup-International-um-tr%C3%BA-og-tr%C3%BAleysi-2012.pdf

Winship, S. 2013. Overstating the costs of inequality. *National Affairs*, Frühjahr

Wolf, M. 2009. *Das lesende Gehirn: Wie der Mensch zum Lesen kam – und was es in unseren Köpfen bewirkt*. Übers. von M. Wiese. Heidelberg: Spektrum Akademischer Verlag [*Proust and the squid: The story and science of the reading brain*. New York: HarperCollins, 2007]

Wolin, R. 2004. *The seduction of unreason: The intellectual romance with fascism from Nietzsche to postmodernism*. Princeton, NJ: Princeton University Press

Wood, G. 2017. *The way of the strangers: Encounters with the Islamic State*. New York: Random House

Woodley, M. A., te Nijenhuis, J. & Murphy, R. 2013. Were the Victorians cleverer than us? The decline in general intelligence estimated from a meta-analysis of the slowing of simple reaction time. *Intelligence* 41, 843–850

Woodward, B., Shurkin, J. & Gordon, D. 2009. *Scientists greater than Einstein: The biggest lifesavers of the twentieth century*. Fresno, CA: Quill Driver

Woolf, A. F. 2017. *The New START treaty: Central limits and key provisions*. Washington: Congressional Research Service. https://fas.org/sgp/crs/nuke/R41219.pdf

Wootton, D. 2015. *The invention of science: A new history of the Scientific Revolution*. New York: HarperCollins

World Bank. 2012a. *Turn down the heat: Why a 4 °C warmer world must be avoided*. Washington: World Bank

World Bank. 2012b. *World Development Report 2013: Jobs*. Washington: World Bank

World Bank. 2016a. Literacy rate, adult total (% of people ages 15 and above). https://data.worldbank.org/indicator/SE.ADT.LITR.ZS

World Bank. 2016b. Air transport, passengers carried. https://data.worldbank.org/indicator/IS.AIR.PSGR

World Bank. 2016c. GDP per capita growth (annual %). https://data.worldbank.org/indicator/NY.GDP.PCAP.KD.ZG

World Bank. 2016d. Gini index (World Bank estimate). https://data.worldbank.org/indicator/SI.POV.GINI?locations=US

World Bank. 2016e. International tourism, number of arrivals. https://data.worldbank.org/indicator/ST.INT.ARVL

World Bank. 2016f. Literacy rate, youth (ages 15–24), gender parity index (GPI). https://data.worldbank.org/indicator/SE.ADT.1524.LT.FM.ZS

World Bank. 2016g. PovcalNet: An online analysis tool for global poverty monitoring. http://iresearch.worldbank.org/PovcalNet/home.aspx

World Bank. 2016h. Terrestrial protected areas (% of total land area). https://data.worldbank.org/indicator/ER.LND.PTLD.ZS

World Bank. 2016i. Literacy rate, youth total (% of people ages 15–24). https://data.worldbank.org/indicator/SE.ADT.1524.LT.ZS

World Bank. 2017. World development indicators: Deforestation and biodiversity. http://wdi.worldbank.org/table/3.4

World Health Organization. 2014. *Injuries and violence: The facts 2014*. Genf: World Health Organization. http://www.who.int/violence_injury_prevention/media/news/2015/Injury_violence_facts_2014/en/

World Health Organization. 2015 a. European Health for All database (HFA-DB). https://gateway.euro.who.int/en/datasets/european-health-for-all-database/

World Health Organization. 2015 b. *Global technical strategy for malaria, 2016–2030*. Genf: World Health Organization. http://apps.who.int/iris/bitstream/handle/10665/176712/9789241564991_eng.pdf?ua=1&ua=1

World Health Organization. 2015 c. *Trends in maternal mortality*. Genf: World Health Organization. http://apps.who.int/iris/bitstream/10665/194254/1/9789241565141_eng.pdf?ua=1

World Health Organization. 2016 a. Global Health Observatory (GHO) data. http://www.who.int/gho/mortality_burden_disease/life_tables/situation_trends/en/

World Health Organization. 2016 b. A research and development blueprint for action to prevent epidemics. http://www.who.int/blueprint/en/

World Health Organization. 2016 c. Road safety: Estimated number of road traffic deaths, 2013. http://gamapserver.who.int/gho/interactive_charts/road_safety/road_traffic_deaths/atlas.html

World Health Organization. 2016 d. Suicide. http://www.who.int/mediacentre/factsheets/fs398/en/

World Health Organization. 2017 a. European health information gateway: Deaths (#), all causes. https://gateway.euro.who.int/en/indicators/hfamdb-indicators/hfamdb_98-deaths-all-causes/

World Health Organization. 2017 b. Suicide rates, crude: Data by country. http://apps.who.int/gho/data/node.main.MHSUICIDE?lang=en

World Health Organization. 2017 c. The top 10 causes of death. http://www.who.int/mediacentre/factsheets/fs310/en/

Wrangham, R. W. 2009. *Feuer fangen. Wie uns das Kochen zum Menschen machte – eine neue Theorie der menschlichen Evolution*. Übers. von U. Rennert. München: Deutsche Verlags-Anstalt [*Catching fire: How cooking made us human*. New York: Basic Books, 2009]

Wrangham, R. W. & Glowacki, L. 2012. Intergroup aggression in chimpanzees and war in nomadic hunter-gatherers. *Human Nature* 23, 5–29

Young, O. R. 2011. Effectiveness of international environmental regimes: Existing knowledge, cutting-edge themes, and research strategies. *Proceedings of the National Academy of Sciences* 108, 19853–19860

Yudkowsky, E. 2008. Artificial intelligence as a positive and negative factor in global risk. In N. Bostrom & M. Ćirković (Hrsg.) *Global catastrophic risks*. New York: Oxford University Press

Zelizer, V. A. 1985. *Pricing the priceless child: The changing social value of children*. New York: Basic Books

Zimring, F. E. 2007. *The Great American Crime Decline*. New York: Oxford University Press

Zuckerman, P. 2007. Atheism: Contemporary numbers and patterns. In M. Martin (Hrsg.) *The Cambridge Companion to Atheism*. New York: Cambridge University Press

Register

Kursive Seitenzahlen weisen auf eine Graphik oder Tabelle hin.